国家知识产权文献及信息资料库建设与运行研究

GUOJIA ZHISHI CHANQUAN WENXIAN
JI XINXI ZILIAOKU JIANSHE YU YUNXING YANJIU

冯晓青　杨利华　付继存◎著

中国政法大学出版社

2019・北京

图书在版编目（CIP）数据

国家知识产权文献及信息资料库建设与运行研究/冯晓青，杨利华，付继存著. —北京：中国政法大学出版社，2019.5
ISBN 978-7-5620-8663-5

Ⅰ. ①国…　Ⅱ. ①冯…　②杨…　③付…　Ⅲ. ①知识产权－文献－信息系统－中国－文集
Ⅳ. ①D923.404-53

中国版本图书馆CIP数据核字(2018)第239183号

出 版 者	中国政法大学出版社
地　　址	北京市海淀区西土城路25号
邮寄地址	北京100088信箱8034分箱　邮编100088
网　　址	http://www.cuplpress.com (网络实名：中国政法大学出版社)
电　　话	010-58908437(第四编辑室)　58908334(邮购部)
承　　印	北京朝阳印刷厂有限责任公司
开　　本	720mm×960mm　1/16
印　　张	51.25
字　　数	850千字
版　　次	2019年5月第1版
印　　次	2019年5月第1次印刷
定　　价	175.00元

作者简介

冯晓青，男，湖南长沙人。中国政法大学知识产权法研究所所长、教授、博士生导师，知识产权法国家重点学科负责人及学术带头人，中国政法大学无形资产管理研究中心主任、中国政法大学国际知识产权研究中心执行主任，北京大学法学博士、中国人民大学法学博士后。兼任中国知识产权法学研究会副会长、中国知识产权研究会学术顾问委员会委员兼常务理事、中国科技法学会常务理事、最高人民法院案例指导工作专家委员会委员、最高人民法院知识产权司法保护研究中心研究员、最高人民法院知识产权案例指导工作（北京）研究基地专家咨询委员会委员、中国审判研究会知识产权审判理论专业委员会委员、中国律协知识产权专业委员会委员，北京恒都律师事务所律师及高级法律顾问，Chinese-European Arbitration Center 仲裁员，南京仲裁委员会仲裁员。另兼任北京环世知识产权诉讼研究院院长、珠海横琴和邦知识产权战略研究院院长、中关村知识产权法律保护研究院副院长等。

著有《知识产权法利益平衡理论》《知识产权法哲学》《企业知识产权战略》（“十一五”和“十二五”国家级规划教材）、《企业知识产权管理》《技术创新与企业知识产权战略》等个人专著 14 部，主编著作 30 余部。在《法学研究》《中国法学》等 CSSCI 刊物发表论文 90 篇。科研成果获得省部级二等奖四项。主持国家社科基金重大项目 2 个、一般项目 1 个，主持教育部项目 2 个，参加国家社科基金重大项目、重点项目和一般项目，国家自科基金重点项目、一般项目，国家重点研发计划重点专项，以及教育部重大课题攻关项目等国家级重要项目十余个。先后获得第二届全国十大杰出中青年法学家提名奖（1999）、教育部新世纪优秀人才支持计划（2010）、首批国家知识产权专家库专家（2012）、首批全国知识产权领军人才（2012）、首届北京知识产权十位有影响力人物（2013）、中国政法大学首批优秀中青年教师培养支持计划学者（2013）、国家百千万人才工程有突出贡献中青年专家（2014）、国务院享受政府特殊津贴专家（2016）、中国政法大学优秀教师（2016）、北京市优秀教师（2017）、文化名家暨四个一批人才（2017）以及国家高层次人才特殊支持计划（“万人计划”）哲学社会科学领军人才（2017）等荣誉。举办有个人学术网站冯晓青知识产权网（www.fengxiaoqingip.com），以及公益性学术网站中国知识产权文献与信息资料库（试验版）（www.ipknow.cn）。

杨利华，女，湖南长沙人。中国政法大学知识产权法研究所副教授，硕士生导师，中国人民大学法学博士，武汉大学历史学硕士，中国知识产权法学研究会理事，兼任中国政法大学无形资产管理研究中心研究员。主要从事知识产权法学、知识产权法制史和知识产权信息管理研究。出版个人专著《美国专利法史研究》《中国知识产权思想史研究》，主编《知识产权法学》《专利相关法律知识应考教程及同步练习》《WTO百科全书（知识产权编）》等著作与教材，参编《北京大学法学百科全书》、*Innovation and Intellectual Property in China*（英国出版）等。在*Journal of the Copyright Society of the USA*（SSCI）、*Journal of World Intellectual Property*、《知识产权》《法学论坛》《法学杂志》等国内外核心刊物上发表中英文论文30余篇。主持国家社科基金项目“我国公共文化机构的著作权问题及对策研究”（18BTQ023），司法部国家法治与法学理论研究项目“中国知识产权思想史研究”（12SFB2041）以及北京市社会科学基金项目“北京非遗项目生产性保护机制研究”，参与国家社科基金重大项目“国家知识产权文献及信息资料库建设研究”（10&ZD133）、“创新驱动发展战略下知识产权公共领域问题研究”（17ZDA139），国家社科基金重点项目“中国特色知识产权理论体系研究”（11AZD047），以及国家重点研发计划重点专项“科技成果与数据资源产权交易技术”（2017YFB1401100）等诸多国家级重要项目。另外，主持国家知识产权局软科学规划课题、国家档案局研究课题等各类课题多项。2002年1月至4月在加拿大不列颠·哥伦比亚大学法学院短期研修知识产权法，2016年赴英国出席知识产权国际会议。

付继存，男，河南周口人，中国政法大学知识产权法研究所教师，硕士生导师。中国政法大学知识产权法学博士，清华大学公共管理学博士后，兼任中国政法大学无形资产管理研究中心研究员、中国政法大学知识产权研究中心研究员、中国科学技术法学会理事。研究领域为知识产权法与创新政策。出版学术专著1部，参编学术著作9部，在《法学研究》《法学家》《知识产权》《光明日报》（理论版）等核心期刊上发表学术论文十余篇。主持2016年度国家社科基金青年项目“传统媒体和新兴媒体融合发展中的版权授权机制研究”（16CXW011），获得中国博士后科学基金特别资助1项、面上资助1项；作为主要研究人员参与国家社科基金重大项目2项，教育部、科技部、中国科协、国家版权局、地方知识产权局与新闻出版局委托项目及国有、民营大型企业集团与科研院所知识产权战略规划研究项目等11项。参与多起知识产权重大疑难案件的研讨与论证。博士学位论文获评2013届校级优秀博士学位论文、2014年度全国知识产权类优秀博士论文。曾获得中华法学硕博英才二等奖、博士研究生国家奖学金、宝钢奖学金优秀学生奖、中国政法大学第九届“学术新人”奖、中国政法大学特等奖学金、中国政法大学一等奖学金、中国政法大学科研创新一等奖、长安公证一等奖学金等奖励，系2013届北京市优秀毕业生。

目录

CONTENTS

上　篇

国家知识产权文献及信息资料库建设总论

下 篇
国家知识产权文献及信息试验性资料库（知信通）介绍、研究与分析

导　论

一、研究目的和意义

当前，随着社会信息化和信息社会化趋势日益增强，特别是信息网络技术的飞速发展，知识产权文献及信息在我国经济社会发展中的地位日益重要。特别是随着国家知识产权战略和创新驱动发展战略的提出和实施，知识产权文献及信息在促进我国技术创新能力的提高等方面发挥的作用更为突出。早在2008年6月5日，国务院发布的《国家知识产权战略纲要》就指出：要“构建国家基础知识产权信息公共服务平台”，“加快开发适合我国检索方式与习惯的通用检索系统”，“指导和鼓励各地区、各有关行业建设符合自身需要的知识产权信息库。促进知识产权系统集成、资源整合和信息共享”。[1]

基于知识产权文献及信息在我国科技创新、经济社会发展中日益凸显的重要作用，2011年11月，国家知识产权局、国家发展改革委员会、科技部、工信部、农业部、商务部、工商总局、质检总局、版权局和林业局等十部委联合发布的《国家知识产权事业发展“十二五”规划》也将知识产权信息公共服务工程列为促进我国知识产权事业发展的十项重大工程之一。该规划在“重大工程”之第五部分（知识产权信息公共服务工程）指出：要“建立健全多种类型、多层次的知识产权信息库和知识产权公共服务平台，及时公开基础性知识产权信息。大力推进知识产权信息公共服务工程重大项目建设，创新知识产权公共服务平台运行机制和服务模式，鼓励开展知识产权信息公共服务，提高为科技创新提供知识产权专业服务的能力”。该规划还在具体措施中指出，要建立“国家知识产权基础信息资源和服务系统，整合知识产权基

〔1〕《国家知识产权战略纲要》之（52）。

础信息资源”。2015年12月发布的《国务院关于新形势下加快知识产权强国建设的若干意见》之（十九）则指出：要“加强知识产权信息开放利用”，“加快建设互联互通的知识产权信息公共服务平台”，“完善知识产权信息公共服务网络”。

由此可见，在新的形势下，加强对国家知识产权文献及信息资料库建设的研究和实施，是适应国家知识产权战略、知识产权强国政策和创新驱动发展战略的迫切需要。本项目的立项和研究，无疑很好地适应了这一迫切需要，是实实在在地落实《国家知识产权事业发展“十二五”规划》的具体体现。

本项目旨在通过调研、分析与评价现有知识产权文献及信息资料库的建设现状，凝聚用户的信息消费需求共识，面向信息产业发展、创新驱动发展与知识产权强国战略实际，结合知识产权、图书情报、信息管理与信息技术等学科的发展特点与趋势，研究国家知识产权文献及信息资料库的最佳设计方案，探索国家知识产权信息基础设施工程建设与运行的实践模式。同时，通过设计国家知识产权文献及信息资料库的测试版（亦即试验版），获取国家知识产权文献及信息资料库建设的经验和宝贵的用户体验，为尽快建立实体的国家知识产权文献及信息资料库提供样板和范式，有力地推动国家知识产权信息公共服务，并且为其他类型的文献及信息资料库研究与建设提供理论指导和经验，以在更大的范围促进我国公共信息服务水平的提高，从而更好地服务于我国科技创新和经济社会发展。

前述当前我国国家战略和政策高度重视国家知识产权基础信息资源和服务系统的建立，尤其是知识产权信息公共服务平台和知识产权信息公共服务网络建设，实际上已经回答了开展本项目研究的重大意义。析言之，本项目研究的重大意义可以从宏观和微观两方面加以理解：

宏观上，国家知识产权文献及信息资料库建设是回应当今世界信息化与知识产权战略化的必然要求。在我国，加快知识产权信息化进程是执行“互联网+”行动计划，提高知识产权信息在创新驱动发展、“中国制造2025”规划中的价值的战略举措，对建设创新型国家具有重要意义。同时，国家知识产权文献及信息资料库建设是国家履行服务与管理科技开发、工商活动、经济贸易、教育等领域公共职能的必然需要，也是政府信息公开的基本要求，更是国家知识产权战略规划推进的重要保障。

微观上，国家知识产权文献及信息资料库是企业、科研机构等创新主体进行技术创新、研究开发活动、科技中介服务的重要信息源，更是进行知识产权学术交流和人才培养的重要信息平台。本项目涉及与知识产权有关的科技、文化、商业、法律等信息的公开与资料库建设，是信息社会对知识产权信息资源进行配置及推进国家知识产权战略与建设创新型国家的深入考察与系统研究。[1] 而且，作为一个并非完全是理论研究性质的国家社科基金重大项目，本项目在研究过程中开发和运行的试验性资料库，亦能为各类单位和个人使用相关知识产权文献及信息提供实际的公共性质的服务。

二、研究计划执行情况

自 2010 年 12 月 28 日立项以来，本项目各项研究进展顺利，已经按期实现预定目标。2011 年初启动伊始，项目首席专家提出“动态聚焦国家战略需要，系统构建理论与实践的互动框架，积极采取开放式建设思路，广泛运用信息技术，全面探索国家知识产权文献及信息资源的保存、整理与开发方式，大力推动成果与人才产出”的执行战略，并据此制订了详细的实施方案。在执行过程中，课题组确立了首席专家总体协调并直接承担重要内容研究、各子课题研究人员分工负责并建立首席专家与子课题负责人联系机制的研究模式，通过专题讨论会、工作汇报会与学术研讨会等形式，严把子课题执行质量及进度。期间，共召开 3 次全国性学术研讨会与 12 次小规模研讨会。

课题组充分发挥内部优势，积极拓展外部资源，运用理论研究与实证研究范式，扎实推进调研报告、专题研究、试验版数据库等各项任务。课题组由来自知识产权法学、图书情报、知识产权信息管理、计算机等领域的专家组成，力图聚合力量，凝聚共识，发挥团队优势。在外部资源拓展上，通过 2011 年 3 月、2011 年 12 月与 2015 年 6 月的三次全国性学术研讨会，课题组邀请了来自国家知识产权局、武汉大学、南开大学、国家图书馆、万有网络科技有限公司、广东奥凯信息有限公司等 16 家单位的专家，就国家知识产权文献及信息资料库建设的总体设计方案、专题进展、试验版资料库的测试等内容进行了多角度的深度研讨。

为了有针对性地启动项目，课题组于 2011 年通过个别联系、实地走访、

[1] 冯晓青、杨利华、付继存：“国家知识产权文献及信息资料库建设研究——理论探讨与实证分析”，载《中国政法大学学报》2014 年第 2 期。

定向发放和网络调查等方式开展了全国范围的大规模抽样调研活动，共回收10 018份有效问卷，并通过系统整理分析形成了调研报告。另外，课题组还通过实地调研和考察，访谈了有关专家，获取了丰富的建设经验。

同时，课题组在2011—2013年有序安排人员搜集、整理我国自1898年以来的知识产权文献及信息资料，包括约5 000部知识产权法律法规和其他规范性文件，近万条知识产权机构信息，约5 000个各级机关和单位批准或发布的科研项目基本信息，约5 000本知识产权图书基本信息，2万篇知识产权论文基本著录信息，约7万份知识产权判决书和2 000份名案判决书，并包括部分国外资料。然后，按照专题分类研究知识产权文献及信息的现状与问题、知识产权文献及信息资料的组织理论等。项目研究启动以来，历经5年多的艰苦努力，共公开发表论文和调研报告31篇，出版编纂著作4部。根据研究成果，课题组于2014—2016年集中专业人员撰写了法律法规释义、法理解析、知识产权百科词条、知识产权主题词表，绘制了司法案例地图，组织撰写了大量的典型案例评析，形成了大量的专业性深加工信息。例如，对几部核心的知识产权专门法律撰写了系统的法条释义、学理解析，总字数约60万字。又如，完成“知产百科”词条1 481条，总字数近165万字。

为了检验理论与实证研究，自2012年始，课题组着手研究和设计国家知识产权文献及信息资料库的总体构架，并提出试验版资料库“知信通”的建设方案。2013年，项目先后通过中期检查和中期评估，并获得一倍金额的滚动资助。根据中期评估专家的建议，重点转入“知信通”的研究、设计与运行。在2013年初初步设计完成后，课题组又着手从用户体验、检索便利和专业角度进行优化与深加工。2015年6月，课题组再次召开全国性学术研讨会，重点就“知信通”建设的优势与特色、现状与问题、经验与完善建议等进行多方面探讨，尤其是信息采集、描述、组织、界面设计等方面的有益建议被采纳。

课题组积极采取绩效管理、目标管理与过程控制措施，将人才培养与课题进展紧密结合，取得了良好效果。在项目研究的5年多时间中，项目首席专家共培养了3名博士后研究人员、7名博士生。其中，3名博士后研究人员撰写的博士后出站报告均为知识产权信息服务方面的主题。

从2015年开始，课题组在阶段性成果基础上，着手撰写项目研究最终报告，同年年底完成初稿，2016年6月完成定稿。总报告约60万字，内容包括基础理论研究、现状研究、建设方案研究、试验性资料库介绍与分析等内容。

本课题于 2016 年 9 月 12 日顺利结项。

三、研究成果的主要内容、重要理论观点、对策建议

项目形成的主要成果包括：

第一，国家知识产权文献及信息资料库建设实证调研系列文章，详细分析了用户对资料库建设现状的评价、对项目建设的需求与建议，为项目技术方案的设计奠定了坚实的实证基础。针对知识产权法官、律师、专利（商标）审查与复审人员、高校相关专业的师生和一般公众（网民）等，课题组设计了 4 套问卷，在全国范围内开展了多层次、大面积的调研活动，回收有效问卷 10 018 份；重点走访、咨询中国知网、万方、法律快车、拓尔思、北大法宝、国家知识产权局、国家商标局等单位，比较全面地把握了知识产权信息服务的现有状况与社会需求。在调研基础上，在《图书馆理论与实践》《中国教育信息化》等专业刊物上发表了多篇调研论文。

第二，国家知识产权文献及信息资料库建设专题研究论文和著作，涉及知识产权文献及信息平台建设方案、信息服务现状与改善、信息管理现状与改善、法律法规库建设、科研项目库建设、司法案例库建设、知识产权百科信息、专利文献分析、商标文献分析等专题。课题组成员在《情报资料工作》《现代情报》《图书情报知识》《黑龙江社会科学》等刊物上发表《我国知识产权历史信息的组织理论》《国家知识产权文献数据库系统设计方案与思路》《我国专利信息数据库建设原则与利用体系研究》等专题研究论文。此外，编著出版的《中国专利法研究与立法实践》《中国著作权法研究与立法实践》《中国商标法研究与立法实践——附百年商标法律规范》等三部著作，是知识产权基础法律法规资料和大事记资料库。公开出版的《国家知识产权文献及信息资料库建设研究》（论文集，63 万字）则包含了国家知识产权文献及信息资料库建设理论与实践探讨的论文 35 篇。

第三，中国知识产权文献与信息资料库（试验版，简称“知信通”，http://www.ipknow.cn）。它为未来实体的国家知识产权文献及信息资料库提供了一个具有实用价值、检索方便、内容丰富、用户体验良好的测试版资料库和样板资料库，分为知识产权法律法规库、司法案例库、论著资料库、科研项目库、教育培训库、人物库、机构库、大事记以及百科等子库，收录了知

识产权基础信息与深加工信息，探索了知识产权文献及信息的采集与分类方法，尝试了简洁、实用、友好、互动的界面设计，进行了信息组织、描述以及深度加工的标准化操作。尤其是，对知识产权信息进行了系统加工，形成了富有创新特色的知识产权信息服务模式。例如：知识产权法律法规资料库对知识产权法中的《专利法》《商标法》《著作权法》等部门法律，提供了主题界定、法条释义、学理解析、制度沿革、相关规定、他山之石、适用案例等多个层次的深度加工；知识产权司法案例资料库中对于知识产权案件的地图示意、案例评析，都是目前知识产权信息服务系统中的重要创新，体现了本项目研究的高度专业水准。

“知信通”开发至今，已经运行近6年，内容不断丰富且一直保持更新，用户体验不断改善。该资料库尽管只是一个具有测试版性质的试验性国家知识产权文献及信息资料库，但已经具备了实体的国家知识产权文献及信息资料库的基本构架。其较为充分的知识产权文献及信息样本量，尤其是课题组不辞辛苦完成的专业性加工信息，能够为我国广大用户对知识产权文献及信息的需求提供实实在在的帮助和便利。因此，该资料库到本项目申报结项时，已经有相当一部分单位和个人采用，并且反映良好。仅以大学图书馆为例，已经将“知信通”纳入大学图书馆数据库资源的有：华东政法大学图书馆、西南政法大学图书馆、西北政法大学图书馆、中国政法大学图书馆、上海政法学院图书馆、北京交通大学图书馆、北京化工大学图书馆、同济大学图书馆、哈尔滨工程大学图书馆、华南师范大学图书馆、中央财经大学图书馆、天津财经大学图书馆、山西财经大学图书馆、内蒙古财经大学图书馆、杭州师范大学图书馆、暨南大学图书馆、广东外语外贸大学图书馆、中原工学院图书馆、湘潭大学图书馆、湖南工业大学图书馆、吉首大学图书馆、广东财经大学图书馆、湖南理工学院图书馆、中国人民大学法学院图书馆等数十家（不完全统计）。该试验版资料库还被一些律所（如北京德恒律师事务所、北京恒都律师事务所）、企业（如腾讯公司、中兴通讯北京分公司）、中介公司（如万慧达）、国家和地方行政事业单位（如国家知识产权局知识产权发展研究中心）等采用。尤其是经海关总署领导批示，“知信通”（连同《知识产权主题词表》）还被海关总署全国直属海关和广东分局采用。

第四，国家知识产权文献及信息资料库主题词表。《知识产权主题词表》作为中国知识产权文献与信息资料库（试验版）（“知信通”）的信息检索与交互链接的工具，实现了知识产权文献信息条目化、体系化、科学性与适用性的统一。其将涉及知识产权创造、利用、保护、管理的相关信息内容，按照基本学理、行业习惯和相关标准，进行科学系统的类目设置与编排，完成了《知识产权文献信息分类表》《知识产权主题词表》和《知识产权基础词典》的有机统一。“知识产权主题词简目”由一级大类和二级小类组成。大类包括“知识产权基础”“专利”“商标”“著作权”“其他知识产权及相关保护主题”“知识产权管理”等6个部分。一级大类下设置若干二级小类，从而确立基本类目框架。每一小类下按照从总到分、从抽象到具体、从先到后、先工业产权后著作权的思路，排列知识产权相关领域的基本概念、术语共1500余条，构成知识产权主题词的核心。

《知识产权主题词表》是我国目前对于知识产权文献与信息的分类体系与主题词表构建进行探索的成果。

第五，国家知识产权文献及信息资料库建设研究结项报告。结项报告分为总论与试验版资料库介绍及分析两篇。在理论部分，分析了国家知识产权信息的公共性与商品属性，国家知识产权信息在国家知识产权战略实施、创新驱动发展、国家大数据战略与知识产权强国战略中的作用，国家知识产权信息获取的宪政与人权基础以及利用时的财产性质，国家知识产权文献及信息的公共服务职能等。还通过实证研究分析了国家知识产权文献及信息资料库各组成部分的建设现状，指出各自的优缺点。在上述基础上，系统探讨了国家知识产权文献及信息资料库建设的指导思想、建设目标（以数据汇交理念促进知识产权信息融合；以信息结构化实现知识产权信息价值；以关联主义理念实现知识产权信息网络化；以信息技术革新信息检索，促进知识产权信息检索的快速、全面、精确与友好），绘制了国家知识产权文献及信息资料库的设计方案，提出了建设的实施保障与应用前景，包括资金保障、法律风险防范、用户推广等。在实践部分，对试验版资料库的建设思路、各部分构成、内容与功能、优势与特色、需要克服的困难、未来发展与展望等方面进行了全面介绍与分析。

在项目研究过程中，课题组凝练了相关问题，并诉诸理论分析与实证研究，产生了具有重大实践价值的理论观点与对策建议。具体内容如下：

第一，国家知识产权文献及信息资料的双重属性，为解决信息公开的粗质低效与信息过度垄断的两极化问题提供了理论方案。一方面，国家知识产权文献及信息资料属于国家基础信息公共服务的内容范畴，具有公共产品特性。但是，随着信息服务业向专业化、个性化方向发展，公共机构的供给日益捉襟见肘，需要调整供给模式。另一方面，经过专业组织的信息耗费了大量的社会必要劳动，具有明显的商品属性。因此，在不同层面满足知识产权信息的公共获取权与专业服务的动态激励需要，兼顾公共机构的义务限度与社会主体参与知识产权信息服务业的积极性，促进该产业的繁荣与发展，提升知识产权信息服务业的整体质量与水平，可以合理实现。[1] 借此，双重属性还为国家调控知识产权信息的供给机制、提升知识产权信息服务的竞争水平与层次提供了潜在可能。

第二，根据实证调研成果、图书情报与信息管理实践，国家知识产权文献及信息资料库建设应当遵循七大原则，包括完整收录、动态更新、坚持公益与商业成长并重、坚持目标导向、面向用户需求、坚持技术支撑、坚持开放性等，这为项目的顺利推动提供了理论支撑。尤其是公益与商业成长并重原则，既坚持了基础信息免费公开的禀性，又开辟了资料库动态维持与运营的全新空间，规范了信息服务市场的竞争秩序，不仅对知识产权文献及信息资料库建设具有重大指导意义，而且对其他的资料库建设具有启发价值。由于本项目是政府资助项目，具有较强的公益性，课题组偏重信息的免费共享。但是，所产生的试验版资料库只是国家知识产权文献及信息资料库的样板资料库，只有兼顾商业成长性，才能进一步拓宽项目成果的转化渠道，推动研究与实践进展的独立化，提高社科基金项目直接服务社会的能力与质量。

第三，应当注重知识产权重大历史的信息采集与保存，提升知识产权史研究的价值。一百多年的制度发展史渗透着各种影响制度变革的历史事件。这些标志性历史事件及以其为中心的历史信息群为研究者全面掌握、深入分析、细致总结我国知识产权制度的成长历程、发展变迁轨迹等提供了重要基础。为此，课题组确立的数据资料时间跨度是1898—2016年，并已经专门组织人员搜集了这一时间段内的所有著作权法、商标法与专利法及其配套规则的文本信息，为深刻认识我国知识产权制度的发展规律提供了便捷的研究素材。

---

〔1〕 冯晓青、杨利华、付继存："国家知识产权文献及信息资料库建设研究——理论探讨与实证分析"，载《中国政法大学学报》2014年第2期。

第四，在实践方面，应当重新补充完善国家知识产权文献及信息主题词表；借助于数据库内部的互链机制，强化知识的系统性和网络化特征；增加用户互动操作。主题词表可为知识产权信息平台的内容元数据提供重要参考，为后续的知识产权信息服务提供基础设施。知识产权信息互联互通机制，包括在各个子库之间进行关联、深度标引法律法规、编制司法案例地图等，顺应了信息汇交与融合的发展趋势，提升了用户的体验价值，有针对性地探索了知识产权信息深加工的方式，测试了知识产权信息服务的商业成长空间。与用户互动包括各个子库的编辑功能，也包括专设的疑难咨询版块，保证了用户的参与性，便于分析信息检索热点与用户行为特征，是对需求驱动的信息平台发展路径的回应。同时，互动操作也便于及时更新现有术语及其概念或提取新增术语及其概念，并通过分析动态维护主题词表。

第五，应当加快解决我国知识产权文献及信息资料分散、信息割据等问题，加快知识产权底层数据与基础信息的公开，促进知识产权信息服务的发展。由于知识产权文献及信息的来源是有限的，通常由公共机构控制，商业性信息服务机构无法在底层数据与基础信息上与其展开竞争，因而易滋生垄断与行政寻租，且阻碍商业性信息服务机构在信息深度加工与定制化服务上的尝试与努力，不利于知识产权信息服务业的快速、高质量发展。通过制度性公开，会倒逼公共机构形成知识产权信息服务的新生态，将会使知识产权信息在创新驱动发展、知识产权强国战略、大数据产业发展中发挥强有力的助推作用。

四、研究成果的学术价值和应用价值

本项目在国家知识产权文献及信息的采集、描述、组织以及资料库的界面设计、可视化等方面取得了创新性成果，在知识产权与信息技术深度融合方面深化了理论与实践认识，对构建统一的国家知识产权文献及信息平台、推动知识产权文献及信息资源的价值发掘进程、发挥知识产权信息在创新驱动与信息产业发展中的作用具有重大价值。同时，该项目的研究成果有利于在其他类似信息平台建设中进行知识迁移、模仿与借鉴。

进言之，本项目研究成果的学术价值主要如：通过对国家知识产权文献及信息资料库建设的理论研究，为建设我国知识产权公共信息服务平台提供了理论铺垫和指导；研究成果提出的一系列观点、思路和方法，可以为制定和实施我国国家知识产权基础信息服务平台建设的政策和规范提供理论借鉴。本项目研究成果的应用价值则主要如：通过对具有测试版性质的试验性国家知识产权文献及信息资料库（“知信通”）的研发、运行、维护、更新，不仅能够为建设未来的真正意义上的国家知识产权文献及信息资料库提供样板、范式和经验借鉴，以及宝贵的用户体验，而且作为一个实实在在的具有相当样本量以及深度专业性加工信息的资料库，可以实实在在地服务于对我国知识产权文献及信息需求日益强烈的广大用户。迄今为止，“知信通”已经被相当一部分大学图书馆等单位采用就是一个较好的证明。

国家知识产权文献及信息资料库建设总论

上篇

第一章
国家知识产权文献及信息资料库建设基础理论研究

我国国家知识产权战略、创新驱动发展战略与信息化战略均将知识产权信息服务或信息化建设列为重点关注对象。大数据、云计算、“互联网+”等日新月异的信息技术又将包括知识产权文献及信息在内的信息资源的资产价值充分发掘出来，并将信息资源的战略性、基础性地位提升到前所未有的高度。产业界也断言，由于具有成长性、融合性、可传播性等特点，信息资源已经成为21世纪最廉价但最具价值的资源金矿。为了抢占信息资源开发高地，投向信息资源的产业资金呈几何级数增长。各类信息资源库、信息资源的服务程序与模式创新纷纷呈现，它们既阐释着这个社会的特质，又引领着信息社会的发展方向。在政府政策与产业的相互助推过程中，信息资源的实际价值已经凸显，并为社会公众带来了普遍福利。国家知识产权文献及信息资料既是信息资源的重要组成部分，又为信息资源的挖掘、开发与利用提供制度支持，具有双重价值，在信息资源开发与利用中占据特殊地位。可以说，全面搜集、系统整理、深度融合、增值开发国家知识产权文献及信息资料既是时代要求，又是商业逻辑的必然。国家社科基金重大项目设置国家知识产权文献及信息资料库建设研究就是在此背景下促进学术界思考并验证信息资源整合、开发与利用的一个微小切口。

为了实现这一目标，按照自希腊哲学就确立的学术传统，首先需要寻找或者认知国家知识产权文献及信息的本体，充分阐释内涵、构成或结构、属性、关系等基本范畴。只有如此，才能为资料库建设廓清内容界限，也才能将国家知识产权文献及信息建设的作用、获取的制度基础以及可行性等内容揭示出来。内涵界定了事物成为该事物的普遍规定性，构成强调事物的组成部分，结构则揭示不同部分形成整体的逻辑关系，两者均是为了探究事物的内部体系。属性在广义上是一事物区别于其他事物的性质与关系，是对事物的抽象刻画，在狭义上多指事物的性质。关系是在描述不同事物之间的内在关联。其次，需要从社会学的角度分析国家知识产权文献及信息资料库建设的作用。只有将其作用清晰地刻画出来，国家知识产权文献及信息资料库建设的现实价值才有更为坚实的基础。再次，需要从理论与实践角度阐释发挥国家知识产权文献及信息作用的机制设计，包括保障国家知识产权文献及信息供给的信息公开制度、政府公共服务职能等。这部分内容能够清晰地表明国家知识产权文献及信息获取的合法依据与现实状况，为资料库建设与改进指明路径。最后，需要分析资料库建设在实现国家知识产权文献及信息的作用过程中的意义与可行性，以此作为上述三部分内容的落脚点。

本章第一、二节主要论述第一个内容。在内涵上，国家知识产权文献及信息是一切与知识产权有关的以文献或者其他形式为承载的信息资源，既具有普通信息资源的价值属性，又作为信息资源的保障制度而存在。国家知识产权文献及信息的构成有不同的认识视角，包括来源、内容、属性等。不同认识视角揭示了文献及信息的不同构成侧面，为内部结构的体系化提供了多重维度。通常认为，国家知识产权文献及信息资料库包括法律法规与司法案例等制度信息，作品、技术文献与商标文件等客体信息，各类权利确认、无效、撤销、终止等状态信息，许可转让、质押融资等经济信息，论著资料与科研项目等研究信息，知识产权动态与历史事件等事件信息，知识产权机构、教育机构及其人员等机构信息，知识产权百科等知识性信息。

在属性上，由于社会公众对信息资源价值的普遍认同，信息资源的公开与保密、公共性与商业性等成为重要的讨论议题。在供应充足且不存在产权的前提下，国家知识产权文献及信息是一种公共产品，具有非竞争性、非排他性和非消耗性等特点，能够同时满足不同个人在不同地方的相同或相似需求，若在市场中缺乏必要规制，很容易形成价值外溢。一旦予以规制，无论是采取市场利益内部化、政府行政调节还是采取政府供给模式，都会改变信息的属性，从而成为制度性产品。因而，国家知识产权文献及信息的属性受到制度的影响，这也为制度性调控提供了可能空间。

在关系上，知识产权文献与一般文献、知识产权信息与一般信息，尤其是与知识产权相关的文献与信息等的相互关系是界定知识产权文献及信息的基本依据。根据文献学的基本观点，知识产权文献及信息只是文献及信息的构成部分，是按照文献及信息的内容切分的文献及信息单元；知识产权文献是知识产权信息的重要记录载体，是知识产权信息的主要来源。除此之外，知识产权信息还有其他来源，例如事实存在的各类机构信息、人物信息，散见于网络的知识产权信息片段等。由于文献的内容是信息，在内容意义上，国家知识产权文献与信息可以进行转换。在现代社会，国家知识产权文献的信息化具有相对重要性，这就为将国家知识产权文献及信息简述为国家知识产权信息铺平了道路，也指明了本研究的重点方向。

本章第三节描述了第二个内容。国家知识产权文献及信息在国家知识产权战略实施、创新驱动发展、国家大数据战略与知识产权强国战略中的作用比较突出，既是上述战略实施的重要组成部分，又能够为整体上顺利推动上述战略提供信息与制度内容保障，对政府决策、高校研究、企业研发、社会服务具有基础支撑作用。

本章第四、五节主要论证第三个内容，即国家知识产权文献及信息获取的正当性与现实状况。信息获取的对应面是信息公开，两者高度相关。只有信息公开，获取才更为容易。反之，保障信息获取的重要途径是公开。国家知识产权信息公开的理论基础有多重语境，包括透明、公开、法治政府建设所必需的信息公开，科学自由精神、技术推动的现代科学研究基础条件与设施的开放性与现代法治所设计的各类公开机制及政策推进的法治化，分布在法治与人权双重维度。具体论证上，获取不同类型的信息具有不同的理论偏好。

本章第六节旨在阐述第四个内容。在最终意义上，国家知识产权文献及信息只有以融合的数据形式存在，才能发挥最大化价值。或者说，虽然某些信息以文献为载体形式，但是无论是文献还是信息，都在新兴技术的推动下被转换为数据形式，并以更易于搜集、传递、汇交、结构化与检索的方式存在。国家知识产权文献及信息资料库建设的意义在于回应新兴技术的发展，实现数据融合。由于资料库建设对现行技术具有依赖性，并有既有数据库的经验可资借鉴，国家知识产权文献及信息资料库建设具有现实可行性。

通过这四个层次的论述，国家知识产权文献及信息资料库建设的理论基础与现实可行性得以证成，并为后续章节的展开提供了正当性。

第一节 国家知识产权文献的信息化

知识产权文献是用文字、图像、符号、音视频等符号手段记录、保存与知识产权有关的知识的一切载体，是记录、积累、传播、继承与发展知识的最有效手段，[1]是人类社会获取与知识产权相关信息情报的最基本、最主要的来源，也是交流知识产权信息情报的物质基础。从通信系统观察，知识产权文献构成了知识产权信息系统中信源与信宿的物质载体，从信源传输到信宿的则是知识产权信息。信息具有流动特质，能够将知识产权文献动态化，从而产生价值。对文献进行信息化，实际上是为传播目的，以文献的结构化、数字化为手段，突破知识产权文献的载体约束，突出在通信系统中传输信息的一种方法。

一、国家知识产权文献及信息的界定

（一）文献及其特征

从用语考察，“文献”在英文中是 literature，在德语中是 Literatur，在西班牙语中是 La literatura，三者具有相同的词根。日语中的文献也是“文献”一词。我国关于文献的含义经历了三重变化。文献原指典籍与贤人，即“文”是指记录各种典章制度的文字资料，“献”通“贤”，是指见闻广博、熟悉掌故的人；后专指具有价值或与某学科相关的图书文物资料。现在，文献是记录知识的各种载体的统称。根据 GB/T4894-1985 的定义，文献是记录知识的一切载体。这一定义与文献的今指是一致的，均包含两个方面的内涵，即知识与载体。知识是文献的核心，是文献具有价值的基础。载体是保存知识的物质质料，是文献的外在形态，比如载有文字的甲骨、简帛、金石、拓本、书籍、期刊、图谱、微缩胶片、音像资料等。而且，“载体”是文献的种属性。

文献具有如下几个方面的特征：第一，文献是知识记录与传播的重要媒

〔1〕 参见崔贞：“对高校图书馆及文献信息资源的供给与读者需求的探讨”，载《经济研究导刊》2011 年第 9 期；成蓓：“浅谈开发利用地方文献资源的有效措施”，载《科技情报开发与经济》2012 年第 16 期。

介。文献的内容多是人类科学技术研究、人文思考的最终形式，是人类在一定发展阶段的智慧结晶。由于文献载体具有永久性，人类认识自然与社会的各种知识可以跨越时空而传递。第二，文献反映了人类的科技文化发展水平。从甲骨、金石、简牍到纸张，再到磁带、光盘、硬盘等，这些文献载体形式的发展与科技发展息息相关；同样，记录文献的工具也与科技发展紧密相联。在甲骨文时代，人们记录知识的方式只能是使用刻刀等工具；在印刷术之前，人们记录知识的方式只能是手工抄写。第三，文献是人类从事进一步研究的基础。人类文明是在知识积累的基础上逐步向前发展的，任何在后成果的取得都得益于前人的探索与贡献。文献作为知识积累的重要手段，是连接前人与后人的桥梁。英国科技史学者李约瑟就是在研究中国古代科技文献资料的基础上，花费数十年时间撰写了举世瞩目的《中国科学技术史》。

（二）国家知识产权文献及其特征

立足于文献的种属性，国家知识产权文献只是将文献限定在我国的知识产权范围，因而可以将国家知识产权文献界定为记录我国与知识产权有关的知识的一切载体。这一定义意在强调文献内容与知识产权的关联，揭示了两方面的内涵：一是具有产权特征的知识内容，例如各类作品、技术文献、注册商标、集成电路布图设计等。研究知识产权的各类知识，包括法律研究知识、管理研究知识、经济学研究知识等，也属于该类知识。二是描述知识产权的知识内容，例如法律及相关解释、政策文件、权利文件、司法文件、管理文件、运用文件等。其中，第二层含义上的国家知识产权文献的核心是知识产权制度文献、状态文献、技术文献与作品等。

除了具有文献的普遍特征外，国家知识产权文献还具有如下几个特征：第一，内涵具有层次性。国家知识产权文献的一部分是具有产权的知识，其内涵是人类的增量知识；一部分是记录知识产权的知识，其内涵是记录知识产权。后者是前者的制度性信息。第二，形式具有分散性。国家知识产权文献的载体形式包括印刷型、微缩型、计算机阅读型与声像型等，每一类型的文献都包含大量的与知识产权有关的内容。由于分散性，文献的结构化特征不明显，知识关联存在很大障碍。第三，主体具有多样性。国家知识产权文献的拥有主体既有公共机构，包括国家知识产权局、国家商标局与国家版权局等，又有企事业单位，还有私人主体，包括知识产权研究学者、权利主体等。部分知识产权文献则属于公共资源，如知识产权立法、司法文献，不由任何主体所拥有。

（三）信息及其特征

从用语考察，英语、法语、德语、西班牙语中的“信息”均是“information”一词，日语中是“情报”。我国古代称之为“消息”，目前我国台湾地区称之为“资讯”，大陆地区称为“信息”。随着信息社会的到来，不同学科对信息有不同的理解与阐释。信息论的奠基人香农从作用的角度提出了信息的概念，即信息是消除随机不确定性的东西。研究信息科学的学者从形式角度界定信息，认为信息是电子线路中传输的信号。控制论创始人维纳从过程的角度界定信息，认为它“是人们在适应外部世界并反作用于外部世界的过程中，同外部世界进行互相交换的内容和名称”。〔1〕经济管理学界则普遍认为信息就是提供决策的有效数据。这些都被各个学科视为经典性定义加以引用。据辞海的解释，“信息”一词有两重含义：一指音讯或消息；二指通信系统传输、处理和分析的对象，泛指消息和信号的具体内容和意义。〔2〕

信息具有如下特征：第一，可识别性。不同的信息源有不同的识别方法，大致包括直接识别、间接识别和比较识别等方法。随着科学技术的发展，人们识别的信息范围逐步扩大。现代的信息大都是通过间接识别方式获取的，即利用各种科学仪器与测试手段来识别并记录。第二，可存储性。信息的存储介质有很多，包括结绳、纸张、胶卷、计算机等，甚至人的大脑也是一个信息存储器。不同的存储介质决定不同的信息加工、挖掘、分析、传递与获取方法。第三，可扩充性。不同的测试方式与测试技术可获得不同的信息，从而使得单个信息与信息整体得以丰富与扩充。信息的可扩充性是由获取方式具体实现的。第四，可流动性。信息随着物质与能力的传递而流动。流动性是信息的本质特征。只有信息流动，才能实现信息分享，从而产生相应价值。语言、表情、动作、眼神、书籍、报刊、广播、电视、无线电信号、电话、电报等都是人类可用的信息传递方式。第五，可压缩性。人们通过加工、

〔1〕陈雅芝等编著：《信息检索》，清华大学出版社2006年版，第3页；陈翔：“创新知识空间是我国科技期刊走出困境的关键”，载《中国科技期刊研究》2011年第4期。

〔2〕《辞海》（第6版），上海辞书出版社2010年版，第2122页；李黎明：“会计信息失真概念研究分析”，载《知识经济》2011年第4期。

整理、概括、归纳等方法可以精炼相关信息，从而达到信息压缩的效果。第六，可转换性。信息可以从一种形式转变为另一种形式。也正是由于信息具有可转换性，国家知识产权文献才可以从纸质信息、磁介质信息转换为数字信息，从而实现信息化。第七，可量化性。信息量的单位与信号单位相关联，因而被等同替代。一个二进制波形（码元）的信息量正好等于1比特。第八，信息的量值与其随机性之间存在一定关联性，接收端若无法预估消息或信号中所包含的内容或意义，其预估的可能性越小，信息量就越大。[1]

（四）国家知识产权信息及其特征

知识产权信息是一个宏大范畴，具有多层次性，既包含客体意义上的信息，即知识产权的内涵信息，又包含本体意义上的信息，即围绕知识产权产生的信息。因而知识产权信息的含义有广义、狭义与最狭义之分：在广义上，知识产权信息可以指与知识产权有关的所有信息；狭义的知识产权信息仅指与知识产权有关的制度、经济及技术信息，例如专利申请人和专利权人、专利法律与授权政策、专利技术文献、技术贸易、商标权人、商标权状态、作者与著作权人、作品与著作权法律等；最狭义的知识产权信息仅指作品、专利、商标、集成电路布图设计等能够体现为信息的知识产权客体。知识产权的客体具有无形性，关于客体的性质存在信息说、知识说以及知识产品说等不同观点。从信息的角度看，知识产权的客体可谓是一种关于技术、工商业经营商誉以及文化的创新性信息。

从外延来观察，知识产权信息有不同分类。以信息来源的不同作出划分，国家知识产权文献及信息既包括政府文献及信息，又包括企事业单位与个人文献及信息。以知识产权的类型为标准进行分类，有多少种知识产权类型，就有多少种知识产权信息，比如著作权信息、专利信息、商标信息、商业秘密信息、集成电路布图设计专有权信息、植物新品种权信息、地理标志信息、原产地名称信息等。结合我国的研究状况来看，知识产权信息可以分为制度信息、客体信息、状态信息、经济信息、事件信息、研究信息与机构信息等类型。制度信息是关于知识产权的法律、法规、规章、其他规范性文件、国家政策及其执行的信息。客体信息是指具有信息属性的作品、发明创造、商标、外观设计、集成电路布图设计、植物新品种等。尤其是专利技术信息，

---

〔1〕 参见黎利云："张楚廷'五I'课程思想研究"，湖南师范大学2014年博士学位论文。

由于专利具有“以公开换取垄断”的契约性质，专利文献包含了各个行业领域比较新颖、富含创意的新技术方案，是技术发展方向与发展态势的综合信息。状态信息是指描述知识产权确认、无效、撤销、终止等法律状态的信息。经济信息是指以知识产权的资产属性为基础，通过依法予以运用并获取收益的一切经济活动信息，比如转让、许可、质押、信托、投资、证券化、保险、拍卖等。事件信息是指在知识产权的创造、运用、管理与保护过程中，作为事实予以记载而产生的信息。研究信息是描述研究者从事与知识产权有关的科学研究所依托的项目以及所形成的文字成果的信息。机构信息是指描述从事与知识产权有关的工作的机构及其人员的信息。

二、国家知识产权文献与信息的关系

国家知识产权文献与信息具有互动性联系，两者的关系如图 1-1-1 所示。首先，国家知识产权文献是国家知识产权信息的重要来源，比如知识产权立法文献是相应立法信息的重要来源，国家知识产权研究文献是相应研究信息的重要来源。在这一层面上，文献与信息是形式与内容的关系，知识产权文献是获取知识产权信息的载体，反映出相关信息的侧面或全貌，知识产权信息是知识产权文献的内涵，规定了文献的性质与内容。可以说，知识产权文献是知识产权信息载体的另一种表达方式。理解这种关系，对于知识产权文献的信息化具有重要意义。对知识产权文献的开发必须以其承载的信息资源的价值来确定。其次，国家知识产权文献的属性就是文献性信息。国家知识产权文献可以从不同视角进行测量，从而产生定量信息。例如，“知信通”收录的著作权法律法规，具体分布如表 1-1-1 所示，这些就是与知识产权有关的信息。最后，信息突破了文献所暗含的载体约束，将有载体信息与无载体信息都包含在内。有载体的信息与文献可以等同，无载体的信息则独立于文献之外。比如单个的知识产权代理机构信息、知识产权百科词条等都是一个个具体的信息，只有被收集并整理在一起，无论是在纸介质上出版，还是存储于电子介质，才会成为知识产权文献。因此，信息被人们发现并被有序化组织后，就可以成为文献。

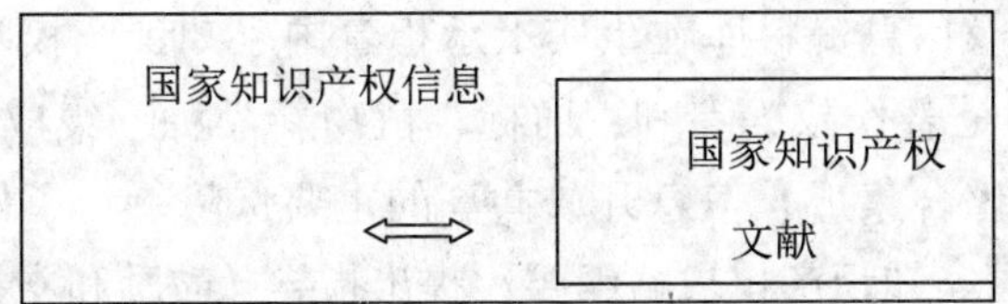

图 1-1-1　国家知识产权文献与国家知识产权信息关系图

表 1-1-1　"知信通"收录著作权法律规范数量分布表

规范性法律文件的性质	数量
法律	33
行政法规	47
司法解释	130
部门规章及部门规范性文件	509
地方性法规	130
地方政府规章及其他规范性文件	410
国际条约	14
立法草案及说明	4
外国法律法规	10
其他	23

可以说，国家知识产权文献与信息相互补充。人们通过发现、挖掘、捕捉与测量等方式获取各类信息，经过拣选、组织与描述可以产生相关文献，从而将信息转变为显性知识的载体，即文献。在记录、积累知识的过程中，文献又记录了人们探索与发现的历程，形成新的信息。在这一过程中，知识产权文献与信息的量值不断加速增长，形成了信息爆炸的态势。

在这种关系中，国家知识产权文献向信息化方向发展是当前的紧迫任务。一方面，在信息社会的大背景下，国家知识产权文献的信息化是应对时代挑战的唯一选择。唯有信息化才可以推动国家知识产权文献与信息的互动，即只有先将传统介质的文献转变为信息技术可识别的形式，才可以借助现代信息技术实现信息量值的增加与处理，才可以在知识的关联中产生更多的可记录文献与信息。另一方面，2008 年 6 月 5 国务院发布的《国家知识产权战略纲要》明确了国家知识产权信息建设的重要性，给其确定了主题与基调。国家知识产权文献及信息资料库在事实上承担着国家知识产权基础信息公共服务平台的职能，是著作权、专利、商标、植物新品种、集成电路布图设计、地理标志等资源整合集成、信息开放共享的重要保障。为了保障国家知识产权信息安全，《国家知识产权战略纲要》提出指导、鼓励和支持各地区、各行业、各服务机构和企业开发适合我国检索方式与习惯的通用检索系统与符合自身需要的知识产权信息库。在信息服务上，纲要明确提出了市场化发展与增值性信息开发利用的思路，将信息服务的底线与发展空间清晰地勾勒出来。总之，我国的知识产权信息化建设依然是一个薄弱环节，从文献出发的国家知识产权文献及信息资料库建设实际上偏向于知识产权信息建设。

三、国家知识产权文献信息化的必要性与可行性

（一）国家知识产权文献信息化的必要性

知识产权制度是对知识资源或者智力创造成果以及工商业标记进行确认、开发、管理、运用与保护的基本制度，其运作机理在于通过明确主体对智力创造成果的权利，调整人们在创造、运用知识和信息过程中产生的各种利益关系，促进信息传播，激励创造与创新，推动经济文化事业发展和社会进步。当今社会，伴随着知识经济模式多样化和经济全球化趋势，知识产权制度成为国家创新政策的战略工具，也成为国家开发战略资源、掌握国家发展主动权、打造国际竞争力、转变国家发展驱动方式的关键支撑，因而国际社会更加重视知识产权。“发达国家以创新推进经济发展，并利用知识产权制度保护其竞争优势，发展中国家也积极运用适合本国国情的知识产权政策和措施，促进自身发展。”[1]

在企业层面，知识产权是企业的重要战略资源，也是企业参与国内外市场竞争的利器。知识产权在市场竞争中的巨大作用和经济价值越来越被富有活力的企业和富有远见的企业家所重视。现代企业在经营活动中非常重视知识产权价值的培植和维护，注重知识产权与商品质量的内在联系，关注专利、著作权与商标的紧密联合，以质量创造名牌，以商誉赢取市场，同时完善知识产权管理工作与制度，通过知识产权战略的实施来开展市场竞争。大量拥有、高效运用、精细管理、积极保护知识产权，是超一流企业的首要标志。

---

〔1〕 黄守峰：“知识产权服务体系加速企业自主创新”，载《创新科技》2014年第13期。

知识产权也是我国企业参与国际市场竞争的战略武器。企业的知识产权拥有量、使用情况是进军国际市场的关键筹码，是赢取国际市场声誉的基本条件，也是占据国际竞争优势的根本保障。虽然不同类型企业拥有的知识产权类型不同，但是国际知名企业都拥有优质的知识产权。

同时，当今世界信息化已经是不容回避的时代主题，已经成为推动经济社会变革的中坚力量。在我国，加快信息化进程是执行“互联网+”行动计划，提高信息在“中国制造2025”规划中的价值的战略举措，对建设创新型国家有深远的意义，是实现中华民族伟大复兴梦的迫切需要和必然选择。国家知识产权信息是信息产业的重要组成部分，也是支撑信息产业发展的基础设施。国家知识产权信息化影响到信息化建设大局，在国家信息化建设战略中举足轻重。

因此，无论是信息化战略，还是知识产权战略或者创新驱动发展战略，都将服务保障的焦点聚集于知识产权文献及信息上，是国家战略的重中之重。可以说，知识产权文献信息化是由知识产权信息的法律价值、资源价值、产业价值等几方面因素决定的。知识产权文献信息化加快了文献所记载的信息的传播速度，真正实现了知识产品的零或者趋零边际成本。全面开发知识产权资源、灵活运用与知识产权相关的信息、促进社会创新与知识产权信息产业的发展必然要求知识产权文献信息化。

（二）国家知识产权文献信息化的可行性

我国的知识产权信息化建设已经在国家行政机关层面上起步，知识产权信息公共服务为法律法规、政策、司法文件、执法信息与客体信息的检索提供了相当程度的便利。在我国现有的文献及信息资料公开体制中，国家立法机关积极公开知识产权立法过程信息，加强法律条文的解释性工作，并初步建立了法律法规检索系统；知识产权行政机关根据各自的职权范围或多或少建立了知识产权制度信息公开栏目、技术与商标检索与查询系统，并定期公开执法信息、发布年度公报；国家司法机关也积极主动公开司法政策与裁判文书。这些信息公共服务对实施知识产权战略具有强有力的支撑作用。

国家知识产权文献的信息化有明确的法律解决方案。首先，大部分文献是不享有著作权或者已届保护期的作品，将其信息化或者数字化不构成著作权法意义上的复制，比如将全国人大的立法文献与各级法院的司法判决数字化并予以标引，根本不会引发侵权问题。知识产权历史资料也是公知信息。

其次，对享有著作权的知识产权文献，可以通过信息描述的方式来整理，提高信息传播的效率。而且，国家知识产权文献信息化的成果还可以作为数据库获得应有保护。

在现代技术条件下，国家知识产权文献的信息化有比较充分的技术支持，并能够根据社会需要进行技术深加工。其中，比较核心的是数据库技术与存储技术。数据库技术是利用数据库的结构、存储、设计、管理以及应用的基本理论和实现方法来对数据进行处理、分析和理解的技术。目前，经历三代数据库系统的发展后，数据库与产业应用的结合已经越来越紧密。随着理论研究的持续深入和数据库技术在工程、统计、科学、空间技术、地理等实践工作中的应用，数据库技术将会更多地朝着专门应用领域发展。数据存储技术，即以某种格式记录在可供计算机识别与读取的电子介质上的技术。目前，数据存储的速率越来越高，数据存储的空间越来越大，并已经出现了比较成熟的云存储技术。这将会为国家知识产权文献及信息的数字化传输提供切实可行的支撑方案。

第二节　国家知识产权信息的属性

知识产权信息是一种战略资源。由于包括国家知识产权信息在内的任何信息本身具有非物质性、独立性、无损耗性、非排他性与非竞争性等特征，在原初状态下，任何人都可以利用已经公开的国家知识产权信息，且不会对其他人的使用产生任何损害。在法律框架内，知识产权信息可以分为两部分：一是不享有著作权的信息，包括立法与政策信息、行政确权与执法信息、司法判决与司法政策信息、历史事件；二是已经被确认了归属，无法再成为公共资源的信息，例如作品、商标等。同时，对信息的收集、分类、整理、梳理以及体系化等分析处理行为能够产生新的效用，为某行业或者领域带来某种使用价值，能够重新纳入著作权法的调整范围，即通过信息的结构化实现信息的产权化。因而，国家知识产权信息在公共领域与私人领域之间来回穿梭，具有“时空分裂”特征。一方面，利用公共领域的信息创造的新效用并没有在实质上改变知识产权信息的信息特质，依然保留公共物品特性；另一方面，在财产法的框架内，信息已成为典型的商品并在财产体系中占有重要位置。这一特征决定了国家知识产权信息具有公共产品属性与商品属性。

一、国家知识产权信息的公共产品属性

信息的非排他性与非消耗性决定了知识产权信息的公共产品属性。对信息的占有实际上是对信息使用的专用，不是一种自然占有。正是信息的这种价值与载体的分离特质造成了信息的非排他性和难以控制性。信息使用不具有排他性，并且不同个人的同时使用不会减损信息价值，反而会增加社会静态福利。信息的使用也不会产生消耗，但是会根据市场竞争优势或者需求状况而有所损益。

（一）公共产品理论分析框架

公共产品理论是可以用来分析政府与市场关系的一个理论体系。萨缪尔森的公共产品概念是：在消费过程中同时具备非排他性和非竞争性的产品。[1]非排他性的含义是，一旦进入消费环节，任何主体都可以零代价消费该种产品。非排他性包含三层含义：①独占消费零可能，即任何人都不可能不让别人消费它，即使有独占消费的主观意愿，在技术上或者成本上也不具有可行性；②消费必然性，即不论在主观上是否接受，任何人都要消费它；③无差别式消费，即任一主体均恰好消费相同的数量。非竞争性是指，一旦公共产品进入消费环节，消费主体个数变化不会影响主体的收益情况，也不会改变社会成本，新增消费者使用该产品的边际成本为零。[2]

根据产品是否具有竞争性与排他性，社会产品可以分为纯公共产品、公共资源、俱乐部产品与私人产品四类。但是，对公共产品的划分标准也不是绝对的，要取决于市场和技术条件。[3]如果市场或者技术没有很好地满足公共产品的供给，则会造成经济学上的“拥挤”问题，从而影响或改变公共产品的属性。因此，按照公共产品属性分析国家知识产权信息，需要从竞争性与排他性两个维度对不同类型的信息进行分析，并兼顾其他社会因素对这两个要素的影响。

---

〔1〕李中义、胡续楠：“公共产品的特征、均衡及其有效供给”，载《国有经济评论》2014年第2期。

〔2〕黄恒学主编：《公共经济学（2009）》（第2版），中国经济出版社2009年版，第93—94页。

〔3〕李中义、胡续楠：“公共产品的特征、均衡及其有效供给”，载《国有经济评论》2014年第2期。

（二）国家知识产权信息的公共性分析

信息是世界一切事物存在方式与运动变化等属性的外在表征。对事物的认识与控制必须借助于事物所传达出来的信息。人们对事物信息的识别与分析能力，是知识深度与宽度的决定性因素。在这一层面上，信息是人们获取知识的源泉，是知识积累与传承的重要基础。社会中的人主要通过信息的传播、交流与接受来实现求知欲望、自由研究、知识的传承与创新。信息识别、捕捉与传递也是社会知识发现的基础。在知识渐进式的演变过程中，信息发挥了至关重要的作用。基于这种内在关联，知识的公共属性决定了信息的公共性。知识与信息如同生存所必需的空气、水与食物一样，存在于社会之中的任何一员都有获得的正当诉求与天然权利。当然，为了激励创造，将一部分知识赋予一定私人产权也是允许的，不过这并不妨碍通过限制私人产权来实现公共性。

在宏观上，国家知识产权信息包括制度信息、客体信息、状态信息、经济信息、事件信息、研究信息与机构信息等类型，是信息群体的一部分，原则上应当具有信息的公共性。即便是为了建立信息的供给激励机制，信息被部分产权化，公共性也在产权化的信息中存在一席之地。在微观上，这些类型的信息是否具备公共性，还可以从公共产品理论确立的分析框架得到阐明。

知识产权制度信息主要指相关法律法规及其解释、规章、政策等内容。知识产权制度产生于人与人之间关于智力创造与工商业活动的交往实践，是保证人与人之间有序合作、知识共享的规则体系，是各类与知识产权有关的生产关系在思想范畴的体现。知识产权制度构成了人们从事知识创造与工商业活动的社会环境，是人们相应交往的社会力量与社会机制。任何人不可能独占这种制度信息，而且独占不会产生任何意义，一旦制度成为个人性的，就不会对其他人产生约束力，也就不能再称之为制度。不仅如此，一旦制度形成，人们就处在制度的“枷锁”之中，无法逃避，也无处躲避。制度信息对赞同者与反对者都有同样的消费价值。制度信息对任何包含的价值量都是相等的，不会厚此薄彼，分配不均。知识产权制度的社会性本身就是公共性。甚至可以说，任何制度都具有公共性。“制度具有公共性的本质，它不仅具有公共性的价值，而且也要求按照制度的这种公共性要求来进行制度安排。”[1]

---

[1] 贾英健：“制度的公共性本质及其公共性的制度安排——马克思的制度公共性思想探析”，载《理论学习》2008年第3期。

知识产权客体信息包括具有信息属性的作品、发明创造、外观设计、商标、厂商名称、地理标志、集成电路布图设计、植物新品种等。这些客体本身就是对事物信息识别而产生的认识成果，同时也包含了丰富多样的文化表达、诚信企业经营的商誉以及先进技术方案。如果没有知识产权制度，只要被创造出来，客体信息就具有非排他性与非竞争性，任何人都可以不付任何代价且能够消费，任何人的使用均不会减损他人的使用，也不会阻碍他人的使用，且任何人的消费都不可能减损其他人可接受的信息量。可以说，信息能够带来较大的正外部性，促进社会整体知识水平的提高与社会进步，具有较大的社会福利。这也是知识产权制度的反对者们认为现代知识产权制度阻碍信息传播的初衷。不过，这种状态不会产生动态运行机制。因为如果没有充分的激励机制，人们就没有足够的动力去从事客体信息的创造，也就不会产生大量的增量知识，从而在整体上拖累社会知识消费与积累。为了扭转这一局面，知识产权制度得以构建，作为激励机制，知识产权将增量知识在一定期限内赋予知识的创造者，包括作者、发明者、设计者等，同时设定了信息公开的法定义务。在法定期限内，增量知识被产权化，就意味着个人可以控制作品的消费，从而产生排他性。在竞争性方面，新增消费者的边际成本几乎是零，生产者不需要额外的知识生产成本，因而知识产权制度下的增量知识不具有竞争性，具有排他性，是典型的俱乐部产品。由于这种排他性是人为设计的，制度中的专有权属性就成为俱乐部产品特征表现明显与否的关键。专有权的垄断特性越强，越具有明显的排他性，俱乐部产品的特性就会越显著。专利信息的俱乐部产品特性就比作品信息的要强。

知识产权状态信息是知识产权制度产生的关于客体的法律状态的信息，是公开换取产权制度设计的重要组成部分。无论是权利确认、无效、撤销还是终止，都是客体的法律描述。这一信息是制度执行的产物，虽然与制度存在一定区别，却具有制度信息的非竞争性与非排他性。首先，状态信息是关于特定权利人有期限的垄断权的具体描述，只有广为周知，公众才可能知晓权利人，才可能予以尊重，这是产权的自身特性所决定的。其次，这类信息是行政机关依法行使行政职权过程中产生的非保密性信息，按照政务公开原则，应当予以公开并接受公众监督。也即，不仅不应当有人对这一信息享有排他性权利，而且应当排除其他任何人对其的任何权利。同时，状态信息消费也具有非竞争性，不会增加边际成本。因此，状态信息是典型的公共产品。

知识产权经济信息是知识产权人与特定人之间关于知识产权运用的信息，应当属于非竞争性、非排他性信息。一方面，虽然部分主体在进行知识产权经济活动时产生的信息限于特定人知晓，但是一旦信息泄露，他并不享有排他性权利，无法阻止他人的二次传播。另一方面，这类信息的状态受具体环境的影响，比如合同的私密性、信息的分散性等，但是这只是加剧了信息开放共享的难度，并不会影响到性质。

知识产权事件信息在整体上是不受著作权保护的事实消息，是与知识产权有关的事实的记录。这类信息与经济信息一样，受制于信息的传播技术与方式，在信息获取上或许存在难度，但在特性上是一致的。知识产权事件信息是任何人都不能享有产权的，每增加一个人的消费都不会增加边际成本的公共产品。这是公众获取信息权决定的。

知识产权研究信息是指与知识产权有关的研究文章、研究项目等信息。这类信息可以分为两部分：一部分是享有著作权的作品，属于典型的客体信息，具有俱乐部产品的特性；一部分是对研究文献、科研项目的描述。由公共财政资金资助的项目，通常允许公开竞争申报，申报结果向社会公开，接受公众监督；由私人、横向委托资助的研究项目，取决于双方在协议中的约定，有些项目属于公开项目，有些项目则仅限于委托人与受托人知晓。无论是何种情况，这些内容只是决定了信息获取的难度，并不会对信息的非排他性与非竞争性产生影响，因而是公共产品。

知识产权机构信息是社会服务机构的描述，向社会公开。知识产权机构提供的服务的社会性决定了这类信息是以公众获取为目的的，不仅不允许私人机构独占，而且尽可能地予以公开。同时，获得信息的人每增加一个，并不会增加信息消费的拥挤程度与成本。因而，机构信息应当属于公共产品。当然，并不排除某个个性化的服务机构由于供不应求而产生拥挤，这是例外情况。

总体而言，国家知识产权信息的原始属性是公共产品，不具有排他性与竞争性。但是，知识产权客体信息是社会科学技术、艺术创造及工商业活动过程中产生的包含在人类知识网络中，又改造着人类知识网络的信息，被人们的制度要素改变，成为俱乐部产品。

二、国家知识产权信息的商品属性

在信息社会，国家知识产权信息既有普通商品的一般特征，例如包含了人类无差别的劳动，又由于受到信息特征的影响而具有特殊性，因而是具有共享性、时效性、不对称性、间接性与层次性的信息商品。〔1〕国家知识产权信息是可以交换的劳动产品，但同时又是人类的制度产品，这两者的结合构成了信息商品的正当性基础。

（一）信息的商品属性

在人类社会的早期，由于生存压力、信息处理技术等方面的限制，物质资料是最重要的生产生活资料，人类的经济活动主要围绕物质资料而展开，信息在其中发挥的作用比较有限，因而不具有交易价值。在近代社会，经济理论越来越强调社会分工在提高劳动生产率方面的作用与价值。受此影响，人类生产活动的分工越来越细，并直接产生体力劳动与脑力劳动的分离。脑力劳动的成果表现为信息，比如技术方案、科学知识、商业标识等。随着脑力劳动的价值得到认可，脑力劳动与体力劳动的分工逐步加强，专门运用脑力劳动从事智力成果开发与利用的行业悄然兴起并蓬勃发展起来。物化于商品中的智力成果与商品的物质成分成为商品的两大重要组成部分，并相互独立。在某种情况下，信息成分的价值大大超过物质成分，比如电报技术就比电缆、电报机的零部件更为重要，是电报技术将这些物质材料整合在一起。知识产权就是在这种经济发展阶段出现并成为社会的重要资源的。到了现代社会，随着信息科学技术革命的升级换代，商品中的物质成分以及自然社会的独特信息成为新型商品。现代通信技术、信息处理技术为信息在经济活动中发挥商品作用提供了更雄厚的物质基础和技术支持，大幅度地扩展了信息交流的规模，增加了信息商品化的深度和广度，确立了信息商品的坚实地位。〔2〕

作为商品的信息具有一般商品的价值规定性，即信息必须是劳动产品，无论是额头出汗的收集，还是灵光一闪的构思，都是劳动成果；信息必须能够满足人们的某种需要，必须用于交换。因而，信息商品是用于交换的信息产品。

虽然信息商品体现了人类无差别的劳动，但是信息商品的价值实现则并不完全体现这种劳动量。信息商品的价值实现与信息使用者的素质、信息使用技术相关，一个高素质的使用者利用先进的信息分析技术可以获得较高的

---

〔1〕 张伟："论信息市场的管理"，载《沈阳师范大学学报（社会科学版）》2004年第3期。

〔2〕 王学东、唐军荣："论信息产品向信息商品的转化"，载《特区经济》2005年第12期。

信息价值，而一个素质较低的使用者使用普通技术所可获得价值可能只是前者的几分之一、几十分之一。正是由于信息商品的预期收益依赖其他要素，信息商品的价值实现才与劳动时间相分离，具有相对独立性。

（二）国家知识产权信息的商品属性

国家知识产权信息被视为有价值的商品，在性质上类似于“水被加工成瓶装矿泉水销售”。就目前而言，国家知识产权信息分散化、搜索成本高、结构化信息缺失等问题普遍存在。将这些闲散的信息挖掘出来予以结构化，本身就是一个需要耗费很多劳动量的复杂工程，是劳动付出的结晶。而且，这些信息对知识产权研究者、工商企业、事业单位、高校、服务机构与司法部门等都有较大价值，是不可多得的宝贵资料。这就满足了根据劳动价值论所确立的商品属性。只是信息出现在商品与服务无限交替呈现的信息产业中，而后者只是一个闭环销售的商品。

同时，信息服务者通过定制模式满足了用户的需求，通过人性化的便捷式检索设计，提高检索效率并降低搜索成本，或者通过自己的信息分析方法向用户提供可接受的结果。从注意力经济学的视角可以很好地理解这一过程。在信息爆炸的社会，人的注意力是稀缺资源。将有限的注意力集中到最有价值的事情上，是注意力资源价值最大化的必要方式。最有价值的事情一定是信息杂质最小的事情。结构化的、定制化的信息对用户而言是价值量最大的信息，可以通过节省注意力资源降低用户的成本，从而证成信息商品化。

从信息产业的特殊性分析，国家知识产权信息也具有商品属性。知识产权信息产业是通过需求者、信息提供者与服务者等一系列主体的交流互动与协作，完成价值再造的产业。在交流互动过程中，不同主体对信息的甄别、挖掘、收集、整理与分析以及技术标准有不同要求，就会产生不同的服务需求，从而产生具有个体差异性与定制化特色的商品，商品又会通过服务驱动价值，增强服务的连续性、针对性、效率与价值。知识产权信息产业将服务与商品有机融合起来，不会一次性让渡信息的使用价值取得交换价值而消灭掉价值创造，而是在服务与商品的循环往复中持续进行下去。作为知识产权信息产业内核的信息，是产业价值生生不息的载体，既是服务的依托，又凝结为商品形态。从过程来看，信息具有商品的属性，服务使信息的商品价值得到了最大程度的发挥，并源源不断地创造新生价值。早有观点指出，知识产权信息是经验商品。消费者必须知道这些商品是什么、质量如何、内容及服务是怎样的，才能决定自己的“货币选票”的投向。[1]事实上，货币投向只是商品与服务循环关系的开始，这一关系将决定货币投向的持续性。

根据价值创造逻辑，国家知识产权文献及信息资料库作为信息产业的一个基本项目，其建设过程旨在充分调动服务提供者与需求者之间的交流对话热情，提升交流对话的效度与层次，以信息为依托，融化商品与服务的闭环，打造开放的、共生的、价值再造的甚至是自组织的价值链。为此，国家知识产权文献及信息资料库建设研究以问卷调查的方式启动，充分吸收各个研究领域的智慧，增设知识产权信息交流版块，足以彰显知识产权信息服务的个性化与融合化的基本考量。

第三节 国家知识产权信息建设的作用

国家知识产权信息建设是服务政府决策、高校研究、企业研发、社会服务的重要工程。公开、组织、汇交、分析与知识产权有关的科技、商业、法律等信息，是推进国家知识产权战略、实施创新驱动发展与国家大数据战略的根本，是企业获取市场竞争力的基础与保障，也是在信息社会中对知识产权信息资源进行消费的主要内容。

一、国家知识产权信息建设在实施创新驱动发展战略中的作用

创新战略是党中央、国务院一以贯之的重大决策。早在20世纪90年代，时任国家领导人就高度重视创新的作用。十六届五中全会决议提出了建设创新型国家战略。国家“十二五”规划明确了科技创新在经济转型升级中的关键作用，将其作为国家经济发展的重要驱动力。党的十八大报告指出，要将科技创新摆在国家发展全局核心位置。中共中央、国务院《关于深化体制机制改革加快实施创新驱动发展战略的若干意见》全面系统规划了我国经济新常态下创新驱动发展的愿景目标、实施方式与保障机制。2015年5月27日，习近平总书记在华东七省市党委主要负责同志座谈会的讲话中全面阐述了创新体系的构成与创新驱动发展的内涵。党的十八届五中全会决议将创新延展到理论、制度、科技、文化等各方面，提出了全面创新的理论体系。

---

〔1〕刘云：“信息商品盗版现象的经济学分析与对策”，载《经济学动态》2003年第10期。

国家知识产权信息建设是信息公共服务与法律政策公共服务的重要结合点，是提供创新要素、整合创新资源的过程。通过对知识产权信息和资源的运营和服务，知识产权与其他创新要素有机融合在一起，最终优化创新系统。在创新战略的实施过程中，国家知识产权信息建设的作用体现在：

第一，国家知识产权制度信息对提升创新服务的效率具有保障作用。知识产权制度通过赋予权利人一定期限的专有权来促进创新、激励创新，因而是服务创新之法。国家知识产权立法规定了鼓励创新的立法目标，并提供了激励创新的法律框架。《国家知识产权战略纲要》更是将知识产权创造置于核心地位，将引领自主创新作为纲要实施的重点，将财政、税收等政策工具作为服务创新的手段。随着国家实施"一带一路"战略、批准建设自贸区，我国与国际的商品贸易、服务贸易、文化贸易、技术贸易等都会进一步扩大，商品、服务、文化产品与技术等都与知识产权息息相关，是商标法、专利法、著作权法的重要规制对象。知识产权为这些形式的贸易提供了制度保障，保证了市场的有序竞争。在国内，鼓励大众创新、万众创业，按照"激励创造、有效运用、依法保护、科学管理"的方针加强知识产权运用和保护，加大科技创新，在重点领域与优先主题取得技术突破，在前沿技术领域取得新进展，发展包括信息科学技术、新能源与可再生能源科学技术、新材料学科技术、空间科学技术、有益于环境的高新技术等在内的高新科技，都需要知识产权法律制度。知识产权以服务于公益，激励私人创造与投资回报来保障全面创新的迅速推进。国家知识产权信息建设将与知识产权有关的法律信息、管理信息、运用信息、商业信息等汇总起来，形成较为完备的服务体系，有利于优化信息检索与分析，有利于提高法律运用水平与保护效果，也有利于形成稳定有效预期。比如，知识产权司法文书的信息化及其分析将为各级各类司法问题的应对提供精准方案。

第二，知识产权信息商品对创新具有驱动作用。国家知识产权信息建设是将与知识产权有关的内容通过计算机与网络通信技术转变为信息，便利知识产权信息服务。"信息化本质上提供的是降低差异化成本的能力，它使服务的报酬递增，从而产生创新驱动发展的效果。"[1] 以专利信息为例，专利信息直接公布现有专利成果，集中反映了前沿技术的发展态势，一定时期的专

---

〔1〕 姜奇平："信息化与创新驱动发展"，载《互联网周刊》2014年第11期。

利信息是一国或者特定主体科技的主体发展方向与技术阶段指示器，对技术研发、专利布局等具有导向作用，对技术市场具有预测作用。在研究开发立项及开展经营活动前，对专利信息的查询、研究与分析既避免了重复研发造成的资源浪费，节约创新成本，又可以确立研发重点与方向，迎头赶上，参与高水平的技术竞争，也可以改善专利申请质量。再以知识产权执法与司法信息为例，这些内容传达了普遍性、抽象性法律规范所蕴含的具体价值与行为指引，或者创造性地发展了某些权益形式，或者肯定地否决了某些越界行为，并以此界定合法性与非法性及其潜藏的利益边界，从而使行为人对自己所享有的相应权益的保护方式、范围等有清晰预期。行为人依此行为可以获得法律预设的肯定或者奖赏，违法行为可以明确预知应当承担的责任。法律应有的调节作用得到发挥，激励创新的机制也就具有了实际效果。这能够为企业创新保驾护航，对实施创新驱动发展战略有重要的驱动作用。

二、国家知识产权信息建设在信息消费中的作用

近年来，全球范围内信息技术创新不断加快，知识与信息越来越成为重要的资源要素。在信息领域，新产品、新服务和新业态与消费新需求此消彼长，相互激发，已经促成新的消费热点与信息消费新形态。据工信部 2015 年 2 月的数据显示，移动电话用户总数达到 12.9 亿户，其中，移动互联网用户占 68.4%；截至 2014 年 12 月，我国互联网用户已达 6.49 亿户。这些基础设施使得我国信息消费市场规模庞大。居民消费的多元化、智能化与经济社会发展的城镇化、信息化快速融合使得信息消费展现出巨大的发展潜力。为了推动信息消费持续增长，国务院又于 2013 年专门发布《关于促进信息消费扩大内需的若干意见》。

国家知识产权信息建设在信息消费中的重要作用表现在：

第一，知识产权制度信息对信息消费具有保障作用。促进信息消费需要增强信息产品供给能力，积极适应互联网、云计算、大数据等新信息技术热点，加快实施智能终端产业化进程，大力研发智能通信技术、智能电器、家庭智能管理终端等产品；鼓励企业协作研发新型信息消费数字化产品，全面提升集成电路布图设计、制造工艺技术水平；支持智能传感器及系统核心技术的研发和产业化；加强智能终端与语音、信息安全等信息基础软件的开发应用，

大力推广安全可信的关键应用系统，加快实现产品生命周期管理（PLM）、制造执行管理系统（MES）等工业软件产业化。[1] 这些内容离不开现行知识产权法律与管理的保障，包括专利申请、软件登记、集成电路布图设计专有权申请等确权，专利与著作权的许可、转让、资本化等运用，专利与著作权的管理、保护等。国家知识产权信息化可以有效提高确权、用权与维权的效率，节省信息消费的额外成本，提高信息消费质量。

第二，知识产权客体信息是信息消费的重要组成部分。知识产权作为保护新的创造性知识的制度设计，是知识集中储存的重要宝库。"在知识产权规则下，最有价值的知识信息也大多会以知识产权信息的形式予以体现。"[2]以专利文献为例，其中包含已经申请或被确认为发现、发明、实用新型和工业品外观设计的研究、设计、开发和试验成果的有关资料，以及保护发明人、专利所有人及工业品外观设计和实用新型专利证书持有人权利的有关资料的已出版或未出版的文件（或其摘要）。这些内容基本上涵盖了存量技术知识的全部领域。由于知识具有承继性，新知识的产生常常离不开现有知识的启迪与诱导。这些内容就是重要的信息宝库，是为了新知识增长而进行信息消费不可或缺的方面。甚至可以说，如果缺乏对专利技术文献的检索、分析与借鉴，新技术知识的增长是不可能实现的。在客体意义上，知识产权信息消费是对知识产权客体的消费，集中于对信息所包含的知识的消费。

在结果意义上，知识产权信息建设可以有效提高信息消费能力。在信息社会，个人的不断完善与发展，个人价值的自我实现与社会实现，离不开强大的信息获取、分析与使用能力，离不开知识获取能力。知识与信息是个人的规定性条件，也是区别性条件。信息与知识的获取能力决定了信息与知识的占有程度，占有程度决定了个人的能力大小与发展方向。知识与信息消费能力的提高依赖完善的知识信息服务供给，特别是基本的公共服务供给。[3] 知识产权信息建设是信息供给的基本内容，它有效改善了信息与知识的获取环境，在根本上提升了信息与知识消费能力。

---

〔1〕 参见国务院《关于促进信息消费扩大内需的若干意见》（国发〔2013〕32号）。

〔2〕 参见付夏婕："信息自由视域下的知识产权信息公共服务探析"，载《知识产权》2015年第5期。

〔3〕 参见付夏婕："信息自由视域下的知识产权信息公共服务探析"，载《知识产权》2015年第5期。

三、国家知识产权信息建设在国家大数据战略中的作用

现代信息社会的发展有三个明显的阶段性变化：计算机实现了信息的可读化与可计算化，互联网实现了信息的全球传递与代际传递，大数据则实现了信息的分析与预测。大数据是信息的底层，将信息推向更为基础的数据。2011年，麦肯锡全球研究院发布的研究报告《大数据：创新、竞争和生产力的下一个新领域》（The Big Data：The Next Frontier for Innovation，Competition and Productivity）指出：大数据已经渗透到当今每一个行业和业务职能领域，成为重要的生产因素。[1] 这是专业机构第一次将大数据带出技术领域，向人们展示大数据经济的美好前景。

我国已经开始布局国家的大数据战略。国务院《促进大数据发展行动纲要》明确提出要发展大数据在工农业、新兴产业等领域的应用，促进大数据与科技创新的有机结合，形成大数据产品体系，完善大数据产业链；同时，加快法规制度建设，积极研究数据开放、保护等方面的制度。党的十八届五中全会通过的关于“十三五”规划的建议首次提出实施国家大数据战略和网络强国战略。实施大数据战略是推动工业化和信息化深度融合，打造产业竞争新优势、抢占未来发展先机“弯道超车”的有效途径。[2]

国家知识产权信息建设在国家大数据战略中的作用表现在：

第一，知识产权领域也存在着大数据，也潜藏着大数据经济所昭示的变革与机遇。国家知识产权信息建设将在大数据应用中发挥示范作用。从底层来看，国家知识产权信息就是数据。信息技术将国家知识产权文献及信息数据化，能够使知识产权信息服务提质增效。“国家知识产权文献及信息资料库建设研究”课题组建立的网站中文名称为“知信通”，英文名称为“IPKNOW”，网址为http://www.ipknow.cn，虽然是一个试验性质的国家知识产权文献及信息资料库，在本质上仍然属于结构化的数据库，是对各类知识产权文献与信息的数据化。网站共分为“法律法规”“司法案例”“论著资料”“科研项目”“教育培训”“知产人物”“知产机构”“知产大事”“知产

[1] 傅志华：“大数据的前世今生——大数据特征与发展历程”，载http://www.leiphone.com/news/201410/NgTsZw3yDjEbk9on.html，最后访问日期：2018年11月13日。

[2] 参见方辉振：“努力拓展发展新空间，着力发展枢纽型经济——学习十八届五中全会精神的一点体会”，载《中共南京市委党校学报》2015年第6期。

百科”等九大版块。[1]在知产大事资料库的构建中，共有七个标引，即事件名称、事件类别、大事时间、事件性质、地点、主体、事件内容。[2]这七个标引构成了大事记结构化的元数据。这些结构化的数据就是重要资产，通过数据挖掘、汇交、存储、筛选、分析与可视化等技术，可以用来全方位、实时性、网络化展示知识产权及其发展规律，发掘知识产权新现象，获得新知识，将知识产权之间的关联关系数据化、直观化，进而提高知识产权信息服务的精准度。

第二，知识产权制度被认为是创新、创造的重要激励工具，知识产权制度信息对大数据技术、应用与产业的激励是贯彻落实国家大数据战略的重要助推器。大数据是重要的组织资产，是当今时代的金矿，也是国家基础性战略资源，其巨大价值已经显露端倪，并已经激发了创新主体开展应用创新的热情。通过保护调节利益需求，是必然之路。著作权法对汇编作品或者数据库的保护、对数据的相关权保护与反不正当竞争法保护等都可以为大数据保驾护航，理顺大数据的激励机制。对大数据技术、大数据应用，专利法也可以数据利用创新的方式提供保护。这些内容可以解决大数据领域面临的“数据分析的算法、过程的知识产权界定不清晰、数据挖掘算法迅速被仿制、供大数据分析的海量数据反向侵权等问题。”[3]便捷、友好、高效的知识产权信息服务将为大数据技术、应用与产业的保护提供重要支撑。

第三，知识产权客体信息、状态信息、经济信息、研究信息、事件信息、机构信息、知识性信息等都对大数据发展具有促进作用。这些信息为大数据融合提供了基础数据。数据融合最初适用于军事领域，在信息技术普及后，成为所有适用领域的热点问题。信息融合是在多个层面按照一定准则对不同来源的信息进行识别、处理与综合分析，完成所需决策、评估与理解，从而进行知识创新。例如，将知识产权状态信息与经济信息进行简单融合，就可以发现权利以许可或转让方式实现价值的规律曲线，常见的如作品的长尾理

---

〔1〕 参见该网站介绍。

〔2〕 参见刘倩倩、任昱阳、丁晓雯、张冉、申亚辉：“‘知信通’之知识产权大事记资料库建设研究”，载冯晓青、杨利华主编：《国家知识产权文献及信息资料库建设研究》，中国政法大学出版社2015年版，第438页。

〔3〕 韩曜旭：“知识产权和大数据：创新驱动发展的一体两翼”，载《红旗文稿》2015年第11期。

论，从而为权利的许可转让决策以及价值最大化提供参考。再如，将机构信息与司法案例信息相结合，就能够发现特定机构与个人在同类案件中的胜诉率，为当事人的诉讼决策提供有益借鉴。在大数据背景下，这些信息的价值得到更大范围的发现与挖掘。这些信息也促进了大数据应用的发展。大数据技术适用领域具有扩张趋势，最先在掌握数据的公共部门应用，随着大数据价值的凸显，各个领域都出现了主动找寻、搜集、整理、应用大数据的现象。大数据技术与应用因而在不同领域扩散。可以说，大数据技术发掘了数据的巨大潜力，数据促进了大数据技术的优化与完善。

四、国家知识产权信息在知识产权强国建设中的作用

随着国家知识产权战略的实施，我国的知识产权创造、运用与管理水平都有大幅度的提高，保护状况显著改善，在促进经济社会发展中的作用明显增强。根据截止到 2015 年底的数据，从知识产权创造数量、保护指标与知识产权对经济社会发展的贡献三个方面看，我国已经成为名副其实的知识产权大国。不过，我国依然存在知识产权“大而不强、多而不优”的问题。[1] 2015 年，我国发明专利申请受理量保持稳步增长，增速接近 20%，申请受理量达到 110.2 万件，发明专利申请在全部专利申请中的比例达到 39.4%，申请量连续 5 年居世界第一，但是从有效发明专利的平均维持年限看，国内专利为 6.0 年，而国外来华专利为 9.4 年。[2] 截止到 2014 年底，我国受理商标注册申请 228.5 万件，同比增长 21.5%，已经连续 13 年位居世界第一，有效注册量 839 万件，继续保持世界第一，但是每万户市场主体的商标拥有量只有 1000 多件，只占到美国每万户企业的商标拥有量的三分之一左右。在世界品牌实验室世界品牌 500 强的排行榜上，中国占到 29 个，美国 227 个，日本 39 个。[3]

为了在经济新常态下，深入实施国家知识产权战略，支撑创新驱动发展，

[1] 参见宋晓明：“新形势下我国的知识产权司法政策”，载《知识产权》2015 年第 5 期。

[2] 赵竹青：“我国每万人口发明专利拥有量超过 6 件”，载 http://www.sipo.gov.cn/mtjj/2016/201601/t20160115_1229464.html，最后访问时间：2018 年 11 月 27 日。另参见李顺德：“发明专利是体现创新发展的重要指标”，载《中国知识产权报》2015 年 8 月 12 日。

[3] 数据来源：2014 年中国知识产权发展状况新闻发布会；聂国春：“中国距‘商标强国’还有多远”，载《中国消费者报》2015 年 4 月 27 日。

促进经济提质增效升级，[1]2015年12月底，《国务院关于新形势下加快知识产权强国建设的若干意见》发布。其中，第19项明确指出了实现知识产权信息开放利用的各项任务，包括信息披露与公开、信息服务平台与网络建设、信息资源的开放共享。知识产权信息是知识产权强国建设布局中信息建设的重要内容基础，也是在知识产权强国建设中促进知识产权创造与运用的重要推手。

第一，知识产权信息披露与公开是知识产权强国建设的基本要求。知识产权是涉及面很广的领域，在政府、企业、研究机构与个人层面都有大量的知识产权信息。从政府层面上看，各级立法机关、行政机关、司法机关掌握着知识产权制度信息、客体信息、状态信息、经济信息、机构信息、事件信息与知识性信息等，都可以通过现有的制度设计予以公开。例如法律与政策发布是立法法的明确要求，专利与商标客体公开是商标法与专利法的规定等。为了扩大公开范围，依据出资委托法理，《国务院关于新形势下加快知识产权强国建设的若干意见》提出要建立财政资助项目形成的知识产权信息披露制度，即只要是由公共财政资助的项目形成的知识产权，都要依法公开。同时，为了规范行政行为，还要求及时公开专利审查过程信息。

在企业层面上，不同类型的企业有不同的规制法理，其所承担的义务也不相同。上市公司是公众性公司，涉及众多利益主体，相关法律规定其应当承担披露信息的义务，其中就包括以资产方式存在的知识产权。为了信息更具体明确，《国务院关于新形势下加快知识产权强国建设的若干意见》提出要加快落实上市企业知识产权信息披露制度，即将企业知识产权信息作为独立事项予以公布。除此之外的企业则不承担相应义务，但是著作权法、专利法与商标法均规定了相关权利许可的备案与公告制度，这也为相关企业的知识产权信息公开提出了制度性要求。

第二，知识产权信息资源聚合是知识产权强国建设中知识产权信息公共服务平台与服务网络建设的基础。平台是信息的承载者，其内容架构是专利、商标、版权、集成电路布图设计、植物新品种、地理标志等基础信息。缺乏平台的信息无所依归，缺乏信息的平台则只是空壳。平台建设的目标是将上

---

〔1〕参见曾强："首提'强国'目标　知识产权战略行动计划呈现三亮点"，载《中国工业报》2015年1月26日。

述任务要点采集、整理的信息以更合理、更能够满足用户需求的方式在互联互通的平台呈现，连接信息采集与利用。为了更好、更便利地利用知识产权信息，主动推动各类创新主体利用信息，需要增加服务网点，完善公共服务网络。可以说，知识产权信息是平台与网络建设任务的基本依托。

第三，专利数据信息资源开放共享是知识产权强国建设应对大数据发展的基本策略。增强大数据运用能力的基本要求是保障社会各类大数据运用主体能够及时获取信息资源，直接指向专利数据信息资源。专利数据信息资源是开放共享与大数据运用的内容。这一任务以专利数据信息资源的巨大价值为基本预判，以专利数据信息为内容，否则就会成为“水中花”。

第四，知识产权信息的作用还在于能够帮助完成知识产权强国建设中的促进知识产权创造运用这一重大专项任务。首先，知识产权信息资源能够提高审查与注册的质量。专利审查是实质性审查，需要检索现有技术文献及信息等客体范畴的信息。完善的技术信息资源能够帮助审查员准确判断，提高专利的维持年限。在商标注册中，需要对商标的显著性进行审查，现有商标信息资源提供了比对对象，完善的商标信息资源能够帮助审查员提高审查质量。其次，知识产权信息资源能够节约创新资源。正是由于审查与注册制度，专利创造与商标设计也具有一定的技术性。为了准确谋划、合理确定方案，避免走弯路，专利申请人与商标设计人也需要提前获取现有知识产权信息作为参照。因而，知识产权信息资源对知识产权的创造具有参照作用。

第四节　国家知识产权信息公开的理论基础

国家知识产权信息公开的理论基础有多重语境，各具体类型的信息公开也有不同的理论适应性。知识产权制度信息的公开有现代法治、透明政府等的支持。知识产权客体信息，尤其指专利信息的公开更偏重于宪政语境下的社会契约或者国家的产业发展、商业发展以及文化政策。在宏观层面上，国家知识产权信息公开与信息自由、科学研究自由、现代法治等法律价值具有内在关联。其中，信息自由、科学研究自由均明确属于基本人权，是人们在经济文化领域发展的基本保障，这两项人权为国家知识产权信息公开提供了超乎实定法的依据。上述三项价值共同构成了国家知识产权信息公开的理论基础，并支撑国家知识产权文献及信息资料库建设的顺利进行。

一、国家知识产权信息公开与信息自由

信息自由是现代民主观念的核心，其重要性越来越经常地被公民社会、学术界、媒体与政府提及。信息自由有不同的表达形式。在我国，信息自由并不常用，取而代之的是政府信息公开。从起源上看，公民的信息获取权是信息自由的最初形式。在现代民主政治中，信息获取权包含权利、自由与参与等新内涵。政府信息公开制度是信息获取权实现的主要方式。由此可见，信息自由是一种政治权利的理念，而信息公开与信息获取权是对这一理念的法律化。两者在实现机制上存在不同，但是具有相同特质。

世界上首部确立信息获取权的法案是1766年瑞典制定的《出版自由法》，其中第二章规定为了进一步自由交换意见和启迪公众，普通国民享有以特定方式自由地接触官方文件的权利。美国1966年《信息自由法》（The Freedom of Information Act）确立了信息公开原则，成为美国有标志意义的信息公开法案。在欧洲，芬兰于1951年、挪威和丹麦于1970年、法国和荷兰于1978年、希腊于1986年、奥地利于1987年分别颁布了自己的信息公开法律。1989年之后，信息获取权的性质从政府机关的特殊恩赐演变为基本人权，这一变化不仅使得确保信息获取权成为政府机关的普遍义务，还推动了欧洲政府信息公开的进程。〔1〕

信息获取权有广义与狭义之分。广义上的信息获取权与信息自由具有内在一致性，意在强调任何信息主体都有获得公共部门的信息的正当性，但是由于没有法律保障机制，理念上的信息获取很难转变为现实。狭义上的信息获取权与政府信息公开同义，强调信息主体享有的自由能够通过法定程序予以保障，从而将信息自由的理念转变为实实在在的权利。〔2〕《美国宪法》第一修正案的起草者麦迪逊对信息获取权在公众权利中的地位以及对政府性质的解释作了精辟的阐释，信息获取权是公众成为自己的主人的知识武器，是

---

〔1〕 参见黄萃、彭国超、苏竣：《智慧治理》，清华大学出版社2017年版，第4章4.1.3（1）。

〔2〕 刘青：《信息法新论——平衡信息控制与获取的法律制度》，科学出版社2008年版，第99页。

政府服务公众的典型体现。[1]

信息自由具有人权意义上的正当性。公民的成长发展与社会的整体进步均离不开知识信息的有效流动和传播，信息自由这一基本人权保证着公民社会中信息的传播和获取。[2]1948 年联合国通过的《世界人权宣言》第 19 条规定了言论自由、信息自由和思想自由。2000 年 8 月，联合国人权委员会提交报告中指出："寻求、接受和传递信息不仅是言论自由的派生权利：它本身就是权利。这种权利是民主社会的基石。它还是增进参与权的一项权利，而参与权被认为是实现发展权的根本。"[3] 信息自由与言论自由、参与权以及发展权的内在联系，使得信息自由不仅是普通意义上的人权，而且在人的生存发展中占据了基础性地位，成为公众自我发展、参与公共事务的基石。

从人权高度来看待信息自由，还在于信息社会的新兴技术既极大拓展了人类的认知能力与活动范围，也塑造了人类新的生存方式与交往方式。人类社会已经非常明显地离不开信息技术，信息也逐渐成为生存发展的基本资源。个人有效地、公平地获取信息是主体享有完整的公民资格的重要标志，也是个体共享社会经济发展成果的先决条件。如果阻止信息的自由流动或者不正当提高信息获取成本，将会引发信息鸿沟，人为造成更为严重的贫富分化，妨碍社会的公平发展。

国家知识产权信息是比较重要的一类信息，也是与公民的社会经济文化权利息息相关的重要资源。政府及其所属的公共部门在提供知识产权公共服务的过程中集中掌握了知识产权信息资源，这些信息资源除涉及国家秘密及个人隐私的以外，都应当依法予以公开，这是公民信息获取权的基本要求。知识产权客体信息公开直接有益于社会知识的传播与交流，社会创造力的提升，市场竞争的有序与升级。知识产权制度信息公开有利于社会法治化，保障信息生产的有序与增长。

从另一个角度看，国家知识产权客体信息公开也是知识产权法的根本要求。知识产权法在本质上是国家主持的、自由人之间的、以自由为标的、以

---

〔1〕［美］汉密尔顿、杰伊、麦迪逊：《联邦党人文集》，程逢如、在汉、舒逊译，商务印书馆 2004 年版，第 317 页。

〔2〕付夏婕："信息自由视域下的知识产权信息公共服务探析"，载《知识产权》2015 年第 5 期。

〔3〕［爱尔兰］利亚姆·班农等主编：《信息社会》，张新华译，上海译文出版社 1991 年版，第 4 页。

条件承诺为交易手段、以“对价”为生效条件的“社会契约”。[1] 比如，专利作为“以公开换取垄断”的制度设计，对其公开是公民允诺权利垄断专利利益、丧失自由市场的必要对价，也是专利技术发挥效用价值的必要条件，因而根据专利审查的基本规则，对未充分公开的专利不授予专利权。著作权的制度设计既包括赋予作品创作者或者其他权利人一定期限的专有权，又包括满足每个人的学习自由、教育自由、言论自由、财产自由的合理使用、法定许可、强制许可与保护期等。后者要求作品信息的充分公开与某种最低限度的自由接近。可以说，在整体上，知识产权法的内容体现为权利与义务的适度配置，包括何种程度的激励与何种程度的公众自由。同时，从目的看，“其产生的信息资源只有有效公开于社会，被社会公众真实且便利地知晓，知识产权服务社会的初衷才有可能实现”。[2]

二、国家知识产权信息公开与科学研究自由

科学研究自由也是现代社会的基本人权。在理论层面上，科学研究自由是知识发现、科技创新的保障，符合科学技术发展具有的不确定性的客观规律。科学研究自由是社会文明系统有机更新的原动力，是社会全面进步的阶梯，是实现科学技术研究者个人自由与全面发展的制度保障。在内容上，科学研究自由要求从事科学研究的人员在各个研究阶段都享有法律之下的自由，包括研究选题自由、研究过程自由、研究方法自由与研究结果的表达自由；要求科学研究者有思想自由与行动自由，不受非法干涉；要求社会提供从事科学研究的自由环境氛围、物质与信息保障。[3] 在实践层面上，德国《魏玛宪法》首先将科学研究自由作为一项基本人权确定下来，并很快影响了各国的人权体系。1966 年 12 月 16 日，联合国通过的《经济、社会和文化权利国际公约》对此作出了原则性规定，即参与文化活动、进行科学研究、创造性活动与国际科学文化交流是个人享有的不可或缺的自由，国家有义务保障这一基本人权。

---

〔1〕 徐暄：“知识产权对价论的理论框架：知识产权法为人类共同知识活动激励机制提供激励条件”，载《南京大学法律评论》2009 年第 1 期。

〔2〕 付夏婕：“知识产权信息公共服务的理论分析”，载冯晓青、杨利华主编：《国家知识产权文献及信息资料库建设研究》，中国政法大学出版社 2015 年版，第 41 页。

〔3〕 薛现林：“科学研究自由权利研究”，载《河北法学》2004 年第 9 期。

科学研究自由的关键支撑要素是国家知识产权客体信息。客体信息，尤其是技术信息与科学论文，反映了科学技术研究的前沿领域，是人们发现知识与科技创新的主要信息源。客体信息的公开释放了科学研究的对象，使得科学研究网络更加丰富与开放，相互之间的交流成为可能，也避免了重复研究、封闭研究等研究误区。在现代社会，掌握了大量的科学研究信息，就掌握了科学研究的核心资源。

科学研究自由的核心保障要素是知识产权制度。知识产权制度保障了科学研究的成果能够获得相应报酬，激发了研究主体的创新行为。知识产权制度保障了研究资源的公开，从而在信息所有者保护与社会公众利益的满足的动态平衡中，保障了知识产权客体信息供给的持续稳定。这种平衡框架既有宪法依据，又有实定法的具体落实。根据我国《宪法》第 20 条与第 22 条的规定，为了科学、文学艺术事业，国家可以通过包括产权激励方式在内的各种奖励方式来促进科学技术知识产出、科学研究成果和技术发明创造。根据我国《宪法》第 35 条与第 47 条的规定，公民有获取与科学技术、文学艺术相关的知识与信息的自由，以便从事学习、研究创造。为了贯彻执行这一原则，国家制定了《著作权法》《专利法》《商标法》《促进科技成果转化法》与《国家中长期科技发展规划纲要》等一系列的制度和规范。这些制度信息的公开有利于科学研究人员将制度优势及倾斜与科学研究兴趣及时、快捷、高效地结合起来，充分实现科学研究自由的制度初衷。

科学研究自由的真实体现是国家知识产权科研项目信息。国家为了鼓励与知识产权有关的前沿基础研究、应用研究，建立了多层级的项目资助体系，充分显示了国家保障公民科学研究自由的担当与责任。国家社会科学基金会与国家自然科学基金会是全国性的、权威的科研项目资助部门，多年来一直在科学研究方面发布课题指南，资助相关研究，因而产生了大量的科学研究成果。国务院部委、省级政府及其组成部门以及高校内部都有相应的资助办法，鼓励科学研究人员从事相关领域的探索。国家知识产权科研项目信息的公开有利于展现科学研究自由的成果，有利于在公平、公正与公开的原则下更好地实现科学研究自由。

三、国家知识产权信息公开与现代法治

现代法治是良法善治。富勒在《法律之德》一书里把法律之德区分为内

在之德和外在之德，认为法治是法律内在之德的一部分，提出了著名的八项标准。莱兹也把法治看做法律制度的一种重要品德，他也提出了法治的八条原则。[1] 其中，法律的公开明确、公平审判都是法治的基本内容，这是保证良法的首要条件。如果不将法律理解为“僵死”的法条的话，则法律执行信息作为体现法律规范明确性的核心内容，也属于法律的构成部分，应当纳入公开范围。

法治是我国服务政府建设的重要价值追求。根据《关于全面推进依法治国若干重大问题的决定》，制度公开包括三个方面：一是法律文件的主动公开，政府应当按照立法法与行政法规规章制定的相关规定、信息公开要求和程序及时公开涉及公民、法人或者其他组织权利义务的法律、法规、规章、其他规范性文件与司法解释等。二是生效法律文书的主动公开，尤其应当公开说理比较充分的、能够对司法发挥指导作用的生效判决。三是行政执法信息公示。这些内容的公开增强了法律的明确性、稳定性与可预期性。

国家知识产权信息公开对现代法治的作用主要体现在如下方面：

首先，包括知识产权制度在内的制度公开是现代法治的基本要求。国家知识产权制度信息，包括法律信息、政策信息、执法信息与司法信息等，都是上述明确要求予以公开的内容。只有信息公开，才能让公民、法人或者其他组织遵守法律，依照法律的明确指引规划自己的行为，实现自己的预期。这也是包括知识产权法律制度在内的所有制度能够实现社会效果的必要环节。“法不可知则威不可测”的暗箱操作与心理恐吓已经失去了其存在的基础，会使得权力失范与滥权，也与现代的自由精神不相容。同时，《深入实施国家知识产权战略行动计划（2014—2020 年）》（以下简称《国家知识产权战略行动计划》）明确提出要加强知识产权行政执法信息公开，通过扎实推进侵犯知识产权行政处罚案件信息公开，达到震慑违法者与促进执法者规范公正文明执法的双重效果。

其次，知识产权客体信息公开是现代法治实现的体现之一。本书以专利客体信息为例予以说明。专利制度的核心是以公开换取垄断，即新技术的发明人或者申请权人以公开其技术从而促进公众接近技术为代价换取立法对其在一定期限内垄断该项新技术的肯定。获得授权的人可以禁止任何在后的缺

---

〔1〕 夏勇：“法治是什么——渊源、规诫与价值”，载《中国社会科学》1999 年第 4 期。

乏创造性、新颖性的同类技术应用。根据专利法，发明人或者申请权人获取了专利权，就应当信守承诺公开其技术方案。客体信息公开正是履约的表现。同时，客体信息公开也便利了公众监督专利权获取的正当性，从而实现社会监督下的公正。专利法同其他法律一样，都是现代法治体系的制度之基。专利客体信息的公开，是遵守法律的必然要求，也是实现专利领域公正的基本前提。促进这类信息公开是实现专利法所体现的法治精神的例证。相比之下，如果公开不充分或者不予公开，就试图获取垄断权，则无疑是违反法治精神的。

再次，知识产权机构信息公开是知识产权法治的基石。知识产权制度是专家参与的制度，具有较强的专业性。制度的构成性概念及其解释，例如独创性、作品、等同替换、显著性等，法律文件的具体操作，例如专利申请书、代理词等，都体现了强烈的专业色彩。以专利为例，即便是熟知技术方案的研发人员，也未必能熟悉并撰写出符合要求的专利申请书。知识产权具体事务因而更需要专业机构与人士的参与。机构信息的公开便利了知识产权事务按照法律规定的程序与标准运行，保障了知识产权事务的法治化。

最后，知识产权事件信息公开是现代法治要求的程序民主的重要保障。知识产权事件信息反映了与其相关的各类事实、动态发展等，及时公开上述信息，有利于保障公民的知情权，从而便利公民参与知识产权公共治理事务。我国在著作权法、专利法与商标法的立法及修改过程中，主动公开立法进程，就有利于公民及时了解进程，适时参与征求意见环节，依法表达利益诉求。

第五节　国家知识产权文献及信息的公共服务职能

随着服务型政府建设的推进，政府公共服务职能越来越突出，信息公共服务就是其中之一。在当今世界，知识产权与信息处于胶着状态，一方面，信息服务需要知识产权的制度保障；另一方面，围绕知识产权产生了大量的有价值的信息内容。知识产权信息在经济社会发展中发挥重要作用的前提是信息与各种生产要素的有机融合，基础是信息服务。明确界定知识产权信息服务的性质，大力发展信息公共服务，积极支持与鼓励知识产权信息商业服务，对推动科技进步和经济社会发展非常重要。世界各国尤其是信息技术领先的发达国家，已经高度重视知识产权信息服务，纷纷采取有效措施进行政策规划，发展面向基础与市场的信息服务。在信息技术方面，我国与国外发达国家并不存在较大差距，完全可以采取“弯道超车”策略，积极部署国家知识产权文献及信息公共服务。

一、国家知识产权信息公共服务的战略定位

经过三年多的酝酿、调研、专题研究与征求意见，国务院于2008年6月印发了《国家知识产权战略纲要》，首次在国家层面提出知识产权战略并将其提升为重要战略，明确指出：“到2020年，把我国建设成为知识产权创造、运用、保护和管理水平较高的国家”。为此，纲要规划了五项战略重点、七项专项任务与九项战略措施。在九项战略措施的第五项加强知识产权行政管理与第六项发展知识产权中介服务中，纲要规划了发展知识产权信息服务的“双轮驱动”方针，为知识产权信息服务确定了明确方向。首先，纲要明确要求知识产权行政管理应当将信息公共服务作为重要方面。通过行政手段开发、集成分散在各个部门的关于著作权、发明、实用新型、外观设计、集成电路布图设计、商标、厂商名称、原产地标志、植物新品种、地理标志以及特殊标志等的基础信息，提供基础性、公益性信息公共服务平台与专业基础信息库，并实施信息开放共享，是弥补市场失灵的重要方式。其次，由于信息服务具有个性化与多层次等特色，政府不可能提供满足所有用户的信息检索与分析服务。纲要指出，为满足不同层次知识产权信息需求，要培育和发展市场化知识产权信息服务。市场化服务绝不仅仅是政府公共服务的有效补充，而是具有自我定位的、能够提供更高质量的信息深加工与定制化服务的重要信息服务方式，市场化服务也要求吸引社会资本积极参与到增值服务行动中。同时，纲要强调要发展自己的符合分类信息特点与检索习惯的通用检索系统，避免受制于国外发达的信息服务商或者组织。在总体上，无论是由市场还是由政府提供公共服务，都属于国家知识产权信息公共服务，是国家知识产权战略体系的重要支撑。

2011年，由国家知识产权局、国家发展和改革委员会、科技部、工业和信息化部、农业部、商务部、国家工商行政管理总局、国家质量监督检验检疫总局、国家版权局和国家林业局等十部委联合编制的《国家知识产权事业发展“十二五”规划》将知识产权信息公共服务工程列在推动知识产权事业发展的十大工程之第五。规划在继续强调建立健全基础性、多类型、多层次

的知识产权信息库和知识产权公共服务平台的基础上，提出通过组织信息公共服务工程重大项目来履行政府职责，通过平台运行机制与服务模式的创新来吸引更多的社会组织参与到知识产权信息公共服务中，提供更为专业的信息服务，并专门规定了知识产权信息公开政策。[1] 很显然，重大项目的提法将政府在知识产权信息公共服务中的定位又进一步具体化了，即明确政府要通过工程建设来实现公共服务的转型升级，但是其"鼓励开展知识产权信息公共服务"的提法显得在公共服务上的责任担当稍微不足，也没有具体划清政府与市场的边界。

2014 年，《深入实施国家知识产权战略行动计划（2014—2020 年）》又一次布局了知识产权信息服务基础工程，包括推动多类型、基础性知识产权信息公共服务平台互通互联互动，逐步实现基础信息共享；基本检索工具无偿使用，知识产权基础信息资源免费或低成本向社会开放，提高知识产权信息利用便利度；指导相关行业建立知识产权专业信息库，鼓励社会机构对知识产权信息进行分析、整合和提炼，提供专业化、市场化的知识产权信息服务，从而满足社会多层次的信息需求。这就将公共服务与市场服务进行了有效区隔，并明确了公共服务的信息免费开放共享模式。基于此，我国知识产权信息公共服务的战略定位已经逐渐清晰。

二、国家知识产权信息公共服务体系

在政府职能转变与简政放权的大背景下，政府应当增强基本公共服务供给能力，加快建设可持续的基本公共服务体系。国家知识产权信息公共服务作为创新型国家建设、信息化建设、知识产权强国多种政策共同关注的主角，更应当引起高度重视。国家知识产权信息公共服务的方式包括政府机关提供、事业单位提供、行业协会提供与政府服务外包与购买等。目前，我国已经形成了政府机关提供基础信息、事业单位与行业协会提供系统信息的知识产权信息公共服务体系。

（一）政府机关的基础信息公共服务

提供信息公共服务是公共机构的重要职能。在信息越来越成为基础资源的社会背景下，包括知识产权在内的信息的公共服务的地位显得更为关键。

〔1〕 参见《国家知识产权事业发展"十二五"规划》。

在我国，与知识产权相关的政府机关掌握了知识产权基础信息，具有提供信息的便利，也是主要的信息公共服务部门。据统计，国家知识产权局、国家版权局、国家工商行政管理总局、海关总署、商务部、国家林业局、农业部、工业和信息化部、国家质量监督检验检疫总局等是各类知识产权信息的全国行政主管部门。〔1〕最高人民法院及其指定的知识产权一审法院、高级人民法院、北京知识产权法院、上海知识产权法院与广州知识产权法院等掌握着完整的知识产权司法信息。

国家知识产权行政管理机关不仅负有专利、集成电路布图设计等事项的申请、审查、授权与行政保护的职责，而且负责全国专利信息的传播利用以及信息公共服务体系的建设等。〔2〕国家知识产权局在线服务平台建有专利检索与查询系统，提供专利检索及分析、中国及多国专利审查信息查询、中国专利公布公告查询、中国专利事务信息查询服务；建有国家知识产权人才信息网络平台，提供国家知识产权专家咨询委员会专家信息、国家知识产权专家库、全国知识产权领军人才库、“百千万知识产权人才工程”百名高层次人才培养人选库等信息；建有信息公开专栏，提供组织机构、政策法规、综合政务、发展规划、财政预决算、人事教育、纪检监察、专利管理、专利审批、专利合作条约、文献服务、专利代理、行政复议、集成电路、战略工作、政策研究等版块的信息；建有专利代理管理系统，提供专利代理机构与代理人查询，并公布代理机构异常与严重违法名录；建有专利申请栏目，提供申请前、审查中与授权后的各项事务的查询；建有专利文献信息公共服务平台，提供包括专利文献咨询、委托服务、公益讲座、在线培训、知识园地、互联网公共服务资源等在内的公共服务。

除此之外，其他行政机关也提供了部分知识产权信息公共服务。国家工商行政管理总局负责商标注册管理工作与保护以及特殊标志、官方标志的登记、备案和保护，依法实施商标专用权行政保护，处理商标争议事宜等工作。〔3〕商标局网站中国商标网建有商标在线查询系统，提供三类事项的查询。国家版权局负责作品自愿登记信息的公开与著作权行政保护工作，公布

〔1〕李喜蕊：“论中国知识产权信息公共服务体系的构建与完善”，载《黑龙江社会科学》2014年第2期。

〔2〕参见国家知识产权局网站关于其职责的介绍。

〔3〕参见国家工商行政管理总局网站关于其主要职责的介绍。

了自2000年以来的作品自愿登记、合同登记、著作权执法、著作权引进输出等统计信息。商务部建立了全球法规检索系统，不仅可以检索国内的知识产权法律法规，还可以检索部分国外的知识产权法律法规。海关总署网站建有"知识产权海关保护"一站式导航服务，提供向海关申请采取保护措施、申请知识产权海关备案、申请总担保、查询在海关总署备案的知识产权等在线服务。[1]

因而，这些职能部门汇集了与知识产权有关的法律政策、执法、申请受理与审查、保护以及协调等基础信息。其信息汇交特点：一是依托政务公开平台实现了职责范围内的知识产权基础信息的开放和资源共享，但是还不能完全达到信息聚合与有效检索的程度。例如，包括国内外要闻、行政许可、工作流程、制度建设、公告告示等栏目的政务公开类信息可能包含着知识产权大事，但没有将大事依照标准进行分类，需要信息深加工。二是在线服务系统提供的检索与查询，虽然信息相对集中，但还是不能实现跨文本检索。三是公报年报类信息与统计信息不能实现内容检索。总之，国家知识产权公共信息服务呈现出主体分散、体系相对完整、信息权威、初步整合等特点。[2]

立法和司法机关是我国知识产权立法和司法信息的发布机构。[3]中国人大网载有法律法规数据库和文献资料数据库，另设"法律释义与问答""新法解读"等栏目，提供法律规范理解信息。最高人民法院建有中国知识产权裁判文书网，是知识产权司法保护裁判信息的权威发布平台，截至2015年11月25日，共有20 671份生效知识产权裁判文书，其中著作权和相关权相关文书5 000份，商标权相关文书5 000份，专利权相关文书5 000份，植物新品种相关文书434份，不正当竞争相关文书1 850份，技术合同相关文书1 456份，垄断相关文书5份，其他文书1 926份。此外，最高人民法院还连续发布知识产权司法保护状况白皮书、年鉴等文献，提供大量司法保护信息。

---

[1] 参见海关总署的"知识产权海关保护"一站式导航服务页面。

[2] 李喜蕊："中美英行政管理型知识产权网络信息服务对比研究"，载《湘潭大学学报（哲学社会科学版）》2013年第1期。

[3] 李喜蕊："论中国知识产权信息公共服务体系的构建与完善"，载《黑龙江社会科学》2014年第2期。

（二）事业单位的知识产权信息公共服务

我国的事业单位具有特殊地位，公益性事业单位是政府服务职能的延伸。与知识产权有关的行政机关通常设立辅助履行公共服务职能的公益性事业单位。同时，行政机关也依托信息资源优势设立了提供系统信息服务或者信息加工服务的营利性事业单位。这些事业单位将国家知识产权信息公共服务的职能延伸到更为广阔的空间，甚至已经深入到商业活动中，为公共服务的提供模式探索积累了丰富经验。这些公共服务形式几乎囊括了知识产权信息公共服务所需要的各个方面，包括制度信息的汇集、状态信息的整理与发布、客体信息检索、教育培训与人才培养信息、统计信息等。这些知识产权信息公共服务机构开展业务属于公共服务的范畴，需要政府或行业的大力支持，有条件的单位可通过收费服务和商业化运作的模式对信息资源开设增值服务。[1]

国家知识产权局设立的提供信息公共服务的事业单位有专利检索咨询中心、中国专利信息中心等信息服务专门机构。同时，为配合国务院制定的十大重点产业的调整和振兴规划，国家知识产权局牵头，在国资委与各行业协会的参与下，建设了国家重点产业专利信息服务平台，为汽车产业、钢铁产业、电子信息产业、物流产业、纺织产业、装备制造产业、有色金属产业、轻工业产业、石油化工产业、船舶产业等产业提供公益性的专利信息服务。

其他相关行政机关也在各自的信息服务范围内依托事业单位积极建设网络平台。比较典型的有工业和信息化部软件与集成电路促进中心（CSIP）的国家知识产权公共服务平台（软件与集成电路）和国家产业公共服务平台、中国版权保护中心的全国作品登记信息数据库管理平台、国家工商行政管理总局通达商标服务中心的中国商标服务网与注册商标信息库。

我国目前专门从事知识产权人才教育培养的机构主要有两类：一类是政府附属专业培训机构，以国家知识产权局知识产权培训中心为代表。该中心负责建设中国知识产权远程教育平台，其远程分站总计已达130个，包含了大量的知识产权免费学习资源。[2] 另一类是依托高校设立的知识产权学院。

---

〔1〕李喜蕊：“论中国知识产权信息公共服务体系的构建与完善”，载《黑龙江社会科学》2014年第2期。

〔2〕中国知识产权远程教育平台，http://elearning.ciptc.org.cn/public/index，最后访问时间：2015年12月3日。另参见李喜蕊：“论中国知识产权信息公共服务体系的构建与完善”，载《黑龙江社会科学》2014年第2期。

高校具有人才培养、科学研究、社会服务等重要职能，同样也是知识产权人才培养的重镇。早在1994年，北京大学、上海大学就设立了知识产权学院，专门从事知识产权人才培养、科研与社会服务。随着知识产权热的出现，知识产权学院的设立风起云涌。目前，各类知识产权学院也在信息资源的整合与开放共享方面进行了多方面的积极探索。例如，华东政法大学知识产权学院网站建有知识产权信息港，提供法律法规、案例判例与论文文章的信息检索服务。学术门户网站中国社会科学网的知识产权专题设有全面的“法律法规”栏目，原始资源较多，信息共享服务也比较规范。〔1〕

（三）行业协会的知识产权信息公共服务

行业协会在性质上属于社团法人，是介于政府、企业之间的非营利性民间组织。行业协会的主要职能是联结政府与企业，它在政策制定、发展规划、信息交流等方面发挥沟通桥梁作用，使“私营部门与公共部门之间达致有效联系”。〔2〕行业协会具有较大的自治权，能够代表本行业全体企业的共同利益，与政府沟通产业政策，监督行业自律，制定行业标准，提供信息服务、教育培训服务与咨询服务等。在知识产权信息服务方面，行业协会同样可以有所作为。

我国的知识产权行业协会可以分为三类：第一类是行业协会，比如中国知识产权研究会、中华全国专利代理人协会、中华商标协会等。这类行业协会通常会在地方设立分支机构，从而形成庞大的体系结构，在上传下达、行业标准与制度制定、行业维权、行业交流等方面具有优势。第二类是政府支持下的松散的行业联盟，如由知名创意机构联合发起的中国创意产业联盟（CCIA）。这类联盟以推动产业发展为目的，沟通产业政策与发展信息、促进知识产权维护与运用只是联盟为了实现目标而进行的辅助工作。第三类是专门组织，主要是著作权集体管理组织，这类行业协会是经批准成立的，以维权、一揽子许可为主要业务内容，在经济信息服务方面具有独特优势。

三、国家知识产权信息公共服务职能的实现方式

国家知识产权信息公共服务水平是政府贯彻知识产权战略的重要评价指

〔1〕 参见李喜蕊：“论中国知识产权信息公共服务体系的构建与完善”，载《黑龙江社会科学》2014年第2期。

〔2〕 黎军：“行业协会的几个基本问题”，载《河北法学》2006年第7期。

标。在我国，政府是知识产权信息资源最有效的搜集者、管理者，应当在知识产权信息公共服务的基础性、全面性与系统性方面负担起主导责任，[1]市场主体集合了大量资本与市场运作经验，应当在知识产权信息公共服务的科学化与个性化方面发挥关键作用。

(一) 公开先导

知识产权信息公开是提供与深化信息公共服务的首要方面，也是政府履行职能的体现。国家知识产权信息公开的目标是保证知识产权信息准确、及时、便利、有效地向公众公开。需要明确的是，知识产权信息公开并不是将信息主动公布出来即可，而是需要保证信息处于公众可自由利用状态。这是对公开效果的要求。

为此，公开先导需要做到如下五个方面：首先，需要确定不同类型的知识产权信息的性质，规定涉密知识产权信息的判断标准、密级评定与执行程序，合理分流知识产权信息，从而反向规定知识产权信息公开范围。其次，需要具体规定政府信息公开主体、指南与流程，建立政府信息公开登记制度，推动公共服务体系化与部门合作。再次，明确需要公开的知识产权信息的颗粒度与结构，最大可能地实现底层信息的开放共享。复次，通过广泛调研建立知识产权公共信息目录，建立知识产权信息元数据国家标准，实现知识产权基础信息标引、加工的便携化。特别是要全面建立依法应当公开的知识产权信息资源目录，[2]包括知识产权制度信息、客体信息、状态信息、经济信息、事件信息、研究信息和机构信息等。最后，从观念上、制度上和实效性上彻底解决当前知识产权文献与信息公开不透明的问题。[3]

(二) 平台为基

目前，政府管理机关按照职能设置，知识产权被分割成相互独立的条块，各行政管理机关所产生、控制的知识产权信息因职责范围所限而分散化。分散的信息资源无法产生最大化价值，甚至不会产生价值。只有将不同部门、个人所掌握的信息集合在一起才能构成庞大的资源库，才能真正实现信息的

---

[1] 参见付夏婕："信息自由视域下的知识产权信息公共服务探析"，载《知识产权》2015年第5期。

[2] 付夏婕："信息自由视域下的知识产权信息公共服务探析"，载《知识产权》2015年第5期。

[3] 参见李喜蕊："论中国知识产权信息公共服务体系的构建与完善"，载《黑龙江社会科学》2014年第2期。

开放共享，并因此而产生价值。否则，信息资源就成为沉默的金矿，既给拥有者带来较大的成本负担，又会阻碍信息资源的开发与应用。为此，《国家知识产权战略纲要》和《国家知识产权事业发展“十二五”规划》明确提出应当整合碎片化的信息资源，提升知识产权信息公共服务的质量，建设综合性的国家知识产权信息服务平台，切实保障信息资源的充分公开和利用，更加高效地实现社会公众的信息权利。

贯彻落实国家知识产权信息公共服务平台建设任务，需要以国家知识产权文献及信息资料的系统整理、挖掘与结构化为契机，探索建立数据信息的跨部门协作机制，收集国内外知识产权组织的有关数据，建设和完善知识产权信息的基础数据。在此基础上，以公益为主导，立足于社会公众的切实需要，重点突出制度信息、状态信息、研究信息与机构信息四个方面，建立内容全面、信息权威、动态更新、检索简便、服务充分和智能发展的国家战略性知识产权信息服务平台。[1]同时，信息与数据已经是一个国家的重要战略资源，维护信息安全责任重大。国内市场已经出现了国外数据库巨头的身影，并表现出与国内信息服务企业一较高下的咄咄逼人气势。对此，我国应当保持警醒，并积极推进符合我国用户个性需求的数据库服务建设，避免数据服务领域再次出现外部依赖。

同时，要充分利用最新技术，比如大数据技术、数据库开发技术、云计算技术等，提高知识产权信息服务的质量。大数据技术可以有效发掘知识产权信息用户的行为特征，主动分析用户需求，优化平台架构，提供更适合用户预期的服务。数据库开发技术可以实现信息对象、信息之间的有效组织，提升信息检索与分析的精确性。云计算技术可以有效提升资源整合、分析、存储与管理能力，提高基础设施利用率，节省技术成本，从而将信息服务商的关注点从基础设施建设集中到信息资源开发上。

（三）政产学介结合

在政府主导下，完善行政机关、事业单位、行业协会、科研机构、中介机构与企业之间的知识产权信息沟通交流、合作发展机制，建设资源开放共享平台。政府聚合了碎片化的信息资源，具有垄断优势，能够在基础信息的发掘上发挥主导作用，并以此促进高水平的信息深加工竞争。行业协会在性

---

〔1〕付夏婕：“信息自由视域下的知识产权信息公共服务探析”，载《知识产权》2015年第5期。

质上是非营利性民间组织，但是又与行政机关存在千丝万缕的联系。协会成员自愿参与及同业自律等特征为优化知识产权信息服务提供了独特优势，与政府的良好沟通关系又能够使其承担很多社会必须但又不适宜政府直接承担的任务。中介机构对企业、科研机构、社会需求的捕捉更灵敏，能够提供通用的信息深加工服务与更个性化的信息服务。因此，通过政产学介的无缝对接，可以实现基础信息开放、深层信息个性化的多层次信息服务模式。

（四）法律保障

制定知识产权公共信息资源开放共享管理办法：明确不同部门、行业、地区在知识产权信息公共服务中的职责，推动知识产权信息公共服务机构开放共享信息资源，通过信息汇交与整合提高平台互联互通能力；贯彻基础数据免费或低成本开放的原则，促进底层数据的结构化与开放共享；鼓励、支持并引导知识产权基础信息的社会化、个性化开发，并按照市场要求运作；充分利用信息技术挖掘知识产权基础信息的经济与社会效益；利用大数据、“互联网+”等信息技术建设优质、高效的信息公共服务网络平台，充分发挥电信部门、互联网企业、信息技术公司和广播电视组织的优势，大力支持其以多种方式参与公共服务云平台建设运营。

第六节　国家知识产权文献及信息资料库建设的意义与实践可行性

国家知识产权文献及信息是蕴含巨大价值的金矿，对其予以系统挖掘与存储是实现价值的重要保障。文献及信息的存储平台即资料库，因而建设知识产权文献及信息资料库对于保存文献及信息，提炼其中价值，推动国家与知识产权有关的战略实施具有重要意义。而且，由于信息公开制度以及信息技术的发展，以数据库形式表现的资料库建设具有内容获取与技术支撑方面的可行性。

一、国家知识产权文献及信息资料库建设的意义

国家知识产权文献及信息资料库建设的意义有理论与实践两个方面。在理论方面，通过建设资料库，知识产权文献及信息能够被整合在一起并得以保存，对推动知识创新具有重大意义。在实践应用方面，通过建设资料库，可以顺利完成国家战略中的知识产权公共服务平台的建设任务，助推国家相

关战略实施。

（一）推动知识创新的意义

有研究表明，具有较宽知识库的主体往往具有较强的外部知识吸收能力。其原因在于这类知识库主体具有较多的网络伙伴并与其具有较强的网络关系，能够在与其交流合作中充分识别、发掘、吸收、整合外部知识，尤其是在普通关系中无法获得的隐性知识，并能够提高交流意愿。通过这些互动，知识库主体能够获得新的知识元素，并将其整合在一起，形成新知识。[1] 因而，以资料为内容的知识库建设对于培育具有创新能力的主体具有重大价值，并在最终意义上推动知识创新。

国家知识产权文献及信息资料库在本质上是关于以文献及其他形式存在的知识产权信息的知识库，在理论上汇聚了所有与知识产权有关的知识，包括以知识产权为本体的法律法规、司法解释与案例以及政策等，也包括受知识产权制度保护的可专利技术、可版权作品与商标等。这两个层面的知识体系有利于促进以制度为内容的知识创新与以技术、作品及商标为内容的知识创新。在制度方面，通过汇聚不同时期的制度文件，可以明了制度变迁规律与制度的社会适应性，为制度比较、借鉴、整合等提供素材，从而改进制度体系，形成制度创新。在内容方面，专利文献记载的知识体现了现有技术的最高水平，同时是技术创新的“策源地”，充分研读、吸收与消化这些资料将会启发技术研发主题与方向的确定、研发方案的设计、研发路径的选择与研发步骤的推进，从而有力地促进技术研发进程，产生新的技术知识。作品及商标的知识创新路径也具有相似性。知识产权制度史表明，正是认识到专利技术、作品、商标等在知识内容创新中的重要性，才产生了现代知识产权法律体系。

通过浏览、体验、分析我国现有的各类知识产权文献及信息资料库，可以发现，在文献与信息的聚合方面，现有资料库尚不能满足大数据背景下社会公众、研究者、产业界对知识产权文献及信息的全面检索需求，不能满足知识融合的需要，不能形成促进知识创新的强大推力，还有很大的提升空间。例如，根据立法权限，与知识产权有关的法律制度包括中央与地方两个层面，

---

〔1〕 唐青青、谢恩、梁杰：“知识库与突破性创新：关系嵌入强度的调节”，载《科学学与科学技术管理》2015 年第 7 期。

集中在中国人大网法律法规数据库或者商业性法律法规数据库中。适用法律的解释性资料与法律具体适用的结果等资料则又集中在人民法院的司法解释数据库与案例数据库中。商业性数据库虽然整合了这两者，甚至包括部分分析研究资料，但是相关的历史文献及信息则又缺乏。

国家知识产权文献及信息资料库旨在将法律法规与司法案例等制度信息，作品、技术文献与商标文件等客体信息，各类权利确认、无效、撤销、终止等状态信息，许可转让、质押融资等经济信息，论著资料与科研项目等研究信息，知识产权动态与历史事件等事件信息，知识产权机构、教育机构及其人员等机构信息，知识产权百科等知识性信息整合在一起，实现知识产权文献及信息最大程度的融合，从而大大增加知识产权知识库的容量或者宽度，增加知识产权信息网络的节点，为知识主体的知识库扩容提供必要基础，并最终服务于知识创新。

（二）实施国家战略意义

国家战略是国家为了特定目标而制定的总体规划，具有很强的针对性与计划性，也体现了国家在处理特定问题时对内容与政策工具的深思熟虑。除了《国家知识产权战略纲要》《国家知识产权战略行动计划》与《国务院关于新形势下加快知识产权强国建设的若干意见》等直接将知识产权作为规划对象的战略明确提出发挥知识产权信息作用与建设知识产权信息平台外，《国家中长期科技和技术发展规划纲要（2006—2020年）》《国家信息化发展战略纲要》等也非常看重知识产权信息的作用，并将信息平台建设作为重要内容或者保障措施，这表明了知识产权信息及其平台在国家战略中的重要地位。在信息社会，国家知识产权文献及信息资料库的表现形式之一就是数据库或者信息平台。建设服务国家科技发展、信息化建设、知识产权事业发展与知识产权研究等的资料库将能够直接实现上述国家战略的任务目标。

更为重要的是，资料库建设将有力地提升知识产权服务质量与水平，为上述国家战略其他任务目标的实现提供知识产权保障。具体而言，国家知识产权文献及信息资料库是我国与知识产权有关的文献及信息的综合体，能够为专利、商标、著作权、集成电路布图设计、植物新品种等知识产权的代理、转让、注册登记、鉴定、评估、质押融资、托管、认证、咨询、诉讼、预警、检索分析、管理、培训、研究等提供信息支撑服务，从而全面、系统落实技术研发及产业化的产权机制、文学艺术版权及其交易机制、大数据运用的保障机制、电子商务的发展机制等。依托资料库，知识产权文献及信息得以发挥促进技术进步、产业发展与社会创新活力迸发的作用。如果缺乏知识产权信息集成，单条或者部分的知识产权文献及信息则无法发挥如此强大的作用。设计好、建设好国家知识产权文献及信息资料库是一项攸关社会经济、文化发展的重大工程。

因此，资料库对于汇聚、融合、检索知识产权文献及信息，提供优质的知识产权服务，促进相关国家战略的顺利实施以及直接实现国家战略任务具有举足轻重的作用。

二、国家知识产权文献及信息资料库建设的实践可行性

在现阶段，建设国家知识产权文献及信息资料库具有实践可行性。这可以从内容与技术两个方面得到证实。在内容方面，虽然资料库建设所需要的内容量比较大，但是依然有章可循，采取适当的文献及信息抓取方式能够实现内容获取目标。就技术而言，现在的数据库技术已经足以支撑资料库建设。

（一）内容方面的可行性

遵循一般的资料获取思路，课题组在建设国家知识产权文献及信息资料库时，先对内容进行了分类，并设计了相应模块，具体包括法律法规、司法案例、论著资料、科研项目、教育培训、知产人物、知产机构、知产大事与知产百科等。针对这些模块，相关内容具有可获取性。

其中，知识产权法律法规、司法案例属于依法应当公开的文献及信息，并已经在政府机构网站及专门的商业性法律数据库中公开，内容获取在法律与事实上存在较小的障碍。知产百科的词条信息可以由知识产权专业研究人员撰写完成，基本不存在获取方面的障碍。就论著资料而言，我国已经实施了国家知识基础设施工程，国家图书馆、中国知网与国家哲学社会科学学术期刊数据库都聚合了大量的论著文献。另有商业性网站也有大量最新的图书文献。虽然具体内容存在版权，但是对其进行描述则不存在法律障碍，比如运用关键词、主题词、标题、作者及其单位、出版社或者期刊、专业类别等元数据对论著资料进行描述。科研项目信息通常在论著中标注，或者在资助部门网站公开。这些信息的搜集整理与论著资料有交叉，可以一并实现。教育培训方面的信息比较分散，既有政府部门组织的培训，又有行业协会、研究机构组织的培训，还有商业性培训。由于这类信息的特征在于尽可能充分

公开，所以获取相对容易，需要集中关注特定政府部门、行业协会与研究机构的网站。对于商业性培训而言，则需要采取技术手段实现，内容依然是可获取的。就知产人物、知产机构与知产大事而言，鉴于课题组依托的研究人员与专业研究生对知识产权界比较熟悉，具有获取内容的先天优势，因此，各个模块的内容都可以充分获取。

值得关注的是，由于私人企业与个人具有经营自主权，且对资产属性的知识产权享有财产权，政府或者公共政策调控这些层面的知识产权信息公开具有较大难度。在事实层面，这些信息散见于不同载体中，内容获取的成本会相对较高，但并非不可接受。建设国家知识产权文献及信息资料库可以从商业角度将这些内容整合在一起，弥补现有的知识产权信息公开制度的缺陷，补充现有知识产权文献及信息公开的数量，从而形成完善的资料库。只是对这些信息的采集、整理与汇交应当有较为规范的程序和内容。

（二）技术方面的可行性

在现阶段，国家知识产权文献及信息资料库应当采用数据库技术。这是信息社会一切信息皆可数据化的必然选择。如果不顺应社会发展趋势，则既不能实现资料库价值，也会浪费人力、财力与物力。同时，现有的知识产权文献及信息资料库建设已经采取了数据库模式，如果本项目在技术上落后，则也会丧失商业成长空间。

从世界范围看，数据库已经产生60余年，其基本原理是按照某种结构模型将所有搜集到的有用信息组合在一起，再与应用程序相结合，实现数据的有序存储、便捷管理与精确检索。到20世纪90年代，基于信息技术与市场的发展，数据管理已经不再仅限于数据存储与管理，还可以同时满足用户的个性化需求。不断发展的数据库技术迅速适应了这一需求趋势。在大数据、云计算等新兴技术的推动下，数据管理的质量、效率与层次又得以提高，甚至可以基于大样本进行预测，实现智能化。因此，现有技术已经能够从容应对建设国家知识产权文献及信息资料库提出的需求。

在此之前，中国人大网的法律法规数据库、中国知识产权裁判文书网、专利信息检索系统、商标信息检索系统、北大法宝、北大法意、国家哲学社会科学学术期刊数据库、国家图书馆与中国知网等数据库或者信息平台已经开展了知识产权文献及信息的管理实践，为本课题的顺利推进提供了技术体验方面的资料，有利于采用更为优化的技术方案改进用户体验。

第二章
国家知识产权文献及信息资料库建设现状研究

第一节 概 述

一、国家知识产权文献及信息资料库建设的必要性

在我国，知识产权相关文献及信息资料多分散于各个发布机关及相关网站，集中度不够，也缺乏体系化，纸质的资料在检索上不便，利用效率相对有限。实际上，我国知识产权文献及信息资料的社会需求相当大。这就呈现出信息不对称趋势。因此，建立国家统一的、完整的、权威的知识产权文献及信息资料库具有很大的必要性，否则可能会阻碍我国知识产权事业的发展，影响科学文化的进步。具体而言，建立国家知识产权文献及信息资料库的必要性体现于以下几方面。

（一）社会公众的需求

1. 我国知识产权发展欣欣向荣的背景

近些年来，随着国家对知识产权的重视，人们对知识产权了解得也越来越多。在市场环境下，人们越来越注重知识产权这一核心竞争力。2014 年，我国商标注册申请 228.5 万件，同比增长 21.5%，连续 13 年位居世界第一。截至 2014 年 12 月底，我国累计商标注册申请量为 1 552.7 万件，累计商标注册量为 1 002.7 万件，商标有效注册量为 839 万件，继续保持世界第一。[1]

---

〔1〕 参见《经济日报》报道，http://paper.ce.cn/jjrb/html/2015-01/23/content_229436.htm，最后访问时间：2018 年 11 月 30 日。另参见吴汉东："知识产权战略实施的国际环境与中国场景——纪念中国加入世界贸易组织及《知识产权协议》10 周年"，载《法学》2012 年第 2 期。

2015 年，我国商标申请数量为 287.6 万件。[1]我国著作权方面事业也呈现出繁荣的景象。2014 年，全国版权合同登记合计 17 376 份，全国自愿登记作品合计 997 350 件，全国行政处罚件数 4 728 件，收缴盗版品 16 665 890 件/册/盒/张，版权输出总数 10 293 项，版权引进总数 16 695 项。[2]特别是知识产权制度的逐渐完善及 2010 年开始的打击网络侵权盗版专项治理的“剑网行动”，取得了非常大的成绩。2014 年，我国专利申请量 236.1 万件，国家知识产权局共受理发明专利申请 92.8 万件，同比增长 12.5%；[3]共受理实用新型专利申请 86.8 万件，受理外观设计专利申请 56.5 万件。[4]同时我国走出去的过程中也会遇到诸如商标海外运营风险、出口货物专利侵权风险、海外自主专利被侵权风险、商业秘密泄密风险、海外投资中知识产权价值评估风险、海外知识产权壁垒风险、国内外知识产权法律不一致的风险、海外竞争对手滥诉风险等风险。[5]在此大背景下，知识产权无论是在我国市场中还是在政策文件中，都已经是一个非常高频的词语。在全球化大背景下，我国对外交流频繁，贸易往来更加密切，国内企业、产品走出去的趋势增加，维持提供重要支持的“知识产权”成为一个重要的砝码。

2. 社会公众需要知识产权相关文献及信息

社会公众特别是市场主体需要对知识产权相关政策法规、案例、交流信息、机构等进行了解。我国目前的知识产权资料存储情形对非知识产权专业人士来讲，获取却不大方便。社会公众不知道他们需要何种知识产权信息，不知道从何处能够获取此类目标信息，更不知道如何辨别信息的真伪，更别谈如何充分利用这些资料。对于在知识产权领域做研究的知识产权专业人士

---

〔1〕“2015 年度各省、自治区、直辖市商标申请与注册统计表（类）”，载 http://sbj.saic.gov.cn/tjxx/201602/W020160223374959819329.pdf，最后访问时间：2018 年 11 月 18 日。

〔2〕参见 http://www.ncac.gov.cn/chinacopyright/channels/6468.html，最后访问时间：2018 年 11 月 15 日。

〔3〕参见新华每日电讯报道，http://news.xinhuanet.com/mrdx/2015-02/24/c_134013542.htm。其中，2014 年，我国每万人口发明专利拥有量比“十二五”规划纲要指标提高了 1.6 件；发明专利申请占比超过实用新型专利申请，位居三种专利之首，专利申请结构显著优化。另参见傅琦：“分案申请制度研究”，载《科技与法律》2015 年第 6 期。

〔4〕“2014 年国家知识产权局年报”（专利申请与审查），载 http://www.sipo.gov.cn/gk/ndbg/2014/201504/P020150414553847604891.pdf，最后访问时间：2018 年 11 月 20 日。

〔5〕卢海君、王飞：“‘走出去’企业知识产权风险研究”，载《南京理工大学学报（社会科学版）》2014 年第 2 期。

来讲，也存在一定的知识产权资料获取困难的问题。例如，在一些实证研究中，知识产权相关的案例、立法过程中官方形成的立法过程“内部”文件、知识产权机构信息、课题成果等，目前没有便捷的信息获取渠道。再如，一些知识产权相关问题的研究人员，获取知识产权相关资料需要相当大的成本，更多地需要依赖像中国知网及北大法宝等类似的付费网站。然而，对于知识产权相关文献及信息的社会公众需求是非常大的，社会公众的知识产权研究工作及实践工作或者日常的了解都或多或少需要有一个可以依赖、信赖的综合性资料库。

（二）信息公开、信息服务的需求

国家知识产权文献与信息资料的公开是我国建立信息公开政府的重要一环，是政府在相关领域内进行信息资源等管理优化的重要体现，此方面做得如何关系着信息公开工作的评价结果。

我国目前在知识产权相关资料的公开中，在公开的及时性及全面性上正渐入佳境，效率也相对有所提高。例如，立法机关积极进行知识产权立项信息、知识产权立法讨论、知识产权法律释义以及法律问答等方面的信息公开，初步建立了法律法规检索系统；知识产权行政单位在《政府信息公开条例》的指导下制定了部门信息公开的规章制度，努力推进专利商标等相关法律法规、审查标准、专利文献与信息资料、商标注册信息等的公开工作，已经建立了专利文献检索与商标注册信息检索系统；国家司法机关也积极进行相关知识产权司法政策、审判文书等资料文献的公开。[1] 这些公开在一定程度上能够满足社会公众的检索需求，初步了解相关的知识产权法律政策，对相关行为进行合理预测，以在某种程度上建立保持知识产权相关活动的优良环境。

从目前我国相关文献信息资料的现状来看，大多为资料堆积，较少见有对相关资料内容进行深度挖掘的。例如，大多数相关的法律法规数据库只收录法律文本，立法过程的法律文献、法律说明书、社会意见等内容却很少有整合拓展。[2] 需要指出的是，法律文本形成过程的记录文献与信息真实反映了法律条文的形成背景与意义，对其公开是增强法律透明度的必要手段，也

〔1〕 参见冯晓青、杨利华、付继存：“国家知识产权文献及信息资料库建设研究——理论探讨与实证分析”，载《中国政法大学学报》2014年第2期。

〔2〕 参见冯晓青、杨利华、付继存：“国家知识产权文献及信息资料库建设研究——理论探讨与实证分析”，载《中国政法大学学报》2014年第2期。

是法律解释的重要参考，对社会知识产权相关活动具有重要的价值。另外，在相关文件公开方面，针对无序常态化的状况，单靠检索相对不足，更需要辨认其是否失效、是否具有参考价值等。例如，专利信息的检索数据库以名称、国际分类、日期、权利人等为检索点进行构建，在内容的广泛性上仍不能满足我国专利权利检索及专利无效检索的需要，数据库粗放型堆放特征比较明显，专利比对文献等深度发掘还需要探索完善。文献资料及数据内容的标引仍不能满足检索技术的需要，造成文献与数据“化石”。而且，经过初步调查，数据库信息公开的及时性也需要改进。

同时，创新驱动发展、建设创新型国家是我国目前的重要任务之一。但是这些离不开科技信息服务的支持，需要发挥科技信息的向导作用，需要完善的信息服务体系做支撑。目前，我国知识产权相关服务还需要进一步努力提升，而建立综合性的服务平台是必然的最终选择，以使得在创新活动中节约创新成本，提高创新活动的质量，提升专利申请质量，发挥知识产权在创新中的重要激励作用。

从信息公开及信息服务方面来看，建立以服务社会需求为导向、以完善知识产权国家信息基础设施为目标的国家知识产权文献及信息资料库具有重大现实意义与价值。宏观上，知识产权文献及信息资料库建设是国家信息基础设施建设的重要组成部分，是国家履行服务与管理科技开发、工商活动等领域公共职能的必然需要，也是按照政府信息公开要求，积极履行入世承诺的重要举措，更是国家知识产权战略规划推进的根本保障。微观上，知识产权文献及信息资料库是企业、科研机构等创新主体进行专利技术申请与改进及商标注册信息检索、专利与商标诉讼应对策略制订的重要信息源，也为企业发现技术研发方向、分解技术要点并谋划专利布局与专利战略、制作专利地图与商情数据库提供了基础依据。[1]

实质上，知识产权资料信息化加速了知识产权信息的传播，节省了信息传播的成本，真正实现了知识产品的零或者趋零边际成本。利用信息资源必然要求知识产权文献信息化，需要相关合适的管理及运营。从信息公开及服

---

〔1〕 参见冯晓青、杨利华、付继存：“国家知识产权文献及信息资料库建设研究——理论探讨与实证分析”，载《中国政法大学学报》2014 年第 2 期；付夏婕：“知识产权信息公共服务研究”，博士后出站报告；闻铮：“打造信息时代的学术利器”，载《中国社会科学报》2012 年 9 月 19 日。

务角度看，建立国家知识产权文献及信息资料库就是在创新知识产权信息管理与运用模式，将对实施国家知识产权战略具有重要支撑作用。

(三) 知识产权事业发展的需求

从历史角度来看，不注重知识产权的后果是很严重的，从微观角度说，会造成企业等市场经济主体利益的丧失；从宏观角度说，国家在国际上相关领域内将失去话语权。随着我国越来越多的企业走出国门及越来越多的跨国企业走进中国，知识产权问题变得日益重要，我国因而需要大力发展知识产权事业。良性的知识产权相关制度及服务，必然会促进我国知识产权事业的发展，为相关经济发展服务；如果相关的知识产权制度及服务没有符合社会需求，则会在很大程度上不利于经济的发展，影响我国对外交流合作，从根本上影响我国在国际上的地位。

2012 年，包括国家知识产权局在内的十部委联合发布了《国家知识产权事业发展“十二五”规划》，其中提及推动知识产权服务业创新发展，鼓励促进知识产权信息检索、数据加工等发展，为全社会提供高水平知识产权服务。国家知识产权事业不仅要求硬件设施完善，更需要以健全完善的文献资料做后备支撑。知识产权信息检索及数据加工等之所以重要，是因为其能够满足市场需求，能够为社会公众提供资源。知识产权事业的发展不是一朝一夕的事情，而是一项需要持续推进、持续完善、持续激励的事情。因此，虽然国家知识产权文献及信息资料库建设需要耗费大量的资源，但是这样的建设性工作将对未来的知识产权事业起到重要的基础性支撑作用，为国家知识产权事业的发展保驾护航。

因此，建立国家知识产权文献及信息资料库是发展我国知识产权事业的必然选择。要促进知识产权事业的发展，必须在制度上做好规范，在管理上施行合理有效的具体措施。从文献与信息资料方面来讲，我国应当建立完善、便捷、易用、权威的综合性资料库，通过资料库提供相关的知识产权文献与信息服务，促进知识产权事业的发展，保障知识产权事业发展给我国带来的发展机会，维护我国在国际上的发展机遇。

(四) 科学文化发展的需求

科学技术是第一生产力，科学技术的发展需要激励机制来促进。知识产权制度就是科技发展的推动力之一。文化是人类进化的史书，是人类精神文明进步的载体。科学文化是人类的重要宝藏，是人类文明的重要体现。

自主创新是基于中国基本国情提出的科技发展战略，是中国的特色之一。[1] 自主创新需要知识产权为其保驾护航，而知识产权的发展是建立在对现有知识产权文献及信息资料进行了解、吸收的基础之上的。这也意味着知识产权文献及信息资料库的建设对知识产权的发展具有极为重要的作用，将从根本上对科学技术的发展起到一定的推动作用。从科学发展实践来看，无论是知识产权专业的资料还是其衍生的如知识产权机构、知识产权人物、知识产权教育培训、知识产权科研项目、知识产权论著资料等，都将为科研创新活动提供一定的便捷和信息支撑。建立一个信息较为对称的资料库，使得相关方的信息及时披露、公布，减少科技创新主体的信息搜索成本，提高资料的利用效率，将对科学发展起到较大的推动作用。

从文化进步来看，知识产权文献及信息资料也起着重要、不可或缺的作用。人们日常生活的方方面面都与文化紧密相连，社会的发展在一定程度上来讲是一个文化日益丰富的过程。但众所周知，知识产权是一个激励创新的制度，其在相当程度上是一种激励制度。至于如何激励，则要通过具体的制度措施来规定。从知识产权文献及信息资料方面来看，人们同样需要对相关内容进行了解，以提高知识产权意识，在日常生活中减少侵犯他人知识产权的行为，积极保护、运营自己所掌握的知识产权，利用知识产权创造更多的价值，创作更多的有价值的作品，支持文化作品的传播，丰富人类社会生活。如果缺乏知识产权文献及信息资料库，将增加人们了解知识产权相关信息资料的成本。如果建立一个人们偏好使用的、健全的、便捷的国家知识产权文献及信息资料库，将减少人们对知识产权相关资料的无知，降低相关信息的搜索成本，优化人们的创作环境；建立完善的国家知识产权文献及信息资料库，相关机构等信息也更加透明，在作品的传播、使用及保护上也将得到更加优化的效果。

知识产权为促进科学文化的发展提供了推动力，为科学文化发展保驾护航，维护人类发展秩序，促进文明传播。知识产权文献及信息服务的欠缺无疑会阻碍这种良性循环，完善、便捷、健全的知识产权文献及信息服务将给科学文化发展带来如虎添翼的效果。没有优化的知识产权文献及信息支撑服务，就没有科学文化发展的能力。因此，为了富民强国，必须建立一个完善

---

〔1〕 陈俊杰、崔永华："基于自主创新的我国民生科技发展战略研究"，载《科技进步与对策》2012年第3期。

的知识产权文献与信息资料库。

二、我国知识产权文献及信息资料库建设的现状

我国知识产权文献及信息资料总体上较为丰富，特别是近些年由于国家政策支持，在相关领域涌现出了较为充足的知识产权文献及信息资料。但是，这些文献及信息资料相当分散，缺乏管理，使用起来成本较大，与市场需求脱轨。具体来讲，我国知识产权文献及信息资料库建设中存在以下问题需要改进。

（一）资料分散且不完整、欠缺拓展

本课题组经过分析论证，将拟构建的国家知识产权文献及信息资料库中的知识产权文献及信息资料分为知识产权法律法规资料、司法案例资料、论著资料、项目资料、教育资料、人物资料、机构资料、大事资料、知识产权百科词条等。通过调查发现，我国关于知识产权的法律法规、司法案例资料相对较多，集中度也相对较好。除此之外的其他资料，相对来讲基本没有专门的集中整合管理。而且就已经有整合的相关法律法规及司法案例来讲，其一般仅是为相关使用目的而发起的资料收集，完整性并非已无可挑剔。对于相关资料的堆积，一般并没有相关的信息拓展，也没有相关内容的进一步解析，只是资料的原样态展示，相对来讲利用价值较低，需要进一步完善、提升。

（二）资料欠缺权威性

目前我国有关知识产权的文献与信息资料来源极为广泛，收集整合工作难度较大，由此而来的资料的权威性较难保证。且在网络环境下，相关资源分散，甚至真假难辨，有时要追溯源头，却因来源查找困难，只得无功而返。这自然与现实中人们对翔实权威资料的需求不相适应。因此，建立一个信息来源权威的知识产权文献及信息资料库将使公众受益。

（三）资料检索渠道缺乏畅通性

课题组调查发现，很多网页的知识产权相关的检索较为简便，可选项不多，精确检索较难实现；付费的一些资料库，如北大法宝、中国知网、万方数据库等，在检索方面较为成功，但是其作为部分资料的检索库，并不完全对外开放，用户需要购买服务方可检索、使用相关的信息资料。因此，当前情况下，检索知识产权相关资料要么耗费时间精力，要么耗费金钱成本，缺乏相关的双优渠道。考虑到相关公众对知识产权资料的需求度较大，畅通相关检索渠道是关键。

（四）信息及时性欠佳

当今网络时代，信息瞬息万变，掌握信息就是掌握主动权。但是目前的知识产权相关资料网站对信息的更新情况难如人意，一方面可能是因为没有专门的人员负责，另一方面也是因为受到移动客户端的影响，属于对 PC 客户端资料的维护。无论如何，这样的信息更新速度难以满足相关公众对信息的及时性需求。通过检索发现，我国大部分官方网站建设比较滞后，相关信息的更新不及时，而付费网站的信息也是定期更新。相对来讲，只有新闻资讯有关的信息网站相关内容更新较为及时。这种情况对于社会公众对相关文献及信息的快捷获取自然是不利的。

（五）资料库增值服务不够

随着社会发展，人们对文献和信息的需求水平也不断提高。就知识产权文献及信息而言，在相当多的情况下，人们已经不满足于基础文献和信息，而更需要在基础文献及信息基础上进行深加工的文献及信息。比如，知识产权相关的法律法规，通过一般的检索工具较易实现，但是除非到相关的发布机关网站检索发布内容或者找相关纸质印刷版本，否则，均不排除网络上流传的多种版本中存在瑕疵。而且，网络上的法律法规信息，基本都是法条，几乎没有予以加工、编辑、解析的。对于一般人来讲，使用这些信息资料的成本较高；对于专业人士来讲，使用这些信息资料的效果不大。

实际上，除了知识产权法律法规这些资料较容易从网络上获得之外，知识产权相关的其他文献及信息资料较难获取，也几乎没有对之进行加工的。比如，近年来知识产权相关的学科在学生中间较为走俏，但是哪些学校开设了知识产权专业本科，哪些学校有知识产权专业的硕士、博士点等，有哪些有名的知识产权相关的导师等，这些并没有统计，也没有深度加工的信息。通过网络检索可以查到一些信息，比如通过检索一个知识产权名师，可以在百度百科上看到其信息简介，这种形式的资料展示已经算是目前加工程度较好的。但是，一般由于其信息加工以用户提交后台审核为主要模式，因此，也普遍存在着资料相对简陋、较为滞后、信息不全的现象。且这类资料并没有统一归类，只能靠用户的主动检索来接触目标资料，增值服务远远未达到用户的需求度。

再如，现有的专题专利资料库对同族专利、法律状态和引证专利等特定信息的揭示远远不够。据统计，只有 69% 包含有法律状态信息，49%包含有同族专利信息，仅有18%包含有引证专利信息，还有28%没有提供以上任何一种信息。[1] 相关信息的增值服务不足，将严重影响用户体验，影响信息资料的利用效率。实质上，目前除了法律法规有北大法宝及类似的机构提供付费增值服务外，知识产权相关的其他文献信息资料很难见到有集中的、性能较佳、效果较好的增值服务。也即，即便是现有包含知识产权文献及信息的资料库，大多也只是提供基础性质的文献及信息，深度加工的增值服务远远不够。现有知识产权文献资料库大多缺乏深度标引和加工，信息挖掘程度偏低，质量有待提高。

三、我国知识产权文献及信息资料库建设迟缓的原因

目前除了课题组建设的“知信通”资料库外，我国尚无知识产权文献及信息方面的综合性资料库。我国综合性的知识产权文献及信息资料库的建设，与社会公众及社会发展的需求相比显得较为滞后。课题组认为，主要原因有以下几点：

（一）人才欠缺

知识产权文献及信息资料库的建设需要的不仅是知识产权方面的专业知识，还需要相关的技术知识等，而且参与者要具有一定的社会意识、文化水平等。当前我国的教育培养模式并没有如此理想的综合性培养方式，因此相关人才的欠缺导致相关意识不足。

国家知识产权文献及信息资料库是一个专业性的资料库，涉及诸多方面的专业性知识。首先，应当具有知识产权相关的专业知识，以便解决知识产权资料库相关的设计及专业问题。其次，该资料库涉及计算机技术等方面的知识，在界面设计、技术方案等方面需要专业的知识及思维进行解决，甚至为了避免建设危机、意外的出现，需要专业的技术团队的支持。再次，资料库建设涉及信息管理方面的知识，需要信息管理方面的人才支持。最后，资料库的建设有部分是关于法律法规及司法案例的，相关内容需要专业的法律专业人才予以审核、把关。当然，资料库的建设需要庞大的人力支持，不仅需要以上专业人才，还需要进行有效的管理。

---

[1] 孙旭华等：“关于我国专题专利数据库的思考”，载《创新科技》2010年第11期。转引自仇壮丽：“国家知识产权文献数据库系统设计方案与思路”，载《现代情报》2013年第2期。

我国目前的人才培养模式过于单一，虽然其学科的专业划分具有一定的科学性，但是这种专业划分也造成了从业中“隔行如隔山”的局面。培养综合型人才已经在相关领域进行尝试，但是效果并不明显。如在法律硕士学院开展知识产权相关的人才培养，这样的培养模式为“非法学本科+知识产权法学”，培养出来的依然是某一非法学领域的知识产权法学人才，在综合性上虽取得了一定的成绩，但是在专业性上欠佳。

在综合性人才培养方面的不足，以及相关的综合意识欠佳，是造成我国知识产权文献及信息资料库建设滞后的一个基础原因。

（二）资金支持欠缺

资料库的建设是一个工作量巨大的活动，不仅需要资料库的设计论证，还需要相关资料的收集、整合、撰写，需要相关内容的填充，还需要相关内容的后续持续补录，因而需要大量的人力成本。同时，也需要大量的资金支持。而且要考虑资料库如何运营，是否能够获得收益、收回投资成本，这也是建设知识产权文献及信息资料库需要考虑的一个重要方面。资料库的运营需要长期管理、长期投资，需要稳定的投资支持。在资金投资上的不足，将严重阻碍知识产权文献及信息资料库建设活动的展开，最终将导致知识产权文献及信息资料库建设的延滞。

（三）相关方面衔接性欠缺

信息不对称是我国知识产权文献及信息资料库建设延滞的重要因素之一。我国一直在强调加强知识产权制度建设，相关的社会公众也相当急需一个完善、便捷、可靠的知识产权文献与信息资料库。但是，在上层决策与实际的需求之间缺乏相应的实施主体，无法进行无缝衔接。还有一点需要指出的是，现在的信息服务提供者在市场对相关信息的需求上缺乏充分的调研，提供的服务与需求者的高标准要求脱轨。这种信息不对称、缺乏衔接性，反证了国家知识产权文献及信息资料库建设的必要性。

第二节　我国知识产权立法文献及信息资料库建设现状

我国目前的知识产权立法文献及信息资料库总体来看具有一定特点，但是相对于社会公众的需求来讲，还远远不够。以下对之进行详细的介绍与分析。

一、现有知识产权立法文献及信息资料库介绍及评价

国内法律法规数据库主要包括两块：一块是政府公共服务平台，为普通公众检索法律法规提供免费服务；另一块是由第三方构建的商业性数据库，[1]其立足于法学专业知识，对法律法规资料和信息进行了科学的归纳和具体的划分，能够较好地满足专业人士的检索需求。

（一）政府公共服务平台

1. 国家版权局官方网站（http://www.ncac.gov.cn）

国家版权局官方网站的法律法规栏目中载有一定数量的著作权法律法规。经统计，法律法规共有14部，国际条约11部，部门规章21部，规范性文件0部，共计46部。[2]该网站的法律法规库建设存在如下可改进之处：第一，收纳的法律法规涵盖的领域较为单一，仅涉及著作权领域，且收纳数量较少，甚至没有收录任何规范性文件。第二，法规分类较为粗放、不够科学，仅有法律法规、国际条约、部门规章、规范性文件四类，但法律法规从某种程度上可以理解为部门规章、规范性文件的上位概念。第三，作为主管全国著作权管理工作的国家行政机关，该网站的法律法规库中没有收录任何著作权方面的地方法规规章，给用户的搜索带来一定的不便。第四，用户只能进行查询，并不能进行检索，无法满足用户多元化的需求。

图2-2-1 国家版权局网站界面

[1] 邓永泽、蒋燕、曹雅楠、姜洋洋、杨珊、倪荣："'知信通'之法律法规建设现状介绍及完善建议"，载冯晓青、杨利华主编：《国家知识产权文献及信息资料库建设研究》，中国政法大学出版社2015年版，第256页。

[2] 邓永泽、蒋燕、曹雅楠、姜洋洋、杨珊、倪荣："'知信通'之法律法规建设现状介绍及完善建议"，载冯晓青、杨利华主编：《国家知识产权文献及信息资料库建设研究》，中国政法大学出版社2015年版，第256—257页。

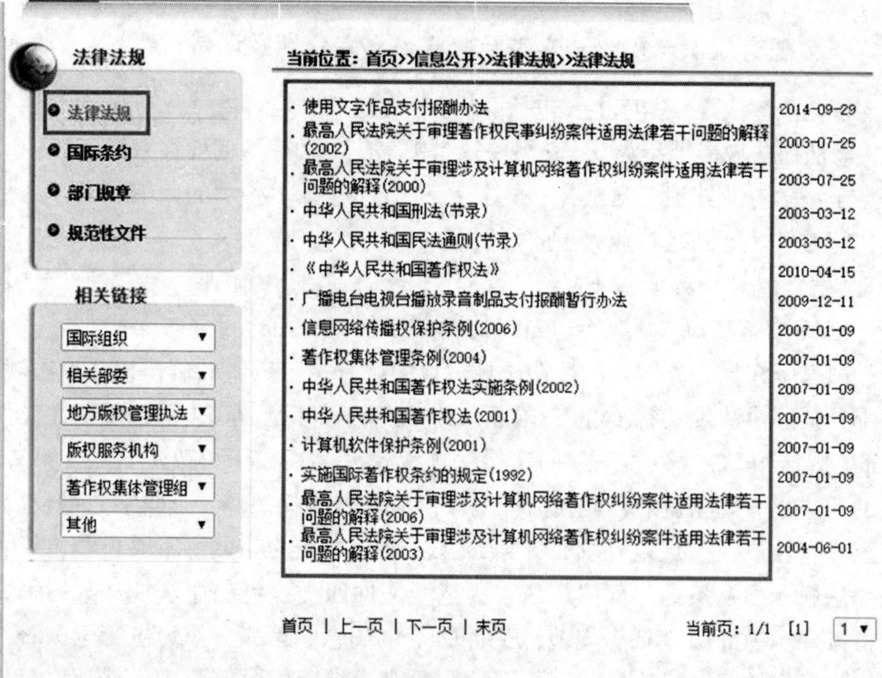

图 2-2-2　国家版权局网站法律法规版块

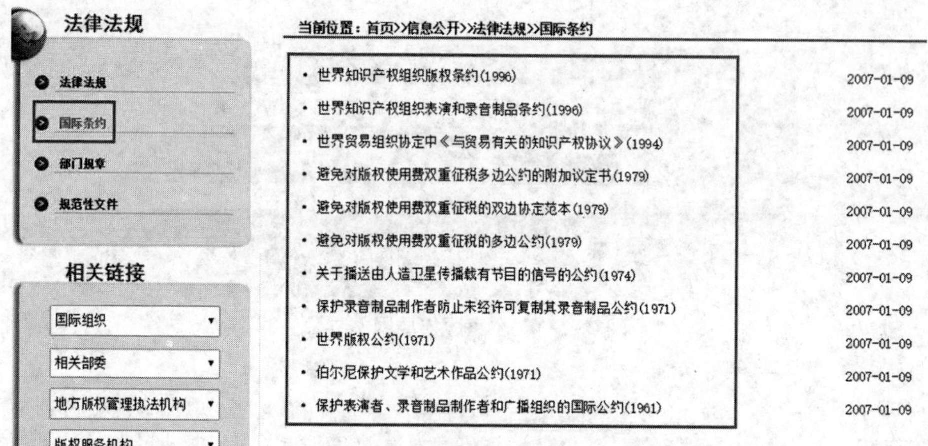

图 2-2-3　国家版权局网站国际条约版块

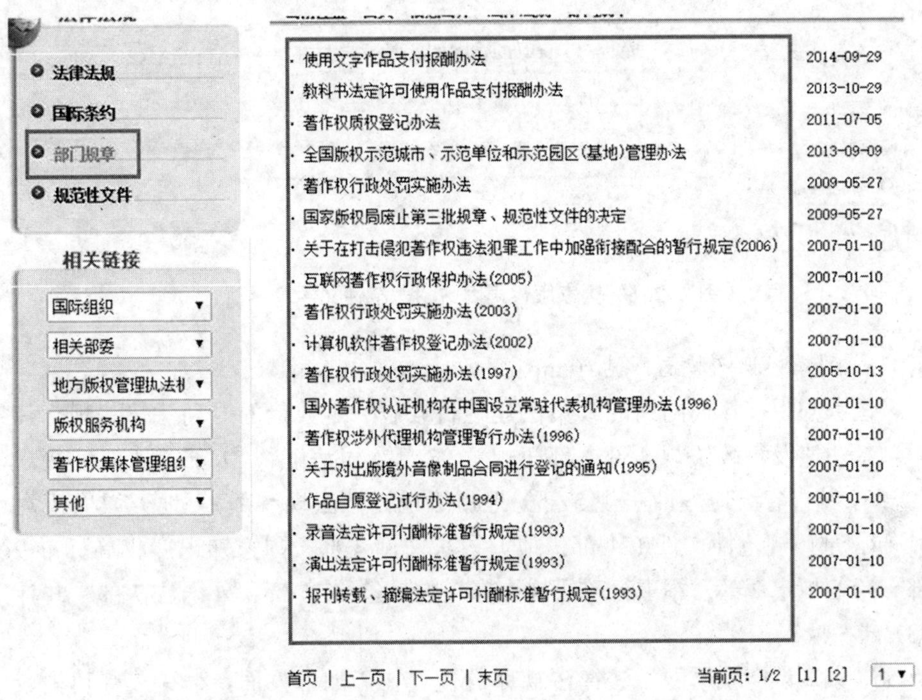

图 2-2-4　国家版权局网站部门规章版块（第 1 页）

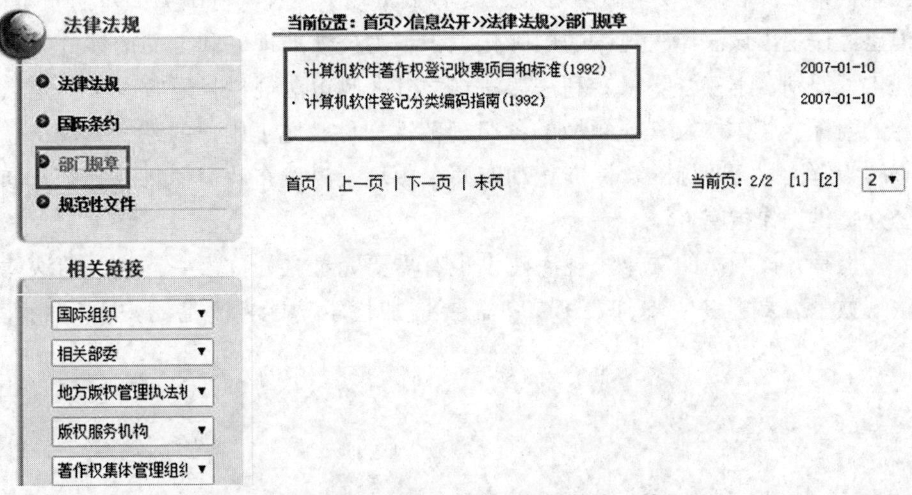

图 2-2-5　国家版权局网站部门规章版块（第 2 页）

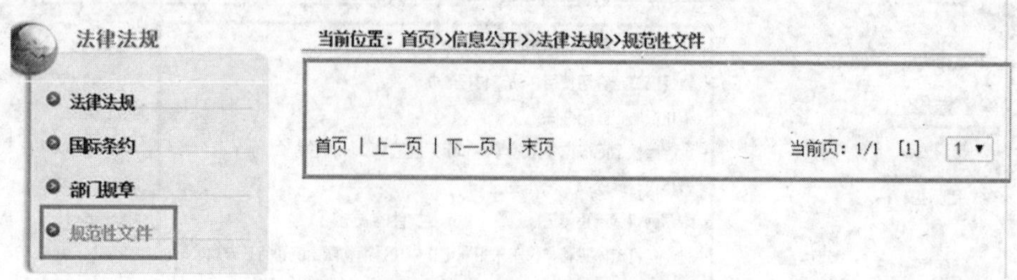

图 2-2-6 国家版权局网站“规范性文件”界面

2. 国家知识产权局网站（http://www.sipo.gov.cn）

国家知识产权局网站的政策法规栏目载有一定数量的专利法律法规，其中包括法律及行政法规 4 部，部门规章 97 部，司法解释 31 部，地方性法规 10 部（其中省级地方性法规 5 部，地市级地方性法规 5 部），地方政府规章 31 部，部门规范性文件 121 部，地方司法文件 3 部，国家知识产权局标准 9 部，行业规定 2 部，军事行政法规 1 部，国际条约 15 部，外国法 7 部，共计 331 部。

国家知识产权局网站法律法规库的优点在于如下方面：第一，专利领域的法律法规除了中央一级的法律文件之外，还包括地方一级的法律文件及国际条约，虽然数量较少、涵盖不全，但整个法律法规库的体系架构较为科学、完整。第二，收录了外国法律法规，尽管数量较少，且没有中英文对照版本，但已经体现出该法律法规库的国际化意识，为公众处理专利方面的涉外事宜提供了便利。第三，除了专利法律法规之外，政策法规栏目还收录了一定数量的商标、著作权及其他领域的各级规范性文件，便于用户的综合查询；还有政策解读、行业标准及标准化动态两个版块及时发布政策信息，有利于向公众提供操作指南。

但是，该网站的法律法规库建设也有需要完善之处：第一，收纳的法律法规数量需要进一步增加；第二，需要增加检索功能，满足用户的定制化需求。

图 2-2-7　国家知识产权局网站界面

图 2-2-8　国家知识产权局网站政策法规栏目

3. 国家工商行政管理总局商标局网站（中国商标网，http://sbj.saic.gov.cn）

中国商标网的法律法规栏目载有一定数量的商标权法律法规，其中商标法律、法规 6 部，商标司法解释 9 部，商标行政规章 12 部，商标规范性文件 30 部，商标国际条约 10 部，共 67 部。与国家版权局的法律法规库类似，中国商标网仍处于起步阶段，其所载法律法规数量较少，且只包含中央一级的法律文件。

WWW.CTMO.GOV.CN　SBJ.SAIC.GOV.CN　　总局首页　ENGLISH　邮箱登录

中国商标网　中华人民共和国国家工商行政管理总局商标局

Trademark Office of The State Administration For Industry & Commerce of the People's Republic of China

本站首页 | 商标要闻 | 商标战略 | 商标申请 | 国际注册 | 商标执法 | 组织机构 | 重要发布 | 法律法规 | 驰名商标 | 地理标志
| 国际交流 | 商标权运用 | 商标代理 | 商标查询 | 商标公告 | 网上申请 | 统计信息 | 专题报道 | 公众留言 | 意见征集

图 2-2-9　中国商标网界面

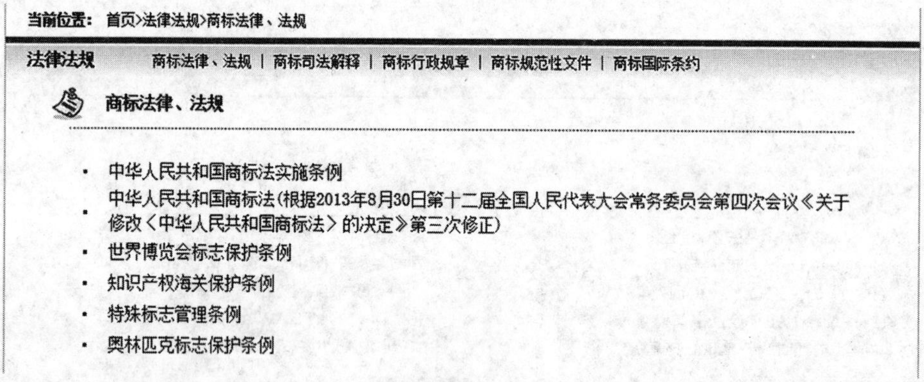

当前位置：首页>法律法规>商标法律、法规

法律法规　商标法律、法规 | 商标司法解释 | 商标行政规章 | 商标规范性文件 | 商标国际条约

商标法律、法规

- 中华人民共和国商标法实施条例
- 中华人民共和国商标法(根据2013年8月30日第十二届全国人民代表大会常务委员会第四次会议《关于修改〈中华人民共和国商标法〉的决定》第三次修正)
- 世界博览会标志保护条例
- 知识产权海关保护条例
- 特殊标志管理条例
- 奥林匹克标志保护条例

图 2-2-10　中国商标网商标法律、法规界面

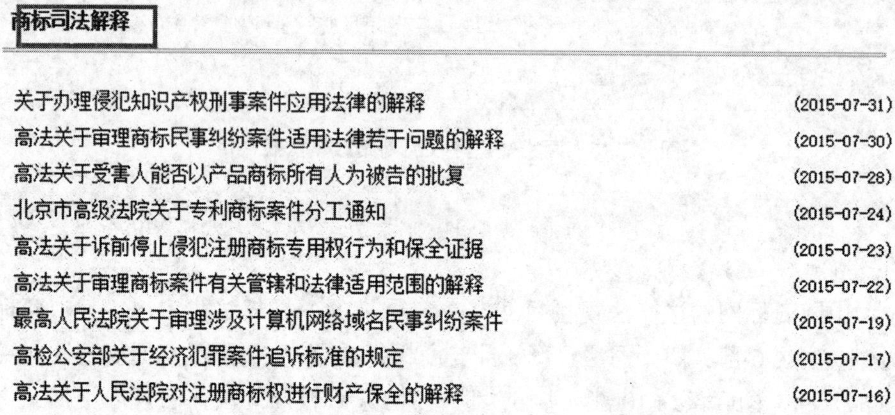

商标司法解释

关于办理侵犯知识产权刑事案件应用法律的解释　(2015-07-31)
高法关于审理商标民事纠纷案件适用法律若干问题的解释　(2015-07-30)
高法关于受害人能否以产品商标所有人为被告的批复　(2015-07-28)
北京市高级法院关于专利商标案件分工通知　(2015-07-24)
高法关于诉前停止侵犯注册商标专用权行为和保全证据　(2015-07-23)
高法关于审理商标案件有关管辖和法律适用范围的解释　(2015-07-22)
最高人民法院关于审理涉及计算机网络域名民事纠纷案件　(2015-07-19)
高检公安部关于经济犯罪案件追诉标准的规定　(2015-07-17)
高法关于人民法院对注册商标权进行财产保全的解释　(2015-07-16)

图 2-2-11　中国商标网商标司法解释界面

商标行政规章

国家工商行政管理总局令第66号 驰名商标认定和保护规定 (2015-07-31)
国家工商行政管理总局令第65号 商标评审规则 (2015-07-31)
国家工商行政管理总局令第48号 亚洲运动会标志保护办法 (2015-07-30)
商标代理管理办法 (2015-07-29)
展会知识产权保护办法 (2015-07-28)
商标评审规则 (2015-07-27)
世界博览会标志备案办法 (2015-07-26)
商标印制管理办法 (2015-07-24)
驰名商标认定和保护规定 (2015-07-23)
集体商标、证明商标注册和管理办法 (2015-07-22)
马德里商标国际注册实施办法 (2015-07-21)
奥林匹克标志备案及管理办法 (2015-07-19)

图 2-2-12　中国商标网商标行政规章界面

商标规范性文件

关于发布《台湾地区商标注册申请人要求优先权有关事项的规定》及相关书式的公告 (2015-07-31)
商标网上申请试用办法 (2015-07-31)
商标实质审查规程 (2015-07-30)
地理标志产品专用标志管理办法 (2015-07-30)
自然人办理商标注册申请注意事项 (2015-07-29)
保护知识产权行动纲要（２００６－２００７年） (2015-07-28)
关于在行政执法中及时移送涉嫌犯罪案件的意见 (2015-07-28)
打击侵犯商标权违法犯罪中加强衔接配合的暂行规定 (2015-07-27)
关于印发《2005年保护注册商标专用权行动方案》的通知 (2015-07-27)
关于加强农产品地理标志保护与商标注册工作的通知 (2015-07-26)
香港、澳门服务提供者在内地开展商标代理业务暂行办法 (2015-07-26)
关于国际分类第35类是否包括商场、超市服务问题的批复 (2015-07-25)
关于协商解决后追究行政法律责任的批复 (2015-07-25)
关于开展打击制假售假保护知识产权专项行动的通知 (2015-07-24)
关于新设商标代理机构由省级工商局备案的通知 (2015-07-24)
自然人申请商标注册须填写身份证号的通知 (2015-07-22)
关于《奥林匹克数学》一书使用“奥林匹克”字样的函 (2015-07-22)
关于保护第29届奥运会组委会徽记的通知 (2015-07-21)

图 2-2-13　中国商标网商标规范性文件界面（一）

- 关于商标印制监管有关问题的答复 (2015-07-21)
- 关于在保健酒上申请注册商标有关问题的复函 (2015-07-20)
- 关于侵权商品有关问题的批复 (2015-07-19)
- 关于“商品房”如何确定类别问题的复函 (2015-07-18)
- 关于停止商标代理机构使用商标注册收费专用收据的通知 (2015-07-17)
- 关于商标代理行政审批取消后有关工作的通知 (2015-07-16)
- 关于商标印制审批取消后做好商标印制管理工作的通知 (2015-07-15)
- 工商行政管理部门商标注册、管理和评审工作守则 (2015-07-14)
- 关于灯影是否为牛肉商品土特产专用名称的批复 (2015-07-14)
- 关于如何理解《商标法》第五十三条有关规定问题的答复 (2015-07-13)
- 关于公布申请商标注册文件格式的通知 (2015-07-12)
- 关于执行《商标法》有关问题的通知 (2015-07-09)

图 2-2-14　中国商标网商标规范性文件界面（二）

商标国际条约

与贸易有关的知识产权协定(2)(共两部分) (2015-07-31)
与贸易有关的知识产权协定(1)(共两部分) (2015-07-30)
商标国际注册马德里协定实施细则(2)(共两部分) (2015-07-29)
商标国际注册马德里协定实施细则(1)(共两部分) (2015-07-28)
商标国际注册马德里议定书(1)(共两部分) (2015-07-27)
商标国际注册马德里协定 (2015-07-26)
建立世界知识产权组织公约 (2015-07-25)
保护工业产权巴黎公约(2)(共两部分) (2015-07-23)
保护工业产权巴黎公约(1)(共两部分) (2015-07-22)
商标国际注册马德里议定书(2)(共两部分) (2015-07-21)

图 2-2-15　中国商标网商标国际条约界面

4. 中国法律法规信息检索系统（http://law. jschina. com. cn/law/home/begin1. cbs）

中国法律法规信息检索系统是由中国人大网推出并维护的综合性法律法规数据库，收录了中央法律法规司法解释和地方性法规规章。在该检索系统中，法律法规司法解释划分为法律及有关问题的决定，中共中央、国务院法规及文件，司法解释及文件，部委规章及文件四个类别，地方性法规规章则按照行政区划进行划分。相对应地，用户可以勾选不同的类别来确定数据库，缩小检索范围。

该检索系统的法规检索功能较为完善，其检索条件可以从颁布日期、实施日期、时效性、文件编号、发文号、颁布单位、主题分类、标题检索、正文检索、显示篇数、逻辑关系等不同方面进行设置，能够较好地满足用户的不同需求。但是该检索系统也有一定的局限之处，如主题分类的设置以部门法的划分为依据，其范围较为宽泛，用户只能在宪法类、民商法类、刑法类、行政法类、经济法类、社会法类、诉讼及非诉讼程序法类中进行选择。如果用户需要检索知识产权法领域的法律法规，则只能结合标题或正文的关键词进行复合检索。

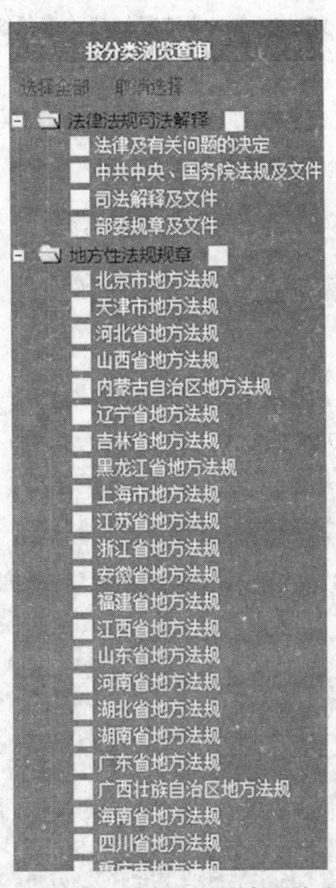

图 2-2-16　中国法律法规信息检索系统分类浏览查询

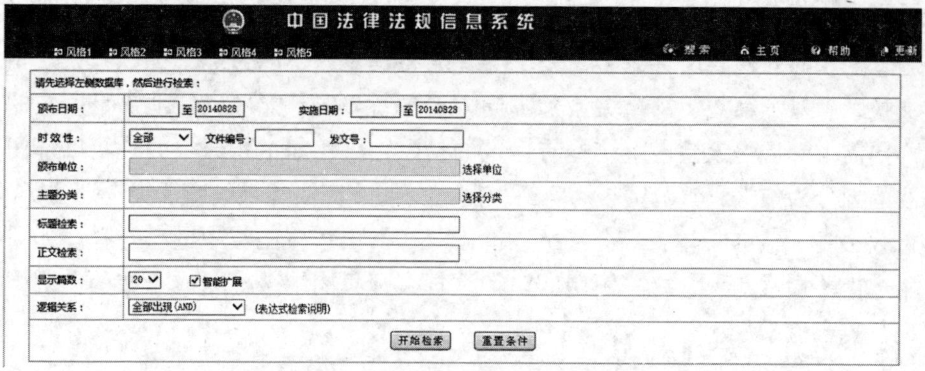

图 2-2-17　中国法律法规信息检索系统检索栏

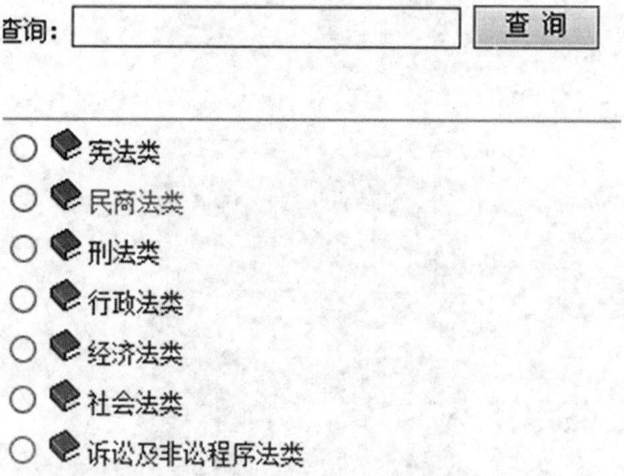

图 2-2-18　中国法律法规信息检索系统部门法检索

此外，通过实际操作可以发现，该检索系统收录的内容并不十分全面。选定“法律法规司法解释”数据库之后，将颁布日期设置为“20130101 至 20140828”，时效性设置为“全部”，正文检索关键词输入“商标”，可以检索出法律及有关问题的决定 3 部，中共中央、国务院法规及文件 2 部，司法解释及文件 3 部，部委规章及文件 9 部。事实上，此段期间，中央国家机关颁布的商标领域的规范性文件远远超过该检索结果数，如《国家工商行政管理总局商标局关于商标注册申请分割业务说明及申请注意事项的公告》等数量众多的规范性文件并未出现在检索结果当中。

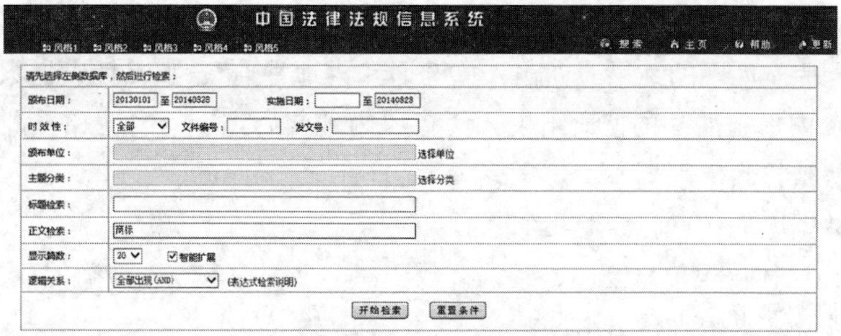

图 2-2-19 中国法律法规信息检索系统检索示范（检索过程）

图 2-2-20 中国法律法规信息检索系统检索示范（检索结果）

5. 小结

尽管上述政府公共服务平台中知识产权法律法规数目较少，且不大注重收录知识产权领域的地方法规规章，但它们基本上囊括了我国知识产权领域最重要、位阶较高的核心规范性法律文件，且普遍没有对相关信息进行深度加工。通过上述对政府公共服务平台的分析，可以知道政府门户网站提供的法律法规信息没有经过专业化加工，而其面对的用户主要是普通公众，大体上能够满足他们对基本的知识产权法律法规查询服务的需求。〔1〕

（二）商业性数据库

1. LexisNexis（律商网，https://hk.lexiscn.com/）

LexisNexis（律商网）的法律法规数据库政策法规高级搜索器可分为快速检索模式和传统检索模式。在前一种模式下，搜索器可将短语或句子分解成为几个词语，以最快的方式返回结果，并能够过滤掉语气词、连词、助词等，如输入关键词“内地香港”，那么搜索器会将包含“内地香港”“内地与香

〔1〕 参见邓永泽、蒋燕、曹雅楠、姜洋洋、杨珊、倪荣：“‘知信通’之法律法规建设现状介绍及完善建议”，载冯晓青、杨利华主编：《国家知识产权文献及信息资料库建设研究》，中国政法大学出版社 2015 年版，第 258 页。

港”“内地和香港”的内容都呈现出来。在后一种模式下，搜索器只能呈现出与关键词完全匹配的结果，如输入关键词“内地香港”，那么搜索器只会反馈出包含“内地香港”的搜索结果，含有“内地与香港”“内地和香港”的内容就无法被检索出来。

该数据库的优点有如下几个方面：

(1) 法律法规信息全面，且大多数法律文件都附有较为准确的英文版本，方便在涉外文书中进行引用。

(2) 搜索条件设置恰当，符合学理上对法律的分类。该政策法规高级搜索器中包括标题、内容、发文日期、生效日期、文号、颁布机关、文件有效性、文件有效范围、按类别、行业分类、效力级别、结果排序、搜索范围等13项内容（见下图）。

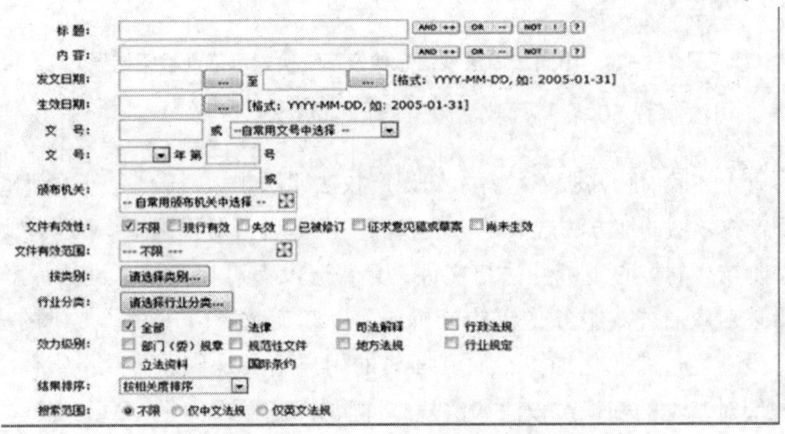

图 2-2-21 LexisNexis（律商网）检索栏

其中“文号”一栏提供了“主席令”“国发”“国办发”“法释”等40多个常用文号，也可由用户自行输入。“颁布机关”栏同样如此，既有自主输入框，又有常用颁布机关选择框。“文件有效性”栏下有“不限”“现行有效”“失效”“已被修订”“征求意见稿或草案”“尚未生效”几个选项可供选择，用户可以根据自身需要勾选一个以上的项目，筛选出自己所需要的结果。“文件有效范围”则可以选择“不限”“全国”或具体省级行政区域，点击省份名称将有对话框弹出，用户可点击城市名称进行细化检索。“按类别”是指需要检索的法律部门，下有“宪法国家法”“民法”“知识产权法”“民事诉讼法”等33个大类，每个大类下划分出不同的方向。以“知识产权法”为例，点击下拉框，则出现了“综合”“著作权”“商标”“专利”“反不正当竞争”“技术合同”“其他”共7个方向，用户可选择一个或多个进行检索。“行业分类”栏则设计了“广告与市场营销”“艺术、娱乐与体育”“化学”等不同的行业和领域。“效力级别”栏关乎检索的规范性文件的效力级别，包括“全部”“法律”“司法解释”“行政法规”“部门（委）规章”“规范性文件”“地方法规”“行业规定”“立法资料”“国际条约”10个选项。“结果排序”栏则具体分出了“按发文日期”及“按生效日期”升序或降序、“按效力级别”“按文章访问次数”“按相关度”等多种排序方式。“搜索范围”栏则提供了“不限”“仅中文法规”“仅英文法规”三种选择。

（3）搜索结果呈现方式有多种选择，能够满足用户的不同需求。如在“按类别”中勾选“著作权法”，可检索出1676条记录。页面左侧从上至下分别显示了发文日期总体趋势图、有效范围分布情况、效力级别情况、法律部门分类情况和行业分类情况，可以清楚地显示出著作权法律法规体系中有法律13条，司法解释50条，行政法规41条，部门（委）规章419条，规范性文件417条，地方法规712条，行业规定15条，立法资料7条，国际条约2条，并且大部分法律法规文件都有英文版本。

（4）法律条文联想结果呈现方式具有新颖性。点击“《中华人民共和国著作权法（2010年修订）》”这条数据，用户可以看到每一法条的后面都链接有进一步联想的内容，如“法律法规”“评论文章”“相关案例”“专业期刊”“新法快报”“实用资料”等。点击法律条文后的“相关案例”，页面将呈现出以该法律条文为中心、由相关案例组成的环状发散型图案，点击案例名称即可详细阅读案例内容。

（5）用户在“标题”栏和“内容”栏自主输入关键词时，可配合使用“AND++”“OR——”“NOT!”三个按钮，分别表示关键词之间“和”“或”“排除”的关系。“发文日期”和“生效日期”既可由用户以“YYYY-MM-DD”形式输入，也可以通过时间框进行选择。在搜索结果页面，提供有“设置自动搜索”“法规有效性提醒”“打印结果”“保存此次搜索”等特色功能，使得数据检索更加方便。

但是，LexisNexis（律商网）法律法规数据库也存在一定不足之处。

首先，从用户操作方面来看，搜索条件设置过于烦琐可能会使用户在模糊搜索时无法得到相应的检索结果。而过多的功能性按钮虽然能满足个别用户的特殊需求，但大多数用户在使用该数据库时必须花一定时间学习如何操作，有一定的麻烦。

其次，联想结果显示页面不够简洁明快，筛选信息不够方便。虽然以某个具体法律条文为中心、由相关联想内容组成的环状发散型图案具有新意，但缺点在于不能一目了然地显示数十条甚至上百条数据，给用户筛选、检索信息增加了工作量，带来了一定的困难。

最后，该法律法规数据库仅仅关注法律法规的搜索、呈现，极少对法条内容进行分析、解释、再加工。此外，法条联想部分的“评论文章”“专业期刊”涉及的内容具有一定的重合性，部分文章并未在公开出版物上进行发表，专业性和权威性大打折扣。

2. 北大法宝（http://www.pkulaw.cn）

北大法宝法律法规数据库是我国最早、最大的法律信息服务平台之一，融合了搜索页面和结果页面。其搜索页面部分包含“法规标题关键词”“全文”“发布部门”“发文字号”“批准部门”“批准日期”“发布日期”“实施日期”“时效性”“效力级别”“法规类别”等栏目，匹配结果可选择“精确”“模糊”“同句”“同段”等。与此同时，检索出的数据可选择按效力层级顺序或按发布日期呈现于结果页面。〔1〕

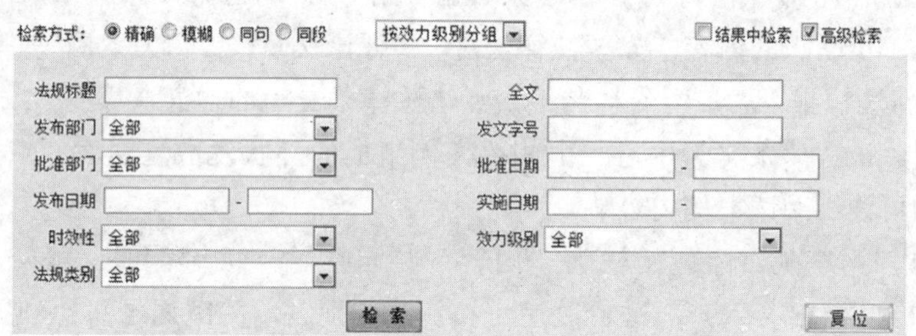

图 2-2-22　北大法宝高级检索栏

以“著作权法”为全文关键词，可检索出法律 37 条、行政法规 102 条、

〔1〕 邓永泽、蒋燕、曹雅楠、姜洋洋、杨珊、倪荣：“‘知信通’之法律法规建设现状介绍及完善建议”，载冯晓青、杨利华主编：《国家知识产权文献及信息资料库建设研究》，中国政法大学出版社 2015 年版，第 259 页。

司法解释 147 条、部门规章 1184 条、其他规范性文件 135 条，每条检索结果的标题之下同时附有命中关键词的部分。点击“中华人民共和国著作权法(2010 修正)”，用户可通过结果页面上端的法律法规基本信息表对该法律进行初步的了解。该信息表涵盖了“法规标题”“英文译本”“发布部门”“发文字号”“发布日期”“实施日期”“时效性”“效力级别”“法规类别”“唯一标志”等内容。[1]

中华人民共和国著作权法(2010修正)

Copyright Law of the People's Republic of China (2010 Amendment)

【发布部门】全国人大常委会	【发文字号】主席令第26号
【发布日期】2010.02.26	【实施日期】1991.06.01
【时效性】现行有效	【效力级别】法律
【法规类别】著作权法规	

2001-2010编注版　1990-2001编注版

图 2-2-23　北大法宝检索结果

3. 北大法意（http://www.lawyee.net）

北大法意法律法规数据库的检索方式分为两种：一种为快速检索；一种为高级检索。快速检索页面包括“全库”“中央法规”“地方法规”及“政府文件”几个选项，其中“地方法规”可进行地域选择。此外，检索条件可选择为模糊检索，搜索框中的关键词可以设置为“名称”或“名称或全文”。高级检索页面同样包括“全库”“中央法规”“地方法规”及“政府文件”几个选项，检索项分别为：法规名称、法规全文、法规文号、颁布机构及颁布时间。这些检索项可以设置逻辑关系为“并且”“或者”“不包括”，效力属性可以设置为“全部”“有效”“失效”“已修正”“待生效”或“待失效”，显示结果可以设置为“分层模式”或“简明模式”，结果显示的信息项可以设置为“全部”“效力属性”“颁布时间”或“颁布机构”，同时用户可以将检索条件保存，以方便下次检索。

---

〔1〕 邓永泽、蒋燕、曹雅楠、姜洋洋、杨珊、倪荣：“‘知信通’之法律法规建设现状介绍及完善建议”，载冯晓青、杨利华主编：《国家知识产权文献及信息资料库建设研究》，中国政法大学出版社 2015 年版，第 259 页。

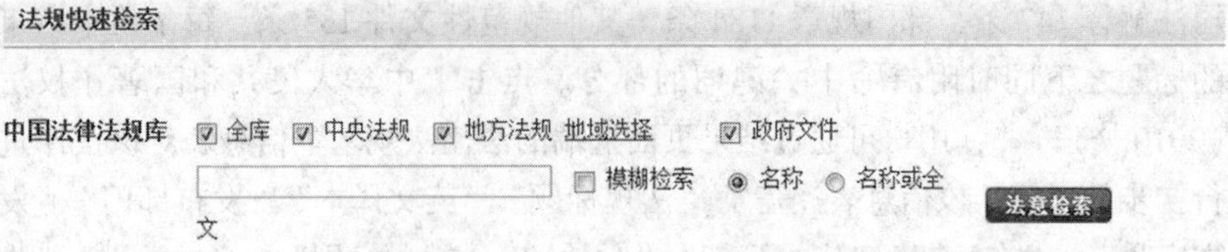

法规快速检索

中国法律法规库 ☑全库 ☑中央法规 ☑地方法规 地域选择 ☑政府文件

☐模糊检索 ◉名称 ○名称或全文 法意检索

图 2-2-24 北大法意快速检索栏

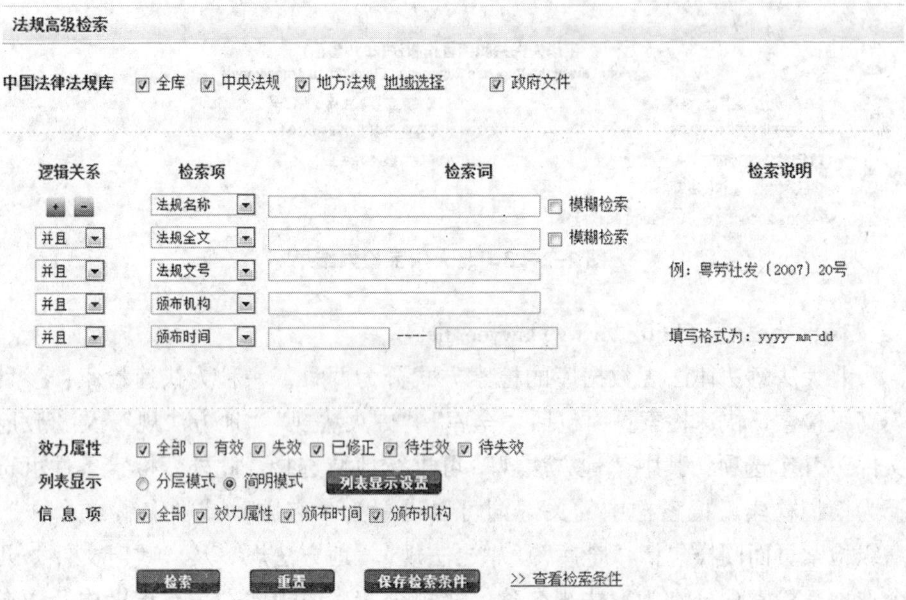

法规高级检索

中国法律法规库 ☑全库 ☑中央法规 ☑地方法规 地域选择 ☑政府文件

逻辑关系	检索项	检索词	检索说明
+ -	法规名称	☐模糊检索	
并且	法规全文	☐模糊检索	
并且	法规文号		例：粤劳社发〔2007〕20号
并且	颁布机构		
并且	颁布时间	----	填写格式为：yyyy-mm-dd

效力属性 ☑全部 ☑有效 ☑失效 ☑已修正 ☑待生效 ☑待失效

列表显示 ○分层模式 ◉简明模式 列表显示设置

信 息 项 ☑全部 ☑效力属性 ☑颁布时间 ☑颁布机构

检索 重置 保存检索条件 >> 查看检索条件

图 2-2-25 北大法意高级检索栏

以“著作权法”为关键词进行搜索，如果设置为“简明模式”选项，则搜索出来的法律法规依次排列下来；如果设置为“分层模式”，搜索出来的法律法规进行了分类，依次显示为“宪法法律（共5条）”“行政法规（共3条）”“司法解释（共2条）”“部委规章（共6条）”“地方法规（共2条）”及“政府文件（共1条）”。每条检索结果的标题之下同时附有命中关键词部分。

点击“中华人民共和国著作权法（2010年）”，结果显示页面的上端列有该法律的基本信息。该信息包括“法规名称”“颁布机构”“发文号”“颁布时间”“实施时间”“效力属性”及“历次版本”。

【法规名称】中华人民共和国著作权法（2010年）

【颁布机构】全国人民代表大会常务委员会

【发 文 号】中华人民共和国主席令第二十六号

【颁布时间】2010-02-26

【实施时间】2010-04-01

【效力属性】有效

【历次版本】中华人民共和国著作权法（2001年）(颁布时间：2001-10-27)

中华人民共和国著作权法（1990年）(颁布时间：1990-09-07)

图 2-2-26　北大法意检索结果

北大法意法律法规数据库的法律条文联想内容包括“关联案例”及“司法考试试题”。以《著作权法》第5条联想的内容为例，其包括“关联案例共6部”“司法考试1题”。

第五条　本法不适用于：

(一)法律、法规，国家机关的决议、决定、命令和其他具有立法、行政、司法性质的文件，及其官方正式译文；

(二)时事新闻；

(三)历法、通用数表、通用表格和公式。

关联资料：　关联案例共6部　司法考试1题

图 2-2-27　北大法意检索结果关联资料

值得注意的是，其联想内容的显示采用了选项卡的形式，用户只需在一个页面上，即可查看所有联想内容，页面简洁。

中华人民共和国著作权法（2010年）

第五条　本法不适用于：

（一）法律、法规，国家机关的决议、决定、命令和其他具有立法、行政、司法性质的文件，及其官方正式译文；

（二）时事新闻；

（三）历法、通用数表、通用表格和公式。

关联案例6部　司法考试1题

图 2-2-28　北大法意检索结果选项卡

此外，在显示页面的最底端，有“相关资料列表”特色服务。“相关资料列表”中包括“新旧法规对照”“实务案例”“引用法规”及“被法规引用”。其中，若想查看新旧法规对照的详细信息，则需成为法意会员或购买法意检索阅读卡。

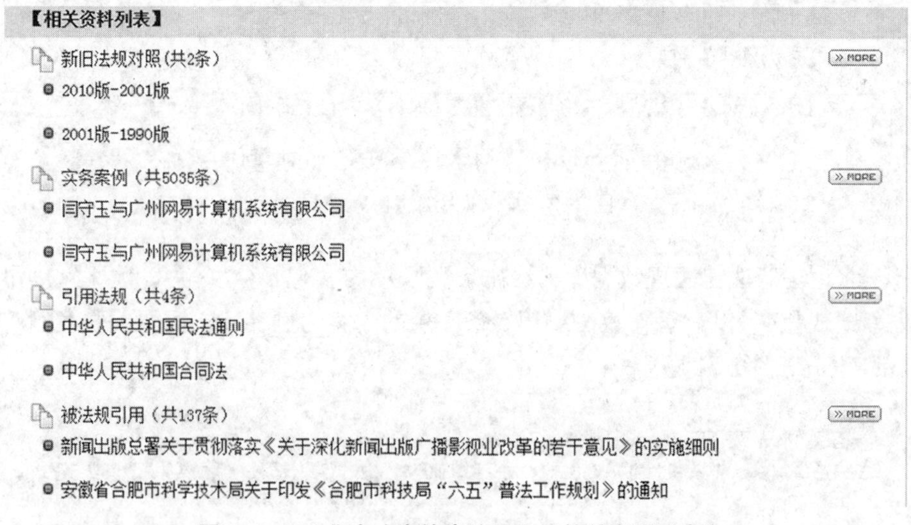

图 2-2-29　北大法意检索结果之“相关资料列表”

“相关资料列表”中的详细内容依然采用选项卡的显示方式，方便用户查询。

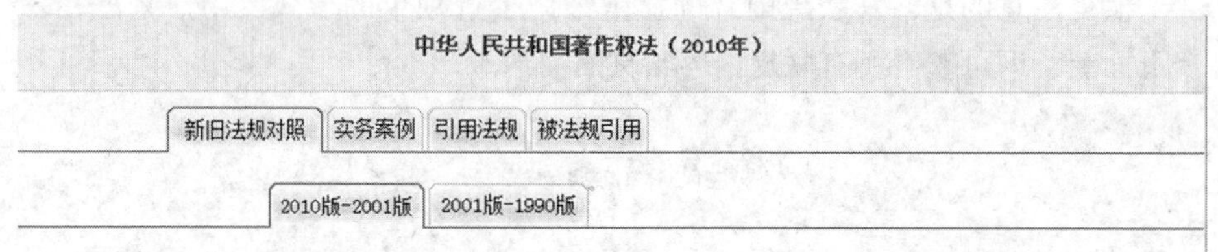

图 2-2-30　北大法意检索结果之“相关资料列表”选项卡显示形式

综合来看，北大法意法律法规数据库的特色在于：页面设置简单；可以保存检索条件，方便用户下次检索；联想信息采用选项卡的显示方式，页面简洁；提供新旧法规对照服务，这是其他法律法规数据库所不具有的信息。但是北大法意法律法规数据库法条联想内容较少，只包括关联案例及司法考试试题，且不够细化，如“相关资料列表”是针对整部法律而言，对每一法条的深度加工只局限在关联案例及司法考试试题两方面，显然不能满足用户日益增长的专业化需求。

二、现有知识产权立法文献及信息资料库的不足[1]

我国通过网络运行的法律法规资料库或数据库并非少见，甚至还有一些专题性的法律法规资料库。但总体上，这些资料库基本上属于“初级产品”，缺乏专业人士需要的深度加工信息，且内容体系和检索方面均存在一定问题。具体而言，以下几方面问题较为突出：

其一，法律法规信息体系性不强。随着人们生活节奏的增强，对于信息查找的快节奏也有更高的要求。尤其是随着资料库和检索手段日益智能化，自助式检索越来越重要和便利，前面介绍的政府知识产权信息公共服务平台以及商业性数据库就是自助式知识产权文献及信息公共服务方式。法律法规信息尽管很全面，但如果内容杂乱，缺乏体系化，就可能会出现“要找的信息找不到，不要的信息到处跳”的困境。

其二，资料库提供的专业信息过于单一，缺乏对法律法规多方面内容的全面展示，如学理解析、法条释义、制度沿革。现有知识产权文献及信息数据库大多缺乏深度标引和加工，信息挖掘程度偏低，质量有待提高。[2]现有法律法规资料库总体上提供专业性增值服务的不多，一般充其量提供法条释义和相关典型案例链接。对于非法律界人士，其对于法律法规信息的需求也不会过多。不过，专业人士对于增值服务的需求会较为强烈，尤其是对法条内涵的解读和相关信息。这方面需要加以改进，以适应不同类型的法律法规信息需求。

其三，对于立法草案、草案说明等立法背景资料收录情况较少。立法草案及草案说明虽然不是立法本身，也不具有法律效力，但其对于人们了解法律制定的来龙去脉，理解法律的基本精神和内涵，进而更好地遵守法律，具

---

〔1〕 本部分撰写主要参考了课题阶段性成果“‘知信通’之法律法规资料库现状介绍及完善建议”（作者：邓永泽、蒋燕、曹雅楠、姜洋洋、杨珊、倪荣，载冯晓青、杨利华主编：《国家知识产权文献及信息资料库建设研究》，中国政法大学出版社 2015 年版，第 261—262 页）。

〔2〕 仇壮丽：“国家知识产权文献数据库系统设计方案与思路”，载《现代情报》2013 年第 2 期。

有不可忽视的意义与作用。正如有观点指出：在我国立法工作中，将法律草案向社会公布，是坚持走群众路线，让公民参与立法的一种重要形式。就事关人民群众切身利益，有重大影响的立法，全国人大常委会把法律草案全文在报刊等媒体上加以公布，广泛征求意见，有关工作机构加以整理并据此对法律草案加以修改，然后再提交立法机关审议通过。对列入全国人大常委会会议议程或将要列入全国人大会议议程的法律草案，经委员长会议（或常委会会议）决定，将法律草案在报刊、电视、网络等新闻媒体上公布，公开征求意见。〔1〕知识产权法律作为我国法律体系的重要组成部分，在其制定和修订过程中，也会形成不同阶段的立法草案及其说明，其对于人们掌握知识产权立法动态、理解知识产权法律制度的具体内容，具有重要意义。基于此，知识产权法律法规资料库内容选择方面，应注意解决忽视立法草案及其说明的问题。

其四，法律法规资料库检索系统不够完善，用户体验不佳。例如，有些界面凌乱，广告信息占据大部分界面；有些检索平台复杂，显然是针对专业情报检索人员的，普通大众很难快速适应；有些检索平台则过于简单，不便于短时间内提取相关度高的文献。〔2〕在当前信息爆炸和节奏加快时代，人们对信息的检索越来越希望简便、高效和实用，因此法律法规资料库界面和检索路径设计应当友好，增强用户体念。

三、相关知识产权立法文献及信息资料库建设的经验借鉴〔3〕

结合知识产权法律法规信息特点与现有传统资料库不足之处，有以下几点需要思考和借鉴。

第一，知识产权法律法规文件基本信息的完备。完整、准确的法律法规文件信息是构建信息体系的基石，也是实现快速、精确的高级搜索功能的前提，因此在收录知识产权法律法规文件时，应当一并录入文件的各种基本信

〔1〕参见 http://www.npc.gov.cn/npc/xinwen/rdlt/fzjs/2009-07/31/content_1512323.htm，最后访问时间：2018 年 12 月 20 日；万其刚："新中国立法工作成就显著"，载《民主》2009 年第 10 期。

〔2〕冯晓青、赵秀姣："国家知识产权文献及信息资料库建设内容选择及建构思路探析"，载《武陵学刊》2012 年第 5 期。

〔3〕本部分撰写，主要参考了课题阶段性成果"'知信通'之法律法规资料库现状介绍及完善建议"（作者：邓永泽、蒋燕、曹雅楠、姜洋洋、杨珊、倪荣，载冯晓青、杨利华主编：《国家知识产权文献及信息资料库建设研究》，中国政法大学出版社 2015 年版，第 262—264 页）。

息，例如文件的公布时间、批准时间、发布（批准）部门、效力情况、修订沿革等。对于部门规章及部门规范性文件来说，发布部门这一信息尤其重要，该类文件数量庞大，内容繁杂，按照发布部门浏览、搜索是用户利用、查找该类文件的重要途径之一。对于地方立法文件来说，文件发布部门所属行政区域是必不可少的信息，尤其是所属省级行政区域。将地方立法文件归入各行政区域，并将各行政区域按照我国行政区划代码顺序排列，能够使用户快捷地查找到某一地区的全部相关法律法规信息，为用户研究该地区立法状况带来极大的便利。[1]

第二，知识产权法律法规信息体系的完整。从现有的法律法规资料库的构建来看，一般按照其效力级别选择和排序，包括法律、司法解释、行政法规、部门规章、地方性法规以及国际条约等。本成果在构建知识产权法律法规资料库过程中，即注重知识产权法律法规信息体系的完整。在中央立法文件中分为法律、司法解释、行政法规、部门规章、部门规范性文件，将地方立法文件分为地方性法规、地方政府规章、地方规范性文件等。此外，知识产权法律法规信息体系的完整，还可以从知识产权涉及的各方面内容的角度分类，如其包括专利权、商标权、著作权以及其他知识产权等内容，这样便于用户结合自身需要随时查找到自己所需的信息。

第三，坚持便捷服务的设计理念。便捷服务既是对提供信息服务的工作者的基本要求，也是设计检索系统、提供信息服务的重要理念和愿景。穆尔斯在研究用户利用信息检索系统时发现："一个信息检索系统，如果对用户来说，取得信息比不取得信息更伤脑筋和麻烦的话，这个系统就不会得到利用。"[2]此即著名的穆尔斯定律。尽管起初穆尔斯定律是告诉人们接受信息是需要花费一定精力和时间的，人们并不总是乐于去接受信息，但当今人们更愿意将穆尔斯定律理解为用户在使用信息检索系统时碰到的困难越少，花费的时间越少，则使用该信息检索系统的次数就越多。[3]便捷服务无疑也是知

---

〔1〕 邓永泽、蒋燕、曹雅楠、姜洋洋、杨珊、倪荣："'知信通'之法律法规资料库现状介绍及完善建议"，载冯晓青、杨利华主编：《国家知识产权文献及信息资料库建设研究》，中国政法大学出版社 2015 年版，第 262 页。

〔2〕 马凌云、马红葵："网络环境下用户需求的表达与图书馆对用户信息的获取"，载《山东图书馆季刊》2005 年第 2 期。

〔3〕 杨华："网络环境下人文社会科学研究人员信息需求特点和服务策略初探"，载《农业图书情报学刊》2007 年第 4 期。

识产权法律法规资料库设计和运行的基本设计理念与重要目标。设计简约、友好的界面和菜单，提高用户查询检索的准确率，有利于提供便捷服务。以信息检索而论，目前国内的数据库检索平台通常按检索难易度分为简单检索、高级检索与专业（专家）检索，逐次满足对数据提取精确度的不同需求，其中专家检索用来满足高端用户的需求，但使用过程相对复杂。[1] 不同性质用户对检索的需求和目标不一，设计满足不同用户需求的检索界面和检索方式，有利于提供人性化的便捷服务。

第四，知识产权法律法规信息的深度加工与标引。如前所述，目前国内法律法规资料库建设中，对于信息的深度加工和标引不够，这实际上也会影响到法律法规信息资源的深度开发与利用。现有研究认为：一次知识产权信息即原始性知识产权信息，它是基于最初的创作或者创造而形成的知识产权原始文献。二次知识产权信息是在一次知识产权信息即原始知识产权文献和相关的信息特征加以分析、研究后，通过筛选、压缩、组织编排而成的文献资料，诸如题录、书目、索引、文摘等可供检索的信息产品。三次知识产权信息是根据二次知识产权信息提供的线索，选用大量一次知识产权信息提供的内容，经过筛选、分析、综合和浓缩而再度出版的文献，人们常把这类文献称为“情报研究”的成果。[2] 知识产权法律法规信息的深度加工与相应的标引，具有大大超过一次文献信息价值的优势，因为它能够提供原始文献所不及的深度信息，如对于法条内涵的解析、历史沿革、立法比较，再结合相关链接技术，链接引用相关法条的案例，更能全景式展现某个法条的信息。

第三节　我国知识产权司法文献及信息资料库建设现状

司法文献及信息资料库在我国有些网站已经建立，但是以知识产权为唯一的还没有，而在现实中又具有其必要性。以下对之进行介绍和分析。

[1] 冯晓青、赵秀姣：“国家知识产权文献及信息资料库建设内容选择及建构思路探析”，载《武陵学刊》2012年第5期。

[2] 张立频：“自助式知识产权信息服务研究”，武汉大学2005年硕士学位论文。

一、现有知识产权司法文献及信息资料库介绍及评价

（一）国外案例资料库

相关职能部门、教育研究机构、代理服务等商业服务单位，为履行工作职责、拓宽服务渠道或赢得市场优势，开发了若干知识产权文献及信息服务平台，为人们提供了不同层次、不同定位的知识产权文献及信息服务。如国家知识产权局的专利信息系统、国家商标局的商标检索网络、最高人民法院的知识产权裁判文书网、华东政法大学知识产权文献及信息港、北大法宝、中国知网、Soopat 等平台提供的知识产权文献与信息，都具有相当广泛的用户群体。〔1〕在这里以国外案例资料库为主对国外资料库检索进行分析，以求为我国案例资料库建设积累经验。

目前大学图书馆都有一定可以利用的外文数据库资源。以某高校图书馆为例，通过图书馆入口可以利用的外文数据库主要有：Westlaw International、LexisNexis、OCLC FirstSearch、SAGE、Emerald、JSTOR、Kluwer、EBSCOhost、HeinOnline、Taylor and Francis 等。这些数据库各有特点。

1. Westlaw International

Westlaw International 是世界上最大的法律出版集团 Thomson Legal and Regulator's 于 1975 年开发的为国际法律专业人员提供互联网搜索服务的工具，〔2〕其丰富的资源来自法律、法规、税务和会计信息出版商，资料采集覆盖地域包括美国、欧盟、英国、澳大利亚、加拿大、中国香港（如图 2-3-1）。用户可以通过 Westlaw International 迅速地存取案例、法令法规、表格、条约、商业资料和更多的资源。通过布尔逻辑搜索引擎，用户可以检索数百万的法律文档。〔3〕Westlaw International 超过 1500 人的专业法律编辑团队以及严格的质量保障流程，是其成功的重要保证。Westlaw International 有自己独特的检索体系：①关键编码系统（West Key Number），实质是分类检索，〔4〕主

---

〔1〕 冯晓青、杨利华："国家知识产权文献及信息平台构建"，载《人民论坛》2012 年第 2 期。

〔2〕 参见 http://baike.baidu.com/link? url=c5ZzDhc_CkyhDdZIwOqRt1RDvI4KKEsEaE23Q6xuTMpMvqkqQ7fbOQ2ObGRLhSwH6ik0C8PQ4kp9VHuQOF5XWq，最后访问时间：2018 年 11 月 23 日。

〔3〕 参见 http://baike.baidu.com/link? url=c5ZzDhc_CkyhDdZIwOqRt1RDvI4KKEsEaE23Q6xuTMpMvqkqQ7fbOQ2ObGRLhSwH6ik0C8PQ4kp9VHuQOF5XWq；另参见"《外国法制史》笔记"，载 http://www.docin.com，最后访问时间：2018 年 11 月 23 日。

〔4〕 "《外国法制史》笔记"，载 http://www.docin.com，最后访问时间：2018 年 12 月 20 日。

要适用于检索某个具体法律领域的判例、学术专著或者期刊文章，但仅限于查找美国的案例。②对附有相关评介的法律点进行分析、归类，搜寻过程更加便捷、结果更准确。③提供法官意见涉及的事实和争议的概括。④使用超文本链接，便于使用者查找作者所引用的参考文献和相关的文献资源。[1] ⑤关键引用（KeyCite）是 Westlaw International 最早独创的一种检索服务方式，是 Westlaw International 的引证搜索服务，[2] 该引用中加以独特的标志，以方便使用者进行区别分类，如：在判例和行政裁决（administrative decision）中，红旗表示在该判例或行政裁决中，至少有一个法律见解已经不是目前被接受的见解；成文法中，红旗表示该法在近期立法中被修正或废止。在判例和行政裁决中，黄旗表示该判例或裁决出现过某些相反的判决历史记录，但该判决未被驳回或推翻（如图 2-3-2）；在成文法中，黄旗表示有足以影响该法效力的草案存在。在判例和行政裁决中，蓝色 H 表示该判例或裁决有一些非负面的上诉历史。判例和行政裁决中，绿色 C 表示该判例或行政裁决目前没有发生上诉，不过已经被同级法院引用。[3] ⑥主题强调（West

图 2-3-1　Westlaw International 数据库界面

〔1〕“《外国法制史》笔记”，载 http://www.docin.com，最后访问时间：2018 年 12 月 20 日。

〔2〕“《外国法制史》笔记”，载 http://www.docin.com，最后访问时间：2018 年 12 月 20 日。

〔3〕参见 http://wenku.baidu.com/view/a34550513c1ec5da50e27053.html，最后访问时间：2018 年 11 月 23 日。

Topical Highlights)：由律师们编辑精选的热门法律话题组成的、可以独立检索的一个系列。Westlaw International 这个独特的功能对律师跟踪其业务领域内的进展很有帮助，也是法学院的教师、研究人员、学生进行写作、研究的极好资源。[1]

Westlaw International 的打开界面，显示其覆盖地域和不同种类资源。

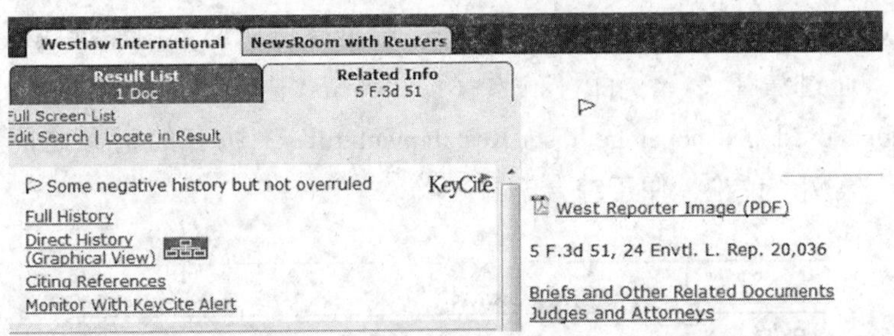

图 2-3-2 Westlaw International 数据库界面

黄色小旗表示该判例或裁决出现过某些相反的判决历史记录，但该判决未被驳回或推翻；提供 PDF 格式的下载版本；在页面顶端有细节和相关文件的链接以及法官和陪审团信息，方便查找相关资料。

2. LexisNexis

LexisNexis 数据库收录了美国联邦与各州约 300 年的判例，包括：美国最高法院 1790 年至今的判例，美国地方法院 1789 年至今的判例，破产法院、国贸法院、税务法院等专门法院的判例。可以按联邦和州法院案例、联邦法院案例、近两年的法院案例、1944 年以后的联邦和州法院案例和 1945 年以前的联邦法院案例、近一年的联邦和州法院案例、州法院案例、美国最高法院案例和美国最高法院案例摘要等栏目进行案例检索，还可按巡回法庭、州法庭等进行分类检索。具体可直接输入案件的 citation 进行检索（进入 Lexis. com 首页——点击工具栏中的“Get a Document”——点击“By Citation”——直接在检索框中输入案例的 Citation Number 即可)，通过案件名称检索，通过字段名（segment）组合检索（常用字段有 Head note，即对判决书中关键术语的

〔1〕 参见 http://wenku. baidu. com/view/a34550513c1ec5da50e27053. html，最后访问时间：2016 年 4 月 23 日；“《外国法制史》笔记”，载 http://www. docin. com，最后访问时间：2018 年 12 月 20 日。

提炼与解释——可用于确定本案的关键争议和法律原则；Overview，即对案件主要事实的归纳——可用于确定本案的事实；Core-terms，即案件材料中出现的关键词——可用于确定本案的法律术语；Name、Court 等。路径：点击 Lexis. com 首页的“Search”——进入“Cases - u. s”的联邦与州案例集子库“Federal & State Cases，Combined”——点击“Terms Connectors”——点击左侧的“Select a Segment”中的“CORE-TERMS”，并在其后的检索框中输入关键词，点击“Add”键——Search 即可)，根据案例所属部门法寻找以缩小检索范围，通过法律专著、百科检索（LexisNexis 中提供以下资源：American Jurisprudence 2d.，Encyclopedias，Restatement rules，所有的资源之间互相链接法律、案例、评论，便于综合学习）等。

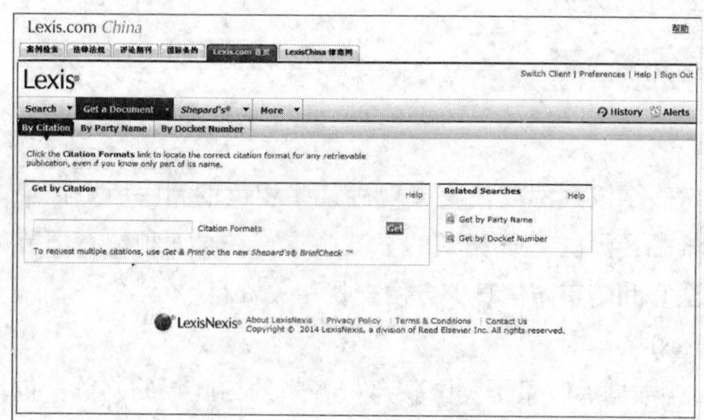

图 2-3-3　LexisNexis 数据库界面

图 2-3-4　LexisNexis 数据库打开界面

点击工具栏中的"Get a Document"，出现 By Citation、By Party Name、By Docket Number 三种检索方式。

通过以上对两个代表性的国外案例资料库的介绍可以得到以下几个启示：

首先，建设资料库必须要有具有一定规模的专业团队做支撑，并且实时关注信息更新，及时对资料做相应调整，这是对资料库基础信息的基本要求。

其次，资料库的检索方式应便捷有效，操作界面应简洁大方，操作方式需简单而满足多方面需求。以上所有的国外资料库都采用了简单的操作界面和以布尔逻辑检索为主要检索式的检索方式在满足多方面需求的要求下，可采取 LexisNexis 的多种不同检索路径，以便使用者可通过更多方法查找到自己需要的目标内容。

再次，在案例资料库的建设中，有简单的案情介绍和评析也非常重要，如此既方便读者阅读查找，又有利于信息传递和知识交流。

复次，对检索结果标题旁加以独特的标志以便使用者进行区别分类，更加方便检索查找信息。此点，Westlaw International 数据库可资借鉴。

最后，可以使用链接将知识产权资料库中的案例和相关法条、法理、相关人物等联系起来，形成一个体系。

（二）国内案例资料库

将视线转回国内，目前国内知识产权案例资料库主要有两类：一类是各级法院的门户网站对本法院审理的案件建立的资料库，如北京市第一中级人民法院官网、最高人民法院中国知识产权裁判文书网、广州知识产权法院官网、上海知识产权法院官网等[1]；一类是以北大法宝网、北大法意网和中国知网等为代表的涵盖法律法规、期刊文献、司法案例等信息的综合性资料库。两类知识产权案例库以不同的形式为知识产权案例的学习与研究提供了丰富的资源，经过不断完善，大部分具有稳定的信息来源、较为成熟的检索系统，部分案例有一定加工处理信息。同时，也普遍存在资源重复单一、缺乏深度加工等问题。

1. 以上海知识产权法院官网（http://shzcfy. hshfy. sh. cn/zcfy）为例

上海知识产权法院官网界面较为简洁，司法案例资料表现为该网站司法公开中的裁判文书部分。

---

〔1〕 截至 2016 年 7 月 1 日，通过检索发现，北京知识产权法院官网尚未开通。

图 2-3-5　上海知识产权法院官网

图 2-3-6　上海知识产权法院裁判文书

点击“裁判文书”，则进入上海市高级人民法院网站（如下图所示）。

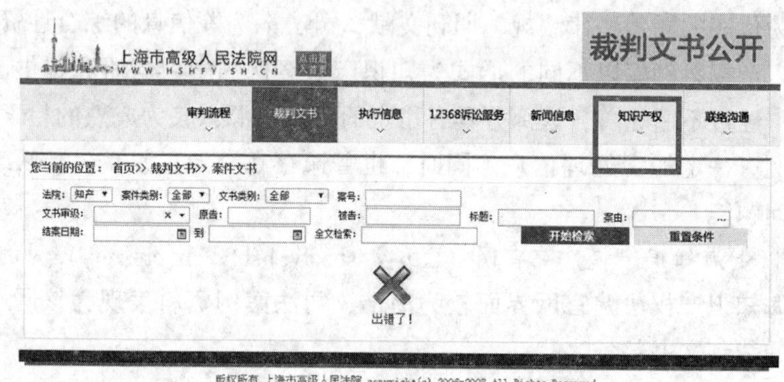

图 2-3-7　上海市高级人民法院“裁判文书”网页

点击上图页面中的“知识产权”，则进入上海法院知识产权司法保护网（http://www.shcipp.gov.cn/shzcw/gweb/index.html）。

图 2-3-8　上海法院知识产权司法保护网

通过该网站可以检索到上海市相关法院审判的知识产权相关案件的裁判文书。通过查阅发现，这些裁判文书均未有深度加工，只是纯粹的裁判文书。

2. 以北大法宝司法案例检索系统（http://www.pkulaw.cn/Case/）为例

北大法宝上的司法案例检索系统对相关案例信息进行了一些加工。北大法宝收录了包括知识产权在内的各级人民法院公布的法院裁判文书，并对相关指导性案例进行了核心术语、争议焦点、案例要旨等信息提取总结，从某种程度上来讲提升了相关信息的使用价值，能够在一定程度上方便用户对相关信息的检索、使用。除了案例裁判文书的搜集、汇总、部分加工外，北大法宝案例检索系统还提供：案例报道，通过对各级人民法院陆续公布的最新的具有典型意义和价值的案例进行收录，客观全面地反映了案件的动态进展，并附带了一些专家对实践中遇到的相关法律问题的解析，通过这种途径使得实务工作者及其他用户能够更加有效率地了解和使用相关的信息资源；仲裁裁决与案例，此版块包括了仲裁相关裁决书等文书资料，并对相关的指导性案例进行了同法院指导性案例相类似的信息提取和整合，而且仲裁裁决资料的搜集加工也是北大法宝的资料特色之一；公报案例，北大法宝将最高人民法院公报和最高人民检察院公报独立成库，对相关的公报案例进行分类，建立独立的检索系统，能够在很大程度上降低用户对公报案例的使用效率，而不用被动去辨认是否属于公报案例；案例要旨，北大法宝选取部分经典案例，对案例的争议焦点、法官判案的主要事实及裁判理由、法律依据等进行编辑整合，其目标是作为处理相同或相似案件的指导与参考，具有较高的学术和实践使用价值。[1]需要说明的是，北大法宝案例检索系统囊括了多方面的案例，知识产权案例只是其中一部分。

基于此，在本课题研究与试验性资料库建设过程中，力图取长补短，形成自己的特点与优势。例如：①全面整理了知识产权典型案例的相关信息；②提取了案件的当事人、律师、律师所在机构、审理法官、审理法院、法律依据、审结日期等案件信息，简单明了，可供链接、检索；③以专业水平概括了判决信息点，使读者能在最短的时间内准确了解案件当事人各方观点、法院论证逻辑等信息；④以案例地图的方式简要展现了本案及其在前在后相关判决的来龙去脉；⑤评析案件当事人的诉讼策略技巧、法官说理角度等方面，引用、解释和评述了知识产权法学、竞争法学、诉讼法学和行政法学等学科的重要理论学说，在诸多案件的评论中都体现了评论人独到的见解；⑥和其他数据库建立了链接，使读者能够在浏览中获取各类有关信息，全面丰富知识、答疑解惑。当然，不可否认的是，一些优秀的数据库之所以为用户所接受，肯定存在吸引用户的特别之处。在本项目的国家知识产权文献及信息资料库建设研究过程中，有必要分析与研究现有的知识产权案例资料库，借鉴其优点、解决其问题。

二、现有知识产权司法文献及信息资料库的不足及经验借鉴

现有知识产权司法文献及信息资料库具有以下不足之处：知识产权信息资源建设条块分割，重复建设，没有形成有效的集成和共享机制；全社会对知识产权信息的重要价值认识不够，运用知识产权信息的能力不强；知识产权战略分析和指导信息利用的服务队伍严重不足；现有的知识产权数据库建设和服务网络远不能满足创新活动的需要，公众缺乏获取知识产权信息的权

〔1〕 参考北大法宝数据库简介，http://www.pkulaw.cn/help/shujuku/shujukucase.html#alycpws，最后访问时间：2018年12月9日。

威、高效、便捷的手段等。[1]

一个便捷、精准、知识涵盖量大的资料库对所有该方向的研究者来说都是一笔莫大的财富，不仅能够节省研究时间，而且可以拓展知识面。域外在知识产权文献及信息的公共服务与商业开发方面有许多值得借鉴的成熟经验。研究域外有影响力的知识产权文献及信息服务平台的经验，包括其内容、形式与利用方式，分析其受到普遍认可的原因，[2]无疑可以起到“他山之石可以攻玉”的作用。在知识产权案例资料库建设中，不断借鉴域外成功运作的案例资料库模式，将为我国知识产权案例资料库建设带来重大启示。然而，纵观国内目前的研究成果，域外案例资料库研究严重不够，学者们大多致力于某一学术课题研究，对资料库的关注甚少。当然，国内司法案例数据库尽管存在这样那样的问题，但同时值得注意的是，仍有一些数据库能够给知识产权文献及信息案例资料库建设带来一定的启发，值得知识产权案例资料库在建设中去借鉴。以下将从不同角度进行分析与探讨。

（一）检索界面

现有知识产权案例资料库的检索界面风格不一，繁简皆有。一般来说，法院等官方网站的检索界面比较简洁（如图2-3-9），点击高级检索还可以设

图2-3-9　中国裁判文书网检索界面

〔1〕参见《关于提高知识产权信息利用和服务能力 推进知识产权信息服务平台建设的若干意见》（科技部国科发政字〔2006〕562号），载 http://www.most.gov.cn/ztzl/gjzctx/ptzcczbh/200702/t20070201_40535.htm，最后访问时间：2018年12月16日。

〔2〕冯晓青、杨利华：“国家知识产权文献及信息平台构建”，载《人民论坛》2012年第2期。

定高级检索条件（如图 2-3-10），可以满足普通用户模糊检索、精确检索的需要。北大法宝等综合性数据库则采取快速检索、高级检索相结合的方式（如图 2-3-11、图 2-3-12），便于用户根据需要进行选择，可以在短时间内提取相关案例资源。

高级检索 输入案由、关键词、法院、当事人、律师

全文检索:	全文	案由:	请选择
案件名称:		案号:	
法院名称:		法院层级:	请选择
案件类型:	请选择	审判程序:	请选择
文书类型:	请选择	裁判日期:	
审判人员:		当事人:	
律所:		律师:	
法律依据:	例如 请输入"《中华人民共和国民事诉讼法》第一百七十条"		

检索 重置

图 2-3-10　中国裁判文书网高级检索项

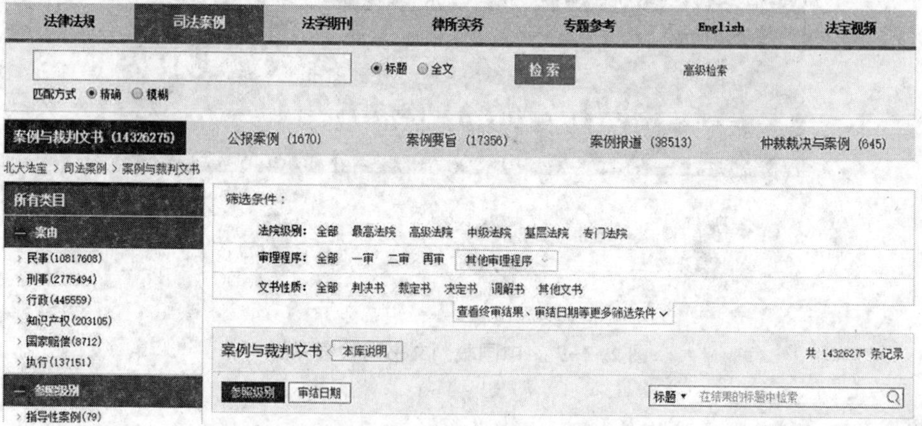

图 2-3-11　北大法宝检索界面

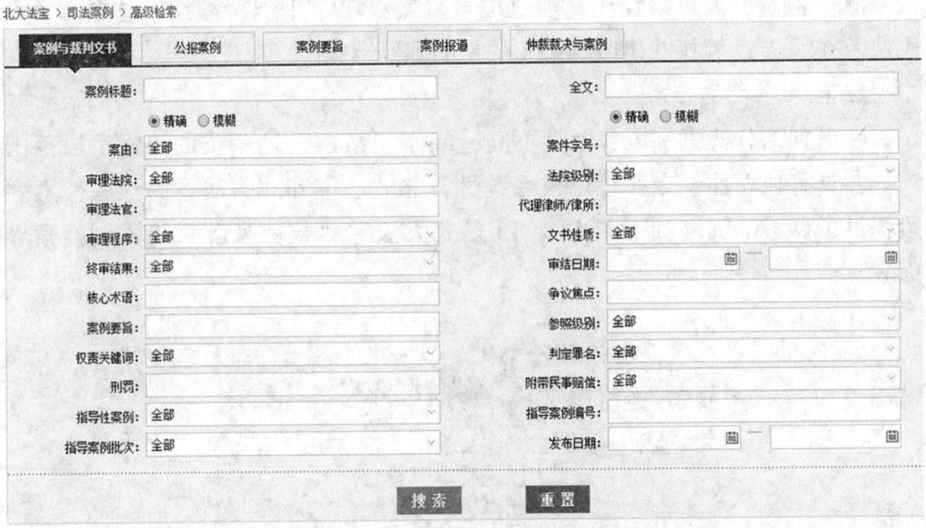

图 2-3-12 北大法宝高级检索界面

比较而言，课题组认为，各数据库目前在检索方式上差别不大，相对来讲，北大法宝类似的资料库在相关高级检索项上更为专业，考虑了不同用户的多方面需求，并采取了比较灵活先进的检索技术，检索体验较佳，值得借鉴。

(二) 检索字段

检索字段的多样化、专业化和精确化程度直接决定了用户对检索结果的满意程度。现有的综合性文献资料库在检索字段的选择上各具特色，但其共同之处是在设计上尽可能多地提供具有利用价值的检索字段，强调检索字段对用户的参考价值和启发意义。

除全文关键字、案由、案号、当事人、审理法院、法院级别、审理法官、文书类型、代理律师、代理律所、判决时间等体现基本案件信息的检索字段之外，许多案例库还设计了个性化的检索字段。

1. 检索字段的创新

根据司法案例自身的特点，个别案例数据库设计了一些特殊的字段供用户选择，以提高检索的精确度。比如，北大法宝可以通过“案例要旨”“争议焦点”“核心术语”等检索字段检索到相关案例；北大法意以“学理词”作为检索字段，可以用“按份责任”“民事主体资格”等高度概括性的学理词汇获得有针对性的案件信息；而北大法意的“权威出处”和北大法宝的“权威来源”检索字段可以让用户通过检索直接获取《中国审判指导丛书》《人民法院案例选》等权威出版物公布的精品和经典案例。

2. 检索字段的使用

考虑到部分检索字段普及性不高，或像“案由”这一类的检索字段范围广泛，具有独立性、专业性以及系统性，北大法宝和北大法意为这些检索字段提供了参考范围（如下图 2-3-13 是北大法宝“权威来源”检索词搜索界面）。

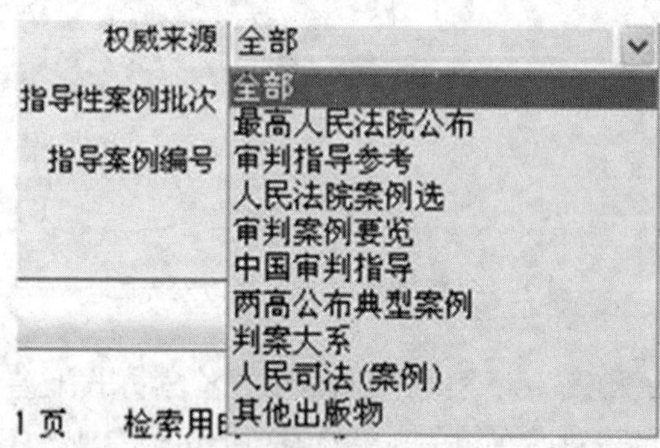

图 2-3-13 北大法宝“权威来源”检索词搜索界面

为方便用户使用，有的数据库针对检索字段，特别设计了系统的参考字段。图 2-3-14 是北大法意“学理词”的参考：

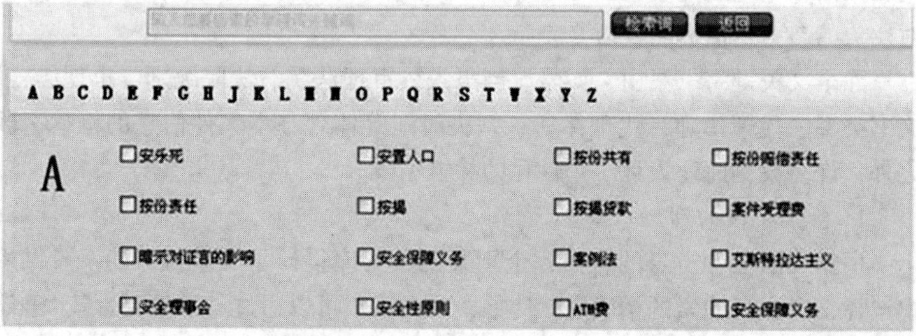

图 2-3-14　北大法意“学理词”检索词搜索界面

然而，并非所有的创新检索字段都能够被有效使用。根据案例资料库的文献数据特点设计的检索字段如果不能以参考字段等形式释明，则很容易造成检索字段的闲置。如北大法宝的“核心术语”这一检索字段，实际上是对部分案例资料中的核心法学术语的提炼，但在检索界面上并无相关参考的字段，用户在使用时不容易将其与“关键词”等检索字段予以区分，在很大程度上会导致该字段的闲置。

检索字段多样化在满足用户不同检索需求的同时，若界面设计不当，很容易给用户造成复杂、混乱的感觉。同时用户在使用案例库时，也并非每一次都要用到所有的检索字段。因此，如何既能使用户体验到多样检索字段的方便，又能使检索界面看起来并不十分复杂和混乱，就变成检索界面设计中十分紧要的一个问题。中国知网旗下的中国法律知识资源总库案例库较好地解决了这一看似两难的问题。该库用尽量简洁易懂的界面，让用户自己选择所提供的检索字段，又设计了“添加”和“删除”按钮以及“并且”“或者”等关联词，让用户根据需要设置检索的条件，以最大限度地实现检索字段多样化和界面简洁的双重需求。

（三）检索结果

即便在如今号称“海量数据”的许多信息库中，受到司法案例信息公开程度的制约，知识产权司法案例的信息资源仍然十分有限。以“北京市第一中级人民法院”——审理法院、“行政”——案由、“专利”“商标”“著作权”“植物新品种”“集成电路布图设计”——关键词、“2001-1-1—2012-12-31”——审结时间为检索条件，在北京市第一中级人民法院官网、中国知网、中国知识产权裁判文书网、北大法宝、北大法意分别进行检索为例，以北大法宝检索到的案例为最多，并且2010年以前的案例与之后的案例相比录入量明显偏少。

对于检索结果的排序，多数案例库采用判决时间先后的方式，中国知识产权裁判文书网采用受理时间先后的方式，仅中国知网在默认判决时间排序的同时为用户提供了相关度排序和出版时间排序的方式。

值得一提的是，北大法意在检索结果中设计了检索统计的窗口，用户可以一览检索结果的总数和检索结果中精品案例、精选案例、普通案例、审判案例要览、法院案例选编的数量，以便分析研究之用（详见图2-3-15）。

图 2-3-15　北大法意检索统计窗口界面

（四）案例材料的加工

法院官方网站的案例材料基本以判决书的形式展现，而综合性的资料库在判决书的基础上会对部分案例材料进行进一步加工。除了将与检索字段相对应的案由、案件字号、审理法官、文书性质、审结日期、审理法院、代理律师、律所等案件基本信息提炼出来之外，中国知网的“摘要”、北大法意的“案件由来”和北大法宝部分案例的“案例摘要”会将案件的基本线索进行梳理。

综合性资料库往往对判决书中涉及的法律法规、专业名词以及法官、律师和律师事务所的名字设置超链接，以链接到该资料库的其他资源。

但总体来说，现有的知识产权案例资料库对于案例信息都缺乏深度的专业指引和加工，基本上只是对判决书的简单呈现，部分网站虽然有对案例进行一定的梳理，但最多也只加工到摘要的程度。北大法宝作为在政法院校中运用较为广泛的案例数据库，其优势主要在于案例比较丰富全面，且相关联的案例能够用一个模糊的关键词全部锁定在一个显示框内，比较符合专业人士学习、研究的需求。本项目在今后拟建设的资料库中，需要注重吸收已有数据库的优势，如数据材料全面、案例分类明确合理、案例之间的关联搜索方便等，充分发挥数据库建设人员的知识产权专业优势，对案例进行专业的深加工，给使用者以专业的指导与服务。

（五）司法案例资料库的研究

在我国，直接针对司法案例库的研究基本上阙如。在中国知网上搜索以“司法案例库”为主题词的文章，搜索结果如图 2-3-16。通过该图我们可以发现，目前并没有直接针对司法案例库的研究文献，但对“司法案例指导制度”的研究颇多，由此可以认为司法案例对于司法实践具有重要指导意义，这从一定程度上也反映了建立知识产权司法案例资料库的重要价值。因为目前我国在知识产权领域的数据库建设基本上是以裁判文书的汇总为代表的，对案例的分析加工等则十分欠缺。根据本项目课题组的前期调查数据分析，知识产权司法案例资料库的社会需求十分强烈，在目前没有任何一个网站提供这种全面、专业服务的情况下，未来的国家知识产权文献及信息资料库如果能够建立起全面、专业的司法案例汇总及分析，就能在一定程度上弥补这个空白，为司法案例的指导制度提供一定的帮助。

1	建立刑事司法案例指导制度的探讨	孙谦	中国法学	2010-10-09	期刊	36	1433
2	如何写作司法案例	李华文;王柳	应用写作	2006-05-02	期刊		3
3	清代中期对"邪教"案件的惩治——以司法案例为中心的考察	林志坚	中央民族大学	2012-04-21	硕士		226
4	论我国环境司法案例指导制度的构建	吕芯叶	昆明理工大学	2011-06-01	硕士		186
5	论构建刑事司法案例指导制度的可行性	赖彦西	湖北警官学院学报	2012-07-15	期刊		61
6	建立刑事司法案例指导制度的探讨	孙谦	中国检察官	2010-12-05	期刊	1	126
7	我国刑事司法案例指导制度的构建设想	赖彦西	法制博览(中旬刊)	2013-12-15	期刊		19
8	精神损害赔偿的定量研究——以医疗损害赔偿裁判为例	张妮	西南财经大学	2012-04-01	博士	2	1090
9	探索司法案例研究的运作方法	张家勇	法学研究	2012-01-23	期刊	3	792
10	知名商品特有包装的权利归属问题研究——以日本新近司法案例为视角	林秀芹;黄钱欣	知识产权	2013-04-25	期刊	4	319
11	租赁物维修义务的法律构造——基于对我国司法案例的分析	宁红丽	清华法学	2013-09-15	期刊	1	208
12	商标先用权的司法实践及其内在机理——基于我国司法案例群的研究	曹远鹏	中山大学研究生学刊(社会科学版)	2009-09-15	期刊	10	237
13	论赠与物瑕疵的私法救济——基于对司法案例的实证分析	宁红丽	政法论坛	2013-09-15	期刊		228
14	驰名商标司法案例类型化研究——兼评最高人民法院法释[2009]3号文	谢晓尧;陈斯	中山大学法律评论	2010-03-31	期刊	3	552
15	刑事司法案例指导制度若干问题研究	张维超	南京师范大	2013-04-15	硕士		50

图 2-3-16　中国知网“司法案例库”搜索结果界面

在中国知网输入“北大法宝”，能够查询到对北大法宝这一平台的相关分析，如郭叶的《北大法宝 V5 版中文法律数据库检索与利用》（文中对北大法宝的使用进行了分析），粟牧的《法律信息检索工具的运用实践分析——以“北大法宝”为例》、赵晓海的《构建法律信息服务的新模式——以“北大法宝”数据库开发为例》及《北大法宝：法律信息服务新模式》等。从整体上看，对北大法宝司法案例库建设的具体分析较少，而多是使用指导一类的文献。

1	法律信息检索工具的运用实践分析——以"北大法宝"为例	粟牧	湖南大众传媒职业技术学院学报	2005-12-30	期刊		169
2	北大法宝V5版中文法律数据库检索与利用	郭叶	法律文献信息与研究	2011-03-20	期刊		126
3	北大法宝		人民司法	2013-08-20	期刊		13
4	法律与软件融合 技术与数据升华 祝贺北大法宝获法律行业信息化优秀产品奖		中国律师	2014-02-10	期刊		2
5	构建法律信息服务的新模式——以"北大法宝"数据库开发为例	赵晓海	法律文献信息与研究	2008-06-20	期刊	3	135
6	效果与反思:量刑证据运用机制实证研究——以北大法宝盗窃案件判决书为样本	贺小军	昆明理工大学学报(社会科学版)	2013-04-15	期刊		86
7	北大法宝:法律信息服务新模式	赵晓海	中国律师	2008-07-01	期刊		18
8	全国律协面向申请律师执业人员开展"全国律协—北大法宝"助力成长计划"		中国律师	2008-06-01	期刊		2
9	北大法宝4.0版 全面升级,整装待发		行政法学研究	2007-02-15	期刊		40
10	快递企业限制性赔偿条款效力的实证研究——以北大法宝案例为例	蔡洪林	西南财经大学	2013-04-01	硕士		76
11	国内两大中文法律数据库比较研究	程雪艳	河南图书馆学刊	2007-08-15	期刊	4	231
12	法定赔偿在商业秘密侵权案件中的适用	谢禅	上海交通大学	2012-04-16	硕士		56
13	北京北大英华科技有限公司		人民检察	2013-07-23	期刊		
14	法院信息化建设初探	马叶敏;郭叶	法律文献信息与研究	2012-06-20	期刊	3	342

图 2-3-17　中国知网“北大法宝”搜索结果界面

以“法律数据库”为主题词在中国知网搜索可得到一部分研究成果。从检索的结果可以发现，对法律数据库的研究主要是从相互之间的比较研究入手的。比如针对国内外法律案例库的研究文献，包括《国外三大法律数据库内容收录比较及适用范围研究》《外文法律数据库对我国法学研究和教学的影响》《美国两大法律数据库检索技术与功能比较分析》《国内两大中文法律数据库比较研究》等，主要是对国内外相关法律数据库进行分析比较或者在具体适用方面提供指导。应当说，对国外法律数据库的分析能够为本项目知识产权司法案例资料库的建设提供一定的帮助。

另外，对国内法律数据库的分析同样能够为我所用，比如《高校图书馆电子资源应用分析与对策——以中国政法大学图书馆法律数据库为例》《国家图书馆法律数据库资源建设浅议》《论我国法律数据库的建设与利用》《国内法律专业数据库之比较》等文章对国内法律数据库进行了分析。《国内高校引进法学数据库资源现状与趋势浅议》一文则对我国目前法律数据库的现状问题给予了分析。从研究的年份来看，大多研究成果集中在 2010 年之后，相对来说，2009 年之前的成果较少。这与国家对法律数据库的重视程度以及我国法律数据库的建设进程是密不可分的。从发表的刊物来源来看，有相当一部分的文献来自于《法律文献信息与研究》，另外有来自《图书馆学研究》《图书馆学刊》《情报杂志》《河南图书馆学刊》等情报学、图书馆学范围内的刊物的，还有来源于《内蒙古科技与经济》《中国法学教育研究》等刊物的。从发表的刊物类别看，法律数据库的研究需要建立在信息科学的研究基础之上，而主要从法律的角度对案例数据库进行分析的则较少。另外，情报学角度的分析对于司法案例库的建设也是十分重要的，因为信息的搜集与利用，是讲究一定的策略和方法的，而这必然对法律案例库的建设带来有益的启发和新的开导。

□1	国外三大法律数据库内容收录比较及适用范围研究	齐东峰	情报杂志	2011-06-30	期刊
□2	外文法律数据库对我国法学研究和教学的影响	彭爽	湘潭大学	2011-04-15	硕士
□3	美国两大法律数据库检索技术与功能比较分析	范静怡	图书馆学研究	2011-07-23	期刊
□4	高校图书馆电子资源应用分析与对策——以中国政法大学图书馆法律数据库为例	范静怡	法律文献信息与研究	2008-12-20	期刊
□5	国家图书馆法律数据库资源建设浅议 *优先出版*	王琳	图书馆学刊	2014-05-30 10:07	期刊
□6	国内高校引进法学数据库资源现状与趋势浅议	戴维	法律文献信息与研究	2013-09-20	期刊
□7	论我国法律数据库的建设与利用	王建	内蒙古科技与经济	2007-06-15	期刊
□8	国内两大中文法律数据库比较研究	程雪艳	河南图书馆学刊	2007-08-15	期刊
□9	国内法律专业数据库之比较	建设; 郭叶	法律文献信息与研究	2008-12-20	期刊
□10	高校图书馆电子资源应用分析与对策——以中国政法大学图书馆法律数据库为例	范静怡	中国法学教育研究	2010-04-30	期刊
□11	外文法律专业数据库在湘潭大学的利用现状——以Lexis数据库为例	彭爽	法律文献信息与研究	2011-06-20	期刊
□12	北大法宝V5版中文法律数据库检索与利用	郭叶	法律文献信息与研究	2011-03-20	期刊
□13	海商法电子文献和数据库检索之研究	李远	法律文献信息与研究	2013-03-20	期刊
□14	关于加强建设法制工作　推广使用《中国建设法律数据库微机运用系统》的通知		新建筑	1997-11-22	期刊

图 2-3-18　中国知网“法律数据库”搜索结果界面

在论著方面，市场上有很多关于司法案例汇编类的书籍。就知识产权方面来讲，最高人民法院按年份顺序会每年出版一辑《最高人民法院知识产权审判案例指导》，各地方高级人民法院亦会编辑相关案例的汇编及评析等，比如上海市高级人民法院知识产权审判庭编著的《知识产权案例精选》，北京市高级人民法院编著的《知识产权疑难案例要览》。官方之外，相关学者会针对知识产权案例进行编著，比如许春明、王勉青主编的《知识产权矛与盾：中国知识产权司法保护大案解析》[1]、王迁教授组织编纂的《国外版权案例翻译第1辑（中英对照）》[2]、黄武双教授组织编著的《知识产权法：案例与图表》[3]等，同时一些知名律所也会对相关案例进行采编，如《恒都知识产权案例研究》。此外还有法官评述的案例编著，如《法官评述：100个影响中国的知识产权经典案例》，专门针对中外案例的编著，如《中外著作权法经典案例》等。以上这些论著基本上是以判决书、主要内容提炼、评析等模式出现，针对司法案例库建设的论著则极为少见。

与论著相比，关于法律资料库建设的课题更是不多见，最为突出的即是本课题“国家知识产权文献及信息资料库建设研究”，相信本项目在我国知识产权法律资料库的建设研究方面具有里程碑意义。

论著及课题项目极少有直接关系到司法案例资料库建设的，这一现状在一定程度上反映了我国在司法案例资料库建设上的研究缺失。因此，对司法案例资料库的研究也将成为本课题后续研究工作的重要组成部分。希望通过本课题的研究，能够在一定程度上为知识产权司法案例资料库的建设提供支持，特别是结合用户体验及其反馈，能够有效地优化司法案例资料库的建设成果。

第四节　我国知识产权论著与科研项目文献及信息资料库建设现状

知识产权论著与科研项目紧密相连，且在研究的过程中曾经将之放在一起进行研究，在“知信通”网站建设的过程中，二者也经常被放在一起进行

[1] 许春明、王勉青：《知识产权矛与盾：中国知识产权司法保护大案解析》，上海大学出版社2012年版。

[2] 王迁编校：《国外版权案例翻译第1辑（中英对照）》，法律出版社2013年版。

[3] 黄武双主编：《知识产权法：案例与图表》，法律出版社2010年版。

讨论，两个版块的参与成员也基本一样，所以在此宜将二者放在一起进行介绍分析。

一、现有知识产权论著文献及信息资料库建设现状、特点及不足

（一）现状与特点

随着我国知识产权研究的不断深入，国内知识产权专著日渐增多，这些文献分散在各综合学科的图书数据库中，比如读秀知识库、中国国家数字图书馆、方正电子图书馆等，种类繁多，但是还没有专门收录知识产权图书信息的资料库。

上述综合学科的图书数据库总的来说具有如下特点：

第一，藏书资源都相当丰富。读秀知识库可以为读者提供268万种中文图书、6亿页全文资料等一系列海量学术资源的检索及使用，占已出版中文图书的95%以上；[1]截至2009年底，国家图书馆馆藏中文图书已达到6 906 968册，其中包括中文普通图书、港台图书及海外出版的中文图书；[2]方正电子图书馆拥有北大方正电子有限公司制作的电子图书总量为35万余种、70万余册和年鉴1000余种。[3]

第二，用户数量较大，且用户群多为在校大学生、研究生、博士生以及高校教师。由于图书数据库收录的图书资源多为学术著作，具有很高的专业性，故其主要用途在于供教师或学生从事学术研究或教学使用。

第三，实行会员制，需要付费阅读或下载。上述综合学科图书数据库大多实行会员制，通常由高校或单位购买账号，供学生或职工在特定局域网IP范围内使用。以读秀知识库为例，其用户分为机构用户、读秀卡用户、假期账号用户及实名认证用户，每种用户都需支付一定费用方可使用。[4]未注册用户可免费体验，体验版仅提供部分页面试看。

第四，资源更新速度快。上述综合学科图书数据库运营时间都相对较长，

---

〔1〕 读秀学术搜索，http://lib. cumt. edu. cn/dzzy/dxiu. htm，最后访问时间：2018年11月29日。

〔2〕 中国国家数字图书馆，http://www. nlc. gov. cn/newts/，最后访问时间：2018年11月29日。

〔3〕 方正电子图书，http://202. 205. 72. 195/dlib/list. asp，最后访问时间：2018年11月29日。

〔4〕 读秀学术搜索，http://www. duxiu. com/，最后访问时间：2018年11月29日。另参见线猛、魏程、陈馨怡、王丽、高缨识："'知信通'之论著资料库建设"，载冯晓青、杨利华主编：《国家知识产权文献及信息资料库建设研究》，中国政法大学出版社2015年版，第322页。

网站运营技术支持相对完善，人力资源也相对丰富，故其图书资源的录入和更新速度较快。[1]

第五，与特定图书馆相衔接，读者在搜索到图书信息的同时可以查询到该书在该特定图书馆的馆藏状况。例如，读秀知识库与中国矿业大学图书馆公共目录衔接，读者在打开一本书的详细信息页面时，左侧会出现“本馆馆藏纸书”的链接，点击就可进入中国矿业大学图书馆的公共查询目录，浏览此书在中国矿业大学图书馆的实际馆藏地、册数、当前状态等信息。[2]

(二) 存在的问题及成因分析

现有综合学科的图书数据库存在上述特点，也是其优点所在，但是同时存在一定的问题：[3]

第一，上述数据库都是综合学科图书数据库，其收录的图书资源涵盖了各个学科，可以说内容广而乏精，其收录的知识产权文献与信息资料并不一定齐全。

第二，通过综合学科图书数据库搜索获得的每本书可见信息有限，基本上只完整显示目录页、作者、出版社等形式信息，而内容信息提供较少，仅有若干数据库可以实现内容试读，或以某种特定形式实现全文阅读。

第三，与中国知网等期刊论文数据库相比，现有图书数据库在用户数量、普及度、使用度及有用度上都不如期刊论文数据库高。

以上问题的存在，主要原因在于图书篇幅较大、字数较多，导致全文录入数据库对技术和人力要求过高；同时，解决著作权问题耗费的成本也较高，因为获得作者对一本专著全文数字化的授权远比获得作者对一篇论文的数字化授权费用要高。另外，综合学科图书数据库广而不精的特征给读者进行知识产权专题著作搜索带来了不便，随着知识产权学术研究的蓬勃发展，知识产权专题著作数量急速增长，一个知识产权领域的专业文献与信息资料库亟待建立。

---

〔1〕 参见线猛、魏程、陈馨怡、王丽、高缨识：“‘知信通’之论著资料库建设”，载冯晓青、杨利华主编：《国家知识产权文献及信息资料库建设研究》，中国政法大学出版社 2015 年版，第 322 页。

〔2〕 读秀学术搜索，http://www.duxiu.com/，最后访问时间：2018 年 12 月 9 日；另参见祖芳宏、董家魁、宛凤英：“读秀知识库检索示例及其功能特色——高效图书馆电子资源优化配置检索案例分析”，载《科技情报开发与经济》2009 年第 12 期。

〔3〕 参见线猛、魏程、陈馨怡、王丽、高缨识：“‘知信通’之论著资料库建设”，载冯晓青、杨利华：《国家知识产权文献及信息资料库建设研究》，中国政法大学出版社 2015 年版，第 322 页。

二、现有知识产权科研项目文献及信息资料库建设现状、特点及不足

（一）基本现状

我国目前的科研项目资料库大多是以“项目类型”和“资助机构”来划分建立的，即将该资助机构所支持的所有基金项目不分学科地统一收录到数据库中。而大部分科研项目并没有设置相应的可供查询的数据库，例如国家知识产权局软科学项目仅仅是在网站的“通知”中以附件的形式发布当年立项清单[1]，并未建立软科学项目数据库。此外，并不排除像中国知网科研项目版块[2]和中国高校人文社会科学信息网[3]这样的偏综合性的科研项目服务网站，然而，两者并不尽如人意，或多或少地存在信息量不足或准确度低的问题。在科研项目资料库尚存在资源匮乏的背景下，更不用提以学科分类设立的专业知识产权科研项目资料库的存在。

（二）国家自然科学基金项目数据库（http://www.nsfc.gov.cn/）

国家自然科学基金委员会成立于1986年2月14日，负责管理国家自然科学基金，监督基金资助项目的实施。国家设立自然科学基金，用于资助《中华人民共和国科学技术进步法》规定的基础研究。[4]其所资助的领域具体包括：数理科学部、化学科学部、生物科学部、地球科学部、工程与材料科学部、信息科学部、管理科学部和医学科学部。自然科学基金按照资助类别可分为面上项目、重点项目、重大项目、重大研究计划、国家杰出青年科学基金、海外、港澳青年学者合作研究基金、创新研究群体科学基金、国家基础科学人才培养基金、专项项目、联合资助基金项目以及国际（地区）合作与交流项目等。通过亚类说明、附注说明还可将一些资助类别进一步细化。[5]

国家自然科学基金项目数据库提供的数据起始年限为1997年。从其所资助的领域可以看出，国家自然科学基金主要是为支持理工科等学科，它在鼓

---

〔1〕 2015年度软科学研究项目立项的通知参见 http://www.sipo.gov.cn/tz/gz/201507/t20150729_1152165.html，2014年度软科学研究项目立项的通知参见 http://www.sipo.gov.cn/tz/gz/201405/t20140516_950281.html，最后访问时间：2018年11月29日。

〔2〕 参见 http://projects.cnki.net，最后访问时间：2018年11月29日。

〔3〕 参见 http://www.sinoss.net/xiangmu，最后访问时间：2018年11月29日。

〔4〕《国家自然科学基金条例》（2007年2月14日国务院第169次常务会议通过）第2条。

〔5〕 国家自然科学基金委员会官方网站，http://www.nsfc.gov.cn；另参见“国家自然科学基金：飞翔的尘埃”，载 http://bolg.sina.com，最后访问时间：2018年12月15日。

励和推动我国科学技术进步方面发挥了基础性作用，体现了国家在科技进步方面的主观能动性。知识产权很大一部分是权利人对其创造的智力劳动成果所享有的专有权利，本质上是无形财产权。随着科学技术的发展和社会的进步，知识产权的外延不断扩张。《与贸易有关的知识产权协议》（简称“TRIPS 协议”）采用了广义的知识产权定义，规定知识产权的范围包括著作权和相关权利、商标、地理标志、工业设计、专利、集成电路布图设计、对未披露信息的保护以及对协议许可中限制竞争行为的控制。由此，知识产权学科可以看作是一门文理相结合的兼容性学科。实务中，具备理工科背景的专业人士能够更好地操作专利、集成电路布图设计等业务。即便是狭义的知识产权，也包含专利在内。偏重支持理工科项目的国家自然科学基金和兼有文理性质的知识产权学科之间的重叠，也就更多地出现在理工科领域。[1]

以目前所搜索的国家自然科学基金项目数据为依据，自 1997 年至 2012 年，涉及知识产权的国家自然科学基金项目共有 132 项，具体分布见下表 2-4-1。从下表可以看出，国家自然科学基金中的知识产权项目主要集中在总论、著作权和专利三个方向，专利项目的数量甚至高于总论部分。这一数据验证了国家自然科学基金的理工科类项目的性质。总论和著作权部分的项目基本上都是文理相结合的，例如 2012 年武汉大学庄子银的“知识产权保护激励自主创新的理论模型经验研究：基于异质性厂商的视角”和 2012 年南京理工大学张功萱的“面向 Web 服务的可信身份认证和著作权保护机制”。国家自然科学基金的专业性致使知识产权领域项目的数量较少，这些项目不足以代表知识产权学科的发展趋势。研究知识产权科研项目的走向，需要其他项目数据的支持。

表 2-4-1　知识产权项目在国家自然科学基金项目中的分布

知识产权项目领域	总论	版权	著作权	专利	商标	商业秘密	不正当竞争
数量	48	0	32	51	1	0	0

该网站的检索较为简单，在首页界面有一个检索框，通过该检索框可以

[1] 王丽、高缨识、线猛、陈馨怡、魏程：“‘知信通’之科研项目资料库研究报告”，载冯晓青、杨利华主编：《国家知识产权文献及信息资料库建设研究》，中国政法大学出版社 2015 年版，第 336 页。

实现基本的模糊检索。如下图所示。

图 2-4-1　国家自然科学基金项目数据库检索栏

点击其中的“项目资助-项目申请与资助情况”，则进入相应的项目综合查询界面。

图 2-4-2　国家自然科学基金项目数据库项目资助

综合查询界面包含的可限定项有批准号、项目名称、项目负责人、单位名称、申请代码、资助类别、亚类说明、附注说明、项目主题词、批准年度等。在该项目的右侧还可以通过点击“人员获资助项目信息查询”，进入相应的界面。

国家自然科学基金委员会
科学基金网络信息系统
NSFC首页 | 关于ISIS | 常见问
项目综合查询
批准号：
项目名称：
项目负责人：
单位名称：
申请代码：
资助类别： --全部--
亚类说明： --全部--
附注说明： --全部--
项目主题词：
批准年度： 2016
验证码： dfxx
查询　重置
项目检索
项目综合查询
人员获资助项目信息查询

图 2-4-3　国家自然科学基金数据库项目综合查询界面

通过输入需要检索人的姓名、单位代码、单位名称即可检索到相应人员主持的项目数及参与的项目数。

国家自然科学基金委员会
National Natural Science Foundation of China
NSFC
科学基金网络信息系统
Internet-based Science Information System
NSFC首页 | 关于ISIS | 常见问

人员获资助项目信息查询

注意：姓名必须输入，单位代码和单位名称输入其一，否则查询无效！

序号	姓名*	单位代码	单位名称
1			
2			
3			
4			
5			
6			
7			
8			
9			
10			

查询 重置

项目检索
- 项目综合查询
- 人员获资助项目信息查询

姓名	单位代码	单位名称	主持项目数	参与项目数

图 2-4-4 国家自然科学基金项目数据库“人员获资助项目信息查询”

以下进行检索示范。在查询国家自然科学基金项目时，仅仅在“项目名称”一栏输入关键词并不能进行搜索，需要在“单位名称”“申请代码”和“项目主题词”中任选一个条件作为必填项，具体见图 2-4-5。并且，批准年度几乎等同于必选项。国家自然科学基金项目数据库的搜索界面对检索条件的要求的结果是，用户只能查询到某一具体年份的相关项目。如需查询该领域的所有项目，则必须按年份依次检索，而这无疑增加了搜索的时间成本。另外，本课题组在检索过程中发现不同的年份会出现重复的同一项目，即国家自然科学基金项目数据库的检索条件也降低了结果的准确度。

国家自然科学基金委员会
National Natural Science Foundation of China
NSFC
科学基金网络信息系统
Internet-based Science Information System

项目综合查询

单位名称、申请代码、项目关键词必须有一项输入检索条件！

批准号：	
项目名称：	
项目负责人：	
*单位名称：	
*申请代码：	
资助类别：	---全部---
亚类说明：	---全部---
附注说明：	---全部---
*项目主题词：	
批准年度：	2013
验证码：	w7d2

查询　重置

图 2-4-5　国家自然科学基金项目数据库的搜索界面

下图是国家自然科学基金项目数据库的搜索结果界面，显示的内容包括项目批准号、申请代码、项目名称、项目负责人、依托单位、批准金额和项目起止年限等 7 项内容，没有项目级别（项目级别只能在搜索界面进行选择），也无项目具体链接，信息完善度有待提高。至于项目成果，国家自然科学基金仅以优秀成果选编的方式进行公开，成果监督和追踪力度不足。

	项目批准号	申请代码1	项目名称	项目负责人	依托单位	批准金额	项目起止年月
1	71072033	G021002	引导技术创新的专利信息挖掘与分析技术研究	余翔	华中科技大学	24	2011-01至2013-12
2	71003037	G030704	基于审查行为影响下的专利倾向及其政策含义研究	文家春	华中科技大学	17	2011-01至2013-12
3	61003159	F0206	中文专利检索中关键技术研究	任飞亮	东北大学	18	2011-01至2013-12
4	51075356	E050602	由异类产品专利激发灵感辅助创新设计的方法研究	邱清盈	浙江大学	34	2011-01至2013-12
5	71073015	G030701	基于专利计量的共性技术测度体系及其应用研究	栾春娟	大连理工大学	27	2011-01至2013-12

（金额单位：万元）　共1页/5条记录

图 2-4-6　2010 年国家自然科学基金专利项目的结果页面

（三）国家社会科学基金项目数据库[1]

国家社会科学基金设立于 1991 年，由全国哲学社会科学规划办公室管理，用于开展对我国社会主义现代化建设和改革开放事业以及学科建设和发展具有重要理论和实践意义的哲学社会科学研究。[2]国家社会科学基金支持偏重文科性质的项目，其所资助的项目课题包括 23 个部门：马列·科社、党史·党建、哲学、理论经济、应用经济、政治学、社会学、法学、国际问题研究、中国历史、世界历史、考古学、民族问题研究、宗教学、中国文学、外国文学、语言学、新闻学与传播学、图书馆·情报与文献学、人口学、统计学、体育学以及管理学。国家社会科学基金项目分为重大项目、特别委托项目、年度项目、专项资助西部地区社科研究项目和后期资助项目。[3]

国家社会科学基金项目数据库的建设相当完备，版块清晰，数据齐全，信息详细，是在设计知识产权科研项目资料库过程中的重要参考对象。该数据库历经 2011 年 6 月和 2012 年 11 月两次改版，新改版后的项目数据库需要用户注册登录，栏目设置更加优化，非常详细地涵盖了项目批准号、项目类别、学科分类、项目名称、立项时间、负责人及工作单位和成果的具体信息等版块。并且，国家对项目从立项到结项进行全程追踪，不仅为专家学者进行科研研究提供了基础、动态数据，还有助于监督项目的执行，保证项目的质量，避免国家社会科学基金经费被肆意浪费。国家社会科学基金要求项目负责人对 2012 年以后新出版的成果按季度汇总上报、对以前出版的国家社会

[1] 参见 http://gp.people.com.cn/yangshuo/skygb/sk/index.php/Index/index。

[2] 参见朱瑞云："国家社会科学基金、自然科学基金专利领域课题状况研究——以 1999—2011 立项课题为考察对象"，载《郡阳学院学报》（社会科学版）2012 年第 3 期。

[3] 参见全国哲学规划办公室 2007 年 4 月发布的《国家社会科学基金项目经费管理办法》第 2 条。

科学基金项目成果进行登记、对不规范的项目成果作出终止项目或撤项的规定，这些严格的新标准有助于良好学风的树立。[1]

以为 1992 年到 2013 年为例，其中涉及知识产权领域的国家社会科学基金项目共有 199 项，具体分布见下表。知识产权国家社科项目主要集中在总论、著作权（版权）和专利方向，数量为 182 项，占总量的 91.46%。该数据呈现出研究学者们在申请国家社会科学基金领域的偏好与上述领域的研究热潮及研究价值。当然，也应考虑知识产权总论的研究已经将其他分属方向包含在内的因素，学者们更倾向于把知识产权作为一个整体来研究。

表 2-4-2　国家社会科学基金项目中的知识产权项目分布

知识产权项目领域	总论	著作权	版权	专利	商标	商业秘密	不正当竞争	植物新品种
数量	110	23	18	31	12	2	2	1

（四）中国知网科研项目资料库（http://projects.cnki.net）

目前，我国科研项目的数据主要以电子化的形式呈现，零散见诸基金资助机构的网站，缺乏综合性网站。中国知网是目前世界上最大的保持动态更新的期刊文献数据库。随着数据库的不断完善，中国知网的覆盖领域在不断拓展，规模不断扩大，不仅仅局限于期刊文献，同时建立了科研项目的共享平台。中国知网科研项目资料库的信息量目前位于我国科研项目资料库之首，总信息量达 244 462 条。项目的发布单位涉及各级别、各层次，从国家级项目到各部委项目、省市级项目，还包括临时性项目。该资料库所收录的数据囊括了 1988 年到 2018 年的科研项目信息，全面地涵盖了自然科学与工程技术类、人文与社会科学类项目。

[1] 全国哲学规划办公室官方网站，http://www.npopss-cn.gov.cn，最后访问时间：2018 年 12 月 20 日；另参见王丽、高缨识、线猛、陈馨怡、魏程：“‘知信通’之科研项目资料库研究报告”，载冯晓青、杨利华主编：《国家知识产权文献及信息资料库建设研究》，中国政法大学出版社 2015 年版，第 336—337 页。

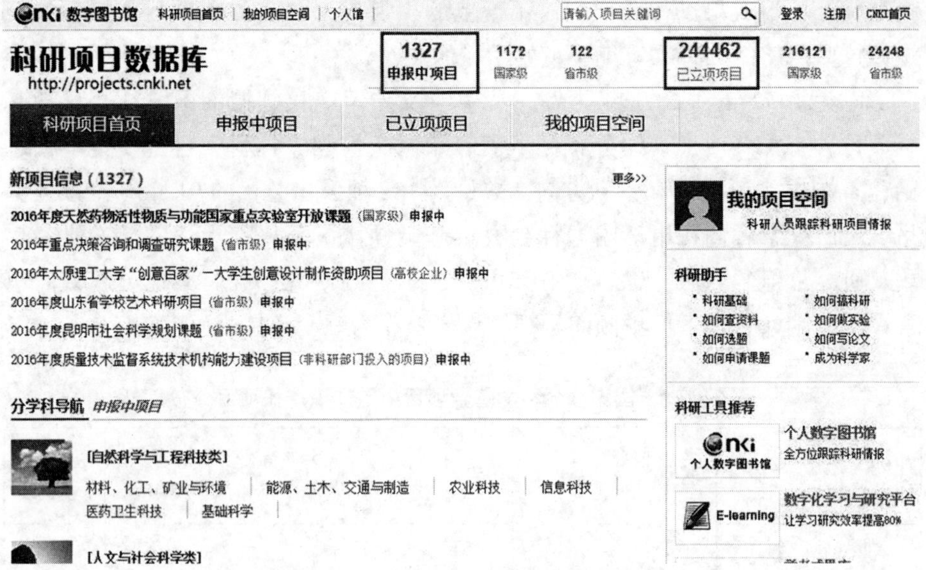

图 2-4-7　中国知网科研项目数量统计

从上述简要的表面介绍中，读者的印象定是中国知网科研项目资料库已经将所有的科研项目信息收录，使用中国知网查询项目即可。实际上并非如此，像国家知识产权局软科学项目、高等学校校内人文社会科学研究基金项目、企事业单位委托项目等在中国知网科研项目资料库中基本上搜索不到。又如，当在搜索框中输入“知识产权”关键词时，检索到的国家社会科学领域的科研项目总数为 80 条；而通过上文的国家社会科学基金项目数据库检索到的国家社会科学基金知识产权项目的数量是 110 条。这意味着中国知网科研项目资料库尚未能将国家社会科学基金项目收录齐全。〔1〕因此，课题组在搜索知识产权项目总量时未以中国知网科研项目资料库为查询依据，而只在查漏补缺的过程中使用了该数据库的信息。再者，该资料库的搜索框相对简单，仅有一个关键词输入栏（搜索界面见图 2-4-8），远远不如期刊文献搜索框的完善程度，导致搜索结果准确度较低，即只要相关项目模糊与关键词相关，或是项目名称含此关键词，或是项目来源出现了此关键词，又或是其他

〔1〕王丽、高缨识、线猛、陈馨怡、魏程：“‘知信通’之科研项目资料库研究报告”，载冯晓青、杨利华主编：《国家知识产权文献及信息资料库建设研究》，中国政法大学出版社 2015 年版，第 341 页。

摘要内容有此关键词，均会出现在搜索结果中。最后，中国知网科研项目资料库存在具体信息缺失的问题，例如2013年一项已结题的国家社会科学基金项目“我国企业技术创新与知识产权战略融合的法律运行机制研究”无项目编号、项目级别、项目成果等。科研项目资料库数据缺失的问题普遍存在，这与我国科研项目电子化系统的不完善密切相关。就目前状况而言，在这一点上不能对任何科研项目资料库苛求完美。

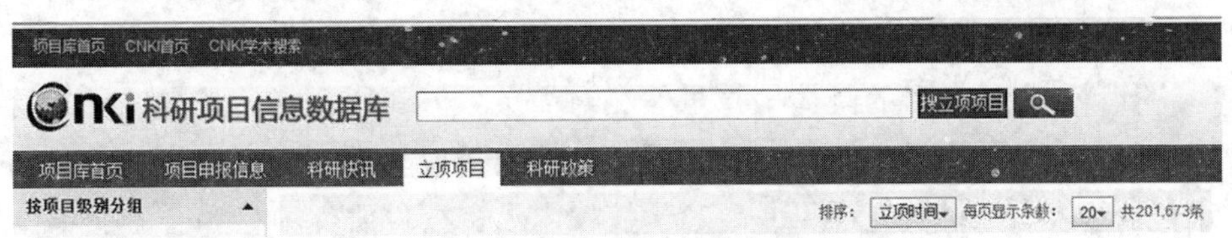

图2-4-8　中国知网科研项目资料库的搜索界面

与其他项目资料库相比，中国知网科研项目资料库也有自己的独特优势，即它利用网站已有的期刊文献来支持科研项目。科研项目的结题成果多以论文、专著或咨询报告的形式呈现，尤其是在项目执行进程中，论文是最普遍的成果产出。在中国知网科研项目资料库中查询某一具体项目时，网站会同时显现项目负责人以往的科研成果，这使得用户可以在基本信息之外更详细地了解这一项目。另外，网站还会提供与搜索项目相类似的项目的基本信息，以便用户进行比较分析。中国知网科研项目资料库的优势是目前其他项目资料库所无法比拟的，是“知信通”科研项目资料库应当借鉴和学习的模式。[1]

（五）中国高校人文社会科学信息网科研项目资料库（http://www.sinoss.net）

中国高校人文社会科学信息网（简称“社科网”）是在教育部社会科学司指导下建设的为人文社会科学服务的专业性门户网站，其目标是成为人文社会科学的资料信息中心、网络出版中心、信息发布中心、网络管理中心和咨询服务中心。[2]顾名思义，社科网所涉及的内容应该是文科性质的社会科

〔1〕王丽、高缨识、线猛、陈馨怡、魏程：“‘知信通’之科研项目资料库研究报告”，载冯晓青、杨利华主编：《国家知识产权文献及信息资料库建设研究》，中国政法大学出版社2015年版，第337页。

〔2〕参见中国高校人文社会科学信息网官方网站简介，http://www.sinoss.net，最后访问时间：2018年12月12日。

学领域。社科网于2003年7月1日正式开通，设有“常用速查”的快捷查询版块，可以查询高校代码、研究人员、研究成果和研究项目。其中的科研项目资料库是课题组关注的重点，它所包含的基金项目有：国家哲学社会科学规划基金、教育部人文社会科学规划基金、教育部博士点基金、各省市社科规划基金对高校的人文社会科学研究项目。[1]项目的具体信息包含8项，分别是：立项年份、项目名称、所属院校、负责人、项目来源、项目编号、成果类型和项目经费。其中，项目来源以项目类型加项目级别的样式呈现，如“省市自治区教委人文社会科学研究规划重点项目”。

社科网科研项目的具体信息虽然相对简单，但其所涵盖的基金项目范围着实弥补了其他途径的空缺。社科网的科研项目以教育部人文社科基金、省市自治区人文社科研究项目、高等学校校内人文社科研究项目和企事业单位委托项目为主体，另有数量相对较小的中央其他部门社科研究项目、国家社会科学基金项目、国际合作项目和其他项目。值得指出的是，就课题组所查询的项目数据库而言，高等学校校内人文社科研究项目和企事业单位委托项目在其他数据库基本上难以检索到。[2]通过在社科网上输入关键词的方式共查询到与知识产权相关的项目1363条，具体分布情况见表2-4-3。其中，知识产权总论部分的科研项目占总量的62.88%。出现专利的数量多于著作权（版权）的结果是意料之外的事情，但这并不能说明学者的研究取向倾斜于专利，因为毕竟社科网所收纳的科研项目类型有限，不能代表整体。

表2-4-3 社科网知识产权项目的领域分布

知识产权具体领域	知识产权总论	著作权	版权	专利	商标	商业秘密	不正当竞争
数量	857	68	55	251	81	31	20

综上，我国目前具有代表性和参考价值的科研项目资料库有国家自然科学基金项目数据库、国家社会科学基金项目数据库、中国知网科研项目资料库和社科网的科研项目资料库。

---

〔1〕“常用速查”，http://www2.sinoss.com，最后访问时间：2018年12月12日。

〔2〕王丽、高缨识、线猛、陈馨怡、魏程：“‘知信通’之科研项目资料库研究报告”，载冯晓青、杨利华主编：《国家知识产权文献及信息资料库建设研究》，中国政法大学出版社2015年版，第338页。

以上简要总结了上述四个科研项目资料库的模式、收录的数据范围和收录年限，见表2-4-4。除此之外的部分数据，是通过中国知网的期刊文献数据库，在搜索框中输入关键词“基金”，利用查询到的论文反找基金的方式得到的。其次，可以在国家知识产权局的官方网站上搜索到部分国家知识产权局软科学项目的立项清单。总的来说，现有科项目资料库之外的项目数据具有零散分布、信息不全的特征，仍需要进一步的完善。

表2-4-4　现有项目数据库总结表

数据库类型	数据库模式	收录范围	收录年限
国家自然科学基金	专门	国家自然科学基金项目	1997—2018年
国家社会科学基金	专门	国家社会科学基金项目	1992—2018年
中国知网	综合	各级别、各层次（不包括社科网的大部分范围）	1988—2018年
社科网	半综合	以国家社会科学基金、教育部人文社会科学研究项目、高等学校校内人文社科研究项目、省市自治区社科研究项目、企事业单位委托项目、中央其他部门社科项目为主	1991—2018年

第五节　我国知识产权教育培训文献及信息资料库建设现状

一、现有知识产权学历学位教育文献及信息资料库介绍、评价、借鉴

（一）国内知识产权学历学位教育信息来源网站现状评述与分析

就目前来说，我国尚不存在类似的以搜集整合知识产权学历学位教育信息为主要功能的信息资料库，在国外也几乎没有。用户在搜集相关知识产权学历学位教育信息时，大多是以非专业搜索引擎进行关键词搜索，其搜索效率较低、效果较差。有些教育类、考试类、知识产权类网站涵盖部分知识产权学历学位教育信息，但是尚无系统的汇总，录入信息较零散。以下将统筹介绍几类主要的能够搜索到知识产权学历学位教育信息的网站，并对其优缺点予以评述，对其不足原因加以分析。

1. 高校官方网站

高校官方网站是高校相关教育信息权威的信息来源，发布来自高校官方的信息，因此其突出的优点就是信息权威，可以为公众提供许多独家的信息。在考察分析相关高校的基础上，课题组发现高校官方网站在知识产权学历学位教育信息方面存在的问题主要是仅有少数几大法科强校及有知识产权学院的高校信息相对完善，其他许多非法科强校的普通高校存在重要信息大量缺失、信息缺乏整合等严重问题。

由于大多数知识产权学历学位教育依托于法学教育，仅有少部分被放置在管理学教育之中，因此几大传统的法律院校的知识产权教育处于领先地位，其通常都有比较完善的学科建设，在学生的培养方面也积累了更多的经验，在长期的实践过程中已经形成了各类比较完善的教学培养信息。同样，设立知识产权学院，通常代表了一所高校对知识产权教育的重视，也意味着对知识产权教育有较大的投入，在一定程度上是该校知识产权教育水平较高的标志。此类高校通常会建设专门的知识产权学院的网站，提供的信息也较为全面。

其中，华东政法大学作为传统的政法院校之一，是2004年第一个开设知识产权本科专业的高校，在2003年就建立了专门的知识产权学院，其具备从本科到硕士再到博士的完善的知识产权学历学位教育体系，其官方网站的建设相较于其他高校网站更为完善，值得其他高校学习和借鉴。

以下以华东政法大学知识产权学院的官方网站为例，对其官方网站的优缺点进行总结。

华东政法大学知识产权学院的网站有专门的版块对学院的概况进行介绍，便于用户从整体上把握该校知识产权教育的状况。网站的教师主页版块有对知识产权学院的师资力量的详细介绍，对每位教师的简历、教学方向、科研成果等都进行了介绍，特别是公布了教师的联系方式，使公众有可能与教师取得直接联系，以获得更深入的信息。网站的人才培养版块分为本科培养、硕士培养、博士培养和研修培训四个部分，公布了各部分的培养方案、课程设置、教学计划等，使得公众和特定用户可以了解各个学历学位层次的培养情况。值得注意的是，华东政法大学知识产权学院的网站还有一个特别的版块，即教学平台，该平台可谓是其学生培养中的电子课堂，包含了教学资讯、教学管理、课程信息、课程建设等部分。在课程建设部分提供了商标法（尹腊梅）（2012—2013）、电子商务法（尹腊梅）（2011—2012）、电子商务法（高富平）（2008—2009）、知识产权许可研究（何敏）（2009—2010）、网络时代的知识产权法（侍孝祥）（2010—2011）、商标法学（王莲峰）（2008—2009）等课程的信息。在教学资讯中，又为各课程提供了更为具体的资料。以电子商务法为例，该平台提供教学大纲、教学PPT、课程介绍、学生成果等信息。可以看出，该教学平台是一个非常方便的、资料丰富的、可以随时随地使用的数字化教学平台。但遗憾的是，该教学平台仅针对华东政法大学的学生，普通公众没有权限进入该平台，也无法直接获得上述课程的电子资料。

纵观华东政法大学知识产权学院的网站和其他高校的网站，华东政法大学知识产权学院的网站无疑是信息比较完善、设置比较合理的，建议其他高校在完善自身网站时进行合理借鉴。但课题组同样也发现了一些问题：其一是该网站没有招生信息这一版块，这会造成意图报考该校知识产权专业的学生必须另寻其他途径去获得招生简章、招生目录、报考时间等信息。建议华东政法大学知识产权学院对其招生信息进行整理后在网站中新增专门的版块进行公布，或者与其学校的招生网站建立链接，使得用户不必再另行搜索，这样既保证了招生信息的官方性，也便利了用户的使用。其二是向普通公众开放部分电子教学资料，使得非华东政法大学学生也能够在线上远程学习知识产权课程。高校作为国家教育产业的一部分，肩负着促进国民教育发展的责任，相对于全体国民来说，能进入高校系统学习知识产权知识获得相关学位的人始终是一小部分。为了促进我国知识产权教育的发展，高校完全可以在不损害其利益的前提下，多向公众提供一些学习资料，如教材讲义等，以履行其社会责任。

同样作为法学强校、也有知识产权学院的中国人民大学，其虽然也有中国人民大学知识产权学院的官方网站，但该网站明显存在较多的问题。其中最大的问题即是信息公开程度不够，其网站的人才培养版块下没有任何的信息，通过中国人民大学网站、中国人民大学法学院网站也未能检索到中国人民大学知识产权专业各个学历学位层次的人才培养信息，包括培养方案、课程设置、教学计划等。这使得一般公众完全无法获知该校知识产权人才培养的任何具体内容。其他的问题也包括没有招生信息、没有教材讲义电子资源等。

再如，在中南财经政法大学官网的“院系设置”界面（http://www.znufe.edu.cn/schools/）点击“知识产权学院”，则进入中国知识产权研究网

(http://www. iprcn. com/)。比较遗憾的是，通过该网站，并没有找到学历学位教育相关的信息，只有一些中南财经政法大学知识产权研究中心的简介、中心人员及机构设置等相关信息。但是这些信息并不能完全代替一个院校知识产权学院网站应当具有的学历学位教育方面的资料。

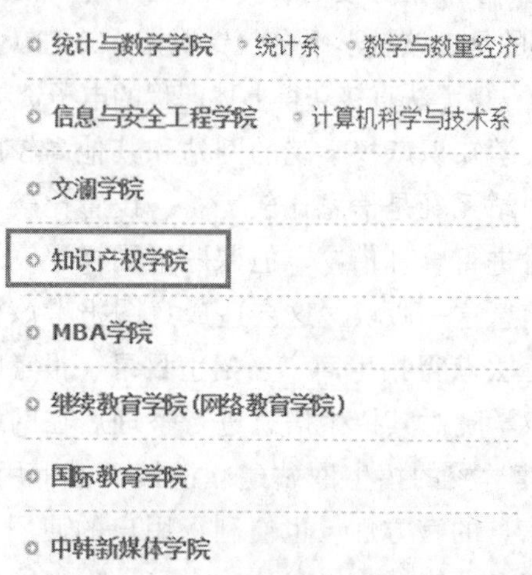

图 2-5-1　中南财经政法大学官网"院系设置"

图 2-5-2　中国知识产权研究网界面

高校官方网站作为高校相关教育信息权威的信息来源，对公众获取有效信息是非常必要的，但是课题组经过检索发现，除了少数几大法科强校及有知识产权学院的高校信息相对完善以外，其他非法科强校的普通高校的网站，除了简单公布招生简章、招生目录等招生必备信息以外，其他信息公开程度严重不够，特别是各种人才培养信息。人才培养信息是公众了解该校知识产权教育的重要渠道，通过人才培养信息，公众才能得知该校知识产权专业具体的培养过程是否能达到其要求，才能做出是否报考的决定。重要信息的缺失显然非常不利于我国知识产权教育的持续发展，因此课题组建议各高校完善自身的官方网站，更大程度地公开信息，进一步整合各种信息，便利用户检索。

2. 考试类网站

除了高校官方网站以外，一些针对研究生入学考试、博士生入学考试的考试类网站也涉及部分知识产权学历学位教育的信息，并且此类网站通常已经对信息进行了一定程度的归类整理。相较于各高校官方网站的相互独立，考试类网站在信息整合程度上有一定的优势。其中具有代表性的网站主要有以下几个：

（1）中国研究生招生信息网（http://yz.chsi.com.cn/）。中国研究生招生信息网是隶属于教育部的、以考研为主题的官方网站，是教育部唯一指定的研究生入学考试网上报名及调剂网站。它既是各研究生招生单位的宣传咨询平台，又是研究生招生工作的政务平台，它将电子政务与社会服务有机结合，贯穿研究生招生宣传、招生咨询、报名管理、生源调剂、录取检查整个工作流程，实现了研究生招生信息管理一体化。[1]

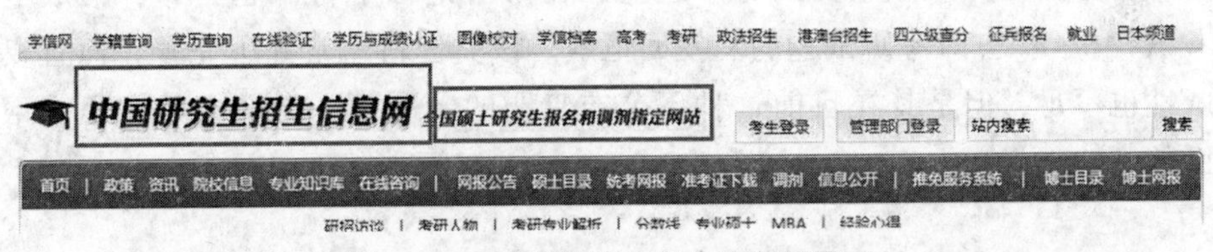

图 2-5-3 中国研究生招生信息网界面

中国研究生招生信息网是隶属于教育部的、以考研为主题的官方网站。[2]首先，其信息的权威性有所保证，值得信赖。其次，其对各高校历年硕士研究生招生简章、网报公告、硕士研究生招生专业目录、录取分数线、

[1] 中国研究生招生信息网简介，http://yz.chsi.com.cn/，最后访问时间：2018年11月29日。

[2] 中国研究生招生信息网简介，http://yz.chsi.com.cn/，最后访问时间：2018年11月29日。

博士研究生招生简章、博士研究生招生专业目录进行整合，形成了一个专业的研究生招生信息数据库。该数据库有以下几个突出优点：其一，信息完善。该数据库非常完整地收录了硕士研究生招生简章和专业目录，作为教育部考研类官方网站，其信息的完整性可以得到保证。其二，检索便利。该数据库针对的用户是意图考研、考博的人群，针对这类用户的需求，该数据库设置了一套较为合理和便利的检索功能。例如，用户可以搜索各省市招生办公室、各招生单位、各报考点的公告；用户可以根据“所在省市”“招生单位”“门类类别”“学科类别”“专业名称”五个关键词检索当年全国各高校的硕士专业目录；用户还可以查询历年来各学校各专业的分数线。该数据库的这些优点，值得本课题组在信息资料库的建设中合理借鉴。

（2）考研网（http://www.kaoyan.com/）。考研网是中国领先的考研交流平台和研究生招生信息网络发布平台。考研网为考研人提供研究生招生简章、考研大纲解析、考研报名攻略、考研复习指导、考研经验、考研图书、考研试题、考研资料下载、考研成绩查询、考研分数线、考研调剂、考研复试等信息。考研网不同于中国研究生招生信息网这一隶属于教育部以考研为主题的官方网站，其最大特点在于以论坛为核心，聚集了大量的考研人群，用户资源共享、互通有无。因此，考研论坛作为中国最大的考研类论坛，汇集了大量非官方性的资料。并且，该网站也对这些资料进行了一定程度的整合。例如，由于各高校鲜有公布考研试卷的，因此，通常只有参加过该校考试的人，才能得知该试卷的内容。这些人在考研论坛中将试题公布，形成了考试“机经”，即考研试题的网友回忆版。该类资料通常并不完善，而且权威性也不足，但是其在目前这种不公布真题的制度下，无疑也是有很大帮助的。

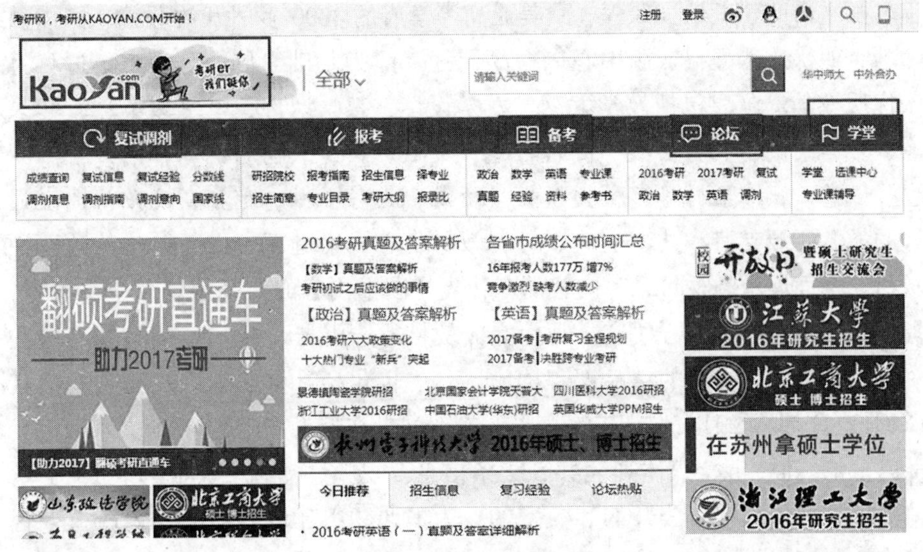

图 2-5-4　考研网界面

3. 教育类网站

在目前我国的教育类网站中，存在一些对高校教育信息的整合，其中包括知识产权教育信息。以国家精品课程资源网为例，该网站介绍：国家精品课程资源网（www.jingpinke.com）是由国家教育部主导推动的国家级精品课程集中展示平台；是全国高校依照“资源共建、成果共用、信息共通、效益共享”的原则合作建设，服务于全国广大高校教师和学生的课程资源交流、共享平台。国家精品课程资源网汇集了海量国内外优质教学资源，博览全球众多高校、企业开放课程，拥有来自2000多所国内高校的注册会员，目前已形成国内覆盖学科、专业最完整，课程资源数量最大的教学资源库，并初步建成了适合各类优质教学资源存储、检索、运营的共享服务平台。〔1〕国家精品课程资源网主要包括视频专区、课程中心、资源中心、教材中心四个部分：视频专区汇集“中国大学视频公开课”“国家精品课程”，及高等教育出版社“名师名课”等项目的优质教学视频课程；课程中心汇集了万余门各学科、专业精品课程，课程内容涵盖全国本科和高职院校各级精品课程、国家精品课

〔1〕国家精品课程资源网介绍，http://www.jingpinke.com/about/us，最后访问时间：2018年12月30日。

程名师主讲的建设培训课程、欧美亚高等学府的4000多门开放课程、国内外知名企业优质课程；资源中心以精品课程资源为基础，目前已经汇集近百万条优质教学资源，包括教学大纲、教学设计、教学课件、电子教案、教学录像、教学案例、实验实践、例题习题、文献资料、人物名词、术语、常见问题、试卷、媒体素材等多种类型教学资源，为各学科、专业高校教师提供强大的教学资源支持和共享交流服务；教材中心收集近百家出版单位的数万种教材，全面展示教材目录和内容简介，支持图书内容的在线预览及全文检索，提供电子商务服务，方便广大师生完成教材的选用与购买。[1]国家精品课程资源网作为国内知名的精品课程网站，其中也包括许多知识产权相关的精品课程信息。课题组以“知识产权”为关键词，在资源中心检索到文本、doc、ppt、pdf、xls、混合媒体列表共552条信息，视频、动画、其他列表共31条信息，这些信息都是公开的和免费的，为本课题组建设专门的知识产权教育培训资料库提供了丰富的资源。

图 2-5-5 国家精品课程资源网

二、现有知识产权在职培训文献及信息资料库介绍、评价、借鉴

就目前来说，我国尚不存在类似的以搜集整合知识产权在职培训信息为主要功能的信息资料库。用户在搜集相关知识产权在职培训信息时，大多是以非专业搜索引擎进行关键词搜索，其搜索效率较低、效果较差。有些知识

〔1〕 国家精品课程资源网介绍，http://www.jingpinke.com/about/us，最后访问时间：2018年12月30日。

产权类网站涵盖部分知识产权在职培训信息，但是尚无较系统的汇总，录入信息较零散。以下将统筹介绍几个主要的能够搜索到知识产权在职培训信息的网站，并对其优缺点予以评述，对其不足原因加以分析。

（一）中国知识产权培训中心网介绍、评述及不足

1. 中国知识产权培训中心网介绍

图 2-5-6　中国知识产权培训中心网界面

中国知识产权培训中心（http://www.ciptc.org.cn/）作为隶属于国家知识产权局的事业单位，是唯一由国务院批准的国家知识产权专业人才培训机构，承担全国高层次知识产权专业人才的培训任务，根据全社会知识产权培训需求，按照国家知识产权局的要求，遵循按需办学、按需施教的原则，为从事知识产权工作的在职人员提供系统、规范、有效的知识产权专业培训，并利用多样的培训方式向全社会普及知识产权知识，是世界知识产权组织（WIPO）知识产权国际培训合作伙伴以及人力资源和社会保障部国家级专业技术人员继续教育基地。[1]中国知识产权培训中心培训项目遍布全国 31 个省、市、自治区，包括知识产权中介服务机构、知识产权行政管理部门、企

[1] 参见李喜蕊："论中国知识产权信息公共服务体系的构建与完善"，载《黑龙江社会科学》2014 年第 2 期；实习报告 HBY-百度文库，http://wentu.baidu.com，最后访问时间：2018 年 12 月 15 日；工作总结-百度文库，http://wentu.baidu.com，最后访问时间：2018 年 12 月 15 日。

事业单位知识产权，领导干部知识产权，司法机关知识产权，教育系统知识产权，研究生培养，西部知识产权，知识产权相关问题研讨班等培训项目；培训对象包括知识产权中介机构从业人员、各级领导干部及企事业单位相关人员等；培训内容涉及国内外知识产权形势、知识产权法律法规及国际条约、知识产权战略、知识产权诉讼、知识产权管理、专利申请实务等。[1]

2. 中国知识产权培训中心网作为查找知识产权在职培训信息途径的优点评述

（1）各栏目版块的设置较周全：网站设计较为成熟，网站内关于知识产权在职培训的相关栏目版块设置较周全。其培训项目分类明晰，涉及类型相当丰富多元和细致周全。

（2）查询与报名兼具的多功能设计：不仅能够查询知识产权在职培训信息，而且对于由本机构——中国知识产权培训中心主办的培训活动，可以查看培训通知详情和进行在线报名。在线报名的操作方式简便易学，报名零成本、效率高。

（3）远程教育功能较实用：知识产权在职培训的远程教育培训课程内容较全面，其制作的远程教学课程视频课件质量高、在线学习体验效果较好。中国知识产权培训中心承担建设的中国知识产权远程教育平台，是国家知识产权局三大平台建设成果之一。该系列远程教育课程投入使用的数量较大，培训人数高速增长，制作远程教学课程内容涵盖了大部分知识产权领域，形成了较为完善的课程体系。[2] 用户进行远程教学课程的学习，既能够通过录制的视频感受授课现场情境，又能够在线观看较完善的文字课件，在线学习体验效果较好。[3]

3. 中国知识产权培训中心网作为查找知识产权在职培训信息途径的不足及其原因

（1）时效性较差，更新缓慢，主要培训信息较陈旧。在该网站最主要的

〔1〕 中国知识产权培训中心网，http://www.ciptc.org.cn/index.do，最后访问时间：2018 年 12 月 28 日；另参见李喜蕊：“论中国知识产权信息公共服务体系的构建与完善”，载《黑龙江社会科学》2014 年第 2 期。

〔2〕 李喜蕊：“论中国知识产权信息公共服务体系的构建与完善”，载《黑龙江社会科学》2014 年第 2 期。

〔3〕 中国知识产权远程教育平台，http://elearning.org.cn/public/index，最后访问时间：2018 年 12 月 15 日。

模块——培训项目模块，其大部分培训信息还停留在 2010 年，对于用户获取所需要的知识产权在职培训信息来说，该网站的实用性就难免大打折扣。造成这个问题的原因可能在于网站建设方对已进行过的知识产权在职培训信息录入的必要性和重要性认识不足，着力点大多放在了目前可报名的近期培训活动的宣传工作上。

（2）各培训项目项下相关培训信息录入量明显不足。在知识产权在职培训各种类型的培训中，企事业单位知识产权培训、知识产权行政管理部门培训、教育系统知识产权培训的条目信息仍不足。而事实上，近年来举办的各类知识产权在职培训很多。因此，该网站中相关知识产权在职培训信息明显缺乏。造成这个问题的原因是该网站该版块的搜集录入工作较为欠缺，没有将由中国知识产权培训中心主办的各类知识产权在职培训信息及时整理汇总。

（3）各培训主题的培训条目所包含的培训信息有限，难以满足用户需求。在每一培训主题的培训条目下只是对培训对象、培训时间及地点、培训内容这几个方面做出信息罗列，而对培训师资、所述专业类别等重要信息都欠缺介绍或者分类整理，更不必提培训必要性与可行性这样的相对高级的相关信息了。造成这个问题的原因有两个方面：一是对培训活动的关注程度、挖掘程度不够；二是对分类设计的考量不够周全，对用户需求和用户体验方面未能做到全面调研和切实揣度。

（4）具体到每个条目的培训信息，其所包含内容的细致程度相当不足，用语过于概括和含糊。每个培训信息条目中，培训对象绝大多数只是以某类单位相关某类人员的形式简略概括；培训时间只是以月份的形式填充，在当今瞬息万变、争分夺秒的信息化时代，这样描述时间的形式明显有所欠缺；培训地点以省份为单位，着实不够具体明确；培训内容均以并列的知识产权知识术语名次做出罗列，不足以满足相关用户查询该培训信息的预期目的与切实需求。造成这个问题的原因是设计不到位，对用户体验的关注和重视程度有所欠缺。

（二）各省市自治区的知识产权局官方网站介绍、评述及不足原因

我国各省市自治区的知识产权官方网站的确是目前国内获取知识产权在职培训相关信息的主要途径之一。

1. 山东省知识产权局官方网站

下面以山东省知识产权局官方网站为例，介绍目前此类网站关于知识产

权在职培训信息的整合与搜集录入情况，评述其优点与缺点。

（1）山东省知识产权局官方网站介绍。

图 2-5-7　山东省知识产权局官方网站界面

山东省知识产权局官方网站（http://www.sdipo.gov.cn/）与国家知识产权局官方网站的山东子站相链接，该网站作为专门的山东省政府知识产权部门官方网站，是获取山东省范围内相关知识产权在职培训信息的可靠途径，也是目前相关用户在搜集培训信息时最常使用的网站。该网站主要分为新闻动态、组织机构、政策法规、政务公开、办事指南、数据信息、理论学习等几大版块，其中知识产权在职培训类信息录入新闻动态版块，主要是在该培训结束后的最近几日以新闻的形式对该培训的相关信息予以简要介绍和评述。

（2）山东省知识产权局官方网站作为查找知识产权在职培训信息途径的优点评述。

1）山东省范围内相关知识产权在职培训信息录入量较为充足。在山东省知识产权局官方网站首页的“信息检索”搜索栏录入关键词“培训”，点击搜索，结果页面显示了共 28 页培训信息，其中每页均有 20 个条目的知识产权在职培训信息，也就是录入了在不到两年的时间范围内的共 560 个山东省知识产权在职培训活动，因此该网站的相关信息搜集录入量是较为充足的。

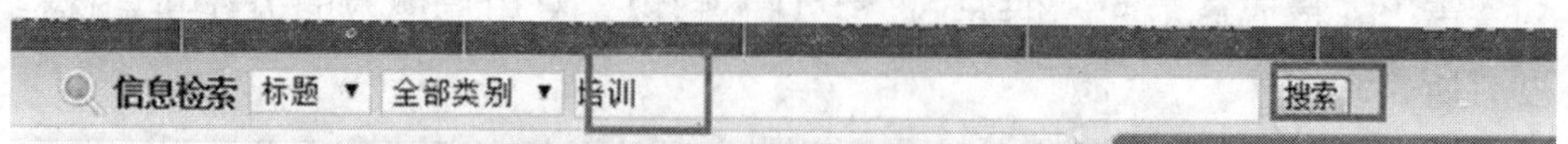

图 2-5-8　山东省知识产权局官方网站检索

首页 » 培训

淄博局举办专利信息分析利用“实战”培训班	2015-08-16
聊城市在东阿县举办知识产权培训会议（图）	2015-08-19
聊城市举办冠县片知识产权培训班	2015-08-19
潍坊市举办省知识产权优势企业推行《企业知识产权管理规范》培训班暨第三批“贯标”启动会	2015-08-27
关于举办知识产权服务模式拓展培训班的通知	2015-10-10
潍坊市举办省知识产权优势企业推行《企业知识产权管理规范》培训班暨“贯标”启动会	2015-08-29
潍坊举办专利信息分析利用实战培训班	2015-09-26
淄博市举办2015年专利质押贷款与专利保险业务培训班	2015-10-20
知识产权课列入2015年烟台市公务员自主选学培训科目	2015-10-22
莱芜市钢铁行业专利实务培训班在莱钢举办	2015-10-22
我省举办2015年专利行政执法上岗培训班	2015-11-11
山东省知识产权局关于学习贯彻王勇国务委员专题调研知识产权工作重要指示的通知	2015-11-19
潍坊市举办知识产权支撑创新培训班	2015-11-10
菏泽局为国家级培育市场商户举办知识产权培训班	2015-11-07
菏泽局举办全市知识产权管理系统及企业	2015-11-15
泰安局召开企业知识产权“贯标”启动会暨知识产权培训班	2015-11-11
淄博局举办规范行政执法档案管理培训会	2015-11-11
淄博市举办专利布局初级实战培训班	2015-11-17
“2015地级国家知识产权试点工作”培训班在潍坊举办	2015-11-25
淄博局开展专利保险工作	2015-12-02

20/560 1　上一页　19　20　21　22　23　24　25　26　27　28

图 2-5-9　山东省知识产权局官方网站检索结果

2）时效性较好，更新迅速。从结果页面来看，山东省内的知识产权在职培训信息时效性较好、更新速度很快，几乎每周都有相关培训信息，而在进行查询时，最近的信息也是更新到了搜索当日，因此该网站的时效性是很好的。时效性对于用户获取相关培训信息来说是至关重要的，这说明该网站作为获取知识产权在职培训信息的途径是比较实用的。

3）各培训主题的培训条目所包含的培训信息比较全面，基本能够满足用户了解某一培训活动相关具体信息的需求。每一培训条目中所包含的培训信息有：培训主题、培训时间、培训地点、培训主办单位、培训师资、培训对象、培训内容以及培训成效。因此，其所包含的信息对于用户而言比较全面和实用，一般可以通过搜索到的该培训条目获取与该项培训活动相关的各种主要信息。

(3) 山东省知识产权局官方网站作为查找知识产权在职培训信息途径的缺点评述及不足原因分析。

1）网站内关于知识产权在职培训的相关信息没有进行分组类、分栏目、分版块的设置。该网站涵盖了近两年山东省范围内的各种知识产权在职培训相关信息，虽然信息量较大，但是没有对各种培训信息予以分组类、分版块、分模块的设置，用户在寻找相关培训信息时只能利用该网站的“信息检索”渠道搜索，或者在全部培训信息中，在大致时间范围内根据培训标题的结果页面显示进行浏览查找。然而，这两种方式各有其不足之处：前者的弊端是关键词不明确的情况下无法使用，后者的弊端显然是效率低且易遗漏。造成这个问题的原因可能是该网站该版块的设计不够实用、考量不够周全，对用户需求和用户体验方面未能做到全面调研和切实揣度。

2）各培训主题的培训条目所包含的培训信息没有进行整齐划一的概括与提取。具体到每个条目的培训信息，其所包含内容是以新闻形式介绍的，没有进行整齐划一的概括与提取，相关重要信息尚需用户自行在字里行间查找总结。造成这个问题的原因可能是网站作为山东省政府的知识产权官方网站，该版块的设计旨在介绍、展现近期工作动态，作为日常工作总结汇报和存档备份的形式之一，并没有将其作为知识产权在职培训信息资料搜集汇总的资料库来设计各版块栏目的细节。

3）网站功能和信息类型较为单一。该网站只能作为知识产权在职培训信息汇总的资料搜集途径，无法作为提前获取即将开展的在职培训通知的途径，更无法通过该网站进行培训报名。此外，所录入的培训信息均为山东省范围内各地市进行实体培训班的相关信息，尚无远程网络化培训活动的相关信息。造成这个问题的原因可能有两方面：一是如上所述，该网站该版块的设计初衷未涵盖将其作为各知识产权在职培训活动推广宣传途径；二是远程课程所需成本较大，并且需要相关具有资质的知识产权领域人才制作各种视频课件，而这种设计在我国尚属创新试点，技术支持属于仍需加强的状态。

2. 河南省知识产权局官方网站

再以河南省知识产权局官方网站（http://www.hnpatent.gov.cn）为例。河南省知识产权局官方网站是检索河南省内知识产权相关信息的权威渠道。该网站主要包括以下几个版块：政务公开、政策法规、专利执法、专利管理、专利业务指南、机关建设、专题栏目、服务专区等[1]。培训信息归类于政务公开项下，主要包括培训相关的照片以及对培训的简要介绍。在该网站的右上角检索栏中输入“培训”，点击“检索”，则可以得到有关培训的相关信息列表。

设为首页 | 加入收藏 | 后台管理
培训
河南省知识产权局
Intellectual Property Office of HeNan Province

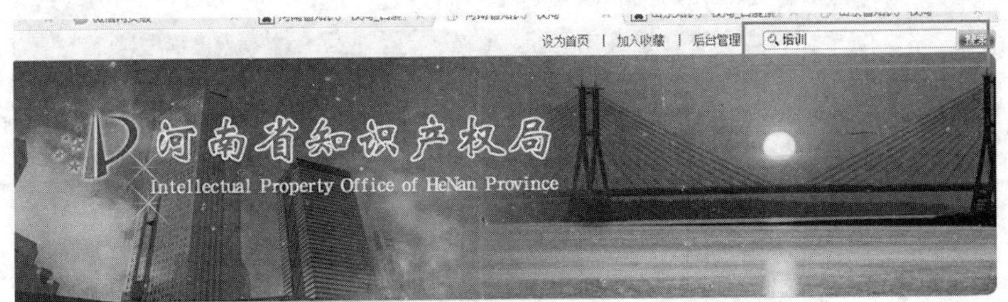

图 2-5-10　河南省知识产权局官方网站首页界面及检索栏

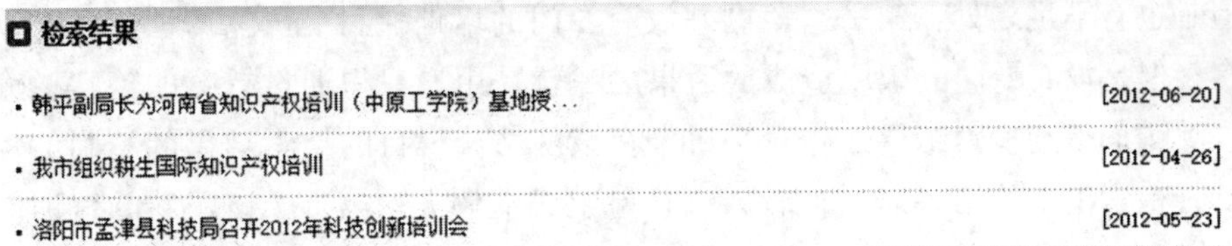

检索结果
韩平副局长为河南省知识产权培训（中原工学院）基地授... [2012-06-20]
我市组织耕生国际知识产权培训 [2012-04-26]
洛阳市孟津县科技局召开2012年科技创新培训会 [2012-05-23]
渑池县召开产业集聚区知识产权专项行动动员暨培训会 [2012-05-29]
漯河市知识产权局深入产业集聚区开展专利培训活动 [2012-06-06]
平顶山汝州市举办知识产权培训班 [2012-06-15]
林州市召开专利申请月活动启动仪式暨知识产权培训工作... [2012-06-14]
汝州市举办2012年知识产权培训班 [2012-06-15]
洛阳市成功举办知识产权质押融资培训和银企对接会 [2012-06-28]
安阳市首次举办质押融资培训和项目对接会 [2012-06-29]
安阳市文峰区举办知识产权培训班 [2012-07-02]
漯河市知识产权局举办知识产权价值评估及质押融资培训... [2012-07-02]
洛阳市举办全省专利分析评议方法培训会议 [2012-07-10]
濮阳市举办中小学知识产权教育师资培训班 [2012-07-12]

图 2-5-11　河南省知识产权局官方网站“培训”检索——检索结果（一）

---

[1] 因截图过大，展示不清晰，具体可见该网站首页 http://www.hnpatent.gov.cn。

· 漯河市知识产权局在郾城区举办培训班	[2012-07-26]
· 平顶山市举办知识产权培训班	[2012-07-25]
· 新乡市知识产权局举办 “新乡市专利信息数据库检索应...	[2012-08-09]
· 关于举办全省专利信息检索培训班的通知	[2012-05-02]
· 关于举办全省专利分析评议方法培训班的通知	[2012-06-18]
· 关于举办中原经济区专利信息利用与服务技能培训班的通...	[2012-08-28]
· 关于举办地方知识产权战略实施培训班的通知	[2012-09-04]
· 关于举办全省专利行政执法培训的通知	[2012-09-04]
· 关于举办2012年河南省全国专利代理人资格考试考前培训...	[2012-09-11]
· 全省专利行政执法培训班在洛召开	[2012-11-06]
· 漯河市知识产权局举办全市知识产权系统通讯员培训班	[2013-03-04]
[下一页]　[尾页]	[第1页 共17页 422条] 到 页

图 2-5-12　河南省知识产权局官方网站“培训”检索——检索结果（二）

通过浏览发现，该网站的相关信息更新非常及时，展示列表也相对完善，但是也有不足之处：第一，该网站没有专门的培训栏目。虽然培训信息比较多，但是没有专门的版块造成的后果之一就是用户只得通过首页的检索栏输入关键词得到检索结果。相对来讲，在该网站获得目的检索结果的精确度较低，检索出来的结果对口性较差，且检索成本较大。第二，该网站的培训信息只是对相关培训做的新闻资讯类型的报道，有的培训信息只有一个培训图片和介绍培训的时间、人物、地点的一句话。第三，检索结果显示顺序为时间正序排列，也即尾页展示的为最近更新的培训信息。这样就使得展示在用户面前的检索结果为最陈旧的信息，要想了解最新近的信息，则需要选择相应的页码，较为不便。

第六节　我国知识产权人物文献及信息资料库建设现状

对知识产权人才相关数据的研究可以使知识产权从业人员、研究人员以及寻求知识产权服务人员了解相关行业的运行状态、检验经济发展的状况以及行业结构的构成；同时，构建知识产权人才信息平台可以为消费者提供较为全面的行业从业信息，使相关学者能够探索适合我国的知识产权人才培养方式。因此，知识产权人才信息平台的建设对于当前我国知识产权人才工程的建设意义重大。

一、现有知识产权人物文献及信息资料库现状分析

（一）知识产权人物库现状分析

1. 互联网中的知识产权人物库

本课题组在前期的调研中做了问卷调查。“高校学生知识产权文献及信息服务需求实证研究的调查问卷”的结果分析显示：在获取知识产权文献及信息的主要渠道的选择（可多选）上，有76.8%的学生选择上网搜索，而在这些使用网站的学生中，67.0%的学生主要使用百度等免费搜索平台，40.0%的学生选择使用国家知识产权局等相关政府部门的网站，35.2%的学生选择高校、科研院所等的专业网站，17.7%的学生选择与知识产权业务相关的商业网站来获取信息。[1]

这说明互联网已经渗透到获取知识产权文献及信息的方方面面，互联网中的知识产权人物库也以其信息量大、获取便捷而成为我们研究的重点。但是，课题组通过检索发现，严格意义上的符合数据库特征的、以知识产权人物为主题的数据库只有国家知识产权局人事司主办的国家知识产权人才信息网络平台。因此，为使研究范围更广泛和全面，课题组将包含知识产权人才信息的网站和网页也纳入研究范围，比如法律图书馆中的法律学人子库可以检索到相关知识产权法律学人，故将其认定为课题组所研究的知识产权人才库；又如百度百科虽然包罗万象，但如果将其检索到的知识产权人才进行整合，也可以算作我们所界定的知识产权人才库；同理，下文所述的会议名单中的知识产权人才库以及书籍介绍中的知识产权人才库也是在放宽条件、假定整合的基础上所认定的。

在《中国知识产权文献及信息网络服务现状研究》一文中，作者按照信息来源与服务倾向不同，将中国知识产权信息网络服务平台大体上分为高校与研究机构主办的学术类、政府机构主办的行政管理类、法院系统主办的司法审判类、知识产权服务机构主办的专业服务类以及商业机构主办的商业数据库类和搜索引擎类。[2] 对于知识产权人物库而言，按照人物所处行业以及

---

〔1〕 冯晓青、高媛：“高校学生知识产权文献及信息服务需求实证研究——对3035份调查问卷的分析”，载《中国教育信息化》2012年第21期。

〔2〕 冯晓青、李喜蕊：“中国知识产权文献及信息网络服务现状研究”，载《黑龙江社会科学》2012年第5期。

信息来源，也可以参照性地分为搜索引擎类、教学科研类、行政管理类、司法审判类、商业机构类和商业数据库类。各类信息平台对信息的发布有重复也有交叉，但不影响对知识产权人物信息的获取。下面就这几种知识产权人才信息平台的现状进行逐一分析。

2. 搜索引擎类

搜索引擎是一种接受因特网用户查询指令，获取目标信息的工具。通过有代表性的中文搜索引擎，如百度、搜狗等，人们可以简便快捷地查询到知识产权人才的相关信息。其中，百度是1999年由中国人自主开发的一款搜索引擎，中国所有具备搜索功能的网站中，由百度提供搜索引擎技术支持的超过80%。[1]因此，百度具有很强的技术优势和代表性。搜索引擎类的知识产权人物库，主要是指通过搜索引擎所获得的知识产权人物的相关信息组成的整体。通过在搜索引擎的检索框中输入某知识产权人物，就会出现以该人物为中心的相关信息。以百度为例，在百度检索框中输入“吴汉东”，就会出现与其相关的百度百科、百度图片、百度知道、百度新闻等子选项。按照信息的完整度不同，可以将通过搜索引擎所能获得的相关知识产权人物信息分为百科类和其他新闻类两类。

（1）百科类。百度百科是百度公司推出的一部内容开放、自由的网络百科全书，其旨在创造一个涵盖每个领域知识的中文信息收集平台。[2]百度百科收录的内容包括具体事务、知名人物、抽象概念、文学著作、热点事件、汉语字词或特定主题的组合。其具体操作是由广大网友提交词条编辑或创建版本，再由百科编审系统根据百科规则给出处理意见。[3]作为在知识产权领域卓有贡献的人才，大部分知识产权人才都有机会被收录进百度百科中，故可以将百度百科中收录的知识产权人物信息假定整合为知识产权人物库。仍然以我国著名知识产权学者吴汉东作为检索词条，其百度百科网页包括百科名片、人物简介、研究成果、社会兼职、承担项目、学术观点、获奖情况以

---

〔1〕 炅琳、王晓光、田文香、田晶：“查新工作中网络资源的合理应用”，载《科技信息》2011年第23期；“中文搜索引擎全家福”，载《电脑爱好者》2002年第19期；冯晓青、李喜蕊：“中国知识产权文献及信息网络服务现状研究”，载《黑龙江社会科学》2012年第5期。

〔2〕 “百度的免费推广方法”，载http://www. blog china. com，最后访问时间：2018年11月30日。

〔3〕 参见http://baike. baidu. com/link？url=J4soALONdhZyS8KRJIKkfLjfyD3O8vZKbE_ AzUgL6J9U1e_ CHIdMZEEPiWCHA32a，最后访问时间：2018年11月29日。

及其他人物等相关信息。当然，由于各人物的知名度和曝光率不同，百度百科对每个人物收录的信息内容和篇幅也有所差别。又由于在检索时是以人名为检索词条，尽管世界上没有两片相同的树叶，但是有很多相同的人名，所以必须对同名者予以仔细辨别和区分。

（2）其他新闻类。其他新闻类知识产权人物库是除百度百科之外的其他新闻而获得的相关知识产权人物的信息。这主要是该知识产权人物在参加各类活动时或开通博客以及其他与该知识产权人物相关的信息所构成的信息整体。当今时代，网络已经成为人们获取信息的主要途径，也是人们分享信息的主要途径。除了专门的、集中的发布该知识产权人物信息的平台外，其他如新闻类的信息平台可以使该人物的信息更加充实和完备。诚然，将这些散见于各大新闻网站的人物信息界定为一个信息网络平台甚至于人物库是有些牵强的，但是在符合数据库条件的知识产权人物库还没有形成一定的气候时，这类新闻网站的信息对于人物库的建设是有意义的。因此，从这一点来说，将由各类新闻组成的有关知识产权人物信息的网站认定为人物信息平台亦有其合理性。

3. 专门网站类

专门网站类知识产权人物库既包括相关部门专门创办的知识产权人物库，也包括法学人物库中的知识产权人物库，还包括各组织单位的对外网站中对其人员的介绍。为尽量减少信息的重复和交叉，我们按照知识产权人才的行业或职业，将这些人物库分为教学科研类、行政管理类、司法审判类和专业服务类。

（1）教学科研类。近年来，为响应经济社会发展对知识产权专业人才培养的需要，中国各高校和科研机构纷纷设立了独立的知识产权学院或研究院，并开办网站，以充分利用现代技术，加强教学科研资源整合和共享。[1]即使没有建立独立的知识产权学院或研究院的高校，在其官网上也有对其师资队伍的相关介绍。所以，对于知识产权教学科研人才，通过其就职的高校或科研院所官网可以查询到相关介绍。以华东政法大学知识产权学院网为例，在其教师主页中就有高富平、黄武双、王迁、王莲峰等20名在职教师的主页的

---

〔1〕冯晓青、李喜蕊：“中国知识产权文献及信息网络服务现状研究”，载《黑龙江社会科学》2012年第5期。

链接，打开链接可以获知该教师的简介信息，如毕业院校、授予学位、职务职称、联系方式、出版专著、论文、科研成果等。

再如中国知识产权研究网（http://www.iprcn.com）中有学者追踪栏目。打开该栏目，显示学校列表，点击学校列表则显示相应高校的知识产权相关的老师。如点击“暨南大学”，则展示出徐瑄教授。点击“徐瑄”，则展示出了徐瑄教授的介绍。

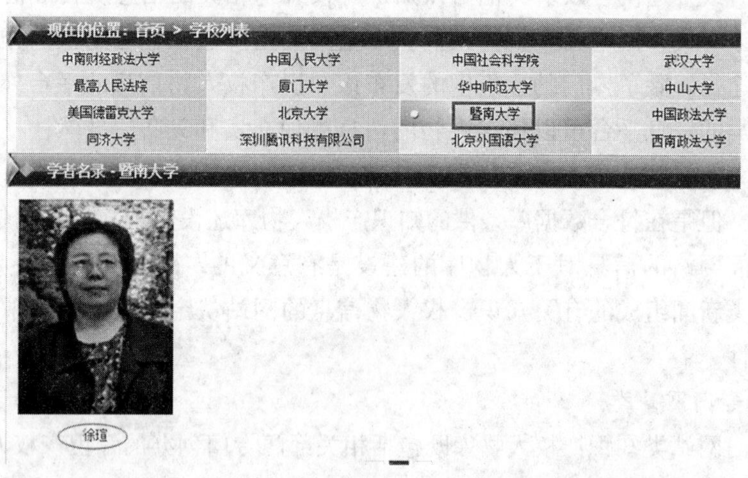

图 2-6-1　中国知识产权研究网——学者追踪——暨南大学

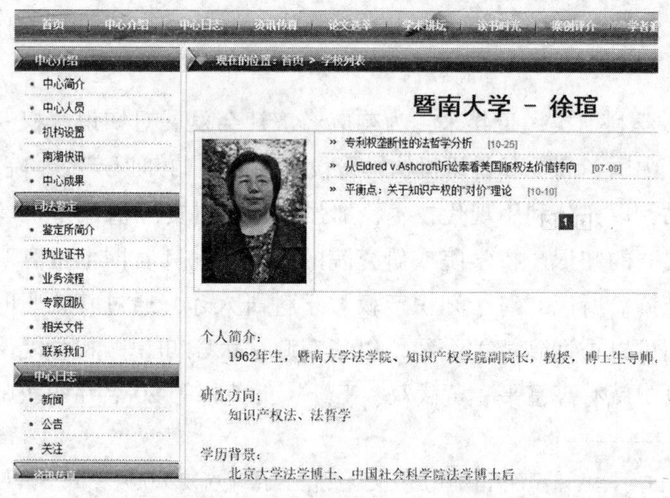

图 2-6-2　中国知识产权研究网——学者追踪——徐瑄简介

但遗憾的是，该学者追踪涉及的学者较少，涉及的院校也较少。比如中国社会科学院收录的只有三位知识产权学者，西南政法大学也才收录一位知识产权学者。

图 2-6-3　中国知识产权研究网——学者追踪——中国社会科学院

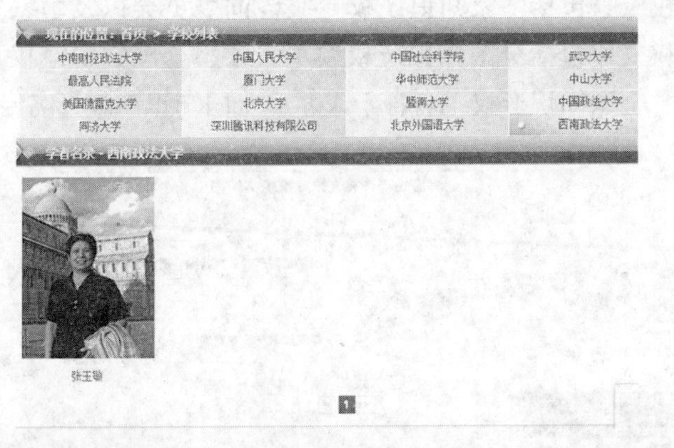

图 2-6-4　中国知识产权研究网——学者追踪——西南政法大学

（2）行政管理类。所谓行政管理类知识产权人才库，主要是指由行政管理机构主办的知识产权人才库或通过行政管理机关网站所能查找到的知识产权人才信息。行政管理机构主办的知识产权人才库最有代表性的是国家知识产权局人事司主办的国家知识产权人才信息网络平台。[1]

国家知识产权人才信息网络平台于 2013 年 3 月正式上线，其网址为

〔1〕 网址：http://www.sipo.gov.cn/ztzl/ywzt/gjzscqrcxxwlpt/。

http://www.sipo.gov.cn/ztzl/ywzt/gjzscqrcxxwlpt/。公众不但可以通过该平台实现对知识产权专家及各类人才信息的检索查询，而且可以及时了解全国知识产权人才工作最新动态。该平台的建成被视为“标志着全国知识产权人才信息化工作迈上新台阶”。该平台目前包括专家咨询委员会、专家库、领军人才等知识产权人才库信息，同时设置人才工作动态、国家人才工作政策、知识产权人才工作政策等专栏。[1]

图 2-6-5　国家知识产权人才信息网络平台界面

国家知识产权人才库将入库人员分为知识产权专家和知识产权人才两部分。知识产权专家包括国家知识产权专家咨询委员会以及国家知识产权专家库；知识产权人才包括全国知识产权领军人才、全国知识产权百名高层次人才培养人选、全国知识产权千名骨干人才、全国知识产权万名专业人才。

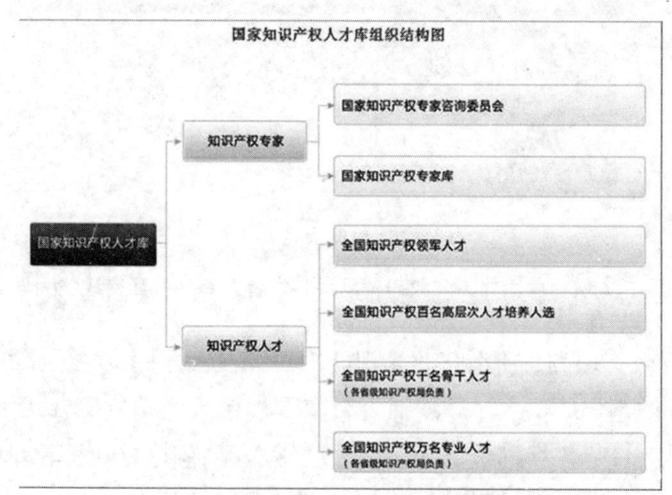

图 2-6-6　国家知识产权人才库结构

〔1〕 参见伊直、王亚琴：“国家知识产权人才信息网络平台日前正式建成”，载 http://ip.people.com.cn/n/2013/0315/c136655-20799473.html，最后访问时间：2018 年 10 月 18 日。

2010年上半年，国家知识产权局启动了《国家知识产权人才库与人才信息网络平台实施方案（试行）》的制定工作，国家知识产权专家库的建立是国家知识产权人才库与人才信息网络平台建设当前一段时期的重要工作。[1]知识产权专家作为知识产权人才中的精英部分，主要由国家知识产权专家咨询委员会和专家库组成。

根据国家知识产权人才信息网络平台的介绍，专家咨询委员会的建立以实施人才强国战略和国家知识产权战略，加强对知识产权重大理论和政策问题的研究，提高知识产权工作的科学决策水平，充分发挥知识产权专家智囊作用为目的。

2010年8月5日，国家知识产权专家咨询委员会在山东烟台成立，来自全国经济、科技、教育、文化、知识产权领域的20位专家成为国家知识产权专家咨询委员会首批委员。他们是：主任王景川，委员（按姓氏排序）程恩富、戴厚良、方新、李明德、李顺德、刘春田、吕薇、马浩、牛文元、单晓光、宋柳平、唐广良、陶鑫良、王兵、吴汉东、薛澜、张平、周渝波、朱雪忠。国家知识产权专家咨询委员会将通过定期或不定期召开专家咨询委员会会议、专题咨询及论证会议、调查研究、书面咨询、个别咨询等方式指导知识产权事业发展中重大问题的政策研究，为重大战略和关键问题的决策提供咨询和建议等。[2]

2013年9月10日，第二届国家知识产权专家咨询委员会成立大会在山东烟台召开。自第一届国家知识产权专家咨询委员会成立以来，该委员会针对国家知识产权事业中长期发展规划、知识产权法律法规、重大知识产权政策措施等开展了一系列调研、评审工作。第二届国家知识产权专家咨询委员会由30位专家组成。他们是：主任王景川，委员（按姓氏拼音排列）白景明、程恩富、戴厚良、方新、高志前、霍建国、腊翊凡、李明德、李顺德、刘春田、吕薇、马浩、牛文元、欧琳、单晓光、宋柳平、唐广良、陶鑫良、王兵、王昌林、王振江、吴汉东、薛澜、杨梧、袁杰、曹效业、张平、周渝波、朱

[1] 胡嫚："国家知识产权专家咨询委员会成立"，载《中国知识产权报》2010年8月6日。

[2] 参见 http://www. instrument. com. cn/news/20100809/046083. shtml，最后访问时间：2018年12月8日；另参见人民网，http://ip. people. com，最后访问时间：2018年12月15日。

雪忠。[1]

国家知识产权专家库也是国家知识产权人才库的重要组成，从2011年3月份起，国家知识产权局在全国范围内开展了国家知识产权专家库专家评选工作。通过全国知识产权系统和国家知识产权战略实施工作部际联席会议成员单位的组织推荐及个人自荐，经国家知识产权专家库专家评选委员会评审，2013年，国家知识产权局公布了首批国家知识产权专家库专家名单[2]，来自全国各行业的203人入选。国家知识产权专家库是为贯彻《国家中长期人才发展规划纲要（2010—2020年）》精神，落实《国家知识产权战略纲要》重要战略部署，根据《国家知识产权人才库与人才信息网络平台工作实施方案（试行）》而建立的。国家知识产权专家库的专家，来自国家有关部委、全国知识产权系统行政管理部门、司法与执法部门、高等院校及科研机构、企事业单位、知识产权服务机构等。[3]

为了充分发挥专家在知识产权事业中的重要作用，为知识产权强国建设提供智力支持和人才保障，经过一系列程序，国家知识产权局于2016年2月16日公布了第二批国家知识产权专家库专家，此次共有155人入选。[4]

遴选知识产权专家，不但是为了构建人才信息网络平台，更是为国家知识产权事业发展中的重大问题提供咨询论证和智力服务。据了解，国家知识产权局建议各专家所在单位结合工作实际，在理论研究、科研立项、学术交流、经费保障等方面向入选专家倾斜；全国知识产权系统要充分发挥专家在知识产权事业中的引领作用、示范作用和决策咨询作用，在国家重点规划、区域和行业战略、重点项目和重大工程中的知识产权问题上充分利用专家智囊优势，提高知识产权工作科学化水平；要发挥专家在知识产权人才培养中

---

〔1〕“第二届国家知识产权专家咨询委员会成立　田力普为专家委员颁发聘书”，载 http://www.sipo.gov.cn/tz/gz/201201/t20120116_641638.html，最后访问时间：2018年11月18日。另参见王宇：“第二届国家知识产权专家咨询委员会成立”，载《中国知识产权报》2013年9月13日。

〔2〕详见 http://www.sipo.gov.cn/tz/gz/201201/t20120116_641638.html，最后访问时间：2018年11月15日。

〔3〕参见 http://www.gov.cn/gzdt/2012-02/10/content_2063087.htm，最后访问时间：2018年12月19日。另参见赵建国：“来自各行业的203人入选首批国家知识产权专家库专家”，载 http://www.gov.cn/gzdt/2012-02/10/content_2063087.htm，最后访问时间：2018年11月28日。

〔4〕http://www.sipo.gov.cn/tz/gz/201602/t20160219_1241399.html，最后访问时间：2018年12月2日。

的传帮带作用，构建学术理论研究团队，推进知识产权人才队伍建设，推动知识产权事业又好又快发展。[1]

据国家知识产权人才信息网络平台人才库的数据显示，目前人才库中共有专家568人（如图2-6-7所示）。国家知识产权专家库是目前我国权威的也是唯一以“知识产权专家库”为主题的人才库，包括知识产权行政管理人员、教学科研人员、司法审判人员以及商业机构人员。也由于其权威性，对入库专家的资历或水平有较高的水准要求，故增长有限。也正因为其权威性，网页上出现资料重复的错误并不应该存在。但是经过审查，有时候有重复信息（如图2-6-8所示）。这对数据库类型的信息平台不利。国家知识产权人才库的建设，就是为经济社会发展中的知识产权供给、需求双方提供交流合作的平台，公开知识产权专家的信息也是希望其能够在知识产权事业的各方面发挥指引、咨询的作用。因此，该信息平台的建设方案也应当依照其建立初衷以及社会对知识产权人才的诉求而设计实施。

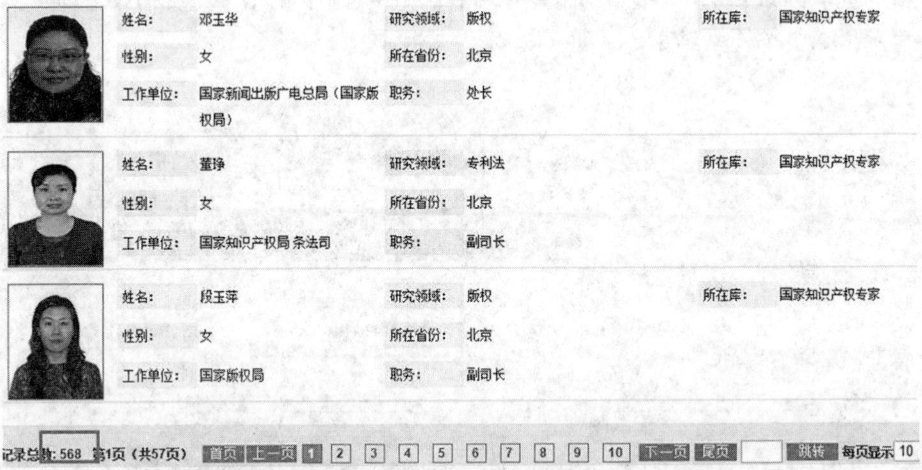

图2-6-7　国家知识产权人才信息网络平台人才库专家数量统计

---

〔1〕参见 http://www.sipo.gov.cn/mtjj/2012/201202/t20120210_644338.html，最后访问时间：2018年11月30日。另参见赵建国：“来自各行业的203人入选首批国家知识产权专家库”，http://www.gov.cn/gzdt/2012-02/10/content_2063087.htm，最后访问时间：2018年12月20日。

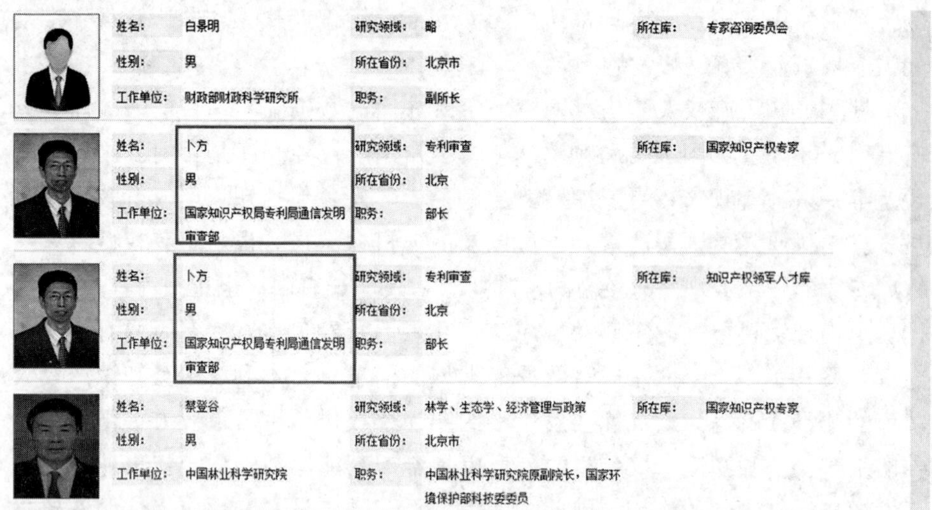

图 2-6-8　国家知识产权人才信息网络平台人才库专家重复信息

选取国家知识产权人才信息网络平台中的全国知识产权领军人才库，则显示出 207 个检索结果。

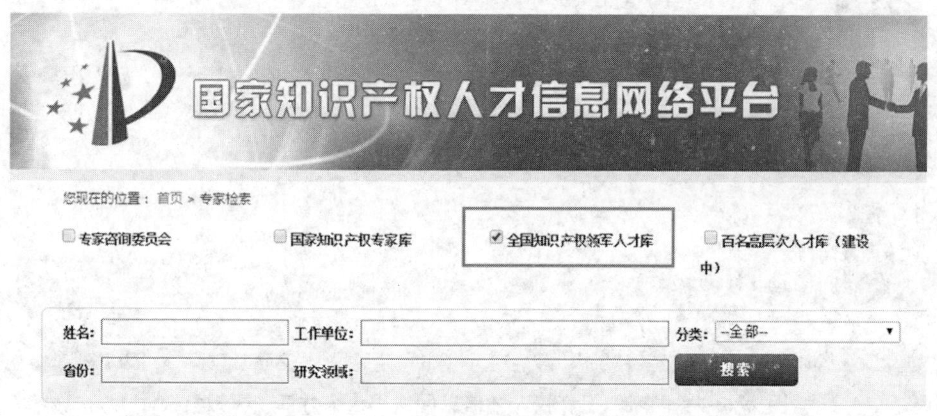

图 2-6-9　国家知识产权人才信息网络平台全国知识产权领军人才库

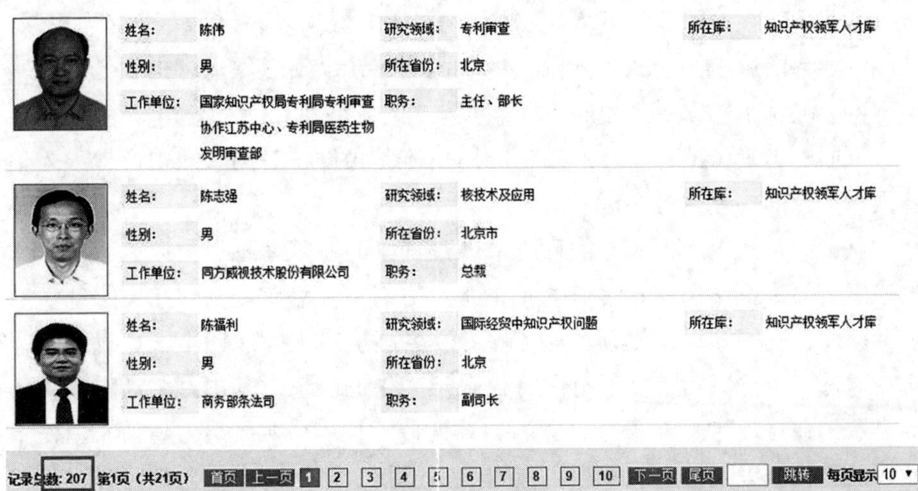

图 2-6-10　国家知识产权人才信息网络平台全国知识产权领军人才库检索总量

我国知识产权事业起步较晚，相应的知识产权人才培养起步也较晚，相对来讲知识产权高端人才较少，与市场及我国知识产权事业的发展不相符。但是近些年，随着社会对知识产权的重视，这些状况有所改善。党的十七大报告正式提出人才强国战略。《国家中长期人才发展规划纲要（2010—2020年）》中提到，人才是我国经济社会发展的第一资源。知识产权能够促进科学文化进步，增强国家综合实力，提升人类福利。没有知识产权人才，知识产权便无从谈起。高层次知识产权人才具有较强的社会引领作用，是人才强国战略和知识产权强国战略不可缺少的一部分。为贯彻落实《国家中长期人才发展规划纲要（2010—2020 年）》及《知识产权人才“十二五”规划》，国家知识产权局经过两次评选，分别于 2012 年 12 月 27 日和 2014 年 12 月 31 日公布了首批[1] 81 人和第二批[2] 127 人全国知识产权领军人才。其中知识产权行政管理与执法部门类人才共 65 人（首批 20 人，第二批 45 人），企业知识产权人才共 48 人（首批 20 人，第二批 28 人），知识产权服务业人才共 48 人（首批 20 人，第二批 28 人），高等院校及科研机构知识产权人才共 47

〔1〕 参见 http://www.sipo.gov.cn/tz/gz/201301/t20130105_782339.html，最后访问时间：2018 年 12 月 5 日。

〔2〕 参见 http://www.gov.cn/xinwen/2015-01/07/content_2801659.htm，最后访问时间：2018 年 12 月 10 日。

人（首批21人，第二批26人）。领军人才较一般人才来讲，专业能力更强，在相应业界的影响力更大，对社会的贡献更突出。对领军人才的评选，在一定程度上显示了国家对人才的尊重，对人才的认可和支持。

下面，笔者将从一名普通用户的用户体验角度，对国家知识产权人才信息网络平台的构建进行评析。

点击国家知识产权人才信息网络平台首页的专家库栏目可以进入专家库的检索页面（图2-6-11），在页面的最上方有专家咨询委员会、国家知识产权专家库、全国知识产权领军人才库、百名高层次人才库四个子库供用户筛选。勾选一个子库后，搜索范围将仅限于其中的专家。其中百名高层次人才库显示仍在建设中。在子库下方的一系列搜索栏中，有姓名、省份、工作单位、研究领域以及分类五个项目，用户知道其中任何一个信息均可以进行搜索。五个项目中，四项需要用户填写，仅分类一项是下拉菜单，其中有法律和知识产权两个选项。

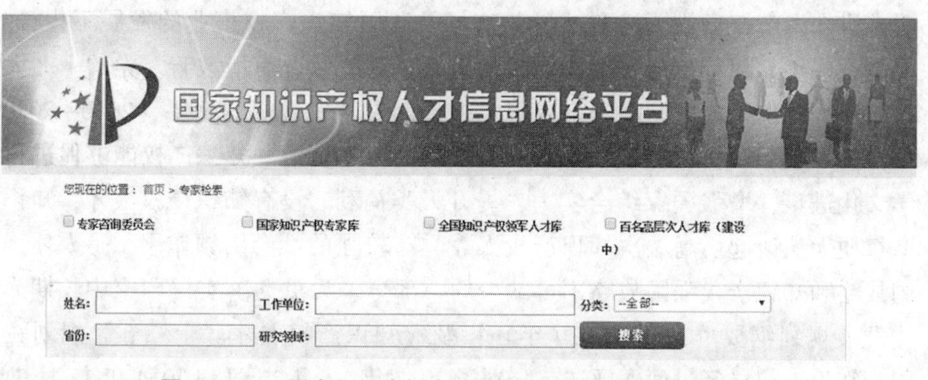

图2-6-11　国家知识产权人才信息网络平台专家检索界面

点击分类菜单中的法律这一项，可供搜索的专家数据变为0条（图2-6-12），即目前法律项下还没有任何一个数据。由此可见，该平台的分类项目将专家人才分为法律和知识产权两项，且到目前为止，平台中的所有人物数据均属于知识产权类。此项分类可能是为信息平台在未来进一步扩展所容纳的数据范围做铺垫。但这种分类的依据未免有些模糊。知识产权与法律不是并列的两个概念，边界上也多有重合，将知识产权与法律作为两类供用户进行选择，难免有产生混淆之嫌。尤其是在法律这一选项中还没有任何数据的情况下，这一选项的设置并不高明，非但没有帮助用户准确定位搜索范围，反而会引起用户的误解。

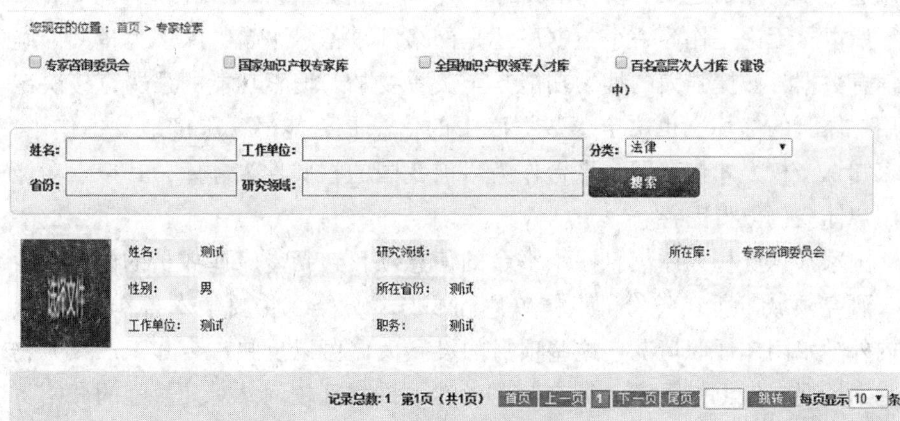

图 2-6-12　国家知识产权人才信息网络平台专家检索界面（分类：法律的检索结果）

姓名栏中，搜索姓名、姓氏甚至名字中的任何一个单字，均可以搜索出结果，可以为用户检索提供方便。在检索过程中再次发现了检索结果重复的现象。由此可见，该信息平台的建设还有不完善之处。在省份选项栏中，可以通过地域来搜索需要了解的知识产权人物。这种地域上的联系是通过人物资料中“所在地”这一项信息建立的，该所在地基本与人物的工作单位所在地相重合。工作单位是知识产权人物的一项重要信息，用户可以通过工作单位缩小搜索范围，准确定位搜索结果。但该平台的工作单位一栏的设置并不便捷，其缺陷集中体现在用户只能通过输入准确的工作单位名称或者单位名称的一部分才能搜索到结果，对于常用简称，例如“北大”“北京高院”等，就无法搜索出结果。研究领域一栏也是对应人物信息中的一项，用户可以用“商标”“无效”等词汇搜索到结果。

通过对专家库页面第二排搜索栏的试用，可以猜想，该平台未对库中的人物信息作进一步的加工整理，而是仅依靠简单的个人填写上传，也缺乏宏观上科学合理的分类。这一点从人物信息中的研究领域一栏中也可以得到体现。能够进入专家库的知识产权人物，可以说代表了我国目前知识产权学术研究与司法实践的最高水平，其研究领域跨度可能非常广，也可能针对某一具体问题，而许多专家资料中的研究范围一项填写得非常简单，有的专家则比较详细。填写标准不统一带来的结果就是用户在搜索时，除非非常熟悉需要搜索的专家，否则单凭研究领域这一项很难准确定位某一位人物；即使想使用这一项功能确定某一研究领域的知识产权人物，检索结果也是不准确的。

所以，无论是作为一个数据库还是网络共享信息平台，除了大量、准确的信息数据，便捷强大的搜索功能是至关重要的。搜索功能的强弱直接决定了用户体验的好坏，也决定了数据库中的信息是否能最大限度地发挥作用。国家知识产权人才信息网络平台作为目前我国的权威性人才库，其搜索功能的用户体验仍值得完善。

国家知识产权人才信息网络平台的信息项目包括专家库成员的姓名、性别、研究领域、所在省份、工作单位和职务、分类、主要学术著作及论文、国内外学术团体任职情况。这些项目的设置大体可以反映一个知识产权人物的基本情况，但也仅限于"简介"的地步。许多高校网站对其教师的介绍页面，律所对其律师的介绍页面的信息量还要大过国家知识产权人才信息网络平台。其中非常明显的一点就是，该平台的信息项设置缺乏对司法实践的记录。比如优秀法官审判过的典型案件等都是对用户非常有价值的信息，不但可以加深对该知识产权人物的了解，还能够直观地将司法实践、学术研究以及具体人物联系起来，形成三位一体的网络。达到这一目的才能最大限度地发挥所谓信息网络平台的作用。对于专家学者来说，课题研究是非常重要的学术活动之一，而该平台非但没有利用官方资源整合各个专家学者参与的课题项目，而且连这一信息项目都没有设置，不能不算是设计上的一大缺失。除此之外，知识产权人物所属的社会团体、学会协会等信息也非常值得作为一个单独的信息项目进行设置。

虽然国家知识产权人才信息网络平台还存在着诸多需要完善的问题，但是其作为我国权威的知识产权人才库的重要意义确实不容忽视。首先，国家知识产权专家库入库标准极高，国家知识产权专家咨询委员会、国家知识产权专家库入库人员均是通过国家级平台进行选拔，领军人才、百名高层次人才等也是通过省级以上平台推荐、评审进而确定的。因此，人才库中的人员全都是我国目前知识产权界的翘楚，虽然库中人员的信息不详尽，相关信息也显得粗糙和简陋，缺乏深度链接，但该人才库的人物筛选则显示了国家级标准，入库人数有限，能够在该平台中检索到人物信息这一事实本身就是对该人物在知识产权界的地位与影响力的一种肯定。从这个角度来看，国家知识产权人才信息网络平台的地位是相当重要的。

法律图书馆网站是由杭州西湖区司法局筹建的综合性的法律门户网站。该网站的设计风格体现了较为明显的提供法律服务、法律信息服务的特点，用户可以在该网站获取比较全面的法律信息，可以在一定程度上自助解决遇到的法律问题。该网站的栏目设置非常丰富，几乎涵盖了法学研究、法律事务中所需要的法律信息，并且各栏目的子页面也内容充实、设计合理。该网站整体体现出一种简单、实用的风格，页面设置虽不华丽，但内容丰富充实。作为一个由地方司法局筹建的网站，其用户群体并没有局限在法律从业者，还包括了有法律服务诉求、需要法律收集信息的群体，这一特点从其网站栏目的设置上就可见端倪。该网站的设置充分体现了司法局服务于民的职能，堪称政府机关筹建网站的典范（见图 2-6-13）。

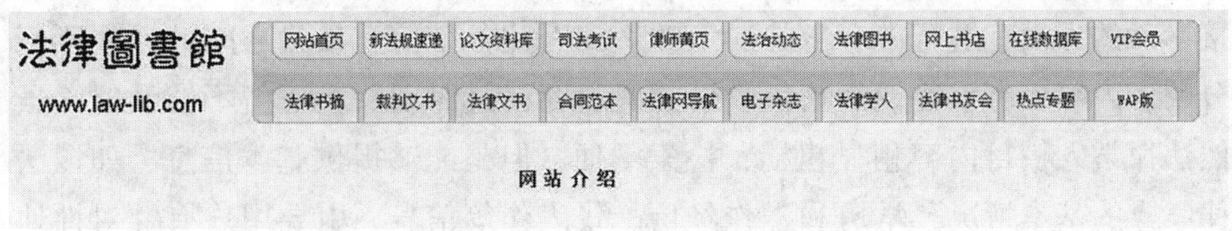

图 2-6-13　法律图书馆界面

法律图书馆主页上共有 18 个栏目，分别是新法速递、论文资料库、司法考试、律师黄页、法治动态、法律图书、网上书店、在线数据库、法律书摘、裁判文书、法律文书、合同范本、法律网导航、电子杂志、法律学人、法律书友会、热点专题。除在线数据库栏目需要付费购买以外，其他栏目都可以免费阅览全文。这些栏目设置具有极高的综合性、服务性、便捷性，有极大的引导作用，可以为不熟悉法律的用户节省大量的检索时间。这一点上，新法速递、法律图书、网上书店、法律书摘、法律文书、合同范本、法律网导航这几个栏目最为典型。以其中法律网导航这一栏目为例，子页面中设有名站导航、兴趣分类、常用网址栏目：名站导航栏目列出了常用的官方网站，包括法制日报、检察日报、人民法院报；兴趣分类为用户提供选项，可以用来筛选所提供的网站；常用网址栏目也被分为多个栏目，将常用网址进行分类，方便用户选择。仅从名站导航栏目来看，法律图书馆的用户体验是非常好的，便捷、高效、内容准确。但如此丰富的栏目设置，某些栏目内容不免覆盖面不够广。但作为一个地方司法局筹办的网站，从其服务职能角度来看，网站中的信息量是比较合理的。在18个栏目中，法律学人和律师黄页两个栏目与知识产权人才最为相关。在此，仅就这两个栏目进行分析。

法律学人栏目收录了近1800名（每页有5列12行，共30页）高校法律教师，其页面设置比较简单，各个教师的信息按照姓氏拼音排列，唯一的搜索框只能用姓名进行检索，页面显示每一位教师的基本信息，用户只能根据这些基本信息判断哪些是需要的内容。这一点非常不便，用户很难从1800位教师中筛选出有效信息；若试图从数据库人物中筛选出教授、研究知识产权法相关内容的教师，能够采用的办法仅为逐一排查，效率相对低下。

进入人物信息的具体页面，法律图书馆设置了四个信息栏：个人简介、法学专著、法学论文、引文索引。随机点开几位教师的资料，发现资料录入比较混乱，资料的翔实程度也差别较大，许多内容很明显是从别的网站上直接参考的，没有进行进一步的加工整理，因此各个信息项目之间的界限不甚分明，内容多有重复。而且，收录的资料存在过时现象，更新不够及时。虽然法律学人栏目内容稍显粗糙，检索不便，但是能够提供基本信息，如该法律学人的基本情况、学历和工作经历、代表作等信息，引导用户有针对性地进行检索。

薛虹

薛虹个人简介

薛虹，教授、博士生导师。专门研究知识产权法、信息技术法、争端解决及互联网政策与法律。多次连任国际知识产权教学与研究促进会亚洲地区唯一执委，世界知识产权组织任命的域名争端解决程序中国两专家之一，国际互联网管理机构总裁咨询委员会委员，亚太互联网用户组织的创始人之一。被中国法学会选为全国十大杰出青年法学家。任耶鲁大学法学院知识产权法研究员。在香港大学任教多年，荣获香港大学杰出青年研究奖，作为指导教师带领香港大学代表队夺得首届亚洲模拟法庭大赛冠军。出访四十多个国家和地区，与二十多个全球知名的大学、研究机构和国际组织定期进行学术交流。有多部中、英文专著在国内外出版。

一、著作类

1. 薛虹，《网络时代的知识产权法》，法律出版社，2000年

2. 薛虹，《知识产权与电子商务》，法律出版社，2003年

3. 薛虹，《数字技术的知识产权保护》，知识产权出版社，2002年，共328页

4. Hong Xue and C. S. Zheng, Chinese Intellectual Property Laws in the 21st Century, Sweet & Maxwell Asia, Hong Kong, 2002

图2-6-14　薛虹个人界面（一）

二、论文类

1. Hong Xue, "Copyright Exceptions for Online Distance education", Intellectual Property Quarterly, March 2008

2. Hong Xue, "Les Fleurs du Mal-A Critique of the Legal Transplant in Chinese Internet Copyright Protection", Rutgers Computer and Technology Law 3. Journal, 2008, 34

4. Hong Xue, "Territorialism versus Universalism: International Intellectual Property Law in the Internationalized Domain Name System", Oxford : the 5. Journal of World Intellectual Property, 2006

6. Hong Xue, "Between the Hammer and the Block: China 's Intellectual Property Rights in the Network Age", Ottawa : University of Ottawa Law & 7. Technology Journal, 2005, 2:

8. Hong Xue, "Domain Name Dispute Resolution in China -A Comprehensive Review", Temple International & Comparative Law Journal, 9. Philadelphia , Vol. 18, Number 1, 2004

10. Hong Xue, "The Latest Developments in Chinese Software Protection", Geneva : Journal of World Intellectual Property, Vol. 6, No. 2, March 2003

图 2-6-15　薛虹个人界面（二）

薛虹　法学专著（同名著者未经筛选）

· 十字路口的国际知识产权法/薛虹著,2012-4-1版
· 知识产权与电子商务/薛虹 ,2003-5-1版
· 网络时代的知识产权法(当代中国法学文库)/薛虹 ,2000-7-1版

薛虹　法学论文（同名作者未经筛选）

· 电子商务的法律问题 /薛虹,,

引文索引（薛虹的论著被以下论文引用仅限本网不完全收录，未经筛选）

· ICP上载作品的著作权思考 /张雨林,,
· 关于网络域名法律保护的探讨 /赵华艳,,
· 电子期刊与网络传播者权 /李新辉,,
· 对电子商务合同的几点法律思考 /代祖勇,陈月芳,
· 网络环境下的著作权侵权保护 /马雨法,,
· 试析天气预报信息保护的争议 /俞华权,滕聿江,史明钊
· 从M-G-M V. Grokster案再谈ISP的法律责任 /王利,,
· 上海榕树下计算机有限公司诉中国社会出版社著作权侵权纠纷案评析 /傅钢,,
· 论网络传输权的发表权性质 /赵莉,,
· 域名及其法律保护 /任自力,,
· 论WTO框架内电子商务规制现状及其发展趋势 /陈永,,
· 高等教育信息化中版权的探讨 /季任天,于俊麟,

图 2-6-16　薛虹个人界面（三）

律师黄页这个栏目如其栏目名称所述，意在为用户提供律师信息服务。在栏目首页，有一副中国地图，用户可以选择所需要的省级行政区划来对律师、律所进行筛选。地域是用户选择法律服务考虑的一个重要因素，该网站提供地域筛选，对用户来说再便捷不过。点击了“新疆”，跳转出的页面包含在该网站中注册、录入信息的新疆律师事务所和执业律师，点击进入可以查看其具体服务范围等相关信息。在网站推荐的律所名称后面会出现“荐”字样，但律所、律师的相关简介应为加盟律师、律所自行填写，并且网站没有固定的栏目或填写样本，个体之间差异较大，体现出的专业性、严肃性不强。在律师黄页栏目还可以通过专业特长查找律师、律师事务所。网站为此提供了 55 个选项，还设置了搜索栏，用户还可以根据自己的需求进行检索。点击知识产权栏目，可以搜索到全国大概 1200 名从事知识产权实务的律师和律所的信息。在搜索结果列表上方，还有进一步缩小范围的搜索栏，用户可以通过律师或律师事务所名称、地域或专业进行检索和筛选。

例如，点开段芳律师的资料，该律师名字后面标有红色“荐”字，是以为法律图书馆的推荐律师。进入段芳律师的主页之后，发现该页面仍然细分有几个栏目：最新动态、业务范围、服务方式、成功案例、主要客户、主要论著、联系方法、照片相册、所属团队、留言簿。这几个方面确实可以令用户比较全面直观地了解一位律师、一个律所的基本面貌，但这种栏目设置发挥作用的前提是，这些栏目被真实、翔实地填写。就段芳律师的个人资料来看，只有个人简介栏目内容相较而言比较充实，其他大部分的栏目为空，只是以个人简介的内容再次填充上去，整体效果显得较为随意。点击了数个搜索结果，发现个人信息填写状况参差不齐。试着点开了同样带有“荐”字样的李武平律师资料，其个人简介部分非常详细，个人所获荣誉、工作经验、专业特长、联系方式等信息均包含在内，还附有所在律所图片等，其他栏目也填充了较为丰富的内容，符合律师黄页应该起到的介绍推广作用。进入数十个不同律师的页面进行查看，发现这种资料填写质量参差不齐的情况很多，带来的问题是，至少拉低了法律图书馆法律黄页这一栏目的水平，让用户产生不信任感。法律服务与当事人的利益息息相关，是专业性极强的服务行业，作为信息传播平台的律师黄页中的律师、律所信息没有任何固定章法可言，全依靠个人录入，其信息的真实性、完整性等均得不到保证。法律图书馆可能难以对如此大量的信息一一进行核实，但是其可以制作固定的模板供录入时使用，以统一的制式有效提升用户体验。

律师黄页栏目在检索便捷程度方面较之法律学人要优秀，用户可以以地域、业务领域作为关键词检索所需要的信息；律师黄页中的数据也比较充实，但存在的问题也非常明显，主要是由于其注册手续简单，权威性不够，且信息有繁有简，标准不统一，使网页的可信度不高。律师黄页虽然存在一定问题，但还是可以起到初步的推荐、引导作用，用户可以在较为全面的信息中筛选出有效信息，再进一步缩小范围进行选择。

其他行政管理类知识产权人物库即是由国家和各地方知识产权局的网站提供的知识产权人才信息构成。通过国家知识产权局的网站可以链接到32个省级知识产权局、15个计划单列市、副省级城市知识产权局以及15个其他地区知识产权局。[1] 每一个省市地区的知识产权局都有局领导的链接，这构成了知识产权行政管理人才数据的一大来源。但信息相对简陋是地方知识产权局甚至国家知识产权局网站存在的一大弊端。

国家知识产权局网站首页设置的相关链接栏目，提供了地方知识产权局子站的链接，从人事司的链接中，可以进入一个介绍页面，该页面简单介绍了人事司的职责、处级机构的职责等，而有关国家知识产权局领导的个人简历、信息等则没有相关介绍。但在页面中提供了国家知识产权人才信息网络平台的链接。国家知识产权人才信息网络平台固然是目前比较权威的知识产权人才库之一，其中人才的选拔过程也是由官方组织，但该平台仍然不能代替知识产权局网站自身对其领导班子的介绍。政府机关、组织网站对其领导班子的具体资历信息一直不够重视，网上公开信息很少。以国家知识产权局网站为例，经过一番寻找，才在网站图片栏的下方找到了局领导栏目。进入局领导页面后，其中有局长以及六位副局长的个人简历、重要活动、重要讲话、活动集锦四个栏目的信息。个人简历栏目，着重点在于各位领导的工作经历，学历信息等也简略提及，作为国家知识产权局领导的公开简历来说，略微单薄。当然，其中也可能包含有保密等原因。

通过国家知识产权局网站首页的链接进入了上海子站，没有发现其领导班子或者任何工作人员的简历信息在网站上公布。再进入上海知识产权局网站，也没有发现有公开知识产权人物信息的专门栏目。这一问题广泛存于各

---

[1] 参见 http://www.sipo.gov.cn/xglj/dfj/，最后访问时间：2018年12月14日。

大省份的知识产权局网站，从此可以看出所涉网站对此方面的忽视。可以理解的是，知识产权局网站主要以提供知识产权服务为主，局领导个人简历信息的公开不是主要内容，但这是政府信息公开的重要一环，也是对知识产权人才信息收集、整理的重要一环。知识产权行政管理是知识产权体系顺利运行的重要组成部分，因此对行政管理机关中知识产权人才信息的收集整理工作也不容忽视。在课题组同小组其他成员进行知识产权人物资料收集整理的过程中，阻力最大的部分就是行政管理人才和司法审判人才。司法审判人才的端倪还可以在其作出的裁判中寻找，但是行政管理人员进行的许多工作涉及私人利益，通过公开渠道能够得到印证的信息有限，如果没有专门的网站对其信息进行公开，则非官方数据库想收集知识产权行政人员的个人信息是非常困难的。

（3）司法审判类。司法审判类的知识产权信息网络平台主要由各级法院主办。尽管目前具有知识产权管辖权的基层法院逐渐增加，但通过课题组查询浏览发现，没有独立的知识产权信息网站，更没有介绍知识产权司法审判人才的专门网站。[1] 尽管对司法审判人才的介绍不够集中，但在法院的官网上，也会有对其法官的介绍。比如进入最高人民法院的官网，在其机构设置分栏目下就有最高人民法院大法官的名单和基本信息的介绍，用户不仅可以对最高人民法院法官的人员组成有大概了解，还可以基本掌握首席大法官以及一级大法官等的基本信息。总之，若要了解某个法官的信息，法官所在法院的官网不啻为一个重要的信息平台。

法院官网对法官的介绍存在的问题也非常明显，信息过于简陋最为突出，检索功能更是近乎零。各个法院网站并不是专门的知识产权审判人才数据库，关于其任职法官的介绍比较精简可以理解。比如最高人民法院网站，只有首席大法官和一级大法官带有简单的介绍，其他二级大法官仅列出姓名和照片。在司法审判方面，存在着与行政管理类似的问题，即如果不由官方主动公开审判人员信息，则很难从公开渠道获得除参与的案件以外的人物信息。知识产权审判人才在知识产权人才库中的地位毋庸置疑，其个人资料信息也有着重要的参考、统计价值，各个法院网页在该方面的空缺是不适宜的。

---

〔1〕 冯晓青、李喜蕊："中国知识产权文献及信息网络服务现状研究"，载《黑龙江社会科学》2012年第5期。

（4）专业服务类。专业服务类知识产权人才库主要是指提供商业服务的律师事务所、专业代理公司所提供的知识产权服务性人才信息。知识产权律师或专利代理人不仅投身于知识产权实务，也积极用其实践知识参与推进知识产权理论的发展。因此，对知识产权服务性人才信息的把握，具有理论和实践的双重意义。律师事务所、专利代理公司比较重视对其网站的建设，以提高律所或公司的知名度，扩大业务范围。其中对其知名律师或代理人的宣传则是沟通客户和律所的桥梁，也是律师对外的代言人。因此，欲了解某一法律服务性人才的信息，可以直接进入其所服务的律所或专利代理公司的官方网站，且这一部分的信息具有翔实以及更新及时的特点。以广东广和律师事务所的董红海律师为例。进入广东广和律师事务所网站首页，进入“律师团队”的检索页面，既可以通过输入律师姓名直接进行检索，也可以在其分栏目中选择“高级合伙人”“合伙人”“专职律师”“实习律师”等进行进一步分类，缩小检索范围。在其检索结果页面，输出有该律师的基本信息、概况、教育背景、主要知识产权工作等，用户可以了解该律师所代理的知名实务案例以及发表的理论成果。商业机构类知识产权人物信息平台是了解有关律师、专利代理人等人物信息的重要途径。

4. 商业数据库类

目前中国比较有影响力的商业数据库，如中国知网、万方数据知识服务平台、北大法宝、北大法意等，都有知识产权的专业数据资源。[1] 其中的期刊数据库、司法案例数据库是了解各知识产权人才的学术成果、学术研究方向、最新思想动态、审理的知识产权案例的最佳途径。以北大法宝为例，在进入主检索页面后，点击司法案例进入司法案例的分检索页面，在检索框中输入“宋鱼水”进行检索，就会得到“案例与裁判文书274篇”的检索结果。商业数据库在知识产权人物的学术成果信息方面全面而准确，但也由于其收费特征而具有共享率不够高的缺点，且关于人物的信息只存在于学术成果方面，其他的基本信息以及个人经历、社会荣誉等则很少涉及。

---

〔1〕冯晓青、李喜蕊：“中国知识产权文献及信息网络服务现状研究”，载《黑龙江社会科学》2012年第5期。

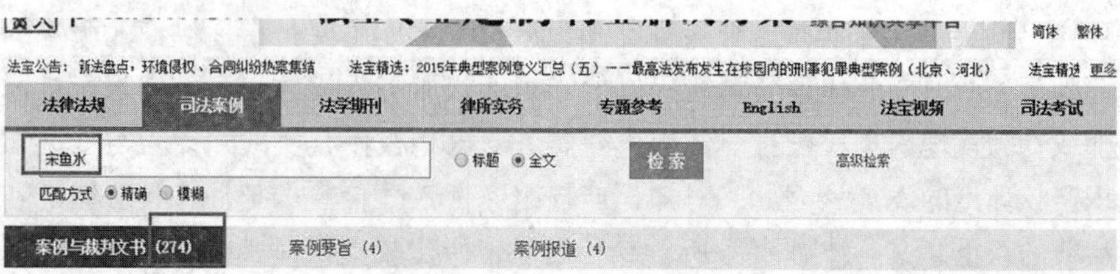

法宝公告：新法盘点，环境侵权、合同纠纷热案集结　法宝精选：2015年典型案例意义汇总（五）——最高法发布发生在校园内的刑事犯罪典型案例（北京、河北）　法宝精选　更多

简体　繁体

法律法规　司法案例　法学期刊　律所实务　专题参考　English　法宝视频　司法考试

宋鱼水　○标题　◉全文　检索　高级检索

匹配方式　◉精确　○模糊

案例与裁判文书（274）　案例要旨（4）　案例报道（4）

图 2-6-17　北大法宝检索示范

5. 会议名单中的知识产权人物库

各大知识产权会议为各行各业知识产权人才思想的碰撞提供了平台，也是了解知识产权人才信息的便捷通道。因此，将会议名单中的各行业知识产权人才信息进行加工整合，可以形成会议名单中的知识产权人物库。有影响力的知识产权会议如中国知识产权法学研究会年会、知识产权南湖论坛等全国乃至全球性的大型会议。比如2012年中国知识产权法学研究会年会暨知识产权法律修改问题论坛在苏州高新区召开，来自国家知识产权立法、司法和行政主管部门的领导、企业界知识产权的主管人员和高等院校、研究机构的知识产权教学、研究人员，共340余人参加了会议。[1]又如知识产权南湖论坛是教育部人文社会科学重点研究基地中南财经政法大学知识产权研究中心于2004年创办的一个国际学术交流平台，[2]其每年吸引来自美国、英国、德国、澳大利亚、荷兰、日本、韩国、印度、巴西、泰国以及中国的专家学者、政府官员和相关企业、律师界代表等300余人与会。[3]而其他会议如各大高校的沙龙也为知识产权人才的聚首提供了机会，与会知识产权人才的信息也是知识产权人才信息平台的重要来源。

6. 知识产权论著资料的知识产权人物库

写书育人、言传身教是知识得以传递和发展的关键步骤。不仅是学者、教授，许多成功的法官、律师也在工作之余从实务经验提炼出理论知识，使理论与实践相结合，出版了相关著作。从相关著作中，不仅可以了解该作者

〔1〕参见 http://www.law.ruc.edu.cn/research/ShowArticle.asp? ArticleID = 39140，最后访问时间：2018年11月31日。另参见“专家指知识产权是中国建设创新型国家的战略支撑”，http://finance.ifeng com/roll/201304137903127.shtml，最后访问时间：2018年12月10日。

〔2〕中共浙江省委党校官网，http://www.zjdx.gov.cn，最后访问时间：2018年12月10日。

〔3〕参见 http://www.wellan.cn/ttxw/2/24027.html，最后访问时间：2018年12月7日。

的学术观点、学术流派，也能从书籍的介绍中对该作者的基本信息和工作经历有一定的掌握。因此，从知识产权论著资料中了解整个知识产权行业人才的信息虽然琐碎，但也是可取之道。

二、现有知识产权人物文献及信息资料库的评价及可借鉴之处

（一）特点

上述各类知识产权人物库，在各自的领域发挥着信息提供者的作用，也因收录知识产权人物对象的不同而具有不同的特点。前面提到超过三分之二的学生受访者选择百度等免费的搜索平台，即是因为其使用方便、无须付费；行政管理机关和司法审判单位提供的信息在专业性和准确性上具有更高的可信度和权威性；商业数据库尽管收取费用，但作为专业的信息服务机构，其检索系统更能满足用户对信息的需求。在建设“全面、准确、开放”的知识产权人物文献及信息资料库时，各知识产权人物库的优点值得借鉴。

1. 信息海量

网络信息时代，信息的传播具有快速性、交互性和成本较低的特点，这就使得网络上的各种信息具有海量性。任何人可以将所知道的信息上载到网络与他人共享，也可以从网络上下载所需要的信息。这方面有代表性的即是搜索引擎类知识产权人物信息平台。以百度百科为例，尽管其没有专门的知识产权人物库，但不管是知识产权人物自己还是其他人，都可以创建百科人物，将所知道的知识产权人物信息上载到百度百科系统。这样一个集众人力量的平台的信息处于开放的状态，而且信息量一直在增长。其他类型的知识产权人物库尽管是由专门的机构来维护，且专注于某一类人物的某部分信息，但只要信息平台处于一直运营、更新的状态，信息的总量也处于持续增长中。海量信息是人们获取准确信息的基础，只有在量上有了保障，才能在质上实现飞跃。因此，当今网络技术如此发达的时代，各类知识产权人物库基本做到了信息的海量性。

2. 检索简便

检索简便主要是针对网络信息平台而言的。尽管会议名单和书籍也能提供海量的知识产权人物信息，在检索成本和获取手段上却不及网络信息平台，这也是在获取知识产权文献及信息的主要渠道的选择上，有 76.8%的学生选

择上网搜索的原因。[1]尽管目前国内的某些数据库检索平台通常按检索难易度分为简单检索、高级检索甚至是专家检索，但普通用户还是习惯于简单检索。原因在于，简单检索方法简便，只要输入目标关键词，系统就会自动将与其有关的信息按关键词的出现频率或其他标准输出检索结果，用户可以根据自己所需要的信息进行进一步浏览。不管是搜索引擎类还是其他专门的网站，现有知识产权人物信息平台在检索平台的设置上并不复杂。当然，也不是越简便越好，如果没有一定的规制，就会导致许多无关信息或关联度不大的信息被检索到，增加用户二次检索的频次。一个成功的、吸引用户的数据库必须是友好易用的，是在资源丰富的基础上方便用户检索的。因此，检索简便不能简单化。

3. 免费使用

除了商业性的数据库如上面所提到的中国知网、万方数据知识服务平台等是向用户收取费用外，一般的信息网络平台均是免费向公众开放。免费使用也是信息获取者偏爱从搜索引擎或其他政府、高校的网站获取信息的主要原因之一。一般而言，以信息公开为主要目的的信息网络平台不向公众收取费用，比如政府机关或科研院校的网站主要是保障公众的知情权，而商业机构提供信息的目的是扩大其知名度以提高业务收入。免费使用也是扩大信息普及度的重要手段之一。尤其对于政府行政机关主导建设的数据库，营利并不是目的，扩大信息使用者的范围，使信息使用者能便捷、快速地获取信息以服务于相关政务的开展才是主要目的。现有可以免费使用的知识产权人物信息平台在一定程度上即承担着上述任务，也是知识产权人物信息平台重要的优点之一。

（二）不足之处

尽管从上面的介绍来看，存在各种类型、数量繁多的知识产权人物库，且具有信息海量、检索简便等优点，但也并不是说现存的知识产权人物库没有问题，能够满足各行各业的各种需求。在对3035份调查问卷的分析中，数据表明41.6%的学生认为信息供应渠道太散，信息难全；61.8%的学生认为信息缺乏规范、系统的整理，使用不便；46.3%的学生认为信息公开不够，许多信息找不到；37.2%的学生认为获取知识产权文献及信息困难是因为公

〔1〕 引自冯晓青、高媛：“高校学生知识产权文献及信息服务需求实证研究——对3035份调查问卷的分析”，载《中国教育信息化》2012年第21期。

众的信息利用能力不足。[1]知识产权人物库也存在着上述各种问题。尽管上面罗列了各种类别的知识产权人物库，但严格意义上的符合数据库条件的只有国家知识产权局人事司主办的国家知识产权人才信息网络平台，其他所谓的知识产权人才库只是在界定上降低标准、将零散的信息进行假定整合的基础上形成的。因此，要建立一个全面、准确、开放的知识产权人物信息平台，就必须在克服现有知识产权人物库缺点的基础上进行。下面就现存知识产权人物库主要的问题进行分析。

1. 内容分散，缺乏整体性

知识产权人物文献及信息涉及知识产权领域的代表性人物的基本信息和从业经历、代表性成果与观点等，包括知识产权管理专业人士、专利审查与复审专业人士、商标注册与评审专业人士、著作权登记与管理专业人士、知识产权法官、知识产权学者、知识产权代理人和律师、知识产权信息与社会服务专业人士及其他知识产权人物信息等。一个全面的知识产权人物资料库应该将行业的优秀人才的上述信息纳入检索范围，使数据库使用者能从纵向了解该知识产权人物的各类信息、从横向了解该行业以及整个知识产权学科体系人才的状况。现有的各种知识产权人物库或专注于某一行业的人物，如教学科研类是知识产权学者的主要平台；或专注于人物的某一方面，如各种商业数据库聚焦于人物的学术成果；或只是在其他信息中零散地附带有知识产权人物信息，如商业机构对其从业人员的介绍。因此，对于一个要求全面、完整的知识产权人物库而言，现存知识产权人物库在内容上很分散，没有形成整体和系统的人物信息平台。

2. 服务功能单一

上面所提及的数据库，在知识产权人物信息的提供上，它们共同的特点也是现有知识产权人物库存在的一大问题，即服务功能单一。会议名单以及书籍作品中知识产权人物的信息是传统传播手段下的产品，具有信息渠道不畅通、效率较低、成本较高的不足，信息获取者在信息的接收上只能被动承受。即使在信息化时代，实现电子化、数字化的数据库，其对知识产权人物信息的检索也只停留在初级检索、初步信息上，没有使检索结果在利用现有

[1] 引自冯晓青、高媛："高校学生知识产权文献及信息服务需求实证研究——对3035份调查问卷的分析"，载《中国教育信息化》2012年第21期。

先进技术的基础上最大限度地满足不同用户的需求，比如检索字段多样化，专业检索、高级检索的优化，检索结果输出多样化（同名同姓或同名不同姓人物检索结果、单库与跨库检索平台共存）等服务功能的多样化。以常用的搜索引擎如百度百科为例：尽管百度百科上有海量的信息，但只有一个检索框，用户在输入检索词条后，系统不能通过其他限定条件进行高级检索，这样就需要用户人工的二次检索。尤其是人名，同名同姓的人总是存在，如果不能通过户籍或单位予以高级检索，就会增加用户的工作量。

3. 缺乏权威数据、数据深度加工不够

信息的完整性和全面性是对数据库的基本要求，而数据的权威性与准确性则是对数据的深度加工和二次要求。现有知识产权人物库绝大多数不是知识产权管理机构为主导，通过与信息服务机构的合作实现的。知识产权人物信息提供者各自为政的结果可能导致在信息的选取上趋利避害，或为节省调查成本而雷同。因此，权威的数据是在往后建设准确的知识产权人物库所不可缺少的。且现有知识产权人物库大多缺乏深度标引和加工，信息挖掘程度偏低，质量有待提高。再有，目前我国知识产权文献及信息公共服务机构主要提供一次知识产权信息，而较少提供二次、三次知识产权信息，这就使得用户感觉到信息缺乏规范、系统整理。[1]也因为只提供一次知识产权信息，没有对其进行选择、分析和综合，使得在数据的准确性上有待提高，对数据的深度加工没有跟进，以形成二次或三次知识产权信息。以法律图书馆中的法律学人为例，“曹新明”教授姓名被写成“曹新民”，而且这样的错误不在少数。因此，从准确性的角度出发，有必要在现有数据上进行再度加工。

4. 共享度不高

数据库的生命在于使用。建设知识产权人物库的根本目的是使用户能从数据库的使用中获益，了解相关行业的运行状态和全面的行业从业信息，从而推进知识产权行业的整体发展。不管是收费还是不收费的现有知识产权人物信息平台，都存在共享度不高的问题。这里的共享既指公众或用户接触信息的难易程度或所付出的代价，也包括数据库之间的资源共享。收费的商业数据库自然不必说，付费之后才能获取信息无形之中提高了资源获取的条件，

---

〔1〕 冯晓青、高媛：“高校学生知识产权文献及信息服务需求实证研究——对3035份调查问卷的分析”，载《中国教育信息化》2012年第21期。

将一批潜在的用户拒之门外。即使不收费的免费网站也需要进一步提高共享度。以司法审判类的知识产权人物库为例，很多优秀的法官都对知识产权实务审判中的案例进行理论思考，并为深化和发展理论提出独到的见解。他们之中很多都有学术论文成果，但在相关司法审判类的知识产权人物信息平台上大多对他们的学术成果较少提及。从技术的角度讲，是相关的人物信息平台没有实现资源的共享，对于相互间的信息不能通过链接或跨库检索得到。因此，不管是数据库间的共享还是数据库自身的共享，都是以后建设知识产权人物库所要解决的问题。

（三）思考与对策

数据库的建设是一个系统的工程，需要人力、财力、时间以及技术的大量投入与整合，且知识产权人物库的建设所包含的内容可以在某种程度上反映出知识产权服务机构在一定时期研究的基本趋势、水平和发展速度。我国现有知识产权人物库可以说还处于发展的初期或探索期，还存在着诸多问题与不足。应该说，这既有意识的原因，也有机制的原因，更有资金和技术的原因。分析思考造成这些问题的原因，可以对症下药，进而不断完善现有知识产权人物库或建设内容更加丰富、功能更加强大、更方便用户使用的具有自身特色的知识产权人物库。我国知识产权人物库建设，需要从以下几方面予以改进和完善。

1. 重视对知识产权人物资料库的建设

知识产权是涉及法学、管理学、经济学和技术科学等各专业的交叉学科，知识产权人才也包括法律型、管理型、技术型以及服务型等人才。以往更注重对知识产权成果本身的建设，注重知识产权促进科技创新的建设意义，对知识产权人才库的建设不够重视，意识不强。因此，一直到 2011 年才确定首批国家知识产权专家库专家，2012 年国家知识产权局才在全国范围内开展了全国知识产权领军人才的评选工作，选定全国知识产权领军人才，也才有了上面所述及的国家知识产权人才信息网络平台。可以说我国知识产权人才库起步较晚与对其建设的重视不够直接关联。所幸国家目前正在大力加强知识产权人才工程的建设，《国家知识产权战略纲要》《国家中长期人才发展规划纲要（2010—2020）》和《知识产权人才“十二五”规划（2011—2015 年）》等文件都对知识产权人才的培养和发展进行了系统安排。[1]所以，尽管目前我国知识产权人物信息平台的建设还有待进一步加强，但随着从国家到地方的建设知识产权人物库意识的加强，我国知识产权人物库的建设将迎来快速发展期。

2. 建立知识产权管理机构和信息服务机构之间有效的合作机制

知识产权管理机构与信息服务机构之间有效的合作机制是完善知识产权人物信息平台建设的重要途径。知识产权管理机构可以利用其自身的资金和信息优势，而信息服务机构可以利用其技术和人才优势，这样可以使两者之间的信息、技术、资金以及人才在共享的基础上达到有效的整合。但是，从现有知识产权人物信息平台的介绍中可以发现，很少有这种政府主导或推动，由项目组、相关的主管部门或企事业单位形成长效的合作机制而开发出来的信息平台。也就是说，不管是商业机构还是政府机构，都在建设自有数据信息库时各自为政，从而造成了重复信息的建设和资金的浪费。因此，建立知识产权管理机构与信息服务机构之间有效的合作机制也是建立和完善我国知识产权人物信息平台的重要方面。

3. 确保资金和技术支持

现有知识产权信息网站的功能还都停留在信息的发布阶段，对于信息的增值分析（或服务）尚缺乏能力，网站的功能设计和内容需要拓展，信息资源重复建设比较严重，知识产权信息的深度分析比较匮乏，知识产权专业成果的转化平台建设存在明显不足。[2]一些规模较小的服务机构网站的建设较为简单和粗糙，甚至是直接挂靠于一些其他的网络服务平台。造成此种后果的直接原因则是没有强大的资金和技术支持。知识产权人物数量多、信息繁杂，需要整合大量的数据资源。数据的收集、整理、加工是资金投入的重点，而数据的导入和导出则是技术的范畴。这样就有可能出现有资金的没有技术，或有技术的没有资金，不利于信息平台的建设。建立和完善我国知识产权人物信息平台（知识产权人物库）无疑需要在资金和技术支持上获得保障。

4. 重视知识产权人物信息的全面、准确并保持动态更新

知识产权人物信息的全面性，是保障公众全面了解相关知识产权人物情

[1] 王淑贤："知识产权人才发展面临的问题与对策"，载《前线》2011年第11期。

[2] 冯晓青、李喜蕊："中国知识产权文献及信息网络服务现状研究"，载《黑龙江社会科学》2012年第5期。另参见"李玉光在全国知识产权系统政府网站建设工作会议上的讲话"，载 http://www.gongxuanwang.com/view_10335.html，最后访问时间：2018年12月12日。

况的基本要求。但目前我国知识产权人物信息库总体上信息缺失、不够全面，需要通过各种手段加以解决，如建立与被收录至知识产权人物库的人士进行联系的渠道，由其提供更加全面的信息，并定期或不定期对自身信息进行审核和修改。在强调信息的全面性的同时，对于信息的准确性也不能放松警惕，因为对信息全面性的要求是要立足于信息的准确性之上的。

再者，知识产权人士因为工作关系、学习与研究、职位提升等多方面的原因，个人信息时常处于变化之中。现有的各式各样的知识产权人物文献及信息则有一定的滞后性。随着我国知识产权制度的健全和完善、经济体制转型以及国家对科技创新人才的重视，知识产权人才也逐渐增多，也即知识产权人才是开放的、变动的。这就对知识产权人才信息平台的建设提出了开放性的要求。开放性要求实时保持信息更新的动态性。

第七节 我国知识产权机构文献及信息资料库建设现状

知识产权信息公共服务工程是国家知识产权事业发展“十二五”规划力推的重大工程之一。了解知识产权机构文献及信息资料库建设的现状，明确其优点和存在的问题以及成因，能够为知识产权机构文献及信息资料库建设提供经验。

一、现有知识产权机构文献及信息资料库介绍

（一）互联网中的知识产权服务机构资料库

互联网中的知识产权服务机构资料库主要包括一些机构官方网站、搜索引擎以及一些专门网站、专业资料库。各个资料库中所发布的信息有重合之处，但都是获取相关信息的主要来源。以下将针对不同类型的资料库，逐一进行介绍和分析。

1. 官方网站类

知识产权服务机构的官方网站是查询该机构相关信息的权威、核心，也是最主要的来源。但是，目前并非所有的服务机构都建立起系统、完善的官方网站。一些中小型的机构虽然建立了官方网站，却没有及时地对信息进行更新，并没有发挥出官方网站应有的作用。总的来说，教育机构、商业机构一般

建立了较为系统、全面的官方网站，而行政机构、司法机构由于种种原因，其官方网站有待完善。以下将根据机构类型的不同，分别予以介绍和分析。

（1）知识产权行政机构。国内外知识产权行政机构的官方网站主要是著作权、商标、专利主管当局的官方网站。课题组搜索了国家知识产权局、国家版权局、国家工商行政管理总局商标局（以下简称国家商标局）、欧洲专利局（EPO）、美国专利商标局（USPTO）这五大知识产权行政机构的网站。其中，欧洲专利局列举了慕尼黑、海牙、柏林、维也纳、布鲁塞尔这五大分支机构的信息，包括每一机构的地址、联系方式、咨询电话、时区及假期信息、周边旅游及酒店预订等，并且提供了网络链接。美国专利商标局除其总部外，还对底特律分局进行了简介，并提供了该分局的服务内容、联系方式及相关链接；此外，还对三处在建的分局进行了介绍。

相较前两处机构来说，国内知识产权行政机构的官方资料库建设也有着自身的特色。其中，国家知识产权局在此方面的工作量更为巨大。国家知识产权局在其官方网站上提供了30个专利代办处的介绍、联系方式以及公众服务指示，47个地方子站的介绍和23个国家知识产权示范城市的网页链接。其中，其地方子站通常包含组织机构、新闻动态、通知公告、统计分析、政策法规、地方链接等主要版块，并且大部分网站在内容上都比较充实。但其中存在的问题是，各地方子站并未向公众提供其办公地点、咨询电话及其他联系方式等基本信息，增加了公众的搜索成本。相比之下，国家版权局侧重于提供信息公开、新闻资讯、在线服务、交流互动等服务，其虽没有在主页上明确对各个地方的版权局进行介绍，但是在网站的下方，有一处相关链接。在相关链接中可以很方便地寻找到相关部委、地方著作权管理执法机构、著作权服务机构等等，为社会公众提供了极大的便利。以地方著作权管理执法机构为例，与国家版权局存在链接关系的地方著作权管理执法机构包括：北京市版权局、上海市版权局、重庆市版权局、天津市版权局等27家省（市）级版权局，广州市、西安市、上海市、北京市等6家文化市场综合行政执法总队。除国家知识产权局、国家版权局提供了各地方机构的信息外，国家商标局并未对地方信息予以提供。各地方商标管理科（或处）的信息则需要从地方工商行政管理局查询。

（2）知识产权司法机构。对于知识产权司法机构而言，我国知识产权法制建设时间并不长，知识产权司法机构都尚在不断建设和完善过程中，因而司法机关的相关信息及其披露更是存在很大问题，更勿提相关文献资料的收集和整理。就知识产权司法机构官方网站信息而言，其存在着以下问题：

首先，知识产权司法机构资料严重缺失。目前在我国尚无公开的资料库单独对知识产权司法机构的设置进行系统和详细的总结，甚至难以搜索到完整和最新的我国知识产权案件审判法院的名单。在我国诉讼法中，知识产权案件虽然有特殊管辖的规定，但是对于具体知识产权的审判机构，以及各类知识产权案件究竟应当到哪一法院进行诉讼，现有资料难以给予一般民众明确答复。不论是最高人民法院网站，还是各专门知识产权网站（如人民法院知识产权审判网、中国知识产权司法保护网、中国知识产权网、中国保护知识产权网），都难以查询到关于知识产权司法机构的具体信息，更不用提去查询知识产权司法机构的联系方式、管辖范围等其他信息。

其次，资料公开迟滞。尽管"阳光司法"在如火如荼地进行中，我国知识产权司法机构的相关信息更新却存在严重迟滞的现象。以管辖权的变更事宜来说，随着我国社会的不断发展，知识产权尤其是商标、专利权纠纷不断增加，而伴随着各个基层法院审判能力的增强，最高人民法院指定了一系列基层法院审理商标甚至是专利案件。这些指定通常会以批复或通知的形式告之于众。然而，普通人很少会去关注这类通知。当一般民众遭遇此类纠纷，在这些法院的网站上查询相关管辖时，也很难查找到相关管辖权，甚至一些管辖权的规定已经过时。这会浪费当事人的精力和时间，造成很大不便。知识产权案件的不断增加、知识产权案件管辖的变化，都要求相关机构对知识产权司法机构的信息进行及时的更新，迟滞的资料公开和资料更新是我国知识产权事业发展面临的一个问题。

（3）知识产权教育研究机构。我国知识产权教育研究机构的设立在中国2001年加入世贸组织以后达到了顶峰，这固然是可喜可贺的进步。但目前，仅就网站类知识产权教育研究机构涉及的文献及信息而言，存在着以下问题：

首先，知识产权教育研究机构信息及资料严重缺失。当前，我国尚未有统一的知识产权教育研究机构的文献及信息资料库，只能以综合类大学和法学类专业院校为研究对象的最大范围，逐一排除虽开设法学课程或虽设有法学院，但在知识产权教育研究方面没有特色的院校。在这些院校中，再次进行筛选，发现有的高校虽然突出了知识产权教育研究的特色，但具体的知识产权信息、资料等严重缺失，无法判断其是否具有独立性，也没有对应的网络链接予以佐证，如果将其收录在本资料库中，所使用的联系地址、联系电话、门户网站等，只可能是该校法学院的信息，甚至只能使用该院校的信息。这样的信息对用户来说作用有限，因为只能引领用户到该高校的门户网站或者法学院的网站，具体的有关知识产权教育研究的信息难以轻易地被找到。因此只能将这类信息排除，最终得到107个从直观上来讲具有独立性、在知识产权教育研究方面形成规模的院校。也就是说，很多高校只是简要说明了自身在知识产权教育研究方面有特色和优势，但没有给出进一步的信息，如在师资力量方面还是展示统一的法学院的教师，对知识产权的教师没有提供更详细的信息。[1]这种信息与资料的严重缺失导致难以判断该校知识产权教育研究机构的具体情况。

其次，知识产权教育研究机构的资料更新缓慢。在课题组最终收录的107个知识产权教育研究机构中，也不难发现其中的某些信息还停留在几年甚至十几年之前，如师资力量的变更没有及时反映等，而这势必会给用户造成误导和困扰。由于这些信息没有及时更新，用户也很难准确获知该知识产权教育研究机构最新的机构概况。

最后，知识产权教育研究机构还存在提供的资料、信息不够完整的问题。例如，一些机构对知识产权学者和机构本身的介绍过于简单。

（4）知识产权商业机构。从知识产权服务机构的网络建设与宣传特点出发进行分析可知，知识产权服务机构的网站建设中所包含的内容可以在某种程度上反映出知识产权服务机构在一定时期研究的基本趋势、水平和发展速度。在网站建设和宣传方面，大体呈现以下趋势：

其一，较大的商业性服务机构一般注重网站的建设和宣传工作，信息内容全面，如金杜律师事务所的知识产权业务领域的网站（具体网址为：http://www.kingandwood.com/practice.aspx?id=intellectual-property&language=zh-cn，见图2-7-1—2-7-5），其内容不仅包括金杜知识产权的基础介绍性信息、业务范围及业务领域，还包括该机构的联系人、联系方式等信息。通过具体的展开可以了解该机构的知识产权业务分项具体介绍。当然，许多发展较为规范、规模较大的专门性的知识产权服务机构的网站建设也可以做到信息全面，如北京中北知识产权代理有限公司的网站建设（见图2-7-6），同样包含机构概况、专业团队、业务领域、业务指南以及经典案例等内容。规模相对较小

[1] 刘佳、蒙向东、孙青、李苏：“‘知信通’之知识产权机构资料库研究”，载冯晓青、杨利华主编：《国家知识产权文献及信息资料库建设研究》，中国政法大学出版社2015年版，第422页。

的服务机构则相反，其网站建设一般较为简单，公开信息不多。以图 2-7-7 表现的武汉韦思通知识产权咨询有限公司的网站为例，该服务机构的网站仅有机构注册情况、联系方式等基础信息。有的商业性服务机构甚至没有本机构独立的网站和网址，而是直接挂靠于其他的网络服务平台，[1]如西安某知识产权咨询管理有限公司基本信息直接挂靠于顺企网等企业推介服务信息网。

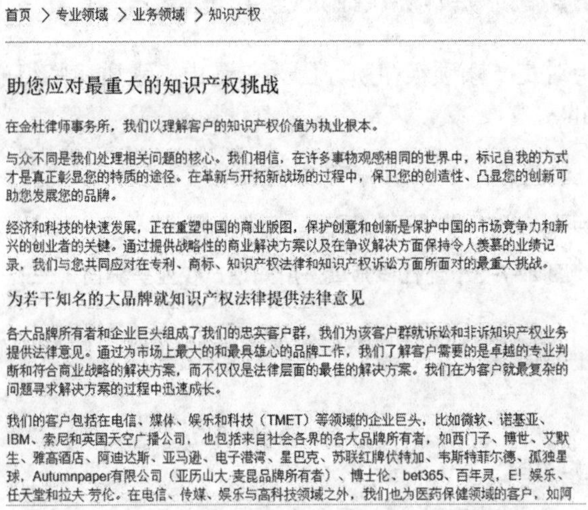

首页 ＞专业领域 ＞业务领域 ＞知识产权

助您应对最重大的知识产权挑战

在金杜律师事务所，我们以理解客户的知识产权价值为执业根本。

与众不同是我们处理相关问题的核心。我们相信，在许多事物观感相同的世界中，标记自我的方式才是真正彰显您的特质的途径。在革新与开拓新战场的过程中，保卫您的创造性、凸显您的创新可助您发展您的品牌。

经济和科技的快速发展，正在重塑中国的商业版图，保护创意和创新是保护中国的市场竞争力和新兴的创业者的关键。通过提供战略性的商业解决方案以及在争议解决方面保持令人羡慕的业绩记录，我们与您共同应对在专利、商标、知识产权法律和知识产权诉讼方面所面对的最重大挑战。

为若干知名的大品牌就知识产权法律提供法律意见

各大品牌所有者和企业巨头组成了我们的忠实客户群，我们为该客户群就诉讼和非诉知识产权业务提供法律意见。通过为市场上最大的和最具雄心的品牌工作，我们了解客户需要的是卓越的专业判断和符合商业战略的解决方案，而不仅仅是法律层面的最佳的解决方案。我们在为客户就最复杂的问题寻求解决方案的过程中迅速成长。

我们的客户包括在电信、媒体、娱乐和科技（TMET）等领域的企业巨头，比如微软、诺基亚、IBM、索尼和英国天空广播公司，也包括来自社会各界的各大品牌所有者，如西门子、博世、艾默生、雅高酒店、阿迪达斯、亚马逊、电子港湾、星巴克、苏联红牌伏特加、韦斯特菲尔德、孤独星球，Autumnpaper有限公司（亚历山大·麦昆品牌所有者）、博士伦、bet365、百年灵，E! 娱乐、任天堂和拉夫·劳伦。在电信、传媒、娱乐与高科技领域之外，我们也为医药保健领域的客户，如阿

图 2-7-1　金杜律师事务所知识产权业务界面（一）

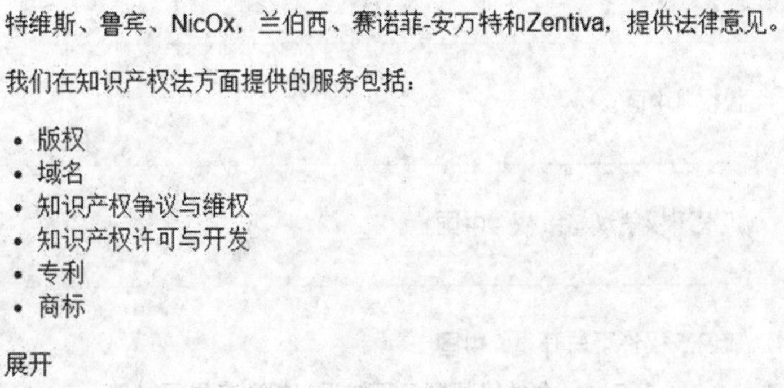

特维斯、鲁宾、NicOx，兰伯西、赛诺菲-安万特和Zentiva，提供法律意见。

我们在知识产权法方面提供的服务包括：

- 版权
- 域名
- 知识产权争议与维权
- 知识产权许可与开发
- 专利
- 商标

展开

图 2-7-2　金杜律师事务所知识产权业务界面（二）

〔1〕 参见姚泓冰、冯晓青："我国知识产权商业性服务机构现状研究"，载《北京政法职业学院学报》2013 年第 1 期。

收起

我们事务所在中国知识产权领域的经验包括：

- 就第29届奥运会组委会和三星（中国）投资有限公司之间就奥运会宣传语"同一个世界，同一个梦想"的争议，最终为客户赢得了一个有利的结果；
- 作为唯一的独立评估人，按照蓝光光盘格式标准，评估所提交的中国专利是否可以定性为"核心专利"，以及评估是否因此将该等中国专利纳入专利池授权许可计划；
- 作为唯一的独立评估人，评估与下一代视频编码有关的行业标准（也被称为HEAVC或H.265）的"核心专利"，该等专利均与MPEG LA管理的授权许可方案有关；
- 广州医药集团（即著名的王老吉凉茶生产商）与加多宝集团（位于香港的一家饮料生产商）之间就虚假广告、商标侵权并索赔人民币1000万元的诉讼，并胜诉。

"金杜绝对是一家顶级律所，因为它是由高素质律师组成的综合性团队。"

《钱伯斯：知识产权》

请阅读我们在China Law Insight中对影响知识产权的问题的深入分析。

图 2-7-3　金杜律师事务所知识产权业务界面（三）

专利 - 中国

商标 - 中国

域名 - 中国

版权 - 中国

知识产权争议与维权 - 中国

知识产权许可与开发 - 中国

图 2-7-4　金杜律师事务所知识产权业务界面（四）

联系人

竺农范
国际合伙人
北京
电话 +86 10 5878 5588

我们在该领域的团队

联系团队

联系本地办公室

图 2-7-5　金杜律师事务所知识产权业务界面（五）

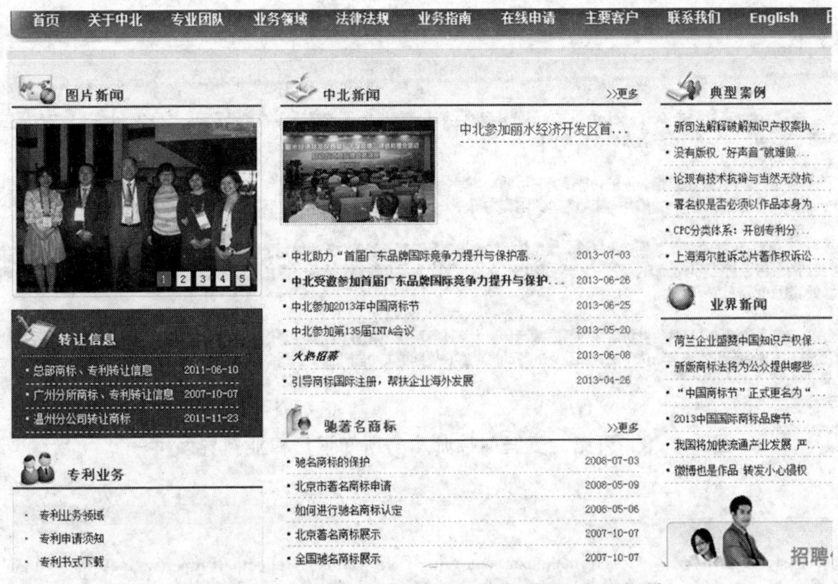

图 2-7-6　北京中北知识产权代理有限公司网站

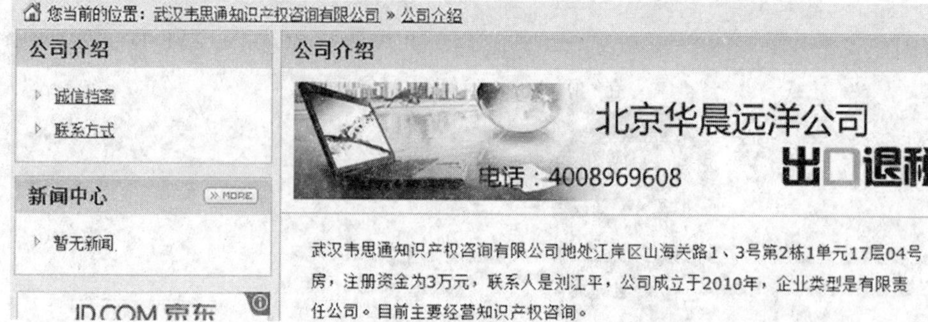

图 2-7-7　武汉韦思通知识产权咨询有限公司

其二，相比之下，在我国境内营业的外资事务所或者其他外资控制的知识产权服务机构几乎无一例外地都十分注重本机构网站的建设和宣传，如贝克·麦坚时律师事务所（Baker & McKenzie）[1]（见 2-7-8—2-7-11）。

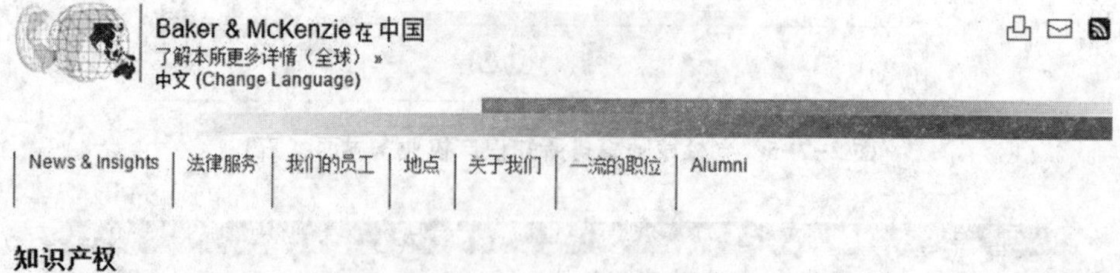

知识产权

English

贝克·麦坚时国际律师事务所的知识产权业务是本所屡获殊荣的主要业务领域之一，在帮助国内和跨国客户在香港、中国大陆及世界各地实现其知识产权资产的价值方面一直发挥着重要作用。

本所担任许多世界最著名的品牌所有人的代理律师，协助其处理知识产权管理的各项事宜，包括知识产权的取得、保护、执行和利用以及相关产品的合规监管。值得一提的是，本所在为跨国客户解决大中华地区知识产权争议（跨司法辖区争议解决）方面备受赞誉。

本所知识产权业务领域的客户既包括知识产权、信息技术和通讯产品及服务的用户，也包括世界最知名的此类产品和服务的供应商。服务所涉及的行业领域包括奢侈品和时尚界、制药和医疗、生命科学、食品和饮料、娱乐、媒体、体育、消费品、电子产品、科技、制造业、金融和银行业等。

本所还能在与众多全球和地区性行业协会（包括国际商标协会、国际反盗版联盟、优质品牌保护委员会等）交涉的过程中就知识产权事宜进行游说。本所会定期就现有法律、法规和政策的变动协助客户编制需向中国政府、欧盟、美国贸易代表署提交的文件。

更多内容请参看 "本所提供的服务"。

图 2-7-8　贝克·麦坚时律师事务所知识产权业务界面（一）

〔1〕 参见 http://www.bakermckenzie.com/zh-CHS/China/IntellectualProperty/，最后访问时间：2018 年 12 月 10 日。

Non-Compliance with product labeling and registration requirements

In Germany, in case of non-compliance with labeling or registration requirements possible authority action is neither the only nor the largest threat for a company placing products on the market. The sharp sword to protect against is rather injuctive relief sought by a competitor. We have seen in recent practice that companies increasingly use this possibility to try to stop their competitors from selling products on the German market.

阅读 详细内容

English

Turkish court sets rate for filing fee to enforce arbitral awards

Three recent decisions of Turkey's Court of Appeals bring clarity to the subject of filing fees for enforcing arbitral awards. Our lawyers provide an overview of the issue and the court's decisions in this client alert.

阅读 详细内容

English

Digital Media Alert – December 2015

Our lawyers summarise the latest news to keep you up-to-date with the current developments affecting the Digital Media sector in the UK and Europe. Areas covered include the European Commission's first set of legislative proposals as part of its Digital Single Market (DSM) Strategy, Ofcom and ATVOD, the English High Court's rejection of the defamation action against Facebook and Google, and the UK Government consultation on cyber security in wake of Talk-Talk scandal.

阅读 详细内容

English

图 2-7-9　贝克·麦坚时律师事务所知识产权业务界面（二）

BAKER & McKENZIE

中国

上海 | 北京 | 香港

执业概览

相关律师介绍

本所提供的服务

如需了解更多详情，请联系：

陈乐钧

合伙人

电话 + 852 2846 1970

F + 852 2842 1707

V-Card

图 2-7-10　贝克·麦坚时律师事务所知识产权业务界面（三）

图 2-7-11　贝克・麦坚时律师事务所知识产权业务界面（四）

其三，从地域的角度来看，北京、上海等地的知识产权商业性服务机构网站的建设比较完善，这是由经济发展水平和当地知识产权服务机构的基数本身所决定的。[1]相比之下，中西部地区知识产权商业性服务机构网站的建设较为不尽如人意，仍有很多有待加强之处。诚然，这部分可归因于中西部地区经济发展相对落后，当然也是我国网站营销的大趋势还未完全展露所致。

其四，整体而言，除了在国家工商行政管理总局相关部门可以查询到所有的商业性服务机构的基础信息外，尚无其他关于知识产权商业性服务机构的专业资料库。并且，需要补充的是，国家工商行政管理总局相关部门的企业登记信息一般不对外开放，即便能够拿到所有商业性服务机构的信息，这些信息也都是基础性的，仅包含机构的名称、地址、联系方式、负责人姓名等几个方面，而对于其具体的（包含邮编、网址、服务领域以及社会评价等

〔1〕 参见姚泓冰、冯晓青："我国知识产权商业性服务机构现状研究"，载《北京政法职业学院学报》2013 年第 1 期。

方面）信息，无法直接获得。

以上状况产生的原因可能有两方面：一方面是宣传意识问题，如规模较大的知识产权服务机构和外资控制的知识产权服务机构为了更好地宣传自己，在网络已变成人们一种主要的了解途径和手段的今天，当然更为注重本机构的“包装”与宣传；另一方面，网站的建设和完善需要大量的资金和技术支持，非一朝一夕所能完成，规模较小的知识产权商业性服务机构本身在这方面可能有心而无力。[1]

2. 搜索引擎类

搜索引擎是指根据一定的策略、运用特定的计算机程序从互联网上搜集信息，在对信息进行组织和处理后，为用户提供检索服务，将与用户检索相关的信息展示给用户的系统。[2]国内具有代表性的搜索引擎例如百度、搜狗、360等，国外则有谷歌、维基百科等。通过搜索引擎，人们可以很方便地检索出知识产权服务机构的相关信息。搜索引擎类知识产权服务机构资料库，是指通过搜索引擎的查询而获得的与知识产权服务机构有关的信息。例如，在百度搜索引擎中输入“金杜律师事务所”，则会出现与该律师事务所有密切关联的信息，包括该律师事务所的官方首页、百度百科、招聘信息、维基百科、相关新闻报道等。在360搜索引擎中输入“国家知识产权”，则会出现国家知识产权局官方网站、国家知识产权中心网站、国家知识产权——360百科、专利检索与查询信息、新闻报道等与国家知识产权局有直接或者间接关系的信息。正如上文所言，将这些搜索引擎定义为资料库是牵强的，但是，在国内外并没有尽如人意的知识产权服务机构资料库的当下，从搜索引擎中查询相关信息是可行的，也是必要之举。

3. 专门网站类

除各个知识产权服务机构自身的官方网站外，也有其他一些专门网站对部分知识产权服务信息进行汇总。但是，作为提供信息的资料库，这些专门网站存在以下不足：

首先，专门网站大多提供商业机构的信息查询和汇总，行政机构、教研

---

〔1〕参见姚泓冰、冯晓青：“我国知识产权商业性服务机构现状研究”，载《北京政法职业学院学报》2013年第1期。

〔2〕参见刘畅：“综合搜索引擎与垂直搜索引擎的比较研究”，载《情报科学》2007年第1期。百度百科：http://baike.baidu.com/view/1154.htm，最后访问时间：2018年10月25日。

机构、司法机构则几乎没有涉及。

其次，专门网站所提供的信息，大多仅限于商业机构的名称、联系电话、地址，而该机构的具体业务情况、荣誉、社会评价等都很少涉及，这对用户而言是信息不够完整。

最后，一些专门网站所提供的信息并非完全针对知识产权领域，缺乏专业化。例如东方律师网中，对上海市的律所信息都进行了汇总，在此可以查询上海市著名律所的信息。但是这些信息除了对律所的常规介绍外，主要是一些律所的招聘信息，且并不是完全针对知识产权专业。[1]

4. 其他资料库

尽管我国没有针对知识产权服务机构的专门资料库，但是在其他资料库中，不乏与知识产权服务机构资料库建设有关的资料库，常见的法学资料库即是典型。通过搜索中国知网、北大法宝、北大法意、月旦元照法学知识库、Westlaw、HeinOnline、LexisNexis 等中英文资料库发现，由于此类资料库以法学研究为重点，并无对国内外知识产权行政机构的介绍等信息，即便其中有一些对知识产权行政机构进行研究的文献，也只是更适合学者学术研究之用。

（二）互联网外的知识产权服务机构资料库

在互联网外，与知识产权服务信息构建相关的文献中可以查找到很多有价值的信息。这些相关的文献，也可以构成知识产权服务机构的小型资料库。

以知识产权行政机构为例，部分文献中有关于我国知识产权行政机构的介绍和阐述。课题组对诸多文献进行了检索，所查找的文献主要有《历史的抉择，伟大的实践：国家知识产权局成立30周年纪念文集》《中国知识产权保护手册》《中国知识产权年鉴》等。其中，《中国知识产权保护手册》一书提供了许多地方知识产权机构的基本信息，课题组在资料库中所提供的部分地方版权局和地方工商行政管理局的基本信息即来源于此。

二、现有知识产权机构文献及信息资料库的特色与不足

现存的知识产权服务机构信息来源，虽并非严格意义上的资料库，但是都以不同的形式发挥着信息提供者的作用，各自有着不同的优缺点。相比较而言，各大机构的官方网站所提供的信息权威可靠，信息可以及时更新，但

[1] 参见 http://www.lawyers.org.cn/，最后访问时间：2018 年 12 月 15 日。

可能会忽略公众的一些基本信息需求，也可能因部分网页建设不到位而导致信息缺失。搜索引擎和专门网站中虽然能查找到相关信息，但是信息多而杂乱，缺乏专业化。此外，书面文献所提供的信息比较基本，但一个较大的问题是信息量有限，不能及时更新，无法满足公众的多样信息需求。并且，书面文献的购置及携带对公众来说并不方便。具体来说，现有知识产权服务机构资料库的优点和不足体现在如下方面。

（一）现有知识产权机构资料库的优点

1. 信息数量庞大

科技的发展使互联网进入了社会生活的方方面面，为人们的生活和生产带来了极大的便利。互联网技术使得信息的传播具有快速、高效、低成本的特点，网络上海量信息的存在为人们查找所需要的信息提供了基础。就知识产权机构而言，互联网使构建知识产权机构资料库成为可能。目前已有的知识产权机构资料库，无论其规模或大或小，都涵盖了规模庞大的信息。例如搜索引擎类知识产权服务机构资料库，只要输入关键词，即可查询到相关的信息。并且整个互联网系统是一个开放的体系，作为信息平台的资料库处于一种开放的状态，其信息量会随着时间的迁移、事态的变化而不断增加，不断满足社会公众对信息的需求。

2. 使用费低廉

在各种知识产权机构资料库中，除了中国知网等付费资料库以及纸质文献外，大多资料库只是作为普通页面予以浏览，不需要支付费用，即使需要，其价格也十分低廉。一般而言，用户通过搜索引擎查询信息不需要支付费用。行政机构和司法机构在其网站上公开信息，以便公众查询，保障公众的知情权，因而也均为免费。商业机构和教研机构通过网站公开信息，则是为了扩大知名度，起到宣传的作用。可以说，如今免费搜索也成了用户偏爱从搜索引擎或者各大机构的官方网站上查询信息的主要原因。

（二）现有知识产权机构资料库的不足

1. 尚未形成系统、全面的专业资料库

现有知识产权机构资料库建设最大的不足之处，在于目前尚未有一个系统、全面、真正意义上的资料库。事实上，在法学界构建专门的资料库并非新鲜事物，部分领域的资料库已经发展得十分成熟。例如，在提及法学期刊的资料库时，人们会自然而然地想到中国知网。中国知网已经成为目前国内收录期刊最全的资料库。若想查找知识产权方向的论文，只需要在中国知网中输入相关的关键词，很快即能搜索出各种级别的期刊文献。再如，若想要搜索与知识产权相关的法律法规以及司法案例，目前比较常用的则是北大法宝和知产宝；若想要搜索与知识产权相关的知识，则一般会使用读秀知识库。可见，目前针对期刊文献、法律法规、司法案例、论文，相对来讲具有可以查询使用的资料库，虽然其并不是专门针对知识产权专业，但是通过关键字检索出与知识产权相关的信息还是较为便利的。

然而，针对知识产权机构，目前并没有一个全面的资料库存在，更不用说通过商业机构、行政机构、教研机构、司法机构的类别进行区分。这对用户而言是十分不便的。首先，用户无法从一个专业化、专门化的资料库查询其所需要的信息，而只能通过网络逐一查询，并从海量的信息中去粗存精、去伪存真，最终留下其真正需要的信息。其次，没有专门的资料库，就不能对信息进行分类，不能得出各个机构的比较优势。例如一名欲在北京市进行知识产权诉讼的当事人，需要在北京当地查找一家专业、可靠的律师事务所为其代理案件。该当事人当然可以通过各个律师事务所的官方网站查找律所的信息，但是其需要逐一查找。若有一个知识产权服务机构的资料库，则当事人可以在资料库中将地点限定于北京、将类别限定为商业机构，快速地查询到北京从事知识产权事务的各大律师事务所，并能够很方便地对各个律师事务所进行比较，最终选择符合其需求的律所。可见，构建一个全面、系统的知识产权服务机构资料库是必要而迫切的。

2. 体系缺乏、功能单一

已有的知识产权机构资料库是指可以查询到知识产权机构相关信息的网站、官方信息、文献资料等。尽管其蕴含的信息总量是庞大的，但是整个信息缺乏系统性。正如一份调研分析报告所言：“目前我国知识产权文献及信息公共服务机构主要提供一次知识产权信息，而较少提供二次、三次知识产权信息，这就使得用户感觉到信息缺乏规范、系统整理。”〔1〕现有的资料库仅仅提供信息，但是用户并不能从信息中得到其他增值性的比较服务，研究人员也无法从中总结规律，深入研究。

---

〔1〕 冯晓青、高媛：“高校学生知识产权文献及信息服务需求实证研究——对3035份调查问卷的分析”，载《中国教育信息化》2012年第21期。

此外，现有的资料库在提供知识产权服务机构信息方面，存在着功能单一的问题。就互联网中的知识产权机构资料库而言，其虽然能够提供数量庞大、查询便利的信息，但是其对机构信息的检索仅仅停留在初级检索上，即只能实现最原始的简单搜索。随着社会的发展，专业分工越来越细，用户的需求越来越广，单一的初级检索功能已经很难满足实践的需求。因此，知识产权机构资料库需要在最大的程度上利用先进的计算机技术，实现检索功能的多样化。检索功能的多样化包括检索字段的多样化以及检索结果输出的多样化。检索字段多样化，即可以通过关键词、机构名称、机构性质、业务类别、所在地区、地点进行检索，这些检索字段可以单一选择，也可以复合选择。检索结果输出的多样化，是指在资料库中按照检索字段检索出来的结果，可以按照不同的顺序进行排列，以最大限度地满足用户的检索需求。显然，目前已有的知识产权服务机构资料库在检索功能上未能实现检索字段的多样化以及检索结果输出的多样化，未能满足用户的实际需求。

三、现有知识产权机构及信息资料库建设的经验分析与借鉴

一个系统、全面的资料库的构建，需要多方面的协同努力，需要足够的人力、物力、财力的投入，也需要大量的技术支持。目前我国知识产权机构资料库存在诸多不足，需要大力改进，以完善知识产权机构资料库的构建，为广大用户提供更多的便利。课题组认为，以下几方面经验值得总结。

（一）机构的选取及分类

因为我国知识产权机构数量非常大，分布广泛，但是相对来讲可以归为几个类别。目前，“知信通”资料库（测试版）将机构分为行政机构、司法机构、教研机构、商业机构、著作权集体管理组织、行业协会和其他机构。这种分类方式是按照其行业性质来划分的，但是国家知识产权文献及信息资料库因自身发展需要可以做更加优化的处理，比如因著作权集体管理组织数量较少，是否可以考虑将之纳入到别的类别之下，使得归类的标准统一，符合市场需求和行业发展需要，注意兼顾资料库的性质和目的，在科学性和用户满意度上做更多的努力。

（二）充分重视知识产权机构资料库建设

可以说，现有知识产权服务机构存在诸多问题的根源，在于社会对知识产权机构资料库建设的重视程度不够。在搜索引擎中查询与知识产权机构相

关的信息，是搜索引擎功能的应有之义，并非搜索引擎为知识产权机构而专门形成的功能。各大机构的官方网站中，虽有权威、可靠的信息，但是仅限于该部门或者该事务所的相关信息，各大机构不会、也不可能在其页面上对其他类型的知识产权机构进行详细的介绍。因此，如果没有对构建知识产权服务机构资料库产生足够的重视，就不会动用较多的人财物去进行一项如此庞大的工程。社会应当重视知识产权机构资料库的构建，在为广大用户提供便利的同时，也能够促进知识产权事业的进步与发展。

（三）争取资金和技术的支持

一项工程的成功与否，与资金和技术的支持分不开。知识产权机构涉及行政机构、司法机构、教研机构、商业机构等，若要构建一个囊括各种类型知识产权机构的资料库，则需要有足够强大的资金和技术的支持。现有知识产权机构资料库在资金和技术资源上都有很大的空间。现有知识产权信息网站的功能还都停留在信息的发布阶段，对信息的增值分析（或服务）尚缺乏能力，网站的功能设计和内容需要拓展，信息资源重复建设比较严重，知识产权信息的深度分析比较匮乏，知识产权专业成果的转化平台建设存在明显不足。[1]因此，需要构建一个全面的知识产权机构资料库，保障该资料库在构建和运作过程中的各项开支。此外，在知识产权机构资料库的构建过程中，需要多方面的专门人才，主要包括：一是知识产权专业人才，负责知识产权机构资料库结构形式的设想、资料的收集与整理、后期的加工与录入，为资料库的构建提供专业知识。二是数据库与计算机技术的专业人才，负责资料库在互联网上的具体构建，技术问题的处理与解决，为资料库的构建提供技术支持与指导。三是图书情报、信息管理方面的专门人才，负责从图书情报、信息管理角度加强对知识产权机构资料库构建的指导和策划。

（四）建立与知识产权机构信息共享的合作机制与信息审核机制

当前我国缺乏统一的集成式资料库，分散于不同部门的、并非严格意义上的知识产权机构资料库则存在信息不够全面、完整，更新不够及时等问题。为建立整合的、全面的知识产权机构资料库，需要与资料库收录的知识产权机构建立合作关系，如在收集、整理知识产权机构基本信息的基础之上，通

---

〔1〕冯晓青、李喜蕊：“中国知识产权文献及信息网络服务现状研究”，载《黑龙江社会科学》2012年第5期。

过技术手段实现有关信息由被收录的知识产权机构补充、更新。同时，需要建立信息审核机制，因为知识产权机构信息常处于变化之中，而知识产权机构对自身变化最为了解。只有这样，才能保障知识产权机构信息的真实性、权威性，便于对其进行动态跟踪。

第八节 我国知识产权大事文献及信息资料库建设现状

古人云："夫明镜所以察形，往古者所以知今。"历史事件之重要性不言而喻。我国知识产权事业起步较晚，知识产权相关的历史事件对于中国知识产权的历史研究而言必不可少，对当今及未来知识产权事业的发展具有一定的启示作用。对知识产权相关的事件进行收录整理，建立相应的事件库，对了解知识产权行业的状况及知识产权事业发展历史具有重要意义。

一、现有知识产权大事文献及信息资料库建设介绍及评价

（一）现有知识产权大事的载体形式及介绍

1. 现有知识产权大事文献及信息资料载体形式总体介绍

目前我国知识产权大事文献及信息资料多体现为网络新闻、纸质年鉴、报纸文摘等形式。国内收录知识产权历史事件文献和信息的资料库见于相关政府机构网站及大量收录期刊、报纸、学位论文等文献的中国期刊网等学术类数据库。另外，百度和谷歌等搜索引擎也可以检索出多种类型的知识产权大事文献及信息资料。

报纸及其对应的官方网站是社会公众了解新闻资讯最重要的工具之一，其信息具有较强的时效性。且一般而言，报纸所刊登的信息经过了传媒专业人员的整合编辑，信息资讯具有较强的规范性和专业性。各政府机构官方网站的知识产权大事文献及信息资料相对来讲具有更大的权威性，因为作为某些具体大事的主体，作为一些大事的亲身体验者，政府机构报道相关的大事具有更强的专业关联性。期刊网等学术数据库中的知识产权大事文献及信息资料更多地侧重于对相关知识产权大事的研究或者因其他研究而提及知识产权大事内容。相对来讲，此方面的知识产权大事资料具有一定的边缘性和附带性，一般不会较为深入，除非是专门对一些具有较重大意义的历史事件进

行的学术研究性论文。但是针对知识产权大事或者知识产权历史研究的文献又相对较少。所以总体上来看，学术期刊网中的知识产权大事文献及信息资料较少。年鉴属于信息密集型工具书[1]，知识产权年鉴是记录上年度业界重要事件及其发展状况等方面资料的工具书，具有一定的全面、系统、准确及规范等特点。知识产权年鉴是重要的知识产权大事记录形式，但是年鉴的编纂需要一定组织、投入，在时间上也有一定的滞后性，且知识产权年鉴的编纂有赖于社会对知识产权的重视及一定的组织意愿。普通的网络新闻资讯内容涉及广泛，通过搜索引擎进行检索则可以检索到一定数量的相关联信息，但是在信息爆炸时代，过多的检索结果使得用户需要花费时间和精力对检索结果进行甄别。当然也有其他形式的载体，比如一些书籍文摘等，也有对知识产权历史大事进行研究的，体现的形式主要为对知识产权特定历史进行研究，其中也会涉及一定量的知识产权大事。

2. 现有知识产权大事文献及信息资料库代表性介绍

（1）报纸类。以我国目前最重要的知识产权类报纸《中国知识产权报》[2]为例来介绍。《中国知识产权报》由《中国专利报》（1989 年创刊）1999 年更名创刊，是报道我国知识产权类法律法规、知识产权政策、新技术新产品、科研论文、时事评论及其他信息资料的报纸，当前由国家知识产权局主管、中国知识产权报社主办。如无特殊例外，《中国知识产权报》为一周两期，常设的版面有“要闻”“综合新闻”“国际观察”“IP 风云”“政法解读”“理论”等，另外还专门设有“维权周刊”“版权周刊”“商标周刊”“专利周刊”“双语周刊”等[3]。

图 2-8-1　《中国知识产权报》报名样式

---

[1] 参见 http://baike. baidu. com/link? url=-P4DQAeBDV7HsbfSpG_ PQ-fbS7OCEPGkdqmJkIjrvSa-LEzOxZ9nXOSPHropnYhMyHEcMixWZhoyaSU3qniz3，最后访问时间：2018 年 11 月 30 日。

[2]《中国知识产权报》发行纸质报纸，网站为 http://www. cipnews. com. cn。

[3] 参考百度百科介绍，http://baike. baidu. com/link? url=Gluhpuh5FvmnFpo6BHZbEIUeVJ_ Fyy4vwQKBeSpoV9V_ 0GI5vEHsylUN9JHcE8XDi6da05BMuFCmzie9o00i1a，最后访问时间：2018 年 11 月 30 日。

在中国知识产权报资讯网（http://www.cipnews.com.cn）中的“网上读报”部分可以看到《中国知识产权报》的电子版（如图 2-8-2 所示），点击则进入《中国知识产权报》电子版界面（如图 2-8-3 及 2-8-4 所示）。通过该界面可知，可以按照日期查询《中国知识产权报》，通过版面定位可以查阅相应的版面信息，而且可以下载、打印等（如图 2-8-5 示）。

图 2-8-2　中国知识产权报资讯网“网上读报”

图 2-8-3　《中国知识产权报》电子版界面（一）

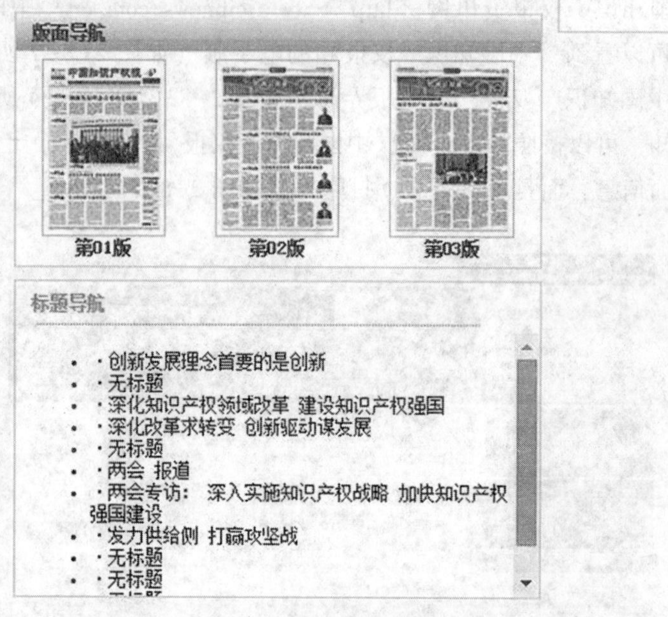

图 2-8-4　《中国知识产权报》电子版界面（二）

中国知识产权报

CHINA INTELLECTUAL PROPERTY NEWS

创新发展理念首要的是创新

深化改革求转变 创新驱动谋发展

发力供给侧 打赢攻坚战

图 2-8-5　《中国知识产权报》2016 年 3 月 11 日第 1 版

《中国知识产权报》内容丰富，涵盖知识产权的各个方面。以 2014 年 6 月 4 日的《中国知识产权报》为例。该报纸一共 12 版。第 1 版包含了以下几篇报道：《李克强在全球理事会2014年北京大会开幕式致辞时指出保护知识产权就是保护创新》《申长雨一行在湖北调研——以高水平的知识产权服务促进经济社会更好更快发展》《推动法律实施完善保护机制维护合法权益——全国人大常委会专利法执法检查综述》；IP时评《知识产权强国建设的重要保障——写在〈国家知识产权战略纲要〉颁布实施6周年之际》；要闻简报《全国侵权假冒处罚结果需20个工作日内公布》《我国“千人计划”实施5年成效显著》。第2版综合新闻版包括：视窗《上海金山区召开2014年知识产权联席会议扩大会》《重庆成立协同创新知识产权研究中心》《知识产权保护列入法治江西建设规划纲要》《陕西局调研榆林高新区能源化工企业》《宁夏举办外观设计专利申请培训班》《兰州开展知识产权人才培养进院所活动》《镇江召开专利保险工作研讨会》，这个栏目内容较为简短；独家报道IP《端午粽香飘非遗传承热》《昆明实地调研开展帮扶》《上海深入企业挖掘亮点》《打造鹅宿村的新名片》《卫星导航定位终端、3D打印、4G通信领域专利态势报告发布专利分析助力产业转型升级》《浙江扩大升级事业单位创新成果处置收益权》《广东新能源汽车领域专利申请量位居全国第一》。第3版包括《激励创造：提质增效促进转型》《提质增效正当时》；企业扫描《中芯国际：对高质量专利的不懈追求》《华三通信：严把专利质量关》《中兴通讯：提升专利质量是关键》。第4版为“纲要实施60周年纪念版（运用篇）”，包括《有效运用：服务经济引领产业》《用知识产权浇灌创新驱动之花》，案例扫描包括《保障合法利益》《“贷”来发展活力》《“激”活技术交易》《“购”得专利储备》。第5版为“纲要实施60周年纪念版（保护篇）”，包括《依法保护：多措并举提供支撑》《做创新者的坚强后盾》；案例扫描包括《华为诉IDC：标准必要专利使用费案开创先河》《钱钟书书信手稿案：涉及首例知识产权诉前禁令》《联想侵权案：知识产权维权援助中心大显身手》《药品专利侵权纠纷：专利行政执法巧妙化解》。第6版是“纲要实施60周年纪念版（管理篇）”，包括《科学管理：奠定基础保障发展》《管理是战略实施的重要基石》；典型扫描包括《山东济南：多项政策促管理》《华润微电子：建立多面管理体系》《佛山南海区：试点培育专利管理师》。第7版为“专利周刊”，包括《中国抗体药如何抵御专利战》《罗氏的“吸星大法”》。第8版为“专利·市场”，包括“一事一议”栏目《电动汽车有望实现无线充电》；“科技型中小企业风采”栏目的《广州华德：核心技术打造节能中央空调》

《苹果降噪耳机有望自动省电省流量》《三星开发可实现手势控制的智能手表》；在该版面还刊登了部分专利复审委员会无效宣告请求口头审理公告。第9版为"版权周刊"，包括"特别策划"栏目《体育赛事借互联网多元化开发转播权》；"热点聚焦"栏目《鼓励原创，要从减轻作者税负开始》；"版权在身边"栏目《汉风能否逆袭"韩流"》。第10版为"维权周刊"，包括"一周点评"栏目《办展会重"内涵"也要重"外延"》；"深度报道"栏目《众多"海宁皮革城"谁在演"画皮"?》；另外还刊登了部分专利复审委员会无效宣告请求口头审理公告。第11版为"维权·综合"，包括"司法亮点"栏目《扬职能利剑展司法雄风》；"专利复审决定及评析选登"栏目《判断现有技术给出启示时需要考量的因素》；"简明新闻"栏目《上海警方破获一起跨国境侵犯知识产权案》《北京三中院审理国内首例抢注无线网址案》《完美公司起诉窝窝团侵犯商标权》。第12版为"双语周刊"，其中包括 *China's IP in foreign eyes*，*China suspends anti-monopoly investigation against IDC*，*China changes PAQE registration method*，*TBAB affirmed Qiaodan's trademarks*。

从该例可以看出，《中国知识产权报》的内容基本全部为知识产权相关的新闻及相关的评论。从大事记的角度来看，《中国知识产权报》是一个重要的历史大事记载形式；但是报纸的一个特点是记录当下，对创刊之前的相关过往的知识产权大事则无法进行记载。

（2）年鉴类。年鉴是编撰者对上一年度某一领域或某一主题相关的大事进行的整合记录。知识产权大事相关的年鉴近些年在我国相对较多，比如国家知识产权局编纂的《中国知识产权年鉴》(如图2-8-6所示)、中国知识产权司法保护年鉴编辑委员会编纂的《中国知识产权司法保护年鉴》（如图2-8-7所示)、北京市高级人民法院民三庭编纂的《北京知识产权审判年鉴》(如图2-8-8示)、《中国版权年鉴》编委会编纂的《中国版权年鉴》（如图2-8-9所示)、中国商标年鉴编委会编纂的《中国商标年鉴》（如图2-8-10所示)、中国发明与专利杂志社编纂的《中国专利发明人年鉴》（如图2-8-11所示)、广东省知识产权局编纂的《广东知识产权年鉴》（如图2-8-12所示）等。这些知识产权方面的年鉴从不同的角度记录了与知识产权相关的工作情况和知识产权事业发展情况，其中不乏大量的大事记录，是知识产权大事的重要载体。

图 2-8-6　国家知识产权局编纂的《中国知识产权年鉴》

图 2-8-7　中国知识产权司法保护年鉴编辑委员会编纂的
《中国知识产权司法保护年鉴》

图 2-8-8　北京市高级人民法院民三庭编纂的《北京知识产权审判年鉴》

图 2-8-9　《中国版权年鉴》编委会编纂的《中国版权年鉴》

图 2-8-10 中国商标年鉴编委会编纂的《中国商标年鉴》

图 2-8-11 中国发明与专利杂志社编纂的《中国专利发明人年鉴》

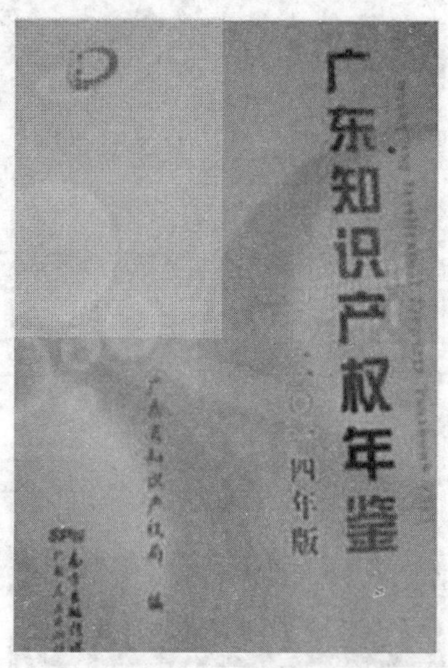

图 2-8-12　广东省知识产权局编纂的《广东知识产权年鉴》

以国家知识产权局编纂的《中国知识产权年鉴》为例，该系列年鉴始于2001年，是体现中国知识产权领域工作情况的重要资料性工具书。比如《中国知识产权年鉴 2015》[1]中涵盖了 2014 年中国知识产权工作的各方面情况，包括“领导讲话”“特约文章”“概况”“大事记”“新闻百条”“统计资料”“评选和认定”“法律、法规、规章及司法解释”“典型案例”“学术成果”“知识产权出版物”。其中，“大事记”记载了上年度中国知识产权领域的重大事件，包括专利、商标、著作权、市场监管、公平交易、海关、商务、农林植物新品种、司法保护等方面。另外，“领导讲话”部分收录了上年度国家知识产权相关部门领导发表的关于知识产权问题的重要讲话，这些内容传达了相关机关对知识产权相关工作的重要指示，也包含了一些大事内容。

再以最高人民法院知识产权审判庭组织编撰的《中国知识产权司法保护年鉴》为例，其为记载我国知识产权司法保护相关情况的工具资料书，该系列年鉴始于 2011 年。如《中国知识产权司法保护年鉴 2014》[2]一共包括八大部分，分别为“领导讲话”“司法解释及规范性文件”“工作概况”“地方

---

〔1〕《中国知识产权年鉴 2015》，知识产权出版社 2015 年版。

〔2〕《中国知识产权司法保护年鉴 2014》，法律出版社 2015 年版。

经验”“调研报告”“域外动态”“典型案例”“大事记”等。其中“大事记”部分着重记载了该年度我国知识产权司法保护相关的事件。

（3）机构网站类。相关机构也有对本单位及行业知识产权工作的记载，一般以网页新闻资讯为主要体现形式。

第一，知识产权相关主管部门及事业单位等机构、司法机构等网站。我国各级政府及司法部门等机关单位一般都建立了各自的官方网站，在网站上一般都设立了新闻资讯或者要闻等栏目，这些栏目用于记录本单位或者与本单位有关的工作情况。

比如，国家知识产权局网站[1]中的“时政要闻”“知识产权工作”“地方动态”等均涵盖了一系列知识产权方面的信息资讯资料（如图2-8-13所示）。但是国家知识产权局网站记载的知识产权大事主要是关于专利方面和综合知识产权方面的，著作权及商标等其他知识产权则较少涉及。

图 2-8-13　国家知识产权局网站首页界面

再如最高人民法院官方网站（http://www.court.gov.cn）并没有专门的知识产权版块，只能通过右上角的检索栏查询知识产权相关的大事信息资料。如在检索栏中输入“知识产权”（如图2-8-14），则检索出274个检索结果

[1] 参见 http://www.sipo.gov.cn。

（如图 2-8-15 所示）。检索结果包含了本网站知识产权相关的所有信息条目，但是很难辨别知识产权相关的重要事件。

图 2-8-14　最高人民法院官方网站检索栏

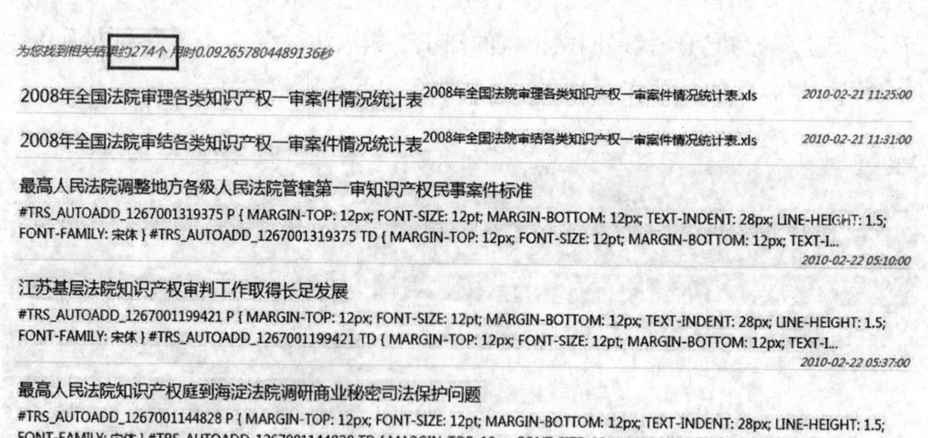

图 2-8-15　最高人民法院官方网站“知识产权”大事检索结果（局部图）

第二，商业机构网站类。商业机构较为注重自身的宣传，通常情况下，与其相关的事件记载较为详细齐全。但是因为此类网站主体主要是为了宣传自己，知识产权也可能只是其业务领域之一，所以知识产权相关的大事资料相对较少；从另一方面来讲，其新闻资讯类资料也主要局限于自身，所以在重要性方面也有所欠缺。比如大成律师事务所网站（http://www.dachengnet.com）界面（如图 2-8-16 所示）包含了新闻资讯及业务领域。点击“新闻资讯”，如图 2-8-17 所示，则可见该网站的新闻资讯包含了三个方面的内容，即“大成动态”“最新业绩”“媒体报道”。浏览可知，该网站报道知识产权的大事不多。点击“业务领域——知识产权”，则可见如图 2-8-18 所示界面（http://www.dachengnet.com/cn/business/47），从中可以看出信息更新较为滞后，且大部分是展示其单位工作业绩的信息，关于知识产权大事的信息条目极少。

图 2-8-16　大成律师事务所网站首页界面

图 2-8-17　大成律师事务所网站新闻资讯界面

知识产权
房地产与建设工程
矿业、能源与自然资源
争议解决
刑事辩护
劳动法
公益法律服务

最新动态 经典案例 研究成果

大成律师受聘为深圳康硕展电子提供知识产权战略顾问服务	2015-06-30
大成上海分所知识产权部向国务院法制办提交《关于商标法实施条例（修订草案）（送审稿）的若干修改建议…	2014-03-06
大成律师当选青岛仲裁委员会仲裁员	2014-02-21
大成昆明分所知识产权部成功代理专利权无效宣告案件	2014-02-21
大成律师当选为2014-2015国际商标协会反假冒委员会中国分会委员	2014-02-21
大成律师代理的杨绛维权案被最高人民法院公布为保障民生典型案例	2014-02-18
大成律师被续聘为第二届国家知识产权专家咨询委员	2013-09-27
大成律师当选"2012年度全国知识产权保护最具影响力人物"	2013-05-07

<< < 1 2 > >>

图 2-8-18　大成律师事务所网站知识产权业务领域界面

第三，教学科研网站类及其他。教学科研网站包含的知识产权大事类信息也较为有限，但是有极个别举办的较好的教学科研网站在知识产权大事记载方面做得相对较好，比如中南财经政法大学知识产权研究中心举办的中国知识产权研究网（http://www.iprcn.com）中的资讯传真栏目（如图 2-8-19 所示）。打开此栏目，则可见该栏目包括国内资讯和域外传真两个版块（2-8-20），分别记载国内发生的知识产权相关的新闻资讯及域外相关的新闻资讯。通过浏览发现，该栏目选取的知识产权相关的事件具有一定的典型性和影响力，其中一部分可以作为知识产权大事记的内容。

图 2-8-19　中国知识产权研究网资讯传真栏目

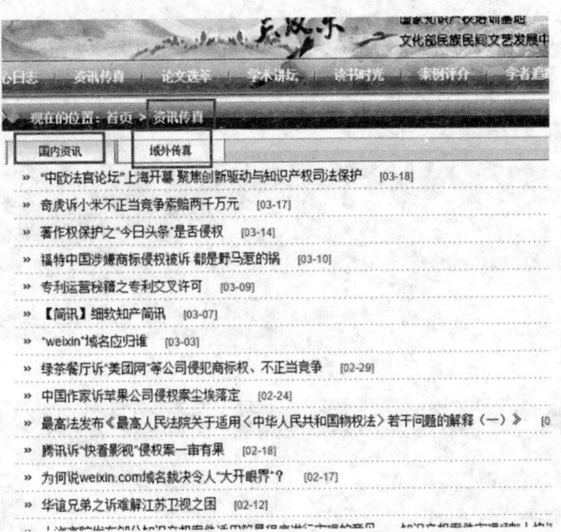

图 2-8-20　中国知识产权研究网资讯传真栏目界面

再如中国知识产权研究会官方网站（http://www.cnips.org）中的新闻资讯栏目。该栏目主要包括要闻、工作动态、国际合作三个版块（如图 2-8-21 所示），分别记载相关的知识产权事件。但是通过浏览发现，该栏目下的新闻资讯内容基本都是该研究会相关的活动信息，在知识产权大事的记载上体现不突出。

图 2-8-21　中国知识产权研究会网站新闻资讯栏目

（4）新闻类。普通新闻类网站虽然也有可能报道一些知识产权大事相关的信息，但是这些内容稍显不足。比如通过在线检索《人民日报》（http://

paper. people. com. cn/rmrb)，可以发现与关键词“知识产权”相关的报道（如图 2-8-24 所示），且相关的报道一般为较具价值的知识产权相关事件。

图 2-8-22　《人民日报》电子版界面

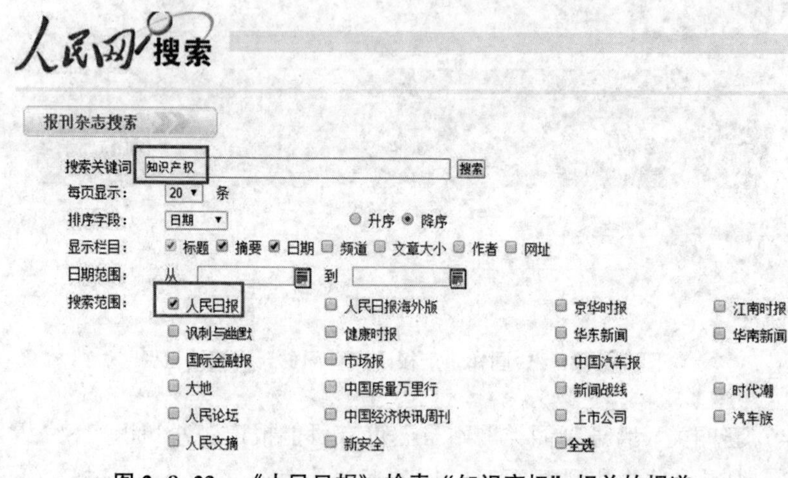

图 2-8-23　《人民日报》检索“知识产权”相关的报道

首批国防科工知识产权转化目录发布

本报北京7月16日电（记者吴月辉）记者从国家国防科技工业局获悉：国家国防科技工业局和国家知识产权局近日共同发布首批国防科技工业知识产权转化目录，共118个项目，含专利600余个。　这是国防科技工业实施科技成果转化、推动军民融合深度发展的重要举措。据悉，国防科技工业2014年全系统申请专利超过4万件。今年以来，国防科工局组织在各军工集团公司和高校推荐的项目中，挑选了一批具有军工优势、特色明显、创新性强...

-2015年7月17日0时0分0秒

中欧纪念知识产权合作对话10周年

据新华社布鲁塞尔6月29日电（记者帅蓉）中欧知识产权对话机制10周年纪念活动29日在布鲁塞尔举行，中国商务部部长助理童道驰代表高虎城部长，与欧盟委员会贸易委员马尔姆斯特伦共同出席会议并致辞。双方共同决定将中欧知识产权对话机制提升为副部级。来自双方政府部门、产业界和学术界的代表120余人参加了上述纪念活动。

-2015年7月1日0时0分0秒

别让“互联网+”的知识产权裸奔（“法眼观互联网+”③）

人民视觉　核心阅读　很多互联网公司在发展初期，无视知识产权，野蛮生长，形成了网络上对知识产权弱保护甚至不保护的商业环境。在行业的进一步发展中，法律如何在创新创意保护与信息互联互通之中实现平衡？　“互联网+”把触角伸向更多领域和层面的过程中，新的商业形态、商业模式、商业方法不断涌现，而涉及知识产权的内容也大量地进入互联网。　这预示着“互联网+”新生态下的知识产权保护问题已成为互联网发展绕不...

-2015年6月17日0时0分0秒

图 2-8-24　《人民日报》检索“知识产权”相关的报道（检索结果局部截图）

（5）书籍、学术期刊类。书籍及学术期刊一般较少记载知识产权大事，但是也有对相关问题进行深度研究的。比如《中国古代版权史》《枪口下的法律：中国版权史研究》《中国当代版权史》《中国商标法律史（近现代部分）》《美国专利法史研究》《近代中国著作权法的成长（1903—1910）》《历史视野下的知识产权制度》《中国知识产权思想史研究》[1]等著作从深层次上对相关的知识产权历史事件进行了研究，具有较强的理论深度和学术价值。学术期刊中的论文也有不少对知识产权相关的大事进行研究的，最明显的体现形式就是研究某一时间段内知识产权相关的历史，或者对某一类知识产权问题进行历史研究，如《民国时期四川的商标（1937 年—1949 年）》为对一段

〔1〕　李明山主编：《中国古代版权史》，社会科学文献出版社 2012 年版；李雨峰：《枪口下的法律：中国版权史研究》，知识产权出版社 2006 年版；李明山等：《中国当代版权史》，知识产权出版社 2007 年版；左旭初：《中国商标法律史（近现代部分）》，知识产权出版社 2005 年版；杨利华：《美国专利法史研究》，中国政法大学出版社 2012 年版；王兰萍：《近代中国著作权法的成长（1903—1910）》，北京大学出版社 2006 年版；李宗辉：《历史视野下的知识产权制度》，知识产权出版社 2015 年版；杨利华：《中国知识产权思想史研究》，中国政法大学出版社 2018 年版。

时间内的商标历史事件进行的研究；[1]还有对某一大事的研究，比如对知识产权法院的设立进行研究的系列论文。书籍及学术期刊记载的知识产权大事一般较为具体，很大程度上还可能带有理论性质的研究色彩。

（6）搜索引擎等其他类。通过搜索引擎也可以检索到一些知识产权大事记，不过这些信息也主要体现于前几种形式。需要说明的是，搜索引擎是工具，并不是知识产权大事的体现形式。通过搜索引擎检索出来的结果数量较多，一般难以筛选，查阅需要消耗较大的时间成本和精力。

（二）现有知识产权大事文献及信息资料库的主要不足

1. 知识产权大事文献及信息资料缺乏典型性、体系性

知识产权大事文献及信息资料广泛分布于网络、纸质书籍及报刊中，最重要的体现形式为新闻资讯，最深刻的体现形式为论文专著。即便是在网络中，也有不同类型的网站，比如政府、司法机关类的机关部门网站、教学科研类网站、商业机构类网站、新闻媒体类网站等，不同的网站具有不同的内容倾向性，但是总体来讲，所记载的知识产权大事缺乏典型性。换言之，需要记载的知识产权大事应当在行业内具有一定的影响力或者对知识产权事业发展具有较为重要的意义，普通的机构单位中的日常工作活动不应当被包含到知识产权大事中。

到目前为止，我国尚未有专门的知识产权大事文献及信息资料库，没有对知识产权大事相关的资料进行整合编辑，且普遍缺乏相应分类的知识产权大事文献及信息资料，即便有分类（如知识产权相关的年鉴），也是依照编纂机构的管理范围进行的编纂，具有单一性。

2. 知识产权大事文献及信息资料普遍缺乏加工

目前我国以各种形式体现的知识产权大事相关资料，没有对相关基本信息进行提取整合，更多的是以成文的形式展示相关内容。以新闻资讯形式体现的知识产权大事文献及信息资料，有些则相对简单，对于深层次了解知识产权大事等稍显不足。没有系统加工的知识产权大事文献及信息资料带来的另一个问题是人们对相关知识产权大事的了解可能会以偏概全，只见树木不见森林。

3. 知识产权大事文献及信息资料质量参差不齐，难以符合用户需求

我国目前知识产权大事文献及信息等资料在质量上参差不齐，如有网站

---

〔1〕 参见李丹萍："民国时期四川的商标（1937年—1949年）"，四川大学2007年硕士学位论文。

的知识产权相关资讯质量层次差异较大，且界面设置不合理，检索功能体验较差，检索结果排列秩序较为单一等问题。但是比如知识产权年鉴类的相关资料则在质量上较为优化，具有较大的参考价值。当然，目前的年鉴类资料一般呈现为纸质版，携带使用较为受限，且相关的编纂工作大部分近些年才开始，统计整合的知识产权大事资料相对来讲具有一定的局限性。

二、现有知识产权大事文献及信息资料库的可借鉴之处及思考

现有的知识产权大事文献及信息资料库具有很多不足之处，但是尚有值得国家知识产权文献及信息资料库建设参考和思考之处。

（一）资料选取要具有一定的科学性

国家知识产权文献及信息资料库在建设过程中应当对知识产权大事予以范围界定。是否所有有关知识产权的文献及信息资料均事无巨细地收录其中？对之应当持否定态度。国家知识产权大事的选择应当具有一定的代表性，相关事件应当具有一定的影响力，对知识产权事业或相关行业应当具有重要意义和价值。若将所有与知识产权有关的大小事均纳入国家知识产权文献及信息资料库，则会严重增加国家知识产权文献及信息资料库运作负荷，在检索结果上偏离用户检索目的的可能性也更大，具有重要意义的知识产权大事也更有可能湮没在杂乱的资料中。

国家知识产权文献及信息资料库建设不仅要注重当前发生的知识产权大事，更要注重对历史事件的追踪，整合相关资料，还原相关历史事件的真面目，为人们了解知识产权历史事件提供更加真实的材料。

（二）体现形式要具有一定的便捷性

体现形式从一定程度上决定了相关资料的利用效率，优化知识产权大事的体现形式具有重要意义。

首先，在互联网技术时代，网络给人们的生活带来了无尽便利，人们浏览吸收相关资料的方式也更加依赖于网络，因此建立大事网络资料库是必要的，也是符合公众习惯的。关于纸质版的资料，则可以考虑将相关的资料分类进行阶段性出版发行，以供部分偏好纸质资料的公众使用。

其次，应当对收录到国家知识产权文献及信息资料库的大事相关资料进行科学分类。目前“知信通”资料库将知识产权大事资料按照专业类别和事件性质进行了两种分类。按照专业类别，将知识产权大事分为综合类大事、

著作权类大事、商标类大事、专利类大事、其他类大事；按照事件性质，将知识产权大事分为政策与立法类大事、行政执法与管理类大事、机构设置与变更类大事、司法与维权类大事、涉外事件类大事、文化与教育类大事、会议与交流类大事、其他类大事。在国家知识产权文献及信息资料库建设过程中，可以对相关标准进行深度研究，建立更加科学、完善的分类标准。只有分类标准科学化，才能够为用户提供更加便捷的服务。

最后，要加强检索功能的建设，建立不同层次的检索功能，如建立普通检索与高级检索功能并行的检索方式，可能的话，还可增加其他更加专业化的检索模式。在检索结果的呈现上，要考虑用户使用习惯，建立多种排序方式，比如关联性、事件发生时间正序/倒序、事件整理时间正序/倒序等，为用户提供便捷的资料使用方式。

（三）资料编纂工作要具有一定的可持续性

目前知识产权大事相关文献及信息资料存在多种形式，但是具有一个共性，即相关大事在时间上具有一定的阶段性，这就使得相关的资料缺乏完整齐全性。

国家知识产权文献及信息资料库在知产大事部分的建设中要注重相关工作的可持续性。这也就意味着，对当前时间点之前及之后的事件都要做编纂整合，相关工作要持续进行，尽量避免工作的间断或终止，以实现相关资料在内容上的完整性和连贯性，充分满足社会需求，为社会公众提供更加完善的知识产权大事资料。

知识产权大事记是我国不同历史时期发生的知识产权方面的重大事件、重要活动的资料汇总。目前我国对知识产权大事的记载主要存在于知识产权年鉴等材料及事件发生期间的媒体报道中，总体上缺乏系统收集这类文献及信息的资料库，[1] 对知识产权大事项目的汇集和分析也较为鲜见，更少有知识产权历史事件的梳理及检索系统建立。可以说，知识产权大事资料的收集和梳理，是对特定历史时期以及历史发展脉络的良好呈现，具有重大的理论和现实意义。因此，国家知识产权文献及信息资料库建设中应当对知产大事部分予以重视。

---

〔1〕 参见冯晓青、赵秀姣：“国家知识产权文献及信息资料库建设内容选择及建构思路探析”，载《武陵学刊》2012年第5期。

第三章

国家知识产权文献及信息资料库建设方案研究

国家知识产权文献及信息资料库建设是一项系统工程，涉及法律、政策、经济、技术等方面的庞杂信息群，涉及信息处理技术与数据库构建技术。在资料库设计上，基于关联主义方法论，法律文本、法律解释、司法判决、法律研究、科研项目、教育培训、知识产权人物、知识产权机构、知识产权大事与知识产权百科等处于知识网络中，在网络中循环流动，因而需要使用动态的网络和生态观将这些知识单元连接起来。这就要求将国家知识产权文献及信息资料库建设的未来愿景转变为可操作性的建设方案：确定指导思想、建设目标、指导原则、信息来源与技术支持；明确具体内容，建立相应的子系统，确定各个条块的相互关系及其沟通机制，比如深度链接等；确定具体的实施方法。无疑，科学、完整、系统的国家知识产权文献及信息资料库建设方案，是指导建设和运行好国家知识产权文献及信息资料库的重要保障。

第一节　国家知识产权文献及信息资料库建设的总体设计

国家知识产权文献及信息资料库建设的总体设计是对资料全局问题的设计，是建设资料库的蓝图。一项总体设计应当包括“顶天”“立地”两个部分。就“顶天”而言，应当包括建设的指导思想、目标与指导原则，这决定了资料库的价值追求与总体结构，是国家知识产权文献及信息资料库总体图景的概括。就“立地”而言，应当包括信息来源与信息的技术支持，这决定了资料库的价值实现，是总体图景的落实。

一、指导思想

国家知识产权文献及信息资料库建设的指导思想是：以马克思列宁主义、毛泽东思想、邓小平理论、“三个代表”重要思想、科学发展观和习近平新时代中国特色社会主义思想为指导，顺应信息技术革命的发展趋势，贯彻落实政府信息公开政策、国家知识产权战略、信息化发展战略、创新驱动发展战略与大数据发展战略，坚持信息化推动产业化，产业化促进信息化，大力提升信息服务转型升级，以科学、系统、全面、权威统领资料库建设实际，充分利用数据库开发技术、大数据技术、云计算与互联网技术，全面推进国家知识产权信息建设，积极发挥知识产权信息在经济、文化、社会等领域的重要作用。围绕服务知识产权发展这一主线，顺应经济贸易全球化与知识产权国际化发展趋势，充分发挥市场机制配置资源的基础性作用，探索成本低、实效好的信息化建设模式，以“互联网+”行动计划为契机，立足眼前需求，着眼长远，努力通过网络、应用、技术和产业的良性互动提高知识产权信息服务效率，充分发挥知识产权制度的指引与激励作用，推动社会自主创新能力与信息化建设，为创新驱动发展战略与创新型国家建设提供强大支撑。

二、建设目标

国家知识产权文献及信息资料库的建设目标是：以数据汇交理念促进知识产权信息融合；以信息结构化实现知识产权信息价值；以关联主义理念实现知识产权信息网络化；以信息技术革新信息检索，促进知识产权信息检索的快速、全面、精确与友好。

（一）信息融合

目前，我国的知识产权信息存在的如下几个方面的问题，只有通过数据汇交与信息融合才能解决。

第一，我国的法律法规检索系统存在盲目重复，比如中国人大网、国务院法制办网站都存在法律法规检索数据库，内容基本一致，即只收录法律文本，立法过程的记录文献、审议记录、法律说明书等内容尚未全面整理和发掘。通常，在一部法律通过后，全国人大法制工作委员会编写相关的立法背景与观点介绍以及法律条文释义等纸质文献，不方便检索利用。从信息载体角度来说，纸质载体与电子载体并存。

第二，有些知识产权信息处于碎片化状态，缺乏应有的整理与收集，比如知识产权科研项目情况。由于不同来源的项目信息不共享，同一来源的项目信息不可以在不同年度进行对比，一些项目的简单、低水平重复依然存在。同时，由于无法查询，新项目立项的检索无法进行。在信息整理中就发现，有些题目相同或者近似的项目分别获得了国家社科基金、省级社科基金、教育部重大课题基金、司法部课题基金等的支持。这一方面加剧了课题项目的申报难度，另一方面浪费了课题资源。再如，知识产权制度包括法律制度、文化教育政策、科技政策以及外贸政策等，以《国家知识产权战略纲要》为代表的政策制度的公开及解读也是国家知识产权文献及信息资料公开的重要内容，但是政策文件的公开却存在无序性。

同时，信息融合是提供新素材，获取新知识的重要方式。知识之间的关联可以通过观察与实验得到。观察与实验的过程就是将不同的信息进行相互比较。信息融合是信息比较的前奏。比如，当将1904年《商标注册试办章程》以来的历次商标法文本进行融合后，就会发现一些我国商标法自始至终贯彻的原则、理念等，这就发现了商标法历次沿革的继承性，属于新的知识。

因此，应当通过数据汇交的方式建立国家知识产权信息平台，各个部门的数据信息都纳入到这一平台，并定期更新，形成动态的、完整的、统一的知识产权信息基础平台。所有的数据被输入到一个统一的标准空间，并按照预先设定的元数据被描述，然后利用信息融合模型，包括但不限于UK情报环、JDL模型、瀑布模型、Dasarathy模型等，对这些信息进行处理，就可以实现信息融合。

（二）信息结构化

信息无处不在，按照格式加以划分，可以分为结构化信息、半结构化信息与非结构化信息。合同、发票、书信、文书、表格、简报、邮件、声音、视频、图形、微缩胶片等都是信息，通常属于非结构化信息。这些信息无法与其他信息进行自动关联，也无法体现与其他文本或者信息的层次结构或者关联关系，只能凭借人工进行关联与解读。在信息化建设不断推进、电子政务飞速发展的背景下，与知识产权有关的非结构化信息只有少数的未经整理的碎片化信息，比如科研项目、知识产权人物、知识产权中介机构等。比较常见的是半结构化信息，即已经进行了一定程度的标引或者其他处理的信息，如知识产权法律。现有的法律数据库只实现了标题、位阶、正文检索词、效力状况、公布机关、公布日期等信息的结构化，法律条文的元数据没有描述章节与具体条文的内容、性质、作用与修改变动情况。以北大法宝为例，其实现了单个法律条文与相关案例、修订沿革、条文释义、部分法学文献的有效组织，但缺乏描述关键内容的元数据。再如，国家知识产权局专利检索数据库只有名称、国际分类、日期、权利人四项元数据，无法适应同族专利检索、权利状态检索、核心技术特征对比检索等实务中比较常见的检索需求。在很大程度上，该类数据库的数据堆放特征比较明显，很多专利技术资料由于无法检索到而成为沉积文献，无法发挥应有作用。

信息结构化是信息产生价值的关键，因为计算机只能读懂结构化数据，不能识别信息的自然含义。结构化程度越高，计算机所能识别的含义就越多，信息检索的精确度就越高。高精确度带来的是服务效率的提高与服务质量的提升，从而使得知识产权信息服务更具有针对性，更符合用户的个性需求，而需求会产生价值。

以知识产权法律制度为例，也可以说明信息结构化的价值。国家颁布的知识产权法律只有文本信息，没有具体的元数据标签，任何人检索法律只能得到全文本，而无法直接定位到需要的信息。在该类数据库内，如果需要检索我国《商标法》关于商标在先使用权的规定，只能先检索《商标法》，然后再逐条寻找符合要求的条文。在结构化程度较高的数据库内，只需要限定在《商标法》范围内输入在先使用权就可以得到具体条文，甚至可以得到该条的前身与关联案例。结构化信息节省的时间成本或者提高的效率一目了然。

（三）信息网络化

关联主义（Connectivism）又称联通主义、联结主义，是加拿大学者乔治·西蒙斯（Jorge Simons）首先提出来的。[1]王竹立将其核心思想分为知识观、学习观、实践观与创新观四个方面。根据关联主义的知识观，“知识就像输油管中的石油，在网络中循环流动。人类是通过一个具有偏见的、争议性的、错综复杂的、自我纠正的、预先假定的和夸张的网络得到知识。”[2]通俗的理解就是“把大家的想法连接在一起以获得更多的知识”。[3]学习的过

---

〔1〕王竹立：“关联主义与新建构主义：从连通到创新”，载《远程教育杂志》2011年第5期。

〔2〕王竹立：“关联主义与新建构主义：从连通到创新”，载《远程教育杂志》2011年第5期。

〔3〕李曼丽等：《解码MOOC：大规模在线开放课程的教育学考察》，清华大学出版社2013年版，第91页。

程就是学习者利用大家连接的知识网络，矫正与扩充知识网络，形成新的知识成果的过程。

国家知识产权文献及信息资料也包含了大量的知识产权法律、技术、科研事务等方面的知识。基于上述知识观，这些知识也处于网络中，相互之间通过语义关联纠缠在一起。数据库建设遵循关联主义理论，其实就是将知识预先进行关联，帮助学习者组织底层的知识网络，以便学习者在组建自己的知识网络时能够将精力集中在知识运用、知识淘汰、新知识发现等具有创新意义的过程。例如，在本项目试验性资料库“知信通”中，知识产权法律通过“释”“沿”“关”“理”“案”与“他”相互关联，实现了法律条文、条文释义、条文沿革、学理研究、适用条文的案例与其他相关知识的无缝连接，可以发现案例适用法律的内在一致性，案例适用与条文释义、学理解释的外在一致性等，为相关法律条文的内涵确定提供新的支持素材。

网络化的知识产权信息为知识产权知识的各类学习者、应用者提供了丰富的、可以相互纠正、相互证实与证伪的知识网络，能够节省知识构建的时间、提高知识网络的内涵价值，是信息化建设助力知识传播的重要范例。

（四）信息检索

信息检索是数据库建设最基本的功能，也是数据库的生命线。数据库是以某种数据模型组织并存储在一起，能够为多个用户共享，冗余度尽可能小的数据集合。数据库在本质上是利用电子计算机的管理文件的高级形式。与文件管理方式相比，数据库可以实现对数据的集中控制和管理，并在数据之间建立结构与联系。在这一基础上，数据或信息就处于可随时被检索的状态，可以满足人们获取知识、科学研究等需求。一个缺乏检索功能的数据库不能满足上述需求，也就丧失了其基本价值。

快速检索是要求使用知识产权文献及信息资料库进行检索时能够以比较短的响应时间检索出最新的信息。快速检索取决于信息描述、检索方式与数据更新机制。在“知信通”中，各类信息的描述方式均确立了层次化的、语义化的元数据标准，并通过引用已有关联开放词表提升元数据标准的互操作性，[1]

---

〔1〕 参见武汉大学信息管理学院吴丹教授在国家知识产权文献及信息资料库建设研究 2015 年工作会议暨学术研讨会上的发言，载冯晓青、杨利华主编：《国家知识产权文献及信息资料库建设研究》，中国政法大学出版社 2015 年版，第 560 页。

以此为基础对主题、效力、状态、形式特征等内容进行分析、选择与记录，将使用者有检索需求的项目都予以标引，为实现快速检索提供了信息加工基础。设定的检索途径是1种综合检索与9种分类检索。其中，综合检索可以采用任意的检索方式，不同分类检索采取了不同的检索方式。在对一个具体内容进行检索时，各种可利用的方式增强了选择性，也提高了检索速度。课题组也在及时更新数据资源，保证数据的更新率。

全面检索是要求使用知识产权文献及信息资料库进行检索时可以获得较为全面的、“检全率”达到要求的信息。这取决于信息资源的数量与系统的检索方式。在“知信通”建设过程中，课题组按照法律法规、司法案例、知识产权大事、论著资料、科研项目、教育培训、知识产权人物、知识产权机构、知识产权百科等子版块对研究团队进行分工，利用网络搜索工具对各类专题信息进行系统搜索与挖掘，并查询了图书馆的纸质信息资源，尽最大努力获取原始信息，保障了信息资源数量的全面性。同时，数据库系统还提供了合理的检索策略与方式，包括高级检索、全文检索等。

精确检索是要求使用知识产权文献及信息资料库进行检索的结果与检索者的需求匹配度最高，即保证检准率。这取决于数据库的质量，包括分类检索、检索条件、匹配与排序规则等设计。数据库的质量不高就会导致检索结果不准。分类检索是对信息资源的初步拣选，缩小了检索范围，加深了检索深度，使得检索结果更精确。检索条件的多元设计可以帮助用户发现检索资源，增加检索限定条件，保证检索的精确度。在匹配与排序规则中，不同位置的关键词通常有不同权重，并按照相关性、发布时间和资源类型等规则进行排序，可以使得符合检索者需求的信息排列在前，减少人工查询的时间。比如以“著作权法”为关键词进行检索，排列在检索结果条目第一条的就应当是现行有效的《中华人民共和国著作权法》。

友好检索是指使用知识产权文献及信息资料库进行检索的体验友好。这取决于检索条件的设定、检索结果的排列与检索界面的设计等。在检索条件上，专业检索使用专业术语，比如检索知识产权司法案例时，设定的检索条件包括案件名称、当事人、关键词、案号、审结日期、案由、审理法官、审理法院、代理律师、代理机构、法院级别、审理程序、案件类型等均是专业词汇；综合检索可以使用普通词汇。在检索结果排列上，如果检索词在标题，则该词在结果条目中高亮显示；如果检索词在全文中，则检索结果条目下会有摘要，在摘要中高亮显示检索词，并可一次锁定该词在文中的位置。检索界面的设计体现了简约美，符合用户审美体验。

总之，通过使用不同的信息挖掘技术、信息描述与组织方式、检索技术与检索规则的设计，信息检索的快速、全面、精确与友好就能实现，进而实现国家知识产权文献及信息资料库的基本功能，并提供权威的知识产权文献及信息服务。

三、基本原则

国家知识产权文献及信息资料库建设的基本原则是落实指导思想与建设目标，指导信息挖掘、描述、分析、组织与检索等具体行为的根本准则。在建设过程中，基本原则体现在如下几个方面。

(一) 完整收录原则

建立完备的知识产权文献及信息资料库是本项目的基本宗旨，也是实现信息价值最大化的基本途径。在大数据时代背景下，完整信息的价值越发重要，已经成为重要的竞争性资产。坚持该原则，应当明确如下几个问题：

第一，信息及资料类型。本项目将知识产权立法、行政、司法、教育、商业管理、学术研究活动、新闻报道等领域的信息都囊括进来。根据本项目的定位，虽然知识产权信息与包含知识产权的文献在本质上具有共同性，但是两者依然存在细微差别，不能只强调信息而忽略信息载体的多样性。对于没有载体的信息，需要由专业人员收集整理，比如知识产权人物信息，原本是散落在不同网站的信息，课题组委托人物信息课题组专门从各个律师事务所、知识产权代理机构、知识产权局网站、知识产权教学与科研机构的网站与公开资料中收集整理，形成了相对完整的信息库。

第二，通过多种采集形式扩大信息搜索范围。在信息采集领域，通常有系统导入、资源录入、互联网搜索、文件服务采集以及外部购买等方式。课题组主要采用了前三种采集方式。

第三，对信息及资料进行查重与校正。在信息资料的全面收录过程中，从不同渠道收集到的信息不可避免会存在重合，甚至是矛盾。这也是为了保障全面性而不得不付出的代价。但是，重复信息需要予以剔除，一是减少工作量，二是优化检索体验。

第四，避免陷入他人权利范围，产生法律风险。比较典型的就是论著资料的著作权法律风险防范。

（二）动态更新原则

知识产权文献及信息是不断递增的。这一方面源于信息技术将整个社会予以信息化，信息资源呈几何级倍数膨胀；另一方面源于知识产权与信息的深度纠缠。在这层意义上，原始数据与资料处于持续变动之中，挖掘、抓取、整理与识别活动永远处于进行时，资料库建设始终在进行中。同时，随着技术的发展以及需求的变化，资料库也需要不断修改完善。面对这一情形，需要坚持动态更新原则，保证信息的及时更新，以维护资料库建设的长期性和持续性。

坚持该原则时应当注意：

第一，利用技术手段及时获取信息，再由人工进行审核、标引、加工，实时增补、替换与更新。

第二，利用平台的用户参与保障信息的及时增删，尤其对于个性化特征明显的信息。比如，收录进资料库的知识产权人物的工作单位、学历经历和职务等信息可能会发生变化，只有对应个人更新这部分信息才更有效率，也会更及时，因而需要他们主动提供最新修改的信息。新增人物信息也如此。为此，知识产权人物与机构信息描述中有“变更机构信息”标签，用户可以据此变更信息。

（三）公益与商业成长并重原则

知识产权文献及信息既有来源于公共领域的内容，又有私人加工的内容；既有基础信息资料，又有深加工、高附加值信息。这两方面的特性决定了该资料库既有公益属性，又有商业属性。在试验性资料库“知信通”的建设过程中，课题组也充分认识到了该资料库不是纯粹的商业性数据库，但又不是完全公益性的数据库这种复杂性。课题组设计的建设方案兼顾了这两种特性。首先，为了更好地普及知识产权法律、管理观念与知识，课题组免费向社会公开基础信息。其次，为了维持知识产权文献及信息资料库建设的动态、持续激励机制，课题组只是将自己深加工的信息的演示版公布出来，向用户展示。完整系统的增值服务是数据库商业发展的方向。而且，商业成长获得的利益也使得资料库运行者有更为充足的动力与成本充实基础信息，推动资料库持续、高效运转，保持并改善免费服务质量，确保资料库始终具有前瞻性。因为根据市场规律，具有商业增值空间的商品或服务，更容易从资本市场获得融资与支持，也更容易在市场竞争中保持竞争优势并不断发展。国家知识产权文献及信息资料库建设改善了国家知识产权文献及信息环境，在确保知识产权基础信息免费利用的同时，通过对信息的二次加工、深度标引与分析，增加了原始资料信息在结构、属性等方面的价值量，满足目标群体的定制化信息分析、处理与整合要求，使得知识产权信息平台的商业价值更大。

从资料库建设的实践看，兼顾商业成长性也是避免重复建设与资源浪费的重要策略。根据《国家知识产权战略纲要》的要求，相关政府部门已经建设了公共性知识产权信息服务平台，包括法律法规数据库、专利与商标检索数据库等。社会公众可以免费使用这些数据库。同时，以北大法宝为代表的法律法规、司法案例与论文资料数据库，服务内容全面，已经做了知识产权信息的初步加工，但是增值服务不够，数据浅显，缺乏深度加工。这就要求知识产权文献及信息资料库的竞争不仅不应停留在基础信息层面，而且不应当停留在初步加工层面。通过分析现有资源，只有依靠深加工，才能走出一条特色的资料库建设之路。

坚持该原则的基本要求就是重视信息资源的增值开发。随着知识产权在社会经济活动中的作用进一步增强，目标群体对相关信息的需求也逐渐个性化与细化。知识产权文献及信息的增值开发和利用是满足个性需求的重要途径。在国家社会科学基金重大项目“国家知识产权文献及信息资料库建设”2011年12月3日学术会议上，武汉大学信息管理学院吴志强副教授介绍的澳门法律双语增值检索系统就体现了资料库建设中增值业务开发的作用。该数据库检索系统包括数据组织、分类组织、全文标引过程，通过对法律条文进行智能分词、深度标引，构建分类-主题词-关键词体系，实现语义关联，最终完成检索。[1] 在本试验性资料库建设过程中，拟设的增值开发环节包括自助服务平台、专家咨询平台、自助办案平台、专利查新检索和分析平台、信息跟踪平台、个性定制平台等。目前，已经开设的平台有前两个。

（四）目标导向原则

如前所述，国家知识产权文献及信息资料库建设有四项基本目标，最终

〔1〕 2011年12月3日，课题组于北邮科技大厦举行了第二次大型学术研讨会，围绕国家知识产权文献及信息资源建设现状及资料库架构等内容进行了深入探讨。会上，吴志强副教作了这一专题演讲。

落脚点是快速、全面、精确与友好检索。课题组在试验性资料库建设的各个环节都瞄准这些目标。为了提高文献著录水平，课题组检索到2008年国家知识产权局、中国标准研究中心起草的《知识产权文献与信息分类及代码》（GB/T 21373-2008）与《知识产权文献与信息基本词汇》（GB/T 21374-2008）两个国家推荐标准。针对这些标准的不足，尤其包括偏向专利与条目设置存在争议等重要问题，课题组进行多次增减删改，尽量做到信息标引的科学化与规范化，为快速、精确与全面检索提供了组织手段。为了妥当安排不同检索方式，界面的综合检索与高级检索分别设计，体现了友好态度。为了保障用户参与，试验性资料库设计了公众参与编辑按钮。为了保障信息的互联互通，课题组将不同版块的信息通过链接与图例关联在一起，方便了用户的深度阅读与关联学习。可以说，“知信通”这一国家知识产权文献及信息试验性资料库的细节设计都体现了目标导向。

（五）面向用户需求原则

在信息社会，用户是最为宝贵的资源。满足用户需要既是生存之本，又是获利之基。知识产权文献及信息的用户群体主要是知识产权专业人士，具有数量庞大、类型多样、信息需求量大且差异明显等特点。比如，教学研究者对知识产权历史信息的需求可能性比较大，实务界人士则很少有这一需求。为了满足各个目标群体的需求，课题组专门组织了用户调研。结果显示，排在前两位的信息需求是权利信息、相关立法与制度，占比超过一半，其次是研究论述和社会服务信息，分别占全体调研样本的43.9%和34.8%。这些专业需求一定程度上也能够反映出建成的国家知识产权文献及信息资料库满足专业人士需求的特点。在“知信通”的建设过程中，利用调查方法充分了解与掌握用户需求，是本项目的重要特色与基础。同时，为了保障用户需求的持续获取以及用户参与，课题组采取的一个有效解决方案是鼓励用户在Web2.0环境下参与知识产权文献及信息描述。比如，在司法案例信息描述中有“我来供稿”标签，知产人物与机构信息描述中有“变更机构信息”标签，这就强化了信息建设的用户需求导向，提升了信息价值。

（六）技术支撑原则

从当前的技术发展程度与普及情况看，数据库以数字化居多，传统的信息汇编因在信息关联、检索上的劣势而逐渐失宠。国外这方面有较为成功的例子，比如STN、英国德温特公司、美国的USPAFULL专利数据库等。我国现有的知识产权文献及信息资料库基本上也是以网络数据库形式运行。在信息社会化和社会信息化环境下，建设更为专业化、更全面的国家知识产权文献及信息资料库也应当因应现代信息网络技术发展的趋势，利用数字技术、互联网技术、数据库技术、大数据分析等技术手段以及数据检索、数据可视化等信息管理方面的专业化工具。唯有如此，才能提高查找和检索知识产权文献及信息的便利性。因此，国家知识产权文献及信息资料库依托于网站运行，是科技发展的必然选择。

坚持技术支撑也得到了实证调研的证实。“国家知识产权文献及信息资料库建设研究”课题组的调研结果显示，专业人士获取知识产权文献及信息的主要渠道已不再是书刊报纸、会议交流，而是公共网络、政府与高校的网站、中国知网等。针对国家知识产权文献及信息资料库的服务模式，41.67%的专业人士认为应当单独建立信息网站，普通公众在专门建立网络平台与依托现有政府平台方面的意见几乎持平，分别占比 29.94%、28.45%。总而言之，依托网络已经成为不二选择。

（七）开放性原则

知识产权文献及信息资料库建设是一个多学科交叉领域，涉及知识产权法与管理、信息管理与技术等学科。坚持开放性需要打破学科的门户观念，从多学科综合的角度谋划、布局国家知识产权文献及信息资料库建设。“知信通”建设的实践已经充分证明了这一点，且受益于这一原则。

同时，开放性还要求必须充分吸取国内外数据库的开发经验。现有的法律数据库，包括北大法宝、中国人大网法律法规检索系统等，已经在信息标引、组织与关联方面积累了成熟的建设经验，尤其是将法条与司法案例进行关联的策略。受此启发，课题组在法律法规版块建立了“释”“沿”“关”“理”“案”“他”等关联网络。国外的商业性法律数据库如 Dialogue、STN 非常成熟，逐渐进入中国市场。为了竞争需要与取长补短，避免被国外数据库垄断的风险，也需要对其内容与形式进行研究与分析。

四、信息来源

国家知识产权文献及信息资料库建设的信息来源广泛，且因版块的不同而不同。这也是目前知识产权文献及信息分布的特点所决定的，既有同种载体的不同渠道，又有不同载体的信息。

知识产权法律法规的信息来源包括：国家知识产权局、国家工商行政管理总局、国家版权局、中央人民政府网站、中国人大网、国务院法制办网站、北大法宝、最高人民法院网站等，涵盖了法律、法规、规章、司法解释及其他规范性文件。

知识产权司法案例的信息来源包括：最高人民法院、各直辖市及部分省份高级人民法院公布的历年知识产权名案，包括历年十大经典案例、五十件经典案例；中国知识产权裁判文书网等。

知识产权论著资料的信息来源包括：中国知网、国家哲学社会科学学术期刊数据库、中国国家数字图书馆、法律图书馆网，当当网、卓越亚马逊网、京东网等图书电子商务网站，中华商标协会网站，中国政法大学出版社、中国人民大学出版社、知识产权出版社、法律出版社等出版单位网站。

知识产权科研项目的信息来源包括：中国知网、中国社会科学网、全国哲学社会科学规划办公室网站、国家自然科学基金委员会网站、教育部及各省（自治区、直辖市）教育厅网站、国家知识产权局及各地知识产权局网站、各高校网站等。

知识产权教育培训的信息来源包括：各高校网站、各高校论坛、各培训机构网站、考研相关网站、国家精品课程资源网、百度文库、道客巴巴、行政机构网站、律师事务所网站、知识产权代理公司网站等。

知识产权人物的信息来源包括：商务部、国家知识产权局及各地知识产权局、科技部及各地科技局、国家版权局及各地版权局等政府机构网站，中国电子商务协会、全国工商联合会等社会团体与行业协会网站，北京大学、中国人民大学、中国政法大学、中南财经政法大学、武汉大学、华东政法大学等高校网站，中国知识产权法学会、中国知识产权研究会等研究会网站，最高人民法院及各地法院网站，律师事务所、知识产权代理公司等商业服务机构网站。

知识产权机构的信息来源包括：国家工商行政管理总局及各地工商局企业登记数据库，最高人民法院及各地有知识产权案件审判权的法院网站，国家知识产权局及各地知识产权局、国家版权局及各地版权局、国家工商行政管理总局及各地工商局等政府机构网站，著作权集体管理组织网站。

知识产权大事的信息来源包括：20 世纪 80 年代以前，信息载体以纸质为主，信息收集的渠道主要包括书籍、历史档案和已有电子数据库。书籍主要包括:《中国当代版权史》《中国商标法律史（近现代部分）》《枪口下的法律：中国版权史研究》《中国专利法的孕育与诞生》《中国近现代专利制度研究（1859—1949）》《知识产权年鉴》《中国版权史研究》，以上信息载体基本满足了重大历史信息条目编制的需要，而有些事件发生的具体信息则需要在国家图书馆查找老旧报刊，如《科学画报》《发明与创造》《人民日报》等。同时，中国政法大学图书馆电子资源库晚清期刊全文数据库、民国期刊全文数据库也是历史资料获取的一大途径。20世纪80年代之后，信息收集的渠道主要包括：书籍、报刊、现有数据库、互联网搜索引擎。期刊类主要包括:《中国专利与商标》《著作权》（现改为《中国版权》）《中华商标》《电子知识产权》《知识产权》《中国知识产权报》，电子资源主要来自北大法宝数据库、中国知网数据库、政府网站和百度等搜索引擎。[1]

知识产权百科的信息是根据各词条的具体内容，由专门团队自己整理撰写。参考资料除了本项目首席专家及成员著作以外，主要包括：陶鑫良、袁真富著《知识产权法总论》（知识产权出版社2005年版）；刘春田主编《知识产权法》（高等教育出版社、北京大学出版社2010年第4版）、吴汉东主编《知识产权法》（法律出版社2011年第4版）；郑成思著《知识产权论》（法律出版社2003年第3版）；王先林著《知识产权与反垄断法——知识产权滥用的反垄断问题研究》（法律出版社2008年第2版）；李明德主编《知识产权法》（北京师范大学出版社2011年版）；吴汉东等著《知识产权基本问题研究》（总论和分论，中国人民大学出版社2009年第2版）；汤宗舜编著《专利法教程》（法律出版社1988年版）；王迁著《知识产权法教程》（中国人民大学出版社2007年版）；吴汉东主编《知识产权制度基础理论研究》（知识产权出版社2009年版）；尹新天著《中国专利法详解》（知识产权出版社2011年版）；李明德著《美国知识产权法》（法律出版社2003年版）；曲三强主编《现代工业产权法》（北京大学出版社2012年版）；张平、马骁著《标准化与知识产权战略》（知识产权出版社2005年版）；国家知识产权局《专利审查指南》等。

此外，随着国家知识产权文献及信息资料库建设的深入，资料库将逐步

---

[1] 刘倩倩、任昱阳、丁晓雯、张冉、申亚辉："'知识产权大事记'资料库建设研究"，载冯晓青、杨利华主编：《国家知识产权文献及信息资料库建设研究》，中国政法大学出版社2015年版，第445页。

增加对国外相应文献及信息的整理和收录。这些涉及其他国家和地区的知识产权文献及信息，相当一部分将来自于国际知识产权组织、各国和地区知识产权部门、高校和研究机构、相关行业协会网站以及涉外知识产权文献及信息的资料库。目前，课题组锁定的搜集、整理、标引国外知识产权文献及信息资料的数据库与信息平台系统包括商务部网站的“GLOBAL LAW”全球法律法规检索系统与汤森路透公司开发的Westlaw检索系统等。其中，全球法律法规检索系统分为中国法规、各国法规、国际标准三个版块，每个版块又分别有四个栏目。各国法规版块设置了各国法规、各国案例、国际条约与技术法规四个栏目，搜集了五大洲170个国家的包括知识产权法律法规在内的法律法规。设置的检索条件包括“法规标题”“全文关键词”“颁布日期”“实施日期”“法规分类”“国家或地区”，为快速检索上述国家的知识产权法律法规信息提供了便捷方式。法律文本的语种为英语，便于阅读、整理与翻译。该检索系统提供三种检索方式，即通过点击网站下方的网站地图，定位相关栏目内容；通过网站顶部左侧的栏目导航，进入相关栏目进行内容检索；通过网站提供的全站及各数据库搜索引擎，输入关键词进行全文信息检索。[1] Westlaw的内容主要有：①判例，包括美国联邦和州判例、英国、欧盟、澳大利亚、加拿大、中国香港的所有判例。除此之外，还提供其他国际机构的判例报告，包括国际法院、世界贸易组织等判例报告。[2]②法律法规，主要包括英国成文法、美国联邦和州法、欧盟法规、加拿大及中国香港的法律法规。③1000余种法学期刊，覆盖了当今80%以上的英文核心期刊。[3]④法学专著、教材、词典和百科全书，完整收录法律界最为权威的法律词典《布莱克法律词典》（*Black's Law Dictionary*）、《美国法律精解》（*American Law Reports*）、《美国法律大百科》（*American Jurisprudence*）、《美国法律释义续编》（*Corpus Juris Secundum*）、《美国联邦法典注释》（*USCA*）。[4] 这些信息资料库有重点、又全面地收集了世界各国或区域的知识产权法律、管理与经济等方面的信息，

---

〔1〕 参见http://policy.mofcom.gov.cn/service/export! guide.action，最后访问时间：2018年12月1日。

〔2〕 杜敏：“Westlaw数据库中常用法律资料的检索途径详述”，载《科技信息》2011年第10期。

〔3〕 杜敏：“Westlaw数据库中常用法律资料的检索途径详述”，载《科技信息》2011年第10期。

〔4〕 参见Westlaw的图书馆介绍。另参见杜敏：“Westlaw数据库中常用法律资料的检索途径详述”，载《科技信息》2011年第10期。

便利了国内外知识产权信息的交流与扩散，对我国知识产权文献及信息的国际输出也有参考意义。

五、技术支持

在现代信息技术条件下，构建真正意义上的国家知识产权文献及信息资料库应当与时俱进，采用先进的信息资料收集、整理、挖掘、存储、分析与可视化技术，尤其是数据库技术。数据库技术的支持无疑是构建国家知识产权文献及信息资料库的关键，因为国家知识产权文献及信息资料库是通过构建科学合理的资料库网站形式实现其目标的，而这离不开数据库技术、计算机技术等技术手段。

以数据库形式体现的国家知识产权文献及信息资料库是一个系统结构，包括概念模式、外模式与内模式三层。概念模式是对数据逻辑结构和特征的抽象描述，包括数据的概念记录类型及其相互关系，数据间的语义约束等，是面向全体的系统结构。外模式是用户所能见到的与某一具体应用有关的数据的逻辑结构和特征描述，是概念模式的某一用户可视部分。内模式是关于数据库物理结构和存储方式等底层内容的描述，定义了数据库中的各种存储记录、存储记录的物理表示、存储结构与物理存取方法，如数据存储的文件结构、索引、集簇等存取方式和存取路径等。〔1〕

主流数据库的系统软件包括 Oracle（前身是 SDL）、IBM 的 DB2、Microsoft 的 SQL Server、MySQL、PostgreSQL 等。数据库的语言包括 XML（扩展标记语言）与 SQL（查询语言）。这些软件与语言技术都对建设国家知识产权文献及信息资料库具有支撑价值。在与用户的交互上，数据库有 B/S 架构与 C/S 架构可供选择。C/S 架构是客户端/服务器模式，具有响应速度快、设计个性化、事务处理能力强等优点，但是具有分布能力差、维护成本高昂、平台兼容性不强等缺点。B/S 架构是浏览器/服务器模式，具有分布性广、灵活方便、维护简单方便等优点，但是数据处理同步方式会造成时间冗余，响应速度与功能也处于劣势。具体到国家知识产权文献及信息资料库建设上，要根据功能设置、数据容量、用户潜在偏好等要素进行选择。下文还将详述试验

〔1〕 参见“C 语言等级考试补充内容”，载 http://www.doc 88.com/p-1873001309499.html，最后访问时间：2018 年 12 月 30 日。

性资料库“知信通”的技术支持体系。

数据库的辅助技术包括安全技术、数据恢复技术。安全技术的目的是实现存取控制，即确保有授权的用户访问数据库，并使得未授权的用户无法接近数据。对权限的定义取决于开发者的竞争策略，有效实现定义则是技术问题。当用户向系统发出数据存取的请求后，数据库管理系统查找有关权限的定义性规则，然后判断用户请求是否超出合法权限，再予以相应响应。如果合法，则按照数据库视图设计予以体现；如果超出权限，则拒绝执行此操作。这一技术是国家知识产权文献及信息资料库采取基础数据免费开放与加工数据有偿使用相结合的策略的基础。否则，有偿使用的授权机制就无法实现。数据恢复技术是为了防止数据库发生介质故障或者遭遇计算机病毒，影响数据存储，因而需要数据转储和登录日志文件等基本技术。

以下将简要介绍本项目试验性资料库“知信通”技术支持情况：

试验性资料库“知信通”采取与第三方技术公司联合开发的模式。技术支持团队由王勇、郭洪清、谢海波担任总策划，陈力担任技术负责人，开发人员包括米建、黄功强、黄文洲、姚顺然、邓伟伟、何世坛、张胜光、张小明、唐春华，UI设计是刘先告、黄何劲、黄钰倩、梁刚华、徐英涛。录入法律法规3704条，司法案例4673条，论著资料7781条，科研项目2555条，教育培训958条，知产人物1648条，知产机构6937条，知产大事3034条，知产百科447条，信息总量约1.2GB。[1]

试验性资料库“知信通”的开发工具包括：SVN版本控制系统、Notepad++文本编辑、NetBeans IDE PHP的IDE环境、Navicat for MySQL数据库连接工具、WinSCP SFTP/FTP连接工具、Beyond Compare 4文件对比工具、Putty SSH连接工具、Photoshop图像处理、Illustrator多媒体和在线图像的工业标准矢量插画的软件、Flash动画处理、CorelDraw平面设计软件、Dreamweave HTML开发、HBuilder HTML5的Web开发IDE、Sublime HTML和散文先进的文本编辑器、Visual Studio微软集成IDE开发环境、Sass前端CSS预处理等。

在程序架构上，“知信通”使用了最流行的MVC（Model View Controller，模型-视图-控制器）编程模式，是一种业务逻辑、数据、界面显示分离的方法组织代码。MVC分层有助于管理复杂的应用程序，可以在不依赖业务逻辑

〔1〕 截至2016年3月的统计数据。

的情况下专注于视图设计。[1] 同时，提供了对 HTML、CSS 和 JavaScript 的完全控制，让后期的维护和功能扩展极为方便，也让应用程序的测试更加容易。该程序可以运行在 PHP 5.0 以上、Mysql 5.0 以上、Nginx 1.0 以上版本。

"知信通"的特点或者核心技术包括：第一，课题组联合项目技术支持方，自主研发 hbsearch，为"知信通"提供专业的知识产权文献检索服务。hbsearch 在找法网、法律快车上运行多年，为上亿法律当事人提供法律内容搜索服务。课题组结合"知信通"文献检索即时性、科学性的要求，同时做出如下升级：使用未登录识别和概率统计方法，进行人名识别，用户通过姓名搜索知识产权人士，返回结果更为精准；对标题进行单字索引，通过单字搜索，实现搜索建议和人名联想功能；为提高搜索速度和搜索精准性，组织法学专家完成搜索词库整理。对专用搜索词进行收录，并针对用户搜索习惯进行复合词拆分，收录了 2000 多个知识产权法专业词条，提升搜索体验；按类目浏览与搜索结合，在搜索时，统计类目数据量，按关键词与类目导航结合，帮助用户最快找到需要的知识产权资料。第二，案例地图。通过对裁判文书进行语义识别，识别出裁判文书中原审认定、争议焦点、原告诉称、被告辩称等多种语义段落，并对原告、被告、审理法院、案由分类等进行实体识别。通过上述初步识别，结合专业人员编辑，形成案例地图 2100 个。第三，内链体系。首创 hbcws 模糊分词技术。通过模糊分词，匹配出文献对站内资料的引用，识别出文献中的相互引用关系，自动添加链接。打通文献内容组织，便于用户浏览学习。

第二节　国家知识产权文献及信息资料库建设的构架

国家知识产权文献及信息资料库建设的架构旨在描述资料库的构成要素及其连接关系，连接的风格决定了资料库的运行模式与服务方式。在更为抽象的意义上，这种决定关系是结构决定功能，功能实现价值的映射。这种架构是课题组处理资料库与使用者关系的基本考量。

---

[1] 王兆恺："基于 Web 的南方电网教育培训评价中心在线考试系统的设计与实现"，载《经营管理者》2014 年第 34 期。

一、国家知识产权文献及信息的内容选取与定位

(一) 知识产权法律法规文献及信息

知识产权在本质上是制度性权利，离不开法律制度的设计与构建。可以说，没有知识产权法对创作者权利、发明者权利以及商业标识权利人的肯定，知识产权的获得、许可、转让以及对智力成果与商业标识的各种使用方式的控制就不可能存在。知识产权法对权利类型的设计也是相关权利人享有相应权利的基本依据。因而，知识产权法律法规构成了知识产权体系运转的逻辑起点。

国家知识产权法律法规文献及信息资料是中国特色社会主义法治体系的重要组成部分，也是国家知识产权政策的核心反映。通过立法和行政方式调配国家资源对国家科技发展政策、技术成果或者产品专利的产业化运用具有重要影响，对规范市场竞争秩序，合理保护企业的市场声誉具有指引作用。我国法律文本是国家立法机关发布的文献及信息，具有权威性、稳定性、可预见性与国家强制性等特点。这些资料成为国家知识产权文献及信息资料库建设的一个重要构成，是无可争议的。

与国家法律法规有关的文献及信息资料是国家按照法定程序行使立法权的过程中，对法律条文的形成、修改、废止等所收集的资料、撰写的调研报告、发表的意见、组织的论证与会议纪要、草案审议说明与意见以及法律说明书等书面文件资料。从产权经济学的视角看，富有效率的法律资源配置满足减少交易成本的目标。法律法规文献是分析制度效率的样本，但由于不能把法律关于权利义务的配置恰如其分地表达出来，在制度分析上就会存在误差。而且，法律文本的抽象性使得对法律的适用也存在灵活性。对与国家法律法规有关的文献及信息资料的公开及获取范围直接关系到法律文本的解读，对资源配置具有重大影响。因为立法不是孤立的，立法过程中形成的资料文献标明了法律条文的形成过程与路径，是法律条文意义形成的关键。

对国家立法文献及信息资料的性质存在不同见解。在立法理由书可以作为有拘束力的解释文本的国家，国家立法文献及信息资料属于国家规范性文件。否则，只有法律文本属于国家规范性文件，而法律起草、审议过程中的各种记录文献则不具有规范性效力，只具有史料价值。在我国，迄今为止，法律起草、审议过程的立法背景及观点资料公开的只有物权法，且其效力并没有为

立法所认可。立法过程中形成的文献则只属于具有参考价值的学理文献。

我国《宪法》确定的“在中央的统一领导下，充分发挥地方的主动性、积极性”的原则，确立了我国的统一而又分层次的立法体制。[1] 由于知识产权不属于法律保留事项，我国中央一级立法和地方立法都可以制定相关知识产权法律规范，其中比较常见的是著名商标认定与反不正当竞争法规。与国家法律法规有关的文献及信息资料包括中央和地方法律法规文献两个层面。

（二）知识产权司法案例文献及信息

司法案例文献及信息的主要体现形式是司法判决。司法判决是我国人民法院依法行使审判权，为分清是非，定分止争，以事实为根据，以法律为准绳，依照法定程序对所审议的事项从实体和程序上所做的具有法律拘束力的书面判断或者界定。司法判决是法律适用的载体，是司法政策的具体运用与进一步发展。在《知识产权法专题判解与学理研究》丛书资料的收集过程中，通过对包括最高人民法院公布的改革开放 30 年来百例典型案例及 2005 年以来的年度十大典型案例在内的 2000 余则案例的检索分析，发现知识产权审判也遵循一定的前案约束规律，类似案件的判决理由存在一定的相似性，这更进一步地提醒人们应重视司法判决的重要性。

最高人民法院推行司法改革的体系工程中，司法判决的改革是重点内容。判决书制作改革是一个方向。最高人民法院为了提高判决书的制作质量，制定了各类司法文书制作格式，供各地法院使用。判决书格式中明显增加了说理内容，在最高人民法院发布的一些具有指导意义的裁判文书中也进行了充分说理。判决书增加说理部分增强了司法判决文献及信息的价值，是司法判决文献及信息资料研究的价值基础。

司法判决是司法机关运用法律形成的，阐释其对法律的见解的文献，是法律具体化的重要信息载体。司法判决的系统化、科学性组织安排能够总结知识产权司法的经验，为知识产权保护提供案件实例，对评估司法对社会秩序的维持作用、司法的公正性等具有基础意义。在国家知识产权文献及信息资料库建设过程中开设这一版块将有利于提供有价值的法律服务。这些价值体现在：一是解释与明确法律条文的关键术语的具体内涵；二是调和法律的滞后性与社会关系相对超前的矛盾，为不同法院处理相同或相似案件提供指

[1] 杨景宇：“我国的立法体制、法律体系和立法原则”，载《吉林人大》2013 年第 11 期。

导；三是为知识产权案件的类型化提供丰富素材。

（三）知识产权论著与科研项目文献及信息

知识产权学位论文、期刊论文、会议论文与科学研究项目是知识产权学术的主要标志，反映了知识产权研究的品格、旨趣，也是知识产权研究的风向标。将国家社会科学基金项目数据库和国家自然科学基金委员会网站公布的国家级项目，省部级机关单位网站、高校网站、中国知网等网站零散出现的省部级项目以及高校课题，中国高校人文社会科学信息网主要收纳的国家社会科学基金项目、教育部人文社会科学研究项目、省市自治区社科研究项目、企事业单位委托研究项目、高等学校校内人文社会科学研究基金项目等集中整理在一起，可以为管理学、经济学、信息学、法学等多个学科的研究者提供详尽的信息参考与学科前沿预测。

资料库的过程设计是：通过网站等搜集所有可以搜集到的项目信息，然后对数据进行纠错、剔除与发散联结，再进行信息标引。科研项目所确立的元数据包括项目名称、立项年份、项目编号、基金名称、项目类别、负责人、工作单位、完成时间、研究成果等。论著资料所确立的元数据包括关键词、主题词、标题、作者、作者单位、出版社（期刊名称）、出版地、专业类别、出版时间、支持基金、文献性质等。最终形成检索条件。资料库支持一项或多项检索条件进行检索，方便用户查询、深度挖掘和广度搜索。

（四）知识产权教育培训文献及信息

随着知识经济时代的到来和我国知识产权事业的发展，知识产权教育逐渐受到社会的重视。除了传统法学学历教育中的知识产权教育正在如火如荼地开展之外，越来越多的针对知识产权的职业教育也蓬勃发展起来。但是，目前国内知识产权教育培训的文献及信息处于非常零散的状态，学历教育部分的信息散见于各高校的网站之中，在职教育部分的信息散见于各地知识产权培训机构、各行业的网站之中，没有任何网站或数据库将这类信息进行整合和加工处理。

资料库的过程设计是：最大限度地搜集、甄别与整合关于学历学位教育和在职培训的各种信息，然后进行规范化分类。在学历学位教育版块确立的十个元数据包括学校简介、师资力量、代表成果、招生简章、培养方案、课程设置、教学计划、教材讲义、试卷、教学论坛。在在职培训版块确立的元数据包括主办单位、官方网站、单位地点、培训时间、专业类别、培训性质、联系方式、培训主题、培训师资、培训对象、培训单位简介、培训课程内容等。[1]

(五) 知识产权机构文献及信息

知识产权机构是指在人的智慧成果权利的创造、申请、确认、管理、评价(估)、交易、保护过程中提供服务的知识产权行政机构、司法机构、教研机构和商业机构。为了增加公众对知识产权机构的了解,节省搜索成本,保证信息的准确性,课题组将通过各种信息挖掘渠道获得的信息进行了整理、审核,建立了单独的国家知识产权机构文献及信息资料库。

资料库采取了分类建设的办法。知识产权行政机构资料比较集中,知识产权司法机构设置有最高人民法院关于知识产权管辖的系列文件可资参考,比较容易收集。其元数据包括机构名称、所在城市、机构性质、网址、联系电话、邮编、地址、代表人物、机构概况等。[2]知识产权教育研究机构主要是综合类院校和法学专业类院校设置的知识产权教学与研究单位,详细内容可以通过访问该校的法学院网站来判定,元数据还包括社会评价。知识产权商业机构名录主要来源于国家知识产权局第 68 、93 、96 、106、112、116、119、121、123、157 、167 号公告及 2009 年和 2010 年全国百强律师事务所名单中知识产权业务占优势律师事务所目录,[3]元数据还包括服务领域、所取得的成绩(包括其学术成果和处理过的经典案例)等。

(六) 知识产权人物文献及信息

知识产权人才是创新型国家建设的智力支持,对于实施创新驱动发展战略具有关键作用。知识产权人才队伍的建设已经引起国家相关部门的高度重视,"百千万知识产权人才工程"、全国知识产权领军人才、国家知识产权专家库建设以及各省市的知识产权人才工程建设等都是国家正在大力推进的知识产权人才培养计划。构建知识产权人才信息库对国家开展有针对性的人才战略与评价,对行业、知识产权服务的消费者了解行业整体水平与服务质量,对科研机构拟定人才培养计划等都具有信息支持作用。知识产权人才是个整

[1] 参见吕雅琦:"知识产权文献及信息资料库的信息描述",载冯晓青、杨利华主编:《国家知识产权文献及信息资料库建设研究》,中国政法大学出版社 2015 年版,第 124 页、第 132—134 页。

[2] 参见陈丽苹、吴方朔:"'知信通'之知识产权商业服务机构资料库分析",载冯晓青、杨利华主编:《国家知识产权文献及信息资料库建设研究》,中国政法大学出版社 2015 年版,第 430 页。

[3] 参见刘佳、蒙向东、孙青、李苏:"'知信通'之知识产权机构资料库建设研究",载冯晓青、杨利华主编:《国家知识产权文献及信息资料库建设研究》,中国政法大学出版社 2015 年版,第 412—413 页。

体概念，需要将研究人才、实务人才及其他相关人才都包括进来，因而也需要在现有资源的基础上进行信息挖掘与整合。

知识产权人物文献及信息资料库采取分类整合、统一标引的建设思路。首先，将知识产权人物分为四个类型，即教学科研、司法审判、行政管理以及商业服务。其次，通过数据库、知识产权学术会议记录、高校教师简介、法律服务机构简介等公开渠道搜索知识产权人物信息，组成人物库的内容。再次，选择各个领域较为有代表性的人物，即已经取得一定成果或在其研究领域享有一定声誉的人物，进行信息收集。为了保障信息的准确性，课题组还进行数据甄别，包括从中国期刊网等学术信息网站检索选定学者的最新学术成果，利用北大法宝、北大法意等数据库检索其实务成果，使用谷歌、百度搜索等搜索引擎概括搜索等。最后，选取统一的元数据，即基本信息、教育背景、从业情况、学术成果、实务情况以及社会评价等。

（七）知识产权大事记文献及信息

知识产权大事记文献及信息资料库建设的主要目的是搜集中国发生的以及国际上与中国有关的知识产权重大历史事件，为研究中国知识产权的发展与嬗变提供事件记录与相关文献，同时与知识产权文献资料数据库的其他分支数据库建立相关性，最终成为了解中国知识产权发展与演变的“百科全书”。

我国知识产权制度起源于清末，至今有一百余年的历史。一百多年的制度发展史渗透着各种影响制度变革的历史事件，这些标志性历史事件及以其为中心的历史信息群是我国知识产权学界研究知识产权制度的重要史料。大事记资料库建设的目的在于搜集、整理与编辑呈现分散化、初始化特点的知识产权史料，构建知识产权制度变迁的历史轨迹，为知识产权研究者提供集中化、体系化、经过历史沉淀的重要历史史料，定位于为知识产权研究者提供全面、精确、权威的知识产权制度研究素材。〔1〕

过程设计特色体现为两点：首先，“大事”数据库收录的史料采用标准的论文引证格式，对数据的来源做出备注，同时对大多数信息设置超链接，标示信息的原始来源。其次，在史料的收集整理上采用以点带面的方式，以某一标

〔1〕参见刘倩倩、任昱阳、丁晓雯、张冉、申亚辉：“‘知信通’之知识产权大事记资料库建设研究”，载冯晓青、杨利华主编：《国家知识产权文献及信息资料库建设研究》，中国政法大学出版社2015年版，第436页。

志性事件为中心，发散收集围绕该标志性事件发生的信息群。以1984年《专利法》为例：围绕《专利法》的颁布，形成了具有背景性、集群性和影响性的历史事件，这些事件对研究我国知识产权制度的建立和演变具有重要意义。〔1〕

（八）知识产权百科

知识产权百科文献及信息资料库的基本构想是以《知识产权文献与信息基本词汇》（GB/T 21374-2008）为参照，整合现有知识产权百科词条，在查阅大量的主流学术专著、学术论文、经典教材、法律法规文本、国际条约和公约文本、判例和案例资料、专业工具书等材料的基础上，完善知识产权领域的基本词汇，为知识产权信息用户提供专业、方便、快捷并且免费的电子百科全书。

过程设计是：采用当今知识产权领域的通识分类，按照从一般性术语到各领域专门术语的顺序排列，分为概论、知识产权制度、专利法、商标法、著作权法、其他知识产权法六大基本版块，以及知识产权战略、知识产权管理两个专题。在基本版块部分，统一设置"概论""权利确认""权利行使""权利限制""权利保护""其他"等六个标签。"其他"知识产权版块则按照其调整的对象客体，设置"植物新品种""集成电路布图设计""商业秘密""制止不正当竞争""商号""域名""地理标志"等标签。每个子项的术语则分别按照概念的逻辑关系和发生时序进行排序。词条的解释主要由项目首席专家亲自撰写，知识产权专业研究人员参与撰写。对于每个词条的撰写项目主要包括：词条中文名称与英文名称，词条的简洁定义，词条的详细释义等部分。对其中词条涉及的重要条款、重要概念、重要制度与原则，分别进行深度专业标引，并保持适时更新。〔2〕

二、国家知识产权文献及信息资料库建设的难点及其解决方案

国家知识产权文献及信息资料库建设存在着诸多难点，包括信息范围如何确定、知识产权信息内容的选取、知识产权本体与知识产权信息的关系、

〔1〕刘倩倩、任昱阳、张冉、丁晓雯、张冉、申亚辉："'知信通'之知识产权机构资料库建设研究"，载冯晓青、杨利华主编：《国家知识产权文献及信息资料库建设研究》，中国政法大学出版社2015年版，第437页。

〔2〕参见冯晓青、赵秀姣："国家知识产权文献及信息资料库建设内容选择及建构思路探析"，载《武陵学刊》2012年第5期。

知识产权信息资料库如何实现创新与商业价值等。其中，最为关键的是信息内容的选取与资料库建设的创新，这决定了资料库的特性与定位，甚至成败。

（一）信息内容的选取

国家知识产权文献及信息资料时间跨度长，领域跨度大，资料可谓浩如烟海。即便不考虑从宋代就出现的商标、版权保护制度雏形，从1898年清政府颁布《振兴工艺给奖章程》算起，我国近代的知识产权制度也已经有超过百年的历史。在这一百多年间，知识产权的基础理论与制度、司法实践、教育、管理机构等都有很大发展，形成了以变迁与继承为主线的丰富素材。在横向上，随着社会经济与技术的发展，知识产权的领域不断扩大，包括著作权、专利权、商标权、厂商名称、植物新品种、集成电路布图设计、域名、商业秘密、不正当竞争等。即便是在单一领域内，技术发展也带来了调整对象的扩大，比如著作权、商标权向互联网领域发展。这些发展变化也大大增加了知识产权信息。

因此，有必要基于国家知识产权文献及信息资料库的建设目标确定内容的选取标准。首先，应用面广。资料库建设主要是面向未来，服务于知识产权各项工作，内容的选取应当着眼于能够及时利用、及时发挥效用，能够满足更多用户的需求。比如，知识产权历史信息的价值主要是进行历史研究，在很大程度上只是为了满足研究者的需求，使用面比较窄，因而只需要根据研究者的需求进行有针对性的搜集与整理，不宜面面俱到。其次，时间跨度适中。信息资料库建设时间有限，1980年以前的很多资料都是纸质文献，电子化程度不高，在搜集、整理上存在困难，很难及时、全面实现信息化，或者信息化成本比较高；2014年6月以后，试验性资料库“知信通”的DEMO版已经成型，需要及时总结资料库建设的经验与教训，数据资料的收集工作中止。因而，大部分的国家知识产权文献及信息资料的时间跨度是1980—2014年，知识产权大事除外。再次，宁缺毋误。随着互联网的发展，知识产权信息呈爆炸趋势。为了保证信息质量，需要对网络信息进行审核，对于无法核实的信息，则无法纳入资料库。最后，利益平衡。部分知识产权信息是著作权的客体，该类信息无法直接采集，而只能采取“描述+对应链接”的形式。如此一来，既可以保障对作者权利的充分尊重，又可以满足信息聚合的需要。

在国家知识产权文献及信息资料库的各个版块中，法律法规信息比较完整，包括法律、行政法规、部门规章及其他规范性文件、地方法规规章、司法解释、立法草案及说明、国际条约等；科研项目与机构信息也比较完整，其余部分都进行了一定程度的拣选。

司法案例文献及信息部分只选取了通过公开渠道收集到的将近6万件司法判决，包括已经审核完成的5111件与待审核的53 056件。其中，考虑到信息化的成本，这些案例主要是2003年以后的公开文献。对于知识产权精品案例，课题组进行了全收录，包括最高人民法院每年公布的中国法院知识产权司法保护十大案件和50件典型案例。其原因在于：十大案件与50件典型案例是经过严格挑选产生的，具有科学性、权威性与代表性，可供各级人民法院在知识产权审判工作中参考借鉴，因而应用范围较广。

由于精确统计知识产权论著信息的难度很大，搜索成本过高，课题组只选择了数个有代表性的数据库及网上书店进行搜索，包括国家数字图书馆和当当、卓越亚马逊、京东等图书网站以及国内公认的比较齐全的中国知网与比较权威的中文社会科学引文索引（CSSCI）数据库。经过信息制作和技术支持，初步录入了标题内容包含"知识产权"的论著资料信息2153条，按照专业类别分，"综合"1592条、"著作权"28条、"商标"10条、"专利"84条、"其他"385条；按照性质分类，"期刊论文"1041条、"学位论文"634条、"会议论文"22条、"专题著作"303条、"学习考试用书"39条、"年鉴年报"52条、"统计资料"56条。[1] 论著资料的时间跨度是1980年至2015年12月，这一时间段正是我国知识产权事业重建并快速发展的时期。知识产权法学期刊论文的时间跨度是2000—2015年。知识产权年鉴资料主要是：《中国知识产权年鉴》（2000—2013年，共12期）、《中国版权年鉴》（2009—2013年，总5卷）、《中国商标年鉴》（2009—2014年，共6卷）、《广东知识产权年鉴》（2002—2013年，共12卷）、《最高人民法院知识产权案件年度报告》（2008—2013年）、《国家知识产权局年度报告》（2000—2012年）、《中国商标报告》（2003—2012年，共12卷）。

历史事件数据库主要收录我国近代以来（1900年至今）的著作权、专利权、商标权等知识产权领域内的重大历史事件，内容涉及立法与政策发布事件、行政执法与管理事件、知识产权维权事件、知识产权贸易事件、外交事件、知识产权机构与历史人物、知识产权学术研究历史等类别。在重大历史事件的界定标准上，目前采用的标准是：直接对法律的制定、实施、司法等

[1] 检索日期：2016年3月28日。

有重大影响或者对政治、经济、社会具有重大影响的事件。[1]每一事件的内容摘要是对历史事件的简要介绍、评价，具体包括参与人员、地点、历史概述、背景、对知识产权的影响、意义、评价等。

（二）资料库建设的创新

现有的知识产权文献及信息资料库以及其他法规库已经在信息标引、网络建设上形成了自己的特色，并已经初步满足了信息检索需求。国家知识产权文献及信息资料库建设要避免重复建设、资源浪费，就应当有所突破与创新。

本项目在研究中，就国家知识产权文献及信息资料库建设的创新，以试验性资料库“知信通”为平台，主要有以下几点：

首先，为精品案件制作了案例地图、摘要与专业评析。案例地图的信息要点是案名、原告诉称、被告辩称、双方争议焦点、法院查明事实、法院观点、判决结果、依据法律条文、上诉人上诉称、上诉争议焦点、二审查明事实、法院观点、判决结果、依据法律条文、申请再审理由、争议焦点、再审法院查明、再审法院观点、判决结果、依据法律条文等。课题组在仔细分析阅读的基础上，对上述信息进行专业、精简的概括，目的是使读者能够在最短的时间内对案件的主要内容一目了然。如果一个案件经历了一审、二审和再审程序，那么无论是查阅一审、二审还是再审判决，查阅者都能看到该案件从一审到再审的所有案例地图，案件从一审到终审的所有流程都将以案例地图的形式进行整体展现，以充分保证案件发展的完整性以及用户感受的整体性。案件摘要是根据内容撰写的，以使读者能够通过最简短的语句对案件进行直观和初步的了解。专业评析由专业人员依据本案在当事人诉讼策略、技巧、法院裁判逻辑方面的核心要点，结合知识产权法学、竞争法学、诉讼法学、行政法学等相关学科的理论学说撰写，供知识产权学界、实务界及其他用户阅读研究。

其次，知识产权百科的动态更新机制。知识产权百科建设项目的完善具有自己的特色，与现在普遍使用的维基百科和百度百科不同。维基百科完全采用志愿者管理的方式，而百度百科管理者中既包括志愿者，也包括内部员工。

[1] 刘倩倩、任昱阳、丁晓雯、张冉、申亚辉：“‘知信通’之知识产权大事记资料库研究”，载冯晓青、杨利华主编：《国家知识产权文献及信息资料库建设研究》，中国政法大学出版社 2015 年版，第 444 页；冯晓青、付继存：“我国知识产权历史信息的组织理论研究”，载《情报资料工作》2012 年第 5 期。

二者都包括注册用户和匿名用户，目前都只有注册用户可以编辑。[1] 知识产权百科建设项目的所有撰写者则皆为知识产权领域的专业人士，尤其是项目首席专家亲自撰写，对法律术语的撰写要求严格，专业性和权威性显著，并及时更新词条、新法律法规涉及的百科解释，为企事业单位、公民个人利用知识产权百科词汇进行研究开发、专利分析、加强知识产权的管理提供快速、全面、准确的指引和参考。

再次，建立了独具特色的历史资料库。本资料库是国内知识产权领域唯一的特色知识产权大事记资料库，记载了中国自清末以来专利、商标、著作权等领域发生的以及国际上与中国有关的知识产权重大历史事件，事件性质主要包括政策与立法、行政执法与管理、机构设置与变更、司法与维权、涉外事件、文化与教育、会议与交流及其他重大事件；内容不仅包括基本的事实情况，还包括大事的历史地位和对知识产权的影响、意义、评价等，为研究中国知识产权的发展与嬗变提供最本源的素材。

最后，各个子版块的联通功能。以司法案例库为例，以往的案例资料库包括北大法宝，其可链接的部分仅为具体的法条。“知信通”不仅能实现与法律法规之间的链接，还可与论著资料、知识产权人物、知识产权机构、知识产权百科等部分链接，从而充分展现本资料库在知识产权领域的“百科全书”性质。再如，知识产权人物库不只是单纯人物信息的整理，还与司法案例库、论著资料库、科研项目库、教育培训库、知识产权机构库、知识产权大事库等子资料库相链接，人物库相当于一个交通枢纽，令使用者可以从一个知识产权人物发散到该人物曾经审理过或是代理过的案件、取得的学术成果、曾经主持或参与的科研项目、目前任职的知识产权相关机构状况等深度信息。使用者不用重复进行检索，在一个网站内就可以获得所需的信息。

三、国家知识产权文献及信息资料库实体建设：数据收集与建设方案的制定与实施

国家知识产权文献及信息资料库的实体建设是以数据收集与抓取为基础，以知识产权信息版块设计为框架，通过信息标引、加工与关系架构的设置将

〔1〕 罗志成、关婉湫、张勤：“维基百科与百度百科比较分析”，载《情报理论与实践》2009年第4期。

信息组织起来的一项工程。这一工程涉及如下内容：①数据、信息与资料的收集；②数据、信息与资料的分类；③元数据的关系建构；④数据、信息与资料的加工、导入或录入。就这些环节而言，相互之间是有机整体，并不是线性关系。比如，数据、信息与资料的收集和分类是不同环节，但是分类会决定收集的范围，收集的内容又决定分类。在试验性资料库“知信通”建设过程中，课题组就根据收集的数据、信息与资料修改过分类体系。

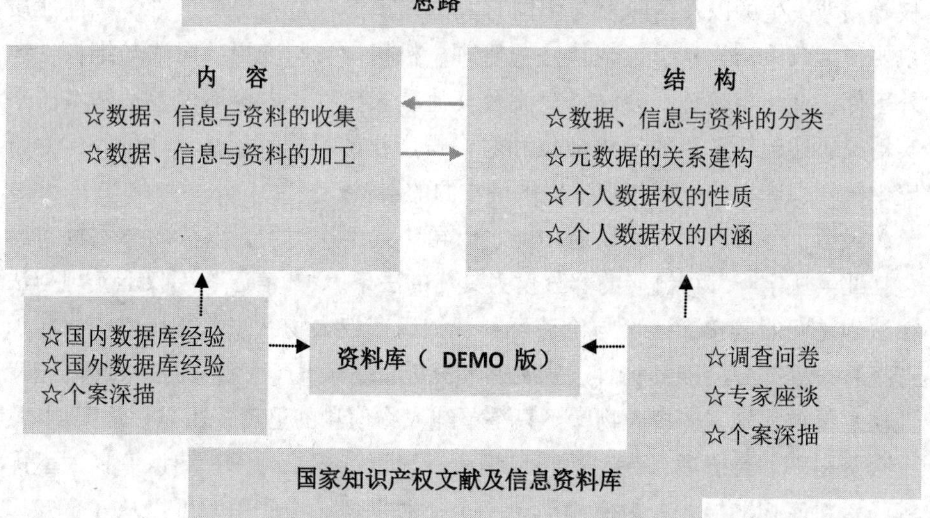

图 3-2-1　国家知识产权文献及信息资料库建设方案

国家知识产权文献及信息资料库的建设方案如上图 3-2-1 所示，总体分为内容与结构两部分。内容部分以数据收集与加工为主要任务。收集方案的制定需要明确知识产权文献及信息资料的外延，包括法律信息、管理信息、经济信息、教育信息、机构信息、人物信息、百科信息等。这一外延的确定既考虑到了知识产权法学、管理学与信息科学的规律与要求，又兼顾了文献及信息资料建设的特色与目的。知识产权百科信息就是具有专题性质的子资料库，为人们形成概念共识，了解知识产权重要事件提供了重要平台，是为“图书馆”性质的资料库。明确了分类体系与内容后，就可以确定数据、信息及资料的性质、特点、范围、载体、实际障碍等，进而确定解决方案，比如机构信息通常需要检索高校、知识产权局、商标局与版权局网站，因而该项信息的收集就细分为由信息采集人员人工检索相应网站。同时，数据收集方案的制定也要考虑用户需求、技术手段与现有资源的整合等内容。课题组曾设想收集整理技术文献信息，这是知识产权客体的重要组成部分，也是国家技术发展程度与水平的反映，更是技术研发的重要参考。考虑到国家知识产权局网站的专利信息检索系统已经完整收录、合理标引了该类信息，课题组决定集中精力解决尚未搜集、整理与集成的信息资料的组织建设问题，该部分的建设可通过与国家知识产权局在信息融合方面进行合作而完成。如此一来，既可以节省信息挖掘的成本，又可以提高信息集成效率与动态更新速度。正是由于这种现实考量，课题组在试验性资料库“知信通”的开发过程中，没有自行设计该项信息的搜集与整理任务。此外，还需要考虑信息获取工具，比如网络爬虫工具在收集方案中的运用。

结构部分主要涉及信息的有序化，包括数据、信息与资料的分类体系与元数据的关系建构。分类体系决定了资料库的子库，影响到检索条件的设置、自然排序等。高级检索条件的设定就反映了分类的重要性，例如按照效力等级对法律法规进行限定，按照一、二审程序对司法案例进行限定等。元数据的关系建构决定了数据库的逻辑关系与数据的标引，影响到检索的有效性与准确性。在试验性资料库“知信通”建设方案的设计过程中，如何提高著录水平，如何进行深度标引，如何实现全文及全图片检索，如何保障检索精准度等，都被纳入关系结构方案予以考虑。

而且，建设方案的设计还以充分的实证调研与系统分析为基础。现有数据库建设方案的优缺点及其成因分析是首要研究对象。北大法宝的论著资料与中国知网相比存在信息不全的弊端，究其原因就在于版权授权。国家知识产权文献及信息资料库的建设方案当然也要详细论证与分析该原因。国内外关于知识产权文献及信息资料库建设的理论研究成果与经验总结，也是包括结构与技术系统设计在内的建设方案论证的重点。另外，对知识产权专业人士、普通公众与学生的问卷调研也构成了方案论证的一部分。公众对信息加工缺乏深度、服务质量不高等问题的反馈，促使课题组更多思考深度标引与公众参与等建设方案细节。总体而言，国家知识产权文献及信息资料库建设方案旨在满足科学性、实用性、便捷型、全面性、系统性与可延展性。本项目试验性资料库“知信通”的建设探索与对方案的落实，保障了后续真正意义上的国家知识产权文献及信息资料库建设的顺利开展与建设目标的有序实现。

国家知识产权文献及信息资料库的实体建设分两步走。这是综合分析知识产权文献及信息资料库的动态性、数据信息宽度以及项目团队的组成、建设成本等因素后得出的思路。在目前的技术条件下，建设内容齐全的国家知识产权文献及信息资料库并非天方夜谭，但时间成本与人力成本等因素决定了这一目标并非朝夕之功，现实需求又照射出该目标偏向理论化。经过专题讨论，课题组认为应当合理调整数据库建设的定位，在有限的时间限度内全面展示建设思路是重点。待经验成熟、资本许可、信息资源充分公开程度较高后，可开展第二步，即全面填充与完善内容，修改信息资源的组织模式与可视方式，以越来越精准地满足用户的个性化需求，提高信息资源的开发利用效率。

因而，“知信通”只是展示了国家知识产权文献及信息资料库的内容、结构、布局以及信息加工思路等，是为资料库的全面建设积累经验的试验版。“知信通”建设的第一步是定位目标群体，明确用户需求，结合国内外数据库建设经验与专家意见，开发不同版块的基础库，构建演示（DEMO）库。演示库的重要价值在于实施建设方案，发现设计问题，并树立改进的标靶。通过试运行、专家座谈与用户反馈，相关版块的缺陷就能得以克服。建设方案的第二步是以演示库为基础，扩充信息内容，改进服务体验，完成实体资料库建设。

建设方案的技术内容主要涉及平台的技术标准与支持技术。建设方案包括数字资源加工标准与操作指南、核心元数据标准、技术体系标准、信息资源标识符编码标准和信息资源分类标准等一系列技术标准。支持技术包括数据源、数据存储、数据库系统框架、技术支持平台以及网络与信息服务平台等。数据库的具体结构考虑了信息采集、信息加工、信息服务、平台支撑这四方面的问题。〔1〕国家知识产权文献及信息资料库的技术标准与技术体系遵循的总原则是以现有标准为基础，根据知识产权学科的特点适当进行修改完善，既保障了与现有技术体系的顺利对接，又保障了面向未来的可延展性。例如，资料库的核心元数据标准就采用了DC元数据标准与国家知识产权核心词汇标准，并根据需要进行了补充。这些标准在“知信通”的实施中均进行了实验。

最后，建设方案还设计了调整版块、人员分工与合作版块。动态调整以适应变化了的实际是课题组一以贯之的方针。调整版块涉及建设方案应对数据库

---

〔1〕参见“国家知识产权文献及信息资料库建设研究”2011年12月3日专家研讨会上冉从敬教授的观点，载http://www.fengxiaoqingip.com/xueshu/20110323/5643.html，最后访问时间：2018年12月18日。

建设实践挑战的措施与程序等。国家知识产权文献及信息资料库建设的技术依赖性、资料库市场竞争、知识产权信息资料的特点等，都会影响到建设的实际可行性与实现程度。一旦出现重大调整事项，课题组将邀请图书情报、信息管理、知识产权法学、计算机技术等方面的专家进行充分论证，形成可行性报告，并小范围实施，待确定整体方案切实可行后，再予以全面实施。这些程序与措施使得建设过程可以及时调整方向与技术系统，从而增强数据库的市场适应性。人员分工与合作是重大项目建设获得成功的人员管理经验。分工保证了资料库建设的专业性与效率，合作保障了不同系统要素的契合与组配，是资料库产生预期功能的关键。在国家知识产权文献及信息资料库建设过程中，方案制定、实施与讨论，信息采集与组织，技术架构的设计等都体现了分工合作精神。

四、国家知识产权文献及信息资料库的运行模式与服务方式

数据库的运行模式与服务方式对应着用户的利用方式。最佳运行模式与服务方式源于用户的肯定。在这一过程中，用户具有决定权。本部分就是通过对目标群体的调研来研究国家知识产权文献及信息资料库的运行模式与服务方式。

（一）国家知识产权文献及信息资料库的运行模式

课题组通过查阅相关文献与研究其他数据库的运行等方式，总结了常见的四种运行模式：①政府部门投资，免费服务；②国家支持下的商业投资、市场运营；③政商合作〔1〕建设，基础信息免费、增值信息收费；④市场化建设和运行。〔2〕调研结果显示，知识产权专业人士最为认可的是第三种模式，占比达到47.7%；其次是第一种模式，占比达到31.9%；最低的为第四种模式，占比仅有8.7%。这表明知识产权专业人士最不赞同完全市场运行。这或许与知识产权知识背景有特定关联。但是，关于“国家在国家知识产权文献及信息资料库建设和运行中的作用”的调研分析显示，知识产权实务人士与专业人士最赞同的选择是“国家（委托相关部门）建设和运行，建成一个免费的信息平台”，分别占比44.1%、46.2%；实务人士的次优选择是“国家负责建设，在国家监督下由商业资本通过市场运行”，占比达到33.8%；专

〔1〕政商合作模式是指在国家知识产权文献及信息资料库建设与运行中引入商业资本进行商业性开发和市场化运作。

〔2〕互联网文档资源 http://wenku.baidu.com，网上调查亦由本课题组完成。

业人士的次优选择是"国家负责建设和运作，允许商业资本介入以拓展服务功能"，占比达到30.9%。这至少表明，多数意见是发挥国家在知识产权文献及信息资料库建设中的基础性作用；并且，由于政府服务缺乏竞争性，效率不高，动力不足，需要介入商业因素提供更优质、更个性化的服务。

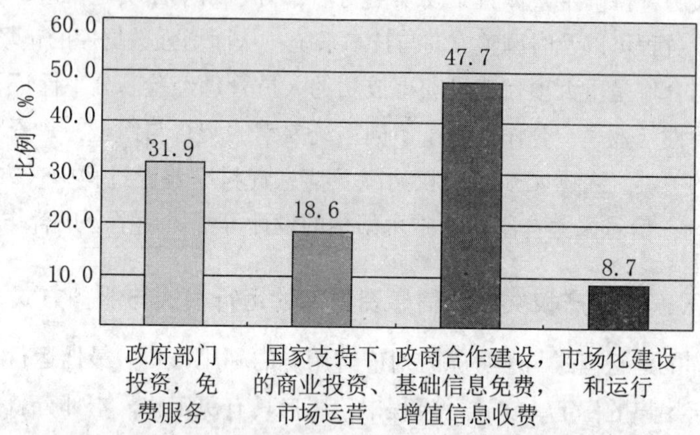

图 3-2-2　国家知识产权文献及信息资料库建设和运行模式

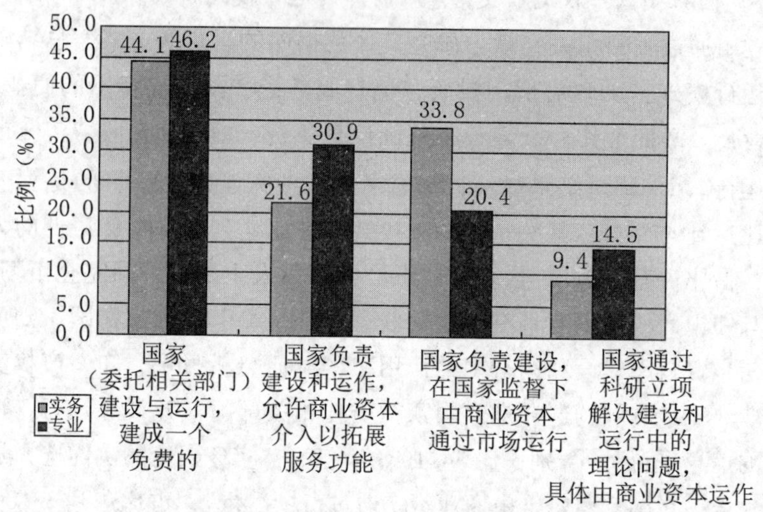

图 3-2-3　国家在国家知识产权文献及信息资料库的建设和运行中的作用

强调国家在国家知识产权文献及信息资料库建设中发挥重要作用的原因在于：第一，知识产权文献及信息资源通常掌握在政府及公益性事业单位手中，而且价值巨大，比如专利与商标两类客体信息都只有政府机关才可以提供，司法判决也只有司法机关才能提供。第二，政府提供基础信息或者负责公共信息服务平台建设，有利于增强信息的权威性与精准性。第三，政府免费提供基础信息实际上是以调控手段促进了知识产权文献及信息服务的高水平竞争，因为政府的免费行动具有排斥其他一切竞争对手的优势。第四，知识产权文献及信息资料具有公益性，由政府负责公益项目建设是现代国家的普遍规律，也是政府履行服务职能的重要体现。第五，知识产权文献及信息资料库的建设是长周期的、持续投入的项目，以营利为导向的企业没有足够的激励来承担或者参与不见短期收益的项目。第六，政府提供基础信息能够避免基础信息垄断带来的创新与社会进步受阻等不利影响。

主张商业因素介入的主要原因在于：第一，纯粹由政府负担知识产权文献及信息资料这一公共产品的供给会阻碍信息服务的多样化。这是公共产品供给中的基本规律。第二，随着信息增值服务与个性化服务的需求逐渐增大，政府没有足够的精力与人力成本来免费供应，商业性开发必然会显现出来。第三，在国际数据库公司进入中国的背景下，丧失了多样性与个性化，其竞争劣势是显而易见的，也容易带来数据安全与信息安全隐患。

从政策角度看，《关于提高知识产权信息利用和服务能力 推进知识产权信息服务平台建设的若干意见》已经明确了政府提供与商业运作的有机结合模式。其中明确指出：加强知识产权基础信息、科技发展重点领域专业化信息的数据库建设，向社会开展公益性服务；公共财政支持建立的知识产权信息库，向社会开放，根据服务内容和方式，实行免费或低价有偿服务。社会力量投资建立的知识产权信息库纳入国家知识产权信息服务平台，可以向客户提供有偿服务。[1] 这一政策与调研结果以及理论分析具有一致性。

因而，最优的、具有长远发展潜力的运行模式必然是政商合作。商业因素发挥作用的领域是具有商业潜力、适合商业运作，且能够通过竞争提升服务质量而不至于损害公共利益的领域，尤其是个性化的增值服务。

（二）国家知识产权文献及信息资料库的服务方式

课题组通过研究国内外的文献及信息资料服务方式，结合现行数据库服务

---

〔1〕《关于提高知识产权信息利用和服务能力 推进知识产权信息服务平台建设的若干意见》第四部分。

方式实践，并考虑到信息技术的发展现状与趋势，确定了四种服务方式：①单独建立网站；②依托百度等现有的公共网络平台；③依托知识产权行政部门的官方网站；④依托中国知网等商业网站。[1] 问卷调研分析显示，专业人士最认可的服务方式是第一种，占比达到42.9%；其次是第三种，占比达到36.3%；最不赞同的方式是第四种，占比只有11.1%。实务人士的意见与此略有差别，最认可的方式是第三种，占比达到45.6%；其次是第一种，占比达到37.3%；最不赞同的也是第四种，占比只有10.5%。两者结合来看，最有可能的是单独建立网站或者依托知识产权行政部门的官方网站。

依托政府网站确实可以确保信息的权威性与精确性，但是在商业运作中受限较多，无法根据市场需求自主决定服务内容与模式。而且，政府网站已经初步建立了基础信息数据库，并进行了简单标引，无法再与其进行链接。因此，经过综合分析与专家座谈，课题组设计的试验性资料库“知信通”采取了建立独立网站开展服务的基本方式。

当然，依托这一网站，还可以开发手机等便携式设备的应用程序，以此提升用户体验，并增加服务多样性。

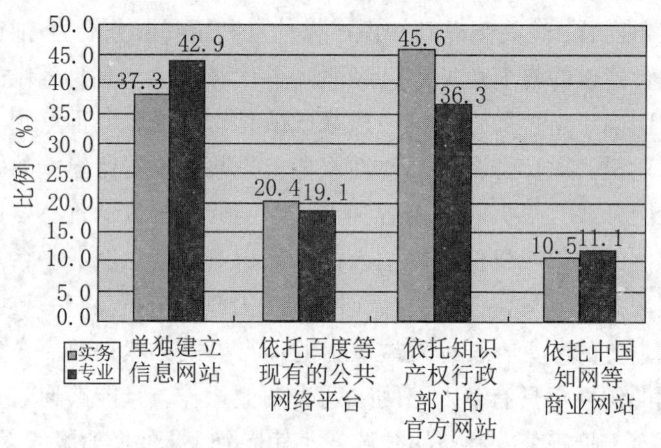

图3-2-4 国家知识产权文献及信息资料库服务方式[2]

---

[1] 冯晓青、刘迪：“国家知识产权文献及信息资料库建设实证研究——对1673份专业版调查问卷的分析”，载《图书馆理论与实践》2013年第7期。

[2] 郑璇玉、王进：“国家知识产权文献及信息资料库建设实证调研分析”，载《武陵学刊》2012年第5期。

（三）国家知识产权文献及信息资料库运行后的收费问题

由于国家知识产权文献及信息资料库建设具有公益性与商业性双重属性，其运行的收费问题就显得比较复杂与棘手。主张付费使用者需要区分公益部分与商业部分，并需要设计收费标准。主张免费者需要考虑资料库的长期运行。课题组通过研究与讨论，认为专业人士、实务人士与学生由于职业不同，存在着截然不同的付费意愿，设计不同的模式更为妥当。

调研专业人士的模式设计如下：①按信息类型与服务层次，基础信息免费、增值信息收费；②按信息服务渠道，政府部门的免费、商业机构开发的收费；③按服务对象和使用目的，一般公众和教学科研使用免费，商业性使用收费；④尽量通过政府或社会支持，都不收费，以促进信息利用；⑤经过加工服务社会的信息都可以收费。[1] 调查结果显示，专业人士最为认可的是第一种模式，占比达到51.0%，其次是第四种模式与第三种模式，分别占比46.1%和46.0%，最不赞同的模式是第五种模式，占比仅有9.9%。因此，专业人士更倾向于公益免费与商业收费相结合的模式。

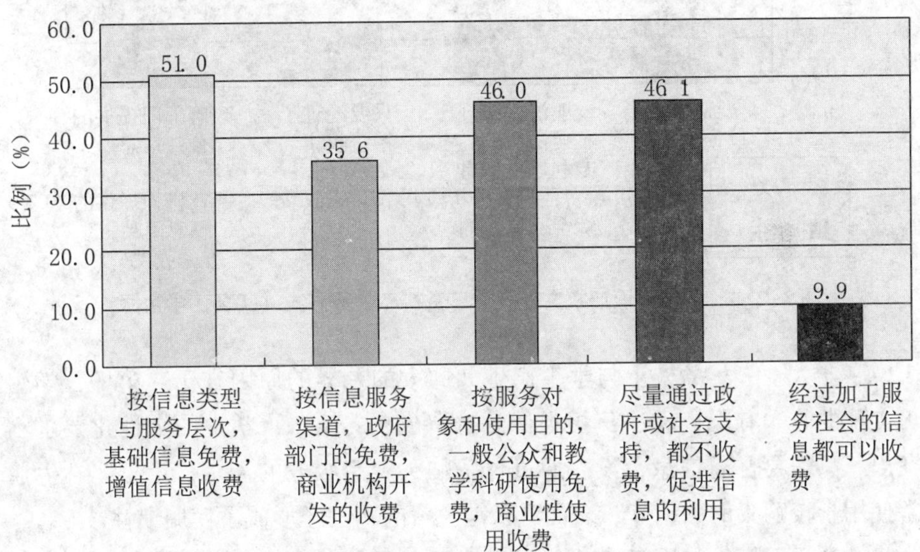

图3-2-5 国家知识产权文献及信息资料库运行收费方式（专业版）

---

〔1〕 互联网文档资源 http://wenku.baidu.com，网上调查亦由课题组完成。

调研学生与实务人士的模式设计是：①全部免费，以便利用；②一般法律法规、司法文书、专利审批信息免费，提供分析、综合、比较的收费；③只要经过了系统收集、整理的，都可以收费；④政府部门提供的公共信息免费，商业机构提供的信息商品收费。学生赞同免费的比例高于专业人士，占比达到40.0%；其次是第二种模式，占比达到36.1%；最不赞同第三种模式，占比仅有3.5%。免费与付费的意愿对比非常明显。相比之下，实务人士则趋于理性，与专业人士具有一致性，即最认可的是第四种模式，占比达到51.6%；其次是第二种模式，占比达到46.8%；最不赞同的是第三种模式，占比仅有16.6%。实务人士也比较认可公益免费与商业收费相结合的模式。

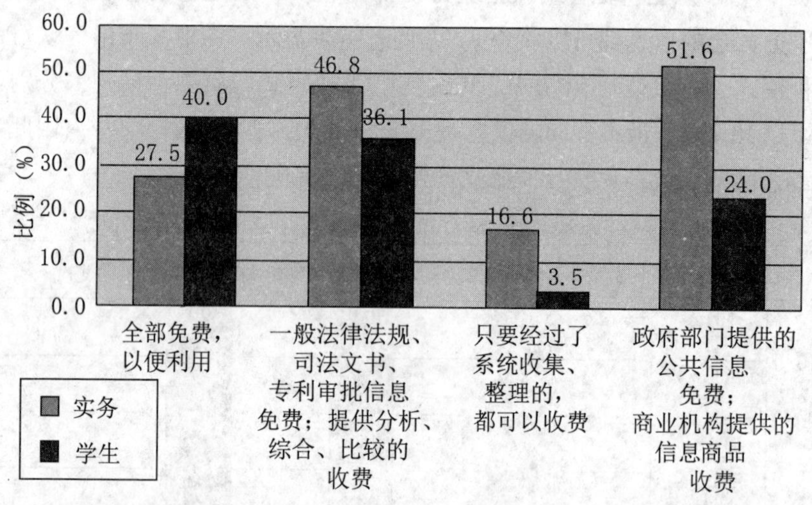

图 3-2-6　国家知识产权文献及信息资料库收费方式（实务、学生版）

专业人士、实务人士与学生产生如此大的差异的原因在于：第一，学生可支配的收入有限，无法负担类似的付费成本；第二，学生的个性化要求不突出，只需要普通信息，没有通过付费购买定制服务的需求；第三，学生通常使用学校购买的数据库，表面看来是免费的，已经形成了使用惯性。

结合运行模式与服务方式，国家知识产权文献及信息资料库需要引入商业因素，如果完全免费，则无法兼顾商业成长性；如果完全免费，也不可能使个性化服务可持续运作下去。

因此，比较可行的模式是对基础信息保持免费，以增进公共利益，比如法律法规、司法案例、机构与人物等；对个性化信息或者具有商业附加值的信息，则需要通过付费来平衡成本，激励商业因素发挥持续、稳定作用。对于学生群体，则可以继续保持学校付费的模式，不增加其学习负担，而且能够更大程度地促进教育发展。

第三节　国家知识产权文献及信息资料库建设的具体实施策略

国家知识产权文献及信息资料库建设的具体实施策略是以图书情报、信息管理、知识产权的基本知识为指导，对相关信息资源的采集、信息描述、信息组织、界面设计及术语注册与服务等资料库建设的各个环节进行详细论证与设计，并付诸实践检验。这五个方面的内容是根据资料库建设的通常步骤划分的。信息资源采集是资料库建设的首要环节，是根据特定目的与原则将分散在不同时空的相关信息资源收集起来的过程。采集的信息及其底层数据是数据库价值的决定因素，也是信息时代的“金矿”。[1] 信息描述是根据预先设定的规则，对信息资源的形式和内容特征进行一定程度的揭示与记录的过程。[2] 信息组织有广义与狭义之分，本书在狭义上使用这一概念，即承接信息描述，对描述过的信息资源进行序化并为信息检索提供便利的过程。界面设计就以用户为导向，为提供便捷的个性化服务对人机交互界面进行设计与优化，使用户能在更加友好、智能的界面下搜索、选择并可以获取所需的数据库收藏的特定信息。术语注册是指为促进词表的发现、重用、管理、标准化和互操作，对各种词表提供权威的、集中控制的存储。术语服务（Terminology Services）是指对词表元数据、词表成员术语及其关系、规范文档、主题词表系统、网络分类、分类表等各种类型知识组织资源进行浏览、查询、应用的各种抽象的 Web 服务的统称。[3]

一、国家知识产权文献及信息资料库的信息采集

资料库的建设目标决定着信息采集的目标与信息范围。资料库建设目标

---

〔1〕 胡虹、赵文龙、赵曦：“循证信息资源采集”，载《情报探索》2009 年第 3 期。

〔2〕 参见吕雅琦：“知识产权文献及信息资料库的信息描述”，载冯晓青、杨利华主编：《国家知识产权文献及信息资料库建设研究》，中国政法大学出版社 2015 年版，第 125 页。

〔3〕 欧石燕：“国外术语注册与术语服务综述”，载《中国图书馆学报》2014 年第 5 期。

明确后，信息采集的目标、信息范围等就会随之确定，并自然而然地限定信息采集方式与过程。如果资料库以知识内容的传播为价值追求，则内容信息就会成为最有价值的信息。虽然选择最符合资料库建设目标、最有价值的信息是信息采集过程的根本追求，但是不同类型的资料库需要不同的信息采集范围与方式，不同类型的信息资源类型也会采取不同的采集方式。最传统的纸质型文献信息资源通常是固定的、沉积的，更多是依靠人工进行查找、拣选与数字化，成本较高，采集方式相对单一，很容易遗漏有效内容。数据库光盘的资源是电磁型文献信息资源，采集比较容易，但是应当避免重复浪费。网络信息资源具有数字化、网络化、虚拟化、多样性、无序性、开放性、动态性、互动性、增值性，[1] 其采集方式是通过特定的采集系统或者软件工具，比如网络爬虫等，从大量的网页中抽取非结构化信息。建设国家知识产权文献及信息资料库的目标之一是提供全面的知识产权信息资源，具有较长的时间跨度，既需要纸质型文献信息资源，又需要网络信息资源，采集方式相应更为多元化。

(一) 信息采集原则

国家知识产权文献及信息资料库信息采集的总原则是在海量信息资源中全面、有效采集有价值的知识产权信息资源。为此，国家知识产权文献及信息资料库信息采集应当遵循如下原则：

1. 完整性原则

该原则指对特定主题信息的搜集要全面、完整地回应用户的潜在或者现实需求。由于事物处于普遍联系状态，对信息的采集不可能实现客观上的完整性，但是就特定需求而言，却可以实现完整性。完整性原则旨在全面、系统采集信息，满足用户针对特定主题信息的过去、现在与未来的全时空，全局、局部的全方位以及关联网络等方面的需求。只有信息内容在满足需求方面具有完整性，基于信息的决策才可能实现科学化。坚持完整性原则应当遵守如下规则：第一，全面调研、预测用户的信息需求特征；第二，大范围扫描可能的信息源；第三，多方位采集信息；第四，连续一贯采集；第五，重视反馈信息的采集。[2] 相应地，根据国家知识产权文献及信息资料库建设的用户需求与目标导向，凡是与知识产权有关的信息资源，对用户而言具有特

---

〔1〕 杨淇蕾："网络资源的重组与利用"，载《科技情报开发与经济》2005 年第 13 期。

〔2〕 张安珍、张翔编著：《信息采集、加工与服务》，湖南科学技术出版社 2002 年版，第 71—72 页。

定价值，都应当纳入采集范围。这就需要信息采集员将从不同角度反映事物属性、变化、本质、结构等的全部信息予以采集。以商标法律为例，课题组不仅搜集了现行有效的法律法规，还搜集了现行法的历次修改版本，也搜集了从我国具有现代意义的商标法规范《商标注册试办章程》开始，曾经制定但已经失效的商标法规范。这种全面信息对商标法史研究用户系统研究我国商标法的历史变迁具有重大价值，是满足该类群体用户需求的重要信息群组。总体上，坚持完整性原则是国家知识产权文献及信息资料库全面检索的基本保障，也是通过信息联通提升信息价值的基本要求。如果信息不完整，极容易割裂信息关联，歪曲事物的本来面貌，减损信息价值，误导信息分析。

2. 时效原则

此即为了灵敏捕捉最新信息，快速满足用户对新信息的需求而提出的信息采集原则。信息价值的变化趋势是一条递减曲线，任何信息都存在衰变周期，过时信息对用户而言不具有明显的可利用价值。在新兴信息技术的推动下，信息的产生与传递速度是惊人的，信息价值的衰变周期急剧缩短，更需要强调时效原则。从信息价值判断，最优的信息采集是与信息发生同步。这是信息保真、最全、最新的时间点。但是在实践中，这种采集形式很不容易做到，信息发生与信息感知总会因为各种各样的原因存在时间差。通常，如果采集的信息能够及时、真实反映事物的最新状态，就可以认为信息是有效的。对于历史信息，时效性要求选择重大的、有影响力的信息，因为这些信息的时效周期较长，尚有重要价值。微不足道的信息已经丧失了应有价值，就不值得再予以收集。为了实现时效原则，信息采集员应当对与主题相关的信息保持敏锐洞察力，实时予以关注，并与时俱进地更新信息监测、采集工具。在国家知识产权文献及信息资料库建设过程中，应注重时效原则的这两方面含义。具体而言：一是要求信息采集员充分熟悉用户需求与信息发展趋势，对当前发生的信息保持敏锐的嗅觉；二是面向目标需求，组织重大历史信息，例如，“知信通”在历史信息采集上的疏密有致就体现了时效原则。由于在1980年以前发生的知识产权信息中只有具有重大影响的信息才不致丧失时效性，课题组只对该部分进行了重点采集。

3. 目的性原则

任何资料库都有预设的目标群体，都是为了满足其特定客户的需求，因而要根据目标群体的实际需求，有目的、有选择、有轻重缓急、有计划、有步骤、分专业地进行。坚持目的性原则是为了高效实现资料库的效用，需要有明确的采集方向、任务、重点与信息价值。国家知识产权文献及信息资料库首要的目标群体是知识产权实务与理论界的各类人士，包括与知识产权有关的法律工作者、管理人员、信息服务提供者等。除此之外，目标群体还包括需要利用知识产权文献及信息的所有社会公众，如高校师生、企业研发人员及对知识产权问题感兴趣的社会公众。国家知识产权文献及信息资料库的信息采集就应当以服务目标群体为目标，针对特定范围的信息展开。唯有如此，信息采集才能满足建设目标，实现固有价值。盲目的信息采集不仅不能顺利推进资料库建设，而且不能保障数据资源满足用户需要，不能提高资料库建设与检索效率。"知信通"的建设就验证了这一原则。

4. 可靠性原则

该原则指信息采集人员应当按照特定程序通过专业判断方法，确定采集的信息真实、可靠。可靠性原则是保障资料库信息质量符合标准的最为重要的原则。信息有真假之分，资料库建设所需要的信息一定是真信息，这是因为假信息有时比没有信息更容易误导用户，损害使用者的利益。"这里所说的真实、可靠不仅指信息反映的过去与现在的事物的事实要真实实在，不能有虚假，而且所反映的事物发展变化趋向符合客观发展规律。"[1]以求真为目标，信息采集应针对真实环境下的实在对象，而不能是道听途说、断章取义的信息。在某种程度上，信息的全面性及其来源的正规、权威有利于保障可靠性。同时，原始信息也比二次信息、三次信息更为可靠。在国家知识产权文献及信息资料库的建设过程中，需要引进源数据质量控制机制，通过访问质量、背景质量和内外控制等形式实现，对信息来源、信息真伪进行鉴别，对二次信息、三次信息进行进一步核对。同时，为了保障采集的可靠性，信息采集人员需要根据信息特征借助特定的采集技术与工具。在本项目试验性资料库"知信通"设计和建设过程中，即在实践中遵循了这些原则，取得了较好的效果。

5. 持续性原则

该原则指对信息的采集要保持全程跟踪与不断补充状态，稳定地获取新信息。信息发生是一个持续的动态过程，有产生、发展、变化、终止等环节。有价值的资料库应当根据信息的发生规律对数据资源进行动态跟踪。同时，

〔1〕 张安珍、张翔编著：《信息采集、加工与服务》，湖南科学技术出版社2002年版，第71—72页。

信息挖掘也具有过程性，通过对已经获取的信息进行分析，可以发现遗漏的信息，并及时采取补救措施。面向过去的查漏补缺与面向未来的监测跟踪，是持续性原则的重要体现。这既是完整性的表现，又是目标性的基本要求。通常情况下，能否检索到最新信息是检验资料库质量与价值最为重要的指标，也是保持资料库黏性的需要。在国家知识产权文献及信息资料库建设过程中，信息采集人员既要对既往信息进行有目的、有针对性的搜集，又要及时跟踪最新信息，这样才能使建设工作突出应有价值，防止步步追赶，无法保持动态更新。"知信通"具有开创性与阶段性，在建设过程中更多采用了信息资料补充方式，以期满足对已有信息的完整收集。部分版块的信息采取了持续跟踪与更新方式，一直追踪到项目验收前。

6. 效益原则

此即信息采集的功利主义原则，是指信息采集的成本以及其他消耗对实现特定的经济、社会效益应当是值得的。这一原则对于维持信息采集活动的持续性具有激励作用。具体而言，信息采集是一个经济活动，需要耗费大量的人力、物力与财力资源，又会通过向用户提供效用而产生经济收益或者价值补偿。成本与收益是信息采集活动最为现实的衡量因素。根据理性人假设，只有当信息采集的收益大于或者等于成本时，这一活动才会持续进行下去。否则，信息采集活动就不会持久。在国家知识产权文献及信息资料库建设过程中，既考虑到知识产权文献及信息资源的公益性，又兼顾经济法则，严格遵循效益原则，才能保证信息采集活动有条不紊地展开。"知信通"建设遵循效益性原则，更多强调社会效益，压缩相应成本，已经积累了部分经验。

（二）信息采集流程

通常，信息采集活动分为信息采集前的准备、采集过程、采集后的评估三个阶段。以下以信息采集原理为指导，结合已经完成的试验性资料库"知信通"信息采集的做法，对国家知识产权文献及信息资料库建设中的信息采集问题加以探讨。

1. 知识产权文献及信息采集前的准备

国家知识产权文献及信息资料涉及内容繁杂，既有原始信息，又有二次信息、三次信息，信息面广且种类齐全，信息采集任务相对繁重。"工欲善其事，必先利其器"，信息采集前的准备就显得更为重要。

首先，需要根据信息采集任务制作实施方案，即描述与分解任务目标，确定采集模式、采集方式与技术，明确时间进度安排与人员分工，制定信息采集人员培训计划等，并确定新情况的应急预案。

以本项目试验性资料库“知信通”为例，课题组将任务分解为九个版块，形成了资料库采集的子任务。根据九大版块的相互关联关系，结合知识产权信息资源对目标群体的价值，课题组决定采取混合采集模式，即综合考虑信息资源的性质、价值与类型，既避免重要资源的遗漏，又围绕主题集中开展工作。[1]由于不同类型的信息资源的载体差别很大，信息关联的构建方式不同，课题组允许信息采集人员在间接方式与直接方式之间随机选择，并给出了采集策略建议。采取间接采集策略的基本考虑是：在网页浏览器上，用户一方面可以采用传统的线性方式，对各个文件中的信息一次进行阅读；另一方面也可根据节点之间的超文本链接关系，进行相关节点的非线性浏览。[2]如果由信息采集员逐项采集，则既大大增加成本，又会破坏原有的链接关系。为此，需要运用技术工具采集这类信息。网络检索工具主要有搜索引擎、公共联机书目查询系统、网页目录、专门信息检索工具、非 www 网络采集工具、网络数据库等。[3]

其次，设计数据模板。数据模板是采集到的数据的存储与排列方式，直接影响数据标引、组织与导入等数据库建设环节。为此，课题组预先听取专业公司的意见，采取适合预建数据库模式的数据模板，主要采用的是数据库通用 EXCEL 模板。

再次，签订任务书。以申请审核制确定知识产权文献及信息九大版块的工作任务承担人员，并签订工作任务书，明确双方责任。先由有意向的信息采集人员自动组队提出申请，课题组再根据人员素质、工作方案、时间安排等内容择优确定课题组。任务再分配主要由子课题组自行决定，每组确定一个负责人，并允许根据任务需要调整人员。

最后，进行知识产权文献及信息采集人员培训。由于信息采集人员可能缺乏必要的图书情报知识，且对知识产权信息的采集标准也存在不同认识，

---

〔1〕 刘炯绮：“知识产权文献及信息资料库的信息采集”，载冯晓青、杨利华主编：《国家知识产权文献及信息资料库建设研究》，中国政法大学出版社 2015 年版，第 104 页。

〔2〕 杨惠娟：“初探信息资源采集过程中的采集策略”，载《信息系统工程》2014 年第 4 期；邓小昭：“因特网用户信息检索与浏览行为研究”，载《情报学报》2003 年第 6 期。

〔3〕 杨惠娟：“初探信息资源采集过程中的采集策略”，载《信息系统工程》2014 年第 4 期。

知识产权采集人员都需要接受培训，包括讲解任务目标、资源评估、采集策略与采集细节等。

2. 知识产权文献及信息采集过程

知识产权文献及信息采集过程是实施方案的执行环节，专业的信息采集人员、确定的采集范围、明确的采集目标、合理的采集方式与专业技术工具至关重要。

首先，应以用户需求为导向，确定知识产权信息资源的时间跨度、内容宽度与采集量等内容或标准。知识产权信息资源面向的是知识产权信息服务的消费者，一切以用户为先是逻辑必然。这就要求分析事先确定的目标群体的知识产权信息需求，然后以此确定知识产权信息采集过程的基本准则。

其次，筛选知识产权信息源并进行预评，从而圈定知识产权信息源。选择知识产权专业人员从事信息采集的优势就在于这些人员的知识积累为知识产权信息源的筛选提供了先决条件。根据知识产权专业文献与先前的知识产权信息资源积累，知识产权信息采集人员可以比较轻松地提出初步的信息源，然后依照信息采集原则与专业知识对知识产权信息源进行评价，包括知识产权信息源的可靠性、及时性、价值性、完整性等，再根据评价结果对这些信息源进行替换、补充与剔除，最终就可以圈定目标知识产权信息源。

国家知识产权文献及信息的来源大多是网络，具有检索经济、便利等优点。知识产权法律法规、司法解释、战略规划、其他规范性文件、司法案例文献及信息资料在中国人大网法律法规检索数据库、国家知识产权局网站、最高人民法院网站、中国知识产权裁判文书网等权威网站向公众免费公开，信息确定明确，适合作为知识产权信息源。知识产权教育培训、人物、机构与科研项目都是在各自的正式网站上查询，可以通过搜索引擎进行验证与比对，知识产权信息源免费公开且符合任务要求，具有权威性。知识产权论著资料的主要信息源是中国知网与图书电子商务网站，知识产权百科的参考依据是国内权威论著。

再次，按照实施方案确定的采集方式进行试采集。国家知识产权文献及信息资料的采集主要采取网络检索工具，历史事件则更多地采用了人工浏览纸质文献的方式。网络检索工具可以提供多种检索方式，通过网页的超链接也可以获取相关联的信息。比如中国知网的参考文献有很多著作信息，查找论文的同时也获得了著作信息。通过试采集，可以检验预先设计的采集方式是否真正符合该类信息的采集。

最后，按照计划方案与先前准备实施采集活动。在实施过程中，如果遇到新情况与新问题，则启动应急预案。如果遇到无法预估的问题，则需要根据任务目标、操作原则进行分析会商，及时调整方案。仅以知识产权司法案例文献与信息采集为例，在国家知识产权文献及信息资料库建设过程中，司法案例的数量非常大，且不同网站的内容略有不同，信息采集就可能遇到新情况。课题组发现如果以其中一个网站的信息作为唯一信息源，则可能存在信息遗漏；如果多网站同时采集，则可能会存在大量重复。最终，课题组决定调整思路，即根据案件的价值与影响，先采集重要案例，然后逐步扩大。

3. 知识产权文献及信息采集后的评估

由于人的理性是有限的，不可能预计到信息采集的所有情况，即便是按照预定计划采集信息，最终的结果也未必一定能满足要求。因而，需要对采集的信息以及采集过程进行评估，包括信息质量、信息源的可靠性、信息真伪的甄别、信息采集成本、法律风险等。必要时，还应当按照前两个步骤进行补充采集。例如，在试验性资料库“知信通”建设过程中，知识产权大事就进行了三次补充采集。

二、国家知识产权文献及信息资料库的信息描述

国家知识产权文献及信息的种类繁多，内容格式不统一，质量高低不一，存在较大的描述挑战。因此，根据国家知识产权文献及信息资料库建设任务确定描述规则，对资源的形式与内容进行整理、描述与记录，就显得更为重要。

（一）元数据的确立

元数据又称中介数据、中继数据，是描述数据属性或者对信息进行编目的数据，旨在描述著录、标引信息，确立信息的描述结构与内容，并对应信息检索条件。元数据是电子时代的语言，在此之前的书目、文摘等都是实质意义上的元数据。在实质意义上，最早的元数据标准是1978年发布的《目录交换格式》（Directory Interchange Format，DIF）。DIF是一种旨在为数据系统互操作、目录互操作，实现异地数据发现的标准格式。[1] 随着信息科学向各

〔1〕 刘健：“国外元数据研究前沿与热点可视化探讨”，南京大学2013年硕士学位论文，第2页。

个学科的渗透，各个学科也都根据自身需求与特色建立了自己的元数据标准。

根据 DC 元数据[1] 的建议，网络信息资源有 15 个基本元数据。这些元数据的核心特征是具有动态性或者可扩展性。这是开放的互联网的基本要求。"DC 描述的对象是网络信息资源，所以可扩展的特性十分重要，通过添加修饰词等手段对 15 个基本元素进行限定，使 DC 能够根据各个领域的需要进行扩展。DC 元数据中所有的元素都是可以选择且可以重复的，也可以按照任何元素来显示元素，具有很强的自由性。"[2]国家知识产权文献及信息资料库是基于互联网的资料库，也应当遵循上述基本原理的指导，否则就会使资料库的功能趋于封闭，无法适应变化的实际，也会影响数据库的长远发展与价值。

表 3-3-1 DC 元数据基本元素表[3]

元素	特征	说明
标题	揭示资源内容的元素	主要描述资源的标题，通常由资源的创造者或出版者赋予
主题	揭示资源内容的元素	主要描述资源主题的关键词
描述	揭示资源内容的元素	主要是对资源内容的文字介绍，对文献信息的文摘或对其他类型信息的说明
来源	揭示资源内容的元素	主要是被描述资源的出处，同时也是该资源的源文件信息
语种	揭示资源内容的元素	被描述资源所采用的语种
关联	揭示资源内容的元素	主要描述资源之间的关系，在相关资源与被描述资源间建立各类型的关系，如替代、参考等

[1] 这一标准是联机计算机图书馆中心（OCLC）于 1994 年首倡的，其维护机构是 DCMI (Dublin Core Metadata Initiative)，目前是国际上应用比较广泛的元数据标准规范。

[2] 吕雅琦："知识产权文献及信息资料库的信息描述"，载冯晓青、杨利华主编：《国家知识产权文献及信息资料库建设研究》，中国政法大学出版社 2015 年版，第 130 页。

[3] 该表是根据吕雅琦的相关介绍整理完成的，参见吕雅琦："知识产权文献及信息资料库的信息描述"，载冯晓青、杨利华主编：《国家知识产权文献及信息资料库建设研究》，中国政法大学出版社 2015 年版，第 129 页。

续表

元素	特征	说明
覆盖范围	揭示资源内容的元素	主要描述资源的时间和空间范围
创建者	描述知识产权的元素	主要描述资源的作者或创造者
出版者	描述知识产权的元素	主要描述将资源变成目前存在实体的负责人
其他责任者	描述知识产权的元素	主要描述未在出版者或创建者元素中列出的为资源做出重要贡献的个人或团体
权限	描述知识产权的元素	主要描述资源的权限管理、状态等
日期	描述资源外部属性的元素	主要描述资源创建或成为可获取状态的时间
类型	描述资源外部属性的元素	主要描述资源内容的类型，如文本、图像
格式	描述资源外部属性的元素	主要描述资源的数据格式
标识符	描述资源外部属性的元素	主要描述用来对资源进行唯一识别的字符串或数字，如国际标准书号 ISBN

在2008年以前，我国并没有冠名“知识产权”的元数据，只在专利与商标等具体领域存在信息描述的元数据标准。就专利而言，当时用于描述专利信息的工具主要有两种：一是专利分类法，二是专利文献著录代码 INID。对商标及相关文献（如商标档案等）的组织管理，我国采用《商标注册用商品和服务国际分类表》《商标档案管理暂行办法》《商标档案保管期限表》等。[1]2008年，国家标准化管理委员会出版了《知识产权文献与信息基本词汇》（GB/T 21374-2008），首次为知识产权领域的元数据提供了推荐标准，并为相关元数据的完善提供了有益借鉴。当然，这一标准也存在专利部分相对详细、商标与著作权部分比较粗略的问题。在试验性资料库“知信通”的建设过程中，课题组基于这一标准，并结合国内外研究与实践对元数据进行

〔1〕肖红凌、马海群：“知识产权信息的组织加工与元数据”，载《情报理论与实践》2004年第1期。

了丰富，形成了全面、系统、具有重大指导意义的元数据标准。这些内容既有力指导了试验性资料库“知信通”的建设，又有助于知识产权文献及信息的元数据标准的完善，对知识产权信息学科的发展具有重要价值。以下将对“知信通”元数据设计方案做出介绍与分析，该设计方案对于未来设计和建设真正意义上的国家知识产权文献及信息资料库具有指导意义和应用价值。

（二）“知信通”元数据设计方案

“知信通”元数据设计方案有三个重要限定：一是要适合对九大版块的信息及文献进行描述，不能有所偏私，否则数据描述就会缺乏统一性，从而损害整个资料库的价值。因而，元数据应当能够全面揭示知识产权法律法规、司法解释与其他规范性文件、司法案例、论著资料、科研项目、大事、教育培训、机构、人物与百科等信息资源类型的属性。二是要有利于资料库建设后续环节的开展，即保障信息组织与检索的顺利进行。三是从效率考虑，对于存在法律风险的部分不设计或者少设计元数据。由于论著资料涉及他人著作权，对该类信息资源的描述只能停留在书目或者篇名这一浅层次，相对独特的内容元数据就不需要考虑。作为补救措施，“知信通”增加了原文链接，便利了用户的信息获取。其他信息资源类型则尽可能体现深度。

具体而言，“知信通”元数据设计遵循的基本原则包括：

第一，统合多标准。在“知信通”建设之前，国内外已经确立了若干元数据标准，既有适用于传统文献的书目数据，又有适用于互联网的网络信息元数据，还有保障网络资源与现有的图书馆资源互联互通的通用型元数据。在行业层面上，商标、专利领域有专门的元数据，国家也公布了知识产权层面的推荐元数据。这些内容是他人研究成果与实务经验的总结，有其重要价值，应当适用于国家知识产权文献及信息资料库建设。只要能够在现有框架内得到描述的信息，就不需要再为其新设元数据。只有无法满足描述需要的，才能根据现有元数据体系结构设计新的元数据，并使新增加的元数据与现有体系形成有机整体。因而，本项目试验性资料库“知信通”元数据是现有多标准的有机整合与发展，其中影响比较大的是DC元数据与知识产权文献及信息基本词汇。相关版块的信息资源的元数据已经在内容选取部分有了详细介绍，在此不赘。

第二，元数据的丰富化。只有元数据丰富，信息资源的描述才有可能更为深入。为了实现数据资源的价值最大化，课题组非常重视自己加工、整理的二次信息的信息量，包括摘要、评析等，这样能够更好地提升信息价值。

第三，保持开放性。信息资源建设是长周期的持续过程。为了保障已经加工的信息能够被长久检索利用，尚未发生或者加工的信息能够更好地整合到现有的资源描述体系，现有元数据应当具有对未来的预见能力。这除了需要借助逻辑的严密性之外，还需要元数据标准保持动态开放。

在方案结构上，“知信通”元数据总体应用方案由总则、描述元数据规范、管理元数据规范、结构元数据规范和附录五部分组成，确定了三种类型的元数据及其规则体系，明确界定了“知信通”的核心元数据集及其拓展和应用规则，对“知信通”元数据应用具有重要的指导意义。同时，每一子版块都有相应的知识产权文献及信息元数据规范，包括知识产权法律法规与司法解释等的规范性文件的元数据格式规范、知识产权司法案例元数据规范、知识产权科研项目元数据规范、期刊知识产权论文元数据规范、知识产权学位论文元数据规范、知识产权会议论文元数据规范、知识产权数据库元数据规范、知识产权统计资料元数据规范、知识产权年鉴年表元数据规范、知识产权人物元数据规范、知识产权机构元数据规范、知识产权大事元数据规范、知识产权百科元数据规范。[1]因而，“知信通”的元数据体系形成了直线-职能制结构，总体规范对子版块的规范具有指导价值，各个类别的元数据规范也与子版块的相应类别形成了层级关系。

三、国家知识产权文献及信息资料库的信息组织

国家知识产权文献及信息资料库主要是以信息组织的一般方法为指导，将采集到的知识产权文献及信息资源有序化，承上实现信息的结构化，启下便利信息检索。

国家知识产权文献及信息的分类是信息组织的直接基础。在本项目试验性资料库“知信通”建设过程中，关于国家知识产权文献及信息的分类有过多次争论。争论的根本原因是知识产权文献及信息具有不同层次。课题组在项目申报过程中提出的本原信息、现象信息与认知信息三分法就是对其不同层次的揭示。同时，不同层面的知识产权文献与信息也存在某种程度的交叉，

---

〔1〕 参见吕雅琦：“知识产权文献及信息资料库的信息描述”，载冯晓青、杨利华主编：《国家知识产权文献及信息资料库建设研究》，中国政法大学出版社 2015 年版，第 133—134 页。

比如论文与著作是知识产权认知信息的重要表现，又是知识产权本原信息中的客体信息。现有的研究成果也提出了各种各样的分类，既对“知信通”信息及文献的分类有启发性，又增加了不同层级的纠缠。最终，课题组将通过逻辑演绎得到知识产权文献及信息分类的思路转向通过分析综合相结合的方式归纳类别，从而形成了九大版块。

“知信通”采用的信息组织方法主要是分面组配分类法。分面组配分类法是依据概念的逻辑关系，包括同一关系、种属关系、交叉关系、矛盾关系与反对关系等，将主题概念分解为相对简单的概念，按照概念所属的方面或范畴组配复合类目。国家知识产权文献及信息的类目体系是九个大类、三级类目，九个大类分别对应“知信通”的九个版块，三级类目是主题概念、类别与具体描述字段。不同类目之间通过上位概念的涵摄、概念的并列关系等形成了一个多层体系。不同类目之间并不存在严格的等级关系，只是相对独立的信息单元，构成对上位概念的不同描述。对于不同类目的信息分别提供分类导航以及简单检索、高级检索途径。根据信息资源的具体内容，高级检索设置了不同的检索字段，具体如下表所示。

表 3-3-2 “知信通”检索字段的设置〔1〕

类别	检索字段
法律法规	标题、施行时间、发布时间、效力级别、失效时间、时效性、法规类别、发布部门、地域
司法案例	案由、案件名称、当事人、关键词、案号、审结日期、审理法官、审理法院、代理律师、代理机构、法院级别、审理程序、案例类型
论著资料	论著资料性质、关键词、主题词、标题、作者、作者单位、出版社、出版地、出版时间、专业类别、支持基金、文献性质
科研项目	项目名称、立项年份、项目编号、基金名称、负责人、工作单位、项目类别、研究成果、完成时间
教育培训	地域、单位、年份、学历学位层次、文件性质；性质、单位地点、主办单位、培训主题、专业类别、培训时间、培训地点、培训对象、培训师资
知产人物	姓名、关键词、人物类别、导师信息、所在地区、籍贯、工作单位、师承专家、毕业院校
知产机构	关键词、机构名称、机构性质、业务类别、所在地区、地点

〔1〕 根据截至 2016 年 3 月“知信通”不同版块的检索字段整理制表。

续表

类别	检索字段
知产大事	事件名称、专业类别、大事年份、事件性质、地点、主体、事件内容
知产百科	关键词

除了完善检索字段之外，课题组还在知识产权信息组织方面进行了一些有益探索。首先，开设了特色栏目，包括资料目录、案例地图、图例说明、评析等，增加了知识产权信息资源的描述深度与形式，探索了国家知识产权文献及信息的组织和序化方式，大大提高了知识产权信息组织的价值。其次，增设在线投稿、在线咨询栏目，尝试了用户参与信息组织的方式，增强了资料库与用户的互动。这是尝试使用产生于互联网环境的、服务用户参与信息组织的公众分类法的一个例子，也是实现信息组织多样化甚至是知识产权文献及信息资料组织方式转型的一个窗口。最后，深度挖掘了信息之间的关联，提升了信息的整合度，比如在知识产权人物、机构、论著、司法案例之间建立特定关联，在法律法规信息组织中通过“释”“沿”“关”“理”“案”与“他”等标签提供信息关联，为用户通过超链接查找关联信息提供了便利。

四、国家知识产权文献及信息资料库的界面设计

在信息社会，互联网成为重要的交流工具，界面设计是互联网领域全方位竞争的重要环节。界面是用户对数据库的第一印象，是展示信息资源内容的“外表”，是人机交互的重要部分。网络界面设计有两个层次：一是实现用户满意体验与产品功能的统一；二是引入人机交互理论、符号学原理、认知心理学、色彩学以及可用性工程学等，作为网络界面可用性设计的理论基础。〔1〕

（一）国家知识产权文献及信息资料库界面设计的基本原则

“一个优秀的交互界面能够提高用户使用体验的高效性、愉悦性和认知性。”〔2〕将高效性排在界面设计的首要地位，符合内容与形式的关系原理。归根结底，国家知识产权文献及信息资料库的界面设计是为知识产权文献及

〔1〕 刘增：“以用户为中心的网络界面设计研究”，南京航空航天大学2007年硕士学位论文。

〔2〕 李琛：“交互界面设计与审美感受”，载《青春岁月》2013年第5期。

信息内容服务的，高效的界面设计能够保证用户及时、快速地获取需求信息，准确实现资料库的功能，增强资料库的用户体验与黏性，实现资料库建设的初衷。信息内容、结构关系、功能定位、用户需求等决定着界面设计的基本方式。简单来说，如果一个以提供资料检索服务为基本功能的资料库的搜索框不突出，则该界面设计就不符合高效性原则。本项目试验性资料库“知信通”首页的综合搜索框简单醒目，就力图符合这一原则。

愉悦性要求界面设计能使人产生好的体验和感受，即界面设计应当满足目标群体的共同审美要求。审美是主客观相互结合的产物，审美体验取决于审美主体自身的文化、学识、教养，又受特定的时代背景与环境的影响。国家知识产权文献及信息资料库界面设计的愉悦性也需要从这一角度出发，立足于目标群体的共同文化背景，实现客观审美的要求，而不可能从个体角度予以实现。国家知识产权文献及信息资料库的内容是国家知识产权文献及信息，用户群体多为知识产权学术研究与实务应用人士。这些群体具有较高的教育背景、文化素养，知识体系相互关联，并且有使用类似的知识产权数据库的体验，通过借鉴符合用户习惯的其他知识产权数据库的界面设计，并融合流行审美元素，就可以相对容易地进行审美设计。

认知性是指界面设计符合目标群体的认知习惯，包括使人容易掌握交互界面的功能、使用方法与规则，尽量以较少的输入获得较多的、准确的推荐信息等。国家知识产权文献及信息资料库界面的输入设置、引导设置、反应设置与校正设置等，都遵循用户在使用普通交互界面时已经形成的认知习惯，不增加用户的适应负担，使人能够在习惯的引导下进行人机交互与信息检索。根据本项目试验性资料库“知信通”的使用体验报告，检索者不需要专门培训或者指导就可以快速适应，而且可以从检索结果显示中轻松获得目标信息。这在最大程度上实现了界面设计的认知性与适应性要求。比如，“知信通”的检索框自动设置引导词“输入关键词快速检索”，能够使用户一目了然，就符合认知性要求。

（二）国家知识产权文献及信息资料库界面设计：以试验性资料库“知信通”界面设计为例

基于精确检索的要求，“知信通”的界面设计主要采用单向度的“输入+响应”模式，即用户点击或输入相关信息，界面据此予以响应。响应结果是知识产权专业人士的加工产物，而不是关联主义模式下的随意回答。简单来说，为了保证检索结果是准确、权威的，“知信通”的界面设计主要是满足用户的按需检索需求。在“输入+响应”模式下，有综合检索界面与高级检索界面。综合检索界面设计简洁，且引导性强。用户只需要在检索框中输入需求信息的字段，点击“检索”按钮就可以获得相关信息。在搜索框的上方并行排列“综合”“法律法规”“司法案例”“论著资料”“科研项目”“教育培训”“知产人物”“知产机构”“知产大事”“知产百科”按钮。根据按钮提示信息，就可以进入到子版块的检索界面。在除“知产百科”之外的子版块中，都有该类目的综合检索与高级检索，综合检索提供全文检索与标题检索两种方式，高级检索则根据元数据设置相应的检索条件，满足信息细化与检索精确的需要。同时，各个子版块还在页面左边提供分类信息。比如法律法规版块提供“效力级别”“发布部门”“法规类别”“时效性”等分类类目。点击“检索”可以进行浏览分类信息、调整信息排序方式、查看全部、分享等进一步操作。

同时，“知信通”尝试使用了少量的用户参与界面设计元素，即在“输入+响应”界面下辅助设计用户编辑模块，以利于信息的双向交互、动态更新与纠错。下一步，“知信通”整体页面设计将借鉴猎豹浏览器、新浪微博、腾讯QQ 等成熟的设计模式，增加界面设计本身的用户互动，添加个性化风格。

在内容系统关联的实现形式上，界面设计了丰富、简洁的表意符号，包括图例图标、返回顶部的标识、顺序符号和分类符号、模块划分框架符号、分类标题符号等。〔1〕目前，只有“知信通”的法律法规版块使用了图例。为了实现法律条文与其他信息资源的关联，“知信通”在几部核心知识产权专门法律的每一条文下设定了关联图标，即使用“圆圈加释”表示条文与释义，使用“圆圈加沿”表示制度沿革，使用“圆圈加关”表示相关规定，使用“圆圈加理”表示学理解析，使用“圆圈加案”表示司法案例，使用“圆圈加他”表示国际条约以及其他法域的相关规定，并在界面左中部分使用图例说明予以明示。其他表意符号则视版块内容并借鉴用户习惯而定，比如在页面下端设计向上凸的折线表示返回顶部。这就是借鉴页面惯常设计而产生的。通过表达关联关系的表意符号的运用，“知信通”的特定功能能够高效地实

---

〔1〕 参见肖兰：“知识产权文献及信息资料库的界面设计”，载冯晓青、杨利华主编：《国家知识产权文献及信息资料库建设研究》，中国政法大学出版社 2015 年版，第 153 页。

现，内容关联与主次关系也明确体现出来，为用户提供了清晰的信息检索指引，既简约又实用。

“知信通”的网页选择蓝色格调与华表，符合网站的目标群体定位与知识内容定位，能够给用户带来典雅、庄重的视觉体验。首先，蓝色是海洋、天空的颜色，使人联想到美丽、沉稳、理智、博大与信任。蓝色在商业设计中代表科技、效率。蓝色的多层次内涵在无形中提升了网站的品位与价值内涵。其次，华表是中华民族传统建筑的装饰形式，具有指路与留言箱的作用，是含义隽永的文化图腾，代表着中华民族的文化精神、气质与神韵。选择并使用华表图案，既可以表明“知信通”的中华文化属性，又可以表达与用户互动共享的建设理念，还表明课题组致力于国家知识产权文献及信息资料库建设的孜孜追求。

（三）“知信通”与其他同类界面对比分析

与同类界面设计相比，“知信通”既有自己的设计特色，又有需要改进的内容。本研究报告将“知信通”与设计过程中选取的参照界面及其他同类界面进行对照，包括北大法宝、北大法意、中国知识产权裁判文书网与中国知网等。

“知信通”与北大法宝、北大法意的界面设计对比如下：

第一，在搜索界面设计上，“知信通”将综合搜索框与分类搜索框分开设计，综合搜索界面简洁明了，而且通过综合界面检索到的信息资源还能够实现信息分类。相比之下，北大法宝和北大法意缺少综合检索框，在不选择分类资料库的情况下，系统默认检索法律法规资料库。“知信通”的高级搜索设置在子版块，与子版块的综合搜索在同一界面，比较容易查找，而北大法宝和北大法意的高级搜索需要跳转到新页面，相对隐蔽。

第二，在色彩设计上，北大法意没有统一格调，同一页面内多种颜色混搭，风格稍显花哨，也缺乏大气雅致内蕴；北大法宝用色过少，页面中间部位没有主色调，内涵不突出。如前所述，“知信通”则有丰富内涵。

第三，在检索结果显示上，北大法宝、北大法意与“知信通”的条目区隔均采用分割虚线，不过“知信通”条目之间的间距相对较大。三者都突出标题，并将与检索字段相同的部分高亮显示，主次明确。

第四，北大法宝与北大法意的界面同时展示广告信息与滚动信息，简单商业化气息较浓；“知信通”则比较注重自身的知识品格，界面设计比较干净。

第五，北大法宝与北大法意注重信息资源的分类展示，北大法宝按照法规的效力层级进行分类排序，北大法意提供“效力层级”与“颁布时间”的排序方式选择，并增加了“简明模式”与“分层模式”；“知信通”的前期设计方案没有提供排序模式选择，也没有明显的默认排序模式。[1]根据国家知识产权文献及信息资料库建设研究2015年度工作会议暨学术研讨会与会专家的建议，课题组拟定该局部设计的修改方案，并已进行改进。

第六，在条目展示的最终页面上，北大法意提供搜索热词，对人机交互具有重要意义，也有利于用户及时获取检索热点。由于“知信通”只是国家知识产权文献及信息资料库的试验性版本，且没有投入大规模应用，故无法提供基于关键词统计的热词搜索服务。随着国家知识产权文献及信息资料库建设的推进与网络应用，这一服务模式将会被逐渐吸纳进来。

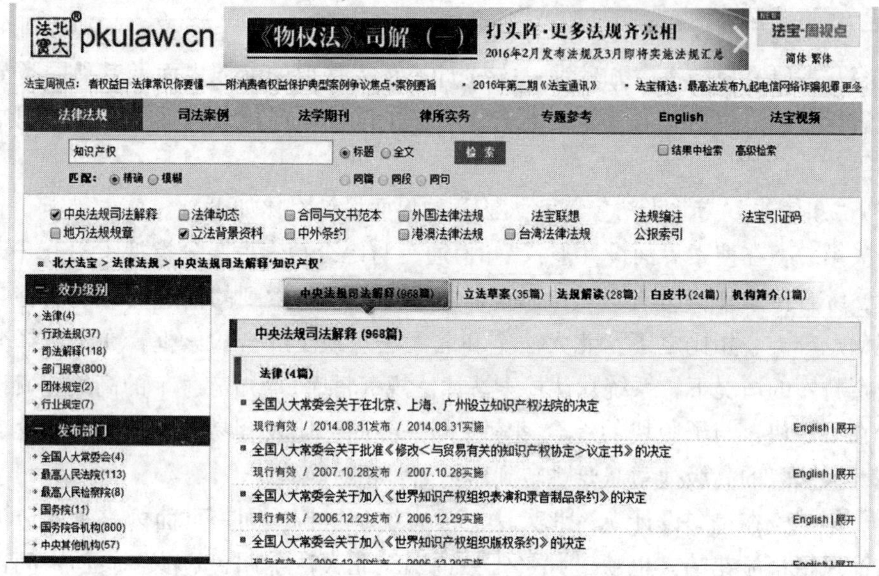

图 3-3-2　北大法宝检索界面

[1] 参见邓舸洋在2015年国家知识产权文献及信息资料库建设研究工作会议暨学术研讨会上所作发言，载冯晓青、杨利华主编：《国家知识产权文献及信息资料库建设研究》，中国政法大学出版社2015年版，第601页。

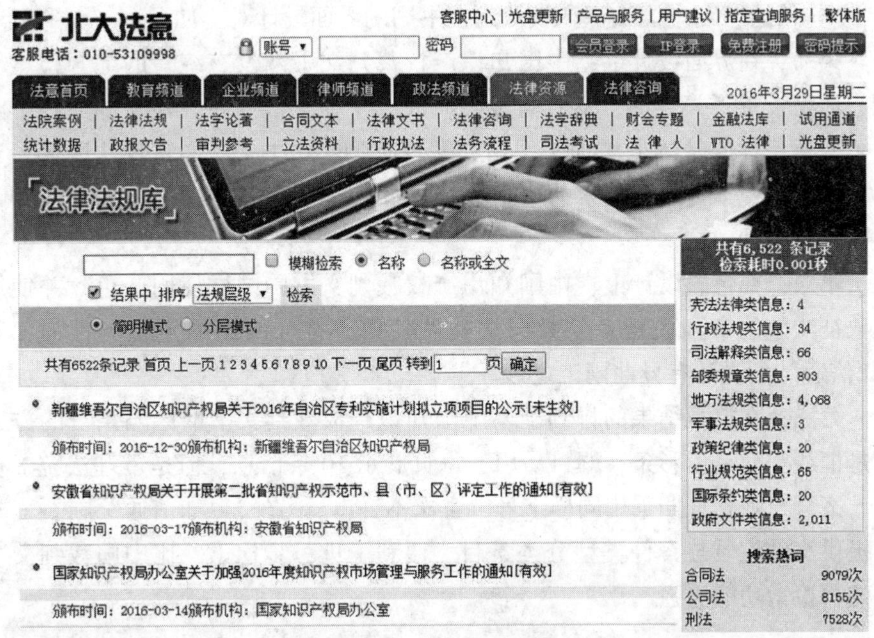

图 3-3-3　北大法意检索界面

图 3-3-4　“知信通”检索界面

“知信通”与中国知识产权裁判文书网的界面设计对比如下：

第一，在界面设计上，中国知识产权裁判文书网没有统一的综合检索界面，而是设置了关键词、案号与裁判时间三个检索框；高级检索界面在上述三个检索条件的基础上增加了案由、案件类型、文书类型、审理法院等。这体现出高级检索与简单检索的功能重叠。如前所述，“知信通”的检索类型设置则比较合理。

第二，在色彩设计上，中国知识产权裁判文书网同样使用蓝色，并使用了象征法院的审判大楼、院徽与法槌图片等，符合网站的定位与性质，与“知信通”的设计有异曲同工之妙。

第三，在检索结果的排列上，中国知识产权裁判文书网区隔条目的方式不是框线，而是色彩条，醒目易用，每页展示10条信息，但是审理法院、标题、案号与裁判日期采用同样字号，主次不突出。另外，“知信通”在页面右侧提供案件性质与案件类型分类条目，便利了进一步检索，比中国裁判文书网的再检索功能更强。

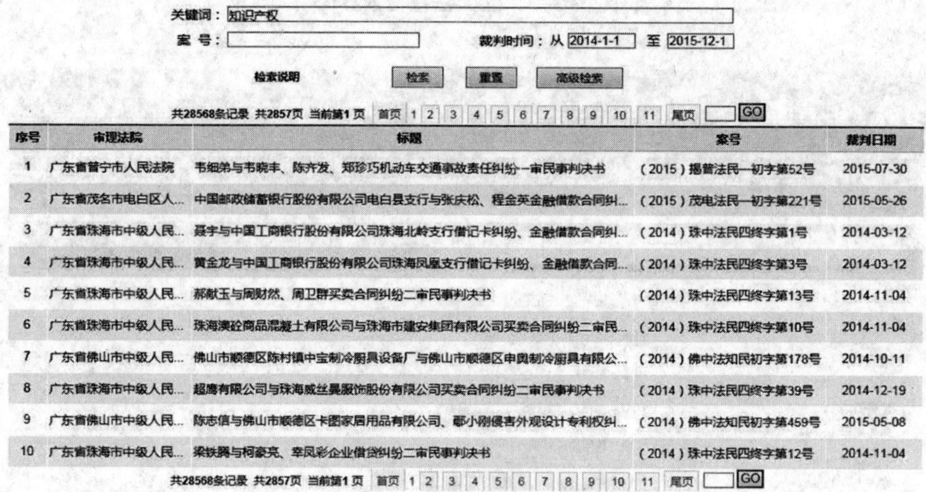

序号	审理法院	标题	案号	裁判日期
1	广东省普宁市人民法院	韦细弟与韦晓丰、陈齐发、郑珍巧机动车交通事故责任纠纷一审民事判决书	(2015)揭普法民一初字第52号	2015-07-30
2	广东省茂名市电白区人...	中国邮政储蓄银行股份有限公司电白县支行与张庆松、程金英金融借款合同纠...	(2015)茂电法民一初字第221号	2015-05-26
3	广东省珠海市中级人民...	聂宇与中国工商银行股份有限公司珠海北岭支行借记卡纠纷、金融借款合同纠...	(2014)珠中法民四终字第1号	2014-03-12
4	广东省珠海市中级人民...	黄金龙与中国工商银行股份有限公司珠海凤凰支行借记卡纠纷、金融借款合同...	(2014)珠中法民四终字第3号	2014-03-12
5	广东省珠海市中级人民...	郝献玉与周财然、周卫群买卖合同纠纷二审民事判决书	(2014)珠中法民四终字第13号	2014-11-04
6	广东省珠海市中级人民...	珠海澳砼商品混凝土有限公司与珠海市建安集团有限公司买卖合同纠纷二审民...	(2014)珠中法民四终字第10号	2014-11-04
7	广东省佛山市中级人民...	佛山市顺德区陈村镇中宝制冷厨具设备厂与佛山市顺德区申奥制冷厨具有限公...	(2014)佛中法知民初字第178号	2014-10-11
8	广东省珠海市中级人民...	超鹰有限公司与珠海威丝曼服饰股份有限公司买卖合同纠纷二审民事判决书	(2014)珠中法民四终字第39号	2014-12-19
9	广东省佛山市中级人民...	陈志信与佛山市顺德区卡图家居用品有限公司、郦小刚侵害外观设计专利权纠...	(2014)佛中法知民初字第459号	2015-05-08
10	广东省珠海市中级人民...	梁铁腾与柯豪亮、幸凤彩企业借贷纠纷二审民事判决书	(2014)珠中法民四终字第12号	2014-11-04

图3-3-5　中国知识产权裁判文书网检索界面

图 3-3-6 “知信通”检索界面

“知信通”与中国知网的界面设计对比如下：

第一，在搜索界面设计上，中国知网也没有综合搜索框，只提供全文、主题、篇名、作者、单位、关键词、摘要、参考文献、中图分类号、文献来源等检索条件；高级检索提供多条件检索，功能上具有重叠性。“知信通”则克服了上述不足。

第二，由于中国知网内容较多，页面排列较为紧凑，但是整体结构错落有致，左右采用不同布局方式，不同版块的区分明显，版块内的条目以圆点区分。随着“知信通”信息资源的丰富，未来真正意义上的国家知识产权文献及信息资料库建设可以借鉴这一模式。

第三，在色彩设计上，中国知网以蓝色为主要配色，分类标题、分隔线使用蓝色，导航分类采用蓝底白字，与“知信通”的性质定位相似；期刊等二级页面使用了浅背景色与图片，还在按钮或者分类标签上使用橙色予以突出，发挥了点缀作用；首页使用了动态图片，包括数据库建设的最新消息与中国知网参与的活动，增加了灵动性。

图 3-3-7　中国知网检索界面

图 3-3-8　“知信通”检索界面

根据对比，“知信通”的界面设计还有优化空间：第一，在检索结果页增加“热门搜索”“用户推荐”等栏目，以用户行为特征来指导用户的使用，同时将热门信息推荐给用户；第二，在按钮、标签、条目显示上增加一些色调。当然，“知信通”毕竟只是一个试验性质的国家知识产权文献及信息资料库，未来真正意义上的国家知识产权文献及信息资料库界面设计还需要再总结“知信通”设计经验与用户体验，参考借鉴主流法律、知识产权等方面的数据库加以建构和完善。

五、支持用户检索与浏览的知识产权术语注册与服务〔1〕

在知识系统中，概念是最基础的知识单元。概念通过相互关联或者指代关系形成知识体系。概念是抽象存在，只能通过术语来表达。通常，一个概念由一个以上的术语来表现。比如，受控词表，又称为控制词汇表、受控词汇表或者控制词表，这四种术语都在表述同一概念。概念与术语的关系包括：“概念的产生变化通过术语来表现，概念的语义关系通过对术语相关性进行揭示而外化。”〔2〕这种关系增加了知识组织的难度。因为知识组织是对知识进行有序化，在不同术语描述同一概念的情况下，如果没有在不同术语之间建立映射关系，则很容易出现检索缺漏。同时，为了避免自然语言的模糊与歧义带来的检索不准确等问题，需要建立专业化、权威性、预先确定的受控词表，词表内容的选择也不可避免地会受到概念与术语的关系影响。

为了解决这一难题，术语服务成为关键。术语服务的最初目标是实现相互兼容转换的受控词表间的互操作。发展至今，术语服务的内容得到很大扩充，但尚未形成一致的定义。通常认为，术语服务是指对词表元数据、词表成员术语及其关系、规范文档、主题词表系统、网络分类、分类表等各种类型知识组织资源进行浏览、查询、应用的各种抽象的 Web 服务的统称，由拥有词表和术语资源的服务器通过网络向应用程序提供各种词汇服务。〔3〕其目的是为使用者、计算机获取并理解知识组织资源中的概念及其关系提供搜索、浏览、发现、翻译、映射、语义推理、主题标引和分类、获得（harvesting）、

〔1〕本部分内容受到武汉大学信息管理学院司莉教授在国家知识产权文献及信息资料库建设研究 2015 年度工作会议暨学术研讨会上的演讲的启发。

〔2〕范炜：“受控词表的术语服务研究”，载《图书情报工作》2012 年第 14 期。

〔3〕欧石燕：“国外术语注册与术语服务综述”，载《中国图书馆学报》2014 年第 5 期。

提醒（alerting）等服务，[1] 帮助软件开发者研制工具以改进搜索引擎性能，提高检索效率。[2] 这些服务可以是机器对机器（Machine to Machine，M2M）的，也可以是交互式的、面向用户的服务，可以作为直接元素为最终用户使用，也可以用于支撑相关应用场景的其他服务。[3] 术语服务内容包括将搜索术语对应到受控词表，提供浏览访问，提供词表间的映射关系调用，查询扩展与重构，组合的搜索和浏览，可以作为最终用户界面的直接组成部分应用，也可以支持后台服务。[4]

目前，术语服务有三种方式：基于关键词的术语服务、基于本体的术语服务与基于主题词表的术语服务。[5] 其中，第一种服务方式由于缺乏对术语属性的标示，很容易反馈过多与请求无关的信息，降低了检索的精准性，也容易淹没真正有价值的信息。第二种方式受限于概念属性的复杂多变，也很难提供预想的服务效果。比较常用的方式是基于主题词表的术语服务。特定专业领域内，概念是有限的，表达概念的术语虽然比概念多，但也是有限的。该方式将术语表达的概念限制在不同专业领域内，增加了术语的属性，提高了检索的专业化水平，也保障了专业用户的精准检索。

基于主题词表的术语服务方式需要通过如下几步形成主题词表的主表与辅表：首先，按照划分的专业类别对素材库的术语进行归类，即将不同术语归置在不同的专业类别下。例如，议程设定是公共管理学科使用的术语，立法是法学学科使用的术语，应当分别归置在相应学科项下。同时，这两者又都属于人文社会科学领域的不同学科。其次，在专业类别内，根据语义对术语进行同义词归并或近义词处理，从而使一组术语对应一个概念。例如，作为作品保护条件的独创性，分别有原创性、个性、创作性、独创性等术语，还有不同语种的

[1] 史新等："汉语科技词系统的 Web 服务研究与实现"，载《现代图书情报技术》2008 年第 12 期。

[2] 胡唐明、郑建明："以书目知识为基点，以用户服务为中心——近十年（2000—2009 年）书目工作进展与演化"，载《图书情报知识》2010 年第 4 期。

[3] 欧石燕："国外术语注册与术语服务综述"，载《中国图书馆学报》2014 年第 5 期。另参见史新等："汉语科技词系统的 Web 服务研究与实现"，载《现代图书情报技术》2008 年第 12 期。

[4] 参见武汉大学信息管理学院司莉教授在国家知识产权文献及信息资料库建设研究 2015 年工作会议暨学术研讨会上的发言，载冯晓青、杨利华主编：《国家知识产权文献及信息资料库建设研究》，中国政法大学出版社 2015 年版，第 559 页。

[5] 常春："叙词表的术语服务方式研究"，载《图书情报工作》2012 年第 22 期。

表现形式，这些术语虽然具有细微差别，但是都用来表述作品保护条件，属于一个概念范畴。最后，根据概念的纵横关系，即等级关系或种属关系与关联关系，构建主题词表的概念关系，从而形成了不同概念之间的关联网络。例如，知识产权法与著作权法、专利法、商标法、反不正当竞争法等具有属种关系。

为了降低服务过程中术语查找与选择的成本，术语注册是非常必要的步骤。在目前环境下，术语注册为术语服务提供了基础平台，使计算机程序能够通过 Web 应用程序接口（Application Programming Interface，API）访问和调用词表及其内容。[1]所谓术语注册是指为促进词表的发现、重用、管理、标准化和互操作，对各种词表提供权威的、集中控制的存储。[2]一个术语注册系统能够列出、描述、识别并且指明在信息系统和信息服务中可用的词表集合，并且提供图形化界面和术语服务以供用户访问和使用词表成员术语、概念及其相互关系。术语注册系统提供的基本功能包括词表的注册和上载、词表元数据的浏览与检索、词表成员术语及其关系的浏览和检索。不同的注册系统根据需要还可以增加一些新的功能，如有的注册系统还提供词表的在线编辑修改、版本控制等高级功能。[3]

为了增强术语面向未来的能力，也为了应对术语及对应概念的发展变化或者发现新关联，应当设计术语服务的维护更新机制。对未来能力建设上，可以采取的方式包括人工搜集整理添加与借鉴互动百科的编辑模式采取开放式添加。在现代信息技术发展日新月异的情况下，通过互动添加将有利于发挥多元主体的优势，增强用户体验，减轻资料库开发者的相应负担。对术语或概念新关联的建设，可以采取计算机聚类分析与大数据相关关系分析，将相互关联的内容提取出来。

在国家知识产权文献及信息资料库建设过程中，课题组充分运用了适用于网络环境的术语注册与术语服务，并在试验性资料库“知信通”的建设过程中予以呈现。通过对术语服务方式的比较，课题组采取了基于主题词表的

---

〔1〕 欧石燕：“基于 SOA 架构的术语注册和服务系统设计与应用”，载《中国图书馆学报》2011 年第 5 期。

〔2〕 参见武汉大学信息管理学院司莉教授在国家知识产权文献及信息资料库建设研究 2015 年工作会议暨学术研讨会上的发言，载冯晓青、杨利华主编：《国家知识产权文献及信息资料库建设研究》，中国政法大学出版社 2015 年版，第 559 页。

〔3〕 欧石燕：“基于 SOA 架构的术语注册和服务系统设计与应用”，载《中国图书馆学报》2011 年第 5 期。

术语服务模式与基于互动模式的术语服务更新维护方式。这种选择除了其本身具有的优点外，还在于课题组人员具有比较突出的知识产权专业优势，并系统研究了国家知识产权相关标准。同时，知识产权专业领域特定，术语与概念都是有限的，采用上述模式也不会加重负担。课题组充分借鉴国内外标准并广泛吸收专家意见建立的《知识产权主题词表》，将在下一节专门介绍，包括研究过程与结果。基于主题词表，“知信通”设计了支持用户检索与浏览的术语注册与术语服务系统。

“知信通”术语注册系统的主要建设工作是导入主题词表。因为在知识产权的发展过程中，已经形成了比较成熟的概念体系与术语表达，没有太多需要重新构造的术语与概念，只需要对现有概念群进行有序化即可。

“知信通”术语服务系统包括将属于法学、管理学、经济学等学科领域的与知识产权有关的信息资料的术语进行归类并归并到不同概念下，借鉴术语服务系统的研究思路对词表之间的映射匹配进行研究，建立概念之间种、属、关、替等关系，提供检索的扩检与缩检方案等。在系统维护与更新上，不同版块都设置了“我要编辑”按钮，通过对编辑内容的统计与分析，可以提取新增术语及其概念，并及时更正术语及其概念的变化内容。通过术语服务系统，“知信通”关于检全率与检准率的设计方案均可得到保障。

第四节　国家知识产权文献及信息资料库主题词表之构建

一、编制的背景

知识产权法赋予创新科技文化成果及工商业标志以市场专营权，构成促进科技文化创新市场秩序的基本工具。同时，因为知识产权与实体经济、贸易的深度关联，以及世界贸易组织环境下知识产权国际保护体系的完成，知识产权法也是当今国际通行的基本市场规则。良好的知识产权文化环境和完善的知识产权文献及信息服务体系，则是实现知识产权法促进科技文化创新价值的软环境。

在我国，知识产权法治自 20 世纪 80 年代启动以来，伴随经济社会的发展，通过完善立法、严格执法、公正司法以及相应的知识产权教育、科研与文化建设，为我国科技经济文化的现代化和国际化发展，提供了有力的法治保障。知识产权文献及信息服务作为知识产权法治的环境基础，随着知识产权法治进程的发展，日益受到政府主管部门和社会相关领域与行业的高度重视。《国家知识产权战略纲要》《国务院关于新形势下加快知识产权强国建设若干意见》《深入实施国家知识产权战略行动计划（2014—2020）》等对知识产权信息服务体系建设的重视，体现了这一工作在国家层面的知识产权政策体系中的价值；中国知网、北大法宝、中国知识产权裁判文书网、国家知识产权局综合服务平台、中国商标网、Soopat 专利搜索系统以及 2016 年上线的知产宝等数十家不同性质、不同类型的信息服务体系对知识产权信息的社会服务，反映了社会对知识产权知识与信息的强大需求。

国家知识产权战略的推动、社会知识产权文化与意识的培育，服务于现实需要的知识产权文献信息服务网络的建设，离不开知识产权基础信息体系尤其是知识产权词汇体系和分类体系的建立。然而，现有的文献信息国家标准，综合性的分类与主题体系，如《中国图书分类法》〔1〕《汉语主题词表》中，对于知识产权法这一“新生事物”，触及很少，为数有限的几个条款完全无法适应知识产权信息的处理需求。国家知识产权局作为国务院“负责组织协调全国保护知识产权工作，推动知识产权保护工作体系建设”〔2〕的国务院直属部门，以承担的专利工作为基础，于 2008 年编制了两个相关的国家标准：《知识产权文献与信息基本词汇》（GB/T 21374-2008）和《知识产权文献与信息分类及代码》（GB/T 21373-2008）。前者选录以专利为主的知识产权文献与信息领域的常用术语百余条，后者确立了适用于专利文献、商标公报以外知识产权文献与信息的分类和标引，其内容仍然以专利法律制度为主。尽管它是我国目前仅有的知识产权文献信息分类与主题词汇标准，但因为其针对的对象和收录的信息范围都偏重于专利，对商标、著作权的设计过于简略，对商业秘密、植物新品种等其他知识产权更是鲜少触及，因此难于构成我国知识产权文献及信息的分类体系和词汇体系标准。可以说，像其他一些专业领域，如医药、基建、军事、行政文秘等，根据综合性的分类与主题标准编制的本行

---

〔1〕 1975 年初版，2010 年出版最新的第 5 版。该版对与人类生活息息相关的经济、生产和生活服务业（包括金融、房地产、公共设施、社会福利、娱乐业等），以及发展迅速的通信业、交通运输业、计算机技术等方面的大类进行了重点修订，使其更符合社会发展趋势。计新增类目约 1630 个，停、删类目超过 2500 个，修改类目超过 5200 个。不过，对于知识产权部分，仍然比较粗放。

〔2〕《国家知识产权局主要职责内设机构和人员编制规定》（国办发〔2008〕94 号）。

业领域的分类体系与主题词表[1]，也还是一项有待完善的工作。

其实，改革开放以来启动、入世以来发展的我国知识产权事业，既包括以专利、商标、著作权为核心的知识产权法治事务，如知识产权的取得、行使、限制、保护等的制度规范，也包括知识产权的管理运营事务，如知识产权评估、知识产权交易、知识产权质押融资与证券化等。同时，因为知识产权保护对象广泛涉及科学技术（如专利）、文化传媒（如著作权）、商业贸易（如商标）、网络秩序（如域名）等，使知识产权成为融合法律、经济、管理、科技、文化等诸多领域与学科的专业部门，其内容丰富，综合性和专业性突出。在我国近30年的知识产权法律教育、研究与服务体系中，结合有关立法和法治实践，形成了包括"知识产权法总论""工业产权法"（含专利法、商标法等）"著作权法""其他知识产权制度"在内的知识产权法的内容体系。相关的教学、研究和知识产权实践事务，大致都围绕这些方面展开。[2]不过，知识产权法学界这一几乎成为共识的体系，很少涉及知识产权的实践运营问题。在当今我国蓬勃发展的知识产权事业中，诚如《国家知识产权战略纲要》所提出的，将知识产权的创造、应用和管理置于知识产权保护同等重要的地位，在我国实践中重视知识产权保护而忽视知识产权管理与运用的情况下，强调和重视知识产权的现实运营和市场价值，其地位尤其突出。

2010年度国家社科基金重大项目"国家知识产权文献及信息资料库建设研究"（10&ZD133）启动后，课题组协同知识产权立法、司法、科研与社会服务等部门的专家学者，联合情报学、计算机数据库专家，对知识产权文献及信息的专业词汇体系，进行了多番深入而系统的研讨和论证，在确立建立知识产权文献及信息资料库的内容范围、数据库建设思路和技术标准的同时，确定组织知识产权法学、图书情报学领域的专门人士，集中攻关，建立《知识产权主题词表》，构成该课题主要成果中国知识产权文献与信息资料库（试验版）（"知信通"）的词汇标准。它以《中国分类主题

---

〔1〕 参见高文飞、赵新力："我国主题词表的发展研究"，载《图书情报工作》2008年第9期。

〔2〕 根据国家图书馆的版本图书目录并参照相关信息，课题组初步收集我国现存的知识产权法综合著作发现，目前的50多部知识产权法教材，大都是按照这一思路展开，只是部分内容有所调整而已。

词表》[1]确立的主题词表国家标准为基准，吸收《国务院公文主题词表》《中国中医药学主题词表》《工程主题词表》等专业主题词表的经验，借鉴国家知识产权局 2008 年制定通过的两项知识产权文献及信息国家标准[2]，并参考诸知识产权的专业词汇与类目标准，力图编制一部体现当代图书情报领域文献与信息分类标引的基本认知，符合知识产权业界多年来对于知识产权工作体系的工作习惯与思路，内容充实、体系科学、编撰合理的综合性的知识产权分类主题词表。

二、编纂的依据

严格地说，主题词是“以概念为基础的、规范化的、具有组配性能并可显示词间语义关系的词和词组”，[3]是文献标引和信息检索的基本工具。无论是综合性还是专业性的主题词，其选择都有严格的规则和方法。例如，主题词选择方法一般从以下几方面着手：

一是专业性，主题词需要直接选用与相关概念相对应的、专指的名词作为检索词。

二是确定性，即没有直接对应的和专指的词可以选用时，一般选用上位概念的词，或者选择两个或多个相邻概念词进行组配。不过，无论是使用上位概念还是组配词，都应当概念清楚、准确，一个词只能表达一个确定的主题概念。

三是规范性，选用规范的专业术语，避免使用不成熟、不规范、不通用的网络词汇、小众表达。

---

〔1〕《中国分类主题词表》是在《中图法》编委会的主持下，从 1987 年开始由全国 40 个图书情报单位共同参加编制，1994 年出版的一部大型文献标引工具书。它是在《中图法》第 3 版和《汉语主题词表》的基础上，为实现分类主题一体化标引，便于文献自动标引、提高信息标引和检索效率，编制而成的分类检索语言和主题检索语言兼容互换的工具。2000 年 4 月，《中图法》第六届编委会成立，决定开始修订《中国分类主题词表》，并确立了《中国分类主题词表》修订的指导思想和原则。2001 年 5 月，在国家社科基金委员会批准立项“数字信息资源组织工具的研发与应用”，《中国分类主题词表》第 2 版和电子版是该项目的主要研制成果，已于 2005 年 9 月由北京图书馆出版社出版。从此，该表成为各专业信息分类与主题表编制的基本依据。

〔2〕《知识产权文献与信息基本词汇》（GB/T 21374-2008）和《知识产权文献与信息分类及代码》（GB/T 21373-2008）。

〔3〕参见 http://blog.sina.com.cn/s/blog_ 635d1e0d0100n5r0.html，最后访问时间：2018 年 11 月 25 日。

主题词的选取一般应遵循实用性、准确性与通用性三原则。实用性原则是指所选择的主题词应能够满足文献信息标引及检索的要求，过于生僻的词、不规范的俗语一般不作为主题词；准确性原则是指所选择的主题词应能够准确地表达概念的内涵，不容易导致歧义；通用性原则是指应选择通用的、为人们普遍接受的词语作为主题词。[1]

按照一定规则组成的主题词体系构成主题词表。编制主题词时，需要从以下三个方面进行把握：

词义控制：概念是由语词表达的，但是概念和语词之间并不是一一对应的，保证语词和概念的一一对应，就必须对主题词的词义进行控制。词义控制主要包括明确主题的语言环境、明确主题词所属的范畴、注释、加限定词四种方法。明确主题的语言环境是指显示主题词的上位词、下位词、相关词、同义词，明确该主题词的确切含义。

词性控制：选取的词语应是内涵明确、规范化并具有组配功能的名词或名词性词组；动词、形容词、副词、数量词等一般均不得作为主题词。

词量控制：综合或专业性的主题词表的词量，不宜包罗所有词汇，而应该根据文献信息标引与检索需要进行词量控制。词量控制时一般考虑以下几个方面的因素：适用的专业范围；涉及的文献信息的实际数量；现实的检索要求。

与关键词相比，主题词是“规范化的检索语言，它对文献中出现的同义词、近义词、多义词以及同一概念的不同书写形式等进行严格的控制和规范，使每个主题词都含义明确，以便准确检索，防止误检、漏检”；主题词表“是对主题词进行规范化处理的依据，也是文献处理者和检索者共同参照的依据”；关键词则“属于自然语言的范畴，未经规范化处理，也不受主题词表的控制”，其特指“单个媒体在制作使用索引时，所用到的词汇”。[2]当前文献及信息检索中，关键词检索是非常普遍的形式。例如，如果需要检索知识产权法方面的文献或信息，则可以将图书作者或者书名作为关键词进行检索。

---

〔1〕 参见 http://www. docin. com/p-507235225. html，最后问时间：2018 年 11 月 25 日。

〔2〕 参见 http://blog. sina. com. cn/s/blog_635d1e0d0100n5r0. html，最后访问时间：2018 年 11 月 25 日。

通常，主题词表作为主题词的集合体，应由主表、类目表、族性表、轮排表、多种语言对照表、特殊词汇表、语法语义关系表、主题词字顺表及主题词属分关系的词族表等构成。[1]

不过，在当今网络化、数字化信息检索服务成为文献信息服务基本形式的背景下，根据传统的文献信息分类与主题词表规则编制新的文献信息分类与主题词汇体系标准已逐渐失去了现实的必要性，这也是最近十来年新的专业主题词表编制减少，综合性的汉语主题词表多年未予修订的现实背景之一。不过，在知识产权领域尚缺乏系统的分类与主题词规范，知识产权基础词汇体系（知识产权词典）也始终“犹抱琵琶半遮面”的情况下，一部反映知识产权内容体系的分类与主题词表，无疑是必要的。

本知识产权分类主题词表并不在于补白既有的130多部专业或综合的主题词表中对于知识产权主题词表的空白，不是根据传统的主题词表的编纂规则完成的一部专业性的知识产权主题词。其旨在结合现实的数字化、网络化、国际化知识产权信息检索利用特点，根据现实的知识产权法治与管理等知识产权事务的内容特点和业内基本通行的知识产权信息利用习惯，参考既有的知识产权信息分类与词汇标准，编制一部分类与主题结合的知识产权分类主题词。本知识产权分类主题词表的编纂，无论对于知识产权文献及信息资料库建设的基础检索工具，还是对于人们学习把握知识产权知识体系内容，无疑都是必要的。

本词表编纂过程中，为了保证其现实适用性，全面研究了国家知识产权局的两个基本标准，根据最新的知识产权法学和知识产权管理理论成果，在本主题词表中进行了充分吸收和有效借鉴。同时，还借鉴、利用了有关知识产权的以下国家或行业标准：

(1)《企业知识产权管理规范》(GB/T 29490-2013)。本标准规定了企业策划、实施、检查、改进知识产权管理体系的要求。本标准在说明中表示，它适用于有下列愿望的企业：建立知识产权管理体系；运行并持续改进知识产品管理体系；寻求外部组织对其知识产权管理体系的评价。事业单位、社

---

[1] 参见 http://wenku.baidu.com/view/8c76b24dcf84b9d528ea7a71.html，最后访问时间：2016年12月20日。

会团体等其他组织，可参照本标准相关要求执行。[1]通过相关部门的推广，它构成企业知识产权管理的主要依据。

（2）《专利申请号标准》（ZC 0006-2003）。本标准规定了专利申请号的编号规则。本标准适用于为各种目的，特别是为法定程序和文献出版的目的，在任何地点，以任何方式使用中国专利申请号的任何单位和个人。

（3）《专利文献号标准》（ZC 0007-2004）。本标准规定了专利文献的编号规则及使用规则。本标准适用于国家知识产权局以任何载体形式（包括纸载体、缩微胶片、磁带或软盘、光盘、联机数据库、计算机网络等）出版的专利文献号。[2]

（4）《专利文献种类标识代码标准》（ZC 0008-2004）。本标准规定了专利文献种类标识代码的编码规则及使用规则。本标准适用于国家知识产权局以任何载体形式（包括纸载体、缩微胶片、磁带或软盘、光盘、联机数据库、计算机网络等）出版的专利文献种类标识代码。[3]

（5）《专利信息统计数据项标准（第一部分）》（ZC 0005. 1-2003 ）。

（6）《专利代理人代码标准》（ZC 0002-2001）。

至于我国现行的知识产权法，则是本主题词表设置知识产权类目体系和专业词汇的核心信息源。本主题词表收集并参考了100多部现行的知识产权法律、行政法规、部门规章以及有关知识产权的司法解释。主要的如：

专利法（即中华人民共和国专利法，行文中均省略我国国名）
商标法
著作权法
反不正当竞争法
专利法实施细则
商标法实施条例

---

〔1〕参见《企业知识产权管理规范（GB/T 29490-2013）》，载 http://wenku. baidu. com/link?url=iHg2RxcqGKVszSZszlr3XSX-NZ4yCTt7KyZoKS_ ZvjNKDEFrOObbSSSFMBRpRdYj6InUCtVp6U4y-xVn-WbVoZZLnvTzRC8GoRU68SIBdJVO，最后访问时间：2018年11月30日。

〔2〕参见《专利文献号标准（ZC 0007-2004）》，载 http://www. lawtime. cn/info/zhuanli/zllawx-glaw/2011060262779. html，最后访问时间：2018年12月15日。

〔3〕参见《专利文献号标准（ZC 0007-2004）》，载 http://www. lawtime. cn/info/zhuanli/zllawx-glaw/2011060262779. html，最后访问时间：2018年12月15日。

著作权法实施条例
著作权集体管理条例
计算机软件保护条例
信息网络传播权保护条例
著作权集体管理条例
实施国际著作权条约的规定
植物新品种保护条例
集成电路布图设计保护条例
集成电路布图设计保护条例实施细则
知识产权海关保护条例
知识产权海关保护条例实施细则
世界博览会标志保护条例
奥林匹克标志保护条例
特殊标志管理条例
保护工业产权巴黎公约
保护文学艺术作品伯尔尼公约
商标国际注册马德里协定
与贸易有关的知识产权协议
建立世界知识产权组织公约
专利行政执法办法（2015 第 71 号）
专利代理管理办法（2015 局令第 70 号）
用于专利程序的生物材料保藏办法（2015 局令第 69 号）
专利审查指南（2010）及其修改决定（2014 局令第 68 号、2013 局令第 67 号）
专利实施强制许可办法（2012 局令第 64 号）
专利实施许可合同备案办法（2011 局令第 62 号）
专利行政执法办法（2010 局令第 60 号）
专利权质押登记办法（2010 局令第 56 号）
驰名商标认定和保护规定（2014 总局令第 66 号）
商标评审规则（2014 总局令第 65 号）
亚洲运动会标志保护办法（2010 总局令第 48 号）

商标代理管理办法（2010 总局令第 50 号）

展会知识产权保护办法（2006）

世界博览会标志备案办法

商标印制管理办法（2004 第 14 号）

集体商标、证明商标注册和管理办法（2003 第 6 号）

马德里商标国际注册实施办法（2003 第 7 号）

奥林匹克标志备案及管理办法（2002 第 2 号）

关于审理侵犯专利权纠纷案件应用法律若干问题的解释（二）（法释〔2016〕1 号）

关于审理专利纠纷案件适用法律问题的若干规定（法释〔2015〕4 号）

关于审理侵犯专利权纠纷案件应用法律若干问题的解释（法释〔2009〕21 号）

关于对诉前停止侵犯专利权行为适用法律问题的若干规定（法释〔2001〕20 号）

关于审理商标民事纠纷案件适用法律若干问题的解释（法释〔2002〕32 号）

关于审理商标案件有关管辖和法律适用范围的解释（法释〔2002〕1 号）

关于审理著作权民事纠纷案件适用法律若干问题的解释（法释〔2002〕31 号）

关于审理涉及计算机网络著作权纠纷案件适用法律若干问题的解释（法释〔2008〕48 号）

关于办理侵犯知识产权刑事案件具体应用法律若干问题的解释（法释〔2004〕19 号）

三、编纂体例

本分类主题词表编纂时，根据其作为国家知识产权文献及信息资料库建设研究的基础研究内容之一，并为实体的国家知识产权文献及信息资料库的信息检索与交互链接的工具的基本定位，首先强调了内容的系统性和基础性，即将涉及知识产权领域的相关信息内容尽量网罗全面，并按照基本学理和行业习惯进行类目编排。同时，目前我国学术界启动了多项知识产权百科全书或类似的知识产权辞书的编纂工作[1]，但适合于一般大众用户、对知识产权有兴趣的初学者的简明知识产权词典至今缺乏。

据此，本分类主题词表编纂时结合了知识产权文献信息分类表、知识产权主题词表和知识产权基础词典三方面的需要：

编制“知识产权主题词简目”，根据知识产权基本内容特点和相关行业规范与习惯，设置包括知识产权基础、专利、商标、著作权、其他知识产权及相关保护主题、知识产权战略与管理等六个部分的一级类目，并在每一类目下设置二级类目，确立本分类主题词表的基本内容和类目框架。

编制“知识产权主题词细目”，根据相关知识产权法律法规、学术著述等，确定每一个类目下的基本概念、术语，并经项目组组织丰富讨论定稿，构成知识产权主题词的核心。共确立知识产权主题词约1500条。

因为知识产权主题词细目在吸收相关国家标准的基础上，确立了知识产权文献信息的基本类目体系，词目的解释按照音序排列，为用户提供多角度的利用入口。所以，该主题词表是我国目前对于知识产权文献与信息的分类体系与主题词表构建的探索。

本知识产权分类主题词表条目内容，详见本报告最后的附录。

---

〔1〕 根据初步了解，刘春田、吴汉东、郑胜利三位学者均主持/组织启动了类似的工作。最高人民法院正在组织主编的《中国审判大辞典》之“知识产权审判篇”也具有类似性质。

第四章

国家知识产权文献及信息资料库建设的实施保障与应用前景

国家知识产权文献及信息资料库建设需要信息公开与资金保障，也应当遵循合法性原则。前者保障资料库建设有可靠的信息资源与运营支持，后者保障资料库建设不存在法律风险。这两者共同构成资料库建设的保障机制。

信息公开保障了资料库所需信息资源的可获取性。在资料库中，法律法规及其关联资源（尤其是位阶较低的规范性文件）、司法案例、行政执法案例、知识产权确权文件、科研项目等大部分信息内容由政府部门拥有。保障这些信息入库的全面性、及时性与权威性，只能依靠信息公开体制。目前，我国知识产权文献及信息的公开存在内容不充分、方式粗放、公开依据不完善等方面的问题，因而需要从国家知识产权信息统一平台建设的角度着眼，规范信息公开的内容、类型与标准，采取市场化手段提供信息增值服务，并通过信息公开的相关法律制度建设予以保障。

信息整理、收录与组织的合法性是保障资料库在法律框架内建设运行的需要，也能够避免各种负面损失。国家知识产权文献及信息资料库由包括受著作权法保护的作品在内的各类、各时期文献及信息构成，存在潜在的著作权风险；同时，资料库以数据库方式建设与运行，需要保障用户的个人信息安全与数据库运行中的数据安全。因而，资料库建设应当遵守与信息有关的法律，避免产生法律纠纷与风险，尤其包括著作权法、个人信息保护、信息安全等方面的法律法规。目前，比较重要的解决方案是对涉及著作权风险的信息资源进行技术处理，严格控制侵犯他人著作权的事件发生。

在资金保障上，持续的资金供应是国家知识产权文献及信息资料库运行的物质基础和根本保障。

同时，只有向用户推广资料库，才能发挥资料库的社会价值与经济价值。用户是资料库的生命力，用户越多，国家知识产权文献及信息资料库的影响和价值越大。

从长远来看，随着知识产权信息化和社会信息化进程的加快，国家知识产权文献及信息资料库的应用前景广阔。

第一节　国家知识产权文献及信息公开问题及其解决

国家知识产权文献及信息公开是国家法治建设的基本要求，是促进信息公平正义，跨越信息鸿沟的重要机制；也是一项重大的福利性、基础性工程，对知识产权强国建设、创新驱动发展、信息化建设、科技服务业发展等具有直接的推动作用；有利于实现知识产权信息服务的转型升级，推动相关信息服务向精准、个性化方向发展。同时，信息公开实践也清楚地表明这类信息的公开离不开整个信息公开环境的改善与信息技术的发展。因此，国家知识产权文献及信息公开的问题主要产生于制度与技术两个维度。在制度方面，国家知识产权文献及信息是社会信息的重要组成部分，又是社会信息共享、开放、获取与保护的制度保障，这两方面都有相关的公开问题。在技术方面，只有信息技术发展到一定程度，信息成为技术运转的重要基础与社会最为重要的三大战略资源之一，信息需求与信息公开等才成为社会关注的重要内容，现有的公开范围、方式与程度等才会被新技术冲击。破解社会制度与信息技术发展的紧张关系，解决方案也就应运而生。

一、国家知识产权文献及信息充分公开的合理性

国家知识产权文献及信息充分公开具有内外部的合理性。就内部而言，各类知识产权文献及信息都有公开的价值预设，这需要结合各类信息的具体情况予以阐述。就外部而言，这些信息是信息社会重要的战略资源，具有巨大的开发利用价值，对其充分公开将产生巨大的经济与社会效益。同时，如第一章所述，国家知识产权文献及信息资料是公民信息获取权的重要客体，其公开程度是评价开放政府建设的关键指标。

（一）内部合理性

知识产权制度信息充分公开是法治社会的基本要求。国家知识产权制度文献及信息包括法律法规及其相应的解释、政策、规划等文献及信息的内在要求就是要广为周知，只有如此，才能实现调整、规制、引导人们行为的制度目的。同时，制度公开使得社会公众、组织与政府照章办事得以成行，也能够便利公众监督政府行为，包括政府是否充分履行了信息公开义务、是否公平地执行了知识产权政策与法律等。

国家知识产权客体文献及信息是促进国家技术与文学艺术进步的信息宝库。知识产权客体信息的充分公开是由知识产权的制度设计所决定的。首先，知识产权是以产权换取信息公开的机制，只有符合要求的信息公开才有获取产权的正当性。申请专利、集成电路布图设计专有权等，本身就意味着信息公开的承诺。其次，知识产权的制度设计决定只有公开才能实现产权的经济价值，这也是赋予产权而不是直接予以经济补偿的核心所在。

国家知识产权状态文献及信息是知识产权是否存在以及以何种方式存在的重要证明，对其予以充分公开对知识产权交易的正常进行具有非常重要的意义。在交易市场中，信息是作出决策的重要依据，掌握充分信息的主体常常有交易的优势与有利地位，信息匮乏的人则处于不利地位。如果知识产权的受让方或者被许可方对知识产权是否真实有效无法确认，则其无法顺利作出应对策略。在这种情况下，信息不足的一方事实上要么承担交易受损的风险，要么关闭交易，这都对正常交易非常不利，在动态过程中会使相应市场萎缩。

国家知识产权经济文献及信息是一国知识产权经济运行的重要指标，对研究分析知识产权的市场价值、知识经济的市场运行规律、经济结构与层次、知识产权经济的宏观调控等以及进行国际比较都有重要的支撑作用。在国家统计年鉴中，这类信息分散在技术贸易数据、进出口数据中，已经进行了初步公开，但是公开的充分性还不够，还不足以保障上述价值的实现。

国家知识产权研究文献及信息包括就知识产权的各类议题进行研究而撰写论文与著作以及在国家资助下承担科研项目等活动的记录等。就论文与著作而言，其价值就是知识的传承与交流。只有通过交流，我们才能更加逼近知识产权本体，才能更好地认识知识产权的人文精神与价值关切，关于知识产权的思想才能进步。在现实运作中，通过国家知识基础设施工程，包括知识产权在内的研究论文已经进行了集中公开；国家图书馆、高等学校图书馆等文献收录场所收集了国内出版发行的研究著作，也可通过借阅方式公开。可以说，充分公开已经是一个事实状态。国家科研项目信息的充分公开是实现科研资助公平、公开、公信的必然途径，也是保障所有具有申请资格的人员的机会公平的程序要求。

国家知识产权事件文献及信息因知识产权的社会重要程度的不同而具有不同价值，并受到不同的关注。但是总体而言，对知识产权发展历程有重要影响的事件信息是不可或缺的。事件信息具有强烈的公众互动性与公共性。公众了解知识产权相关政策与立法动态、知识产权发展变化规律与趋势、知识产权实务等方面的内容离不开事件文献及信息，这类信息的形成也离不开公众的参与。保障这类信息的充分公开对形成知识产权各项工作的公众参与，对沿承与知识产权有关的知识均非常关键。

国家知识产权机构、教育机构及其人员等机构信息是公众据此开展知识产权具体事务的依据。比如申请专利或商标、登记著作权等，需要有专门受理机构与代理机构及工作人员；学习知识产权法律、管理与经济知识等，需要有专门培训机构及相应培训师资。这类信息是知识产权公共服务市场的必备的、根本的构成要素。这类信息的充分公开能够促进服务机构与消费者获得双赢效果，是有效开展知识产权公共服务的基础。

（二）外部合理性

在未来的世界中，一边是“互联网+”，一边是“大数据+”，两者都是信息技术的产物，也都需要信息资源的支持。包括知识产权信息在内的信息资源已经成为价值巨大的财富。“信息资源的开发与利用已经成为社会经济发展的关键因素和重要推动力。谁能更多更快地占有信息资源并能有效地开发和充分利用，谁就能做出正确的决策，取得竞争的优势，创造经济起飞的奇迹。”〔1〕在这一浪潮中，知识产权信息也被挟裹进来，具有巨大的开发潜力。

以专利技术信息为例，专利文献及信息是技术信息最有效、最及时的载体，包含最新技术90%以上的信息量，比普通技术刊物提供的信息平均早5年左右。无论是从信息的时效性，还是从信息的容量来看，专利文献及信息

〔1〕 李晓明、李蕴奇：“加强政府信息资源的开发利用”，载《中国管理信息化（综合版）》2006年第2期。

都比其他技术文献及信息更具有经济价值。这些信息的开发利用有两个角度：从消极方面看，查询、获知相关专题领域内的最新技术信息，有利于确定技术难点与研发方向，调整技术发展战略，也有利于避免重复投资与过度投资，节省研发资源，提高研发资源的利用效率。从积极方面看，通过对专利信息的融合分析，可以集中优势聚焦研发主题与关键技术，积极谋划专利布局，实施进攻性、防御性或者攻防兼备性战略，实现经济投入的最大化。

政府拥有最完整、最先进的合法统计机构，可以较为准确地记录国家政治、经济与社会发展方方面面的数据信息，占据信息资源总量的80%。[1] 由于政府调用统计手段的便利性与权威性，政府拥有的信息资源的质量更高，更有价值，也更可信。在信息技术深入发展的形势下，政府又缺乏全部开发利用信息资源的财力与人力，将这些资源转变为社会财富的途径只能是向公众充分开放，并允许跨地区、跨部门的流动与开发，通过增加供给侧的信息资源总量，利用政府与市场两只手合理有效配置资源，提高资源配置效率，提升信息服务质量，从而在总体上促进信息社会的进步与信息产业的发展。

同时，政府公开包括知识产权在内的信息资源也具有法理上的正当性。政府运转的经济基础是公共财政，即公民通过缴纳税收方式支持政府依法开展管理、执法、服务等各项活动。基于出资委托关系，各项活动产生的信息资源也应当归属于全体公众，而不是政府或少数群体的私产。因此，在不涉及国家秘密、国防安全等利益的范围内，任何信息资源都应当向公众公开，保证公众能够以委托人的身份查阅、获取与使用。

国家知识产权文献及信息服务还是公共文化服务体系的重要组成部分。公众在公共文化服务体系中占据非常的地位，是服务对象，也是参与主体。发展国家知识产权文献及信息服务需要充分调动公众广泛参与的积极性与自主性，尤其是要通过底层信息资源或者原始数据的充分公开来推动与保障。在大众创业、万众创新的国家发展大趋势下，国家知识产权文献及信息公共服务具有更加重要的价值，也更加需要公众的参与。通过公开国家知识产权文献及信息，可以吸引更多公众参与到运用知识产权信息服务创新的文化氛围构建中，满足社会公众对知识产权文献及信息基础服务的均等化需求，激

---

〔1〕 马玉琴："对我国政府信息资源增值服务的思考"，载《辽宁行政学院学报》2012年第3期。

励更多的信息服务者提供优质、高效的服务。在公众参与、市场推动的双轮驱动下，国家知识产权文献及信息公共服务将会获得更大发展。

二、目前知识产文献及信息公开的问题与成因

我国知识产权文献及信息公开存在着内容公开不充分、公开方式粗放、公开依据不完善等方面的问题。这些问题在很大程度上是我国现有的以政务信息与管理信息公开为主的信息公开体制造成的：缺乏业务信息公开的标准规范与程序规范，藏于政务信息中的业务信息被零散公布，既不完整，又缺乏有效组织。

（一）内容公开不充分

随着美国提出“开放政府”战略，世界各国政府的信息开放意识正在强化。因为在信息开放的竞争中，一着不慎，满盘皆输，不仅影响到新兴产业的发展，而且可能影响到国家整体实力的提升。预测到这一发展趋势，我国积极制定了数据开放的政策措施。我国《促进大数据发展行动纲要》提出为了促进大众创业、万众创新，要建立国家政府数据统一开放平台，率先在信用、交通、医疗、卫生、就业、社保、地理、文化、教育、科技、资源、农业、环境、安监、金融、质量、统计、气象、海洋、企业登记监管等重要领域实现公共数据资源合理适度向社会开放。[1] 其中文化、教育、科技等领域的大数据开放与知识产权信息公开密切相关。

现实的情况是与知识产权有关的不同类别信息分别由不同主体拥有。例如，国家知识产权执法信息由拥有知识产权行政执法权的各级管理部门掌握，国家知识产权经济信息由知识产权许可转让的备案机关掌握，国家知识产权制度信息由立法机关、国务院及其组成部门、有立法权的地方人大及政府掌握。这些信息通常由各个主体在政务信息系统中予以公开。“统计显示，目前我国中央国家机关各单位政务信息化覆盖率已达到100%，地区省市一级政府核心业务信息化覆盖率也普遍达到80%以上，区县一级政府核心业务覆盖率达到50%以上。”[2] 很明显，政务信息系统已经形成了四层网络，保障了县

〔1〕 参见国务院《促进大数据发展行动纲要》第二部分。另参见“我国2018年底前建成政府数据统一开放平台”，载《电子世界》2015年第18期。

〔2〕 胡洪彬：“大数据时代国家治理能力建设的双重境遇与破解之道”，载《社会主义研究》2014年第4期。

级以上政府部门的政务信息能够及时公开。公开信息通常以下述方式存在：一是执法公报、备案公报等定期的政务信息公开方式。依据这种方式，执法信息、经济信息只是包含在政务信息中，没有集中整理。二是年度报告。该类公开方式一般只公开年度最有影响力的案件以及信息总量，并没有个案信息。事实上，无论采取哪种方式，知识产权信息的公开都是不充分的。对于前者，难以保障定期公报完整披露所有执法、备案、制度、司法等知识产权信息，也难以实现每个案件的信息细节可结构化。对于后者，无法获悉每一个案件的基本情况，无法提供知识产权信息细节，也就无法发掘信息价值。

以国家版权局的版权统计栏目为例，可以发现知识产权信息内容公开不充分的状况。截止到2016年3月，该栏目提供了2000—2014年的全国版权统计情况，包括作品自愿登记情况、版权合同登记情况、执法情况、版权输出地、版权引进地、全国版权输出情况、全国版权引进情况等。但是，就自愿登记信息而言，只提供中国版权保护中心与各省级单位的文字、口述、音乐、曲艺、舞蹈、杂技、美术、摄影、建筑、影视、设计图、地图、模型、其他与总计等方面的数量信息。就全国版权执法信息而言，只提供行政处罚、案件移送、检查经营单位、取缔违法经营单位、查获地下窝点、罚款等方面的案件查处数量信息与收缴书刊、软件、音像制品、电子出版物以及其他盗版品的数量信息。就版权引进输出地汇总信息而言，通常提供来自美国、英国、德国、法国、俄罗斯、加拿大、新加坡、日本、韩国及我国香港、澳门与台湾地区，以及其他国家或地区的图书、录音制品、录像制品、电子出版物、软件、电影、电视节目及其他作品的数量信息。

这类信息公开的特点是：第一，信息高度集成，数据颗粒细度不够。政府开放数据究竟是原始数据的开放还是加工数据的开放尚无明确结论，其重点在于数据的开放和再利用问题。奥巴马政府最初所倡导的开放政府就是要开放原始数据，将最小颗粒度的数据向公众公开。[1] 公开的知识产权政务信息已经是汇总原始数据形成的一次加工信息，加工的过程融入了加工者的目的选择，信息的部分价值已经被忽略或者丢弃。例如，根据现有的信息内容

---

〔1〕 黄粹、彭国超、苏俊：《智慧治理》，清华大学出版社2017年版，第3.1.3-2；Ubaldi B., *Open Government Data: Towords Empirical Analysis of Open Government Data Initiatives. OECD Working Papers on Public Governance*, No. 22, OECD Publishing, 2013.

无法分析国家级版权示范基地的作品登记数量与版权引进输出情况等，因而也就无法从知识产权信息角度分析评估国家级版权示范基地的发展变化情况。同样，由于缺乏特定区域的版权执法信息，人们也无从发现特定区域的版权管理的有效经验，可能会遗漏具有中国特色的盗版管理机制。这种信息公开方式不符合信息公开的颗粒度要求，也不符合知识产权信息价值的开发利用。第二，信息的现有公开方式锁定了知识产权信息分析的方向。因为将数据加工成信息必然包含加工者的特定目标导向与利益诉求，这决定了信息的用途、功能与可识别价值。例如，现有的关于版权引进输入的数据只能分析全国及各省的版权数量对比情况，无法分析版权经济状况，因而就将分析方向限定在了数量层面。可以说，上述知识产权信息内容是不完整的。

知识产权信息公开不完整的原因有三个方面：一是，政府部门公开信息的出发点是为了公开政务信息，而不是公开信息资源。集成的信息内容能够直观显示政府绩效，能够检验政府的年度工作成果，而详细的信息则会湮没上述价值。二是，不公开是为了保持垄断利益。实践中，“政府部门的一部分工作人员将信息看作一种稀缺资源，不希望通过公开来丧失寻租的机会。”[1]有些政府部门出于部门利益的考虑，将信息作为稀缺资源出售或者授权给自己的直属事业单位。三是，信息分散，无法确定由谁公开，也无法确定信息公开并被授权使用后的利益分配，缺乏应有的激励机制。

（二）公开方式粗放

将信息有效组织起来并利用技术手段使其处于公众可查询状态是信息公开的基本要求。这表明信息公开的方式是否科学合理、与时俱进取决于三个要素：信息组织方式、公众查询方式与技术手段。这三者是相互关联的环节，决定了信息公开的效率与目标。如果信息缺乏有效组织手段，无法对应检索条件，则公众查询的可及性与便捷性就无法实现。同样，如果没有技术手段的支持，特定的查询方式也根本不能实现。

在传统条件下，为了满足公众的知情权或者推动信息公开，很多国家通常将其所要公开的信息整理印制成政府出版物，并将其放置在国家图书馆供公众查阅。政府出版物是信息的组织方式，图书馆的公共借阅方式是信息公开的主要方式。这种方式是政府主动公开自身掌握的信息与公众可以免费获

〔1〕陈美：“澳大利亚政府信息资源公共获取及启示”，载《情报理论与实践》2013年第8期。

取相关信息的最初形式，其缺陷非常明显，即信息不能脱离载体的约束与限制，公众获取信息需要主动到国家图书馆。随着现代信息技术的发展与广泛应用，通过纸质出版物的公开已经难以称为充分公开，也难以称为主动公开。

电子政务的发展提供了技术平台，具备了推动信息公开方式转型的潜力，但是技术手段的功能与价值却没有充分发挥。以知识产权司法案例信息的公开为例，可以发现现代技术条件下信息公开方式的粗放特征。首先，信息的标引方式比较基本，只包括关键字、案号、案由、审理法院与裁判时间等五项，缺乏对争议焦点、裁判主旨、关联案例、效力等内容的有效组织。相比之下，欧盟法院的司法案例公开方式就更为主动可取。案例检索条件包括案例状态、审理法院、案件号、当事人姓名、案例出处、文本、日期、主题、程序与裁判结果、适用法律与判例、案例摘要、报告法官等。如果没有裁判文书的效力信息，公众无法知晓哪一份判决可作为适用、解释法律规范的依据，尤其对初审判决文书。其次，缺乏自然语言检索方式，造成检索效果不稳定，时常检索不到有效信息。如此一来，繁多的知识产权裁判案例就只能处于无序、沉积状态，无法用于规范分析、聚类分析等。因此，虽然知识产权案例信息通过现代信息技术手段得到了公开，但是在公开过程中没有充分发挥技术优势，公开方式难以称为精细。

同时，由于知识产权信息分别由不同主体提供，信息共享机制没有建立，信息无法以融合方式公开，也影响了公开的价值与公众的检索效率。以中国商标网商标统计与商标权运用栏目的信息公开为例，各省、自治区、直辖市商标申请与注册情况信息以年度统计报告形式公开，具体数据单元是县级区域的申请件数、注册件数与有效注册量；商标权运用的信息以月度统计公报形式公开，主要摘录出质人、质权人与质押登记期限信息。两者各自成为一组信息源，相互没有连接点，无法实现信息融合。当然，这些数据更没有与其他年度信息、关联信息等关联。没有整合、关联的信息相互孤立分散，处于碎片状态，会产生两方面问题：一是信息价值无法充分展示；二是造成信息不对称，即拥有数据的部门常常没有能力与需求去分析数据，缺乏数据的部门又需要数据分析。

信息公开方式粗放的原因在于政府的功能与市场存在差异。首先，政府与市场联系不紧密，无法快速应对市场中用户信息的反馈，也无法敏感捕捉市场出现的新需求。在缺乏互动机制的情况下，政府的信息公开方式势必会落后于市场变化。其次，政府所拥有的资源是有限的，调配资源也有严格程序，无法同市场一样灵活配置信息建设的资源。例如，信息资源深加工需要大量的人力资源、财力资源，政府筹措这些资源不如市场便宜。

（三）公开依据不完善

我国信息公开的法律依据是《政府信息公开条例》。从政府信息的内涵上看，只包括行政机关在履行职责过程中制作或者获取的，以一定形式记录、保存的信息。[1] 从公开范围看，应当主动公开的政府信息包括涉及公民、法人或者其他组织切身利益的，需要社会公众广泛知晓或者参与的，反映本行政机关机构设置、职能、办事程序等情况的，其他依照法律、法规和国家有关规定应当主动公开的信息，[2] 例如法规规章及其他规范性文件，国民经济和社会发展相关规划、政策与统计信息，财政预算与决算信息，行政事业性收费与政府集中采购项目的事务信息，行政许可的程序信息，重大建设项目的批准和实施情况，关系国计民生的扶贫、教育、医疗、社会保障、就业、突发公共事件、环境保护、公共卫生、安全生产、食品药品、产品质量等方面的信息。很显然，国家知识产权信息等业务信息并没有列入。可以申请公开的信息主要是满足自身生产、生活、科研等特殊需要的信息，范围受到限制。从信息公开义务主体看，产生信息的主体同样是义务主体，即行政机关。因此，现行的政府信息公开规范没有涉及知识产权信息公开的内容与义务主体。

正因为如此，我国知识产权文献及信息的公开缺乏统一规则。不同部门公布的知识产权信息范围、类型与方式不同，数据颗粒细度、格式与标准不同，公布的时间跨度也不同。同时，行政机关为了满足业务需要而设立的事业单位拥有大量的包含知识产权信息在内的信息，由于不是法定的政府信息公开主体，不负担相应的信息公开义务。这也会影响到知识产权信息的完整性与价值发掘。

信息公开依据不完善的原因有两个方面：第一，信息公开法律制度涉及较多部门利益与公共利益的协调，修改完善牵涉面广，难度比较大。我国2007年通过的《政府信息公开条例》，在实践中遇到了多方面问题，包括政

---

〔1〕 参见《政府信息公开条例》第2条。

〔2〕 参见《政府信息公开条例》第9条。

府主动公开的信息应当包括哪些，怎样公开，如何回应公众诉求等，也包括依申请公开过程中如何协调行政机关自由裁量与遵守法规的关系。但是，由于各方无法达成一致意见，修改只能搁浅。第二，信息公开观念与我国传统的政府管理理念存在一定程度的冲突。政府对公众的知情始终保持谨慎态度，既担心因信息公开而产生过错追责，又担心因公开事项不当引起泄密责任。

三、国家知识产权文献及信息公开问题的解决对策

将知识产权文献及信息公开作为促进知识产权信息化、发展知识产权信息服务业的基本要求，针对我国知识产权文献及信息公开存在的三方面问题，需要从国家知识产权信息统一开放平台建设的角度着眼，规范信息公开的内容、类型与标准，采取市场化手段提供信息增值服务，并通过信息公开的相关法律制度建设予以保障。

（一）通过标准化促进内容充分公开

标准化建设是国家知识产权文献及信息资料库建设的重要内容。通过标准化，可以实现信息描述的统一化，不同类型信息的深度融合，信息分析的标准化，尤其是基础信息建设的标准化。国家知识产权文献及信息资料库建设的基础工程需要树立数据标准，为后来的资料库建设提供参考模板。在信息技术条件下，资料库主要以数据库方式呈现。数据库也需要基本的技术标准与内容标准。

资料库建设的标准化包括技术标准与数据标准。资料库建设的技术标准与普通数据库并没有明显差别，例如支持数据管理、对象管理和知识管理的技术系统的标准。数据标准分为管理元数据标准与内容元数据。其中，管理元数据标准通常采用摘要方式定义与描述元数据，包括中文名称、定义、英文名称、数据类型及格式、值域、约束等。内容元数据标准则根据要描述的信息内容进行分类，通常包括知识产权总论、著作权法、商标法、专利法、反不正当竞争法、其他知识产权法等，相应类别则又由若干属性构成。标准编制应当遵循面向用户、旨在促进数据规范化、与现有标准相衔接与协调等原则。

标准化建设可通过三步走来实现。第一步是在资料库的基础工程或者前期工程中实现操作标准化。虽然知识产权信息类别繁多，且存在着不同认识维度，但是通过聚类分析方法并设置开放窗口，依然可以实现可重复性与规

范化。项目组就以先导工程的标准化为基本要求进行资料库建设，以期为未来的知识产权文献及信息资料库建设提供基本标准。在标准建设过程中，项目组通过文献检索、专家访谈等方式广泛征求知识产权学界、实务界与信息情报、信息管理界的意见与建议，补充完善了基本标准的编制，并应用于资料库试验版"知信通"的建设，以验证标准方案的可实施性、可靠性与可操作性。第二步是将事实标准上升为行业标准。通过知识产权信息统一平台建设的持续深入、国家知识产权信息服务业的飞速发展，基础数据信息的操作标准可成为知识产权信息服务的行业规范。第三步是将行业标准上升为国家标准。这样一来，知识产权基础数据信息的描述标准就将成为国内普遍遵循的操作规范。

在国家标准基础上，知识产权信息建设可在信息公开、信息描述与信息利用方面形成对话与共识。标准可成为相关信息公开的基本规范依据，也为公众的信息需求提供了预期。只有遵循标准的信息公开，才满足知识产权信息建设的需求。

（二）通过市场手段提升内容公开方式

在知识产权基础信息充分公开的基础上，应当破除传统观念对知识产权文献及信息公开的约束，在信息增值服务范围内引入市场手段，并通过市场竞争提升内容组织与公开方式的质量。国务院办公厅印发的《2015 年政府信息公开工作要点》明确提出要积极稳妥推进政府数据公开，"鼓励和推动企业、第三方机构、个人对政府公共数据进行深入的分析和应用"。[1] 这已经为市场手段的运用提供了政策支持。

目前，我国政府掌握的信息资源市场化的增值服务利用还处于刚刚起步阶段，政府信息公开进程缓慢限制了社会信息组织和机构对可以进行市场化增值开发的政府信息资源的获取，市场主体不成熟且运营经验不足，大部分信息企业规模小。[2] 我国知识产权文献及信息的市场主体力量也比较薄弱，经验积累不足。因此，应当通过吸引社会机构与组织参与信息产品和服务的多元化提供，培育市场主体，促进市场发育，形成吸引社会资金、技术的良

〔1〕 陈锐辉："国务院发文要求 2015 年政府数据全面公开"，载《经济日报》2015 年 5 月 6 日。

〔2〕 马玉琴："对我国政府信息资源增值服务的思考"，载《辽宁行政学院学报》2012 年第 3 期。

性循环，推动信息加工的深层次、多角度与综合性。

国家知识产权文献及信息的市场供给将会促进知识产权文献及信息以更符合用户的个性化需求、更有利于信息分析与知识发现的方式公开。按照市场经济的基本理论，市场能够以最优方式配置资源，其依靠的机制主要有供需关系与价格机制。知识产权文献及信息资源的供需关系能够促使各类市场化的信息服务主体及时关注与调查信息市场供需变化，快速组织信息商品或服务的营销，使其规模、结构、质量、内容与市场需求实现大致的动态平衡。当用户对知识产权信息的某种方式公开或者某些类型的信息产生需求时，市场主体也能通过价格机制比较快速地捕捉、分析与研判信号，及时调整信息供给，以满足用户需求，从而形成用户与市场主体的循环往复互动。市场主体的灵活应对源于竞争压力。在市场的优胜劣汰中，只有不断创新与调整，积极回应用户诉求，才能立于不败之地。同时，市场主体能够不受资源、人事、体制等的约束与限制，相对自由、充分地调动人力、财力、物力资源，合理吸收知识产权、图书情报、信息管理领域的专家参与市场经营决策，提高信息服务决策的针对性、准确性与引领性，以及信息市场变化趋势的预测能力，在一定程度上又丰富与引导了用户的信息选择范围与消费，产生超前利润。

（三）通过规范设计提供制度保障

我国知识产权基础文献及信息资料的公开主体、方式、范围与标准等缺乏应有规范，不利于通过法律手段保障信息公开以及信息资料库建设的顺利进行。《政府信息公开条例》的位阶较低，没有对政府部门产生较强的约束力。根据国际经验，完善的信息公开制度在公开范围、公开方法、公开方式、救济途径等方面都应该有一套完整的制度。[1] 在法治程度逐渐提高的时代，我国应通过信息公开法律制度构建完善的知识产权文献及信息公开机制。

首先，应当明确知识产权信息公开的范围。通常情况下，政府掌握的有经济价值的信息会被认为与国家经济、文化安全有关，从而处于保密状态。而且，由于公开的激励或者管制与保密的管制要求不对称，政府机关不公开

---

〔1〕 马玉琴："对我国政府信息资源增值服务的思考"，载《辽宁行政学院学报》2012 年第 3 期；冯艳光、马海群："《公共获取官方文件的欧盟条约》对我国政府信息公开的启示"，载《现代情报》2011 年第 5 期。

信息不会承担相应行政责任，但是一旦造成泄密，则会承担行政责任乃至刑事责任。在这种情况下，唯一可能的选择就是信息不公开。因此，只有明确信息公开与不公开的范围，才能保障义务主体有足够的责任约束。

其次，应当明确基础信息与增值信息的界限。基础信息与增值信息的界限是公益与商业的分水岭。对信息增值开发收费，在美国常常被概括为“边际成本”模式，而在英国被概括为“收回成本”模式。对于基础信息而言，都基本上是实行“免费”获取和允许再利用的制度模式。[1] 国家可通过立法调整这一界限，调控竞争水平与程度。基础信息主要通过政府公开或者政府购买服务的方式公开，暗含明确的义务主体，可减少信息公开的责任推诿与不当垄断。

再次，应当明确信息公开的义务主体。所有国家财政支持的公共机构，都负有按照基础信息公开范围与标准公开相关知识产权文献及信息的义务，杜绝信息公开的部门利益与主体规避。

最后，规范基础信息的再利用。在法律领域，一些法律公共部门信息机构自己开发信息增值产品，可能并不愿意许可私营部门增值开发，高收费、限制性许可、独占性许可、歧视性许可、非透明性许可、滥用基础信息垄断优势等问题可能出现。[2] 在知识产权文献及信息领域也存在这种情形。因此，应当通过规定基础信息再利用的限制规范，防止信息垄断。

第二节　国家知识产权文献及信息资料库建设中的法律风险及其防范

国家知识产权文献及信息资料库建设应当遵守与信息有关的法律，尤其是著作权、个人信息保护、信息安全等方面的法律法规，避免产生法律纠纷与风险。根据我国《著作权法》第14条的规定，汇编若干作品、作品的片段或者不构成作品的数据或者其他材料，对其内容的选择或者编排体现独创性

---

〔1〕 陈传夫、冉从敬：“法律信息增值利用的制度需求与对策建议”，载《图书与情报》2010年第6期；郭叶、何海琼、赵晓海：“我国法律网站发展与改进建议”，载《法律文献信息与研究》2013年第Z1期。

〔2〕 陈传夫、冉从敬：“法律信息增值利用的制度需求与对策建议”，载《图书与情报》2010年第6期；郭叶、何海琼、赵晓海：“我国法律网站发展与改进建议”，载《法律文献信息与研究》2013年第Z1期。

的作品，为汇编作品，其著作权由汇编人享有，但行使著作权时，不得侵犯原作品的著作权。国家知识产权文献及信息资料库在本质上是对与知识产权相关的各种资料、信息的汇集，是典型的汇编作品。在建设过程中，应当区分享有著作权的作品及其片段与不享有著作权的作品及其片段，尊重他人的著作权。另外，由于数据库采用互动模式与数据库技术，也需要保护个人信息与数据安全。根据《全国人大常委会关于加强网络信息保护的决定》，网络服务提供者在业务活动中收集、使用个人信息，应当遵循合法、正当、必要与知情同意原则，并采取技术措施和其他必要措施，确保信息安全，防止个人信息泄露、毁损、丢失。

一、国家知识产权文献及信息资料库建设的著作权风险及其防范

由于课题的研究对象是文献及信息，很有可能涉及他人享有著作权的作品及其片段。著作权风险因而是知识产权文献及信息资料库建设的主要法律风险。当然，不同类型的文献及信息有不同的著作权规则，不同的提供方式也有不同的审查义务。本书将基于国家知识产权文献及信息的分类，具体分析各类可识别的著作权风险及其防范措施。其中，权利确认、无效、撤销、终止等状态信息，许可转让、质押融资等经济信息，知识产权机构、教育机构及其人员等机构信息与科研项目信息属于事实，不受著作权法的保护，不存在潜在的著作权风险。

（一）制度信息的著作权风险及其防范

根据我国《著作权法》第5条的规定，法律法规与司法案例等制度信息不是著作权法的保护客体。法律法规与司法案例等制度信息或官方文件包括全国人大及其常委会制定的法律、国务院制定的行政法规、国务院各部委和地方政府依法制定的行政规章，地方各级人民代表大会及其常务委员会、人民政府及其各部门、人民法院、人民检察院作出的决议、决定、命令，其他具有立法、行政、司法性质的文件，尤其是人民法院裁判文书。法规包括行政法规、部门规章、地方性法规、自治条例和单行条例。这类信息具有社会规范性质，其存在的意义就是广泛传播，不宜限制其复制和使用。而且，不仅我国法律、法规，国家机关的决议、决定、命令和其他具有立法、行政和司法性质的文件及其官方正式译文不适用著作权法保护，依照《伯尔尼公约》规定，与我国共同参加国际著作权公约的国家的法律、法规，国

家机关的决议、决定、命令和其他具有立法、行政和司法性质的文件，也同样不适用于著作权法的保护。国家机关确认的正式译文，是国家有权机关将法律等文件翻译成其他民族文字或外国文字的正式译本。正式译文与法律和其他官方文件有同等效力。值得注意的是，官方文件的非正式译文仍然是享有著作权的。对他人翻译的官方文件的非正式译文，其他任何人不得擅自使用。当然，该译文作品著作权人并不享有禁止他人再重新翻译同一官方文件的权利。

因此，在整理录入这部分制度信息时，可以自由录入与上传的内容包括各类官方文件及其正式译本、国外官方文件及其正式译文。应当注意的著作权风险是：

第一，各类官方文件的释义、学理解析是享有著作权的作品，不应当超过合理使用范围予以使用。尤其是参与立法的全国人大法工委的工作人员撰写的释义，并不是官方释义，依然是受著作权法保护的作品，不能误认为是官方文件而自由使用。在录入这类信息时，为了防范上述侵犯著作权的风险，课题组组织专业人员，包括首席专家在内，参与法律条文释义的独立撰写工作。

第二，他人自行翻译的国外官方文件是演绎作品，享有相应的著作权，不能全部予以使用。在录入这类信息时，课题组组织专业人员自行翻译。当然，由于国外法律文本不受著作权法保护，他人翻译成果的独创性并不很高，关键术语与概念等思想范畴的内容可以参考他人的翻译成果。

第三，司法案例的评析由撰写者享有相应的著作权。在整理录入这些信息时，一定要严格区分裁决书原文与评析。由于原文不受著作权法保护，可以整体收录。对于评析部分，不应录入他人作品，应由专业人员独立撰写。在“知信通”建设过程中，课题组安排知识产权法学专业人员独立撰写，避免了潜在的著作权侵权风险。同时，由于在司法案例子库的案例评析部分增加了“我来供稿”按钮，即注册用户可自行向数据库提供对案例的评析，如果用户提供的评析属于侵犯他人著作权的作品，数据库平台就可以适用避风港规则与红旗规则。这就需要数据库所有者设置专门的法律事务团队予以处理。

（二）客体信息的著作权风险及其防范

知识产权客体包括作品、商标、专利、植物新品种、集成电路布图设计等。记载与反映这些客体的文献及信息可能涉及著作权，也可能是不受著作权法保护的内容，需要作出区别对待。

首先，作品是著作权法的保护对象。根据《著作权法》的规定，在文学、艺术和自然科学、社会科学、工程技术领域内，符合保护条件并在法定保护期内的文字作品、口述作品、音乐、戏剧、曲艺、舞蹈、杂技艺术作品、美术、建筑作品、摄影作品、电影作品和以类似摄制电影的方法创作的作品、工程设计图、产品设计图、地图、示意图、模型作品与计算机软件及法律、行政法规规定的其他作品都属于著作权的客体。这些作品的整理与收录需要取得著作权人的授权，否则就会侵犯他人的著作权。以作品形态表现的国家知识产权文献及信息多数属于社会科学领域的文字作品，对其进行利用自然需要获得著作权人的授权。当然，整理与收录已经进入公共领域的作品则不需要获得授权。

其次，专利、植物新品种、集成电路布图设计的申请文件及相关材料的著作权存在争议。此种文件具有一定的特殊性，即最初是由个人或代理机构起草的，后来才转化为官方文件。从国家知识产权局公布专利技术文献来看，相关信息是可以自由使用的。另外，商标申请文件主要是事实信息，可以自由使用。

因此，在客体信息的收集整理过程中，应当主要防范作品的版权风险。对此，有两种解决方案：一是通过著作权集体管理组织，或者已经获得授权的期刊社、出版社与数据库权利人，获取著作权人的授权。该方案是最为理想的一揽子解决办法，能够全面收录作品全文，当然这也需要较大的许可成本与谈判成本。二是通过组织专门人员独立对作品进行描述，免除获取作品授权的难题。这种办法需要支付一定的信息加工成本，有利于快速了解作品内容，但不利于展示作品全文。在国家知识产权文献及信息资料库试验版的建设过程中，课题组考虑到可行性、授权成本与建设周期等因素，采取了第二种解决方案，避免了著作权侵权问题。

（三）事件信息的著作权风险及其防范

一般而言，知识产权动态与历史事件等事件信息属于我国《著作权法》第5条第2项规定的时事新闻。时事新闻是指通过报纸、期刊、广播电台、电视台或其他新闻媒介报道的反映某一事实或事件等客观存在的单纯消息，通常不需要付出什么创造性劳动，不属于作品的范围，不为著作权法所调整。

而且，从鼓励与促进人类信息交流、及时扩散消息并方便公众了解近期国内外发生的事件、实现新闻报道自由的目的出发，也不宜保护。无论是当下的时事新闻，还是历史上的时事新闻，都不受著作权法的保护，可自由收集、整理与收录。

但是，应当指出：第一，当时事新闻的报道者对单纯的消息、报道进行了加工、整理，添加了自己的分析评论，或对某些事实进行了特写、摄影时，已不是单纯传播消息的时事新闻，而是具有独创性的时事性文章。现实中，很多时事性文章不单纯是时事新闻，随意转载可能引发著作权纠纷。第二，传播时事新闻也存在注明出处的义务。根据《最高人民法院关于审理著作权民事纠纷案件适用法律若干问题的解释》第 16 条，通过大众传播媒介传播的单纯事实消息属于《著作权法》第 5 条第 2 项规定的时事新闻。传播报道他人采编的时事新闻，应当注明出处。

因此，在对这类文献及信息进行收录时，需要做到：第一，区分公共领域的作品与受著作权法保护的作品。对于已经不再受著作权法保护的作品，可自由整理收录。第二，从作品内容专业区分时事性文章与时事新闻。通过搜集整理现有的司法判例，形成专业标准，并要求课题组成员严格遵守。对于无法确认的，可通过描述事实的方式删除他人的独创性成果。第三，无论是何种类型的作品，都需要注明出处。

（四）知识产权百科信息的著作权风险及其防范

知识产权百科信息是通过对知识产权基本词汇的收集、整理与解释而产生的。课题组以《知识产权文献与信息基本词汇》（GB/T 21374-2008）为蓝本，按照从一般性术语到各领域专门术语的顺序排列，分为概论、知识产权制度、专利法、商标法、著作权法、其他知识产权法六大版块，汇总、完善知识产权领域的基本词汇，形成了更为翔实的词汇集，并将每一词条与英文表达对应起来，形成了概念的不同语种。这些内容是知识产权概念的集合，属于公共领域的知识。然后，课题组安排专业人员在参考大量知识产权法律法规、知识产权教材、知识产权专著、国际条约公约以及科研论文等材料的基础上，独立撰写词条释义。在此基础上，建成一个系统的、权威的、便捷的知识产权百科词汇体系，对知识产权领域的基本词汇进行系统化，以便于检索利用，力求让读者通过知识产权百科文献及信息资料库的使用，对知识产权词汇有整体性和专业性认识与了解，以达到百科检索的目的。

因此，知识产权百科信息的著作权风险主要是内部风险，源于撰写人员的不当或者不规范操作。例如在撰写过程中，不加区别地使用他人对条文、概念的个性化解释，不按照合理使用的要求标注作者及出处等。合理的应对办法是宣扬不抄袭、剽窃现有研究成果的做法，制定与严格执行撰写规范与标准，并建立著作权侵权的责任追究制度，防范与惩罚并重。课题组在撰写过程中，建立了相应标准，并要求在词条之后标注参考文献，充分防范了侵犯著作权风险。例如“世界知识产权组织”词条，其参考文献是“本项目负责人著《知识产权法学》，中国大百科全书出版社 2008 年，第 448—449 页；世界知识产权组织官方网站，最后访问时间：2016 年 12 月 11 日”。

二、国家知识产权文献及信息资料库建设的个人信息保护风险

个人信息包括与个人隐私直接有关的信息以及其他可以直接或者间接识别个人的信息。与隐私权有关的个人信息可以直接纳入隐私权范围。其他的个人信息虽然也可通过信息汇交与融合分析发挥识别个人的作用，但其自身却不一定构成典型意义的个人信息，比如个人浏览网页内容的信息。这些信息处于可识别个人的模糊地带。[1]对此，法律学者提出了隐私权的扩大版，即隐私权包括私密领域与信息自主。[2]这就在事实上形成了运用隐私权来保护全部的个人信息的效果。还有学者直接使用个人信息自决权来强调对个人信息的保护。[3]无论哪种方案，都强调了信息社会的个人信息保护的必要性与紧迫性。

（一）个人信息主动搜集中的风险及其防范

个人信息保护需求产生于信息技术的快速发展。随着信息社会的到来，欧盟 1995 年《关于在个人数据处理过程中的当事人保护及此类数据自由流通的第 95/46/EC 号指令》就规定了“个人数据”的保护。“个人资料”与“个人数据”的区别更多是语言翻译上的差别，个人数据与个人信息均对应

〔1〕参见黄萃、彭国超、苏竣：《智慧智理》，清华大学出版社 2017 年版，第 3 章 3.1.1—2。

〔2〕陈绚、李彦：“大数据时代的‘个人电子信息’界说——权利衍生的比较法研究”，载《国际新闻界》2013 年第 12 期；参见黄萃、彭国超、苏竣：《智慧智理》，清华大学出版社 2017 年版，第 3 章 3.1.1—2。

〔3〕贺栩栩：“比较法上的个人数据信息自决权”，载《比较法研究》2013 年第 2 期。

"Personal Data"。[1] 美国、澳大利亚、加拿大使用"信息性隐私"称谓来讨论个人信息的保护。《全国人大常委会关于加强网络信息保护的决定》明确了个人电子信息的保护，并遵从国际惯例规定了多项个人信息保护和利用的基本原则。2015 年 6 月，十二届全国人大常委会第十五次会议初次审议的《网络安全法（草案）》规定了个人信息的保护原则，其理念也是"公平信息实践法则"。可以说，随着立法的完善，信息技术社会的个人信息保护将会更为周到。

国家知识产权文献及信息资料库也与时俱进地采用了新的信息技术手段，包括 WEB2.0 技术、语义网、社交网络技术、大数据技术等，因而会存在与普通社交网站相同的个人信息保护问题。这些信息技术在全时追踪着人们的行为"轨迹"，由此产生的大数据会形成一种"数字化记忆"效果，作为一种"全景控制的有效机制"，它会严重威胁人们的隐私和自由。[2] 个人数据信息的数据轴越长，个人的透明化程度越高，个人信息保护的需求就越强烈。当有一天，一个人收到淘宝公司发出的祝贺某人从北京邮电大学考入北京大学的精美礼品时，我们不应当感到不可思议。因为这实际上就是对淘宝购物地址2—4 年内的数据的简单分析。还有一个例子：2014 年，来自美国罗彻斯特大学的亚当·萨迪克和来自微软实验室的工程师约翰·克拉姆发现他们可以大致预测一个人未来可能到达的位置，最多可以预测到 80 周后，其准确度高达 80%。为此，他们收集了 32 000 天里 307 个人和 396 辆车的 GPS 数据并建造了一个"大规模数据集"。[3] 因此，与兴起"个人独处的权利"情形相类似，以免于被"频繁敲门"为宗旨的被遗忘权被欧盟立法所认可。

国家知识产权文献及信息资料库可运用大数据技术准确记录用户的行为特征、个人偏好以及使用记录等，也会追踪个人信息。如果对这些信息进行汇总并计算，则可以发现用户的热搜词汇与关注重点，为其他用户使用数据库提供了检索便利，也可改进检索结果的排序，提供友好检索服务。如果利

---

[1] 齐爱民：《拯救信息社会中的人格：个人信息保护法总论》，北京大学出版社 2009 年版，第 18 页。

[2] 参见黄萃、彭国超、苏竣：《智慧智理》，清华大学出版社 2017 年版，第 3 章 3. 2. 1—2；张春艳："大数据时代的公共安全治理"，载《国家行政学院学报》2014 年第 5 期。

[3] 参见 http://www. guokr. com/article/437013/，最后访问时间：2018 年 6 月 30 日。另参见参见黄萃、彭国超、苏竣：《智慧智理》，清华大学出版社 2017 年版，第 3 章 3. 2. 1—2。

用这些信息以及行为特征信息之间的相关关系，则可以帮助预测用户可能感兴趣的搜集内容，进行智能推荐，提升用户的使用体验。但是这些个人信息都属于受保护的信息，如果不满足法定条件就予以使用，则可能会存在侵权风险。因此，个人信息在资料库中的运用是一柄双刃剑，可优化服务质量，实现服务的个性化与精准性，也会打扰可识别的个人。为防止侵犯他人信息自决权，课题组在设计方案中增加了个人信息记录的使用权限、标准与保护政策。

（二）用户互动中的个人信息保护风险及其防范

为了增强与用户的互动，国家知识产权文献及信息资料库的设计方案包含互动模块，这些模块提供了用户的编辑功能。就这一模块而言，资料库提供了信息平台，用户与用户可通过平台进行交流。以“知信通”为例，在知产人物子库的个人信息页面底部设置了“变更人物信息”按钮。如果任何人都可以点击按钮进行编辑修改，则可能会出现个人信息被随意篡改、歪曲的情形，从而侵犯个人的信息自决权。〔1〕为此，该按钮应当设置相应权限，只有页面所显示的个人才有权修改，这就符合了个人信息自决权原则。在所有类似的设置方案中，课题组都充分考虑了个人信息保护的风险及应对措施。

三、国家知识产权文献及信息资料库运行中的数据安全保障

国家知识产权文献及信息资料库的设计方案采用了基于 Windows NT 平台的关系型数据库管理系统 SQL Server2008，并在“知信通”中予以运用。资料库运行中的数据安全就应当遵循 SQL Server2008 数据库的安全防护策略。这又包括两个方面：一是 SQL Server2008 数据库的自身安全；二是 Windows NT 平台的安全。

首先，采取数据加密技术。SQL Server2008 数据库可以直接对整个数据库、数据文件和日志文件进行简单的数据加密，不需要改变数据库的其他内容。这种加密可实现数据隐私保护的基本需要，并排除任何未授权用户的检

〔1〕 参见刘聪、李红辉、吴丹、蒋金良：“‘知信通’之知识产权人物资料库介绍与问题”，载冯晓青、杨利华主编：《国家知识产权文献及信息资料库建设研究》，中国政法大学出版社 2015 年版，第 402 页。

索查询与授权用户的越权检索。另外，还可以单独设置加密技术。数据加密技术比防火墙技术的防守策略灵活，是一种主动防御，更适用于开放网络。[1]数据加密技术的原理是通过不同的算法将数据信息重新排列组合，产生新的、表面看来杂乱无章的数据流，然后在数据库中存储或者应用户需求传输，接收者只有获得密钥或者采取特殊解密技术（软件），才能获取正确信息。在这两个过程中，无论未获得授权的他人是否正当合法地获得了数据，如果无法破解算法或者获得密钥，就无法获得信息内容。密钥技术可分为两类：对称加密技术（私钥密码体系）和非对称加密技术（公钥密码体系）。[2]课题组出于数据库性质与成本的考虑，采用了 SQL Server2008 自带的加密方法，但是从长远来看，依然需要完整的加密技术。

其次，SQL Server2008 数据库采用的是层级结构，数据库所有者可采取访问的权限控制。“由于 SQL Server 数据库的安全防护策略是采用逐层进入的形式，因此，需要上层系统的安全审核通过后，用户才能有资格进入下一个环节进行访问。”[3]根据国家知识产权文献及信息资料库的建设目标，数据库的用户权限可分为三类：一是为了满足公益性要求，允许任何用户访问查询公共信息资源；二是满足注册用户的查询需求的权限设置；三是可访问查询深度加工信息的高级用户。数据库的管理权限也可分为三类：一是数据录入与修改权限，该类权限是为了保障信息的及时收录与更新；二是数据删除权限，该类权限是为了保障数据内容的合法性与数据库的升级改版等需要；三是数据管理的最高权限，该类权限是为数据库所有人设置的便利管理权限，可用于各类操作。这些权限设置可转换为数据库的控制命令。当用户需要访问数据库时，可根据检索目标与提示语言选择是否进行用户注册或登录。不同选择对应不同的身份查验要求与程序。当用户通过安全审核后，就可以进入下一个环节，例如数据查询与可视化呈现等。这就避免了不受控制的信息检索与修改。另外，还可选择 Windows 身份验证方式，“将 Windows NT 平台

---

[1] 郭珍华：“浅析数据安全的主要问题与技术保护”，载《科技情报开发与经济》2011 年第 1 期。

[2] 郭珍华：“浅析数据安全的主要问题与技术保护”，载《科技情报开发与经济》2011 年第 1 期。

[3] 银霞：“SQL Server 数据库应用程序中数据安全研究”，载《信息与电脑（理论版）》2012 年第 10 期。

信息或者组定义信息，转换为 SQL Server 数据库可登录的用户信息”。[1]

再次，定期对数据库进行备份。“备份是将全部或部分数据集合从应用主机的硬盘或阵列复制到其他的存储介质的过程……不少企业通过专业的数据存储管理软件结合相应的硬件和存储设备来实现，以防患于未然。”[2] 备份可实现数据信息的一致性与完整性。SQL Server2008 本身就加强了数据库镜像平台的性能，可自动修复页面。因为在 Windows 操作过程中，可能会出现系统错误或崩溃、不兼容或者突然退出等意外状况，出现数据无法调取或保存的情况，不予修复就会损害数据库的使用体验，甚至是数据文件丢失。另外，为了避免数据信息不受非法入侵破坏、物理损坏、介质失效等，数据库通常都会采取定期备份措施，甚至在不同地区设置多个镜像数据库实时更新。在数据库建设过程中，也需要数据的定期备份，以避免数据与财务损失。课题组在建设方案与执行过程中，就采取定期备份方法保障信息完整性与安全性。

最后，随着互联网的发展，数据库只是互联网的一个信息节点，在资源共享中会出现黑客攻击等常见问题。一些别有用心的黑客可能出于各种目的，例如展示自己的计算机技术、技术竞赛、窃取数据、获得额外收益等，任意攻入他人的控制领域，删除、修改、窃取或破坏该领域内的数据资料。由于国家知识产权文献及信息资料库采取独立网站的建设方案，不可避免需要接入互联网。同时由于该数据库具有商业成长性，将会产生可获取的商业价值，也就难免会被黑客攻击。即便是采取了访问控制设置，在黑客面前，也难免会出现可乘之机。这就需要对数据库采取防病毒、防攻击的安全防护，通常的方案是安装高级别、全方位的数据库安全软件与网关的防病毒软件，及时更新数据库、安全软件的补丁与升级，并加强日常监测。同时，针对网络中所有可能的病毒攻击点安装相应的防御软件或加强密保，例如与用户互动的信息传输接口，就很有可能被用来携带攻击性病毒。全面防御与重点防护相结合的数据安全保护方案既是对数据安全负责，又是对用户个人信息安全负责。因为一旦黑客攻入，用户的注册信息也将面临泄露风险。

当然，除了采取上述防火墙、安全监测、数据加密、权限设置与数据备

---

〔1〕 银霞：“SQL Server 数据库应用程序中数据安全研究”，载《信息与电脑（理论版）》2012 年第 10 期。

〔2〕 郭珍华：“浅析数据安全的主要问题与技术保护”，载《科技情报开发与经济》2011 年第 1 期。

份等技术方面的安全保障措施以外，对于外来攻击或者非法损害数据库信息安全的行为，也可以寻求民事、行政与刑事方面的法律救济措施。例如，《刑法》第253条之一规定了侵犯公民个人信息罪、第286条规定了拒不履行网络安全管理义务罪。

第三节　国家知识产权文献及信息资料库建设资金保障

国家知识产权文献及信息资料库建设是一项重大工程，将需要耗费较多的人力、物力、财力，并且如何发展与其定位密切相关。在明确其定位的前提下，展开对其资金来源与保障的探讨将具有十分重要的价值。资金保障无疑也是国家知识产权文献及信息资料库正常运行与发展的基础保障。

一、国家知识产权文献及信息资料库建设的定位

国家知识产权文献及信息资料库建设是基于目前我国在知识产权文献及信息资料库建设方面的延滞及社会对之有巨大的需求，其对国家知识产权相关的事业发展将起到重要的作用而提出的重大课题。对国家知识产权文献及信息资料库建设进行合理的定位是展开资金来源及保障研究的基础。国家知识产权文献及信息资料库内容丰富多样，且其工作难度因其内容的内涵不同而有所不同。国家知识产权文献及信息资料库建设兼具公共产品属性、社会公益属性和财产属性。

国家知识产权文献及信息资料库的建设内容主要包括文献资料和信息资料。从产生来源上看，这些资料可以分为单位产生和个人产生；从学科类别上看，这些资料可以分为著作权资料、专利资料、商标资料、商业秘密资料、集成电路布图设计资料、植物新品种资料、其他知识产权资料；从资料内容角度来看，这些资料分为知识产权法律法规资料、知识产权司法案例资料、知识产权论著资料、知识产权科研项目资料、知识产权教育培训资料、知识产权人物资料、知识产权机构资料、知识产权大事资料、知识产权百科资料等；从资料的管理来看，主要有知识产权规范基础信息资料、知识产权管理资料、知识产权保护资料等；从是否受著作权保护来看，分为无著作权的资料和受著作权保护的资料。

之所以对知识产权文献及信息资料进行类别分析，是因为对于不同的知识产权相关的知识产权文献及信息资料要区别对待，分别进行科学的归类，进行不同深度的加工，并根据用户的需求提供更多的增值服务。而且，通过对知识产权文献及信息资料进行彻底的分析整合，有助于对其进行定位。

（一）国家知识产权文献及信息资料库的基本属性

国家知识产权文献及信息资料对于公众具有十分重要的价值，而以政府为代表的公共资料提供机构担负着相关内容的公开、提供、利用、管理、维护等重任。一个国家的知识产权文献及信息资料公共服务在一定程度上也反映了一个国家的知识服务能力和水平，体现了一个国家的知识产权实力。

1. 国家知识产权文献及信息资料库基础资料的公共属性

在国家知识产权文献及信息资料库建设过程中，需要利用大量的现存的知识产权文献及信息资料，其中很多资料属于公职部门理应公开的不受著作权保护的内容。这些内容属于社会公共所有，相关的社会公众对之具有完整的或者部分的接触权。从理论上讲，社会公众需要接触的这部分信息不应当受到著作权保护。但是，从目前情况来看，我国知识产权相关公共属性的资料主要来自于国家相关级别的政府机关及公检法等司法部门发布的法律法规等规范性文件、法院相关裁判文书、不受著作权法保护的其他资料，以及超过著作权保护期限的资料等。从我国目前情况看，这些知识产权文献及信息资料分布混乱，缺乏有效的、统一的、权威的资料检索系统，给社会公众带来了很多不必要的困扰：首先是社会公众不知道有哪些资料可以使用，仅仅通过百度来检索无法得到有效的检索信息；其次，需要的资料难以获取，及时获取难度系数更大；最后，对相关辅助资料的获取相对较为困难，深度拓展资料的需求难以得到有效的满足。

国家知识产权文献及信息资料库建设是一个耗资巨大的“工程”。然而需要明确的是，国家知识产权文献及信息资料库建设过程中坚持把握的第一要求是尊重知识产权。虽然知识产品具有公共属性，但是此公共属性不同于知识产权文献及信息资料库建设的公共属性。知识产品的公共属性解释的逻辑是任何创新都是建立在前人知识之上的，因此知识产品的任何创新都有一部分“成绩”要归功于前人，这部分归功于前人的知识即在公共领域范围，属于社会公众“共有”，所以知识产品具有一定的公共属性。另外一种解释路径是知识产品具有无形性，其具有非排他性，也即一个人使用不排除另外一个人的使用，且这种使用不具有消耗性，反而会产生一种现象，即知识产品被使用得越多，其价值可能就越大，因此具有公共产品的属性。而国家知识产权文献及信息资料库的公共产品属性是与公众密切相关的，国家知识产权文献及信息中的许多资料都是国家向社会公众宣传相关政策及引导相关市场行为的载体，通过相关资料的推广，更便于国家知识产权及相关事业的推动，于国于民都是有利的。另外，有一部分原来属于知识产权保护范围内的知识产权文献及信息资料，在法定期限届满进入公共领域后，国家知识产权文献及信息资料库将之收录，以便用户充分利用相关知识产权文献及信息资料。

2. 国家知识产权文献及信息资料库的社会公益属性

国家知识产权文献及信息资料库具有一定的公益属性。因为作为国家知识产权文献及信息资料库，其建设需要的投入巨大，且其建设将给社会公众带来十分丰富的资源，对于学习和研究、创新、提高社会生产力具有很大的推动作用；其是国家知识产权文献及信息资料的管理和利用功能的载体，是国家知识产权事业进步的保障，也是国家科学文化进步的必然要求。

国家知识产权文献及信息资料库的建设，可以降低社会公众的检索成本，增加社会公众对知识产权文献及信息资料的接触机会，增加知识产权文献及信息资料的利用效率，为社会的创新、创造等活动提供原材料支持，从最后效果上来讲可以推动科学文化的发展，增加社会整体福利。这些是国家知识产权文献及信息资料库具有公益性的具体体现。国家知识产权文献及信息资料库建设过程中也得到了国内相关个人及相关单位的支持，这也从一定程度上表明社会公众对国家知识产权文献及信息资料库建设的认可，表明社会公众的一定需求。因此，在国家知识产权文献及信息资料库建设过程中需要对其社会公益性这一特征做深入的考虑，将基础性的知识产权文献及信息资料进行大规模的、全面的收集、整理，在资料的全面性及精确性上予以保证，为社会公众构建一个便捷、可靠的国家知识产权文献及信息资料库。

3. 国家知识产权文献及信息资料库的财产权属性

国家知识产权文献及信息资料库虽然具有公共属性及社会公益属性，但其涉及的国家知识产权文献及信息资料是相关人员的劳动结晶，相关人员对相关的劳动结果享有一定的权利，比如对加工编辑的内容享有著作权。另外，在国家知识产权文献及信息资料库中收录的一部分内容，原作者享有著作权；除此之外，国家知识产权文献及信息资料库需要相应的管理，相关工作需要协调，其发展需要一个稳定的组织来进行策划、负责执行。因此，总体来讲，国家知识产权文献及信息资料库具有财产属性。正是因为国家知识产权文献及信息资料库的财产属性，才需要提及其运作的资金来源及保障问题，因为一个资料库的良好运作需要科学的、合理的、良性的、可持续的循环模式，这也需要以财产权的保障来激励相关组织、相关人员进行积极的工作，以国家知识产权文献及信息资料库的进一步完善为载体，为社会公众及其他相关社会主体提供服务。

（二）国家知识产权文献及信息资料库增值服务的属性

国家知识产权文献及信息资料库建设是一个巨大的、耗时耗力的工作，其不仅需要提供符合社会公众需求的一般资料，还需要根据用户的特殊需求提供符合其需求的资料挖掘加工服务。比如在司法案例版块提供相关案例的深度评析，对法律法规的进一步加工解释，科研项目主要成果的介绍等服务，这些服务对大部分用户来讲是不需要的，但是对特殊的知识产权工作者来讲则意义重大。

1. 国家知识产权文献及信息资料库增值服务的稀缺性

国家知识产权文献及信息资料库增值服务需要根据市场上用户的需求来进行，可以提前进行相关特殊需求的调查，并根据目前现存资料库的现状看其是否有必要另行建立，以避免重复劳动。从目前看，提供知识产权文献及信息资料的增值服务的资料库较少，可以预测在市场上具有很大的需求量。之所以国家知识产权文献及信息资料库相关的增值服务缺乏，首先是因为增值服务需要很多的专业人才的支持，其次是需要大量的资金投入，最后是需要其他类型的支持维护。这些都是耗费巨大的工作，不仅需要财力支持，更需要优秀的专业人才支持。国家知识产权文献及信息资料库的增值服务具有稀缺性，但是其对社会的价值巨大，因此具有建设的必要。

2. 国家知识产权文献及信息资料库增值服务的付费性

国家知识产权文献及信息资料库增值服务需要投入的成本较大，从目前国内外的资料库来看，大部分的增值服务是收费的，而且有的收费不菲。借鉴相关资料库的运作模式，国家知识产权文献及信息资料库增值服务的付费性也是理所当然。将增值服务以付费模式运作，一方面是因为增值服务并不是所有的用户都需要，其需求者是社会特殊的专业群体，相对的知识需求具有专业性及高层次性的特征，且其支付能力相对较高；另一方面是因为增值服务收费模式能够给国家知识产权文献及信息资料库的运作带来一定的收入，将该收入投入到国家知识产权文献及信息资料库的建设完善上或者定向用于增值服务优化及相关人员的奖励上，则会大大提高国家知识产权文献及信息资料库建设的水平。国家知识产权文献及信息资料库增值服务的付费性具有合理性和科学性，应当付诸实施。同时应注意到，国家知识产权文献及信息资料库总体应当保持免费使用的基本功能，只是对特殊的、部分增值服务实行收费模式。也就是说，国家知识产权文献及信息资料库应当以免费使用为主，付费使用为辅。

3. 国家知识产权文献及信息资料库增值服务的可评价性

国家知识产权文献及信息资料库增值服务涉及的用户量相对较小，且用户类别相对固定，这样就决定了增值服务的定向性。增值服务的定向性有助于其服务水平的提高，通过定期向特定的服务人群获取定向的反馈信息，以取得相关用户对国家知识产权文献及信息资料库增值服务的评价，及时获取市场需求信息，并对可以、可能完善的内容提供可行性及科学性论证，以便国家知识产权文献及信息资料库增值服务的优势提升，争取建设成为一个权威的国家知识产权文献及信息资料库增值服务体系。

国家知识产权文献及信息资料库建设根据不同的内容进行了不同的定位，总体来讲，其主要定位为公共属性，兼具一定的财产属性，因此在以下的资金来源及保障方面也有相对应的考虑。

二、国家知识产权文献及信息资料库的资金来源与保障

国家知识产权文献及信息资料库建设具有公共属性及财产属性的双重特点，在其建设及运作过程中需要大量的财力支持，可以说财力支持是国家知识产权文献及信息资料库建设运作的基础。我们需要保证相关的资金来源，以便进行日后的工作。以下结合国家知识产权文献及信息资料库建设研究过程中的认识予以说明。

（一）国家支持

国家知识产权文献及信息资料库建设的首要目的是服务国家知识产权事业进步，为科学文化的进步提供基础支持及动力，具有公共属性，国家应当予以大力支持。国家知识产权文献及信息资料库的建设项目得到了国家哲学社会科学基金办的大力支持，其为该项目试验性资料库建设（“知信通”网站

建设）提供了根本性的支持。在“知信通”网站的建设过程中，不仅需要对技术支持方支付相关的费用，还需要为“知信通”内容整理加工者支出劳务费，在资料库相关资料内容的获取方面也需要一定的资金支出。从该样本库的建设也可知，国家的资金支持具有一定的基础性保障作用，为该样本库的建设提供了最为重要的资本和动力。在国家知识产权文献及信息资料库的建设中，国家更应当提供对相关内容的资金支持。

在国家知识产权文献及信息资料库运作过程中，需要持续的资金投入。国家可以采取持续的年度定额课题资金投入，或者支持建立一个公益性的组织进行运营。

此外，企业之间的竞争就是知识产权的竞争，而国家之间的综合竞争力体现之一就是企业之间的知识产权竞争。增强国家对知识产权事业的支持，有利于企业的知识产权创新和发展，增加企业在世界之林的角逐筹码，提高我国在世界上的综合实力。因此，国家对知识产权文献及信息资料库建设的资金支持是十分必要的。

（二）相关部门协助

在国家知识产权文献及信息资料库建设过程中，初始资料的获取对于资料库的建设有重要的作用。首先，初始资料来源多元化，涉及的部门区域极为广泛，取得其资料相对困难，而且目前为止并没有获得相关部门无条件地提供其全部涉及国家知识产权文献及信息资料库建设需要的资料。其次，初始资料大多数为相关机关和部门所掌握，在国家知识产权文献及信息资料库没有与相关部门建立合作联系之前，要获得这些资料必须支出一定资金成本；但是即便这种情况下，也并不一定能够有效获得相关资料库建设所需要的资料。作为具有公共属性的一个资料库，相关部门应当予以协调，提供本部门掌握的相关公共资料，及时为国家知识产权文献及信息资料库提供资料更新内容，降低国家知识产权文献及信息资料库建设成本。可能的话，需要与相关部门有关的资料版块建立合作关系，以及时更新补充相关内容，建立一致的内容实时更新体系，充分保障相关内容的权威性、全面性和准确性。

与相关机关及部门进行合作，取得对方的协作，需要进行协商。虽然这是相关国家机关及部门应当做的公益性事宜，但是相关机关和部门并没有法定的义务，所以相关工作需要的是双方友好协商。如果国家知识产权文献及信息资料库建设能够得到相关机关和部门的协助支持，就能够节约相当一部分资金支出，这从反面来讲也是一种资金支持方式。

（三）资料库增值服务收入

国家知识产权文献及信息资料库不仅包含了大部分向公众开放的资料内容，也包含特定用户需要的特定资料增值服务。增值服务应当为付费模式，这里的收费收入可作为国家知识产权文献及信息资料库建设的资金来源之一。国家知识产权文献及信息资料库建设需要的是持续的资金支持，而将资料库建设的优化及其运作之间建立起紧密的联系是一种良性的循环模式。根据社会需求和用户反馈，可以在论证基础上开发挖掘新的增值服务内容，拓宽增值服务收入来源，增强国家知识产权文献及信息资料库的“自给自足”运营能力，并逐步将资料库的增值收入转化为最主要的资金来源。

（四）合作赞助

一个优秀的知识产权文献及信息资料库的影响力将是十分巨大的，如果将这种影响力利用到相关机构的宣传上，则可建立相互之间的合作模式，比如建立相互的网页友情链接、在相应的版块首页推荐、检索结果前置等。与相关的商业机构建立合作模式，取得对方的赞助，是一种获得资金来源的有效途径。一方面，商业机构是盈利较多的社会主体，其将相关的盈利投入到知识产权资料库，是一种比较有意义的投资活动；另一方面，商业机构也有较大欲望提升自己的社会形象，进行商业赞助是一个提升其社会形象的有效途径。因此，国家知识产权文献及信息资料库在日后的运营中可以考虑多与外界建立合作关系，取得相应机构的赞助，增加资料库的资金来源。

（五）其他

除了以上几种主要的资金来源方式之外，可能性的资金来源还有个人资助、广告投入、开设资料库交流学习会等收入来源可以借鉴。在国家知识产权文献及信息资料库建设过程中，因为不同的阶段可以考虑不同的资金来源方式，比如在开放初期可能需要的资金更多，可以建立多种资金来源并行的模式；在增值服务做到一定的规模，增值服务带来的资金服务可以补足相应的资金支出之时，则可以削减其他方面的资金赞助，一定程度上规范、净化合作模式，减少广告推广的力度，将资料库做得更加专业、权威、实用。

第四节 国家知识产权文献及信息资料库的用户推广

用户推广就是通过推广网站的域名，让上网者知晓并登录到相关网站，浏览网页，从而传递相关的产品及服务信息，让用户或者消费者产生消费欲望从而实施购买或者其他行为的过程。[1]用户推广也即向目标用户或者潜在用户进行推广。国家知识产权文献及信息资料库的建设始终保持“以用户为本”的基本原则，在用户推广方面更是如此。这在资料库建设方面是十分重要的，因为以用户为本意味着资料库的建设与推广是衔接的，资料库的内容是在市场调查的基础上展开的，能够满足社会需求。在国家知识产权文献及信息资料库的建设过程中，该资料库是不断完善的，一方面是为了满足用户的进一步需求，另一方面也是提高本资料库的水平，服务国家知识产权事业的推动。以下对国家知识产权文献及信息资料库的用户推广的意义、策略等作出探讨。

一、国家知识产权文献及信息资料库用户推广的意义

国家知识产权文献及信息资料库建设基础的、重要的目的之一就是服务用户，进行用户推广贯彻于资料库建设的始末。国家知识产权文献及信息资料库建设用户推广具有重要的意义，不仅对于资料库本身建设具有重要价值，对于国家知识产权事业的进步也具有重要的推动作用。以下以国家知识产权文献及信息试验性资料库“知信通”为示范，进行用户推广方面的分析。

（一）获取用户需求及反馈，优化资料库建设

在国家知识产权文献及信息试验性资料库“知信通”建设之前，课题组就通过问卷调查的形式对全国有关机关、企事业单位工作人员、商业机构工作人员、高校及研究机构师生、群众等群体进行了全面和抽样调查，这些调查包括了资料的获取途径、需求范围、需求内容等方面。通过问卷调查，得知在知识产权文献及信息资料方面市场的需求度及需求量，这些为“知信通”的建设和运行提供了明确的方向，可以作为未来国家知识产权文献及信息资料库设计的重要参考。在国家知识产权文献及信息试验性资料库“知

〔1〕 王建宏：“网络营销网站推广策略浅析”，载《商场现代化》2010年第11期。

信通”设计之初，根据社会调查，设计了以知识产权法律法规、知识产权司法案例、知识产权论著资料、知识产权科研项目、知识产权教育培训、知识产权机构、知识产权人物、知识产权大事、知识产权百科为核心内容的资料库架构。后来经过多轮多方位的验证，证明该设计科学、合理，符合用户的需求。

在国家知识产权文献及信息试验性资料库建设过程中，经过多次多元化的用户体验，资料库的潜在用户群体为资料库的建设提出了非常有价值的建议。通过这种方式，不仅在潜在的用户群中推广了该资料库，而且通过用户的建议，课题组得到了很多有价值的反馈信息，在相关部分的完善中予以了重点关注，对用户推广的同时优化了资料库的建设。在国家知识产权文献及信息资料库建设过程中，也应当注重在建设前、建设中积极进行用户体验，获取重要的信息反馈，以达到提高国家知识产权文献及信息资料库完善性的目的。

（二）提高资料库的知名度，拓宽资料库的用户群

通过用户推广，可以提高资料库的知名度。在目前国家知识产权文献及信息资料库缺乏的情况下，一个专业的、权威的知识产权文献及信息资料库要获得社会公众的认可相对较为容易。通过社会公众的调查及用户体验，加上后期的其他推广手段，势必会使得更多的社会公众对该资料库有所了解。

提高资料库的知名度是用户推广最直接和最重要的结果之一，用户推广的范围及深度需要予以考量，在推广过程中应当树立正面的资料库形象，确定资料库专业、权威的基本形象。

拓宽资料库的用户群要以资料库对相关的群体有用为前提，因此要将定向推广和非定向推广相结合。定向拓展相关的用户群可以增值服务为基础，增加增值服务的能力和强度。非定向的推广侧重于社会公众的兴趣及主动检索，推广的范围要更为广泛。

国家知识产权文献及信息资料库应当进行多种形式的用户推广，通过定向推广与非定向推广相结合，达到提高资料库知名度目的的同时，拓宽资料库的用户群，丰富资料库的社会使用价值。

（三）增加社会对知识产权的了解，提高知识产权社会关注度

通过用户推广，可以增加社会对知识产权的了解，提高知识产权社会关注度。我国知识产权相关工作起步较晚，近些年相关工作使得部分相关公众

对知识产权有了一定程度的了解。而当今时代，相当一部分的企业对知识产权并没有予以关注，体现为缺少知识产权相关方面的工作人员、缺乏知识产权部门、缺乏知识产权意识、缺乏知识产权文化等。由此带来的最直接的不良后果是知识产权纠纷增多、企业运营成本增加、资源浪费等问题。而且据了解，研发相关的人员对知识产权知之甚少，知识产权保护得不到保障，知识产权利益分配模式合理性欠缺，不能够从根本上激励科研人员进行持续积极的创新活动，给企业带来的不利后果具有一定的隐蔽性。造成这些问题的一个基础性的原因是我国缺乏一个权威的、系统的知识产权文献及信息资料库，社会公众无从得知相关的知识等，缺乏相关的知识推广。

通过用户推广国家知识产权文献及信息资料库，使得更多的人对知识产权有更多的了解，当遇到知识产权问题时有工具可用。需要提出的是，国家知识产权文献及信息试验性资料库“知信通”中不仅包含了知识产权相关的资料，还有疑难咨询版块，通过该版块，社会公众可以提出知识产权相关的问题，相关的专业人士会对之予以及时的解答。这样建立起来的免费咨询模式，不仅能够增强资料库的交互性，而且可以为社会解决不少疑难问题。通过该咨询模式还有可能建立起知识产权内容方面的推荐，比如推荐合适的案件代理人及机构、推荐了解相关知识的书籍资料、推荐教育培训方面的机构及活动等，是一个便捷的用户使用途径。

（四）促进知识产权文化植入相关企业，推动知识产权事业的发展

尊重知识产权、提高知识产权保护意识，是我国企业应当注意的问题。目前最为重要的资料库使用主体之一为相关企业，但是其在知识产权方面的水平参差不齐。通过用户推广，在相关企业中推广知识产权文化，从知识产权最前沿增强相关人员对知识产权的黏性，推动我国知识产权事业的发展。在国家知识产权文献及信息资料库运营过程中，要注重对中小微企业的支持，在增值服务收费方面，可以对中小微企业设定相对优惠的价格，开设符合中小微企业发展的知识产权文献及信息资料库内容。还可以与相关企业建立起合作模式，对相关企业开展知识产权文献及信息资料库使用等方面的交流培训活动。另外要注重增强企业的知识产权文化。增强企业的知识产权文化，必须从领导层开始，只有领导层认识到知识产权文献及信息资料库的重要性，才更有利于在其企业内部开展相关的活动，其知识产权文化才可能被培养、被重视。用户推广能够促进企业建立知识产权文化意识，提高知识产权文化

重视程度，推动知识产权事业的发展。

用户推广从直接的效果上讲，能够对国家知识产权文献及信息资料库的优化提供充分的支持；从宏观上看，可以促进资源整合，提升社会对知识产权的重视度，增强企业的知识产权文化意识，推动我国知识产权事业的发展。

二、国家知识产权文献及信息资料库用户推广的策略及原则

要进行有效的国家知识产权文献及信息资料库用户推广，必须注重相关的用户推广策略。课题组认为，以下策略值得重视。国家知识产权文献及信息资料库建设过程中应当注重利用相关策略，达到更佳的用户推广目的。

（一）提高资料库的便捷度，优化资料库界面

要进行有效的用户推广，需要优化资料库的基本功能，优化用户体验，为用户推广做好基础前提工作。首先，资料库的第一功能，也即最为重要的功能，为资料检索功能；提高检索功能的便捷度，按照用户的心理需求及习惯来排列相应的检索结果，会增强用户对资料库的偏好程度。其次，便捷度包括内容使用方式上的便捷度，比如增加下载功能键，实现一键下载，增加打印键，实现在线打印等，通过这些功能设计，使得用户对相关的资料可以进行选择性便捷操作，以避免缺乏这些功能造成的用户体验效果较差，使用资料库成本较高的后果。最后，资料库的便捷度还有赖于资料库内容的丰富和完整。要检索相关的内容必须以充分的资料库资料做基础，没有完整的资料难以得出令人满意的检索结果。

另一方面，需要对界面进行优化设计。优化资料库的界面设计，对相关的网页界面布局及色调进行调试优化，以符合知识产权文献及信息资料库的专业、权威的特色，紧密结合用户的需求和使用习惯，增加用户的体验满意度。比如主色调可以选择代表“专业”的深蓝色，在版块的栏目布局上，要上下左右界面美观，内容罗列清晰，主次分明等。

国家知识产权文献及信息资料库应当注重资料库的便捷度，并注重优化界面设计，为资料库的用户推广提供一个良好的开端。

（二）多进行用户体验，提前培养用户群

用户体验是用户推广的一个隐形方式，应当贯穿于资料库设计、建设、运营的全过程，尤其应当注重设计及建设过程中的用户体验。用户体验的群体一般为国家知识产权文献及信息资料库的未来潜在用户，至少为对知识产

权有一定了解的人群。通过用户体验，一方面了解其需求，另一方面在这类人群中推广国家知识产权文献及信息资料库，让其了解到国家知识产权文献及信息资料库是我国知识产权领域内涵丰富、全面整合、价值突出的专业知识产权资料库，提供的内容权威可靠、使用便捷、服务个性化等。通过用户体验也可以使得潜在用户更深入地了解国家知识产权文献及信息资料库包含的内容类型及相应的功能设计，获取目标内容的检索方式，对国家知识产权文献及信息资料库进行一个非常全面熟悉的操作感知，习惯国家知识产权文献及信息资料库网站的优点和优势。在国家知识产权文献及信息资料库的运营中仍然可以继续进行用户体验，基于用户体验提高所提供信息的质量，使得用户对信息价值认知及判断进行逐层深入挖掘，这种模式下可以改进与优化国家知识产权文献及信息资料库系统及服务，在不断满足用户需求及期望上促成新的用户体验与感知，激发用户创造性，最终达到信息质量的螺旋式上升、良性循环。[1]

值得注意的是，在设计及建设中进行用户体验，可以达到提前培养用户群的目的。在国家知识产权文献及信息试验性资料库“知信通”的建设过程中，多次进行了用户体验，收到了很多反馈信息，在相关群体中得到了较好的宣传。

另外，在用户体验方面，要注意“盲肠理论”[2]，也即要在用户急需、需求度高的方面予以更多重视和投入，在对用户重要性低的方面减轻负担，以用户需求为中心，以良好的资料库内容及形式服务用户，获得更多用户的认可，吸引更多的用户群体。

（三）利用社交软件多重推广

当今时代，社交软件非常多，人们对社交软件的依赖程度也非常大，近几年移动客户端的应用使得PC客户端的应用率相对降低。目前国内流行的社交软件主要包括微信、微博、QQ、博客论坛等。[3]当然，国家知识产权文献及信息资料库在建设中还可以考虑开发独立的APP。以下分别根据相关的推广方式进行分析。

---

〔1〕刘冰：“基于用户体验视角的信息质量反思与阐释”，载《图书情报工作》2012年第6期。

〔2〕魏博：“浅谈互联网中的用户体验”，载《艺术与设计（理论）》2008年第2期。

〔3〕文尹：“知识产权文献及信息资料库的用户推广”，载冯晓青、杨利华主编：《国家知识产权文献及信息资料库建设研究》，中国政法大学出版社2015年版，第497—516页。

1. 微博

微博是一个开放的社交软件，是自媒体时代的代表，包含移动客户端和PC端。利用微博进行用户推广，可以注册一个国家知识产权文献及信息资料库企业用户。如果要提高可信度，可以进行企业认证（即“加V”）。国内目前的主流微博包括新浪微博、腾讯微博、搜狐微博等。注册之后，确定固定的管理人员，定期推送资料库有价值的新增内容或者特色简介，或者对国家知识产权文献及信息资料库建设的发展及进展做一介绍。还可以与相关的微博用户建立合作关系，分别转发、转载、传播相关的推送内容。微博是一个开放的社交软件，也即非特殊情况，只要相关用户关注了该微博账号，即可以收到该账号推送的每一条消息。但是相对来讲，微博用户繁多，若非具有非常的吸引力，相关的推广内容很容易被微博博主忽略，因此相对来讲，这种推广有限。在微博上有一个推广服务，需要付费。这种模式是通过付费，微博后台自动将该微博账户的最近一条信息或者该账户显示在所有或者部分用户的首页。这是推送效率较高的方式。

2. 微信

微信是近几年来在我国用户量较大的社交软件之一。作为用户推广，可以选择建立微信公众号或者挂靠相关的知识产权公众号进行联合推广，亦可以二者并行。为通过试验性资料库总结用户推广经验，课题组暂通过挂靠相关知识产权公众号的“知产资讯”栏目，建立了“知信通”用户推广链接，对公众号予以关注的用户即可通过该推广直接进入“知信通”网站界面。未来的国家知识产权文献及信息资料库可以建立独立的微信公众号或者挂靠其他公众号进行推广和传播，在公众号的建设上，可以定期推送定量的优秀资料，吸引更多的用户予以关注。在微信上，也可以发动相关的人员在朋友圈转发推广，更多地拓展用户群的宽度和广度。

3. QQ

QQ作为腾讯旗下的一款社交软件，具有用户基数大、形式多样等特点。因此，国家知识产权文献及信息资料库可以在QQ空间推广、在相关的专业知识产权或者相关行业群体推广，还可以建立相应的讨论组进行推广。推广内容不受字数限制，可以根据用户的不同进行不同类型的推广，如在空间用长文章或者配图推送，在讨论组或者群组利用短小文字或者简要的图示进行简要说明和介绍。需要说明的是，QQ用户虽然多，但是现在人们使用QQ

的频次相对较低，特别是专业人士属于较为成熟的年龄段人群，习惯使用QQ的更少，所以可以考虑将这种推送方式作为辅助，特殊情况下进行这种推送。

4. 独立APP

APP是Application的缩写，指的是手机软件，在移动互联网环境下广泛应用于智能手机，给人们带来了无尽的便利，也是人们从PC转向移动互联网的一个重要因素。未来的国家知识产权文献及信息资料库开发其独立的APP，向业界进行推广，必定会吸引众多用户：一是因为APP在手机上使用便捷，可以随时随地进行知识的了解和应用；二是因为APP可以随时安装卸载，其市场依赖于品质，用户可自由选择；三是一般APP互动性较强，其呈现出的使用模式不同于PC客户端的网页等形式，其能够从一定程度上提升用户的体验；四是具有较强的用户黏度，目前人们对移动手机的依赖性极强，还没有一个比较权威的、完善的知识产权相关的资料库网站，更不用提及这样的APP。这种APP一旦推向市场，必定会得到知识产权相关人群的喜爱。

如果未来建立国家知识产权文献及信息资料库APP版本，则要注意以下几点：第一，APP具有较强的周期性，因此要在创意上下功夫，特别是与用户的交互方面；第二，国家知识产权文献及信息资料库涉及的知识面较为宽泛，因此如何优化布局是国家知识产权文献及信息资料库APP建设过程中需要考虑的重要问题之一；第三，国家知识产权文献及信息资料库APP的信息不必与网页版完全一致，可以将相关的内容进行便捷化处理，比如下载、阅读等功能更应当优化其便捷性及美观性。

(四) 建立多元化的友情链接

友情链接为在相关的网站上分别推送链接其他网站，点击相应的推送项即进入另外一个网站。国家知识产权文献及信息资料库在我国比较知名的相关知识产权等网站上，比如中国知识产权研究网（http://www.iprcn.com）、中国知识产权资讯网（http://www.iprchn.com）、中国知识产权保护网（http://www.ipr.gov.cnl）、中国知识产权资讯网（http://www.cipnews.com.cn）、国家知识产权局网站（http://www.sipo.gov.cn）、中国民商法网（http://www.civillaw.com.cn）等，均建立了友情链接或者合作伙伴部分。

通过协商建立相互之间的友情链接，能够对用户推广起到一定的作用。在用户进行相关网站的浏览检索时，对于页面的友情链接栏可以直观浏览，如果注意到国家知识产权文献及信息资料库，则可能点击进入该资料库网站浏览。

（五）组织知识产权资料库研究相关会议

国内关于知识产权文献及信息资料库方面的研究较少，但是该研究对于我国知识产权事业发展来讲是十分重要的。因此，可以根据不同情况组织召开相关的学术或者其他研讨会，可以独立举办，也可以与相关单位进行合办。在相关会议的举行过程中，可以就该网站的内容进行展示说明，利用会议向用户推广；也可以制作一定的宣传册，在会议上发放，以便相关会议参加者对该网站有一个比较清晰的了解。需要说明的是，参加相关会议者一般是与知识产权相关联的人员，这种会议上推广的方式优点是推广具有针对性，缺点是规模一般较小，且时间段有限。

（六）搜索引擎、广告、二维码等其他推广

互联网时代，用户推广无处不在，可以进行直接推广，也可以进行植入式推广。除了以上几种重要的推广方式之外，还有以下几种可以考虑。

搜索引擎，也即在搜索引擎中可以竞价排名，在相关关键词检索结果中靠前显示。这种推广方式涉及的用户较广，但是需要付费，需要以一定的资金投入做保障。

广告推广，也就是付出一定的资金，在电视台、广播台、网络、报纸、杂志等上进行广告，通过广告可以达到一定范围内的推广，但也是需要付费，需要以一定的资金投入作保障。

利用二维码，方便用户扫一扫，直接进入相应的网站。可以将国家知识产权文献及信息资料库网页版、APP 或者微信公众号的二维码分别提出，在相关的资料上进行推送，比如在知识产权文献及信息资料库建设方面的图书著作等上，通过这种方式，用户可以便捷地进入相关的网站，了解相关信息。这种推送方式的优点是用户使用较为便捷，不足之处是推广中可能存在困难，因为现在随便扫一扫对社会公众来讲缺乏安全性。因此，选择在较为正规的场合推送二维码比较合适。

当然，随着社会的发展，还将有其他类型的用户推广方式。用户推广要适度，推广手段要符合用户体验需要，纯粹的单调推广容易引起公众审美疲劳，同一时段接受过多的同一种广告信息会产生抵触心理，反而不利于用户推广效果的实现。

（七）推广的原则

为了使得用户推广效率更高，应当坚持一定的推广原则[1]：锁定目标受众原则、效益成本原则、稳妥慎重原则、综合安排实施原则、以提高用户体验为宗旨原则等。第一，锁定目标受众，也即事先对资料库进行用户定位。国家知识产权文献及信息资料库应当定位为为知识产权专业人士和普通大众提供双重级别服务的资料库，可以以增值服务和基本服务的形式分别呈现。之所以如此，是因为国家知识产权文献及信息资料库对我国知识产权事业发展极为重要，同时，社会公众对相关知识的了解和利用也会提高知识产权的社会普及力度。正是因为现实的此种需求，才要坚持锁定目标受众进行推广的原则，不同级别的服务可以采取不同的推广方式向不同的受众群体进行推广。第二，效益成本原则，也即用户推广要注重所得到的效益与推广所付出的成本相一致的原则，对于推广效果较佳的应当多投入，对于推广难度大的则应当尽力拓展，实现成本与收益差异互补。第三，稳妥慎重原则。在这个原则下，要注重网站设计技术过关、网站界面设计优化、网站使用便捷等方面，以便给用户留下尽可能“完美”的印象。这一点在国家知识产权文献及信息资料库建设中可以参考，但是可以做适宜的调整，因为国家知识产权文献及信息资料库在建设的过程中亦可向相关的用户进行适时的推广，以提前获得一定的用户量，为后期的推广做铺垫。第四，综合安排实施原则。在该原则下，用户推广要与其他活动相结合，如要进行网站的全面策划、监控和评估，在相关用户中进行综合推广，实现最佳的推广效果。第五，以提高用户体验为宗旨的原则应当是国家知识产权文献及信息资料库推广过程中应当遵循的最重要的原则。以提高用户体验为宗旨，也即推广应当便捷用户，为用户提供舒适、便捷的推广活动，以不增加用户的负担为准则。

第五节　国家知识产权文献及信息资料库的应用前景与走向

国家知识产权文献及信息资料库的应用前景非常广阔，一是因为其强大的社会需求，二是市场相类似资源的稀缺。课题组认为，需要结合国家知识产权文献及信息资料库应用前景预设好其未来走向，结合当前信息化趋势，

---

〔1〕王建宏：“网络营销网站推广策略浅析”，载《商场现代化》2010年第11期。

对其做多角度的完善与提升。

一、国家知识产权文献及信息资料库的应用前景

国家知识产权文献及信息资料库的应用前景非常广阔，在市场上尚无相类似的资料库与之产生竞争关系，其丰富翔实的内容设计建立在对市场的充分调查上，因此其与市场联系紧密。在该资料库建设研究过程中，课题组多次征求用户体验意见，多次召开全国性或专题性的国家知识产权文献及信息资料库建设方面的学术研讨会或工作交流会，提前培养了一批国家知识产权文献及信息资料库的潜在用户，为该资料库的应用前景发展提供了较为扎实的基础。以下从国家知识产权文献及信息资料库的应用领域前景、应用途径前景、应用效果前景三个方面予以分析。

（一）国家知识产权文献及信息资料库的应用领域前景

国家知识产权文献及信息资料库的应用领域需要界定清楚，并进行有计划的拓展，只有如此，国家知识产权文献及信息资料库才能发挥其应有的价值。对国家知识产权文献及信息资料库的应用领域前景进行研究，必须对其应用领域的前提有所认知，并从社会需求及运营能力方面进行拓展。

1. 国家知识产权文献及信息资料库的应用领域前提

国家知识产权文献及信息资料库涉及的内容有知识产权相关的法律法规、司法案例、论著资料、科研项目、人物、机构、大事、百科等，所涉及的这些不仅包括实体知识产权知识，还包括框架性的知识构建体系。通过对这些内容的了解可知，国家知识产权文献及信息资料库的应用领域以这些内容的丰富为前提。比如，在知识产权科研领域，可能运用到法律法规、司法案例、论著资料、科研项目、知产百科等版块；在知识产权相关的律所及公司部门的知识产权实务领域，可能运用知识产权法律法规及司法案例版块要多于其他版块；在学生选择相关高校时，可以参考国家知识产权文献及信息资料库中的教育培训版块，其中列明了相关高校知识产权教育信息，包括学校知识产权相关的教育情况、招生简章、课程设计、培养方案、相关的历年考试真题等；在学生选择导师时，可能运用到国家知识产权文献及信息资料库中的知产人物版块的信息资料；在社会公众对知识产权有疑问，进行初步了解时，可能会浏览知产百科版块，该版块包含了丰富的知识产权相关的名词解析及相关内容拓展性介绍，社会公众亦可在疑难咨询版块进行相关的咨询活动；

如果相关人员编辑知识产权史书或者进行相关历史事件研究的，可以参考知产大事版块，也可以以相关的知产论著资料版块做辅助，如此等等。

国家知识产权文献及信息资料库的应用领域以该资料库的内容设置为前提，另外因为该资料库在设计时对市场做了调查，并在建设的过程中多次进行用户体验及召开国家知识产权文献及信息资料库建设研究会议，已在实证研究中解决了与市场衔接的问题，总体上符合用户需求。因此，在前提工作上做得好，有利于用户推广工作。虽然如此，还需要资料库的运营人员进行进一步的用户推广，使得相关领域的人员对该资料库产生一定的黏性，使该资料库在当前没有其他竞争者的情况下，优先占领相关市场。

2. 国家知识产权文献及信息资料库的应用领域拓展

随着国家知识产权文献及信息资料库的增值业务的拓展，其应用领域可能做相应的变动。增值业务是随着该资料库的运营而适时进行确定拓展的部分，而且要在该资料库开始时尽量免费提供给社会公众，积累用户基数；在对市场进行进一步调查之后，根据用户的需求开拓新的内容版块或者在原有版块的基础上增加新的功能，提高该资料库的质量和水准。

根据目前的情况，试验性资料库“知信通”全部处于免费使用状态。在日后，可以考虑将以下功能作为增值服务范围：第一，法律法规版块的条文拓展内容，包括“法条释义”“制度沿革”“相关规定”“学理解析”“司法案例”“他山之石”；第二，司法案例版块的“案例地图”“案例评析”；第三，知识产权百科版块；第四，提供多项选择情况下的下载服务；第五，特殊行业的专题知识产权文献及信息资料版块；第五，国外的信息提供服务等。通过拓展相关的增值服务，不仅可以挖掘市场需求方面的知识产权文献及信息资料方面的内容，还可以为社会公众提供更为优化的服务，充分满足各种社会需求。但需要注意的是：相关的服务提供要以市场调查为基础，只有具有一定发展潜力的服务方可开展；随着相关服务类型及内容的增加，要注重保障相关服务质量，避免泛滥，同时注重相关内容的精细，对相关工作精益求精，不能以牺牲质量换取数量；相关服务的拓展要以资料库的运营能力范围为限，不属于资料库范围的内容尽量不纳入增加范围；没有资金保障的相关服务不能长久，故要对相关服务建设进行事前评估，尽量在资金保障范围内开展相应的有价值、有意义的工作，避免浪费成本。

3. 国家知识产权文献及信息资料库的应用领域前景预测

在我国日益注重知识产权保护和运用的当今时代，知识产权对我国经济社会发展的重要贡献日益凸显。仅就著作权产业来看，中国新闻出版研究院发布的《2013 年中国著作权产业的经济贡献调研报告》表明，2013 年中国著作权产业对国民经济的贡献率已达 7.27%，创造了 42 725.93 亿元的行业增加值，提供 1643.81 万个就业岗位。[1]可见知识产权对我国经济发展的贡献之大。在大众创业、万众创业的大环境下，知识产权的重要性将更上一个台阶。国家政策对知识产权的重视让更多的行业“注重知识产权”，这就使得知识产权文献及信息的传播和应用更显重要。国家知识产权文献及信息资料库如果在用户推广方面做出较好的成绩，则会对大众创新、万众创业起到不可小觑的作用。这也就意味着，各行各业将对知识产权具有不可忽视的需求，对国家知识产权文献及信息资料库的部分或者全部内容将具有一定的偏好。因此总体来看，国家知识产权文献及信息资料库的应用领域将会逐步拓展到各行各业，其应用也将为我国经济的发展做出一定的贡献。具体来讲，有以下几个重点应用领域可以考虑：

（1）知识产权普法领域。社会公众接受的普法活动一般是关于日常生活的，关于知识产权的普法活动非常有限。但是随着社会的发展，知识产权与人们生活间的关系愈加紧密，建立普通大众均能够接触的知识产权文献与信息资料库也是应当的。因此，在国家知识产权文献及信息资料库建设过程中，应当注重普法领域的应用，将大部分内容设计为免费公开使用，增值服务应当尽量限缩范围。

（2）知识产权司法保护领域。知识产权方面的纠纷日益增多，随着知识产权被重视度越来越高，建立及时更新的知识产权司法保护资料库及法律法规库，不仅能够为司法活动提供完善的借鉴资料，也可以为社会公众提供一个引导，使得社会公众能够通过使用资料库对其自身行为后果有所预测，进而规范自己的行为，向合法方向发展，避免违法活动带来的不必要成本。

（3）知识产权教育及人才培养领域。知识产权领域的教育及人才培养缺乏一个系统的资料库，但是知识产权人才教育及培养是国家人才战略必不可

〔1〕参见 http://www.chuban.cc/yw/201601/t20160104_171788.html，最后访问时间：2018 年 12 月 18 日。

少的一环，而建立国家知识产权文献及信息资料库中的教育培训等版块将为这一应用领域提供完善系统的参考信息，拓展知识产权人才教育及培训的信息接触渠道，提高知识产权人才教育及培训的力度，增强知识产权人才教育及培训的效果。

（4）知识产权科研领域。科技文化进步离不开知识产权相关信息的辅助，在知识产权及相关的科研领域，必须丰富其资料信息接触渠道。国家知识产权文献及信息资料库将作为一个权威可靠的信息来源，推动知识产权及相关领域的科学研究。

（5）知识产权行政管理及中介服务领域。推动相关行政管理及中介服务是激活市场主体能动性的一个重要力量，行政管理和中介服务质量的提高，也能够在一定程度上促进知识产权事业的发展，优化市场秩序，促进经济文化发展。因此，国家知识产权文献及信息资料库中设计知识产权机构等版块具有一定的必要性和重要价值。

（二）国家知识产权文献及信息资料库的应用途径前景

国家知识产权文献及信息资料库在应用途径上根据社会需求进行合理的拓展，将对其运用起到一定的助推作用。因此，探讨国家知识产权文献及信息资料库应用途径具有必要性。

1. 国家知识产权文献及信息试验性资料库的现有应用途径

目前，测试版的国家知识产权文献及信息资料库（“知信通”）只有网页版，通过该网站可以看出几大版块，如法律法规、司法案例、论著资料、科研项目、教育培训、知产人物、知产机构、知产大事、知产百科、疑难咨询等。通过在相应的版块进行检索，可以得出相应的检索结果。检索途径有快捷检索和高级检索两种。网页版的试验性资料库网站可以实现全面的检索功能，对相关的知识运用也可能更加便捷。

另外，目前还在挂靠的微信公众号中设有“知信通”版块，点击则进入对“知信通”的介绍界面，通过点击该界面的“阅读原文”则进入网页版的“知信通”网站。通过该种途径仍然可以实现以上检索功能，因此，利用手机及其他设备进行相应的查阅具有一定的可行性。

但是，为了提供更好的用户服务，应当在应用途径上做拓展，满足用户的不同需求。

2. 国家知识产权文献及信息资料库的应用途径拓展

国家知识产权文献及信息资料库的应用途径需要更优化，需要根据现有的资料库现状进行一定程度的拓展，以便更好地服务社会公众。

要拓展资料库的应用途径，可以考虑建设国家知识产权文献及信息资料库APP。独立的国家知识产权文献及信息资料库的APP模式将受到广大用户的青睐，一是因为APP界面更加友好、更加清晰、更加易用，符合移动客户端的用户查阅需求；二是当今时代，人们的碎片时间较多，对移动客户端的黏性更大，APP应用则可以拓展国家知识产权文献及信息资料库的应用途径。当然，APP的建设需要一定的资金投入，在目前建立试验性资料库阶段尚无法实现，在国家知识产权文献及信息资料库日后的运营过程中可以适时考虑拓展该种应用途径。

要拓展资料库的应用途径，还需要着重考虑与高校图书馆或者其他机构建立合作关系，将免费部分向其成员全部开放，将付费部分以一定的优惠价格赋予其成员使用权限，对价是将国家知识产权文献及信息资料库网站链接纳入其图书馆资源的列表内。之所以要向高校开放，是因为高校的人员众多，且考虑到国家知识产权文献及信息资料库建设的公益性，有必要首先对我国知识产权教育予以一定程度的支持。此种应用途径有赖于相关合作协商，必要情况下可以建立高校和科研院所完全免费提供的模式，以充分实现国家知识产权文献及信息资料库的社会价值。为此，需要定期或不定期对相关高校的师生进行相关的应用培训。

与图书馆的合作可以呈现出多种形式〔1〕，比如基于主题内容方面的合作、基于延伸服务方式的信息置换合作、基于活跃师生创造思维的网络空间有限让渡模式的合作等。国家知识产权文献及信息资料库的运用途径还有多方位、多角度可以拓展，如果拓展得当，则可以达到理想的效果，充分实现资料库建设的初衷及价值。

3. 国家知识产权文献及信息资料库的应用途径前景预测

技术的发展与人们的生活方式紧密相连。在没有智能手机的时代，人们对电脑的依赖程度较高。智能手机产生后，人们的生活方式有了很大的变化，对移动端的粘性非常大，这也引发了相关企业和软件的转型升级，比如相关

〔1〕周长强："地方高校图书馆网站跨界合作研究"，载《石家庄学院学报》2013年第2期。

社交软件的APP开发。

国家知识产权文献及信息资料库的应用途径需要紧密结合技术的发展，对社会公众的生活方式及其偏好做充分的了解和调查，尽量从最佳的角度来充分满足用户的需求。

(三) 国家知识产权文献及信息资料库的应用效果前景

国家知识产权文献及信息资料库的应用发展应当参考其应用效果来进行拓展。从目前来看，国家知识产权文献及信息资料库的应用效果将体现在多个方面。

国家知识产权文献及信息资料库的应用首先将填补目前我国知识产权文献及信息资料库建设的空白。对于我国知识产权相关文献及信息资料分布较为分散造成的社会公众搜索成本较高的问题，国家知识产权文献及信息资料库可予以解决。国家知识产权文献及信息资料库从开始就强调相关知识的集成与完善，目前为止已经基本能够满足社会公众对相关知识产权文献及信息资料的检索应用，但是后续根据社会需要在一些方面仍然有继续提高与完善的空间。

国家知识产权文献及信息资料库的应用将给各行各业带来更多利益，因为该资料库是一款快捷、权威、专业的知识产权文献及信息资料库，其内容丰富、检索功能优化，能够极大程度上降低社会公众的检索成本。降低用户成本就等于在增加用户的利益。运用国家知识产权文献及信息资料库的社会公众越多，资料库的运营越有价值，相关的服务提升的动力也就越大，这是一个良性循环模式。

国家对知识产权的重视是知识产权事业发展的保障，国家相关政策的支持为国家知识产权资料库建设提供了重要动力，国家知识产权文献及信息资料库的建设将为国家知识产权事业的发展提供一个综合性的资料平台，为国家知识产权事业发展提供新型推动力。社会公众在各个行业遇到知识产权方面的问题，均可以在该资料库进行检索或者疑难咨询及提出需求，以使得国家知识产权文献及信息资料库朝向时刻贴紧用户需求的方向发展，优化使用效果。

总而言之，从目前情况看，我国在知识产权文献及信息资料库建设方面非常延滞，而国家知识产权文献及信息资料库的诞生非常具有价值，其应用前景非常乐观，将给社会各行各业带来不同凡响的知识产权方面的利益，将为我国知识产权的发展提供强大的动力。同时，需要注意的是，其优势前景实现依赖于其继续优化和完善，离不开相关方面的财政、人才、技术等的大力支持。

二、国家知识产权文献及信息资料库的未来走向

国家知识产权文献及信息资料库的建设以非常独特、专业、权威的理念贯彻始终，其未来走向如何，目前可以做一定程度上的设计及预测。

（一）结构上保持稳定，适当调整

国家知识产权文献及信息资料库目前一共分为知识产权法律法规、知识产权司法案例、知识产权论著资料、知识产权科研项目、知识产权教育培训、知产机构、知产人物、知产大事、知产百科及疑难咨询十大版块，在结构设置上经过了翔实的社会调查和论证，基本涵盖了知识产权文献及信息资料相关的类别。目前的内容结构设置在多次的用户体验及全国性和专题性的知识产权文献及信息资料库建设的会议上得到了多数专业人士的认可和赞同。因此，在以后的发展过程中，为了保持现有的工作成果及科学的分类模式，有必要在结构上保持一定的稳定性。

在国家知识产权文献及信息资料库建设过程中，迄今完成的试验性资料库尚未确定增值服务部分。基于日后增值服务的重要价值及其对国家知识产权文献及信息资料库发展的重要贡献，可以在增值服务设置方面进行进一步的考虑，在现有试验性资料库结构的基础上进行适当的调整。但是，这种调整应以有必要和小幅度调整为宜，一是为了保证整体结构的稳定性，便于用户使用；二是为了保证技术上的便宜性，以防因技术不稳定导致相关已有内容的混乱；三是因为增值服务与开放免费服务基本上遵循“二八”原则，其对社会的吸引力应当以其“精”“专”为特色。

国家知识产权文献及信息资料库的建设在内容结构上保持稳定，并在适当之时进行适当的微调，有利于整个资料库的稳定发展。因此，其未来的走向将保持此种结构特色。

（二）内容上进一步优化完善，精益求精

国家知识产权文献及信息资料库的发展有赖于其内容的继续丰富，在日后的发展过程中，必将继续在内容上进行进一步的优化完善，精益求精，只有如此，才能够在其专业性、权威性上取得社会公众的信赖。可以说，内容上的丰富是其生存的保障。国家知识产权文献及信息资料库需要在此方面继

续保持动力，在资金的利用上也应当多投入内容加工等相关工作，在内容上要做到瑕疵更少，在专业问题上要精益求精。

国家知识产权文献及信息资料库是专业的资料库，需要专业人才的投入，因此在未来的走向上，将可能引入更多的专业知识扎实、具有相关的经验、相对固定的专业人才参与相关的内容编辑加工工作。只有保证人才的专业性，才能在具体的内容方面予以丰富，保证专业特色。

国家知识产权文献及信息资料库建设是一个重大工程、持久工程、专业工程，在内容上必须保持长久的、可持续的动力，在工作人才模式上需要予以高标准化，要对相关的工作内容精益求精，以内容吸引更多的用户。

（三）运营模式上以免费为主，付费为辅

在运营模式上，国家知识产权文献及信息资料库的建设应当予以明确。根据国家知识产权文献及信息资料库建设的初衷及其对社会的重要意义，其未来适合采用以免费为主，付费为辅的运营模式。因为国家知识产权文献及信息资料库具有一定的公共、公益属性，其对我国知识产权文献及信息资料相关知识的利用和传播具有导向作用，在目前尚无其他市场竞争者的情况下，其更应当在用户基数的培育上下功夫。

在未来的发展中，具有社会公益属性的国家知识产权文献及信息资料库的发展仍然有赖于用户的信赖和青睐，保持其免费开放的基本特色将有利于保持用户的黏性，避免不必要的用户损失。从另一方面来讲，相关国家部门机构的投入应当反过来反馈给社会公众，用以提高社会公众的知识产权意识，增加社会公众的知识产权知识储备，提高社会公众的知识产权文化水平，促进我国知识产权事业的发展，全力推动国家科技文化的发展。

国家知识产权文献及信息资料库的增值服务担负着为国家知识产权文献及信息资料库建设提供资金支持的重担，因此在未来的资料库建设方面，要确定一定的增值服务方案，在增值服务上做到服务周到、内容精细，增强增值服务的针对性，使得增值服务与用户支付价格相匹配，牢固用户的信赖，获取用户的长久支持。

总之，考虑到国家知识产权文献及信息资料库的性质，其未来运营模式走向应当是以免费服务为主，增值服务付费为辅，二者兼容，根据用户的不同需求，为用户提供不同的服务，并由此为国家知识产权文献及信息资料库的长久发展提供一定的支持。

（四）管理上设定固定的管理机构及管理团队

国家知识产权文献及信息试验性资料库目前依托于国家社会科学基金重大项目，是该课题项目最重要的成果之一，目前由该课题组管理运营。但是未来，真正意义上的国家知识产权文献及信息资料库应当由固定的管理机构和管理团队管理运营。

目前，试验性资料库“知信通”由课题组成员管理，其优点是课题组成员专业性较强，对工作负责认真，工作技巧较为熟练，分工明确，效率较高。但即使是这样一个试验性资料库，运转工作亦有诸多局限性，比如在团队成员的固定性上较为不足，因为参与本资料库建设与运营的课题组辅助专业人员包括在校的博士后、博士生、硕士生，博士后出站、硕博士研究生毕业之后将更换新的一批参与成员，虽然新的成员与退出的成员具有差不多同等的水平和工作态度，但是流动性较大，相对来讲工作的体系性、连贯性欠佳。

在未来资料库的管理和运营上，较适宜成立一个独立的管理运营机构，招聘固定的管理成员，进行市场化运作；或者委托给具有相应能力和意愿的管理运营机构，由其专业管理成员予以管理运营。此种管理运营走向是必然的，也是必需的。因为独立的管理和运营机构及团队可以在经验上超越课题项目组，在稳定性上也优于依靠课题组模式下的运营。另外，在由固定的机构运营时，能够对相应的工作人员采取丰富的激励措施，推动优化管理运营工作，提高运营管理效率，充分实现该资料库的社会价值。

因此，在管理模式上，未来国家知识产权文献及信息资料库将由固定的管理机构及人员进行管理运营。

（五）资金保障上自给自足为主，其他支持为辅

国家知识产权文献及信息资料库未来继续发展运营需要大量的财力支持。首先应当在明确其性质之后确定其未来的资金来源及保障模式。国家知识产权文献及信息资料库兼具公益性和财产性，其中公益性决定了其“某些部分向公众免费开放、增值服务部分付费使用”的运营模式。

国家知识产权文献及信息资料库具有一定的财产性，其通过增值服务可以获取一定的资金来源。国家知识产权文献及信息资料库在未来由固定的管理机构及团队运营管理，其增值服务收入理应由该管理机构予以合理支配。根据市场需求，开拓知识产权文献及信息资料方面的增值服务是资料库管理主体应尽的职责。国家知识产权文献及信息资料库理应在增值服务的收益率

上下一定的功夫，并尽力提升该资料库的增值服务收益对该资料库的支持能力，逐步将该资料库转变为增值服务收益能够对本资料库的发展自给自足。

国家知识产权文献及信息资料库是国家知识产权事业发展的支持力量之一，其对社会公众的知识产权意识、知识产权相关文献及信息检索便捷性将具有重要的价值，具有一定的公益性，因此国家应当继续予以支持。这种支持可以以后续的课题支持形式进行，也可以以政府投资形式进行。另外，在该资料库运营初期，应当予以一定的资金保障，使得其在初期能够顺利运营；在该资料库自营资金无法弥补其支出的情况下，国家应当予以一定的资金保障，保证该资料库的顺利发展。

当然，国家知识产权文献及信息资料库如果能够获得其他方面的资金支持，则也非常有利于其顺利发展。国家知识产权文献及信息资料库的运营主体也应当注意在运营过程中寻找更多的资金支持途径，以使得该资料库在运营上不受运营资金匮乏的困扰，不至落入“有始无终”的境地。

国家知识产权文献及信息资料库的性质及其对社会的重要价值决定了其在资金保障上以国家支持为后盾，但是作为一个独立的知识产权文献及信息资料库，其还应当以资料库的自给自足为主，以其他形式的资金支持为辅。因此，在未来走向上，应当对国家知识产权文献及信息资料库的资金保障予以重视，其资金来源应当有一定的固定模式，为其顺利发展提供“源源不断”的支持。

（六）拓展国际化内容，走向国际市场

国家知识产权文献及信息资料库在未来应当有国际化视野，因为国际化视野与相关的市场需求有紧密的联系。

第一，拓展国际上相关的知识产权文献及信息资料，纳入该资料库。国家知识产权文献及信息资料库在建设研究过程中得到了一些用户的体验建议，希望试验性资料库“知信通”在后续的内容拓展中能够增加其他国家的知识产权文献及信息资料方面的内容。从目前的实际情况来看，国内在此方面的资料库建设也是空白。在未来走向上，国家知识产权文献及信息资料库的建设可以拓展国际部分，如此对该资料库走向国际市场也有一定的推动作用。

收录国外的知识产权文献及信息方面的资料是一个较大的挑战，因为不仅要解决语言翻译问题，更要解决著作权问题。在国家知识产权文献及信息资料库运营成熟以后，可以开拓此方面的服务。

第二，拓展该资料库中的中国知识产权相关的文献及信息资料，翻译成多种主流外文，在其他国家推广该资料库。当今时代，我国在国际上的地位日益突出，其他国家的企业在中国的投资等合作联系需要中国的知识产权文献及信息方面的资料；虽然有一定数量的人掌握了汉语，但是仍然有大部分人因语言障碍错失良机。因此，将资料库收录的相关资料翻译为相对应的语言，为国外来的用户服务，将是未来资料库需要考虑的事宜。这种创意，也将给资料库带来一定的合作收益，可能的话可以将相关的服务作为增值服务的一部分。

国际化走向与目前的国家知识产权文献及信息资料库的兼容有两种模式供选择：一种是另行建设一个与国家知识产权文献及信息资料库相并列的"姊妹"网站，用于提供国际方面的知识产权文献及信息资料；另一种是在现有的国家知识产权文献及信息资料库相关版块内容中加入国际资料内容，但是这种模式意味着需对现有的结构内容做较大的变动，也将给检索功能、检索速度等带来一定的挑战。关于二者如何选择，可以根据日后设立之时的社会调查决定，但是最终都将会是一个令用户满意的结果，这也是国家知识产权文献及信息资料库国际走向的一个最根本的动力。

总之，国家知识产权文献及信息资料库的未来走向依赖于市场的需求和相关的运营模式，其未来如何发展将与社会公众的知识产权素养提高有紧密联系，与我国知识产权强国建设也有密切关联，因此，相关方应当予以谨慎对待、充分支持、持续关注。

国家知识产权文献及信息试验性资料库（知信通）介绍、研究与分析

下 篇

第五章
试验性资料库（“知信通”）介绍、研究与分析（上）

第一节　试验性资料库（“知信通”）构建的重要意义

国家知识产权文献及信息资料库试验版（以下简称“试验性资料库”“试验版资料库”或“‘知信通’资料库”或“测试版资料库”）命名为“知信通”，英文名字为“IPKNOW”，网址为 http://www.ipknow.cn/。由于人、财、物等条件的限制，试验性资料库尚无法实现真正意义上的全功能性的资料库所具有的完整性目标，但是其具有的重要价值不可忽视。无论是从理论上还是从实践上来看，本试验性资料库都具有重要意义，它将为真正意义上的国家知识产权文献及信息资料库的建设提供参考路径与经验，为我国知识产权事业的发展提供支持。同时，其本身也具有相当的知识产权文献与信息内容，可以在一定程度上弥补现有知识产权文献及信息数据库的不足，满足用户获取与利用知识产权文献及信息的需要。具体而言，试验性资料库的重要意义体现于以下几个方面。

一、为国家知识产权文献及信息资料库建设提供蓝本和模板

“知信通”资料库最基本的、显而易见的意义是其为真正意义上的国家知识产权文献及信息资料库建设提供蓝本、模板和基础支持，其有别于完整的资料库之最重要的一点是其是“测试版”，也即具有试验性质。但是，基于国家知识产权文献及信息资料库的建设对于我国知识产权信息化和实施国家知

识产权战略之极端重要性，以及本试验性资料库对于建设国家知识产权文献及信息资料库的基础作用，“知信通”资料库的构建和完善对于我国知识产权信息化、有效实施知识产权制度亦具有重要作用。不仅如此，“知信通”资料库所具有的相当内容的知识产权文献及信息样本数量，也能够直接为用户提供最基本的知识产权文献及信息需求，并在一定程度上弥补现行知识产权文献及信息资料库的不足。本资料库的重要作用具体体现如下。

（一）为国家知识产权文献及信息资料库之构建提供了基本框架和内容

“知信通”资料库作为国家知识产权文献及信息资料库建设项目的重要成果之一，其在课题组多年的辛勤努力下，已经具有比较成熟的框架。该资料库主要包括知识产权文献与信息资料的九大部分：知识产权法律法规、知识产权司法案例、知识产权论著资料、知识产权科研项目、知识产权教育培训、知产人物、知产机构、知产大事、知产百科。另外，设有疑难咨询版块。目前，该资料库所包含的版块基本可以囊括所有知识产权资料与信息相关的内容。该框架的建立符合社会实际需求，基本能够满足社会公众及专业人士对知识产权资料的（基本）需求。该资料库的设计经过反复论证，力求科学，在需求量大小及用户习惯问题上做了相应的调整，不仅在内容设计上精益求精，在框架的优化上也经过了反复论证和征求意见，以用户体验感受为重要参考对象。该资料库在设计优化的过程中，还征求了很多网络技术、交互设计等专业技术人员的意见，并在其提供的重要的技术支持之下，对该资料库存在的技术问题一一进行修正。到目前为止，相关的技术问题已解决，在交互设计优化上也有了较为明显的成果。目前，“知信通”资料库框架已经定型，它是历经多轮论证之集思广益之后的“智慧结晶”。当然，毕竟囿于试验性资料库技术手段和有限经费等因素的限制，“知信通”资料库采用的技术手段仍存在优化空间。

在内容方面，虽然目前的资料库没有囊括也不可能囊括所有的知识产权相应版块的内容，但是已经初具规模。在资料库内容的添加上，课题组始终把握资料来源权威、资料内容准确、资料丰富完整、资料更新及时的原则，确保资料库建设的有效、有用。在选取资料的时候，本着宁缺毋滥的态度，对有价值的资料，要花费成本去收集，对于价值相对小的资料，尽量衡量之后放到后台或者深度加工后推送；对资料进行加工时，本着专业的态度，以用户适用便捷为本，对资料进行深度加工；在内容的审核上，课题组本着资料权威的态度，建立起了多道把关工作程序，对资料的收集进行阶段性定位，资料加工过程中组内成员建立了各司其职、相互配合的工作机制，并定期对组内的工作进行全部审核，确保在多重审核机制之下，资料的准确、完整、权威性。另外，在资料的更新及时性上，课题组也加大了工作力度，对于热门的知识产权相关内容，定期、不定期进行补充推送，尽量确保资料库的资料具有相对的及时性。总体来看，目前"知信通"资料库已经具有一定的规模，能够满足用户一定层次上的信息需求，可作为日后国家知识产权文献及信息资料库发展的"标杆"。

随着该课题的结项，"知信通"资料库也告一段落。但是，这并不应该是其终点，而应是其新的起点。应当发挥其在当今知识经济时代的重要作用，在一定的支持力量下继续完善，发挥资料库的应有价值，服务社会，服务知识产权强国建设。测试版资料库在框架和内容上均有了坚实的基础，为下一步真正意义上的国家知识产权文献及信息资料库的建设提供了科学、合理、可用的模型。

（二）为国家知识产权文献及信息资料库之构建及运行提供了工作模式借鉴

测试版资料库的工作模式具有一定的效率，在专业度上较高，在成本上则实现了较低的理想效果。即便未来国家知识产权文献及信息资料库的建设不以此为主要或者不能够以此为主要的工作模式，也可以将之作为辅助工作模式。无论如何，测试版资料库工作模式的理念值得借鉴。

在测试版资料库的建设中，本课题组建立了总负责/协调+小组各负其责的基本工作模式。"知信通"网站各个版块分别为一个小组，每个小组分派一名具有"知信通"工作经验、表现优秀、具有继续参与兴趣、专业扎实的课题组成员作为组长。组长组织带领本组成员展开工作，负责本组工作及成员的协调，监督组内成员工作，负责与其他相关工作组进行协调和配合。此种工作模式促进了组内成员之间的相互配合，提高了工作效率。组内配合确保了"知信通"资料库内各版块之间内链的设计及实现，在各组沟通间形成了有效工作方式，为"知信通"资料库综合效果的实现提供了高效的实现模式。

在此基础上，课题组"知信通"测试版工作组建立了提交周工作报表、定期召开负责人会议、定期召开小组内例会、定期召开所有成员会议的执行监督模式。虽然各组组长对组内成员一直在进行监督，但是在工作总量的提高上，课题组最初并不能找到一个能够把握的工作进度。后来建立了每周提交周报表的工作模式。周报表的内容主要包括填写人员姓名、填写日期、工作内容、工作量、前期问题解决情况、本周新发现问题说明、备注等。该周报表每人每周填写一份，每组组长对本组成员填写的周报表进行汇总，形成组内工作周报表形式，并将之发送给“知信通”总负责人，总负责人在集合了各组工作周报表后，对相关工作量进行了解，并根据具体情况跟各组组长进行沟通，了解所存在的问题，并将相关的总周报表打包转发给国家社会科学基金重大项目主持人及“知信通”资料库技术负责人。

为了促进组内沟通，确保相关问题得到及时解决，保证工作的顺利推进，课题组建立了多元化的会议工作制度，主要包括全体会议、负责人会议、小组内例会等。①全体会议参加人员原则上包括所有的课题参与人员；有时会邀请课题组外相关方面专家，包括情报学、管理学、知识产权、法学、图书管理、信息管理等方面的专家，为课题工作提供建议、意见等支持；根据情况特邀技术支持方的工作人员参与，以更好地解决“知信通”资料库建设中的技术问题，为其优化、有效运转保驾护航；根据课题阶段性工作需要，邀请普通潜在用户做用户体验并提供相应的体验报告，为“知信通”资料库的建设提供“用户”方面的反馈意见，避免课题组的“定式思维”造成不科学的设计，忽略用户的某些需求，以更好地服务用户这一最终“最具话语权”的群体。在全体会议上，进行新老成员交接工作。②负责人会议是为了工作需要，建立的课题主持人、“知信通”资料库总负责人及技术负责人、各组负责人及其他课题组成员参与的小规模会议。该会议基本维持在每一至两个月一次的频率，根据具体情形也会做一些微调，比如在学期开始和学期结束之际，为了开展新的工作计划、安排及对过去阶段的工作进行总结、审视，会举行更频繁的负责人会议。该会议的主要内容包括听取负责人的工作报告及总结，听取相关工作内存在的主要问题、对相关问题商议解决办法、对“知信通”资料库的设计进行优化讨论、对成员进行分配、对新的工作安排做规划、各组之间进行负责人协商等。通过该种会议，基本能够掌握各组存在的共性问题及紧急问题或重大问题，对掌握工作进度是一个不可或缺的渠道，而且参与人员相对较少，内容针对性较强，具有较明显的工作效果。③小组内例会是各组组长根据情况召集本组内成员进行的会议，原则上本组所有成员参加，其他组成员及“知信通”资料库负责人和技术负责人等其他成员也可参与；本会议原则上每一至两周召开一次，各组根据具体工作进度等情况进行微调。本会议的内容主要包括组长对组内成员的工作进行分配、总结，对相关问题与组内成员进行商议，组内成员对遇到的问题向组长反映，与组内其他成员进行交流。组内成员例会是最基础的工作会议，很多工作内容都有待于组内成员例会的召开才能推进。通过组内成员例会，组长对组内成员的工作态度、工作能力有一个很好的了解和把握，对下一步的工作分配调整等具有很高的参考价值。通过该会议，组长也能够监督、督促成员推进相关工作进度，端正组内成员工作态度。

在技术问题的解决上，课题组建立了技术提供方全面支持、课题组技术负责人全面协调、课题分组遇严重/紧急/频繁发生的技术问题及时汇报+普通技术问题归入周工作报表的工作模式，尽量确保不让技术问题“拖后腿”的现象发生。技术问题是课题组面对的最大的困难之一，在技术问题的解决上最大的后盾是技术提供方的工作人员，他们的工作能力及工作效率在某种程度上直接决定了课题的研究工作进度。在技术问题的发现上，课题组建立了严重/紧急/频繁发生的技术问题及时汇报、普通技术问题归入周工作报表的工作模式。在此模式之下，各组成员遇到严重、紧急、频发问题及时汇报给技术负责人或“知信通”资料库总负责人，更紧急、严重的问题，直接汇报给课题主持人或者技术支持方，并做好备案；普通技术问题在每周的周报表中进行填写，描述清楚相关问题的情况，后续“知信通”技术负责人对之与技术支持方进行沟通解决。技术问题并不是定期发生的，其不定期性给课题组的研究工作造成了较大的困扰，各方及时协调配合，尽量使其影响减少到最小程度。

除了以上几点之外，课题组还建立了多渠道的工作沟通方式，包括“知信通”成员通讯录、微信群、QQ 群等。“知信通”成员通讯录包括成员的组别、电话、邮箱、备注信息等，至少每年更新一次，并由“知信通”资料库秘书转发给各个成员，确保在各个成员之间建立起便捷的沟通渠道。随着社交软件的适用，课题组建立了 QQ 工作群及 QQ 讨论组，通过 QQ 群可以对相关工作进行直接的截图、“@”相关人员等进行直接、针对性的解决，对于共性问题，也在其中进行讨论，通过语音可以召开各种形式的工作会议，节省了大家的工作成本。课题组还根据工作内容的需要建立了多种形式的微信群，比如组内工作微信群、资料库年度工作微信群、小组组长微信群、技术协调微信群等，在各微信群中的成员基本都是现在在组的成员，在群内发布的信息接收群体具有有效性。这些工作方式，为课题组研究工作沟通提供了极为便捷的渠道。

以上是“知信通”资料库建设过程中的最为重要的工作模式，其是课题组研究工作高效、便捷、有用、合理的基础方法，是工作进展的极大推动因素。在日后国家知识产权文献及信息资料库建设中，可以参考相关工作模式，在此基础上进行拓展完善。

（三）为国家知识产权文献及信息资料库用户体验积累经验

在测试版资料库建设的同时，课题组没有忽略“潜在用户”的参与，多次以多种形式邀请社会各界人士对其进行评价、分析相关问题、提出需求、相关合理性论证等。用户或者潜在用户的反馈意见是课题组不断在形式和内容设计上改进的重要参考和动力。从图书情报和信息管理的专业角度看，用户体验无疑是衡量一个专业性资料库之构建与运行质量和水平的重要评价指标。“知信通”的构建和运行过程，实际上就是不断获取与优化用户体验的过程。通过不断收集、了解用户体验，试验性资料库用户体验不断得以改进。用户体验，无疑也是未来国家知识产权文献及信息资料库建设中需要高度重视的一个问题，未来国家知识产权文献及信息资料库在用户体验上应当具有用户体验友好、实用、方便、高效等特点。国家知识产权文献及信息资料库的构建和发展有赖于强大的用户基础。“知信通”资料库用户体验方面的做法和经验，无疑为未来的国家知识产权文献及信息资料库的构建和运行提供了一定的宝贵经验。

具体而言，课题组主要通过以下几种方式获取与优化用户体验：

第一，设计问卷，通过书面调查了解用户对知识产权文献及信息的需求。课题组在获得本项目立项后不久的 2011 年初即开始本项目的调研工作。其中，设计和发放问卷是调研的基本形式和手段。课题组通过问卷调查，在一定程度上了解到各类知识产权文献及信息资料潜在或现实的用户对知识产权文献及信息资料现状的态度和对不同知识产权文献及信息资料的需求和期望，为试验性资料库满足用户需求、获得较好的用户体验提供了第一手的资料和依据。

第二，邀请潜在或现实用户参与对试验性资料库的用户体验活动。课题组不但重视设计“知信通”资料库前了解用户对知识产权文献及信息资料现状的态度以及对知识产权文献及信息资料的需求和期望，而且在建设试验性资料库的过程中，多次邀请不同地区、不同职业和身份的单位和个人参与对

“知信通”资料库网站及其运行的用户反馈和用户体验活动，获得一定数量的用户反馈意见和建议，并根据这些意见和建议不断更新用户体验。

第三，加强对知识产权文献及信息资料库用户体验的理论研究。理论是实践的先导。课题组为使建成的试验性资料库具有较好的用户体验，对相关用户体验还进行了一定的理论研究，这在本项目相关的前期成果中即有体现。

总的来说，无论从内容及形式还是理论及实践，无论是从工作模式还是获取有效意见，“知信通”资料库都为实体的国家知识产权文献及信息资料库的建立和运行提供了良好的范式与蓝本。

二、为我国知识产权理论研究提供重要的知识产权文献及信息资源

知识产权事业的发展离不开相关的理论研究，而目前我国知识产权理论研究同样面临着资料获取途径少、相关信息公开不及时、获取的资料缺乏权威性、获取资料成本大等窘境。“知信通”资料库虽然只是一个试验性质的专业性知识产权文献及信息资料库，但也具有相当的知识产权文献及信息数量，为我国知识产权理论研究提供了较丰富的资料，在某种程度上对知识产权理论研究者来讲是一个非常便捷的资料搜索及获取平台，具有独特的价值。这可以从我国知识产权文献及信息资料现状分析入手加以理解。

（一）我国知识产权文献及信息资料现状

1. 知识产权相关资料分散

第一，发布机关分散。我国目前知识产权相关资料的发布机关相当分散，既没有统一的单位进行相关的整理完善，也没有相关的统一整合管理部门。比如，相关的法律法规相当分散。知识产权相关的国内三大法（《著作权法》《商标法》《专利法》）因为关注度较高，可以较为方便地在网络上找到，但是其他相关文件，如国际公约、地方性法规等规范性文件等，则因相关发布机关公布渠道、宣传力度较小而较难获得。知识产权相关机构、相关的研究文献、相关的知识产权专家人物等信息，有些根本没有发布机关，缺少相关的整理部门。

第二，知识产权文献及信息纸质文件获取困难。一般的部门或者政府等知识产权相关资料在公之于众之前有一定的纸质资料。这些资料往往被一些部门或机关认为属于“内部资料，禁止外传”的范围。在此种情况下，“内部人士”能够及时获取纸质文件，而“外部人士”则被排除出了纸质文件拥有

者的范围，存在信息不公平现象。知识产权理论研究者对这些信息的需求是相当急切的，有时候理论研究者如高校教师还需要以之来向其他人传播，以促进知识产权信息的传播和学习。但是，由于知识产权文献及信息纸质文件获得困难，很多时候知识产权研究出现滞后现象。

第三，知识产权网络资料分散。目前，我国相关政府机关的网站建设存在问题较多，如相关信息归类不明确、信息更新不及时、缺乏合理的管理机制。虽然有一些资料部分机构已开始整合，如北大法宝对所有法律法规及司法案例做的整合，但具有商业性，必须出资购买其使用账户才能够搜索获取相关的资料。另外有免费的网站，如找法网，但因为其不是专门做知识产权的网站，其提供的知识产权文献及信息有限，难以满足广大公众对知识产权文献及信息的有效需求。知识产权资料分散带来的后果就是：人们不知道去何处获取相关资料，渠道不明确；普通的网络搜索得到的无用信息太多，检索结果远远达不到理想的效果。而且，随着网络著作权的重视及国家相关机关对之管理严格化，现在网络可获取的资源越来越少，即便是“合理使用”范围内的应有资源，也越来越受到限缩。因此，我国知识产权文献及信息资料更加需要进行整合，国家知识产权文献及信息资料库建设的重要性不言而喻。

2. 相关知识产权资料权威性欠缺

目前知识产权理论研究者的资料获取途径基本集中于中国知网、万方网、中国知识产权裁判文书网、北大法宝等收费网站及免费网站，纸质的图书、报刊等资料则需要自行购买或者去相关图书馆查询。通过纸质出版物获取的相关资料具有较高的权威性，主要是网络上（除了较为规范的如中国知网等类似网站之外）的有些资料缺乏相应的权威性。缺乏权威性的主要体现是：资料混乱，资料信息不完整，资料初始来源不明确，资料体现形式不规范，资料的真伪性难以明辨，网站的内容添加程序不规范（如有些网站是任何用户都可以提交相关资料的，缺乏相关的信息发布“审核”机制），资料需求者无法印证相关资料，在文中无法规范引用等。造成这些资料权威性欠缺的原因主要有：信息发布机关发布渠道不统一，网站建设效果不理想。在我国的知识产权相关资料的发布上，大部分机构存在问题较多。网站建设不完善，用户体验差，无法与用户取得对称的联系，因此用户无法及时获取相关的权威信息。纸质传播资料途径少，难为社会公众及研究人员所知，相关单位的知识产权资料因种种原因，纸质发行的较少，即便是有出版，也比较滞后，这样资料需求者就缺乏及时获取所需要的资料的渠道。网络传播资源信息不完整，真伪难辨，效力未知，即使网络资源众多，其存在的权威性也会受到挑战。基于以上原因，“知信通”资料库在其资料权威性上比其他网络资源具有更突出的优势，未来国家知识产权文献及信息资料库建设过程中也应当对之予以重视。

3. 相关知识产权资料缺乏统一的管理

我国知识产权资料是缺乏统一的管理的，资料分布相当分散，甚至在一定程度上形成了较为混乱的局面。资料的产生者与需求者之间缺乏有效的“沟通桥梁”，也即缺乏一定的交流平台，资料的提供者想让更多的人知道其发布的最原始的信息（也即最权威），而需求者在资料的汪洋大海之中费尽力气也不一定找得到信得过的资料。资料的管理需要一定的专业组织，这个组织无论是公益组织抑或营利性组织，都应当具有一定的专业性，提供的资料要具有完整性和权威性，管理机构具有一定的稳定性，工作机制具有一定的可持续性。目前，我国并不存在这样的一个知识产权资料专业管理单位。知识产权事业的研究工作亟须有这样的一个信息索取平台提供各种各样的知识产权资料，因此，相应的资料库建设势在必行。

（二）“知信通”资料库为知识产权理论研究提供了部分重要的知识产权文献及信息资源

1. “知信通”资料库为理论研究提供的资源形式

“知信通”资料库在建设过程中，一直强调推送内容的专业性。有些版块如知识产权法律法规、司法案例、知产百科、知产机构、知产人物等，提供了相关对象信息的具体内容，并具有详细的介绍或者解释、分析，这些内容也是课题组研究工作的主要内容之一。另外有些部分，如知识产权论著资料、知产大事、教育培训等版块的部分内容，基于著作权保护的原因，课题组仅仅能提供其中的基础信息，便于用户进行搜索参考，但也并不是对相关信息的简单罗列，而是创造性地提取相关有价值的信息，然后进行编排，并对可获取资料的渠道（网址）进行推荐，以使得用户获取相关原始、更加完整的信息。例如，用户可直接点击“知信通”网站页面呈现的推荐参考资料网址进入相应的页面，这样可以便捷、高效、节约用户的搜索成本。目前，“知信通”资料库呈现的知识产权文献及信息资料能够满足用户最基本的需求，在一定程度上又避免了与规模较大、相应信息较为完善、取得授权成本太高的信息的重合，充分尊重用户的需求和习惯，尊重知识产权人的知识产权，促进知识产权文献及信息资料的高效利用。

2. “知信通”资料库为理论研究提供的资源内容

知识产权理论研究不仅需要相关的研究文章、专著等，也需要参考相关的法律法规政策、司法案例。通过对法律法规及司法案例的分析研究可以深入了解相关立法及司法情况，特别是对相关制度的研究，更是如此。当然，理论研究者对知识产权的研究要建立在相关概念的理解之上。目前的网络资源，很难见到权威性的知识产权相关词汇百科解释。各种网络百科，如百度百科、互动百科、搜狗百科、维基百科等，其词条编写虽然有一定的审查机制，但是其仍然是以公众编辑、提交模式为主，任何人均可以提交补充相关的词条，在专业性和权威性上明显不足。但是，在“知信通”资料库中，知产百科相关词条是课题组组织知识产权专业人士撰写的，不仅包括名词解释，还包括历史沿革、理论基础等扩展内容，为用户提供了一个丰富的知识产权基础知识“世界”。其不仅包括知识产权、知识产权法律制度的内容，而且包括知识产权战略、知识产权管理、技术创新等相关热门知识产权概念、知识、原理与理论。另外，“知信通”资料库开放了知产大事版块，用户可以通过该版块对历史上及新近发生的知识产权相关的事件进行了解。“知信通”资料库在知产人物等方面进行了较为系统的整理加工，针对国内知识产权领域内的专业人员，对其基础的工作经历、工作成果等进行了介绍，用户可以浏览该版块，了解相关领域的代表人物及其学术观点或者成就，为进一步的研究提供基础。在该资料库中，其他很多内容也独具特色，比如在法律法规版块的重点法律法规中，有对相关法条的历史沿革的介绍、对其进行的学理分析及相关案例的索引，还有其他相关的法律法规条款，为相关法条的拓展研究提供了丰富的视角。又如在司法案例版块，对于经典的案例，课题组进行了深度专业加工，建立了简洁的案例地图，其中包括基本的案例要素，使得用户一看即可以获得相关知识产权案例的重点信息；在案例中还对经典的案例进行了专业性评析，并进行拓展式的创作性研究，是课题组的重要智慧结晶。

3. “知信通”资料库资源特点

“知信通”资料库是一个测试版资料库，但是其在资源上的特色可以为国家知识产权文献及信息资料库的建设提供样板参考。具体来讲，“知信通”资料库资源具有以下特点：

（1）知识产权文献及信息分类科学合理，资料全面。知识产权文献及信息分类科学合理有利于用户的搜索便捷。对于理论研究者来讲，一目了然的资料库才是最佳选择，“知信通”资料库则力求做到这一点。“知信通”资料库包括十大版块，分别为法律法规、司法案例、论著资料、科研项目、教育培训、知产人物、知产机构、知产大事、知产百科、疑难咨询。这十大版块的设计征求了相关人群的意见，同时也做了用户体验调查，用户对这一分类是相当赞成的。而且，“知信通”资料库十分重视资料的全面性。虽然作为试验性资料库的“知信通”资料库在知识产权文献及信息收集数量上有限，但是所列入的资料具有一定的代表性，符合测试版资料库的目标和要求，在全面性上具有一定的体现。

（2）相关信息详略得当。在各版块的知识产权文献及信息资料的加工过程中，并不是一概地都要收集加工。因为条件所限，目前有的版块中的信息是相关版块较具代表性的资料。比如知产人物版块，目前因为工作量大的原因，尚不能穷尽所有的知识产权工作从业者的介绍，仅仅是提取了相对具有一定知名度的人物。所有知识产权相关人物的添加需要耗费大量的人力物力去获取相关信息并进行有序的整理，这有赖于日后的补充完善。在知识产权法律法规中的相关推送内容部分，对于重要的法律法规，如《商标法》《著作权法》《专利法》进行了深度加工，而一般知识产权法规及部门规章、地方性规章等规范性文件，仅进行了内容准确性、格式规范性的审核。在知识产权司法案例部分，课题组对较为经典的案例进行了案例地图的编辑，并进行了案例摘要及案例评析的撰写；对于一般的普通案例，则只提取了基本的案例信息，对案例的裁判文书进行了完整性、规范性、准确性的审核。总体而言，详略得当是由其重要性及课题组的能力来决定的。

（3）内容注重知识产权保护。在课题组的研究工作中，尤其强调知识产权问题，主要是著作权问题。在相关资料的收集整理过程中，对相关资料的运用极为谨慎，以避免侵犯他人著作权的情况出现。例如，在编辑相关的内容时，遵循原始创作为主，规范引用为辅的原则。另外，课题组的有些内容创作成果也属于享有著作权的作品范畴，因此在相关内容上给予相关成员以合适的署名。

（4）注重用户需求。优化用户体验是课题组研究工作的标尺。在研究工作的各个环节，课题组注重征求公众的意见，以充分满足用户的需求。在用户检索及相关信息的体现上，尊重用户的资料利用习惯。有关用户体验问题，前面已经述及，兹不赘述。

(5) 资料权威、实用。“知信通”资料推送到网页之前，需要通过课题组的多重审查，包括专业上的审查和信息准确性的审查等，以确保该资料库知识产权文献及信息的权威性。另外，在知识产权文献及信息的获取方面，课题组尽量从相关资料原始产生部门进行收集，通过沟通获得一定时期内产生的最初的原始资料包，后期通过专业人员的进一步编辑加工，然后经过多次再审核，形成现在的“知信通”资料库。相对来讲，该资料库信息具有权威性和实用性。

三、为知识产权实务工作提供方便的信息检索渠道

(一) 知识产权实务工作涉及面广，资料需求更加多元化

知识产权实务工作者的工作内容涉及面广，其不仅仅需要知识产权文献资料，更多的是需要查看相关的信息资料。相对来讲，他们需要的机构、人物、大事等信息较多，但这并不意味着他们不需要法律法规及司法案例等，在处理相关具体专业问题时，他们同样需要这些版块内容。换言之，从资料需求上来讲，知识产权实务工作要求的面更广，需要的资料也更要有及时性，因此在资料的处理上课题组也在及时更新相关信息，确保相关信息的及时性，满足用户的多元化需求。

(二) 知识产权实务工作要求资料具有简洁、易取性

相对来讲，知识产权实务工作者搜索资料的目的性更加明确，资料需要更加简洁、有用。这就要求相关的资料在资料库中应当一目了然，分布分类合理，相关信息提取准确，搜索定位精准，搜索结果优化。在相关资料的加工中，课题组也尽量保持了信息加工的层次分明，对信息的归类确保无误，对相关的分类不明确的，设立“其他”。对于实务工作来讲，资料的易取性的重要地位不言而喻，因此对于高级搜索界面的优化设计是重中之重，不仅要对相关的搜索项进行合理的提取，还要对优先性进行排序。虽然有些资料处于一个版块，但是因其性质不同，所以还是需要分别对其高级搜索项进行区别设计，以充分方便用户获取资料。另外，考虑到本资料库对知识产权界及公众的重要性，网站并没有设置禁止网页文字复制的技术措施，这也就意味

着如果用户需要相关的字段，仅需要选定之后，进行复制即可。“知信通”资料库在这一点上充分满足了用户对相关资料的需求，对于实务工作来讲，无疑是一个重要贡献。

（三）知识产权实务工作需要一个交流平台

我国知识产权实务工作者主要包括知识产权律师、公司法务、知识产权司法及行政工作人员等。目前来看，除了零散的有工作、会议、协会等形成的通讯录、社交软件等形式的联系方式之外，没有一个统一的大的规范的交流平台。建立这样的交流平台，一是需要收集相关人员的信息资料并进行有效的整合，这是一个很大的工作量，投入的成本也较大；二是需要有专人对之进行更新，如果有错误信息，也需要进行更正，这就需要一个懂专业的人群来负责；三是除了信息的可搜索性、可交换性之外，还可以建立一个用户注册方式的社交平台。

由于人财物及研究目的所限，“知信通”资料库目前只做到了将相关的交流平台体现于相关人物及机构的介绍，具体表现形式是“知信通”网站的知产人物、知产机构两部分。为了保证相关信息交流更加畅通，在知产人物、知产机构两部分还设置了“变更人物信息”“变更机构信息”的功能。相关信息拥有者若发现“知信通”网站相关信息与事实不符，或者相关信息做了更新，则可以直接进行相关项的修正、改进，提交给“知信通”管理平台。“知信通”网站管理人员在后台进行逐一审核，并进行确认，确保信息准确无误之后再同意此种信息变更，以确保信息交流平台的健康运行。

此外，通过疑难咨询或者联系我们版块，相关专业人员也可以建立相关的联系，对案例有评析的也可以提交给“知信通”平台，平台审核后进行推送，建立相关案例评析之间的链接、观点交流。

（四）“知信通”资料库可作为知识产权实务工作者的基本信息检索工具

目前知识产权实务工作者在检索信息的时候，一般以网页搜索为最基本的检索方式。对于相关案例，则更多地选择中国知识产权裁判文书网，然而该网站的裁判文书并不是十分及时，而且仅仅有裁判文书，并没有案例评析等内容，也没有“知信通”网站所具有的案例地图这一简洁明晰的案件大概情况；有资金支持的单位可能购买北大法宝资源，但是成本较高。对于法律法规，实务工作者可能会选取网上搜索，当然有资金支持的可能会使用北大法宝。相对来讲，免费资料库信息资源量较少、更新不及时、信息质量不高；

付费数据库对于一般的知识产权工作者所在单位来讲是一笔不小的支出，而其所带来的效益则是未知的，因此相对来讲具有一定的冲突。

但是从目前的情况来看，知识产权实务工作者的工作内容以知识产权为主，而像北大法宝、中国知网、万方数据库等类似的收费数据库，其涉及知识产权的仅仅是一小部分，且一般情况下无法与其他内容相切割单独购买知识产权版块：一是因为知识产权本来与其他相关内容相融合；二是因为相关数据库并没有将知识产权单独列出；三是知识产权实务工作者所在单位的知识产权业务并不一定是其核心业务，甚至有些单位连知识产权部门都没有成立，只是有几个知识产权相关工作人员或者其他部门的工作人员兼管知识产权业务。因此，花费资金去购买资料库不大可能。

比较而言，"知信通"资料库是一个专注知识产权文献及信息的资料库，其作为一个资料较为齐全、完善，拓展信息丰富，信息归类明确，免费公开的知识产权文献及信息资料库，可以推广作为知识产权实务工作者的基本信息检索工具，在一定程度上解决信息多而杂乱、有用资料难获取、获取理想资料耗费成本高的问题。

当然，需要指出的是知识产权理论研究与实务工作的区分并不是十分严格，现在知识产权工作者身兼数职者大有人在，业界对知识产权文献及信息的需求量巨大，在知识产权事业蒸蒸日上的当今中国，如何做好一个平台，为从业者及大众提供一个简便、实用的资料库，是应当思考的基础问题。正因如此，"知信通"资料库综合各方面的考虑，在高级搜索界面进行了搜索项的优化，在疑难咨询版块也建立了相应的沟通渠道。"知信通"资料库内部各个版块之间尝试建立内链项。另外，还有网页分享等，可满足用户的搜索习惯。

四、弥补我国知识产权文献及信息资料提供的不足

本课题组曾在全国范围内做过一个问卷调查，测验人们获取知识产权信息的渠道。问卷调查结果显示，在高校中，获取知识产权文献及信息的主要渠道（可多选）上，有76.8%的学生选择上网搜索，34.0%的学生选择咨询律师或专业人士，32.8%的学生选择查阅专门书刊报纸，28.5%的学生选择与朋友交流探讨，9.1%的学生选择寻求政府或行业协会帮助。在上述渠道中，咨询律师或专业人士和寻求政府或行业协会的帮助是传统的委托式知识产权

文献及信息获取方式。随着信息网络技术的快速发展，新兴的自助式获取文献及信息的方式逐渐成为人们的优先选择，表现在结果中即为有 76.8% 的学生选择上网搜索以获取所需的文献及信息。[1] 可见，网络日渐成为人们获得所需知识产权专业信息的首要选择，其中，数据库在提供专业信息方面有其独特的优势，因而成为一种重要的信息获取来源。在当前信息网络社会的大背景下，知识产权信息网络平台建设是国家信息化建设的重要组成部分，也是社会进行技术创新活动和实施知识产权战略的重要保障。知识产权信息网络平台建设本身也为企业技术创新和知识产权战略高度融合创造了重要条件。[2]

目前国内法学文献信息数据库及检索平台主要有两种形式：一种以专利检索为主，如国家知识产权局网站、万方专利数据库、Soopat、百度专利搜索等，为专利用户如国内科研单位和相关企业提供了比较丰富的检索源；另一种以北大法宝、北大法意为代表，涵盖除了专利以外的法学文献资源，是法学科研与学习的重要平台。但专门以知识产权为主的综合性专业数据库检索平台在国内则尚缺乏。[3] 发挥知识产权制度的作用，是提高全社会自主创新能力的关键性环节。目前，我国知识产权文献及信息服务业的发展还面临一定的困难，其服务内容和服务水平均不能满足用户的需求，难以跟上信息时代前进的步伐。[4] 本课题的重要研究目标就是，在试验性资料库“知信通”的探索基础之上，拟建立实体的国家知识产权文献及信息资料库，为我国知识产权文献及信息保障工作提供强有力的支撑，服务于我国建设创新型国家的目标，[5]充分扭转我国知识产权文献及信息资料提供不足的局面。

---

[1] 冯晓青、高媛：“高校学生知识产权文献及信息服务需求实证研究——对 3035 份调查问卷的分析”，载《中国教育信息化》2012 年第 21 期。

[2] 费氧、博晶华、徐相昆、申璞：“‘知信通’之司法案例库建设研究报告”，载冯晓青、杨利华主编：《国家知识产权文献及信息资料库建设研究》，中国政法大学出版社 2015 年版，第 289—290 页。

[3] 冯晓青、赵秀姣：“国家知识产权文献及信息资料库建设内容选择及建构思路探析”，载《武陵学刊》2012 年第 5 期。

[4] 冯晓青、高媛：“高校学生知识产权文献及信息服务需求实证研究——对 3035 份调查问卷的分析”，载《中国教育信息化》2012 年第 21 期。

[5] 冯晓青、赵秀姣：“国家知识产权文献及信息资料库建设内容选择及建构思路探析”，载《武陵学刊》2012 年第 5 期。

五、推动我国知识产权信息化建设

（一）我国信息化建设的政策指向

习近平总书记曾指出，“没有信息化就没有现代化”。信息化建设可以说在我国国家战略中一直处于比较重要的位置。信息化建设在一个国家中体现在各个方面，这也是在信息革命中必须要做的，否则就意味着国家在这一块要落后于其他国家，由此引发的连环效应不言而喻。实际上，我国在信息化建设方面起步并不算晚。有关研究显示，早在1956年，我国《1956—1967年科学技术发展远景规划纲要》就提出了六个战略重点，电子数字计算机的研制是其中之一，这在某种程度上可以看作是我国信息化建设的开端。十五届五中全会在《中共中央关于制定国民经济和社会发展第十个五年计划的建议》中提出了信息化是覆盖现代化建设全局的战略举措，是我国信息化建设的一个里程碑。[1] 近年来，我国对信息化建设更加重视，在各个领域突出强调信息化建设，不仅在顶层设计的相关政策性文件中有突出体现，而且普通百姓在日常生活中也对信息化建设有所耳闻。随着信息化建设的发展，也出现了一系列的问题，其中重要的问题之一就是信息安全。应当建立国家信息安全保障体系，使国家信息安全和国家重要信息系统能够正常、安全运行。[2]

信息化建设是国家发展的需要，通过信息化建设可以加强相关信息的管理，提高信息的利用效率及由信息带来的经济效益。信息化建设，使得相关人员的知识更加扎实和多元化，能够提高人才培养质量，提高人才的创新能力，助推我国经济社会发展。

（二）我国知识产权信息化建设

知识产权信息涉及各行各业，分布广泛。根据相关信息所管理的主体不同，可以分为应当公开、可以不公开、不应当公开等方面的信息。不同的信息，应当做不同的处理。知识产权信息化建设无疑属于我国信息化建设的重要组成部分。我国知识产权信息化建设有赖于各个版块的信息化建设水平提升。

在知识产权信息化建设方面，我国知识产权司法文书的公开是首要的。早在2000年，《最高人民法院裁判文书公布管理办法》（以下简称《办法》）

---

〔1〕 周宏仁：“中国信息化和电子政务的发展”，载《中国信息界》2010年第Z1期。

〔2〕 周宏仁：“中国信息化和电子政务的发展”，载《中国信息界》2010年第Z1期。

就对裁判文书公布的渠道、公布的内容、公布的程序等做了规定。关于公布的渠道，《办法》对不同的裁判文书规定了不同的公布办法。首先是对有重大影响的案件的裁判文书，《办法》规定“商请人民日报、法制日报等报刊予以公布”。其次，对具有典型意义、有一定指导作用的案件的裁判文书，《办法》规定“不定期地在人民法院报、公报上公布”。再次，对于日常的裁判文书，《办法》规定“可随时在人民法院报网和最高人民法院开通的政府网上公布”，并明确表示此公布渠道是公布裁判文书的一种主要形式。[1]除此之外，对于所有公布的裁判文书，《办法》规定可装订成册，放在指定部门供各界人士查阅，并有当时的现状描述：“目前[2]先考虑放在出版社的读者服务部，同时设置一部触摸式电脑将公布的裁判文书输入，供查阅。如当事人需要索取的，可收取成本费。”最后，对于每年公布的裁判文书，可以“汇集成册，由出版社出版发行”。[3]通过该办法可以了解到，在 2000 年左右，我国裁判文书公开方式以纸质文件多见，而网上公布是重点突破的渠道，也是法院在裁判文书公开工作上的重要目标和方向。

最高人民法院在 2009 年公布的《关于司法公开的六项规定》中明确提出“立案公开”“庭审公开”“执行公开”“听证公开”“文书公开”“审务公开”。其中“文书公开”项下对法院文书做了规定，该规定表明：首先是对文书制作的规定，要求“裁判文书应当充分表述当事人的诉辩意见、证据的采信理由、事实的认定、适用法律的推理与解释过程，做到说理公开”。其次是文书公开的规定：“人民法院可以根据法制宣传、法学研究、案例指导、统一裁判标准的需要，集中编印、刊登各类裁判文书。”对于涉及国家秘密、未成年人犯罪、个人隐私以及其他不适宜公开的案件和调解结案的案件之外的案件，“人民法院的裁判文书可以在互联网上公开发布”。这里的“可以”表明文书公开并不是必需的。再次，该规定表明在当事人对于在互联网上公开裁判文书提出异议并有正当理由的情形，“人民法院可以决定不在互联网上发布”。另外，为保护个人隐私，保护裁判文书所涉及的公民、法人和其他组织

---

[1] 参见崔英楠、刘风景：“公开审判制度的理论与实践”，载《中国社会科学研究生院学报》2003 年第 3 期。

[2] 指的是 2000 年公布该办法当时。

[3] 参见崔英楠、刘风景：“公开审判制度的理论与实践”，载《中国社会科学研究生院学报》2003 年第 3 期。

的正当权利，法院可以根据需要“对拟公开发布的裁判文书中的相关信息进行必要的技术处理”，这里的技术处理包括隐去当事人的姓名、住址等个人信息。最后还规定：“人民法院应当注意收集社会各界对裁判文书的意见和建议，作为改进工作的参考”。[1]从该规定可以看出，在文书信息化建设的过程中，有些细节问题，如保护个人隐私等，已经引起最高人民法院的注意。

作为最为重要、便捷的信息公开渠道，文书上网是知识产权信息化建设的一个重点内容。具体到知识产权司法文书公开，最高人民法院公布的《中国法院知识产权司法保护状况（2014 年）》显示，在推动裁判文书公开方面，“上网发布全部能够公开的裁判文书，提高裁判文书的公布范围和公布效率”。该报告显示，“截至 2014 年底，通过网络公开的各级人民法院生效知识产权裁判文书达到 110 482 份”。在推进典型案例公开方面，最高人民法院通过“发布中国法院知识产权司法保护十大案件、十大创新性案件和 50 件典型案例、编辑出版《知识产权审判案例指导》”等方式，加强对裁判案件的深度公开，发挥典型案例的示范、引导、评价功能。[2]

除了知识产权司法部门的信息化建设之外，国家知识产权局也在一直强调知识产权信息化建设。其在 2001 年发布了《全国专利工作“十五”规划》，在其中提到“积极推进信息化进程，充分发挥专利信息资源的作用”，体现了在入世之初对知识产权信息化建设的重视。2006 年，国家知识产权局发布了《知识产权信息化建设“十一五”规划》，其将工作分了几个层次，分别为“设备网络层”“数据资源层”“应用系统层”“用户界面层”“强局建设/知识产权战略”，其中在“数据资源层”又分为“内部产生”和“外部获取”。在信息资源建设中，《知识产权信息化建设“十一五”规划》从信息资源的获取、信息资源的存储与管理、信息资源的加工方面做了宏观的规定，并通过具体的工作步骤进行了解释。由此可以看出国家知识产权局在信息化建设方面的重视。

知识产权信息化建设对知识产权事业的发展，对我国的科技文化进步，对我国综合国力的提升，具有重要的推动作用。知识产权信息化建设不仅能够使得现有的资源管理规范化，还能够使得相应的工作制度、资源利用、制

---

〔1〕 参见 2009 年《最高人民法院关于司法公开的六项规定》。

〔2〕 参见最高人民法院公布的《中国法院知识产权司法保护状况（2014 年）》。

度运行更加规范有序，同时为国家知识产权人才培养提供重要的资源支撑。但是从目前来看，我国知识产权信息化建设仍然保持在政府机关强化，而其他单位无法或者无能力加强的状况。究其原因：一是缺乏意识；二是缺乏资金支持；三是无法形成有效的组织，单独进行有成本压力；四是价值体现不明显。造成的结果主要有，不能够使得信息充分交流，市场中资源利用效率低，重复获取浪费社会资源，缺乏有效的信息使用制度。因此，知识产权信息化建设还有很长的路要走，还需要重大的投入，而其基础就是要有一个基础性的信息平台。

（三）“知信通”资料库能够推动我国知识产权信息化建设

“知信通”资料库尽管是一个试验性资料库，但仍能够提供基本的知识产权文献及信息，因而能够助推我国知识产权信息化建设。

“知信通”资料库对知识产权法律法规进行了汇总编辑，其中不仅包括国内法律法规，还包含了司法解释、部门规章及地方性立法文件等，除此之外还对国际公约、重要的其他国家的法律法规做了一些收集整理。

“知信通”资料库对知识产权司法案例进行了汇总编辑，但由于试验性资料库研究目的所限，目前该网站的信息及时性理论上还无法超过中国知识产权裁判文书网。但未来实体的国家知识产权文献及信息资料库将实现比之更多的功能，尤其是信息加工、增值服务方面。

“知信通”资料库对论著资料、科研项目进行了汇总编辑，其中的内容信息较为丰富，如欲对知识产权领域的科研情况进行分析，该资料库可以提供基础的研究数据及简要内容，并且在对相关内容进行分类时也注重科学性。

为了满足用户群体的需求，“知信通”资料库对知识产权领域的教育培训信息也做了汇总加工，包括教育信息，如知识产权学院的分布，本科生、研究生、博士生、博士后等招生简章，学校简介等做了系统完整的整理。在培训上，收集整理了相关的职业培训内容，包括基本信息如主办单位、官方网站、培训时间及地点、培训性质、联系方式等内容，也包括培训主题、师资、对象、培训单位简介、培训内容等，对相关的信息做了规整和加工。

“知信通”资料库对知识产权相关人物进行了汇总编辑，包括知识产权从业者的基本信息，如姓名、性别、学历学位、职位职称、工作单位，还对其业务领域、主要成果、社会荣誉等进行了编辑，为知识产权从业者或社会公众提供了解同行或者知识产权相关领域从业者的详细信息。

"知信通"资料库对知识产权机构进行了汇总编辑，其中包括各单位的性质、所在城市、网址、电话、邮编、地址等基本信息，还包括详细的机构概况介绍，为知识产权机构管理提供了较充足的信息。

"知信通"资料库对知识产权相关的大事进行了汇总编辑，作为知识产权相关的新闻资讯资料库。该部分内容丰富，更新及时，不仅包括新近发生的知识产权事件，也包括知识产权相关的历史事件，对于了解知识产权相关的发展历程具有极大的参考价值。

"知信通"资料库对知识产权相关的词条进行了专业性撰写，作为知产百科。该部分内容丰富，对知识产权相关的词条进行了深度解析。

六、助力我国科技文化发展

（一）知识产权、科技文化与资料库

从某种程度上讲，科技的竞争就是知识产权的竞争，良好的知识产权秩序是文化发展大繁荣的保障，[1]知识产权对于科技文化的重要意义不言而喻，尤其是在世界科技文化交流如此密切的当今互联网时代，知识产权对于我国的科技文化进步尤其重要。做好知识产权事业能够为科技文化的进步提供坚实的后盾，为科技创新、文化多元化提供良性的发展环境。

知识产权在如何服务科技文化进步的问题上，则需要综合考虑市场、公众的需求。不仅需要政府在相关法律政策上正确引导市场，更需要的是相关的市场因素能够充分地了解知识产权，形成一个良好的知识产权生存环境，促进相关产业的知识产权意识提高。如何普及相关知识产权知识，协调相关信息的交换，则是我国知识产权事业发展应当思考的重要问题。建立一个综合性的知识产权相关的资料库在知识产权信息服务方面是必不可少的。

知识产权是我国科技文化发展的重要成果，我国科技文化发展需要大量利用已有知识产权文献及信息。尤其是研发、技术进步，离不开对专利文献和信息的充分占有与利用；文化发展、教育离不开对著作权文献及信息的充分占有与利用。如果没有完善的知识产权文献及信息整合在一起的资料库，

---

〔1〕 刘华、姜斐、张颖露："与知识产权文化相关的八大关系简析"，载《中国发明与专利》2012年第6期。

无疑将增加相关领域工作人员的信息检索成本；即便是通过检索有些资料也难以获取的情况，将在一定程度上降低文献及信息资料的利用率，甚至是相关领域重复研发情况严重，科技文化进步推行缓慢。在文化发展领域，文献及信息资料的混乱或者不透明，则将影响文化发展的步伐，相关的作品传播及再创作等将受到一定程度的影响。另外，科技文化的发展需要良好的竞争市场，需要知识产权的保护，需要知识产权相关法律政策等知识的保驾护航。因此，科技文化发展的提速应当以一个完善的知识产权文献及信息资料库为基础保障。

以提供便捷、有用的知识产权文献及信息为目的的知识产权文献及信息资料库，无疑对于人们从事科技创新和文化教育活动具有重要帮助作用。换言之，知识产权与科技文化的密切关系需要一个知识产权文献及信息资料库作为桥梁，以保证知识产权更好地为科技文化的进步服务。

（二）“知信通”资料库对科技文化发展的贡献

“知信通”资料库作为提供知识产权信息服务的一个工具，其对科技文化的发展的作用，除了体现在为未来的国家知识产权文献及信息资料库提供范本和样板外，还体现在以下几个具体方面：首先，其提供了知识产权相关的基础性知识，尤其是以知识产权相关的概念及其拓展为主的知产百科版块。其次，其提供了知识产权相关的法律法规及其他规范性文件，包括国家级及地方政府的相关文件，另外还提供了知识产权相关的司法案例，通过对相关信息的整合开放，为社会公众系统地了解知识产权相关的内容提供了一个可靠的途径。再次，对知识产权相关论著资料及科研项目、知产大事、教育培训信息的整合，可以为科学研究及繁荣文化提供丰富的题材借鉴，公众可以通过了解相关内容，建立更加深刻的知识产权体系，规范相关的市场行为及个人行为。最后，通过对知识产权范围内相关的从业人员及机构的信息进行整合加工，各个企业和部门及个人可以根据相关信息，对所需的人员及机构进行充分的自由选择，充分实现市场“需”“求”信息充分利用。

“知信通”资料库在提供这些文献及信息的同时，也在遵从“促进科技文化进步”这一宗旨。课题组希望在“知信通”资料库基础上，尽快构建实体意义上的国家知识产权文献及信息资料库，以更好地服务我国知识产权事业，服务我国科技文化经济的发展繁荣，提高我国综合实力，实现其应有的价值。

第二节 “知信通”资料库总体介绍及需要克服的问题

“知信通”资料库作为本项目试验性资料库，是本项目在调查研究和前期理论研究基础之上倾注了课题组大量人力物力，历时三年多建成的知识产权文献及信息测试版资料库。到目前为止，该资料库经过课题组的不断修改、完善以及用户体验，从形式到内容，都满足了作为样本资料库的要求。然而，由于研究工作人力物力的限制、研究时间的紧迫、知识产权文献本身著作权保护的限制，以及我国知识产权文献及信息公开程度不高的严重制约等原因，该试验性资料库仍然存在一些需要解决的问题。本节将对该资料库进行总体介绍，并分析迄今为止制约该资料库的若干主要问题。

一、总体介绍

（一）版块分布及简要介绍

“知信通”资料库的网址为 http://www.ipknow.cn，该网站的标志如下图：

图 5-2-1 “知信通”资料库网站标志

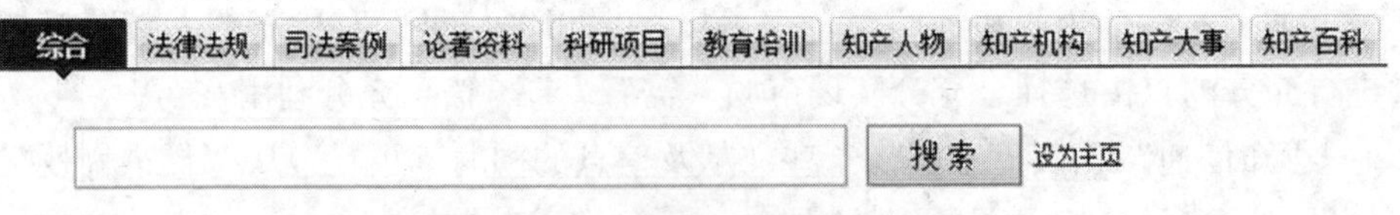

图 5-2-2 “知信通”资料库网站

网站首页以素白色为主，辅之以蓝色及浅灰色版块标题图标，营造一种素净、大气的网站氛围，并寓意专业。该网站一共分为九个专业版块和一个疑难咨询版块。九个专业版块分别为：①法律法规版块，内容包括知识产权法律、行政法规及国务院规范性文件、司法解释及两高工作文件、部门规章及其他规范性文件、地方性法规、地方政府规章、地方规范性文件、立法草案及说明、港澳台法规、国际条约、外国法律法规及其他；②司法案例版块，内容包括全国范围内各级法院审结的知识产权相关裁判文书（含判决书、裁定书、调解书），尤其是最高人民法院历年公布的十大经典案例、50件经典案例以及各省市历年公布的经典案例，本版块对之提供详细的案例解析及案例说明性质的案例地图；③论著资料版块，内容包括期刊论文、学位论文、会议论文等多个种类的研究性论文资料及以知识产权为主题的专题著作、学习考试用书、年鉴年报、统计资料等相关的文献信息；④科研项目版块，主要是几十年来知识产权领域的科学研究项目信息，内容涵盖了著作权、商标、专利、植物新品种等与知识产权相关的项目名称、立项年份、项目编号、项目类别、基金名称、负责人、工作单位、研究成果和完成时间等；⑤教育培训版块，该版块实质上分为两个方面的内容，其一是学历学位教育信息子版块，主要内容是全国范围内各高校的知识产权相关的本科教育、硕士教育、博士教育、继续教育等相关信息，其二是职业培训信息子版块，主要内容是全国范围内举办的及部分国际性的培训会议信息；⑥知产人物版块，该版块主要内容是全国范围内及部分国外从事知识产权行政管理、教学科研、司法审判、商业服务等工作的人员信息；⑦知产机构版块，该版块主要内容是国内各主要知识产权行政管理机构、司法机构、教研机构和商业机构等的信息；⑧知产大事版块，该版块主要记载了自清末以来专利、商标、著作权等领域发生的与中国有关的知识产权重大历史事件，事件性质主要包括政策与立法、行政执法与管理、机构设置与变更、司法与维权、涉外事件、文化与教育、会议与交流及其他等；⑨知产百科版块，该版块主要是对知识产权相关的词条进行解释，并介绍相关信息。这九个版块涵盖了知识产权相关的基本文献和信息等资料，其中有些版块是介绍性质的，有些对相关内容进行了深度加工。疑难咨询版块的用意是为有专业或其他相关问题的用户提供专业的疑难咨询服务。[1]

以上版块的设置，是经过课题前期实证调研、理论研究，借鉴现有国内

---

〔1〕 上述介绍内容引自“知信通”资料库网站。

外知识产权文献及信息资料库内容构建方面的经验，以及在本项目中期检查和评估听取评审专家们的意见和建议后确定的。这些内容涵盖了国家知识产权文献及信息所需要的基本文献及信息。

但需要说明的是：第一，在研究过程中，部分在本项目最初的申请书中列明的，已经适当调整。例如，针对知识产权贸易、知识产权运营方面的文献及信息，由于我国在这方面的文献及信息公开程度不够，课题组很难通过正常的渠道收集到足够的样本数据，因此在本试验性资料库中最终没有设立专门的版块。对此，课题组通过全国哲学社会科学规划办规定的程序和要求申请了变更，并获得批准。不过，课题组仍然认为，未来随着我国知识产权信息化建设环境的改善、信息公开程度的提高，尤其是考虑到国家日益强化知识产权运用的现实，有关知识产权运用方面的文献及信息仍需要在实体的国家知识产权文献及信息资料库中单独建立版块，以助推我国知识产权运用与转化，服务于知识产权强国战略。第二，鉴于专利文献和商标文献的巨大，以及国家相应的职能部门已经花费巨资建立了相应的文献及信息检索平台，如专利文献检索系统、商标检索系统，加之本项目研究非常有限的人财物资源，无论是本项目研究内容还是本试验性资料库，都没有将其纳入资料库内容之中。其合理性在项目中期评估专家意见中也得到了充分体现。当然，这并不排除未来的国家知识产权文献及信息资料库与现有的这些检索平台建立联系与合作关系。

（二）“知信通”资料库宗旨

“知信通”资料库作为国家社会科学基金重大项目“国家知识产权文献及信息资料库建设”的重要成果，是一个试验性质的国家知识产权文献及信息资料库。该资料库汇集、整理了知识产权相关的各方面文献及信息资料。与前面阐述的“知信通”资料库建设的必要性相一致，“知信通”资料库的宗旨是：为我国建设实体的国家知识产权文献及信息资料库提供模板和范例，探索相关的用户体验，为建设真正意义上的国家知识产权文献及信息资料库积累前期经验。同时，通过具有相当数量的样本运行和完善试验性资料库，弥补当前我国知识产权文献及信息资料库的不足，更好地满足广大用户对知识产权文献及信息的需求，助推我国知识产权事业发展。

根据“知信通”资料库上述宗旨，课题组在“知信通”资料库的设计、优化、调试资料库网站过程中，始终以建设国家知识产权文献及信息资料库为标杆和目的，在基本内容选择、界面设计、网站运行等方面充分考虑用户这一重要因素，考虑用户的范围、内容需求、搜索习惯等，以最大限度地满足用户需求，弥补我国目前综合性知识产权文献及信息资料库的不足，更好地推动我国知识产权事业的发展。

（三）“知信通”资料库特色

尽管“知信通”资料库只是一个试验性知识产权文献及信息资料库，其仍然是我国首个知识产权文献及信息综合免费服务平台和网上服务综合平台，其提供的样本数量具有较大的容量，其中像法律法规等内容覆盖量很高，可以在一定程度上满足不同用户知识产权文献及信息的需求。目前该资料库网站已有相当的访问量，并已有一定的知名度。总的来说，该资料库网站具有自身特色：

首先，整体上来讲，该资料库网站提供的知识产权文献及信息种类较齐全，集合了知识产权相关的内容。

其次，从分类上讲，该资料库网站的内容分布科学合理，不仅提供了理论研究所需要的文献资料，而且提供了实务工作需要的相关信息资料；不仅有基础信息，还有进一步加工之后的增值信息。

再次，资料来源可靠，具有一定的权威性。课题组都是具有知识产权或者图书情报、信息管理相关知识的专业人员并具有一定的计算机知识，加工的内容具有专业性。

最后，“知信通”资料库参与人员在研究的过程中，对相关内容征求了大量用户意见，并对相关部分进行了多重优化，很大程度上考虑了社会用户的需求，体现了“以用户为本”的设计理念。

除此之外，在各个版块内部也存在自身的特色和优势。对此，本研究报告后面各个版块介绍分析部分将予以详细介绍。

（四）“知信通”资料库的建设参与者

“知信通”资料库是课题组全体成员在首席专家和主要参与人的带领下辛勤劳动的结晶，是研究成员多方通力合作的产物。同时，“知信通”资料库的构建和运行也离不开技术支持，更离不开相关领域咨询专家、研究辅助人员和一定范围的社会公众的巨大支持。因此，除了课题组成员外，这些主体也是“知信通”资料库的实际参与者，为“知信通”资料库的建设与运行做出了贡献。

具体而言，到目前为止，参与“知信通”资料库建设的各类主体包括：

1. 课题组成员

本项目课题组成员包括首席专家、各子课题负责人和主要研究人员。课题组成员曾多次参加内部工作会议、学术会议或全国性工作会议暨学术研讨会，围绕“知信通”资料库的基本定位、建设目标、内容选择、元数据、界面设计、著录标引、主题词选取、用户体验、信息更新、跨库检索与内链、用户推广、未来发展等诸多问题，进行了讨论和研究，并撰写了系列研究文章和报告，设计并运行了“知信通”资料库。因此，本项目研究人员无疑是“知信通”资料库最重要的参与者和贡献者。

2. 技术支持方

“知信通”资料库以资料库网站形式体现，该网站的设计及相关技术问题的解决离不开广州万有网络技术有限公司相关的技术工作人员的大力支持。根据与该公司的合作协议，该公司主要负责网站的建设、问题解决及技术调试等技术性的工作。

3. 课题研究辅助人员

由于本资料库涉及大量样本资料的收集、整理、分类、编辑加工和资料审核与推送，本资料库构建和运行过程中也离不开大量知识产权法专业博士生、硕士生以及部分在站博士后研究人员的参与。他们参加的活动不仅包括“知信通”资料库文献及信息的收集、整理、编辑工作，而且包括专业性深加工工作，如对相当部分知识产权案例的点评和案例地图的制作等涉及专业性加工的增值服务内容。课题研究辅助人员的辛勤劳动是本资料库得以建立和正常运行的重要保障力量。

4. 咨询专家

“知信通”资料库的建设及改进，得到了国内外相关领域专家和学者的很多建设性的意见及建议。在课题组组织的多次相关会议中，相关专家对资料库给予了较高的评价，并从专业角度对“知信通”网站存在的问题提出了中肯的意见及建议。这些意见和建议对课题组的工作极具参考性，在“知信通”网站设计和后续改进中得到了体现。这些咨询专家来自于知识产权行政管理部门、专利文献部门、相关大学图书情报学院、相关数据库公司等，咨询专家的身份则有知识产权专家、图书情报专家、计算机与数据库专家、市场推广专家等。咨询专家的参与，使“知信通”资料库在建设和运行上始终沿着专业化道路顺利进行，为本试验性资料库的构建和运行提供了巨大的智力支持。

5. 社会公众

一定范围内的社会公众在“知信通”资料库的建设过程中也做出了积极贡献，这主要体现为：一是配合本项目前期调查，填写数据，表达个人认识和观点，为“知信通”资料库设计提供了一手资料；二是多次参与用户体验并提供反馈意见和建议，为“知信通”资料库更好地满足用户需要、为未来实体的国家知识产权文献及信息资料库建设提供了用户体验经验。此外，通过疑难咨询版块提问，也有利于课题组对用户需求的了解。

二、需要解决的问题

在“知信通”资料库的设计和建设中，如前所述，课题组也认识到囿于试验性资料库研究目的、有限的人财物、当前知识产权文献及信息公开程度不高以及知识产权文献及信息资料本身具有著作权等原因，该资料库设计和建设存在诸多制约因素。其中，有些问题也是未来实体的国家知识产权文献及信息资料库需要解决的问题，对此已在本书前面部分进行了探讨，如文献及信息资源的公开问题、著作权保护问题、经费保障问题。这里，仍以本试验性资料库设计和建设中遇到的主要问题作为研究对象。对需要解决问题的研究，旨在使本试验性资料库得以完善，以便为实体的国家知识产权文献及信息资料库建设提供更多经验。

（一）资料来源渠道需畅通

在“知信通”资料库的建设过程中，资料的收集是十分重要的一项基础性工作。但是，除了一部分从相关机关获取的一手资料外，大部分资料都是课题组成员通过网络搜索或纸质资料查询获得。此种资料获取模式需要花费大量的人力和时间成本。而且，虽然“知信通”资料库加工推送的资料都经过了多重审查，但是还会有部分资料的可信度无法保证。面对这种情况，如果对这部分资料一一向原始的单位进行核实，虽然数量不是很大，但是随着资料的丰富，要达到统一标准，则会耗费大量的人力、财力。

对于一个定位专业、权威的知识产权文献及信息资料库来讲，信息来源需要有一个合适的、固定的、可靠的渠道。如果能够与相关资料产生部门沟通协商，从对方直接获取一手资料，则可以避免信息的不准确性，同时保障信息获取的及时性。在此方面，却存在一定的问题：第一，我国目前知识产权相关的信息公开状况不尽如人意。“知信通”网站涉及的面较广，资料的出处单位不一，获取需要与相关部门一一协商，尽量获得其系统、全面、准确的信息，从理想的角度看需要建立起长期合作机制。第二，资料来源渠道与资料库运营模式紧密相连，若以“知信通”资料库为蓝本的国家知识产权文献及信息资料库由国家相关部门进行财力等方面的支持，免费向公众开放，则相关资料的来源可能更容易通过协商免费获得。如果以“知信通”资料库为蓝本的国家知识产权文献及信息资料库实行商业化运营模式，向用户收费，则资料的来源可以考虑用资金批量购买。无论何种模式，都需要将资料的准确性、权威性、全面性放在首位，为用户提供可信赖的资料库。第三，在相关资料的更新上，可以考虑实行“用户可以提出更新+资料库后台审核”的模式，以保证资料的及时更新。就“知信通”资料库而言，目前在知产机构和知产人物两个版块添加了用户变更信息的功能。在以“知信通”资料库为蓝本的国家知识产权文献及信息资料库的完善中，可以考虑将此功能扩展到其他几个版块，集思广益，将资料库做得更加全面、专业。例如，科研项目版块，到目前为止课题组自身很难获悉项目负责人最终成果的主要内容。如果建立起由项目负责人主动提供项目内容介绍的机制，则仅仅就该版块而言，将是一个集成我国所有知识产权科研项目成果介绍的网上平台，其对于开展学术研究、项目开发、申报课题等方面的作用将是巨大的。至于科研项目基本信息的提供和变更，项目负责人自身也最清楚。这种机制，无疑能够大大减少资料获取与更新方面的困难。

（二）资料库的内容充实

通过课题组的持续努力，目前“知信通”资料库各部分的内容基本上达到了充实的程度，能够满足用户的基本需求。由于各类资料的数量多少不一，基数大小不一，比如司法案例的数量远远大于知产人物的数量，所以在各个版块内要尽量做到内容的充实。“知信通”资料库相关版块的内容添加也是有所区别的，如法律法规、司法案例，后台有大量的内容没有推送到前台；知产百科部分，为了知识产权保护的需要，相关词条也并没有完全推送出去。不过，大部分版块目前是一边进行信息的收集，一边进行加工推送，这种工作方式也保证了较新信息内容的纳入。针对“知信通”资料库不同的版块，因其内容加工的难易程度不同，其内容的添加模式不能统一进度。但是，如果要满足用户的需求，下一步要做的是：第一，对各个版块的历史信息进行继续收集，尽量补全历史信息；第二，对新产生的文献及信息进行及时收集，添加到相对应的版块；第三，对已经加入的相关文献及信息进行定期、不定期的审查，保证被收录的知识产权文献及信息的准确性，如相关法律法规的时效性。

课题组研究发现，仅建立“知信通”资料库这样一个试验性资料库尚存在知识产权文献及信息内容方面的局限性，未来真正意义上的国家知识产权文献及信息资料库建设需要力求资料库内容充实、完整、全面、权威，需要克服诸多困难。这些待克服的困难如：如何调动知识产权文献及信息占有者主动提供相关知识产权文献及信息的积极性；如何与知识产权文献及信息占有单位取得合作；如何大幅度提高我国知识产权文献及信息的公开度和透明度；如何有效地解决收录的知识产权文献及信息资料的著作权问题等。

（三）内容加工机制需完善

“知信通”网站建设过程中，由于课题组研究力量有限、承担工作艰巨，内容的加工很大一部分是在校的博士后、博士生、硕士生完成的。但是，这种工作模式下，人员不固定，每年都要培养新的成员加入熟悉相关业务，从成本上看不太经济。因此，需要对这种工作机制进行进一步的完善。

1. 增强专业性

知识产权是一门专业性较强的专业，“知信通”资料库的完善需要更多的专业性人员参与进来。一方面，必须保证参与人员具有扎实的知识产权知识，杜绝非知识产权相关人员进行内容方面的操作，避免专业问题上出现错误。“知信通”内容加工人员达到了该标准，除了课题组主要成员外，主要包括受过知识产权教育的博士生、硕士生或者博士后研究人员，其中个别博士后研究人员具有图书情报方面博士学位和知识产权法方面博士后研究经历。另一方面，在如何促进专业性上，必须对相关参与人员进行培训，建立版块小组组长负责制，组长针对本组内的特殊工作内容，培养组内新成员，对组内成员的工作负责，审核相关工作内容。无论如何，需要在专业性上进行严格的把握，避免不合格人员的参加。

2. 提高效率

（1）增加专业人员。在“知信通”资料库研究工作中，虽然有很多师生参加，也有多种工作会议进行沟通，但是与巨大的工作量相比，人员方面仍显不足。目前的主要辅助研究人员是在读的硕士生和博士生，虽然可以节约人力成本、保障专业强度，但不是长久之计，因为他们还面临着自己的学业压力、就业压力，难免出现不能够全身心投入"知信通"研究工作中的现象。因此，"知信通"资料库需要更多的专业人员投入：一方面可以对相关版块开放用户完善功能，如目前的知产机构及知产人物版块的变更信息的功能，"知信通"工作人员进行审核，合格的进行推送；另一方面需要适当增加相对固定的人员。

（2）提高资料增加的及时性。"知信通"资料库应保持信息的及时更新。保持信息的及时更新，能够为用户提供及时的信息资料，提升用户体验；保持信息的及时更新，有助于资料库网站质量的提高；保持信息的及时更新，也才能使得资料库网站具有持续性，做一个优秀的知识产权文献及信息资料库。

（3）整体提高工作效率。"知信通"资料库不仅要确保数量、质量标准，对于相关的参与者更应当强调"工作效率"这一概念。切斯特菲尔德曾指出："效率是做好工作的灵魂"。在"知信通"资料库建设过程中需要对工作效率加以重视，以期使这一试验性资料库得到完善。

结合"知信通"资料库过去的研究工作经验，课题组认为提高工作效率可以从以下几个方面入手：首先，在确定工作方案时尽量设计完善，经过论证、确定之后再组织实施，因为不确定的工作方案将带来很多的工作麻烦。其次，建立更加完善的工作机制。在过去的"知信通"资料库研究工作中，课题组也在工作中多次对工作制度的有效性进行反思，避免无监督、无秩序、无效率的工作模式，建立了多种形式的会议制度及定期工作报告机制，确保了工作的效率性。最后，建立相应的工作激励机制。"知信通"研究工作有些部分比较枯燥，有些部分需要花费大量精力，有些部分需要投入相当部分成本，面对较大的工作量，只有建立一定的激励机制才能够使得这些工作具有可持续性。在之前的"知信通"资料库研究工作中，课题组通过与校外机构建立合作机制，对在"知信通"资料库建设中工作突出的参与者进行了荣誉性奖励。另外，课题组还定期给予参与者一定的劳务报酬，收到了一定的效果。除此之外，技术方的工作效率对"知信通"资料库内容工作者的工作效率会有很大的影响，因此，针对如何更有效地与技术方进行沟通，以便及时解决相关问题，如何确保技术方给予强有力的支持，也需要建立更好的沟通协调机制。

（四）避免侵权风险并保护自身知识产权

在“知信通”资料库建设过程中，课题组坚决杜绝侵权行为的发生，包括侵犯他人的著作权、隐私权等，也包括制止他人侵犯课题组自主开发的本资料库的知识产权和课题阶段性成果知识产权。

1. 著作权问题

在“知信通”资料库研究工作中，因为牵涉到相关内容的编辑加工，有可能会涉及他人的著作权问题。但是，并不是所有的相似都是侵犯了他人的著作权。因为很多事情在描述的时候，可能受到语言组合功能有限的影响，多个人表述出来的内容差别不大。因此要判断是否侵犯了他人的著作权，首先要确定相关材料构成著作权法意义上的作品；其次，他人对相关作品享有著作权法意义上的著作权，包括在著作权保护期内；最后，要尽量避免侵犯他人著作权的行为发生。对此，针对什么样的行为构成著作权侵权，对于各个版块的编辑加工内容及形式是否涉及著作权风险，课题组做了多次探讨和论证，并向课题负责人进行了汇报和确认。其次，课题组在研究工作过程中，建立了严格的工作监管模式，针对各组成员的工作内容，建立了多重检查的工作模式，各小组成员间可以相互检查，小组组长对其小组成员工作内容的著作权问题切实负责。最后，为避免侵权发生，要求明确合理使用的规范，如在引用他人作品时引用规范，标注清楚引用对象的作品名称、出处、作者等信息，以尊重和保护他人的著作权。

当然，作为内容的撰写和加工者，课题组相当一部分的内容构成了著作权法意义上的作品。例如，法律法规中的法条释义和学理解析、司法案例版块的案例评析、知产百科中的词条内容等，凝结了课题组成员的辛勤劳动，对于其著作权保护也应予以重视。为此，在案例评析的末尾给予案例评析内容提供者以署名权；关于知产百科部分，由于全部内容是价值较高的体系性研究成果，因此决定只公开部分内容，以待将编辑加工好的百科词条进行纸质出版。

当然，“知信通”资料库的著作权相关注意事项不仅仅局限于上面所提到的几点。课题组在研究工作中尤其强调“尊重他人著作权、注重自己著作权保护”这一理念。

2. 个人隐私问题

互联网环境下个人隐私的保护面临着更大的挑战，一旦个人隐私泄露，对个人造成的影响将难以估量，也难以弥补。在“知信通”资料库建设过程中，课题组从一开始就意识到了此问题，并经过多次商议论证，进行了多次工作的调整。到目前为止确定的工作模式为，尽量多一些原创性的内容加工，多一些引用规范权威的内容加工，尽量避免损及他人隐私。具体而言，以司法案例版块为例，当事人为个人的（特别是刑事案件），隐去当事人的真实姓名，比如李晓星（化名），在“知信通”资料库案例中表述为“李某某”；有自然人当事人家庭住址的，删除其家庭住址；有自然人（包括当事人及代理人）身份证号的，删除其身份证号。需要指出的是，为了加快课题的进度，保证案例部分搜索功能的实现，姓名的替换，目前主要注重的是刑事案件及刑事附带民事案件。其他类型案件的当事人如果想要同样的效果，则可以通过“知信通”资料库网站页面联系“知信通”后台的管理人员，后台管理人员进行及时的操作更替，充分满足隐私权保护与信息公开的平衡。

3. 其他法律问题

“知信通”资料库是一个内容较为丰富、体系完整、选材精巧的测试版网站。在知识产权的保护上及对外合作的过程中，要建立合理的机制，从合同层面上来讲要界定清楚权利的归属。在初始资料的获取过程中，也要与对方建立有效的合作机制，对于是否免费获取要特别注重。

当然，在未来实体的国家知识产权文献及信息资料库网站建设中，由于选取的知识产权文献及信息数量巨大，势必会遇到更多的知识产权和其他相关方面的法律问题。例如，对享有著作权的知识产权文献及信息资料的收录如何解决著作权问题，对享有著作权的知识产权文献及信息资料的加工如何解决著作权问题，如何建立与知识产权文献及信息资料来源单位的利益分配机制等。

（五）技术支持

“知信通”资料库网站的建立、试运行及运行离不开技术的支持。技术与内容是“知信通”资料库的两大核心。在“知信通”资料库网站运行中，课题组与技术方紧密合作，陆续解决了一系列技术问题。当然，基于本项目研究经费的有限性和本资料库的试验性质，“知信通”资料库设计和建设必须本着节约、简约的原则进行。课题组和技术方经过诸多努力，从技术上讲仍存在较大优化空间。从经验总结方面看，为保证相关问题的顺利解决，需要建立与技术方的合作机制。

1. 以合同建立合作机制

在本项目研究中，技术方为“知信通”资料库的建立提供了非常重要的支持，没有技术方的支持，很难想象“知信通”资料库的建立与运行。从项目研究工作来看，需要在相关方面建立一定的机制，最为主要的就是建立规范的合作机制，并以合同为载体规范。之所以要强调合同，重要原因之一是为了督促技术方及时为资料库提供技术支持。

2. 技术免责负责问题

针对技术原因造成的资料库内容的丢失，承担责任的主体应当如何确定？在“知信通”资料库的运行过程中曾经发生过这样的情形，因为技术员对网站的更新，某一版块已经推送到前台的内容全部丢失。针对此种意外事件，课题组建立了所有推送到前台的内容组内先进行备份的工作制度，以防此种情况再次发生。当时发生技术故障，涉及的版块较少，且当时的版块内容不是很多，重新开始工作尚可接受；若日后再发生此类情况，造成的损失将无法估量。因此，与技术方约定其承担技术原因造成损失的责任，以督促其提供稳定、安全的技术支持，为网站的顺利发展保驾护航。

（六）进一步开发需克服的困难

前面多次指出与强调，“知信通”只是一个试验性资料库，其设计和运行旨在为实体的国家知识产权文献及信息资料库提供运作经验。一个试验性资料库尚且存在诸多需要克服的困难，未来实体的国家知识产权文献及信息资料库需要克服更多的困难。根据课题组的研究，进一步开发需要克服的问题主要包括以下几类：第一，要确定大批量获取权威一手资料的机制，确保相关资料供应及时、准确、全面；第二，要选取一定数量的专业人员进行相关内容的加工整合，因为要建立一个专业的网站，必须以专业的人才为支撑；第三，目前“知信通”是以课题的形式获得财力支持建立的测试版数据库，但正式的国家知识产权文献及信息资料库需要持续的开发运行，这就需要稳定的财政支持，没有财政的支持，相关工作将寸步难行；第四，要寻求技术的全面配合，技术的安全可靠是网站良好运行的关键因素，没有一个安全的技术，相关工作将面临随时断裂的危险；第五，要建立良好的工作协调机制，建立工作监管机制，提高工作效率，将“知信通”的建设做到精致、极致。

第三节 “知信通”资料库法律法规版块介绍与分析

法律法规（http://www.ipknow.cn/fagui/）是“知信通”资料库的一个重要版块，其重要价值也在某种程度上决定了其在“知信通”资料库中所扮演的重要角色。以下对该版块做一个详细的介绍和分析。

一、基本情况简介

截至2016年2月底，“知信通”资料库推送出去的法律法规约3789条，基本涵盖了用户的需求。数据内容经过科学、严格的分类整理及深度专业性加工，包括法律、司法解释、行政法规、部门规章及其他规范性文件、地方法规规章、立法草案及说明、国际条约等，适用于政府机构、人民法院、人民检察院、各大高校、企业、律所、个人等群体。[1]“知信通”资料库法律法规版块的最大特色是对基础性知识产权法律进行了深度的专业性加工，为用户提供增值服务。

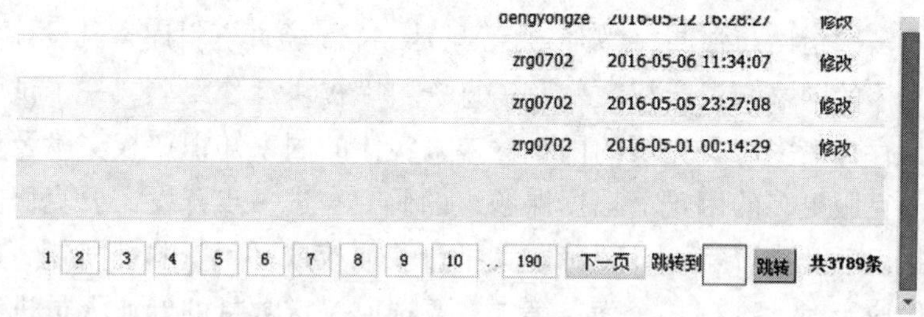

图5-3-1 “知信通”资料库法律法规数量（截至2016年2月底）

二、“知信通”资料库法律法规版块的整体构架

“知信通”资料库法律法规版块的整体构架如图5-3-2—5-3-5所示。该页面设计简洁，将高级搜索置于一般搜索栏的下方，便于用户的使用。另外，在左侧设计了各种标准之下的法律法规的分类，并在页面底端对该版块进行

〔1〕邓永泽、蒋燕、曹雅楠、安洋洋、杨珊、倪荣：“‘知信通’之法律法规资料库建设现状介绍及完善建议”，载冯晓青、杨利华主编：《国家知识产权文献及信息资料库建设研究》，中国政法大学出版社2015年版，第265页。

了简明扼要的介绍。以下对之一一进行介绍。

图 5-3-2　“知信通”资料库法律法规页面（一）

发布部门

中央
- 全国人大(6)
- 全国人大常委会(35)
- 最高人民法院(222)
- 最高人民检察院(11)
- 国务院(99)
- 国务院办公厅(32)
- 国家版权局(197)
- 国家知识产权局(602)

地方
- 地方人大(6)
- 地方人大常委会(118)
- 地方人民政府(541)
- 其他(79)

国际组织
- 世界知识产权组织(22)
- 世界贸易组织(1)
- 联合国教科文组织(0)

- 中华人民共和国著作权法（2010修正） 生效时间 1991-06-01
- 刑法（节选） 第七节 侵犯知识产权罪 生效时间 1997-10-01
- 中华人民共和国民法通则(2009修正) 生效时间 1987-01-01

行政法规及国务院规范性文件　更多>>
- 中华人民共和国商标法实施条例（2014修订） 生效时间 2014-05-01
- 国务院关于同意建立国务院知识产权战略实施工作部际联席会议制度的批 生效时间 2016-03-21
- 中华人民共和国专利法实施细则 生效时间 1993-01-01
- 中华人民共和国著作权法实施条例（2002） 生效时间 2002-09-15
- 国务院批复通知 生效时间 1995-04-24

司法解释及两高工作文件　更多>>
- 最高人民法院关于审理侵害信息网络传播权民事纠纷案件适用法律若干问 生效时间 2012-12-17
- 最高人民法院关于审理侵犯专利权纠纷案件应用法律若干问题的解释(二) 生效时间 2016-04-01
- 最高人民法院关于审理侵犯专利权纠纷案件应用法律若干问题的解释 生效时间 2016-04-01
- 最高人民法院知识产权审判庭对公安部经济犯罪侦查局[1998]215号文的答 生效时间 1999-01-19
- 最高人民法院知识产权庭关于绍兴中药厂与上海医科大学附属华山医院技 生效时间 2000-05-28

图 5-3-3　“知信通”资料库法律法规页面（二）

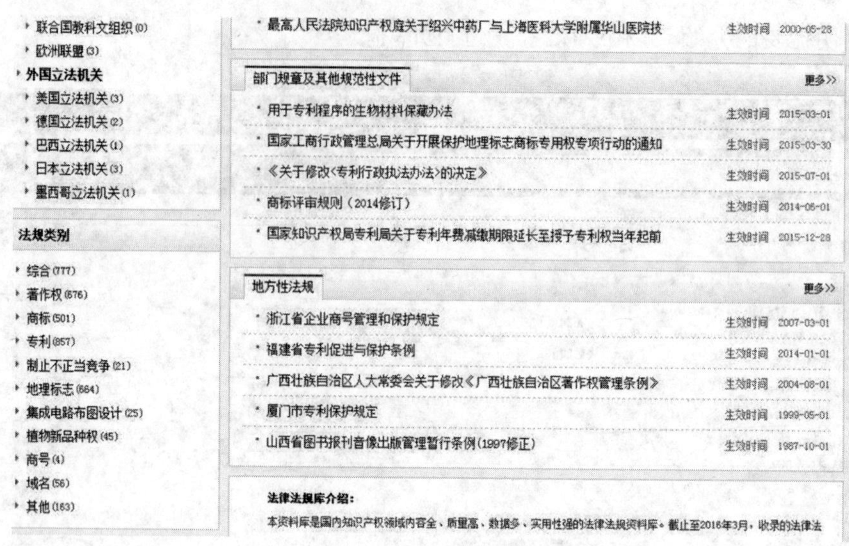

图 5-3-4　“知信通”资料库法律法规页面（三）

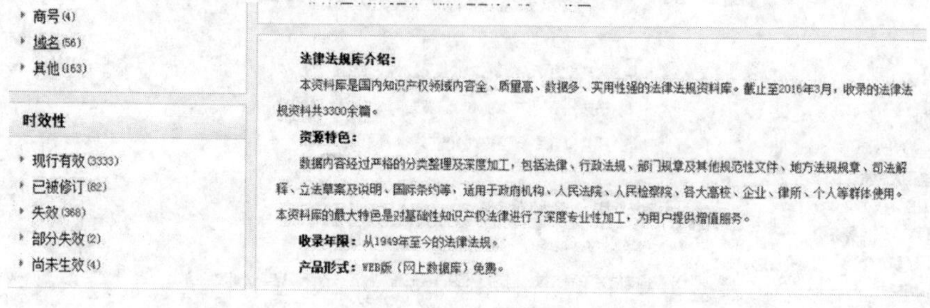

图 5-3-5　“知信通”资料库法律法规页面（四）

（一）左侧分类栏

为方便用户使用，并对相关知识产权法律法规进行较为规范的整合，“知信通”资料库对相关的知识产权法律法规进行了多重分类，以充分满足用户的需求。需要指出的是，相关的分类是经过多次修正后确定下来的方案。之所以多次修正，是为了使相关的归类更为严谨，为用户提供规范的分类，方便用户；这也就意味着以后可能会根据“严谨性”来对相关法律法规做更为规范的调整。现将有关分类分述如下：

第一，按照效力级别分类，法律法规可以分为“法律”“行政法规及国务院规范性文件”“司法解释及两高工作文件”“部门规章及其他规范性文件”

“地方性法规”“地方政府规章”“地方规范性文件”“立法草案及说明”“港澳台法规”“国际条约”“外国法律法规”“其他”。这种分类是按照法律法规的效力进行划分的。用户如果需要查询相关法律，则可以直接进入“法律”项下进行搜索，以此类推。

第二，按照发布部门分类，法律法规可以分为“中央”“地方”“国际组织”“外国立法机关”。“中央”分为“全国人大”“全国人大常委会”“最高人民法院”“最高人民检察院”“国务院”“国务院办公厅”“国家版权局”“国家知识产权局”“国家专利局”“国家工商行政管理总局”“国家工商行政管理总局商标局”“国家工商行政管理总局商标评审委员会”“教育部”“科技部”“工业和信息化部”“公安部”“农业部”“商务部”“司法部”“财政部”“交通运输部”“文化部”“中国人民银行”“海关总署”“国家税务总局”“国家新闻出版广电总局”“国家林业局”“国家质量监督检验检疫总局”“其他”；“地方”分为“地方人大”“地方人大常委会”“地方人民政府”“其他”；“国际组织”分为“世界知识产权组织”“世界贸易组织”“联合国教科文组织”“欧洲联盟”；“外国立法机关”目前包括了“美国立法机关”“德国立法机关”“巴西立法机关”“日本立法机关”“墨西哥立法机关”。此分类最为繁杂，需要项目组成员的耐心、细心归类，但是对于用户是具有较为重要的意义的，因为一般法律法规的使用范围与其发布的机关是密切相关的。因此只要明确其发布部门即可迅速找到对应的内容，特别是国内的相关发布机关。同时需要指出，上述“国际组织”和“外国立法机关”迄今为止在本试验性资料库中只选取了有限的几个，今后在实体的国家知识产权文献及信息资料库建设中，需要大大增加其他机构的类别，以满足用户的不同需要。

第三，按照内容所属学科分类，法律法规分为“综合”“著作权”“商标”“专利”“制止不正当竞争”“地理标志”“集成电路布图设计”“植物新品种权”“商号”“域名”“其他”。从学科类别来进行分类，充分体现了知识产权内容的丰富性，用户可以通过选择所属类别查找相关领域内的法律法规。

第四，按照时效性分类，法律法规分为“现行有效”“已被修订”“失效”“部分失效”“尚未生效”。需要注意的是，该分类标准下的法律法规要进行及时的更新，如伴随着有些法律法规的失效、生效，对其时效性进行重新归类意义重大，以避免用过时或者超前的法律法规解决当前的问题。值得一提的是，在具体的法律法规条文中，也有相关条文时效性的明确标注，充分体现了权威性这一目标。

（二）搜索栏

“知信通”资料库法律法规版块建立了两种检索方式，一种是一般检索，另一种是高级检索（如图5-3-2所示）。一般检索分为全文检索及标题检索，点击相应的选项可进行相应的关键词搜索。高级检索具有更多的用途，因此在页面的重要位置设置了高级检索。高级检索可以选择填写的项目有“标题”“施行时间”“发布时间”“效力级别”“失效时间”“时效性”“法规类别”“发布部门”“地域”。其中“发布时间”和“失效时间”两个选项下可以填写相应的时间段，“效力级别”“时效性”“法规类别”“地域”设置有下拉项，可以进行选定，“发布部门”使用的是弹出框，根据进一步的选择或者搜索可以选择相应的发布部门。[1]

（三）法律法规展示

在高级检索栏目下方，有“法律”“行政法规及国务院规范性文件”“司法解释及两高工作文件”“部门规章及其他规范性文件”“地方性法规”五个部分的内容展示，每个部分展示5条最近推送的条目，旨在使用户及时了解网站更新的内容。

（四）法律法规版块简介

在法律法规版块页面的最下方有一栏对法律法规版块的简介，内容为：“本资料库是国内知识产权领域内容全、质量高、数据多、实用性强的法律法规资料库。截至2016年6月，收录的法律法规资料共3700余篇。”该版块的资源特色，内容为：“数据内容经过严格的分类整理及深度加工，包括法律、行政法规及国务院规范性文件、司法解释及两高工作文件、部门规章及其他规范性文件、地方性法规、地方政府规章、地方规范性文件、立法草案及说明、港澳台法规、国际条约、外国法律法规等，适用于政府机构、人民法院、人民检察院、各大高校、企业、律所、个人等群体使用。本资料库的最大特色是对基础性知识产权法律进行了深度专业性加工，为用户提供增值服务。”还有收录年限和产品形式，体现为“收录年限：从1949年至今的法律法规。

---

〔1〕邓永泽、蒋燕、曹雅楠、安洋洋、杨珊、倪荣：“‘知信通’之法律法规资料库建设现状介绍及完善建议”，载冯晓青、杨利华主编：《国家知识产权文献及信息资料库建设研究》，中国政法大学出版社2015年版，第265页。

产品形式：WEB版（网上数据库）免费”。

三、“知信通”资料库法律法规版块的检索

（一）检索简介

“知信通”资料库法律法规版块的检索方式分为两种（如图5-3-6所示）：一种为简单检索（也即一般检索）；一种为高级检索。简单检索采用了类似于一般检索引擎的检索方式，即在检索框内输入关键词进行快速检索；而高级检索可以对目标信息进行更详细具体的设置，缩小检索范围，并使检索结果更加准确、更加符合用户检索的特定要求和目的。高级检索的选项包括“标题”“施行时间”“发布时间”“效力级别”“失效时间”“时效性”“法规类别”“发布部门”“地域”。“效力级别”栏目下包含“法律”“行政法规及国务院规范性文件”“司法解释及两高工作文件”“部门规章及其他规范性文件”“地方性法规”“地方政府规章”“地方规范性文件”“立法草案及说明”“港澳台法规”“国际条约”“外国法律法规”“其他”。“时效性”栏目下包含“现行有效”“已被修订”“失效”“部分失效”“尚未生效”。“法规类别”栏目下包括“综合”“著作权”“商标”“专利”“制止不正当竞争”“地理标志”“集成电路布图设计”“植物新品种权”“商号”“域名”“其他”。点击“发布机关”，就会弹出一个新的界面（如图5-3-7所示），这一新的界面上载有“中央”“地方”“国际组织”“外国立法机关”四个选项，用户可以进行选择。另外，在该弹出框还有一个小的检索栏，可以进行发布部门的检索。“地域”栏目下包含我国各级省市。上述栏目用户只需进行选择即可，而其他栏目用户则需填写一些法律法规的基本信息。检索出的数据按照发布时间顺序呈现。

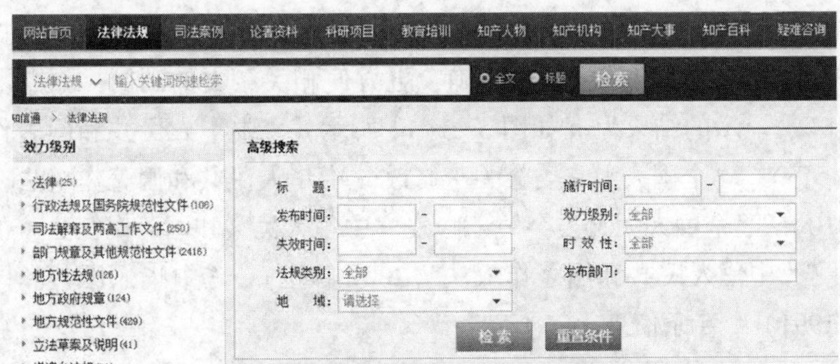

图5-3-6　一般检索及高级检索框

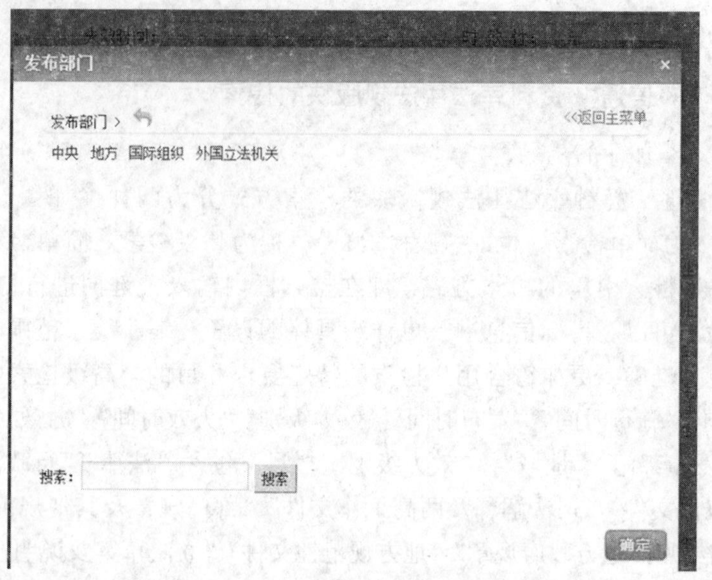

图 5-3-7　高级检索中发布机关弹出框

（二）检索演示

1. 简单检索模式——以著作权相关法律法规检索为例

（1）简单检索之全文检索。在简单检索栏中输入“著作权”，显示如图5-3-8—5-3-11 所示。该检索结果呈现出以下几个特点：第一，检索出来的数目众多，从图中可以看出，多达 563 项；第二，多项显示的结果并不一定全部以“著作权”为法律法规标题，如点击第 19 页显示的页面（如图 5-3-12—5-3-13 所示），就没有以“著作权”为标题的法律法规，体现全文检索的模糊性，但是以标题中显示有“著作权”的条目排列在前体现了检索结果排序的合理性；第三，从图中可以看出，在检索结果列表的右侧有按照相关标准分类统计的条目数，比较明确，更方便相关条文的利用，如点击“法律（5）”，显示的结果为（如图 5-3-14 所示）“中华人民共和国著作权法（2010 修正）”“全国人大常委会关于修改《中华人民共和国著作权法》的决定（2010）”“全国人大常委会关于修改《中华人民共和国著作权法》的决定（2001）”“中华人民共和国著作权法（2001 修正）”“中华人民共和国著作权法（1991）”5 条信息。

法律法规 ∨ 著作权 ○全文 ●标题 检索 高级搜索

知信通 > 法律法规 > 检索结果

· 日本著作权法 1970-05-08 发布
· 中华人民共和国著作权法（2010修正） 2010-02-26 发布
· 计算机软件著作权登记档案查询办法 2009-03-10 发布
· 台湾地区著作权法 1999-02-10 发布
· 计算机软件著作权登记办法 1992-04-06 发布
· 中国版权保护中心关于规范软件著作权登记缴费的通告 2015-11-13 发布
· 中国版权保护中心公告第13号——降低部分计算机软件著作权登记收费项目标准 2015-10-12 发布
· 国家版权局关于《著作权行政处罚实施办法（修订征求意见稿）》公开征求意见的通 2015-08-09 发布
· 中国版权保护中心关于著作权登记信息系统暂停服务的通知 2014-08-15 发布

效力级别
· 法律（5）
· 行政法规及国务院规范性文件（26）
· 司法解释及两高工作文件（42）
· 部门规章及其他规范性文件（162）
· 地方性法规（50）
· 地方政府规章（53）
· 地方规范性文件（171）
· 立法草案及说明（12）
· 港澳台法规（9）
· 国际条约（0）
· 外国法律法规（1）
· 其他（32）

图 5-3-8 法律法规简单检索结果（一）

· 上海市版权局关于印发《上海市计算机软件著作权登记资助实施细则(试行)》的通知 2013-08-06 发布
· 中华人民共和国著作权法实施条例（2013修订） 2013-01-30 发布
· 国务院关于修改《中华人民共和国著作权法实施条例》的决定(2013) 2013-01-30 发布
· 国家版权局关于《中华人民共和国著作权法》（修改草案）公开征求意见的通知 2012-03-31 发布
· 中国版权保护中心关于免征小型微型企业软件著作权登记费的通告 2011-12-27 发布
· 中国版权保护中心公告第6号——关于启用“中华人民共和国国家版权局著作权质权 2011-05-20 发布
· 湖南省高级人民法院关于审理涉及网络的著作权侵权案件若干问题的指导意见 2011-05-05 发布
· 中国资产评估协会关于印发《著作权资产评估指导意见》的通知 2010-12-18 发布
· 最高人民法院关于做好涉及网吧著作权纠纷案件审判工作的通知 2010-11-25 发布
· 国家版权局公告2010年第1号——《社会团体法人登记证书》(副本)、《中国电影著 2010-09-14 发布
· 关于《中华人民共和国著作权法修正案（草案）》的说明（2010） 2010-02-24 发布
· 中国版权保护中心公告第5号——新版著作权登记证书样式 2009-09-21 发布
· 中国版权保护中心公告第1号——中国版权保护中心著作权自愿登记收费标准 2008-10-30 发布

发布部门
· 中央
· 全国人大（2）
· 全国人大常委会（6）
· 最高人民法院（42）
· 最高人民检察院（0）
· 国务院（31）
· 外国立法机关
· 美国立法机关（0）
· 德国立法机关（0）
· 巴西立法机关（0）
· 日本立法机关（1）
· 墨西哥立法机关（0）
· 地方
· 地方人大（0）
· 地方人大常委会（49）
· 地方人民政府（0）
· 其他（22）
· 国际组织
· 世界知识产权组织（0）

图 5-3-9 法律法规简单检索结果（二）

· 关于《中华人民共和国著作权法修正案（草案）》的说明（2010） 2010-02-24 发布
· 中国版权保护中心公告第5号——新版著作权登记证书样式 2009-09-21 发布
· 中国版权保护中心公告第1号——中国版权保护中心著作权自愿登记收费标准 2008-10-30 发布
· 最高人民法院副院长曹建明在电影著作权司法保护研讨会上的讲 2007-04-19 发布
· 国家版权局关于对中国文联拟成立中国文联著作权保护协会的复函 2005-12-31 发布
· 国家版权局关于《康定情歌》著作权申请的处理意见 2004-03-12 发布
· 国家版权局关于同意中国版权保护中心停止法定许可著作权使用报酬收转工作的批复 2004-03-05 发布
· 新闻出版署关于认真做好庆祝著作权法实施十二周年宣传工作的通知 2003-05-20 发布
· 最高人民法院关于审理著作权民事纠纷案件适用法律若干问题的解释 2002-10-12 发布
· 国家版权局公告第11号——指定中国版权保护中心为计算机软件著作权和其他作品著 2002-08-09 发布

1 2 3 4 5 6 7 8 9 10 .. 19 下一页 跳转到 跳转
找到相关结果563个

地方人大常委会（49）
地方人民政府（0）
其他（22）
国际组织
世界知识产权组织（0）
世界贸易组织（0）
联合国教科文组织（0）
欧洲联盟（0）
法规类别
综合（87）
著作权（400）
商标（0）
专利（3）
制止不正当竞争（0）
时效性
现行有效（435）
已被修订（36）

图 5-3-10　法律法规简单检索结果（三）

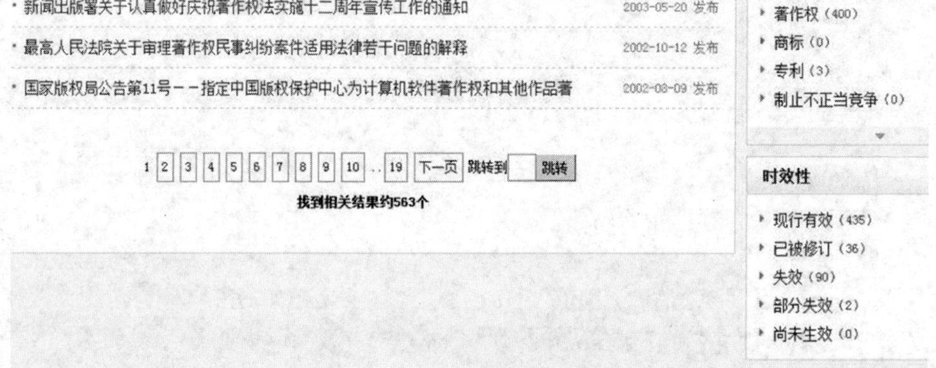

图 5-3-11　法律法规简单检索结果（四）

法律法规 ∨ 著作权 ○全文 ●标题 检索

知信通 > 法律法规 > 检索结果

· 台湾地区图书馆法	2001-01-17 发布
· 珠海市人民政府关于发展软件产业的若干规定	2000-09-18 发布
· 西藏自治区新闻出版局等单位关于颁发《对举报“制黄”、侵权盗版和其他非法出版	2000-04-07 发布
· 全国“扫黄”工作小组、财政部、公安部、新闻出版署、国家版权局关于颁发《对举	2000-01-18 发布
· 沈阳市测绘管理办法	1999-08-23 发布
· 山东省电子出版物管理办法	1999-07-29 发布
· 国家版权局版权管理司关于十部文艺集成志书版权问题的答复	1999-07-08 发布
· 文化部关于开展全国音像市场反盗版宣传活动的通知	1999-05-06 发布
· 重庆市高级人民法院关于印发《重庆市高级人民法院一九九九年知识产权审判工作要	1999-03-31 发布
· 黑龙江省音像制品经营活动管理规定	1998-11-27 发布

图 5-3-12　法律法规简单检索“著作权”第 19 页显示结果（一）

· 辽宁省出版管理规定	1998-09-25 发布
· 南京市音像制品管理办法	1998-05-30 发布
· 哈尔滨市电影发行放映管理规定（1998修改）	1998-01-04 发布
· 北京市图书报刊电子出版物管理条例	1997-09-05 发布
· 北京市音像制品管理条例	1997-07-18 发布
· 安徽省图书报刊出版管理条例	1996-09-21 发布
· 音像制品内容审查办法	1996-02-01 发布
· 音像制品进口管理办法（1996）	1996-02-01 发布
· 天津市测绘管理条例	1995-08-29 发布
· 商品化会计核算软件评审规则	1994-07-01 发布
· 吉林省出版管理条例	1992-07-25 发布
· 国家版权局关于地方版权管理工作若干问题的意见	1988-05-01 发布
· 国务院批转国家出版局等单位关于滥编滥印书刊和加强出版管理工作的报告的通知	1980-06-22 发布

上一页 1 .. 10 11 12 13 14 15 16 17 18 19 下一页 跳转到 跳转

图 5-3-13　法律法规简单检索“著作权”第 19 页显示结果（二）

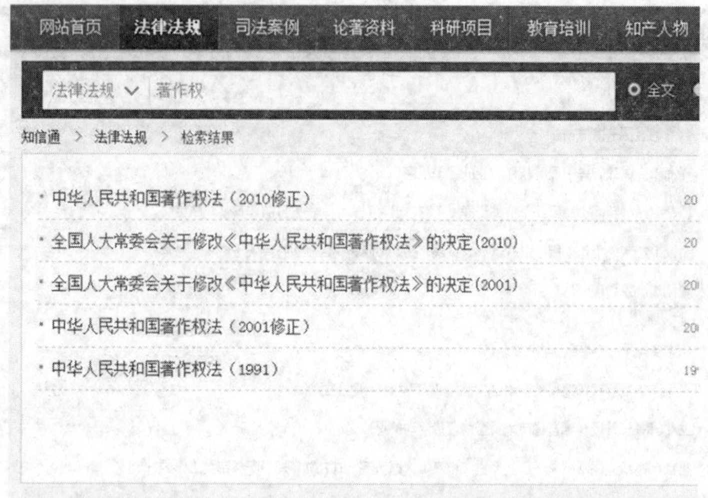

图 5-3-14　法律法规简单检索“著作权”显示栏中“法律”的具体内容

（2）简单检索之标题检索。在法律法规简单检索栏中输入“著作权”，选定“标题”按钮，点击检索。检索结果（如图 5-3-15）显示为 197 条，这些检索结果均为标题中含有“著作权”的法律法规。对比运用“全文检索”来看，检索结果的数目已经有了很大的限缩，也具有了很大的针对性。需要说明的是，关于全文检索与标题检索，在“知信通”资料库建设之初，不大稳定，有时会出现检索无结果显示或者两者检索出来的结果均为全文检索的结果。但是，通过与技术支持方的多次沟通，该问题最终得以解决。目前该简单检索已经稳定。

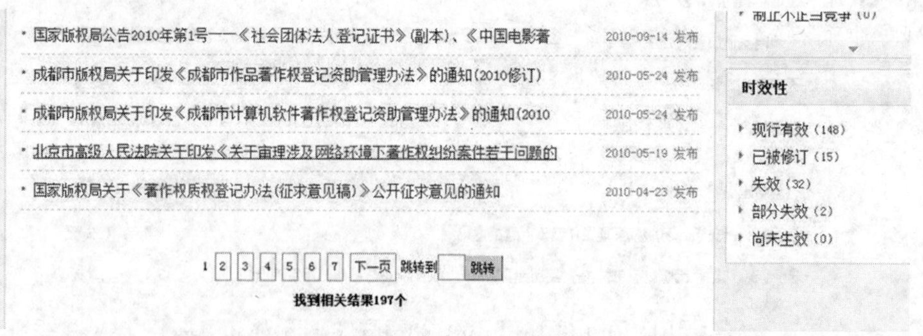

图 5-3-15　以“著作权”为关键词进行简单检索之标题检索结果

2. 高级检索模式——以“专利法”相关检索为例

（1）在标题中输入“专利法”，施行时间选择“1978—2015”，法规类别选择“专利”，如图 5-3-16 所示，检索结果如图 5-3-17—5-3-21 所示。检索的结果为 41 项，根据右侧的效力级别可知，其中包含法律 4 项，行政法规及国务院规范性文件 5 项，司法解释及两高工作文件 1 项，部门规章及其他规范性文件 13 项，地方性法规 0 项，地方政府规章 1 项，地方规范性文件 1 项，立法草案及说明 8 项，港澳台法规 1 项，国际条约 1 项，外国法律法规 1 项，其他 5 项。点击“部门规章及其他规范性文件”显示如图 5-3-22—5-3-23，从标题可以看出结果均为标题中含有“专利法”的部门规章及相关规范性文件，最早的发布时间为 1989 年 12 月 21 日，最迟的发布时间为 2010 年 1 月 29 日，检索结果的排列顺序为发布时间的顺序，据此推算出实施时间符合相关的检索选项，检索结果准确。

图 5-3-16　法律法规高级检索过程

图 5-3-17　高级检索“专利法”检索结果（一）

- 国家知识产权局专利局关于施行修改后专利法有关事项的通知 2009-09-29 发布
- 中华人民共和国专利法（2008修正） 2008-12-27 发布
- 中华人民共和国专利法修正案（草案）（2008） 2008-08-29 发布
- 关于《中华人民共和国专利法修正案（草案）》的说明（2008） 2008-08-25 发布
- 2002年12月28日修改的专利法实施细则的适用办法 2003-01-10 发布
- 国务院关于修改《中华人民共和国专利法实施细则》的决定(2002) 2002-12-28 发布
- 中华人民共和国专利法实施细则（2002修订） 2002-12-28 发布
- 关于执行<最高人民法院关于专利法、商标法修改后专利、商标相关案件分工问题的 2002-08-13 发布
- 最高人民法院关于对国家知识产权局《在新修改的专利法实施前受理但尚未结案的专 2002-02-21 发布
- 国家知识产权局关于新修改的专利法实施细则的说明 2001-06-26 发布
- 国家知识产权局公告(第78号)－－施行修改后专利法及其实施细则的过渡办法 2001-06-25 发布
- 国家知识产权局公告(第77号)－－实用新型专利权保护对象的范围依照专利法实施细 2001-06-25 发布
- 国家知识产权局公告第78号－－施行修改后专利法及其实施细则的过渡办法 2001-06-25 发布

发布部门

- 中央
  - 全国人大 (0)
  - 全国人大常委会 (8)
  - 最高人民法院 (2)
  - 最高人民检察院 (0)
  - 国务院 (10)
  - 国务院办公厅 (0)
  - 国家版权局 (0)
  - 国家知识产权局 (10)
  - 国家专利局 (4)
  - 国家工商行政管理总局 (0)
  - 国家工商行政管理总局... (0)
  - 教育部 (0)
  - 科技部 (0)
  - 工业和信息化部 (0)
  - 公安部 (0)
  - 农业部 (0)
  - 商务部 (0)

图 5-3-18　高级检索“专利法”检索结果（二）

- 国家知识产权局公告(第77号)－－实用新型专利权保护对象的范围依照专利法实施细 2001-06-25 发布
- 国家知识产权局公告第78号－－施行修改后专利法及其实施细则的过渡办法 2001-06-25 发布
- 中华人民共和国专利法实施细则（2001） 2001-06-15 发布
- 最高人民法院副院长曹建明同志在“实施新专利法研讨会”上的讲话 2001-02-08 发布
- 全国人大常委会关于修改《中华人民共和国专利法》的决定(2000) 2000-08-25 发布
- 中华人民共和国专利法（2000修正） 2000-08-25 发布
- 专利法条约 2000-06-01 发布
- 关于《中华人民共和国专利法修正案(草案)》的说明（2000） 2000-04-25 发布
- 珠海市技术引进中专利法律状态审查办法 1997-11-10 发布
- 天津市人民政府关于发布《天津市加强专利法律状态检索的规定》的通知 1997-01-03 发布

1 2 下一页

找到相关结果41个

- 公安部 (0)
- 农业部 (0)
- 商务部 (0)
- 司法部 (0)
- 财政部 (0)
- 交通运输部 (0)
- 文化部 (0)
- 中国人民银行 (0)
- 海关总署 (0)
- 国家税务总局 (0)
- 国家新闻出版广电总局 (0)
- 国家林业局 (0)
- 国家质量监督检验检疫总局 (0)
- 其他 (1)
- 外国立法机关
  - 美国立法机关 (0)
  - 德国立法机关 (0)
  - 巴西立法机关 (0)
  - 日本立法机关 (1)
  - 墨西哥立法机关 (0)

图 5-3-19　高级检索“专利法”检索结果（三）

图 5-3-20　高级检索“专利法”检索结果（四）

图 5-3-21　高级检索“专利法”检索结果（五）

图 5-3-22 检索结果中“部门规章及其他规范性文件”显示内容（一）

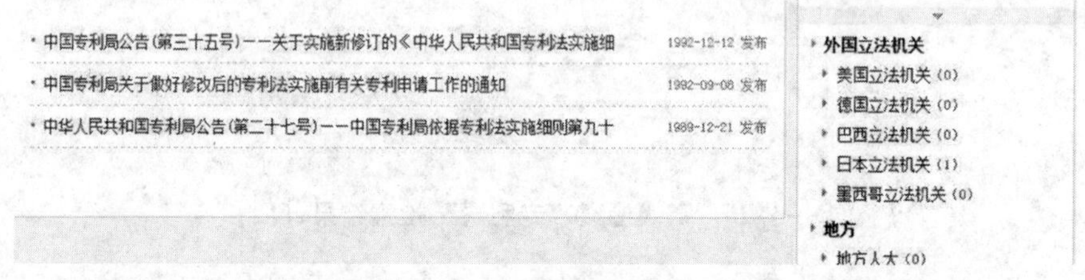

图 5-3-23 检索结果中“部门规章及其他规范性文件”显示内容（二）

（2）如果要检索北京市范围内 2006—2016 年与专利相关的、现行有效的规范性文件，则可以进行如下操作：在高级检索标题栏中输入“专利”，施行时间输入“2006—2016”，地域选择“北京市”，点击“检索”按钮，则显示出如图 5-3-24—5-3-25 所示的检索结果。

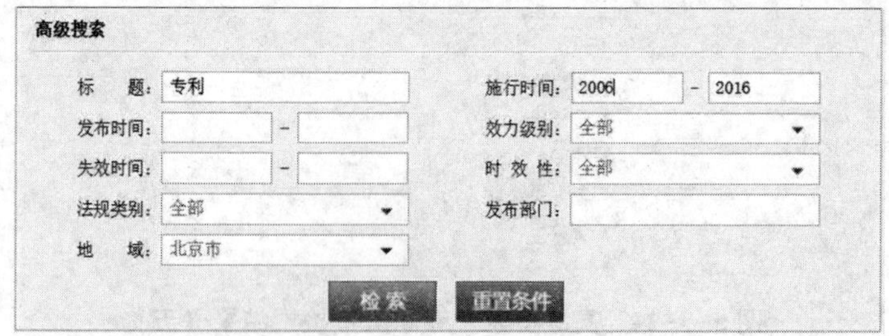

图 5-3-24 输入高级检索条件（北京市范围内近十年与专利相关的现行有效的规范性文件）

图 5-3-25 检索结果显示（北京市范围内近十年与专利相关的现行有效的规范性文件）

（3）检索近 20 年来上海市的商标相关的现行有效的规范性文件，操作如图 5-3-26 所示，检索结果如图 5-3-27 所示。

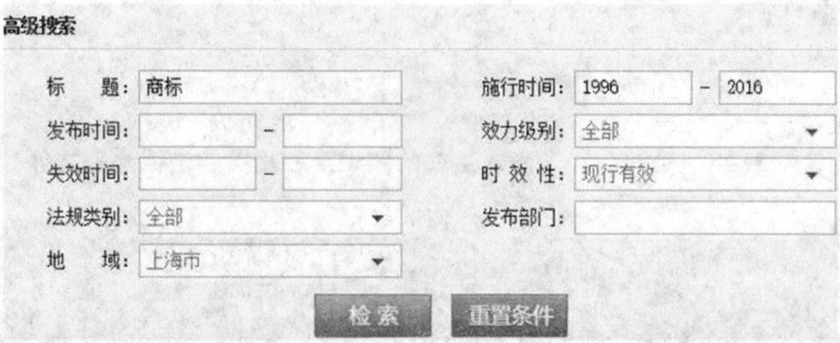

图 5-3-26 检索条件（上海市的商标相关的现行有效的规范性文件）

图 5-3-27 检索结果（上海市的商标相关的现行有效的规范性文件）

（4）检索尚未生效的知识产权相关的法律法规文件。操作如下：在高级检索栏时效性上选择“尚未生效”，法规类别选择“全部”，点击“检索”，如图 5-3-28 所示。检索结果如图 5-3-29 所示，一共有 4 个检索结果，分别为“中华人民共和国反不正当竞争法（修订草案送审稿）”“知识产权资产评估指南”“原产地名称和地理标志里斯本协定日内瓦文本”“关于集成电路的知识产权条约”。

高级搜索

标　题：　　施行时间：　　-
发布时间：　　-　　效力级别：全部
失效时间：　　-　　时 效 性：尚未生效
法规类别：全部　　发布部门：
地　域：请选择
检 索　重置条件

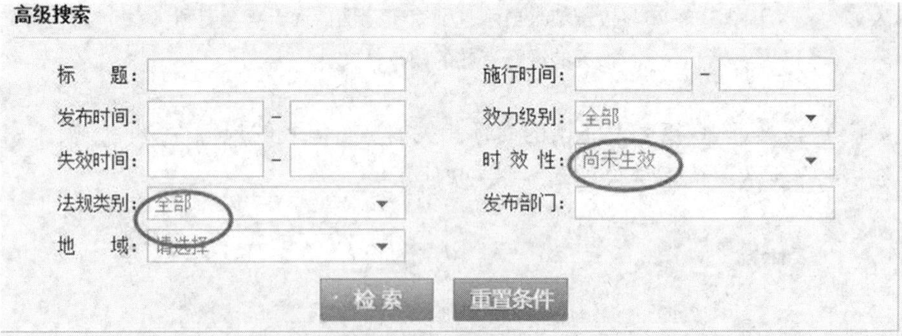

图 5-3-28　检索条件（尚未生效的知识产权相关的法律法规文件）

知信通 IPknow　中国知识产权文献与信息资料库

网站首页　法律法规　司法案例　论著资料　科研项目　教育培训　知产人物　知产机构

法律法规　输入关键词快速检索　全文　标题　检索

知信通 > 法律法规 > 检索结果

· 中华人民共和国反不正当竞争法（修订草案送审稿）　2016-02-25 发布
· 知识产权资产评估指南　2015-12-31 发布
· 原产地名称和地理标志里斯本协定日内瓦文本　2015-05-20 发布
· 关于集成电路的知识产权条约　1989-05-26 发布

图 5-3-29　检索结果（尚未生效的知识产权相关的法律法规文件）

（5）检索尚未生效的著作权相关的法律法规文件。操作如下：在高级检索栏标题中输入“著作权”，在时效性上选择“尚未生效”，点击“检索”，检索结果如图 5-3-31 所示。这就说明目前在“知信通”资料库中有关著作权的法律法规文件是没有尚未生效的条目的。值得说明的是，尚未生效的文件一般不予公布，因此，该检索结果是在合理预期之内的。

图 5-3-30　检索条件（尚未生效的著作权相关的法律法规文件）

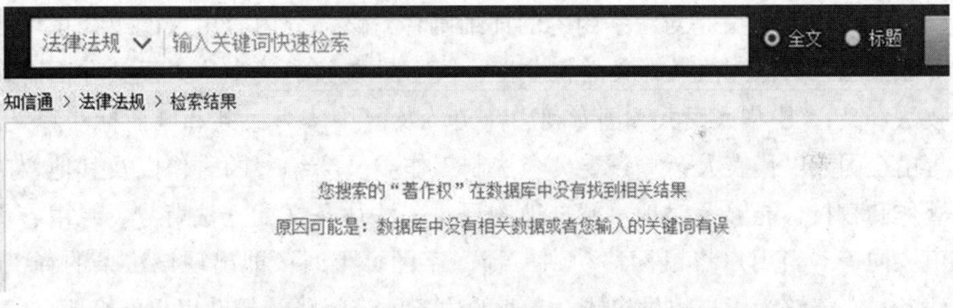

图 5-3-31　检索结果（尚未生效的著作权相关的法律法规文件）

四、“知信通”资料库法律法规版块的特有功能

（一）相关条文的信息深度加工

“知信通”资料库法律法规版块的突出特色及重要优势在于部分信息的深度加工。目前已经完成对现行《著作权法》《专利法》及《商标法》法律条文

的全方位深度加工工作。[1]信息的深度加工从以下几个部分进行：法条释义、学理解析、制度沿革、相关规定、司法案例和他山之石。该部分体现了本资料库提供专业增值服务并区别于其他同类数据库的重要特点和优势。针对这三部核心的知识产权专门法律，课题组利用自身在知识产权法律方面的专业优势和多年的学术积累，花费了大量时间，重点就法条释义和学理解析进行了深度专业阐释，总字数近60万字。该部分的完成，连同“知信通”知产百科版块（收录词条1481个，共计约165万字），使得“知信通”不仅成为知识产权文献及信息的基本资料库，而且成为一个名副其实的知识产权“知识库”，从而大大提高了该资料库的理论品味和应用价值。

1. 法律内涵与法条释义说明

（1）法律内涵系对法条内涵的高度概括，其立足于法律条文的基本内容和背后代表的法律原则、法律精神，以国家法律法规汇编等参考书为基础，进行筛选、总结而成。法律内涵标注在每个法条的条文序号之后、法条正文之前，以“【】”为标志。法律内涵提纲挈领，能够清晰地提示用户本法条的内涵，方便用户快速定位到需要的条款，提高用户使用资料库的效率，如《专利法》第11条后面的“【专有权】”。

（2）法条释义是对法条内容的详细阐释，该部分内容由课题组知识产权专家撰写。为保障法条释义的权威性，撰写时参考了《中华人民共和国著作权法释义》《中华人民共和国专利法释义》及《中华人民共和国商标法释义》等由全国人民代表大会常务委员会法制工作委员会编著的著作以及其他权威著作和教材，能够及时地、精准地阐释每一法律条文的立法背景、缘由、价值取向等。当用户将鼠标移动到“释”字图标上时，即出现该法条的释义。法条释义能够为用户提供权威、专业的法条内容阐释，帮助用户更好地理解、适用法条，更准确地找到自己需要的法律依据。[2]

（3）如《专利法》第11条（http://www.ipknow.cn/fagui/show-4678.

---

[1] 邓永泽、蒋燕、曹雅楠、安洋洋、杨珊、倪荣：“‘知信通’之法律法规资料库建设现状介绍及完善建议”，载冯晓青、杨利华主编：《国家知识产权文献及信息资料库建设研究》，中国政法大学出版社2015年版，第268页。

[2] 邓永泽、蒋燕、曹雅楠、安洋洋、杨珊、倪荣：“‘知信通’之法律法规资料库建设现状介绍及完善建议”，载冯晓青、杨利华主编：《国家知识产权文献及信息资料库建设研究》，中国政法大学出版社2015年版，第269页。

html）。其法律内涵和法条释义分别表述如下：

1）法律内涵。

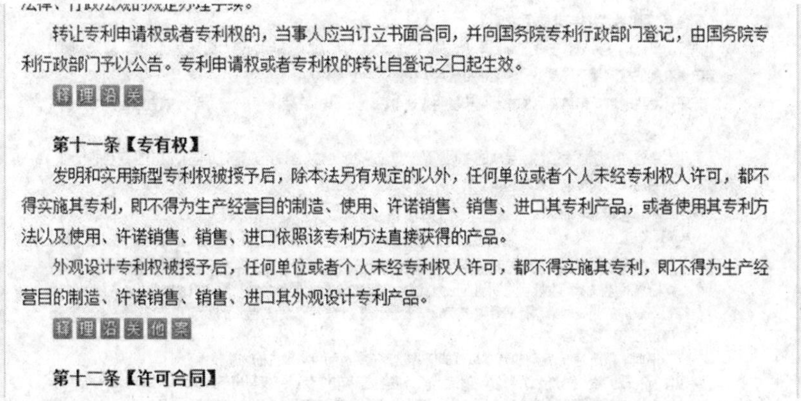

法律、行政法规的规定办理手续。

转让专利申请权或者专利权的，当事人应当订立书面合同，并向国务院专利行政部门登记，由国务院专利行政部门予以公告。专利申请权或者专利权的转让自登记之日起生效。

释 理 沿 关

第十一条【专有权】

发明和实用新型专利权被授予后，除本法另有规定的以外，任何单位或者个人未经专利权人许可，都不得实施其专利，即不得为生产经营目的制造、使用、许诺销售、销售、进口其专利产品，或者使用其专利方法以及使用、许诺销售、销售、进口依照该专利方法直接获得的产品。

外观设计专利权被授予后，任何单位或者个人未经专利权人许可，都不得实施其专利，即不得为生产经营目的制造、许诺销售、销售、进口其外观设计专利产品。

释 理 沿 关 他 案

第十二条【许可合同】

图 5-3-32　《专利法》第 11 条法律内涵

2）法条释义。

通过点击法条释义的标志“释”，则出现下拉框显示该条法条释义内容，通过拉动下拉框右边的滚动条可以查看法条释义全部内容，如图 5-3-33 所示。

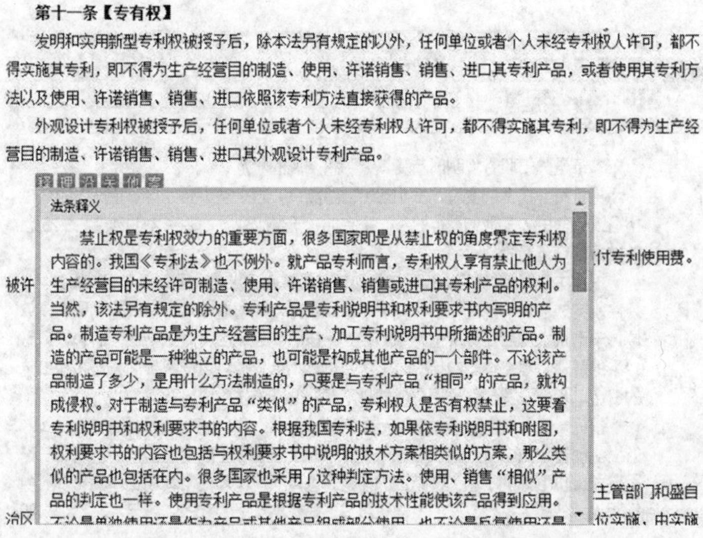

第十一条【专有权】

发明和实用新型专利权被授予后，除本法另有规定的以外，任何单位或者个人未经专利权人许可，都不得实施其专利，即不得为生产经营目的制造、使用、许诺销售、销售、进口其专利产品，或者使用其专利方法以及使用、许诺销售、销售、进口依照该专利方法直接获得的产品。

外观设计专利权被授予后，任何单位或者个人未经专利权人许可，都不得实施其专利，即不得为生产经营目的制造、许诺销售、销售、进口其外观设计专利产品。

释 理 沿 关 他 案

法条释义

禁止权是专利权效力的重要方面，很多国家即是从禁止权的角度界定专利权内容的。我国《专利法》也不例外。就产品专利而言，专利权人享有禁止他人为生产经营目的未经许可制造、使用、许诺销售、销售或进口其专利产品的权利。当然，该法另有规定的除外。专利产品是专利说明书和权利要求书内写明的产品。制造专利产品是为生产经营目的生产、加工专利说明书中所描述的产品。制造的产品可能是一种独立的产品，也可能是构成其他产品的一个部件。不论该产品制造了多少，是用什么方法制造的，只要是与专利产品“相同”的产品，就构成侵权。对于制造与专利产品“类似”的产品，专利权人是否有权禁止，这要看专利说明书和权利要求书的内容。根据我国专利法，如果依专利说明书和附图，权利要求书的内容也包括与权利要求书中说明的技术方案相类似的方案，那么类似的产品也包括在内。很多国家也采用了这种判定方法。使用、销售“相似”产品的判定也一样。使用专利产品是根据专利产品的技术性能使该产品得到应用。不论是单独使用还是作为产品或其他产品组成部分使用，也不论是反复使用还是

被许　付专利使用费。

治区　主管部门和盛自　位实施，由实施

图 5-3-33　《专利法》第 11 条法条释义

（4）如《专利法》第6条。

1）法律内涵。

第六条【职务发明与非职务发明】

执行本单位的任务或者主要是利用本单位的物质技术条件所完成的发明创造为职务发明创造。职务发明创造申请专利的权利属于该单位；申请被批准后，该单位为专利权人。

非职务发明创造，申请专利的权利属于发明人或者设计人；申请被批准后，该发明人或者设计人为专利权人。

利用本单位的物质技术条件所完成的发明创造，单位与发明人或者设计人订有合同，对申请专利的权利和专利权的归属作出约定的，从其约定。

法条释义

本条是关于职务发明创造及其专利权归属的规定。

随着科学技术的发展，发明创造日趋复杂，越来越需要公司、企业、研究机构组织众多的人在他们履行职务时来完成，于是出现了“职务发明创造”的概念并被各国广泛接受。

根据本条第1款规定，执行本单位的任务或者主要是利用本单位的物质技术条件所完成的发明创造为职务发明创造。职务发明创造申请专利的权利属于该单位；申请被批准后，该单位为专利权人。按照《专利法实施细则》（2010年）第12条的解释，本单位，包括临时工作单位；本单位的物质技术条件，是指本单位的资金、设备、零部件、原材料或者不对外公开的技术资料等。

根据《专利法》第6条和《专利法实施细则》（2010年）第12条的规定，职务发明创造分为以下几种类型：一是在本职工作中作出的发明创造。它既可以是因完成单位下达的本职工作范围的任务，也可以是作为日常本职工作的一部分由

图 5-3-34　《专利法》第6条法律内涵

2）法条释义。该法条释义具体内容如图5-3-35—5-3-40所示。

和专利权的归属作出约定的，从其约定。

法条释义

本条是关于职务发明创造及其专利权归属的规定。

随着科学技术的发展，发明创造日趋复杂，越来越需要公司、企业、研究机构组织众多的人在他们履行职务时来完成，于是出现了“职务发明创造”的概念并被各国广泛接受。

根据本条第1款规定，执行本单位的任务或者主要是利用本单位的物质技术条件所完成的发明创造为职务发明创造。职务发明创造申请专利的权利属于该单位；申请被批准后，该单位为专利权人。按照《专利法实施细则》（2010年）第12条的解释，本单位，包括临时工作单位；本单位的物质技术条件，是指本单位的资金、设备、零部件、原材料或者不对外公开的技术资料等。

根据《专利法》第6条和《专利法实施细则》（2010年）第12条的规定，职务发明创造分为以下几种类型：一是在本职工作中作出的发明创造。它既可以是因完成单位下达的本职工作范围的任务，也可以是作为日常本职工作的一部分由

图 5-3-35　《专利法》第6条法条释义（一）

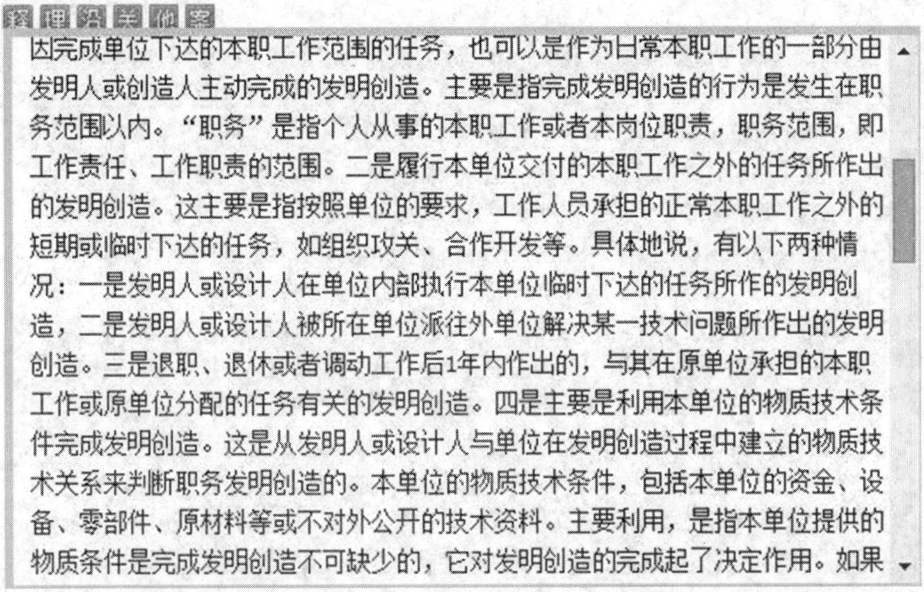

释理 沿革 关联 案例

因完成单位下达的本职工作范围的任务，也可以是作为日常本职工作的一部分由发明人或创造人主动完成的发明创造。主要是指完成发明创造的行为是发生在职务范围以内。“职务”是指个人从事的本职工作或者本岗位职责，职务范围，即工作责任、工作职责的范围。二是履行本单位交付的本职工作之外的任务所作出的发明创造。这主要是指按照单位的要求，工作人员承担的正常本职工作之外的短期或临时下达的任务，如组织攻关、合作开发等。具体地说，有以下两种情况：一是发明人或设计人在单位内部执行本单位临时下达的任务所作的发明创造，二是发明人或设计人被所在单位派往外单位解决某一技术问题所作出的发明创造。三是退职、退休或者调动工作后1年内作出的，与其在原单位承担的本职工作或原单位分配的任务有关的发明创造。四是主要是利用本单位的物质技术条件完成发明创造。这是从发明人或设计人与单位在发明创造过程中建立的物质技术关系来判断职务发明创造的。本单位的物质技术条件，包括本单位的资金、设备、零部件、原材料等或不对外公开的技术资料。主要利用，是指本单位提供的物质条件是完成发明创造不可缺少的，它对发明创造的完成起了决定作用。如果

图 5-3-36 《专利法》第 6 条法条释义（二）

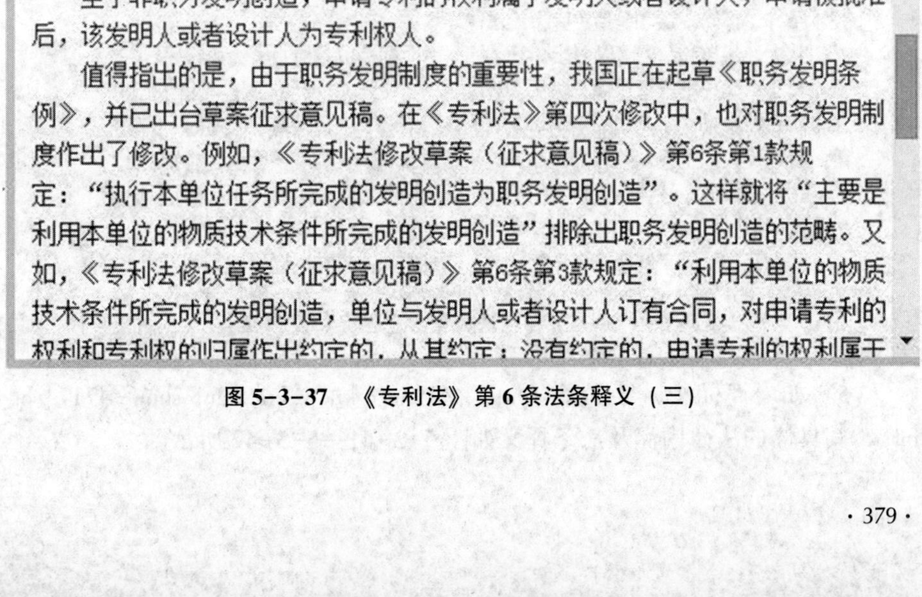

释理 沿革 关联 案例

仅仅是利用单位少量的物质条件，这种利用对发明创造的完成只起辅助作用，就不能认定是“主要利用”。

此外，对于利用本单位的物质技术条件所完成发明创造，单位与发明人或设计人订有合同，对申请专利的权利和专利权的归属作出约定的，从其约定。

至于非职务发明创造，申请专利的权利属于发明人或者设计人；申请被批准后，该发明人或者设计人为专利权人。

值得指出的是，由于职务发明制度的重要性，我国正在起草《职务发明条例》，并已出台草案征求意见稿。在《专利法》第四次修改中，也对职务发明制度作出了修改。例如，《专利法修改草案（征求意见稿）》第6条第1款规定：“执行本单位任务所完成的发明创造为职务发明创造”。这样就将“主要是利用本单位的物质技术条件所完成的发明创造”排除出职务发明创造的范畴。又如，《专利法修改草案（征求意见稿）》第6条第3款规定：“利用本单位的物质技术条件所完成的发明创造，单位与发明人或者设计人订有合同，对申请专利的权利和专利权的归属作出约定的，从其约定；没有约定的，申请专利的权利属于

图 5-3-37 《专利法》第 6 条法条释义（三）

释理沿关俯案

权利和专利权的归属作出约定的，从其约定；没有约定的，申请专利的权利属于发明人或者设计人。”对此，国家知识产权局在关于该草案征求意见稿中指出：

本条的修改主要有两方面：一是重新划分了职务发明创造的范围，仅规定“执行本单位任务所完成的发明创造”为职务发明创造，不再规定“主要利用本单位物质技术条件所完成的发明创造”为职务发明创造；二是明确了“利用单位物质技术条件所完成的发明创造”的权属划分，规定双方对其权利归属有约定的，从其约定；没有约定的，申请专利的权利属于发明人或者设计人。

本修改建议主要基于以下考虑：一是体现“人是科技创新的最关键因素”，充分利用产权制度激发发明人的创新积极性。对于利用单位物质技术条件完成的发明创造，在权利归属方面给予单位和发明人之间更大的自主空间，在没有约定的情况下，规定申请专利的权利属于发明人或者设计人；二是克服现行第六条第一款与第三款规定之间可能产生的矛盾，消除实践中对第三款规定的“利用”是否包含“主要利用”情形存在的不同理解；三是促使单位完善内部知识产权管理制度，事先约定好利用单位物质技术条件完成发明创造的权利归属，预防纠纷的

图 5-3-38 《专利法》第 6 条法条释义（四）

释理沿关俯案

一款与第三款规定之间可能产生的矛盾，消除实践中对第三款规定的“利用”是否包含“主要利用”情形存在的不同理解；三是促使单位完善内部知识产权管理制度，事先约定好利用单位物质技术条件完成发明创造的权利归属，预防纠纷的发生；四是落实2014年12月国务院发布的《关于国家重大科研基础设施和大型科研仪器向社会开放的意见》要求，加快推进国家重大科研基础设施和大型科研仪器向社会开放，进一步提高科技资源利用效率，为发明人充分利用科研单位物质技术条件进行研发活动营造更完善的法律环境。

从上述规定和解释可以看出，我国职务发明创造的范围将大大缩校另一方面，修改草案（征求意见稿）强化了对发明人、设计人权利的保护，因为“利用单位物质技术条件所完成的发明创造”的权属划分，在遵循意思自治原则的前提下，针对没有约定权利归属的情形，规定申请专利的权利属于发明人或者设计人。这自然体现了法律以人为本的理念，以及调动发明人、设计人从事发明创造的原则。

（撰写：“国家知识产权文献及信息资料库建设研究”课题组）

图 5-3-39 《专利法》第 6 条法条释义（五）

（5）如《商标法》第 5 条（http://www.ipknow.cn/fagui/show-4717.html），其具体的法律内涵及法条释义如图 5-3-41—5-3-42 所示。

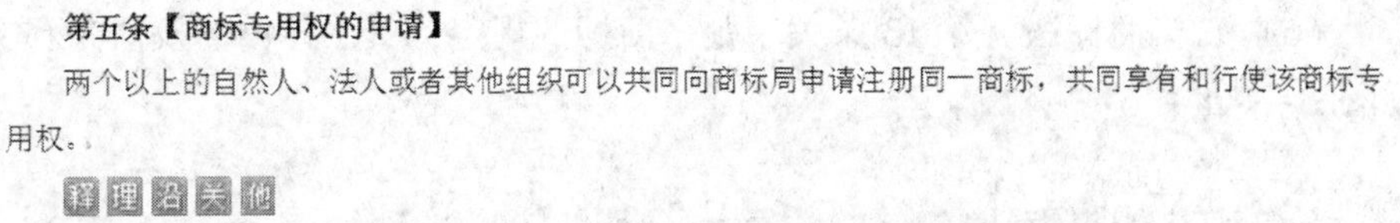

第五条【商标专用权的申请】

两个以上的自然人、法人或者其他组织可以共同向商标局申请注册同一商标，共同享有和行使该商标专用权。

释 理 沿 关 他

图 5-3-40　《商标法》第 5 条法律内涵

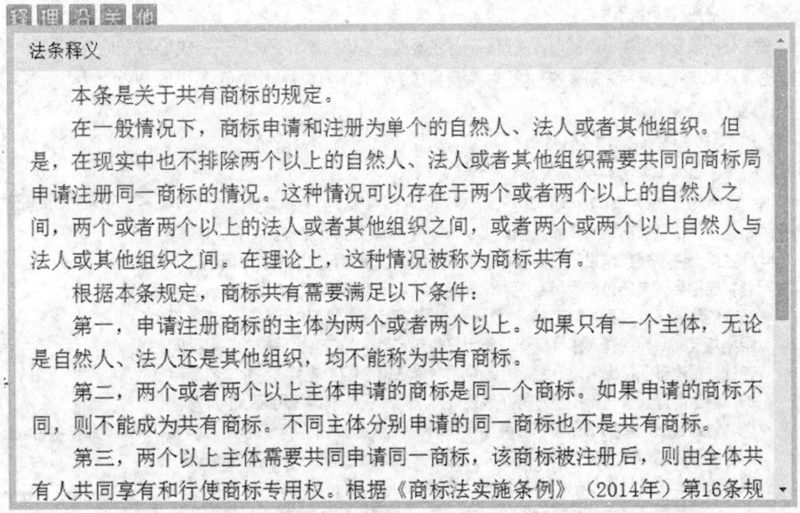

释 理 沿 关 他

法条释义

本条是关于共有商标的规定。

在一般情况下，商标申请和注册为单个的自然人、法人或者其他组织。但是，在现实中也不排除两个以上的自然人、法人或者其他组织需要共同向商标局申请注册同一商标的情况。这种情况可以存在于两个或者两个以上的自然人之间，两个或者两个以上的法人或者其他组织之间，或者两个或两个以上自然人与法人或其他组织之间。在理论上，这种情况被称为商标共有。

根据本条规定，商标共有需要满足以下条件：

第一，申请注册商标的主体为两个或者两个以上。如果只有一个主体，无论是自然人、法人还是其他组织，均不能称为共有商标。

第二，两个或者两个以上主体申请的商标是同一个商标。如果申请的商标不同，则不能成为共有商标。不同主体分别申请的同一商标也不是共有商标。

第三，两个以上主体需要共同申请同一商标，该商标被注册后，则由全体共有人共同享有和行使商标专用权。根据《商标法实施条例》（2014年）第16条规

图 5-3-41　《商标法》第 5 条法律释义（一）

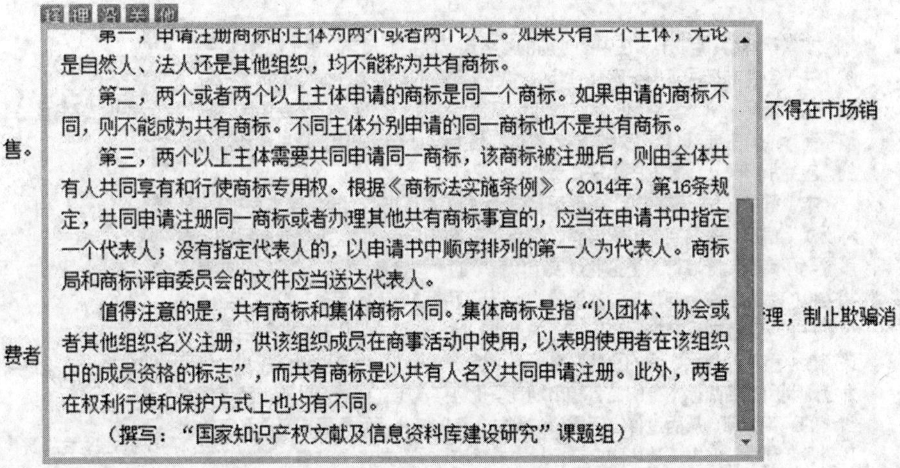

释 理 沿 关 他

第一，申请注册商标的主体为两个或者两个以上。如果只有一个主体，无论是自然人、法人还是其他组织，均不能称为共有商标。

第二，两个或者两个以上主体申请的商标是同一个商标。如果申请的商标不同，则不能成为共有商标。不同主体分别申请的同一商标也不是共有商标。

不得在市场销

售。

第三，两个以上主体需要共同申请同一商标，该商标被注册后，则由全体共有人共同享有和行使商标专用权。根据《商标法实施条例》（2014年）第16条规定，共同申请注册同一商标或者办理其他共有商标事宜的，应当在申请书中指定一个代表人；没有指定代表人的，以申请书中顺序排列的第一人为代表人。商标局和商标评审委员会的文件应当送达代表人。

值得注意的是，共有商标和集体商标不同。集体商标是指“以团体、协会或者其他组织名义注册，供该组织成员在商事活动中使用，以表明使用者在该组织中的成员资格的标志”，而共有商标是以共有人名义共同申请注册。此外，两者在权利行使和保护方式上也均有不同。

理，制止欺骗消

费者

（撰写：“国家知识产权文献及信息资料库建设研究”课题组）

图 5-3-42　《商标法》第 5 条法律释义（二）

（6）如《商标法》第13条关于驰名商标的规定，其法律内涵及法条释义如图5-3-43—5-3-47所示。

第十三条【驰名商标的保护】

为相关公众所熟知的商标，持有人认为其权利受到侵害时，可以依照本法规定请求驰名商标保护。

就相同或者类似商品申请注册的商标是复制、摹仿或者翻译他人未在中国注册的驰名商标，容易导致混淆的，不予注册并禁止使用。

就不相同或者不相类似商品申请注册的商标是复制、摹仿或者翻译他人已经在中国注册的驰名商标，误导公众，致使该驰名商标注册人的利益可能受到损害的，不予注册并禁止使用。

法条释义

本条是关于驰名商标的保护的规定。

本条第1款规定的“为相关公众所熟知的商标”，是关于驰名商标构成的基本条件。根据《商标法实施条例》（2014年）第3条规定：“商标持有人依照商标法第十三条规定请求驰名商标保护的，应当提交其商标构成驰名商标的证据材料。商标局、商标评审委员会应当依照商标法第十四条的规定，根据审查、处理案件的需要以及当事人提交的证据材料，对其商标驰名情况作出认定。”其第72条则规定：商标持有人依照商标法第十三条规定请求驰名商标保护的，可以向工商行政管理部门提出请求。经商标局依照商标法第十四条规定认定为驰名商标的，由工商行政管理部门责令停止违反商标法第十三条规定使用商标的行为，收缴、销毁违法使用的商标标识；商标标识与商品难以分离的，一并收缴、销毁。

本条第2款，是关于未在中国注册的驰名商标保护的规定。根据最高人民法院《关于审理商标民事纠纷案件适用法律若干问题的解释》（2002）第2条规

图5-3-43　《商标法》第13条法律内涵及法条释义（一）

本条第2款，是关于未在中国注册的驰名商标保护的规定。根据最高人民法院《关于审理商标民事纠纷案件适用法律若干问题的解释》（2002）第2条规定，依据商标法第十三条第一款的规定，复制、摹仿、翻译他人未在中国注册的驰名商标或其主要部分，在相同或者类似商品上作为商标使用，容易导致混淆的，应当承担停止侵害的民事法律责任。

本条第3款是关于在中国注册的驰名商标的跨类保护的规定。跨类保护，又称反淡化保护。驰名商标不仅具有区别商品来源的作用，而且承载着商品的上乘质量与厂商的良好信誉，是企业开展市场竞争的“黄金名片”。在不相同或者不相类似的商品上使用与其相同或近似的标记，即将驰名商标用于非类似商品上，虽然并非一定造成厂商之间商品来源的混淆，但依然可能淡化或割断驰名商标与该商标所负载的商品之间的独特联系，甚至造成驰名商标声誉受到贬损。淡化行为者则利用驰名商标本身的信誉和市场竞争优势搭便车，误导、欺骗消费者做出错误的购买选择，从而也侵害消费者的利益。有些淡化行为尽管本身不会直接损及消费者利益，但由于淡化驰名商标行为最终破坏了公平竞争秩序，最终仍然会

图5-3-44　《商标法》第13条法律内涵及法条释义（二）

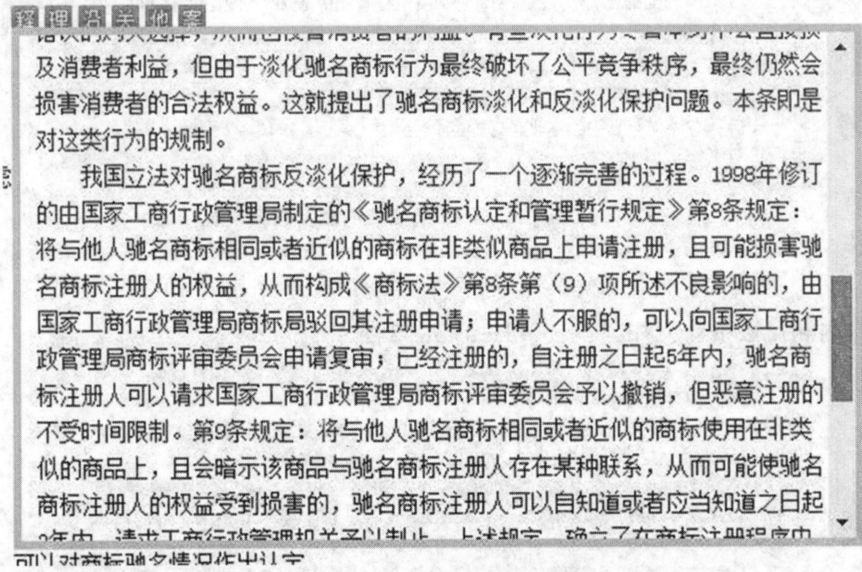

及消费者利益，但由于淡化驰名商标行为最终破坏了公平竞争秩序，最终仍然会损害消费者的合法权益。这就提出了驰名商标淡化和反淡化保护问题。本条即是对这类行为的规制。

我国立法对驰名商标反淡化保护，经历了一个逐渐完善的过程。1998年修订的由国家工商行政管理局制定的《驰名商标认定和管理暂行规定》第8条规定：将与他人驰名商标相同或者近似的商标在非类似商品上申请注册，且可能损害驰名商标注册人的权益，从而构成《商标法》第8条第（9）项所述不良影响的，由国家工商行政管理局商标局驳回其注册申请；申请人不服的，可以向国家工商行政管理局商标评审委员会申请复审；已经注册的，自注册之日起5年内，驰名商标注册人可以请求国家工商行政管理局商标评审委员会予以撤销，但恶意注册的不受时间限制。第9条规定：将与他人驰名商标相同或者近似的商标使用在非类似的商品上，且会暗示该商品与驰名商标注册人存在某种联系，从而可能使驰名商标注册人的权益受到损害的，驰名商标注册人可以自知道或者应当知道之日起

图 5-3-45 《商标法》第 13 条法律内涵及法条释义（三）

标注册人可以请求国家工商行政管理局商标评审委员会予以撤销，但恶意注册的不受时间限制。第9条规定：将与他人驰名商标相同或者近似的商标使用在非类似的商品上，且会暗示该商品与驰名商标注册人存在某种联系，从而可能使驰名商标注册人的权益受到损害的，驰名商标注册人可以自知道或者应当知道之日起2年内，请求工商行政管理机关予以制止。上述规定，确立了在商标注册程序中对他人驰名商标的保护，以杜绝将与他人驰名商标相同或者近似的商标在非类似商品上申请注册，防止损害驰名商标注册人的权益的现象发生。同时，也确立了在驰名商标行政保护中制止淡化驰名商标的规制措施。尽管上述规定出自部门规章，其立法层次较低，但它毕竟在我国的规范性法律文件中较早涉及了驰名商标的反淡化保护问题。

2001年我国第二次修改的《商标法》首次在立法中增加了对驰名商标的保护，其中就包括反淡化保护。该法第13条第2款规定：就不相同或者不相类似商品申请注册的商标是复制、摹仿或者翻译他人已经在中国注册的驰名商标，误导公众，致使该驰名商标注册人的利益可能受到损害的，不予注册并禁止使用。这

图 5-3-46 《商标法》第 13 条法律内涵及法条释义（四）

2001年我国第二次修改的《商标法》首次在立法中增加了对驰名商标的保护，其中就包括反淡化保护。该法第13条第2款规定：就不相同或者不相类似商品申请注册的商标是复制、摹仿或者翻译他人已经在中国注册的驰名商标，误导公众，致使该驰名商标注册人的利益可能受到损害的，不予注册并禁止使用。这一规定确立了对已在中国注册的驰名商标的反淡化保护。2013年《商标法》保留了上述规定。

图 5-3-47　《商标法》第 13 条法律内涵及法条释义（五）

（7）如《商标法》第 60 条关于侵犯注册商标专用权责任的条款，其具体法律内涵及法条释义如图 5-3-48—5-3-52 所示。

第六十条【侵犯注册商标专用权的责任】

有本法第五十七条所列侵犯注册商标专用权行为之一，引起纠纷的，由当事人协商解决；不愿协商或者协商不成的，商标注册人或者利害关系人可以向人民法院起诉，也可以请求工商行政管理部门处理。

工商行政管理部门处理时，认定侵权行为成立的，责令立即停止侵权行为，没收、销毁侵权商品和主要用于制造侵权商品、伪造注册商标标识的工具，违法经营额五万元以上的，可以处违法经营额五倍以下的罚款，没有违法经营额或者违法经营额不足五万元的，可以处二十五万元以下的罚款。对五年内实施两次以上商标侵权行为或者有其他严重情节的，应当从重处罚。销售不知道是侵犯注册商标专用权的商品，能证明该商品是自己合法取得并说明提供者的，由工商行政管理部门责令停止销售。

对侵犯商标专用权的赔偿数额的争议，当事人可以请求进行处理的工商行政管理部门调解，也可以依照《中华人民共和国民事诉讼法》向人民法院起诉。经工商行政管理部门调解，当事人未达成协议或者调解书生效后不履行的，当事人可以依照《中华人民共和国民事诉讼法》向人民法院起诉。

释 理 沿 关 他 案

图 5-3-48　《商标法》第 60 条法律内涵

释 理 沿 关 他 案

法条释义

本条是关于侵犯注册商标专用权行为处理的规定。

本条第1款明确了商标侵权纠纷的解决方式：协商和解、向人民法院起诉和请求工商行政管理部门处理。协商解决是很自然的一种行之有效、执行力强的纠纷解决方式，对于商标侵权纠纷来说也莫不如此。诉讼途径自然也是一种普遍的解决纠纷方式，并且是最终的解决方式。当发生商标侵权纠纷时，商标注册人或者利害关系人既可以通过诉讼途径主张自己的权利。在我国，有关知识产权行政管理部门处理知识产权纠纷也是一种普遍采取的形式，这就是所谓“两条途径、协调处理”解决知识产权纠纷的模式。商标侵权纠纷或者说侵犯商标专用权纠纷，工商行政管理部门处理的合理性可以从以下阐述中得以理解：

商标专用权作为一种知识产权无疑属于私权范畴，也是一种重要的民事权利。然而在中国，追究知识产权侵权的法律责任包含了行政法律责任尤其是行政处罚的内容。在西方国家则很少由知识产权行政管理机关直接追究知识产权侵权人的行政法律责任，通常都是由法院按照民事程序加以解决。在我国知识产权侵

图 5-3-49　《商标法》第 60 条法条释义（一）

释 理 沿 关 他 案

处罚的内容。在西方国家则很少由知识产权行政管理机关直接追究知识产权侵权人的行政法律责任，通常都是由法院按照民事程序加以解决。在我国知识产权侵权责任之所以行政处罚与司法救济并驾齐驱，是有其特定缘由的。中国人口众多、地域辽阔，每年出现的知识产权侵权争议案件众多，而人民法院审理知识产权案件的水平存在很大的地区差异。如果包括侵犯商标专用权在内的知识产权侵权案件都只能由法院加以处理，则人民法院将不堪重负。此外，司法处理还存在时限较长等不足，中西部一些地方人民法院知识产权案件审判人员和审判经验尤其不足。比较而言，我国建立了庞大的各级知识产权行政管理体制，能够胜任对相关知识产权侵权案件的处理。而且，从保护效果上看，行政处理比民事手段来得更直接、迅速，具有直接的强制性、处罚性，对侵权行为更具有威慑力。正因为当前知识产权侵权行政法律责任在我国具有合理性，我国现行知识产权法律、法规和有关规章制度均规定了侵犯知识产权行为的行政法律责任，尤其是行政处罚，如训诫，没收非法所得，责令停止制作、发行侵权复制品，没收侵权复制品

图 5-3-50　《商标法》第 60 条法条释义（二）

释 理 沿 关 他 案

和制作侵权复制品的设备、罚款等。《商标法》的规定也是如此。《商标法实施条例》（2014年）第77条则补充规定：对侵犯注册商标专用权的行为，任何人可以向工商行政管理部门投诉或者举报。

本条和2001年《商标法》第53条相比，不仅对2001年《商标法》针对违反商标法的行为的处罚标准予以量化，而且提高了处罚标准，即“违法经营额五万元以上的，可以处违法经营额五倍以下的罚款，没有违法经营额或者违法经营额不足五万元的，可以处二十五万元以下的罚款”。《商标法实施条例》（2014年）第78条则规定：计算商标法第六十条规定的违法经营额，可以考虑下列因素：（1）侵权商品的销售价格；（2）未销售侵权商品的标价；（3）已查清侵权商品实际销售的平均价格；（4）被侵权商品的市场中间价格；（5）侵权人因侵权所产生的营业收入；（6）其他能够合理计算侵权商品价值的因素。值得指出的是，2013年《商标法》修改时还增加了“对五年内实施两次以上侵犯商标专用权行为或者有其他严重情节的，应当从重处罚”的规定。此种规定旨在制止反复侵权以及其他具有严重情节的侵权行为，有利于遏制当前存在的一些屡禁不止、群

图 5-3-51　《商标法》第 60 条法条释义（三）

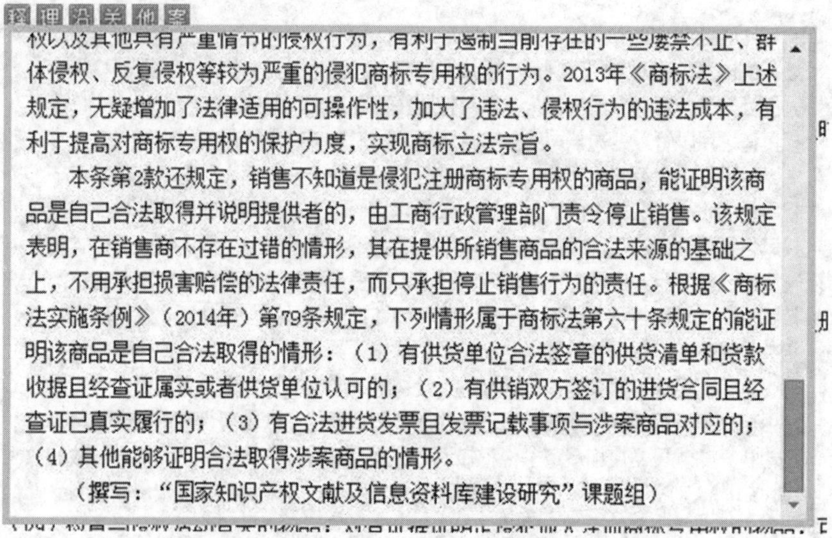

释 理 沿 关 侧 案

权以及其他具有严重情节的侵权行为，有利于遏制当前存在的一些屡禁不止、群体侵权、反复侵权等较为严重的侵犯商标专用权的行为。2013年《商标法》上述规定，无疑增加了法律适用的可操作性，加大了违法、侵权行为的违法成本，有利于提高对商标专用权的保护力度，实现商标立法宗旨。

本条第2款还规定，销售不知道是侵犯注册商标专用权的商品，能证明该商品是自己合法取得并说明提供者的，由工商行政管理部门责令停止销售。该规定表明，在销售商不存在过错的情形，其在提供所销售商品的合法来源的基础之上，不用承担损害赔偿的法律责任，而只承担停止销售行为的责任。根据《商标法实施条例》（2014年）第79条规定，下列情形属于商标法第六十条规定的能证明该商品是自己合法取得的情形：（1）有供货单位合法签章的供货清单和货款收据且经查证属实或者供货单位认可的；（2）有供销双方签订的进货合同且经查证已真实履行的；（3）有合法进货发票且发票记载事项与涉案商品对应的；（4）其他能够证明合法取得涉案商品的情形。

（撰写：“国家知识产权文献及信息资料库建设研究”课题组）

图 5-3-52　《商标法》第 60 条法条释义（四）

2. 学理解析

学理解析介绍了学术界对于该条款所涉及制度的认识。当用户将鼠标移动到“理”图标上时，即出现本法条的学理解析。基于著作权保护的原因，法条的学理解析部分虽然参考了其他专家学者的成果，但无法直接引用，而是来自课题组负责人及成员撰写和主编的著作、论文，这些著作和论文是依据我国现行的知识产权法律法规，在吸收国内外最新科研成果的基础上撰写而成的，能够为用户提供专业、翔实、深入浅出的解析。当用户将鼠标移动到“理”字图标上时，即出现对该法条的学理解析。学理解析部分旨在对某一制度从理论层面和实务层面上，做出更加全面、深入的解读，帮助用户更好地把握该制度的定位、理解法条的含义。[1]

法律解释是不可或缺的法学研究方法。从历史的角度来看，西方国家早在 11 世纪左右就出现了注释法学派，通过对法律条文的解读来研究法律科学。罗马法成为意大利注释法学派最早的解释对象。该学派重视以区别、扩张、限定等具体的文义解释方式诠释罗马法体系。评论法学派则是 12 世纪后

〔1〕 邓永泽、蒋燕、曹雅楠、安洋洋、杨珊、倪荣：“‘知信通’之法律法规资料库建设现状介绍及完善建议”，载冯晓青、杨利华主编：《国家知识产权文献及信息资料库建设研究》，中国政法大学出版社 2015 年版，第 269 页。

半叶在意大利注释法学派的基础上形成的。意大利评论法学派（又称后注释法学派）则出现于13世纪后半叶，其在先前罗马法解释的基础上融入了逻辑推理思维。[1] 由此可见，法律解释一直贯穿于法律的历史演进过程中。按照解释主体的不同，法律解释可以分为立法机关解释、司法机关解释及学理解释三种类别。前两者根据各国法律规定的不同具有不同的法律效力，学理解释一般是专家学者对法律条文的理解和解读，其虽然不具备法律效力，但对于理解法律条文的精神和内涵以及准确地适用法律仍然具有十分重要的意义和作用。

本法律法规库的法条释义模块在以立法机关发布的权威内容为参考的基础之上撰写而成，一定程度上能够代表立法机关的立场和用意；学理解析模块收录了课题组专家学者对相关法律条文的分析与解读，属于典型的学理解释；相关规定中则链接到多部与该条文相关的司法解释。三个模块并驾齐驱，能够体现不同主体的不同解读，方便用户查询与选择。

（1）如《著作权法》第2条关于著作权范围的规定，其学理解析如图5-3-53—5-3-57所示。

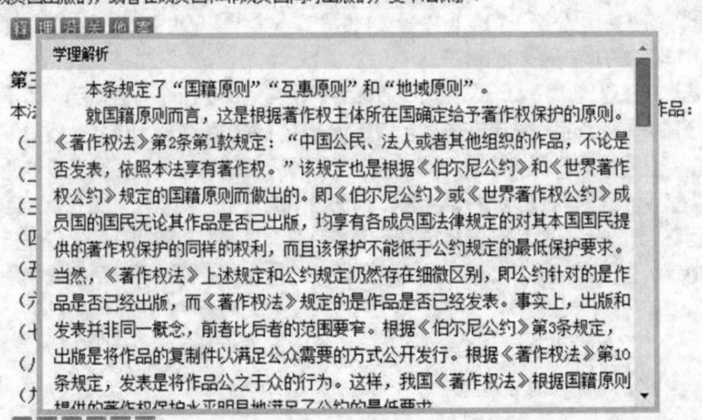

第二条　【著作权范围】

中国公民、法人或者其他组织的作品，不论是否发表，依照本法享有著作权。

外国人、无国籍人的作品根据其作者所属国或者经常居住地国同中国签订的协议或者共同参加的国际条约享有的著作权，受本法保护。

外国人、无国籍人的作品首先在中国境内出版的，依照本法享有著作权。

未与中国签订协议或者共同参加国际条约的国家的作者以及无国籍人的作品首次在中国参加的国际条约的成员国出版的，或者在成员国和非成员国同时出版的，受本法保护。

学理解析

本条规定了“国籍原则”“互惠原则”和“地域原则”。

就国籍原则而言，这是根据著作权主体所在国确定给予著作权保护的原则。《著作权法》第2条第1款规定：“中国公民、法人或者其他组织的作品，不论是否发表，依照本法享有著作权。”该规定也是根据《伯尔尼公约》和《世界著作权公约》规定的国籍原则而做出的。即《伯尔尼公约》或《世界著作权公约》成员国的国民无论其作品是否已出版，均享有各成员国法律规定的对其本国国民提供的著作权保护的同样的权利，而且该保护不能低于公约规定的最低保护要求。当然，《著作权法》上述规定和公约规定仍然存在细微区别，即公约针对的是作品是否已经出版，而《著作权法》规定的是作品是否已经发表。事实上，出版和发表并非同一概念，前者比后者的范围要窄。根据《伯尔尼公约》第3条规定，出版是将作品的复制件以满足公众需要的方式公开发行。根据《著作权法》第10条规定，发表是将作品公之于众的行为。这样，我国《著作权法》根据国籍原则

图5-3-53　《著作权法》第2条学理解析（一）

---

〔1〕李芷毓：“博弈于‘严格’与‘自由’之间”，华东政法大学2013年硕士学位论文。

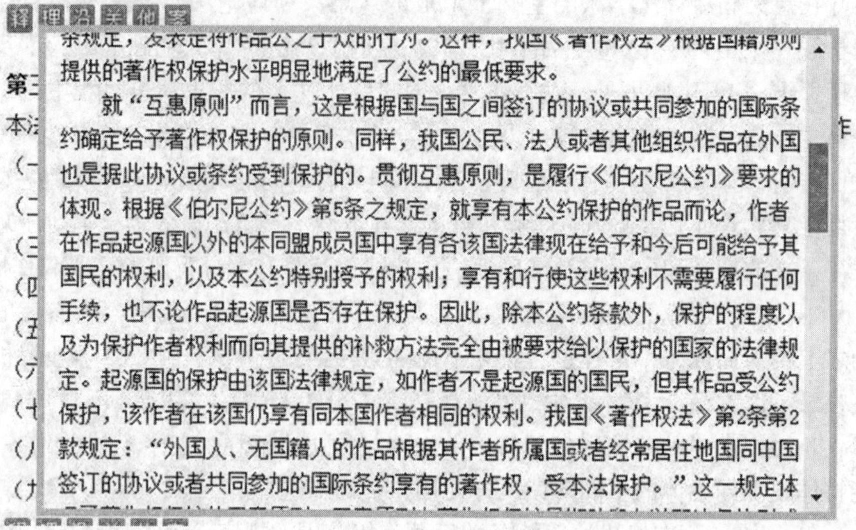

条规定，发表是将作品公之于众的行为。这样，我国《著作权法》根据国籍原则提供的著作权保护水平明显地满足了公约的最低要求。

就“互惠原则”而言，这是根据国与国之间签订的协议或共同参加的国际条约确定给予著作权保护的原则。同样，我国公民、法人或者其他组织作品在外国也是据此协议或条约受到保护的。贯彻互惠原则，是履行《伯尔尼公约》要求的体现。根据《伯尔尼公约》第5条之规定，就享有本公约保护的作品而论，作者在作品起源国以外的本同盟成员国中享有各该国法律现在给予和今后可能给予其国民的权利，以及本公约特别授予的权利；享有和行使这些权利不需要履行任何手续，也不论作品起源国是否存在保护。因此，除本公约条款外，保护的程度以及为保护作者权利而向其提供的补救方法完全由被要求给以保护的国家的法律规定。起源国的保护由该国法律规定，如作者不是起源国的国民，但其作品受公约保护，该作者在该国仍享有同本国作者相同的权利。我国《著作权法》第2条第2款规定：“外国人、无国籍人的作品根据其作者所属国或者经常居住地国同中国签订的协议或者共同参加的国际条约享有的著作权，受本法保护。”这一规定体

图 5-3-54 《著作权法》第 2 条学理解析（二）

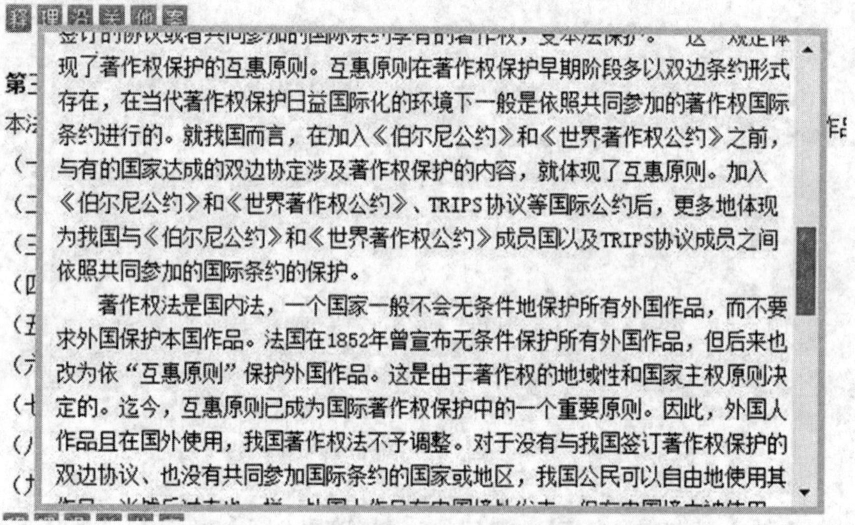

签订的协议或者共同参加的国际条约享有的著作权，受本法保护。”这一规定体现了著作权保护的互惠原则。互惠原则在著作权保护早期阶段多以双边条约形式存在，在当代著作权保护日益国际化的环境下一般是依照共同参加的著作权国际条约进行的。就我国而言，在加入《伯尔尼公约》和《世界著作权公约》之前，与有的国家达成的双边协定涉及著作权保护的内容，就体现了互惠原则。加入《伯尔尼公约》和《世界著作权公约》、TRIPS协议等国际公约后，更多地体现为我国与《伯尔尼公约》和《世界著作权公约》成员国以及TRIPS协议成员之间依照共同参加的国际条约的保护。

著作权法是国内法，一个国家一般不会无条件地保护所有外国作品，而不要求外国保护本国作品。法国在1852年曾宣布无条件保护所有外国作品，但后来也改为依“互惠原则”保护外国作品。这是由于著作权的地域性和国家主权原则决定的。迄今，互惠原则已成为国际著作权保护中的一个重要原则。因此，外国人作品且在国外使用，我国著作权法不予调整。对于没有与我国签订著作权保护的双边协议、也没有共同参加国际条约的国家或地区，我国公民可以自由地使用其

图 5-3-55 《著作权法》第 2 条学理解析（三）

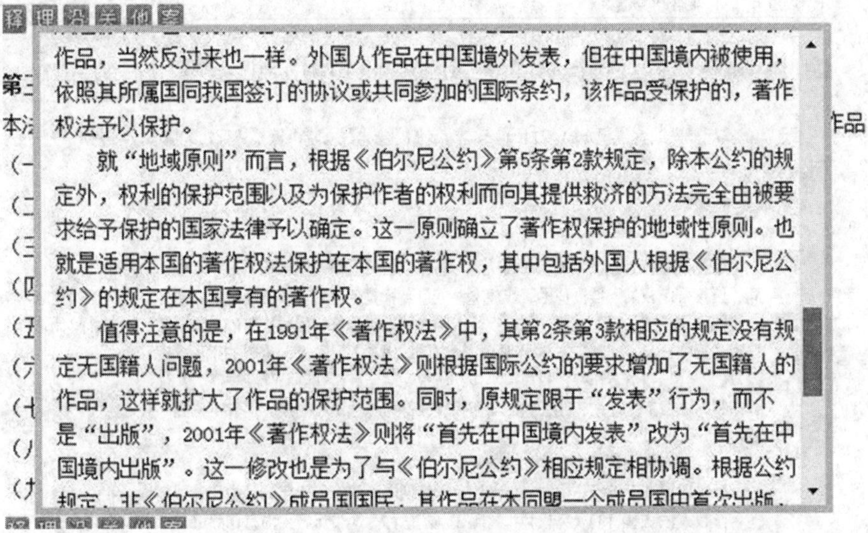

作品，当然反过来也一样。外国人作品在中国境外发表，但在中国境内被使用，依照其所属国同我国签订的协议或共同参加的国际条约，该作品受保护的，著作权法予以保护。

就“地域原则”而言，根据《伯尔尼公约》第5条第2款规定，除本公约的规定外，权利的保护范围以及为保护作者的权利而向其提供救济的方法完全由被要求给予保护的国家法律予以确定。这一原则确立了著作权保护的地域性原则。也就是适用本国的著作权法保护在本国的著作权，其中包括外国人根据《伯尔尼公约》的规定在本国享有的著作权。

值得注意的是，在1991年《著作权法》中，其第2条第3款相应的规定没有规定无国籍人问题，2001年《著作权法》则根据国际公约的要求增加了无国籍人的作品，这样就扩大了作品的保护范围。同时，原规定限于“发表”行为，而不是“出版”，2001年《著作权法》则将“首先在中国境内发表”改为“首先在中国境内出版”。这一修改也是为了与《伯尔尼公约》相应规定相协调。根据公约规定，非《伯尔尼公约》成员国国民，其作品在本同盟一个成员国中首次出版，

图 5-3-56 《著作权法》第 2 条学理解析（四）

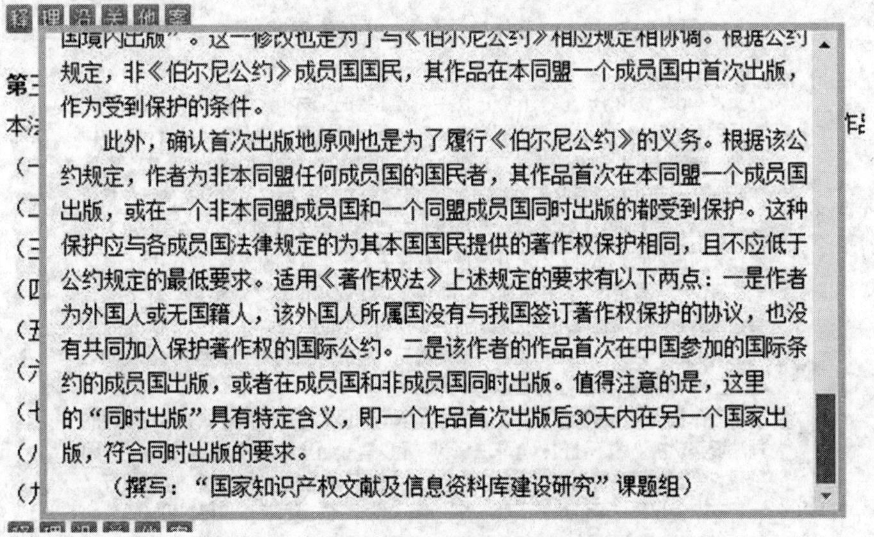

国境内出版”。这一修改也是为了与《伯尔尼公约》相应规定相协调。根据公约规定，非《伯尔尼公约》成员国国民，其作品在本同盟一个成员国中首次出版，作为受到保护的条件。

此外，确认首次出版地原则也是为了履行《伯尔尼公约》的义务。根据该公约规定，作者为非本同盟任何成员国的国民者，其作品首次在本同盟一个成员国出版，或在一个非本同盟成员国和一个同盟成员国同时出版的都受到保护。这种保护应与各成员国法律规定的为其本国国民提供的著作权保护相同，且不应低于公约规定的最低要求。适用《著作权法》上述规定的要求有以下两点：一是作者为外国人或无国籍人，该外国人所属国没有与我国签订著作权保护的协议，也没有共同加入保护著作权的国际公约。二是该作者的作品首次在中国参加的国际条约的成员国出版，或者在成员国和非成员国同时出版。值得注意的是，这里的“同时出版”具有特定含义，即一个作品首次出版后30天内在另一个国家出版，符合同时出版的要求。

（撰写：“国家知识产权文献及信息资料库建设研究”课题组）

图 5-3-57 《著作权法》第 2 条学理解析（五）

（2）如《著作权法》第 49 条关于著作权侵权赔偿的规定，其学理解析如图 5-3-58—5-3-69 所示。

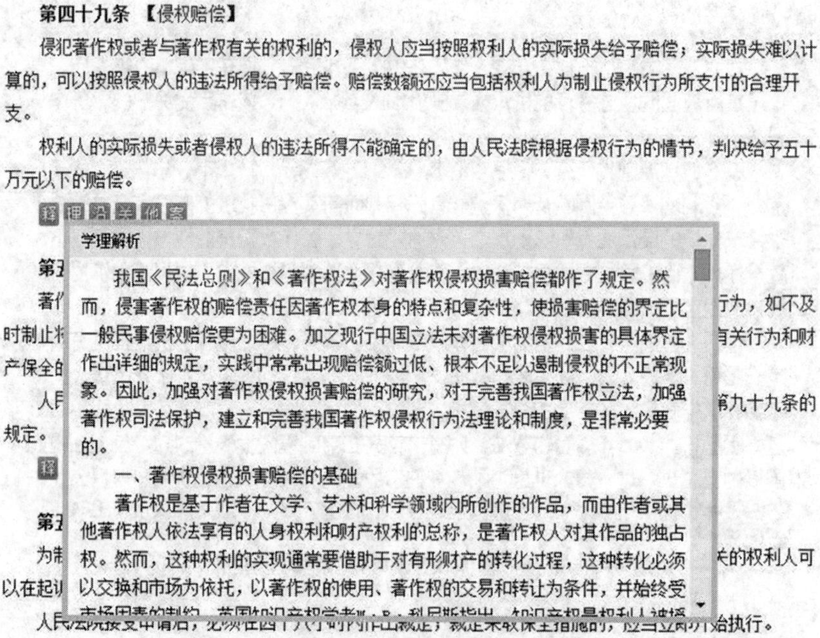

第四十九条 【侵权赔偿】

侵犯著作权或者与著作权有关的权利的，侵权人应当按照权利人的实际损失给予赔偿；实际损失难以计算的，可以按照侵权人的违法所得给予赔偿。赔偿数额还应当包括权利人为制止侵权行为所支付的合理开支。

权利人的实际损失或者侵权人的违法所得不能确定的，由人民法院根据侵权行为的情节，判决给予五十万元以下的赔偿。

释 理 沿 关 例 案

学理解析

我国《民法总则》和《著作权法》对著作权侵权损害赔偿都作了规定。然而，侵害著作权的赔偿责任因著作权本身的特点和复杂性，使损害赔偿的界定比一般民事侵权赔偿更为困难。加之现行中国立法未对著作权侵权损害的具体界定作出详细的规定，实践中常常出现赔偿额过低、根本不足以遏制侵权的不正常现象。因此，加强对著作权侵权损害赔偿的研究，对于完善我国著作权立法，加强著作权司法保护，建立和完善我国著作权侵权行为法理论和制度，是非常必要的。

一、著作权侵权损害赔偿的基础

著作权是基于作者在文学、艺术和科学领域内所创作的作品，而由作者或其他著作权人依法享有的人身权利和财产权利的总称，是著作权人对其作品的独占权。然而，这种权利的实现通常要借助于对有形财产的转化过程，这种转化必须以交换和市场为依托，以著作权的使用、著作权的交易和转让为条件，并始终受

图 5-3-58 《著作权法》第 49 条学理解析（一）

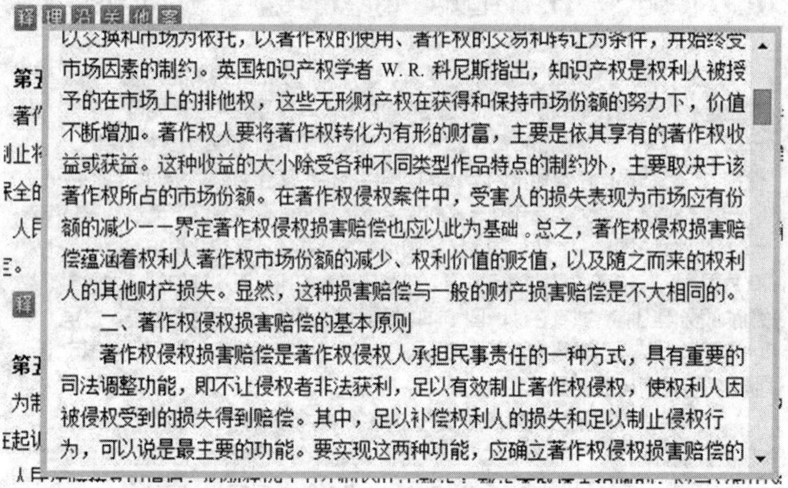

释 理 沿 关 例 案

以交换和市场为依托，以著作权的使用、著作权的交易和转让为条件，并始终受市场因素的制约。英国知识产权学者 W. R. 科尼斯指出，知识产权是权利人被授予的在市场上的排他权，这些无形财产权在获得和保持市场份额的努力下，价值不断增加。著作权人要将著作权转化为有形的财富，主要是依其享有的著作权收益或获益。这种收益的大小除受各种不同类型作品特点的制约外，主要取决于该著作权所占的市场份额。在著作权侵权案件中，受害人的损失表现为市场应有份额的减少——界定著作权侵权损害赔偿也应以此为基础 . 总之，著作权侵权损害赔偿蕴涵着权利人著作权市场份额的减少、权利价值的贬值，以及随之而来的权利人的其他财产损失。显然，这种损害赔偿与一般的财产损害赔偿是不大相同的。

二、著作权侵权损害赔偿的基本原则

著作权侵权损害赔偿是著作权侵权人承担民事责任的一种方式，具有重要的司法调整功能，即不让侵权者非法获利，足以有效制止著作权侵权，使权利人因被侵权受到的损失得到赔偿。其中，足以补偿权利人的损失和足以制止侵权行为，可以说是最主要的功能。要实现这两种功能，应确立著作权侵权损害赔偿的

图 5-3-59 《著作权法》第 49 条学理解析（二）

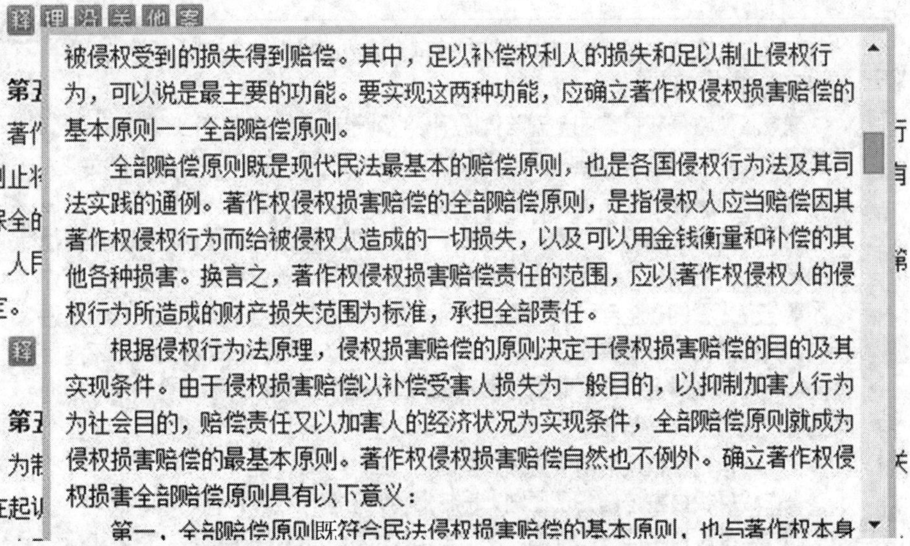

被侵权受到的损失得到赔偿。其中，足以补偿权利人的损失和足以制止侵权行为，可以说是最主要的功能。要实现这两种功能，应确立著作权侵权损害赔偿的基本原则——全部赔偿原则。

全部赔偿原则既是现代民法最基本的赔偿原则，也是各国侵权行为法及其司法实践的通例。著作权侵权损害赔偿的全部赔偿原则，是指侵权人应当赔偿因其著作权侵权行为而给被侵权人造成的一切损失，以及可以用金钱衡量和补偿的其他各种损害。换言之，著作权侵权损害赔偿责任的范围，应以著作权侵权人的侵权行为所造成的财产损失范围为标准，承担全部责任。

根据侵权行为法原理，侵权损害赔偿的原则决定于侵权损害赔偿的目的及其实现条件。由于侵权损害赔偿以补偿受害人损失为一般目的，以抑制加害人行为为社会目的，赔偿责任又以加害人的经济状况为实现条件，全部赔偿原则就成为侵权损害赔偿的最基本原则。著作权侵权损害赔偿自然也不例外。确立著作权侵权损害全部赔偿原则具有以下意义：

第一、全部赔偿原则既符合民法侵权损害赔偿的基本原则，也与著作权本身

图 5-3-60　《著作权法》第 49 条学理解析（三）

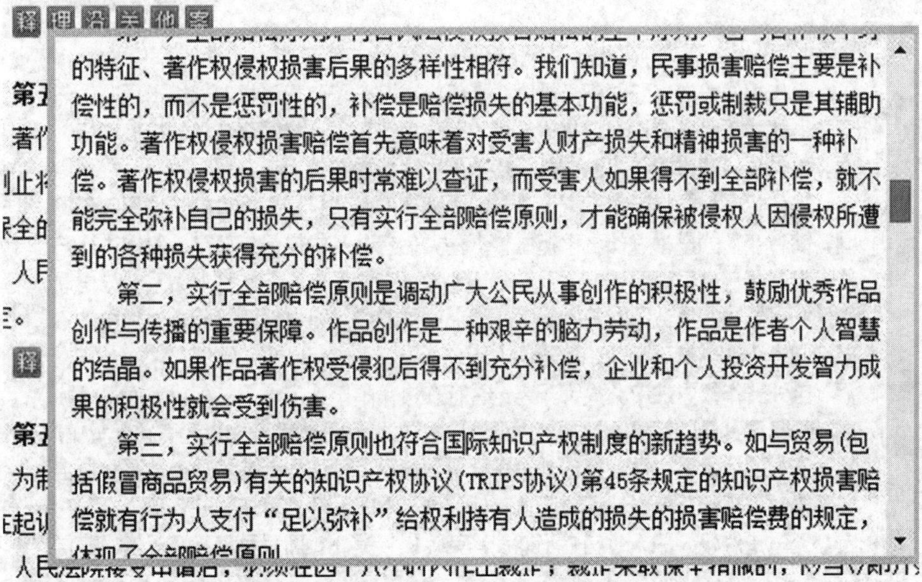

的特征、著作权侵权损害后果的多样性相符。我们知道，民事损害赔偿主要是补偿性的，而不是惩罚性的，补偿是赔偿损失的基本功能，惩罚或制裁只是其辅助功能。著作权侵权损害赔偿首先意味着对受害人财产损失和精神损害的一种补偿。著作权侵权损害的后果时常难以查证，而受害人如果得不到全部补偿，就不能完全弥补自己的损失，只有实行全部赔偿原则，才能确保被侵权人因侵权所遭到的各种损失获得充分的补偿。

第二，实行全部赔偿原则是调动广大公民从事创作的积极性，鼓励优秀作品创作与传播的重要保障。作品创作是一种艰辛的脑力劳动，作品是作者个人智慧的结晶。如果作品著作权受侵犯后得不到充分补偿，企业和个人投资开发智力成果的积极性就会受到伤害。

第三，实行全部赔偿原则也符合国际知识产权制度的新趋势。如与贸易(包括假冒商品贸易)有关的知识产权协议(TRIPS协议)第45条规定的知识产权损害赔偿就有行为人支付“足以弥补”给权利持有人造成的损失的损害赔偿费的规定，体现了全部赔偿原则

图 5-3-61　《著作权法》第 49 条学理解析（四）

偿就有行为人支付"足以弥补"给权利持有人造成的损失的损害赔偿费的规定，体现了全部赔偿原则。

确立著作权侵权损害的全部赔偿原则，也就是确立了赔偿范围的客观标准，即以受害人的全部损失为准。全部损害的赔偿，又主要决定于补偿著作权受害人的目的，这就决定了赔偿著作权侵权全部损害的人，应以受害人赔偿权利人为标准，而不以加害人或赔偿义务人为标准。不过，由于著作权的无形性和著作权侵权的复杂性，著作权受害人的全部损失往往难以计算，著作权的"市场性"有许多因素是变化着的。全部赔偿原则的实行，是伴随着其他便于操作的赔偿方法进行的，其目的在于使受害人获得公平的补偿。正如英国法官布瑞特所言，不应根据全部赔偿原则对金钱损害而给当事人以满额的赔偿，他们所要考虑的是应根据具体情况而进行公平赔偿。

三、著作权侵权损害赔偿之归责基础

著作权侵权损害赔偿归责原则，是将损害归于著作权侵权者的根本原则，归责的形式或手段是赔偿。它是确定侵犯著作权行为人侵权民事责任的根据和标

图 5-3-62 《著作权法》第 49 条学理解析（五）

三、著作权侵权损害赔偿之归责基础

著作权侵权损害赔偿归责原则，是将损害归于著作权侵权者的根本原则，归责的形式或手段是赔偿。它是确定侵犯著作权行为人侵权民事责任的根据和标准，也是统领著作权侵权赔偿各个规范的立法指导方针。

著作权侵权损害赔偿归责原则与前面阐述的著作权侵权损害的赔偿原则不同，前者涉及的是根据什么承担民事责任，后者涉及的是责任确定后怎样进行赔偿。但是两者也具有密切的联系。确切地说，它们是一般与特殊的关系，赔偿原则是归责原则的具体落实规则，受归责原则的制约，赔偿原则以归责为前提，不确定归责于谁也就无所谓如何赔偿。

国外著作权立法中，大都规定是否存在过错不是认定侵权的前提，而是免除或减轻赔偿责任的前提。如加拿大《著作权法》第9条规定，当提起有关侵犯作品著作权的诉讼后，被告辩称其没有意识到作品有著作权存在的理由成立，原告在获得对侵权的禁令之外不会获得其他补偿。澳大利亚《著作权法》第115条规定，无过错侵权人的无过错并不能使其免除侵权责任，而只可使其减轻侵权赔偿

图 5-3-63 《著作权法》第 49 条学理解析（六）

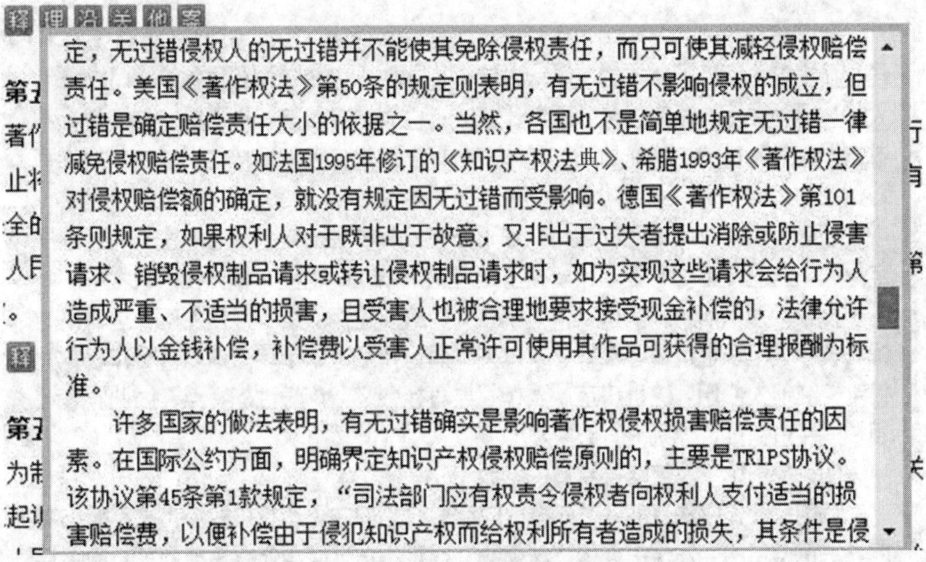

定，无过错侵权人的无过错并不能使其免除侵权责任，而只可使其减轻侵权赔偿责任。美国《著作权法》第50条的规定则表明，有无过错不影响侵权的成立，但过错是确定赔偿责任大小的依据之一。当然，各国也不是简单地规定无过错一律减免侵权赔偿责任。如法国1995年修订的《知识产权法典》、希腊1993年《著作权法》对侵权赔偿额的确定，就没有规定因无过错而受影响。德国《著作权法》第101条则规定，如果权利人对于既非出于故意，又非出于过失者提出消除或防止侵害请求、销毁侵权制品请求或转让侵权制品请求时，如为实现这些请求会给行为人造成严重、不适当的损害，且受害人也被合理地要求接受现金补偿的，法律允许行为人以金钱补偿，补偿费以受害人正常许可使用其作品可获得的合理报酬为标准。

许多国家的做法表明，有无过错确实是影响著作权侵权损害赔偿责任的因素。在国际公约方面，明确界定知识产权侵权赔偿原则的，主要是TRIPS协议。该协议第45条第1款规定，“司法部门应有权责令侵权者向权利人支付适当的损害赔偿费，以便补偿由于侵犯知识产权而给权利所有者造成的损失，其条件是侵

图 5-3-64　《著作权法》第 49 条学理解析（七）

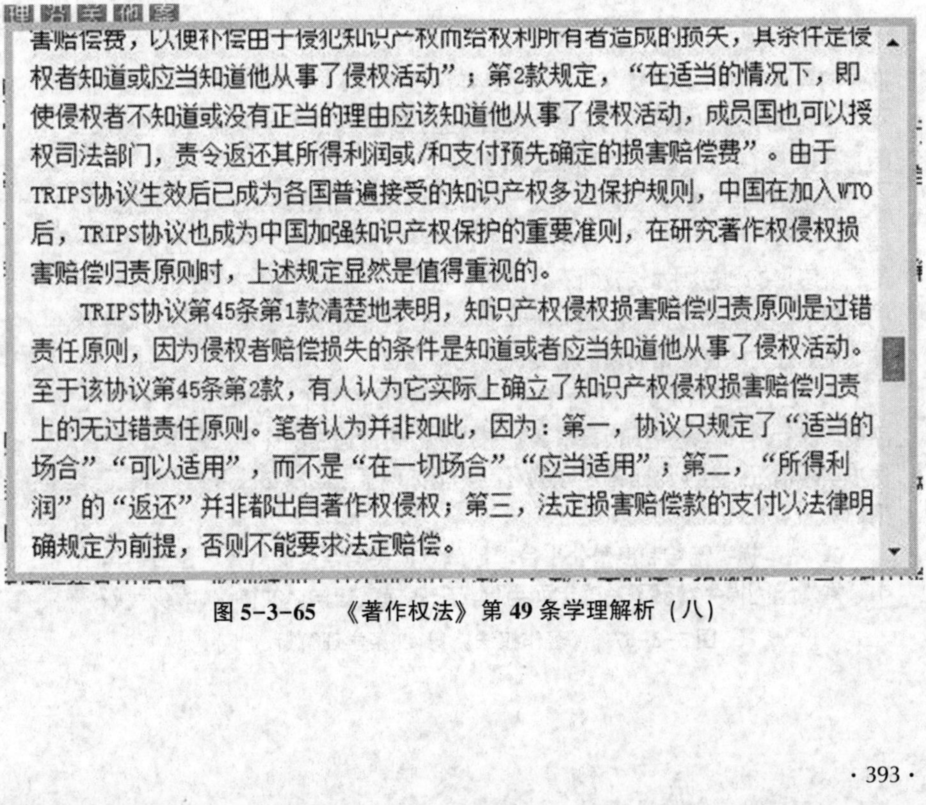

害赔偿费，以便补偿由于侵犯知识产权而给权利所有者造成的损失，其条件是侵权者知道或应当知道他从事了侵权活动”；第2款规定，“在适当的情况下，即使侵权者不知道或没有正当的理由应该知道他从事了侵权活动，成员国也可以授权司法部门，责令返还其所得利润或/和支付预先确定的损害赔偿费”。由于TRIPS协议生效后已成为各国普遍接受的知识产权多边保护规则，中国在加入WTO后，TRIPS协议也成为中国加强知识产权保护的重要准则，在研究著作权侵权损害赔偿归责原则时，上述规定显然是值得重视的。

TRIPS协议第45条第1款清楚地表明，知识产权侵权损害赔偿归责原则是过错责任原则，因为侵权者赔偿损失的条件是知道或者应当知道他从事了侵权活动。至于该协议第45条第2款，有人认为它实际上确立了知识产权侵权损害赔偿归责上的无过错责任原则。笔者认为并非如此，因为：第一，协议只规定了“适当的场合”“可以适用”，而不是“在一切场合”“应当适用”；第二，“所得利润”的“返还”并非都出自著作权侵权；第三，法定损害赔偿款的支付以法律明确规定为前提，否则不能要求法定赔偿。

图 5-3-65　《著作权法》第 49 条学理解析（八）

理沿关他案

我国著作权法没有明确著作权损害赔偿归责原则。根据前面的分析，著作权侵权损害赔偿归责原则一般应采取过错责任原则，即决定侵权损害赔偿时以行为人的过错为依据，没有过错，即使侵权人造成了损害事实，也不负赔偿责任。不过该原则并不是把过错作为赔偿范围的依据，而是作为承担赔偿责任的依据和基础。

还应指出，过错原则的适用，在著作权侵权损害赔偿上更多地宜采用过错推定原则。这主要是因为著作权侵权主观过错的难以确定性。著作权侵权发生后，由于侵权行为隐秘方式多样，只有侵权人才最清楚作品是怎样使用的，这就很难确认侵权人主观上是否存在故意或过失，而且作品进入市场流通后，著作权人就很难控制他人使用，这也决定了著作权具有社会义务广泛性的特点。因此，在该领域适用过错推定原则很有必要。

四、关于建立法定赔偿制度的问题

我国《著作权法》从2001年修改时起，开始建立著作权侵权损害法定赔偿制度。法定赔偿的实质是由著作权法律明文规定不法侵害著作权造成损害，应赔偿

图 5-3-66　《著作权法》第 49 条学理解析（九）

理沿关他案

损失的具体数额或数额幅度。在法定赔偿制度下，人民法院在无法查实受害人实际损失及侵权人的侵权利润，或者受害人直接要求按法定最低赔偿额进行赔偿的，将按法律规定的赔偿数额确定赔偿额。

法定赔偿制度的确立，首先在于著作权侵权案件中通常的计算方法存在很多局限性。其原因主要在于，被侵权人的损失往往并不表现为财产的直接减少，而是表现应得的利益因为侵权而没有得到，这种应得利益是通过预计和分析得出的，要准确查明被侵权人的损失决非易事。这就需要法定赔偿制度予以弥补。具体地说，建立法定赔偿制度的必要性主要体现在：

1．法定赔偿制度贯彻了著作权侵权损害赔偿的基本原则和精神。法定赔偿制度可以针对不同程度的损害事实，对权利人进行适当的补偿。它是针对著作权保护实际情况，对全部赔偿原则的发展，也体现了我国民法法律关于损害赔偿的精神。

2．法定损害赔偿制度是公平合理地确立损害赔偿金的需要。在审判实践中，常常出因损失数额不易确定而当事人未就损害赔偿达成协议，就不判令侵权

图 5-3-67　《著作权法》第 49 条学理解析（十）

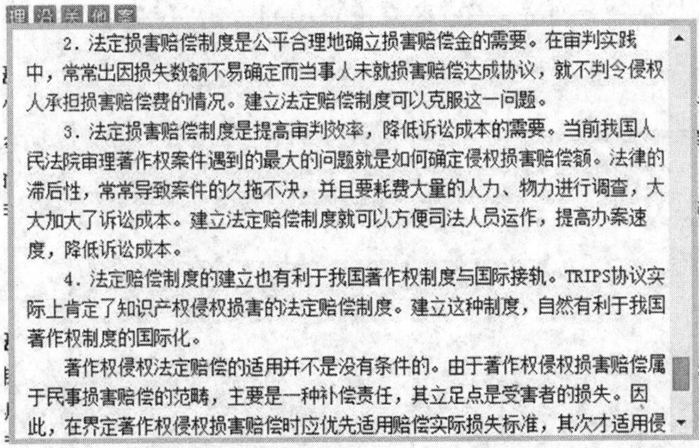

2. 法定损害赔偿制度是公平合理地确立损害赔偿金的需要。在审判实践中，常常出因损失数额不易确定而当事人未就损害赔偿达成协议，就不判令侵权人承担损害赔偿费的情况。建立法定赔偿制度可以克服这一问题。

3. 法定损害赔偿制度是提高审判效率，降低诉讼成本的需要。当前我国人民法院审理著作权案件遇到的最大的问题就是如何确定侵权损害赔偿额。法律的滞后性，常常导致案件的久拖不决，并且要耗费大量的人力、物力进行调查，大大加大了诉讼成本。建立法定赔偿制度就可以方便司法人员运作，提高办案速度，降低诉讼成本。

4. 法定赔偿制度的建立也有利于我国著作权制度与国际接轨。TRIPS协议实际上肯定了知识产权侵权损害的法定赔偿制度。建立这种制度，自然有利于我国著作权制度的国际化。

著作权侵权法定赔偿的适用并不是没有条件的。由于著作权侵权损害赔偿属于民事损害赔偿的范畴，主要是一种补偿责任，其立足点是受害者的损失。因此，在界定著作权侵权损害赔偿时应优先适用赔偿实际损失标准，其次才适用侵

图 5-3-68 《著作权法》第 49 条学理解析（十一）

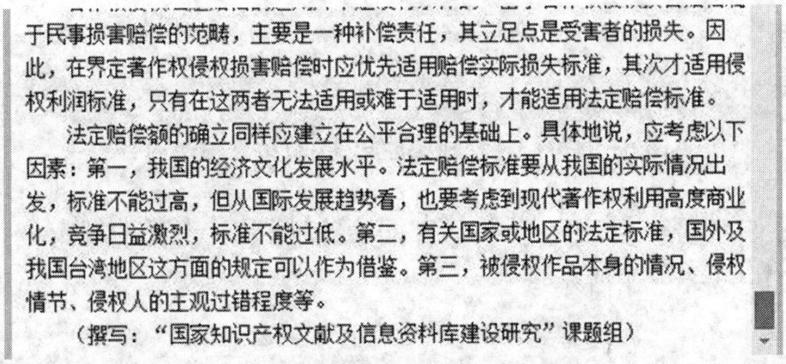

于民事损害赔偿的范畴，主要是一种补偿责任，其立足点是受害者的损失。因此，在界定著作权侵权损害赔偿时应优先适用赔偿实际损失标准，其次才适用侵权利润标准，只有在这两者无法适用或难于适用时，才能适用法定赔偿标准。

法定赔偿额的确立同样应建立在公平合理的基础上。具体地说，应考虑以下因素：第一，我国的经济文化发展水平。法定赔偿标准要从我国的实际情况出发，标准不能过高，但从国际发展趋势看，也要考虑到现代著作权利用高度商业化，竞争日益激烈，标准不能过低。第二，有关国家或地区的法定标准，国外及我国台湾地区这方面的规定可以作为借鉴。第三，被侵权作品本身的情况、侵权情节、侵权人的主观过错程度等。

（撰写：“国家知识产权文献及信息资料库建设研究”课题组）

图 5-3-69 《著作权法》第 49 条学理解析（十二）

3. 制度沿革

制度沿革部分能够反映出该法条的历次修改情况。当用户将鼠标移动到“沿”字图标上时，会出现该法条的历次修改情况，呈现的内容包括法律条文的标题、序号及条文内容。若用户点击“中华人民共和国专利法（1992 修正）| 第十一条”，则将链接至 1992 年修正的《专利法》的全文页面。用户能够通过该制度的历史变迁，更深入地了解立法原意，同时，新旧法条的对比，也是学者、法官、律师等法律专家进行法律研究的重要方法。因此，制度沿革链接能够提高用户使用资料库的效率。[1]

---

〔1〕邓永泽、蒋燕、曹雅楠、安洋洋、杨珊、倪荣：“‘知信通’之法律法规资料库建设现状介绍及完善建议”，载冯晓青、杨利华主编：《国家知识产权文献及信息资料库建设研究》，中国政法大学出版社 2015 年版，第 269 页。

（1）如点击《专利法》（2008 修正）中的“沿”，显示如图 5-3-70 所示的历史沿革内容。

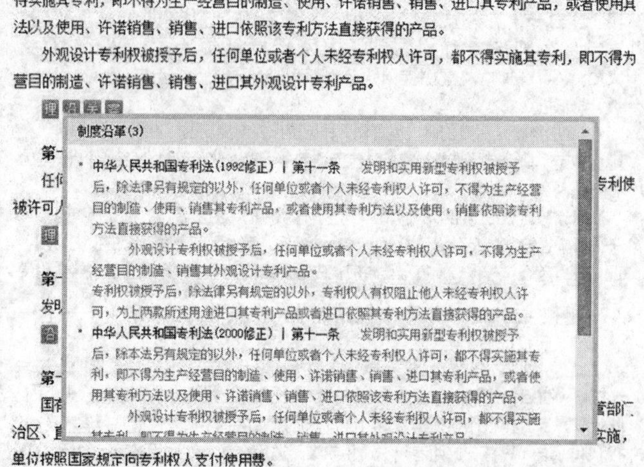

得实施其专利，即不得为生产经营目的制造、使用、许诺销售、销售、进口其专利产品，或者使用其
法以及使用、许诺销售、销售、进口依照该专利方法直接获得的产品。

外观设计专利权被授予后，任何单位或者个人未经专利权人许可，都不得实施其专利，即不得为
营目的制造、许诺销售、销售、进口其外观设计专利产品。

制度沿革(3)

- 中华人民共和国专利法(1992修正) | 第十一条　发明和实用新型专利权被授予后，除法律另有规定的以外，任何单位或者个人未经专利权人许可，不得为生产经营目的制造、使用、销售其专利产品，或者使用其专利方法以及使用，销售依照该专利方法直接获得的产品。
  外观设计专利权被授予后，任何单位或者个人未经专利权人许可，不得为生产经营目的制造、销售其外观设计专利产品。
  专利权被授予后，除法律另有规定的以外，专利权人有权阻止他人未经专利权人许可，为上两款所述用途进口其专利产品或者进口依照其专利方法直接获得的产品。
- 中华人民共和国专利法(2000修正) | 第十一条　发明和实用新型专利权被授予后，除本法另有规定的以外，任何单位或者个人未经专利权人许可，都不得实施其专利，即不得为生产经营目的制造、使用、许诺销售、销售、进口其专利产品，或者使用其专利方法以及使用、许诺销售、销售、进口依照该专利方法直接获得的产品。
  外观设计专利权被授予后，任何单位或者个人未经专利权人许可，都不得实施

单位按照国家规定向专利权人支付使用费。

图 5-3-70　《专利法》第 11 条历史沿革内容

（2）再如《著作权法》第 47 条关于侵权行为及责任的规定，其历史沿革如图 5-3-71—5-3-74 所示。

第五章 法律责任和执法措施

第四十七条 【侵权行为及责任】

有下列侵权行为的，应当根据情况，承担停止侵害、消除影响、赔礼道歉、赔偿损失等民事责任：

（一）未经著作权人许可，发表其作品的；

（二）未经合作作者许可，将与他人合作创作的作品当作自己单独创作的作品发表的；

（三）没有参加创作，为谋取个人名利，在他人作品上署名的；

（四）歪曲、篡改他人作品的；

（五）剽窃他人作品的；

（六）未经著作权人许可，以展览、摄制电影和以类似摄制电影的方法使用作品，或者以改编、翻译、注释等方式使用作品的，本法另有规定的除外；

（七）使用他人作品，应当支付报酬而未支付的；

（八）未经电影作品和以类似摄制电影的方法创作的作品、计算机软件、录音录像制品的著作权人或者与著作权有关的权利人许可，出租其作品或者录音录像制品的，本法另有规定的除外；

（九）未经出版者许可，使用其出版的图书、期刊的版式设计的；

（十）未经表演者许可，从现场直播或者公开传送其现场表演，或者录制其表演的；

（十一）其他侵犯著作权以及与著作权有关的权益的行为。

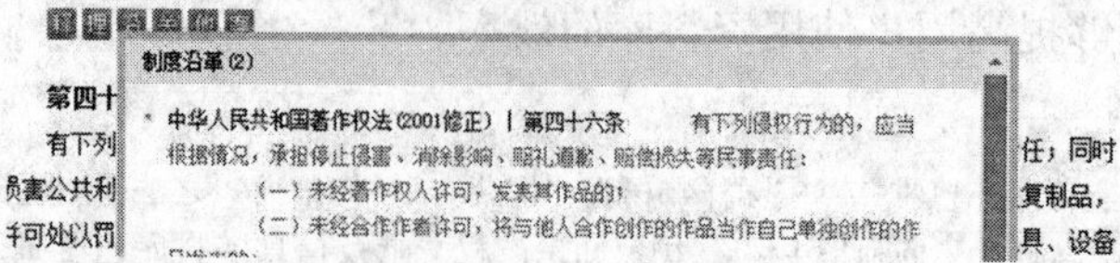

制度沿革(2)

- 中华人民共和国著作权法(2001修正) | 第四十六条　有下列侵权行为的，应当根据情况，承担停止侵害、消除影响、赔礼道歉、赔偿损失等民事责任：
  （一）未经著作权人许可，发表其作品的；
  （二）未经合作作者许可，将与他人合作创作的作品当作自己单独创作的作

图 5-3-71　《著作权法》第 47 条历史沿革内容（一）

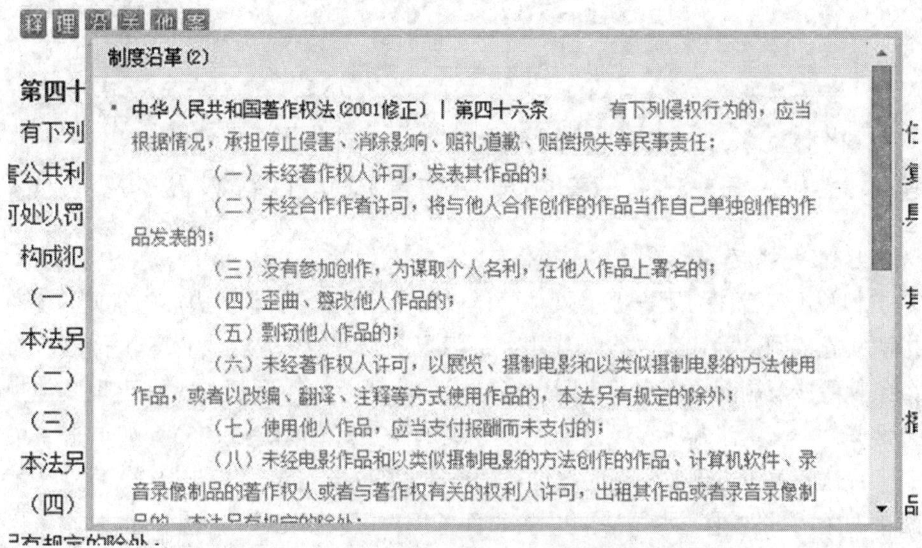

制度沿革(2)

· **中华人民共和国著作权法(2001修正) | 第四十六条**　有下列侵权行为的，应当根据情况，承担停止侵害、消除影响、赔礼道歉、赔偿损失等民事责任：

（一）未经著作权人许可，发表其作品的；

（二）未经合作作者许可，将与他人合作创作的作品当作自己单独创作的作品发表的；

（三）没有参加创作，为谋取个人名利，在他人作品上署名的；

（四）歪曲、篡改他人作品的；

（五）剽窃他人作品的；

（六）未经著作权人许可，以展览、摄制电影和以类似摄制电影的方法使用作品，或者以改编、翻译、注释等方式使用作品的，本法另有规定的除外；

（七）使用他人作品，应当支付报酬而未支付的；

（八）未经电影作品和以类似摄制电影的方法创作的作品、计算机软件、录音录像制品的著作权人或者与著作权有关的权利人许可，出租其作品或者录音录像制品的，本法另有规定的除外；

图 5-3-72　《著作权法》第 47 条历史沿革内容（二）

音录像制品的著作权人或者与著作权有关的权利人许可，出租其作品或者录音录像制品的，本法另有规定的除外；

（九）未经出版者许可，使用其出版的图书、期刊的版式设计的；

（十）未经表演者许可，从现场直播或者公开传送其现场表演，或者录制其表演的；

（十一）其他侵犯著作权以及与著作权有关的权益的行为。

· **中华人民共和国著作权法 | 第四十五条**　有下列侵权行为的，应当根据情况，承担停止侵害、消除影响、公开赔礼道歉、赔偿损失等民事责任：

（一）未经著作权人许可，发表其作品的；

（二）未经合作作者许可，将与他人合作创作的作品当作自己单独创作作品发表的；

（三）没有参加创作，为谋取个人名利，在他人作品上署名的；

（四）歪曲、篡改他人作品的；

（五）未经著作权人许可，以表演、播放、展览、发行、摄制电影、电视、录像或者改编、翻译、注释、编辑等方式使用作品的，本法另有规定的除外；

图 5-3-73　《著作权法》第 47 条历史沿革内容（三）

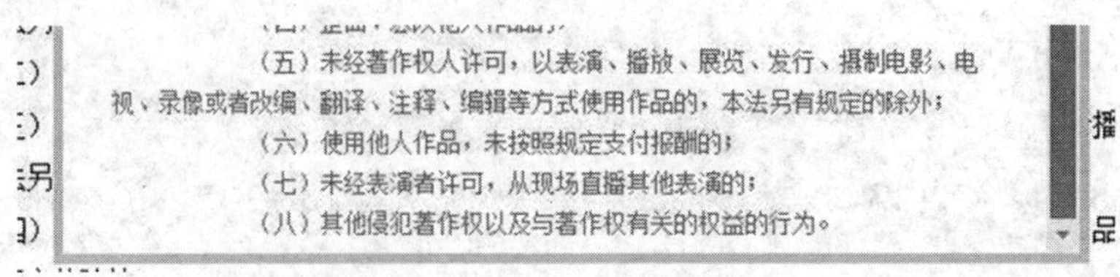

图 5-3-74　《著作权法》第 47 条历史沿革内容（四）

4. 相关规定

相关规定旨在为用户提供以《著作权法实施条例》《专利法实施细则》《商标法实施条例》为代表的行政法规、部门规章及其他规范性文件等法律法规对该条款所涉及制度的规定。当用户将鼠标移动到“关”图标上，即出现其他规范性文件中与本法条所涉及法律制度相关的条文（如图5-3-75）。如点击“最高人民法院关于审理专利纠纷案件适用法律问题的若干规定（2015 修正）| 第二十四条”，即链接至该条文的内容页面，用户可以阅览该司法解释的基本信息及第 24 条的具体内容。相关规定部分旨在帮助用户快速找到同一法律制度所涉及的多个法律条文，包括分散于不同法律文件之中的多个条文，以避免用户重复搜索的负担，帮助用户高效率地掌握涉及同一法律制度的所有重要条款。[1]

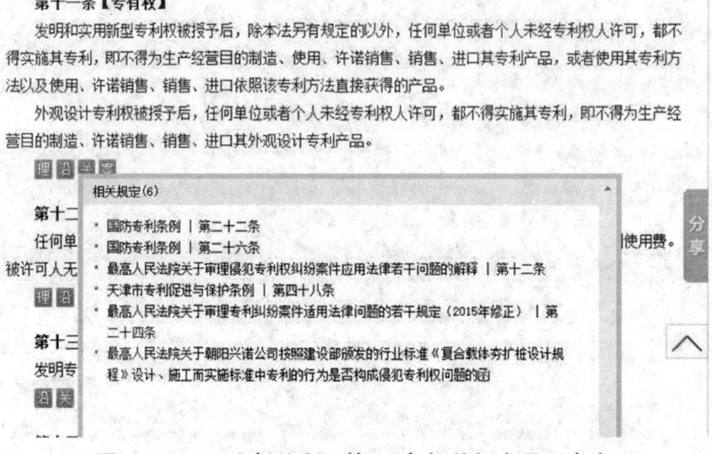

图 5-3-75　《专利法》第 11 条相关规定显示内容

[1] 邓永泽、蒋燕、曹雅楠、安洋洋、杨珊、倪荣：“‘知信通’之法律法规资料库建设现状介绍及完善建议”，载冯晓青、杨利华主编：《国家知识产权文献及信息资料库建设研究》，中国政法大学出版社 2015 年版，第 269 页。

5. 他山之石

他山之石部分提供了美、英、日等主要国家、我国其他法域（香港、澳门特别行政区和台湾地区）和国际条约的立法文件对该条款所涉及制度的规定。现阶段，《著作权法》《专利法》及《商标法》法条的他山之石部分与台湾地区“著作权法”“专利法”及“商标法”相应规定之间的链接已基本完成。当用户将鼠标移动到“他”字图标上时，即出现台湾地区与本法条所涉及制度相关的规定。如点击《专利法》第12条下的“他”显示如下图内容，点击“欧洲专利条约 | 第七十二条”，即链接至该条文的内容页面。

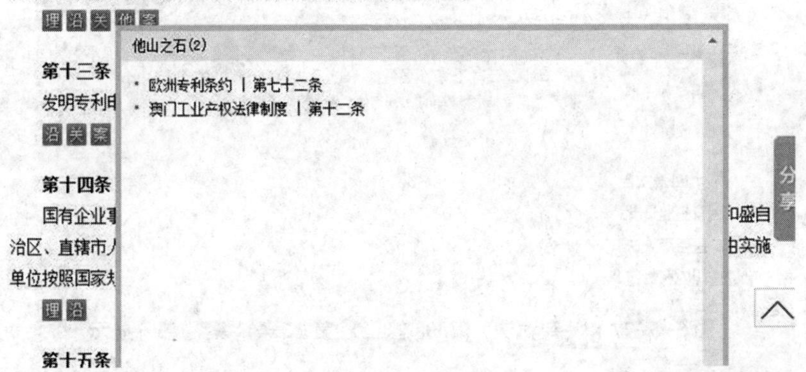

图 5-3-76 《专利法》(2008 修正) 第 12 条他山之石显示内容

比较法研究一直是十分重要的法学研究方法，纵向视野的拓宽有利于帮助认识中外法学的差别，促进我国法律法规的完善和改进。因此，他山之石是国家知识产权文献及信息资料库法律法规库建设工作的亮点和重点，它呈现了我国已加入的国际条约与其他法域对同一制度的相关规定，旨在为用户提供较为全面的比较法研究基础资料，为涉外知识产权诉讼与非诉案件的处理提供可借鉴的法律依据。本版块的全部完成将使法律法规库资料的广度、加工工作的深度有较大的拓展，从而增强法律法规库的理论性和实用性。

6. 司法案例

司法案例部分链接了涉及该条款制度的司法案例。目前，该部分的司法案例来源于“知信通”案例库，由系统自动建立该法条与相关案例的链接，即如果该案例的判决书中出现“《＊＊＊法》第＊＊条”时，系统会通过抓取关键词等方式自动将该案例与该法条链接起来，并自动生成可供点击的标题，当用户将鼠标移动到“案”图标上时，即出现与本法条相关的案例。下图显示的是《专利法》（2008 修正）第 12 条中的“案”弹出的相关案例。点击“上海气动成套公司三分厂诉吴登奎、陆丕贤专利权权属纠纷案”，即链接至该案例内容页面，用户可以阅览该案例的案由、案件字号、上诉人、原被告当事人及代理人、审理法院及法官、审结日期、案件摘要、案例评析等信息。[1]

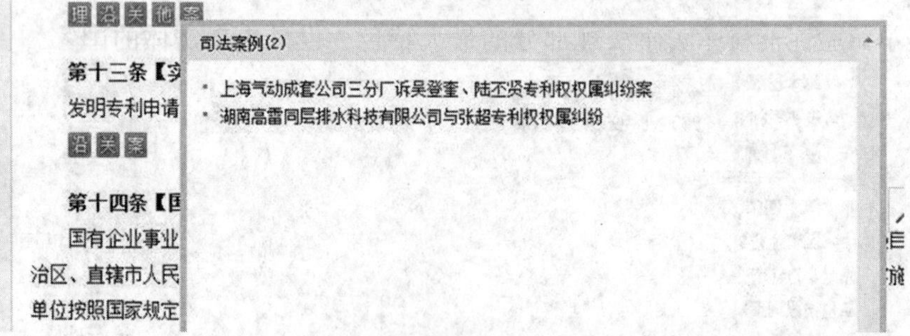

图 5-3-77 《专利法》(2008 修正) 第 12 条“案”部分显示

法律是一门分析实证主义和经验主义的学科，鲜活的案例来源于实践领域、阐释着法律精神，具有一定的指导意义。我国不属于判例法系国家，判例不是正式法源，不具备普遍约束力，而仅具有个案效力。然而，在司法实践中，法院所公布的典型案例、受案法院的在先判例往往代表着司法机关的实际做法和价值取向，因此对法条的理解和运用有着很高的实用价值。司法案例部分旨在为用户提供该法条在司法实务中适用的实例，能够帮助用户获取更多关于法条适用的信息，有助于用户寻找在先典型案例、把握基本司法精神，对案件的解决和目标的实现具备较高的参考价值。

---

〔1〕 邓永泽、蒋燕、曹雅楠、安洋洋、杨珊、倪荣：“‘知信通’之法律法规资料库建设现状介绍及完善建议”，载冯晓青、杨利华主编：《国家知识产权文献及信息资料库建设研究》，中国政法大学出版社 2015 年版，第 270 页。

法律法规信息的深度加工是知识产权法律法规数据库不同于北大法宝等现有数据库的一大特色。在使用传统数据库的过程中，若用户需要收集某一法律制度的全部基本资料，则需要跨越多个公共或付费的数据库，进行不止一次搜索，打开多个页面，这个过程费时费力，且用户无法自行判断是否已经找到全部所需资料，无法有效判断找到的资料是否真实、准确。信息深度加工的价值正在于对核心法条进行全方位的解读和剖析，使用户能够通过一次搜索、在一个页面之内获得一个法律制度的多方面信息，使用数据库的体验更加便捷、高效，包括国家权力机关对该制度的权威阐释、该制度的历史沿革、学者对该制度的深层阐释、我国其他立法文件涉及该制度的相关规定、国际条约与其他法域立法文件对该制度的相应规定，以及该制度在司法实务中适用的实例。全面、专业、翔实的信息与便捷、高效的用户体验结合，这是本试验性资料库法律法规部分的最大特色，也是未来实体的国家知识产权文献及信息资料库建设的发展方向。[1]

（二）目录展示与条款定位

每一个法律不仅包括法条释义、制度沿革、相关规定、学理解析、司法案例、他山之石，还在每一部法律法规展开页面对目录进行了展示，可以直接定位到相应的条款，极为便捷。

以《商标法》（2013 修正）为例（http://www.ipknow.cn/fagui/show-4717.html），点击左侧的“第三章”则显示如图 5-3-79 所示。

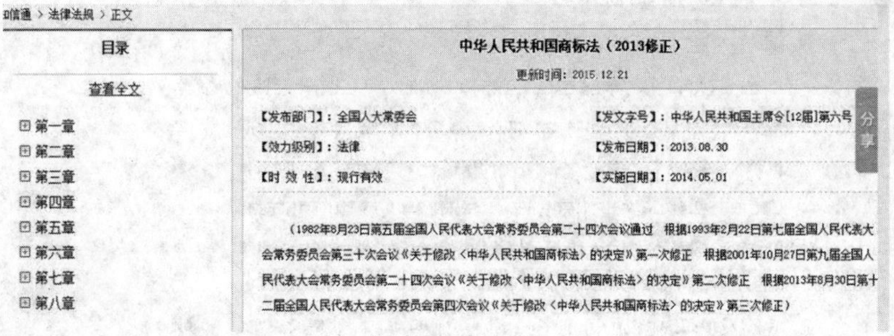

知信通 > 法律法规 > 正文

目录

查看全文

第一章
第二章
第三章
第四章
第五章
第六章
第七章
第八章

中华人民共和国商标法（2013修正）

更新时间：2015.12.21

【发布部门】：全国人大常委会　【发文字号】：中华人民共和国主席令[12届]第六号

【效力级别】：法律　【发布日期】：2013.08.30

【时 效 性】：现行有效　【实施日期】：2014.05.01

（1982年8月23日第五届全国人民代表大会常务委员会第二十四次会议通过　根据1993年2月22日第七届全国人民代表大会常务委员会第三十次会议《关于修改〈中华人民共和国商标法〉的决定》第一次修正　根据2001年10月27日第九届全国人民代表大会常务委员会第二十四次会议《关于修改〈中华人民共和国商标法〉的决定》第二次修正　根据2013年8月30日第十二届全国人民代表大会常务委员会第四次会议《关于修改〈中华人民共和国商标法〉的决定》第三次修正）

分享

图 5-3-78　《商标法》（2013 修正）页面显示

---

〔1〕邓永泽、蒋燕、曹雅楠、安洋洋、杨珊、倪荣：“‘知信通’之法律法规资料库建设现状介绍及完善建议”，载冯晓青、杨利华主编：《国家知识产权文献及信息资料库建设研究》，中国政法大学出版社 2015 年版，第 270 页。

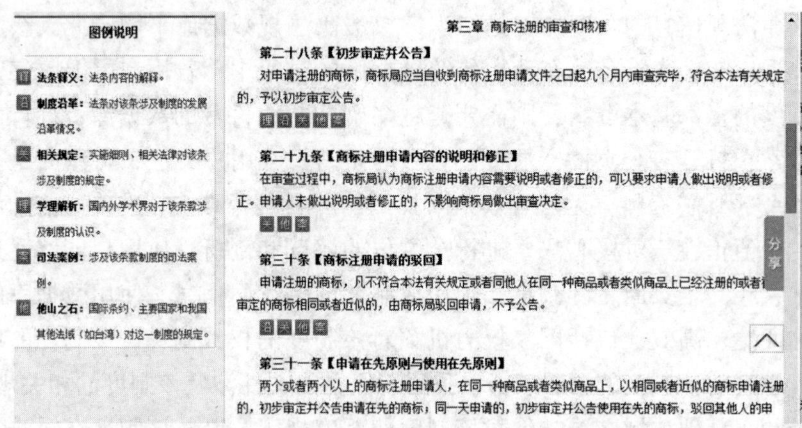

图例说明

理 法条释义：法条内容的解释。

沿 制度沿革：法条对该条涉及制度的发展沿革情况。

关 相关规定：实施细则、相关法律对该条涉及制度的规定。

理 学理解析：国内外学术界对于该条款涉及制度的认识。

案 司法案例：涉及该条款制度的司法案例。

他 他山之石：国际条约、主要国家和我国其他法域（如台湾）对这一制度的规定。

第三章 商标注册的审查和核准

第二十八条【初步审定并公告】

对申请注册的商标，商标局应当自收到商标注册申请文件之日起九个月内审查完毕，符合本法有关规定的，予以初步审定公告。

理 沿 关 他 案

第二十九条【商标注册申请内容的说明和修正】

在审查过程中，商标局认为商标注册申请内容需要说明或者修正的，可以要求申请人做出说明或者修正。申请人未做出说明或者修正的，不影响商标局做出审查决定。

关 他 案

第三十条【商标注册申请的驳回】

申请注册的商标，凡不符合本法有关规定或者同他人在同一种商品或者类似商品上已经注册的或者初步审定的商标相同或者近似的，由商标局驳回申请，不予公告。

沿 关 他 案

第三十一条【申请在先原则与使用在先原则】

两个或者两个以上的商标注册申请人，在同一种商品或者类似商品上，以相同或者近似的商标申请注册的，初步审定并公告申请在先的商标；同一天申请的，初步审定并公告使用在先的商标，驳回其他人的申

图 5-3-79　点击“第三章”（定位）示意图

（三）页码跳转

搜索结果中多页显示的，在页面底端可以页码跳转。比如简单搜索全文包含“专利”的法律法规，搜索结果局部如图 5-3-80 所示。

在“跳转到□”中填写“15”，点击“跳转”，显示结果如图 5-3-80—5-3-81 所示。

· 最高人民法院关于同意指定山东省潍坊市中级人民法院审理部分专利纠纷案件的批复　2004-02-04 发布
· 国家知识产权局公告第107号——第二批通过2004年年检的专利代理机构，未参加年　2004-01-26 发布
· 国家知识产权局关于印发《全国专利行政执法工作会议纪要》的通知　2004-01-20 发布
· 国家知识产权局公告第96号——有关第二批通过2003年年检的专利代理机构名单的公　2004-01-17 发布
· 国家知识产权局公告第95号——有关设立国家知识产权局北京专利代办处的公告　2004-01-12 发布
· 西藏自治区人民政府关于印发《西藏自治区专利申请资助和奖励办法(暂行)》的通知　2004-01-02 发布
· 广东省知识产权局关于印发《广东省重奖中国专利奖获奖企事业单位实施办法》的通　2003-12-26 发布
· 国家知识产权局公告第94号——有关办理向外国人转让专利申请权或者专利权的审批　2003-12-26 发布
· 国家知识产权局办公室关于对北京市知识产权局关于商请解决涉及奥林匹克标志的专　2003-12-25 发布
· 国家知识产权局关于开展评选全国第一批企事业专利试点工作先进单位和先进个人活　2003-12-08 发布

上一页 1 .. 11 12 13 14 15 16 17 18 19 .. 28 下一页 跳转到 跳转

图 5-3-80　搜索“专利”显示的搜索结果局部图

- 国家知识产权局专利局关于通过银行缴纳专利费用业务暂停服务的通知 2015-04-03 发布
- 《中华人民共和国专利法修改草案（征求意见稿）》全文及说明（2015） 2015-04-01 发布
- 国家知识产权局办公室关于组织申报2015年全国专利事业发展战略推进工作创新项目 2015-03-24 发布
- 国家知识产权局公告第210号——关于注销辽阳新创专利事务所的公告 2015-03-09 发布
- 国家知识产权局公告第209号——关于公布用于专利程序的生物材料保藏单位相关信 2015-02-17 发布
- 最高人民法院关于审理专利纠纷案件适用法律问题的若干规定（2015年修正） 2015-01-29 发布
- 国土资源部科技与国际合作司关于推荐第十七届中国专利奖的函 2015-01-16 发布
- 用于专利程序的生物材料保藏办法 2015-01-16 发布
- 国家知识产权局关于确定第二批国家专利运营试点企业的通知 2014-12-31 发布
- 国家知识产权局关于评选第十七届中国专利奖的通知 2014-12-30 发布

1 2 3 4 5 6 7 8 9 10 ... 28 下一页 跳转到 跳转

图 5-3-81 跳转页面显示（跳转至第 15 页）

（四）不同版本收录

一个法律法规的各个版本都有收录，并以“＊＊＊＊修正标明”。比如《商标法》有四个版本，分别为：“中华人民共和国商标法（2013 修正）”“中华人民共和国商标法（2001 修正）”“中华人民共和国商标法（1993 修正）”“中华人民共和国商标法（1982）”。用户可以根据个人需要选取合适的版本。

（五）显示结果排序

各个不同分类标准下，还可以按照发布时间正序/倒序、生效时间正序/倒序排列，如图 5-3-82 所示。

图 5-3-82 搜索结果排序种类

五、“知信通”资料库法律法规版块的价值及开发方向

（一）价值

目前，“知信通”资料库各子资料库已具一定规模。具体到法律法规资料库，项目参与人员的主要工作集中于如下几个方面：第一，收集、添加文献与信息，对规范性文件进行整理、分类。第二，建立并完善法律法规库的基本结构，完善检索功能、优化页面设计。第三，对文献和信息进行进一步的深度加工。目前，“知信通”资料库后台已经收集了约 5000 部中外法律法规，已经添加了最新公布的规范性文件，已基本实现对我国现行《著作权法》《专利法》及《商标法》每个条款的二次加工，已经开放规范性文件 3789 部，基本能够为用户提供较为翔实的知识产权法律法规信息。

“知信通”资料库法律法规版块的价值体现在如下几个方面。

第一，条块清晰、架构合理，能够为用户提供全面的信息资料。在法律法规版块建设之前，项目参与人员对国内外现有的法律法规数据库进行了深入观察和科学研究，在多次使用各数据库的基础上总结出了比较中肯的用户体验意见，客观分析了各数据库的优劣，为本法律法规版块的建设提供了设计灵感和借鉴之处。国内法律法规库的一大缺点在于条块不够清晰，无论是检索条件设置还是检索结果深度链接方面，都或多或少存在着模块交叉现象，以致信息重叠出现，用户无法对检索结果进行有效甄别以匹配自己的检索目标。从整体上看，本法律法规版块对规范性文件采用四种分类，有利于用户选择与个人使用习惯契合度高的检索方式；从深度加工的角度看，七大模块从不同角度对法律法规进行剖析，力图设置科学，满足不同用户的检索需求，对法规进行全方位、立体化的深度解读。

第二，信息齐全、检索方便，节约用户的搜索成本。本法律法规版块收录了自 1949 年至 2016 年 6 月发布的知识产权法领域的法律规范性文件，共计 5000 余部，[1] 基本上涵盖了知识产权法领域绝大部分内容，信息和资料较为齐全。本法律法规版块检索信息的方式方法一直坚持人性化的基本思想，力求从用户角度出发，采取操作简便、布局科学的检索方式，设计出简洁、明快的网页呈现结果，给予用户以极大便利。

---

〔1〕 截至本项目申报结题时，仍有相当一部分处于编辑、整理阶段，将逐渐开放到前台。

第三，法律法规版块的设计与法学研究方法结合紧密，体现图书情报学科与法学学科的基本精神，可以为相关学科的发展提供素材。本法律法规版块的设计和搭建立足于基础性的法学研究方法，如法律解释学方法、比较法研究方法、分析实证主义研究方法等，同时有机结合了图书情报学科的基本知识，这使得法律法规版块的搭建具备法学学科的基本内核，同时还具备图书情报学的科学精神，能够较好地为用户提供专业化、深度化的优质服务。

无疑，上述特点是建设国家知识产权文献及信息资料库之法律法规版块所需要采用的。

（二）改进及开发方向

诚然，囿于研究时间和人财物等方面的限制，“知信通”资料库法律法规版块仍有需要改进的地方。项目参与人员应秉持着“以人文本”的服务理念，坚持便捷服务的原则，以快速、全面、准确的数据库访问为基础，[1]继续完善知识产权法律法规资料库。当前，“知信通”资料库已进入运行阶段，项目参与人员需要进一步改进法律法规资料，增加资料库样本数量，完善对主要法律法规的深度加工，及时增加最新的法律文件，优化资料库的检索功能和使用流程，以期更方便于用户的使用。具体而言，主要有以下几点。

1. 页面更友好、更科学

好的服务能够通过用户口口相传的方式得到广泛宣传，尤其是网络发展迅猛、信息爆炸式传播的现在，“病毒式传播”将使被传播对象以无法预料的速度为公众所知，从而一举占据较大的市场份额。除了依靠法律法规版块收集的海量信息与资料做后盾之外，“好用”与否是用户是否乐于使用并长期、经常使用数据库的基本标准，而页面设计、检索的操作过程和检索结果的显示方式则与之直接相关。尽管课题组在进行页面设计时一直以方便用户使用为设计理念，但随着网络技术的发展以及用户体验的变化，未来需要与时俱进，力图使检索页面更友好、更科学。

2. 为用户提供更全面的服务

为实现“以人为本”的服务理念，未来在实体的国家知识产权文献及信息资料库建设中，可以增加导航导读服务、专家咨询服务等，以更好地满足用户需求。

---

[1] 仇壮丽：“国家知识产权文献数据库系统设计方案与思路”，载《现代情报》2013年第2期。

网络资源导航导读服务是指“网络媒体人员、信息传播人员、信息工作人员面对浩瀚的网络文献信息资源，有目的、有步骤地向所有用户、读者传播资料，推荐读物，指导读书，帮助他们迅速找到所需的资料、书刊等，缩短检索时间，增强情报意识和查找利用馆藏文献与信息资源的能力”。[1] 当前网络资源导航导读服务在电子商务中得到广泛的运用，如许多图书购买网站经常通过抓取和记录用户的浏览数据整合出用户的喜好和兴趣，向用户推荐书单。网络资源导航导读服务是一种超前于网络用户、读者阅读的积极主动的服务工作。导航导读服务可以使得用户更快地找到所需的文献信息，有助于改变用户无从下手的困境。信息工作者可以将资料库中的信息资源、文献资源的引文、内容摘要、主题建立数据库，这样用户就可以在查找具体的文献信息之前，先了解文献信息的主要内容，筛选一部分用户并不需要的文献，以节省用户的时间。

专家咨询服务是指“由有学科背景，具备情报检索技能，熟悉参考咨询源，有丰富咨询经验的人员为用户答疑解惑，以满足用户的需求”。[2] 专家咨询系统有两种服务方式：其一为非实时网上咨询系统，即主要采用电子邮件、电子表格等方式实现网上的参考咨询服务。此种方式为目前用得较多的一种模式，其优点在于能够较为全面、系统地回答用户提出的问题，但实时性不足，无法满足用户对咨询的即时要求。其二为实时网上咨询系统，即由法律法规资料库工作人员在网上实时地、“面对面”地解答读者提问。这种咨询方式保持了咨询中的交互性特点，[3] 能够在极短时间内解答用户的问题，但系统的有效建立需要投入较大的人工成本，并对工作人员的专业储备知识要求较高。

此外，法律法规库可以为注册用户提供一些特色服务，如检索历史功能及文献收藏夹功能。检索历史功能可以保存用户最近输入的一定数量的历史检索条件，并记忆命中文献数及检索时间等信息，用户可以通过这一功能了解自己最常使用的搜索条件，还可以直接点击历史检索条件进行再次检索；

---

[1] 程结晶、彭斐章：“数字时代的目录学发展路径——网络资源导读服务”，载《情报资料工作》2006 年第 6 期。

[2] 查炜：“基于课题研究的个性化信息服务方式探讨”，载《情报杂志》2007 年第 5 期。

[3] 查炜：“基于社会科学创新需求的文献信息服务策略”，载中国社会科学情报学会、中国科学技术情报学会编：《图书馆、情报与文献学研究的新视野》，社会科学文献出版社 2007 年版，第 350 页。另参见查炜：“基于课题研究的个性化信息服务方式探讨”，载《情报杂志》2007 年第 5 期；查炜：“个性化信息服务与社会科学创新”，载《图书馆理论与实践》2007 年第 4 期。

文献收藏夹功能可以使用户通过收藏夹建立自己的小资料库，方便学习研究，并可以直接点击进入已收藏的文献，无须重新搜索，此外还可以通过收藏夹导出收藏文献的题录。上述两种特色服务可以称得上是用户定制服务，能够全面地满足用户个性化的需求，真正地实现“以人为本”的宗旨。当然，由于本书多次指出的人财物有限以及研究目的等原因，“知信通”资料库无力全部实现预想的一些功能，包括上述检索历史功能及文献收藏夹功能等。不过，这并不妨碍在未来的国家知识产权文献及信息资料库建设中以图书情报原理为指导、以用户需求为宗旨，充分利用现代网络技术手段开发和运用这些功能，更不妨碍课题组预先做出一定的前期研究。

以下是项目组对检索历史功能及文献收藏夹功能的初步构想。

表 5-3-1　检索历史功能预设

检索历史			
编号	检索式	命中文献数目	检索时间
1	法规标题=商标法 and 时效性=现行有效	5	×年×月×日
……	……	……	……

通过点击检索式可出现检索式编辑界面，对检索式进行编辑后可以点击检索直接进行新一次检索。

表 5-3-2　文献收藏夹功能预设（一）

文件收藏夹 创建、删除、修改[1]					
□全选	文献收藏夹名称	描述信息	文献数	创建时间	导出题录
……	……	……	……	……	……
……	……	……	……	……	……

[1] 创建指的是创建一个新的文件夹；删除指的是删除现有文件夹；修改指的是修改现有文件夹的名称、描述信息。

点击文件收藏夹名称则可以显示如下图的内容。

表 5-3-3　文献收藏夹功能预设（二）

首页　上一页　下一页　尾页		
标题名称	收藏时间	删除内容
……	×年×月×日	……
全选　删除选中内容		

3. 重视信息的深度加工

正如前文所述，信息的深度加工是“知信通”资料库法律法规版块的优势所在，也是与其他文献及信息数据库相比的最大特色所在。目前已经对我国现行《著作权法》《专利法》及《商标法》法条完成了深度解析。当然，基于研究时限和人力资源等的限制，迄今为止能够做到此地步已经实属不易。不过，从理想的角度来说，仍然可以在以后做进一步的完善。这些完善工作可以为未来的国家知识产权文献及信息资料库建设在信息深度加工方面提供参照。具体地说，日后仍可围绕这三部法律，进一步完善该部分的以下内容：

第一，点击进入具体法律法规页面时，页面的左上方载有该部法律法规的目录信息。当前，本法律法规版块对目录采取的是仅显示条款数，而没有显示条文简称或者条文大意，不够一目了然，某种程度上会给用户带来检索困难，不能使其精准地定位到目标条款。因此，以后可以结合对具体法条做的概括或解析，在目录中添加章节的名称及具体条款的法律内涵，以保证目录信息的完整。

第二，在对每一法条的历次修改情况进行解析时，即制度沿革部分，目前只是将历次法律对该制度的规定列明，列明的内容为具体条款的全文。一般来说，用户最想了解的可能是该制度究竟哪些部分做了修改。法律条文的变化可以称得上“精细”，个别字词的不同含义可能相去甚远，背后蕴含的法律价值可能不尽相同，因此以后在链接内容页面上可以考虑将具体的修改内容用不同颜色或字体突出显示，以方便用户比照不同版本的法律条款，更好地理解立法者修改法律的意图，理解当前法律规定的进步之处。

第三，学理解析目前由于著作权保护问题没有大范围涉及他人的成果，而主要限于本项目课题组成员的成果。下一步可以在解决著作权问题的前提之下增加其他专家学者相关著作、论文中的内容，介绍理论界对有关法条的代表性观点和权威解读，以丰富学理解析部分，给用户提供多角度的信息和观点，供其解读。学理解析部分若能出现“百家争鸣”“百花齐放”的状态，则将有利于弱化法律法规资料库的倾向性，保证对资料和信息的中立和客观态度，从而增强法律法规资料库的权威性。

第四，《著作权法》《专利法》及《商标法》是知识产权领域的核心法律，因此这三部法律信息的深度加工应一直是法律法规项目组工作的重点。这三部法律的他山之石部分目前仅对我国台湾地区法律和部分国际条约的相关制度进行了链接、分析、对照，可以在完整性上做进一步的探索。以后可以考虑增加重要的国际条约（如 TRIPS 协议、《世界知识产权组织版权条约》《世界知识产权组织表演及录音制品条约》《保护工业产权巴黎公约》《专利法条约》《商标法新加坡条约》等）及其他主要国家和地区（如日本、法国、德国、美国、我国香港及澳门特别行政区等）的法律。在国际条约和外国法律文本的选取上，应当尽量选择官方提供的中文译本，在没有官方中文译本的情形下，应当尽量选择权威性较高、学术背景较雄厚的机构或译者翻译的文本，并根据著作权法的规定减少著作权风险。

第五，由于精力有限，目前法律法规项目组仅对我国现行《著作权法》《专利法》及《商标法》的法条进行了二次加工，日后可对知识产权领域其他比较重要的法律法规进行深度解析，如《著作权法实施条例》《专利法实施细则》及《商标法实施条例》等行政法规和一些重要的部门规章，乃至重要的国际公约等。

4. 实现库与库之间的链接

“知信通”资料库试图集成全面、基础的知识产权文献及信息，包括法律法规库、司法案例库、论著资料库、科研项目库、教育培训库、知产人物库、知产机构库、知产大事库、知产百科库等，这些子库之间并不是“各自为政”，而是一个有机的整体。因此，若要实现优势互补，在各个子库之间建立有效合作机制、加强彼此之间的链接是一个很好的方式。

就法律法规库而言，目前主要是与司法案例库建立了有效的链接。可以考虑在法律法规库与其他子库之间建立链接，以实现资料库资源共享，如法律法规的学理解析部分中的文献名称及期刊名称可以与论著库链接，作者姓名可以与知产人物库链接；法律内涵可以与知产百科库链接；法律法规当中的发布机关信息可以与知产机构库建立链接；法律法规的发布日期、施行日期可以与知产大事库建立链接等等。目前《著作权法》《商标法》《专利法》已经基本能够实现与案例库的链接，日后可以拓展法律法规与其他部分的内链。

5. 全面布局法律法规库提供的服务品种与类型

当前，用户对于法律法规库中的内容仅能进行即时浏览，而无法通过有效手段保存下来。未来，转发、下载、打印、个性化定制等服务的全面布局和完善将使法律法规库的功能更加人性化，一方面能够满足用户多元化的需求，另一方面能够为国家知识产权文献及信息资料库的实体建设提供方向和指引，圆满实现国家知识产权文献及信息资料库之法律法规库的功能和目的。

无疑，国家知识产权文献及信息试验性资料库能够为实体的国家知识产权文献及信息资料库建设提供样板和经验，以及宝贵的用户体验。在知识产权法律法规库建设方面，“知信通”资料库经过课题组研究人员多年的努力，从界面设计、检索方式和路径、元数据确定、标引、检索、信息深度加工等方面看，都力求做到较之于现有法律法规库有所进步并具有自身独到特点。同时，有些方面的功能和需求远非试验性资料库能够全部完成，需要在未来的国家知识产权文献及信息资料库建设中予以落实。

第四节　“知信通”资料库司法案例版块介绍与分析

与法律法规版块一样，“知信通”资料库中的司法案例版块也是对用户十分重要的一个版块。该版块不仅提供了丰富的司法裁判文书，还对具有研究价值或具有代表性的案例进行了深度加工，以期给用户提供更为有效的信息增值服务。以下从“知信通”资料库司法案例版块的概况和特点、操作应用、建设经验及后续建设的思考等方面予以介绍与分析。

一、基本简介

“知信通”资料库司法案例版块是本资料库的核心内容之一，截至 2016

年 3 月中旬，已经推送出去的司法裁判文书有 5040 条（如图 5-4-1）。本版块并不局限于简单的司法裁判文书收集汇总，而是根据司法案例的具体价值大小，进行了不同的分类整合，并对价值较大的做了较为详细的案例评析、建立了案例地图（后面将详细介绍）。本版块的案例基本上可以分为三种类型：第一种是普通案例，也即案情相对简单，法律适用明确的案例；第二种是热点案例，是新近发生、在相关领域争议较大或有一定影响的案例；第三种是精品案例，这一部分案例是精挑细选出来的具有一定代表性的案例，比如每年最高人民法院公布的十大案件、50 件典型案例及各省市公布的经典案例等。需要指出的是，部分案例可能既属于精品案例，又属于热点案例。之所以做如此划分，是为了方便用户查找比较具有特殊性的案例，避免在繁多的案例中找不到“方向”，浪费检索成本。

	推荐热点 | 取消精品 | 修改案例地图 | 设置法律法规(0)	shaoshujie	2016-03-21 22:59:48	修改
ミ	推荐热点 | 取消精品 | 修改案例地图 | 设置法律法规(0)	shaoshujie	2016-03-21 22:59:33	修改
	推荐热点 | 取消精品 | 修改案例地图 | 设置法律法规(0)	shaoshujie	2016-03-21 22:59:21	修改
诉案	推荐热点 | 取消精品 | 修改案例地图 | 设置法律法规(0)	shaoshujie	2016-03-21 22:59:12	修改
	推荐热点 | 取消精品 | 修改案例地图 | 设置法律法规(0)	shaoshujie	2016-03-21 22:59:00	修改
	推荐热点 | 取消精品 | 修改案例地图 | 设置法律法规(0)	shaoshujie	2016-03-21 22:58:51	修改
匕神武天	推荐热点 | 取消精品 | 修改案例地图 | 设置法律法规(0)	shaoshujie	2016-03-21 22:58:36	修改

1 2 3 4 5 6 7 8 9 10 .. 252 下一页 跳转到 跳转 共5040条

图 5-4-1　“知信通”资料库司法案例版块目前推送数目

所有司法案例版块的案例均是经过课题组成员的一一筛选、审核、加工才推送到前台的。课题组案例部分成员要对裁判文书全文进行专业性阅读，总结出对案件的摘要（如 http://www.ipknow.cn/lawcase/show-61379.html，http://www.ipknow.cn/lawcase/show-61407.html，摘要见下图）。摘要是对案件裁判文书全文的一个浓缩性概括，包含案例纠纷的当事人以及案件的主要纠纷、案件的判决结果等重要信息，便于用户在第一时间对案件进行大致了解。摘要的篇幅很短，基本上要控制在 300 字以内，对语言的概括程度要求极高，因此课题组成员若要做好案例摘要的工作，必须对特定的案例判决十分熟悉，清楚地知道其发展路径以及其中重要的内容。同时，为保证摘要内容的原创性，案例组成员编撰摘要时要在深入了解案件的基础上以专业语言简单明了地将主要信息表达出来，且尽量避免从法律文书原文中摘录。

【摘要】：本案为新类型商标侵权案件，案件中青岛际通文具有限公司，青岛际通铅笔有限公司作为销售商在其销售的环球公司产品的包装物上添加自己企业字号和商标的行为、将自己标注为产品经销商和生产商的行为，破坏了环球公司“CARIOCA”注册商标的识别功能，割裂了环球公司“CARIOCA”注册商标所对应的市场主体，容易使相关消费者误认为被控水彩笔系来源于际通文具、际通铅笔，或者认为际通文具、际通铅笔与环球公司存在关联关系，侵犯了环球公司的注册商标专用权。这种在包装中标注自己商标的行为具有不正当性，损害了商标的识别功能，构成商标侵权。

图 5-4-2　司法案例版块案例摘要（一）

【摘要】：毕飞宇、人民文学出版社起诉陈坪、西苑出版社和王府井书店，认为陈枰版《推拿》与毕飞宇版《推拿》相比，名称相同，内容相似，且陈枰许可西苑出版社出版发行陈枰版小说，误导消费者，对毕飞宇版《推拿》的销售造成挤压，直接损害了毕飞宇和人民文学出版社的合法权益，构成不正当竞争。王府井书店对陈枰版《推拿》予以销售，亦构成侵权。一审法院经审理认为，被告陈枰、西苑出版社和王府井书店构成侵害著作权以及不正当竞争，责令停止侵权、赔偿经济损失，但驳回原告毕飞宇的其他诉讼请求以及原告人民文学出版社有限公司的全部诉讼请求。原被告均不服判决，上诉至北京市第二中级人民法院。北京市二中院经审理后认为，原审被告构成不正当竞争以及共同侵害著作权，支持原审原告的部分上诉理由，驳回原审被告的上诉。

图 5-4-3　司法案例版块案例摘要（二）

司法案例版块的一个创新点在于，案例组成员会对具有代表性的案例进行专业的案例评析（如 http://www.ipknow.cn/lawcase/show-61808.html，其案例评析如图 5-4-4 所示）。对案例组而言，这不仅是本课题的一大亮点所在，更是对每一个成员的巨大挑战。案例评析针对相关案例中的争议焦点而展开，主要是对争议较大的焦点问题予以评析，对争议问题进行说明评价，使读者能够迅速认识到该案的争点为何，在案件中又有着怎样具体的解决方式等。案例评析对读者而言具有十分重要的意义。进言之，案例评析能体现法学专业水平，能够为读者提供基本案情以外的专业增值服务信息。严格地说，司法案例版块只有辅之以具有较高专业水平的案例评析，才能具有更高的价值。基于此，课题组在知识产权案例库建设中，尤其重视案例评析问题。案例评析也因此成为本试验性资料库与其他案例数据库相比所具有的重要优势和特色。

【评析】：

本案中，上诉人和二审争议的焦点都在于著作权侵权赔偿数额的确定，上诉人认为一审判决的赔偿数额过低因而提起上诉。在案件审理过后，一审和二审法院都依据《著作权法》49条作出了判决，但该条关于赔偿数额的规定是原则性的，实际操作性不强，例如著作权人实际损失应当包括哪些内容，是仅指直接损失，还是包括了间接损失，是否还应包括著作权人因此而遭受的精神损失；侵权人的违法所得如何计算，是否单指使用被侵权作品给侵权人带来的实际利润，还是其使用该项侵权作品实际经营所得（包括使用该作品所付出的成本费用）；在侵权人没有获得实际利润的情况下又如何确定损害赔偿数额；权利人为制止侵权行为所支付的合理开支又具体应包含哪些内容；定额赔偿时应当依据什么样的标准来确定赔偿数额的上下限。由于该条没有具体规定这些内容，法院在作出判决时的自由性较大，而且说理就不太充分，难以令人信服。就本案而言，数额的确定“综合考虑武建军的知名度、涉案作品的性质、武建军为制止侵权行为支付的合理费用、郑州市中原中医院侵权行为的性质、主观过错、被控侵权刊物的发行范围”，这样的理由太过于简单抽象，没有具体标准，缺乏足够的说服力。

个人认为，依据著作权人实际损失确定赔偿数额时应注意以下几个问题：

1、著作权人的实际损失应包括直接损失、间接损失和其他损失。

一般认为，著作权侵权中，直接损失是指著作权人为创作或发行作品所支出的费用；间接损失是指著作权人创作、发行作品在未遭受侵权的情况下可能获得的合理预期收入；其他损失是指著作权人为调查和制止侵权行为及在著作权侵权诉讼过程中所支出的调查费、鉴定费、律师费、交通费、材料费等必要支出的费用。

2、定额赔偿的选择权。目前，根据《著作权法》第48条关于著作权侵权赔偿方法的适用顺序是优先考虑权利人受损和侵权人获利这两种计算方法，只有在损失与获利都不能查明时，法院才可以基于当事人要求赔偿的诉讼请求，选择适用定额赔偿方法。笔者认为，赔偿以及计算赔偿方法均属于当事人的诉讼请求范畴，并非单纯的法律适用问题，应赋予权利人以完整的请求权，即允许权利人对不同的赔偿方法进行自由选择，直接选择适用定额赔偿而不应受任何限限。只有这样，才能从实体权利到程序权利两方面真正体现司法公

图 5-4-4　司法案例版块案例评析（一）

【评析】：

本案的争议焦点在于在案证据能否证明复审商标于系争期间在核准注册的商品上公开、真实、合法地进行了商业使用。在上诉人即味国照提交的证据中，复审证据1、7、9、10为产品宣传照片、户外广告照片及自行制作的宣传画册等资料，其上显示的均为“蓝勋章LEONARDO及图”的图样或“LEONADO”字样，与本案的复审商标亦即核准注册的商标“Leonardo”不相同。问题就在于商标权人改变注册商标形状的使用证据，是否可以用来证明对注册商标的使用，从而作为注册商标不使用的抗辩呢？换言之，对于使用的不是核准注册的商标标识的使用行为，是否构成对注册商标的使用？对于上述问题，应当将核准注册的商标和实际使用的商标进行对比，不同情况不同处理。

其一，如果实际使用的商标和核准注册的商标差别非常细微，显著特征没有发生变化，二者容易被认为是同一商标的，对非核准注册商标的实际使用行为构成对注册商标的使用。现实中，没有按照《商标注册公告》完全一样地使用注册商标，是一个很普遍的现象。例如，中文文字商标，注册的是繁体，使用的是简体，注册的是楷体，使用的是黑体；英文文字商标，注册的是大写，使用的是小写，注册的是正体，使用的是斜体等等。在这种情况下，注册商标的显著性并没有改变，实际使用的商标仍然能够发挥标识商品不同来源的作用，则其可以视为对注册商标的使用。对此，《巴黎公约》第五条C（2）规定：“商标所有人使用的商标，在形式上与其在本联盟国家之一所注册的商标的形式只有细节的不同，而并未改变其显著性的，不应导致注册无效，也不应减少对商标所给予的保护。” 而在我国司法实践中，《最高人民法院关于审理商标授权确权行政案件若干问题的意见》第20条也规定了类似的判断标准，即“实际使用的商标与核准注册的商标虽有细微差别，但未改变其显著特征的，可以视为注册商标的使用”。

其二，如果实际使用的商标和核准注册的商标主要部分或者显著特征不同，容易被认为不是同一商标的，则这种情况下的使用不能构成对权利人核准注册商标的使用，而是对未注册商标或其他注册商标的使用。

图 5-4-5　司法案例版块案例评析（二）

根据以上两种情况的区分，再回到本案，商标权人核准注册的商标为“Leonardo”商标，而证据中其实际使用的商标却是“蓝勋章LEONARDO”及 “LEONADO”。对于“蓝勋章LEONARDO”的标识，其在将核准注册商标英文字母全部改为大写的基础上，同时在前面增加了“蓝勋章”三个汉字，显然改变了核准注册商标的显著特征。对于“LEONADO”的标识，其也是从英文字母小写到大写的改变，但却减少了其中一个字母“R”，同样在形式上与核准注册的商标有明显的不同，一般人还是比较容易能够辨认出来的。所以，商标权人实际使用的“蓝勋章LEONARDO”及 “LEONADO”，都不能视为对核准注册商标“Leonardo”的使用，亦即以此不能证明商标权人对核准注册商标进行了使用。（撰稿人：吴冲）

图 5-4-6　司法案例版块案例评析（三）

【评析】：

本案涉及职务作品的著作权归属问题以及合理使用问题。

一、重庆青年报社是否享有涉案文章的著作权

《著作权法》第 16 条规定了职务作品及其权利归属。《著作权法》第 16 条第 1 款规定：“公民为完成法人或者其他组织工作任务所创作的作品是职务作品，除本条第二款的规定以外，著作权由作者享有，但法人或者其他组织有权在其业务范围内优先使用。作品完成两年内，未经单位同意，作者不得许可第三人以与单位使用的相同方式使用该作品。”第 2 款规定：“有下列情形之一的职务作品，作者享有署名权，著作权的其他权利由法人或者其他组织享有，法人或者其他组织可以给予作者奖励：（一）主要是利用法人或者其他组织的物质技术条件创作，并由法人或者其他组织承担责任的工程设计图、产品设计图、地图、计算机软件等职务作品；（二）法律、行政法规规定或者合同约定著作权由法人或者其他组织享有的职务作品。”学界一般认为第 16 条第 1 款规定的是一般职务作品的权利归属，第 2 款则规定了特殊职务作品的权利归属。

由上述规定得知，一般职务作品和特殊职务作品的著作权归属不同，一般职务作品的著作权属于作者，但单位也享有一定的使用权利，作者在行使著作权时会受到一些限制。而特殊职务作品的著作权除署名权归作者享有外，其他权利归单位所有，单位可以给予作者奖励。

本案中，重庆青年报社与作者签订了聘用合同并以协议明文约定了双方的权利义务，即重庆青年报社享有作品的著作权，作者享有署名权，重庆青年报社有权依法独立行使作品的各项著作权。因此，重庆青年报社对涉案文章和涉案图片享有著作权。

图 5-4-7　司法案例版块案例评析（四）

二、光明网传媒有限公司对涉案文章和涉案图片的使用是否属于合理使用

所谓著作权合理使用是指，在法律规定的条件下，不必征得著作权人的同意，也不必向其支付报酬，基于正当目的而使用他人著作权作品的合法行为；该行为不得与作品的正常使用相冲突，也不得不合理的损害著作权人本应享有的合理利益。

我国《著作权法》第二十二条明确规定了著作权合理使用制度及其适用范围，对合理使用行为的分类共有十二项，大致可以分为八个类别：其中第1、2项规范个人合理使用行为；第3项至第5项规范媒体进行宣传报道时的合理使用；第6项是为教育目的的合理使用，第7项规定国家机关的合理使用；第8项为图书馆、档案馆等为陈列和保存版本的需要而进行的合理使用；第9项是免费表演的使用；第10项是室外公共场所内的合理使用；第11和12项是为人道目的的合理使用。在此基础上，《著作权法实施条例》第二十一条又进行了补充性的规定："依照著作权法有关规定，使用可以不经著作权人许可的已经发表的作品，不得影响该作品的正常使用，也不得不合理地损害著作权人的合法利益。"这一补充性规定在一定程度上加强了对合理使用行为的规范，既保护了著作权人的利益又便于合理使用人掌握合理使用的分寸。

本案中，光明网传媒有限公司在未经许可、亦未支付报酬的情况下将重庆青年报社享有著作权的新闻报道作品擅自更改题目后进行转载刊登，已构成对重庆青年报社合法权利的侵犯，应承担相应民事责任。光明网传媒有限公司辩称其系合理使用，无事实和法律依据，因此被法院认定排除合理使用。（评析人：吴帆）

图 5-4-8　司法案例版块案例评析（五）

【评析】：

本案是判定专利侵权的典型案件，双方当事人均为国内知名家电企业，案情疑难复杂，社会影响大，对同类案件的审理具有较强的借鉴意义。

专利侵权判定原则一直是各国司法实践中的一个难点问题。专利侵权判定和判断合同违约不一样，合同有相应的合同条款，可操作性比较强，而专利侵权判定需要与权利要求书做比较，被控产品方案很多情况下与权利要求书都是不一致的，不一致达到什么程度构成侵权，不一致达到什么程度不构成侵权。

我国司法实践中采用的是全面覆盖原则和等同原则。全面覆盖原则是专利侵权判定中的一个最基本原则。所谓全面覆盖原则，是指如果被控物或者方法侵权成立，那么该产品或者方法应该具备专利权利要求中所描述的每一项特征，缺一不可。在判定专利侵权时，最先适用的是全面覆盖原则。在实际中，被控物适用该原则判定侵权是很少的，很多的情况下，适用的是等同原则。所谓等同原则，就是尽管被控物不具备专利权利要求的全部特征，但是被控物不具备的专利特征在被控物上面能够找到该特征的等同替换物，此种情况下，被控物判定侵权。

在本案中，涉案专利将参数存储在非易失性的记忆芯片中，被诉侵权"舒睡模式3"是将参数存储在易失性的控制芯片的RAM 中，二者不相同。但通常情况下，空调遥控器在使用中一般不会取下电池，也就是说在实际使用中二者的效果基本相同。而且对于同领域的普通技术人员来讲，以控制芯片的RAM 代替记忆芯片，无需经过创造性劳动就能够联想到。因此，二者属于等同的技术特征，被诉侵权技术方案落入专利权的保护范围，构成侵权。其次，KFR-26GW/DY-V2（E2）型空调器所附安装说明书明确记载了"舒睡模式3"的功能，并载明该说明书适用于其余三款空调器产品，由此推知该三款空调器亦具有"舒睡模式3"；本案四款被诉侵权产品属于同一系列，仅功率不同而功能相同，符合产业的惯例。在没有相反证据的情况下，通过现有证据可以推知其余三款空调器也具有相同的"舒睡模式3"，落入涉案专利权的保护范围，

由上可知，被告符合等同原则对专利侵权的要求，构成侵权。（评析人：毛琳玉）

图 5-4-9　司法案例版块案例评析（六）

在对相关的案例进行摘要和评析的过程中，工作基本思路一般为：首先

对原告的起诉缘由进行总结，然后对法院的判决结果予以阐述，使得相关读者能够清晰地知道案例的基本事实以及相应的判决结果，从而在整体上能对案件有一个粗略的了解。案例评析部分针对法院判决的争议焦点，进行一一阐释，对其中争议较大的部分进行详细的理论探讨和实践分析，其中相对简单的部分则一笔带过或者直接省略。需要说明的是，课题组并没有拘泥于本案件的争议焦点，而是在充分发挥主观能动性的基础上对判决中探讨价值较大但未作为争议焦点的内容，也进行了较为深刻的探讨和评析。

除案例评析外，案例地图也是本案例库的亮点，是本试验性资料库信息描述方面的创新和特色之一。设计案例地图的目的是让用户能够迅速、清晰、一目了然地了解案例信息。案例地图主要是对案例的一些重要内容进行提取，也是对案例重要内容的总结，不仅要求措辞简洁，还要保证信息的全面。在最初设计案例地图时，项目成员提出了诸多方案，最终综合了各方意见，形成了目前案例地图的确定模块。“知信通”资料库案例地图经过精心设计，最后确定的案例地图分为一审、二审、重审和再审四个模块（后台信息添加界面如图5-4-10—5-4-13所示）：一审包括原告诉称、被告辩称、第三人诉称、双方争议焦点、法院查明、法院认定、判决内容、法律依据；二审包括原审认定、原审判内容、上诉理由、二审双方争议焦点、二审法院查明、二审法院认定、二审判决内容、二审法律依据；再审包括再审申请人诉称、再审被申请人诉称、再审第三人诉称、原审认定、原审判决内容、申请再审理由、再审双方争议焦点、再审法院查明、再审法院认定、再审判决内容、再审法律依据；重审包括原审认定、原审判决内容、原告诉称、被告辩称、第三人诉称、双方争议焦点、法院查明、法院认定、判决内容、法律依据。

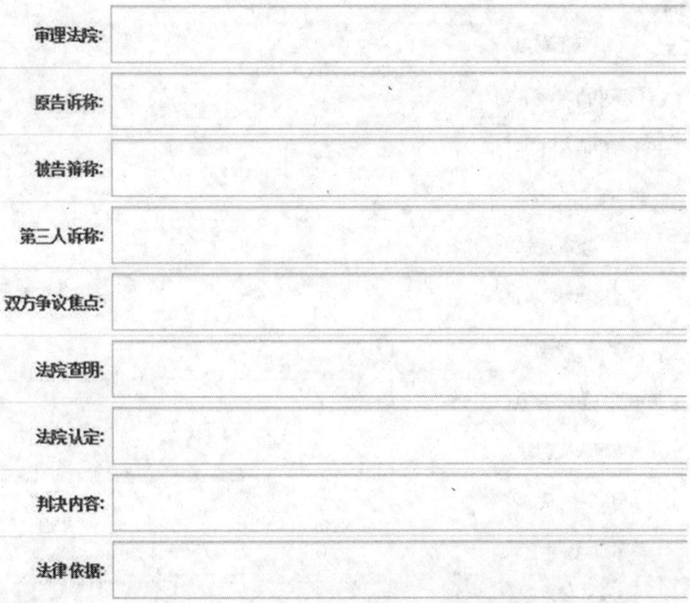

审理法院:

原告诉称:

被告辩称:

第三人诉称:

双方争议焦点:

法院查明:

法院认定:

判决内容:

法律依据:

图 5-4-10　一审案例地图添加后台界面

审理法院:

原审认定:

原审判决内容:

上诉理由:

二审双方争议焦点:

二审法院查明:

二审法院认定:

二审判决内容:

二审法律依据:

图 5-4-11　二审案例地图添加后台界面

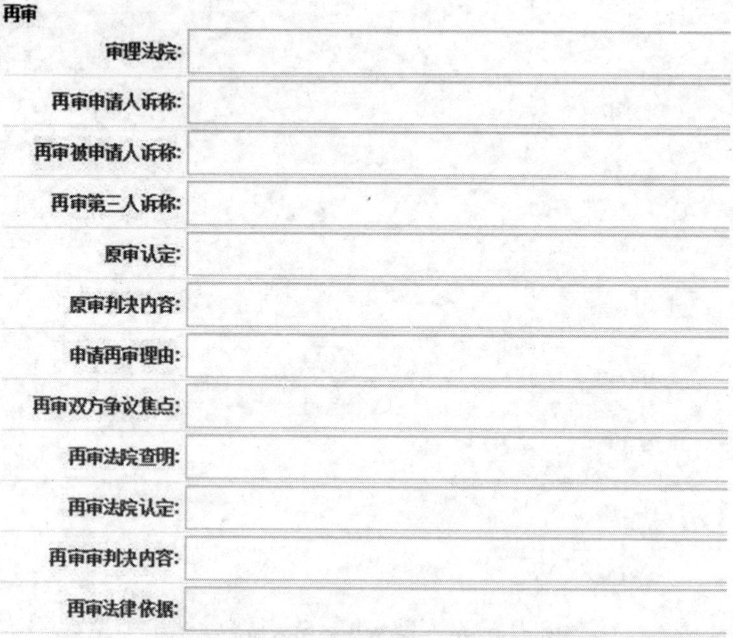

再审

审理法院：

再审申请人诉称：

再审被申请人诉称：

再审第三人诉称：

原审认定：

原审判决内容：

申请再审理由：

再审双方争议焦点：

再审法院查明：

再审法院认定：

再审审判决内容：

再审法律依据：

图 5-4-12　再审案例地图添加后台界面

重审

审理法院：

原审认定：

原审判决内容：

原告诉称：

被告简称：

第三人诉称：

双方争议焦点：

法院查明：

法院认定：

判决内容：

法律依据：

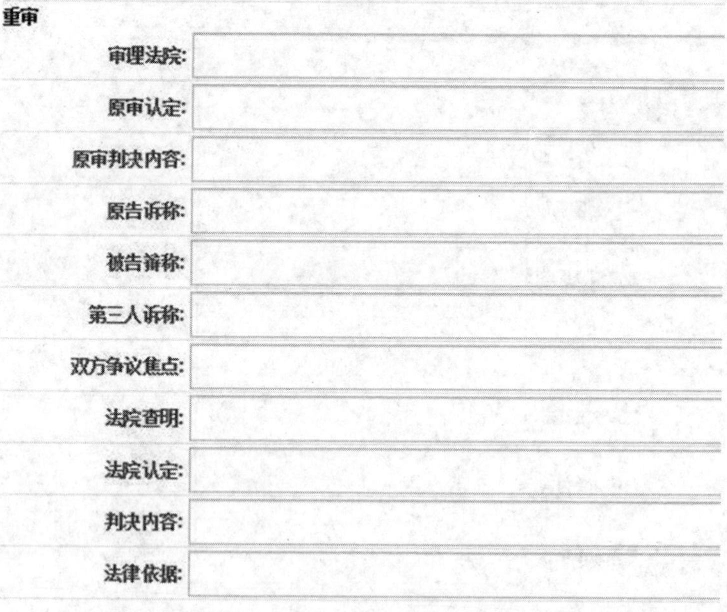

图 5-4-13　重审案例地图添加后台界面

在案例摘要和分析的撰写过程中，各成员意见也并非完全一致，或多或少存在过一定的分歧与疑虑。诸如摘要字数以多少为宜，评析是否要对所有的争议点进行论述，是否要根据案例的具体情况而采用不同的案例地图模式等，这些问题都没有一个特别固定的标准和答案，这就要求成员在加工案例的过程中逐渐摸索，先将初步成果呈现给用户，再根据用户体验的反馈、建议和意见进行改良。通过多次磨合，最后，项目组并没有就上述问题在组内进行严格的统一，一方面是考虑到案例分析多元化的需要，尽量做到有详有略，另一方面也能体现不同案例在重要程度上的梯度区别。一般来讲，案例的争议焦点越多，不同观点也越多，相应的案例评析就要求越细致，同时也代表该案例越具有深入探讨的价值。这在某种程度上能起到标杆的作用，方便使用者筛选经典案例。

二、基本架构

“知信通”资料库司法案例版块构架基本上保持了与全网站各版块的统一，总体包括四个部分，一是搜索，二是分类，三是案例展示，四是本版块简介。以下一一做简要说明。

（一）搜索栏

为了适应用户的检索习惯、提高检索效率，“知信通”资料库司法案例版块建立了两种检索方式。一种是简单检索，也即快捷检索（如图 5-4-14），分为全文检索和标题检索，按照关键词出现的位置进行检索；另外一种是高级检索（如图 5-4-14），其中可以限定的选项有案例类型（可以选择的有全部案例、民事案例、行政案例、刑事案例、刑事附带民事案例）、案件名称、当事人、关键词、案号、审结日期、案由、审理法官、审理法院、代理律师、代理机构、法院级别（可以选择的有全部、最高人民法院、高级人民法院、中级人民法院、基层人民法院）、审理程序（可以选择的有全部、一审、二审、重审、再审一审、再审二审、其他程序）、案例类型（可以选择的有热点案例、精品案例、普通案例）。

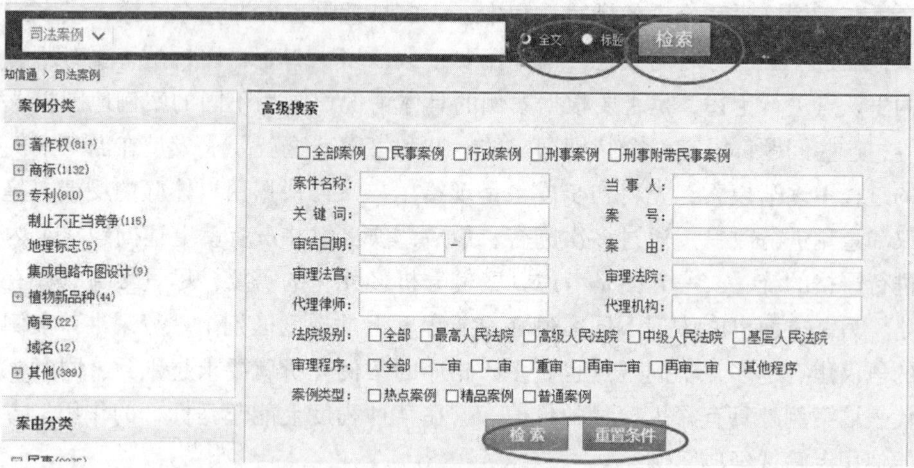

司法案例 全文 标题 检索
知信通 > 司法案例
案例分类
著作权(817)
商标(1132)
专利(810)
制止不正当竞争(115)
地理标志(5)
集成电路布图设计(9)
植物新品种(44)
商号(22)
域名(12)
其他(389)
案由分类
高级搜索
□全部案例 □民事案例 □行政案例 □刑事案例 □刑事附带民事案例
案件名称： 当 事 人：
关 键 词： 案　　号：
审结日期： – 案　　由：
审理法官： 审理法院：
代理律师： 代理机构：
法院级别： □全部 □最高人民法院 □高级人民法院 □中级人民法院 □基层人民法院
审理程序： □全部 □一审 □二审 □重审 □再审一审 □再审二审 □其他程序
案例类型： □热点案例 □精品案例 □普通案例
检索 重置条件

图 5-4-14　司法案例版块检索图

（二）分类

由于案例众多，所以进行合理、科学的专业分类是十分必要的。在司法案例版块的左侧，有按照不同类别进行的案例分类，具体分述如下。

第一，按照案例内容所属学科进行分类，包括 10 种，分别为著作权（其下又分为著作权权属、侵权、合同、不正当竞争、其他）、商标（其下又分为商标权属、侵权、合同、不正当竞争、其他）、专利（其下又分为专利权属、侵权、合同、不正当竞争、其他）、制止不正当竞争、地理标志、集成电路布图设计、植物新品种（其下又分为植物新品种权属、侵权、合同、不正当竞争、其他）、商号、域名、其他（其下又分为权属、侵权、合同、不正当竞争、其他）。用户可以通过这种方式找到某一主题内容下的相关案例。

第二，根据案例所涉及的主体不同分为民事案件、刑事案件、行政案件。

其一，民事案件又分为知识产权合同纠纷、知识产权权属/侵权纠纷、不正当竞争纠纷、垄断纠纷。其中知识产权合同纠纷又分为著作权合同纠纷（具体又分为委托创作合同纠纷、合作创作合同纠纷、著作权转让合同纠纷、著作权许可使用合同纠纷、出版合同纠纷、表演合同纠纷、音像制品制作合同纠纷、广播电视播放合同纠纷、邻接权转让合同纠纷、邻接权许可使用合同纠纷、计算机软件开发合同纠纷、计算机软件著作权转让合同纠纷、计算机软件著作权许可使用合同纠纷）、商标合同纠纷（具体又可分为商标权转让合同纠纷、商标使用许可合同纠纷、商标代理合同纠纷）、专利合同纠纷（具体又分为专利申请权转让合同纠纷、专利权转让合同纠纷、发明专利实施许可合同纠纷、实用新型专利实施许可合同纠纷、外观设计专利实施许可合同纠纷、专利代理合同纠纷)、植物新品种合同纠纷（具体又分为植物新品种育种合同纠纷、植物新品种申请权转让合同纠纷、植物新品种实施许可合同纠纷)、集成电路布图设计合同纠纷（具体又分为集成电路布图设计创作合同纠纷、集成电路布图设计专有权转让合同纠纷、集成电路布图设计许可使用合同纠纷)、商业秘密合同纠纷（具体又分为技术秘密让与合同纠纷、技术秘密许可使用合同纠纷、经营秘密让与合同纠纷、经营秘密许可使用合同纠纷)、技术合同纠纷（具体又分为技术委托开发合同纠纷、技术合作开发合同纠纷、技术转化合同纠纷、技术转让合同纠纷、技术咨询合同纠纷、技术服务合同纠纷、技术培训合同纠纷、技术中介合同纠纷、技术进口合同纠纷、技术出口合同纠纷、职务技术成果完成人奖励纠纷、技术成果完成人署名权、荣誉权、奖励权纠纷)、特许经营合同纠纷、企业名称/商号合同纠纷（企业名称/商号转让合同纠纷、企业名称/商号使用合同纠纷)、特殊标志合同纠纷、网络域名合同纠纷（网络域名注册合同纠纷、网络域名转让合同纠纷、网络域名许可使用合同纠纷)、知识产权质押合同纠纷。

知识产权权属/侵权纠纷分为著作权权属/侵权纠纷（包括侵害作品发表权纠纷、侵害作品署名权纠纷、侵害作品修改权纠纷、侵害保护作品完整权纠纷、侵害作品复制权纠纷、侵害作品出租权纠纷、侵害作品展览权纠纷、侵害作品表演权纠纷、侵害作品放映权纠纷、侵害作品广播权纠纷、侵害作品信息网络传播权纠纷、侵害作品摄制权纠纷、侵害作品改编权纠纷、侵害作品翻译权纠纷、侵害作品汇编权纠纷、侵害其他著作财产权纠纷、出版者权权属纠纷、表演者权权属纠纷、录音录像制作者权权属纠纷、广播组织权权权属纠纷、侵害出版者权纠纷、侵害表演者权纠纷、侵害录音录像制作者权纠纷、侵害广播组织权纠纷、计算机软件著作权权属纠纷、侵害计算机软件著作权纠纷)、商标权权属/侵权纠纷（包括商标权属纠纷、侵害商标权纠纷)、专利权权属/侵权纠纷（包括专利申请权权属纠纷、专利权权属纠纷、侵害发明专利权纠纷、侵害实用新型专利权纠纷、侵害外观设计专利权纠纷、假冒他人专利纠纷、发明专利临时保护期使用费纠纷、职务发明创造发明人/设计人奖励/报酬纠纷、发明人/设计人署名权纠纷)、植物新品种权权属/侵权纠纷（包括植物新品种申请权权属纠纷、植物新品种权权属纠纷、侵害植物新品种权纠纷)、集成电路布图设计专有权/权属纠纷（包括集成电路布图设计专有权权属纠纷、集成电路布图设计专有权纠纷)、侵害企业名称/商号权纠纷、侵害特殊标志专有权纠纷、网络域名权属/侵权纠纷（包括网络域名权属纠纷、侵害网络域名纠纷)、发现权纠纷、发明权纠纷、其他科技成果权纠纷、确认不侵害知识产权纠纷（包括因申请知识产权临时措施损害责任纠纷、因申请诉前停止侵害专利权损害责任纠纷、因申请诉前停止侵害注册商标专用权损害责任纠纷、因申请诉前停止著作权损害责任纠纷、因申请诉前停止侵害植物新品种损害责任纠纷、因申请海关保护措施损害责任纠纷)、因申请知识产权临时措施损害责任纠纷、因恶意提起知识产权诉讼损害责任纠纷、专利权宣告无效后返还费用纠纷。

不正当竞争纠纷分为仿冒纠纷（包括擅自使用知名商品特有名称、包装、装潢纠纷,[1]擅自使用他人姓名、企业名称纠纷，伪造、冒用产品质量标志纠纷，伪造产地纠纷)、商业贿赂不正当竞争纠纷、虚假宣传纠纷、侵害商业秘密纠纷（包括侵害技术秘密纠纷、侵害经营秘密纠纷)、低价倾销不正当竞争纠纷、捆绑销售不正当竞争纠纷、有奖销售纠纷、商业诋毁纠纷、串通投标不正当竞争纠纷。

垄断纠纷分为垄断协议纠纷（包括横向垄断协议纠纷、纵向垄断协议纠纷)、滥用市场支配地位纠纷（包括垄断定价纠纷、掠夺定价纠纷、拒绝交易纠纷、限定交易纠纷、捆绑交易纠纷、差别待遇纠纷)、经营者集中纠纷。

其二，行政纠纷包括确权纠纷、行政管理纠纷、其他知识产权行政纠纷。确权纠纷分为专利确权纠纷（包括发明复审确权纠纷、外观设计复审确权纠纷、实用新型复审确权纠纷、发明无效确权纠纷、实用新型无效确权纠纷、外观设计无效确权纠纷)、商标确权纠纷（包括商标驳回复审确权纠纷、商标异议复审确权纠纷、商标争议确权纠纷、商标三年不使用撤销确权纠纷、商标使用不当撤销确权纠纷、商标不当注册撤销确权纠纷)、集成电路布图设计确权纠纷、植物新品种确权纠纷。

行政管理纠纷包括行政复议（包括专利行政复议纠纷、商标行政复议纠纷、植物新品种行政复议纠纷、集成电路布图设计行政复议纠纷）和行政处

[1] 根据2017年修订后的《反不正当竞争法》的规定，此类案由应改为“擅自使用有一定影响的商品特有名称、包装、装潢纠纷”。

罚纠纷（包括专利行政处罚纠纷、商标行政处罚纠纷、著作权行政处罚纠纷、商业秘密行政处罚纠纷、植物新品种行政处罚纠纷、集成电路布图设计行政处罚纠纷、其他行政处罚纠纷）、其他知识产权行政纠纷。

其三，刑事案件分为假冒注册商标罪，销售假冒注册商标的商品罪，非法制造、销售非法制造商标标识罪，侵犯商业秘密罪，侵犯著作权罪，假冒专利罪，销售侵权复制品罪。

第三，按照审理程序划分，分为一审、二审、重审、一审再审、二审再审。按照此标准分类，可以使得用户明确相关案例的程序，及时找到需要的裁判文书。

第四，按照地区分类，全国各省市内法院裁判的相关案件归类到相关行政管辖范围内，便于用户查找相关法院判决的相关案件，特别是对于同类案件的判决同一个地区的法院的观点是否一样可以做出对比。

不同分类标准下所做的分类不同，便于网站内容的管理，符合信息管理的基本要求，更重要的是可以满足用户的不同需求，实现该案例库的价值。

（三）案例展示

在“知信通”资料库司法案例版块高级检索下面是三栏案例展示，分别有 5 条案例名称展示（如图 5-4-15 所示）：最新更新，指的是课题组后台最近更新的 5 条案例；热点案例，指的是最近更新的 5 条热点案例；精品案例，指的是最近更新的 5 条精品案例。需要说明的是，因为有些案例的特殊价值，其可能同时在三个栏下展示。另外，在每一个栏的右上角，都有一个“更多»”的符号，点击可以进入相应的案例子库，进入子库后可以选择按照审结日期正序/倒序、按照更新日期正序/倒序排列的方式（如热点案例 http://www.ipknow.cn/lawcase/tips-2.html，如图 5-4-16 所示）。

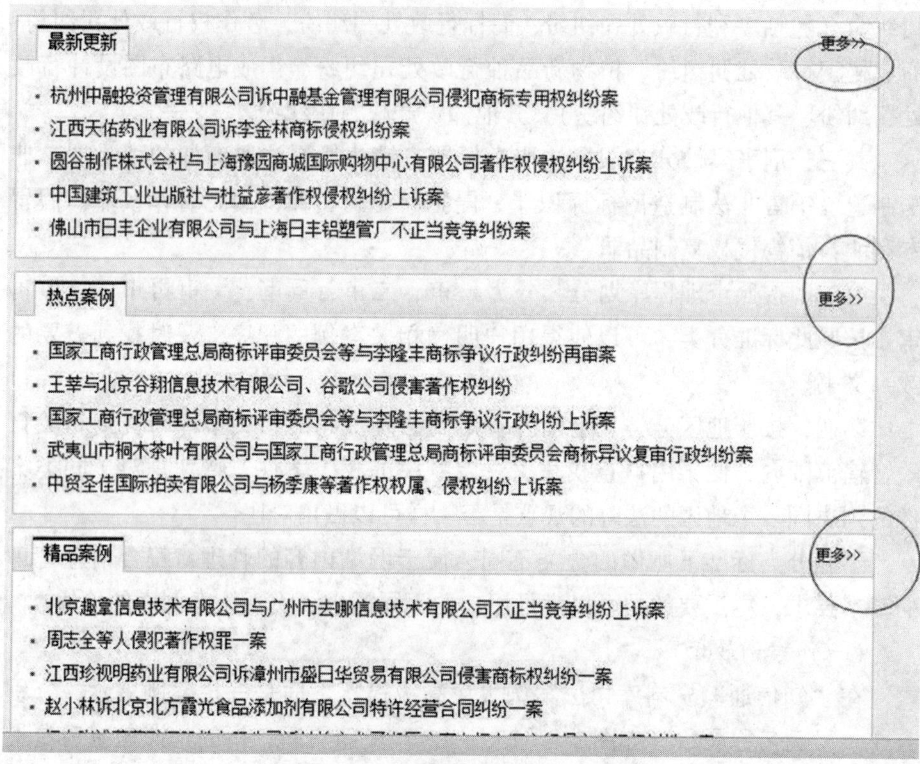

图 5-4-15　司法案例版块的案例展示

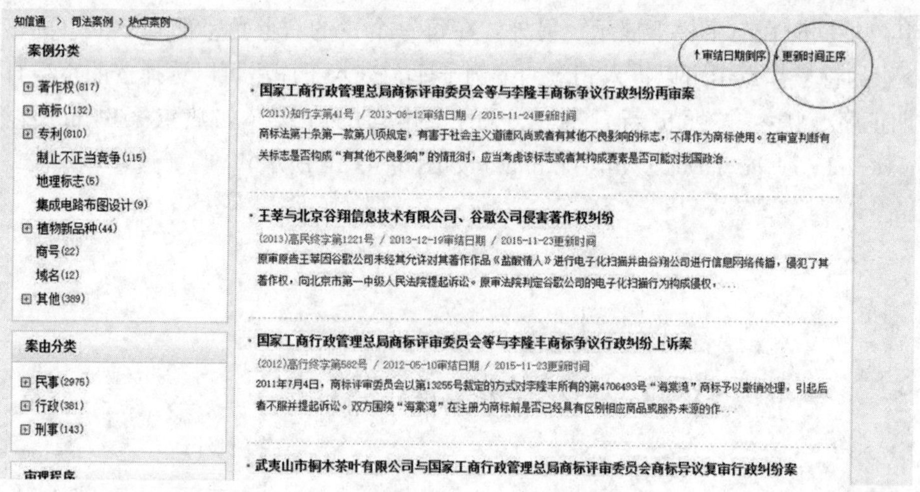

图 5-4-16　热点案例子库中的排列顺序图

（四）本版块简介

在司法案例版块页面的最下方是关于本版块的介绍（如图 5-4-17），并对资源特色进行了描述，明确了收录年限。

知识产权名案资料库介绍：

本资料库是国内首家专门研究知识产权名案的资料库。截至2016年3月，收录来自最高人民法院、各直辖市及重要省份高级人民法院公布的历年知识产权名案共4600余件。

资源特色：

重点收录最高人民法院历年公布的十大案例、十大创新案例、五十件重点案例、年度报告案例、公报案例、指导案例以及四个直辖市及部分省份高级人民法院（广东省、湖南省、浙江省、江苏省、山东省等）历年公布的十大经典案例。提供案件全文判决书，以及案件简介，还有独具特色的“案例地图”，以方便用户直观快速地了解案件审判情况。

本资料库对很多重要案例进行了专业性评析，而不限于简单的收录。这有助于读者更深刻地进行案例学习与研究，对于法官和律师办案也有重要的参考价值。

收录年限：1995年至今。

图 5-4-17 “知信通”司法案例版块的简介

三、特色介绍

（一）案例材料丰富

依托国家社会科学基金重大项目，知识产权司法案例版块基础案例的收集工作做得相当扎实。目前这些案件按照学科进行分类，主要分为商标、专利、著作权、不正当竞争、网络传播、植物新品种、技术合同等类别，共计约 6 万件。若将这些案件按照司法案例版块建立起来的模板进行逐一分析，推送到前台，得到的成果将是一个包含知识产权方方面面知识的巨大宝库。目前已经推送出来的精品案例达 1 570 条（http://www.ipkn-ow.cn/lawcase/tips-1.html，如图 5-4-18），热点案例已经达 584 条（http://www.ipknow.cn/lawcase/tips-2.html，如图 5-4-19），后台未通过审核的案例还有 53 383 条（如图 5-4-20 所示）。

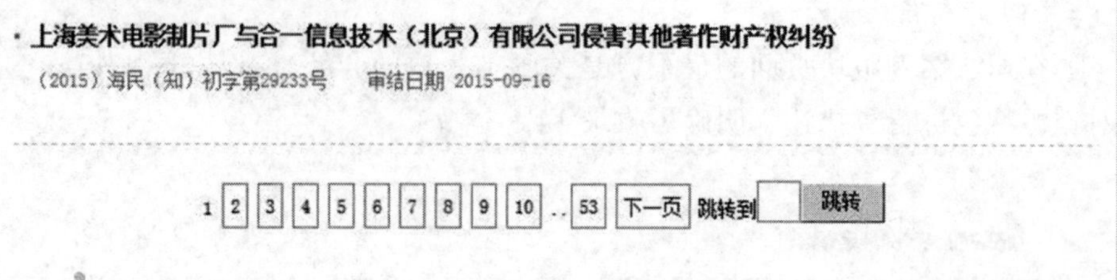

图 5-4-18　截至 2016 年 3 月精品案例推送的数量

· 北京中文在线数字出版股份有限公司与北京智珠网络技术有限公司侵害作品信息网络传播权纠纷案

（2013）朝民初字第8854号 / 2013-04-15审结日期 / 2015-11-14更新时间

本案是北京中文在线数字出版股份有限公司与北京智珠网络技术有限公司侵害作品信息网络传播权纠纷案，原告中文在线数字出版股份公司认为被告智珠网络技术有限公司在其经营的Apple粉丝站ePub电子书区频道提供小说《...

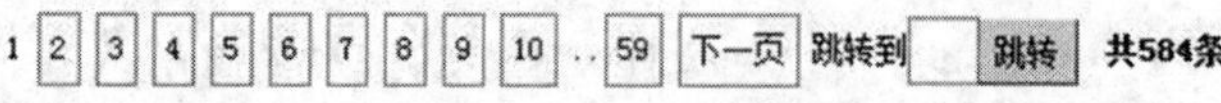

图 5-4-19　截至 2016 年 3 月热点案例推送的数量

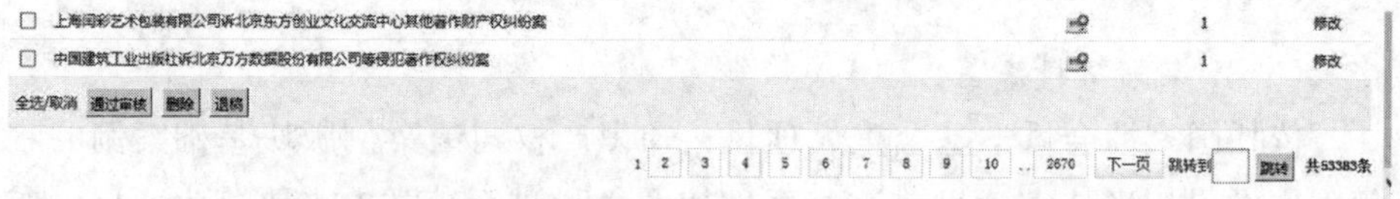

图 5-4-20　司法案例版块后台未推送数量

（二）案例类型与加工

如前所述，“知信通”资料库司法案例版块分普通案例、精品案例、热点案例，并依据不同的案例进行不同程度的加工。案例繁多，但是具有重要价值的案例并不是太多，因此在“精品意识”之下，课题组建立了精品案例库，将之与普通案例相区分。在不同的案例上，课题组也进行了不同的加工。

首先需要明确的是所有的案例都有裁判文书，且对裁判文书内容的准确性都需要先进行检查，补全完善相关信息，并做一定的隐私保护处理，格式调整后才能够推送出去。所有的案例都有基本信息的提取，包括案由分类、案件字号、当事人、代理人、审判人员、审理法院、审理程序、审结日期、文书性质等基本信息。如卢某某诉上海某某餐饮管理有限公司侵害商标权纠纷案，其基本信息的提取如图 5-4-21 所示（http://www.ipknow.cn/lawcase/show-61006.html）。

知信通 > 司法案例 > 正文

卢某某诉上海某某餐饮管理有限公司侵害商标权纠纷案

更新时间：2015.05.15

【案由分类】：侵害商标权纠纷

【案件字号】：(2013)徐民三(知)初字第62号

【原告】：卢某某

【原告律师】：钱元春，远闻（上海）律师事务所

【原告律师】：甘妮娜，远闻（上海）律师事务所

【被告】：上海某某餐饮管理有限公司

【被告律师】：姚式云，上海明伦律师事务所

【审判人员】：李晓平、傅荣、毛冠飞

【审理法院】：上海市徐汇区人民法院

【审理程序】：一审

【审结日期】：2013-07-29

【文书性质】：民事判决书

图 5-4-21　卢某某诉上海某某餐饮管理有限公司侵害商标权纠纷案基本信息界面

精品案例因为其价值一般较大，具有一定的代表性，所以除了一些基本信息之外，还添加了案例评析及案例地图。前已述及的案例评析是对案例的争议焦点问题进行评述，评述人均具有知识产权相关方面的功底，可以说评述是相对较为专业的；而案例地图是对案例的一个简要概括，其中的信息含量表述较为简洁，能够使人在最短的时间内对案情进行比较全面的了解。如庄羽与郭敬明等侵犯著作权纠纷上诉案（http://www.ipknow.cn/lawcase/show-60482.html），其具体的加工内容如图 5-4-22—5-4-26 所示，包括摘要、评析、案例地图。

庄羽与郭啟明等侵犯著作权纠纷上诉案

更新时间：2014.10.10

【案由分类】：侵害作品发行权纠纷

【案件字号】：（2005）高民终字第539号

【上诉人】：（原审原告）庄羽

【原告律师】：邢凤华，广东江山宏律师事务所北京分所

【被上诉人】：（原审被告）郭敬明，（原审被告）春风文艺出版社

【被告律师】：吴名有，北京市信达立律师事务所

【被告律师】：丁玎，北京市信达立律师事务所

【被告律师】：刘蕾，北京市蓝石律师事务所

【被告律师】：陈光，辽宁昊星律师事务所

【审判人员】：陈锦川、张雪松、焦　彦

【审理法院】：北京市高级人民法院

【审理程序】：二审

【审结日期】：2006-05-22

【文书性质】：民事判决书

图 5-4-22　庄羽与郭敬明等侵犯著作权纠纷上诉案信息展示

【摘要】：庄羽与郭啟明等侵犯著作权纠纷上诉案中，一审法院经过审理判决郭啟明、春风出版社涉嫌侵权，应立即停止侵权。庄羽与郭啟明等均不服一审判决向北京市高级人民法院提起上诉。案件事实系原告庄羽诉郭啟明等涉嫌抄袭他的著作，侵犯其著作权，经审理维持北京市第一中级人民法院民事判决第一项、第二项、第三项、第四项，撤销第五项判决，判定郭啟明等侵犯原告庄羽的著作权，并赔偿相应损失和精神抚慰金，现已审理完结。

图 5-4-23　庄羽与郭敬明等侵犯著作权纠纷上诉案摘要部分

【评析】：

著作权保护具有独创性的作品，其采取“思想表达二分法”的原则，对作品的表达进行保护而不保护思想，在较大程度上保障了作者的权利。在认定作品是否抄袭，也即是否具有独创性时，可以分成“独立”和“创作”两方面来理解，不仅要独立的完成一部作品，同时还要有一定的创作高度，体现作者的创新。区别抄袭和独立创作没有绝对的界限，而程度就是这个界限的相对标准。如果两个作品构成了实质性相似，如关键部分，那就可以认定是抄袭。本案中，人物关系等公有领域的素材，只有在作者赋予一定的情节和语言描写的情形下，才能具有独创性，成为著作权法保护的对象。

本案中，二审法院支持了庄羽对精神损害赔偿的请求，这也成为著作权侵权中进行精神损害赔偿的范例。对于如何认定被侵权者是否受到精神损害，我们应该从以下几点分析：首先精神损害，一般认为就是精神痛苦，或者是精神痛苦和精神利益丧失或减损，与财产损害造成的物质利益的丧失与减损相对应。一般认为，精神损害包括自然人生理或心理方面的损害及精神利益的损害。精神损害实际上涉及到精神损害行为和精神损害结果两方面内容，其中精神损害结果表现为一种无形的非经济损失。认定精神损害时，应根据侵权人主观过错、被侵权人受到的损失以及侵权后果等因素综合考量是否可以适用精神损害赔偿。依据侵权法理论，只有自然人的人身权利遭受侵害时才会赔付精神损失，在著作权案件中也只有著作人身权(包括发表权、署名权、修改权、保护作品完整权)受到严重损失，且在停止侵权、消除影响、赔礼道歉仍不足以抚慰权利人所受精神损害时，才会判赔精神抚慰金。 尽管侵犯著作权人身权并不必然导致传统民法上的心理损害等精神损失，但冒名、擅自篡改作品等侵犯著作权人身权的行为往往构成对作者心理、声誉等多方面的精神损害，仅以赔礼道歉等非财产救济手段，有时不足以弥补受害人的精神损害，只有使用必要的精神损害赔偿，著作权的保护才是完整的。同时，被侵权人主张精神损害赔偿时，应该受到一定的限制，不得让其滥用该规则。一是，在法院认定时要确切、有依据，只有造成严重后果的，才能适用谨慎损害赔偿；二是，只有其他的救济方式不足以弥补被侵权人的损失时，才可以适用；三是，精神损害赔偿的数额不应过高，是一种抚慰性的赔偿，而不是惩罚性的赔偿。（董珂）

图 5-4-24　庄羽与郭敬明等侵犯著作权纠纷上诉案评析部分

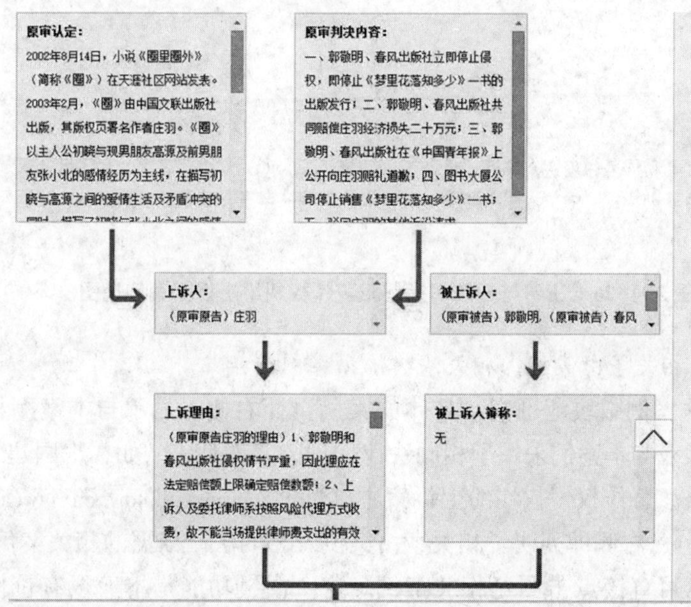

图 5-4-25　庄羽与郭敬明等侵犯著作权纠纷上诉案案例地图（上）

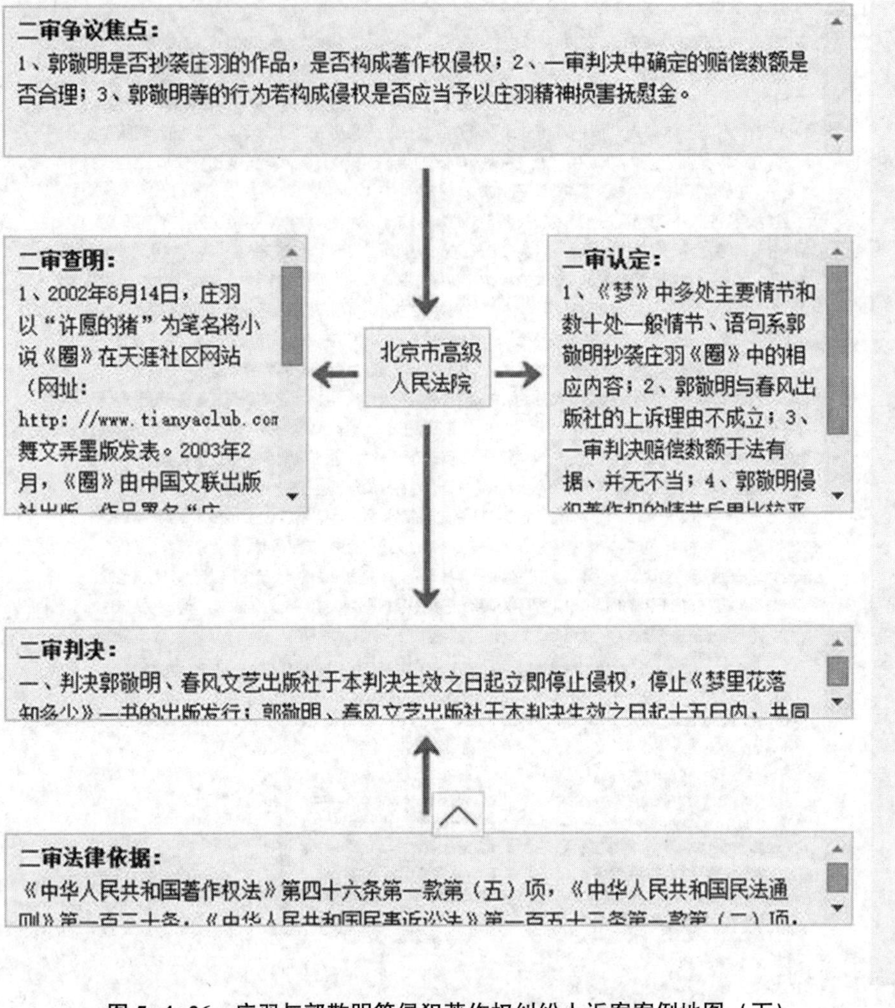

二审争议焦点：
1、郭敬明是否抄袭庄羽的作品，是否构成著作权侵权；2、一审判决中确定的赔偿数额是否合理；3、郭敬明等的行为若构成侵权是否应当予以庄羽精神损害抚慰金。

二审查明：
1、2002年6月14日，庄羽以“许愿的猪”为笔名将小说《圈》在天涯社区网站（网址：http://www.tianyaclub.com
舞文弄墨版发表。2003年2月，《圈》由中国文联出版

北京市高级人民法院

二审认定：
1、《梦》中多处主要情节和数十处一般情节、语句系郭敬明抄袭庄羽《圈》中的相应内容；2、郭敬明与春风出版社的上诉理由不成立；3、一审判决赔偿数额于法有据、并无不当；4、郭敬明侵

二审判决：
一、判决郭敬明、春风文艺出版社于本判决生效之日起立即停止侵权，停止《梦里花落

二审法律依据：
《中华人民共和国著作权法》第四十六条第一款第（五）项，《中华人民共和国民法通

图 5-4-26　庄羽与郭敬明等侵犯著作权纠纷上诉案案例地图（下）

（三）相关案由案例、相关法律依据案例链接

在司法案例版块范围内，具体的案例页面右侧，显示与本案例相关案由的案例列表及与本案例采用了相同法律依据的案例列表。如在中国建筑工业出版社与杜益彦著作权侵权纠纷上诉案中（http://www.ipknow.cn/lawcase/show-47114.html），右侧即列明了相关案由案例及相同法律依据的相关案例（如图5-4-27），可直接点击浏览相关案例。这个内链功能是本库很有价值的部分之一，用户可通过该功能对相关的案例进行了解查阅。

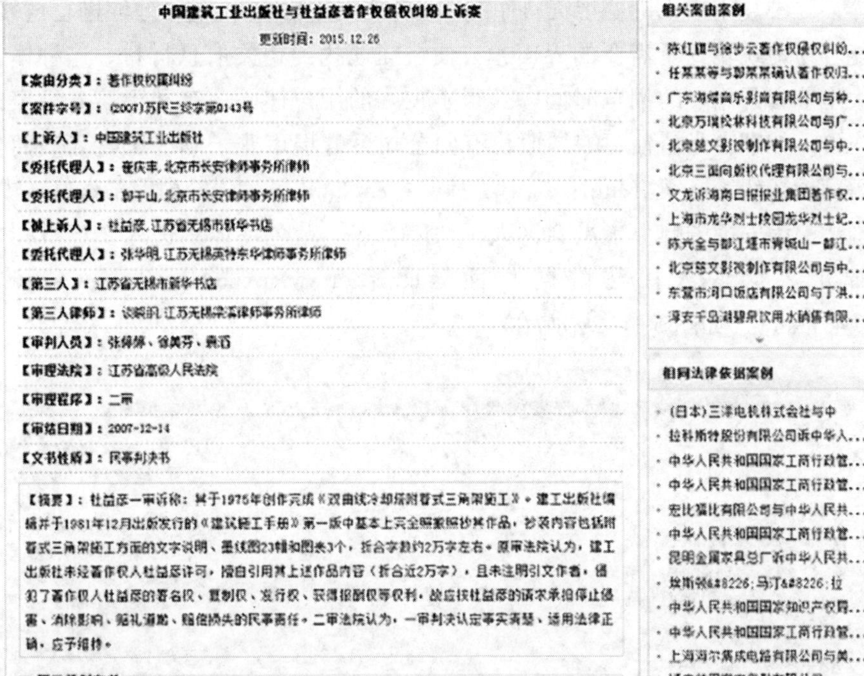

图 5-4-27　中国建筑工业出版社与杜益彦著作权侵权纠纷上诉案相关案由案例及相同法律依据案例链接列表

（四）多字段检索

“知信通”资料库司法案例版块检索界面的设计汲取了我国现有案例资料库的优点，采用快速检索和高级检索相结合的方式。在高级检索中，区分民事、行政、刑事、刑事附带民事案例，设置了案件名称、关键词、案由、案号、当事人、审结日期、审理法院、审理法官、法院级别、代理律师、代理机构、审理程序、案件类型等检索字段，以满足不同用户的检索需求。

（五）司法案例版块与其他版块的超链接

在本版块，极具“知信通”设计个性化的是众多超链接的设置，类似“显著性”“驰名商标”等专业名词或者律师事务所、法官、法律条款等可与“知信通”资料库中的知产百科、知产机构、知产人物、法律法规等版块链接。因此，用户进入“知信通”资料库的任一版块，都可以超链接的方式获取其他版块的资源。这样，整个“知信通”资料库内的资源都可被纳入到一个体系之中。用户无论处于资料库的哪一个版块，只要利用关键词进行链接，都能轻易地跳转到所需要的界面，方便快捷地找到相关信息材料。这种模式极大地节省了用户的浏览时间，获得了良好的用户体验，有利于培养稳定的用户群。如烟台张裕葡萄酿酒股份有限公司诉蚌埠市龙子湖区庆宴名酒商行侵害商标权纠纷一案（http://www.ipknow.cn/lawcase/show-61816.html）中，审理法院为安徽省蚌埠市禹会区人民法院，点击蓝色字体则进入知产机构中蚌埠市禹会区人民法院的页面（http://www.ipknow.cn/agency/show-20704.html）（如图 5-4-29 所示）。

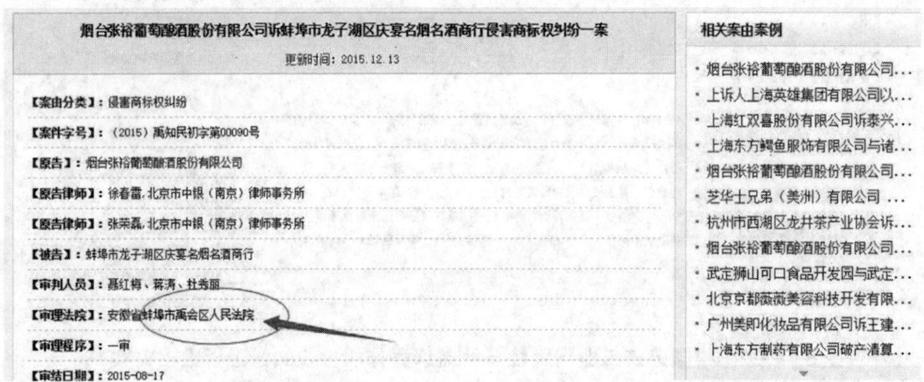

图 5-4-28 烟台张裕葡萄酿酒股份有限公司诉蚌埠市龙子湖区庆宴名酒商行侵害商标权纠纷一案中审理法院链接图（一）

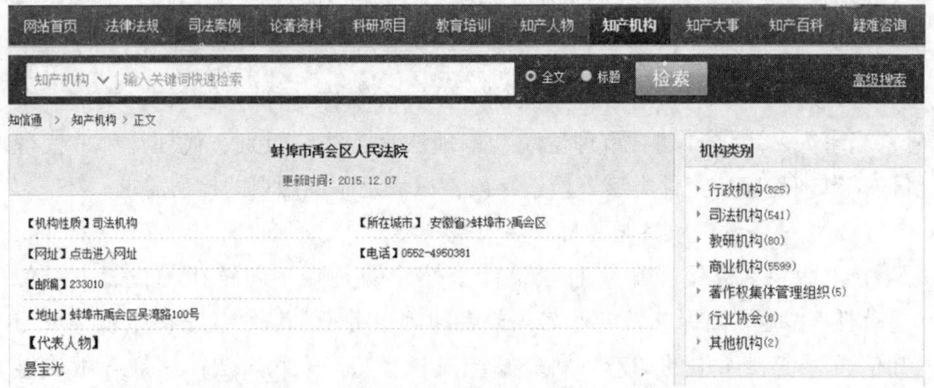

图 5-4-29 烟台张裕葡萄酿酒股份有限公司诉蚌埠市龙子湖区庆宴名酒商行侵害商标权纠纷一案中审理法院链接图（二）

又如，国家工商行政管理总局商标评审委员会等与李隆丰商标争议行政纠纷上诉案中（http://www.ipknow.cn/lawcase/show-61482.html），显示了原告律师的链接，点击进入知产人物版块的左玉国介绍页面（http://www.ipknow.cn/figure/show-896.html），具体如图5-4-30、5-4-31所示。

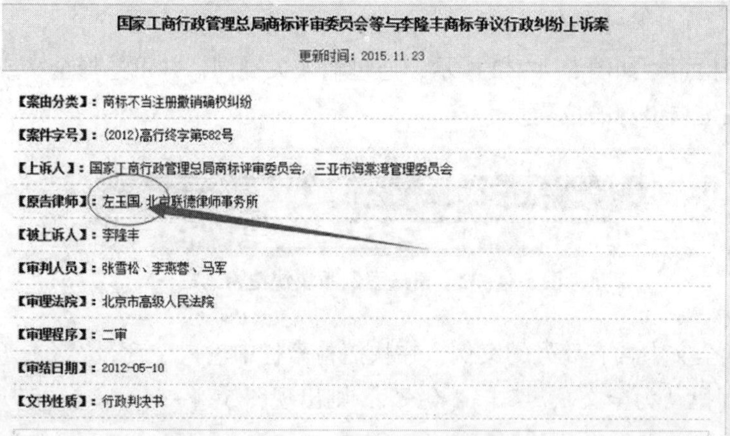

国家工商行政管理总局商标评审委员会等与李隆丰商标争议行政纠纷上诉案

更新时间：2015.11.23

【案由分类】：商标不当注册撤销确权纠纷

【案件字号】：(2012)高行终字第582号

【上诉人】：国家工商行政管理总局商标评审委员会，三亚市海棠湾管理委员会

【原告律师】：左玉国，北京联德律师事务所

【被上诉人】：李隆丰

【审判人员】：张雪松、李燕蓉、马军

【审理法院】：北京市高级人民法院

【审理程序】：二审

【审结日期】：2012-05-10

【文书性质】：行政判决书

图5-4-30　国家工商行政管理总局商标评审委员会等与李隆丰商标争议行政纠纷上诉案链接图显示（一）

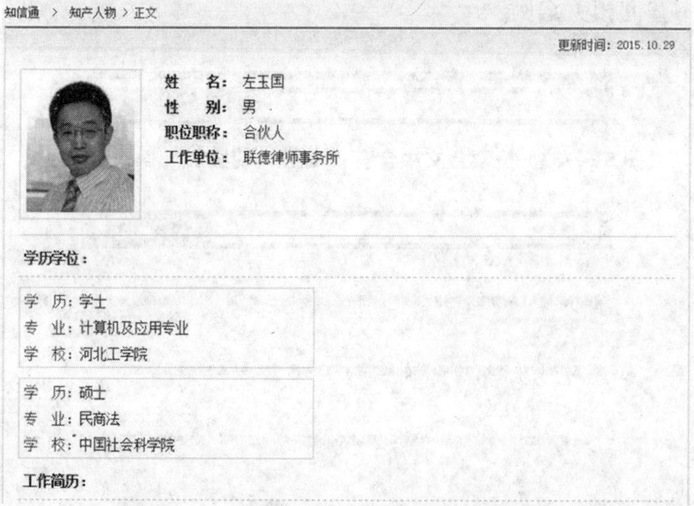

知信通 > 知产人物 > 正文

更新时间：2015.10.29

姓　名：左玉国
性　别：男
职位职称：合伙人
工作单位：联德律师事务所

学历学位：

学　历：学士
专　业：计算机及应用专业
学　校：河北工学院

学　历：硕士
专　业：民商法
学　校：中国社会科学院

工作简历：

图5-4-31　国家工商行政管理总局商标评审委员会等与李隆丰商标争议行政纠纷上诉案链接图显示（二）

四、检索演示

“知信通”资料库司法案例版块分为快捷检索（又称简单检索）和高级检索。两者适合不同的需求，其中前者适合模糊检索，后者适合确定条件下的检索。以下分别做演示。

（一）快捷检索演示

快捷检索栏如图 5-4-32 所示，通过输入关键词，并可选择全文或者标题来限定关键词出现的位置。

图 5-4-32　司法案例版块快捷检索栏

检索全文中含有商号的案例：在快捷检索栏中输入“商号”，选定后面的“全文”（默认为全文），点击“检索”，则出现图 5-4-34—5-4-38 所示的检索结果（http://www.ipknow.cn/index.php? m = search&c = search&a = index&modelid = 25&wd = %C9%CC%BA%C5&serach_ type = %C8%AB%CE%C4）。一共有 218 条符合条件的信息，用户可以通过浏览相关案例，也可以从右边的相关分类中查询相关案例。

图 5-4-33　检索全文中含有“商号”的案例（操作步骤）

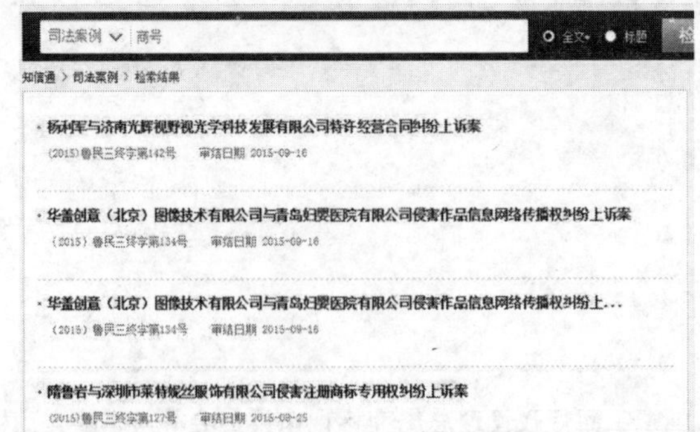

图 5-4-34　检索全文中含有“商号”的案例——检索结果（一）

· 韩晶与哈尔滨报达家政有限公司侵害商标权纠纷上诉案
(2015)黑知终字第9号　审结日期 2015-07-16

· 于全永与北京国家精品酒店管理有限公司特许经营合同纠纷案
（2015）朝民（知）初字第04592号　审结日期 2015-07-07

· 南通市海诺尔食品有限公司诉如皋文峰大世界有限公司侵害企业名称商号权纠纷案
（2014）皋知民初字第0105号　审结日期 2015-07-03

· 重庆本道建筑材料有限公司诉重庆盛博建设工程集团有限公司等侵害企业名称权纠纷案
(2015)渝一中法民初字第00122号　审结日期 2015-06-30

· 杭州断利美饮品有限公司等诉厦门市思明区凯斯利美贸易商行杭州惠民路分店擅自使用他人企...
(2014)杭滨知初字第505号　审结日期 2015-06-24

· 北京网电博通科技有限公司与杭州多麦电子商务有限公司网络域名权属纠纷案
（2015）浙杭知终字第277号　审结日期 2015-06-08

· 山东中录时空文化发展有限公司与南京中录时空南丰网络服务有限公司侵害商标权及不正当竞...
(2015)宁知民终字第24号　审结日期 2015-03-31

图 5-4-35　检索全文中含有“商号”的案例——检索结果（二）

· 韩艳团与欧蒙元素（北京）文化传播有限公司特许经营合同纠纷案
（2014）丰民（知）初字第20063号　审结日期 2015-03-30

· 北京龟博士汽车清洗连锁有限公司诉姜相玉侵害商标权及不正当竞争纠纷案
(2014)新中民三初字第92号　审结日期 2014-12-25

· 陆存秋诉德国诺维汽车内饰设计有限责任公司网络域名权属纠纷上诉案
(2014)苏知民终字第00237号　审结日期 2014-12-19

· 广州五羊摩托有限公司诉莱芜市凤凰车业有限公司等侵害商标权纠纷案
（2014）莱中知初字第34号　审结日期 2014-11-25

· 北京龟博士汽车清洗连锁有限公司诉王凤英侵害商标权及不正当竞争纠纷案
(2014)新中民三初字第67号　审结日期 2014-11-17

· 美心食品有限公司诉龙岩市新罗区美心食品厂等侵害商标权暨不正当竞争纠纷案
（2014）岩民初字第30号　审结日期 2014-10-10

· 宝钢集团有限公司等与靖江市宝钢空调设备厂侵害商标权及不正当竞争纠纷上诉案
(2014)苏知民终字第0124号　审结日期 2014-09-25

图 5-4-36　检索全文中含有“商号”的案例——检索结果（三）

· 哈尔滨饮食服务公司诉孙梁擅自使用他人企业名称、虚假宣传纠纷案

(2014)哈知初字第69号　审结日期 2014-09-22

· 康佳集团股份有限公司与陈俊操等侵害商标权及不正当竞争纠纷上诉案

(2014)粤高法民三终字第225号　审结日期 2014-09-17

· 深圳歌力思服饰股份有限公司、王碎永及一审被告杭州银泰世纪百货有限公司（简称杭州银泰...

(2014)民提字第24号　审结日期 2014-08-14

· 广州直通车眼镜有限公司诉杨华太擅自使用他人企业名称纠纷案

(2014)穗越法知民初字第76号　审结日期 2014-08-13

· 海阳和一服装辅料有限公司与国家工商行政管理总局商标评审委员会与张相忠其他审判监督行...

(2013)行提字第16号　审结日期 2014-07-31

· 再审申请人采埃孚转向系统有限公司与被申请人中华人民共和国国家工商行政管理总局商标评...

(2014)行提字第2号　审结日期 2014-07-17

· 安溪县城关金德洁具水暖厂等诉国家工商行政管理总局商标评审委员会商标争议

(2014)高行终字第1659号　审结日期 2014-07-10

how-61388.html

图 5-4-37　检索全文中含有“商号”的案例——检索结果（四）

· 山东东阿生力源阿胶生物工程有限公司等诉中华人民共和国国家工商行政管理总局商标评审委...

(2014)高行终字第1405号　审结日期 2014-06-20

· 浙江雅哇纳机车工业有限公司等诉中华人民共和国国家工商行政管理总局商标评审委员会商标...

(2012)京高行终字第1738号　审结日期 2014-06-20

· 浙江冠素堂食品有限公司诉舟山市普陀山旅游食品有限公司著作权侵权、不正当竞争纠纷案

(2014)浙舟知初字第5号　审结日期 2014-06-18

1 2 3 4 5 6 7 8 下一页 跳转到 跳转

找到相关结果218个

图 5-4-38　检索全文中含有“商号”的案例——检索结果（五）

检索标题中含有“商号”的案例：在快捷检索栏中输入“商号”，选定后面的“标题”，点击“检索”，则出现图 5-4-40 所示的检索结果（http://www. ipknow. cn/index. php？ m = search&c = search&a = index&modelid = 25&wd =%C9%CC%BA%C5&serach_ type=%B1%EA%CC%E2）。一共有 2 条符合条件的信息，与利用全文检索比较，数量上减少了很多，从某种程度上来讲更贴近于用户理想的搜索结果。

图 5-4-39　检索标题中含有“商号”的案例（检索栏）

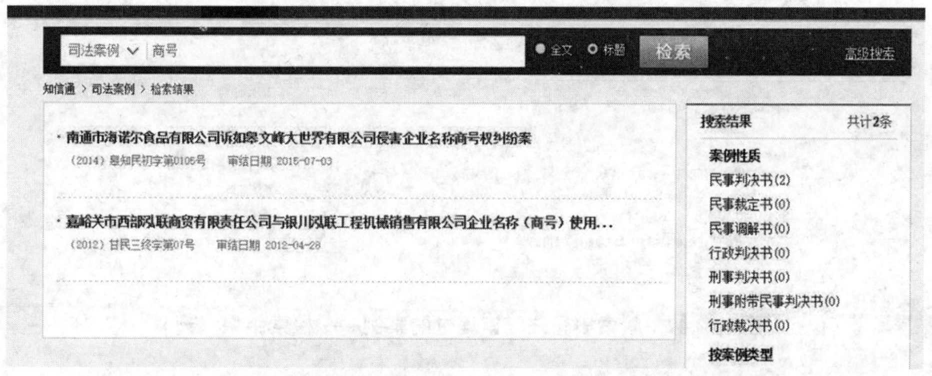

图 5-4-40　检索标题中含有“商号”的案例（检索结果）

（二）高级检索演示

1. 查找某法官审理过的案例

如查找姜颖法官审理过的知识产权相关案例，进行搜索：在高级搜索项下的“审理法官”栏输入“姜颖”，点击下方的“检索”，检索结果（http://www. ipknow. cn/index. php？ m = search&c = search&a = index&modelid = 25&as_judge=%BD%AA%D3%B1）如图 5-4-42—5-4-43 所示。

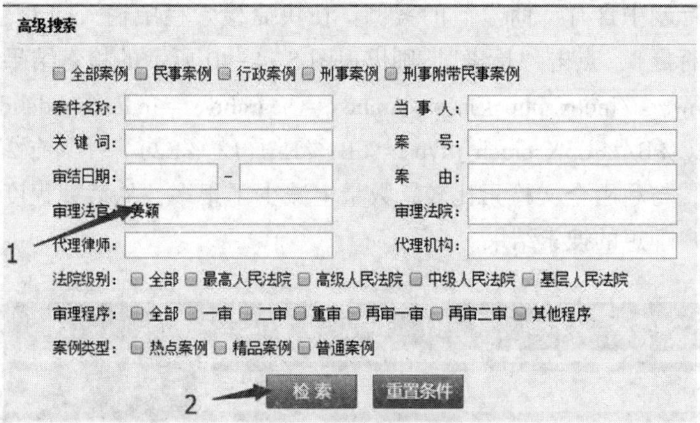

高级搜索

□ 全部案例 □ 民事案例 □ 行政案例 □ 刑事案例 □ 刑事附带民事案例

案件名称： 当事人：

关键词： 案号：

审结日期： - 案由：

审理法官：姜颖 审理法院：

代理律师： 代理机构：

法院级别： □ 全部 □ 最高人民法院 □ 高级人民法院 □ 中级人民法院 □ 基层人民法院

审理程序： □ 全部 □ 一审 □ 二审 □ 重审 □ 再审一审 □ 再审二审 □ 其他程序

案例类型： □ 热点案例 □ 精品案例 □ 普通案例

1

2

检索 重置条件

图 5-4-41 检索姜颖法官审理过的案例（操作图）

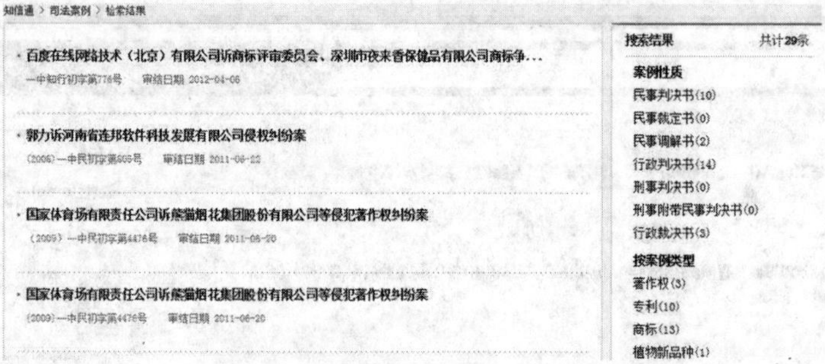

知信通 › 司法案例 › 检索结果

· 百度在线网络技术（北京）有限公司诉商标评审委员会、深圳市夜来香保健品有限公司商标争...
一中知行初字第776号 审结日期 2012-04-06

· 郭力诉河南省连邦软件科技发展有限公司侵权纠纷案
(2006)一中民初字第605号 审结日期 2011-06-22

· 国家体育场有限责任公司诉熊猫烟花集团股份有限公司等侵犯著作权纠纷案
(2009)一中民初字第4476号 审结日期 2011-06-20

· 国家体育场有限责任公司诉熊猫烟花集团股份有限公司等侵犯著作权纠纷案
(2009)一中民初字第4476号 审结日期 2011-06-20

搜索结果 共计29条

案例性质
民事判决书(10)
民事裁定书(0)
民事调解书(2)
行政判决书(14)
刑事判决书(0)
刑事附带民事判决书(0)
行政裁决书(3)

按案例类型
著作权(3)
专利(10)
商标(13)
植物新品种(1)

图 5-4-42 检索姜颖法官审理过的案例——检索结果（一）

· 北京光海文化用品有限公司诉陕西师范大学出版社等侵犯注册商标专用权案
(2009)一中民终字第16816号 审结日期 2009-12-18

· 劳力士钟表有限公司诉中华人民共和国国家工商行政管理总局商标评审委员会商标异议复审行...
(2008)一中行初字第366号 审结日期 2008-07-15

· 北京艾力克斯机电设备有限公司诉中华人民共和国国家工商行政管理总局商标评审委员会商标...
(2007)一中行初字第1638号 审结日期 2008-01-17

· 费列罗有限公司诉中华人民共和国国家工商行政管理总局商标评审委员会商标纠纷案
(2007)一中行初字第815号 审结日期 2007-11-12

· 王继忠诉中国京冶工程技术有限公司侵犯发明专利权纠纷案
(2007)一中民初字第6059号 审结日期 2007-10-22

· 北京波森特岩土工程有限公司诉中国京冶工程技术有限公司侵犯发明专利权纠纷案
(2007)一中民初字第6057号 审结日期 2007-10-22

植物新品种(1)
其他(0)
制止不正当竞争(0)
地理标志(0)
集成电路布图设计(1)
商号(0)
域名(0)

图 5-4-43 检索姜颖法官审理过的案例——检索结果（二）

点击“王继忠诉中国京冶工程技术有限公司侵犯发明专利权纠纷案”，则进入相应的案例页面（http://www. ipknow. cn/lawcase/show-13571. html），如图 5-4-44 所示。

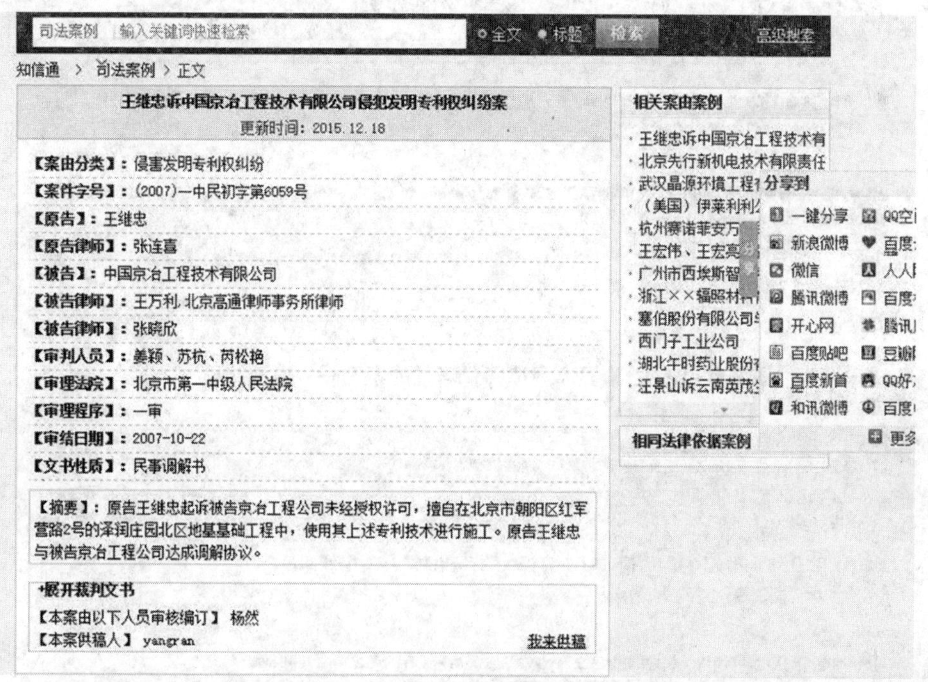

图 5-4-44　检索姜颖法官审理过的案例（检索结果其一示例）

2. 查找某律师代理过的案例

如查找夏志泽律师代理过的知识产权相关案例，进行搜索：在高级搜索项下的“代理律师”栏输入“夏志泽”，点击下方的“检索”，检索结果如图 5-4-45 及 5-4-46 所示（http://www. ipknow. cn/index. php? m = search&c = search&a = index&modelid = 25&as_ ygbg1 = %CF%C4%D6%BE%D4%F3）。

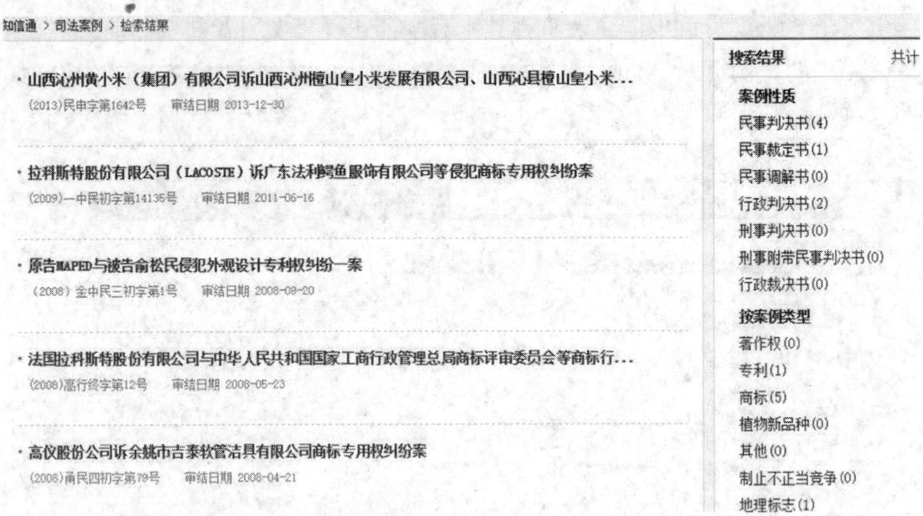

知信通 > 司法案例 > 检索结果

· 山西沁州黄小米（集团）有限公司诉山西沁州檀山皇小米发展有限公司、山西沁县檀山皇小米...
(2013)民申字第1642号　审结日期 2013-12-30

· 拉科斯特股份有限公司（LACOSTE）诉广东法利鳄鱼服饰有限公司等侵犯商标专用权纠纷案
(2009)一中民初字第14135号　审结日期 2011-06-16

· 原告MAPED与被告俞松民侵犯外观设计专利权纠纷一案
(2008)金中民三初字第1号　审结日期 2008-09-20

· 法国拉科斯特股份有限公司与中华人民共和国国家工商行政管理总局商标评审委员会等商标行...
(2008)高行终字第12号　审结日期 2008-05-23

· 高仪股份公司诉余姚市吉泰软管洁具有限公司商标专用权纠纷案
(2008)甬民四初字第79号　审结日期 2008-04-21

搜索结果　共计

案例性质
民事判决书(4)
民事裁定书(1)
民事调解书(0)
行政判决书(2)
刑事判决书(0)
刑事附带民事判决书(0)
行政裁决书(0)

按案例类型
著作权(0)
专利(1)
商标(5)
植物新品种(0)
其他(0)
制止不正当竞争(0)
地理标志(1)

图 5-4-45　检索夏志泽律师代理过的案例——检索结果（一）

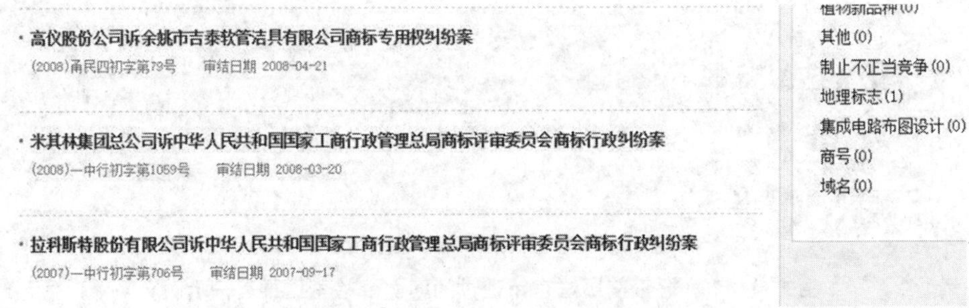

· 高仪股份公司诉余姚市吉泰软管洁具有限公司商标专用权纠纷案
(2008)甬民四初字第79号　审结日期 2008-04-21

· 米其林集团总公司诉中华人民共和国国家工商行政管理总局商标评审委员会商标行政纠纷案
(2008)一中行初字第1059号　审结日期 2008-03-20

· 拉科斯特股份有限公司诉中华人民共和国国家工商行政管理总局商标评审委员会商标行政纠纷案
(2007)一中行初字第706号　审结日期 2007-09-17

植物新品种(0)
其他(0)
制止不正当竞争(0)
地理标志(1)
集成电路布图设计(0)
商号(0)
域名(0)

图 5-4-46　检索夏志泽律师代理过的案例——检索结果（二）

3. 查找某法院审理过的案例

如查找北京知识产权法院审理过的知识产权相关案例，进行搜索：在高级搜索项下的“审理法院”栏输入“北京知识产权法院”，点击下方的“检索”，检索结果如图 5-4-48 所示（http://www.ipknow.cn/index.php? m=search&c=search&a=index&modelid=25&as_shenlifayuan=%B1%B1%BE%A9%D6%AA%CA%B6%B2%FA%C8%A8%B7%A8%D4%BA）。

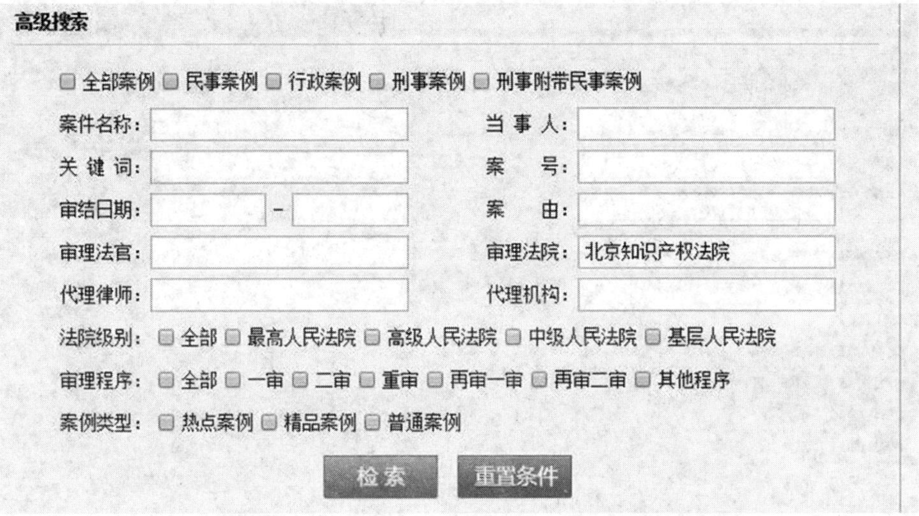

图 5-4-47 检索北京知识产权法院审理过的案例（检索过程）

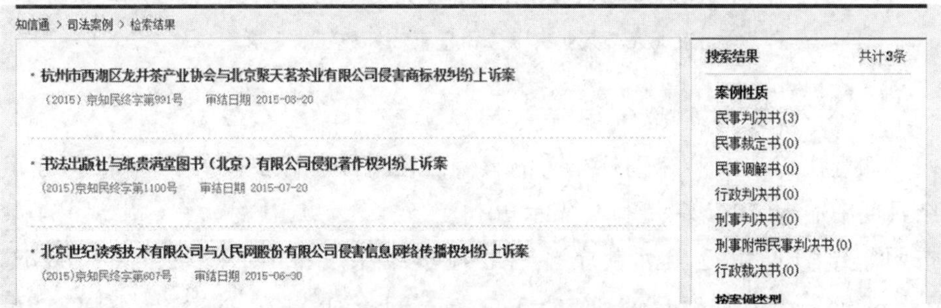

图 5-4-48 检索北京知识产权法院审理过的案例（检索结果）

点击杭州市西湖区龙井茶产业协会与北京聚天茗茶业有限公司侵害商标权纠纷上诉案，则可看到下图（http://www.ipknow.cn/lawcase/show-61472.html），其“审理法院”一栏为“北京知识产权法院”。

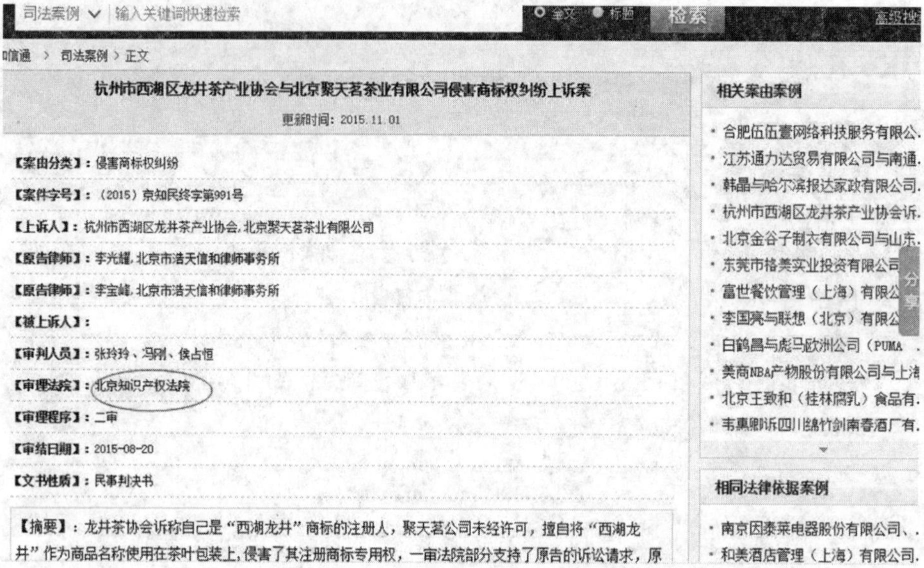

司法案例 ∨ | 输入关键词快速检索　　全文　标题　检索　高级搜

…信通 › 司法案例 › 正文

杭州市西湖区龙井茶产业协会与北京聚天茗茶业有限公司侵害商标权纠纷上诉案

更新时间：2015.11.01

【案由分类】：侵害商标权纠纷

【案件字号】：（2015）京知民终字第991号

【上诉人】：杭州市西湖区龙井茶产业协会，北京聚天茗茶业有限公司

【原告律师】：李光耀，北京市浩天信和律师事务所

【原告律师】：李宝峰，北京市浩天信和律师事务所

【被上诉人】：

【审判人员】：张玲玲、冯刚、侯占恒

【审理法院】：北京知识产权法院

【审理程序】：二审

【审结日期】：2015-08-20

【文书性质】：民事判决书

【摘要】：龙井茶协会诉称自己是“西湖龙井”商标的注册人，聚天茗公司未经许可，擅自将“西湖龙井”作为商品名称使用在茶叶包装上，侵害了其注册商标专用权，一审法院部分支持了原告的诉讼请求，原

相关案由案例

- 合肥伍伍壹网络科技服务有限公.
- 江苏通力达贸易有限公司与南通.
- 韩晶与哈尔滨报达家政有限公司.
- 杭州市西湖区龙井茶产业协会诉.
- 北京金谷子制衣有限公司与山东.
- 东莞市格美实业投资有限公司
- 富世餐饮管理（上海）有限公
- 李国亮与联想（北京）有限公
- 白鹤昌与彪马欧洲公司（PUMA .
- 美商NBA产物股份有限公司与上海
- 北京王致和（桂林腐乳）食品有.
- 韦熏卿诉四川绵竹剑南春酒厂有.

相同法律依据案例

- 南京因泰莱电器股份有限公司、.
- 和美酒店管理（上海）有限公司.

分享

图 5-4-49　北京知识产权法院审理的杭州市西湖区龙井茶产业协会与北京聚天茗茶业有限公司侵害商标权纠纷上诉案

4. 查找某时间范围内的案例

如查找2014年以来商标相关的案例，在案件名称中输入“商标”，在审结日期中输入“2014—□”（表示2014年至今），点击“检索”，出现134条按照审结日期由近至远顺序排列的检索结果（http://www.ipknow.cn/index.php? m=search&c=search&a=index&modelid=25&as_ suggest=%C9%CC%B1%EA&as_ shenjieriqi_ s=2014&as_ anyouid=24&as_ anyouareaid=24，37，41，53，54，55，56，57，58，59，60，61，62，63，64，65，42，66，67，68，43，69，70，71，72，73，74，44，75，76，77，78，45，79，80，81，46，82，83，84，85，47，86，87，88，89，90，91，92，93，94，95，96，97，48，49，98，99，50，51，100，101，102，52，38，103，118，119，120，121，122，123，124，125，126，127，128，129，130，131，132，133，134，135，136，137，138，139，140，141，142，143，144，145，104，146，147，105，148，149，150，151，152，153，154，155，156，106，157，158，159，107，160，161，108，109，110，162，163，111，112，113，114，164，165，166，115，167，168，169，170，171，116，

117，39，172，181，182，183，184，173，174，175，185，186，176，177，178，179，180，40，187，190，191，188，192，193，194，195，196，197，189）。

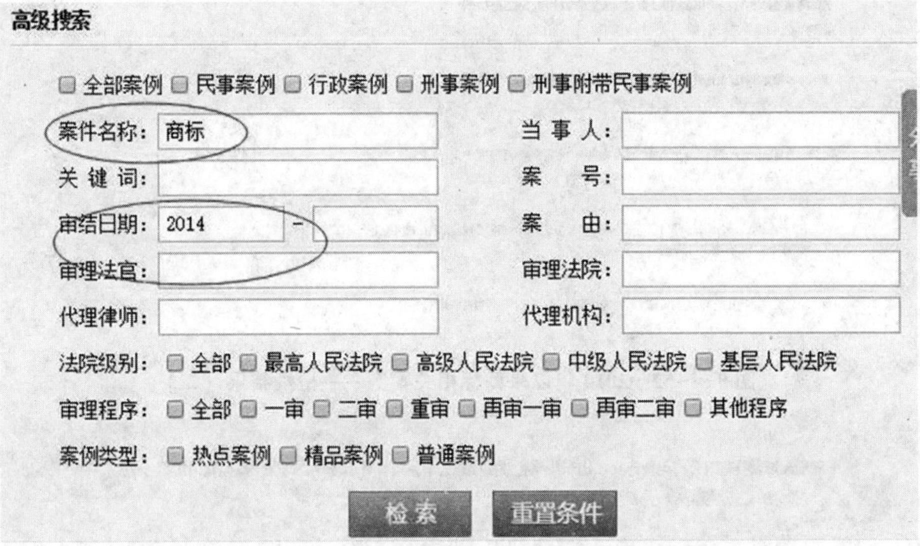

高级搜索

全部案例 民事案例 行政案例 刑事案例 刑事附带民事案例

案件名称：商标　当事人：
关键词：　案号：
审结日期：2014 －　案由：
审理法官：　审理法院：
代理律师：　代理机构：
法院级别：全部 最高人民法院 高级人民法院 中级人民法院 基层人民法院
审理程序：全部 一审 二审 重审 再审一审 再审二审 其他程序
案例类型：热点案例 精品案例 普通案例

检索 重置条件

图 5-4-50　2014 年以来商标相关案例（检索过程）

网站首页 法律法规 司法案例 论著资料 科研项目 教育培训 知产人物 知产机构 知产大事 知产百科 疑难咨询

司法案例 全文 标题 检索 高级搜索

知信通 > 司法案例 > 检索结果

· 泸州老窖股份有限公司与张骁芳侵害商标权纠纷案
（2014）川知民终字第42号　审结日期 2015-12-17

· 金阿欢与江苏省广播电视总台等侵害商标权纠纷上诉案
（2015）深中法知民终字第927号　审结日期 2015-12-11

· 中国石化销售有限公司山东菏泽石油分公司与曹县腾达石油销售中心、李新民侵害商标权纠纷
（2015）菏知初字第211号　审结日期 2015-10-26

· 杭州市西湖区龙井茶产业协会诉北京润茗春茶庄侵害商标权纠纷案
（2015）东民（知）初字第11455号　审结日期 2015-10-24

搜索结果　共计153条
案例性质
民事判决书(140)
民事裁定书(0)
民事调解书(0)
行政判决书(12)
刑事判决书(1)
刑事附带民事判决书(0)
行政裁决书(0)
按案例类型
著作权(0)
专利(0)
商标(144)

图 5-4-51　2014 年以来商标相关案例——检索结果（一）

· 杭州市西湖区龙井茶产业协会诉北京润茗春茶庄侵害商标权纠纷一案
(2015)东民(知)初字第11455号　审结日期 2015-10-14

· 大不列颠百科全书有限公司诉大连市新华书店等侵害商标权纠纷案
(2014)大民四初字第28号　审结日期 2015-10-10

· 烟台张裕葡萄酿酒股份有限公司诉庐江县新天空超市侵犯商标专用权纠纷一案
(2015)合民三初字第00185号　审结日期 2015-09-25

· 烟台张裕葡萄酿酒股份有限公司诉庐江县家家福超市侵犯商标专用权纠纷案
(2015)合民三初字第00187号　审结日期 2015-09-28

· 上海红双喜股份有限公司诉泰兴市喀吗哆百货购物中心侵害商标权纠纷一案
(2015)泰浦知民初字第0150号　审结日期 2015-09-25

· KG国际免税区公司诉青岛少华贸易有限公司、临清市众泰轴承有限公司侵害商标权纠纷上诉案
(2015)鲁民三终字第126号　审结日期 2015-09-25

· 和美酒店管理（上海）有限公司诉葛凯）侵害注册商标专用权及不正当竞争纠纷案
(2015)鄂武汉中知初字第00519号　审结日期 2015-09-23

其他(1)
制止不正当竞争(3)
地理标志(3)
集成电路布图设计(0)
商号(0)
域名(0)

图 5-4-52　2014 年以来商标相关案例——检索结果（二）

· 深圳天诚家具有限公司与曹志文、山东华宛企业集团总公司家具材料市场分公司侵害商标权纠纷案
（2015）鲁民三终字第152号　审结日期 2015-09-23

· 承德避暑山庄企业集团有限责任公司与天津市海河春酒业酿造有限公司、韦云侵害商标权纠纷案
（2015）冀民三终字第77号　审结日期 2015-09-17

· 刘自金与陈秀芹商标权转让合同纠纷上诉案
（2015）鲁民三终字第120号　审结日期 2015-09-15

· 阿迪达斯有限公司诉孙光跃、王红梅商标权侵权纠纷一案
（2015）乌中民三初字第212号　审结日期 2015-09-15

· 中粮集团有限公司诉乌鲁木齐市水磨沟区诗雅多客便利店侵害商标权纠纷案
（2015）乌中民三初字第165号　审结日期 2015-09-14

· 苏州力康皮肤性疾病研究所、苏州力康皮肤药业技术开发有限公司、江苏奇力康皮肤药业有限...
（2015）浙衢知初字第137号　审结日期 2015-09-14

· 中粮集团有限公司与沙依巴克区巴州路每日每夜商店侵害商标权纠纷案
(2015)乌中民三初字第169号　审结日期 2015-09-12

图 5-4-53　2014 年以来商标相关案例——检索结果（三）

· 中粮集团有限公司与沙依巴克区巴州路每日每夜商店侵害商标权纠纷
（2015）乌中民三初字第169号　审结日期 2015-09-12

· 和美酒店管理（上海）有限公司与宝应县如家商务宾馆（个体工商户）侵害商标权、不正当竞...
(2015)邮知民初字第00015号　审结日期 2015-09-11

· 上海百雀羚日用化学有限公司侵害商标权纠纷案
（2015）黑知终字第26号　审结日期 2015-09-08

· 深圳凯虹移动通信有限公司与郑大胜商标权权属、侵权纠纷案
（2015）乌中民三初字第60号　审结日期 2015-09-07

· 广东骆驼服饰有限公司与昆明木发商贸有限公司侵害商标权纠纷上诉案
（2015）云高民三终字第41号　审结日期 2015-09-01

· 隋鲁岩与深圳市莱特妮丝服饰有限公司侵害注册商标专用权纠纷上诉案
(2015)鲁民三终字第127号　审结日期 2015-08-25

· 杭州市西湖区龙井茶产业协会与北京聚天茗茶业有限公司侵害商标权纠纷上诉案
（2015）京知民终字第991号　审结日期 2015-08-20

图 5-4-54　2014 年以来商标相关案例——检索结果（四）

· 烟台张裕葡萄酿酒股份有限公司诉蚌埠市龙子湖区庆宴名烟名酒商行侵害商标权纠纷一案
（2015）禹知民初字第00090号　审结日期 2015-08-17

· 烟台张裕葡萄酿酒股份有限公司诉蚌埠市龙子湖区庆宴名烟名酒商行侵害商标权纠纷一案
（2015）禹知民初字第00090号　审结日期 2015-08-17

· 江西珍视明药业有限公司诉漳州市盛日华贸易有限公司侵害商标权纠纷一案
（2015）漳民初字第232号　审结日期 2015-08-10

· 珍视明诉盛日华公司侵害商标权纠纷案
（2015）漳民初字第232号　审结日期 2015-08-10

· 北京金谷子制衣有限公司与山东谷子孕婴用品有限公司侵害商标权纠纷上诉案
(2015)鲁民三终字第88号　审结日期 2015-07-30

1 2 3 4 5 6 下一页 跳转到 跳转

图 5-4-55　2014 年以来商标相关案例——检索结果（五）

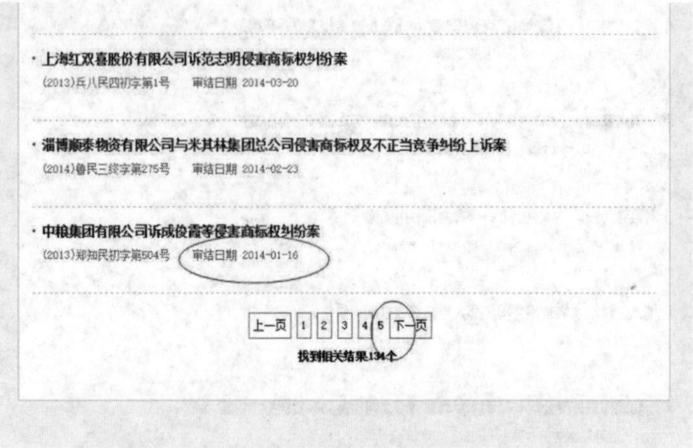

· 上海红双喜股份有限公司诉范志明侵害商标权纠纷案
(2013)兵八民四初字第1号　审结日期 2014-03-20

· 淄博顺泰物资有限公司与米其林集团总公司侵害商标权及不正当竞争纠纷上诉案
(2014)鲁民三终字第275号　审结日期 2014-02-23

· 中粮集团有限公司诉成俊霞等侵害商标权纠纷案
(2013)郑知民初字第504号　审结日期 2014-01-16

上一页 1 2 3 4 5 下一页
找到相关结果134个

图 5-4-56　2014 年以来商标相关案例（六）

5. 综合多项要件进行检索

综合多项要件进行检索可以获得较为精确的检索结果。在此举一个例子。检索近 2011 年以来涉及商标评审委员会的精品案例，操作如下：在高级搜索栏当事人一栏中输入“商标评审委员会”，审结日期中输入“2011—□”，选择案例类型中的“精品案例”，点击“检索”，即可出现检索结果。从检索结果可见，共有 8 条检索结果，最早的审结日期为 2011 年 6 月 7 日，最近的审结日期为 2012 年 5 月 23 日，从相关案例的案名也可知相关案例的当事人其一为国家工商行政管理总局商标评审委员会，符合检索需求。

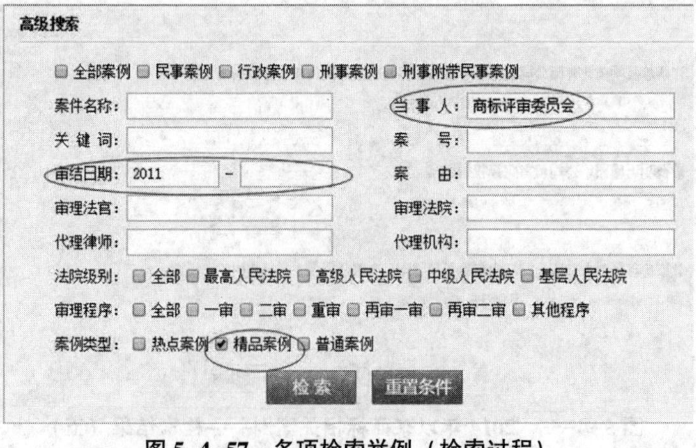

高级搜索

□ 全部案例 □ 民事案例 □ 行政案例 □ 刑事案例 □ 刑事附带民事案例

案件名称：　　当 事 人：商标评审委员会
关 键 词：　　案　　号：
审结日期：2011 -　　案　　由：
审理法官：　　审理法院：
代理律师：　　代理机构：
法院级别：□ 全部 □ 最高人民法院 □ 高级人民法院 □ 中级人民法院 □ 基层人民法院
审理程序：□ 全部 □ 一审 □ 二审 □ 重审 □ 再审一审 □ 再审二审 □ 其他程序
案例类型：□ 热点案例 ☑ 精品案例 □ 普通案例

检索　重置条件

图 5-4-57　多项检索举例（检索过程）

知信通 > 司法案例 > 检索结果

· 中华人民共和国国家工商行政管理总局商标评审委员会等与上海顶新箱包有限公司商标撤销复...
(2012)高行终字第518号　　审结日期 2012-05-23

· 国家工商行政管理总局商标评审委员会等与北京奥蓝德信息科技有限公司商标撤销复审行政纠...
(2012)高行终字第626号　　审结日期 2012-05-14

· 国家工商行政管理总局商标评审委员会等与李隆丰商标争议行政纠纷上诉案
(2012)高行终字第582号　　审结日期 2012-05-10

· 国家工商行政管理总局商标评审委员会等与葛怀恩商标撤销复审行政纠纷上诉案
(2012)高行终字第397号　　审结日期 2012-03-31

· 中华人民共和国国家工商行政管理总局商标评审委员与上海精雅贸易有限公司等商标撤销复审...
(2012)高行终字第590号　　审结日期 2011-11-12

图 5-4-58　多项检索举例——检索结果（一）

· 国家工商行政管理总局商标评审委员会等与葛怀恩商标撤销复审行政纠纷上诉案
(2012)高行终字第397号　　审结日期 2012-03-31

· 中华人民共和国国家工商行政管理总局商标评审委员与上海精雅贸易有限公司等商标撤销复审...
(2012)高行终字第590号　　审结日期 2011-11-12

· 国家工商行政管理总局商标评审委员会与黄全胜商标异议复审行政纠纷上诉案
(2011)高行终字第962号　　审结日期 2011-09-07

· 国家工商行政管理总局商标评审委员会等与董怀谷商标撤销争议行政纠纷上诉案
(2011)高行终字第491号　　审结日期 2011-06-16

· 国家工商行政管理总局商标评审委员会等与黄锦琪商标异议复审行政纠纷上诉案
(2011)高行终字第685号　　审结日期 2011-06-07

著作权(0)
专利(0)
商标(5)
植物新品种(0)
其他(0)
制止不正当竞争(0)
地理标志(0)
集成电路布图设计(0)
商号(0)
域名(0)

图 5-4-59　多项检索举例——检索结果（二）

五、“知信通”资料库司法案例版块建设中的经验及后续完善的思考

（一）经验

1. 细节问题的排查

由于“知信通”资料库司法案例版块加工的对象是案例，所以需要处理的细节问题较多，在加工的过程中容易出现遗漏。为了保证工作的完整、完善，应本着负责任的态度来完成这些内容。在相关的工作上要进行认真的核对，如在案例的审结日期上面，需要与原判决书认真对照，保证没有错误。细节问题在案例的分类上也有反映，资料库前台显示给用户的内容除了快捷检索和高级检索结果之外，还包括案例分类（包括专利、商标、著作权、植物新品种、计算机软件、其他类型）、案由分类（包括民事、行政、刑事）、审理程序（包括一审、二审、再审、其他审理程序）、地区分类（省级名称按照A到Z的顺序排列），所以在资料库后台的案例分类部分就应特别注意，必须做到清楚明白，分类到位，因为一个细节出现差错，就会影响用户的使用体验。

2. 链接问题

司法案例版块是“知信通”资料库的重要组成部分，如能在全库实现超级链接，将极大提高资料库的便捷性。通过在加工案例时增加案例摘要、案例评析以及案例地图等方式，使其与其他版块联系上，可以完善链接功能。比如与法律法规部分、人物部分、机构部分、百科部分，都可建立内部超级链接，用技术方法实现方便用户了解案例相关内容的目标。目前已经实现了部分链接，比如与知产人物、知产机构、法律法规部分的链接，但是还需要进一步精确调试改进，优化内链功能。

3. 不断改进用户体验问题

开通“知信通”网站测试版后，课题组先后邀请法律界及其他社会各界人士对“知信通”网站进行了用户体验，整理分析了用户反馈的大量体验报告。课题组根据用户体验，不断进行优化和改进，以确保司法案例版块能够更好地满足用户需要。

4. 专业性深加工提高司法案例版块的使用价值

如前所述，司法案例版块不仅收录原汁原味的司法判决书，而且对精品案例和热点案例创造性地构建了案例地图，对司法案例进行了专业性评析，

同时撰写了摘要。这些具有专业性深加工性质的创作行为，大大提高了司法案例版块的使用价值，为广大用户提供了更多的增值服务。

（二）后续建设可完善空间的思考

1. 技术方面

（1）导入数据准确性的技术保障。因为普通案例的信息资料都是以记事本（TXT.）的格式存在的，如果能够将相关案例的记事本格式直接转换到后台，而且将其中需要提取的案例基本信息通过关键字从判决书中准确地提取出来，在以后的工作中就可以更好地保障后台技术导入的准确性，减少人工资源的浪费。

（2）信息及时更新问题。知识产权司法案例层出不穷，司法案例版块如何保证信息的时效性是一个不容忽视的重要问题。鉴于司法案例更新的速度快、数量大，建议在技术上实现自动更新案例的功能，由搜索引擎抓取最新案例并按照本数据库案例模板由人工进行加工，这样技术与人工相结合，才能保证数据库内信息的时效性和准确性。比如最新的知识产权重大案件，如红罐之争、三星与苹果公司的专利诉讼大战等，均已引起公众的广泛关注，如果用户能在司法案例版块中查找到专业的、最新的资讯与学术动态，那么对于数据库价值的实现以及稳定用户群的培养都是极为有利的。

2. 内容上的完善

内容上的完整程度决定了一个网站特别是专业网站的用户吸引力。在用户使用的过程中，会比较哪个网站的内容齐全，哪个网站的服务更加完善。

（1）案例材料要更加齐全。对比其他网站，在资料库的案例部分只有案例司法文书，在以后的发展中可以考虑在司法案例项下增加司法案例的新闻资讯等方面的内容。“知信通”网站基本上可以分为法律法规、司法案例、论著资料、科研项目、教育培训、知产人物、知产机构、知产大事、知产百科、疑难咨询等版块，尚没有相关热点案例的新闻资讯版块，所以有关大案要案的新闻资讯，可以放到司法案例版块。

（2）案由分类和案例分类的问题。在本项目研究过程中，有研究成员认为两者是相同的，可以只保留案由分类而去除案例分类。这一点还有待讨论。案由分类在总体上与最高人民法院公布的《民事案件案由规定》相一致，比如可以分为知识产权合同纠纷、知识产权权属纠纷、知识产权侵权纠纷等，并分别对各种类进行细化，如在知识产权合同纠纷项下就可以按照民事案由规定分为专利合同纠纷、著作权合同纠纷、商标合同纠纷、植物新品种合同纠纷、集成电路布图设计合同纠纷、商业秘密合同纠纷、技术合同纠纷、特许经营合同纠纷、特殊标志合同纠纷、网络域名合同纠纷、知识产权质押合同纠纷等；在商标合同纠纷之下还可以继续细化为商标权转让合同纠纷、商标使用许可合同纠纷、商标代理合同纠纷等。但是，对一个知识产权文献及信息资料库而言，应当更加突出其专业性，必须区别于一般法律网站中的知识产权版块。案例分类应当着重于学理分类，比如依照内容分为著作权案例、商标案例、专利案例、商业秘密案例、植物新品种案例、集成电路布图设计案例、其他，用户可以从不同的角度查找案例并满足不同的用途，使用起来也更加方便、准确。

3. 专业化的要求

在案例加工部分，除了对相关基本信息进行审核提取之外，最重要的是做好案例摘要及案例评析的撰写工作，以及案例地图的提炼和制作。作为专业的知识产权文献及信息资料库，更应该本着专业的态度做好每一部分的工作。

当然，还有其他方面的问题需要在工作中注意，但是这几点是最为基础的内容，必须要做得更好。在该案例库的建设过程中，进步与困难共存。案例的进一步加工完善需要工作人员储备更丰富的专业知识、给予更多的耐心以及投入更多的时间和精力。司法案例部分的工作，是整个知识产权文献及信息资料库建设最重要的内容之一。从大局着手，从整体出发，综合相关因素，借鉴现有经验，提出更加优化的策略，寻求更广泛的知识产权司法案例资源，并进行专业性的深加工，是未来国家知识产权文献及信息资料库司法案例版块建设的必由之路。课题组期望在“知信通”资料库司法案例版块建设经验基础之上，注重以下面几种方式构建和完善国家知识产权司法案例资料库：其一，检索界面、元数据设计的合理性。在这方面，既应遵循图书情报和信息管理方面的原理，也要遵循知识产权法学科规律，以方便用户使用、用户体验友好为宗旨。其二，纳入资料库网站案例的全面性。因为各方面条件和研究目的所限，“知信通”资料库之司法案例版块迄今为止开放的知识产权司法案例虽然有数千件，待开放的约 6 万件，但与我国既判知识产权司法案例数量相比，仍然相差很远。据统计，近年我国仅一年知识产权一审民事案件即超过 10 万件，知识产权司法案例无疑是国家知识产权文献及信息资料库建设之宝库。未来建设实体的国家知识产权文献及信息资料库之司法案例版块，应当尽量最全面地占有知识产权案例资料，将已经公开的数十万件知识产权司法案例按照统一的文献著录标引收入司法案例资料库，使之成为国家知识产权司法案例的大本营。其三，进行知识产权司法案例开发和专业评析工作渠道的多样化。知识产权司法案例对于学术研究、人才培养、法律实务、普法、法治建设等都具有重要作用，但其有效性的发挥离不开高效率的开发和专业性评析工作。为此，未来国家知识产权文献及信息资料库建设可以在借鉴“知信通”资料库司法案例版块经验的基础上，建立由学者、法官、律师和当事人多方合作的机制，尤其国家正在大规模推动知识产权案例指导工作制度，知识产权司法案例库及其有效开发的作用将前所未有。总的来说，司法案例是国家知识产权文献及信息资料库建设中规模宏大、动态性最强、最具特色之处，未来国家知识产权文献及信息资料库需要在界面设计、案例数量、案例开发和评析等各方面予以突破。

第五节　“知信通”资料库论著资料版块介绍与分析

论著资料（http://www.ipknow.cn/information/）是“知信通”资料库中设计的关于论文、著作等的基本信息资料，其重要价值也在某种程度上决定了其在“知信通”网站的重要角色。以下对该版块做一个详细的介绍和分析。

一、基本情况简介

截止到2016年3月中旬，论著资料的信息有7757条（如图5-5-1）。论著资料版块主要是为用户提供论文著作等相关的基础信息，但是基于对著作权的尊重以及不再重复如中国知网等资料版块的内容，节约用户搜索成本，论著资料版块并不提供相关的具体论文、著作内容。论著资料版块收录的信息包括论文（种类包括期刊论文、学位论文、会议论文）、专题著作、学习考试用书、年鉴年报、统计资料及其他相关的文献信息资料。论著资料部分以知识产权为主题，研究文献种类多样、内容丰富，囊括了管理学、经济学、信息学、法学等多个学科。

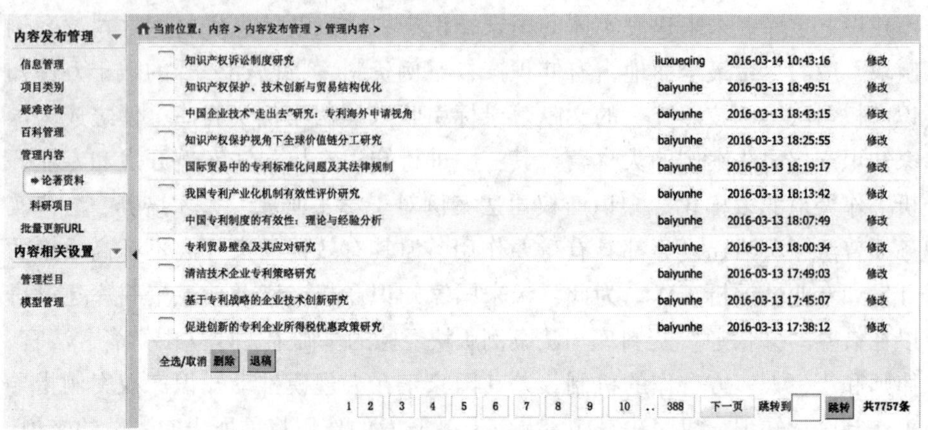

图 5-5-1 “知信通”论著资料版块信息数量（截至 2016 年 3 月中旬）

二、“知信通”资料库论著资料版块的整体构架

“知信通”资料库论著资料版块的基本架构分为检索、分类、最新资料展示、版块介绍等。以下做简要介绍。

（一）检索栏

论著资料版块的检索栏仍然是遵从全网统一的规格，一种为快捷检索（又称简单检索），另一种是高级检索。

在快捷检索栏中，分为全文、标题两种关键词检索方式。全文检索指的是在全文范围内出现输入关键词，标题检索指的是在标题中出现所输入的关键词。其中全文、标题可以选择，但是默认的是全文。

图 5-5-2 论著资料版块快捷检索栏

在高级检索栏中，根据不同的资料类型，设置了不同的高级检索项。

首先，在高级搜索中，有“全部”一项，表示在这里输入信息，检索范围默认包括后面的期刊论文、学位论文、会议论文、专题论著、学习考试用书、年鉴年报、统计资料、其他等，除非在最下面的文献性质一栏中进行多项或者单向的选择。其检索项包括关键词、主题词、标题、作者、作者单位、出版社、出版地、专业类别、出版时间、支持基金、文献性质。其中主题词与关键词两者是有区别的，主题词的范围要大于关键词。出版社选项中有下拉栏，其中包括主要的出版社（如知识产权出版社、法律出版社、人民法院出版社、中国法制出版社、中国方正出版社、科学出版社、经济科学出版社、北京大学出版社、中国政法大学出版社、中国人民大学出版社、清华大学出版社、高等教育出版社、中国工商出版社）及“其他出版社”。出版地涉及全国各省市，具体可以查找到市辖区及县级行政区域，如河北省-秦皇岛市-抚宁县。专业类别项下可以选择全部（默认选项）、综合、著作权、商标、专利、其他。出版时间为一个时间段，如果只填写前者，则意味着从某年开始至今，如果只填写后者，意味着至某年之前。文献性质方面可以多选，选项有期刊论文、学位论文、会议论文、专题著作、学习考试用书、年鉴年报、统计资料、其他。

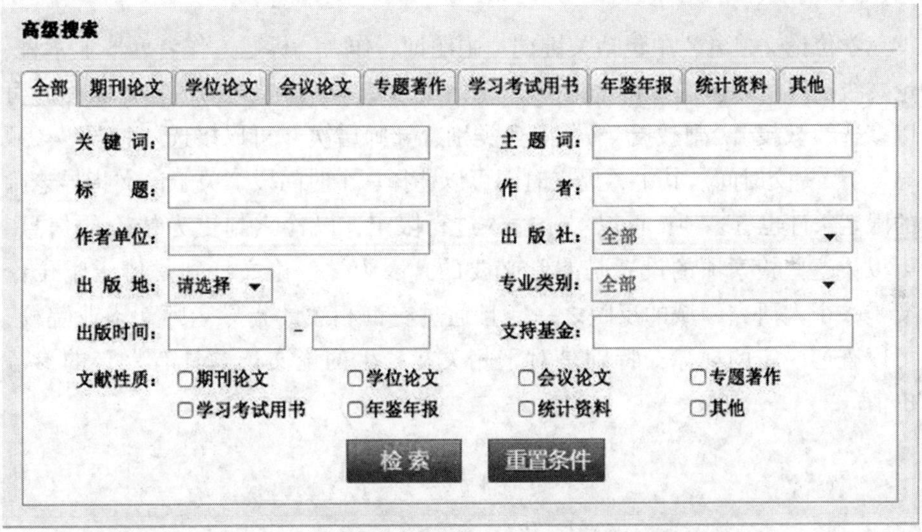

图 5-5-3　论著资料版块高级搜索界面（全部）

其次，期刊论文高级检索栏可选择的期刊论文检索项包括关键词、主题词、标题、作者、作者单位、期刊性质、出版时间、期刊名称、支持基金、专业类别。其中关键词和主题词的区别如前面“全部”部分所述。期刊性质可以选择是否是核心期刊进行检索。专业类别下拉栏有全部（默认选项）、综合、著作权、商标、专利、其他。

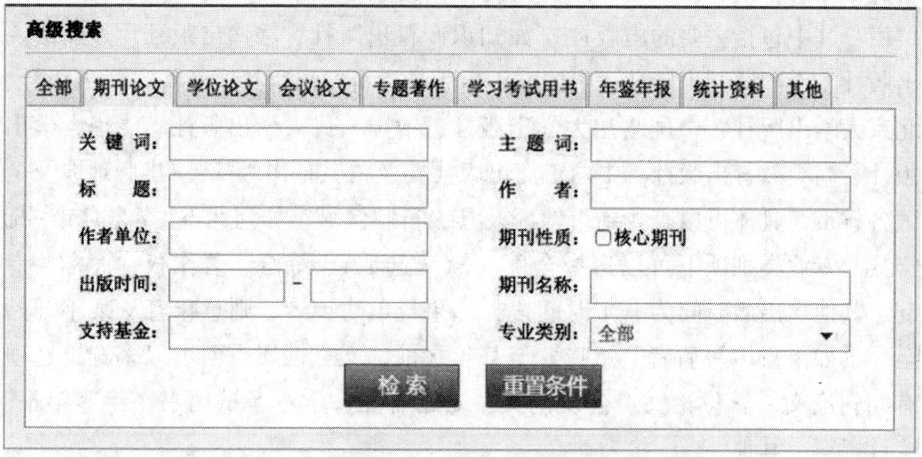

高级搜索

全部 | 期刊论文 | 学位论文 | 会议论文 | 专题著作 | 学习考试用书 | 年鉴年报 | 统计资料 | 其他

关 键 词：　　主 题 词：
标　　题：　　作　　者：
作者单位：　　期刊性质：□核心期刊
出版时间：　-　　期刊名称：
支持基金：　　专业类别：全部
检索　重置条件

图 5-5-4　论著资料版块期刊论文高级检索界面

学位论文检索栏中包括关键词、主题词、作者、标题、作者、毕业学校、论文级别（可以多选“博士论文”“硕士论文”）、指导老师、导师职称（可以多选“教授”“副教授”）、专业类别、导师层次（可以多选“博导”“硕导”）、提交时间。其中，提交时间可以选择一个时间段。关于论文指导老师的限定条件也有多项，可以一一输入进行限定，以检索到更为精确的信息。可以说这些检索项的设置是非常必要的，因为学位论文特别是博士学位论文是一个人研究领域的反映之一，且通过查询相关的指导老师、毕业院校，可以查询一定的规律，特别是对于相关在校生的论文选题具有一定的参考价值。

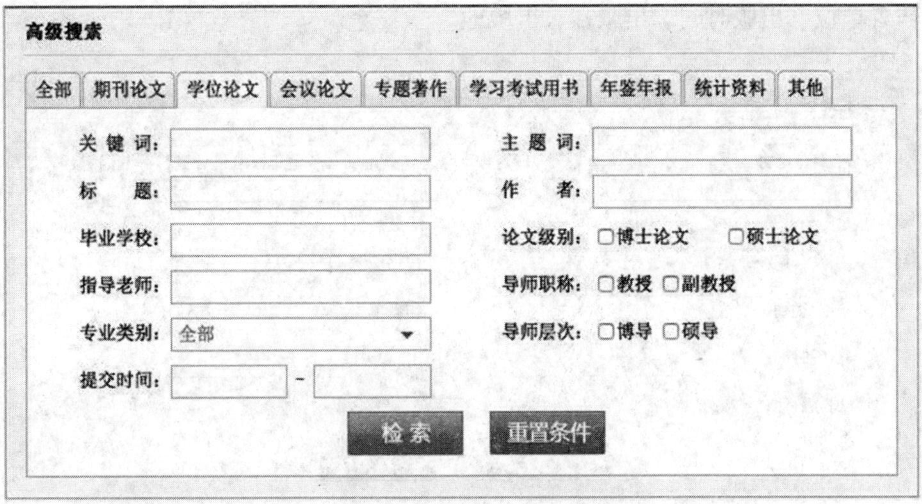

图 5-5-5　学位论文高级检索界面

会议论文部分的检索界面如下图所示。该部分的检索限定项包括关键词、主题词、标题、作者、会议名称、作者单位、专业类别、出版者、支持基金、会议时间。

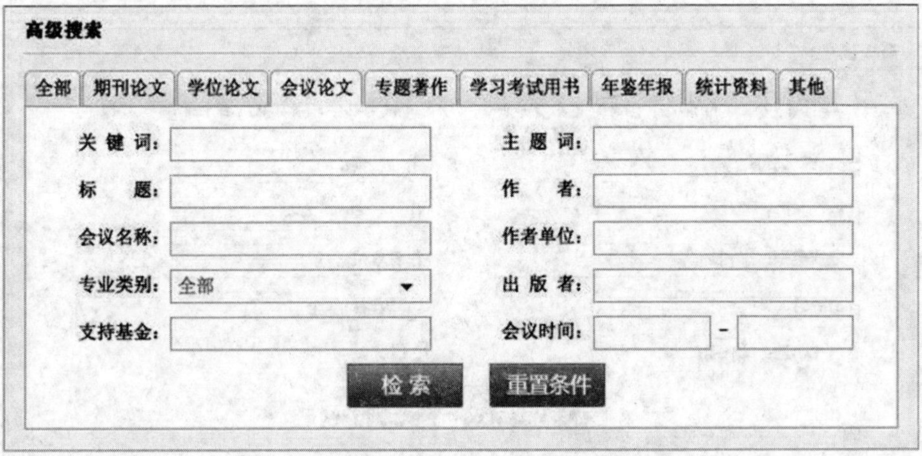

图 5-5-6　会议论文高级检索界面

再次，专题著作部分是与论文相并列的重要著作资料。在专题著作高级检索界面中主要有以下限定项：关键词、主题词、标题、作者、专业类别、作者单位、出版时间、出版社、出版地。

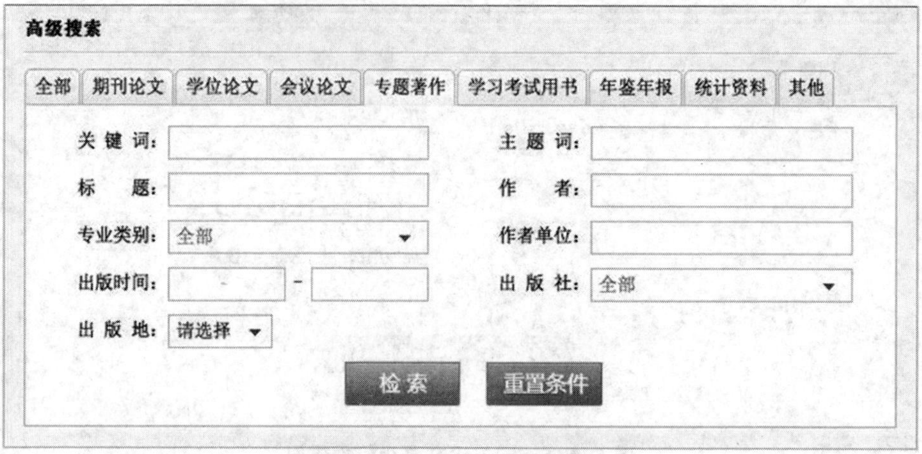

高级搜索

全部 期刊论文 学位论文 会议论文 专题著作 学习考试用书 年鉴年报 统计资料 其他

关 键 词： 主 题 词：
标　　题： 作　　者：
专业类别：全部 作者单位：
出版时间： - 出 版 社：全部
出 版 地：请选择

检索 重置条件

图 5-5-7　专题著作高级检索界面

最后，因为学习考试用书、年鉴年报、统计资料及其他的本质属于著作类，所以其高级检索界面的限定项与专题著作高级检索界面相同，如下图所示。

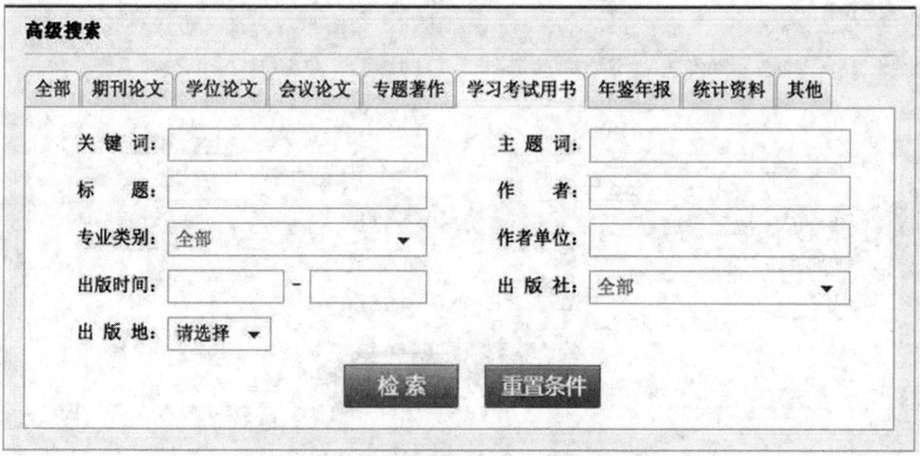

高级搜索

全部 期刊论文 学位论文 会议论文 专题著作 学习考试用书 年鉴年报 统计资料 其他

关 键 词： 主 题 词：
标　　题： 作　　者：
专业类别：全部 作者单位：
出版时间： - 出 版 社：全部
出 版 地：请选择

检索 重置条件

图 5-5-8　学习考试用书高级检索界面

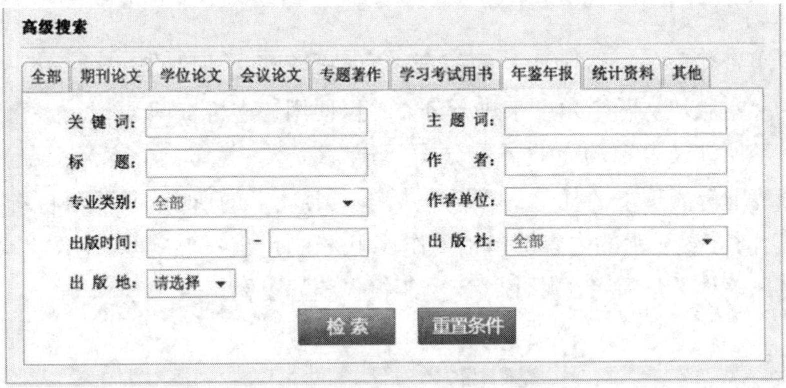

图 5-5-9　年鉴年报高级检索界面

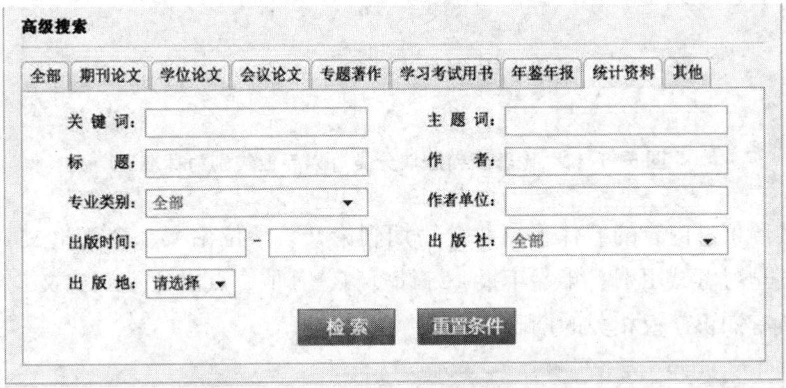

图 5-5-10　统计资料高级检索界面

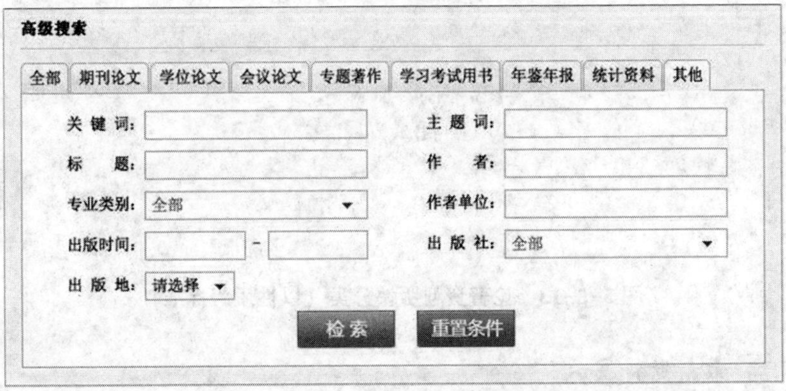

图 5-5-11　其他高级检索界面

（二）分类

论著资料部分虽然所涉及的信息内容种类繁多，但是其中的分类是十分明确的。本版块从两个角度来进行分类，以便用户进行查询。

按照所涉及内容的专业类别分类，分为综合、著作权、商标、专利、其他。该专业分类项下的任意一项均包括该内容项下的所有论著资料。比如点击“著作权”，显示的内容即包括著作权相关的期刊论文、学位论文、会议论文、专题著作、学习考试用书、年鉴年报、统计资料等。

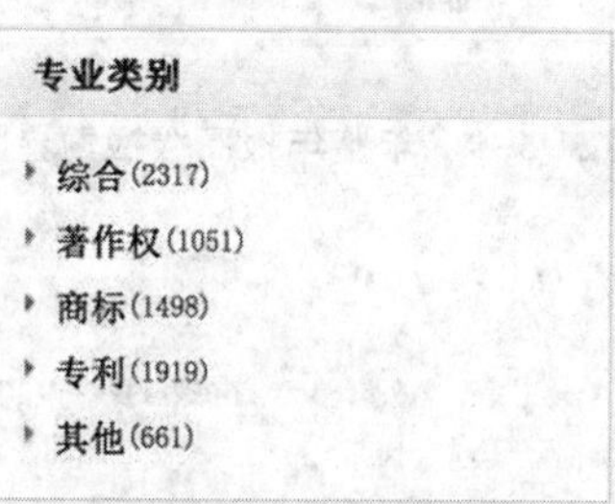

图 5-5-12　论著资料版块分类（以专业类别为标准）

按照信息内容的载体形式，分为期刊论文、学位论文、会议论文、专题著作、学习考试用书、年鉴年报、统计资料、其他。点击“期刊论文”，则包含了所有知识产权相关的期刊论文。

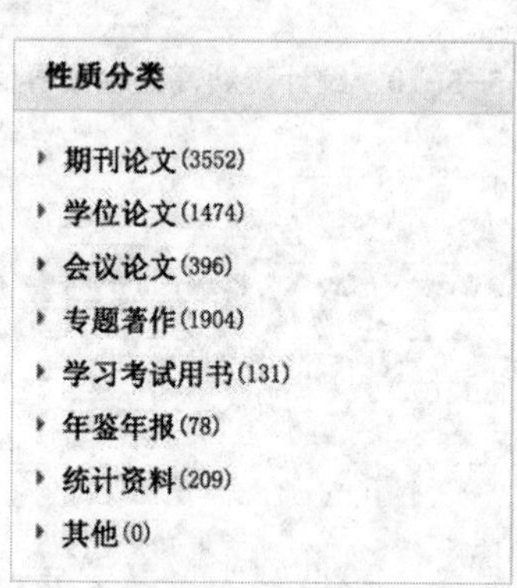

图 5-5-13　论著资料版块分类（以性质为标准）

（三）最新资料展示

因为论著资料部分所涉及的内容种类十分丰富，如果将各个不同类别的最近更新进行罗列，则会占用大量的网站页面空间，所以论著资料页面将所有的内容融合，建立了“最新论著资料”，展示最近更新的论著资料（如图5-5-14所示）。因为题目一般不会超过20字，所以为了美观，呈两纵栏显示，共5行，展示最近更新的10条信息。在右上角有“更多 »”，点击则可以进入相应的最近更新页面（http://www.ipknow.cn/information/list-0.html，如图5-5-15—5-5-17所示）。在该页面按照更新时间顺序罗列了所有的更新信息。在右上角可以按照出版时间正序/倒序及更新时间正序/倒序更换浏览顺序。页面底端有页码，直接选定即跳转，可以进行选择浏览（如图5-5-19）。

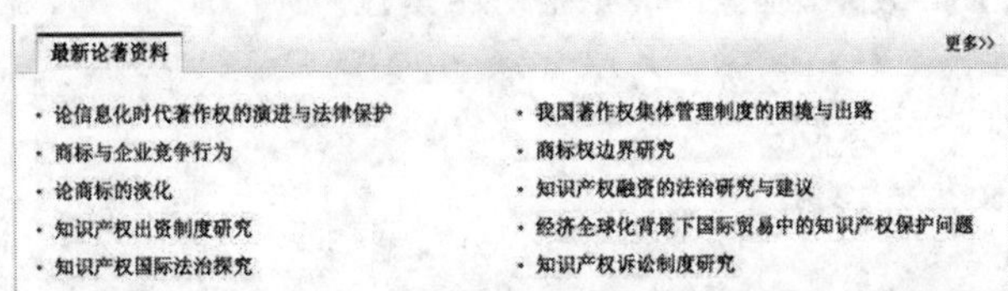
最新论著资料　　更多>>

- 论信息化时代著作权的演进与法律保护
- 我国著作权集体管理制度的困境与出路
- 商标与企业竞争行为
- 商标权边界研究
- 论商标的淡化
- 知识产权融资的法治研究与建议
- 知识产权出资制度研究
- 经济全球化背景下国际贸易中的知识产权保护问题
- 知识产权国际法治探究
- 知识产权诉讼制度研究

图5-5-14　论著资料版块首页“最近论著资料”展示

↑出版时间倒序　↓更新时间正序

标题	出版时间
·知识产权制度对民事立法的几点启示 作者：唐广良 / 性质分类：期刊论文 关键词：民法总则，知识产权，立法，启示	2015年
·美国转基因生物技术治理路径探析及其启示 作者：刘银良 / 性质分类：期刊论文 关键词：生物技术，转基因，转基因食品，遗传修饰生物(GMO)，法律治理	2015年
·新商标法实施后商标异议形式审查新变化 作者：贺艺娇 / 性质分类：期刊论文 关键词：形式审查，在先权利，商标注册申请人，证明文件，商标近似，初步审定，商标使用	2015年
·论商誉的反不正当竞争法保护 作者：范教强，叶勇 / 性质分类：期刊论文 关键词：商誉，竞争法，附加保护，立法模式	2015年
·专利侵权惩罚性赔偿制度之辩 作者：王佳 / 性质分类：期刊论文 关键词：恶意侵权，惩罚性赔偿，民事责任，行政责任	2015年
·2015年4月《国家知识产权局专利业务工作及综合管理统计月报》 作者：国家知识产权局 / 出版社：知识产权出版社 / 性质分类：统计资料 关键词：专利业务工作及综合管理统计	2015年
·2014中国商标战略年度发展报告 作者：国家工商行政管理总局 / 出版社：知识产权出版社 / 性质分类：统计资料 关键词：商标战略	2015年
·2015年3月《国家知识产权局专利业务工作及综合管理统计月报》 作者：国家知识产权局 / 出版社：知识产权出版社 / 性质分类：统计资料 关键词：专利业务工作及综合管理统计	2015年

图5-5-15　论著资料版块“最新论著资料”之“更多”（一）

· 私权语境下的商标异议制度反思 2015年

作者：刘蕴，王华 / 性质分类：期刊论文

关键词：商标权，私权，商标异议

· 论商标侵权使用中商标价值增殖利益之归属 2015年

作者：邓建志，雍彬 / 性质分类：期刊论文

关键词：商标价值，增殖权益，过失侵权，不真正无因管理

· 2015年2月《国家知识产权局专利业务工作及综合管理统计月报》 2015年

作者：国家知识产权局 / 出版社：知识产权出版社 / 性质分类：统计资料

关键词：专利业务工作及综合管理统计

· 2015年1月《国家知识产权局专利业务工作及综合管理统计月报》 2015年

作者：国家知识产权局 / 出版社：知识产权出版社 / 性质分类：统计资料

关键词：专利业务工作及综合管理统计

· 竞争法对知识产权的保护与限制 2015年

作者：张广良 / 性质分类：期刊论文

关键词：竞争，知识产权，反垄断，权利限制

· 2014中国商标年鉴 2015年

作者：国家工商总局商标局，商标评审委员会，中华商标协会 / 出版社：中国工商出版社 / 性质分类：年鉴年报

关键词：商标

· 论信息网络传播权侵权损害赔偿 2015年

作者：徐娜 / 性质分类：学位论文

关键词：影视剧作品，侵权，法定赔偿，自由裁量

· 我国少数民族非物质文化遗产保护的知识产权法因应——以内蒙... 2015年

作者：冯晓青、罗宗奎 / 性质分类：期刊论文

关键词：少数民族，非物质文化遗产，知识产权法，保护

· 论专利诉讼滥用 2015年

作者：张江娜 / 性质分类：学位论文

关键词：专利诉讼；诉讼滥用，恶意诉讼，反赔，不侵权之诉

图 5-5-16　论著资料版块“最新论著资料”之“更多”（二）

· 企业知识产权战略协同初论　2015年

作者：冯晓青 / 性质分类：期刊论文

关键词：企业,知识产权战略,协同

· 促进辽宁省文化产业发展的知识产权地方立法研究　2015年

作者：唐岩 / 性质分类：学位论文

关键词：文化产业,知识产权保护,法律框架,配套立法

· 我国企业技术创新与知识产权战略实施的组织协同建设研究　2015年

作者：冯晓青 / 性质分类：期刊论文

关键词：企业,技术创新,知识产权战略,组织协同

1 2 3 4 5 6 7 8 9 10 .. 388 下一页 跳转到 跳转 共7757条

图 5-5-17　论著资料版块“最新论著资料”之“更多”（三）

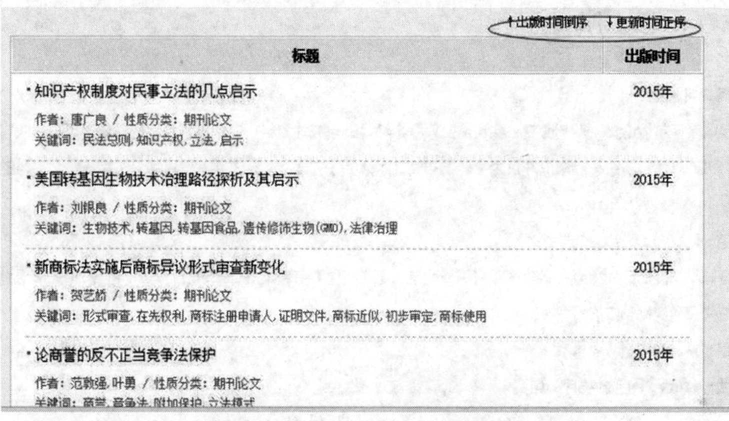

图 5-5-18　浏览顺序调整位置

关键词：专利诉讼；诉讼滥用,恶意诉讼,反赔,不侵权之诉

· 企业知识产权战略协同初论　2015年

作者：冯晓青 / 性质分类：期刊论文

关键词：企业,知识产权战略,协同

· 促进辽宁省文化产业发展的知识产权地方立法研究　2015年

作者：唐岩 / 性质分类：学位论文

关键词：文化产业,知识产权保护,法律框架,配套立法

· 我国企业技术创新与知识产权战略实施的组织协同建设研究　2015年

作者：冯晓青 / 性质分类：期刊论文

关键词：企业,技术创新,知识产权战略,组织协同

1 2 3 4 5 6 7 8 9 10 .. 370 下一页 跳转到 跳转 共7398条

图 5-5-19　浏览页码跳转

（四）论著资料版块介绍

在论著资料页面的最下方，有一栏"论著资料资料库介绍"。该介绍的内容为："本资料库收录了学位论文、期刊论文、会议论文等多个种类的研究性资料。内容丰富，截至2016年3月，共收录了7700余项知识产权领域论著资料信息。以知识产权为主题的研究文献囊括了管理学、经济学、信息学、法学等多个学科的论文和著作文献信息。资源特色：以提供精确、深度信息为特点，本数据库对每篇论文和著作的重要信息都进行了专业提炼，并且对相关信息进行了发散链接，便于用户深度挖掘和广度搜索。"介绍简明扼要，抽象概括，基本上概括了本版块的基本信息及主要的内容特点。当然，还有优化的空间，如对于所收集的各个版块的信息内容特点进行分别说明，因为论文与著作有一定区别。

论著资料资料库介绍：

本数据库收录了学位论文、期刊论文、会议论文等多个种类的研究性资料。内容丰富，截至2016年3月，共收录了7700余项知识产权领域论著资料信息。以知识产权为主题的研究文献囊括了管理学、经济学、信息学、法学等多个学科的论文和著作文献信息。

资源特色：

以提供精确、深度信息为特点，本数据库对每篇论文和著作的重要信息都进行了专业提炼，并且对相关信息进行了发散链接，便于用户深度挖掘和广度搜索。

收录年限：从1949年至今。

产品形式：WEB版（网上数据库）免费。

图5-5-20　论著资料版块介绍

（五）各种类别的具体信息介绍

1. 期刊论文

具体的期刊论文页面包括的主要信息有：最上方为论文的题目，紧接论文题目的为更新时间（也即"知信通"网站负责人将该信息推送出来的时间，如果有后续修改完善，则以最后一次修改的时间为准）。然后是基本信息栏，包括专业类别、文献性质、作者、出版时间、期刊名称、期刊性质、期刊页码（表示该论文在该期刊中出现的页码）及作者单位。接着是该论文的关键词、摘要、目录。最后一行是收集该信息的来源。在网页的右侧有一栏相关论文，表示近似主题的论文题目列表。

以下以《论商誉的反不正当竞争法保护》（http://www.ipknow.cn/information/show-16430. html）一文（如下图 5-5-21 所示）为例进行说明。如图，该论文的题目为《论商誉的反不正当竞争法保护》，最近更新时间为 2015 年 5 月 31 日，专业类别为其他，文献形式是期刊论文，作者为范敦强、叶勇，出版时间为 2015 年 5 月 30 日，期刊名称为《知识产权》，该期刊性质属于核心期刊，页码为 53—57 页及 91 页，作者单位为暨南大学法学院。该论文的关键词有商誉、竞争法、附加保护、立法模式。该论文的摘要为：“商誉侵权行为在司法实践中呈增长之势，破坏了公平竞争的市场秩序。现有立法根据不同的侵权主体，分别适用名誉权和商誉条款保护商誉利益，这种模式存在固有的缺陷。商誉保护必须通过商主体行使商誉权来实现，应明确商誉的民事权利地位。反不正当竞争法与商誉存在天然联系，可为其提供兜底保护、反向保护和动态保护，应在立法上完善商誉侵权的主体、类型及其责任，使各类不法行为得到全面规制。”该论文的目录为：“一、我国商誉保护的立法模式”“二、反不正当竞争法保护商誉的合理性”“三、完善我国商誉反不正当竞争法保护的建议”“结语”。点击“【来源】点击进入来源地址”，则进入该信息的来源地址（http://www.cnki.net/KCMS/detail/detail.aspx? QueryID=17&CurRec=11&dbcode=CJFQ&dbname=CJFDTEMP&filename=ZSCQ201503008&urlid=&yx=&uid=WEEvREcwSlJHSldTTGJhYlQ4TVFGMEc4cUtlRE1JNWEyYy9kSXhTN1ErTUc1UFZMRDNOd3pGZlU4SnNrdUxSOGtJUT0=$9A4hF_YAuvQ5obgVAqNKPCYcEjKensW，如图 5-5-22 所示），显示为中国知网中该论文的页面。右边为与该论文相关的论文展示，点击下面的下拉三角号，则显示与本论文相关的所有论文题目（如图 5-5-23 所示）。

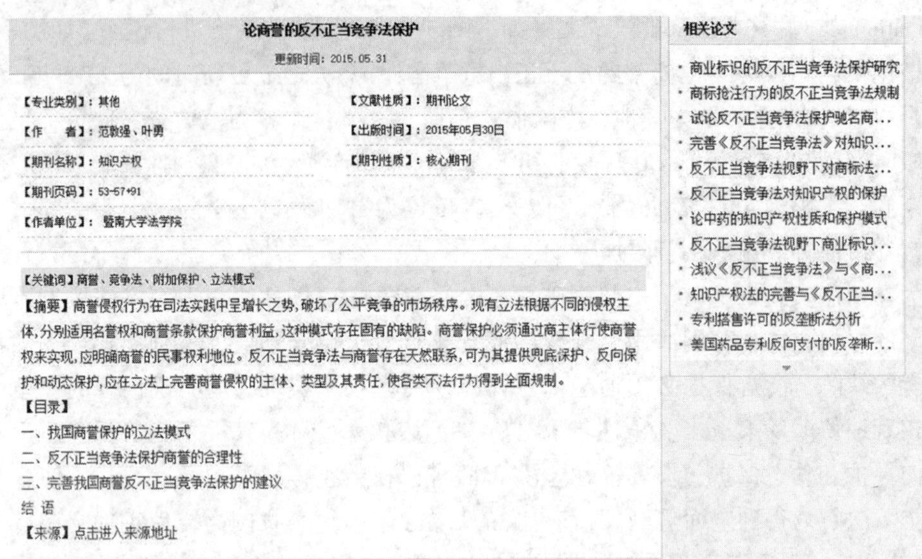

图 5-5-21　期刊论文举例（《论商誉的反不正当竞争法保护》一文）

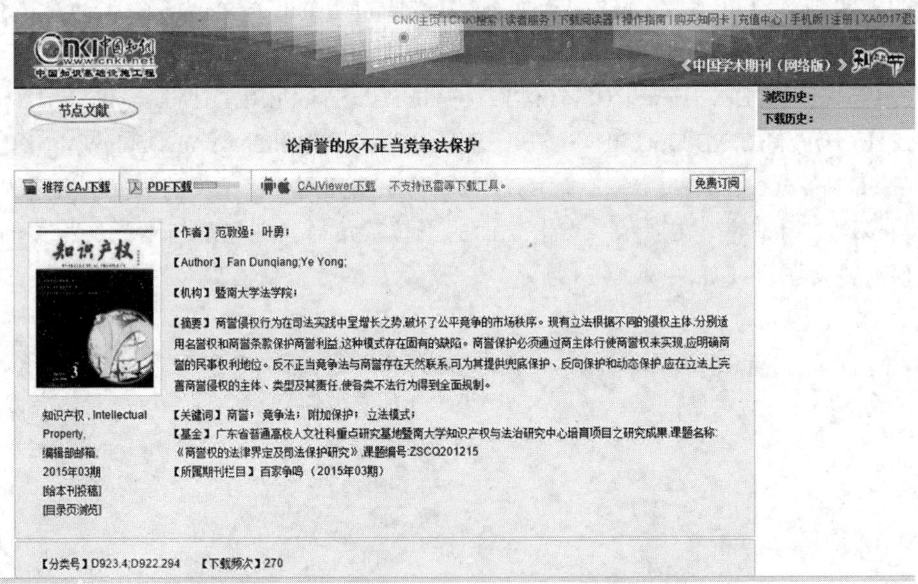

图 5-5-22　《论商誉的反不正当竞争法保护》一文“【来源】点击进入来源地址”

论商誉的反不正当竞争法保护
更新时间：2015.05.31

【专业类别】：其他　【文献性质】：期刊论文
【作　　者】：范敦强、叶勇　【出版时间】：2015年05月30日
【期刊名称】：知识产权　【期刊性质】：核心期刊
【期刊页码】：53-57+91
【作者单位】：暨南大学法学院

【关键词】商誉、竞争法、附加保护、立法模式
【摘要】商誉侵权行为在司法实践中呈增长之势，破坏了公平竞争的市场秩序。现有立法根据不同的侵权主体，分别适用名誉权和商誉条款保护商誉利益，这种模式存在固有的缺陷。商誉保护必须通过商主体行使商誉权来实现，应明确商誉的民事权利地位。反不正当竞争法与商誉存在天然联系，可为其提供兜底保护、反向保护和动态保护，应在立法上完善商誉侵权的主体、类型及其责任，使各类不法行为得到全面规制。
【目录】
一、我国商誉保护的立法模式
二、反不正当竞争法保护商誉的合理性
三、完善我国商誉反不正当竞争法保护的建议
结 语
【来源】点击进入来源地址

相关论文
· 商业标识的反不正当竞争法
· 商标抢注行为的反不正当竞
· 试论反不正当竞争法保护驰
· 完善《反不正当竞争法》对
· 反不正当竞争法视野下对商
· 反不正当竞争法对知识产权
· 论中药的知识产权性质和保
· 反不正当竞争法视野下商业
· 浅议《反不正当竞争法》与
· 知识产权法的完善与《反不
· 专利搭售许可的反垄断法分
· 美国药品专利反向支付的反
· 论驰名商标的反淡化保护
· 专利许可中差异化许可价格
· 论名牌的创立、宣传、保
· 反不正当竞争 知识产权的
· 欧盟知识产权拒绝许可的反
· 从美国法例看专利联营的反
· 商标专利著作权反不正当竞
· 反不正当竞争与知识产权
· 商标与不正当竞争法
· 反不正当竞争法一般条款与
· 反不正当竞争法与驰名商标
· 专利交叉许可的反垄断法分
· 商标专利著作权反不正当竞
· 论广告的知识产权保护
· 专利许可的反垄断规制
· 论我国的著作权集体管理模
· 论视力障碍者的作品获取权

图 5-5-23　与《论商誉的反不正当竞争法保护》一文相关的所有论文题目

2. 学位论文

学位论文与期刊论文相类似，但是也有所不同。在其基本信息栏中，包含的信息有专业类别、文献性质、作者、出版时间、指导老师、导师职称、论文级别、作者单位、副标题。其余的则与期刊论文相一致。

以《论信息网络传播权侵权损害赔偿》一文（http://www.ipknow.cn/information/show-18176.html）为例予以说明。本文页面中，题目显示为《论信息网络传播权侵权损害赔偿》，更新时间为2015年12月20日。基本信息有“专业类别：综合”“文献性质：学位论文”“作者：徐娜”“出版时间：2015年1月1日”“指导老师：李欲晓”“导师职称：教授”“论文级别：硕士论文”“作者单位：北京邮电大学”“副标题：从影视剧作品的角度分析”。关键词有影视剧作品、侵权、法定赔偿、自由裁量。摘要及目录（因为文字量

太大，在此不再以文字形式展示）如下图所示。图中右边展示的是与本论文相关的论文。

知信通 > 论著资料 > 正文

论信息网络传播权侵权损害赔偿

更新时间：2015.12.20

【专业类别】：综合　【文献性质】：学位论文

【作　　者】：徐娜　【出版时间】：2015年01月01日

【指导老师】：李欲晓　【导师职称】：教授

【论文级别】：硕士论文

【作者单位】：北京邮电大学

【副 标 题】：从影视剧作品的角度分析

图 5-5-24　《论信息网络传播权侵权损害赔偿》一文页面（一）

【关键词】影视剧作品、侵权、法定赔偿、自由裁量

【摘要】网络视频分享网站的兴起，极大的丰富了人们的精神文化生活。也正基于此，出现了很多网络用户未经许可将他人享有著作权的影视剧作品压缩后上传至视频分享网站，供公众在其个人指定的时间和地点欣赏或下载的情况，这种行为使著作权及相关权利人付出的巨额投资难以得到相应的回报，也给权利人的利益造成了重大损失。为了弥补自己的损失，权利人开始通过诉讼的手段维护自己的合法利益。但由于直接侵权的网络个人用户常常身份难辨，且财力不如公司雄厚，因此，视频网站等侵权人常常成为权利人的索赔对象。我国《信息网络传播权保护条例》明确规定了信息网络传播权的间接侵权行为和相应的侵权责任。越来越多的判例也开始支持权利人提起的侵权之诉，目前关于直接侵权和间接侵权的实践和理论越来越成熟，但是新的问题产生了：视频网站已经明确知道间接侵权需要承担赔偿责任的同时，为何还屡屡不停侵权？虽然我国《著作权法》中规定了对侵犯著作权的赔偿制度，但因为网络的特殊性，权利人难以证明自己的损失，侵权人也难以证明自己的真实盈利情况，而法定赔偿的最高赔偿额只有50万，种种这些，使得我国网络盗版情况依然非常猖獗。就目前出现的问题，本文将结合国外的法律规定，依照我国国情，完善目前的立法，加入惩罚性赔偿金制度；提高法定的赔偿金额度；赋予法官自由裁量权，统一自由裁量权的标准。

【目录】

摘要

图 5-5-25　《论信息网络传播权侵权损害赔偿》一文页面（二）

目录

第一章 网络中影视剧作品的信息网络传播权侵权问题分析

1.1 影视剧作品信息网络传播权侵权现状

1.2 影视剧作品信息网络传播权易受侵犯的原因分析

1.2.1 低侵权成本与高维权成本的对比

1.2.2 互联网特性使著作权人难以控制信息网络传播权

1.2.3 广大网民有依赖互联网免费获取视频的习惯

1.3 影视剧作品的信息网络传播权定义

1.3.1 信息网络传播权定义

1.3.2 影视剧的信息网络传播权的特点

1.4 信息网络传播权侵权形式的新变化

1.4.1 手机客户端APP软件侵权

1.4.2 视频聚合平台所引发的侵权问题

第二章 影视剧作品的信息网络传播权侵权损害赔偿的前提

图 5-5-26　《论信息网络传播权侵权损害赔偿》一文页面（三）

第二章 影视剧作品的信息网络传播权侵权损害赔偿的前提

2.1 影视剧作品信息网络传播权权利主体的认定

2.1.1 影视剧作品的著作权人

2.1.2 合作作品的著作权人

2.1.3 影视剧作品的被授权人

2.2 信息网络传播权侵权的认定

2.2.1 对信息网络传播权的直接侵权行为

2.2.2 间接侵权行为

第三章 信息网络传播权损害赔偿数额的认定

3.1 损害赔偿的认定原则

3.1.1 全面赔偿原则

3.1.2 法定赔偿原则

3.1.3 惩罚性赔偿原则

3.2 法律法规对于知识产权侵权损害赔偿的规定

3.3 案例分析

3.3.1 案情基本介绍

3.3.2 法院判决理由

3.3.3 判决赔偿数额分析

图 5-5-27　《论信息网络传播权侵权损害赔偿》一文页面（四）

第四章 美国及我国香港地区关于信息网络传播权损害赔偿的规定

4.1 美国对于信息网络传播权侵权赔偿的规定

4.2 我国香港地区对于此的规定

第五章 我国信息网络传播权损害赔偿制度的完善

5.1 确立惩罚性赔偿原则

5.2 加强立法，完善法律法规

5.3 统一标准，恰当运用自由裁量权

5.4 调整《著作权法》第49条的赔偿顺序

第六章 结论

参考文献

【来源】点击进入来源地址

图 5-5-28 《论信息网络传播权侵权损害赔偿》一文页面（五）

3. 会议论文

会议论文部分基本情况与期刊论文部分相似，除了基本信息栏之外，还有相关论文举例。以下以《从创造性在美国的发展历程看其判断标准的客观化》一文（http://www.ipknow.cn/information/show-15387.html）为例进行说明。如下图所示，该论文的题目为《从创造性在美国的发展历程看其判断标准的客观化》，信息更新时间为2015年4月26日。本文的基本信息如下：专业类别为专利，文献性质为会议论文，作者为张旭，该论文所在文集出版者为中华全国专利代理人协会，会议文集名为《2014年中华全国专利代理人协会年会第五届知识产权论坛论文集（第一部分）》，作者单位为国家知识产权局专利局材料工程发明审查部。该论文的关键词为专利、创造性、客观化、美国、判断标准。该论文的摘要为："本文对创造性这一概念在美国的发展历程进行了分析，回顾了其判断标准逐步走向客观化的历史轨迹，通过与我国创造性的概念及判断标准进行对比，阐明了美国创造性判断标准对我国的借鉴意义。本文认为，我国的创造性标准以及判断主体跟美国相比并没有不可逾越的区别和本质上的不同，可以也应该借鉴美国的成熟经验，促进我国的专利创造性判断标准朝着客观、稳定的方向前进。"[1]点击"点击进入来源地址"，则进入中国知网该论文的页面（http://www.cnki.net/KCMS/detail/

〔1〕 张旭："从创造性在美国的发展历程看其判断标准的客观化"，载《2014年中华全国专利代理人协会第五届知识产权论坛论文集》（第一部分），2014年4月1日。

detail. aspx? QueryID = 10&CurRec = 16&dbcode = CPFD&dbname = CPFDLAST2014&filename = ZHZL201404001003&urlid = &yx = &uid = WEEvREcwSlJHSldTTGJhYkh-neUc4bmVGYmF2d2pXbU5iRGZQZ0FtOUYzeUlScHhkdFc1TnNsdUZJTzdZUEkrSjdLWT0= $9A4hF_ YAuvQ5obgVAqNKPCYc)。右边是与本论文相关的系列论文。

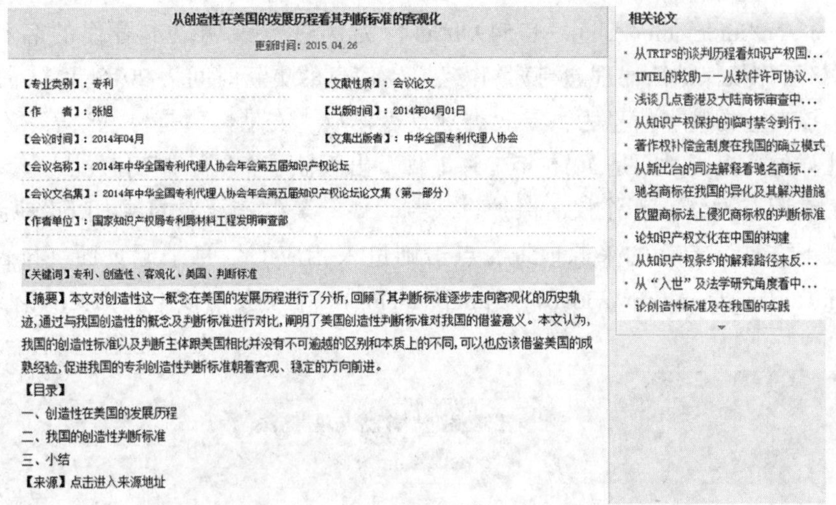

图 5-5-29　《从创造性在美国的发展历程看其判断标准的客观化》一文页面

图 5-5-30　《从创造性在美国的发展历程看其判断标准的客观化》一文信息来源

4. 专题著作

具体的专题著作页面最上方显示的是该著作的名称、更新时间。然后是基本信息栏，包括专业类别、文献性质、作者、出版时间、出版社。下面是关键词、摘要、目录及信息来源链接。右侧是与该论著相关的系列论文。

以下以《网络著作权保护法律理念与裁判方法》这一著作（http://www.ipknow.cn/information/show-17549.html）为例进行说明。本著作的名称为《网络著作权保护法律理念与裁判方法》，信息的更新时间为2015年11月29日。该专著的基本信息为：专业类别是著作权，文献性质是专题论著，作者是孔祥俊，出版时间是2015年1月1日，出版社是中国法制出版社。该专著的关键词有网络、著作权、保护、裁判。该专著的摘要及目录如下图所示。在最下方是该专著的来源地址，点击则进入相应的信息来源页面（http://product.dangdang.com/23698770.html#catalog）。右侧是与该论著相关的论文。

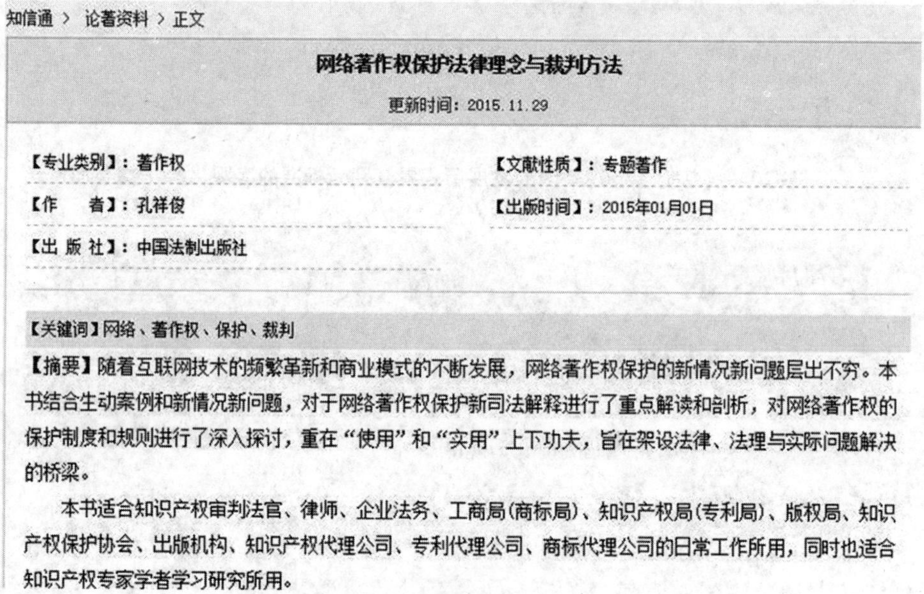

知信通 › 论著资料 › 正文

网络著作权保护法律理念与裁判方法

更新时间：2015.11.29

【专业类别】：著作权　　【文献性质】：专题著作

【作　　者】：孔祥俊　　【出版时间】：2015年01月01日

【出 版 社】：中国法制出版社

【关键词】网络、著作权、保护、裁判

【摘要】随着互联网技术的频繁革新和商业模式的不断发展，网络著作权保护的新情况新问题层出不穷。本书结合生动案例和新情况新问题，对于网络著作权保护新司法解释进行了重点解读和剖析，对网络著作权的保护制度和规则进行了深入探讨，重在“使用”和“实用”上下功夫，旨在架设法律、法理与实际问题解决的桥梁。

本书适合知识产权审判法官、律师、企业法务、工商局(商标局)、知识产权局(专利局)、版权局、知识产权保护协会、出版机构、知识产权代理公司、专利代理公司、商标代理公司的日常工作所用，同时也适合知识产权专家学者学习研究所用。

图5-5-31　《网络著作权保护法律理念与裁判方法》论著界面（一）

【目录】
第一章利益平衡机制与基本法律生态
第一节　网络著作权保护利益平衡的新取向
一、由传统到现代的转变
二、利益平衡的历史脉络
三、利益平衡转变的革命性
第二节　网络著作权保护利益平衡的新架构
一、三种利益架构的平衡机制
二、利益平衡的双向性
三、立法与司法的利益平衡
四、利益平衡的局限性
第三节　利益的实质性与法律表达的形式性
一、利益平衡中理念与规则的关系
二、理念依靠规则来落实
三、正确对待利益的实质性与表达的形式性
四、理想与现实的差距
第四节　我国网络著作权保护的基本法律生态
一、为什么强调法律生态
二、法律保护生态中的“互联网精神”
三、法律适用要维护互联网法律生态

图 5-5-32　《网络著作权保护法律理念与裁判方法》论著界面（二）

第二章信息网络传播行为
第一节　司法实践中的信息网络传播行为
一、围绕信息网络传播行为的实践争议
二、流行界定溯源
三、对信息网络传播行为的评价
第二节　作品提供行为与网络服务提供行为
一、法定分类已很清晰
二、与2000年司法解释有关分类的关系
三、网络服务提供行为的信息网络传播属性
第三节　两类行为划分的法律和法理分析
一、从积极权能与消极权能的角度分析
二、行政法规的分解式规定
三、与条约规定及其解读的关联关系
第四节　两类行为的划分标准及制度建构价值
一、法律标准与技术标准之辨
二、新司法解释的逻辑结构
三、两种行为划分的制度建构价值
四、开放性法律适用的方法论价值

图 5-5-33　《网络著作权保护法律理念与裁判方法》论著界面（三）

第三章信息网络传播权的范围
第一节 信息网络传播权的界定
一、信息网络传播权的界定
二、信息网络的范围
三、与条约规定的联系
第二节 交互性与非交互性的争议
一、信息网络传播权与交互性传播
二、非交互式传播引发的法律调整困惑
三、司法实践中的歧见
第三节 如何考量法律的适用问题
一、法律适用的基本思路
二、法律适用考量因素的深度分析
第四章避风港制度与责任限制
第一节 "避风港"制度
一、专设限制责任的"避风港"条款
二、免责事由与抗辩事由
三、"避风港"规则的适用
四、网吧经营者的特殊避风港
第二节 "通知与移除"规则
一、"通知与移除"规则与过错归责
二、我国法上的"通知与移除"规则
三、"通知与移除"规则与承担赔偿责任的关系
四、对于"通知"的要求

图 5-5-34 《网络著作权保护法律理念与裁判方法》论著界面（四）

第五章直接侵权与间接侵权的区分
第一节 划分直接侵权与间接侵权的来由
一、司法实践中的直接侵权与间接侵权
二、划分两者的意义
三、从条约规定看两者的划分
四、美国法上的直接侵权与间接侵权
第二节 我国法上的直接侵权与间接侵权
一、我国区分直接侵权与间接侵权的必要性
二、直接侵权与间接侵权的归责差异
三、直接侵权、间接侵权与共同侵权的关系
第六章提供行为与直接侵权
第一节 提供行为概述
一、提供行为的含义
二、各种特殊的提供行为
第二节 合作提供行为与共同侵权
一、实践中的合作行为
二、司法实践中的态度和争议
三、合作行为与共同侵权
第三节 选择提供行为
一、实践中的审查编辑等行为
二、选择提供行为
第四节 "快照"服务与提供行为

图 5-5-35 《网络著作权保护法律理念与裁判方法》论著界面（五）

第四节　“快照”服务与提供行为
一、快照服务的种类
二、快照服务与内容提供行为
三、快照服务与合理使用
四、“三步检验法”的适用
第五节　提供行为的推定
一、司法实践中的处理方式
二、司法解释的规定及其运用
第七章间接侵权的过错归责
第一节　间接侵权适用过错归责
一、避风港与过错归责的关系
二、过错归责的具体定位与改造
第二节　过错的形态：“明知”与“应知”
一、“知道”与“明知”、“应知”的关系
二、“应知”与“有合理理由知道”
第三节　知道、应知与具体知情
一、国外法上的“具体知情”
二、我国法律中的“具体知情”
三、不能以一般知情替代具体知情
第四节　“红旗标准”、重大过失与过错判断

图 5-5-36　《网络著作权保护法律理念与裁判方法》论著界面（六）

二、“红旗标准”意义上的过失判断标准
三、“红旗标准”与侵权法上注意义务的关系
第五节　过错的具体判断
一、过错判断的考量因素
二、司法解释规定的考量因素的具体运用
第六节　特定经营模式意义上的过错
一、问题的提出
二、国外的新动态
三、对我国相关问题的思考
第七节　自我保护与不主动审查
一、权利人的自我保护
二、实践中对于是否主动审查的歧见
三、不负主动审查义务
四、不负主动审查的其他意义
第八章技术中立与侵权行为认定的关系
第一节　一种重要的理念和规则
一、技术中立与工具中立
二、技术与著作权制度的关系
第二节　索尼案与技术中立规则

图 5-5-37　《网络著作权保护法律理念与裁判方法》论著界面（七）

第二节 索尼案与技术中立规则

一、索尼案的缘起

二、索尼案的有关背景

三、索尼案的影响

第三节 技术中立的恰当运用

一、技术中立与使用行为的不中立

二、我国司法对于技术中立的基本态度

三、我国司法中技术中立的实际运用

四、国外判例及条约的一些态度

第四节 技术标准与法律标准

一、服务器标准与用户感知标准之争

二、美国判例对于两种标准的分析和适用

三、我国司法实践中采纳的判断标准

四、由事实标准向法律标准的回归

附录：

最高人民法院关于审理侵害信息网络传播权民事纠纷案件适用法律若干问题的规定

后记

【来源】点击进入来源地址

图 5-5-38 《网络著作权保护法律理念与裁判方法》论著界面（八）

图 5-5-39 《网络著作权保护法律理念与裁判方法》信息来源界面

5. 学习考试用书

学习考试用书部分的基本情况与专题著作部分类似。以下以《全国专利代理人资格考试指南（2014）》（http://www. ipknow. cn/information/show-14918. html）为例进行介绍。该著作的名称为《全国专利代理人资格考试指南（2014）》，信息更新时间为 2015 年 4 月 20 日。该著作的基本信息有：专业类别为专利，文献性质为学习考试用书，作者为专利代理人考核委员会办公室，出版时间为 2014 年 6 月 1 日，出版社为知识产权出版社，出版地为北京市，作者单位为专利代理人考核委员会办公室。该著作的关键词有专利代理人、考试指南。本书的摘要为：“本书收录了 2014 年全国专利代理人资格考试大纲、与考试密切相关的法律、法规、规章等，体现了最新的法律、法规、规章的修改情况，方便广大考生复习、备考。”本书的目录如图中所示。在最下方是该书的信息来源，点击则进入相应的页面（http://product. dangdang. com/23491200. html），具体如图 5-5-46 示。

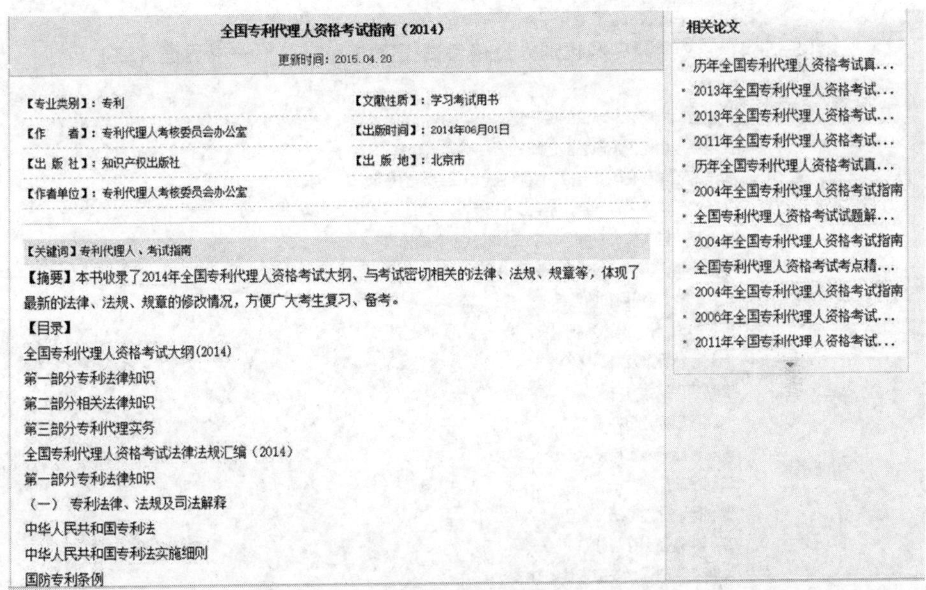

图 5-5-40　《全国专利代理人资格考试指南（2014）》一书界面（一）

最高人民法院关于对诉前停止侵犯专利权行为适用法律问题的若干规定
最高人民法院关于审理侵犯专利权纠纷案件应用法律若干问题的解释
专利代理条例
（二） 国家知识产权局规章、公告
专利审查指南2010已体现国家知识产权局令第六十七号、第六十八号决定修改内容。
国家知识产权局行政复议规程
施行修改后的专利法的过渡办法
施行修改后的专利法实施细则的过渡办法
专利代理管理办法
专利代理惩戒规则（试行）
专利代理人资格考试实施办法
专利代理人资格考试考务规则
专利代理人资格考试违纪行为处理办法
关于规范专利申请行为的若干规定
中国微生物菌种保藏管理委员会普通微生物中心用于专利程序的微生物
保藏办法
中国典型培养物中心用于专利程序的微生物保藏办法
关于用于专利程序的微生物菌（毒）种、培养物入境检疫暂行规定
关于港澳地区专利申请若干问题的规定
关于香港回归后中国内地和香港专利申请若干问题的说明
关于在香港特别行政区知识产权署提出的首次申请的优先权的规定
关于台湾同胞专利申请的若干规定

图 5-5-41 《全国专利代理人资格考试指南（2014）》一书界面（二）

关于台湾同胞专利申请的若干规定
关于受理台胞国际申请的通知
关于我国学者在国外完成的发明创造申请专利的规定
关于中国实施《专利合作条约》的规定
《关于中国实施〈专利合作条约〉的规定》的修改
中国申请人向国际局递交国际申请实施办法
PCT申请收费项目和收费标准
国际申请（PCT申请）费用减、退、免方面的规定
专利收费标准及减缓比例
专利费用减缓办法
专利权质押登记办法
专利实施许可合同备案办法
专利行政执法办法
专利标识标注办法
专利实施强制许可办法
发明专利申请优先审查管理办法
专利申请号标准
关于《专利申请号标准》的说明
专利文献号标准
关于专利电子申请的规定
关于协助执行对专利申请权进行财产保全裁定的规定
部分发明专利权的保护期限延长

图 5-5-42 《全国专利代理人资格考试指南（2014）》一书界面（三）

启用新版《专利登记簿副本》《证明》和《专利说明书》
香港、澳门居民参加全国专利代理人资格考试的安排
（三） 相关国际专利条约
专利合作条约
专利合作条约实施细则
国际承认用于专利程序的微生物保存布达佩斯条约
国际专利分类斯特拉斯堡协定
建立工业品外观设计国际分类洛迦诺协定
第二部分相关法律知识
（一） 相关法律、法规、规章及司法解释
中华人民共和国民法通则
最高人民法院关于贯彻执行《中华人民共和国民法通则》若干问题的意见(试行)
中华人民共和国合同法
最高人民法院关于适用《中华人民共和国合同法》若干问题的解释(一)
最高人民法院关于适用《中华人民共和国合同法》若干问题的解释(二)
最高人民法院关于审理技术合同纠纷案件适用法律若干问题的解释
中华人民共和国民事诉讼法
最高人民法院关于适用《中华人民共和国民事诉讼法》若干问题的意见
最高人民法院关于民事诉讼证据的若干规定
最高人民法院关于在知识产权审判中贯彻落实《全国人民代表大会常务委员会关于
修改〈中华人民共和国民事诉讼法〉的决定》有关问题的通知
中华人民共和国行政复议法

图 5-5-43　《全国专利代理人资格考试指南（2014）》一书界面（四）

中华人民共和国行政复议法
中华人民共和国行政复议法实施条例
中华人民共和国行政诉讼法
最高人民法院关于执行《中华人民共和国行政诉讼法》若干问题的解释
最高人民法院关于行政诉讼证据若干问题的规定
中华人民共和国国家赔偿法
中华人民共和国对外贸易法
中华人民共和国技术进出口管理条例
中华人民共和国刑法
最高人民法院、最高人民检察院关于办理侵犯知识产权刑事案件具体应用
法律若干问题的解释
最高人民法院、最高人民检察院关于办理侵犯知识产权刑事案件具体应用
法律若干问题的解释（二）
中华人民共和国著作权法
中华人民共和国著作权法实施条例
计算机软件保护条例
信息网络传播权保护条例
最高人民法院关于审理著作权民事纠纷案件适用法律若干问题的解释
最高人民法院关于审理涉及计算机网络著作权纠纷案件适用法律若干问题的解释
中华人民共和国商标法
中华人民共和国商标法实施条例
最高人民法院关于审理商标案件有关管辖和法律适用范围问题的解释

图 5-5-44　《全国专利代理人资格考试指南（2014）》一书界面（五）

最高人民法院关于审理商标案件有关管辖和法律适用范围问题的解释
最高人民法院关于审理商标授权确权行政案件若干问题的意见
最高人民法院关于诉前停止侵犯注册商标*权行为和保全证据适用法律问题的解释
最高人民法院关于审理商标民事纠纷案件适用法律若干问题的解释
中华人民共和国反不正当竞争法
最高人民法院关于审理不正当竞争民事案件应用法律若干问题的解释
中华人民共和国植物新品种保护条例
中华人民共和国植物新品种保护条例实施细则（农业部分）
中华人民共和国植物新品种保护条例实施细则（林业部分）
最高人民法院关于审理侵犯植物新品种权纠纷案件具体应用法律问题的若干规定
集成电路布图设计保护条例
集成电路布图设计保护条例实施细则
集成电路布图设计行政执法办法
集成电路布图设计登记收费项目和标准
中华人民共和国知识产权海关保护条例
中华人民共和国海关关于《中华人民共和国知识产权海关保护条例》的实施办法
展会知识产权保护办法
（二） 相关国际条约
保护工业产权《巴黎公约》
与贸易（包括假冒商品贸易在内）有关的知识产权协定
【来源】点击进入来源地址

图 5-5-45 《全国专利代理人资格考试指南（2014）》一书界面（六）

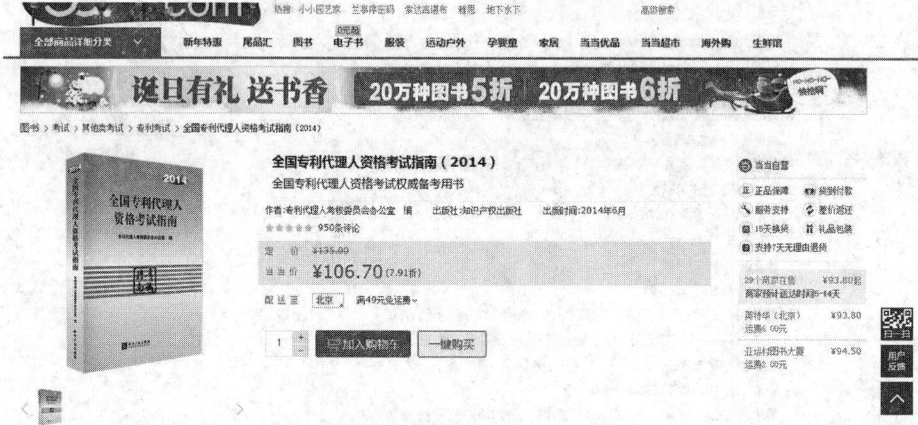

图 5-5-46 《全国专利代理人资格考试指南（2014）》信息来源

6. 年鉴年报

年鉴年报的基本信息与专题著作部分类似。以下以《最高人民法院知识产权案件年度报告（2012）》（http://www.ipknow.cn/information/show-15834.html）为例进行说明。

该网页最上端为该资料的名称，紧接着为该信息更新的时间2015年5月3日。再往下是该资料的基本信息：专业类别为综合，文献性质为年鉴年报，作者为最高人民法院知识产权审判庭，出版时间为2013年4月24日，出版社为法制出版社，出版地为北京市，作者单位为最高人民法院。然后是该资料的关键词、摘要及目录，如图中所示。最底端是该资料的来源，点击进入相应的页面（http://www.law-lib.com/fzdt/newshtml/22/20130425085528.htm）。右侧一栏是与该资料相关的论文。

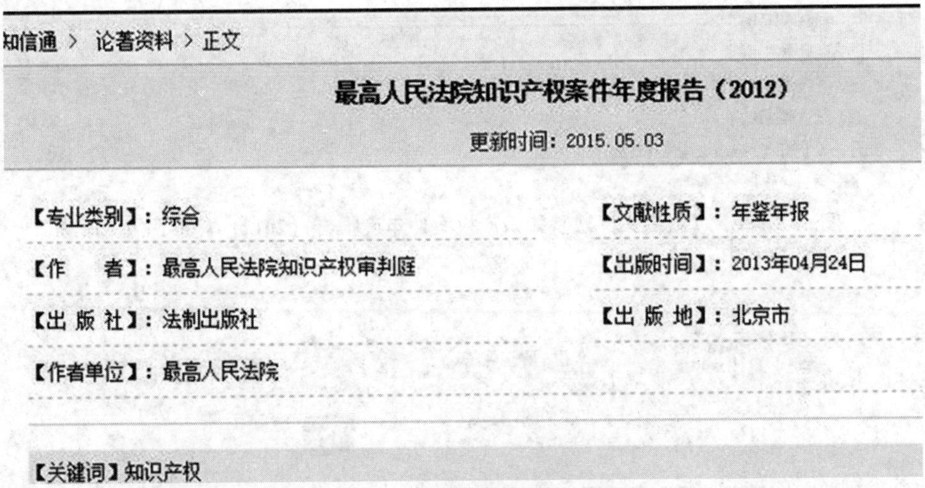

知信通 > 论著资料 > 正文

最高人民法院知识产权案件年度报告（2012）

更新时间：2015.05.03

【专业类别】：综合　　【文献性质】：年鉴年报

【作　　者】：最高人民法院知识产权审判庭　　【出版时间】：2013年04月24日

【出 版 社】：法制出版社　　【出 版 地】：北京市

【作者单位】：最高人民法院

【关键词】知识产权

图5-5-47　《最高人民法院知识产权案件年度报告（2012）》界面（一）

【摘要】 为及时总结知识产权和竞争案件审判经验，加强审判指导，推进司法公开和提高司法公信，最高人民法院4月24日发布《最高人民法院知识产权案件年度报告（2012）》。

报告从最高人民法院2012年审结的知识产权和竞争案件中精选34件典型案件，归纳出37个具有普遍指导意义的法律适用问题，集中反映了最高人民法院处理新型、疑难、复杂知识产权和竞争案件的审判标准、裁判方法和司法政策导向，对今后的知识产权审判工作具有重要指导意义。

报告中指出，最高人民法院知识产权审判庭2012年共新收各类知识产权案件359件，比2011年降低14.52%。新收案件中，按照案件所涉权利类型划分，共有专利和其他技术类案件138件，商标案件121件，著作权案件37件，商业秘密案件4件，其他不正当竞争案9件，知识产权合同案件24件，其他案件26件（主要涉及知识产权案件管辖权的确定问题）。按照案件性质划分，共有行政案件98件，占全部新收案件的27.30%，其中专利行政案件44件，商标行政案件54件，分别比2011年降低6.38%和20.59%；共有民事案件261件，占全部新收案件的72.70%。加上2011年旧存案件45件，2012年，最高人民法院共有各类在审案件404件。

2012年，最高人民法院共审结各类知识产权案件366件，其中二审案件9件，申请再审案件284件，提审案件44件，请示案件29件。审结的284件申请再审案件中，裁定驳回再审申请209件，裁定提审39件，裁定指令或者指定再审20件，裁定撤诉（包括和解撤诉）14件，以其他方式处理两件。审结案件中，北大方正兰亭字库案、百度MP3搜索引擎案、泥人张不正当竞争案等案件在业界产生了较大影响。

【目录】

一、专利案件审判

二、商标案件审判

三、著作权案件审判

四、竞争案件审判

五、关于知识产权诉讼程序与证据

【来源】点击进入来源地址

图 5-5-48 《最高人民法院知识产权案件年度报告（2012）》界面（二）

图 5-5-49 《最高人民法院知识产权案件年度报告（2012）》信息来源界面

7. 统计资料

统计资料部分与专题著作部分类似，以下以《2010 年中国商标战略年度发展报告》（http://www.ipknow.cn/information/show-15899.html#）为例进行说明。该网页的最上方为该资料的名称《2010 年中国商标战略年度发展报告》，更新时间为 2015 年 5 月 10 日。该资料的基本信息：专业类别为商标，文献性质为统计资料，作者为国家工商行政管理总局，出版时间为 2011 年 4 月 21 日，出版社为知识产权出版社，作者单位为国家工商行政管理总局。下面是该资料的关键词、摘要及目录，具体见下图。最下端为该资料的来源链接，点击则进入相应的页面（http://sbj.saic.gov.cn/tjxx/201104/P020110421320206542646.pdf），如图 5-5-54 所示。右侧为与本资料相关的论文列表。

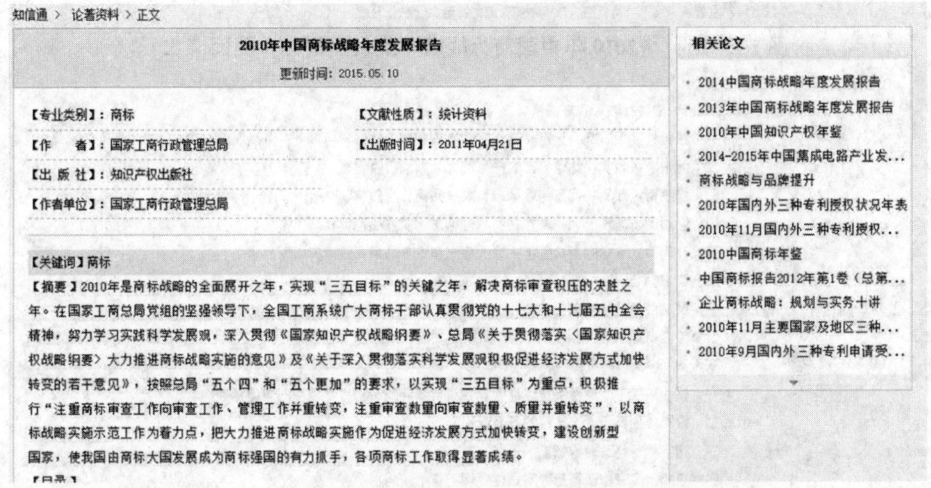

图 5-5-50　《2010 年中国商标战略年度发展报告》界面（一）

【目录】
前 言
第一章 商标战略实施
一、国家商标战略实施示范工作取得显著成效
二、各地推进商标战略实施工作成效显著
三、进一步加大商标战略实施培训和指导力度
第二章 商标申请和注册
一、年商标申请和注册基本情况
二、彻底解决国内外广泛关注的商标审查积压问题
三、商标积压问题的彻底解决产生了重大影响
四、我国商标工作得到国内外社会各界的充分肯定
第三章 商标行政执法
一、全面推进世博会标志保护工作，为上海世博会的成功举办
创造了良好的知识产权保护环境
二、加大亚运会标志保护力度，为广州亚运会的顺利召开做好服务
三、打击侵权假冒专项行动扎实推进，取得重要阶段性成果
四、加大商标案件行政执法指导力度，维护商标权利人的合法权益
五、加强与有关部门的合作交流，力求形成执法合力
六、全国各级工商行政管理机关查处商标侵权违法案件基本情况
第四章 地理标志和农产品商标
一、践行科学发展观，运用“商标富农”机制服务地方特色农业产业发展

图 5-5-51 《2010 年中国商标战略年度发展报告》界面（二）

第四章 地理标志和农产品商标
一、践行科学发展观，运用“商标富农”机制服务地方特色农业产业发展
二、促进农民增收，地理标志农产品的社会效益日益显现
三、提高审查效率，完善地理标志和农产品商标注册机制
四、通过调研座谈培训，深入开展地理标志和农产品商标指导工作
五、开展形式多样的宣传工作，地理标志和农产品商标法律知识深入人心
第五章 驰名商标与著名商标的认定和保护
一、驰名商标的认定和保护
二、著名商标的认定和保护
第六章 商标评审
一、解决积压工作取得决定性胜利，提前半年完成解决案件积压的艰巨任务
二、积极参加商标评审案件的行政诉讼
三、切实履行行政复议职能
四、积极做好新申请商标评审案件受理工作
五、加大驰名商标认定和保护工作力度
六、积极探索调解、和解结案机制
七、信息化建设取得新进展
八、严格管理，实践历练，不断激发干部队伍活力
九、开展多渠道多层次的对外宣传和交流
第七章 商标法制
一、《商标法》修改工作取得新进展，商标法律体系不断完善
二、制定商标规范性文件，进一步完善商标工作内部程序
三、依法做好行政复议和行政诉讼的应诉工作
第八章 商标代理

图 5-5-52 《2010 年中国商标战略年度发展报告》界面（三）

第八章 商标代理

一、商标代理机构的基本情况

二、加强商标代理市场基础性建设，促进商标代理事业长期健康发展

三、商标代理行业自律进一步加强

第九章 地方商标工作

一、继续加大商标战略推进力度，不断优化商标战略实施环境

二、创新商标监管服务形式，积极开展打击侵权假冒专项行动

三、加强特殊标志保护，确保上海世博会和广州亚运会顺利举办

四、加大农产品商标和地理标志保护力度，积极促进“三农”发展

五、不断加大商标宣传培训力度，全面提升社会各界商标意识

六、大力实施“请进来”和“走出去”战略，加强与港澳台交流合作

【来源】点击进入来源地址

图 5-5-53　《2010 年中国商标战略年度发展报告》界面（四）

图 5-5-54　《2010 年中国商标战略年度发展报告》信息来源界面

8. 其他

如果有论著资料无法归到上述类别之下的，则归入其他项下。目前来看，其他项下还没有相关资料。这说明将论著资料分为期刊论文、学位论文、会议论文、专题论著、学习考试用书、年鉴年报、统计资料及其他是比较科学

合理的。

三、"知信通"资料库论著资料版块的检索

因为受到资料多少以及检索功能的影响，检索的便捷程度不一，当然检索结果也千差万别。目前来看，"知信通"资料库检索功能已经有了很大的进步，检索结果也令人满意。这些与课题组在丰富内容及稳定技术方面的努力是分不开的。以下以检索实例进行说明。

（一）快捷检索

1. 全文检索

如在论著资料中检索全文含有"权利穷竭"的资料：在快捷检索栏中输入"权利穷竭"，后面选择"全文"（默认为全文），点击"检索"，出现检索结果。具体如图 5-5-55—5-5-57 所示。

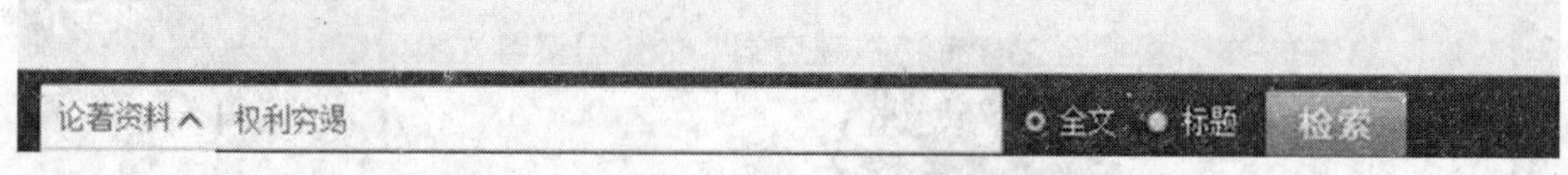

图 5-5-55　检索全文含有"权利穷竭"的论著资料（检索过程）

论著资料 | 权利穷竭　全文　标题　检索　高级搜索

知信通 > 论著资料 > 检索结果

标题	出版时间
网售化妆品非卖品的民事违法性分析 作者：周乾 / 性质分类：期刊论文 关键词：化妆品非卖品，商标权利穷竭，赠与合同，委托合同	2014年
专利法上默示许可与权利穷竭理论研究 作者：孔燕 / 性质分类：学位论文 关键词：专利，权利穷竭，默示许可	2013年
知识产权的权利穷竭理论研究 作者：诸东华 / 性质分类：学位论文 关键词：知识产权，权利穷竭，平行进口	2012年
知识产权保护平行进口法律问题研究 作者：杨娟 / 性质分类：学位论文 关键词：知识产权，边境保护，平行进口，地域性特征，权利穷竭原则	2010年
知识产权的权利穷竭问题研究 作者：冯晓青 / 性质分类：期刊论文 关键词：知识产权，权利穷竭，物权，商品流通	2007年
商标权限制研究	2007年

搜索结果　共计10条

专业类别：综合（2）　著作权（0）　商标（5）　专利（1）　其他（2）

性质分类：期刊论文（3）　学位论文（7）　会议论文（0）　专题著作（0）　学习考试用书（0）　年鉴年报（0）　统计资料（0）　其他（0）

图 5-5-56　检索全文含有"权利穷竭"的论著资料（检索结果一）

·商标权限制研究　2007年

作者：李媛 / 性质分类：学位论文
关键词：商标法，商标权，合理使用，权利穷竭，在先使用权

·平行进口中的知识产权问题研究　2005年

作者：曾云 / 性质分类：学位论文
关键词：平行进口，权利穷竭（用尽），商标，专利，版权

·我国平行进口立法的价值取向　2005年

作者：贺翀 / 性质分类：期刊论文
关键词：平行进口，权利穷竭，不正当竞争，商标权

·商标权权利穷竭与平行进口法律问题研究　2004年

作者：冯寒冰 / 性质分类：学位论文
关键词：商标保护

·商标权权利穷竭研究　2004年

作者：郭文 / 性质分类：学位论文
关键词：商标保护

图 5-5-57　检索全文含有“权利穷竭”的论著资料（检索结果二）

2. 标题检索

如检索标题中含有“合理使用”的论著资料：在标题栏中输入“合理使用”，选择“标题”，点击“检索”，则出现 51 条检索结果，从性质分类中可以看到既有论文，也有专题论著。具体如图 5-5-58—5-5-64 所示。

论著资料 合理使用　•全文　•标题　检索

图 5-5-58　检索标题中含有“合理使用”的论著资料（检索过程）

论著资料 | 合理使用　● 全文　○ 标题　检索　高级搜索

知信通 > 论著资料 > 检索结果

标题	出版时间
· 论公共文化机构对孤儿作品的合理使用 作者：何炼红、云羚 / 性质分类：期刊论文 关键词：公共文化机构，孤儿作品，合理使用，判断要件	2015年
· 网络环境下著作权个人合理使用的法律问题研究 作者：苟红丽 / 性质分类：学位论文 关键词：网络环境，个人合理使用，数字技术，利益平衡	2015年
· Google数字图书馆的合理使用分析与启示 作者：马丽萍 / 性质分类：期刊论文 关键词：Google数字图书馆，著作权，合理使用	2015年
· 针对视障人士的合理使用制度研究 作者：许洁 / 性质分类：学位论文 关键词：视障人士，合理使用，马拉喀什条约，著作权法修订	2014年
· 美国图书馆合理使用立法的内容及启示 作者：汪强、王彦力 / 性质分类：期刊论文 关键词：美国著作权法，美国著作权，图书馆，复制权，合理使用	2014年
· 网络环境下著作权合理使用制度研究 作者：丁华 / 性质分类：学位论文	2014年

搜索结果　共计51条

专业类别
- 综合 (3)
- 著作权 (40)
- 商标 (5)
- 专利 (0)
- 其他 (3)

性质分类
- 期刊论文 (27)
- 学位论文 (19)
- 会议论文 (3)
- 专题著作 (2)
- 学习考试用书 (0)
- 年鉴年报 (0)
- 统计资料 (0)
- 其他 (0)

图 5-5-59　检索标题中含有“合理使用”的论著资料——检索结果（一）

标题	出版时间
· 网络环境下著作权合理使用制度研究 作者：丁华 / 性质分类：学位论文 关键词：网络环境，著作权，合理使用	2014年
· 挪用作品的合理使用标准研究 作者：袁方 / 性质分类：学位论文 关键词：挪用，著作权侵权，合理使用，三步测试法	2013年
· 商标权合理使用制度研究 作者：施一弓 / 性质分类：学位论文 关键词：商标权，合理使用，利益平衡	2013年
· 微博作品转发中的著作权问题研究——以“默示授权”与“合理使用”... 作者：冯晓青、王瑞 / 性质分类：期刊论文 关键词：微博，作品，著作权，默示授权，合理使用	2013年
· 论我国著作权法修订中“合理使用”的立法技术 作者：李琛 / 性质分类：期刊论文 关键词：合理使用，合理利用，著作权的例外，我国著作权法第三次修订	2013年
· 交易成本和价格歧视理论在著作权合理使用中的定位与适用 作者：姚鹤徽 / 性质分类：期刊论文 关键词：合理使用，市场失灵，交易成本，外部性内部化	2012年
· 著作权合理使用制度的人权法反思 作者：向波 / 性质分类：期刊论文	2012年

图 5-5-60　检索标题中含有“合理使用”的论著资料——检索结果（二）

· 论海峡两岸著作权法对合理使用的规范和不断完善　2012年
作者：胡良荣 / 性质分类：期刊论文
关键词：海峡两岸，著作权法，合理使用，规范和完善

· 商标标识的商业性合理使用　2012年
作者：郭海娜 / 性质分类：学位论文
关键词：商标，合理使用，叙述性使用，指示性使用，比较广告

· 论美国著作权合理使用制度　2012年
作者：李早 / 性质分类：学位论文
关键词：美国著作权，合理使用制度，数字环境

· 论传播技术发展视野下的著作权合理使用制度　2011年
作者：徐鹏 / 性质分类：学位论文
关键词：著作权，合理使用，判断标准，数字网络

· 商标合理使用规则的确立和完善　2011年
作者：王莲峰 / 性质分类：期刊论文
关键词：商标合理使用规则，商标法，修改建议

· 论著作权合理使用制度的适用范围　2011年
作者：熊琦 / 性质分类：期刊论文
关键词：合理使用，著作权，市场失灵，交易成本

· 我国计算机软件反向工程合理使用研究　2010年
作者：毕君 / 性质分类：学位论文
关键词：软件，反向工程，知识产权，合理使用

图 5-5-61　检索标题中含有“合理使用”的论著资料——检索结果（三）

· 著作权合理使用制度视野中的软件反向工程　2010年
作者：黄春琼 / 性质分类：学位论文
关键词：软件，反向工程，合理使用，著作权，合法性

· 著作权法中“合理使用”与公共利益研究　2009年
作者：冯晓青、谢蓉 / 性质分类：期刊论文
关键词：著作权，合理使用，公共利益，利益平衡

· 著作权合理使用制度之正当性研究　2009年
作者：冯晓青 / 性质分类：期刊论文
关键词：著作权，合理使用，正当性，公共利益

· 论我国网络著作权合理使用制度　2009年
作者：徐丽丽 / 性质分类：学位论文
关键词：著作权合理使用制度，网络著作权合理使用，利益平衡，公共利益

· 著作权合理使用原则相关问题之探析　2008年
作者：赵晓佩 / 性质分类：期刊论文
关键词：合理使用原则，理论基础，判断标准，适用

· 图书馆服务与著作权的合理使用　2008年
作者：阚有青 / 性质分类：会议论文
关键词：版权限制

· 合理使用原则的演进　2008年
作者：张心全 / 性质分类：期刊论文
关键词：合理使用，单纯公益，公益优势

图 5-5-62　检索标题中含有“合理使用”的论著资料——检索结果（四）

· 合理使用原则的演进 2008年

作者：张心全 / 性质分类：期刊论文

关键词：合理使用,单纯公益,公益优势

· 合理使用制度在网络环境下的困惑和出路 2008年

作者：杨建学 / 性质分类：期刊论文

关键词：著作权,数字化,技术措施,合理使用

· 网络环境下版权人精神权利合理使用制度探析 2008年

作者：张小平,肖少启 / 性质分类：期刊论文

关键词：网络,版权法,精神权利,合理使用,标准

· 商标合理使用的法律问题研究 2008年

作者：王光宗 / 性质分类：学位论文

关键词：商标,合理使用,理论

· 图书馆服务与著作权的合理使用 2008年

作者：蒯有清 / 性质分类：会议论文

关键词：著作权保护

1 2 下一页

图 5-5-63　检索标题中含有“合理使用”的论著资料——检索结果（五）

· 网络环境下版权人精神权利合理使用制度探析 2008年

作者：张小平,肖少启 / 性质分类：期刊论文

关键词：网络,版权法,精神权利,合理使用,标准

· 商标合理使用的法律问题研究 2008年

作者：王光宗 / 性质分类：学位论文

关键词：商标,合理使用,理论

· 图书馆服务与著作权的合理使用 2008年

作者：蒯有清 / 性质分类：会议论文

关键词：著作权保护

· 数字时代网路环境中合理使用原则之研究 2008年

作者：张世柱 / 性质分类：学位论文

关键词：网络服务提供者,安全港,技术保护措施,伯尔尼公约,人类智识,提供商,网络电话,经济分析

· 电子版权的合理使用 2007年

作者：刘志刚(著) / 出版社：社会科学文献出版社 / 性质分类：专题著作

关键词：电子版权合理使用制度

· 著作权合理使用及其经济学分析 2007年

作者：冯晓青 / 性质分类：期刊论文

关键词：著作权,合理使用,经济学分析,交易成本,新古典经济学

图 5-5-64　检索标题中含有“合理使用”的论著资料（检索结果细节展示）

（二）高级检索

1. 全部检索

全部检索栏中如果不选择高级检索栏中的最后一行文献性质的话，则包含所有的文献性质。如选择所有文献中的中国政法大学相关师生 2006 年以来在商标方面发表的论文，则可以进行如下操作：在高级检索栏标题中输入“商标”，在作者单位中输入“中国政法大学”，在出版时间中输入“2006—□”，在文献性质中选择“期刊论文”“学位论文”“会议论文”，点击“检索”。从检索结果来看，一共有 86 个符合条件的结果。从检索结果页面的右侧统计来看，综合类别的有 5 个，商标类别的有 78 个，期刊论文有 36 个，学位论文有 50 个。

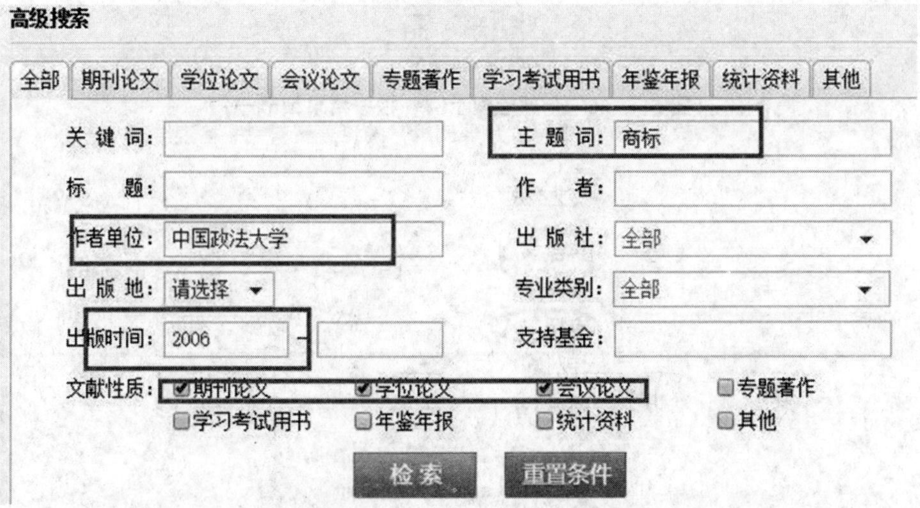

图 5-5-65 全部检索示例（检索过程）

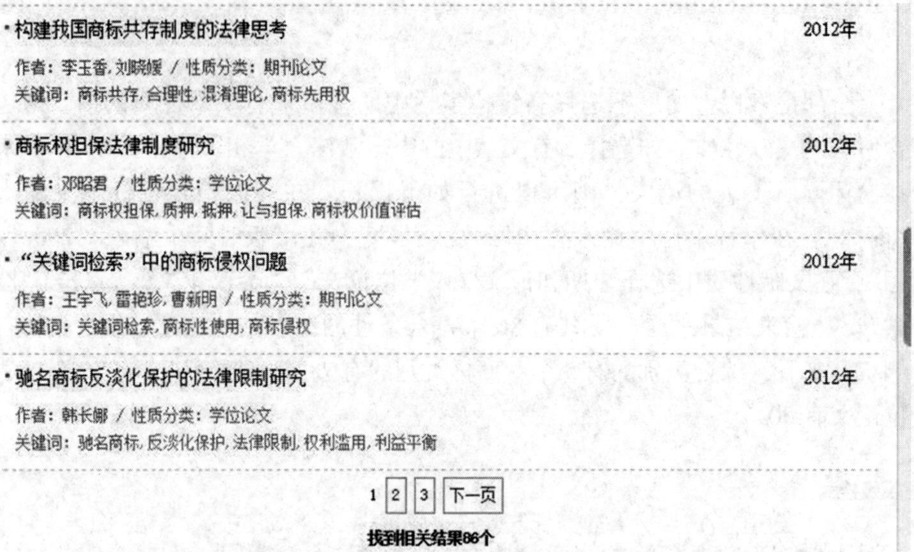

·构建我国商标共存制度的法律思考
2012年
作者：李玉香，刘晓媛 / 性质分类：期刊论文
关键词：商标共存，合理性，混淆理论，商标先用权
·商标权担保法律制度研究
2012年
作者：邓昭君 / 性质分类：学位论文
关键词：商标权担保，质押，抵押，让与担保，商标权价值评估
·"关键词检索"中的商标侵权问题
2012年
作者：王宇飞，雷艳珍，曹新明 / 性质分类：期刊论文
关键词：关键词检索，商标性使用，商标侵权
·驰名商标反淡化保护的法律限制研究
2012年
作者：韩长娜 / 性质分类：学位论文
关键词：驰名商标，反淡化保护，法律限制，权利滥用，利益平衡
1 2 3 下一页
找到相关结果86个

图 5-5-66　全部检索示例（检索结果细节一）

专业类别
综合（5）
著作权（0）
商标（78）
专利（0）
其他（3）
性质分类
期刊论文（36）
学位论文（50）
会议论文（0）
专题著作（0）
学习考试用书（0）
年鉴年报（0）
统计资料（0）
其他（0）
分享

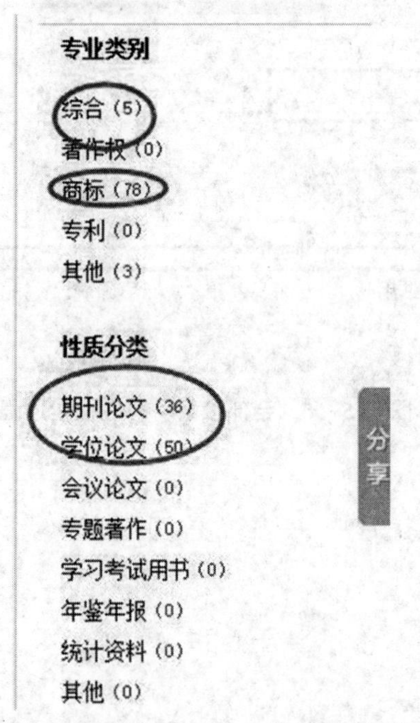

图 5-5-67　全部检索示例（检索结果细节二）

如检索含有“合理使用”的专题著作及期刊论文，从检索结果来看，一共有 54 条相关的检索结果。从右侧的统计可以看出：按照专业类别，综合类的有 1 个，著作权相关的有 47 个，商标相关的有 6 个；按照性质分类，期刊论文有 49 个，专题论著有 5 个。

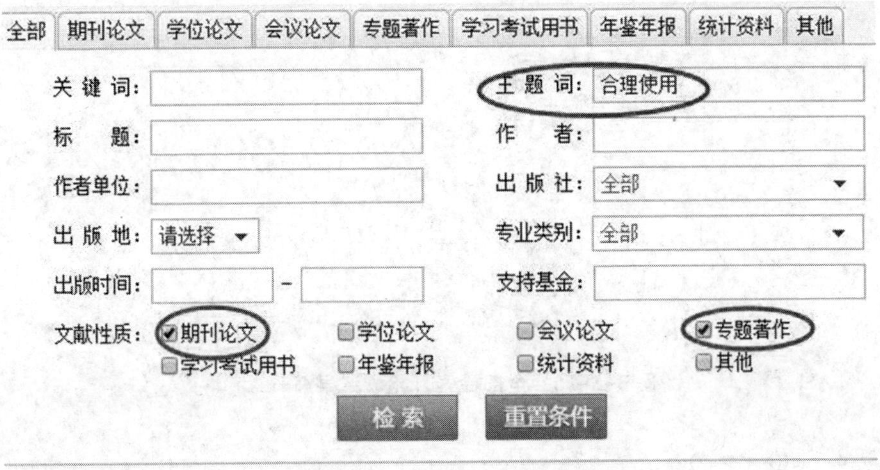

全部 期刊论文 学位论文 会议论文 专题著作 学习考试用书 年鉴年报 统计资料 其他

关键词：　　主题词：合理使用

标　题：　　作　者：

作者单位：　　出版社：全部

出版地：请选择　　专业类别：全部

出版时间：　－　　支持基金：

文献性质：☑期刊论文 ☐学位论文 ☐会议论文 ☑专题著作 ☐学习考试用书 ☐年鉴年报 ☐统计资料 ☐其他

检索　重置条件

图 5-5- 68　全部检索（检索过程）

·著作权合理使用制度之正当性研究　2009年
作者：冯晓青 / 性质分类：期刊论文
关键词：著作权, 合理使用, 正当性, 公共利益

·“规则主义”下使用作品的“合理性”判断　2008年
作者：丁丽瑛 / 性质分类：期刊论文
关键词：规则主义, 合理使用, 著作权限制

·在线音乐试听服务适法性问题研究　2008年
作者：汪镕 / 性质分类：期刊论文
关键词：音乐试听, 版权, 合理使用

·著作权合理使用原则相关问题之探析　2008年
作者：赵晓佩 / 性质分类：期刊论文
关键词：合理使用原则, 理论基础, 判断标准, 适用

1 2 下一页

图 5-5-69　全部检索（检索结果细节一）

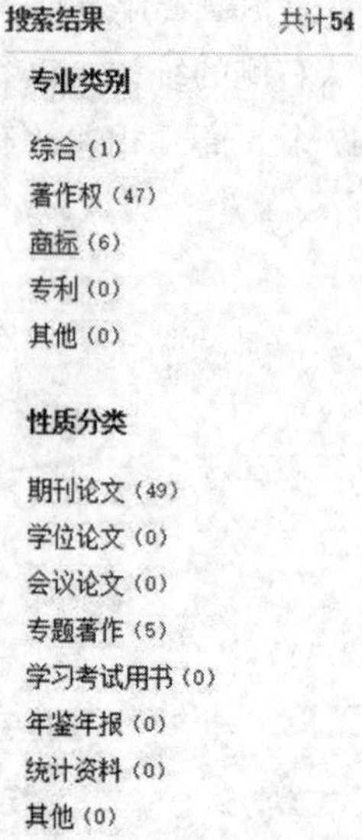

搜索结果　　共计54

专业类别

综合（1）
著作权（47）
商标（6）
专利（0）
其他（0）

性质分类

期刊论文（49）
学位论文（0）
会议论文（0）
专题著作（5）
学习考试用书（0）
年鉴年报（0）
统计资料（0）
其他（0）

图 5-5-70　全部检索（检索结果细节二）

2. 期刊论文

期刊检索项下进行高级检索，可以对相关条件进行限制。

比如检索2006年以来关于商标侵权的核心期刊论文，检索过程为：在高级检索栏的主题词中输入“商标侵权”，选定期刊性质中的“核心期刊”，在出版时间中输入“2006—□”，点击“检索”。具体如图5-5-71、5-5-72示。从图中可以看出检索结果共41条。

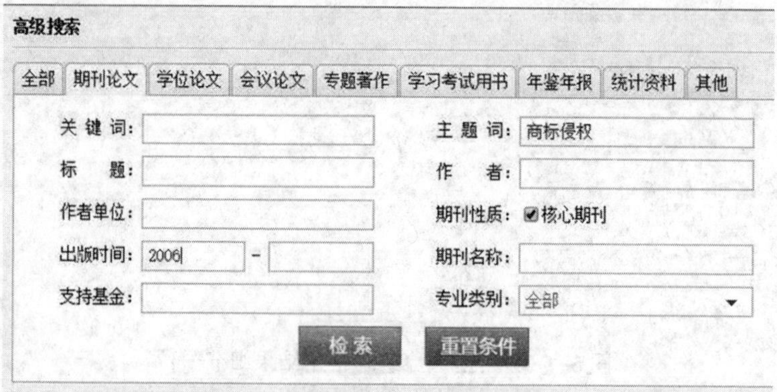

高级搜索

全部　期刊论文　学位论文　会议论文　专题著作　学习考试用书　年鉴年报　统计资料　其他

关 键 词：　　主 题 词：商标侵权
标　　题：　　作　　者：
作者单位：　　期刊性质：☑核心期刊
出版时间：2006 -　　期刊名称：
支持基金：　　专业类别：全部

检索　重置条件

图 5-5-71　商标侵权近十年核心期刊论文检索（检索过程）

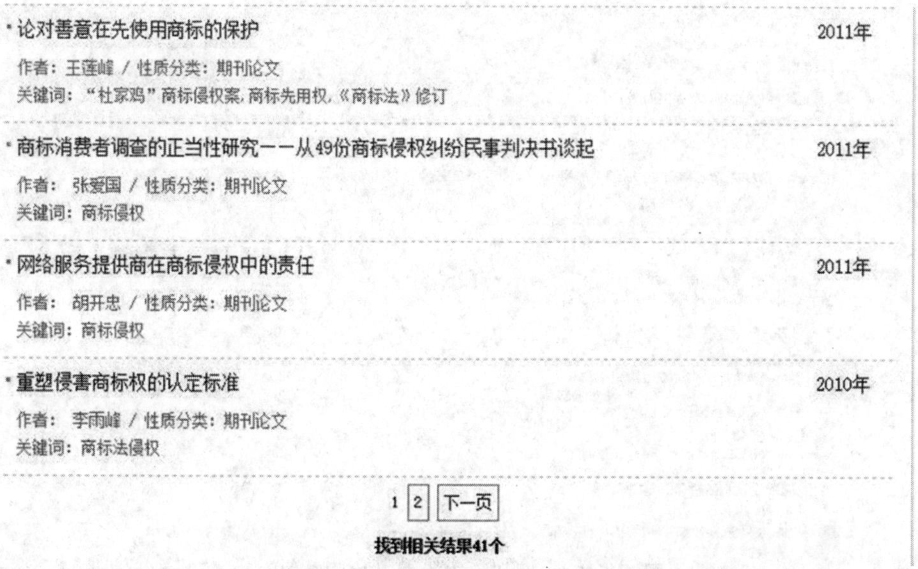

· 论对善意在先使用商标的保护 2011年
作者：王莲峰 / 性质分类：期刊论文
关键词：“杜家鸡”商标侵权案，商标先用权，《商标法》修订

· 商标消费者调查的正当性研究——从49份商标侵权纠纷民事判决书谈起 2011年
作者：张爱国 / 性质分类：期刊论文
关键词：商标侵权

· 网络服务提供商在商标侵权中的责任 2011年
作者：胡开忠 / 性质分类：期刊论文
关键词：商标侵权

· 重塑侵害商标权的认定标准 2010年
作者：李雨峰 / 性质分类：期刊论文
关键词：商标法侵权

1 2 下一页
找到相关结果41个

图 5-5-72 商标侵权近十年核心期刊论文检索（检索结果细节）

再如，查找华东政法大学王迁教授2010年以来发表的核心期刊论文。在期刊论文检索项下的作者中输入“王迁”，在作者单位中输入“华东政法大学”，勾选期刊性质中的核心期刊，出版时间选定“2010—□”，点击“检索”。从检索结果看，一共有27条检索结果，其中综合占3条，著作权占24条。

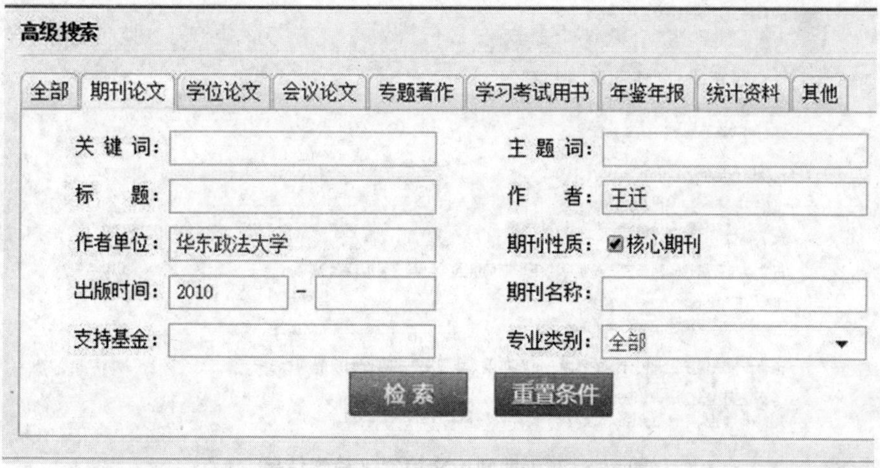

高级搜索
全部 期刊论文 学位论文 会议论文 专题著作 学习考试用书 年鉴年报 统计资料 其他
关 键 词： 主 题 词：
标 题： 作 者：王迁
作者单位：华东政法大学 期刊性质：☑核心期刊
出版时间：2010 – 期刊名称：
支持基金： 专业类别：全部
检索 重置条件

图 5-5-73 期刊论文检索（检索过程）

- "技术措施"概念四辨 2015年
  作者：王迁 / 性质分类：期刊论文
  关键词：技术措施，权利管理信息，数字权利管理系统
- 论等比例模型在著作权法中的定性 2015年
  作者：王迁 / 性质分类：期刊论文
  关键词：模型，模型作品，独创性
- 论著作权法中的权利限制条款对外国作品的适用——兼论播放作品法定... 2015年
  作者：王迁 / 性质分类：期刊论文
  关键词：权利限制，广播组织播放法定许可，制作录音制品法定许可
- IPTV限时回看服务性质研究 2015年
  作者：王迁 / 性质分类：期刊论文
  关键词：限时回看，广播信息网络传播，交互式传播
- 将知识产权法纳入民法典的思考 2015年
  作者：王迁 / 性质分类：期刊论文
  关键词：民法典，知识产权国际条约，知识产权立法
- 论汇编作品的著作权保护 2015年
  作者：王迁 / 性质分类：期刊论文
  关键词：汇编作品，独创性，思想与表达，混同原则
- 论提供规避技术措施手段的法律性质 2014年
  作者：王迁 / 性质分类：期刊论文
  关键词：技术措施，间接侵权，实质性非侵权用途，规避手段

专业类别

综合 (3)
著作权 (24)
商标 (0)
专利 (0)
其他 (0)

性质分类

期刊论文 (27)
学位论文 (0)
会议论文 (0)
专题著作 (0)
学习考试用书 (0
年鉴年报 (0)
统计资料 (0)
其他 (0)

图 5-5-74 期刊论文检索（检索结果一）

- "今日头条"著作权侵权问题研究 2014年
  作者：王迁 / 性质分类：期刊论文
  关键词：著作权侵权，新闻标题，手机应用
- 论我国《著作权法》中的"转播"——兼评近期案例和《著作权法修改... 2014年
  作者：王迁 / 性质分类：期刊论文
  关键词：广播权，广播组织权，转播权，互联网转播
- 论我国《著作权法》中的"转播" 2014年
  作者：王迁 / 性质分类：期刊论文
  关键词：广播权，广播组织权，转播权，互联网转播
- 论《著作权法》中"时事新闻"的含义 2014年
  作者：王迁 / 性质分类：期刊论文
  关键词：时事新闻，摄影作品，独创性
- 论建筑作品的表现形式 2014年
  作者：王迁 / 性质分类：期刊论文
  关键词：建筑作品，建筑物，建筑设计图，建筑模型
- 古文点校著作权问题研究——兼评"中华书局诉国学网案"等近期案例 2013年
  作者：王迁 / 性质分类：期刊论文
  关键词：古文点校，混同原则，演绎作品，邻接权
- 论著作权法保护工业设计图的界限——以英国《版权法》的变迁为视角 2013年
  作者：王迁 / 性质分类：期刊论文
  关键词：工业设计图，产品设计图，工程设计图

图 5-5-75 期刊论文检索（检索结果二）

·论著作权法保护工业设计图的界限　2013年
作者：王迁 / 性质分类：期刊论文
关键词：工业设计图,产品设计图,工程设计图,平面到平面的复制,平面到立体的复制

·论软件作品修改权　2013年
作者：王迁 / 性质分类：期刊论文
关键词：修改权,代码化指令序列,直接侵权,间接侵权,技术措施

·论著作权法保护工业设计图的界限　2013年
作者：王迁 / 性质分类：期刊论文
关键词：工业设计图,产品设计图,工程设计图,平面到平面的复制,平面到立体的复制

·古文点校著作权问题研究　2013年
作者：王迁 / 性质分类：期刊论文
关键词：古文点校,混同原则,演绎作品,邻接权

·《视听表演北京条约》视野下著作权法的修订　2012年
作者：王迁 / 性质分类：期刊论文
关键词：著作权法,视听表演,视听表演北京条约,出租权,广播权

·《视听表演北京条约》争议问题及对我国国际义务的影响　2012年
作者：王迁 / 性质分类：期刊论文
关键词：视听表演《视听表演北京条约》国民待遇,权利转让

·著作权法借鉴国际条约与国外立法:问题与对策　2012年
作者：王迁 / 性质分类：期刊论文
关键词：著作权法,国际条约,独创性,广播权,杂技艺术作品

图 5-5-76　期刊论文检索（检索结果三）

·“WAP搜索”及相关服务著作权侵权问题研究　2012年
作者：王迁 / 性质分类：期刊论文
关键词：WAP搜索,避风港,直接侵权,间接侵权

·“署名”三辨——兼评“安顺地戏案”等近期案例　2012年
作者：王迁 / 性质分类：期刊论文
关键词：署名,署名权,版权标记,注册商标标记

·版权法保护技术措施的正当性　2011年
作者：王迁 / 性质分类：期刊论文
关键词：技术措施,接触控制措施,版权保护措施,接触权

·“模型作品”定义重构　2011年
作者：王迁 / 性质分类：期刊论文
关键词：模型,模型作品,外观设计

·《信息网络传播权保护条例》中“避风港”规则的效力　2010年
作者：王迁 / 性质分类：期刊论文
关键词：信息网络传播权,避风港,网络服务提供者,免责条件,效力

·论“春晚”在著作权法中的定性　2010年
作者：王迁 / 性质分类：期刊论文
关键词：电影作品,汇编作品,独创性“春晚”

图 5-5-77　期刊论文检索（检索结果四）

3. 学位论文

学位论文部分收录了国内知识产权相关的硕博士学位论文。如检索2010年以来学位论文中研究著作权侵权的论文，在主题词中输入“著作权侵权”，在论文级别中选定博士论文和硕士论文，提交时间输入“2010—□”，点击“检索”，则出现17条检索结果（如图5-7-78—5-7-81所示）

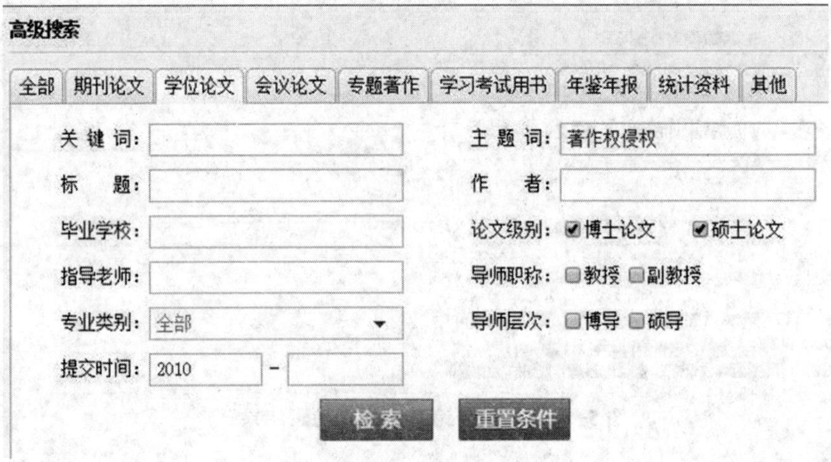

高级搜索

全部 | 期刊论文 | 学位论文 | 会议论文 | 专题著作 | 学习考试用书 | 年鉴年报 | 统计资料 | 其他

关 键 词：　　主 题 词：著作权侵权

标　　题：　　作　　者：

毕业学校：　　论文级别：☑博士论文 ☑硕士论文

指导老师：　　导师职称：□教授 □副教授

专业类别：全部　　导师层次：□博导 □硕导

提交时间：2010 －

检索　重置条件

图5-5-78　学位论文检索过程

标题	出版时间
·我国网络微博著作权保护问题研究 作者：阚海波 / 性质分类：学位论文 关键词：微博著作权；侵权行为，公众文化共享权利；平衡理论	2015年
·微博著作权侵权问题研究 作者：谢萌 / 性质分类：学位论文 关键词：微博，著作权，侵权	2014年
·论网络环境下著作权侵权案件的诉讼管辖 作者：王小轩 / 性质分类：学位论文 关键词：网络环境，著作权，侵权纠纷，管辖	2014年
·涉外著作权侵权的管辖权问题研究 作者：董开星 / 性质分类：学位论文 关键词：著作权，侵权，地域性，管辖权，标准	2014年
·学术作品著作权侵权认定 作者：赵元 / 性质分类：学位论文 关键词：著作权侵权，学术作品，剽窃	2014年

搜索结果　共计17

专业类别：综合(2)　著作权(15)　商标(0)　专利(0)　其他(0)

性质分类：期刊论文(0)　学位论文(17)　会议论文(0)　专题著作(0)　学习考试用书(0)　年鉴年报(0)　统计资料(0)　其他(0)

图5-5-79　学位论文检索结果（一）

· 微信公众平台著作权侵权行为及责任认定　2014年
作者：唐然 / 性质分类：学位论文
关键词：微信公众平台，著作权，侵权，责任

· 挪用作品的合理使用标准研究　2013年
作者：袁方 / 性质分类：学位论文
关键词：挪用，著作权侵权，合理使用，三步测试法

· 著作权法上的思想/表达二分法原则研究　2013年
作者：赵师斌 / 性质分类：学位论文
关键词：思想，表达，二分法，著作权侵权，适用建议

· 数字音乐作品著作权侵权责任研究　2013年
作者：赵臻 / 性质分类：学位论文
关键词：数字音乐，著作权，侵权，保护

· 论网络服务商的间接侵权责任　2013年
作者：黄纪武 / 性质分类：学位论文
关键词：网络著作权，网络服务商，间接侵权，侵权责任

· 计算机软件盗版的认定及法律规制　2013年
作者：柯永南 / 性质分类：学位论文
关键词：软件盗版，侵权行为，盗版认定，著作权保护，法律对策

· 微博作品著作权保护研究　2013年
作者：李青 / 性质分类：学位论文
关键词：微博作品，著作权，侵权行为，网络实名制

图 5-5-80　学位论文检索结果（二）

· 我国电影作品著作权保护研究　2012年
作者：钱菁 / 性质分类：学位论文
关键词：电影作品，著作权，侵权责任，法律保护

· 论网络著作权司法保护若干问题　2011年
作者：崔普 / 性质分类：学位论文
关键词：网络著作权，侵权行为，司法保护

· 搜索引擎服务商著作权侵权责任研究　2011年
作者：刘婧 / 性质分类：学位论文
关键词：搜索引擎服务商，著作权侵权，直接侵权，辅助侵权，替代责任

· 动漫卡通形象的知识产权法保护分析　2011年
作者：罗莹 / 性质分类：学位论文
关键词：动漫卡通形象，著作权，商品化权，动漫卡通形象侵权

· 剽窃的法律认定研究　2010年
作者：郑政雪 / 性质分类：学位论文
关键词：剽窃，著作权侵权，实质性相似，独创性

图 5-5-81　学位论文检索结果（三）

4. 会议论文

会议论文是在知识产权相关会议上发表的相关论文。从目前的统计来看，截至 2015 年 12 月底，会议论文数量为 396 篇，相对来讲，数量上不是太大。以下进行检索示范。

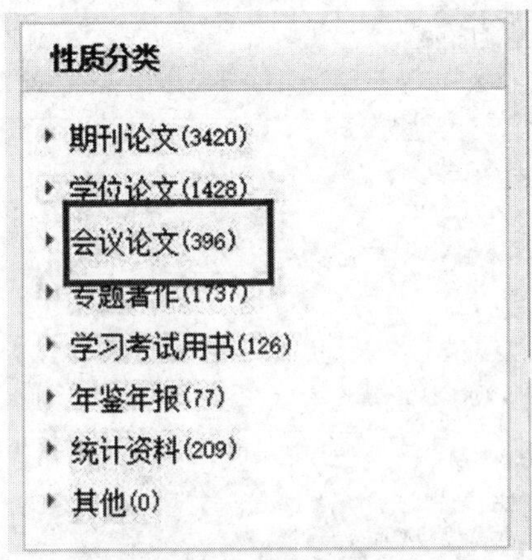

图 5-5-82　会议论文数量

如检索 2010 年 1 月 1 日至 2016 年 1 月 1 日以来关于著作权的会议论文。在高级检索栏专业类别中选择“著作权”，在会议时间上选定 2010 年 1 月 1 日至 2016 年 1 月 1 日，点击“检索”。从图中可以看出，有 162 条检索结果（http://www.ipknow.cn/index.php？m=search&c=search&a=index&modelid=23&as_classify=3&as_informactioncate=4&as_ctime_s=2010-01-01&as_ctime_e=2016-01-01）。

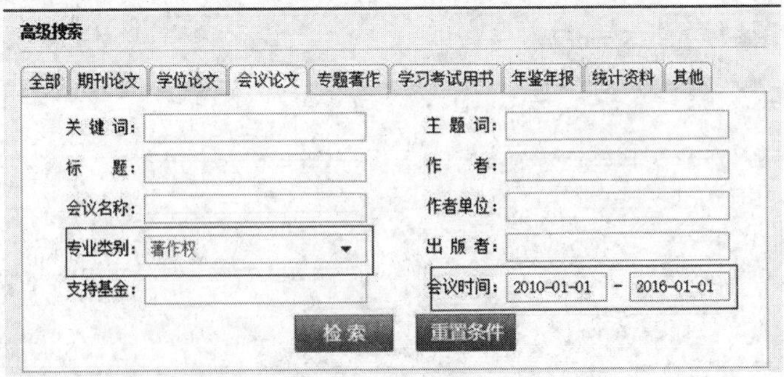

图 5-5-83　会议论文检索（检索过程）

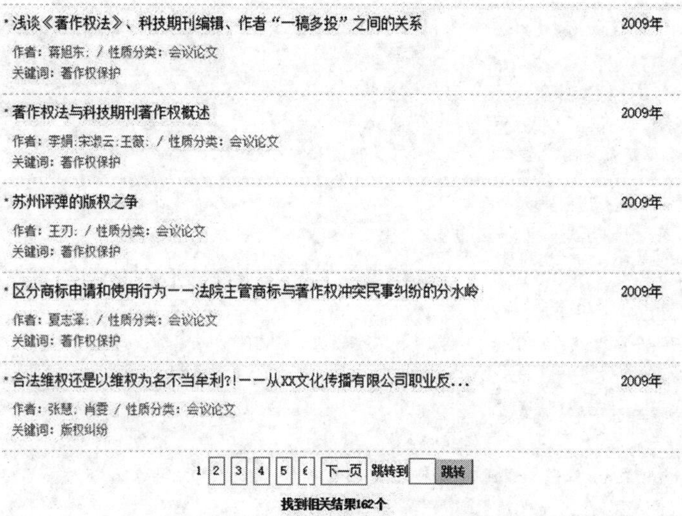

· 浅谈《著作权法》、科技期刊编辑、作者“一稿多投”之间的关系　2009年
作者：蒋旭东；/ 性质分类：会议论文
关键词：著作权保护

· 著作权法与科技期刊著作权概述　2009年
作者：李娟;宋湛云;王薇；/ 性质分类：会议论文
关键词：著作权保护

· 苏州评弹的版权之争　2009年
作者：王刃；/ 性质分类：会议论文
关键词：著作权保护

· 区分商标申请和使用行为——法院主管商标与著作权冲突民事纠纷的分水岭　2009年
作者：夏志泽；/ 性质分类：会议论文
关键词：著作权保护

· 合法维权还是以维权为名不当牟利?!——从XX文化传播有限公司职业反...　2009年
作者：张慧，肖雯 / 性质分类：会议论文
关键词：版权纠纷

1 2 3 4 5 6 下一页 跳转到 跳转
找到相关结果162个

图 5-5-84　会议论文检索（检索结果）

5. 专题著作

专题著作是知识产权相关的著作书籍，其中包含丰富的简要信息，在用户对之进行初步了解的过程中将发挥重要的作用。

如检索吴汉东教授发表过的相关专题著作。在专题著作高级检索栏的作者栏中输入“吴汉东”，点击检索，则出现检索结果。从检索结果可以看出，共有 10 条检索结果（http://www.ipknow.cn/index.php? m = search&c = search&a = index&modelid = 23&as_ classify = 4&as_ author = %CE%E2%BA%BA%B6%AB）。

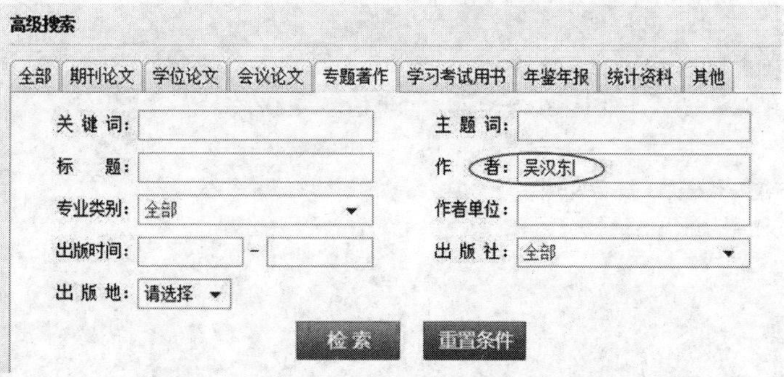

高级搜索
全部 | 期刊论文 | 学位论文 | 会议论文 | 专题著作 | 学习考试用书 | 年鉴年报 | 统计资料 | 其他
关键词：　主题词：
标　题：　作　者：吴汉东
专业类别：全部　作者单位：
出版时间：　–　出版社：全部
出版地：请选择
检索　重置条件

图 5-5-85　专题著作检索（检索过程）

知信通 > 论著资料 > 检索结果

标题	出版时间
·知识产权多维度学理解读 作者：吴汉东 / 出版社：中国人民大学出版社 / 性质分类：专题著作 关键词：知识产权,多维度学理解读	2015年
·知识产权年刊（2013年号） 作者：吴汉东 / 出版社：北京大学出版社 / 性质分类：专题著作 关键词：知识产权年刊（2013年号）	2014年
·知识产权年刊（2011年号） 作者：吴汉东（主编） / 出版社：北京大学出版社 / 性质分类：专题著作 关键词：学科前瞻,热点聚焦,学术争鸣,域外法制	2012年
·科学发展与知识产权战略实施 作者：吴汉东（主编） / 出版社：北京大学出版社 / 性质分类：专题著作 关键词：科学发展观,知识产权战略实施,知识产权行政管理机构	2012年
·著作权合理使用制度研究 作者：吴汉东（著） / 出版社：中国政法大学出版社 / 性质分类：专题著作 关键词：著作权,合理使用,邻接权,历史学,法哲学,经济学,宪法学	2005年
·知识产权基本问题研究 作者：吴汉东 / 出版社：中国人民大学出版社 / 性质分类：专题著作 关键词：著作权,商标权,专利权,其他知识产权	2005年

图 5-5-86　专题著作检索（检索结果一）

·知识产权法学 作者：吴汉东 / 出版社：北京大学出版社 / 性质分类：专题著作 关键词：著作权,商标权,专利权,其他知识产权	2005年
·西方诸国著作权制度研究 作者：吴汉东等（著） / 出版社：中国政法大学出版社 / 性质分类：专题著作 关键词：著作权,著作人身权,著作财产权,版权,作者权	1998年
·中国区域著作权制度比较研究 作者：吴汉东等（著） / 出版社：中国政法大学出版社 / 性质分类：专题著作 关键词：著作权制度,主体,客体,本体,邻接权	1998年
·知识产权法（第五版） 作者：吴汉东 / 出版社：法律出版社 / 性质分类：专题著作 关键词：知识产权法（第五版）	1970年

图 5-5-87　专题著作检索（检索结果二）

再如检索2010年以来关于专利的专题著作。在专题著作高级检索栏中专业类别选择“专利”，在出版时间中输入“2010—□”，点击“检索”，则出现检索结果（http://www.ipknow.cn/index.php? m = search&c = search&a = index&modelid=23&as_ classify=4&as_ ptime_ s=2010&as_ informactioncate=2）。从检索结果来看，一共有150个检索结果。

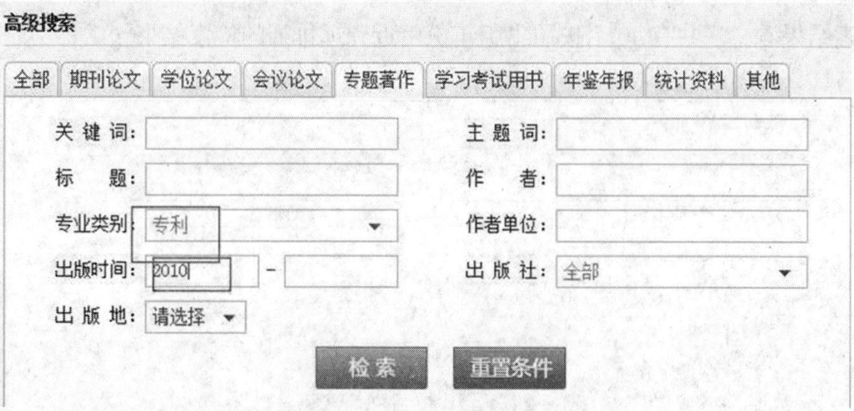

高级搜索

全部 | 期刊论文 | 学位论文 | 会议论文 | 专题著作 | 学习考试用书 | 年鉴年报 | 统计资料 | 其他

关 键 词：　　主 题 词：

标　　题：　　作　　者：

专业类别：专利　　作者单位：

出版时间：2010 –　　出 版 社：全部

出 版 地：请选择

检 索　重置条件

图 5-5-88　专利专题著作检索（检索过程）

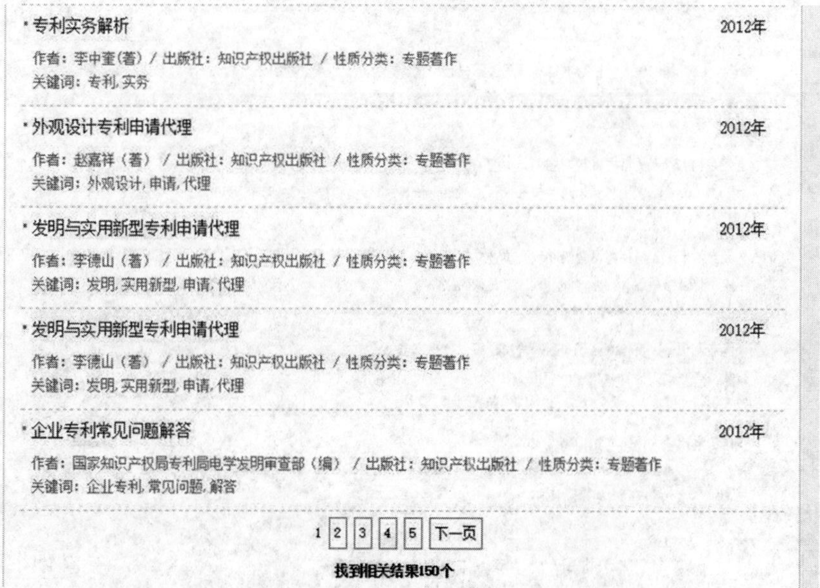

·专利实务解析　2012年

作者：李中奎(著) / 出版社：知识产权出版社 / 性质分类：专题著作

关键词：专利,实务

·外观设计专利申请代理　2012年

作者：赵嘉祥（著） / 出版社：知识产权出版社 / 性质分类：专题著作

关键词：外观设计,申请,代理

·发明与实用新型专利申请代理　2012年

作者：李德山（著） / 出版社：知识产权出版社 / 性质分类：专题著作

关键词：发明,实用新型,申请,代理

·发明与实用新型专利申请代理　2012年

作者：李德山（著） / 出版社：知识产权出版社 / 性质分类：专题著作

关键词：发明,实用新型,申请,代理

·企业专利常见问题解答　2012年

作者：国家知识产权局专利局电学发明审查部（编） / 出版社：知识产权出版社 / 性质分类：专题著作

关键词：企业专利,常见问题,解答

1 2 3 4 5 下一页

找到相关结果150个

图 5-5-89　专利专题著作检索（检索结果）

6. 学习考试用书

学习考试用书包括专利代理人考试等及学生学习用知识产权教材等论著资料。

以下以专利代理人考试相关参考书检索为例。在学习考试用书高级检索项下的主题词中输入“专利代理人”，点击“检索”按钮，出现检索结果（http://www.ipknow.cn/index.php?m=search&c=search&a=index&modelid=23&as_classify=5&as_subwords=%D7%A8%C0%FB%B4%FA%C0%ED%C8%CB）。从检索结果看，一共有40个按照出版年份由近到远排列的检索结果。

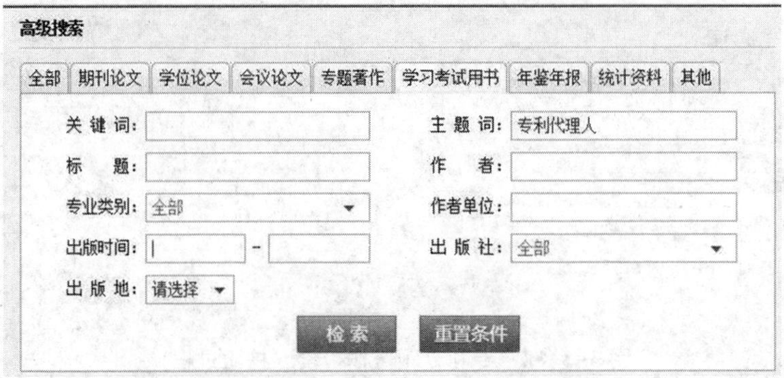

高级搜索

全部 | 期刊论文 | 学位论文 | 会议论文 | 专题著作 | 学习考试用书 | 年鉴年报 | 统计资料 | 其他

关 键 词：　　主 题 词：专利代理人

标　　题：　　作　　者：

专业类别：全部　　作者单位：

出版时间：　-　　出 版 社：全部

出 版 地：请选择

检 索　重置条件

图 5-5-90　学习考试用书检索（检索过程）

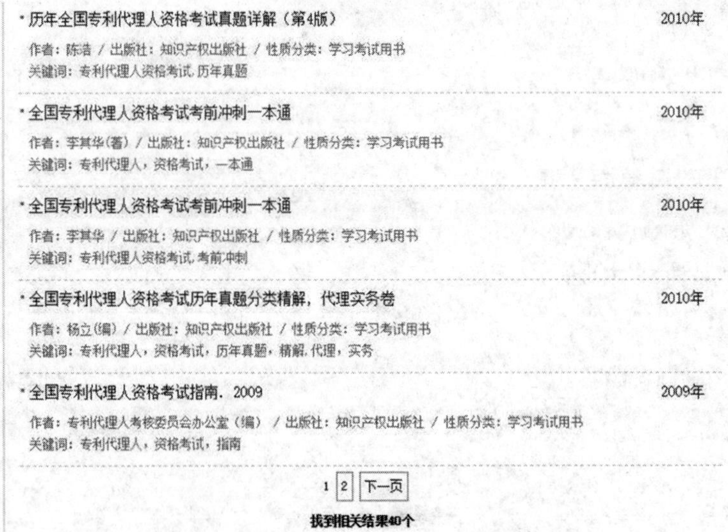

· 历年全国专利代理人资格考试真题详解（第4版）　2010年

作者：陈浩 / 出版社：知识产权出版社 / 性质分类：学习考试用书

关键词：专利代理人资格考试，历年真题

· 全国专利代理人资格考试考前冲刺一本通　2010年

作者：李其华（著） / 出版社：知识产权出版社 / 性质分类：学习考试用书

关键词：专利代理人，资格考试，一本通

· 全国专利代理人资格考试考前冲刺一本通　2010年

作者：李其华 / 出版社：知识产权出版社 / 性质分类：学习考试用书

关键词：专利代理人资格考试，考前冲刺

· 全国专利代理人资格考试历年真题分类精解，代理实务卷　2010年

作者：杨立（编） / 出版社：知识产权出版社 / 性质分类：学习考试用书

关键词：专利代理人，资格考试，历年真题，精解，代理，实务

· 全国专利代理人资格考试指南．2009　2009年

作者：专利代理人考核委员会办公室（编） / 出版社：知识产权出版社 / 性质分类：学习考试用书

关键词：专利代理人，资格考试，指南

1 2 下一页

找到相关结果40个

图 5-5-91　学习考试用书检索（检索结果细节）

以下以2010年以来的著作权法教材检索为例。在学习考试用书高级检索栏的标题中输入“著作权”，在专业类别中选择“著作权”，在出版时间中选择“2010—□”，点击“检索”，出现检索结果（http://www.ipknow.cn/index.php? m = search&c = search&a = index&modelid = 23&as_ classify = 5&as_ suggest=%D6%F8%D7%F7%C8%A8&as_ ptime_ s=2010&as_ informactioncate=4）。从检索结果看，一共有6个相关的内容。

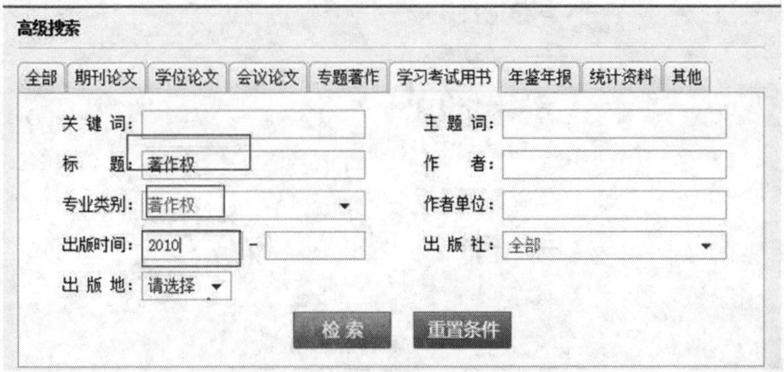

高级搜索

全部 | 期刊论文 | 学位论文 | 会议论文 | 专题著作 | 学习考试用书 | 年鉴年报 | 统计资料 | 其他

关键词： 　主题词：
标　题：著作权 　作　者：
专业类别：著作权 　作者单位：
出版时间：2010 – 　出版社：全部
出版地：请选择

检索　重置条件

图 5-5-92　著作权法教材检索（检索过程）

标题	出版时间
·著作权法 作者：王迁 / 出版社：中国人民大学出版社 / 性质分类：学习考试用书 关键词：著作权, 理论研习, 实务探讨, 经典判例	2015年
·侵犯著作权犯罪典型案例评析 作者：张远煌(主编) / 出版社：北京大学出版社 / 性质分类：学习考试用书 关键词：著作权法, 案例, 中国	2014年
·著作权法：原理与案例 作者：崔国斌 / 出版社：北京大学出版社 / 性质分类：学习考试用书 关键词：著作权法, 原理, 案例	2014年
·著作权法 作者：冯晓青 / 出版社：法律出版社 / 性质分类：学习考试用书 关键词：典型著作权判例, 司法解释, 典型纠纷案例, 著作权保护	2014年
·中华人民共和国著作权法注解与配套 作者：国务院法制办公室 / 出版社：中国法制出版社 / 性质分类：学习考试用书 关键词：著作权, 法律注解	2014年
·视频分享网站著作权侵权问题成案研究 作者：聂振华 / 出版社：法律出版社 / 性质分类：学习考试用书 关键词：视频分享网站, 著作权, 侵权	2012年

图 5-5-93　著作权法教材检索（检索结果）

7. 年鉴年报

年鉴年报是目前几项有内容的论著资料中数量最少的一个，截至 2015 年 12 月底，其数量统计为 77 条。

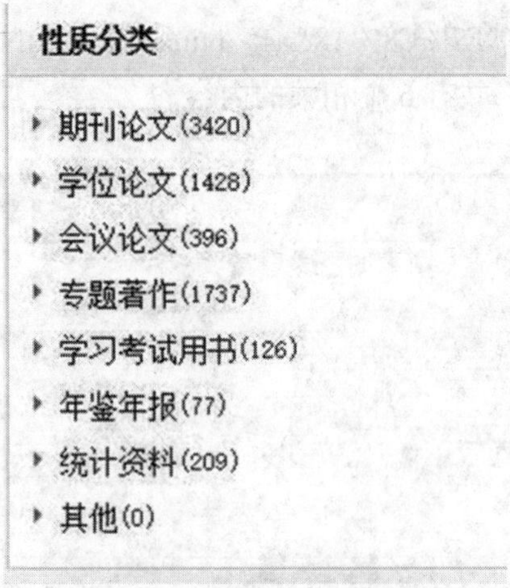

性质分类

- 期刊论文(3420)
- 学位论文(1428)
- 会议论文(396)
- 专题著作(1737)
- 学习考试用书(126)
- 年鉴年报(77)
- 统计资料(209)
- 其他(0)

图 5-5-94　年鉴年报统计数量

以下以检索商标相关的近 2010 年以来的年鉴年报为例。在年鉴年报高级检索栏的标题中输入“商标”，在出版时间中输入“2010—□”，点击“检索”，出现检索结果（http://www.ipknow.cn/index.php? m=search&c=search&a=index&modelid=23&as_classify=6&as_suggest=%C9%CC%B1%EA&as_ptime_s=2010）。从检索结果看，一共有 6 条符合条件的检索结果。

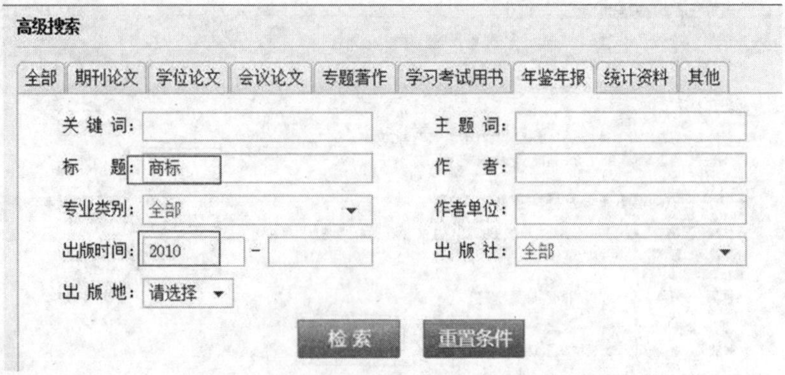

高级搜索

全部 | 期刊论文 | 学位论文 | 会议论文 | 专题著作 | 学习考试用书 | 年鉴年报 | 统计资料 | 其他

关键词：　　主题词：

标　题：商标　　作　者：

专业类别：全部　　作者单位：

出版时间：2010 -　　出版社：全部

出版地：请选择

检索　重置条件

图 5-5-95　年鉴年报高级检索（检索过程）

标题	出版时间
· 2014中国商标年鉴 作者：国家工商总局商标局，商标评审委员会，中华商标协会 / 出版社：中国工商出版社 / 性质分类：年鉴年报 关键词：商标	2015年
· 中国商标报告2012年第1卷（总第12卷） 作者：曹中强，黄晖 / 出版社：中信出版社 / 性质分类：年鉴年报 关键词：商标报告	2013年
· 中国商标报告2011年第1卷（总第11卷） 作者：曹中强，黄晖 / 出版社：中信出版社 / 性质分类：年鉴年报 关键词：商标报告	2013年
· 中国商标报告2010年第1卷（总第10卷） 作者：曹中强，黄晖 / 出版社：中信出版社 / 性质分类：年鉴年报 关键词：商标报告	2011年
· 2010中国商标年鉴 作者：国家工商总局商标局，商标评审委员会，中华商标协会 / 出版社：中国工商出版社 / 性质分类：年鉴年报 关键词：商标	2011年
· 2009中国商标年鉴 作者：国家工商总局商标局，商标评审委员会，中华商标协会 / 出版社：中国工商出版社 / 性质分类：年鉴年报 关键词：商标	2010年

图 5-5-96　年鉴年报高级检索（检索结果）

8. 统计资料

以检索 2008 年以来关于知识产权战略的统计资料为例。在统计资料高级检索栏标题中输入“战略”，在出版时间中输入“2008—□”，点击检索按钮，则出现检索结果（http://www. ipknow. cn/index. php？ m = search&c = search&a = index&modelid = 23&as_ classify = 7&as_ suggest = %D5%BD%C2%D4&as_ ptime_ s = 2008）。从检索结果可以看出，截至 2015 年 12 月底，一共有 3 条符合条件的结果。

高级搜索

全部 | 期刊论文 | 学位论文 | 会议论文 | 专题著作 | 学习考试用书 | 年鉴年报 | 统计资料 | 其他

关 键 词：　　主 题 词：

标　　题：战略　　作　　者：

专业类别：全部　　作者单位：

出版时间：2008 －　　出 版 社：全部

出 版 地：请选择

检索　重置条件

图 5-5-97　统计资料高级检索（检索过程）

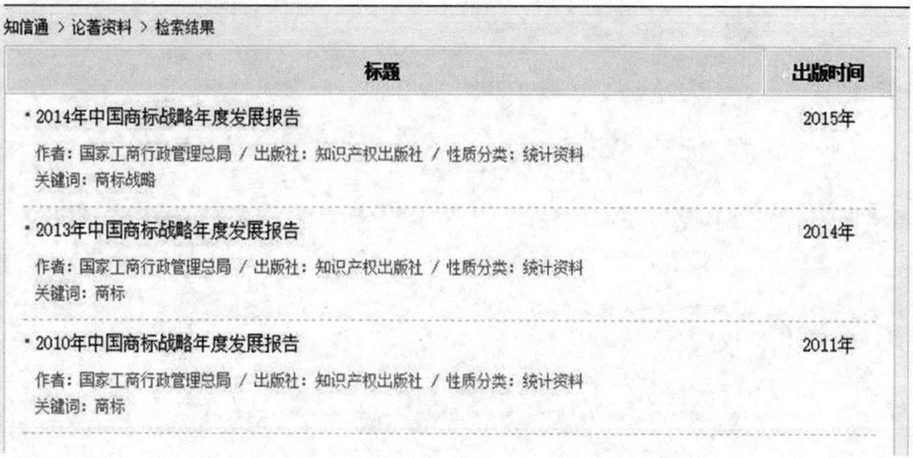

知信通 > 论著资料 > 检索结果

标题	出版时间
·2014年中国商标战略年度发展报告 作者：国家工商行政管理总局 / 出版社：知识产权出版社 / 性质分类：统计资料 关键词：商标战略	2015年
·2013年中国商标战略年度发展报告 作者：国家工商行政管理总局 / 出版社：知识产权出版社 / 性质分类：统计资料 关键词：商标	2014年
·2010年中国商标战略年度发展报告 作者：国家工商行政管理总局 / 出版社：知识产权出版社 / 性质分类：统计资料 关键词：商标	2011年

图 5-5-98　统计资料高级检索（检索结果）

四、"知信通"资料库论著资料版块的特殊说明

数据是研究的基础和前提，本研究数据主要依托网络资源，来源于中国国家数字图书馆和当当、卓越亚马逊、京东等图书网站。首先以"知识产权""商标""著作权""版权""专利""发明""实用新型""外观设计""商业标识""反不正当竞争法"等多项关键词在中国国家数字图书馆进行搜索，将所得结果分类导出和保存。[1] 中国国家数字图书馆是我国最大的电子图书资料库，收录大部分现有图书信息，检索可以得出每个关键词下的已有文献数量，但由于搜索结果是以目录形式呈现，因此仅得到图书的题目、出版社、出版地、出版年份和作者5项形式信息。导出数据最初为TXT文档，不利于阅读和统计，因此将其中的每条信息逐一转化为EXCEL电子数据表，并将已有的形式信息纳入表格。填写性质分类和专业分类。然后，根据电子数据表对每一本书在当当、卓越亚马逊、京东等图书网站进行搜索。由于图书类网站的信息比较详细，因此可以搜集到准确的出版年月、支持基金情况以及摘要、目录、文摘等内容信息，对电子数据表中的相应栏目进行补齐，同时核对图书基本形式信息。最后，将以上所得结果进行整合，填写主题词，检查和完善电子数据表。

[1] 由于中国国家数字图书馆最大显示记录为1000条，各关键词项下最多导出1000条图书信息，但是由于是按年份降序排列，已基本涵盖相关关键词项下1980年至2012年间，尤其是近20年的出版著作。

需要说明的是，基于尊重他人著作权的需要和规范化的思考，“知信通”资料库论著资料版块无法提供相关论著资料的全文内容，只是对基本信息进行整合展示，并在有引用的地方标明了来源，建立了链接，用户点击即可跳转到来源目的网站，非常方便。

五、“知信通”资料库论著资料版块的完善思考

“知信通”资料库论著资料版块已初步建立并运行。从当前的用户体验和反馈来看，界面清晰，版块分明，检索快捷，操作简单，具有专业性和新颖性，有较高的发展潜力和使用价值，可以为实体的国家知识产权文献及信息资料库论著资料版块提供前期经验和用户体验。但是，由于研究方法和搜集手段的局限性，知识产权文献著作权保护的限制等原因，资料库还存在进一步完善的空间，需要进一步提高资料库的全面性、便捷性和规范性。[1]以下阐述的这些问题也是未来构建国家知识产权文献及信息资料库论著资料版块所需要解决的。

（一）数据来源的局限性：加强资源共享合作

论著资料版块已录入大量论著资料信息，但相关信息的完整性有待加强。且因为信息是时刻变动发展着的，资料库的完整性绝不是静止的。论著资料信息应当定期更新，以适应用户需求，但新出版图书、新发表的信息并不能及时和全面获取。因此，不能仅仅依靠现有的数据来源途径，而应当开辟新的数据来源渠道，比如和中国国家数字图书馆、方正电子图书资料库、超星电子图书资料库、书生之家电子图书资料库以及当当、卓越亚马逊、京东等网站进行合作，根据自己的需求进行数据交换、交易和共享等。以上资料库和图书网站已有相当长的运营历史，图书信息相对齐全，更新速度快，与其进行合作可以最大程度、最大效率地补齐和更新资料库的图书信息。[2]当然，资料库也可以建立由出版社或作者主动提供相关图书文献及信息的入口，这样可以增加资料库收录论著文献及信息的机会。

除了知识产权著作外，学位论文文献及信息，可以通过与各学位培养单

---

〔1〕 线猛、魏程、陈馨怡、王丽、高缨识：“‘知信通’之论著资料库建设”，载冯晓青、杨利华主编：《国家知识产权文献及信息资料库建设研究》，中国政法大学出版社 2015 年版，第 329 页。

〔2〕 线猛、魏程、陈馨怡、王丽、高缨识：“‘知信通’之论著资料库建设”，载冯晓青、杨利华主编：《国家知识产权文献及信息资料库建设研究》，中国政法大学出版社 2015 年版，第 323—324 页。

位、获得硕士以上学位的个人以及指导学位论文的导师建立学位论文文献与信息交流的机制。如在资料库论著资料版块学位论文部分，在界面建立自助提交知识产权文献及信息的机制。自助机制不仅能够保障文献及信息的真实性、及时性、完整性，而且将令人困惑的著作权问题一并解决，因为作者自愿提交应视为法律上的默示许可。期刊论文文献及信息也是知识产权文献及信息中数量巨大、价值不菲的重要内容，该部分文献及信息至少可以通过以下来源获得：一是和中国知网开展深度合作，因为中国知网拥有国内甚至是全球最完整、及时的中文期刊、报纸文献及信息。具体合作方式上，可以探讨建立链接和在解决著作权问题基础上实现作品内容的覆盖。二是和作者开展合作，建立由作者提交相关作品文献及信息的渠道；当然也要求作者遵守其已发表文章的规定，如有的刊物发表文章后要求作者授予一年的专有出版权。至于其他类型的论著资料，也需要充分调动文献及信息所有者的积极性，通过加强资源共享合作，突破资源局限性的瓶颈。

（二）服务的局限性：转变服务模式

从现有的框架来看，论著资料版块主要提供知识产权图书、论文等基本信息的查询，形式信息较全，而内容方面只有关键词及摘要和目录信息，用户还不能进行网上阅读和电子书下载，与其他图书网站相比，提供的服务有限。从用户的角度来说，如果仅仅搜索一本书的基本信息，在搜索引擎和其他图书网站也可以快速实现。而且，进入电子数据库的用户，大多已经知晓图书的形式信息，其需求是指向内容信息的。相反，其他一些电子图书馆，已经提供电子图书的阅读和下载服务，在这种情况下，使用价值可以进一步拓展，知识产权图书专门资料库的优势需要更上一个台阶。〔1〕

为此，应当完善图书的内容信息，转变网站的服务模式，从查询式网站转变为一站式服务。这里涉及大量电子图书的获取和著作权问题，需要通过著作权集体管理组织进行，比如中国文字著作权协会等。著作权集体管理组织是经权利人授权，集中行使权利人的有关权利的机构，资料库可以作为著作使用者与著作权集体管理组织订立著作权或者与著作权有关的权利许可使用合同，向其统一支付使用费。当然，电子书的纳入需要大量的成本，是以

〔1〕线猛、魏程、陈馨怡、王丽、高缨识：“‘知信通’之论著资料库建设”，载冯晓青、杨利华主编：《国家知识产权文献及信息资料库建设研究》，中国政法大学出版社2015年版，第324页。

商业化运营为依托的，为保证运营的成本，资料库可以借鉴其他电子图书馆的经营方式，推行付费阅读和下载服务。[1]当然这是要以巨大的财务支持为基础的，在此提出此种完善模式，仅为实体的国家知识产权文献及信息资料库论著资料版块的发展提供参考。

（三）著作权侵权风险：构建风险防范机制

著作和著作权是如影随形的，论著资料版块的形式信息一般不会涉及著作权问题，但内容信息与著作权相关。在推行网上阅读和下载服务后，电子书也享有著作权。因为图书资料库和著作权是紧密相连的，如果未经权利人同意，擅自录入享有著作权的内容信息，则会存在侵犯他人著作权的风险。作为专门的知识产权文献及信息资料库，尤其要注意侵权风险，否则将损害资料库的信用和声誉，影响资料库的正常运营。为避免著作权侵权纠纷，应当提高风险防范意识，构建风险防范机制。对于整本电子书以及其中的摘要、节选来说，应当在收录和发布之前获得作者授权。其实合法获得电子书的过程就是合法获得电子书著作权许可的过程，同著作权集体管理组织签订使用许可合同之后，便可以使用作品的内容。对于其他网站撰写的摘要，可以通过上文所提的商业合作和资源共享方式获取和使用。总之，将出版的图书内容信息纳入资料库时，必须先解决好这些作品使用的著作权问题。[2]

目前论著资料部分的编辑工作尤其要注意这一点。不能仅仅照搬其他网站的信息，而要进行自己的编辑撰写工作。等到时机成熟，应当降低这种工作模式的成本，取得相应的授权，规范工作流程，提高工作效率，完善工作成果，增强用户体验。

第六节 “知信通”资料库科研项目版块介绍与分析

“知信通”资料库科研项目版块（http://www.ipknow.cn/project/），是国家知识产权文献与信息试验性资料库的重要版块之一（见图5-6-1）。

[1] 线猛、魏程、陈馨怡、王丽、高缨识：“‘知信通’之论著资料库建设”，载冯晓青、杨利华主编：《国家知识产权文献及信息资料库建设研究》，中国政法大学出版社2015年版，第324页。

[2] 线猛、魏程、陈馨怡、王丽、高缨识：“‘知信通’之论著资料库建设”，载冯晓青、杨利华主编：《国家知识产权文献及信息资料库建设研究》，中国政法大学出版社2015年版，第325页。

图 5-6-1 科研项目版块

一、"知信通"资料库科研项目版块的基本情况

"知信通"资料库科研项目版块收录了近几十年知识产权领域内的科学研究项目，并将相关项目的基本信息及相关成果进行了整合编辑，对项目进行了相关性链接。通过该版块，用户可以查找到某一主题的项目，且对项目的基本信息进行了解，对相关领域的研究情况有一个基本的认识，对于申请课题等也可以作为参考。通过相关的项目编号或者名称及项目的负责人等，可以找到相关的项目基本信息，可以对之进行细致的了解。本版块还对项目进行了分级归类，通过该分类，用户也可以对不同类别的科研项目进行了解。截止到 2016 年 3 月中旬，科研项目版块已经推送出 3606 条资料（见图 5-6-2）。

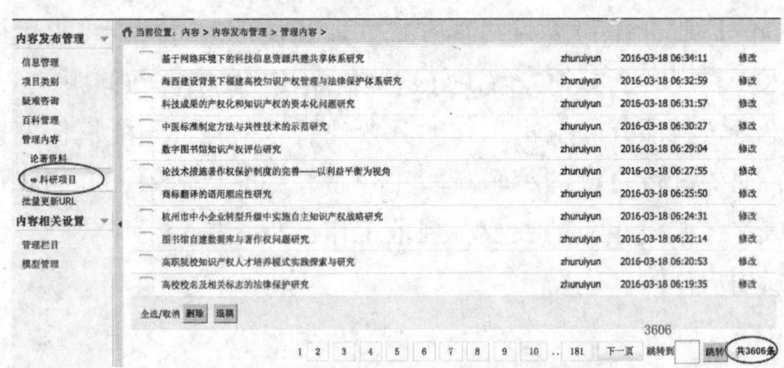

图 5-6-2 科研项目版块推送资料数量后台统计图

二、科研项目版块基本构架及基本内容

科研项目版块的基本架构分布明确，一目了然。以下将从科研项目版块的首页界面及具体的信息条目两个角度来进行介绍与分析。

从科研项目版块的首页来看，一共可以分为四个小的版块。左侧为分类栏，右侧由上至下依次为检索栏、最近更新栏、科研项目版块介绍栏，如图 5-6-3、5-6-4 所示。

网站首页　法律法规　司法案例　论著资料　科研项目　教育培训　知产人物　知产机构　知产大事　知产百科　疑难咨询

科研项目　输入关键词快速检索　全文　标题　检索

知信通 > 科研项目

基金名称
国家级(861)
省部级(1002)
厅局级(184)
高校及科研院所(149)
国际合作项目(19)
企事业单位委托研究项目(94)
其他(246)

高级搜索
项目名称：　立项年份：
项目编号：　基金名称：
负 责 人：　工作单位：
项目类别：全部　研究成果：
完成时间：
检索　重置条件

项目类别
重大项目(43)
重点项目(88)
一般项目(504)
青年项目(136)
一般自选项目(20)
青年自选项目(0)
自筹经费项目(8)

最新更新　更多>>
· 面向21世纪知识经济企业知识产权战略研究
· 我国企业知识产权管理机制研究
· 入世后我国企业技术创新与知识产权战略研究
· 我国企业知识产权战略实施法律保障体系研究
· 我国企业知识产权战略及其法律保障体系研究
· 知识产权哲学研究
· “入世”后的新形势下我国企业知识产权战略研究
· 湖南省高新技术开发及其产业化的知识产权战略研
· 跨国公司全球知识产权战略研究
· 专利战略的内涵、目标、指导思想与基本原则研究
· 知识产权法的利益平衡理论
· 知识产权法的利益平衡理论研究

图 5-6-3　科研项目版块首页界面（一）

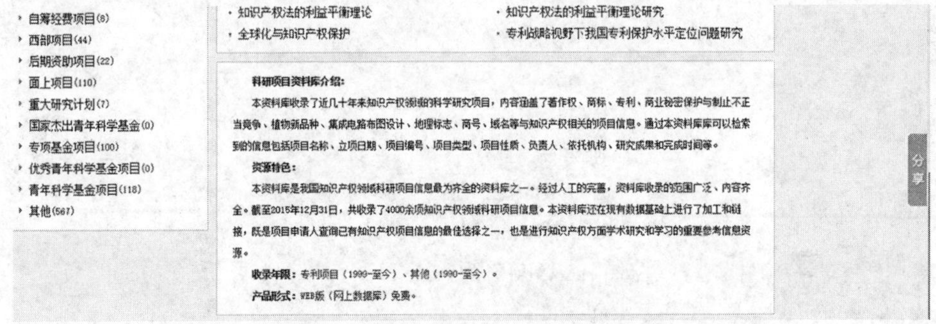

图 5-6-4　科研项目版块首页界面（二）

（一）分类栏

对于数量较大的分类栏，从项目级别及项目类别两个分类标准进行了分类。分类对于检索具有重要的意义，不仅能够明确相应的项目分类，而且可以从项目分类进行检索，提高检索准确率及检索速度。

按照项目级别分类，科研项目分为国家级、省部级、厅局级、高校及科研院所、国际合作项目、企事业单位委托研究项目及其他几类。其中国家级项目又分为国家社会科学基金、国家自然科学基金、国家软科学计划项目、国家科技计划项目、其他五项；省部级项目分为部级项目、省级项目，其中

部级项目分为教育部、科技部、司法部、国家知识产权局、国务院其他部委、部级学会（部级学会项下又分为中国法学会、中国科协及其他）、其他，省级项目分为省社会科学基金、省自然科学基金、省软科学国家规划项目、其他；厅局级项目分为教育厅、科技厅、知识产权局、其他厅局级单位；高校及科研院所项下有将高校、科研院所分别列出（见图 5-6-5）。

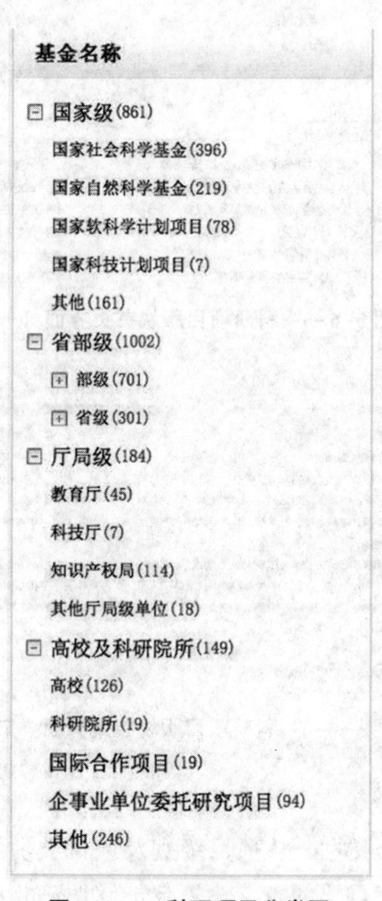

图 5-6-5　科研项目分类图

按照项目类别分类，分为重大项目、重点项目、一般项目、青年项目、一般自选项目、青年自选项目、自筹经费项目、西部项目、后期资助项目、面上项目、重大研究计划、国家杰出青年科学基金、专项基金项目、优秀青年科学基金项目、青年科学基金项目及其他（见图 5-6-6）。

项目类别

- 重大项目(43)
- 重点项目(88)
- 一般项目(504)
- 青年项目(136)
- 一般自选项目(20)
- 青年自选项目(0)
- 自筹经费项目(8)
- 西部项目(44)
- 后期资助项目(22)
- 面上项目(111)
- 重大研究计划(7)
- 国家杰出青年科学基金(0)
- 专项基金项目(100)
- 优秀青年科学基金项目(0)
- 青年科学基金项目(118)
- 其他(567)

图 5-6-6　科研项目分类图

（二）检索栏

与“知信通”资料库网站其他版块一样，科研项目检索栏也分为快捷检索及高级检索两种检索方式。

其中快捷检索（见图 5-6-7）分为全文检索、标题检索两类。全文检索是指在全文范围内进行关键词搜索，标题检索是在标题中进行关键词搜索。一般情况下，利用全文检索出的结果比标题检索出的结果数量要多。

图 5-6-7　科研项目快捷检索栏

高级检索（见图 5-6-8）中可以选择或者限定的选项有项目名称、立项年份、项目编号、基金名称、负责人、工作单位、项目类别、研究成果、完成时间，其中立项年份和完成时间均可以直接填写。项目类别则可以通过下拉栏（下拉栏可选项包括：重大项目、重点项目、一般项目、青年项目、一般自选项目、青年自选项目、自筹经费项目、西部项目、后期资助项目、面上项目、重大研究计划、国家杰出青年科学基金、专项基金项目、优秀青年科学基金项目、青年科学基金项目、其他）进行选定。这一设计，能够满足对相关科研项目的检索。

高级搜索

项目名称：　　立项年份：　-

项目编号：　　基金名称：

负 责 人：　　工作单位：

项目类别：全部　　研究成果：

完成时间：　-

检索　重置条件

图 5-6-8　科研项目高级检索栏

（三）最近更新栏

最近更新栏（见图 5-6-9）显示的是最近推送的 14 条相关科研项目信息，基于科研项目名称的长短度考虑，分为两栏显示，界面设置美观，信息显示完整，用户体验较佳。在最近更新的右上方有“更多>>”，点击则可以看到如图 5-6-10、5-6-11 的结果（http://www.ipknow.cn/project/list-0.html）。默认的排列顺序为更新时间由近至远，可以通过右上角的更新时间正序/倒序、立项日期正序/倒序来进行排列。从展开的列表中，还可以看到项目的基本信息，包括项目负责人、项目名称、项目编号、项目类型、项目立项日期等。

最新更新　　更多>>

- 少数民族传统体育的法律保护研究
- 甘肃农业知识产权保护现状、存在的问题及对对策
- 我国高技术中小企业知识产权管理的研究
- 企业知识产权绩效控制模型研究
- 美国商标反淡化制度及其借鉴价值研究
- 录音制品二次使用的权利配置问题研究
- 江苏省商业标识法律保护制度研究
- 商标标志权的资本化制度研究
- 区域创新体系下的知识产权制度运行绩效研究
- 基于网络环境下的科技信息资源共建共享体系研究
- 海西建设背景下福建高校知识产权管理与法律保护
- 科技成果的产权化和知识产权的资本化问题研究
- 中医标准制定方法与共性技术的示范研究
- 数字图书馆知识产权评估研究

图 5-6-9　科研项目最近更新栏

↑更新时间倒序　↓立项日期正序

负责人	项目名称	更新时间
刘礼国	少数民族传统体育的法律保护研究 项目编号:09ZX111 / 项目类型:教育厅 / 立项日期:2009年	2016-03-18
赵华	甘肃农业知识产权保护现状、存在的问题及对对策分析 项目编号:0602B-06 / 项目类型:教育厅 / 立项日期:2006年	2016-03-18
陈红丽	我国高技术中小企业知识产权管理的研究 项目编号:SM200410037010 / 项目类型:其他厅局级单位 / 立项日期:2004年	2016-03-18
莫守忠	企业知识产权绩效控制模型研究 项目编号:06C023 / 项目类型:教育厅 / 立项日期:2006年	2016-03-18
徐莉	美国商标反淡化制度及其借鉴价值研究 项目编号:09C115 / 项目类型:教育厅 / 立项日期:2009年	2016-03-18
刘铁光	录音制品二次使用的权利配置问题研究 项目编号:09C437 / 项目类型:教育厅 / 立项日期:2009年	2016-03-18
储敏	江苏省商业标识法律保护制度研究 项目编号:08SJB8200005 / 项目类型:教育厅 / 立项日期:2008年	2016-03-18
牛玉兵	商标标志权的资本化制度研究 项目编号:1221350006 / 项目类型:教育厅 / 立项日期:2010年	2016-03-18
文宁	区域创新体系下的知识产权制度运行绩效研究 项目编号:10B052 / 项目类型:教育厅 / 立项日期:2010年	2016-03-18
黄心正	基于网络环境下的科技信息资源共建共享体系研究 项目编号:2005R036 / 项目类型:科技厅 / 立项日期:2005年	2016-03-18
刘宁	海西建设背景下福建高校知识产权管理与法律保护体系研究 项目编号:2009R0046 / 项目类型:科技厅 / 立项日期:2009年	2016-03-18

图 5-6-10　科研项目检索栏“更多>>”显示（一）

· 靳晓东　　科技成果的产权化和知识产权的资本化问题研究　　2016-03-18
项目编号:Z101108002110042 / 项目类型:其他厅局级单位 / 立项日期:2010年

· 王金玉　　中医标准制定方法与共性技术的示范研究　　2016-03-18
项目编号:2006BAI21B02 / 项目类型:科技部 / 立项日期:2006年

· 贺德方　　数字图书馆知识产权评估研究　　2016-03-18
项目编号:2003DIA4T025 / 项目类型:科技部 / 立项日期:2003年

· 朱红英：　论技术措施著作权保护制度的完善——以利益平衡为视角　　2016-03-18
项目编号:20060169 / 项目类型:教育厅 / 立项日期:2006年

· 王琳　　商标翻译的语用顺应性研究　　2016-03-18
项目编号:Z07-178 / 项目类型:教育厅 / 立项日期:2007年

· 刘政：王　　杭州市中小企业转型升级中实施自主知识产权战略研究　　2016-03-18
项目编号:Y200909316 / 项目类型:教育厅 / 立项日期:2009年

· 刘志芳　　图书馆自建数据库与著作权问题研究　　2016-03-18
项目编号:Y200906561 / 项目类型:教育厅 / 立项日期:2009年

· 台新民　　高职院校知识产权人才培养模式实践探索与研究　　2016-03-18
项目编号:Y200909208 / 项目类型:教育厅 / 立项日期:2009年

· 王娜　　高校校名及相关标志的法律保护研究　　2016-03-18
项目编号:20070529 / 项目类型:教育厅 / 立项日期:2007年

1 2 3 4 5 6 7 8 9 10 .. 181 下一页 跳转到 跳转 共3606条

图 5-6-11　科研项目检索栏“更多>>”显示（二）

（四）科研项目版块介绍栏

在科研项目版块的最下端展示的是科研项目版块的基本介绍，具体如图5-6-12。

科研项目资料库介绍：

本资料库收录了近几十年来知识产权领域的科学研究项目，内容涵盖了著作权、商标、专利、商业秘密保护与制止不正当竞争、植物新品种、集成电路布图设计、地理标志、商号、域名等与知识产权相关的项目信息。通过本资料库可以检索到的信息包括项目名称、立项日期、项目编号、项目类型、项目性质、负责人、依托机构、研究成果和完成时间等。

资源特色：

本资料库是我国知识产权领域科研项目信息最为齐全的资料库之一。经过人工的完善，资料库收录的范围广泛、内容齐全。截至2015年12月31日，共收录了4000余项知识产权领域科研项目信息。本资料库还在现有数据基础上进行了加工和链接，既是项目申请人查询已有知识产权项目信息的最佳选择之一，也是进行知识产权方面学术研究和学习的重要参考信息资源。

收录年限：专利项目（1999-至今）、其他（1990-至今）。

产品形式：WEB版（网上数据库）免费。

图 5-6-12　科研项目版块介绍栏

（五）基本信息项界面

在基本信息项中，还对相关具体的项目进行了基本信息的提取及整合，收集了相关科研项目的成果规范列表，对用户具有重要的参考价值。

以“我国专利联盟的反垄断规制和管理模式研究”为例（该科研项目在“知信通”资料库的网址为 http://www.ipknow.cn/project/show-11567.html），最上端为该项目的名称“我国专利联盟的反垄断规制和管理模式研究”，紧接着是该项目信息更新的时间 2015 年 11 月 29 日。下面是该项目的基本信息栏，包括：项目名称为“我国专利联盟的反垄断规制和管理模式研究”；立项时间为 2009 年；项目编号为 09YJA820077；项目类型为教育部人文社会科学研究项目；项目性质为其他；负责人为牛巍；（项目负责人）工作单位为中国科学技术大学。再往下是项目成果的列表，该列表采取了规范的列举方式，信息依次为作者、作品名称、期刊名称、发表时间、期刊期数、页码范围等，比如“姚远，宋伟．技术标准的网络效应与专利联盟［J］．科学学与科学技术管理，2011，02：29-35.”。在该页面的右侧为与该项目相关的项目列表。（需要指出的是，在项目成果中，“专利”二字显示为蓝色，表示的是有内部链接，见图 5-6-13、5-6-14。）

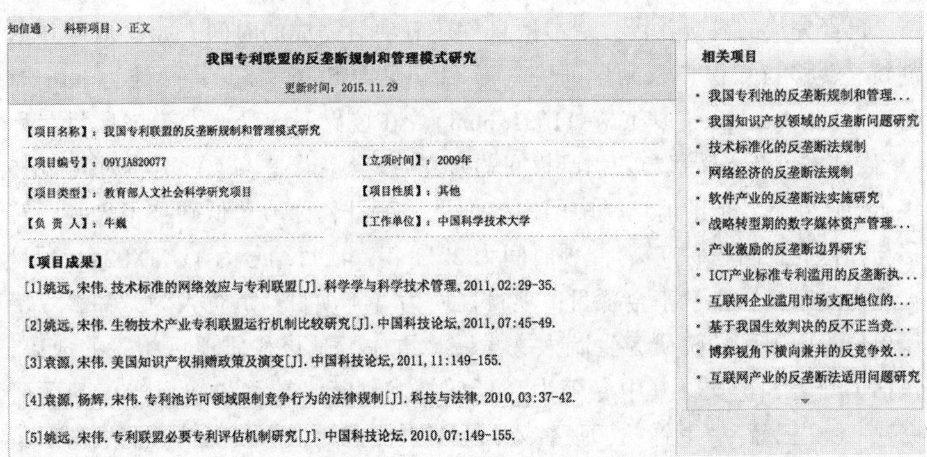

图 5-6-13　“我国专利联盟的反垄断规制和管理模式研究”项目界面图（一）

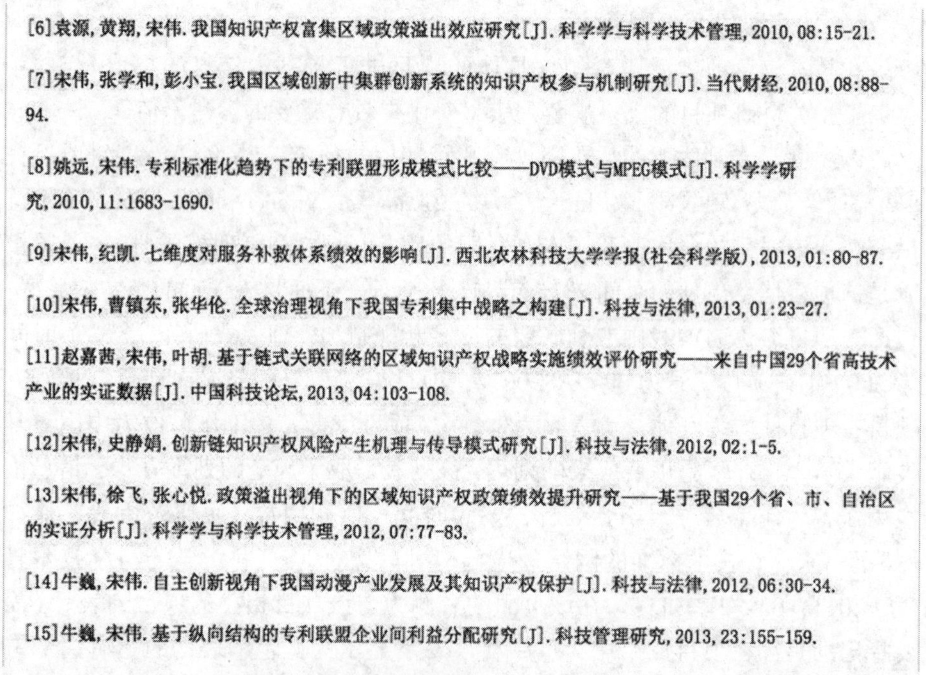

[6]袁源,黄翔,宋伟.我国知识产权富集区域政策溢出效应研究[J].科学学与科学技术管理,2010,08:15-21.

[7]宋伟,张学和,彭小宝.我国区域创新中集群创新系统的知识产权参与机制研究[J].当代财经,2010,08:88-94.

[8]姚远,宋伟.专利标准化趋势下的专利联盟形成模式比较——DVD模式与MPEG模式[J].科学学研究,2010,11:1683-1690.

[9]宋伟,纪凯.七维度对服务补救体系绩效的影响[J].西北农林科技大学学报(社会科学版),2013,01:80-87.

[10]宋伟,曹镇东,张华伦.全球治理视角下我国专利集中战略之构建[J].科技与法律,2013,01:23-27.

[11]赵嘉茜,宋伟,叶胡.基于链式关联网络的区域知识产权战略实施绩效评价研究——来自中国29个省高技术产业的实证数据[J].中国科技论坛,2013,04:103-108.

[12]宋伟,史静娟.创新链知识产权风险产生机理与传导模式研究[J].科技与法律,2012,02:1-5.

[13]宋伟,徐飞,张心悦.政策溢出视角下的区域知识产权政策绩效提升研究——基于我国29个省、市、自治区的实证分析[J].科学学与科学技术管理,2012,07:77-83.

[14]牛巍,宋伟.自主创新视角下我国动漫产业发展及其知识产权保护[J].科技与法律,2012,06:30-34.

[15]牛巍,宋伟.基于纵向结构的专利联盟企业间利益分配研究[J].科技管理研究,2013,23:155-159.

图 5-6-14 “我国专利联盟的反垄断规制和管理模式研究”项目界面图（二）

已经完成的科研项目，基本信息栏还有项目完成的时间。如“低碳技术创新、转移与知识产权问题研究”项目（见图 5-6-15，其网址为 http://www.ipknow.cn/project/show-11631.html）。在该界面，最上端为该项目名称“低碳技术创新、转移与知识产权问题研究”，紧接着是该项目更新时间 2015 年 12 月 24 日。基本信息栏中的内容如下：项目名称为“低碳技术创新、转移与知识产权问题研究”；立项时间为 2011 年；项目编号为 11CFX024；项目类型为国家社会科学基金项目；项目性质为青年项目；负责人为尹锋林；工作单位为中国科学院研究生院人文学院。再往下是该科研项目相关的成果，包括了专著和论文，其中专著为《低碳技术创新、转移与知识产权问题研究》，论文三篇：“尹锋林，张嘉荣．上海自贸区知识产权保护：挑战与对策［J］．电子知识产权，2014，02：34-39.”“尹锋林．中国专利 价格几何［J］．电子知识产权，2013，03：53-58.”“尹锋林，曹鹏飞．美国云计算专利侵权规则及对我国的借鉴意义［J］．电子知识产权，2013，06：26-30.”。在右侧是与该科研项目有关的项目名称列表。其中，“负责人”中的“尹锋林”

显示为蓝色，表示有内部链接，点击则进入知产人物部分尹锋林页面（http://www.ipknow.cn/figure/show-1027.html，见图 5-6-16、5-6-17）

知信通 ＞ 科研项目 ＞ 正文

低碳技术创新、转移与知识产权问题研究

更新时间：2015.12.24

【项目名称】：低碳技术创新、转移与知识产权问题研究

【项目编号】：11CFX024　【立项时间】：2011年

【项目类型】：国家社会科学基金项目　【项目性质】：青年项目

【负 责 人】：尹锋林　【工作单位】：中国科学院研究生院人文学院

【完成时间】：2014年08月08日

【项目成果】

专著：《低碳技术创新、转移与知识产权问题研究》

[1]尹锋林，张嘉荣．上海自贸区知识产权保护：挑战与对策[J]．电子知识产权，2014，02:34-39.

[2]尹锋林．中国专利 价格几何[J]．电子知识产权，2013，03:53-58.

[3]尹锋林，曹鹏飞．美国云计算专利侵权规则及对我国的借鉴意义[J]．电子知识产权，2013，06:26-30.

相关项目

- 文化创意产业知识产权问题研究
- 知识产权法学—创新型国家与知...
- 黑龙江省高新技术产业—医药科...
- 电子商务中的知识产权问题研究
- 我国道地药材的知识产权问题研究
- 《反假冒贸易协定》中数字知识...
- 入世后图书馆工作面临知识产权...
- 反向工程与知识产权保护研究
- 我国重点区域科技创新中的知识...
- 云计算知识产权问题研究
- 厦门市非物质遗产开发中的知识...
- 国家标准中的知识产权问题研究

图 5-6-15 “低碳技术创新、转移与知识产权问题研究”项目页面

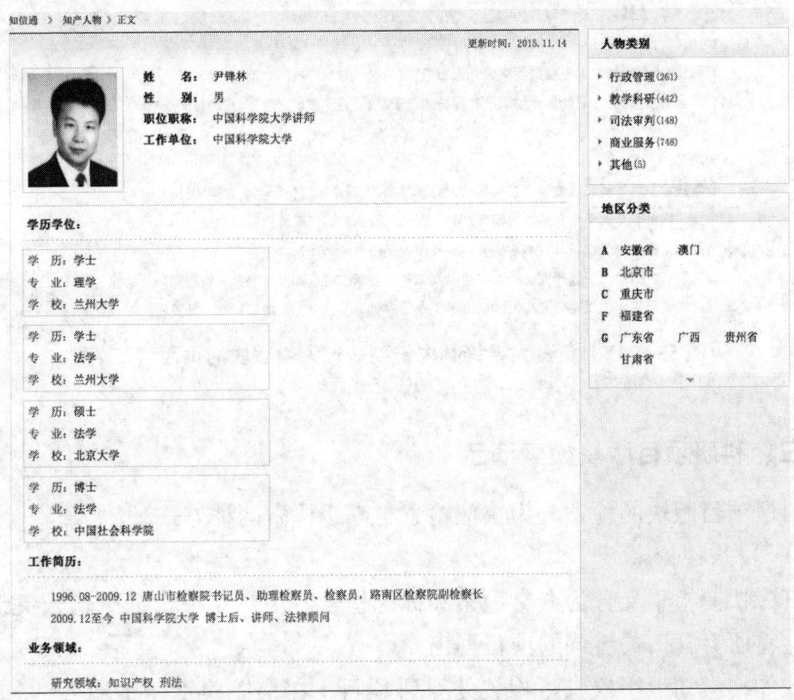
知信通 ＞ 知产人物 ＞ 正文

更新时间：2015.11.14

姓　　名：尹锋林
性　　别：男
职位职称：中国科学院大学讲师
工作单位：中国科学院大学

学历学位：

学　历：学士
专　业：理学
学　校：兰州大学

学　历：学士
专　业：法学
学　校：兰州大学

学　历：硕士
专　业：法学
学　校：北京大学

学　历：博士
专　业：法学
学　校：中国社会科学院

工作简历：

1996.08-2009.12 唐山市检察院书记员、助理检察员、检察员，路南区检察院副检察长

2009.12至今 中国科学院大学 博士后、讲师、法律顾问

业务领域：

研究领域：知识产权 刑法

人物类别

- 行政管理(261)
- 教学科研(442)
- 司法审判(148)
- 商业服务(748)
- 其他(5)

地区分类

A 安徽省　澳门
B 北京市
C 重庆市
F 福建省
G 广东省　广西　贵州省
甘肃省

图 5-6-16 负责人尹锋林内链到知产人物版块的页面（一）

主要成果：

出版专著：

1、《平行进口知识产权法律规则研究》，知识产权出版社，2012.04

2、《低碳技术创新、转移与知识产权问题研究》，知识产权出版社，2015.03

学术论文：

[1]尹锋林 中国科学院研究生院．建构中国著作权权利用尽规则[N]．中国社会科学报，2012-01-04A07.

[2]尹锋林 中国科学院研究生院．著作权最新修改 明确出质登记制度[N]．中国社会科学报，2010-03-23010.

[3]尹锋林，罗先觉．气候变化、技术转移与国际知识产权保护[J]．科技与法律，2011，01:10-14.

[4]尹锋林．美国专利产品平行进口规则及对我国的借鉴意义[J]．法学杂志，2011，03:71-74.

[5]李志强，尹锋林．我国建立存款保险制度的功能定位与制度构架[J]．前沿，2011，19:115-118.

[6]尹锋林．我国《专利法》第三次修改的主要内容及其意义[J]．学习论坛，2010，01:78-80.

[7]尹锋林．知识产权应成为后期气候谈判的正式议题[J]．电子知识产权，2010，02:90-92.

[8]尹锋林．著作权出质登记及其法律意义[J]．电子知识产权，2010，04:71-73.

[9]尹锋林．欧盟专利产品平行进口规则研究[J]．电子知识产权，2010，07:24-28.

[10]曲三强，尹锋林．经济视角下的黑社会犯罪治理[J]．人民论坛，2010，29:74-75.

[11]尹锋林，罗先觉．英国许可承诺制度及对我国的借鉴意义[J]．电子知识产权，2010，10:52-55.

[12]王祯军，尹锋林．论"以人为本"原则在突发事件应对法中的体现[J]．大连理工大学学报(社会科学版)，2010，04:120-124.

[13]张传君，尹锋林．关于费列罗案的几点思考[J]．电子知识产权，2012，02:80-84.

[14]罗先觉，尹锋林．云计算对知识产权保护的若干影响[J]．知识产权，2012，04:60-64.

科研项目：

1.低碳技术创新、转移与知识产权问题研究/11CFX024，国家社会科学基金青年项目。

2.中国科研机构与大学专利竞争力研究/SS13-B-12，国家知识产权局软科学项目。

3.科技成果转化中的知识产权问题研究，科技部委托项目（2013）。

4.国家科研机构立法问题研究，中国科学院知识产权创新工程重要方向项目（规划局）（2014）。

5.国际知识产权保护战略研究/20100480511，中国博士后基金面上资助第48批二等资助。

图 5-6-17 负责人尹锋林内链到知产人物版块的页面（二）

三、科研项目版块检索演示

科研项目版块的检索分为快捷检索与高级检索两种方式。

（一）快捷检索

其中快捷检索又分为全文检索和标题检索。用户在搜索框中输入关键词，网站会将所有含该关键词的项目列出。

比如搜索知识产权风险相关的科研项目。在快捷检索栏中输入"知识产权风险"，选定"全文"（默认），点击"检索"，则出现检索结果（http://www.ipknow.cn/index.php？m=search&c=search&a=index&modelid=22&wd=%

D6%AA%CA%B6%B2%FA%C8%A8%B7%E7%CF%D5&serach_ type=%C8%AB%CE%C4)。按照项目类型看，国家级课题有 41 项，省部级课题有 25 项，厅局级项目有 8 项，高校及科研院所有 5 项，企事业单位委托研究项目有 1 项，其他有 1 项；按照项目性质看，重大项目 3 项，重点项目 6 项，一般项目 20 项，青年项目 3 项，一般自选项目 1 项，自筹经费项目 1 项，面上项目 15 项，专项基金项目 4 项，青年科学基金项目 8 项，其他 8 项（见图 5-6-19—5-6-21）。

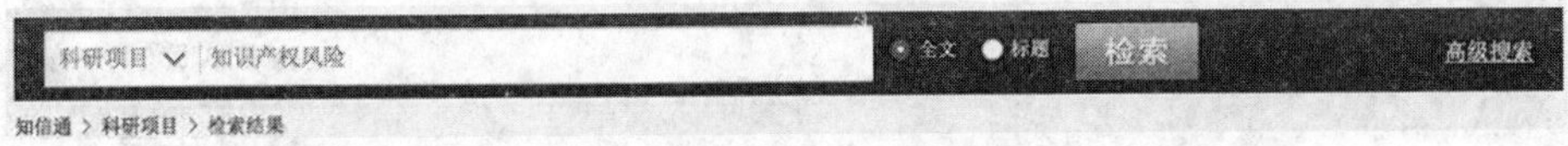

图 5-6-18　科研项目快捷检索——全文检索（检索过程）

图 5-6-19　科研项目快捷检索——全文检索（检索结果一）

· 陈伟　　区域知识产权战略系统协同与产业升级研究　　2015-11-29
项目编号:14BGL007 / 项目类型:国家社会科学基金 / 立项日期:2014年

· 苑泽明　　创新型企业知识产权质押贷款风险与预警研究　　2015-11-29
项目编号:14AJY004 / 项目类型:国家社会科学基金 / 立项日期:2014年

· 冉从敬　　云环境下信息消费知识产权的风险分析与对策研究　　2015-10-21
项目编号: 14YJA870008 / 项目类型:教育部 / 立项日期:2014年

· 鲍新中　　基于第三方风险动态监控平台的知识产权质押融资　　2015-11-29
项目编号:14BGL034 / 项目类型:国家社会科学基金 / 立项日期:2014年

·　　提升科技型中小微企业知识产权运用能力问题研究　　2015-11-07
项目编号:SS14-G-02 / 项目类型:知识产权局 / 立项日期:2014年

· 翟东升　　中文专利侵权检测与分析理论方法及关键技术研究　　2015-10-25
项目编号:9132005 / 项目类型:省自然科学基金 / 立项日期:2013年 / 完成时间:2014年

· 漆苏　　基于内生的产业利益诉求和外生给定路径限制的专利保护强度选择...　　2015-12-19
项目编号:71303172 / 项目类型:国家自然科学基金 / 立项日期:2013年

· 翟东升　　知识产权侵权检测服务方法、模型及相关技术研究　　2015-10-25
项目编号:X5011019201201 / 项目类型:高校 / 立项日期:2013年

· 丁锦希　　《与贸易有关的知识产权协定》框架下中国药品实验数据保护制度研究　　2015-11-29
项目编号:13BFX120 / 项目类型:国家社会科学基金 / 立项日期:2013年

项目性质

重大项目 (3)
重点项目 (6)
一般项目 (20)
青年项目 (3)
一般自选项目 (1)
青年自选项目 (0)
自筹经费项目 (1)
西部项目 (0)
后期资助项目 (0)
面上项目 (15)
重大研究计划 (0)
国家杰出青年科学基金 (0)
专项基金项目 (4)
优秀青年科学基金项目 (0)
青年科学基金项目 (8)
其他 (8)

图 5-6-20　科研项目快捷检索——全文检索（检索结果二）

· 刘颖　　《反假冒贸易协定》中数字知识产权问题研究　　2015-12-25
项目编号:GD12CFX03 / 项目类型:省社会科学基金 / 立项日期:2012年

· 李莉　　知识产权保护、政治资源获取与高科技企业融资行为研究　　2015-11-21
项目编号:71272180 / 项目类型:国家自然科学基金 / 立项日期:2012年 / 完成时间:2016年

·　　广东涉外知识产权纠纷的风险防范及对策研究　　2015-11-07
项目编号:GDIP2011-G07 / 项目类型:知识产权局 / 立项日期:2011年

·　　全球化视角下的知识产权正当性研究　　2015-11-02
项目编号:20111001 / 项目类型:高校 / 立项日期:2011年

· 吴汉东　　中国特色知识产权理论体系研究　　2015-03-16
项目编号:11&ZD076 / 项目类型:国家社会科学基金 / 立项日期:2011年

· 徐棣枫　　企业并购中的知识产权风险研究　　2015-10-27
项目编号:11YJE820002 / 项目类型:教育部 / 立项日期:2011年

· 朱雪忠　　中国企业国际化经营中知识产权风险评价和控制研究　　2015-11-01
项目编号:11YJA630224 / 项目类型:教育部 / 立项日期:2011年

1 2 3 4 下一页

图 5-6-21　科研项目快捷检索——全文结果（检索结果三）

再如检索标题中含有“商标战略”的科研项目。在快捷检索栏中输入“商标战略”，选定“标题”，点击“检索”，则出现检索结果（http://www.ipknow.cn/index.php? m=search&c=search&a=index&modelid=22&wd=%C9%CC%B1%EA%D5%BD%C2%D4&serach_ type=%B1%EA%CC%E2）。从检索结果来看，一共有6条符合条件的检索结果，分别为“攀钢集团商标战略研究”“湖北省商标战略研究”“企业商标战略研究”“从WTO有关商标和地理标志争端案例看湖南省驰名商标战略的实施”“湖南实施商标战略研究”“重庆市培植驰名商标战略研究”（见图5-6-23）。

图5-6-22 快捷检索——标题检索商标战略相关项目（检索过程）

图5-6-23 快捷检索——标题检索商标战略相关项目（检索结果）

（二）高级检索

高级检索有多项可以限定的条件。以下检索分别示范。

如检索“中国特色知识产权理论体系研究”这一项目的情况。在高级检索栏项目名称中输入“中国特色知识产权理论体系研究”，点击“检索”，则出现检索结果（http://www.ipknow.cn/index.php? m=search&c=search&a=index&modelid=22&as_ suggest=%D6%D0%B9%FA%CC%D8%C9%AB%D6%AA%CA%B6%B2%FA%C8%A8%C0%ED%C2%DB%CC%E5%CF%B5%D1%D0%BE%BF）。从检索结果可以看出，通过科研项目名称精确检索可以检索到比较准确的信息。点击该信息条目，则进入该项目的内容页面（http://www.ipknow.cn/project/show-11626.html）。

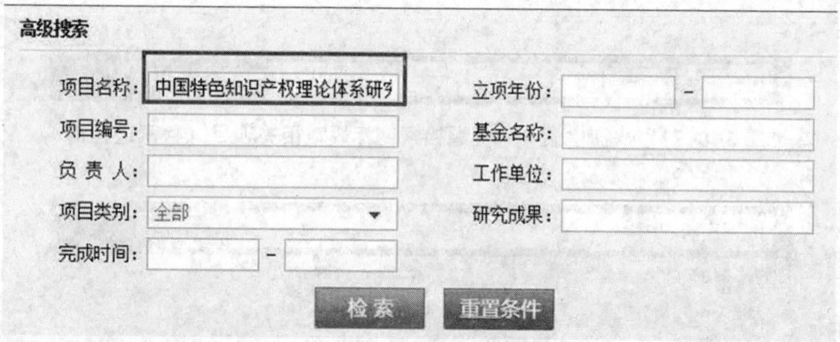

高级搜索

项目名称：中国特色知识产权理论体系研究　立项年份：　-
项目编号：　基金名称：
负 责 人：　工作单位：
项目类别：全部　研究成果：
完成时间：　-

检索　重置条件

图 5-6-24　科研项目高级检索“中国特色知识产权理论体系研究”项目（检索过程）

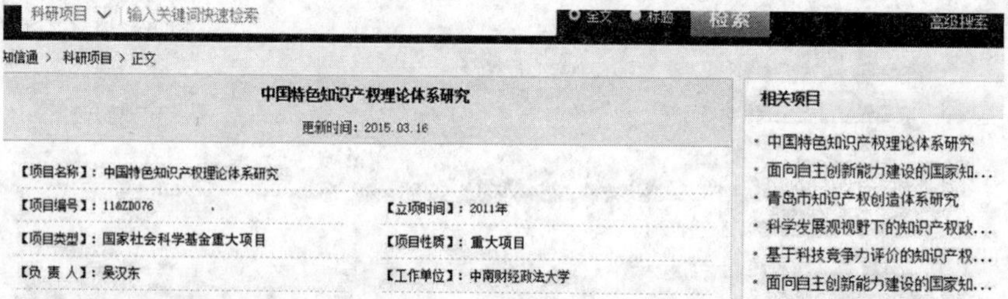

科研项目 | 输入关键词快速检索　全文　标题　检索　高级搜索

知信通 > 科研项目 > 正文

中国特色知识产权理论体系研究

更新时间：2015.03.16

【项目名称】：中国特色知识产权理论体系研究

【项目编号】：11&ZD076　【立项时间】：2011年

【项目类型】：国家社会科学基金重大项目　【项目性质】：重大项目

【负 责 人】：吴汉东　【工作单位】：中南财经政法大学

【项目成果】

[1]王国柱，李建华.中国特色社会主义知识产权法学理论研究[J].当代法学，2013，01:3-13.

[2]杨涛.著作权视野下反规避条款的法律协调机制[J].知识产权，2013，03:63-68.

[3]黄汇.计算机字体单字的可著作权问题研究——兼评中国《著作权法》的第三次修改[J].现代法学，2013，03:105-115.

[4]曹新明.知识产权侵权惩罚性赔偿责任探析——兼论我国知识产权领域三部法律的修订[J].知识产权，2013，04:3-9+2.

[5]胡开忠.国际版权产业的发展特点及我国的对策[J].中国版权，2013，04:72-74+82.

相关项目

- 中国特色知识产权理论体系研究
- 面向自主创新能力建设的国家知...
- 青岛市知识产权创造体系研究
- 科学发展观视野下的知识产权政...
- 基于科技竞争力评价的知识产权...
- 面向自主创新能力建设的国家知...
- 西安市创意产业发展的知识产权...
- 自主创新与自主知识产权评价体...
- 促进自主创新能力建设的国家知...
- 以司法为主导的民营企业知识产...
- 河南省高校知识产权保护体系研...
- 知识产权抗辩体系研究

图 5-6-25　科研项目高级检索“中国特色知识产权理论体系研究”项目（检索结果一）

[6]吴汉东.知识产权法价值的中国语境解读[J].中国法学,2013,04:15-26.

[7]吴汉东.试论人格利益和无形财产利益的权利构造——以法人人格权为研究对象[J].法商研究,2012,01:26-31.

[8]吴汉东.《著作权法》第三次修改的背景、体例和重点[J].法商研究,2012,04:3-7.

[9]吴汉东.知识产权的制度风险与法律控制[J].法学研究,2012,04:61-73.

[10]吴汉东,锁福涛.中国知识产权司法保护的理念与政策[J].当代法学,2013,06:42-50.

[11]董少平.云计算知识产权问题研究[J].科技进步与对策,2014,09:136-142.

[12]黄汇.商标权正当性自然法维度的解读——兼对中国《商标法》传统理论的澄清与反思[J].政法论坛,2014,05:133-141.

[13]曹新明.商标先用权研究——兼论我国《商标法》第三修正案[J].法治研究,2014,09:16-24.

[14]梁细林.专利制度与社会分层的法社会学研究[J].湖北经济学院学报(人文社会科学版),2014,11:76-78.

[15]王国柱.我国媒体职务作品著作权归属制度的完善——以《著作权法》的第三次修改为契机[J].出版发行研究,2015,02:71-73.

图 5-6-26　科研项目高级检索“中国特色知识产权理论体系研究”项目（检索结果二）

如检索 2006 年以来商标方面的科研项目。在高级检索栏项目名称中输入“商标”，在立项年份中输入“2006—□”，点击“检索”，则出现检索结果（http://www. ipknow. cn/index. php？ m = search&c = search&a = index&modelid = 22&as_ suggest = %C9%CC%B1%EA&as_ ptime_ s = 2006）。从检索结果看，一共有 3 页 89 条符合条件的检索结果。按照项目类型，国家级项目 11 项，省部级项目 10 项，厅局级项目 1 项，高校及科研院所项目 3 项，企事业单位委托研究项目 4 项，其他项目 2 项；按照项目性质，重点项目 1 项，一般项目 6 项，青年项目 1 项，一般自选项目 4 项，西部项目 3 项，后期资助项目 1 项，青年科学基金项目 3 项，其他项目 3 项。

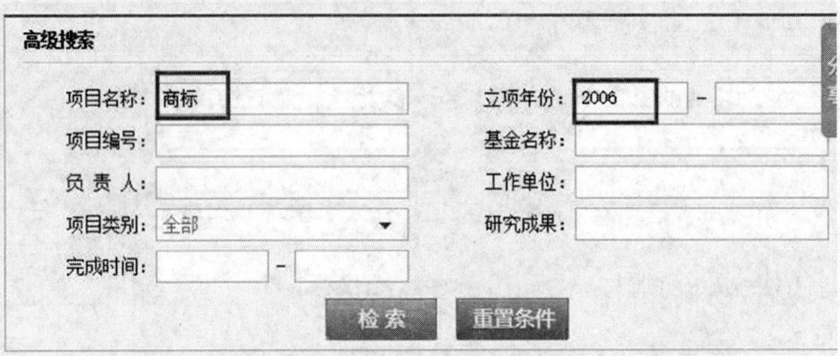

高级搜索

项目名称：商标　　立项年份：2006 –

项目编号：　　基金名称：

负 责 人：　　工作单位：

项目类别：全部　　研究成果：

完成时间： –

检 索　　重置条件

图 5-6-27　科研项目高级检索商标相关项目（检索过程）

知信通 > 科研项目 > 检索结果

负责人	项目名称	更新时间
董慧娟	福建省自贸区OEM中的商标侵权及海关执法问题研究 项目编号:FLS(2015)C01 / 项目类型:其他 / 立项日期:2015年 / 完成时间:2016年	2015-11-13
周园	互联网环境下商标权保护的实践难题与制度创新研究 项目编号:14XFX008 / 项目类型:国家社会科学基金 / 立项日期:2014年	2015-03-21
杜颖	网络交易平台提供者商标侵权问题研究 项目编号:14BFX105 / 项目类型:国家社会科学基金 / 立项日期:2014年	2015-03-21
陶鑫良	商标侵权纠纷及商标刑事犯罪咨询 项目编号: / 立项日期:2014年	2015-10-28

搜索结果　共计89条

项目类型

国家级（11）
省部级（10）
厅局级（1）
高校及科研院所（3）
国际合作项目（0）
企事业单位委托研究项目（4）
其他（2）

图 5-6-28　科研项目高级检索商标相关项目（检索结果一）

负责人	项目名称	更新时间
陈向军	诚实信用原则在商标法中的适用研究 项目编号:CLS(2014)B097 / 项目类型:中国法学会 / 立项日期:2014年	2015-11-04
刘维	商标功能的侵权要件地位及损害判定研究 项目编号:CLS(2014)B096 / 项目类型:中国法学会 / 立项日期:2014年	2015-11-04
魏　森	商标权与表达自由之协调保护研究 项目编号:CLS(2014)B094 / 项目类型:中国法学会 / 立项日期:2014年	2015-11-04
湛西	商标诉讼中消费者调查证据研究 项目编号:14YJC820071 / 项目类型:教育部 / 立项日期:2014年	2015-10-28
刘红霞	基于公允价值计量属性的商标权价值评估制度体系研究 项目编号:13BFX126 / 项目类型:国家社会科学基金 / 立项日期:2013年	2015-12-12
郑辉	商标使用权人的法律保护研究 项目编号:CLS(2013)B149 / 项目类型:中国法学会 / 立项日期:2013年	2015-11-02
	商标使用相关问题研究 项目编号: / 项目类型:高校 / 立项日期:2013年	2015-10-25
董慧娟	我国商标“使用”认定中的若干问题及解决 项目编号:2013C006 / 项目类型:其他厅局级单位 / 立项日期:2013年 / 完成时间:2014年	2015-11-14
周性军	地理标志商标对推动淮安农业产业化发展研究 项目编号:A-13-6 / 项目类型:其他 / 立项日期:2013年	2015-10-29
王小丽	商标法功能性原则的比较研究	2015-12-10

项目性质

重大项目（0）
重点项目（1）
一般项目（6）
青年项目（1）
一般自选项目（4）
青年自选项目（0）
自筹经费项目（0）
西部项目（3）
后期资助项目（1）
面上项目（0）
重大研究计划（0）
国家杰出青年科学基金（0）
专项基金项目（0）
优秀青年科学基金项目（0）
青年科学基金项目（3）
其他（3）

分享

图 5-6-29　科研项目高级检索商标相关项目（检索结果二）

· 范献辉　　河北省知名品牌商标英译现状调查与对策分析　　2013-06-25
项目编号:201104008 / 立项日期:2011年

· 董炳和　　商标权取得制度变革问题研究　　2015-03-21
项目编号:11BFX046 / 项目类型:国家社会科学基金 / 立项日期:2011年

· 张玉敏　　“反假冒贸易协定”背景下我国商标制度改革研究　　2015-03-21
项目编号:11BFX045 / 项目类型:国家社会科学基金 / 立项日期:2011年 / 完成时间:2013年

· 　　基于反淡化视角的驰名商标法律保护问题研究　　2013-06-25
项目编号:2010NC09 / 立项日期:2010年

· 牛玉兵　　商标标志权的资本化制度研究　　2013-06-25
项目编号:1221350006 / 立项日期:2010年

· 黄汇　　我国商标注册制度的局限及保护研究　　2015-03-21
项目编号:10CFX059 / 项目类型:国家社会科学基金 / 立项日期:2010年 / 完成时间:2012年

· 李雨峰　　侵害商标权判定标准研究　　2015-03-21
项目编号:10XFX015 / 项目类型:国家社会科学基金 / 立项日期:2010年

· 杜颖　　社会进步与商标观念－－商标法律制度的过去、现在和未来　　2015-03-21
项目编号:10FFX011 / 项目类型:国家社会科学基金 / 立项日期:2010年 / 完成时间:2012年

· 王莲峰　　我国商标注册原则的反思与改进研究　　2015-03-21
项目编号:10BFX073 / 项目类型:国家社会科学基金 / 立项日期:2010年 / 完成时间:2013年

· 肖延高　　攀钢集团商标战略研究　　2015-12-19
项目编号: / 项目类型:企事业单位委托研究项目 / 立项日期:2010年

· 丁立福　　商标翻译中的文化失真及补偿研究　　2013-06-25
项目编号:2009WK08 / 立项日期:2009年

图 5-6-30　科研项目高级检索商标相关项目（检索结果三）

· 丁立福　　商标翻译中的文化失真及补偿研究　　2013-06-25
项目编号:2009WK08 / 立项日期:2009年

· 陶红武　　域名和商标权利冲突及协调研究　　2013-06-25
项目编号:ACYC2009032 / 立项日期:2009年

· 杨建锋　　商标注册国际协调制度构建之法理探析　　2013-06-25
项目编号:A-0211-09-0311 / 立项日期:2009年

· 陈红国　　驰名商标认定模式比较研究—兼评当今驰名商标认定泛滥化的成因　　2013-06-25
项目编号:09C191 / 立项日期:2009年

· 唐忠顺　　跨学科视阈下的现代商标翻译研究　　2013-06-25
项目编号:09C418 / 立项日期:2009年

· 郑宏光　　在商标法中充分体现诚实信用原则　　2015-12-20
项目编号: / 项目类型:企事业单位委托研究项目 / 立项日期:2009年

1 2 3 下一页

图 5-6-31　科研项目高级检索商标相关项目（检索结果四）

如要了解一个人负责过的相关项目，则可以通过“负责人”一项进行查询。如检索吴汉东教授近2006年以来负责过的科研项目（见图5-6-32）。在高级检索栏负责人中输入“吴汉东”，立项时间栏输入“2006—□”，点击“检索”，则出现检索结果（http://www. ipknow. cn/index. php? m=search&c=search&a=index&modelid=22&as_ ptime_ s=2006&as_ manager=%CE%E2%BA%BA%B6%AB）。从检索结果可以看出，一共有50个符合条件的项目（见图5-6-33—5-6-35）。

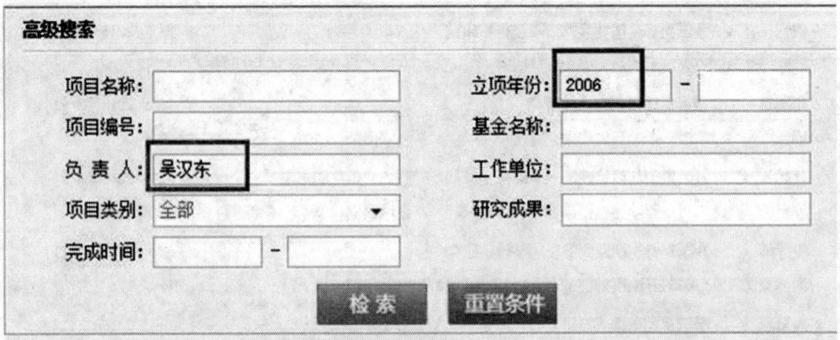

高级搜索

项目名称：　　立项年份：2006 -

项目编号：　　基金名称：

负 责 人：吴汉东　　工作单位：

项目类别：全部　　研究成果：

完成时间：　-

检索　重置条件

图5-6-32　科研项目高级检索负责人示例（检索过程）

图5-6-33　科研项目高级检索负责人示例（检索结果一）

项目编号:3164102070 / 项目类型:教育部 / 立项日期:2012年

优秀青年科学基金项目（0）
青年科学基金项目（0）
其他（2）

· 吴汉东　影视剧翻拍中的著作权问题　2015-12-10
项目编号: / 项目类型:国务院其他部委 / 立项日期:2012年

· 吴汉东　广播电视电台播放录音制品支付报酬暂行办法　2015-12-10
项目编号: / 项目类型:其他 / 立项日期:2011年

· 吴汉东　我国知识产权执法保护与刑事司法保护情况梳理　2015-12-10
项目编号: / 项目类型:国家知识产权局 / 立项日期:2011年

· 吴汉东　面向自主创新能力建设的国家知识产权改革体系研究　2015-12-10
项目编号: / 项目类型:国家知识产权局 / 立项日期:2011年

· 吴汉东　科学发展观统领下的知识产权战略实施研究　2015-03-17
项目编号:11KFX003 / 项目类型:国家社会科学基金 / 立项日期:2011年 / 完成时间:2012年

· 吴汉东　中国特色知识产权理论体系研究　2015-03-16
项目编号:11&ZD076 / 项目类型:国家社会科学基金 / 立项日期:2011年

· 吴汉东　著作权法修订专家建议稿　2015-12-10
项目编号: / 项目类型:国务院其他部委 / 立项日期:2011年

· 吴汉东　商业软件著作权保护　2015-12-10
项目编号: / 项目类型:企事业单位委托研究项目 / 立项日期:2011年

· 吴汉东　东湖示范区知识产权创造，运用，保护和管理规划研究　2015-12-11
项目编号: / 项目类型:其他 / 立项日期:2010年

· 吴汉东　知识产权动漫作品创作脚本　2015-12-11
项目编号: / 项目类型:企事业单位委托研究项目 / 立项日期:2010年

· 吴汉东　东湖开发区知识产权创造、运用、保护和管理规划研究　2015-12-11
项目编号: / 项目类型:企事业单位委托研究项目 / 立项日期:2010年

图 5-6-34　科研项目高级检索负责人示例（检索结果二）

· 吴汉东　东湖开发区知识产权创造、运用、保护和管理规划研究　2015-12-11
项目编号: / 项目类型:企事业单位委托研究项目 / 立项日期:2010年

· 吴汉东　知识产权十二五规划　2015-12-11
项目编号: / 项目类型:国家知识产权局 / 立项日期:2010年

· 吴汉东　广播影视知识产权战略纲要研究及制定　2015-12-11
项目编号: / 项目类型:国务院其他部委 / 立项日期:2010年

· 吴汉东　网络服务提供商的法律义务与著作法的集　2015-12-11
项目编号: / 项目类型:企事业单位委托研究项目 / 立项日期:2010年

· 吴汉东　广播影视知识产权骨干培训　2015-12-11
项目编号: / 项目类型:国务院其他部委 / 立项日期:2010年

· 吴汉东　中国著作权法制法制年度研究报告　2015-12-12
项目编号: / 项目类型:国务院其他部委 / 立项日期:2009年

· 吴汉东　著作权热点问题研究　2015-12-12
项目编号: / 项目类型:企事业单位委托研究项目 / 立项日期:2009年

· 吴汉东　商标法律制度达到国际水平　2015-12-12
项目编号: / 项目类型:企事业单位委托研究项目 / 立项日期:2009年

· 吴汉东　西藏自治区实施国家知识产权战略的若干意见　2015-12-12
项目编号: / 项目类型:企事业单位委托研究项目 / 立项日期:2009年

· 吴汉东　《著作权法》修改建议专题报告　2015-12-12
项目编号: / 项目类型:国务院其他部委 / 立项日期:2009年

1 2 下一页

图 5-6-35　科研项目高级检索负责人示例（检索结果三）

需要说明的是关于结项时间的问题，因为科研项目的结项是一个公开及时性相对不足的信息，所以对之进行及时的更新显得更加具有价值。但是目前课题组对相关信息所做的整合是基于已经公布的信息，所以如果有些项目已经结项，但是在科研项目版块中未及时显示的，在所难免，后续将进一步进行完善。

此外，中国知网科研项目版块的“相似项目”版块值得学习借鉴，即在保证数据完整的基础上，知识产权科研项目版块可以进一步优化“比较功能”。目前，“知信通”资料库已经提供了这方面的功能，但有待进一步完善。

四、科研项目版块的完善及思考

一个运作良好的网站背后总是有大量的技术人员支持，总是需要不断更新完善、保持与外部信息的沟通。用户是网站生存的源泉。增加用户访问量是网站运营商必须首先要考虑的事项。对于科研项目资料库而言，吸引用户成为该数据库忠实用户的前提是全面、详细、权威和持续更新的数据。[1]课题组通过国家社会科学基金项目数据库、国家自然科学基金数据库、中国知网科研项目信息数据库和中国高校人文社会科学网项目数据库以及其他基金资助单位的官方网站搜索了尽量多的知识产权相关的科研项目文献及信息资料，并通过多网站之间的整合对相关基本信息进行了完善。但是对于相关信息资料的纰漏和谬误还是需要进一步审查的，比如一些信息添加不完善，则需要多次反复进行校正。

从现有研究和资料库运营实践看，科研项目版块目前仍存在以下需要克服的困难：

第一是数据来源的完整性。由于信息公开渠道的局限性，现有知识产权科研项目信息存在信息不完整问题。例如，本试验性资料库科研项目版块，虽然经过课题组成员多次、反复查找、联系，有些知识产权科研项目信息仍然存在缺漏，其中有些信息缺漏尤其严重。

第二是数据的更新。对更新有要求的两部分内容是完成时间和项目成果。目前我国多数基金项目已经实现了立项时间的完全公开，用户在查询基金项目时，可以轻松搜索到立项时间。而完成时间的公开却远远达不到立项时间的圆满状态。近年国家社会科学基金项目采用“按季度提交项目成果”的方

〔1〕王丽、高缨识、线猛、陈馨怡、魏程：“‘知信通’之科研项目资料库研究报告”，载冯晓青、杨利华主编：《国家知识产权文献及信息资料库建设研究》，中国政法大学出版社2015年版，第346页。

式对项目进行实时追踪，公开完成时间并不是障碍。事实上，国家社会科学基金项目数据库也尽其所长，在项目成果和完成时间两块内容上相对完整。国家自然科学基金项目库按照不同项目的不同周期，将原则上的完成时间与立项时间同时展现出来。除此之外的其他项目皆在不同程度上存在“追踪不及时、更新滞后”的问题。[1]“知信通”资料库科研项目版块面临的巨大挑战亦是项目追踪问题，且目前尚无法直接获取相关科研项目的一手原始数据，仅是通过网络查询的方式搜集资料。这意味着网站的数据不会随着他方数据的更新而自行变动。[2]因此，科研项目版块需要后续力量进行持续、及时维护。建立数据与原始来源之间的链接可以在很大程度上减轻维护工作的负担，不过，课题组希望随着网站的不断改进，这一问题可以获得技术上的支持，以最小化人工校验成本。

第三是科研项目实质内容介绍缺乏。科研项目是国家、地方等相关部门出资立项的科学研究项目。就知识产权科研项目而言，仅本试验性资料库收集整理的项目就有4000项之多。如果能够做到将这些项目的主要内容（梗概）发布在科研项目库中，或者至少就相当一部分重要成果介绍发布，将是一个巨大的知识和成果宝库，对于促进学术交流、提高科研项目成果的使用效果意义重大。虽然我国每年拥有大量的科研项目及其成果，但项目成果实质内容信息公开（涉及商业秘密、国家机密等的除外）的极少。举例而言，如果能将所有省部级以上知识产权科研项目成果简介以平均每个0.5万字篇幅发布，则仅本资料库收录的近2000个省部级和国家级项目成果，将有1000万字的成果内容介绍。但由于项目信息缺乏、沟通渠道不畅，无法全面获得这些内容介绍，由课题组成员自行撰写也不现实。

未来建设国家知识产权文献及信息资料库需要采取措施克服“知信通”资料库科研项目版块建设存在的困难。课题组认为，主要的对策有：

第一，拓宽科研项目文献及信息来源渠道，建立并加强与相关数据来源单位之间的联系与业务合作。数据来源单位既包括项目发布部门、项目承担单位，也包括涉及知识产权科研项目文献及信息的数据库单位，如上述网站。

[1] 王丽、高缨识、线猛、陈馨怡、魏程：“‘知信通’之科研项目资料库研究报告”，载冯晓青、杨利华主编：《国家知识产权文献及信息资料库建设研究》，中国政法大学出版社2015年版，第344页。

[2] 王丽、高缨识、线猛、陈馨怡、魏程：“‘知信通’之科研项目资料库研究报告”，载冯晓青、杨利华主编：《国家知识产权文献及信息资料库建设研究》，中国政法大学出版社2015年版，第346页。

只有这样，才能使得知识产权科研项目信息获取、更新有可靠的保障。

第二，争取获得项目负责人的支持与合作。知识产权科研项目负责人最了解自己负责的项目的情况，包括基本信息、成果情况等，尤其是以一定篇幅介绍该项目成果，既可以解决知识产权科研项目信息不足的问题，又可以一揽子解决这方面的著作权问题。为此，加强对项目负责人信息的了解，及时取得联系，通过寄送统一格式体例的知识产权科研项目信息及有关内容，由项目负责人负责处理，既能一揽子解决信息的全面、准确问题，也能够解决信息内容发布的著作权问题。

第三，充分利用技术手段。通过技术手段，能够及时抓取有关知识产权科研项目信息和项目负责人信息，以便充实知识产权科研项目库。同时，可以设计类似于本试验性资料库之知产机构和知产人物版块的助版块，调动项目负责人和有关机构主动提交相关文献和信息的积极性，这样可以更好地保障科研项目信息与内容的获取和及时更新。

第七节　“知信通”资料库教育培训版块介绍与分析

“知信通”资料库教育培训版块（http://www.ipknow.cn/education/），实际上包括了两个内容，也即在职培训和学历学位教育。

一、教育培训版块基本介绍

教育培训版块提供关于知识产权的教育信息及相关的培训信息，为知识产权教育信息及培训信息需求者提供一个全面、权威、确切的了解途径。因为教育和培训相对来讲是两个相同点较少的内容，且检索条件上也难以统一，所以不论是在分类上还是在高级检索上，抑或在最近信息展示上，均分为在职培训、学位学历教育两个相对分开的栏目。教育培训版块收录了国内知识产权或者相关法学专业的本科、硕士、博士、博士后、继续教育等教育信息，包括学校基本信息、学校简介、各年度不同阶段教育的招生简章、培养方案、课程设置等；在职培训收录了近年在国内及其他地区举行的与知识产权相关的培训活动，包括培训的基本信息、培训的内容简要等内容，用户可以通过相关条目了解相关培训活动的重要内容。截至 2016 年 3 月底，教育培训版块的信息条数为 1568 条。

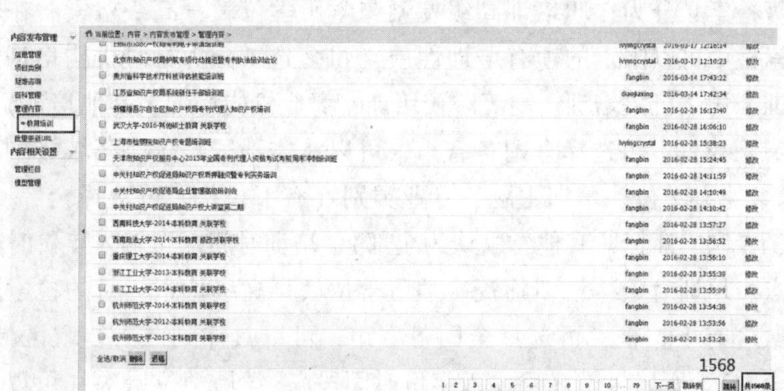

图 5-7-1　教育培训版块统计数据

二、教育培训版块界面介绍

教育培训版块基本可以划分为四个栏目：分类栏、检索栏、展示栏、基本介绍栏。

分类栏中，在职培训分为行政机构培训、社会团体培训、司法机关培训、高等院校培训、商业机构培训、其他培训；学历学位教育分为本科教育、硕士教育（法学硕士）、硕士教育（法律硕士）、博士教育、博士后教育、其他教育。

图 5-7-2　教育培训版块分类栏

检索栏分为快捷检索与高级检索。快捷检索栏又分为全文检索与标题检索；高级检索又分为在职培训高级检索与学历学位教育高级检索。在职培训高级检索栏中可以限定的项有培训性质（可多选，分为行政机构培训、社会团体培训、司法机关培训、高等院校培训、商业机构培训、其他培训）、单位地点（有下拉框，可选择全国各省市，可以具体到区县行政区域级别，默认为全国）、主办单位、培训主题、专业类别（有下拉栏，可选择全部、综合、著作权、专利、商标、其他，默认为全部）、培训时间（可输入年份时间段）、培训地点、培训对象、培训师资。学历学位教育高级检索栏目的检索限定条件有地域（有下拉框，可选择全国各省市，可以具体到区县行政区域级别，默认为全国）、所属年份（可输入年份时间段）、学历学位层次（可以多项选择全部、本科、硕士、博士、博士后、其他）、文件性质（单选招生简章、培养方案、课程设置、教学计划、教材教义、试卷，默认为全选）。

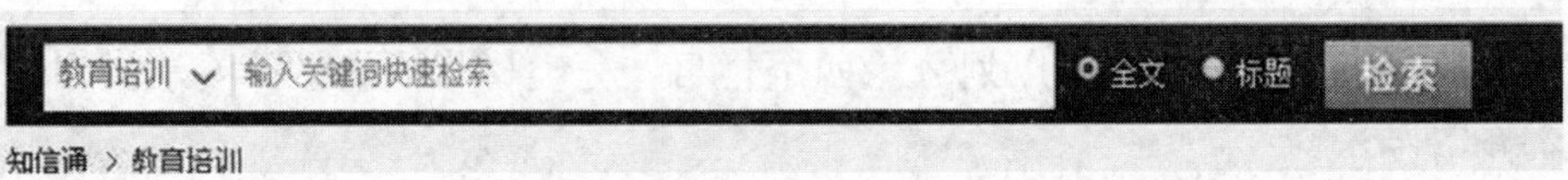

图 5-7-3　教育培训版块快捷检索栏

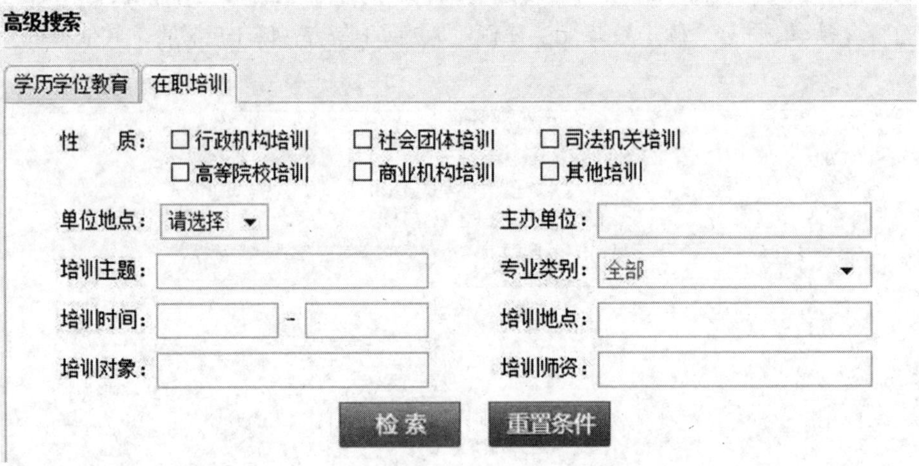

图 5-7-4　教育培训——在职培训高级检索栏

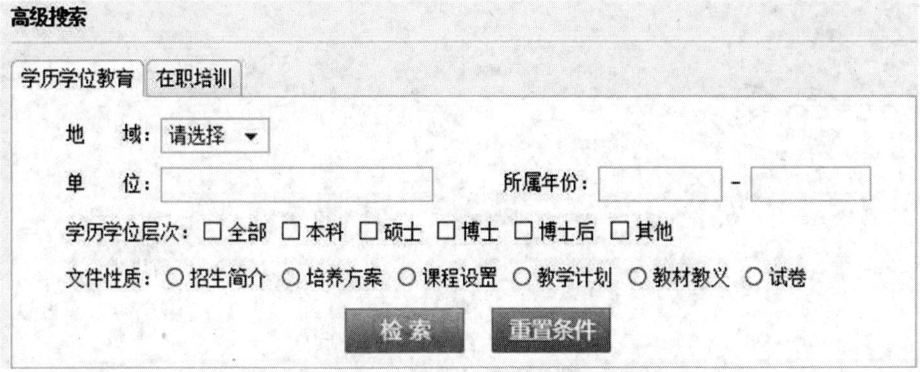

高级搜索

学历学位教育　在职培训

地　　域：请选择

单　　位：　　所属年份：　-

学历学位层次：☐全部 ☐本科 ☐硕士 ☐博士 ☐博士后 ☐其他

文件性质：○招生简介 ○培养方案 ○课程设置 ○教学计划 ○教材教义 ○试卷

检索　重置条件

图 5-7-5　教育培训——学历学位教育高级检索栏

最近更新展示栏如下图所示。其中学历学位教育、职业培训两个展示栏分别展示了最近更新的 10 条信息标题，并分别分两纵列显示。在右上角分别有一个“更多>>”，点击进入相应的列表栏。点击学历学位教育展示栏中的“更多>>”，进入 http://www. ipknow. cn/education/level-0. html，从图中可以看出共 99 页 591 条信息，默认的排列顺序为更新时间正序。通过选择右上角的培训时间正/倒序、更新时间正/倒序可以看到不同的排列顺序，方便进行信息浏览。点击在职培训展示栏中的“更多>>”，进入 http://www. ipknow. cn/education/nature-0. html，从图中可以看出共 161 页 963 条信息，默认的排列顺序为更新时间正序。通过选择右上角的培训时间正/倒序、更新时间正/倒序可以看到不同的排列顺序。

学历学位教育　更多>>

· 武汉大学-2016-其他硕士教育　· 西南科技大学-2014-本科教育
· 西南政法大学-2014-本科教育　· 重庆理工大学-2014-本科教育
· 浙江工业大学-2013-本科教育　· 浙江工业大学-2014-本科教育
· 杭州师范大学-2014-本科教育　· 杭州师范大学-2012-本科教育
· 杭州师范大学-2013-本科教育　· 天津科技大学-2012-本科教育

职业培训　更多>>

· 北京市第二期专利代理人实务技能培训班　· 日照市知识产权局专利电子申请培训班
· 北京市知识产权局护航专项行动推进暨专利执法培　· 贵州省科学技术厅科技评估技能培训班
· 江苏省知识产权局系统新任干部培训班　· 新疆维吾尔自治区知识产权局专利代理人知识产权
· 上海市检察院知识产权专题培训班　· 天津市知识产权服务中心2015年全国专利代理人资
· 中关村知识产权促进局知识产权质押融资暨专利实　· 中关村知识产权促进局企业管理高级培训会

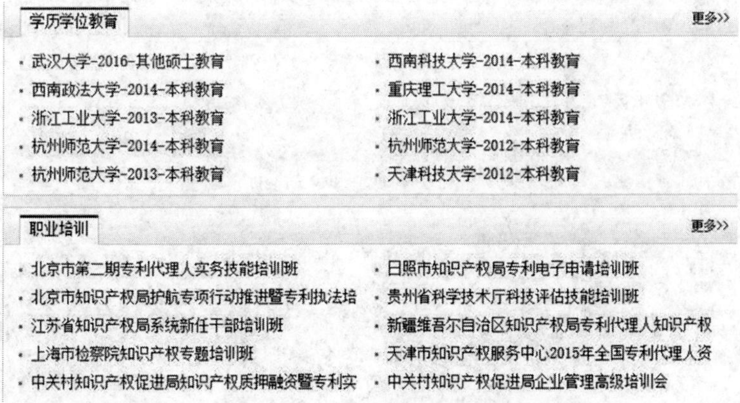

图 5-7-6　最近更新展示栏

知信通 > 教育培训 > 学历学位教育

学历学位教育

- 本科教育(190)
- 硕士教育(法学硕士)(145)
- 硕士教育(法律硕士)(133)
- 博士教育(62)
- 博士后教育(30)
- 其他教育(31)

在职培训

- 行政机构培训(522)
- 社会团体培训(158)
- 司法机关培训(21)
- 高等院校培训(47)
- 商业机构培训(45)
- 其他培训(170)

↑培训时间倒序 ↓更新时间正序

- **江西财经大学-2016-法律硕士教育**
  培训时间：2016-09-01 - 2019-07-01 / 更新时间：2015-12-12
- **苏州大学-2016-法律硕士教育**
  培训时间：2016-09-01 - 2019-07-01 / 更新时间：2016-01-05
- **湖南大学-2016-法律硕士教育**
  培训时间：2016-09-01 - 2019-07-01 / 更新时间：2016-01-05
- **华东理工大学-2016-法律硕士教育**
  培训时间：2016-09-01 - 2019-07-01 / 更新时间：2015-12-13
- **湖南师范大学-2016-法律硕士教育**
  培训时间：2016-09-01 - 2019-07-01 / 更新时间：2016-01-05
- **南京理工大学-2016-法律硕士教育**
  培训时间：2016-09-01 - 2019-07-01 / 更新时间：2015-12-13

1 2 3 4 5 6 7 8 9 10 .. 99 下一页 跳转到 跳转 共591条

图 5-7-7　学历学位教育“更多>>”列表

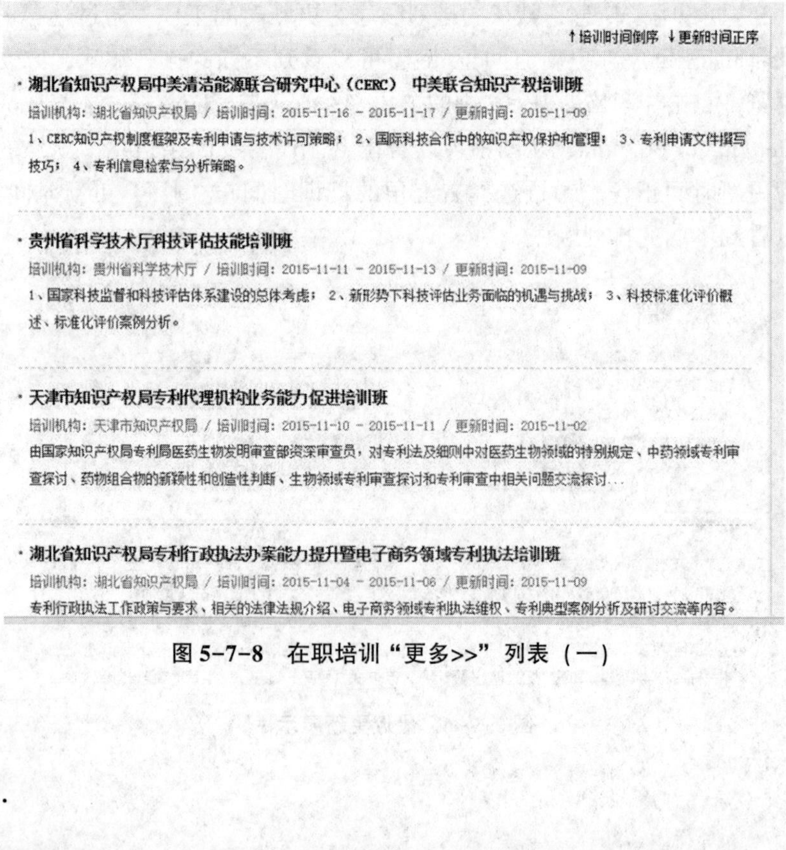

↑培训时间倒序 ↓更新时间正序

- **湖北省知识产权局中美清洁能源联合研究中心（CERC） 中美联合知识产权培训班**
  培训机构：湖北省知识产权局 / 培训时间：2015-11-16 - 2015-11-17 / 更新时间：2015-11-09
  1、CERC知识产权制度框架及专利申请与技术许可策略； 2、国际科技合作中的知识产权保护和管理； 3、专利申请文件撰写技巧； 4、专利信息检索与分析策略。
- **贵州省科学技术厅科技评估技能培训班**
  培训机构：贵州省科学技术厅 / 培训时间：2015-11-11 - 2015-11-13 / 更新时间：2015-11-09
  1、国家科技监督和科技评估体系建设的总体考虑； 2、新形势下科技评估业务面临的机遇与挑战； 3、科技标准化评价概述、标准化评价案例分析。
- **天津市知识产权局专利代理机构业务能力促进培训班**
  培训机构：天津市知识产权局 / 培训时间：2015-11-10 - 2015-11-11 / 更新时间：2015-11-02
  由国家知识产权局专利局医药生物发明审查部资深审查员，对专利法及细则中对医药生物领域的特别规定、中药领域专利审查探讨、药物组合物的新颖性和创造性判断、生物领域专利审查探讨和专利审查中相关问题交流探讨...
- **湖北省知识产权局专利行政执法办案能力提升暨电子商务领域专利执法培训班**
  培训机构：湖北省知识产权局 / 培训时间：2015-11-04 - 2015-11-06 / 更新时间：2015-11-09
  专利行政执法工作政策与要求、相关的法律法规介绍、电子商务领域专利执法维权、专利典型案例分析及研讨交流等内容。

图 5-7-8　在职培训“更多>>”列表（一）

· 湖北省知识产权局专利行政执法办案能力提升暨电子商务领域专利执法培训班

培训机构：湖北省知识产权局 / 培训时间：2015-11-04 - 2015-11-06 / 更新时间：2015-11-09

专利行政执法工作政策与要求、相关的法律法规介绍、电子商务领域专利执法维权、专利典型案例分析及研讨交流等内容。

· 甘肃省知识产权局优势企业高级管理人员研修班

培训机构：甘肃省知识产权局 / 培训时间：2015-11-03 - 2015-11-06 / 更新时间：2015-11-02

1、优势企业培育及相关政策解析；2、甘肃省专利奖申报与推荐、专利权质押融资、专利行政执法、专利申请资助等工作介绍；3、听取企业工作意见建议及研讨交流；4、《企业知识产权管理规范》（GB/T29490-2013...

· 四川省知识产权局PCT国际阶段电子申请及审查系统（CEPCT）培训班

培训机构：四川省知识产权局 / 培训时间：2015-10-29 - 2015-10-29 / 更新时间：2015-11-02

1、CEPCT电子申请系统概述；2、CEPCT系统功能介绍；3、CEPCT实务操作。

1 2 3 4 5 6 7 8 9 10 .. 161 下一页 跳转到 跳转 共963条

图 5-7-9　在职培训“更多>>”列表（二）

在教育培训版块首页的最底端是关于该版块的简介。具体如下图所示。

教育培训资料库介绍：

本资料库是国内知识产权领域唯一的全面介绍知识产权领域教育培训相关信息的资料库。截至2016年3月，收录来自知识产权学历学位教育和职业培训的教育培训文献及信息1500余条。

资源特色： 重点收录从事知识产权学位教育和在职培训的培训单位和培训项目的具体信息。

收录范围：

学位教育包括本科教育、硕士教育、博士教育、继续教育，在职培训主要包括行政部门培训、司法机关培训、知识产权中介服务机构培训、企事业单位培训、教育系统培训、国际培训及其他培训。

产品形式： WEB版（网上数据库）免费。

图 5-7-10　教育培训版块简介

三、在职培训界面介绍

在职培训的界面包括了相关培训的基本信息及培训的基本内容介绍。以下举例进行介绍和分析。

（一）举例“四川省知识产权局PCT国际阶段电子申请及审查系统（CEPCT）培训班”

在在职培训中，其正文界面如图5-7-11所示，最上端是该培训活动的名称“四川省知识产权局PCT国际阶段电子申请及审查系统（CEPCT）培训班”，紧接着是该项培训活动信息的更新时间2015年12月2日。再往下是关于该培训活动的基本信息，具体如下：“主办单位：四川省知识产权局”“官方网站：点击进入网址”“单位地址：四川省成都市”“培训时间：2015-10-29—2015-10-29”“专业类别：专利”“培训性质：行政机构培训”“培训地点：成都市武侯祠大街83号太成宾馆天瑞楼5楼会议室”“联系方式：联系人：钟辉；电话：85576789；邮箱：zhonghui429@163.com”。再往下是该培训的相关内容信息，主要有：“培训主题：四川省知识产权局PCT国际阶段电子申请及审查系统（CEPCT）培训班”“培训师资：有关专家”“培训对象：四川省专利代理机构、企业及科研院所相关人员”。培训单位简介：“四川省知识产权局，是四川省人民政府主管全省专利工作和负责统筹协调涉外知识产权事宜的直属机构，对全省专利工作行使行政管理职能和行政执法职能。”[1]培训课程内容包括CEPCT电子申请系统概述、CEPCT系统功能介绍、CEPCT实务操作。“培训课程的可行性和必要性分析：为进一步推广使用PCT国际阶段电子申请及审查系统（以下简称CEPCT系统），使相关人员能及时了解该系统，掌握基本操作。”在该页面右侧，有培训相关内容的简要目录，点击可以定位到相应的内容部分。

在本例中点击官方网站后面的“点击进入网址”，则进入四川省知识产权局网站（http://www.scipo.gov.cn/）。另外，在基本信息栏中显示为蓝色的主办单位名称，是与知产机构版块建立链接的结果，点击主办单位后面的“四川省知识产权局”，则进入知产机构版块四川省知识产权局的页面（http://www.ipknow.cn/agency/show-20149.html）。

---

〔1〕参见http://www.sipo.gov.cn/dfzz/sichuan/zzjg/jgzn/200708/t20070814_196624.htm，最后访问时间：2018年11月26日。

四川省知识产权局PCT国际阶段电子申请及审查系统（CEPCT）培训班

更新时间：2015.11.02

【主办单位】：四川省知识产权局　　【官方网站】：点击进入网址

【单位地点】：四川省-成都市　　【培训时间】：2015-10-29 - 2015-10-29

【专业类别】：专利　　【培训性质】：行政机构培训

【培训地点】：成都市武侯祠大街63号太成宾馆天瑞楼5楼会议室

【联系方式】：联系人：钟辉；电 话：85576789；邮 箱：zhonghui429@163.com。

【培训主题】
四川省知识产权局PCT国际阶段电子申请及审查系统（CEPCT）培训班

【培训师资】
有关专家

【培训对象】
四川省专利代理机构、企业及科研院所相关人员

【培训单位简介】
四川省知识产权局，是四川省人民政府主管全省专利工作和负责统筹协调涉外知识产权事宜的直属机构，对全省专利工作行使行政管理职能和行政执法职能。

【培训课程内容】
1、CEPCT电子申请系统概述；
2、CEPCT系统功能介绍；
3、CEPCT实务操作。

【培训课程的可行性和必要性分析】
为进一步推广使用PCT 国际阶段电子申请及审查系统（以下简称CEPCT系统），使相关人员能及时了解该系统，掌握基本操作。

图 5-7-11　“四川省知识产权局 PCT 国际阶段电子申请及审查系统（CEPCT）培训班”正文界面

四川省知识产权局PCT国际阶段...

- 培训性质
- 培训主题
- 培训师资
- 培训对象
- 培训单位简介
- 培训课程内容
- 培训课程的必要性分析

图 5-7-12　“四川省知识产权局 PCT 国际阶段电子申请及审查系统（CEPCT）培训班”简要目录

图 5-7-13　培训机构官方网站链接结果

四川省知识产权局

更新时间：2015.11.30

【机构性质】行政机构　　【所在城市】四川省>成都市

【网址】点击进入网址　　【电话】028-85554283

【邮编】610041

【地址】成都市一环路南四段二号附一号

【代表人物】

黄峰、王道伟、王明冬、杨早林、周　鸿、靳　赟

【机构概况】

四川省知识产权局是四川省人民政府主管全省专利工作和负责统筹协调涉外知识产权事宜的直属机构，对全省专利工作行使行政管理职能和行政执法职能。其主要职责是：制订全省专利工作发展规划、计划并组织实施；起草与专利法有关的地方性政策、规定和办法；指导企事业单位的专利工作；处理本省专利侵权纠纷和查处假冒他人专利及冒充专利案件；组织推动知识产权法律、法规的宣传普及和专利工作人员的培训工作；负责全省专利技术的开发与实施；负责对专利代理、评估等机构实施业务指导；开展有关知识产权工作的对外交流；承担四川省知识产权工作领导小组办公室的日常工作。

（来自：http://www.sipo.gov.cn/dfzz/sichuan/zzjg/jgzn/200708/t20070814_196624.htm）

变更机构信息

机构类别

- 行政机构(818)
- 司法机构(538)
- 教研机构(79)
- 商业机构(5484)
- 著作权集体管理组织(5)
- 行业协会(10)
- 其他机构(3)

地区分类

A　安徽省　澳门
B　北京市
C　重庆市
F　福建省
G　广东省　广西　贵州省　甘肃省

相关机构

- 常州市知识产权局
- 伊春市知识产权局

图 5-7-14　链接到知产机构版块四川省知识产权局的页面

（二）举例“中关村示范区 4.26 世界知识产权日活动——新《商标法》专题培训”

“中关村示范区 4.26 世界知识产权日活动——新《商标法》专题培训”（http://www.ipknow.cn/education/show-3010.html）这一培训正文界面，最上端是培训名称“中关村示范区 4.26 世界知识产权日活动——新《商标法》专题培训”，紧接着是信息更新时间 2016 年 3 月 19 日。接下来是该培训活动的基本信息，具体如下：“主办单位：中国技术交易所”“官方网站：点击进入网址”“单位地点：北京市”“培训时间：2014-04-23—2014-04-23”“专业类别：商标”“培训性质：商业机构培训”“地址：北京市海淀区北四环西路 66 号中国技术交易大厦 B 座 16 层中国技术交易所”“联系方式：地址：北京市海淀区北四环西路 66 号中国技术交易大厦 B 座 16 层；电话：（010）62679600。”再往下是关于该培训的基本内容信息，具体包括：培训主题、培训师资、培训对象、培训单位简介、培训课程内容、培训课程的可行性和必要性分析。具体如图 5-7-15、5-7-16 所示。

知信通 ＞ 教育培训 ＞ 正文
中关村示范区4.26世界知识产权日活动——新《商标法》专题培训
更新时间：2016.03.19
【主办单位】：中国技术交易所
【官方网站】：点击进入网址
【单位地点】：北京市
【培训时间】：2014-04-23 - 2014-04-23
【专业类别】：商标
【培训性质】：商业机构培训
【培训地点】：地址：北京市海淀区北四环西路66号中国技术交易大厦B座16层中国技术交易所
【联系方式】：地址：北京市海淀区北四环西路66号中国技术交易大厦B座16层；电话：（010）62679600。
中关村示范区4.26世界知识产...
· 培训性质
· 培训主题
· 培训师资
· 培训对象
· 培训单位简介
· 培训课程内容
· 培训课程的必要性分析

图 5-7-15　“中关村示范区 4.26 世界知识产权日活动——新《商标法》专题培训”正文界面（一）

【培训主题】
中关村示范区4.26世界知识产权日活动——新《商标法》专题培训

【培训师资】
国家工商行政管理总局商标局专家

【培训对象】
180多家中关村示范区企业的200余位知识产权负责人。

【培训单位简介】
中国技术交易所，是经国务院批准，由北京市人民政府、科技部、国家知识产权局和中科院联合共建的技术交易服务机构。中技所采用有限责任公司的组织形式，由北京产权交易所有限公司、北京高技术创业服务中心、北京中海投资管理公司和中国科学院国有资产经营有限责任公司共同投资组建，注册资金2.24亿元。[1]

【培训课程内容】
主讲嘉宾从我国《商标法》的发展历程、历次修改过程与内容、新老《商标法》的对比、商标的维权等方面结合实际案例进行了宣讲，对商标的发展概况做了详细阐述，对新《商标法》修订内容做了深入解析，参会企业代表表示，此次新《商标法》培训实用性、指导性强，通过学习使企业较系统地掌握了新《商标法》的内容和相关的法律规定，对有效落实新《商标法》，更好实施企业商标战略、保护商标权益、提升商标价值、争创著名商标、有效规避商标侵权纠纷，提升企业实施商标战略水平有非常重要的作用。

【培训课程的可行性和必要性分析】
培训是新《商标法》颁布以来针对中关村示范区企业最大规模、最高规格的一次专题培训。主讲嘉宾是国家知识产权专家，并全程参与新《商标法》的修改，具有丰富的商标理论知识和实践经验。

图 5-7-16　“中关村示范区 4.26 世界知识产权日活动——新《商标法》专题培训”正文界面（二）

四、学历学位教育界面介绍

学历学位教育的界面不同于“在职培训”，相关信息以某一年份某一大学不同种类的教育为一信息条目。

以湘潭大学 2013 年的教育信息为例（http://www.ipknow.cn/education/

〔1〕 参见李威：“我国技术转移与成果转化的困境及对策分析”，载《石河子科技》2011 年第 5 期；马海涛、方创琳、吴康：“链接与动力：核心节点助推国家创新网络演进”，载《中国软科学》2012 年第 2 期。

show-2201. html)。从下图可见，该条信息包括了湘潭大学的基本信息：“所在地区：湖南省-湘潭市”“网址：点击进入网址”“联系电话：0731-58292719。”再往下是关于该校的简介及不同阶段的学历学位教育介绍，包括：“学校简介”“湘潭大学-2013-本科教育”“湘潭大学-2013-法学硕士教育”“湘潭大学-2013-法律硕士教育”“湘潭大学-2013-博士教育”，其中各项均可以点击展开。如点击“学校简介”，则出现关于湘潭大学的简介，包括该校知识产权方面的简介、师资力量、代表成果等；点击“湘潭大学-2013-本科教育”，则展开湘潭大学 2013 年本科教育的相关内容，包括招生简章、培养方案、课程设置；点击“湘潭大学-2013-法学硕士教育”，则展开湘潭大学 2013 年法学硕士教育相关信息，包括招生简章、培养方案、课程设置等；点击“湘潭大学-2013-法律硕士教育”，展开湘潭大学 2013 年法律硕士相关的信息，包括招生简章及培养方案；点击“湘潭大学-2013-博士教育”，展开湘潭大学 2013 年博士教育相关信息，包括招生简章及培养方案，并附有招生专业目录（招生专业目录图略）。具体如图 5-7-17—5-7-46 所示。

值得注意的是，本部分介绍性质的内容如果有引用他人的内容，都做了明确的标注，以尊重他人的知识产权。

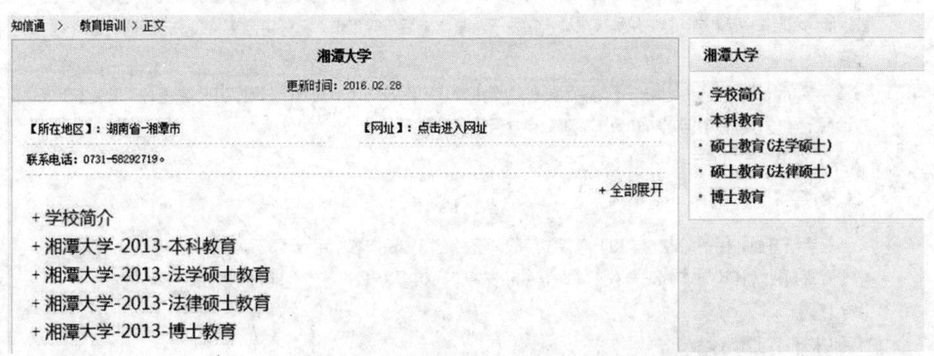

图 5-7-17　湘潭大学 2013 年不同阶段学历学位教育界面

湘潭大学-2013-本科教育 ×

know.cn/education/show-2201.html

+全部展开

- 学校简介

【单位简介】

湘潭大学知识产权学院成立于2008年11月，为湖南省首家知识产权学院，是中部地区继中南财经政法大学知识产权学院之后的第二家知识产权学院。湘潭大学知识产权学院依托湘潭大学的综合性大学性质和法学院较为强大的师资力量，以促进法学院和学校学科建设、培养社会急需的复合型知识产权人才为目标，立足于服务湖南省和长株潭两型社会实验区建设，力争建成在湖南省有一定优势，在全国有一定影响的知识产权学院。

（来源：湘潭大学知识产权学院）

【师资力量】

湘潭大学知识产权学院在湘潭大学法学院民商法学科组和经济法学科组基础上组建，现有专职教师15人，其中教授4人，副教授7人，讲师4人，有8人具有博士学位，4人为在读博士。另有兼职教师22人，分别来自湘潭大学法学院、公共管理学院、商学院、化工学院、机械工程学院、科技处和社科处等院系处室。

知识产权学院副院长肖冬梅教授毕业于武汉大学，曾师从武汉大学知识产权高级研究中心主任陈传夫教授攻读博士学位。

湘潭大学知识产权研究中心执行主任王太平副教授毕业于中国人民大学，曾师从中国法学会知识产权研究会副会长、中国人民大学知识产权教学与研究中心主任、研究生院副院长刘春田教授攻读硕士和博士学位，现正在中国法学会知识产权研究会会长、中南财经政法大学校长、教育部人文社会科学重点研究基地中南财经政法大学知识产权研究中心主任吴汉东教授指导下从事博士后研究工作，担任中国高校知识产权研究会常务理事。

湘潭大学知识产权研究中心副主任胡梦云副教授现正师从中国政法大学知识产权研究中心副主任冯晓青教授攻读博士学位，担任中国高校知识产权研究会常务理事，等等。

（来源：湘潭大学知识产权学院）

【代表成果】

在科研方面，目前湘潭大学知识产权学院教师已经出版知识产权学术专著3部，在《法学研究》《法学》《环球法律评论》《知识产权》《电子知识产权》《中国版权》等专业期刊发表知识产权论文30余篇。

（来源：湘潭大学知识产权学院）

- 湘潭大学-2013-本科教育

图 5-7-18　湘潭大学简介

【招生简章】

湘潭大学本科知识产权专业招生介绍

日前，据教育部下发通知显示，湘潭大学申请备案的知识产权本科专业获得公示通过，获准自2013年开始招生。这是继2010年率先在全国实施“理工科本科生免试推荐攻读法律硕士（知识产权）”政策以来，湘潭大学在知识产权人才培养方面的又一有利平台。

知识产权本科专业预计将招生70人左右（2个班），主要以理工科背景学生为对象，在4年制本科学制中，实施 “知识产权（法学学位）+理工科学位”的双学位培养模式，将以复合型、实务型人才培养为特色，面向知识产权管理部门、政法机关和创新型企业提供社会亟需的复合型知识产权实务人才。

自2008年成立近5年来，知识产权学院获得了国家知识产权局、省知识产权局和学校等各方的大力支持。2010年，湖南省知识产权局与湘潭大学签署协议，共同重点建设知识产权学院；2011年，三一集团、中联重科等6家知名企业和知识产权事务所与湘潭大学共建知识产权实习基地；2012年，省知识产权局与湘潭大学共建湖南省专利分析与评估中心，省高级人民法院与湘潭大学共建湖南省知识产权司法理论研究基地和知识产权研究生创新培养基地，并为省教育厅批准为省级研究生创新培养基地。多方平台的搭建，极大促成实务部门参与知识产权人才培养全过程，实务型知识产权人才的协同培养模式的探索成效显著。

知识产权学院以务实的发展思路、鲜明的办学特色和不懈的开拓精神，在人才培养、团队建设、科学研究、服务社会等方面以其优异的成果和表现，获得了各方的高度肯定和赞誉。

学院自2009、2010年先后试行招收两届法学（知识产权方向）本科生，在全国挑战杯课外学术作品竞赛、全国版权征文大赛中多次获奖，2012年首次参加“北外一万慧达杯”国际知识产权英语模拟法庭大赛即获第三名，显示了学生优异的综合素质；2012届研究生以良好的实务能力深受用人单位的追捧和好评。

近年来，知识产权学科团队先后获国家社科基金重点项目1项、国家社科基金项目2项，国家自科基金项目1项，国家知识产权局重大委托项目等3项，教育部项目4项，企业委托项目10余项，研究经费近200万元。在SSCI刊物及《法学研究》等发表高级别论文数十篇。

（来源：湘潭大学法学院）

图 5-7-19　湘潭大学 2013 年本科教育介绍（一）

【培养方案】

法学专业（知识产权方向）本科培养计划

一、培养目标

本专业主要培养德智体美等综合素质和谐发展的，能够从事政法机关、国家机关、社会管理部门、企事业单位的法律专门工作，以及从事法学教育与研究的高级人才。

本方向坚持“以法学理论和实务为基础，强化知识产权理论与实务，以知识产权保护为指向，以提升知识产权保护水平为目标”，培养适应社会主义现代化建设需要，德智体美全面发展，具备系统的法学基础理论和能力，并具备知识产权法律、知识产权管理、知识产权中介服务等专业理论知识和实务能力，较强知识产权代理实务能力，面向司法机关、政府部门、科技创新型企业、研究机构和知识产权社会中介等机构的复合型知识产权应用人才。本专业设知识产权法平台，侧重知识产权相关法律知识的数学、注重培养学生掌握法学理论知识和实践能力，尤其是知识产权相关法律知识和知识产权诉讼技能。

二、培养对象

通过全国普通高考并经培养单位录取的理科高中毕业生。

三、业务培养要求

（一）基本素质要求

1.热爱社会主义祖国、拥护中国共产党，掌握马列主义、毛泽东思想、邓小平理论和“三个代表”的基本原理，树立科学的世界观，正确的人生观和价值观，具有良好的思想品德、社会公德和职业道德。

2.具有较好的人文修养，较强的现代意识和较高的专业素质，掌握本专业必要的基本技能、思维方式。

3.掌握科学锻炼身体的基本技能，受到必要的军事训练，达到国家规定的大学生体育和军事训练合格标准，身体健康，心理素质好。

（二）知识结构要求

1.具有一定的自然科学知识。

2.掌握一门外语和计算机应用基础知识。

3.掌握法学的基本概念、基本理论和基本法律制度。

4.掌握知识产权学科的基础知识和专业知识，了解学科的前沿理论与发展动态。

（三）能力结构要求

1.具有良好的自学习惯和能力，有较好的表达交流能力和一定的计算机及信息技术应用能力。

2.具有综合运用所掌握的理论知识和技能，从事法律、知识产权工作的基本能力。

3.具有较强的开拓创新精神和创造性思维能力，具有一定的科研能力。

4.掌握文献检索、资料查询的基本方法。

图 5-7-20　湘潭大学 2013 年本科教育介绍（二）

四、主干学科

法学、工学、管理学

五、主要课程

（见表1-表2）

六、主要实践教学环节

专利检索与审查技术，32学时；

模拟法庭，48学时；

教学实习，10周；

学年论文，2周；

毕业论文，8周。

七、学制与学位授予

学制：基本学制4年，学生可3-6年内完成学业，具体按学校有关规定执行。授予学位：法学学士。

八、毕业资格与学位授予要求

1．本专业学生必须修满178学分方可毕业，其中必修课，选修课24学分，实践性教学环节27学分。

2．符合《中华人民共和国学位条例》及《湘潭大学学士学位授予工作细则》规定者，可授予学士学位。

九、辅修专业

学生应辅修一个理工类专业（化学、化工、机械工程、电子信息工程专业中任选一个）。

十、课程设置与教学进度表（见表1-表2）

【课程设置】

表1：法学专业（知识产权方向）主修课程

表2：法学专业（知识产权方向）辅修课程（任选其中一个专业）

图5-7-21　湘潭大学2013年本科教育介绍（三）

－湘潭大学-2013-法学硕士教育

【招生简章】

湘潭大学2013硕士招生简章

一、培养目标

招收硕士研究生是为了培养热爱祖国，拥护中国共产党的领导，拥护社会主义制度，遵纪守法，品德良好，具有服务国家、服务人民的社会责任感，掌握本学科坚实的基础理论和系统的专业知识，具有创新精神、创新能力和从事科学研究、教学、管理等工作能力的高层次学术型专门人才以及具有较强解决实际问题的能力、能够承担专业技术或管理工作、具有良好职业素养的高层次应用型专门人才。

二、报名参加学术学位研究生招生全国统一考试的人员，须符合下列条件：

（一）中华人民共和国公民。

（二）拥护中国共产党的领导，愿为社会主义现代化建设服务，品德良好，遵纪守法。

（三）身体健康状况符合国家和招生单位规定的体检要求。

（四）考生必须符合下列学历等条件之一：

1. 国家承认学历的应届本科毕业生（录取当年9月1日前须取得国家承认的本科毕业证书。含普通高校、承认高校、普通高校举办的承认高等学历教育应届本科毕业生，及自学考试和网络教育届时可毕业本科生）。

2. 具有国家承认的大学本科毕业学历的人员 。

3. 获得国家承认的高职高专毕业学历后满2年或2年以上，达到与大学本科毕业生同等学力，且符合我校根据培养单位的培养目标对考生提出具体专业要求人员。

4. 国家承认学历的本科结业生，按本科毕业生同等学力身份报考。

图 5-7-22　湘潭大学 2013 年法学硕士教育介绍（一）

年）及以上的考生若从事财经类实际相关工作可不受此限制，但此类考生不享受奖学金。

3.我校会计专业硕士专业按照入学时本科毕业是否满3年（专科满5年）划定两条复试分数线。

（五）报名参加除法律硕士（非法学）、法律硕士（法学）、工商管理硕士、公共管理硕士、旅游管理硕士外的其它专业学位研究生招生考试的人员，须符合第二条中的各项要求。

四、接收推荐免试生

欢迎获得考生所在学校推荐免试资格的优秀应届本科毕业生报考我校，详情请浏览我校研究生院主页推免生招生信息。

五、报名

采用网上提交报考信息和到报名点现场照相、缴费、确认报名信息相结合的方式进行，详情请于2015年9月浏览中国研究生招生信息网上公布的信息。考生报名前应仔细核对本人是否符合报考条件，报考资格审查将在复试阶段进行。

1.网上报名时间：2015年9月24日一27日（每天9：00一22：00）为应届本科毕业生网上预报名时间。10月10日-31日每天9：00一22：00考生登录中国研究生招生信息网，按网站的提示和要求如实填写本人报名信息。期间考生可修改本人信息。应届本科毕业生预报名信息有效，无需重复报名。报名期间将对考生学历（学籍）信息进行网上校验，并在考生提交报名信息三天内反馈校验结果。考生可随时上网查看学历（学籍）校验结果。考生也可在报名前或报名期间自行登录“中国高等教育学生信息网（网址：http://www.chsi.com.cn）查询本人学历（学籍）信息。

2.现场确认日期：经考试院批准，我省报考硕士研究生现场确认时间定为：11月7日-11日。

请考生及时关注湖南省教育考试院发布的公告，在规定时间内到指定地方现场核对并确认个人网上报名信息。逾期不再补办。

报考人员持本人第二代身份证和学历证书（普通高校、成人高校、普通高校举办的成人高校学历教育应届本科毕业生持学生证），到网报时选定的报名点凭报名编号进行现场缴费、照相。报考“退役大学生士兵专硕硕士研究生招生计划”的考生还应提交本人《退出现役证》。在规定的时间内未完成缴费和照相者，报考无效。考生报名时不需档案单位介绍信，报考材料也不需加盖公章，但录取时仍需考生档案单位政审和同

图 5-7-23　湘潭大学 2013 年法学硕士教育介绍（二）

意，所以请考生务必征得单位同意；若因上述问题使学校无法调取考生档案，造成考生不能复试或无法录取的后果，学校不承担责任。

所有报名系统中未通过学历（学籍）校验的考生，现场确认时需出具教育部学信网下载的《教育部学历证书电子注册备案表》或《中国高等教育学历认证报告》原件和复印件方可进行现场确认（获得方法请访问学信网主页http://www.chsi.com.cn/）。

持国外学历报名考生，现场确认时还需出具教育部留学服务中心出具的留学认证材料原件和复印件。

在录取当年9月1日前可取得国家承认本科毕业证书的自学考试和网络教育本科生，须凭颁发毕业证书的省级高等教育自学考试办公室或网络教育高校出具的相关证明方可办理网上报名现场确认手续。

考生所填各种信息及所有报考材料必须真实，对弄虚作假者（含推免生），一经查实，即按有关规定取消报考资格、录取资格或学籍。

所有考生均要对本人网上报名信息进行认真核对并确认。经考生确认的报名信息在考试、复试及录取阶段一律不作修改，因考生填写错误引起的一切后果由其自行承担。

六、入学考试

1.入学考试分初试和复试。

2.初试时间：2015年12 月26 日至 12 月27 日。

3.初试科目：根据教育部有关文件要求，工商管理（专业学位）、公共管理（专业学位）、旅游管理（专业学位）、会计（专业学位）、图书情报（专业学位）、法律（法学）、法律（非法学）均为全国统考。其中，101-政治理论、199-管理类联考综合能力、201-英语一、202-俄语、203-日语、204-英语二、301-数学一、302-数学二、303-数学三、397-法硕联考专业基础（法学）、398-法硕联考专业基础（非法学）、497-法硕联考综合（法学）、498-法硕联考综合（非法学），以上科目均为全国统考或联考科目，有关考试内容请参照教育部统一编制的考试大纲。其他科目均由我校自行命题。各科考试时间均为3小时。

4.初试地点：考生在报名点指定的地点参加考试。

图 5-7-24　湘潭大学 2013 年法学硕士教育介绍（三）

5.复试时间、地点、内容及方式由我校自定，相关通知会及时在我校研究生院网站上进行公布。复试内容包括专业课笔试、外语听力与口语、专业综合面试。复试成绩和初试成绩按权重相加，得出入学考试总成绩，复试成绩占入学考试总成绩的权重在30%～50%的范围内。

6.资格审查

资格审查在复试阶段进行，届时考生须出示下列材料：

（1）　本人有效身份证原件及复印件；

（2）　学历证书、学位证书原件及复印件（应届本科毕业生持学生证原件及复印件）；

（3）　大学阶段成绩单原件（须由大学教务处或档案管理部门加盖公章）；

（4）　档案所在单位政审材料。

（5）　未通过网上学历（学籍）校验的考生，现场确认时还需持教育部学信网下载的《教育部学历证书电子注册备案表》或《中国高等教育学历认证报告》原件和复印件进行现场确认。

（6）　持国外学历报名考生，现场确认时还需出具教育部留学服务中心出具的留学认证材料原件和复印件。

（7）　在录取当年9月1日前可取得国家承认本科毕业证书的自学考试和网络教育本科生，须出具颁发毕业证书的省级高等教育自学考试办公室或网络教育高校的相关证明。

七、体格检查

体检时间：考生在复试时须参加体检，具体时间、要求由我校在复试前通知。

体检标准：按照教育部、卫生部等修订的《普通高等学校招生体检标准》执行。

图 5-7-25　湘潭大学 2013 年法学硕士教育介绍（四）

八、录取

我校根据国家下达的招生计划和考生入学考试（包括初试、复试）成绩，结合考生平时学习成绩和思想政治表现、业务素质、身体健康状况以及档案单位政审材料确定录取名单。

九、学习年限

我校招收的硕士研究生，实行弹性学制，学习年限为2～4年。

十、违纪处罚

对于考生申报虚假材料、考试作弊及其他违反考试纪律的行为，我校将通知考生所在单位，并按照教育部《国家教育考试违纪处理办法》进行严肃处理。

十一、其他注意事项

1.请密切关注我校研究生院网站上的招生信息及通知。招生信息如有变动，以报名期间研究生院网站公布的招生简章、专业目录、考试大纲、复试内容及相关信息为准。有关业务课考试问题咨询，请直接与报考学院联系。

2.湘潭大学应届毕业生的档案和学习单位一定填写为“湘潭大学XX学院”，通讯地址为“湘潭大学XX学院XX班”。

3.请考生报名后不要随意更改联系电话，以免影响录取通知书的发放。

单位代码：10530

通信地址：湖南湘潭市湘潭大学研究生院招生办（411105）

联系电话：（0731）58292051（研招办）

传　　真：（0731）58292695

图 5-7-26　湘潭大学 2013 年法学硕士教育介绍（五）

【培养方案】

民商法专业(知识产权方向)硕士学位研究生培养方案

一、培养目标

培养具有从事知识产权科学研究工作或独立承担知识产权实务工作的能力，愿为社会主义现代化建设服务的高层次、高素质的专门人才。

1．掌握马克思主义的基本理论和法学专业知识，热爱祖国，具有良好的道德品质和较强的事业心；

2．具有创新能力和献身精神，掌握坚实宽广的法学基础理论和系统全面的专业知识，熟悉知识产权前沿问题和相关部门法及相邻学科重要的理论及实践问题；

3．具有系统研究、探讨知识产权方面问题的能力，对知识产权基本理论、专利法及专利战略、商标法及品牌管理、版权法及创意产业管理以等方面有着完整的创造性见解；

4．治学严谨，学风良好，具备较强的独立从事科研、教学或实际工作的素养和能力；

5．能熟练掌握一门外国语，熟练阅读本专业外文资料，并具有良好外文写作能力和独立进行国际学术交流的水平。

二、研究方向

知识产权

三、课程设置（见附表）

四、学分要求

毕业应修满40学分。

五、学位论文

1．论文选题。

学位论文是反映研究生培养质量和研究能力的关键环节。研究生应于入学后的第四学期内，在导师的指导下选定研究课题。学位论文的选题应体现本专业领域的学术性和前瞻性，并具有理论价值和现实意义。

2．开题报告。

确定选题后，在导师的指导下，应提交学位论文开题报告，由导师会同本专业负责人进行审议。开题报告在第二学年结束前进行。开题报告的内容主要包括选题理由，国内外关于该课题的研究现状及趋势，本人的详细研究计划，主要参考书目等。

3．论文写作与中期检查。

图 5-7-27　湘潭大学 2013 年法学硕士教育介绍（六）

学位论文的提纲拟定与论文撰写应在导师指导下，由研究生本人独立完成，并能充分反映作者本人的研究能力和学术观点。学位论文在引用他人观点时必须注明出处，并在论文最后列出所有参考文献资料。论文应具有一定的新颖性与创造性，并具有一定的学术价值与应用价值。在开题之后至第五个学期结束之前，硕士点应敦促各位导师对学生的毕业论文写作工作进行中期检查，学生应就此提供中期检查报告。

4．答辩。

答辩应在第六个学期结束之前进行，如不能及时提交论文进行答辩则需申请推迟答辩。申请答辩的论文应由至少一名外审专家进行评阅。答辩由硕士点负责组织和安排，应由至少五名具有副高以上职称人员组成，答辩组安排应遵守导师回避的要求，答辩组主席应由外校专家担任。答辩组根据论文质量和答辩表现评定成绩，并作出是否同意授予学位的决定。

5．论文发表。

必须在省级或省级以上核心期刊至少发表1篇学术论文。

六、其他学习项目安排

1．学术研究和学术活动。

每位学生必须参加由法学院主办的相关学术讲座10次以上，并做好笔记。以上事项的具体内容与考核方式由本硕士点辅导员负责。

2．教学实践和社会实践。

由各个硕士生指导教师负责安排自己所指导的硕士生进行教学实践。每个硕士生至少应指导1篇以上的自学考试或电视大学等法学本科论文，有条件的，还可安排函授课程讲授、助教岗位等。以上事项，由各指导教师进行考核，评定成绩。第三期开始，有计划地安排学生到知识产权管理部门、司法机关、律师事务所、知识产权代理公司和企业相应部门实习，实习结束以后，必须完成6000字以上的实习报告。

七、培养方式

培养硕士研究生，采取导师个别指导与学科组集体培养相结合，研究生自学与教师指导相结合的方法。其中，尤其注重发挥学科组集体的力量和硕士生本人学习的积极性、主动性和创造性。在教学上，采取系统的课程学习与科学研究、专题讲授与课堂讨论、课内教学与课外交流、走出去与请进来相结合的方式，并特别注重因材施教。同时，对研究生实行严格的考核，建立必要的筛选淘汰机制，以确保培养质量。

图 5-7-28　湘潭大学2013年法学硕士教育介绍（七）

八、本专业研究生文献阅读的主要著作与专业学术期刊目录

[1] 卢梭．何兆武译．社会契约论．商务印书馆1980年第2版

[2] 查士丁尼．法学总论·法学阶梯．商务印书馆1989年版

[3] 博登海默．邓正来译．法理学：法律哲学与法律方法．中国政法大学出版社1999年版

[4] 拉伦兹．陈爱娥译．法学方法论．中国政法大学出版社2001年版

[5] 罗尔斯．何怀宏译．正义论．中国社会科学文献出版社1988年版

[6] 张文显著．法学基本范畴研究．中国政法大学出版社1993年版

[7] 迪特尔·梅迪库斯．邵建东译．德国民法总论．法律出版社2000年版

[8] 艾伦·沃森．民法法系的演变与形成．中国政法大学出版社1992年版

[9] 王泽鉴．民法学说与判例研究（1-8）．中国政法大学出版社1998年版

[10] 王利明．民法总则研究．中国人民大学出版社2003年版

[11] [美]兰德斯．知识产权法的经济结构．北大出版社2005年版

[12] 吴汉东．无形财产权制度研究．法律出版社2005年版

[13] 李明德等．著作权法等．法律出版社2003年版

[14] 郑成思．知识产权——应用法学与基本理论．人民出版社2005年版

[15] 冯晓青．知识产权法哲学．中国人民公安大学2003年版

[16] 科斯、诺斯等．财产权利与制度变迁．上海三联书店1994年版

[17] 阿瑟.R.米勒　迈克.H.戴维斯：Intellectual Property: Patents, Trademarks, and Copyright（第3版），法律出版社2004年版（英文）；

[18] Peter Drahos, A Philosophy of Intellectual Property, Dartmouth Publishing Company Limited, 1996（英文版）

[19] 罗伯特.P.墨杰斯等.《新技术时代的知识产权法》，齐筠等译，中国政法大学出版社2003年版

[20] 黄晖著．驰名商标和著名商标的法律保护

．法律出版社2001年版

[21] 陶鑫良．知识产权法总论．知识产权出版社2005年版

[22] 唐广良．知识产权的国际保护．知识产权出版社2002年版

[23] 吴汉东．知识产权法基本问题研究．中国人民大学出版社

[24] 吴汉东．著作权合理使用制度研究．中国政法大学出版社2004年版

[25] 冯晓青．知识产权法利益平衡理论．中国政法大学出版社2006年版

[26] 蒂娜·哈特等著．知识产权法（第2版）．法律出版社2003年版（英文）

[27] 詹姆斯·布坎南．财产与自由．中国社会科学出版社2002年版

图 5-7-29　湘潭大学 2013 年法学硕士教育介绍（八）

[28] WIPO.WIPO Intellectual Property Handbook: Policy, Law and Use, http://www.wipo.int/about-ip/en/iprm/index.htm

[29] 王太平.知识产权法法律原则：理论基础与具体构造.法律出版社2004年版

[30] 王太平.知识产权客体的理论范畴.知识产权出版社2008年版

[31] 陈传夫.信息资源公共获取与知识产权保护.北京图书馆出版社2007年版

[32] 陈传夫.高新技术与知识产权法.武汉大学出版社2000年版

[33] 汤宗舜.专利法. 法律出版社2003年版

[34] 郑成思.知识产权论.法律出版社2003年版

[35] 薛虹.知识产权与电子商务.法律出版社2003年版

[36] 李明德.著作权法.法律出版社2007年版

[37] 波斯纳.蒋兆康译.法律的经济分析.中国大百科全书出版社1997年版

[38] 近五年发表在《中国社会科学》上的知识产权论文

[39] 近五年发表在《法学研究》上的知识产权论文

[40] 近五年发表在《中国法学》上的知识产权论文

[41] 近五年发表在《知识产权》《电子知识产权》《中国版权》《中国知识产权报》上的文章

[42] 《知识产权文丛》（郑成思）、《知识产权研究》（郑成思）、《北大知识产权评论》（郑胜利）、《中国知识产权评论》（刘春田）、《知识产权年刊》（吴汉东）上的论文

[43] 国内知识产权领域及其密切相关领域的主要法律法规，如《民法通则》、《合同法》、《物权法》、《专利法》、《商标法》、《著作权法》等以及最高人民法院在民商事领域颁布的重要的司法解释

[44] 知识产权国际条约，如《巴黎公约》《伯尔尼公约》及WTO知识产权协议等

附表：民商法专业(知识产权方向)课程设置

（来源：湘潭大学知识产权学院）

图 5-7-30　湘潭大学 2013 年法学硕士教育介绍（九）

【课程设置】

民商法专业(知识产权方向)课程设置

类别	学分	课程名称	学分	学时	开课学期	任课教师	考核方式	适用专业方向
公共必修课	6	马克思主义理论	3		1	学校统一安排		各专业
		第一外国语	3		1.2	学校统一安排		各专业
		计算机基础				学校统一安排		文科各专业
专业基础课	9	法理学研究	3	54	1	胡平仁	笔试	
		诉讼法原理	3	54	1	廖永安	笔试	
		刑法原理	3	54	1	黄明儒	笔试	
专业必修课	10	专业外语	2	36		张怀印	笔试	
		民法总论	2	36	1	王太平	笔试	
		专利法专题	2	36	2	刘友华	笔试	
		著作权法专题	2	36	2	肖冬梅	论文	
		商标法与竞争法专题	2	36	2	胡梦云	论文	
其他必修	4	前沿讲座	2	36		学院统一安排		
		教育实践	2	36		硕士点统一安排		
研究方向	6	知识产权管理	3	54	3	王太平	论文	
		知识产权代理	3	36	3	卢　宏	笔试	
		知识产权信息	2	36	2	肖冬梅	机试	

图 5-7-31　湘潭大学 2013 年法学硕士教育介绍（十）

选修课	6	物权法	2	36	2		论文	任选三
		侵权行为法	2	36	3		论文	
		合同法	2	36	2		论文	
		知识产权评估	2	36	3		论文	
		知识产权国际保护	2	36	3		论文	
		科研论文写作	2	36	3		考查	
补修课		民事诉讼法						不计学分
		经济法						不计学分
		行政法						不计学分

图 5-7-32　湘潭大学 2013 年法学硕士教育介绍（十一）

【招生简章】

湘潭大学2013年硕士研究生招生说明

湘潭大学2013年计划招收全日制学术型研究生1300人，全日制专业学位研究生550人(最终招生人数以教育部实际下达的招生计划为准)。

一、培养目标

招收硕士研究生是为了培养热爱祖国，拥护中国共产党的领导，拥护社会主义制度，遵纪守法，品德良好，具有服务国家服务人民的社会责任感，掌握本学科坚实的基础理论和系统的专业知识，具有创新精神、创新能力和从事科学研究、教学、管理等工作能力的高层次学术型专门人才以及具有较强解决实际问题的能力、能够承担专业技术或管理工作、具有良好职业素养的高层次应用型专门人才。

二、报名参加学术学位研究生招生全国统一考试的人员，须符合下列条件：

(一)中华人民共和国公民。

(二)拥护中国共产党的领导，愿为社会主义现代化建设服务，品德良好，遵纪守法。

(三)年龄一般不超过40周岁(1972年8月31日以后出生者)，报考委托培养和自筹经费的考生年龄不限。

(四)身体健康状况符合国家和招生单位规定的体检要求。

(五)考生的学历必须符合下列条件之一：

1.国家承认学历的应届本科毕业生；

2. 具有国家承认的大学本科毕业学历的人员；

3.国家承认学历的本科结业生和成人高校应届本科毕业生，按本科毕业生同等学力身份报考；

4.已获硕士、博士学位的人员。

自考生和网络教育学生须在报名现场确认截止日期前取得国家承认的大学本科毕业证书方可报考。在校研究生报考须在报名前征得所在培养单位同意。

三、专业学位研究生全国统一考试的报考条件按下列规定执行。

(一)报名参加法律硕士(非法学)专业学位研究生招生考试的人员，须符合下列条件：

1.符合第二条中的各项要求。

2.在高校学习的专业为非法学专业的(普通高等学校本科专业目录法学门类中的法学类专业[代码为0301]毕业生不得报考)。

(二)报名参加法律硕士(法学)专业学位研究生招生考试的人员，须符合下列条件：

1.符合第二条中的各项要求。

2.在高校学习的专业为法学专业的(仅普通高等学校本科专业目录法学门类中的法学类专业[代码为0301]毕业生方可报考)。

图 5-7-33 湘潭大学 2013 年法律硕士教育介绍（一）

(三)报名参加工商管理硕士、公共管理硕士、工程管理硕士、旅游管理硕士、工程硕士中的项目管理专业学位研究生招生考试的人员，须符合下列条件：

1.符合第二条中第(一)、(二)、(四)、(五)各项的要求。

2.大学本科毕业后有3年或3年以上工作经验的人员;获得国家承认的高职高专毕业学历后，有5年或5年以上工作经验，达到与大学本科毕业生同等学力的人员;已获硕士学位或博士学位并有2年或2年以上工作经验的人员。

(四)报名参加除法律硕士(非法学)、法律硕士(法学)、工商管理硕士、公共管理硕士、工程管理硕士、旅游管理硕士、工程硕士中的项目管理外的其它专业学位研究生招生考试的人员，须符合第二条中的各项要求。

四、接收推荐免试生：欢迎获得考生所在学校推荐免试资格的优秀应届本科毕业生，与我校研招办和相关学院联系免试攻读硕士研究生事宜。我校对通过复试并同意接收为推荐免试攻读硕士学位研究生的外校优秀普教本科应届毕业生发给接收函。收到我校接收函且取得推荐免试攻读硕士学位资格的同学须将正式加盖省(市级)高校招生办公室公章的推荐免试表格寄送至我校研招办，并到考生所在学校领取省(市级)高校招生办公室核发的报名校验码，凭校验码于2012年10月10日－31日进行网上报名(网址为yz.chsi.com.cn)，于11月10日－14日到网上报名时所选定的报名点办理正式报名手续(缴纳报名费和照相)，未办理正式报名手续者不能被录取。详情请浏览我校研究生处主页硕士生招生信息。

五、报名

采用网上提交报考信息和到报名点现场照相、缴费、确认报名信息相结合的方式进行，详情请于2012年9月浏览中国研究生招生信息网上公布的信息。考生报名前应仔细核对本人是否符合报考条件，报考资格审查将在复试阶段进行。

1.网上报名时间：2012年9月28日－29日(每天9：00－22：00)为应届本科毕业生网上预报名时间。10月10日-31日每天9：00－22：00考生登录中国研究生招生信息网，按网站的提示和要求如实填写本人报名信息。期间考生可修改本人信息。应届本科毕业生预报名信息有效，无需重复报名。

推荐免试生须在10月31日前凭推荐学校所在地省级教育招生考试管理机构发放的效验码在网上填写报名信息，并与其他考生同期现场确认报名信息。

请查阅：公网地址http://yz.chsi.com.cn，教育网地址http//:yz.chsi.cn公布的网上报名时间及相关事宜(牢记报名编号和密码)。

2.现场确认日期：2012年11月10日-14日。

报考人员持本人第二代身份证和学历证书(普通高校、成人高校、普通高校举办的成人高校学历教育应届本科毕业生持学生证)，到网报时选定的报名点凭报名编号进行现场缴费、照相。在规定的时间内未完成缴费和照相者，报考无效。考生报名时不需档案单位介绍信，报考材料也不需加盖公章，但录取时仍需考生档案单位政审和同意，所以请考生务必征得单位同意;若因上述问题使学校无法调取考生档案，造成考生不能复试

图 5-7-34　湘潭大学 2013 年法律硕士教育介绍（二）

或无法录取的后果，学校不承担责任。

所有报考工商管理硕士(MBA)、公共管理硕士(MPA)、会计硕士(MPACC)、法律硕士(法学)、法律硕士(非法学)、旅游管理硕士(MTA)的考生，现场确认时需出具教育部学信网下载的《教育部学历证书电子注册备案表》或《中国高等教育学历认证报告》原件和复印件方可进行现场确认(获得方法请访问学信网主页http://www.chsi.com.cn/)。

持国外学历报名考生，现场确认时还需出具教育部留学服务中心出具的留学认证材料原件和复印件。

考生所填各种信息及所有报考材料必须真实，对弄虚作假者(含推免生)，一经查实，即按有关规定取消报考资格、录取资格或学籍。

所有考生均要对本人网上报名信息进行认真核对并确认。经考生确认的报名信息在考试、复试及录取阶段一律不作修改，因考生填写错误引起的一切后果由其自行承担。

六、入学考试

1.入学考试分初试和复试。

2.初试时间：见教育部公告。

3.初试科目：根据教育部有关文件要求，工商管理(专业学位)、公共管理(专业学位)、旅游管理(专业学位)、会计(专业学位)、国际商务(专业学位)、资产评估(专业学位)、工程管理(专业学位)、法律(法学)、法律(非法学)均为全国统考。其中，101-政治理论、199-管理类联考综合能力、201-英语一、202-俄语、203-日语、204-英语二、301-数学一、302-数学二、303-数学三、397-法硕联考专业基础(法学)、398-法硕联考专业基础(非法学)、497-法硕联考综合(法学)、498-法硕联考综合(非法学)，以上科目均为全国统考或联考科目，有关考试内容请参照教育部统一编制的考试大纲。其他科目均由我校自行命题。各科考试时间均为3小时。

4.初试地点：考生在报名点指定的地点参加考试。

图 5-7-35　湘潭大学 2013 年法律硕士教育介绍（三）

5.复试时间、地点、内容及方式由我校自定，相关通知会及时在我校研究生处网站上进行公布。复试内容包括专业课笔试、外语听力与口语、专业综合面试。复试成绩和初试成绩按权重相加，得出入学考试总成绩，复试成绩占入学考试总成绩的权重在30%～50%的范围内。

(友情提示：因时间紧迫，具有复试资格的考生名单以及相关复试要求，我校将在湘潭大学及研究生处的网站上直接公布，不再另行寄发书面的复试通知书。届时请各位考生随时密切关注相关信息)。

6.资格审查

资格审查在复试阶段进行，届时考生须出示下列材料：

(1) 本人有效身份证原件及复印件；

(2) 学历证书、学位证书原件及复印件(应届本科毕业生持学生证原件及复印件)；

(3) 大学阶段成绩单原件(须由大学教务处或档案管理部门加盖公章)；

(4) 档案所在单位政审材料。

(5) 所有报考工商管理硕士(MBA)、公共管理硕士(MPA)、会计硕士(MPACC)、法律硕士(法学)、法律硕士(非法学)、旅游管理硕士(MTA)的考生，现场确认时还需持教育部学信网下载的《教育部学历证书电子注册备案表》或《中国高等教育学历认证报告》原件和复印件进行现场确认。获得方法请访问学信网主页http://www.chsi.com.cn/。

(6) 持国外学历报名考生，现场确认时还需出具教育部留学服务中心出具的留学认证材料原件和复印件。

七、体格检查

体检时间：考生在复试时须参加体检，具体时间、要求由我校在复试前通知。

体检标准：按照教育部、卫生部等修订的《普通高等学校招生体检标准》执行。

八、录取

我校根据国家下达的招生计划和考生入学考试(包括初试、复试)成绩，结合考生平时学习成绩和思想政治表现、业务素质、身体健康状况以及档案单位政审材料确定录取名单。

九、学习年限

我校招收的硕士研究生，实行弹性学制，学习年限为2～4年。

十、违纪处罚

对于考生申报虚假材料、考试作弊及其他违反考试纪律的行为，我校将通知考生所在单位，并按照教育部《国家教育考试违纪处理办法》进行严肃处理。

十一、其他注意事项

1.请密切关注我校研究生处网站上的招生信息及通知。招生信息如有变动，以报名期间研究生处网站公布的招生简章、专业目录、参考书目、复试内容及相关信息为准。有关业务课考试问题咨询，请直接与报考学院联系。

图 5-7-36　湘潭大学 2013 年法律硕士教育介绍（四）

2.湘潭大学应届毕业生的档案和学习单位一定填写为“湘潭大学XX学院”，通讯地址为“湘潭大学XX学院XX班”。

单位代码：10530

通信地址：湖南湘潭市湘潭大学研招办(411105)

联系电话：(0731)58292051(研招办)

传 真：(0731)58292695

网 址：www.xtu.edu.cn

E-Mail ：yzb@xtu.edu.cn

联系人 ：周 广 杨红梅

热忱欢迎在职人员和高等学校应届本科毕业生报考我校硕士研究生。

图 5-7-37 湘潭大学 2013 年法律硕士教育介绍（五）

【培养方案】

法律硕士（知识产权方向）专业研究生培养方案

根据《国务院学位办和全国法律硕士专业学位研究生指导性培养方案》，结合我校实际，制定《湘潭大学知识产权法律硕士专业学位培养方案》。

一、培养目标

知识产权法律硕士专业学位的培养目标是为法律职业部门培养具有社会主义法治理念、德才兼备、高层次的复合型、实务型法律人才。具体要求：

1．掌握马克思主义的基本原理，自觉遵守宪法和法律，具有良好的政治素质和公民素质，深刻把握社会主义法治理念和法律职业伦理原则，恪守法律职业道德规范。

2．掌握知识产权法学基本原理和知识产权管理知识，具备从事知识产权职业所要求的知识、术语、思维习惯、方法和职业技术。

3．能综合运用法律和其他专业知识，具有独立从事知识产权实务工作的能力，达到有关部门相应的任职要求。

4．较熟练地掌握一门外语，能阅读专业外语资料。

二、培养对象

通过全国攻读硕士学位研究生统一考试并经培养单位复试选拔录取的具有国民教育序列大学本科学历（或具有本科同等学历）的管理类和理工类专业的毕业生。

三、培养工作

知识产权法律硕士专业学位研究生毕业并获得学位，总学分不低于75学分。

（一）课程设置

课程按法学一级学科为主设置，课程结构分为必修课和选修课（推荐选修课和自选课）。

图 5-7-38 湘潭大学 2013 年法律硕士教育介绍（六）

（一）课程设置

课程按法学一级学科为主设置，课程结构分为必修课和选修课（推荐选修课和自选课）。

1.法学基础课程与研究生公共课程（35学分）

课程/开设学期

（1）政治（2学分）/1

（2）外语（4学分）/1-2

（3）法理学（3学分）/1

（4）宪法学（2学分）/1

（5）民法学（4学分）/1

（6）刑法学（4学分）/1

（7）刑事诉讼法（3学分）/3

（8）民事诉讼法（3学分）/3

（9）行政法与行政诉讼法（3学分）/2

（10）经济法（3学分）/3

（11）国际法（2学分）/2

（12）中国法制史（2学分）/2

2.选修课（20学分）

2.1专业必选课（14学分）

（1）专利法专题研究（2学分）/ 2

（2）著作权法专题研究（2学分）/2

（3）商标法与竞争法专题研究（2学分）/2

（4）知识产权管理（3学分）/2

（5）知识产权信息检索（2学分）/3

（6）知识产权代理实务（3学分）/3

2.2自选课（6学分）

（1）知识产权评估（2学分）/3

（2）知识产权国际保护（2学分）/3

（3）侵权法（2学分）/3

（4）合同法（2学分）/2

（二）实践必修环节（10学分）

1.模拟法庭　　　　（4学分）

图 5-7-39　湘潭大学 2013 年法律硕士教育介绍（七）

2.专利文书撰写　　　（2学分）；

3.知识产权实践课（在专利代理机构或法院或律师事务所实习两至三周）（4学分）

（三）学位论文（10学分）

学位论文选题应贯彻理论联系实际的原则，论文内容应着眼实际问题、面向知识产权法和知识产权管理实务、深入知识产权法学理论。重在反映学生运用所学理论与知识综合解决知识产权实务中的理论和实践问题的能力。导师组应根据学生的选题方向，确定具体的导师负责其论文的指导工作。

知识产权法律硕士学位论文应以知识产权实务研究为主要内容，但不限于学术论文的成果形式，还可采用案例分析（针对同一主题的三个以上相关案件进行研究分析）、研究报告、专项调查等。论文评阅标准应当统一。任何形式的学位论文的写作均应当规范，达到以下七个方面要求：

1.选题有意义并且题目设计合理；

2.论文应当对国内同类课题的研究进行梳理和归纳，或者对同类课题在实践中的现状进行梳理和归纳。说明这个课题目前存在的争议焦点与未解决的问题；

3.论文应当反映出作者已经合乎逻辑地研究并分析了这个问题的层次，即所谓的“分析深入”、“论证结构合理”；

4.有充分的论证理由与依据，文字中能够反映出作者已经充分阅读过一定数量的相关文献资料。法律硕士学生在读期间至少应当阅读15部非教材类专业书籍，撰写学位论文应当研读过与论文主题相关的著作不少于5部。这个阅读量应当在学位论文的注释中反映出来；注释中必须显示学生已经阅读并了解了该领域国内代表性论著，参考文献应当列出相关的文献资料，并鼓励参考国外最新文献资料。即所谓的“资料充分”和“注释规范”；

5.能够采取多样的研究方法，而不是盲目的无方法的所谓“研究”。方法包括：社会调查与统计方法、社会学分析方法、比较方法、规范实证方法、价值分析方法等等；

6.在谨慎踏实的基础上有大胆创新的观点；

7.语言与字数方面的要求。语言精练，符合汉语写作规范，字数以1.5万为宜，一般不超过2万。

四、学习年限与培养方法

1．采用全日制学习方式，学习必须满三年。

2．教学方式以课程教学为主，重视和加强实践形式的教学，着重理论联系实际的实务能力的培养。

3．成立导师组，采取集体培养与个人负责相结合的指导方式。导师组应以具有指导硕士研究生资格的正、副教授为主，并吸收法律实务部门中具有高级专业技术职务的人员参加。

4．加强教学与实践的联系和交流，聘请知识产权法律实务部门和知识产权管理部门的专家参与研究生的教学及培养工作。

图 5-7-40　湘潭大学2013年法律硕士教育介绍（八）

5. 必须课的考核分为考试和考查两种形式，其中考试课不得低于总科目的80%。考核办法可以灵活多样，重在考察学生运用所学专业理论和知识，发现、分析、判断和解决实际问题的专业能力和方法，减少对机械性忘记的考核。

五、学位授予

学位论文必须由三名本专业具有高级职称的专家评阅，其中必须有一位校外专家或学者；学位论文答辩委员会成员中，应有一至两名实际部门或校外具有高级专业技术职务的专家。课程考试合格且论文答辩通过者，授予法律硕士专业学位。

六、本管理办法自公布之日起施行，由研究生处负责解

图 5-7-41　湘潭大学 2013 年法律硕士教育介绍（九）

-湘潭大学-2013-博士教育

【招生简章】

湘潭大学2013年博士研究生招生简章及专业目录

一、培养目标

培养德智体全面发展，在本门学科上掌握坚实宽广的基础理论和系统深入的专门知识，具有独立从事科学研究工作的能力，在科学和专门技术上做出创造性成果的高级科学专门人才。

二、报考条件（以教育部下达文件为准）：

1. 拥护中国共产党的领导，具有正确的政治方向，热爱祖国，愿意为社会主义现代化建设服务，品德良好，遵纪守法。

2. 已获硕士学位（国外获得的硕士学位需经教育部留学服务中心提供的国外学历学位认证证书原件，同时必须具有学士学位）的在职人员；应届硕士毕业生（须是国家全日制统招硕士生，且在 2013 年 6 月 30 日前取得硕士学位）；

3. 申请硕博连读的是我校 2011 级在读优秀硕士研究生：A、2011 年入学前系全日制大学本科毕业且具有学士学位者；B、在读硕士期间成绩优秀；

4. 在职人员攻读硕士专业学位（包括法律硕士、教育硕士、工程硕士、MBA、MPH、MPA、MPAcc 等）、高校教师在职攻读硕士学位、以同等学力申请硕士学位等正在攻读硕士学位但尚未获得硕士学位者不能报考；

5. 身体健康状况符合规定的体检标准；

6. 报考国家计划内博士生的年龄不超过 45 周岁，报考委托培养或自筹经费的考生年龄不限；

7. 有两名与报考学科、专业有关的副教授（或相当职称）以上的专家推荐；

8. 以同等学力身份报考的在职人员，必须获得学士学位（即第一学历为全日制大学本科）后在报考学科专业领域工作六年或六年以上，并具备以下条件之一的人员：①已取得本学科或相近学科副高以上职称；②在本学科或相近学科领域重要学术刊物上，以第一作者身份至少发表 4 篇学术论文，其中自然科学类有一篇被 SCI 或 EI 收录，社科类有两篇被 CSSCI 收录；③获得省级以上奖励的科研成果；④有一项发明专利获得授权；

9. 现役军人报考博士生，按中国人民解放军总政治部的规定办理；

图 5-7-42　湘潭大学 2013 年博士教育介绍（一）

10. 原则上不招收不能脱产学习的考生。

三、报名程序

（一）报名方式

所有考生必须在网上报名，采用网上报名和现场资格审查相结合的形式。

（二）网上报名

1. 报名时间：2013 年 1 月 10 日—2013 年 2 月 15 日，全天受理。

2. 报名要求：登录湖南省教育考试院《博士考生报名系统》报名，网址：www.hneao.cn/bsbm，按照网上报名说明和网上报名步骤报名，按要求录入本人各项真实信息，上传一寸免冠数码照片，并打印《网上报名信息表》，经考生本人确认无误后签名确认。

（三）网上缴纳报名费

1. 缴费时间：2013 年 2 月 18 日-2013 年 2 月 22 日。

2. 报名费：300 元（同等学力考生：450 元）。

3. 缴费方式：网上缴费（仅限中国建设银行网银），步骤如下：

①进入湘潭大学财务处主页 http://cwcx.xtu.edu.cn:8004/，点击“网上缴费服务平台”；

②选择“本部网银自助缴费平台”；

③输入姓名、报名号及验证码进入系统；

④进入系统后选择“考试费”。

考生要事先对自己的资格进行确认（同等学力考生必须经过研招办确认方可报考），一旦网上报名并交费成功，报名费一律不退还。

如果发现网络数据问题，请与湘潭大学研究生招生办联系。

（四）现场资格审查

时间：2013 年 2 月 25 日—2 月 27 日

地点：湘潭大学研究生处招生办（校办公楼三楼 A315）

证件的缴验：考生到报名点现场校验本人身份证、工作证（学生证）、硕士毕业证和硕士学位证书原件及相关复印件，国外获得的硕士学位者需提交教育部留学服务中心提供的国外学历学位认证证书原件和第一学历、

图 5-7-43　湘潭大学 2013 年博士教育介绍（二）

学士学位证书原件，同等学力和申请硕博连读的考生还需校验大学本科毕业证书和学士学位证书原件，同等学力考生提供职称证书原件。

非同等学力外地考生（不能现场资格审查）最迟须于 2013 年 2 月 15 日以前邮寄（以当地邮戳为准）“报名登记表”等相关材料及证件复印件和报名费，并于考前来我办验证原件和领取准考证。

所有考生必须在现场资格审查时提交或邮寄以下材料(请考生根据不同需要准备相关材料并按下列顺序装订成册)：

邮寄地址：湖南省湘潭市湘潭大学研究生处招生办公室（411105）

（1）通过网上报名系统打印的《湘潭大学 2013 年攻读博士学位研究生报名登记表》；

（2）往届生提供硕士学历、学位证书复印件；应届生提供学生证复印件（申请硕博连读或同等学力考生须交学士学位证书复印件）；

（3）硕士学位课程学习成绩单（同等学力提交学士学位课程学习成绩单）；

（4）身份证复印件；

（6）申请硕博连读的在读硕士生须提交《硕博连读申请表》；

（7）两份专家的推荐书（须加盖专家所在单位人事部门公章）；

（8）国外获得的硕士学位者需提交教育部留学服务中心提供的国外学历学位认证证书原件和复印件，同时提交第一学历、学士学位证书原件和复印件；

（9）同等学力提供职称证书复印件；

（10）同等学力考生，还须提交在报考学科专业或相近研究领域的国内核心期刊上以第一作者发表的两篇以上学术论文，或已获得省、部级以上与报考学科相关的科研成果奖励的证书，或其它相关的证明材料。

同等学力考生必须到我校研究生处招生办进行现场资格审查，并经校研究生招生领导小组审核通过后才能发放准考证。

（五）考生报名时因不需要出具所在单位同意报考的证明材料，所以所有在职人员及现为委托培养或定向培养的应届毕业硕士生、硕博连读考生报考前最好征得档案所在单位同意。考生与档案所在单位或委托、定向单位因报考问题引起的纠纷而造成不能调档、复试、录取的后果，我校概不负责。

图 5-7-44　湘潭大学 2013 年博士教育介绍（三）

（六）领取准考证：准考证不邮寄。请考生于考试前一个星期到研究生处招生办公室领取。函报考生领取准考证请于考试前的一个星期内持身份证和学历、学位证书原件到研究生处招生办公室领取。

四、考试内容及考试时间

1．考试内容

⑴ 英语（公共英语，不含听力，听力将在复试中进行），笔试；

⑵ 专业基础课（2××× 有关考试科目详见招生目录），笔试；

⑶ 专业课（3××× 有考试科目详见招生目录），笔试；

⑷ 同等学力考生须加试自然辩证法；符合复试条件的同等学力考生还需加试两门硕士学位课程；

2．初试时间：2013 年 3 月 23 日—24 日；

3．复试：复试时间、方式及内容另行通知；

五、录取

根据招生计划和考生入学考试（含初试、复试）成绩，德智体全面考查，择优录取。

我校对全日制全脱产博士研究生（人事档案、工资等关系须转入我校）设置研究生学业奖学金、助学金，获得奖学金者享受助学金。

人事档案、工资等关系不转入我校的考生及攻博期间不脱产的考生不享受学业奖学金和助学金。

六、学费、学业奖学金、助学金标准

1．2013 年学费标准：14000 元/年.人（以物价局最新核定标准为准）。

2．学业奖学金的标准：全额奖学金为：14000 元/年.人

3．助学金：自然科学类为 12000 元/年，社会科学为 12000 元/年

七、学制：实行弹性学制，学制为三年，学习年限为三至六年。

八、其它

1．考生如同时报考几所学校，且同时被我校及其它高校录取时，必须于 6 月 25 日前告知我校此类情况，否则在我校上报录取数据至教育部时发现重复录取情况，将取消其录取资格。

2．所有考生报名前必须与报考导师取得联系。

3．请考生在报名前后登录我校网站（http:/218.75.242.251:8019/）查询招生简章。湘潭大学研招办电话：0731—58292051 传真：0731—58292695，查阅详细说明和有关报名流程及相关事宜。

图 5-7-45　湘潭大学 2013 年博士教育介绍（四）

4. 考生报名前应认真阅读我校招生简章以及报考条件，仔细核对本人是否符合报考条件，凡不符合报考条件的考生将不予考试和录取，相关后果由考生本人负责。

湘潭大学研究生处
2012 年 10 月 20 日
附件：

1. 湘潭大学 2013 年博士研究生招生专业目录　（知识产权专业相关）

专业代码、名称及研究方向/指导教师/招生人数/考试科目备注

07 知识产权法/肖冬梅、王太平、张志成/ 9 /①英语 、②2407 法理学 、③3512 知识产权（包括民商法相关知识、知识产权法学、知识产权管理）

图 5-7-46　湘潭大学 2013 年博士教育介绍（五）

五、教育培训版块检索示范

教育培训版块具有两种检索方式，一种为快捷检索，一种为高级检索。其中快捷检索将在职培训与学历学位教育综合在了一起，而高级检索将两者分离开来分别进行高级检索项限定。以下分别对之予以检索示范。

（一）快捷检索

快捷检索的检索范围包括学历学位教育及在职培训。在快捷检索栏中，包括全文检索和标题检索两种模式，可以进行选定，默认为全文检索。全文检索指的是在全文内容中进行关键词检索，标题检索指的是在标题中进行关键词检索。一般情况下，从数量上来讲，用同一关键词通过两种不同的渠道检索出的结果，前面的检索结果要比后面的检索结果多。

图 5-7-47　教育培训版块快捷检索栏

1. 快捷检索——全文检索

如检索商标方面的教育培训资料。在检索栏中输入“商标”，选定后面的“全文”，点击“检索”按钮，则出现检索结果（http://www.ipknow.cn/index. php? m = search&c = search&a = index&modelid = 26&wd = %C9%CC%B1%EA&serach_ type = %C8%AB%CE%C4）。从检索结果看，一共有 10 页 293 条检索结果。结果如图 5-7-49—5-7-54 所示。

点击上述检索结果的第 10 页，则出现结果页面（http://www.ipknow.cn/index.php? m = search&c = search&a = index&modelid = 26&wd = %C9%CC%B1%EA&serach_ type = %C8%AB%CE%C4&page = 10），如图 5-7-55，表明这里的检索结果不仅仅包括带有“商标”的在职培训相关内容，还有包含有“商标”的教育培训内容。这便是通过全文快捷检索的结果。

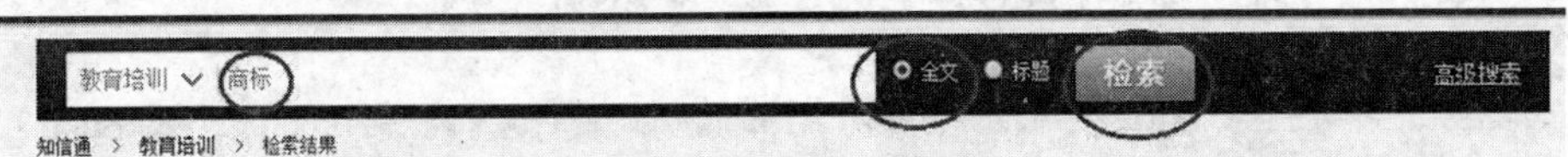

图 5-7-48　全文快捷检索带有“商标”的教育培训资料（检索过程）

知信通 > 教育培训 > 检索结果

· 中国知识产权研究会商标注册申请与商标授权确权行政案件审理暨驰名商标保护司法解释培训班（上海）

联系人：余 福；电话：010-68634879、13717512961；传真：010-68632806；邮 箱：msc_bgs@263.net。

中国知识产权研究会(英文译名：China Intellectual Property Society，英文缩写：CIPS)，研究会的前身是中国工业产权研究会。1984年12月12日，由中国专利局发起成立了中国工业产权研究会筹委会。1985年3月29日...

· 中国知识产权研究会商标注册申请与商标授权确权行政案件审理暨驰名商标保护司法解释培训班（广州）

联系人：余 福；电话：010-68634879、13717512961；传真：010-68632806；邮箱：msc_bgs@263.net。

中国知识产权研究会(英文译名：China Intellectual Property Society，英文缩写：CIPS)，研究会的前身是中国工业产权研究会。1984年12月12日，由中国专利局发起成立了中国工业产权研究会筹委会。1985年3月29日...

· 山东省工商行政管理局山东省商标代理机构培训班

电话：0531-88527349。

山东省工商行政管理局，是山东政府主管市场监管和行政执法的工作部门。

· 中国知识产权研究会商标权的取得、商标设计、使用、管理及商标侵权纠纷处理专题培训班

联系人：常丽萍；电话：010-68638097 、010-68638019 ；传真:010-68632806。

中国知识产权研究会(英文译名：China Intellectual Property Society，英文缩写：CIPS)，其前身是中国工业产权研究会。1984年12月12日，由中国专利局发起成立了中国工业产权研究会筹委会。1985年3月29日中国工...

· 中国知识产权研究会商标授权确权（注册）司法实务标准与商标最新案例详解专题培训班

联系人：常丽萍；电话：010-68638097、010-68638019；传真:010-68632806。

中国知识产权研究会(英文译名：China Intellectual Property Society，英文缩写：CIPS)，其前身是中国工业产权研究会。1984年12月12日，由中国专利局发起成立了中国工业产权研究会筹委会。1985年3月29日中国工...

图 5-7-49　全文快捷检索带有“商标”的教育培训资料（检索结果一）

· 北京市知识产权局12330商标管理与保护培训班

地址：西城区德胜门东大街8号东联大厦2层；电话：84080086。

北京市知识产权局，根据中共中央、国务院批准的北京市人民政府机构改革方案和《北京市人民政府关于机构设置的通知》设立。北京市知识产权局是负责北京市知识产权保护组织协调工作和专利工作的市政府直属机构。

· 重庆市知识产权局商标案件审理标准及案例分析专题培训班

联系人：张玲；电话：010－68633342 13011131639。

重庆市知识产权局，负责主管全市专利工作和统筹协调涉外知识产权事宜。

· 中关村示范区4.26世界知识产权日活动－－新《商标法》专题培训

地址：北京市海淀区北四环西路66号中国技术交易大厦b座16层；电话：(010)62679600。

中国技术交易所，是经国务院批准，由北京市人民政府、科技部、国家知识产权局和中科院联合共建的技术交易服务机构。中技所采用有限责任公司的组织形式，由北京产权交易所有限公司、北京高技术创业服务中心、北京...

· 中国知识产权研究会商标案件审理标准及案例分析专题培训班（济南班）

地址：北京市海淀区蓟门桥西土城路6号；电话：（010）68638097，68636019；邮箱：cnipsedu@163.com。

中国知识产权研究会，前身是中国工业产权研究会，1990年11月30日更名为中国知识产权研究会，是经国家民政部批准成立的全国性社团法人。

· 国家知识产权局“知识产权实务公开课－－商标与版权制胜之道”

电话话：010-62966031；邮箱panwei@ciptc.org.cn。

国家知识产权局，是国务院主管专利工作和统筹协调涉外知识产权事宜的直属机构。

· 中国知识产权研究会商标注册申请暨商标侵权、保护操作实务专题研讨会

联系人：常丽萍；电话：010-68638097、010-68636019；传真:010-68632806。

中国知识产权研究会(英文译名：China Intellectual Property Society,英文缩写：CIPS)，其前身是中国工业产权研究会。1984年12月12日，由中国专利局发起成立了中国工业产权研究会筹委会。1985年3月29日中国工...

图 5-7-50　全文快捷检索带有“商标”的教育培训资料（检索结果二）

· **中国知识产权研究会商标案件审理标准及案例分析专题培训班（深圳班）**

地 址：北京市海淀区蓟门桥西土城路6号；电 话：（010）68638097，68636019；邮 箱：cnipsedu@163.com。

中国知识产权研究会，前身是中国工业产权研究会，1990年11月30日更名为中国知识产权研究会，是经国家民政部批准成立的全国性社团法人。

· **广东省知识产权研究与发展中心商标与著作权保护实务培训班**

地 址：广东省广州市开发区科学城科学大道182号创新大厦C3栋二、三层。

广东省知识产权研究与发展中心，成立于1996年，直属广东省知识产权局，公益一类事业单位。

· **四川省知识产权局法国和欧盟专利商标交流培训活动**

地 址：四川省成都市一环路南四段2号；电话：028-85554283。

四川省知识产权局，四川省人民政府主管全省专利工作和负责统筹协调涉外知识产权事宜的直属机构，对全省专利工作行使行政管理职能和行政执法职能。

· **中国知识产权研究会商标审查、评审与侵权抗辩及驰名商标保护实务专题培训班**

联系人：常丽萍；电话：010-68638097 、010-68636019 ；传真:010-68632806。

中国知识产权研究会(英文译名：China Intellectual Property Society,英文缩写：CIPS)，其前身是中国工业产权研究会。1984年12月12日，由中国专利局发起成立了中国工业产权研究会筹委会。1985年3月29日中国工...

· **全国知识产权师资培训班之“我国《商标法》第三次修改的进展情况”专题培训**

联系电话：027-88386157； 电子邮箱：Justice_Appraise@iprcn.com。

中南财经政法大学知识产权研究中心，是国内最早从事知识产权教学与研究的机构之一，其前身系成立于1988年的中南政法学院知识产权教学与研究中心，2000年改为现名。2004年11月26日，中心跻身于教育部人文社会科学...

· **中国知识产权研究会商标评审与案件审理标准及案例分析专题培训班**

联系人：常丽萍；电话：010-68638097、010-68636019；传真:010-68632806。

中国知识产权研究会(英文译名：China Intellectual Property Society,英文缩写：CIPS)，其前身是中国工业产权研究会。1984年12月12日，由中国专利局发起成立了中国工业产权研究会筹委会。1985年3月29日中国工...

图 5-7-51　全文快捷检索带有“商标”的教育培训资料（检索结果三）

- **中国知识产权研究会商标审查与审理标准及案例分析专题培训班**

联系人：常丽萍；电话：010-68638097、010-68636019；传真:010-68632806。

中国知识产权研究会(英文译名：China Intellectual Property Society,英文缩写：CIPS)，其前身是中国工业产权研究会。1984年12月12日，由中国专利局发起成立了中国工业产权研究会筹委会。1985年3月29日中国工...

- **中国知识产权研究会2010年商标注册申请、审查、评审及保护实务培训班（三亚）**

联系人：余福； 电话：010－68634879、13717512961； 传真：010－68632806； 邮箱：msc_bgs@264.net。

中国知识产权研究会(英文译名：China Intellectual Property Society,英文缩写：CIPS)，研究会的前身是中国工业产权研究会。1984年12月12日，由中国专利局发起成立了中国工业产权研究会筹委会。1985年3月29日...

- **中国知识产权研究会商标授权确权行政案件审理标准及案例分析培训班（第一期）**

电话：010－68638097；传 真：010－68632806；网 址：www.cnips.org、www.chinaippc.org.cn；联系人：常莉萍。

中国知识产权研究会(英文译名：China Intellectual Property Society,英文缩写：CIPS)，研究会的前身是中国工业产权研究会。1984年12月12日，由中国专利局发起成立了中国工业产权研究会筹委会。1985年3月29日...

- **中国知识产权研究会商标授权确权行政案件审理标准及案例分析培训班（第二期）**

电话：010－68638097；传真：010－68632806； 网址：www.cnips.org、www.chinaippc.org.cn； 联系人：常莉萍。

中国知识产权研究会(英文译名：China Intellectual Property Society,英文缩写：CIPS)，研究会的前身是中国工业产权研究会。1984年12月12日，由中国专利局发起成立了中国工业产权研究会筹委会。1985年3月29日...

- **中国知识产权研究会2010年商标注册申请、审查、评审及保护实务培训班（北京）**

联系人：余福； 电话：010－68634879、13717512961； 传真：010－68632806； 邮箱：msc_bgs@263.net。

中国知识产权研究会(英文译名：China Intellectual Property Society,英文缩写：CIPS)，研究会的前身是中国工业产权研究会。1984年12月12日，由中国专利局发起成立了中国工业产权研究会筹委会。1985年3月29日...

图 5-7-52　全文快捷检索带有“商标”的教育培训资料（检索结果四）

· **中国知识产权研究会商标授权确权案件审查与侵权判定专题培训班**

联系人：常丽萍；电话：010-68638097、010-68636019；传真:010-68632806。

中国知识产权研究会(英文译名: China Intellectual Property Society,英文缩写: CIPS)，其前身是中国工业产权研究会。1984年12月12日，由中国专利局发起成立了中国工业产权研究会筹委会。1985年3月29日中国工...

· **中国知识产权研究会商标法律法规动态及实务培训班**

联系人：张健佳、杨丹；电话：010-58515999、010-58515222；传真：010-58515222。

中国知识产权研究会(英文译名: China Intellectual Property Society,英文缩写: CIPS)，其前身是中国工业产权研究会。1984年12月12日，由中国专利局发起成立了中国工业产权研究会筹委会。1985年3月29日中国工...

· **上海市知识产权服务中心“拉丁美洲的知识产权保护－－专利、商标和设计保护的法律和实务 ”培训班**

地址：上海市南京西路580号南证大厦B座10楼；联系电话：52288200-316、308；传真：52285669。

上海市知识产权服务中心，成立于2000年10月，为上海市知识产权局直属事业单位，市财政全额拨款，内设上海市知识产权发展研究中心和上海市知识产权援助中心。拥有专业人员25人，其中高级工程师7人，博士2人，硕士...

· **中国知识产权研究会《专利侵权判定指南》与《商标授权确权行政案件的审理指南》专题研讨会**

电话：010－68638097、68636019。

中国知识产权研究会(英文译名: China Intellectual Property Society,英文缩写: CIPS)，研究会的前身是中国工业产权研究会。1984年12月12日，由中国专利局发起成立了中国工业产权研究会筹委会。1985年3月29日...

· **中国知识产权研究会商标授权确权行政案件审理标准及案例分析培训班（第一期）**

电话：010－68638097；传真：010－68632806；　网址：www.cnips.org、www.chinaippc.org.cn；　联系人：常莉萍。

中国知识产权研究会(英文译名: China Intellectual Property Society,英文缩写: CIPS)，研究会的前身是中国工业产权研究会。1984年12月12日，由中国专利局发起成立了中国工业产权研究会筹委会。1985年3月29日...

· **广东省知识产权研究与发展中心商标法新修改解读及保护实务培训班**

地址：广州开发区科学城科学大道182号创新大厦C3栋二、三层。

广东省知识产权研究与发展中心，是广东省知识产权局直属事业单位，原名广东省专利信息中心，成立于1996年，2009年广东省事业单位分类改革时更名为广东省知识产权研究与发展中心（广东省知识产权维权援助中心），...

图 5-7-53　全文快捷检索带有“商标”的教育培训资料（检索结果五）

· **广东省知识产权研究与发展中心商标法新修改解读及保护实务培训班**

地址：广州开发区科学城科学大道182号创新大厦C3栋二、三层。

广东省知识产权研究与发展中心，是广东省知识产权局直属事业单位，原名广东省专利信息中心，成立于1996年，2009年广东省事业单位分类改革时更名为广东省知识产权研究与发展中心（广东省知识产权维权援助中心），...

· **中国知识产权研究会商标授权确权行政案件审理标准及案例分析培训班（第二期）**

电话：010－68638097；传 真：010－68632806；网 址：www.cnips.org、www.chinaippc.org.cn；联系人：常莉萍。

中国知识产权研究会(英文译名：China Intellectual Property Society,英文编写：CIPS)，研究会的前身是中国工业产权研究会。1984年12月12日，由中国专利局发起成立了中国工业产权研究会筹委会。1985年3月29日...

· **安徽大学-2015-本科教育**

电 话：0551-63861666、63861777。

安徽大学(Anhui University)是国家"211工程"重点建设高校，是安徽省人民政府与教育部共建高校，安徽省属重点综合性大学。 作为安徽现代高等教育开端，学校1928年创建于当时省会安庆市。抗战期间，学校被迫西...

1 2 3 4 5 6 7 8 9 10 下一页 跳转到 跳转

找到相关结果293个

图 5-7-54　全文快捷检索带有"商标"的教育培训资料（检索结果六）

· **辽宁工程技术大学-2013-本科教育**

联系电话：0418-3350941。

公共管理与法学院成立于2009年，其前身为1998 年成立的文法系。现有行政管理、劳动与社会保障、法学、法学（知识产权法）3个本科专业4个方向, 行政管理、环境与资源保护法学、劳动与社会保障、土地资源管理4个...

· **广州大学松田学院-2013-本科教育**

联系电话：020-62856989、62856988； 传真号码：020-62856989。

广州大学松田学院始建于2000年9月，由广州大学和增城市松田实业有限公司合作创建。2004年4月，经教育部批准为独立学院，实现了由专科向本科教育的跨越。2005年1月，学院顺利通过了教育部专项检查。2011年，学院及...

· **中原工学院-2015-本科教育**

招生电话：0371-67698700 ； 邮 箱：zsb@zzti.edu.cn。

中原工学院是一所以工为主，以纺织、服装为特色，工、管、文、理、经、法、艺多学科协调发展的高等学校。学校始建于1955年，隶属于原纺织工业部；1998年学校划转河南省管理；2000年更名为中原工学院。　　学校...

· **湘潭大学-2013-法律硕士教育**

0731-58292719

湘潭大学知识产权学院成立于2008年11月，为湖南省首家知识产权学院，是中部地区继中南财经政法大学知识产权学院之后的第二家知识产权学院。湘潭大学知识产权学院依托湘潭大学的综合性大学性质和法学院较为强大的师...

上一页 1 2 3 4 5 6 7 8 9 10 下一页 跳转到 跳转

找到相关结果293个

图 5-7-55　全文快捷检索带有"商标"的教育培训资料第 10 页页面（局部）

2. 快捷检索——标题检索

因为快捷检索默认的是全文检索，所以在进行标题检索时要注意选定“标题”。

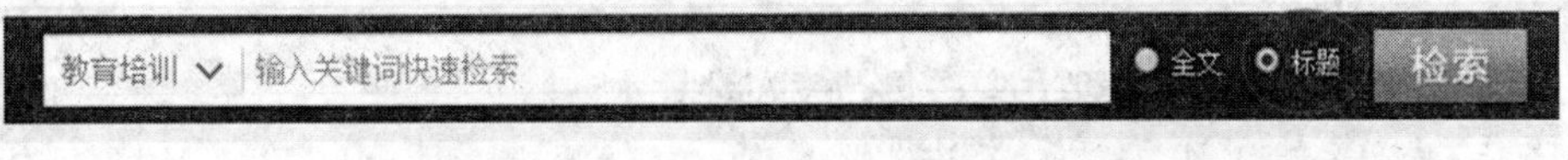

图 5-7-56　快捷检索——标题检索栏

如仍然以“商标”为关键词进行标题检索。在快捷检索栏中输入“商标”，选定“标题”，点击“检索”，则出现以下检索结果（http://www.ipknow.cn/index.php？m=search&c=search&a=index&modelid=26&wd=%C9%CC%B1%EA&serach_type=%B1%EA%CC%E2），如图 5-7-58—5-7-64 所示。从检索结果看，一共有 29 条符合条件的检索结果，浏览发现均为标题中含有“商标”的在职培训相关内容，与使用全文检索相比较，极大降低了检索结果数量，更加符合检索预想的效果。

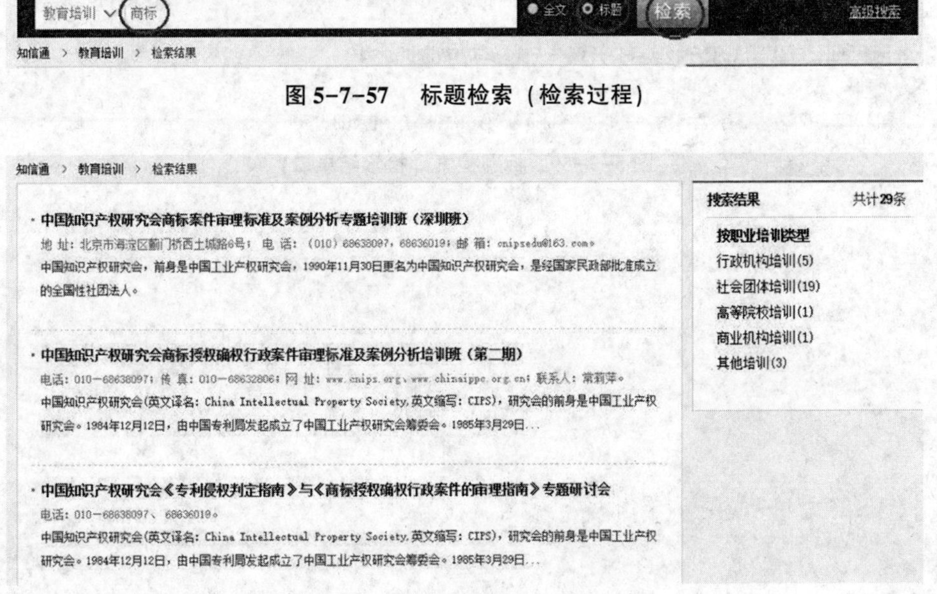

图 5-7-57　标题检索（检索过程）

图 5-7-58　标题检索（检索结果一）

· **中国知识产权研究会商标案件审理标准及案例分析专题培训班（济南班）**

地 址：北京市海淀区蓟门桥西土城路6号； 电 话：（010）68638097，68636019；邮 箱：cnipsedu@163.com。

中国知识产权研究会，前身是中国工业产权研究会，1990年11月30日更名为中国知识产权研究会，是经国家民政部批准成立的全国性社团法人。

· **重庆市知识产权局商标案件审理标准及案例分析专题培训班**

联系人：张玲； 电 话：010－68633342 13011131639。

重庆市知识产权局，负责主管全市专利工作和统筹协调涉外知识产权事宜。

· **中国知识产权研究会商标授权确权行政案件审理标准及案例分析培训班（第一期）**

电话：010－68638097；传 真：010－68632806；网 址：www.cnips.org、www.chinaippc.org.cn；联系人：常莉萍。

中国知识产权研究会(英文译名：China Intellectual Property Society,英文缩写：CIPS)，研究会的前身是中国工业产权研究会。1984年12月12日，由中国专利局发起成立了中国工业产权研究会筹委会。1985年3月29日...

· **中国知识产权研究会商标审查与审理标准及案例分析专题培训班**

联系人：常丽萍；电话：010-68638097、010-68636019；传真：010-68632806。

中国知识产权研究会(英文译名：China Intellectual Property Society,英文缩写：CIPS)，其前身是中国工业产权研究会。1984年12月12日，由中国专利局发起成立了中国工业产权研究会筹委会。1985年3月29日中国工...

· **国家知识产权局"知识产权实务公开课－－商标与版权制胜之道"**

电话话：010-82966031；邮箱panwei@ciptc.org.cn。

国家知识产权局，是国务院主管专利工作和统筹协调涉外知识产权事宜的直属机构。

图 5-7-59 标题检索（检索结果二）

· **中国知识产权研究会商标授权确权行政案件审理标准及案例分析培训班（第一期）**

电话：010－68638097；传真：010－68632806；网址：www.cnips.org、www.chinaippc.org.cn；联系人：常莉萍。

中国知识产权研究会(英文译名：China Intellectual Property Society,英文缩写：CIPS)，研究会的前身是中国工业产权研究会。1984年12月12日，由中国专利局发起成立了中国工业产权研究会筹委会。1985年3月29日...

· **广东省知识产权研究与发展中心商标法新修改解读及保护实务培训班**

地址：广州开发区科学城科学大道182号创新大厦C3栋二、三层。

广东省知识产权研究与发展中心，是广东省知识产权局直属事业单位，原名广东省专利信息中心，成立于1996年，2009年广东省事业单位分类改革时更名为广东省知识产权研究与发展中心（广东省知识产权维权援助中心），...

· **北京市知识产权局12330商标管理与保护培训班**

地址：西城区德胜门东大街8号东联大厦2层；电话：84080086。

北京市知识产权局，根据中共中央、国务院批准的北京市人民政府机构改革方案和《北京市人民政府关于机构设置的通知》设立。北京市知识产权局是负责北京市知识产权保护组织协调工作和专利工作的市政府直属机构。

· **四川省知识产权局法国和欧盟专利商标交流培训活动**

地 址：四川省成都市一环路南四段2号；电话:028-85554283。

四川省知识产权局，四川省人民政府主管全省专利工作和负责统筹协调涉外知识产权事宜的直属机构，对全省专利工作行使行政管理职能和行政执法职能。

· **上海市知识产权服务中心“拉丁美洲的知识产权保护——专利、商标和设计保护的法律和实务”培训班**

地址：上海市南京西路580号南证大厦B座10楼；联系电话：52288200-316、308；传真：52285669。

上海市知识产权服务中心，成立于2000年10月，为上海市知识产权局直属事业单位，市财政全额拨款，内设上海市知识产权发展研究中心和上海市知识产权援助中心。拥有专业人员25人，其中高级工程师7人，博士2人，硕士...

图 5-7-60　标题检索（检索结果三）

· 中国知识产权研究会商标授权确权（注册）司法实务标准与商标最新案例详解专题培训班

联系人：常丽萍；电话：010-68638097、010-68636019；传真：010-68632806。

中国知识产权研究会(英文译名：China Intellectual Property Society,英文缩写：CIPS)，其前身是中国工业产权研究会。1984年12月12日，由中国专利局发起成立了中国工业产权研究会筹委会。1985年3月29日中国工...

· 中国知识产权研究会商标注册申请与商标授权确权行政案件审理暨驰名商标保护司法解释培训班（上海）

联系人：余福；电话：010－68634879、13717512961；传真：010－68632806；邮箱：msc_bgs@263.net。

中国知识产权研究会(英文译名：China Intellectual Property Society,英文缩写：CIPS)，研究会的前身是中国工业产权研究会。1984年12月12日，由中国专利局发起成立了中国工业产权研究会筹委会。1985年3月29日...

· 中国知识产权研究会商标法律法规动态及实务培训班

联系人：张健佳、杨丹；电话：010-58515999、010-58515222；传真：010-58515222。

中国知识产权研究会(英文译名：China Intellectual Property Society,英文缩写：CIPS)，其前身是中国工业产权研究会。1984年12月12日，由中国专利局发起成立了中国工业产权研究会筹委会。1985年3月29日中国工...

· 中国知识产权研究会2010年商标注册申请、审查、评审及保护实务培训班（三亚）

联系人：余福；电话：010－68634879、13717512961；传真：010－68632806；邮箱：msc_bgs@264.net。

中国知识产权研究会(英文译名：China Intellectual Property Society,英文缩写：CIPS)，研究会的前身是中国工业产权研究会。1984年12月12日，由中国专利局发起成立了中国工业产权研究会筹委会。1985年3月29日...

图 5-7-61　标题检索（检索结果四）

· 全国知识产权师资培训班之"我国《商标法》第三次修改的进展情况"专题培训

联系电话：027-88386157；电子邮箱：Justice_Appraise@iprcn.com。

中南财经政法大学知识产权研究中心，是国内最早从事知识产权教学与研究的机构之一，其前身系成立于1988年的中南政法学院知识产权教学与研究中心，2000年改为现名。2004年11月26日，中心跻身于教育部人文社会科学...

· 中国知识产权研究会2010年商标注册申请、审查、评审及保护实务培训班（北京）

联系人：余福；电话：010－68634879、13717512961；传真：010－68632806；邮箱：msc_bgs@263.net。

中国知识产权研究会(英文译名：China Intellectual Property Society,英文缩写：CIPS)，研究会的前身是中国工业产权研究会。1984年12月12日，由中国专利局发起成立了中国工业产权研究会筹委会。1985年3月29日...

· 中国知识产权研究会商标评审与案件审理标准及案例分析专题培训班

联系人：常丽萍；电话：010-68638097、010-68636019；传真：010-68632806。

中国知识产权研究会(英文译名：China Intellectual Property Society,英文缩写：CIPS)，其前身是中国工业产权研究会。1984年12月12日，由中国专利局发起成立了中国工业产权研究会筹委会。1985年3月29日中国工...

· 中国知识产权研究会商标注册申请暨商标侵权、保护操作实务专题研讨会

联系人：常丽萍；电话：010-68638097、010-68636019；传真：010-68632806。

中国知识产权研究会(英文译名：China Intellectual Property Society,英文缩写：CIPS)，其前身是中国工业产权研究会。1984年12月12日，由中国专利局发起成立了中国工业产权研究会筹委会。1985年3月29日中国工...

图 5-7-62　标题检索（检索结果五）

· **中国知识产权研究会商标授权确权行政案件审理标准及案例分析培训班（第二期）**

电话：010－68638097；传真：010－68632806； 网址：www.cnips.org、www.chinaippc.org.cn； 联系人：常莉萍。

中国知识产权研究会(英文译名：China Intellectual Property Society,英文缩写：CIPS)，研究会的前身是中国工业产权研究会。1984年12月12日，由中国专利局发起成立了中国工业产权研究会筹委会。1985年3月29日...

· **中国知识产权研究会商标注册申请与商标授权确权行政案件审理暨驰名商标保护司法解释培训班（广州）**

联系人：余 福；电话：010－68634879、13717512961； 传真：010－68632806； 邮箱：msc_bgs@263.net。

中国知识产权研究会(英文译名：China Intellectual Property Society,英文缩写：CIPS)，研究会的前身是中国工业产权研究会。1984年12月12日，由中国专利局发起成立了中国工业产权研究会筹委会。1985年3月29日...

· **中国知识产权研究会商标授权确权案件审查与侵权判定专题培训班**

联系人：常丽萍；电话：010-68638097、010-68636019；传真:010-68632806。

中国知识产权研究会(英文译名：China Intellectual Property Society,英文缩写：CIPS)，其前身是中国工业产权研究会。1984年12月12日，由中国专利局发起成立了中国工业产权研究会筹委会。1985年3月29日中国工...

· **中国知识产权研究会商标审查、评审与侵权抗辩及驰名商标保护实务专题培训班**

联系人：常丽萍；电话：010-68638097 、010-68636019 ；传真:010-68632806。

中国知识产权研究会(英文译名：China Intellectual Property Society,英文缩写：CIPS)，其前身是中国工业产权研究会。1984年12月12日，由中国专利局发起成立了中国工业产权研究会筹委会。1985年3月29日中国工...

· **广东省知识产权研究与发展中心商标与著作权保护实务培训班**

地 址：广东省广州市开发区科学城科学大道182号创新大厦C3栋二、三层。

广东省知识产权研究与发展中心，成立于1996年，直属广东省知识产权局，公益一类事业单位。

图 5-7-63 标题检索（检索结果六）

· 中国知识产权研究会商标权的取得、商标设计、使用、管理及商标侵权纠纷处理专题培训班

联系人：常丽萍；电话：010-68638097 、010-68636019 ；传真：010-68632806。

中国知识产权研究会(英文译名：China Intellectual Property Society,英文缩写：CIPS)，其前身是中国工业产权研究会。1984年12月12日，由中国专利局发起成立了中国工业产权研究会筹委会。1985年3月29日中国工...

· 山东省工商行政管理局山东省商标代理机构培训班

电话：0531-88527349。

山东省工商行政管理局，是山东政府主管市场监管和行政执法的工作部门。

· 中关村示范区4.26世界知识产权日活动——新《商标法》专题培训

地址：北京市海淀区北四环西路66号中国技术交易大厦b座16层；电话：(010)62679600。

中国技术交易所，是经国务院批准，由北京市人民政府、科技部、国家知识产权局和中科院联合共建的技术交易服务机构。中技所采用有限责任公司的组织形式，由北京产权交易所有限公司、北京高技术创业服务中心、北京...

图 5-7-64　标题检索（检索结果七）

（二）在职培训高级检索

在职培训检索栏如下图所示，在在职培训检索栏中，可以限定的内容前文已经有所介绍，在此不再赘述。以下通过例子进行检索演示。

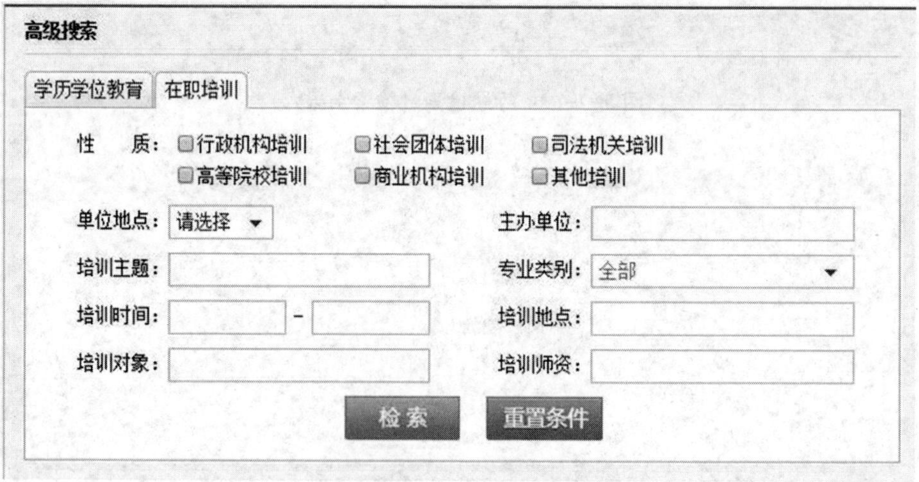

高级搜索

学历学位教育　在职培训

性　质：□行政机构培训　□社会团体培训　□司法机关培训
□高等院校培训　□商业机构培训　□其他培训

单位地点：请选择 ▼　　主办单位：

培训主题：　　专业类别：全部 ▼

培训时间：　 - 　　培训地点：

培训对象：　　培训师资：

检索　重置条件

图 5-7-65　在职培训检索栏

如检索 2015 年以来专利申请方面的培训活动。在培训主题栏中输入“专利申请”，在培训时间中选定“2015-01-01—□”，点击“检索”按钮，则出现检索结果（76 条符合条件的检索结果，如图 5-7-67 所示）。

高级搜索

学历学位教育　在职培训

性　　质：□行政机构培训　□社会团体培训　□司法机关培训
□高等院校培训　□商业机构培训　□其他培训

单位地点：请选择　　主办单位：

培训主题：专利申请　　专业类别：全部

培训时间：2015-01-01 -　　培训地点：

培训对象：　　培训师资：

检 索　　重置条件

图 5-7-66　在职培训检索专利申请方面的培训活动（检索过程）

中国知识产权研究会专利价值分析专题培训班

联系人：张令云；电 话：029—87298201；邮 箱：270503783@qq.com。

中国知识产权培训中心，是我国政府直接创办的培训知识产权专业人才的国家级教育培训机构，隶属于国家知识产权局。承担全国高层次知识产权专业人才的培训任务，是世界知识产权组织（WIPO）知识产权国际培训合作伙...

江苏省专利代理人协会专利代理机构业务能力促进培训班

联系人：朱赟之；电 话：025-83238210。

江苏省专利代理人协会是由全省专利代理机构、专利代理机构在江苏省设立的分支机构以及相关知识产权管理部门人员、代理人自愿结成的非营利性社会组织。

国家知识产权局江西专利信息传播与利用巡回培训班

联系人：吴小草(江西省知识产权局)；电 话：0791-86202514。

国家知识产权局，是国务院主管专利工作和统筹协调涉外知识产权事宜的直属机构。

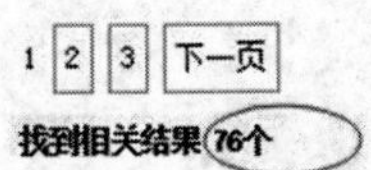

图 5-7-67　在职培训检索专利申请方面的培训活动（检索结果）

如检索行政机构近 2011 年以来在北京举办的专利代理相关培训。检索过程如下：在高级检索栏的性质中勾选“行政机构培训”，培训主题中输入“专利代理”，培训时间选择“2011-01-01—□”，培训地点输入“北京”，点击“检索”，则出现检索结果（http://www.ipknow.cn/index.php? m=search&c=search&a=index&modelid=26&as_ etype=1&as_ nature=1&as_ tplace=%B1%B1%BE%A9&as_ topics=%D7%A8%C0%FB%B4%FA%C0%ED&as_ time_ s=2011-01-01）。从检索结果可以看出一共有 18 条符合条件的检索结果。点击具体的可以进入相应的培训活动信息页面。如点击第一条“国家知识产权局、北京市知识产权局关于电子申请时代下的专利代理机构流程管理经验交流会”，则进入 http://www.ipknow.cn/education/show-3136.html，如图 5-7-73、5-7-74 从该页面可以了解相关信息。

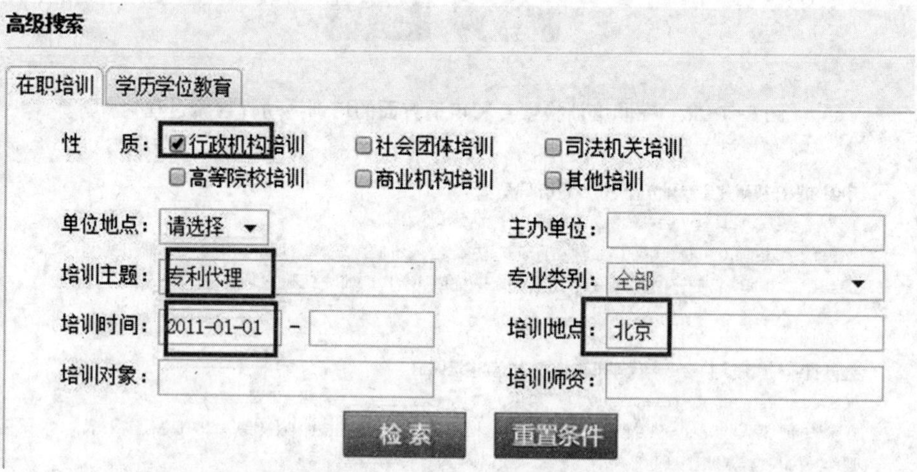

图 5-7-68　在职培训检索专利代理相关培训（检索过程）

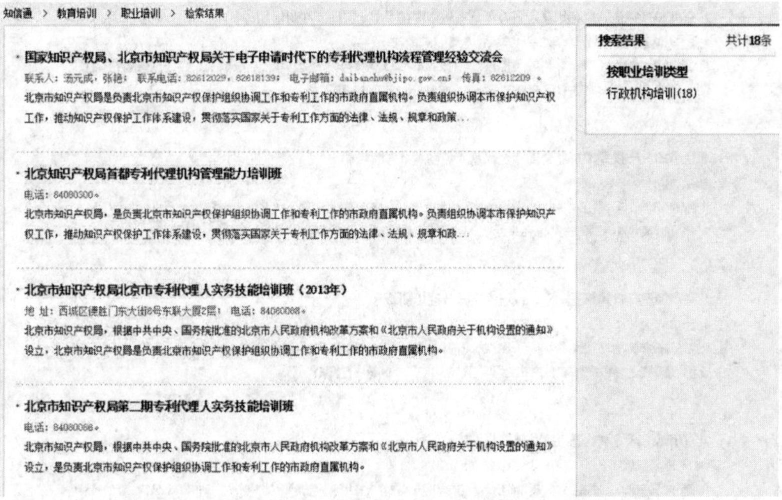

知信通 ＞ 教育培训 ＞ 职业培训 ＞ 检索结果

· 国家知识产权局、北京市知识产权局关于电子申请时代下的专利代理机构流程管理经验交流会

联系人：汤元成，张艳；联系电话：82612029，82618139；电子邮箱：daibanchu@bjipo.gov.cn；传真：82612209。

北京市知识产权局是负责北京市知识产权保护组织协调工作和专利工作的市政府直属机构。负责组织协调本市保护知识产权工作，推动知识产权保护工作体系建设，贯彻落实国家关于专利工作方面的法律、法规、规章和政策…

· 北京知识产权局首都专利代理机构管理能力培训班

电话：84080300。

北京市知识产权局，是负责北京市知识产权保护组织协调工作和专利工作的市政府直属机构。负责组织协调本市保护知识产权工作，推动知识产权保护工作体系建设，贯彻落实国家关于专利工作方面的法律、法规、规章和政…

· 北京市知识产权局北京市专利代理人实务技能培训班（2013年）

地址：西城区德胜门东大街8号东联大厦2层；电话：84080088。

北京市知识产权局，根据中共中央、国务院批准的北京市人民政府机构改革方案和《北京市人民政府关于机构设置的通知》设立，北京市知识产权局是负责北京市知识产权保护组织协调工作和专利工作的市政府直属机构。

· 北京市知识产权局第二期专利代理人实务技能培训班

电话：84080088。

北京市知识产权局，根据中共中央、国务院批准的北京市人民政府机构改革方案和《北京市人民政府关于机构设置的通知》设立，是负责北京市知识产权保护组织协调工作和专利工作的市政府直属机构。

搜索结果　共计18条

按职业培训类型

行政机构培训(18)

图 5-7-69　在职培训检索专利代理相关培训（检索结果一）

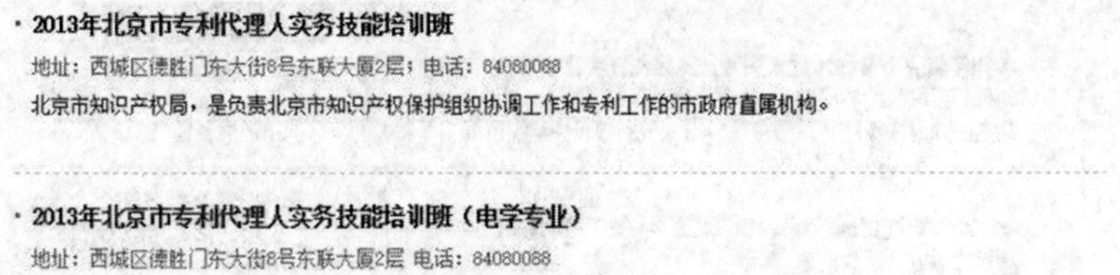

· 2013年北京市专利代理人实务技能培训班

地址：西城区德胜门东大街8号东联大厦2层；电话：84080088

北京市知识产权局，是负责北京市知识产权保护组织协调工作和专利工作的市政府直属机构。

· 2013年北京市专利代理人实务技能培训班（电学专业）

地址：西城区德胜门东大街8号东联大厦2层 电话：84080088

北京市知识产权局，是负责北京市知识产权保护组织协调工作和专利工作的市政府直属机构。

· 北京市知识产权局北京市第四期专利代理人实务技能培训班

电话：84080086。

北京市知识产权局，根据中共中央、国务院批准的北京市人民政府机构改革方案和《北京市人民政府关于机构设置的通知》，是负责北京市知识产权保护组织协调工作和专利工作的市政府直属机构。

· 北京市知识产权局2013年北京市专利代理人实务技能（综合能力）培训班

地址：西城区德胜门东大街8号东联大厦2层；电话：84080088。

北京市知识产权局，根据中共中央、国务院批准的北京市人民政府机构改革方案和《北京市人民政府关于机构设置的通知》（京政发〔2009〕75号设立，是负责北京市知识产权保护组织协调工作和专利工作的市政府直属机构。

· 北京市知识产权局第一期专利代理人实务技能培训班

电话：84080086。

北京市知识产权局，根据中共中央、国务院批准的北京市人民政府机构改革方案和《北京市人民政府关于机构设置的通知》设立。北京市知识产权局是负责北京市知识产权保护组织协调工作和专利工作的市政府直属机构。

图 5-7-70　在职培训检索专利代理相关培训（检索结果二）

· 北京市2011年全国专利代理人资格考试考前集中和"十一假期"冲刺培训
地址：西城区德胜门东大街8号东联大厦2层；电话：84080086。
北京市知识产权局，根据中共中央、国务院批准的北京市人民政府机构改革方案和《北京市人民政府关于机构设置的通知》设立，是负责北京市知识产权保护组织协调工作和专利工作的市政府直属机构。

· 北京市知识产权局2012年全国专利代理人资格考试考前培训
电话：84080086。
北京市知识产权局，根据中共中央、国务院批准的北京市人民政府机构改革方案和《北京市人民政府关于机构设置的通知》，是负责北京市知识产权保护组织协调工作和专利工作的市政府直属机构。

· 北京市知识产权局第三期专利代理人实务技能培训班
电话：84080086。
北京市知识产权局，根据中共中央、国务院批准的北京市人民政府机构改革方案和《北京市人民政府关于机构设置的通知》设立，是负责北京市知识产权保护组织协调工作和专利工作的市政府直属机构。

· 北京市第二期专利代理人实务技能培训班
地址：西城区德胜门东大街8号东联大厦2层 电话：84080086
北京市知识产权局，根据中共中央、国务院批准的北京市人民政府机构改革方案和《北京市人民政府关于机构设置的通知》设立，是负责北京市知识产权保护组织协调工作和专利工作的市政府直属机构。

图 5-7-71 在职培训检索专利代理相关培训（检索结果三）

· 2013年北京市专利代理人实务技能培训班（化学专业）
地址：西城区德胜门东大街8号东联大厦2层 电话：84080088
北京市知识产权局，是负责北京市知识产权保护组织协调工作和专利工作的市政府直属机构。

· 北京市知识产权局首都专利代理管理系统应用培训班
地址：西城区德胜门东大街8号东联大厦2层；电话：84080086。
北京市知识产权局根据中共中央、国务院批准的北京市人民政府机构改革方案和《北京市人民政府关于机构设置的通知》设立，是负责北京市知识产权保护组织协调工作和专利工作的市政府直属机构。

· 北京市知识产权局专利代理人实务技能培训班
电话：84080086。
北京市知识产权局，根据中共中央、国务院批准的北京市人民政府机构改革方案和《北京市人民政府关于机构设置的通知》设立，是负责北京市知识产权保护组织协调工作和专利工作的市政府直属机构。

· 北京市知识产权局专利代理人实务技能培训班
地址：西城区德胜门东大街8号东联大厦2层； 电话：84080086。
北京市知识产权局，根据中共中央、国务院批准的北京市人民政府机构改革方案和《北京市人民政府关于机构设置的通知》设立。北京市知识产权局是负责北京市知识产权保护组织协调工作和专利工作的市政府直属机构。

· 北京市知识产权局代理机构专利电子申请系统应用培训
地址：西城区德胜门东大街8号东联大厦2层；电话：84080086。
北京市知识产权局，根据中共中央、国务院批准的北京市人民政府机构改革方案和《北京市人民政府关于机构设置的通知》设立。北京市知识产权局是负责北京市知识产权保护组织协调工作和专利工作的市政府直属机构。

图 5-7-72 在职培训检索专利代理相关培训（检索结果四）

知信通 ＞ 教育培训 ＞ 正文

国家知识产权局、北京市知识产权局关于电子申请时代下的专利代理机构流程管理经验交流会

更新时间：2015.10.25

【主办单位】：国家知识产权局专利局审查业务管理部、北　　【官方网站】：点击进入网址

【单位地点】：北京市　　【培训时间】：2015-06-26 - 2015-06-26

【专业类别】：专利　　【培训性质】：行政机构培训

【培训地点】：北京海淀区王庄路18号西郊宾馆1号楼第5会议室

【联系方式】：联系人：汤元成，张艳；联系电话：82612029，82618139；电子邮箱：daibanchu@bjipo.gov.cn；传真：82612209。

【培训主题】

国家知识产权局、北京市知识产权局关于电子申请时代下的专利代理机构流程管理经验交流会

【培训师资】

有关专家

【培训对象】

1. 北京三友知识产权代理有限公司等91家代理机构流程管理部门负责同志各1人。2. 各区县知识产权局电子申请联络员各1人。

国家知识产权局、北京市知识...

· 培训性质
· 培训主题
· 培训师资
· 培训对象
· 培训单位简介
· 培训课程内容
· 培训课程的必要性分析

图 5-7-73　检索结果第一条“国家知识产权局、北京市知识产权局关于电子申请时代下的专利代理机构流程管理经验交流会”展开页面（一）

【培训单位简介】

北京市知识产权局是负责北京市知识产权保护组织协调工作和专利工作的市政府直属机构。负责组织协调本市保护知识产权工作，推动知识产权保护工作体系建设，贯彻落实国家关于专利工作方面的法律、法规、规章和政策，负责本市专利信息公共服务体系的建设，促进本市知识产权产业发展。

中华人民共和国国家知识产权局为国务院直属机构，负责组织协调全国保护知识产权工作，推动知识产权保护工作体系建设。

【培训课程内容】

1.电子申请时代下的专利代理机构的流程管理经验交流

2.外观专利电子申请经验交流

3.PCT国际阶段电子申请及审查系统（CEPCT）介绍

4.专利电子申请问题答疑

5.征求CPC、CEPCT 系统改进意见

【培训课程的可行性和必要性分析】

为交流专利代理机构流程管理工作经验，进一步提升我市代理机构电子申请应用和服务水平，定于2015年6月26日下午举办“电子申请时代下的专利代理机构流程管理经验交流会”。

图 5-7-74　检索结果第一条“国家知识产权局、北京市知识产权局关于电子申请时代下的专利代理机构流程管理经验交流会”展开页面（二）

如检索某一个专家进行过的培训活动，则可以通过师资培训一项进行检索。如检索吴汉东教授以培训老师身份参加过的相关培训。在培训师资中输入“吴汉东”，点击“检索”，则出现检索结果（http://www.ipknow.cn/index. php？ m = search&c = search&a = index&modelid = 26&as _ etype = 1&as _ teachers = %CE%E2%BA%BA%B6%AB)。从检索结果来看，一共有7条符合条件的检索结果，可以一一进行浏览。需要说明的是，课题组获取的很多培训资料师资这一项是相关专家或者其他不明确的描述，具体到培训师资姓名的较少，所以通过此项检索的结果目前还有提高的空间；日后需要通过一定的渠道获取确切的培训师资信息，完善信息，提高检索的效果。

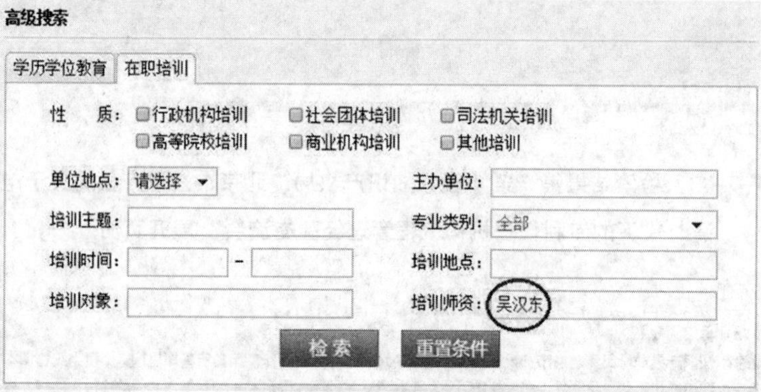

高级搜索

学历学位教育　在职培训

性　质：□行政机构培训　□社会团体培训　□司法机关培训
□高等院校培训　□商业机构培训　□其他培训

单位地点：请选择　主办单位：

培训主题：　专业类别：全部

培训时间：　–　培训地点：

培训对象：　培训师资：吴汉东

检索　重置条件

图 5-7-75　在职培训检索“吴汉东”相关培训（检索过程）

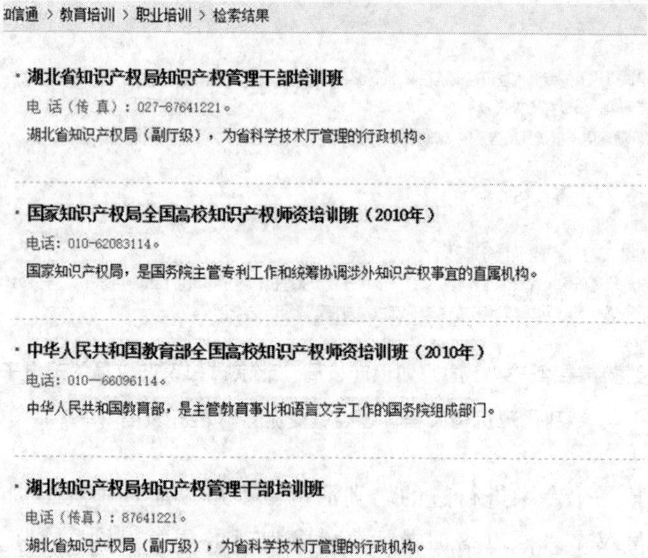

训信通 > 教育培训 > 职业培训 > 检索结果

· 湖北省知识产权局知识产权管理干部培训班

电 话（传 真）：027-87641221。

湖北省知识产权局（副厅级），为省科学技术厅管理的行政机构。

· 国家知识产权局全国高校知识产权师资培训班（2010年）

电话：010-62083114。

国家知识产权局，是国务院主管专利工作和统筹协调涉外知识产权事宜的直属机构。

· 中华人民共和国教育部全国高校知识产权师资培训班（2010年）

电话：010—66096114。

中华人民共和国教育部，是主管教育事业和语言文字工作的国务院组成部门。

· 湖北知识产权局知识产权管理干部培训班

电话（传真）：87641221。

湖北省知识产权局（副厅级），为省科学技术厅管理的行政机构。

图 5-7-76　在职培训检索“吴汉东”相关培训（检索结果一）

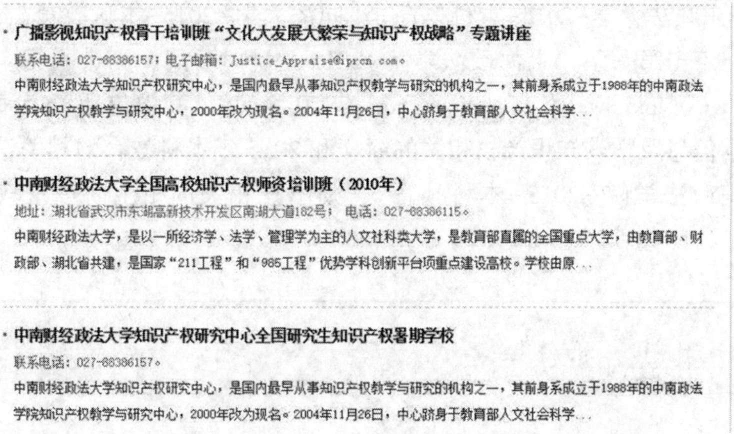

· 广播影视知识产权骨干培训班“文化大发展大繁荣与知识产权战略”专题讲座

联系电话：027-88386157；电子邮箱：Justice_Appraize@iprcn.com。

中南财经政法大学知识产权研究中心，是国内最早从事知识产权教学与研究的机构之一，其前身系成立于1988年的中南政法学院知识产权教学与研究中心，2000年改为现名。2004年11月26日，中心跻身于教育部人文社会科学...

· 中南财经政法大学全国高校知识产权师资培训班（2010年）

地址：湖北省武汉市东湖高新技术开发区南湖大道182号； 电话：027-88386115。

中南财经政法大学，是以一所经济学、法学、管理学为主的人文社科类大学，是教育部直属的全国重点大学，由教育部、财政部、湖北省共建，是国家“211工程”和“985工程”优势学科创新平台项重点建设高校。学校由原...

· 中南财经政法大学知识产权研究中心全国研究生知识产权暑期学校

联系电话：027-88386157。

中南财经政法大学知识产权研究中心，是国内最早从事知识产权教学与研究的机构之一，其前身系成立于1988年的中南政法学院知识产权教学与研究中心，2000年改为现名。2004年11月26日，中心跻身于教育部人文社会科学...

图 5-7-77　在职培训检索“吴汉东”相关培训（检索结果二）

（三）学历学位教育高级检索

学历学位教育的高级检索界面如下图所示，可以限定的检索条件包括地域、单位、所属年份、学历学位层次、文件性质等。以下通过举例来进行检索演示。

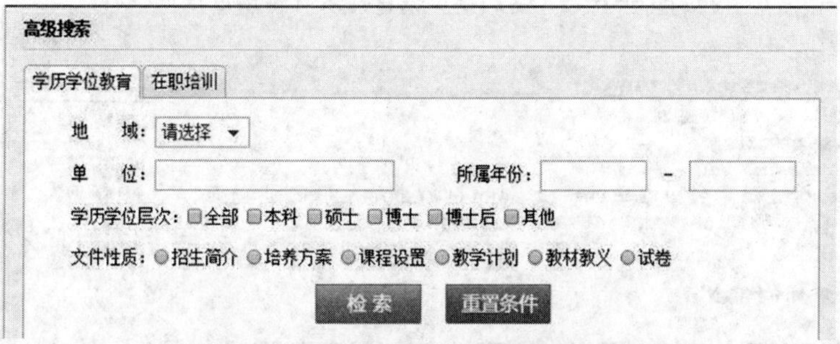

高级搜索

学历学位教育　在职培训

地　　域：请选择

单　　位：　　所属年份：　　–

学历学位层次：全部　本科　硕士　博士　博士后　其他

文件性质：招生简介　培养方案　课程设置　教学计划　教材教义　试卷

检索　重置条件

图 5-7-78　学历学位教育高级检索栏

如检索上海市相关学历学位教育近一年的博士招生简介。在地域中选择“上海”，在所属年份中输入“2015—□”，在学历学位层次中勾选“本科”，在文件性质中选择“招生简介”，点击检索按钮，则出现检索结果（http://www.ipknow.cn/index.php？m = search&c = search&a = index&modelid = 26&as_etype = 2&as_ level = 1&as_ space = 3&as_ document = rule&as_ ptime_ s = 2015）。从检索结果看，一共有 3 条检索结果，分别为“上海政法学院-2015-本科教育”“华东政法大学-2015-本科教育”“同济大学-2015-本科教育”，符合检索预想。点击第一条“上海政法学院-2015-本科教育”，则进入相应的界面（http://www.ipknow.cn/education/show-3350.html），其中包括了上海政法学院的基本信息及学校知识产权相关的简介和2015年本科教育的相关信息。点击“上海政法学院-2015-本科教育”，则出现相关的招生简章及教材讲义链接。

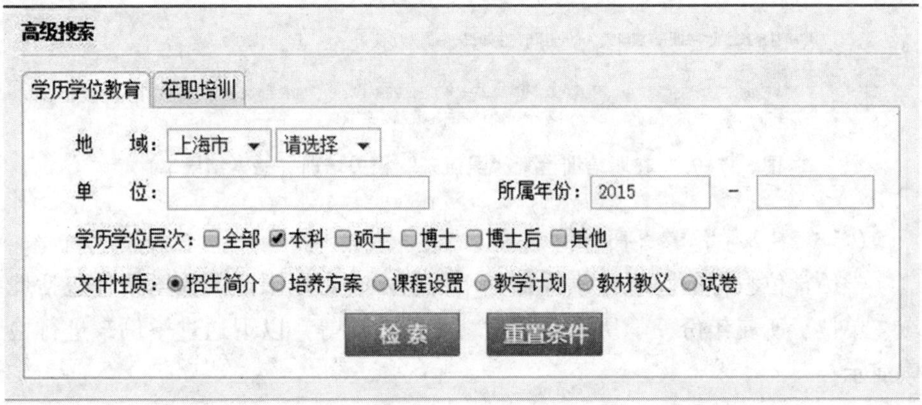

高级搜索

学历学位教育　在职培训

地　域：上海市　请选择

单　位：　　所属年份：2015 －

学历学位层次：□全部 ☑本科 □硕士 □博士 □博士后 □其他

文件性质：◉招生简介 ○培养方案 ○课程设置 ○教学计划 ○教材教义 ○试卷

检索　重置条件

图 5-7-79　学历学位教育检索（检索过程）

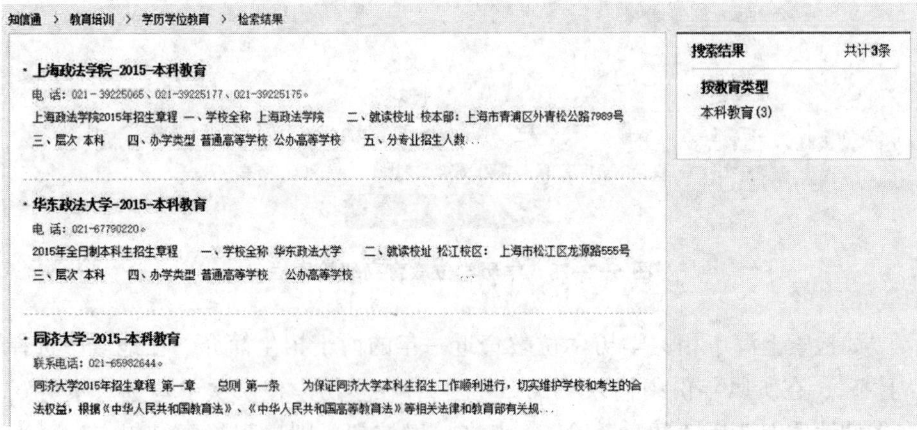

知信通 › 教育培训 › 学历学位教育 › 检索结果

· 上海政法学院-2015-本科教育

电 话：021-39225065、021-39225177、021-39225175。

上海政法学院2015年招生章程 一、学校全称 上海政法学院　二、就读校址 校本部：上海市青浦区外青松公路7989号 三、层次 本科　四、办学类型 普通高等学校 公办高等学校　五、分专业招生人数...

· 华东政法大学-2015-本科教育

电 话：021-67790220。

2015年全日制本科生招生章程　一、学校全称 华东政法大学　二、就读校址 松江校区：上海市松江区龙源路555号 三、层次 本科　四、办学类型 普通高等学校　公办高等学校　...

· 同济大学-2015-本科教育

联系电话：021-65982644。

同济大学2015年招生章程 第一章　总则 第一条　为保证同济大学本科生招生工作顺利进行，切实维护学校和考生的合法权益，根据《中华人民共和国教育法》、《中华人民共和国高等教育法》等相关法律和教育部有关规...

搜索结果　共计3条

按教育类型

本科教育(3)

图 5-7-80　学历学位教育检索（检索结果）

知信通 > 教育培训 > 正文

上海政法学院

更新时间：2015.11.29

【所在地区】：上海市 【网址】：点击进入网址

电 话：021－39225065、021-39225177、021-39225175。

+全部展开

+学校简介

+上海政法学院-2015-本科教育

图 5-7-81 学历学位教育检索（检索结果第一条的内容页面）

上海政法学院

更新时间：2015.11.29

【所在地区】：上海市 【网址】：点击进入网址

电 话：021－39225065、021-39225177、021-39225175。

+全部展开

+学校简介

-上海政法学院-2015-本科教育

【招生简章】

上海政法学院2015年招生章程

一、学校全称

上海政法学院

二、就读校址

校本部：上海市青浦区外青松公路7989号

三、层次

本科

四、办学类型

普通高等学校 公办高等学校

五、分专业招生人数及有关说明

分专业招生人数及有关说明详见各省（区、市）高招办公布的招生计划。

六、预留计划数和使用原则

年度本科招生计划的1%用于调节各地统考上线生源的不平衡。

图 5-7-82 上海政法学院 2015 年本科招生简章检索结果图（局部一）

【培养方案】

“知识产权”系国家教育部根据国际竞争日益激烈的大趋势以及我国经济发展紧缺人才的实际需求设置的特色专业。我校经教育部批准在原有的知识产权法专业方向的基础上转置招收“知识产权”专业的本科生，成为目前本市经教育部批准招收该专业本科生的两所高校中的一所，旨在培养国家为实施创新战略和知识产权战略以及本市创新驱动、转型发展所急需的具有实用型、复合型、国际型特点的高端知识产权专业人才。

【课程设置】

主要专业课程：法理学、中国法制史、宪法、行政法与行政诉讼法、民法、商法、经济法、刑法、诉讼法、国际法、国际私法、国际经济法、专利法、商标法、著作权法、知识产权国际公约条约等。

主要实践性教学环节：军事技能、认识实习、专业见习、毕业实习、毕业论文等。

（来源：上海政法学院法律学院）

图 5-7-83　上海政法学院 2015 年本科招生简章检索结果图（局部二）

如检索看全国哪些学校招收知识产权相关的博士后，并对相关信息进行了解。在学历学位层次中勾选“博士后”，点击检索按钮，则出现检索结果（http://www.ipknow.cn/index.php? m=search&c=search&a=index&modelid=26&as_ etype=2&as_ level=5）。一共有 30 条相关结果，可以分别点击进入了解相关年度相关学校的博士后招生等内容。

高级搜索

学历学位教育　在职培训

地　域：请选择

单　位：　　所属年份：　　－

学历学位层次：□全部 □本科 □硕士 □博士 ☑博士后 □其他

文件性质：○招生简介 ○培养方案 ○课程设置 ○教学计划 ○教材教义 ○试卷

检索　重置条件

图 5-7-84　学历学位教育“博士后”检索（检索过程）

· 武汉大学-2016-博士后教育

电 话：027-68754011；传 真：027-68754011；邮 箱：pdto@whu.edu.cn。

武汉大学2016年博士后招收简章 具有博士学位，品学兼优，身体健康，年龄一般在四十岁以下的人员，可申请进站从事博士后研究工作。申请从事博士后研究工作的人员，应当向设站单位提出书面申请，提交证明材料...

· 华东政法大学-2016-博士后教育

电 话：021-67790046；传 真：021-67790373。

华东政法大学2015－2016年度博士后研究人员招收简章 华东政法大学博士后流动站于2003年10月经人事部全国博士后管理委员会批准设立，是当时上海及华东地区高校中唯一的法学博士后流动站。在上海市博管办领导下，...

· 北京大学-2016-博士后教育

电 话：010-62767236。

北京大学法学院2016年博士后招聘启事 一、申请条件 1、于2014年7月至2016年7月之间在国内外重点大学或科研机构毕业并获得博士学位； 2、品学兼优，身心健康； 3、年龄在三十五周岁以下； 4、获得博士学位不...

· 清华大学-2016-博士后教育

电 话：010-62771607；传 真：010-62786153；邮 箱：law39@mail.tsinghua.edu.cn。

清华大学法学院2016年博士后招聘 一、法学博士后科研流动站简介 清华大学法学院复建于1999年4月，经过多年发展，形成一支高水平的师资队伍，拥有一批著名的法学学者，其中教授31人。清华法学院具有法学一级学科...

· 厦门大学-2016-博士后教育

电 话：2187039。

关于报送2016年博士后研究人员招收计划的通知 为实现“全面建成世界知名高水平研究型大学”的建设目标，贯彻落实学校人才队伍建设规划，请根据《厦门大学博士后管理工作暂行办法》、《厦门大学关于加强博士后队...

搜索结果 共计30条

按教育类型

博士后教育(30)

图 5-7-85 学历学位教育检索博士后教育资料（一）

· 清华大学-2015-博士后教育

电 话：010-62771607； 传 真：010-62786153；邮 箱：law39@mail.tsinghua.edu.cn。

清华大学法学院2015年春季博士后招聘 一、法学博士后科研流动站简介 清华大学法学院复建于1999年4月，经过多年发展，形成一支高水平的师资队伍，拥有一批著名的法学学者，其中教授31人。清华法学院具有法学一级...

· 北京大学-2015-博士后教育

电 话：010-62767236。

法学院2015年博士后招聘启事 一、申请条件 1、于2013年7月至2015年7月之间在国内外重点大学或科研机构毕业并获得博士学位； 2、品学兼优，身心健康； 3、年龄在三十五周岁以下； 4、获得博士学位不超过2年；...

· 中国社会科学院-2015-博士后教育

电 话：010-64065527；传 真：010-64065527；邮 件：postphd_law@cass.org.cn。

最高人民法院中国应用法学研究所博士后科研工作站与中国社会科学院法学研究所博士后科研流动站联合招收2015年度博士后公告 为全面落实依法治国基本方略，培养高层次、创新型优秀法学人才，进一步加强人民法院...

图 5-7-86 学历学位教育检索博士后教育资料（二）

· **武汉大学-2015-博士后教育**

电 话：027-68754011； 传 真：027-68754011； 邮 箱：pdto@whu.edu.cn。

武汉大学2015年博士后招收简章　　具有博士学位，品学兼优，身体健康，年龄一般在四十岁以下的人员，可申请进站从事博士后研究工作。 申请从事博士后研究工作的人员，应当向设站单位提出书面申请，提交证明材料...

· **复旦大学-2015-博士后教育**

电 话：021-51630111。

复旦大学法学博士后流动站招聘启事 复旦大学法学博士后流动站招聘国际法学和民商法学两个专业的博士后。这两个专业的各研究方向及相关领域主要专家名单，可登陆复旦大学博士后工作网页查询法学流动站信息。目前...

· **中南财经政法大学-2015-博士后教育**

电 话：027-88386350。

中南财经政法大学2015年－2016学年第一学期博士后招收简章　　中南财经政法大学是中华人民共和国教育部直属的一所以经济学、法学、管理学为主干，兼有哲学、文学、史学、理学、工学、艺术学等九大学科门类的普通高...

图 5-7-87　学历学位教育检索博士后教育资料（三）

· **吉林大学-2015-博士后教育**

电 话：0431-85151333。

关于做好2015年度博士后国际交流计划引进项目博士后招收工作的通知 校内各博士后科研流动站： 根据《全国博士后管委会办公室关于印发2015年度博士后国际交流计划引进项目资助计划的通知》（博管办[2015]22号）...

· **西南政法大学-2015-博士后教育**

电 话：023-67258430。

中国应用法学研究所博士后科研工作站 西南政法大学博士后科研流动站 2015年度联合招收博士后公告　　为全面落实依法治国方略，促进法学理论与实务部门协同创新，培养高层次、应用型、创新性优秀法律人才，中国...

· **浙江大学-2015-博士后教育**

电 话：0571-86592725；E-mail：relax@zju.edu.cn。

浙江大学光华法学院2015年招收博士后研究人员计划 浙江大学光华法学院因学科发展和项目研究需要，诚招博士后研究人员，具体如下： 注：1.申请和招收程序详见 http://www.ghls.zju.edu.cn/chinese/redir.php?c...

图 5-7-88　学历学位教育检索博士后教育资料（四）

· **清华大学-2014-博士后教育**

电 话：010-62771607；传 真：010-62786153；邮 箱：law39@mail.tsinghua.edu.cn。

清华大学法学院2014年博士后招聘 一、法学博士后科研流动站简介 清华大学法学院复建于1999年4月，经过多年发展，形成一支高水平的师资队伍，拥有一批著名的法学学者，其中教授31人。清华法学院具有法学一级学科...

· **武汉大学-2014-博士后教育**

电 话：027-68754011；传 真：027-68754011；邮 箱：pdto@whu.edu.cn。

武汉大学2014年博士后招收简章　具有博士学位，品学兼优，身体健康，年龄一般在四十岁以下的人员，可申请进站从事博士后研究工作。申请从事博士后研究工作的人员，应当向设站单位提出书面申请，提交证明材料...

· **中南财经政法大学-2014-博士后教育**

电 话：027-88386350。

中南财经政法大学2014年 博士后研究人员招收简章 中南财经政法大学是中华人民共和国教育部直属的一所以经济学、法学、管理学为主干，兼有哲学、文学、史学、理学、工学、艺术学等九大学科门类的普通高等学校，...

图 5-7-89　学历学位教育检索博士后教育资料（五）

· **中国社会科学院-2014-博士后教育**

电 话：010-64065527；传 真：010-64065527；邮 件：postphd_law@cass.org.cn。

社科院法学所、国际法所2014年博士后申请工作通知　中国社会科学院法学所博士后流动站于1992年经人事部全国博士后管理委员会批准设立，是我国人文社会科学领域中第一批获准设立的博士后流动站。2003年10月，经...

· **北京大学-2014-博士后教育**

电 话：010-62767236。

北京大学法学院2014年博士后招聘启事　1、申请条件 （1） 于2012年7月至2014年7月之间在国内外重点大学或科研机构毕业并获得博士学位。（2）品学兼优，身体健康；（3）年龄在三十五周岁以下。（4）进...

· **复旦大学-2014-博士后教育**

电 话：021-51630111。

复旦大学法学博士后流动站招聘启事 复旦大学法学博士后流动站招聘国际法学和民商法学两个专业的博士后。这两个专业的各研究方向及相关领域主要专家名单，可登陆复旦大学博士后工作网页查询法学流动站信息。目前...

· **中国社会科学院-2013-博士后教育**

电 话：010-64065527；传 真：010-64065527；邮 件：postphd_law@cass.org.cn。

中国社会科学院法学所与北京市住房贷款担保中心2013年博士后招收公告　北京市住房贷款担保中心（以下简称"担保中心"），是北京市政府批准从事个人住房贷款担保业务的事业单位，2010年国家人力资源和社会保障部...

图 5-7-90　学历学位教育检索博士后教育资料（六）

· 中南财经政法大学-2013-博士后教育

电 话：027-88386350。

中南财经政法大学2013年博士后研究人员招收简章 中南财经政法大学是中华人民共和国教育部直属的一所以经济学、法学、管理学为主干，兼有哲学、文学、史学、理学、工学、艺术学等九大学科门类的普通高等学校，是...

· 北京大学-2013-博士后教育

电 话：010-62767236。

北京大学法学院2013年博士后招聘启事 1、申请条件 （1） 于2011年7月至2013年7月之间在国内外重点大学或科研机构毕业并获得博士学位。 （2）品学兼优，身体健康； （3）年龄在三十五周岁以下。 （4）进...

· 复旦大学-2013-博士后教育

电 话：021-51630111。

复旦大学法学博士后流动站招聘启事 复旦大学法学博士后流动站招聘国际法学和民商法学两个专业的博士后。这两个专业的各研究方向及相关领域主要专家名单，可登陆复旦大学博士后工作网页查询法学流动站信息。目前...

图 5-7-91 学历学位教育检索博士后教育资料（七）

· 武汉大学-2013-博士后教育

电 话：027-68754011； 传 真：027-68754011； 邮 箱：pdto@whu.edu.cn。

武汉大学2013年博士后招收简章 具有博士学位，品学兼优，身体健康，年龄一般在四十岁以下的人员，可申请进站从事博士后研究工作。 申请从事博士后研究工作的人员，应当向设站单位提出书面申请，提交证明材料...

· 西南政法大学-2011-博士后教育

电 话：023-67258430。

西南政法大学2011年博士后研究人员招收简章 西南政法大学是一所以法学为主，法学、经济学、管理学、文学、哲学等学科协调发展的多科性大学，是新中国最早建立的高等政法学府之一。1978年经国务院批准为全国重...

· 西南政法大学-2010-博士后教育

电 话：023-67258430。

西南政法大学2010年招收博士后研究人员简章 西南政法大学是一所以法学为主，法学、经济学、管理学、文学、哲学等学科协调发展的多科性大学，是新中国最早建立的高等政法学府之一。1978年经国务院批准为全国...

图 5-7-92 学历学位教育检索博士后教育资料（八）

六、教育培训版块完善空间

因为在职培训与学历学位教育相关内容具有较大差异，因此以下分别进行阐述。

（一）在职培训相关内容完善空间

1. 搜集获取培训信息的来源亟待拓宽

知识产权在职培训信息资料比较分散，目前国内也没有统一的信息搜集途径。目前这些相关知识产权在职培训信息主要来源于以下途径：中国知识产权研究会等社会团体的相关理事会会员刊物，如《知识产权竞争动态》《中国知识产权研究会通讯》《中国知识产权培训动态》等；国家知识产权局官方网站、中国知识产权研究网、中国知识产权培训中心网、中国知识产权培训网、知识产权咨询培训网、知识产权网、中国知识产权培训中心远程教育社区等知识产权类网站；我国各省、市、自治区的知识产权局官方网站，省（自治区）人民政府所在地的市、经济特区所在地的市以及经国务院批准的较大的市这三种较大的市的知识产权局官方网站。[1]然而，通过这些途径搜集相关知识产权在职培训信息各有其局限性。此外，商业机构和司法机关培训信息很难搜集到，信息量相对而言较少。知识产权教育培训之在职培训版块的信息，不像法律法规以及著述等版块有着非常丰富的信息量和比较成熟的信息来源，目前已经搜集到以及录入系统的条目大都是靠主观上想出来的线索，运用各种可用的搜索引擎查找，基本上涵盖了通过网络能查找到的相关信息。此问题的改进设想与困难：商业机构师资进行培训往往是商业机构受雇于行政机构进行培训，主办单位属于行政机构，因此真正属于商业机构的培训很少，如果能联系到部分有代表性的知识产权代理公司询问搜集的话，能够解决部分信息来源问题。因此，在职培训版块今后进一步工作的话，应当以点带面、举一反三地寻找更多的数据来源，并力争通过一定的合作模式来解决数据来源这个非常重要又很有挑战性的问题。

2. 培训信息的更新速度有待进一步提高

由于本资料库是以功能设计与框架构建为主，具有试验性质，因此知识产权在职培训的相关信息搜集录入工作是阶段性的。目前更新的速度不错，每天都有课题组成员对新的信息进行添加，对有瑕疵的地方进行排查修正。在未来国家知识产权文献及信息资料库知识产权培训信息版块建设中，应当将培训信息的时效性摆在更为重要的位置上，制定和建立更加完善的及时录入流程与

---

〔1〕郑渊：“‘知信通’之在职培训资料库建设的相关问题分析”，载冯晓青、杨利华主编：《国家知识产权文献及信息资料库建设研究》，中国政法大学出版社 2015 年版，第 369 页。

程序，确保更新速度进一步提高，力争做到“及时性”。

3. 关于资料库的内部链接功能进一步完善的设想与论证

（1）“知信通”资料库之教育培训部分的内链效果。“知信通”资料库的内链是对本资料库网站内部各子库网页之间进行的链接，具体来讲，就是对网站内部各子库网页中的相同关键词进行链接，指向同一网站中以此关键词作为目标关键词的相关网页。例如：本资料库的甲网页中含有某关键词，而关键词同时是本资料库的乙网页中的目标关键词，则为该关键词加上链接即为指向乙网页的内链。

首先，资料库的内链设计能够使本数据库各个子库实现良好的沟通呼应，方便信息的搜索呈现，极大地增强资料库的实用性。资料库的内链设计旨在提高目标信息的索引效率，因为“一个页面要被收录，首先要能够被搜索引擎的蜘蛛爬行到，蜘蛛的爬行轨迹是顺着一个链接到另一个链接，想让搜索引擎蜘蛛更好地爬行，一般都需要通过良好的内部链接”。[1]

其次，资料库的内链设计旨在尽可能地优化用户体验。资料库的建设思路、版块划分、信息储备等都会直接影响用户体验，信息内容的链接使得本资料库各子库相关网页能够直接进行有机跳转，方便了用户对信息的搜索查找。同时，本资料库的内链设计在显示时对关键字进行了将黑色变为蓝色，并加以表明链接的下划线的格式处理。这样的内链设计能够突出所链接的关键词，旨在使用户在阅读时一目了然，提高信息查找效率。

最后，资料库的内链设计能够大大提高本资料库各子库内容的浏览次数，提高本资料库网站的点击率和用户访问量。这样一来，本资料库其实通过内链设计进行了无形的网站营销，提升本资料库的网站权重与竞争力。

此外，通过内链还能够起到增加被链接关键词的广泛度与收录量的作用。

（2）本资料库之教育培训部分的内链优化完善。

1）增加实现内链的信息量。目前，“知信通”资料库已实现内部链接的相关信息数量还有限，许多涵盖在本资料库各子库中的相同关键词信息尚未实现彼此链接，其中有本资料库设计建设之初技术方面的原因，也有审核条目的原因，这都是在今后的内链设计功能完善中应当注意的问题。随着资料

---

[1] 百度百科“内链”，http://baike.baidu.com/view/1927625.htm? fr=aladdin，最后访问时间：2018年12月25日。

库各部分所搜集录入的相关信息条目的增加，应当不断增加实现内链的信息量，尽可能地实现本资料库各子库相关信息的彼此呼应与链接跳转，从而达到更周延全面的阐释目标。

2）丰富内链形式以优化用户体验。网站的站内链接大致依据形式的不同，可以划分为列表式、嵌入式和导航式三种，目前“知信通”资料库的内链主要采用嵌入式的设计形式，即在网页中直接加入关键词链接指向其他网页。这种设计能够尽可能地全面覆盖本资料库各子库所包含的知识产权关键词，但是从用户体验的角度来看，列表式的内链设计更加简洁、易更新，导航式的内链设计更加方便、易懂。很显然，这两种形式都具有嵌入式的内链设计所不具备的清晰性优点，因此在本资料库的内链设计的优化与完善中，以嵌入式内链形式为主，辅之以列表式或者导航式的内链形式，旨在全方位地提升本资料库之教育培训部分的用户体验。

3）采用计算机自动覆盖与人工审核相结合的方法设置，关注内链设计的比例部署。内链的覆盖比例影响用户体验，将各子库信息条目中的相同关键词均覆盖进内链范围，既不科学，也没有必要。搭建起合理的内链设计比例部署，要以用户体验为出发点。在设置内链时，应当站在用户的角度，考虑看到该信息关键词是否有点击进入该关键词的相关页面的需求，因此本资料库采用计算机自动覆盖与人工审核相结合的方法设置内链是科学合理的。设置内链时应当尊重用户体验，避免内链泛滥。正文当中相同的一个关键词频繁出现且相距较近时，无须每个都设置内链。只有合理比例的内链才能方便用户查找相关信息，过度冗余的内链不仅容易导致页面信息在视觉上杂乱无章，而且会造成查找相关信息的效率降低。

4）突出资料库的专业性，严格把握内链的相关性和内链质量。由于“知信通”资料库是专门针对知识产权专业领域的文献与信息的专门性网站，因此保障内链的相关性与质量非常必要，也相当重要。在设置每个内链时都应当仔细考量这个链接是否与用户预期了解的信息条目密切相关，内链的目标页面是否经过严格审核、能否保证信息质量与信息阐释的准确度。相关性高的内链设计有助于增加用户黏性和改善用户体验，进而提升本资料库的浏览量。

5）谨慎预防和避免内链造成知识产权侵权。资料库的内链设计在快捷传递和获取信息的同时，也有导致知识产权侵权的危险。“知信通”资料库各部分在建设中对录入的信息条目进行了严格的知识产权审查，但是内链目标页如果因为显示不全等原因而隐藏了原页面对非原创信息的出处标注，就有导致侵犯他人知识产权的法律风险。因此，在优化完善内链设计时，尤其要谨慎注意被链接页面的显示是否完全，是否包含应标注引用出处的部分，从而预防和避免内链造成知识产权侵权问题。

6）借鉴相关成熟搜索引擎的内链建设方法，对本资料库之教育培训部分的内链进行持续、动态的优化完善。就目前“知信通”资料库之教育培训部分的内链现状来看，可以参考和借鉴百度百科的内链建设方法。因为百度百科的内容翔实、覆盖广泛，而且其中的内链设计都是直接指向百度百科中其他相关内容的，当用户看到不了解的具体信息内容时，可通过内链进入该具体信息的百科页面。这样的设计使得用户不必绕行进入其他的资料库网站去搜索，从而节约了用户查找信息的时间、提高了用户搜集信息的效率，用户的访问深度与体验程度自然得到了优化。对内链设计进行优化完善是一个持续的、动态的过程，取百家之长为本资料库所用，对于“知信通”资料库之教育培训部分的优化完善大有裨益。

（二）学历学位教育相关内容完善空间

1. 信息可更加全面

从目前搜集和录入的信息来看，知识产权学历学位教育信息资料库的部分信息项可以更加全面。目前，除了学校简介、师资力量、代表成果、招生简章四个信息项可以通过公开渠道找到较为完善的信息之外，培养方案、课程设置、教学计划、教材讲义、试卷、教学论坛六个信息项都或多或少的存在信息难以查全的问题。究其根本原因在于，知识产权学历学位教育信息公开的程度不够，许多信息可能都仅提供给该校内部学生，而没有对外界公开，课题组通过网络等公开渠道无法获得全部信息。因此，在资料库建设的过程中，基于著作权及信息来源渠道受限的现实考虑，课题组仅挑选了资料较完备的高校进行信息录入，以完成资料库在试验阶段的测试和演示。但是，在实体的国家知识产权文献及信息资料库建设和完善过程中，可以考虑与各高校直接取得联系，从官方获取更多信息和资料，以保证知识产权学历学位教育版块信息资料的完整性。

2. 可在信息权威性上更加努力

从目前搜集和录入的信息来看，学历学位教育版块信息资料在信息权威性上还可以进一步增强。目前，资料库中的“试卷”这一信息项，课题组只搜索到了极少的学校在官方网站上公布的一些试卷的真题，其余的有关试卷的信息几乎都是网友参加研究生入学考试、博士生入学考试之后的回忆版，信息的权威性不够，准确性和完整性也难以保证。“知信通”学历学位教育信息资料库要想解决此问题并在这个方面取得突破，最好是直接与学校官方以及授课教师本人取得联系，获取考试的真题，不仅是考研、考博的真题，也包括各种课程考试的真题，这样不仅可以使得信息更加权威，也可以避免著作权侵权。

3. 信息授权上可以做尝试

信息未获授权，只能通过外链的方式呈现在本数据库中也是学历学位教育信息资料库现存的一大重要问题。在“教材讲义”“试卷”两个信息项中，由于都涉及著作权问题，因此课题组不能直接将这些信息上传到本资料库中。但是，这种外链的方式无疑会给用户的使用造成不便，用户不能直接在本资料库中浏览这些信息，而要通过跳转进入到别的网站中，有的网站还可能要注册、登录后才可以使用，大大增加了用户的时间成本，也造成了本资料库信息的离散。因此，在学历学位教育信息资料库建设和完善并推入市场的下一阶段，可以考虑尝试直接与著作权人取得联系，获得授权，使用户在本资料库中就能直接获得该类信息，便利用户的使用。

4. 内部链接的功能还有完善空间

良好的内链设计能够使资料库各个子库实现良好的沟通呼应，方便用户搜索信息，极大地增强资料库的实用性。能够和“知信通”资料库实现内部链接的版块，一是知产百科版块中所涵盖的信息条目，二是知产人物版块中所涵盖的信息条目。目前，已经实现内部链接的相关信息数量还相当有限，随着本数据库各个子库搜集录入的相关信息数量的增加，应当不断完善其内部链接的功能，尽可能增加使各个子库相关信息彼此呼应以达更好的介绍解释之目的。

第六章
试验性资料库（“知信通”）介绍、研究与分析（下）

第一节 “知信通”知识产权人物版块介绍与分析

“知信通”资料库知识产权人物版块命名为“知产人物”，网址为 http://www.ipknow.cn/figure/。截至2016年2月底，该版块的统计数据为1604条。知产人物版块是对知识产权从业人员的相关资料的整合库。

图 6-1-1 知产人物版块

图 6-1-2 知产人物版块数据统计（截至2016年2月底）

一、知产人物版块建立的背景

21 世纪是人才的世纪，人才的建设有利于国家的进步、社会的发展。在知识产权领域也是如此。只有加强知识产权人才工程建设，才能充分发挥知识产权人才的作用，以人为主导，推动知识产权理论发展，提高知识产权立法、司法、执法水平。从整体上说，从事知识产权相关业务的人才队伍对于我国建设创新型国家至关重要。知识产权人才是支撑国家知识产权制度建设、实施国家知识产权战略的核心力量，知识产权人才建设更是我国提高自主创新能力，加快创新型国家建设之所需。随着我国知识产权发展战略制定工作的启动，“创新型国家”发展战略的提出，建设宏大的知识产权创造人才队伍和工作队伍，不仅是两大战略的重要内容，而且是两大战略顺利实施的重要保障。[1] 但是，我国知识产权人才存在巨大缺口，在质量上也难以满足社会实际需求。同时我国知识产权人才培育能力远低于经济发展对知识产权专业人才的需求，造成我国知识产权专门人才在数量上总体缺乏，质量上难以满足社会对高层次、复合型人才的需求，现有知识产权人才队伍结构不甚合理，知识产权教育也无法满足社会对于大量高素质知识产权人才的需要，教师队伍还存在巨大缺口，教师素质存在地区差异等问题。因此，对知识产权人物尤其是人才情况进行分析，整理出知识产权立法、司法、教育等领域相关人才的特色，归纳出各个领域人才状况呈现出的问题就显得十分必要。但是目前国内涉及知识产权的数据库和相关网站中都缺乏系统的知识产权人物信息，更不用说专门的知识产权人物尤其是知识产权人才数据库。为此，国家知识产权文献及信息资料库中特设知产人物这一版块，拟对国内理论界及实务界的知识产权人物信息进行系统整理、汇总，以求为知识产权人才队伍建设提供绵薄之力，“更好地宣传和发挥知识产权高级人才在推动我国国家知识产权战略实施中的重要作用”。[2]

---

〔1〕 田文英、纪梦然：“我国知识产权人才及其结构探析”，载《中国人力资源开发》2006 年第 4 期。

〔2〕 冯晓青、赵秀姣：“国家知识产权文献及信息资料库建设内容选择及建构思路探析”，载《武陵学刊》2012 年第 5 期。

二、知产人物版块构建的思路与方法

（一）知产人物版块构建的思路

1. 体系构建思路

一个完整的资料库想要尽可能全面地展示应有的信息，同时又要保持一定的逻辑性和条理性，就必须有一个清晰的结构脉络，有支撑内容的“骨架”。否则，所有的信息将如一盘散沙，每一个人物之间的联系将无从得知，这不仅不利于保持资料库的完整性和条理性，也不利于分析国内知产人物现状，无法发挥该资料库建设的应有作用。

纵观知识产权领域，直接或间接从事知识产权事业的人物成千上万，他们有的潜心研究知识产权及相关理论知识，有的奋斗在知识产权实务的第一线；他们有的生活在经济发达的东南沿海，有的扎根于中西部，为知识产权事业的发展贡献力量。因此，本试验性资料库结合知产人物信息研究的需求，以人物类别和地区分类为划分标准，对拟收入资料库的所有知产人物进行分类，以这两条主脉络为支撑，对所有的人物信息进行合理的分类汇总。

（1）人物类别。根据各知产人物所处的具体行业，“知信通”资料库知产人物版块将其分为行政管理、教学科研、司法审判、商业服务四小类，另外加了“其他”。具体分析如下：

行政管理类。该类别中的人物，主要就职于知识产权相关的各大机关，包括国家及各地方版权局、知识产权局、商标局，也包括各部委中从事与知识产权有关工作的人。

教学科研类。该类别中的人物，主要是全国各地各大高校的教师、研究人员，各大研究所的研究人员，也包括部分为知识产权研究做出较为突出贡献的博士生。

司法审判类。该类别中的人物，主要是就职于各级人民法院、人民检察院的人员。

商业服务类。该类别中的人物，主要从事与知识产权有关的商业性实务工作，包括律所从事知识产权业务的律师、知识产权代理有限公司的人员、与知识产权有关的出版社的相关人员、与知识产权相关的企业人员等。

其他类，用于前四种以外的知识产权相关人员。

（2）地区分类。为更能直观地了解我国各地区知识产权人物的不同特点，按照地区标准将人物进行分类，即根据每一位人物的工作地点，将其归入全国 32 个省、直辖市、自治区以及港澳台地区。

当然，上述两种分类存在交叉。例如一位来自中国人民大学的知识产权法教授，其按照人物类别属于教学科研类，按照地区分类将被列入北京市。

2. 内容构建思路

在建立起体系框架之后，即是往框架内部扩充内容。内容是资料库的核心部分，也是在资料库投入使用后用户最关注的部分。本人物库的内容，即需要添加的人物信息。人物信息大致包括三大部分：人物的基本信息、工作情况、个人成果。每一部分的具体内容将在下文有详细介绍。

3. 链接设计思路

为追求最大限度地便利用户，人物库应当设计链接。链接主要包括三方面。首先，最终建立起的人物信息，其不仅仅是简单的信息汇总，每一个人物信息与资料库中的其他版块都应当有内部链接。鉴于人物的特殊性，人物库可以成为知识产权科研项目、论著资料、司法案例、知产机构以及知产大事的汇合点。由人物库中的信息进行发散，可以得到丰富的搜索结果。例如，某一位教学科研人物的研究成果应当与论著资料版块的相关内容相链接；某一位司法审判人物的业务成果应当与司法案例版块的相关案例相链接。其次，当两位人物之间存在着共同的内容时，人物之间也存在着链接。最后，当人物库中出现重要数据时，也可以同本资料库以外的网站、数据库进行链接。以上链接均可通过技术手段实现。

（二）知产人物版块构建的方法

每一个版块的构建都有其独特的方法，知产人物版块也不例外。掌握一定的方法，有助于明晰构建方向，提高构建效率，以保证整个资料库更加系统化。本版块在构建过程中，主要采取了以下几种方法：

1. 多渠道收集资料与信息

对构建知产人物库来说，最重要的即是收集资料。收集好人物信息是做好后期整理、汇总工作的第一步。在互联网高速发展的今天，信息来源十分广泛，利用各种渠道收集信息就显得十分重要。对于收集知产人物信息，可用的渠道主要有以下几方面：

（1）互联网。互联网内容丰富、使用便捷，决定了其是收集信息的第一选择。目前，对相关人物有所介绍的网站首先是百度和谷歌。其次，每个人物就职的工作单位的官方网站上一般都整理了人物的基本信息，但是不同类别的人物信息侧重点也有所不同：高校网站上主要介绍教师、研究员的学术成果；律师事务所的网站上主要介绍律师的工作经历；行政机关、司法机关的网站上关于人物的信息较少，而且介绍的大多是人物的基本情况。最后，已经存在的部分知识产权数据库中，也会有对相关人物的简单介绍。例如在中国知网等数据库中可以检索学者的最新学术成果，在北大法宝、北大法意等数据库中可以检索法官、律师等的实务成果。

（2）会议名单。各大会议的代表名单也是收集人物信息资料的一大来源，例如南湖论坛、中国知识产权法学研究会年会、高校学术沙龙、学术讲座等。一般在会议名单中都有相关人物的基本信息介绍。通常需要仔细筛选各份名单，力求将各个领域有代表性的人物都纳入人物库。

（3）书籍。与知识产权相关的书籍中，可能会存在相关人物的信息，例如国家知识产权局编制的《国家知识产权专家库专家名册》《全国知识产权领军人才名册》。此外，每一位人物作为作者出版的书籍中，一般也会对作者进行相关的介绍，这都是收集人物信息的来源。

一般而言，要搜集人物信息，需要同时利用多种渠道，而不能停留在某一种搜索方法上。以下将以在高校任职的知识产权学者为例，举例说明如何多渠道收集人物信息。首先，该学者的基本信息和工作情况，一般在其所任职的高校官方网站中有说明，并且高校网站中提供的信息一般来自学者本人，有着较高的可信度。其次，要整理出该学者的工作成果，就需要运用到其他检索系统，例如可以到中国知网等数据库检索该学者的最新学术成果，利用北大法宝、北大法意等数据库检索其实务成果。最后，还要使用谷歌、百度等搜索引擎概括搜索此学者，同时也可以搜索该学者的照片，并综合整理出该学者近期的新闻动态，将所得信息综合理顺，删除重复信息。为了保障信息的有效性，需要隔一段时间对人物信息进行更新，尤其注重对最新学术成果、实务情况的更新。

2. 谨慎进行信息核实与筛选

对于构建人物资料库来说，信息收集得越全面，整个资料库就会越完整。但是，在收集到信息后，要谨慎地对信息进行核实，判断信息的真实性和可靠性。因为网络上甚至是部分书籍中，人物信息可能会存在错误，或者原本信息正确，但是由于时间的推进，部分信息没有及时更新。信息错误不仅不利于保证资料库的专业性，同时也是对相关人物及其成果的不尊重。这就要求在面对信息时，要去伪存真，核实每一条信息，保证其准确性。只有经过筛选，确实准确的信息才可能最终被纳入资料库中。

3. 仔细做好数据录入工作

在对信息进行筛选之后，需要在后台将正确的信息数据进行人工录入。数据的录入不是一项艰巨的任务，但是要求做到认真、仔细。因为后台录入的数据，在数据库成熟之后，都会在页面上进行展示，这就对录入人员的仔细程度提出了更高的要求。排版、文字、标点符号等，都要严格把关。

4. 后续多重审核修正

由于技术的原因及工作中出现小瑕疵的不可避免性，在相关工作中难免会有一些不足之处需要进行完善。“知信通”资料库课题组的工作模式是定时、不定时相结合地对相关信息进行审核，发现问题及时进行修正，以确保相关内容的准确性。

三、知产人物版块的内容与特色

（一）知产人物版块的内容

本着服务大众，满足多方需求的宗旨，知产人物版块在设计之初就致力于提供全面的人物信息。因此，本版块的设计内容也是丰富而不繁琐，即每一位人物的信息要求尽量做到全面、丰富，同时，又要保持一定的体例，将零散的信息按照一定的标准进行划分，纳入不同的类别，使最终呈现的人物信息全面而清晰。

知产人物版块所有的人物将被按照地区分为全国不同地区的知产人物；按照类别归入行政管理、教学科研、司法审判、商业服务及其他五大类。同时，在每一个人物项下，包含的人物内容主要有三大类别：基本信息、工作情况、个人成果。

1. 基本信息

此类主要是对人物的基本信息进行整理。基本信息包括：姓名、性别、出生日期、籍贯（可具体到县级市）、学历学位、联系方式及个人照片。其中，在学历学位项下，包括该人物本科、硕士研究生、博士研究生、博士后

（如果有上述阶段）的学历、专业、学校及导师。考虑到人物的隐私，在联系方式一栏中，一般不填写电话号码，除非该电话号码已明确对外公布。联系方式多为人物已公开的邮箱信息。

2. 工作情况

此类主要是针对人物的工作情况进行整理，主要包括：工作单位、所在地区（可具体到县级市）、职务职称、业务领域。其中，不同类别的人物也会有其特有的工作信息。如教学科研类人物，在职务职称后，还会注明是否为博士生导师或者为硕士生导师。“是否为导师”也是成果检索的一个要件，如搜索要件为“博导”，则系统会给出全国所有博士生导师的信息。

3. 个人成果

此类针对人物的主要成绩进行整理，包括主要成果和社会荣誉。

不同类别的人物，其主要成果的侧重点有所不同。对于教学科研类人物，其主要成果为该人物代表的著作、论文、主持及参与的科研项目；对于司法审判类人物，主要成果除上述论著、项目外，还包括其曾经审理的具有代表性的案件。当然，这些案件都是与本系统中案例库的内容相链接的；对于商业服务类的人物，其主要成果包括论著、项目、曾经代理的具有典型性的案件，以及曾经参与的具有较大贡献的社会调研、考察成果；对于行政管理类的人物，其主要成果为论著、项目成果及其在行政单位工作中的其他成果。

社会荣誉，主要是指人物在学习或者任职期间所获奖励以及社会任职情况。

（二）知产人物版块的特色

知产人物版块是提供知识产权人物信息的数据库，其除了一般数据库具有的基本特色外，还具有一些独有的特色。

1. 信息全面性和准确性并重

知产人物版块为了满足各方面的需求，在内容方面设计注重全面，以求尽可能收集到人物在学习、就业过程中与知识产权相关的所有信息。在前期信息收集过程中，也需要通过多种渠道，尽可能地保证每一位人物的信息的完整性和全面性。但是，课题组并没有片面追求内容的全面、丰富而忽视了信息的准确性。在前期收集到的信息中，有些错误的、未及时更新的都需要经过人工一步步的审查，核实其准确性，更正有误的信息，以保证每一位人物的信息都是全面而且准确的。

2. 人物信息分类清晰

庞大的信息量若未经过分类，则会如一盘散沙，使整个资料库显得杂乱无章。知产人物版块信息分类非常清晰，不仅按照地区和人物类别对人物进行了划分，同时，在每一个人物项下都对人物的信息按照基本信息、工作情况及个人成就进行了分类。通过分类，使得原本复杂凌乱的数据清晰化，用户可以按照自己的需求，检索自己所需要的信息。同时，清晰的分类也为相关人员研究知产人物现状提供了理论依据。

3. 检索功能强大

知产人物版块的一大特色即是其检索功能。知产人物版块采用一般检索和高级检索相结合的方式，在高级检索下又设有多种不同的检索要件，以满足不同用户的需求。

一般检索即是通过输入关键词，例如通过一位专家的姓名进行检索，此检索简单、直接明了，适合于查询某一位特定人物的信息。

高级检索即是通过设置不同的检索词，使用户能够根据自己的需求，选择单一或者复合检索词进行检索。首先，高级检索项下有多种检索要件，用户可以根据自己的需求进行选择。可以检索的项目包括：姓名、关键词、所在机构的性质（即人物的四大类别）、导师信息、所在地区、籍贯、工作单位、师承专家、毕业院校。其次，所有的检索要件，既可单一选择，也可复合选择，用户可以根据自己的需求，选择自己所需要的人物信息。

4. 链接丰富

一个好的数据库，不仅要信息全面、页面设计得体，更要求内部功能能够相互链接，以便于用户的使用。本版块在设计之初就采用了内部链接和外部链接相结合的方式，以求为用户提供尽可能多的便利。

首先，人物库中的信息相互链接。在社会中，每一个人都不是孤立的个人，总是与他人存在这样或那样的关系，基于此，人物库内的人物之间的链接也就被建立起来了。例如，如果两位教授合作出版了一本著作，那么在一位教授的信息里，会出现另一位教授合作出版的字样，此时，另一位教授的链接已经被自动建立了，点击另一位教授的名字，页面即可跳转至该教授的信息页面。

其次，知产人物版块与其他版块的链接。如前所述，“知信通”资料库是一个关于知识产权文献及信息的内容全面的试验性资料库，除了知产人物版块外，还设置有法律法规、司法案例、论著资料、科研项目、教育培训、知产机构、知产大事、知产百科等版块。每一版块的内容都是相互关联的，而此种关联的基础即是知产人物。因此，知产人物中的信息也与其他版块中的内容有着丰富的链接。人物库相当于一个交通枢纽，用户可以从一个知产人物发散到该人物曾经审理过或是代理过的案件、取得的学术成果、曾经主持的科研项目、任职的知识产权相关机构状况深度信息。这样用户在使用过程中就可以进行多重检索，在一个网站内就可以获得所需的信息。例如，一位法官曾经审理的案件，就与司法案例库中的内容有链接；一位教授曾经主持的科研项目，就会与科研项目版块相链接；一位学者曾经出版的书籍，就会与论著资料版块有链接。

最后，知产人物版块与外部网站的链接。本着为用户提供最大便利的想法，知产人物版块在实现内部链接的同时，也致力于与外部网站的链接。例如，一位教授的工作单位是北京大学，那么在其工作单位“北京大学”中已经实现了和百度网站中“北京大学”这一词条的链接，用户想查找北京大学的详细信息就变得非常容易了。

5. 弥补国内知识产权人才库的空白

如前文所述，我国现阶段专门涉及知识产权的数据库和相关网站较少，“涉及知识产权的数据库和相关网站也缺乏系统的知识产权人才库信息”。〔1〕本资料库虽然只是一个试验性质的国家知识产权文献及信息资料库，但其相对丰富的样本量将在一定程度上弥补国内知识产权人才库的空白。通过对国内知识产权各个领域具有代表性的专家、学者、审判人员、商业服务人员等的信息进行整理、汇总，将人物总体数量、受教育程度、地区分布状况、目前从业情况、学术成果、实务质量等作为指标，构建专门的知识产权人物及人才信息平台，不仅能为国家知识产权人才队伍建设提供数据指示，也能为相关用户提供有效、可靠的信息来源，使其能够根据自身的需求查找相关人物信息，为其提供帮助。

---

〔1〕 冯晓青、赵秀姣：“国家知识产权文献及信息资料库建设内容选择及建构思路探析”，载《武陵学刊》2012年第5期。

四、知产人物版块界面介绍

（一）知产人物版块首页界面介绍

知产人物版块首页界面基本可以分为四个栏目，分别为分类栏、检索栏、最近更新展示栏和人物资料库简介。

分类栏有两种分类方式：一种是按照行业类别来划分，分为行政管理、教学科研、司法审判、商业服务、其他；另一种是按照地区分类来划分，从“A”到“Z”。

检索栏分为快捷检索和高级检索。其中快捷检索又有两种检索方式，一种是全文检索，另外一种是标题检索。高级检索栏中有多个检索条件限定项，包括姓名、关键词、人物类别（包括全部、行政管理、教学科研、司法审判、商业服务、其他，默认为全部，可以进行多项选择）、导师信息（可以选择的有硕导、博导，默认为全选）、工作单位、所在地区（有下拉栏，可以具体到区县级行政区划）、师承专家、籍贯（表示该人物的籍贯）、毕业院校。

最近更新展示栏展示了最近添加的 24 位知识产权相关的人物。其中在右上角还有“更多 ≫”，点击可以进入相应的页面（http://www.ipknow.cn/figure/list-0.html），在该页面中展示了相关人物，在顶端可以按照人物姓名的首字母进行查找。

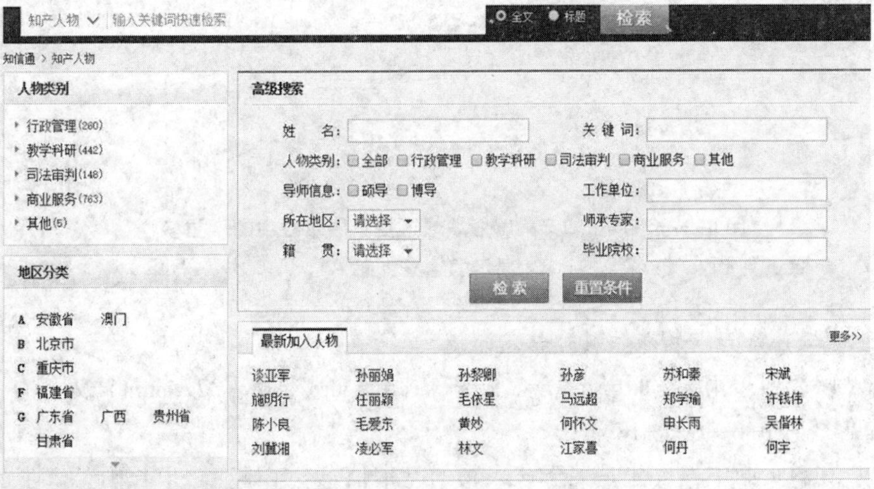

图 6-1-3　知产人物版块首页界面（一）

知产人物资料库介绍：

本资料库收录了近年来知识产权领域的知名人物，基本类别包括行政管理、教学科研、司法审判、商业服务四类，另设“其他”以容纳出版社、图书馆等与知识产权相关的知名人物。截止至2016年3月，收录知产人物资料1500余篇。设置有依据地域、拼音、工作单位、导师、毕业院校等多重检索方式，页面清晰易操作，满足不同层次的需求。

资源特色：

本资料库是目前我国知识产权领域知名人物信息最详实、最专业的资料库之一，且收录了全国各个地域、各个行业的知识产权领域知名人物信息。本资料库既是学生了解知识产权领域知名人物职业发展的绿色通道，也是各界人士寻找知识产权领域精英的必要选择。

产品形式：WEB版（网上数据库）免费。

图 6-1-4　知产人物版块首页界面（二）

知产人物　输入关键词快速检索　全文　标题　检索　高级搜索

知信通 > 知产人物 > 最新列表

人物类别

- 行政管理(261)
- 教学科研(445)
- 司法审判(152)
- 商业服务(651)
- 其他(5)

地区分类

A 安徽省　澳门
B 北京市
C 重庆市
F 福建省
G 广东省　广西　贵州省
甘肃省

字母检索　全部　A B C D E F G H I J K L M N O P Q R S T U V W X Y Z

丁丽瑛
职位职称：教授　工作单位：厦门大学知识产权研究院
1965年6月出生于厦门市。1982年考入厦门大学法律系，1986年毕业，获法学学士学位。1986年考入厦门大学法律系民商法专业研究生，1989年毕业，获法学硕士学位，并留在母校任教至今。2005年开始在职攻读法学民商...

宁立志
职位职称：教授　工作单位：武汉大学
1988年获硕士学位并留校任教，历任助教、讲师、副教授、教授，期间在职攻读民商法博士研究生；2005年获博士学位；2007年获博士生导师资格；现任武汉大学经济法研究所副所长、武汉大学知识产权高级研究中心...

图 6-1-5　点击知产人物版块最近更新展示栏中的“更多 »”显示的结果页面

（二）知产人物版块具体信息介绍

以“申长雨”（http://www.ipknow.cn/figure/show-372.html）为例（具体见图 6-1-6—6-1-18）。

在该页面中，首先是关于该人物的基本信息：“姓名：申长雨”“性别：男”“职位职称：中国国家知识产权局局长、党组书记”“工作单位：中国国家知识产权局”。紧接着是该人物的教育信息：“学历：博士”；“专业：力学系计算机力学”；“学校：大连理工大学”。其中在右上角还有本条人物信息更新的时间“2015. 03. 28”。

往下依次为该人物的工作简历、业务领域、主要成果、社会荣誉。其中工作简历对该人物的历史工作历程进行了梳理；业务领域对该人物所从事的业务领域及主要业务成绩进行了罗列；在主要成果中对该人物的主要贡献及发表的作品进行了整理编辑，以规范的形式排列；在社会荣誉中对该人物获得的相关社会荣誉进行了整合。

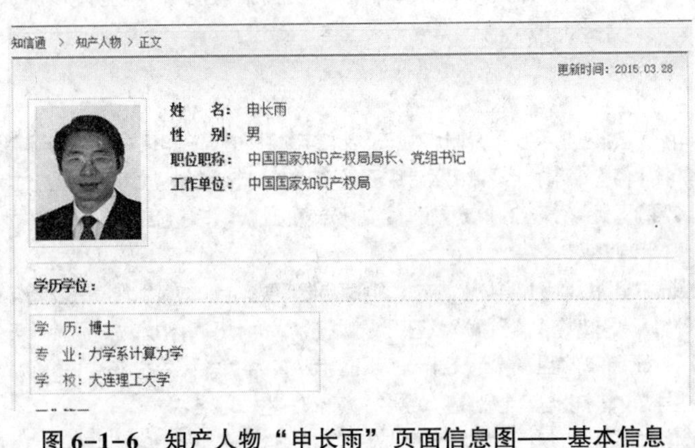

知信通 > 知产人物 > 正文

更新时间：2015.03.28

姓　名：申长雨
性　别：男
职位职称：中国国家知识产权局局长、党组书记
工作单位：中国国家知识产权局

学历学位：

学　历：博士
专　业：力学系计算力学
学　校：大连理工大学

图 6-1-6　知产人物“申长雨”页面信息图——基本信息

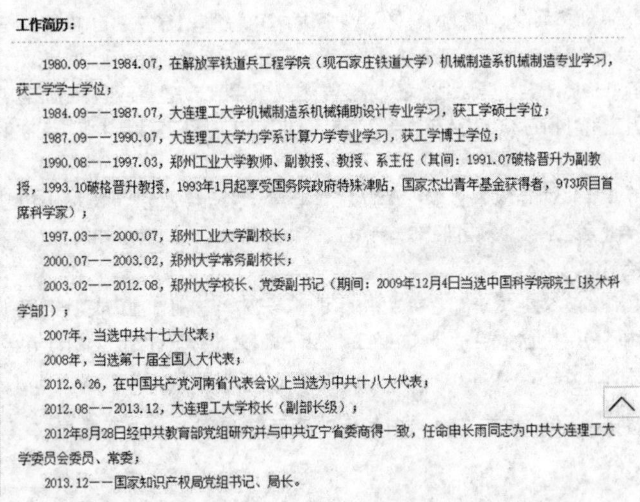

工作简历：

1980.09——1984.07，在解放军铁道兵工程学院（现石家庄铁道大学）机械制造系机械制造专业学习，获工学学士学位；

1984.09——1987.07，大连理工大学机械制造系机械辅助设计专业学习，获工学硕士学位；

1987.09——1990.07，大连理工大学力学系计算力学专业学习，获工学博士学位；

1990.08——1997.03，郑州工业大学教师、副教授、教授、系主任（其间：1991.07破格晋升为副教授，1993.10破格晋升教授，1993年1月起享受国务院政府特殊津贴，国家杰出青年基金获得者，973项目首席科学家）；

1997.03——2000.07，郑州工业大学副校长；

2000.07——2003.02，郑州大学常务副校长；

2003.02——2012.08，郑州大学校长、党委副书记（期间：2009年12月4日当选中国科学院院士［技术科学部］）；

2007年，当选中共十七大代表；

2008年，当选第十届全国人大代表；

2012.6.26，在中国共产党河南省代表会议上当选为中共十八大代表；

2012.08——2013.12，大连理工大学校长（副部长级）；

2012年8月28日经中共教育部党组研究并与中共辽宁省委商得一致，任命申长雨同志为中共大连理工大学委员会委员、常委；

2013.12——国家知识产权局党组书记、局长。

图 6-1-7　知产人物“申长雨”页面信息图——工作简历

业务领域：

现担任国家知识产权局局长，从事知识产权行政管理工作。曾经从事模具及橡塑制品成型技术的研究。主持了近30项国家和省部级的科研项目及企业委托的开发项目，在国内外首次提出将灵敏度分析理论用于模具优化设计，成功地解决了模具冷却系统和浇注系统的优化设计问题；主持开发的塑料制品翘曲分析系统、注塑模三维冷却模拟和流动模拟系统、橡塑成型过程人工智能技术及完成的注塑模CAD/CAE分析和设计系统Z-MOLD，解决了化工和轻工行业的许多技术问题。他先后完成组建郑州工业大学模具研究所、计算机辅助工程系的工作，开创了全国第一个非金属制品模具专业，为化工部“橡塑成型工艺及模具技术”重点学科建设和发展作出了重要贡献。

图 6-1-8　知产人物“申长雨”页面信息图——业务领域

主要成果：

2005年，申长雨教授主持承担了“神七”航天员出舱宇航服头盔面窗和相关塑料件的研制工作。他利用多年来的理论和技术储备，历时3年研制出了特殊环境下的高抗冲击性、低应力和高光谱透过率的面窗制品，为2008年我国神七载人航天工程做出了贡献。他所带领的团队，作为全国20个获奖集体之一，荣获“中国载人航天工程突出贡献奖”。

申长雨教授围绕塑料成型及模具技术，完成了国家自然科学基金重大项目、国家杰出青年科学基金、攀登计划、航天计划、“863”计划、国家“八五”、“九五”、“十五” 科技攻关、“十一五”支撑计划等国家和省（部）级重大科研项目20余项；出版6部著作，发表200余篇学术论文，其中被SCI、EI收录120余篇；作为博士生导师，培养指导博士研究生20余名、硕士研究生110余名。

长期从事塑料成型加工、塑料模具优化设计与制造等领域的理论、技术和数值模拟方法的研究工作。作为第一完成人，两次获国家科技进步二等奖。2008年获河南省最高科技奖“河南省科学技术杰出贡献奖”。

[1]申长雨,王利霞,刘春太,陈静波,曹伟.注塑成型过程中的数值计算方法[A].中国土木工程学会.材料科学与工程技术——中国科协第三届青年学术年会论文集[C].中国土木工程学会:,1998:3.

[2]申长雨,李海梅.塑料模具CAE技术概况及发展趋势[A].中国工程塑料工业协会加工应用专业委员会.’2000中国工程塑料加工应用技术研讨会论文集[C].中国工程塑料工业协会加工应用专业委员会:,2000:5.

[3]申长雨,陈静波,刘春太,李倩.塑料成型加工讲座(第一讲)塑料成型加工概述[A].中国工程塑料工业协会加工应用专业委员会.’2000中国工程塑料加工应用技术研讨会论文集[C].中国工程塑料工业协会加工应用专业委员会:,2000:4.

[4]申长雨,陈静波,刘春太,李倩.塑料成型加工讲座(第二讲)塑料添加剂及成型物料配制[A].中国工程塑料工业协会加工应用专业委员会.’2000中国工程塑料加工应用技术研讨会论文集[C].中国工程塑料工业协会加工应用专业委员会:,2000:4.

图 6-1-9　知产人物“申长雨”页面信息图——主要成果（一）

[5]申长雨，陈静波，刘春太，李倩. 塑料成型加工讲座（第三讲）成型加工过程中材料的性能[A]. 中国工程塑料工业协会加工应用专业委员会.’2000中国工程塑料加工应用技术研讨会论文集[C]. 中国工程塑料工业协会加工应用专业委员会：，2000：4.

[6]申长雨，陈静波，刘春太，李倩. 塑料成型加工讲座（第四讲）塑料注射成型加工设备[A]. 中国工程塑料工业协会加工应用专业委员会.’2000中国工程塑料加工应用技术研讨会论文集[C]. 中国工程塑料工业协会加工应用专业委员会：，2000：6.

[7]申长雨，陈静波，刘春太，李倩. 塑料成型加工讲座（第五讲）塑料注射成型加工工艺[A]. 中国工程塑料工业协会加工应用专业委员会.’2000中国工程塑料加工应用技术研讨会论文集[C]. 中国工程塑料工业协会加工应用专业委员会：，2000：6.

[8]申长雨，陈静波，刘春太，李倩. 塑料成型加工讲座（第六讲）注塑成型制品的质量控制[A]. 中国工程塑料工业协会加工应用专业委员会.’2000中国工程塑料加工应用技术研讨会论文集[C]. 中国工程塑料工业协会加工应用专业委员会：，2000：5.

[9]申长雨，陈静波，刘春太，李倩. 塑料成型加工讲座（第七讲）气体辅助注射成型技术[A]. 中国工程塑料工业协会加工应用专业委员会.’2000中国工程塑料加工应用技术研讨会论文集[C]. 中国工程塑料工业协会加工应用专业委员会：，2000：4.

[10]申长雨，陈静波，刘春太，李倩. 塑料成型加工讲座（第八讲）反应注射成型技术[A]. 中国工程塑料工业协会加工应用专业委员会.’2000中国工程塑料加工应用技术研讨会论文集[C]. 中国工程塑料工业协会加工应用专业委员会：，2000：4.

[11]申长雨，陈静波，刘春太，李倩. 塑料成型加工讲座（第九讲）塑料挤出成型加工设备[A]. 中国工程塑料工业协会加工应用专业委员会.’2000中国工程塑料加工应用技术研讨会论文集[C]. 中国工程塑料工业协会加工应用专业委员会：，2000：6.

图 6-1-10　知产人物“申长雨”页面信息图——主要成果（二）

[12]申长雨，陈静波，刘春太，李倩. 塑料成型加工讲座（第十讲）塑料挤出成型工艺及质量控制[A]. 中国工程塑料工业协会加工应用专业委员会.’2000中国工程塑料加工应用技术研讨会论文集[C]. 中国工程塑料工业协会加工应用专业委员会：，2000：5.

[13]申长雨，陈静波，刘春太，李倩. 塑料成型加工讲座（第十一讲）塑料热成型技术[A]. 中国工程塑料工业协会加工应用专业委员会.’2000中国工程塑料加工应用技术研讨会论文集[C]. 中国工程塑料工业协会加工应用专业委员会：，2000：5.

[14]申长雨，陈静波，刘春太，李倩. 塑料成型加工讲座（第十二讲）吹塑成型技术[A]. 中国工程塑料工业协会加工应用专业委员会.’2000中国工程塑料加工应用技术研讨会论文集[C]. 中国工程塑料工业协会加工应用专业委员会：，2000：4.

[15]申长雨，陈静波，刘春太，李倩. 塑料成型加工讲座（第十三讲）塑料成型新工艺[A]. 中国工程塑料工业协会加工应用专业委员会.’2000中国工程塑料加工应用技术研讨会论文集[C]. 中国工程塑料工业协会加工应用专业委员会：，2000：4.

[16]申长雨，陈静波，刘春太，李倩. 塑料成型加工讲座（第十四讲）塑料成型加工的计算机模拟技术（Ⅰ）[A]. 中国工程塑料工业协会加工应用专业委员会.’2000中国工程塑料加工应用技术研讨会论文集[C]. 中国工程塑料工业协会加工应用专业委员会：，2000：3.

[17]申长雨，陈静波，刘春太，李倩. 塑料成型加工讲座（第十五讲）塑料成型加工过程的计算机模拟技术（Ⅱ）[A]. 中国工程塑料工业协会加工应用专业委员会.’2000中国工程塑料加工应用技术研讨会论文集[C]. 中国工程塑料工业协会加工应用专业委员会：，2000：4.

[18]申长雨，陈静波，李倩，刘春太. 注塑模冷却管道位置的优化设计[A]. 中国工程塑料工业协会加工应用专委会、第四届中国塑料博览会组委会. 2002年中国工程塑料加工应用技术研讨会论文集[C]. 中国工程塑料工业协会加工应用专委会、第四届中国塑料博览会组委会：，2002：4.

图 6-1-11　知产人物“申长雨”页面信息图——主要成果（三）

[19]刘春太，翟海波，王艳芳，申长雨．具有多尺度结构特征注塑成型过程的流动行为分析[A]．中国化学会高分子学科委员会．2007年全国高分子学术论文报告会论文摘要集（上册）[C]．中国化学会高分子学科委员会：，2007:1.

[20]郑国强，杨伟，杨鸣波，陈静波，李倩，申长雨．气体辅助注射成型聚丙烯制品的结晶层次结构[A]．中国化学会高分子学科委员会．2007年全国高分子学术论文报告会论文摘要集（上册）[C]．中国化学会高分子学科委员会：，2007:1.

[21]刘春太，杨晋涛，申长雨，L. JamesLee．纳米金球在聚苯乙烯(PS)薄膜表面沉降的接触力学分析[A]．中国化学会高分子学科委员会．2007年全国高分子学术论文报告会论文摘要集（上册）[C]．中国化学会高分子学科委员会：，2007:1.

[22]李海梅，申长雨．数值方法预测注塑件的成型尺寸[A]．中国模具工业协会．第一届国际模具技术会议论文集[C]．中国模具工业协会：，2000:7.

[23]刘春太，余晓容，王利霞，申长雨．注塑制品熔接线自动识别[A]．中国模具工业协会．第一届国际模具技术会议论文集[C]．中国模具工业协会：，2000:6.

[24]申长雨，谢英，杨广军，杨扬，田中．挤出胀大数值模拟[A]．中国模具工业协会．第一届国际模具技术会议论文集[C]．中国模具工业协会：，2000:5.

[25]陈静波，李倩，王利霞，申长雨．注射模冷却介质的流动分析[A]．中国模具工业协会．第一届国际模具技术会议论文集[C]．中国模具工业协会：，2000:5.

[26]杨广军，易文，谢英，申长雨，杨扬，田中．衣架式口模设计计算的一种改进[A]．中国模具工业协会．第一届国际模具技术会议论文集[C]．中国模具工业协会：，2000:5.

[27]申长雨，余晓容．注塑模充填过程快速模拟算法的研究与应用[A]．中国工程塑料工业协会、日本塑料成型加工协会、中国华东理工大学、日本长冈技术科学大学COE推进委员会．2004亚太塑料加工研讨会论文集[C]．中国工程塑料工业协会、日本塑料成型加工协会、中国华东理工大学、日本长冈技术科学大学COE推进委员会：，2004:5

图 6-1-12　知产人物"申长雨"页面信息图——主要成果（四）

[28]韩健，申长雨，余晓容．薄壳注塑成型技术[A]．中国工程塑料工业协会、日本塑料成型加工协会、中国华东理工大学、日本长冈技术科学大学COE推进委员会．2004亚太塑料加工研讨会论文集[C]．中国工程塑料工业协会、日本塑料成型加工协会、中国华东理工大学、日本长冈技术科学大学COE推进委员会：，2004:4.

[29]申长雨，王亚明，李铭，胡德富．冷结晶高L含量聚乳酸的多重熔融行为和多晶态[A]．中国化学会高分子学科委员会．2009年全国高分子学术论文报告会论文摘要集（下册）[C]．中国化学会高分子学科委员会：，2009:1.

[30]申长雨，王亚明，李铭，胡德富．高L含量聚乳酸无序-有序相变：部分熔融和重组织[A]．中国化学会高分子学科委员会．2009年全国高分子学术论文报告会论文摘要集（上册）[C]．中国化学会高分子学科委员会：，2009:1.

[31]申长雨．先进塑料成型及模具技术中的关键力学和工程问题[A]．中国力学学会、郑州大学．中国力学学会学术大会'2009论文摘要集[C]．中国力学学会、郑州大学：，2009:1.

[32]申长雨，刘春太．注塑成型数值模拟的研究进展和发展趋势[A]．中国自动化学会制造技术专业委员会、中国机械工程学会机械工业自动化分会．首届中国CAE工程分析技术年会暨2005全国计算机辅助工程(CAE)技术与应用高级研讨会论文集[C]．中国自动化学会制造技术专业委员会、中国机械工程学会机械工业自动化分会：，2005:5.

[33]代坤，郑国强，朱荧科，刘春太，申长雨．具有导电超细纤维网络的高分子复合材料[A]．中国化学会高分子学科委员会．2011年全国高分子学术论文报告会论文摘要集[C]．中国化学会高分子学科委员会：，2011

[34]王亚明，李铭，申长雨．挤出流延聚乳酸薄膜在退火过程中的微结构演化[A]．中国化学会高分子学科委员会．2011年全国高分子学术论文报告会论文摘要集[C]．中国化学会高分子学科委员会：，2011:1.

[35]周应国，陈静波，申长雨，王广龙，芦笙．半结晶聚合物等规聚丙烯薄膜铸造过程实验与模拟[A]．中国化学会．中国化学会第28届学术年会第18分会场摘要集[C]．中国化学会：，2012:1.

图 6-1-13　知产人物"申长雨"页面信息图——主要成果（五）

[35]周应国,陈静波,申长雨,王广龙,芦笙.半结晶聚合物等规聚丙烯薄膜铸造过程实验与模拟[A].中国化学会.中国化学会第28届学术年会第18分会场摘要集[C].中国化学会:,2012:1.

[36]邵春光,李倩,申长雨.单轴拉伸过程中间规聚丙烯晶体的应力响应研究[A].中国化学会高分子学科委员会.2013年全国高分子学术论文报告会论文摘要集——主题C：高分子结构与性能[C].中国化学会高分子学科委员会:,2013:1.

[37]翟明,顾元宪,申长雨.注塑成型充填过程中注射速率的优化设计[J].高分子学报,2003,01:35-38.

[38]翟明,顾元宪,申长雨.注射模浇口数目和位置的优化设计[J].化工学报,2003,08:1141-1145.

[39]王蓓,王利霞,李倩,申长雨.基于神经网络的注塑成型工艺优化[J].塑料工业,2003,05:31-34.

[40]李海梅,刘永志,申长雨,宋刚.注塑件翘曲变形的CAE研究[J].中国塑料,2003,03:53-58.

[41]董斌斌,申长雨,刘春太.注射工艺参数对PC/ABS材料制品收缩与翘曲的影响[J].高分子材料科学与工程,2005,04:232-235+239.

[42]申长雨,王利霞,张勤星.神经网络与混合遗传算法结合的注塑成型工艺优化[J].高分子材料科学与工程,2005,05:23-27.

[43]王利霞,王蓓,申长雨.工艺参数对注塑制品质量的影响研究[J].郑州大学学报(工学版),2003,03:62-66.

[44]肖长江,刘春太,申长雨.注塑制件熔接痕的形成、性能和预测[J].工程塑料应用,2003,03:17-20.

[45]申长雨,李海梅,高峰.注射成型技术发展概况[J].工程塑料应用,2003,03:53-57.

[46]李海梅,高峰,申长雨.塑料成型加工实用技术讲座(第二讲)注塑制品常见的缺陷及对策[J].工程塑料应用,2003,04:48-51.

[47]李海梅,高峰,申长雨.塑料成型加工实用技术讲座(第三讲)注射成型工艺对制品质量的影响[J].工程塑料应用,2003,05:51-56.

[48]李海梅,高峰,申长雨.塑料成型加工实用技术讲座(第十讲)——注塑中的CAE技术(Ⅰ):原理[J].工程塑料应用,2003,12:55-59.

图 6-1-14 知产人物“申长雨”页面信息图——主要成果（六）

[49]申长雨,余晓容,王利霞,田中.塑料注塑成型浇口位置优化[J].化工学报,2004,03:445-449.

[50]王利霞,杨杨,王蓓,申长雨.注塑成型工艺参数对制品体收缩率变化的影响及工艺参数优化[J].高分子材料科学与工程,2004,02:173-176.

[51]王利霞,余晓容,申长雨,陈静波.CAE技术在注塑成型中的应用[J].化工进展,2004,03:260-266.

[52]余晓容,申长雨,李倩,杨洋,任庆雯.基于流动平衡的注塑模浇口位置优化设计[J].高分子材料科学与工程,2004,03:159-162.

[53]曹伟,王蕊,申长雨.塑料熔体在注塑模中的三维流动模拟[J].化工学报,2004,09:1493-1498.

[54]董金虎,董斌斌,张响,李倩,申长雨.薄壳塑件翘曲变形分析与工艺参数优化[J].模具工业,2004,09:30-34.

[55]刘春太,申长雨.利用TAGUCHI方法优化纤维增强PA66注塑熔接线拉伸性能[J].复合材料学报,2004,05:68-73.

[56]董斌斌,申长雨,李倩.注射成型薄壁制品收缩与翘曲因素[J].化工学报,2005,04:733-737.

[57]陈静波,申长雨,刘春太,王利霞.聚合物注射成型流动残余应力的数值分析[J].力学学报,2005,03:272-279.

[58]李海梅,顾元宪,申长雨.注塑件的翘曲变形分析与成形尺寸预测[J].中国机械工程,2002,10:16-19+3.

[59]申长雨,王利霞,陈静波,刘春太.基于CAE技术的注塑模具设计[J].中国塑料,2002,01:78-82.

[60]陈静波,申长雨,李倩,刘春太.塑料注射成型新工艺[J].工程塑料应用,2002,02:50-53.

[61]申长雨,陈静波,刘春太,李倩.塑料成型加工讲座(第六讲)注塑成型制品的质量控制[J].工程塑料应用,1999,08:33-37.

[62]李海梅,顾元宪,申长雨.平面相变热传导问题等效热容法的有限元解[J].大连理工大学学报,2000,01:45-48.

图 6-1-15 知产人物“申长雨”页面信息图——主要成果（七）

[63]申长雨，陈静波，刘春太，李倩.塑料成型加工的计算机模拟技术（Ⅰ）[J].工程塑料应用，2000，04:31-34.

[64]申长雨，陈静波，刘春太，李倩.塑料模CAE技术发展概况[J].模具工业，2001，01:51-56.

[65]李倩，陈静波，刘春太，申长雨.塑料注射成型技术及其进展[J].中国塑料，2001，10:9-15.

[66]申长雨，李海梅.塑料模具CAE技术概况及发展趋势[J].工程塑料应用，2001，02:40-43.

[67]陈静波，申长雨，王振飞，刘春太.注塑成型冷却过程的数值模拟[J].高分子材料科学与工程，2002，04:21-25.

[68]崔志香，刘春太，司军辉，申长雨.带有微结构特征的微注塑过程充填分析[J].郑州大学学报（工学版），2009，01:65-69.

[69]张锐，关绍康，宋毛平，申长雨.加强实验教学中心建设培养学生基础实践能力[J].实验室研究与探索，2009，03:208-211.

[70]杨晓东，申长雨，李倩，陈静波.结构自适应有限元分析中的高质量网格生成方案[J].机械工程学报，2009，08:292-297.

[71]黄霞，陈家昌，申长雨，张勤星，张世勋.骨组织工程支架材料研究进展[J].化工新型材料，2010，09:65-68-88.

[72]郑晓培，路书芬，王利霞，申长雨.工艺参数对注塑制品沉降斑的影响分析及优化[J].工程塑料应用，2006，07:32-36.

[73]周应国，申长雨，陈静波，董斌斌.工艺参数对注塑制品翘曲影响的CAE分析[J].工程塑料应用，2006，11:28-31.

[74]沈俊芳，陈静波，周应国，申长雨，董斌斌.聚合物结晶过程及计算机模拟研究进展[J].高分子材料科学与工程，2007，01:1-5.

[75]韩健，李刚，陈静波，闫辰光，申长雨.注塑件残余应力影响因素的模拟实验研究[J].塑料工业，2007，02:23-25+28.

图 6-1-16　知产人物“申长雨”页面信息图——主要成果（八）

[75]韩健，李刚，陈静波，闫辰光，申长雨.注塑件残余应力影响因素的模拟实验研究[J].塑料工业，2007，02:23-25+28.

[76]李海梅，高峰，申长雨.吹塑成型发展现状[J].塑胶工业，2006，03:15-19.

[77]陈静波，申长雨，横井秀俊.多型腔注射模充填不平衡试验[J].机械工程学报，2007，10:170-174.

[78]刘东雷，申长雨，刘春太，辛勇，孙玲，伍晓宇.基于响应曲面法与改进遗传算法的RHCM成型工艺优化[J].机械工程学报，2011，14:54-61.

[79]申长雨.抓好专业学位研究生教育努力为区域经济社会发展提供人才支撑[J].学位与研究生教育，2011，04:11-15.

[80]厉国清，张晓黎，陈静波，申长雨，纪又新.亚麻纤维增强聚乳酸可降解复合材料的制备与性能[J].高分子材料科学与工程，2012，01:143-146.

图 6-1-17　知产人物“申长雨”页面信息图——主要成果（九）

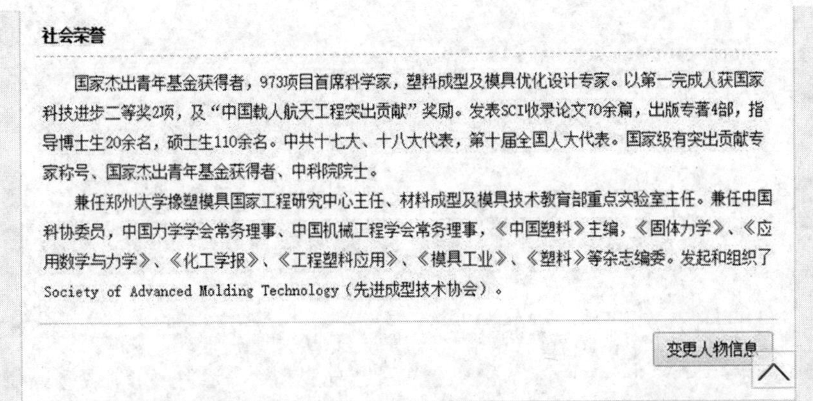

社会荣誉

国家杰出青年基金获得者，973项目首席科学家，塑料成型及模具优化设计专家。以第一完成人获国家科技进步二等奖2项，及“中国载人航天工程突出贡献”奖励。发表SCI收录论文70余篇，出版专著4部，指导博士生20余名，硕士生110余名。中共十七大、十八大代表，第十届全国人大代表。国家级有突出贡献专家称号、国家杰出青年基金获得者、中科院院士。

兼任郑州大学橡塑模具国家工程研究中心主任、材料成型及模具技术教育部重点实验室主任。兼任中国科协委员，中国力学学会常务理事、中国机械工程学会常务理事，《中国塑料》主编，《固体力学》、《应用数学与力学》、《化工学报》、《工程塑料应用》、《模具工业》、《塑料》等杂志编委。发起和组织了Society of Advanced Molding Technology（先进成型技术协会）。

变更人物信息

图 6-1-18　知产人物“申长雨”页面信息图——社会荣誉

值得一提的是，在人物页面下端有一个“变更人物信息”的按钮，点击该按钮，他人可以对相关人物信息进行补充编辑，然后提交给“知信通”后台进行审核。

如点击“申长雨”人物页面的“变更人物信息”按钮，则出现如下图中的页面（http://www.ipknow.cn/index.php? m=verify&c=change&a=view&catid=6&id=372&tpl=figure）。如果用户发现有信息错误或者需要更新，则可以通过此种途径进行变更，变更完成后点击下端的“提交”按钮，“知信通”后台工作人员将对提交的相关信息进行审核，符合规范的则确认变更人物信息，进行推送更新。

知信通 > 知产人物 > 变更机构信息

姓　名：申长雨　　性　别：男 女
出生日期：1970-01-01　　所在地区：北京市 > 北京市 > 海淀区 选择
职务职称：中国国家知识产权局局长、党组书记　　籍　贯：河南省 > 南阳市 选择
工作单位：中国国家知识产权局　　联系方式：
人物类别：行政管理　　是否导师：硕导 博导
裁切图片　取消图片
学位学历：
学历：博士
专业：力学系计算力学
学校：大连理工大学
导师：
+增加多一列 -删除最后一列

图 6-1-19　变更人物信息示范图（一）

工作简历：

1980.09——1984.07，在解放军铁道兵工程学院（现石家庄铁道大学）机械制造系机械制造专业学习，获工学学士学位；
1984.09——1987.07，大连理工大学机械制造系机械辅助设计专业学习，获工学硕士学位；
1987.09——1990.07，大连理工大学力学系计算力学专业学习，获工学博士学位；
1990.08——1997.03，郑州工业大学教师、副教授、教授、系主任（其间：1991.07破格晋升为副教授，1993.10破格晋升教授，1993年

业务领域：

现担任国家知识产权局局长，从事知识产权行政管理工作。曾经从事模具及橡塑制品成型技术的研究。主持了近30项国家和省部级的科研项目及企业委托的开发项目，在国内外首次提出将灵敏度分析理论用于模具优化设计，成功地解决了模具冷却系统和浇注系统的优化设计问题；主持开发的塑料制品翘曲分析系统、注塑模三维冷却模拟和流动模拟系统、橡塑成型过程人工智能技术及完成的注塑模CAD/CAE分析和设计系统Z-MOLD，解决了化工和轻工行业的许多技术问题。他先后完成组建郑州工业大学模具研究所、计算机辅助工程系的工作，开创了全国第一

主要成果：

2005年，申长雨教授主持承担了"神七"航天员出舱宇航服头盔面窗和相关塑料件的研制工作。他利用多年来的理论和技术储备，历时3年研制出了特殊环境下的高抗冲击性、低应力和高光谱透过率的面窗制品，为2008年我国神七载人航天工程做出了贡献。他所带领的团队，作为全国20个获奖集体之一，荣获"中国载人航天工程突出贡献奖"。
申长雨教授围绕塑料成型及模具技术，完成了国家自然科学基金重大项目、国家杰出青年科学基金、攀登计划、航天计划、"863"计划、国

社会荣誉：

国家杰出青年基金获得者，973项目首席科学家，塑料成型及模具优化设计专家。以第一完成人获国家科技进步二等奖2项，及"中国载人航天工程突出贡献"奖励。发表SCI收录论文70余篇，出版专著4部，指导博士生20余名，硕士生110余名。中共十七大、十八大代表，第十届全国人大代表。国家级有突出贡献专家称号、国家杰出青年基金获得者、中科院院士。
兼任郑州大学橡塑模具国家工程研究中心主任、材料成型及模具技术教育部重点实验室主任。兼任中国科协委员，中国力学学会常务理事、中

提交

图 6-1-20　变更人物信息示范图（二）

五、知产人物版块检索演示

人物库里最终录入的人物数据可能成千上万，用户不可能逐一去寻找，必须通过检索功能实现快速查询。知产人物版块的检索功能较为强大，"知信通"资料库通过计算机技术的运用，实现了快捷检索和高级检索相结合。以下将对主要的检索功能做演示。

（一）快捷检索

快捷检索又分两种形式，一种是全文检索，也即用关键词在全文进行检索；另一种是标题检索，也即在人物姓名（也即标题）中进行检索。

图 6-1-21　知产人物版块快捷检索栏

1. 快捷检索——全文检索

如在检索栏中输入"张平"，选定"全文"，点击"检索"，出现相应的

检索结果（http://www.ipknow.cn/index.php? m = search&c = search&a = index&modelid = 18&wd = % D5% C5% C6% BD&serach_ type = % C8% AB% CE% C4）。有 15 条检索结果。从结果可见，除了张平教授个人的信息条目外，还有其他人物的相关信息。

图 6-1-22 知产人物版块快捷检索——全文检索（检索过程）

知信通 > 知产人物 > 检索结果

字母检索 全部 A B C D E F G H I J K L M N O P Q R S T U V W X Y Z

张平
职位职称：北京大学知识产权学院常务副院长、教授、博士生导师 工作单位：北京大学
2001.11——2002.04，日本东京知识产权研究所（IIP）客座研究员； 1991年北大法律系研究生毕业留任北京大学法律系教学； 1...

何怀文
职位职称：副教授 工作单位：上海交通大学

郭明瑞
职位职称：教授、院长 工作单位：烟台大学山东省知识产权研究院
1992年评为教授。在烟台大学曾任教务处副处长，法律系副主任、主任等职； 1999年4月-2007年11月任烟台大学校长、党委副书记...

人物类别
行政管理（1）
教学科研（11）
司法审判（1）
商业服务（2）
其他（0）

地区分类
A 安徽省 澳门
B 北京市
C 重庆市
F 福建省
G 广东省 广西 贵州省 甘肃省

图 6-1-23 知产人物版块全文快捷检索——以“张平”为关键词（检索结果）

2. 快捷检索——标题检索

仍然以“张平”为关键词进行检索。在检索栏中输入“张平”，选定“标题”，点击“检索”，出现相应的检索结果（http://www.ipknow.cn/index.php? m = search&c = search&a = index&modelid = 18&wd = % D5% C5% C6% BD&serach_ type = % B1% EA% CC% E2）。从图中可以看出，只有一条检索结果，也即“张平”。从结果来看，用标题检索的检索结果要比用全文检索得出的检索结果更加准确。

图 6-1-24　以“张平”为关键词进行标题检索（检索过程）

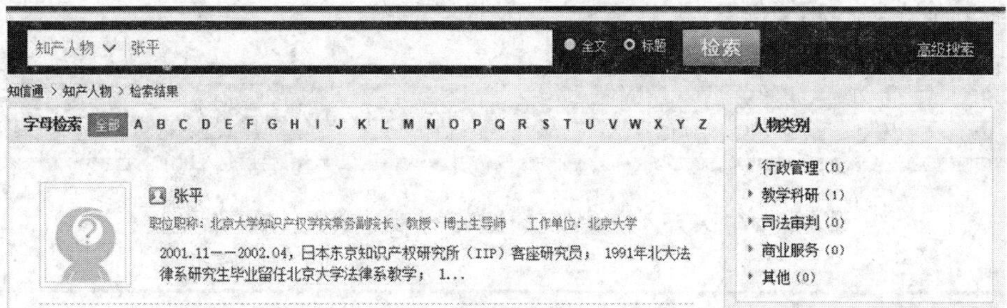

图 6-1-25　以“张平”为关键词进行标题检索（检索结果）

（二）高级检索

高级检索是为了实现多条件检索而设置的，在高级检索下设姓名、关键词、人物类别（包括全部、行政管理、教学科研、司法审判、商业服务、其他，默认全部）、导师信息、工作单位、所在地区、师承专家、籍贯、毕业院校等选择项，用户可以根据自己的需求，筛选出自己所需要的信息。

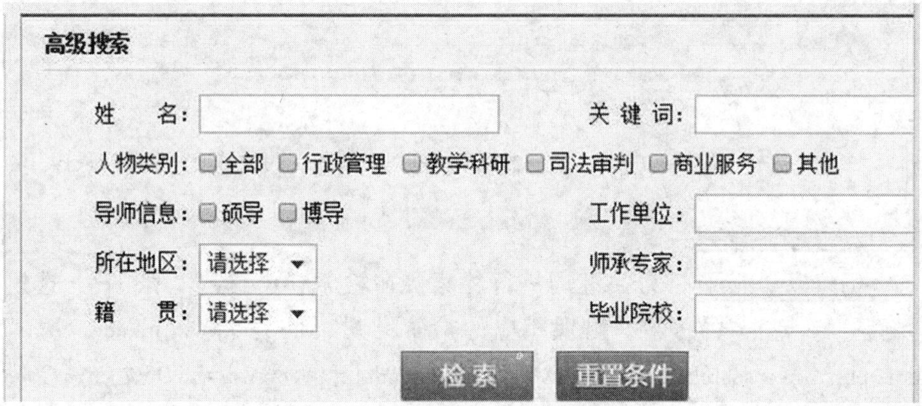

高级搜索

姓　名：　关键词：

人物类别：全部　行政管理　教学科研　司法审判　商业服务　其他

导师信息：硕导　博导　工作单位：

所在地区：请选择　师承专家：

籍　贯：请选择　毕业院校：

检索　重置条件

图 6-1-26　知产人物版块高级检索栏

如要查找北京地区的博导，则可以在高级搜索项下，“所在地区”选择北京，“导师信息”中选择博导，人物类别中选择“教学科研”，点击“检索”，即可以搜索到已经录入系统的所有北京地区的博士生导师信息（http://

www. ipknow. cn/index. php？ m = search&c = search&a = index&modelid = 18&as_ figure_ area_ input = 2&as_ teacher = bodao&as_ figuretype = 2），检索结果如图所示。截至 2016 年 2 月底一共有 17 个检索结果。

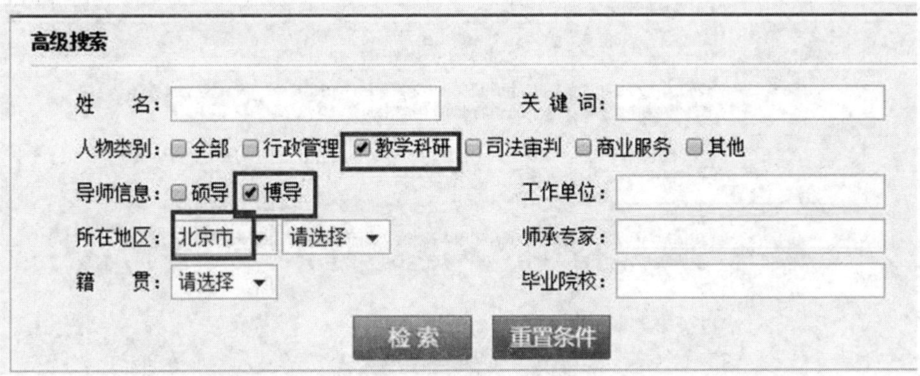

高级搜索

姓 名：　　关键词：

人物类别：全部 行政管理 教学科研 司法审判 商业服务 其他

导师信息：硕导 博导　　工作单位：

所在地区：北京市 请选择　　师承专家：

籍 贯：请选择　　毕业院校：

检索　重置条件

图 6-1-27　检索北京地区的博士生导师信息（检索过程）

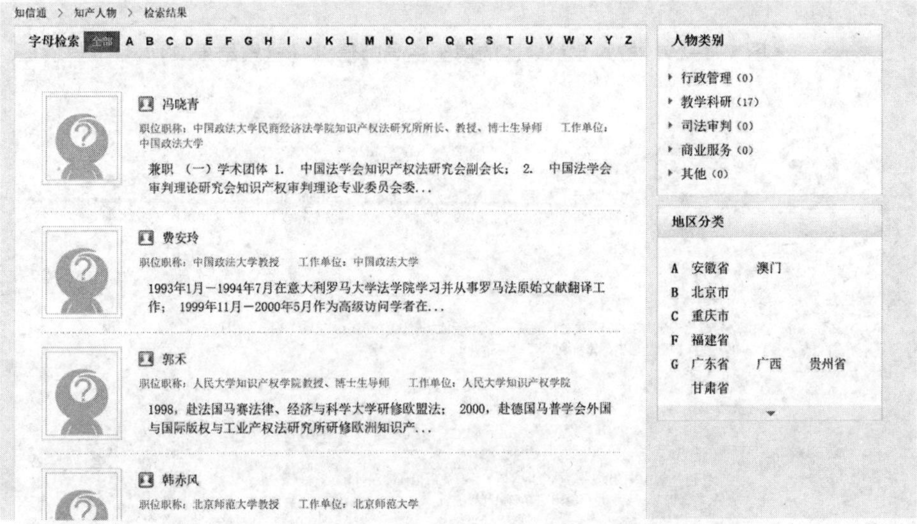

知信通 > 知产人物 > 检索结果

字母检索 全部 A B C D E F G H I J K L M N O P Q R S T U V W X Y Z

冯晓青
职位职称：中国政法大学民商经济法学院知识产权法研究所所长、教授、博士生导师　工作单位：中国政法大学
兼职（一）学术团体 1. 中国法学会知识产权法研究会副会长；2. 中国法学会审判理论研究会知识产权审判理论专业委员会委...

费安玲
职位职称：中国政法大学教授　工作单位：中国政法大学
1993年1月－1994年7月在意大利罗马大学法学院学习并从事罗马法原始文献翻译工作；1999年11月－2000年5月作为高级访问学者在...

郭禾
职位职称：人民大学知识产权学院教授、博士生导师　工作单位：人民大学知识产权学院
1998，赴法国马赛法律、经济与科学大学研修欧盟法；2000，赴德国马普学会外国与国际版权与工业产权法研究所研修欧洲知识产...

韩赤风
职位职称：北京师范大学教授　工作单位：北京师范大学

人物类别
行政管理（0）
教学科研（17）
司法审判（0）
商业服务（0）
其他（0）

地区分类
A 安徽省 澳门
B 北京市
C 重庆市
F 福建省
G 广东省 广西 贵州省 甘肃省

图 6-1-28　检索北京地区的博士生导师信息（检索结果一）

韩赤风

职位职称：北京师范大学教授　工作单位：北京师范大学

1982年7月毕业于东北师范大学政治系，获法学学士学位。1985年3月至1989年9月在辽宁省高级人民法院从事审判工作。1989年9...

李顺德

职位职称：中国科学院大学法律与知识产权系主任　工作单位：中国社会科学院法学研究所、中国科学院大学

2001年至今：中国世界贸易组织研究会学术顾问；2008年至今：中国法学会世界贸易组织法研究会副会长（2001年-2008年任常务理...

刘春田

职位职称：中国人民大学知识产权学院院长、教授、博士生导师　工作单位：中国人民大学

中国知识产权法学研究会会长，中国人民大学知识产权学院创始院长，民商事法律科学研究中心执行主任、知识产权教学研究中心主...

李琛

职位职称：中国人民大学教授　工作单位：中国人民大学

现任中国人民大学教授 兼职：中国法学会知识产权法学研究会理事、中国文字著作权协会理事

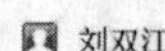

刘双江

图 6-1-29　检索北京地区的博士生导师信息（检索结果二）

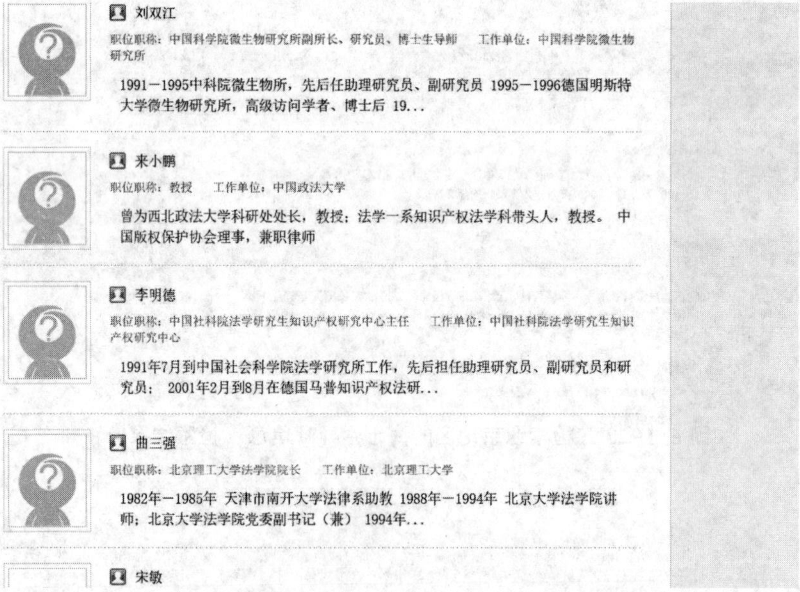

刘双江

职位职称：中国科学院微生物研究所副所长、研究员、博士生导师　工作单位：中国科学院微生物研究所

1991－1995中科院微生物所，先后任助理研究员、副研究员 1995－1996德国明斯特大学微生物研究所，高级访问学者、博士后 19...

来小鹏

职位职称：教授　工作单位：中国政法大学

曾为西北政法大学科研处处长，教授；法学一系知识产权法学科带头人，教授。中国版权保护协会理事，兼职律师

李明德

职位职称：中国社科院法学研究生知识产权研究中心主任　工作单位：中国社科院法学研究生知识产权研究中心

1991年7月到中国社会科学院法学研究所工作，先后担任助理研究员、副研究员和研究员；2001年2月到8月在德国马普知识产权法研...

曲三强

职位职称：北京理工大学法学院院长　工作单位：北京理工大学

1982年－1985年 天津市南开大学法律系助教 1988年－1994年 北京大学法学院讲师；北京大学法学院党委副书记（兼） 1994年...

宋敏

图 6-1-30　检索北京地区的博士生导师信息（检索结果三）

宋敏

职位职称：研究员、博士生导师　工作单位：中国农业科学院农业知识产权研究中心

1985年参加工作以来曾任西南大学经济管理学院助教（1985～1990年），讲师（1990～1994年），副教授（1994～1998年）和日本九州大学...

薛虹

职位职称：北京师范大学法学院教授、法学博士、博士生导师　工作单位：北京师范大学

在香港大学任教多年，荣获香港大学杰出青年研究奖，作为指导教师带领香港大学代表队夺得首届亚洲模拟法庭大赛冠军。出访...

郑胜利

职位职称：北京大学知识产权学院常务副院长、教授　工作单位：北京大学

北京大学知识产权学院常务副院长、北京大学知识产权学院秘书长、北京大学法治研究中心主任、教授、博士生导师；中国法学会...

张今

职位职称：中国政法大学教授　工作单位：中国政法大学

张平

图 6-1-31　检索北京地区的博士生导师信息（检索结果四）

究中心主任、教授、博士生导师；中国法学会...

张今

职位职称：中国政法大学教授　工作单位：中国政法大学

张平

职位职称：北京大学知识产权学院常务副院长、教授、博士生导师　工作单位：北京大学

2001.11——2002.04，日本东京知识产权研究所（IIP）客座研究员；1991年北大法律系研究生毕业留任北京大学法律系教学；1...

张楚

职位职称：中国政法大学教授，博士生导师　工作单位：中国政法大学

中国政法大学教授，博士生导师，中关村知识产权法律保护研究院执行院长，知识产权研究中心理事长、科学技术教学部主任、中关...

图 6-1-32　检索北京地区的博士生导师信息（检索结果五）

再如，要查找国家知识产权局的人物信息，即可在“机构性质”中选择行政管理，在工作单位一栏中输入“国家知识产权局”，点击“检索”，则出现检索结果页面（http://www.ipknow.cn/index.php?m=search&c=search&a=index&modelid=18&as_workunit=%B9%FA%BC%D2%D6%AA%CA%B6%B2%FA%C8%A8%BE%D6&as_figuretype=1），检索结果便是国家知识产权局中的工作人员。截至2016年2月底，有19条检索结果。

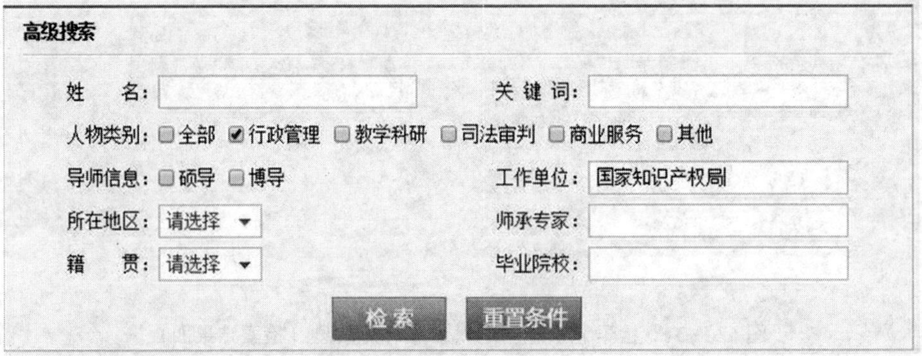

图 6-1-33　检索在国家知识产权局工作的知识产权相关人员（检索过程）

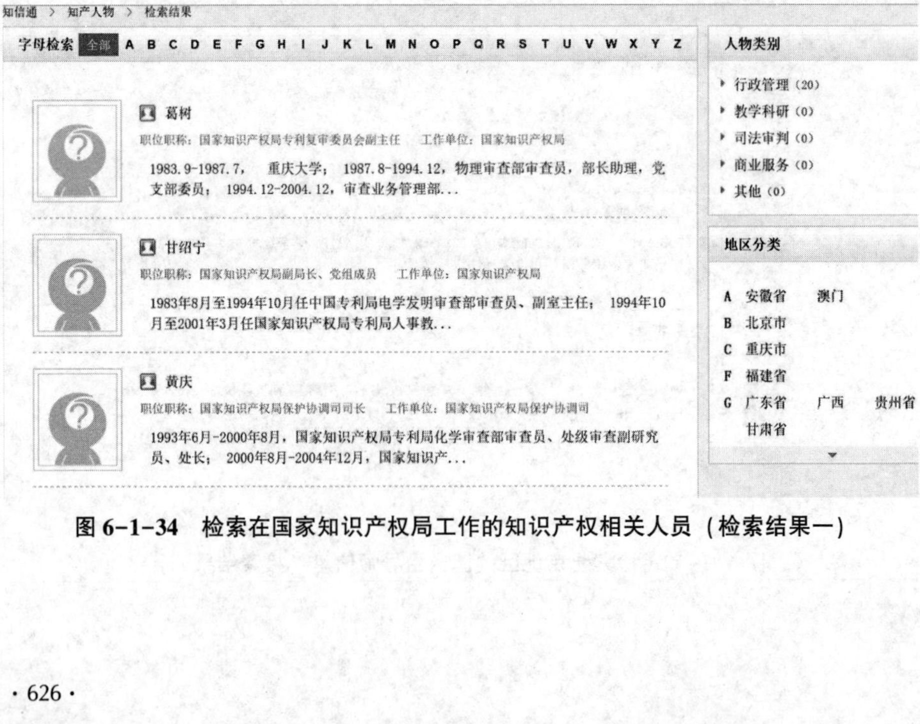

图 6-1-34　检索在国家知识产权局工作的知识产权相关人员（检索结果一）

贺化

职位职称：国家知识产权局副局长　工作单位：国家知识产权局

1983年8月至1998年4月任国家知识产权局专利局机械发明审查部审查员、副处长、处长；1998年5月至2001年1月任国家知识产权局...

何越峰

职位职称：国家知识产权局初审流程部副部长　工作单位：国家知识产权局初审流程部

曾赴美国华盛顿大学作高级访问学者，历任国家知识产权局专利局初审及流程管理部副部长，国家知识产权局专利局物理发明审查部...

何志敏

职位职称：副局长　工作单位：国家知识产权局

现任国家知识产权局局长、天津大学化工学院教授、博士生导师、全国人大代表、民进中央常委。

廖涛

职位职称：国家知识产权局办公室主任　工作单位：国家知识产权局

1989年08月，中国发明技术开发公司干部；　1990年04月，中国专利局专刊管理部干部；　1993年06月，中国专利...

刘志会

职位职称：国家知识产权局专利局实用新型审查部部长　工作单位：国家知识产权局专利局实用新型审查部

1983.08——1988.12，中国专利局审查二部审查员；　1988.12——1994.08，中国专利局机械发明审查部五室分类助理（副处级）；...

图 6-1-35　检索在国家知识产权局工作的知识产权相关人员（检索结果二）

林笑跃

职位职称：国家知识产权局专利局外观设计审查部部长　工作单位：国家知识产权局专利局外观设计审查部

大学毕业后在航天工业部第三研究院从事技术工作。1987年到中国专利局工作，历任室主任、实用新型专利审查部副部长，2006年任...

马维野

职位职称：国家知识产权局协调管理司司长，研究员　工作单位：国家知识产权局

1973年1月—1978年3月下乡插队知青；　1982年7月—1986年9月中国科学院工程热物理研究所，研究实习员；　1989年3月—1997年2...

毛金生

职位职称：国家知识产权局知识产权研究发展中心主任　工作单位：国家知识产权局知识产权研究发展中心

美国富兰克林皮尔斯法律中心(Franklin Pierce Law Center)访问学者，精通美国知识产权法律及相关国际贸易法律知识。...

潘新胜

职位职称：副局长　工作单位：国家知识产权局

1989年8月参加工作。历任河南省滑县县委宣传部干事，北京市市委研究室政治处副处长、法制处处长，北京市委办公厅正处级、副局...

申长雨

职位职称：中国国家知识产权局局长、党组书记　工作单位：中国国家知识产权局

1980.09——1984.07，在解放军铁道兵工程学院（现石家庄铁道大学）机械制造系机械制造专业学习，获工学学士学位；　1984.09—...

图 6-1-36　检索在国家知识产权局工作的知识产权相关人员（检索结果三）

田力普

职位职称：国家知识产权局局长、党组书记、研究员　　工作单位：国家知识产权局

1981年5月至1998年3月，在原中国专利局工作，历任专利复审委员会副处级、正处级专职复审委员、副主任，专利局电学审查部副部...

魏宝志

职位职称：国家知识产权局专利局专利审查协作北京中心主任　　工作单位：国家知识产权局专利局专利审查协作北京中心

1988年12月—2001年4月，在国家知识产权局专利局（原中国专利局）化学审查部工作，历任副处长、处长；2001年4月至今，在国...

吴凯

职位职称：国家知识产权局国际合作司司长　　工作单位：国家知识产权局

1984年8月至今在中国专利局、国家知识产权局工作，历任物理审查部审查员、副室主任、室主任、处长，物理发明审查部副部长，通...

肖兴威

职位职称：副局长　　工作单位：国家知识产权局

1982年1月至1995年4月，在林业部人事司、林政司、林业公安局(公安部十六局)工作，历任副处长、处长；1995年5月至1996年9月...

杨铁军

职位职称：副局长　　工作单位：国家知识产权局

1983年至1998年任中国专利局电学发明审查部审查员、副室主任、副部长；1998年至2003年任国家知识产权局专利局电学发明审查...

张清奎

职位职称：专利局医药生物发明审查部部长　　工作单位：国家知识产权局

1981年进入中国人民共和国专利局，历任化学审查部审查员、室主任、副部长、专利复审委员会副主任和化学审查部部长。

图 6-1-37　检索在国家知识产权局工作的知识产权相关人员（检索结果四）

如要查找某一位泰斗级导师的学生信息，师承专家搜索框可以很好地实现此项功能。例如，要查找我国知识产权界著名教授郑成思教授的学生，即可在师承专家一栏输入“郑成思”，点击“检索”，搜索结果为系统已录入的所有郑老师的学生。

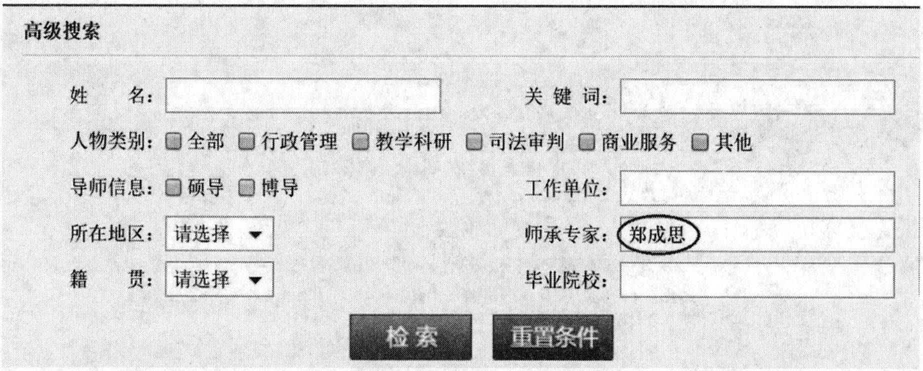

高级搜索

姓 名：
关键词：
人物类别：全部 行政管理 教学科研 司法审判 商业服务 其他
导师信息：硕导 博导
工作单位：
所在地区：请选择
师承专家：郑成思
籍 贯：请选择
毕业院校：
检索 重置条件

图 6-1-38 检索郑成思教授的学生

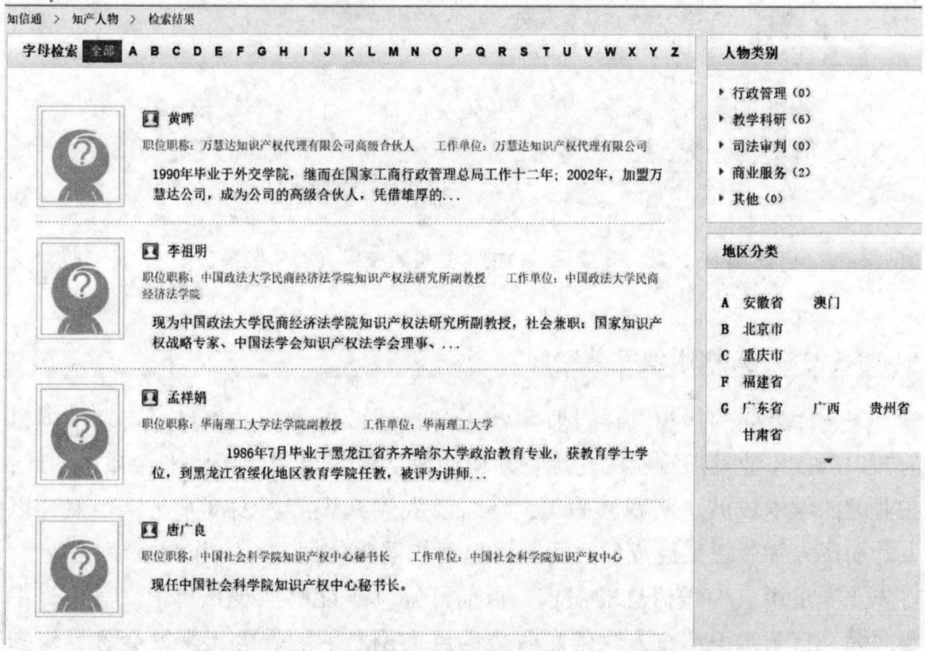

知信通 > 知产人物 > 检索结果

字母检索 全部 A B C D E F G H I J K L M N O P Q R S T U V W X Y Z

黄晖
职位职称：万慧达知识产权代理有限公司高级合伙人 工作单位：万慧达知识产权代理有限公司
1990年毕业于外交学院，继而在国家工商行政管理总局工作十二年；2002年，加盟万慧达公司，成为公司的高级合伙人，凭借雄厚的...

李祖明
职位职称：中国政法大学民商经济法学院知识产权法研究所副教授 工作单位：中国政法大学民商经济法学院
现为中国政法大学民商经济法学院知识产权法研究所副教授，社会兼职：国家知识产权战略专家、中国法学会知识产权法学会理事、...

孟祥娟
职位职称：华南理工大学法学院副教授 工作单位：华南理工大学
1986年7月毕业于黑龙江省齐齐哈尔大学政治教育专业，获教育学士学位，到黑龙江省绥化地区教育学院任教，被评为讲师...

唐广良
职位职称：中国社会科学院知识产权中心秘书长 工作单位：中国社会科学院知识产权中心
现任中国社会科学院知识产权中心秘书长。

人物类别
- 行政管理（0）
- 教学科研（6）
- 司法审判（0）
- 商业服务（2）
- 其他（0）

地区分类
A 安徽省 澳门
B 北京市
C 重庆市
F 福建省
G 广东省 广西 贵州省 甘肃省

图 6-1-39 郑成思教授的学生检索结果（检索结果一）

徐家力
职位职称：北京隆安律师事务所创始合伙人、高级合伙人　工作单位：北京隆安律师事务所
1986至1992年　最高人民检察院；1992年至今　隆安律师事务所创始人、合伙人；1995至2005年　北京律协理事、常务理事、副会长...

薛虹
职位职称：北京师范大学法学院教授、法学博士、博士生导师　工作单位：北京师范大学
在香港大学任教多年，荣获香港大学杰出青年研究奖，作为指导教师带领香港大学代表队夺得首届亚洲模拟法庭大赛冠军。出访...

余永祥
职位职称：杭州师范大学法学院副教授　工作单位：杭州师范大学
1987年8月进入浙江政法专科学校从事教学工作；1996年12月调入浙江大学任教，2000年获副教授职称；2004年6月调入杭州师范...

周林
职位职称：中国社会科学院知识产权中心副主任　工作单位：中国社会科学院知识产权中心
1989-1994年在国家版权局工作，主持《著作权》杂志的编辑，并参与有关著作权法的立法工作。　1994年调入中国社科院知识产...

图 6-1-40　郑成思教授的学生检索结果（检索结果二）

六、知产人物版块完善空间

人物库最初的构想是通过收集知识产权领域人物相关信息，勾勒中国目前知识产权事业发展现状的轮廓：知识产权从业人员的学历水平、知识构成，在业内的学术成就、实践经验等，体现着我国知识产权发展水平。当然，以上是知产人物版块最终成型之后能够起到的重要作用之一。作为一个资料库，首先要满足用户检索信息的需求，目前已经基本能够实现该价值。其中，主要问题来自于知识产权人物信息收集的巨大困难。随着近年来社会各界对知识产权认同度的提升，知识产权开始在市场经济的方方面面发挥作用，与知识产权相关的人员也大大增加。知识产权人物这一范围非常广泛，难以对其进行比较准确的定义，因此人物库收集信息的目标有时候是较为模糊的。为了进一步缩小目标范围，也为资料库的实用性考虑，课题组将知识产权人物划分为行政管理、教学科研、司法审判、商业服务四个基本类别。

“知信通”资料库作为一个试验性国家知识产权文献及信息资料库，毕竟受到多方面条件限制，在数据样本数量、信息的完整性、技术稳定性等方面均存在很大的改进空间。通过总结现有问题，探讨改进和完善的对策，是未来建设实体的国家知识产权文献及信息资料库的重要手段。

（一）可以进一步完善的空间

1. 整体的人物量可更加丰富

与知识产权从业者的数量相比，知产人物版块在数量上尚存在着提升的空间。课题组前期在准备录入资料库的人物名单时，重点选择了中国知识产权领域内具有代表性的、对知识产权事业做出贡献的人物。事实上，还有很多高校的名师、著名的知识产权律师、在法院系统有较高声望的知识产权法官、有重要贡献的知识产权行政官员及知名度不够但从事知识产权事业的人物尚未被纳入该库。尤其是知识产权法官和律师、知识产权代理人，现有的资料库中更待补充。

2. 人物信息的准确性可进一步提升

人物信息的准确与否往往关系到该人物的社会评价及荣誉。保证人物信息的准确性，不仅是对知识产权人物库工作人员提出的基本要求，也体现着对纳入资料库的每一位知识产权人物及其成果的尊重。但是，由于现有资料的局限性，以及资料来源渠道的限制、信息公开不够等原因，在资料库中的人物信息难免存在着缺失之处。因此，需要尽可能多地核查信息，最大可能地保证录入数据的准确性。[1]

3. 高级检索功能可进一步稳固

尽管在资料库设计之初，已经设计了较为先进的高级检索系统，在高级检索功能下，可以按照姓名、关键词、人物类型（也即所在单位性质）、导师信息、所在地区、籍贯、工作单位、师承专家、毕业院校进行单一或者复合检索，但现有的高级检索下仍有进一步提高的空间，最大的提升空间是稳固后台技术，保证相应检索功能的实现。[2]

---

〔1〕 刘聪、李红辉、吴丹、蒋金良：“‘知信通’之知识产权人物资料库介绍与问题分析”，载冯晓青、杨利华主编：《国家知识产权文献及信息资料库建设研究》，中国政法大学出版社 2015 年版，第 400 页。

〔2〕 刘聪、李红辉、吴丹、蒋金良：“‘知信通’之知识产权人物资料库介绍与问题分析”，载冯晓青、杨利华主编：《国家知识产权文献及信息资料库建设研究》，中国政法大学出版社 2015 年版，第 400 页。

（二）具体措施

1. 利用其他数据库的资料，增加人物总量

作为一个专业资料库，数据总量在很大程度上决定了资料库的成熟度、用户使用体验等。课题组认为，知产人物版块人物信息的丰富是该版块发展的关键，未来国家知识产权文献及信息资料库人物库要做到集成我国知识产权各方面代表性人物，必须拥有数量足够多的人物信息。从“知信通”资料库知产人物版块建设来看，创建初期存在掌握的人物名单不全面、信息收集途径窄等问题。课题组为解决该问题，尝试利用现有的其他数据库的资源对人物库中的信息进行补充。例如知产机构数据库中基本包含着国内大部分从事知识产权业务的律师事务所，以律师事务所名单为基础，可以查询到每一家律师事务所中的在职律师和兼职律师，于是可以从中筛选出具有代表性的律师、知识产权代理人，以丰富商务服务项下的人物；再如教育培训资料库中包含了国内发展知识产权教育的所有高校，以高校名单为基础，在各大高校的网站上可以查询到该校从事知识产权教育的学者，从而可以丰富教学科研项下的内容；司法审判和行政管理项下的内容，则可以根据我国法院及行政机关的设置，分别查找。

2. 建立知产人物自助提交文献及信息的机制

本项目研究中，实践证明其他小组的数据内容同样存在着信息不足、更新周期长、信息来源不够准确等问题。虽然从其他组的信息中可以获得不少补充知产人物版块数据的启发，但是无法彻底充实知产人物版块。课题组在进一步收集信息过程中，认为目前充实知产人物库的主要障碍在于，通过公共渠道，比较难以取得真实、有效并且随时更新的知识产权人物资料及信息。互联网确实能够提供海量信息，但是这类信息的筛选、鉴别需要花费大量的时间和人力资源，并非构建全面、成熟的数据库最有效的方法。课题组的实践经验表明，构建用户自主上传制度是比较可行的办法之一。

3. 通过寄送信件，保证信息准确性

不论是互联网还是书籍，其记载的人物信息难免有瑕疵遗漏之处，或者存在信息未及时更新等问题。为保证录入数据库的每一条信息的准确性，最好的方法即是由每一位人物本人亲自核查信息，如果能够做到这一点，则能确保每一条信息都符合相关人物的真实情况，在信息权威性上也更能令人信服，从另一方面讲，也才能体现出本资料库对相关人物的尊重和认可。因此，

可以在该资料库日后的发展中采取以下方法：将现有的、已经收集到的每一位人物的信息，通过电子邮件、信件等方式寄送至该人物本人，请其本人亲自核查，改正不准确之处，进行相关信息的补充完善。最终将本人核查过的人物信息再次录入数据库，以保证录入信息的准确性。[1]

4. 及时更新人物信息

与其他版块相比，知产人物版块信息存在更多的不确定性，因为人物的职务职称、工作单位、成果信息随时有可能变化。这就需要随时更新。不过，在现实环境下，基于人物信息公开度不高的限制，很难获得及时更新的信息。如本试验性资料库在建设知产人物库过程中就深有体会。有些信息尤其是变更至今都难以查到最新情况。为此，本资料库设立了一定程度上的自助机制。具体而言，知产人物版块在每个人物页面底端都设立了“变更人物信息”的功能，用户及人物个人都可以通过该功能进行相关人物信息的完善。提交相关变更信息后，“知信通”资料库后台将有人对提交的相关信息进行审核、推送。但是该功能的实现依赖于用户的“主动性”，也可以称为“积极性”，如何提高这种“积极性”则值得研究。

5. 适时将知产人物信息扩大到国外知产人物

由于研究条件限制，本试验性资料库对于知识产权文献及信息的选取，一般限于国内知识产权文献及信息，除知识产权法律法规部分涉及国外相关内容外，其他版块一般没有包括。从未来实体的国家知识产权文献及信息资料库建设来看，课题组认为需要将部分知识产权文献及信息延伸到其他国家和地区部分。例如，知产人物部分就可以收集部分其他国家和地区各方面知识产权代表性人物的基本情况。随着我国对外开放的深入和国际交流的扩大，我国很多方面需要与国外相关知识产权人物进行联系、交流与合作，其他国家和地区知识产权人物信息无疑将具有越来越重要的作用。因此，课题组建议未来国家知识产权文献及信息资料库建设中，将知产人物等方面信息扩展到其他国家和地区相关信息。

---

〔1〕 刘聪、李红辉、吴丹、蒋金良：“‘知信通’之知识产权人物资料库介绍与问题分析”，载冯晓青、杨利华主编：《国家知识产权文献及信息资料库建设研究》，中国政法大学出版社2015年版，第402页。

第二节 “知信通”资料库知识产权机构版块介绍与分析

“知信通”资料库知识产权机构版块命名为“知产机构”（见图 6-2-1），网址为 http://www.ipknow.cn/agency/。该版块搜集了国内与知识产权相关的机构信息资料，截至 2016 年 2 月 29 日，该版块共有资料 6952 条（见图 6-2-2）。

图 6-2-1 知产机构版块

图 6-2-2 知产机构版块资料数量统计

一、知产机构版块的基本情况及基本价值

（一）知产机构版块基本情况

为了提高公众对知识产权服务机构资料库的重视程度，通过系统化、专业化的方式，为用户查询相关信息提供最大的便利，结合知识产权专业和计算机专业的优势，建立一个系统、全面的国家知识产权机构文献及信息资料库是非常必要的。“知信通”资料库知产机构子库尽管只是一个试验性国家知识产权机构文献及信息资料库，但依然是国内知识产权领域唯一的关于知识产权机构的文献及信息库，涵盖了国内各主要知识产权行政管理机构、司法机构、教研机构和商业服务机构。[1]资料库将知识产权机构分为行政机构、

〔1〕 刘炯绮：“知识产权文献及信息资料库的信息采集”，载冯晓青、杨利华主编：《国家知识产权文献及信息资料库建设研究》，中国政法大学出版社 2015 年版，第 103 页。

司法机构、教研机构、商业机构、著作权集体管理组织、行业协会、其他机构七大类（其中最后三类为后来所增加，主要的机构类型也是前四类），对收录其中的各机构的名称、地址、网址、概况、代表人物等信息进行了介绍，并提供了相关链接，以利于用户对机构信息的进一步需求。收录的范围以国内的知识产权服务机构为主，产品形式主要采用的是 WEB 版（网上资料库）免费的形式。

在本版块的建设中，因为知识产权商业机构和行政机构、教研机构等有不同的需求人群，彼此之间共性很少，所以在网站内容和结构的建设中，课题组从用户的角度出发，应当充分考虑每一部分的主要用户，按照满足其不同需求的标准来建设“知信通”网站。

（二）知产机构版块基本价值

课题组之所以将知产机构列为本试验性资料库的主要组成部分之一，是基于其具有的独特价值。具体体现如下：

一是服务公众，这也是构建知产机构版块的宗旨。由于目前大多数知识产权机构的职能还是更多地侧重于管理和保护而非服务（商业机构除外），其网站建设和信息提供并不能充分满足公众的信息需求。知产机构版块的构建，有利于公众增加对知识产权机构的了解，便于公众获知其所需的知识产权机构信息，并且该版块所提供的信息力求来源可靠并经审核后才予以发布，降低了公众的搜索成本。

二是通过对国内知识产权相关机构的信息统计，将各机构的设置及发展现状直观地予以展现，有利于对我国知识产权机构的现状予以研究分析，以对机构设置和发展提出进一步的改进建议。同时，该版块可以直观地展现各地方知识产权机构的区域分布，从而为区域知识产权发展状况的研究提供了一大切入点。

三是知产机构版块力求与其所提供的每一机构的网站相链接。这样可以获知该机构是否设有网站、其网站建设情况如何、网站信息是否全面及时等，既能满足公众对此机构的进一步信息需求，也能对该机构的服务能力予以评价。

二、知产机构版块界面介绍

知产机构版块界面介绍从以下两个方面来进行：一是知产机构首页界面，也即页面布局；二是知产机构具体的机构条目内容页面。

（一）知产机构首页界面介绍

知产机构版块首页界面基本可以分为四个栏目：分类栏、检索栏、最近更新信息展示栏、简介栏。

1. 分类栏

（1）按照机构类别，知产机构分为行政机构、司法机构、教研机构、商业机构、著作权集体管理组织、行业协会、其他机构。在知产机构版块设立初期，实质上只有前四种，后来基于对完整科学性的考虑，增添了著作权集体管理组织及行业协会两类。另外，为了防止有机构不属于以上任何一种类型，又增添了其他机构。

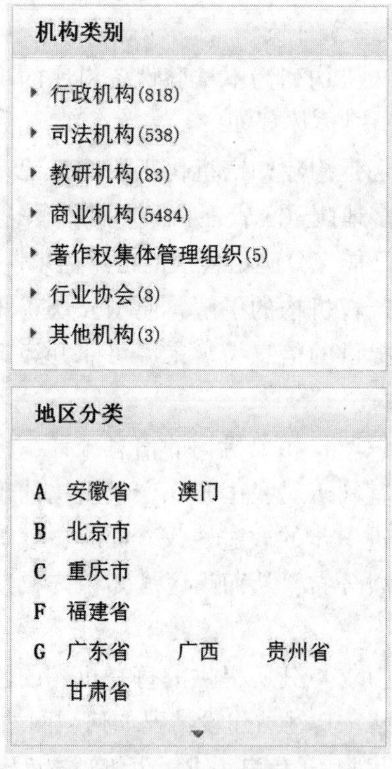

图 6-2-3 知产机构分类栏

点击其中的任何一种，则进入该种类别的全国范围内的相关机构界面。如点击“行政机构”，进入知识产权相关行政机构界面（http://www.ipknow.cn/agency/agencyquality-1.html），从该界面可以浏览相关知识产权行政机构的信息。再如点击“商业机构”，则进入商业机构界面（http://www.ipknow.cn/agency/agencyquality-4.html），从该界面可以浏览知识产权相关的商业机构，还可以通过字母检索进行相应的定位。

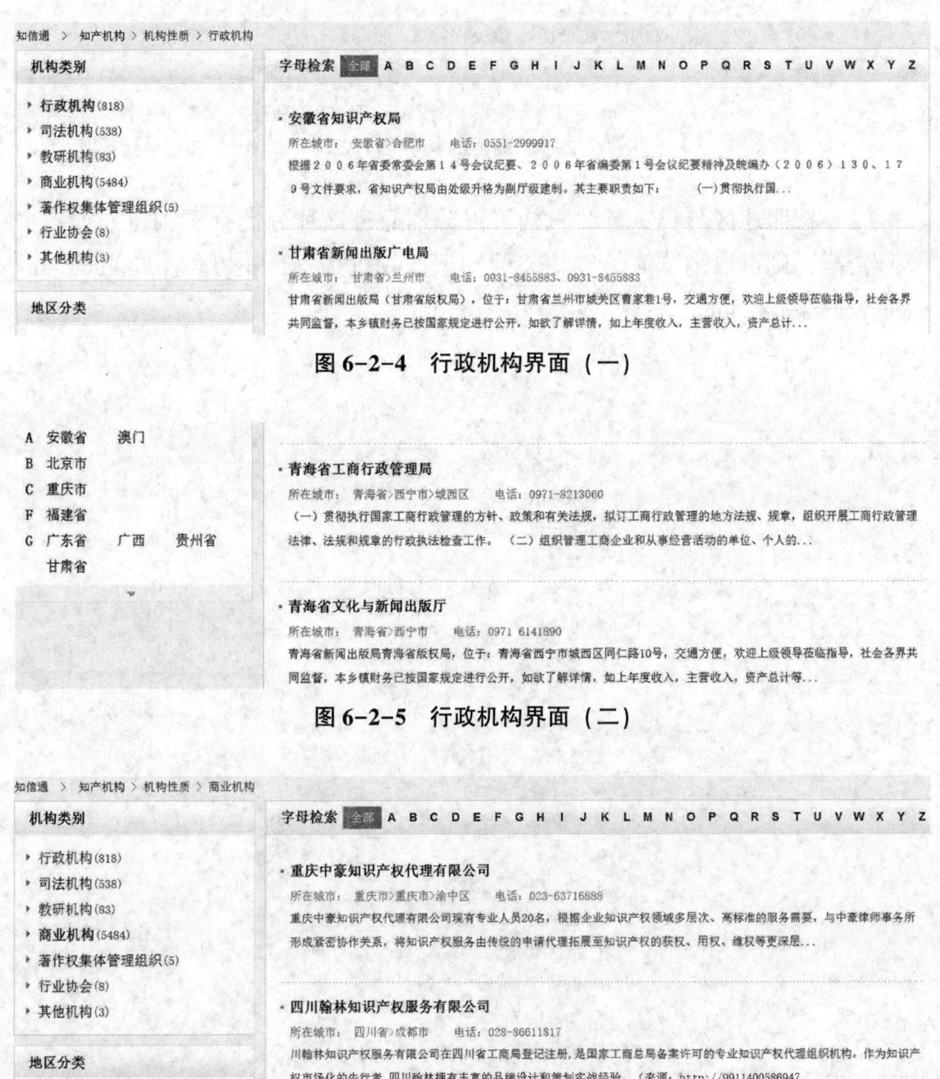

图 6-2-4　行政机构界面（一）

图 6-2-5　行政机构界面（二）

图 6-2-6　商业机构界面（一）

A 安徽省 澳门
B 北京市
C 重庆市
F 福建省
G 广东省 广西 贵州省
甘肃省

· 四川省红盾知识产权服务有限公司
所在城市： 四川省>成都市 电话：028-86512256
四川红盾知识产权商标服务有限公司是由中华人民共和国工商行政管理总局商标局备案的商标代理组织， 并经四川省工商行政管理局批准成立的知识产权服务结构。公司位于四川省工商局旁，直接受省市工商局的管理和督...

· 四川汇哲知识产权代理有限公司
所在城市： 四川省>成都市 电话：13541218494
四川汇哲知识产权代理有限公司是经四川省工商行政管理局核准注册的专业性知识产权代理服务公司，公司地址一环路东一段。公司业务涵盖商标、专利、版权、植物新品种等知识产权领域的法律高端业务。（来源：http:/...

图 6-2-7 商业机构界面（二）

（2）按照地区分类，行政机构可以分别通过该种分类查看浏览。如点击“河南省”，则可以浏览河南省相关的知识产权机构（http://www.ipknow.cn/agency/area-18.html）。

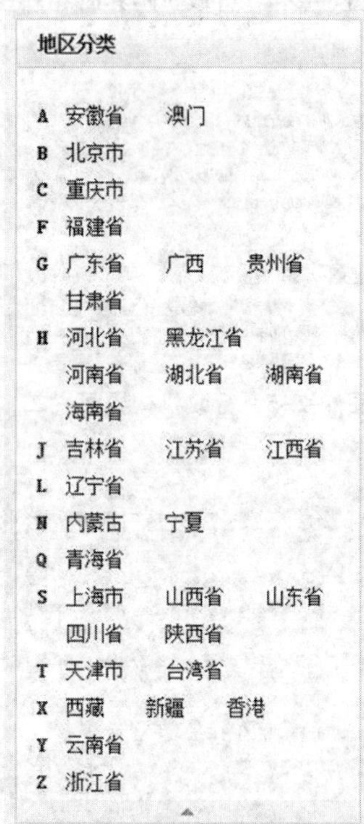

图 6-2-8 地区分类栏

图 6-2-9　河南省知识产权相关机构（一）

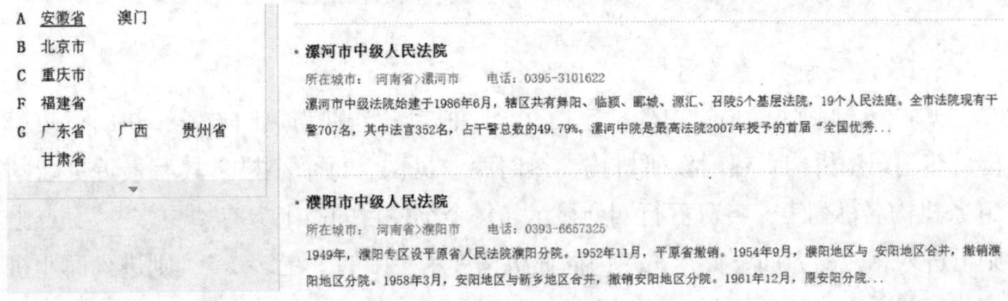

图 6-2-10　河南省知识产权相关机构（二）

2. 检索栏

知产机构版块检索栏与其他版块一样，分为快捷检索栏和高级检索栏。快捷检索栏又可以用全文检索和标题检索两种不同的检索方式。高级检索中包含相关的检索条件，具体包括：关键词、机构名称、机构性质（包括行政机构、司法机构、教研机构、商业机构、著作权集体管理组织、行业协会、其他机构，可以进行单项或者多项勾选，默认为全选）、业务类别（包括综合、著作权服务、商标服务、专利服务、其他服务，可以进行单项或多项勾选，默认为全选）、所在地区（可以通过下拉栏选择全国各省市，可以具体到区县行政级别）、地点（见图 6-2-12）。

图 6-2-11　知产机构版块快捷检索栏

高级搜索			
关 键 词：		机构名称：	
机构性质：	□行政机构 □司法机构 □教研机构 □商业机构 □著作权集体管理组织 □行业协会 □其他机构		
业务类别：	□综合 □著作权服务 □商标服务 □专利服务 □其他服务		
所在地区：	请选择	地 点：	
	检索 重置条件		

图 6-2-12 知产机构版块高级检索栏

3. 最近更新信息展示栏

知产机构版块的最近更新栏包括五个小栏目，分别为热门推荐、热门行政机构、热门司法机构、热门教研机构、热门商业机构。每个小栏目具有最近更新的20条机构名称列表，各分五行四列显示。每个小栏目的右上方有“更多»”，点击则可进入相应的界面。如点击热门商业机构展示栏中的“更多»”，则进入商业机构相应的页面（http://www.ipknow.cn/agency/hits-4.html）。

热门推荐			
北京中理通知识产权代理	北京奥肯国际知识产权代	广东广和律师事务所	山东齐鲁律师事务所
北京市京都律师事务所	君合律师事务所	中伦律师事务所	索通律师事务所
金杜律师事务所（上海分	广东法制盛邦律师事务所	贝克.麦坚时国际律师事	明洲律师事务所
四方君汇律师事务所	万商天勤律师事务所	广东华商律师事务所	恒方知识产权咨询有限公
舒滨知识产权代理有限公	锦天城律师事务所	山东清泰律师事务所	琴岛律师事务所

图 6-2-13 知产机构版块热门推荐展示栏

热门行政机构			更多>>
长沙市版权局	温州市工商行政管理局	临沂市工商行政管理局	无锡市工商行政管理局
铜陵市工商行政管理局	宜春市工商行政管理局	蚌埠市工商行政管理局	固原市工商行政管理局
日照市工商行政管理局	贵港市工商行政管理局	呼伦贝尔市工商行政管理	济宁市工商行政管理局
哈尔滨工商行政管理局	巴彦淖尔市工商行政管理	滨州市工商行政管理局	信阳市工商行政管理局
玉林市工商行政管理局	宁波市工商行政管理局	嘉兴市工商行政管理局	绍兴市工商行政管理局

图 6-2-14 知产机构版块热门行政机构展示栏

热门司法机构			更多>>
新疆维吾尔自治区伊犁哈	日喀则地区中级人民法院	温州市中级人民法院事审	宁波市中级人民法院民事
南通市通州区人民法院	吐鲁番地区中级人民法院	五家渠垦区人民法院	荆州市中级人民法院
内蒙古自治区高级人民法	武汉市中级人民法院	广州知识产权法院	晋中市中级人民法院
南京市雨花台区人民法院	延安市中级人民法院民事	北京知识产权法院	开封市中级人民法院知识
随州市中级人民法院	浦东新区人民法院自贸区	新疆维吾尔自治区高级人	诸暨市人民法院民事审判

图 6-2-15　知产机构版块热门司法机构展示栏

热门教研机构			更多>>
安徽师范大学知识产权研	西南政法大学知识产权学	西北师范大学法学院	中国政法大学知识产权研
南京大学法学院	天津大学法学院	四川省社会科学院法学研	北京大学知识产权学院
华中科技大学法学院	暨南大学法学院/知识产	四川大学法学院	同济大学知识产权学院
复旦大学知识产权研究中	江苏省知识产权研究中心	河北大学政法学院	海南大学法学院
贵州师范大学法学院	哈尔滨工业大学法学院知	哈尔滨工程大学	黑龙江大学法学院

图 6-2-16　知产机构版块热门教研机构展示栏

热门商业机构			更多>>
广州鼎盛知识产权服务有	北京慧之源商标代理有限	张家口市元生彩色商标印	陕西陕商所商标事务有限
北京集佳知识产权代理有	中国商标专利事务所有限	宁波诚源专利事务所有限	慈溪市中联专利事务所有
广州市壁圣专利技术开发	大成律师事务所（天津分	北京北太平洋商标代理有	岚县中利商标代理有限公
中国商标专利事务所有限	沧州市金网专利事务服务	中国人民财产保险股份有	哈尔滨市农乐专利技术推
上海信好专利代理事务所	上海智信专利代理有限公	常熟市常新专利商标事务	盐城顶益中达商标专利事

图 6-2-17　知产机构版块热门商业机构展示栏

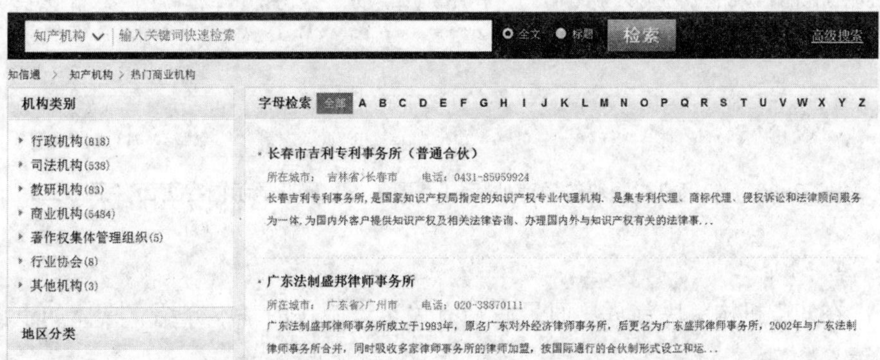

图 6-2-18　知产机构版块热门商业机构“更多》”展开显示内容页面（局部一）

A 安徽省 澳门
B 北京市
C 重庆市
F 福建省
G 广东省 广西 贵州省
甘肃省

· 君合律师事务所
所在城市： 北京市>北京市>朝阳区 电话：010-85191300
君合律师事务所成立于一九八九年四月十五日，是中国最早设立的合伙制律师事务所之一。自其成立以来，君合即致力于提供一流的商业与诉讼法律服务，其在中国律师业重建和发展过程中的先锋作用为业内所共知...

· 舒滨知识产权代理有限公司
所在城市： 上海市>上海市>徐汇区 电话：021-64261266；021-34241149；021-34240750
舒滨知识产权成立于2000年，由上海舒滨知识产权代理有限公司和上海舒滨律师事务所组成，是经国家商标局、上海市司法局授权备案的专门从事有关知识产权领域法律服务的专业代理机构。业务范围主要涉及商标...

· 山东清泰律师事务所
所在城市： 山东省>青岛市 电话：0532-88979712
山东清泰律师事务所（以下简称清泰）成立于一九九四年八月，总部设在青岛，在韩国、上海、济南等地设有分支机构。 清泰定位于中高端非诉讼法律服务和传统的诉讼业务，主要特色、优势业务有“城...

图 6-2-19 知产机构版块热门商业机构“更多 »”展开显示内容页面（局部二）

· **舒滨知识产权代理有限公司**
所在城市： 上海市>上海市>徐汇区 电话：021-64261266；021-34241149；021-34240750
舒滨知识产权成立于2000年，由上海舒滨知识产权代理有限公司和上海舒滨律师事务所组成，是经国家商标局、上海市司法局授权备案的专门从事有关知识产权领域法律服务的专业代理机构。业务范围主要涉及商标...

· **山东清泰律师事务所**
所在城市： 山东省>青岛市 电话：0532-88979712
山东清泰律师事务所（以下简称清泰）成立于一九九四年八月，总部设在青岛，在韩国、上海、济南等地设有分支机构。 清泰定位于中高端非诉讼法律服务和传统的诉讼业务，主要特色、优势业务有“城...

· **北京市京都律师事务所**
所在城市： 未知 电话：010-85253900
北京市京都律师事务所成立于1995年，是国内较早设立的合伙制律师事务所之一。目前，京都已建设成为一家提供包括非诉业务、民商诉讼、刑事诉讼等全面法律服务的综合性律师事务所。其中，京都在刑事诉讼领...

上一页 1 2 3 4 5 6 7 8 9 10 .. 914 下一页 跳转到 跳转 **共5484条**

图 6-2-20 知识机构版块热门商业机构“更多 »”展开显示内容页面（局部三）

4. 简介栏

在知产机构版块首页界面最底端有关于该版块的基本介绍，具体如下图所示。

知产机构资料库介绍：

本资料库是国内知识产权领域唯一的关于知识产权机构的资料库，涵盖了国内各主要知识产权行政管理机构、司法机构、教研机构、商业服务机构、著作权集体管理机构及行业协会。截至2016年3月，共收录6900余家。

资源特色：

本资料库将知识产权机构分为行政管理机构、司法机构、教研机构和商业服务机构等类别，对收录其中的各机构的名称、地址、网址、概况、代表人物等信息进行了介绍，并提供了相关链接，以利于用户对机构信息的进一步需求。

收录年限： 迄今正常运行的各类知识产权机构，包括在国家工商行政管理总局登记的知识产权商业机构。

产品形式： WEB版（网上数据库）免费。

图 6-2-21 知产机构版块简介栏

（二）知产机构具体信息条目界面介绍

在知产机构具体信息条目界面，对相应的机构进行了基本信息的收集，并整合编辑了对应机构的概况、社会评价等，值得一提的是还在右侧相关机构栏中推出了与该机构相关的其他机构，供用户参考浏览。以下举例来进行介绍。

例如，检索“万慧达知识产权代理有限公司（北京总部）”（http://www.ipknow.cn/agency/show-16393.html）。在该界面的上端是标题栏，该机构的名称“万慧达知识产权代理有限公司（北京总部）”，信息更新时间是2016 年 3 月 18 日。往下是关于该机构的基本信息，包括：“机构性质：商业机构”“所在城市：北京市”“网址：点击进入网址”“电话：86-10-68921000”“邮编：100873”“地址：北京市海淀区中关村南大街 1 号友谊宾馆颐园写字楼”。然后是该机构的代表人物（黄晖；夏志泽；白刚）及机构概况（如图示）、社会评价（如图示）。其中点击“点击进入网址”，则进入万慧达网站（http://www.wanhuida.com/tabid/56/Default.aspx）。另外，在该界面右侧有相关机构的列表，点击则进入相应的机构页面，如点击“隆天国际知识产权代理有限公司（北京总部）”，则进入该机构页面（http://www.ipknow.cn/agency/show-12356.html）。

知信通 > 知产机构 > 正文

万慧达知识产权代理有限公司（北京总部）

更新时间：2016.03.18

【机构性质】商业机构

【所在城市】 北京市>北京市

【网址】点击进入网址

【电话】 86-10-6892 1000

【邮编】100873

【地址】 北京市海淀区中关村南大街1号友谊宾馆颐园写字楼

图 6-2-22　万慧达知识产权代理有限公司（北京总部）界面（标题栏及基本信息栏）

【代表人物】

黄晖；夏志泽；白刚

【机构概况】

万慧达知识产权服务体系是由位于北京总部的万慧达知识产权代理有限公司、万慧达律师事务所，位于上海、广州、宁波、苏州、泰州、天津、重庆、深圳、香港几地的分公司，位于上海、广州的律师事务所分所，以及位于广州的专利办事处共同组成，以“专业创造可能，沟通成就品质”为宗旨的知识产权综合法律服务体系。

万慧达知识产权服务体系聚集多位商标、专利、版权方面的顶级专家和外籍顾问，并拥有一支由百余名高级顾问、律师，以及商标和专利代理人为中坚力量的专业团队。

万慧达的知识产权服务，力求涵盖客户在各个发展阶段可能面临的知识产权获权与保护的需要，具体表现在：

基础申请——万慧达每年代理客户进行上万件商标、专利、域名的注册申请，版权登记，以及其他相关的基础申请，并可根据需要，通过马德里体系、PCT或逐一的渠道为知识产权海外保护提前布局。

图 6-2- 23　万慧达知识产权代理有限公司（北京总部）界面（代表人物及基本概况图一）

复杂案件——在商标评审、专利复审及各类诉讼等复杂案件的处理上，万慧达有着突出的优势，擅长为客户提供灵活多样的解决方案，通过确权和侵权两种途径的密切配合，全方位、多角度地为客户解决纠纷，其经办多起诉讼案件被评为最高院或地方法院的年度典型案例，或中国外商投资企业协会优质品牌保护委员会年度最佳案例。

综合维权——万慧达擅长综合各种法律手段运作知识产权保护案件，在知识产权调查、申请工商查处、海关保护，以及商标购买、网络侵权打击等方面，凭借高效的信息收集网络，和多样化的保护手段，成功处理了数百起刑事案件、取缔数个全国性的侵权网络，多起案件被国家执法机关或者行业媒体评为年度优秀案例。

特色服务——万慧达致力于协助客户制定和实施全面的知识产权战略，变被动防御为主动部署，并可以提供精准、有效、个性化的知识产权托管服务。此外，商标稽核、驰名商标申报、专利侵权分析和规避设计、专利应急和预警等服务亦作为万慧达的招牌产品，也深得客户青睐。

延伸服务——除专业的法律服务本身，万慧达与知识产权各主管部门和相关的业内媒体、协会组织保持着良好的沟通。与北京君策知识产权发展中心建立的战略合作伙伴关系，也使万慧达的客户服务得到更广泛的延伸。

图 6-2- 24　万慧达知识产权代理有限公司（北京总部）
界面（代表人物及基本概况图二）

特色服务——万慧达致力于协助客户制定和实施全面的知识产权战略，变被动防御为主动部署，并可以提供精准、有效、个性化的知识产权托管服务。此外，商标稽核、驰名商标申报、专利侵权分析和规避设计、专利应急和预警等服务亦作为万慧达的招牌产品，也深得客户青睐。

延伸服务——除专业的法律服务本身，万慧达与知识产权各主管部门和相关的业内媒体、协会组织保持着良好的沟通。与北京君策知识产权发展中心建立的战略合作伙伴关系，也使万慧达的客户服务得到更广泛的延伸。

学术研究——万慧达出版有《中国商标报告》《中国专利法详解》《著作权法》等重要的专业著作，并参加了国家知识产权战略的制定、重要知识产权法律法规的制定和修订，以及其他专业研讨活动。
应世界知识产权组织，国际保护知识产权协会中国分会、欧共体内部市场协调局、中国-欧盟知识产权项目二期、日本贸易振兴机构等组织或机构的邀请，万慧达参与了诸多研究项目，以及国际商标协会中文会刊、中华商标杂志环球资讯栏目的编辑。

万慧达知识产权服务体系为客户创造价值，其客户群遍及欧洲、美洲、亚洲等多个国家和地区，其中包括中信集团、张裕集团、海尔集团、南航集团、中国移动、腾讯科技、蒙牛乳业、东风小康、华北制药、三全食品、金门高粱酒、少林寺、故宫博物院等知名的国内企业或机构，以及拉科斯特、米其林、欧

图 6-2-25　万慧达知识产权代理有限公司（北京总部）
界面（代表人物及基本概况图三）

【社会评价】

2015年

LEGAL 500

位列中国区知识产权业务第一梯队

高级合伙人白刚当选年度杰出个人

高级合伙人黄晖、段晓玲、苏和秦，以及合伙人张焱被列入相关领域的“力荐律师榜”

World Trademark Review World Trademark Review / 世界商标评论

在“商标确权及策略”“商标保护及诉讼”两个评比项目中均居于中国区第一梯队

高级合伙人黄晖被评为商标保护及诉讼领域的杰出个人

2014年

LEGAL 500

位列中国区知识产权业务第一梯队

高级合伙人白刚当选年度杰出个人

Managing Intellectual Property Managing Intellectual Property / 知识产权管理

位列中国区商标确权业务第一梯队

商标诉讼业务第一梯队

高级合伙人白刚当选为中国区“知识产权之星”

World Trademark Review World Trademark Review / 世界商标评论

位列中国区商标业务第一梯队

高级合伙人黄晖当选年度杰出个人

图6-2-26　万慧达知识产权代理有限公司（北京总部）界面（社会评价图一）

iam Intellectual Asset Management / 智力资产管理

合伙人张焱荣登 IAM中国区“专利交易”领域杰出个人

CHINA BUSINESS LAW JOURNAL 商法 China Business Law Journal / 中国商法

年度卓越律所

Asia IP Asia IP / 亚洲知识产权

中国区商标、专利确权及诉讼业务第一梯队

2013年

CHAMBERS AND PARTNERS Chambers & Partners / 钱伯斯

位列中国区知识产权业务第一梯队

高级合伙人白刚、黄晖、任海燕当选年度杰出个人

LEGAL 500 LEGAL 500

位列中国区知识产权业务第一梯队

高级合伙人白刚当选年度杰出个人

Managing Intellectual Property Managing Intellectual Property / 知识产权管理

位列中国区商标确权业务第一梯队

商标诉讼业务第一梯队

图 6-2-27 万慧达知识产权代理有限公司（北京总部）界面（社会评价图二）

World Trademark Review World Trademark Review / 世界商标评论

位列中国区商标业务第一梯队

高级合伙人黄晖当选年度杰出个人

iam Intellectual Asset Management / 智力资产管理

世界专利领域 1000 强

合伙人张焱荣登 IAM 专利业务律师榜单

CHINA BUSINESS LAW JOURNAL 商法 China Business Law Journal / 中国商法

年度卓越律所

Asia IP Asia IP / 亚洲知识产权

中国区商标、专利确权及诉讼业务第一梯队

白刚(商标、诉讼)、黄晖(商标、保护、诉讼)、任海燕(商标)、张树华(专利、商标、保护、诉讼)、张焱(保护、许可和特许经营)在各自擅长的领域被评为杰出个人

PROFILES Asialaw profiles

位列亚太地区事务所中国区力荐事务所(知识产权、竞争和反垄断、争议解决)

图 6-2-28　万慧达知识产权代理有限公司（北京总部）界面（社会评价图三）

2012年

CHAMBERS AND PARTNERS Chambers & Partners / 钱伯斯

位列中国区知识产权类代理公司/律所排名第二梯队

高级合伙人白刚、黄晖和任海燕荣登年度杰出人物榜单

LEGAL 500 LEGAL 500

位列中国区知识产权业务第一梯队

高级合伙人白刚当选年度杰出个人

Managing Intellectual Property Managing Intellectual Property / 知识产权管理

位列中国区商标确权业务第一梯队

商标诉讼业务第一梯队

World Trademark Review World Trademark Review / 世界商标评论

位列中国区商标业务第一梯队

高级合伙人黄晖、任海燕当选年度杰出个人

iam Intellectual Asset Management / 智力资产管理

世界专利领域 1000 强

合伙人张焱荣登 IAM 专利业务律师榜单

Asia IP Asia IP / 亚洲知识产权

中国区商标、专利确权及诉讼业务第一梯队

图 6-2-29　万慧达知识产权代理有限公司（北京总部）界面（社会评价图四）

ilo International Law Office

获中国区知识产权业务客户评选优胜奖

高级合伙人任海燕获个人优胜奖

asialaw PROFILES Asialaw profiles

位列亚太地区事务所中国区知识产权业务第二梯队

2011年

CHAMBERS AND PARTNERS Chambers & Partners / 钱伯斯

位列中国区知识产权类代理公司第二梯队

高级合伙人白刚、黄晖和任海燕荣登年度杰出人物榜单

LEGAL 500 LEGAL 500

位列北京地区知识产权行业国内律所第二梯队

高级合伙人白刚当选年度杰出个人

Managing Intellectual Property Managing Intellectual Property / 知识产权管理

位列中国区商标确权业务第一梯队

商标诉讼业务第一梯队

图 6-2-30　万慧达知识产权代理有限公司（北京总部）界面（社会评价图五）

World Trademark Review World Trademark Review / 世界商标评论

位列中国区商标业务第一梯队

高级合伙人黄晖、任海燕当选年度杰出个人

iam Intellectual Asset Management / 智力资产管理

世界许可领域 250 强

合伙人张焱荣登 IAM 专利业务律师榜单

asialaw PROFILES Asialaw profiles

2011年，位列亚太地区事务所中国区知识产权业务第二梯队

2009年

CHAMBERS AND PARTNERS hambers & Partners / 钱伯斯

位列中国区知识产权类代理公司第二梯队

高级合伙人白刚和任海燕荣登年度杰出人物榜单

LEGAL 500 LEGAL 500

位列北京地区知识产权行业国内律所第二梯队

图 6-2-31　万慧达知识产权代理有限公司（北京总部）界面（社会评价图六）

Managing Intellectual Property　Managing Intellectual Property / 知识产权管理

位列中国区商标确权业务第三梯队

商标诉讼业务第一梯队

2008年

LEGAL 500　LEGAL 500

位列北京地区知识产权行业国内律所第二梯队

Managing Intellectual Property　Managing Intellectual Property / 知识产权管理

位列中国区商标确权业务第三梯队

商标诉讼业务第二梯队

图 6-2-32　万慧达知识产权代理有限公司（北京总部）界面（社会评价图七）

图 6-2-33　万慧达知识产权代理有限公司（北京总部）界面之“进入网址”（万慧达网站）

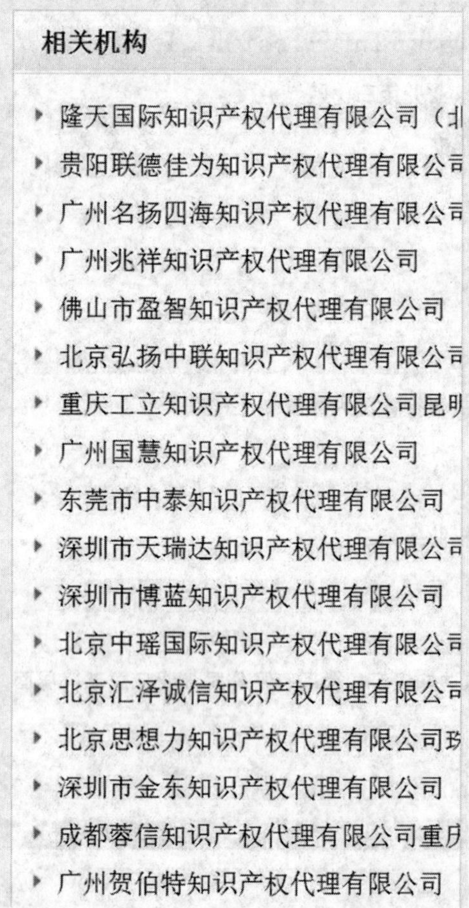

相关机构

- 隆天国际知识产权代理有限公司（北
- 贵阳联德佳为知识产权代理有限公司
- 广州名扬四海知识产权代理有限公司
- 广州兆祥知识产权代理有限公司
- 佛山市盈智知识产权代理有限公司
- 北京弘扬中联知识产权代理有限公司
- 重庆工立知识产权代理有限公司昆明
- 广州国慧知识产权代理有限公司
- 东莞市中泰知识产权代理有限公司
- 深圳市天瑞达知识产权代理有限公司
- 深圳市博蓝知识产权代理有限公司
- 北京中瑶国际知识产权代理有限公司
- 北京汇泽诚信知识产权代理有限公司
- 北京思想力知识产权代理有限公司珑
- 深圳市金东知识产权代理有限公司
- 成都蓉信知识产权代理有限公司重庆
- 广州贺伯特知识产权代理有限公司

图 6-2-34　万慧达知识产权代理有限公司（北京总部）界面（相关机构图）

知信通 > 知产机构 > 正文

隆天国际知识产权代理有限公司（北京总部）

更新时间：2015.11.29

【机构性质】商业机构　　【所在城市】北京市>北京市>朝阳区

【网址】点击进入网址　　【电话】010-84891188

【邮编】100101

【地址】北京市朝阳区慧忠路5号远大中心B座18层

【分支机构】上海分公司；深圳分公司；香港分公司

【代表人物】

郑泰强；郭晓东；向勇；徐擎红；任韵翎

【机构概况】

隆天国际知识产权代理有限公司简称隆天国际于1994年成立于香港，是中国第七家被批准的涉外知识产权代理公司，业务总部现设在北京，在香港、深圳、上海等地设有分支机构，在东京等地设有联络处。

公司主要从事于专利、商标、版权的申请注册和法律诉讼以及其它知识产权相关事务的代理工作，并提供IP咨询、知识产权转让和许可证贸易咨询服务。

（来源：www.lungtin.com）

图 6-2-35　万慧达知识产权代理有限公司（北京总部）相关机构之隆天国际知识产权代理有限公司（北京总部）

再如“金杜律师事务所（北京总部）”（http://www.ipknow.cn/agency/show-20321.html）。在该界面，上端为标题栏，标明该信息的标题，也即该机构的名称“金杜律师事务所（北京总部）”，下面一行是该机构信息的最后更新时间 2016 年 3 月 18 日。紧接着是该机构的基本信息栏：“机构性质：商业机构”“所在城市：北京市>北京市>朝阳区”“网址：点击进入网址”“电话：010-58785588”“邮编：100020”“地址：北京市朝阳区东三环中路 7 号北京财富中心写字楼 A 座 40 层”。然后是该机构的分支机构、代表人物和机构概况及社会评价（具体内容见下图所示）。其中点击“点击进入网址”，则进入该机构对应的网站（http://www.iolaw.org.cn/）。其中右侧还有与该机构相关的机构列表。

知信通 > 知产机构 > 正文

金杜律师事务所（北京总部）

更新时间：2016.03.18

【机构性质】商业机构　　【所在城市】北京市>北京市>朝阳区

【网址】点击进入网址　　【电话】010-58785588

【邮编】100020

【地址】北京市朝阳区东三环中路7号北京财富中心写字楼A座40层

【分支机构】成都分所；广州分所；杭州分所；济南分所；青岛分所；三亚分所；上海分所；深圳分所；苏州分所；香港分所

图 6-2-36　金杜律师事务所（北京总部）界面（基本信息栏）

【代表人物】

李勇；史玉生；李中圣

【机构概况】

金杜律师事务所秉承创始合伙人不断创新及追求卓越的现代法律理念，金杜目前已成为中国律师业中规模最大并居于领先地位的综合性律师事务所之一，拥有950余名律师、代理人及专业人员，为全球不同需求的客户提供优质的法律服务。

金杜有能力为跨国公司提供与知识产权管理、市场化和保护策略相关的法律咨询和实施方案。金杜拥有一支被高度认可的知识产权从业团队，该团队曾多次在重要的中国知识产权事务中为客户提供法律服务，这些服务领域包括：

知识产权评估和知识产权战略组合管理

知识产权商业交易

知识产权尽职调查

知识产权诉讼和纠纷解决

知识产权获取、注册及专利、商标、著作权和域名管理

业务范围包括：

知识产权法律事务

知识产权诉讼

专利

商标

（来源：http://www.kingandwood.com/office.aspx?id=Beijing&language=zh-cn，http://www.kingandwood.com/practice.aspx?id=intellectual-

图 6-2-37　金杜律师事务所（北京总部）界面（基本概况）

【社会评价】

金杜律师一直处于法律服务的最前沿。数年来，金杜所取得的杰出成绩已经在国内外商界和同行中赢得了很高的声誉和评价。

金杜所作为中国唯一的成员，在2003年分别加入了Pacific Rim Advisory Council（“PRAC”）（环太平洋法律顾问联盟）和World Law Group（世界律师联盟）。这两家国际律师战略联盟组织不仅保证我们为客户提供高质量的当地法律服务，与此同时，有助于我们拓展更广泛的境外法律服务联系渠道。

年度最佳中国律师事务所 | Who's Who Legal奖项2011年

亚太地区年度最佳团队 | 国际金融法律评论亚洲大奖2011年

2011中国最受欢迎雇主 | 安拓国际

年度最佳中国律师事务所 | 中国法律商务大奖2010年

年度最佳中国律师事务所（香港分所）| 亚洲法律事务香港大奖2010年

年度最佳中国律师事务所 | Who's Who Legal奖项2010年

年度最佳中国律师事务所 | PLC律师名录奖项2010年

年度最佳中国律师事务所 | 钱伯斯亚洲大奖2010年

年度最佳中国律师事务所 | 亚洲法律事务中国大奖2010年

年度最佳管理合伙人 | 亚洲法律事务中国大奖2010年

年度最佳中国律师事务所 | 国际金融法律评论亚洲大奖2010年

图 6-2-38　金杜律师事务所（北京总部）界面（社会评价一）

年度最佳地区律师事务所（上海分所）| 中国法律商务大奖2009年

年度最佳中国律师事务所（香港分所）| 亚洲法律事务香港大奖2009年

年度最佳中国律师事务所 | Who's Who Legal奖项2009年

年度最佳中国律师事务所 | 亚洲法律事务中国大奖2009年

年度最佳北京律师事务所 | 亚洲法律事务中国大奖2009年

年度中国法律最佳雇主 | 亚洲法律事务年度最佳雇主调查2009年

年度最佳中国律师事务所（香港分所）| 亚洲法律事务香港大奖2008年

年度最佳中国律师事务所 | 国际金融法律评论亚洲大奖2008年

年度最佳中国律师事务所 | 中国法律商务大奖2007年

年度最佳中国律师事务所（香港分所）| 亚洲法律事务香港大奖2007年

年度最佳中国律师事务所 | Who's Who Legal奖项2007年

年度最佳中国律师事务所 | 亚洲法律事务中国大奖2007年

年度最佳北京律师事务所 | 亚洲法律事务中国大奖2007年

年度最佳中国律师事务所 | 国际金融法律评论亚洲大奖2007年

年度最佳中国律师事务所 | Who's Who Legal奖项2006年

质量AAA企业 | 中国产品质量协会2006年

法律服务先进集体 | 北京市司法局2006年

人民满意的政法单位 | 北京市政法委2006年

中华质量信誉鼎 | 中华质量协会2006年

年度最佳中国律师事务所 | 亚洲法律事务中国大奖2006年

图 6-2-39　金杜律师事务所（北京总部）界面（社会评价二）

图 6-2-40　金杜律师事务所（北京总部）网页

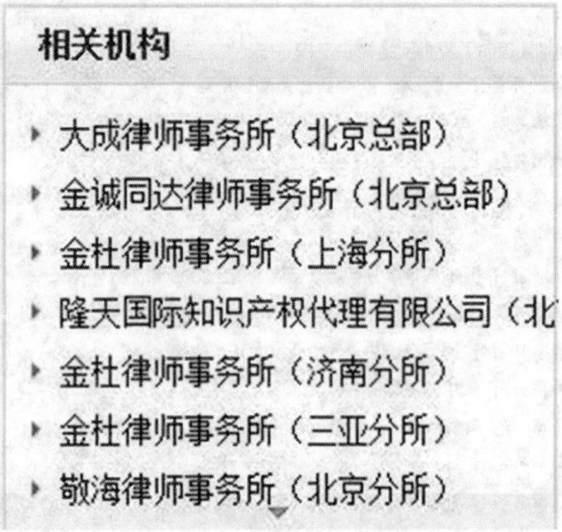

相关机构

- 大成律师事务所（北京总部）
- 金诚同达律师事务所（北京总部）
- 金杜律师事务所（上海分所）
- 隆天国际知识产权代理有限公司（北
- 金杜律师事务所（济南分所）
- 金杜律师事务所（三亚分所）
- 敬海律师事务所（北京分所）

图 6-2- 41　金杜律师事务所（北京总部）相关机构

知信通 ＞ 知产机构 ＞ 正文

金诚同达律师事务所（北京总部）

更新时间：2016.03.18

【机构性质】商业机构

【所在城市】 北京市>北京市>朝阳区

【网址】点击进入网址

【电话】010-57068585

【邮编】100004

【地址】北京市朝阳区建国门外大街1号国贸大厦10层

【分支机构】上海分所；成都分所；沈阳分所；深圳分所；西安分所

【代表人物】

李德成；李森；刘璐；马林艳；

【机构概况】

北京金诚同达律师事务所最早创立于1992年年底。今天，金诚同达已发展成为中国境内规模最大、最富活力的律师事务所之一，拥有240多位优秀专业律师。金诚同达在成立之初，就以“面向科技领域、面向科技企业、面向科技成果、面向科技人才”为服务方向，创出了知识产权为主业的服务品牌。金诚同达律师在协助企业建立有效的知识产权保护机制方面和专利、商标、软件、商业秘密诉讼方面的专长受到同行广泛承认。金诚同达从传统的知识产权业务开始，又迈向了提供网络知识产权、电子商务、许可证贸易、特许经营和高新技术等高端知识产权业务的法律服务。

图 6-2-42　金杜律师事务所（北京总部）相关机构之金诚同达律师事务所（北京总部）（一）

其知识产权部的主要业务包括：担任知识产权法律顾问；代理知识产权诉讼；知识产权合同审查；代理商标专利申请； 知识产权侵权调查和申请禁令； 其他知识产权业务。

（来源：http://www.jtnfa.com/category/business/ip）

【社会评价】

2000年，被司法部命名为“部级文明律师事务所”。

2005年，被中华全国律师协会评为“全国优秀律师事务所”。

2006年，被《亚洲法律事务》杂志（ALB）评选为“亚洲地区蓬勃发展中的30家律所”。

（来源：http://www.jtnfa.com/）

变更机构信息

图 6-2- 43　金杜律师事务所（北京总部）相关机构之金诚同达律师事务所（北京总部）（二）

三、知产机构版块检索

知产机构版块检索分为快捷检索和高级检索。以下分别介绍。

（一）快捷检索

快捷检索是用关键词进行检索的，又分为两种，一种是在全文范围内进行关键词检索，另一种是在标题中进行关键词检索（见图 6-2-44）。

图 6-2-44　知产机构版块快捷检索栏

1. 全文检索

如检索全文带有"知识产权局"的机构。在检索栏中输入"知识产权局"，选定"全文"，点击"检索"，则出现检索结果 297 条（http://www. ipknow. cn/index. php？ m = search&c = search&a = index&modelid = 19&wd =%D6%AA%CA%B6%B2%FA%C8%A8%BE%D6&serach_ type =%C8%AB%CE%C4）。从检索结果可以看出，有些是在正文中出现"知识产权局"的机构。从右侧的检索结果分类统计可以看出，全文中含有"知识产权局"的行政机构有 210 个，教研机构有 2 个，商业机构有 85 个。

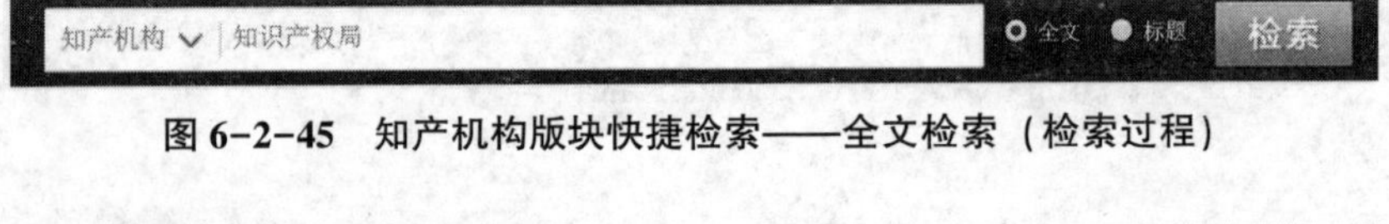

图 6-2-45　知产机构版块快捷检索——全文检索（检索过程）

图 6-2-46　全文含有"知识产权局"的快捷检索结果（局部图示一）

· **长沙正奇专利事务所有限责任公司**

商业机构

所在城市：长沙市芙蓉区八一路59号省科技信息大楼7楼 电话：0731-4580505

产权局评为全省代理行业唯一的“知识产权先进集体”。被市授予“知识产权维权理事单位”。...

· **长春众益专利商标事务所（普通合伙）**

商业机构

所在城市：南关区人民大街7088号2004室 电话：13500941234

知识产权局批准并经工商行政管理部门登记注册的知识产权代理机构，拥有资深的专利代理人，他们从中国专利法诞生时就开始从事专利...

· **常州市科谊专利代理事务所**

商业机构

所在城市：常州市通江大道318号世纪广场C区409号 电话：0519-85131328

知识产权局批准注册成立的专利代理机构，机构代码为32225，位于常州市新北区通江中路268号世纪广场C区409号（每家玛超市旁，浩源...

1 2 3 4 5 6 7 8 9 10 下一页 跳转到 跳转

图 6-2-47　全文含有“知识产权局”的快捷检索结果

（局部图示二）

2. 标题检索

仍然以“知识产权局”为关键词，进行标题检索。在检索栏中输入“知识产权局”，选定“标题”，点击“检索”，则出现检索结果 211 条（http://www.ipknow.cn/index.php？m=search&c=search&a=index&modelid=19&wd=%D6%AA%CA%B6%B2%FA%C8%A8%BE%D6&serach_type=%B1%EA%CC%E2），与用全文检索相比，数量上有所降低。其中行政机构有 210 个，教研机构有 1 个。点击“教研机构”，则看到结果（http://www.ipknow.cn/index.php?m=search&c=search&a=index&modelid=19&wd=%D6%AA%CA%B6%B2%FA%C8%A8%BE%D6&serach_type=%B1%EA%CC%E2&as_firsts=&agencyquality=3），这一条是“国家知识产权局知识产权发展研究中心”，点击则进入该机构的界面（http://www.ipknow.cn/agency/show-18015.html）。

图 6-2-48　知产机构版块快捷检索——标题检索（检索过程）

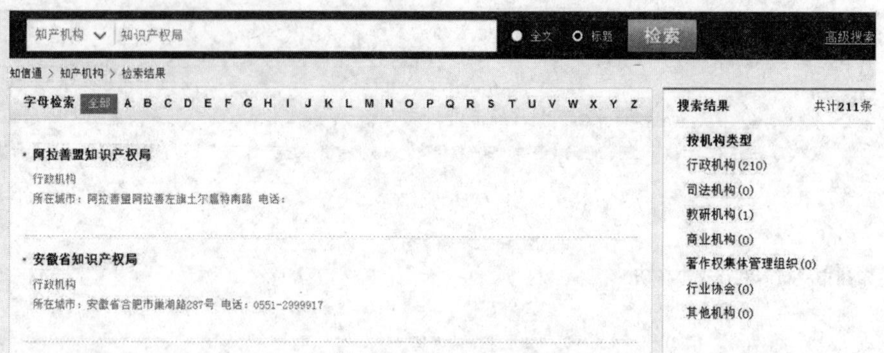

图 6-2-49　知产机构版块标题检索结果局部图一（关键词：知识产权局）

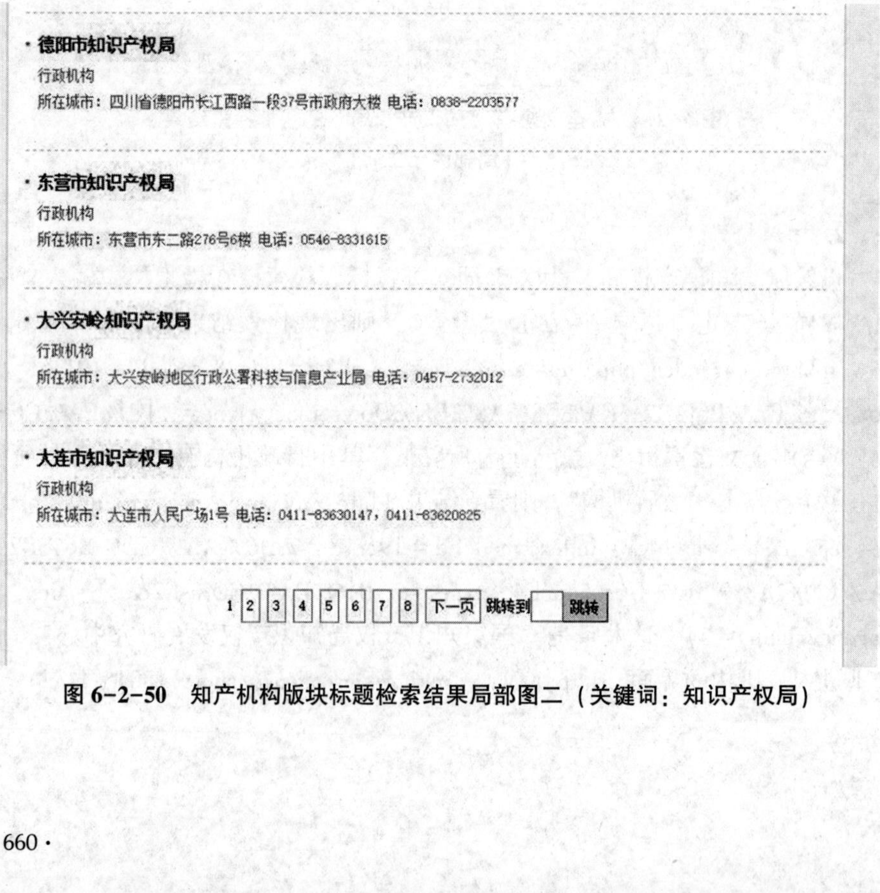

· **德阳市知识产权局**
行政机构
所在城市：四川省德阳市长江西路一段37号市政府大楼 电话：0838-2203577

· **东营市知识产权局**
行政机构
所在城市：东营市东二路276号6楼 电话：0546-8331615

· **大兴安岭知识产权局**
行政机构
所在城市：大兴安岭地区行政公署科技与信息产业局 电话：0457-2732012

· **大连市知识产权局**
行政机构
所在城市：大连市人民广场1号 电话：0411-83630147，0411-83620825

1 2 3 4 5 6 7 8 下一页 跳转到 跳转

图 6-2-50　知产机构版块标题检索结果局部图二（关键词：知识产权局）

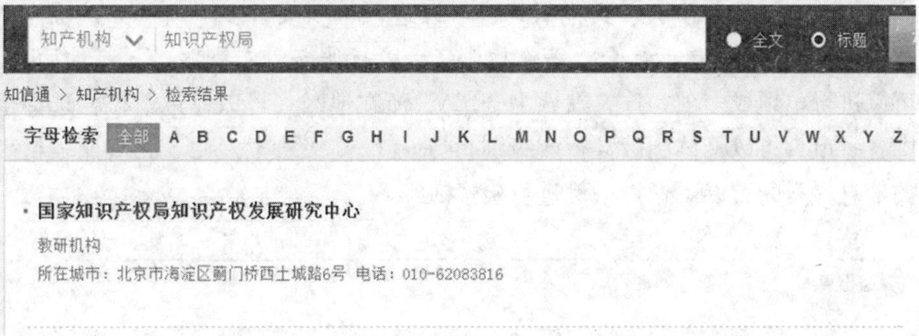

知产机构 ∨ | 知识产权局　　● 全文　○ 标题

知信通 > 知产机构 > 检索结果

字母检索 全部 A B C D E F G H I J K L M N O P Q R S T U V W X Y Z

· 国家知识产权局知识产权发展研究中心

教研机构

所在城市：北京市海淀区蓟门桥西土城路6号 电话：010-62083816

图 6-2-51　标题中含有“知识产权局”的教研机构

知信通 > 知产机构 > 正文

国家知识产权局知识产权发展研究中心

更新时间：2015.12.13

【机构性质】教研机构　　【所在城市】北京市>北京市>海淀区

【网址】点击进入网址　　【电话】010-62083816

【邮编】100088

【地址】北京市海淀区蓟门桥西土城路6号

【代表人物】

毛金生、冯小兵、杨 哲、陈燕、魏健、董涛、邓仪友、孙全亮、谢小勇

【机构概况】

国家知识产权局知识产权发展研究中心是国家知识产权局的直属机构，属于经费自理的事业单位，成立于2001年5月。中心主要从事知识产权战略、知识产权相关法律和政策及实务研究与运作。希望通过研究与实践，为政府有关部门制定和完善有关法律和政策提供参考，为国内有关行业、产业和企业掌握国内外知识产权法律与市场竞争状况、提升企业核心竞争力提供支持。

（来源：http://www.sipo-ipdrc.org.cn/aboutus.aspx?classid=2）

变更机构信息

图 6-2-52　知产机构版块中国家知识产权局知识产权发展研究中心界面

（二）高级检索

高级检索栏如图 6-2-53 所示。可以选择的检索项有：关键词、机构名称、机构性质（包括行政机构、司法机构、教研机构、商业机构、著作权集体管理组织、行业协会、其他机构，可以进行单项或者多项勾选，默认为全选)、业务类别（包括综合、著作权服务、商标服务、专利服务、其他服务，可以进行单项或多项勾选，默认为全选)、所在地区（可以通过下拉栏选择全国各省市，可以具体到区县行政级别)、地点。高级检索是用于相对比较精确的信息检索的，以下通过举例进行检索演示。

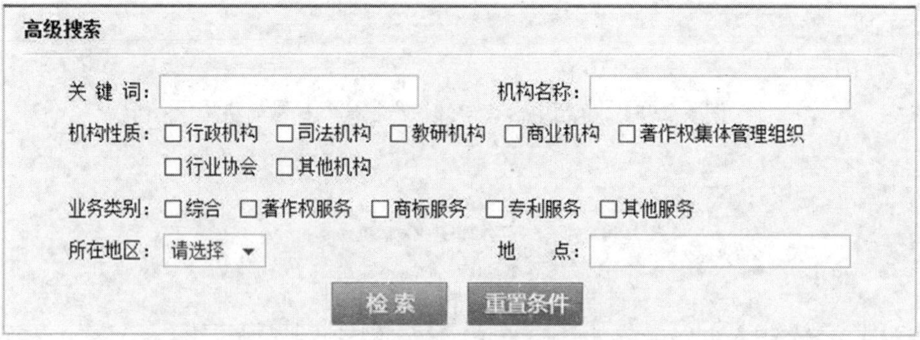

高级搜索

关 键 词：　　机构名称：

机构性质：□行政机构 □司法机构 □教研机构 □商业机构 □著作权集体管理组织 □行业协会 □其他机构

业务类别：□综合 □著作权服务 □商标服务 □专利服务 □其他服务

所在地区：请选择　　地　　点：

检索　重置条件

图 6-2-53　知产机构版块高级检索栏

如检索知识产权法院相关信息。在机构名称中输入“知识产权法院”，勾选机构性质中的“司法机构”，点击“检索”，则出现检索结果页面（http://www. ipknow. cn/index. php? m = search&c = search&a = index&modelid = 19&as_agencyquality = 2&as_ suggest = % D6% AA% CA% B6% B2% FA% C8% A8% B7% A8%D4%BA)。从检索结果可以看出，只有三个符合条件的检索结果，分别为北京知识产权法院、广州知识产权法院、上海知识产权法院。点击“上海知识产权法院”，则进入知产机构版块的上海知识产权法院界面（http://www. ipknow. cn/agency/show-20544. html)，用户可以浏览相关信息。点击知产机构版块上海知识产权法院界面基本信息中的“点击进入网址”，则进入上海知识产权法院官网（http://shzcfy. hshfy. sh. cn/zcfy/web_ index. action)。点击知产机构版块上海知识产权法院界面中的蓝色字体“吴偕林”，则进入知产人物版块吴偕林页面（http://www. ipknow. cn/figure/show-925. html)。

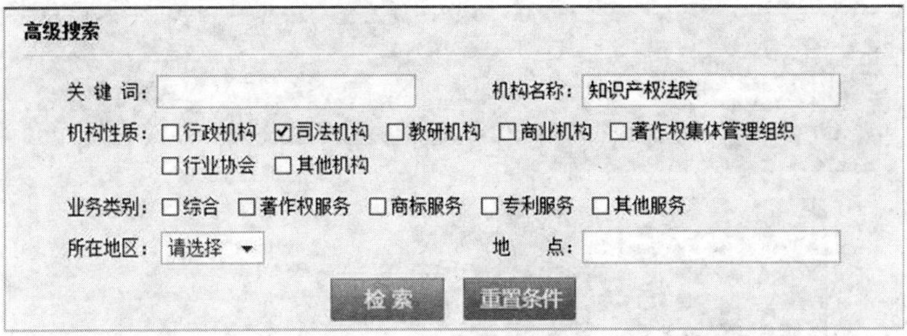

高级搜索

关 键 词：　　　　机构名称：知识产权法院

机构性质：☐行政机构 ☑司法机构 ☐教研机构 ☐商业机构 ☐著作权集体管理组织 ☐行业协会 ☐其他机构

业务类别：☐综合 ☐著作权服务 ☐商标服务 ☐专利服务 ☐其他服务

所在地区：请选择　　　　地　点：

检索　重置条件

图 6-2-54　检索知识产权法院（高级检索过程）

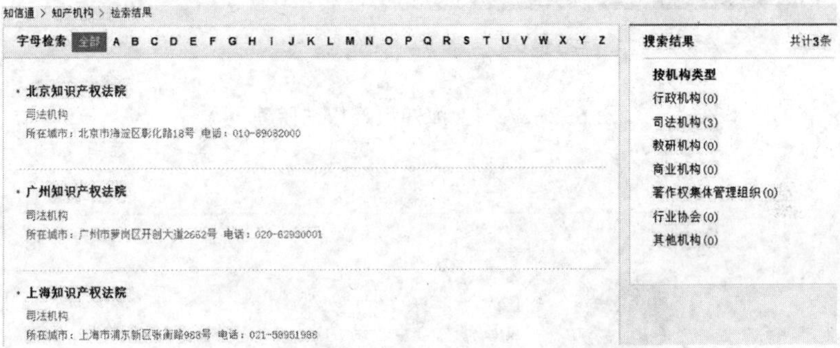

知信通 > 知产机构 > 检索结果

字母检索 全部 A B C D E F G H I J K L M N O P Q R S T U V W X Y Z

· **北京知识产权法院**
司法机构
所在城市：北京市海淀区彰化路18号 电话：010-89082000

· **广州知识产权法院**
司法机构
所在城市：广州市萝岗区开创大道2662号 电话：020-62930001

· **上海知识产权法院**
司法机构
所在城市：上海市浦东新区张衡路983号 电话：021-58951988

搜索结果　共计3条

按机构类型
行政机构(0)
司法机构(3)
教研机构(0)
商业机构(0)
著作权集体管理组织(0)
行业协会(0)
其他机构(0)

图 6-2-55　检索知识产权法院（高级检索结果）

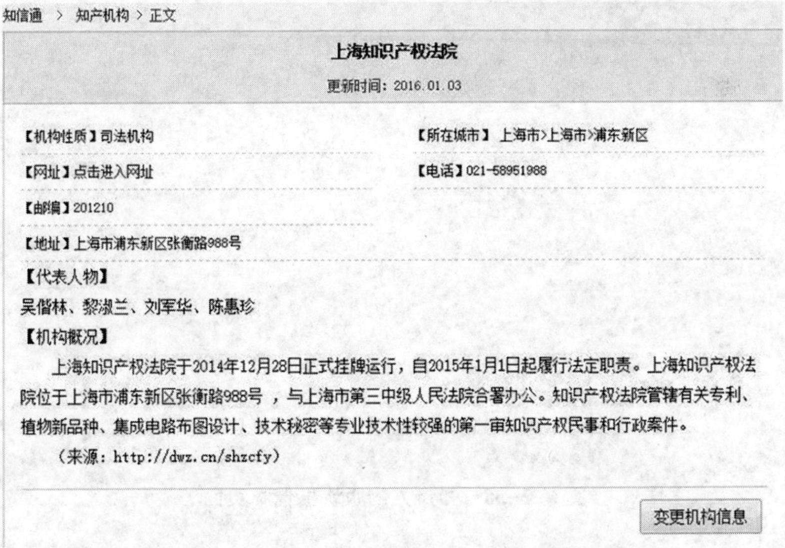

知信通 > 知产机构 > 正文

上海知识产权法院

更新时间：2016.01.03

【机构性质】司法机构　　【所在城市】上海市>上海市>浦东新区

【网址】点击进入网址　　【电话】021-58951988

【邮编】201210

【地址】上海市浦东新区张衡路988号

【代表人物】

吴偕林、黎淑兰、刘军华、陈惠珍

【机构概况】

上海知识产权法院于2014年12月28日正式挂牌运行，自2015年1月1日起履行法定职责。上海知识产权法院位于上海市浦东新区张衡路988号，与上海市第三中级人民法院合署办公。知识产权法院管辖有关专利、植物新品种、集成电路布图设计、技术秘密等专业技术性较强的第一审知识产权民事和行政案件。

（来源：http://dwz.cn/shzcfy）

变更机构信息

图 6-2-56　知产机构版块上海知识产权法院界面

图 6-2-57　上海知识产权法院官网

知信通 > 知产人物 > 正文

姓　　名：吴偕林
性　　别：男
职位职称：上海知识产权法院院长
工作单位：上海知识产权法院

学历学位：

学　历：学士
专　业：法学
学　校：中国政法大学

学　历：硕士
学　校：中国政法大学

学　历：博士
专　业：法学

工作简历：

1993年3月参加工作，
1991年9月加入中国共产党，
曾任上海市高级人民法院政治部主任，
2013年5月20日推荐为上海市高级人民法院副院长人选，

图 6-2-58　知产人物版块吴偕林页面

再如用“高级检索”检索北京地区开设有知识产权学院的高校。在机构名称中输入“知识产权学院”，在机构性质中勾选“教研机构”，在所在地区下拉栏中选择“北京市”，点击“检索”，出现检索结果界面（http://www.ipknow.cn/index.php? m=search&c=search&a=index&modelid=19&as_a-gency_area_input=2&as_agencyquality=3&as_suggest=%D6%AA%CA%B6%B2%FA%C8%A8%D1%A7%D4%BA）。从检索结果可知，一共有三个检索结果，分别为北京大学知识产权学院、北京知识产权学院（研究院）、中国人民大学知识产权学院。点击“北京大学知识产权学院”，则进入知产机构版块中北京大学知识产权学院界面（http://www.ipknow.cn/agency/show-2.html）。点击该界面中的“点击进入网址”，则进入北京大学知识产权学院的官网（http://www.iplaw.pku.edu.cn：8082/）。点击该界面中的蓝色字体“张平”，则进入知产人物版块的张平界面（http://www.ipknow.cn/figu-re/show-302.html）。

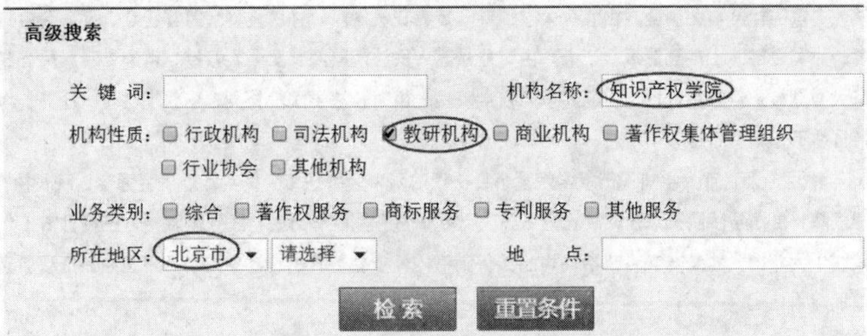

图 6-2-59 检索北京地区的知识产权学院（检索过程）

图 6-2-60 检索北京地区的知识产权学院（检索结果）

知信通 > 知产机构 > 正文

北京大学知识产权学院

更新时间：2016.03.18

【机构性质】教研机构

【所在城市】 北京市>北京市>海淀区

【网址】点击进入网址

【电话】010-62767236

【邮编】100871

【地址】北京市海淀区颐和园路5号北京大学凯原楼309室

【代表人物】

张平;杨明;刘银良;刘东进

【机构概况】

1986年12月，北京大学成立跨学科的知识产权教学与研究中心，直属学校领导,成为国内第一批从事知识产权领域教学研究工作的专门机构，这个中心为北京大学知识产权人才的培养奠定了良好的基础。

为适应知识产权专业人才的规模化需求，在时任北京大学副校长罗豪才教授富有远见的推动及香港星光传讯集团董事长黄金富博士的鼎立资助下，北京大学知识产权学院于1993年成立，这是中国高校中第一家专门的知识产权学院。学院实行董事会制度，由北京大学领导，挂靠在法学院，并由董事会监督管理。董事会由17 人组成，董事长为黄金富博士；副董事长三人，由时任最高人民法院副院长罗豪才教授、中国专利局局长高卢麟先生、北京大学副校长何芳川教授担任。知识产权学院院长由时任法学院院长吴志攀教授担任；秘书长为郑胜利教授，主持日常工作。

2009年10月，原北京大学知识产权学院董事会决议改董事会为理事会，实行理事会管理、院长执行制。知识产权学院院长由法学院院长兼任，现任为张守文教授；常务副院长为法学院张平教授，主持日常工作。

学院在十六年的人才培养和科研活动中始终得到海内外社会各界的广泛支持，为中国知识产权教育与研究做出了突出贡献。

（来源：http://www.iplaw.pku.edu.cn:8082/about/?gaikuang.html）

变更机构信息

图 6-2-61 知产机构版块北京大学知识产权学院界面

图 6-2-62　北京大学知识产权学院官网

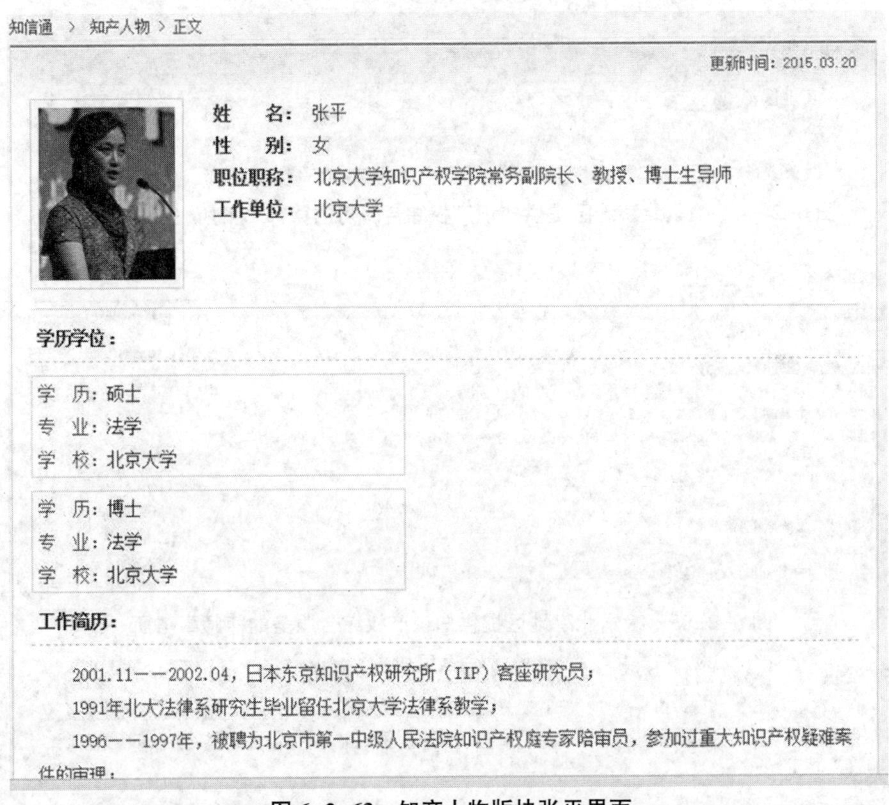

知信通 > 知产人物 > 正文

更新时间：2015.03.20

姓　　名：张平
性　　别：女
职位职称：北京大学知识产权学院常务副院长、教授、博士生导师
工作单位：北京大学

学历学位：

学　历：硕士
专　业：法学
学　校：北京大学

学　历：博士
专　业：法学
学　校：北京大学

工作简历：

2001.11——2002.04，日本东京知识产权研究所（IIP）客座研究员；

1991年北大法律系研究生毕业留任北京大学法律系教学；

1996——1997年，被聘为北京市第一中级人民法院知识产权庭专家陪审员，参加过重大知识产权疑难案件的审理；

图 6-2-63　知产人物版块张平界面

再如检索北京地区提供知识产权综合服务的律师事务所。在高级检索栏的机构名称中输入“律师事务所”，在机构性质中勾选“商业机构”，在业务类别中勾选“综合”，在所在机构中选择“北京市”，点击“检索”，则出现检索结果（http://www.ipknow.cn/index.php? m = search&c = search&a = index&modelid = 19&as_ agency_ area_ input = 2&as_ bustype = 1&as_ suggest = %C2%C9%CA%A6%CA%C2%CE%F1%CB%F9）。从检索结果看，共有 14 条检索结果，可以通过浏览对具体的律师事务所进行了解。

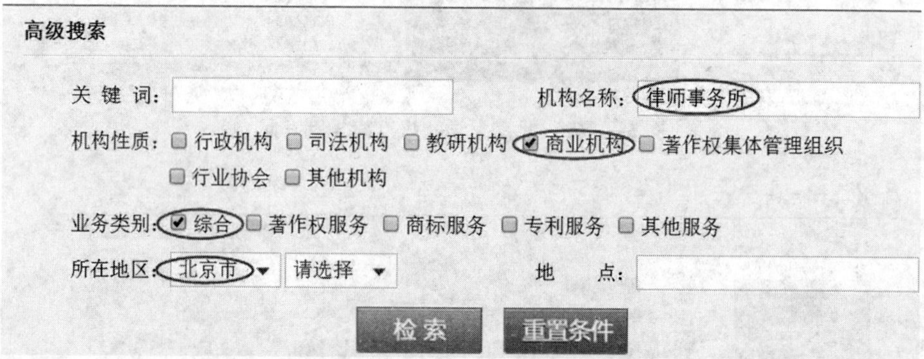

图 6-2-64　检索北京地区提供知识产权综合服务的律师事务所（检索过程）

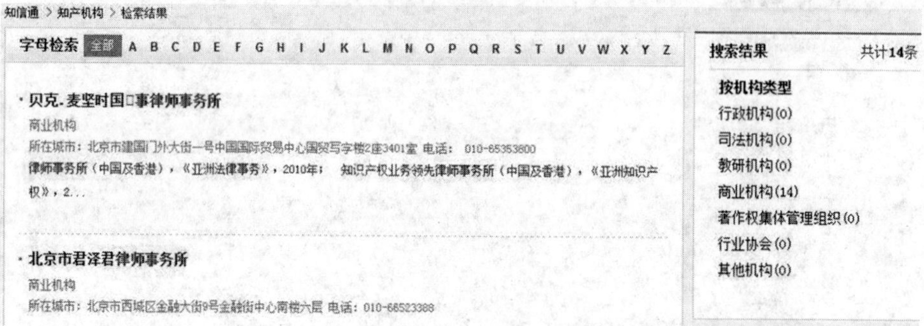

图 6-2-65　检索北京地区提供知识产权综合服务的律师事务所
（检索结果局部一）

· **金诚同达律师事务所（北京总部）**

商业机构

所在城市：北京市朝阳区建国门外大街1号国贸大厦10层 电话：010-57068585

律师事务所”。　　2005年，被中华全国律师协会评为“全国优秀律师事务所”。　&nb...

· **大成律师事务所（北京总部）**

商业机构

所在城市：北京市东城区东直门南大街3号国华投资大厦5、12、15层 电话：010-58137799

律师事务所为当时中国最大的合作制律师事务所；1998年被司法部授予首批部级文明所称号；2005年被评为北京市优秀律师事务所；2006...

· **浩天信和律师事务所**

商业机构

所在城市：北京市朝阳区光华路7号汉威大厦东区5层5A 电话：010-52019988

事务所：2008　　...律500强》　&n...律杂志》　2009－2010　中...

· **金杜律师事务所（北京总部）**

商业机构

所在城市：北京市朝阳区东三环中路7号北京财富中心写字楼A座40层 电话：010-58785588

律师事务所 | Who's Who Legal奖项2011年　亚太地区年度最佳团队 | 国际金融法律评论亚洲大奖2011...

· **敬海律师事务所（北京分所）**

商业机构

所在城市：北京市朝阳区工体北路三里屯SOHO A座1201(A) 电话：010-57853200

图 6-2-66　检索北京地区提供知识产权综合服务的律师事务所
（检索结果局部二）

· 锦天城律师事务所（北京办公室）
商业机构
所在城市：北京市东城区长安街1号东方广场C1座6层 电话：010-85230688

· 君合律师事务所
商业机构
所在城市：北京市建国门北大街8号华润大厦20层 电话：010-85191300
律师事务所金奖”。 2010年5月6日，Chambers Asia Awards 2010颁奖晚会在北京举行，君合被评为年度最佳中国...

· 柳沈律师事务所
商业机构
所在城市：（中关村办公地点）中国北京海淀区彩和坊路10号翰海国际大厦（1+1大厦）十层；（亚运村办公地点）中国北京朝阳区北辰东路8号亚运村汇宾大厦六层 电话：010-62681616；010-62680066（中关村）；010-84992002（亚运村）
律师事务所。...

· 乾成律师事务所
商业机构
所在城市：北京市朝阳区青云路26号鹏润大厦A座1105室 电话：(010)51088166

· 万商天勤律师事务所
商业机构
所在城市：北京市朝阳区东四环中路39号华业国际中心A座3层 电话：010-82255588
律师事务所大奖”。 2012年，英国法律媒体Lawyer Monthly近日公布的2012法律大奖名录中，被授予“2012年度中国最佳资...

· 中咨律师事务所
商业机构
所在城市：北京市西城区平安里西大街26号新时代大厦6-8层 电话：010-66091188

图 6-2-67　检索北京地区提供知识产权综合服务的律师事务所
（检索结果局部三）

四、知产机构版块完善空间

从建设国家知识产权文献及信息资料库的目标看，“知信通”资料库关于知产机构版块的建设提出了两个值得重视的重要问题：一是信息采集问题。

知识产权机构的信息量相当大，且为保证质量，国家知识产权文献及信息资料库的机构信息还要力求权威，因此采集到全面权威可靠的信息成为建设好国家知识产权文献及信息资料库的前提，也成为建设的难点。二是信息更新问题。国家知识产权文献及信息资料库建成后，各知识产权机构的信息并不是一成不变的，而是需要随时更新。但是，在如此庞大的知识产权机构资料库中，如何发现某一知识产权机构的信息变化存在困难。

课题组认为，总结“知信通”资料库知产机构版块建设中存在的困难与问题，可以参考如下较为有效的解决方案予以改进，为未来建设国家知识产权文献及信息资料库的知产机构子库提供指引。

知识产权行政机构方面：一是能与中央各主要知识产权行政机构建立联系，得到各机构的信息支持，以获取各机构自身及所辖地方机构的信息，并且在机构信息有所变更时获得定期的告知。此途径既解决了信息准确性的问题，又能保证信息的及时性。这需要中央各主要知识产权行政机构的支持。这也要求做好与各机构网站维护者的协调工作，实现信息共享、互通有无，达到双赢的效果。二是提高资料库建设者的自我要求。首先是建设者要做到在搜集、上传信息时的高度负责、反复核查，尽量保证信息经过两个以上的审核程序才最终上传，在提高资料库信息的准确性方面多下功夫。其次，资料库建设者还要注意资料库有关信息的更新和变动，养成定期浏览国家知识产权局网、国家工商行政管理总局网等知识产权领域相关网站的习惯，保证能及时将最新的数据上传至网络，使网站浏览者能够随时查找到实时的数据。课题组的工作模式为定期进行信息审核更新，日后相关工作人员可以继续保持这种工作模式。

司法机构方面：一是收集资料。必须多渠道搜索法院信息，除了互联网外，应当发挥书籍、期刊、报纸等纸质媒体的作用，将其中记载的有关知识产权法院等的信息进行分析和整理，扩充信息量，保证信息的完整性。值得说明的是，如今在北京、上海、广州已经设立知识产权法院，相关的建设工作已经在如火如荼地开展着，知识产权法院建成后，有关知识产权专门法院的信息，已经被及时收录到了“知信通”资料库知产机构版块中，但相关信息还不是特别充实，可以随着相关法院的工作进展加以完善。二是更新资料。需要通过进一步的调研活动，核查每一个具有知识产权管辖权的法院的具体管辖职能、业务特色、代表人物，并尽可能地与各高级人民法院建立合作关系，保持密切的联系，关注我国法院管辖变更，以便及时知晓各法院在知识产权管辖权方面发生的变化，做到及时的更新、更改。

教研机构方面：一是信息完整性方面，可以通过邮件、信件的方式，与各大院校的知识产权研究所或者有关的知识产权研究机构保持密切的联系，获得各大院校的支持，请对方核查目前已录入信息的准确性和完整性，以便对不正确之处进行修改，对不完整处进行补充。同时，当有信息变动时，也便于对方在第一时间通知“知信通”的工作人员。二是信息的全面性问题。从“知信通”资料库看，截至 2016 年 3 月中旬，系统中收录了 83 家知识产权教研机构的信息，还有进一步提升完善的空间。日后可以考虑继续相关工作，通过全国高校名录，逐一查找名录中的各大高校，从其官网中判断其是否开设了知识产权专业，继而将那些开设了知识产权专业的高校信息进行整理和录入。此外，还可以与各地知识产权协会取得联系，由其提供该地知识产权教研机构的名单，再根据名单逐一查找。三是资料库的更新问题。在获得各知识产权教研机构提供的信息之后，工作人员需要及时地将最新的信息录入系统。工作人员自身也需要不断关注各大教研机构的官方网站，关注有关书籍和文献中关于知识产权教研机构变更的信息，并及时做好修正和补充。

商业机构方面：一是资料来源的全面性。知识产权商业机构信息对于方便业务联系，促进知识产权运用和转化，有着独特的作用。未来建设国家知识产权文献及信息资料库商业机构部分，应当尽量收录到全部登记注册的知识产权商业机构信息，并按照一定的著录规则显示。“知信通”资料库基于研究目的和研究条件，难以收录全部的知识产权商业机构信息。截至 2016 年 3 月中旬，收入知产机构版块的商业机构有 5484 家，已经实属不易。课题组在研究中发现，信息搜集中最大的问题在于信息总量不足，即商业机构子库所涵盖的信息整体上存在不足的情况。这是因为信息搜集渠道主要是通过网络信息的汇总，渠道比较单一，而网络中关于商业性服务机构的信息数据量有限，表现之一在于商业性服务机构的具体网址部分。现在的问题是许多机构不重视网站的建设，更有甚者没有自己单独的网站，仅挂靠在其他的推介性商业网站上，因此也就没有明确的网址。为了解决此问题，增加资料库中商业机构的总量，课题组建议从以下两个方面进行突破：其一是提供在线登记，即知识产权商业机构在得知建设国家知识产权文献及信息资料库后，主动将信息告知本资料库的工作人员。工作人员在核对信息的准确性和真实性之后，再对信息进行录入。该方式的优势在于既节约了工作人员的搜索成本，又能保证信息的真实、可靠。因为有商业机构自身主动提供的信息，尤其是电话、邮箱等基本信息，一般具有准确性。其二是利用本资料库中的其他资料，扩充商业机构的数量。例如，知产人物这一子库中，包含着大量知识产权方向的从业律师和代理人，以这些人物为基础，即可以查询到其所就职的单位，再查找该单位的详细信息并予以录入。该方法的优势在于可以进一步实现资料库内部的交叉链接。二是信息的完整性、准确性。目前在“知信通”资料库商业机构库中仍然存在着少部分信息不够完整的问题。这并非研究人员工作的疏漏，在很大程度上是因为信息查找困难。例如，一些商业机构知识产权具体业务搜索不到，即便是搜索到了，在网页上呈现的是概括还是详细也有不同，彼此的业务种类名称也不统一。此外，部分已经录入的信息存在着不够准确、更新不够及时的问题。由于商业机构的营利性，其变动营业场所，更换联系方式是常有之事。若资料库不能及时更新这些信息，则会出现信息不准确的情况。为保证每一条商业机构信息都符合该阶段的情况，较为成熟的办法是将收集到的信息通过邮件、信件的方式寄送至该机构，由该机构亲自进行核查，修改不准确之处并予以反馈。若能建立良性的沟通机制，在未来机构信息变更时，该机构也能更好地通知资料库的工作人员，这样就能实现资料库信息的完整和准确，也能对该商业机构起到较好的宣传作用，实现双赢。值得一提的是，在每一个机构界面的底端都有一个“变更机构信息”的按钮，如图 6-2-68 中的“北京市知识产权局”界面底端用红色框标出的“变更机构信息”按钮（http://www.ipknow.cn/agency/show-20328.html），点击则进入信息编辑页面（http://www.ipknow.cn/index.php?m=verify&c=change&a=view&catid=7&id=20328&tpl=agency）。如果他人想要对相关信息进行变更，则可以通过该页面编辑，然后提交给后台。“知信通”后台工作人员审核后推送变更。

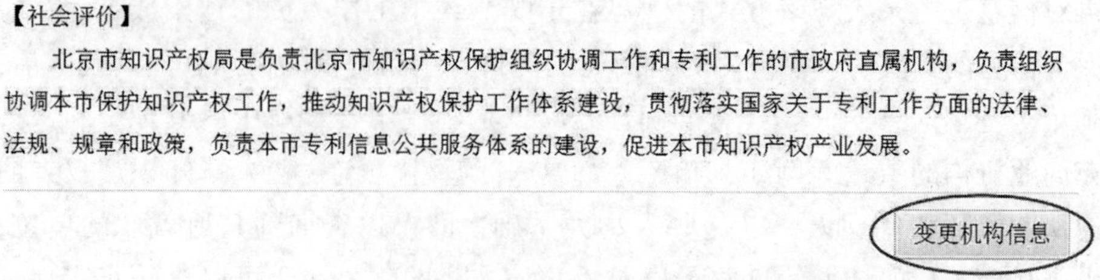

【社会评价】

北京市知识产权局是负责北京市知识产权保护组织协调工作和专利工作的市政府直属机构，负责组织协调本市保护知识产权工作，推动知识产权保护工作体系建设，贯彻落实国家关于专利工作方面的法律、法规、规章和政策，负责本市专利信息公共服务体系的建设，促进本市知识产权产业发展。

变更机构信息

图 6-2-68　北京市知识产权局界面“变更机构信息”

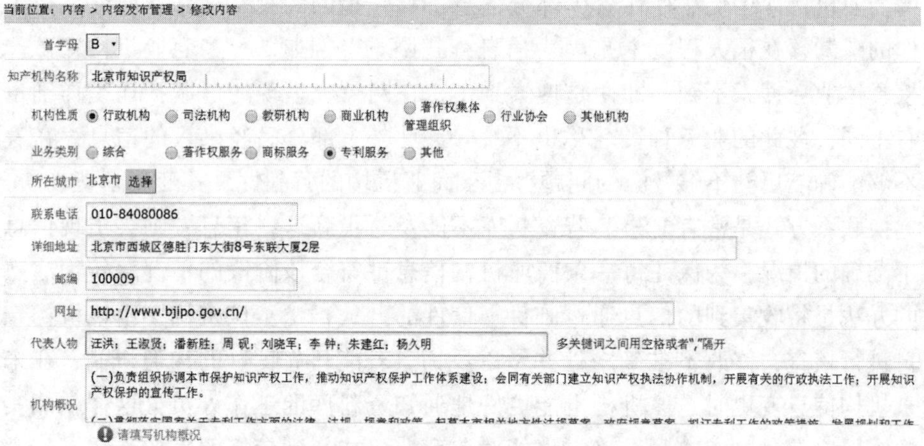

当前位置：内容 > 内容发布管理 > 修改内容

首字母 B

知产机构名称 北京市知识产权局

机构性质 ◉ 行政机构 ○ 司法机构 ○ 教研机构 ○ 商业机构 ○ 著作权集体管理组织 ○ 行业协会 ○ 其他机构

业务类别 ○ 综合 ○ 著作权服务 ○ 商标服务 ◉ 专利服务 ○ 其他

所在城市 北京市 选择

联系电话 010-84080086

详细地址 北京市西城区德胜门东大街8号东联大厦2层

邮编 100009

网址 http://www.bjipo.gov.cn/

代表人物 汪洪；王淑贤；潘新胜；周 砚；刘晓军；李 钟；朱建红；杨久明　多关键词之间用空格或者","隔开

机构概况 (一)负责组织协调本市保护知识产权工作，推动知识产权保护工作体系建设；会同有关部门建立知识产权执法协作机制，开展有关的行政执法工作；开展知识产权保护的宣传工作。

请填写机构概况

图 6-2-69　北京市知识产权局信息变更界面

第三节　“知信通”资料库知识产权大事版块介绍与分析

“知信通”知识产权大事版块命名为“知产大事”（见图 6-3-1），网址为 http://www.ipknow.cn/memorabilia/。该版块收录的内容是与知识产权相关的历史事件。截至 2016 年 3 月中旬，该版块共收录自清末以来的知识产权大事信息 3045 条。

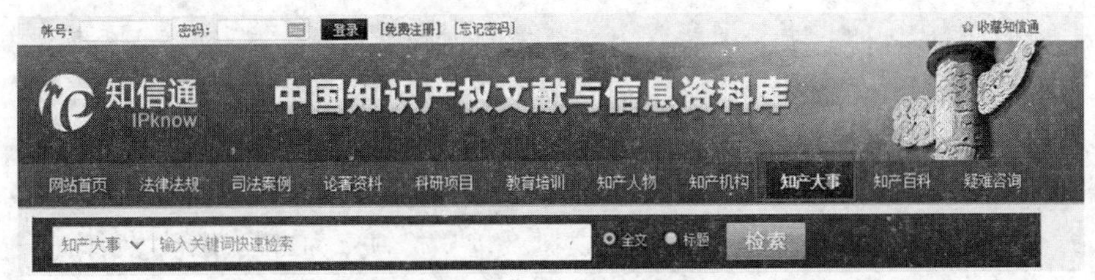

图 6-3-1　知产大事版块

ipKnow　我的面板　内容

内容发布管理：信息管理、项目类别、疑难咨询、百科管理、管理内容、→知产大事、批量更新URL

内容相关设置：管理栏目、模型管理

当前位置：内容 > 内容发布管理 > 管理内容 >

	标题	日期	用户	更新时间	操作
☐	“两会”探讨知识产权事业发展方向	2016-03-04	liuyang	2016-03-08 19:29:11	修改
☐	中匈专利审查高速路(PPH)试点启动	2016-03-01	liuyang	2016-03-08 19:25:21	修改
☐	中国出版协会发布《2015年中国出版业发展报告》	2016-01-15	wangyuqian	2016-03-07 23:57:49	修改
☐	国版交易中心打造文博交易平台	2016-01-05	wangyuqian	2016-02-27 12:05:30	修改
☐	国务院印发《关于新形势下加快知识产权强国建设的若干意见》	2015-12-22	liuyang	2016-02-27 12:03:23	修改
☐	发明专利年度申请受理量首次突破100万件	2016-01-14	liuyang	2016-02-27 12:03:09	修改

全选/取消　删除　退稿

1 2 3 4 5 6 7 8 9 10 .. 153 下一页 跳转到 跳转 共3045条

图 6-3-2　知产大事版块统计数据（截至 2016 年 3 月中旬）

一、知产大事版块设立的背景〔1〕

我国知识产权制度萌芽于清末，形成于民初。近现代意义上的知识产权制度建立于 20 世纪 40 年代，发展于改革开放后的 20 世纪 80 年代，成熟于入世后的 21 世纪初。整个知识产权制度的发展直接源于近代列强外部压力及内部发展需要，因此各个阶段的历史事件都渗透着时代的发展印迹，成为我国整个知识产权制度的重要组成部分，也成为特定制度建立和发展的重要途径。对重大历史事件，尤其是制度变革中的决定性事件的探究，是知识产权制度研究方法中历史研究方法的基础，一切理论研究都需要论证的最初前提。然而，现实的情况是，我国知识产权制度建立和研究的历史较短，知识产权备受重视也是近几十年的事情，知识产权历史信息的编辑整理工作尚未系统化，现有的资料远远没有达到学者们研究的要求。

〔1〕 本部分来自于本课题阶段性成果“‘知信通’之知识产权大事记资料库建设研究”，作者：刘倩倩、任昱阳、丁晓雯、张冉、申亚辉，载冯晓青、杨利华主编：《国家知识产权文献及信息资料库建设研究》，中国政法大学出版社 2015 年版，第 435—436 页。

目前我国国内收录知识产权历史文献和信息的资料库包括相关政府机构的网站，大量收录期刊、报纸、学位论文等文献的中国知网等学术类数据库以及百度、谷歌等搜索引擎。就近现代知识产权历史信息而言，国内并无专门的、信息全面、资料翔实的数据库，所需信息多散见于相关的知识产权网站。具体来讲，“国内现有知识产权文献及信息资料库内容的不足之处体现在以下两个方面：第一，数据收录不全。以专利文献为例，国内大多数的专利资料库的回溯年限都是 1985 年。知识产权法律法规文献的信息也不完整，例如全国人大法律法规资料库、国务院法制办公室资料库等专门的法律资料库以及知识产权相关行政机关的政策信息只公布法律、行政法规或政策文本，对知识产权相关法律的释义和法律问答，以及所涵盖的法律条文解读非常有限，导致对执法过程准确解释或者适用法律指导意义不强。第二，数据内容分散。知识产权文献及信息分散在不同主管部门所建立的资料库中。其中国家知识产权局与国家工商行政管理总局分别建立了专利与商标文献资料库，信息相对丰富的国家立法与政策文献及信息资料库则由第三方构建。这些分散的数据，给用户的集中检索带来了不便。”〔1〕

近现代知识产权历史信息资料库的建设，是相关资源的系统整合和中国知识产权历史脉络的梳理，它将填补这一领域专业资料库的空白，为知识产权的研究创造更为便利的条件。“知信通”资料库之重要组成部分之一即为知识产权历史大事记文献及信息资料库，其目的在于为知识产权研究者提供集中化、体系化、经过历史沉淀的重要历史史料，定位于为知识产权研究者提供全面、精确、权威的知识产权制度研究素材。知产大事版块全面记载了我国自清末以来主要是 20 世纪以来所发生的知识产权重大历史事件，其以制度变革事件为中心，辐射制度演变中的各个实质性影响事件。知产大事信息收集于历史刊报、图书资料、政府网站、现有法学数据库等权威载体，具有明确针对性、权威性及准确性等特点，在当代知识产权研究热潮中，不失为研究者制度探究的重要信息来源。

二、知产大事版块界面介绍

知产大事版块的界面介绍从以下两个方面具体进行：一是知产大事首页

〔1〕 仇壮丽：“国家知识产权文献数据库系统设计方案与思路”，载《现代情报》2013 年第 2 期。

的界面布局；二是具体内容界面。

（一）知产大事版块首页界面介绍

知产大事版块首页基本上可以分为四个栏目，分别为分类栏、检索栏、最近大事栏、版块介绍栏。

分类栏是该界面左侧的两种分类，如图 6-3-3 所示。分类栏有两种基本的分类方式：一种分类是按照专业类别划分，分为综合、著作权、商标、专利、其他；另一种是按照事件性质来划分的，分为政策与立法、行政执法与管理、机构设置与变更、司法与维权、涉外事件、文化与教育、会议与交流、其他。

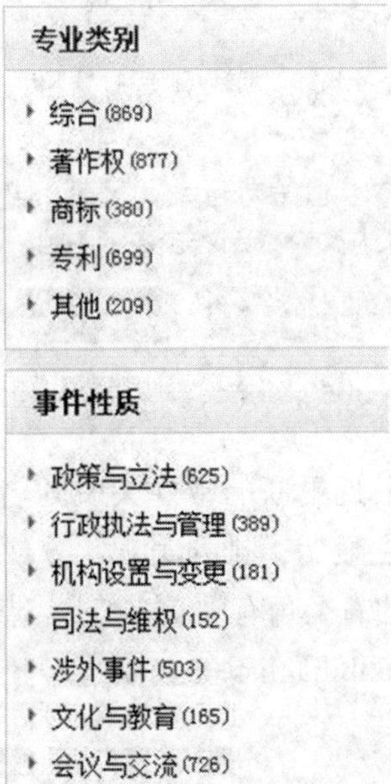

专业类别

- 综合(869)
- 著作权(877)
- 商标(380)
- 专利(699)
- 其他(209)

事件性质

- 政策与立法(625)
- 行政执法与管理(389)
- 机构设置与变更(181)
- 司法与维权(152)
- 涉外事件(503)
- 文化与教育(165)
- 会议与交流(726)
- 其他(291)

图 6-3-3　知产大事版块分类栏

检索栏分为快捷检索与高级检索。快捷检索栏（如图 6-3-4 示）又可以用关键词在全文及标题两个不同的范围内获得不同的检索结果。高级检索栏(图6-3-5）相对来讲可以限定的条件更多，包括：事件名称、事件内容、地点（有下拉栏可以选择）、主体、专业类别（有全部、综合、著作权、商标、专利、其他，可以进行多项或者单项勾选）、大事年份（可以输入一个年份段）、事件性质（有全部、政策与立法、行政执法与管理、机构设置与变更、司法与维权、涉外事件、文化与教育、会议与交流、其他，可以进行多项或单项勾选）。

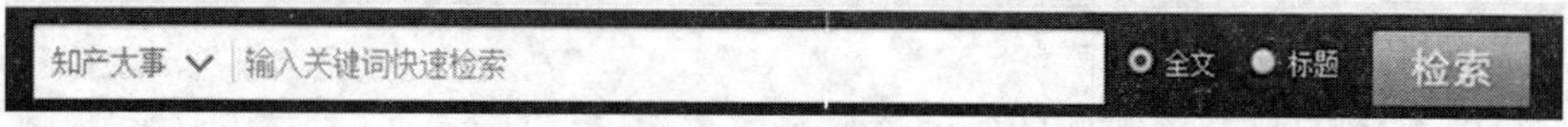

图 6-3-4　知产大事版块快捷检索栏

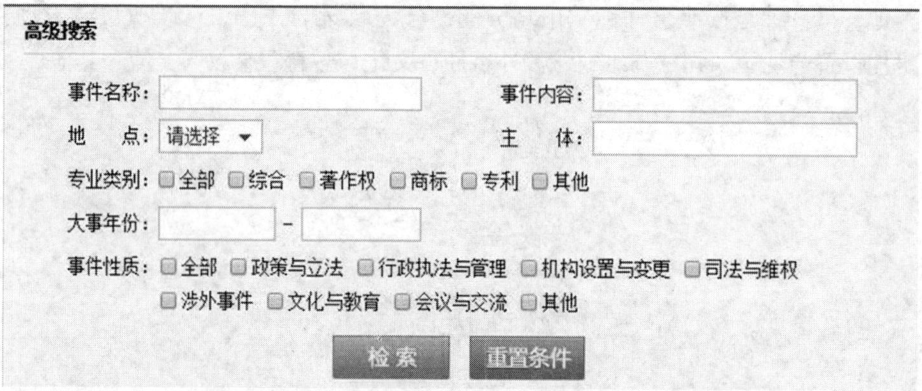

图 6-3-5　知产大事版块高级检索栏

最近大事栏中展示了最近更新的十件大事的名称。考虑到知产大事相关的名称长度，将之分为两栏显示，排列美观，方便用户了解最近更新的知识产权相关的事件。在该栏的右上角有“更多»”，点击则进入相应的页面（http://www.ipknow.cn/memorabilia/list-0.html）。

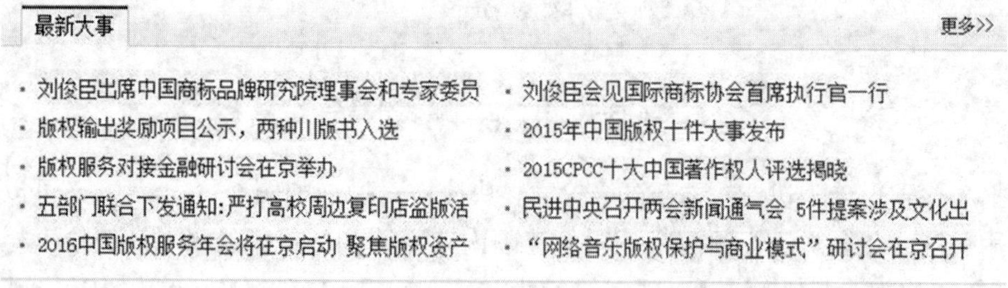

图 6-3-6　知产大事版块最近大事展示栏

知信通 > 知产大事 > 最新列表　　↑事件时间倒序　↓更新时间正序

专业类别
- 综合(869)
- 著作权(877)
- 商标(380)
- 专利(699)
- 其他(209)

事件性质
- 政策与立法(625)
- 行政执法与管理(389)
- 机构设置与变更(181)
- 司法与维权(152)
- 涉外事件(503)
- 文化与教育(165)
- 会议与交流(726)
- 其他(291)

主体	事件名称	时间
·国家知识产权	“两会”探讨知识产权事业发展方向 地点：中国 / 专业类别：综合 / 事件性质： / 更新时间：2016-03-08	2016-03
·中国，匈牙利	中匈专利审查高速路(PPH)试点启动 地点：中国 / 专业类别：专利 / 事件性质： / 更新时间：2016-03-08	2016-03
·国家新闻出版	版权输出奖励项目公示，两种川版书入选 地点：中国 / 专业类别：著作权 / 事件性质：其他 / 更新时间：2016-03-08	2016-03
·国家版权局	2015年中国版权十件大事发布 地点：中国 / 专业类别：著作权 / 事件性质：文化与教育 / 更新时间：2016-03-08	2016-02
·中国商标品牌	刘俊臣出席中国商标品牌研究院理事会和专家委员会成立大会 地点：中国 / 专业类别：商标 / 事件性质：会议与交流 / 更新时间：2016-03-08	2016-02
·全国“扫黄打	五部门联合下发通知:严打高校周边复印店盗版活动 地点：中国 / 专业类别：著作权 / 事件性质：行政执法与管理 / 更新时间：2016-03-08	2016-02
·中国版权保护	2015CPCC十大中国著作权人评选揭晓 地点：中国 / 专业类别：著作权 / 事件性质：文化与教育 / 更新时间：2016-03-08	2016-02

图 6-3-7　点击知产大事版块最近大事展示栏中“更多》”进入的页面（局部图）

知产大事版块介绍栏位于该版块首页界面的下端，分为“知产大事数据库介绍”“资源特色”“收录年限”“产品形式”，具体见图 6-3-8 中文字内容。版块介绍使用户对该版块进行初步了解，方便其使用该版块相关功能及信息资料。

知产大事数据库介绍：

本资料库是国内知识产权领域唯一的特色知识产权大事记资料库，记载了自清末以来专利、商标、著作权等领域中国内地发生的以及国际上与中国有关的知识产权重大历史事件，事件性质主要包括政策与立法、行政执法与管理、机构设置与变更、司法与维权、涉外事件、文化与教育、会议与交流及其他重大事件。

资源特色：

知识产权大事不仅包括基本的事实情况，还包括大事的历史地位和对知识产权的影响、意义、评价等，为研究中国知识产权的发展与嬗变提供本源的素材。

收录年限：专利（1859-2016）、商标（1901-2016）、著作权（1901-2016）

产品形式：WEB版（网上数据库）免费。

图 6-3-8　知产大事版块介绍栏

（二）知产大事版块具体内容界面介绍

知产大事版块的具体内容界面包括该知识产权相关事件的基本信息，还有课题组成员根据相关资料对该事件撰写的简要内容。以下举例介绍。

如“国家版权局与国家发展和改革委员会联合发布《使用文字作品支付报酬办法》”（http://www.ipknow.cn/memorabilia/show-8466.html）这一条知识产权大事，在该条信息的界面，最上端是该件大事的名称“国家版权局与国家发展和改革委员会联合发布《使用文字作品支付报酬办法》”及信息更新时间“2015.12.31”。往下是该条大事的基本信息，包括“事件性质：政策与立法”“地点：中国”“时间：2014年10月”“事件类别：著作权”“主体：国家版权局、国家发展和改革委员会”。然后是事件内容：“2014年10月中旬，国家版权局与国家发展和改革委员会联合发布了《使用文字作品支付报酬办法》，对稿酬标准进行调整。其中，原创作品基本稿酬标准由每千字30元至100元提高到80元至300元，并规定，在数字或者网络环境下使用文字作品，除合同另有约定外，使用者可以参照该办法付酬。《使用文字作品支付报酬办法》将于今年11月1日起施行。”[1] 在最下端还有该内容介绍参考的文献资料来源链接网址 http://tech.ifeng.com/a/20141006/40829720_0.shtml，点击则跳转到相应的网站。

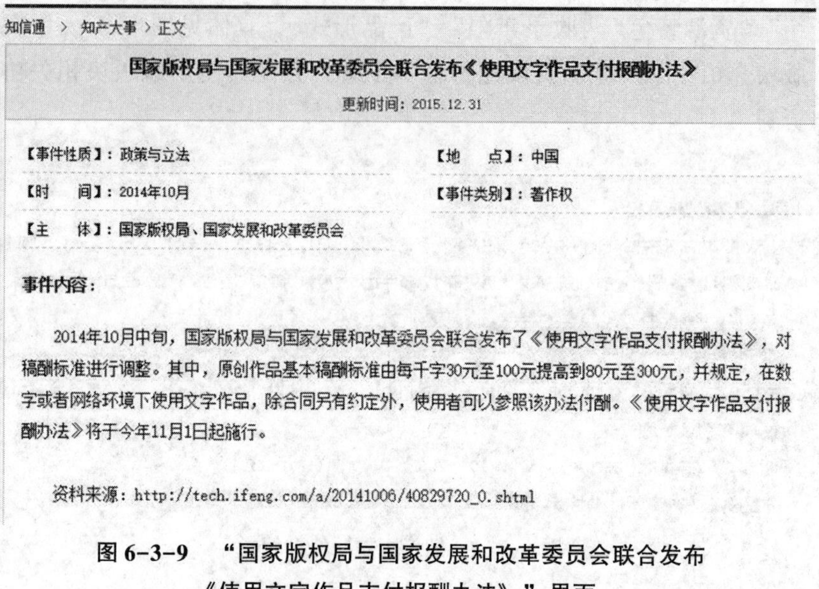

知信通 > 知产大事 > 正文

国家版权局与国家发展和改革委员会联合发布《使用文字作品支付报酬办法》

更新时间：2015.12.31

【事件性质】：政策与立法　　【地　　点】：中国

【时　　间】：2014年10月　　【事件类别】：著作权

【主　　体】：国家版权局、国家发展和改革委员会

事件内容：

2014年10月中旬，国家版权局与国家发展和改革委员会联合发布了《使用文字作品支付报酬办法》，对稿酬标准进行调整。其中，原创作品基本稿酬标准由每千字30元至100元提高到80元至300元，并规定，在数字或者网络环境下使用文字作品，除合同另有约定外，使用者可以参照该办法付酬。《使用文字作品支付报酬办法》将于今年11月1日起施行。

资料来源：http://tech.ifeng.com/a/20141006/40829720_0.shtml

图6-3-9　“国家版权局与国家发展和改革委员会联合发布《使用文字作品支付报酬办法》”界面

---

[1] 窦新颖：“原创作品基本稿酬每千字不低于80元”，载《中国知识产权报》2014年10月10日。

再如文化与教育中的“2015 年中国版权十件大事发布”(http://www.ipknow.cn/memorabilia/show-9135.html)，该界面最上端的信息为该大事的主题“2015 年中国版权十件大事发布”及更新时间“2016.03.18”。然后是该事件的基本信息，包括“事件性质：文化与教育”“地点：中国”“时间：2016 年 2 月 25 日”“事件类别：著作权”“主体：国家版权局”。最后是课题组成员撰写的该事件的基本介绍，并标注了该资料的参考信息来源 http://www.ncac.gov.cn/chinacopyright/contents/518/275856.html。

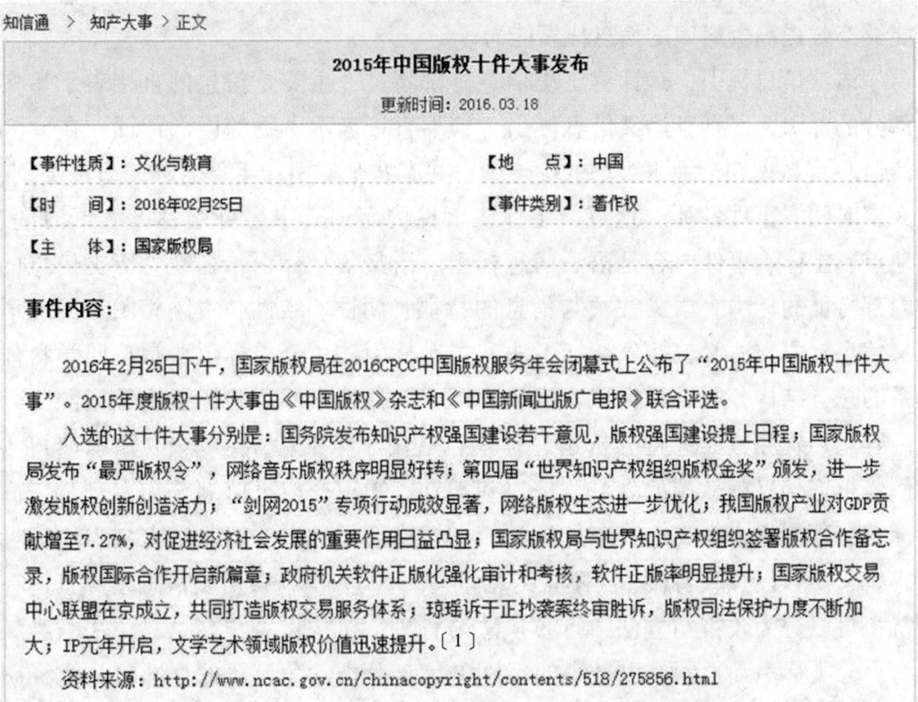

知信通 > 知产大事 > 正文

2015年中国版权十件大事发布

更新时间：2016.03.18

【事件性质】：文化与教育　　【地　　点】：中国

【时　　间】：2016年02月25日　　【事件类别】：著作权

【主　　体】：国家版权局

事件内容：

2016年2月25日下午，国家版权局在2016CPCC中国版权服务年会闭幕式上公布了“2015年中国版权十件大事”。2015年度版权十件大事由《中国版权》杂志和《中国新闻出版广电报》联合评选。

入选的这十件大事分别是：国务院发布知识产权强国建设若干意见，版权强国建设提上日程；国家版权局发布“最严版权令”，网络音乐版权秩序明显好转；第四届“世界知识产权组织版权金奖”颁发，进一步激发版权创新创造活力；“剑网2015”专项行动成效显著，网络版权生态进一步优化；我国版权产业对GDP贡献增至7.27%，对促进经济社会发展的重要作用日益凸显；国家版权局与世界知识产权组织签署版权合作备忘录，版权国际合作开启新篇章；政府机关软件正版化强化审计和考核，软件正版率明显提升；国家版权交易中心联盟在京成立，共同打造版权交易服务体系；琼瑶诉于正抄袭案终审胜诉，版权司法保护力度不断加大；IP元年开启，文学艺术领域版权价值迅速提升。[1]

资料来源：http://www.ncac.gov.cn/chinacopyright/contents/518/275856.html

图 6-3-10　“2015 年中国版权十件大事发布”界面图

---

[1] “资讯备忘”，载《中国报业》2016 年第 5 期。

三、知产大事版块检索

（一）资料库历史信息的标引与检索设置说明[1]

根据符号学理论，信息即符号，符号所能表达的信息包括语法信息、语义信息和语用信息，因此信息序化按照序化对象可以分为语法信息序化、语义信息序化和语用信息序化。标引是信息序化的基本方法，所谓标引即标识引导，是指按照特定标准通过对符号信息的特征项目进行标识，指引信息使用者识别和检索信息。标引是链接信息和信息检索的桥梁，合理的信息标引能够有效提高资料库的信息检索能力。

语法信息标引，是针对历史信息外部特征，主要是信息的直接表示事实部分的标引，区别于语义信息标引，其不直接表示事物的内部特征。在“知信通”资料库知产大事版块的构建中，共有八个标引：事件名称、事件类别、大事时间、事件性质、地点、主体、事件内容。其中事件名称、大事时间、地点、主体、事件内容是语法信息标引。语义信息标引，是针对历史信息的内部特征的标引。语义往往与信息的特征、属性、族性、主题相关，因此语义信息标引方法又包括分类标引法和主题标引法。分类标引法是按照学科体系的总分结构分层设置标识，比较适用于族性检索；主题标引法是按照文献内容、形式和特征进行分析选择描述，适用于特性检索。[2] 以知识产权为例，根据吴汉东教授的划分，按权利类别，知识产权可以划分为专利权、商标权、著作权、集成电路布局设计权、植物新品种权、商业秘密权、地理标志权、商号权、域名权、反不正当竞争等。[3] 知识产权历史信息按照其内在特征可以分为政策与立法、行政执法与管理、机构设置与变更、司法与维权等。分类标引和主题标引最大的区别是信息分类的角度不同，同时分类标引和主题标引具有相同的本质，技术上实现手段相同，标引的对象相同，两者都是必要检索的前提。但是任何一种标引都不能做到数据信息的全面检索，

---

〔1〕 本部分内容来自于刘倩倩、任昱阳、丁晓雯、张冉、申亚辉：“‘知信通’之知识产权大事记资料库建设研究”，载冯晓青、杨利华主编：《国家知识产权文献及信息资料库建设研究》，中国政法大学出版社 2015 年版，第 435—436 页。

〔2〕 冯晓青、付继存：“我国知识产权历史信息的组织理论研究”，载《情报资料工作》2012 年第 5 期。

〔3〕 吴汉东等：《知识产权基本问题研究》（第 2 版），中国人民大学出版社 2010 年版，第 6 页。

满足不同用户的需求，分类标引和主题标引的相同本质决定了两种标引方法能够很好地结合，实现信息的精确搜索，分类标引的同时通过主题标引可以有效提高查全率。具体方法上，要求在分类标引的同时，加强主题标引的专指性，在标引技术、标引对象、标引的选择上精确安排，通过分类和主题的结合，组合检索。语用信息标引是指按照信息的价值确定的标引方法。在知识产权历史信息资料库的标引中，权值法是在信息检索中常用到的标引方法，按照信息的重要程度安排信息。为此，知产大事版块特别设置了信息推荐功能，信息编辑者可以将重要的信息推荐至资料库首页显示。

资料库能够方便信息检索的另一个重要方面是提高用户体验的友好界面设置。功能性设置属于信息标引的范畴，界面的优化及各功能的具化属于除信息价值外的用户体验问题，知识产权历史信息资料库的构建目的就是服务用户，以用户体验为中心并做出相应改变，因此知产大事版块乃至整个资料库在设计时重点考虑了用户体验问题，并确定了简洁、便利的基本原则。

（二）检索示例

1. 快捷检索

快捷检索用于一些简单的或直接知道历史大事关键信息的检索，是一种主要查询某一条信息状况的检索方式。快捷检索可以选定在全文范围内检索还是在标题范围内检索。

如在全文范围内检索含有“专利法”的知识产权相关事件：在快捷检索栏中输入“专利法”，选定“全文”，点击“检索”，即出现相关的检索结果（http://www.ipknow.cn/index.php? m = search&c = search&a = index&modelid = 20&wd = %D7%A8%C0%FB%B7%A8&serach_ type = %C8%AB%CE%C4）。从检索结果看，共有 2 页 172 个检索结果。

图 6-3-11　知产大事版块快捷检索——全文检索（检索过程）

网站首页 法律法规 司法案例 论著资料 科研项目 教育培训 知产人物 知产机构 知产大事 知产百科 疑难咨询

知产大事 ∨ | 专利法 ⊙全文 ●标题 检索 高级搜索

知信通 > 知产大事 > 检索结果

主体	事件名称	时间
国家知识产权	国务院发制办公室公布《专利法修订草案（送审稿）》 地点：北京市 / 专业类别：专利 / 事件性质：政策与立法	2015-12
国家知识产权	何志敏在京会见中美商会代表团一行 地点：北京市 / 专业类别：综合 / 事件性质：会议与交流	2015-07
国家知识产权	何志敏率团访问欧洲，达成多个合作事项 地点：国外 / 专业类别：综合 / 事件性质：会议与交流	2015-07
国家知识产权	何志敏率团访为美国专利商标局 地点：国外 / 专业类别：综合 / 事件性质：涉外事件,会议与交流	2015-06
国家知识产权	《专利法》第四次修改外观设计制度调研座谈会在杭州召开 地点：杭州市 / 专业类别：专利 / 事件性质：会议与交流	2015-06
中国专利保护	中国专利保护协会成立法律事务工作组 地点：北京市 / 专业类别：专利 / 事件性质：机构设置与变更	2015-04
中国科学院微	“保护人类知识财富 促进生物经济发展”座谈会在京举行	2015-04

搜索结果 共计172条

按事件类别

综合（23）
著作权（1）
商标（4）
专利（141）
其他（3）

按事件性质

政策与立法（77）
行政执法与管理（28）
机构设置与变更（5）
司法与维权（9）
涉外事件（18）
文化与教育（7）

图 6-3-12　知产大事版块快捷检索——全文检索（检索结果）

在标题范围内检索含有“专利法”的知识产权相关事件：在快捷检索栏中输入“专利法”，选定“标题”，点击“检索”，则出现相应的检索结果（http://www.ipknow.cn/index.php? m = search&c = search&a = index&modelid = 20&wd = %D7%A8%C0%FB%B7%A8&serach_ type = %B1%EA%CC%E2）。从检索结果看，一共有 50 条符合条件的检索结果，与使用全文检索相比，数量上有所减少。如果需要进一步了解，只需要对相应的时间条目进行进一步的点击操作即可。

图 6-3-13　知产大事版块快捷检索——标题检索（检索过程）

网站首页　法律法规　司法案例　论著资料　科研项目　教育培训　知产人物　知产机构　知产大事　知产百科　疑难咨询

知产大事 ∨　专利法　● 全文　○ 标题　检索　高级搜索

知信通 > 知产大事 > 检索结果

主体	事件名称	时间
·国家知识产权	国务院发制办公室公布《专利法修订草案（送审稿）》 地点：北京市 / 专业类别：专利 / 事件性质：政策与立法	2015-12
·国家知识产权	《专利法》第四次修改外观设计制度调研座谈会在杭州召开 地点：杭州市 / 专业类别：专利 / 事件性质：会议与交流	2015-06
·广东省知识产	纪念实施专利法30周年新闻通气会在广州举行 地点：广州市 / 专业类别：专利 / 事件性质：行政执法与管理,会议与交流	2015-04
·国家知识产权	专利法修改草案公开向社会征求意见 地点：北京市 / 专业类别：专利 / 事件性质：政策与立法	2015-04
·中国知识产权	纪念专利法实施30周年座谈会在京召开 地点：北京市 / 专业类别：专利 / 事件性质：会议与交流	2015-03
·全国人大常委	全国人大常委会专利法执法检查组第二次全体会议举行 地点：北京市 / 专业类别：专利 / 事件性质：会议与交流	2014-06
·全国人大常委	全国人大常委会专利法执法检查组赴皖执法检查	2014-05

搜索结果　共计50条

按事件类别

综合（0）
著作权（0）
商标（0）
专利（50）
其他（0）

按事件性质

政策与立法（30）
行政执法与管理（3）
机构设置与变更（2）
司法与维权（0）
涉外事件（2）
文化与教育（1）

图 6-3-14　知产大事版块快捷检索——标题检索（检索结果一）

主体	事件名称	时间
·民国南京国民	《中华民国专利法实施细则》颁布 地点：南京市 / 专业类别：专利 / 事件性质：政策与立法	1947-11
·民国南京国民	1944年《中华民国专利法》颁布 地点：南京市 / 专业类别：专利 / 事件性质：政策与立法	1944-05
·国家科学技术	专利法讨论会建立专利制度召开 地点：北京市 / 专业类别：专利 / 事件性质：政策与立法,会议与交流,	1980-11
·民国南京国民	将拟定专利法并筹设专利局列入年度行政计划 地点：北京市 / 专业类别：专利 / 事件性质：政策与立法,机构设置与变更,	1935-00
·民国南京国民	工业专利法筹议委员会成立 地点：南京市 / 专业类别：专利 / 事件性质：机构设置与变更	1940-11
·民国南京国民	《中华民国专利法草案》印行 地点：南京市 / 专业类别：专利 / 事件性质：政策与立法	1942-08
·国家知识产权	专利法修改征求意见会在京召开 地点：北京市 / 专业类别：专利 / 事件性质：政策与立法,会议与交流,	2012-07
·国家知识产权	国家知识产权局启动专利法第三次修改的前期研究工作 地点：北京市 / 专业类别：专利 / 事件性质：政策与立法	2005-04

上一页　1　2　下一页

图 6-3-15　知产大事版块快捷检索——标题检索（检索结果二）

2. 高级检索

高级检索是一种遵循一般的分类和主题标引原则的复杂检索，主要适用于需要分类或者精确信息的用户。通过分类和主题标引的交叉检索，能够实现信息的精确性查找。[1]以下进行相关的举例。

若用户想了解专利法领域内的重要立法情况，即可通过高级检索功能检索出专利法领域内的所有立法性文件和政策性文件，即在高级检索框中的专业类别项选择“专利”，事件性质项选择“政策与立法”，点击“检索”按钮，则出现检索结果（http://www.ipknow.cn/index.php? m=search&c=search&a=index&modelid=20&as_majortype=4&as_quality=1）。从检索结果看，一共有197个检索结果。如果用户想要进一步了解，则可以点击进入相应的事件条目进行深入了解。[2]

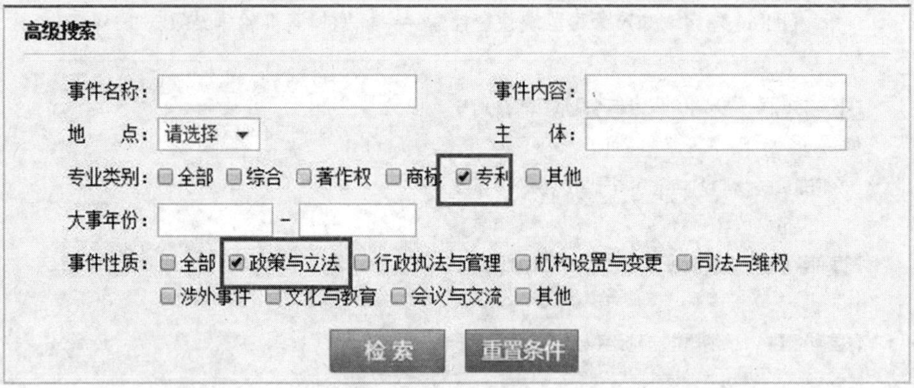

高级搜索

事件名称： 事件内容：

地　　点：请选择 主　　体：

专业类别：全部 综合 著作权 商标 专利 其他

大事年份： －

事件性质：全部 政策与立法 行政执法与管理 机构设置与变更 司法与维权 涉外事件 文化与教育 会议与交流 其他

检索 重置条件

图6-3-16　知产大事版块高级检索（检索过程）

若用户想了解某一历史时期知识产权法的发展状况，也可通过高级检索功能实现。例如，若用户想了解南京国民政府时期的专利制度，则可在高级检索框中的专业类别项选择“专利”，并在大事年份栏内键入“1927—1949”，

〔1〕刘倩倩、任昱阳、丁晓雯、张冉、申亚辉：“‘知信通’之知识产权大事记资料库建设研究”，载冯晓青、杨利华主编：《国家知识产权文献及信息资料库建设研究》，中国政法大学出版社2015年版，第439页。

〔2〕刘倩倩、任昱阳、丁晓雯、张冉、申亚辉：“‘知信通’之知识产权大事记资料库建设研究”，载冯晓青、杨利华主编：《国家知识产权文献及信息资料库建设研究》，中国政法大学出版社2015年版，第440页。

点击“检索”按钮，出现检索结果（http://www.ipknow.cn/index.php? m=search&c=search&a=index&modelid=20&as_ majortype=4&as_ eventtime_ s=1927&as_ eventtime_ e=1949）。[1]从检索结果可以看出，一共有18条符合条件的检索结果，用户可以根据个人需要自行浏览，并通过点击各条目进入具体条目的详细页面，了解该时期某一大事的详情。

图 6-3-17　知产大事版块高级检索（检索结果）

高级搜索
事件名称： 事件内容：
地　　点：请选择 主　　体：
专业类别：全部 综合 著作权 商标 专利 其他
大事年份：1927 - 1949
事件性质：全部 政策与立法 行政执法与管理 机构设置与变更 司法与维权 涉外事件 文化与教育 会议与交流 其他
检索 重置条件

图 6-3-18　知产大事版块高级检索之南京国民政府时期的专利制度（检索过程）

---

〔1〕刘倩倩、任昱阳、丁晓雯、张冉、申亚辉：“‘知信通’之知识产权大事记资料库建设研究”，载冯晓青、杨利华主编：《国家知识产权文献及信息资料库建设研究》，中国政法大学出版社2015年版，第441页。

网站首页 法律法规 司法案例 论著资料 科研项目 教育培训 知产人物 知产机构 知产大事 知产百科 疑难咨询

知产大事 输入关键词快速检索 全文 标题 检索 高级搜索

知信通 > 知产大事 > 检索结果

主体	事件名称	时间
·民国南京国民	中华民国专利法及其实施细则同日施行 地点：中国 / 专业类别：专利 / 事件性质：政策与立法	1949-01
·华北人民政府	华北政府发布《华北区奖励科学技术发明及技术改进条例》 地点：中国 / 专业类别：专利 / 事件性质：政策与立法	1948-12
·民国南京国民	《中华民国专利法实施细则》颁布 地点：南京市 / 专业类别：专利 / 事件性质：政策与立法	1947-11
·民国南京国民	1944年《中华民国专利法》颁布 地点：南京市 / 专业类别：专利 / 事件性质：政策与立法	1944-05
·国民南京国民	《政府机关场厂人员发明或创造专利权处理及奖励办法》颁布 地点：中国 / 专业类别：专利 / 事件性质：政策与立法	1944-03
·山东省临时参	《山东省战时施政纲领》通过 地点：山东省 / 专业类别：专利 / 事件性质：政策与立法	1944-02
·晋冀鲁豫边区	《晋冀鲁豫边区政府施政纲领》鼓励技术发明 地点：北京市 / 专业类别：专利 / 事件性质：政策与立法	1941-09

搜索结果 共计18条

按事件类别

综合（0）
著作权（0）
商标（0）
专利（18）
其他（0）

按事件性质

政策与立法（16）
行政执法与管理（0）
机构设置与变更（1）
司法与维权（0）
涉外事件（1）
文化与教育（0）
会议与交流（0）
其他（0）

图 6-3-19 知产大事版块高级检索之南京国民政府时期的专利制度（检索结果）

再如，想要了解 2015 年以来我国开展的涉外知识产权事务，则可以进行如下操作：在高级检索专业类别中勾选“全部”，大事年份选择“2015—□”，在事件性质中勾选“涉外事件”，点击“检索”，则出现检索结果（http://www.ipknow.cn/index.php？m = search&c = search&a = index&modelid = 20&as_ majortype = 1，2，3，4，5&as_ eventtime_ s = 2015&as_ quality = 5）。从检索结果可知，一共有 37 个符合条件的检索结果。

高级搜索

事件名称： 事件内容：
地　点：请选择 主　体：
专业类别：☑全部 ☑综合 ☑著作权 ☑商标 ☑专利 ☑其他
大事年份：2015 –
事件性质：☐全部 ☐政策与立法 ☐行政执法与管理 ☐机构设置与变更 ☐司法与维权
☑涉外事件 ☐文化与教育 ☐会议与交流 ☐其他
检索 重置条件

图 6-3-20 知产大事版块高级检索之 2015 年以来我国开展的涉外知识产权事务（检索过程）

网站首页　法律法规　司法案例　论著资料　科研项目　教育培训　知产人物　知产机构　知产大事　知产百科　疑难咨询

知产大事 ∨ 输入关键词快速检索　○全文 ●标题　检索　高级搜索

知信通 > 知产大事 > 检索结果

主体	事件名称	时间
·中国出版代表	中以签署文学和翻译领域合作谅解备忘录 地点：国外 / 专业类别：著作权 / 事件性质：涉外事件，会议与交流	2016-01
·中国图书进出	中印出版发展高峰论坛在新德里举办 地点：国外 / 专业类别：著作权 / 事件性质：涉外事件，会议与交流	2015-12
·国家知识产权	何志敏率团出席首次工业品外观设计五局合作论坛 地点：国外 / 专业类别：综合 / 事件性质：涉外事件，会议与交流	2015-12
·上海市人民政	上海成功举办知识产权国际论坛 地点：上海市 / 专业类别：综合 / 事件性质：涉外事件，会议与交流	2015-12
·国家知识产权	国务委员王勇会见欧洲专利局局长 地点：北京市 / 专业类别：专利 / 事件性质：涉外事件，会议与交流	2015-11
·国家知识产权	中欧两局联合发布中文版《三十年专利合作伙伴》 地点：北京市 / 专业类别：专利 / 事件性质：涉外事件，会议与交流	2015-11
·国家知识产权	中日韩知识产权局局长政策对话会与研讨会召开 地点：广州市 / 专业类别：综合 / 事件性质：涉外事件，会议与交流	2015-11

搜索结果　共计37条

按事件类别

综合（18）
著作权（7）
商标（3）
专利（8）
其他（1）

按事件性质

政策与立法（0）
行政执法与管理（0）
机构设置与变更（0）
司法与维权（0）
涉外事件（37）
文化与教育（0）
会议与交流（0）
其他（0）

图 6-3-21　知产大事版块高级检索之 2015 年以来我国开展的涉外知识产权事务（检索结果）

四、知产大事版块完善空间

“知信通”资料库知产大事版块旨在为未来国家知识产权文献及信息资料库知识产权历史信息大事资料库提供范本和经验。课题组研究发现和总结了一些经验，值得在构建国家知识产权文献及信息资料库时予以借鉴、参考。以下将作出简要介绍和分析。

其一，信息共享服务。可以借鉴目前美国图书馆比较主流的模式，也是国内如复旦大学、上海视觉艺术学院、上海师范大学、北京大学等采用的“信息共享空间”（IC），将实体图书馆中的模式部分借鉴到网络环境中，构建新的一站式服务平台。不同于以往的知识产权信息服务网站，新的特色知识产权文献及信息资料库针对不同的用户群体，可以提供全面的集信息收集、整理、理论分析、案例研讨等于一体的服务，这种个性化、多样化的服务是在当前信息爆炸而又分散的时代优化资源整合，提高用户满意度的极为有效的途径。在知识产权制度研究中，以某一历史事件为中心探究相关制度建立及演变过程和规律，是研究者常用的研究方法，资料库可以构建一种提供相关法律法规、司法案例、论文资料、科研项目以及相关概念的体系化的资料集合空间。在知识产权文献及信息资料库开设一个由国内外知名知识产权法学家及司法实务工作者组成的知识产权法学论坛，论坛可以由各知识产权法学家专区、知识产权各部门法理论区及实时案例交流区三部分构成，内容涵盖著作权法、专利法、商标法等知识产权各个领域。该论坛既是知识产权法学家思想撞击、沟通学术观点的园地，又是法学家与司法实务工作者直接交流的桥梁，也是实务工作者之间交流实务经验的场所。还可以设置专家导航栏目，通过电子邮件、网上 BBS、实时对话等技术途径，为专家学者们的学术及经验交流提供保障。为保证论坛质量，先期可采用封闭式实名注册模式，“知识产权法学家专区”仅面向国内外知名专家学者，其他模块也要求一定的职业限制，非知识产权领域用户不能注册并回复，但可以阅读所需信息。同时可采用邀请码的方式，知识产权领域人员符合一定条件可以向其他用户发出注册邀请码。除此之外，在网站中还可以链接国内外知名知识产权学者、法官、律师的博客和微博，为用户提供整合的学习平台。可以定期展开关于某一具有典型意义的历史大事的专题讨论，制度构建如《著作权法》《商标法》最新修改进展，案例研讨如唯冠与苹果 iPad 商标之争、360 与百度不正当竞争案等。以这些事件为线索，提供整个文献及资料库的资料信息服务，构建一个全面的知识产权资料库，是知产大事版块乃至整个知识产权文献及信息资料库构建的意义所在。

其二，创新服务体系。应建立以用户为中心的服务体系，开设定题服务。[1] 这种模式的特点有两个：一是面对不同用户需求的服务个性化；二是针对用户需求多样化的服务全面性，提供一站式服务。定题式服务的目的明确，对知识产权研究具有针对性，能够极大地减少研究者的前期资料收集时间，提高效率。定题服务需要摸索服务模式的实现路径，将图书馆领域的服务模式改良嫁接到网络资料库的建设中。与传统的图书馆定题服务模式不同，随着知识产权制度的发展，相关信息零散化，呈几何倍数增长，图书资料无

---

〔1〕 定题服务，又称 SDI 服务，即 Selective Dissemination of Information Service。它是一种根据读者需求，一次性或定期不断地将符合需求的最新信息传送给读者的服务模式，又指信息机构根据用户需求，通过对信息的收集、筛选、整理并定期或不定期地提供给用户，直至协助课题完成的一种连续性的服务。它是情报检索的引申，是一种特殊形式的检索服务。该服务的基本特点在于主动性、针对性、有效性。定义来源百度百科，http://baike.baidu.com/link? url = GXNVtQflyBCzMMPYmNCr_ zykYaj-z5y5uNKY_WobJqFzMKqHilPYBZl2qJ4Por-AUfjWjIa7ddjQBZkDjHkata，最后访问时间：2018 年 11 月 30 日。

法满足信息的及时性及系统性，而知识产权资料库的构建为相关知识产权大事的信息集合提供了渠道，信息具有相对完备性。

定题服务的一般程序是：委托课题、分析课题、制定服务方案、收集文献信息、组织信息、及时提供信息成果。定题服务需要以用户为中心，只有在充分了解用户的需求基础之上才能提供完备的服务。而用户对信息的需求和描述有时只是笼统的概念，因此从信息的分类上可以将信息分为显性信息和隐性信息，用户基本能够清楚明确地表达出其需要的显性信息，而对于隐性信息，需要资料库服务提供者利用自己的信息收集知识和经验，与用户多层次交流，挖掘潜在的信息，研究用户委托的需要定题服务的课题信息背后的要素。以 1950 年 8 月 7 日《保障发明权与专利权暂行条例》颁布为例：在该条例中，“发明权”首次被提出，“发明权”和“专利权”被放到同一部规章制度中，这种制度设计具有特定的历史背景和成因。以上信息就属于隐性信息，用户可能仅仅提出对该条例的需要，但是其他信息则是资料库服务人员需要收集和挖掘的。这需要具有专业文献信息检索知识和经验以及知识产权专业领域背景知识的服务人员。然后先期分析受托课题概念，明确需要下一步检索的研究方向。制定整体的服务方案，明确信息搜集的原则、信息来源、信息收集方法、信息组织方案、信息检索报告。具体收集和知识产权大事相关的文献信息，包括相关的法律规定、司法案例、论文及著作、课题研究成果。当然，部分文献内容需要取得著作权人的许可方能使用，这也是整个知识产权文献及信息资料库需要特别注意的地方。然后由专业的文献及知识产权专业服务人员具体实施服务方案，组织信息，撰写专业文献检索和分析报告，提交课题服务成果。课题服务成果并非研究课题的成果，而是关于信息分布、信息性质、信息价值的评价，为制度研究者提供信息利用方法和体系化的资料支持。

第四节　“知信通”资料库知识产权百科版块介绍与分析

“知信通”资料库知识产权百科版块命名为“知产百科”，网址为 http://www.ipknow.cn/wiki/。截至 2016 年 7 月 13 日，该版块共收入词条 1481 条（如图 6-4-1 所示）。

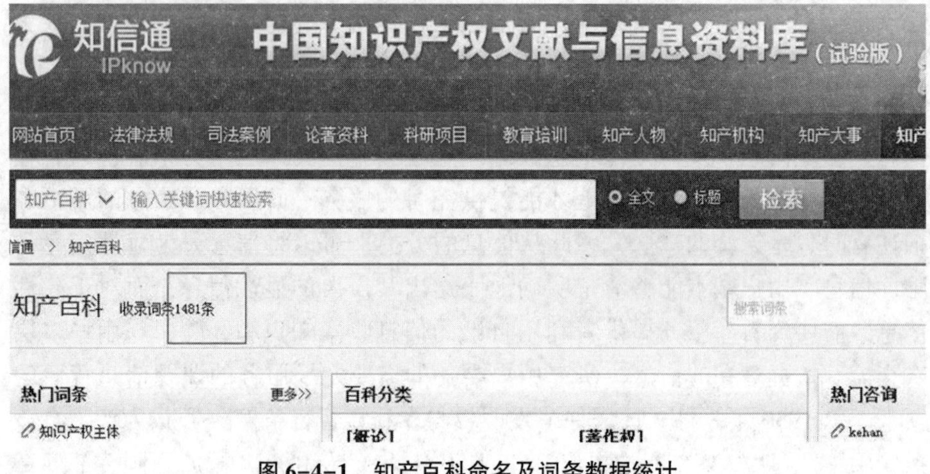

图 6-4-1　知产百科命名及词条数据统计

一、知产百科版块基本介绍

知产百科版块是本资料库最基本、最重要、专业性最强的版块之一，因为词条作为知识产权相关内容的一个基本单元，是组成其他内容的最小因子。该子库的专业性、基础性也决定了其重要性，使其成为国家知识产权文献及信息资料库（试验版）之“知识库”。截至 2016 年 7 月 13 日，知产百科中收录词条 1481 条，约 165 万字。这些词条不仅包括基本的知识产权词汇，比如知识产权、著作权、工业产权、专利权、地理标志等，还包括了知识产权相关的词组，比如专利权人的义务、侵犯知识产权的刑事责任、知识产权国民待遇原则、思想与表达二分法、知识产权哲学、企业知识产权文化、专利技术标准化战略等大量知识产权相关的专业内容；不仅包括知识产权法相关词条，如知识产权侵权损害赔偿、著作权纠纷的调解与仲裁、著作权侵权精神损害赔偿、法定许可、专利权属纠纷、商标制度等，还包括企业知识产权战略、专利地图、品牌定位、知识产权评估、技术创新、知识产权管理、柔性管理、品牌管理、企业知识产权流程管理、知识产权商业化等知识产权战略和管理方面的大量词条。

知产百科版块设立知识产权相关词条，对相关词条做出了基本的解析，其中很多词条还从知识产权专业的角度进行了系统化的解构和阐述，便于用户对相关概念和原理加以理解。这些名词解析是从知识产权专业角度进行的深度专业分析，是本项目最重要的享有著作权的“知识库”。除了基本的解析外，还对相关的词条本身做了英文翻译。在相关词条的解析上，很多词条有拓展性的介绍和分析，比如在介绍合理使用时，不仅对合理使用的概念做了介绍，还对合理使用的性质及特征做了介绍，然后对合理使用的正当性做了分析，并阐述了合理使用的判断原则与标准，还对我国《著作权法》规定的合理使用的类型进行了介绍，内容相当丰富充实（如图 6-4-2—6-4-6 所示）。

知信通 > 知产百科 > 合理使用

合理使用

英文标题：Fair use

更新时间：2016.07.13

名词解释

目录

一、合理使用的概念、性质及特征

二、合理使用之正当性

三、合理使用的判断原则与标准

四、我国《著作权法》规定的合理使用

收起

相关百科

· 商标指示性合理使用

· 商标合理使用

· 商标叙述性合理使用

· 布图设计的合理使用

· 商标说明性合理使用

· 植物新品种权的合理使用

· 网上下载

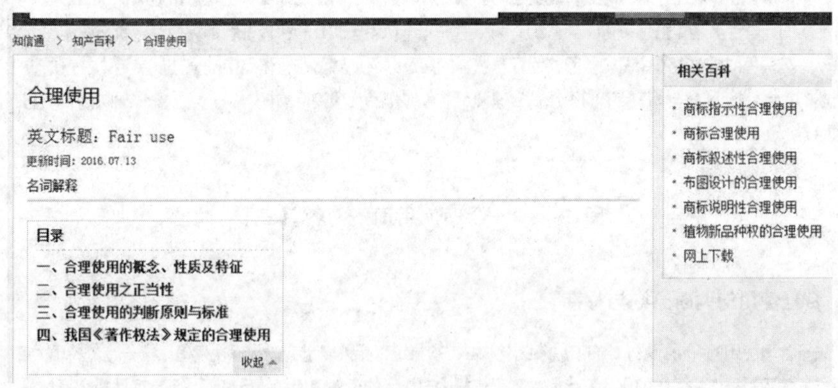

图 6-4-2 合理使用词条内容（一）

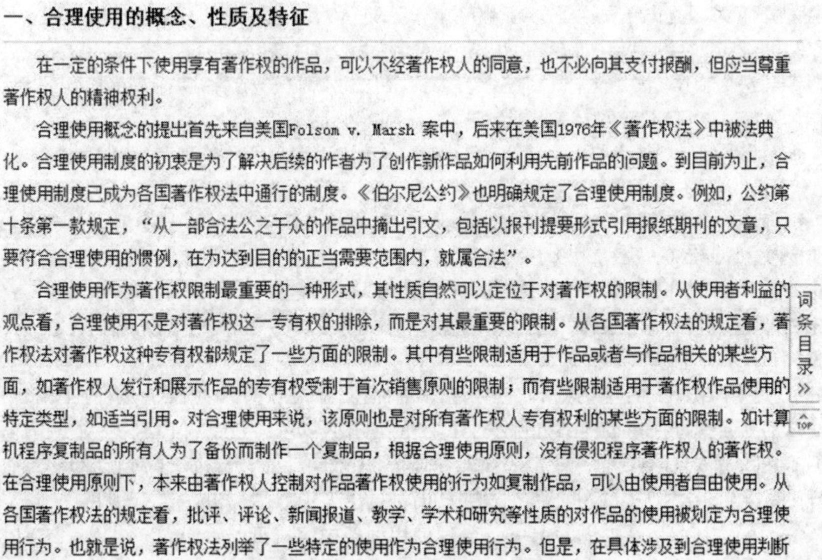

一、合理使用的概念、性质及特征

在一定的条件下使用享有著作权的作品，可以不经著作权人的同意，也不必向其支付报酬，但应当尊重著作权人的精神权利。

合理使用概念的提出首先来自美国Folsom v. Marsh 案中，后来在美国1976年《著作权法》中被法典化。合理使用制度的初衷是为了解决后续的作者为了创作新作品如何利用先前作品的问题。到目前为止，合理使用制度已成为各国著作权法中通行的制度。《伯尔尼公约》也明确规定了合理使用制度。例如，公约第十条第一款规定，“从一部合法公之于众的作品中摘出引文，包括以报刊提要形式引用报纸期刊的文章，只要符合合理使用的惯例，在为达到目的的正当需要范围内，就属合法”。

合理使用作为著作权限制最重要的一种形式，其性质自然可以定位于对著作权的限制。从使用者利益的观点看，合理使用不是对著作权这一专有权的排除，而是对其最重要的限制。从各国著作权法的规定看，著作权法对著作权这种专有权都规定了一些方面的限制。其中有些限制适用于作品或者与作品相关的某些方面，如著作权人发行和展示作品的专有权受制于首次销售原则的限制；而有些限制适用于著作权作品使用的特定类型，如适当引用。对合理使用来说，该原则也是对所有著作权人专有权利的某些方面的限制。如计算机程序复制品的所有人为了备份而制作一个复制品，根据合理使用原则，没有侵犯程序著作权人的著作权。在合理使用原则下，本来由著作权人控制对作品著作权使用的行为如复制作品，可以由使用者自由使用。从各国著作权法的规定看，批评、评论、新闻报道、教学、学术和研究等性质的对作品的使用被划定为合理使用行为。也就是说，著作权法列举了一些特定的使用作为合理使用行为。但是，在具体涉及到合理使用判断

词条目录 »

TOP

图 6-4-3 合理使用词条内容（二）

二、合理使用之正当性

从合理使用原则在司法中的适用来看，它本身是作为接近作品的一种手段。在著作权司法实践中，合理使用逐渐发展为在侵权例外的案件中适用的标准，而不是作为是否侵权的主要标准。合理使用更强调对著作权的限制产生的利益平衡的效果。有关判例表明，合理使用原则分析了先前作品的表达在多大程度上能够为竞争者和公众所利用。

合理使用的正当性，可以从多方面加以认识。仅从合理使用保障著作权法之公共利益目标来说，也能对此加以理解。合理使用产生了两类公共利益：第一类公共利益是直接发生的公共利益，因为公众能够从原创的作品中获得思想和表达；第二类公共利益是附加的公共利益，该利益是公众从也需要接近最初作品的竞争者所创制的竞争性表达和思想中可以获得的。简单地说，作为用户的公众和竞争者都需要接近著作权作品，以进一步实现著作权法增进知识和学习的目标。这里的接近必须是对著作权作品中的表达的接近，并且通过对表达的接近，接近了这些作品中的思想。合理使用通过对作品合理接近的保障，实现了著作权法的公共利益目标。

词条目录»

TOP

图 6-4-4　合理使用词条内容（三）

三、合理使用的判断原则与标准

关于合理使用的判断标准，《伯尔尼公约》和TRIPS协议有相关规定，即合理使用应限于一定的特例，在该情况下使用受著作权保护的作品不会影响到著作权人对作品的正常使用，而且也不会不合理地损害著作权人的合法权益。不过，上述两个公约规定的范围不一样。根据《伯尔尼公约》第九条规定，受本公约保护的文学艺术作品的作者，享有授权以任何方式和采取任何形式复制这些作品的专有权利；成员国法律应允许在某些特殊情况下复制上述作品，条件是这种复制不损害作品的正常使用、也不致无故侵害作者的合法利益。该规定仅限于复制权的合理使用。TRIPS协议则将合理使用扩大到所有的著作权内容。该协议第十三条关于“限制与例外”部分规定，“全体成员均应将专有权的限制或例外局限于一定特例中，该特例应不与作品的正常利用冲突，也不应不合理地损害权利持有人的合法利益”。上述规定被称为合理使用之“三步检验法”。后来，该原则在《版权公约》第十条也得到了体现，《表演与录音制品条约》第十六条也有类似的规定。

就我国而言，1990年《著作权法》没有规定上述原则。在2001年《著作权法》修订过程中，虽然曾将上述三步检验法纳入草案中，最终仍然没有采用。为弥补这一不足，2002年《著作权法实施条例》在其第二十一条中规定：“依照著作权法有关规定，使用可以不经著作权人许可的已经发表的作品的，不得影响该作品的正常使用，也不得不合理地损害著作权人的合法利益。”这对于在实践中判断一种使用作品的行为是否为合理使用行为，具有重要意义。

词条目录»

TOP

除了上述关于合理使用的判断原则外，还特别值得一提的是美国《著作权法》关于合理使用的四项标准。这四项判断合理使用的标准在世界范围内产生了广泛的影响。具体地说，包括以下内容：

1．使用目的和特点，包括是否具有商业性或具有非营利性的教育的目的。一般而言，商业性使用作品不是合理使用。教育、学术研究、批评、评论性质的使用行为由于具有非商业性，被认为是合理使用。

图 6-4-5　合理使用词条内容（四）

四、我国《著作权法》规定的合理使用的具体类型

我国《著作权法》第二十二条规定了12种合理使用的方式：1.为个人学习、研究或欣赏，使用他人已经发表的作品；2.为介绍、评论某一作品或者说明某一问题，在作品中适当引用他人已经发表的作品；3.为报道时事新闻，在报纸、期刊、广播电台、电视台等媒体中不可避免地再现或者引用已经发表的作品；4.报纸、期刊、广播电台、电视台等媒体刊登或者播放其他报纸、期刊、广播电台、电视台等媒体已经发表的关于政治、经济、宗教问题的时事性文章，但作者声明不许刊登、播放的除外；5.报纸、期刊、广播电台、电视台等媒体刊登或者播放在公众集会上发表的讲话，但作者声明不许刊登、播放的除外；6.为学校课堂教学或者科学研究，翻译或者少量复制已经发表的作品，供教学或者科研人员使用，但不得出版发行；7.国家机关为执行公务在合理范围内使用已经发表的作品；8.图书馆、档案馆、纪念馆、博物馆、美术馆等为陈列或者保存版本的需要，复制本馆收藏的作品；9.免费表演已经发表的作品，该表演未向公众收取费用，也未向表演者支付报酬；10.对设置或者陈列在室外公共场所的艺术作品进行临摹、绘画、摄影、录像；11.将中国公民、法人或者其他组织已经发表的以汉语言文字创作的作品翻译成少数民族语言文字作品在国内出版发行；12.将已经发表的作品改成盲文出版。前款规定适用于对出版者、表演者、录音录像制作者、广播电台、电视台的权利的限制。

【撰写：“国家知识产权文献及信息资料库建设研究”课题组】

词条目录 »

TOP

图6-4-6　合理使用词条内容（五）

再如复制权这一词条，除了介绍复制权的概念与意义之外，对复制权涉及复制的分类、复制性质的二维认知模式进行了介绍。另外，还对临摹是否属于著作权法中的复制行为、网络环境中的“临摹复制”是否受复制权的保护等问题进行了分析，最后还介绍了复制权的平衡机制（如图6-4-7—6-4-15所示）。

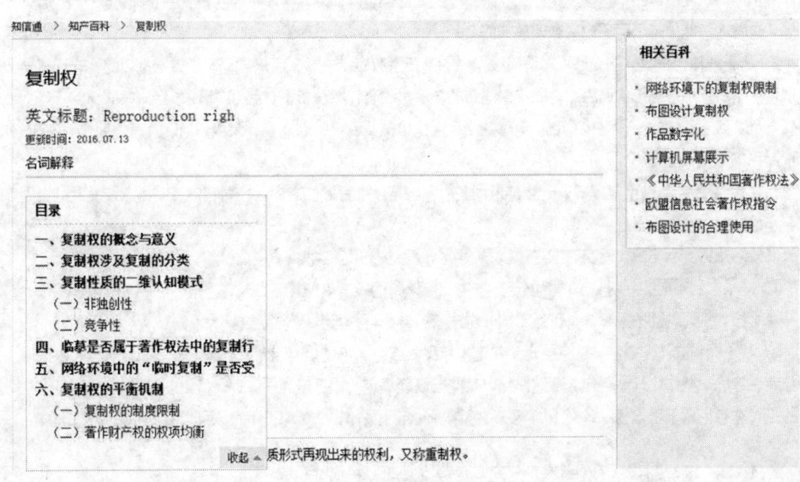

图6-4-7　复制权词条内容（一）

一、复制权的概念与意义

著作权人通过一定的方式使作品以某种物质形式再现出来的权利，又称重制权。

复制权是著作权人许可或禁止他人复制自己作品的专有权利，是著作权人在复制作品方面享有的专有排他权，通常也就是著作权人将作品制成有形复制品的权利。例如，我国《著作权法》第十条第五项规定："复制权，即以印刷、复印、拓印、录音、录像、翻录、翻拍等方式将作品制作一份或者多份的权利。"法国《知识产权法典》第122-3条规定，复制是指以任何方式将作品固定在物质之上，使作品可以非直接方式向公众传播的行为。

所谓复制，是以一定方式对作品进行翻版再制的行为。它通常是对原件的重制，也可以是针对复制品的再次重制。鉴于这种权利的重要性，许多国家著作权法都对复制的涵义作出解释。复制是以静态的文字、图像或动态的声音、图像等物质形式将作品原样再现出来。不过，应注意的是，并非任何再现作品的行为都是复制，受复制权控制。从以下阐述可知，像表演、播放、改编、翻译等也是再现作品的行为，但并非复制。著作权法意义上的复制，限于以特定的方法和方式再现作品的行为，一般限于在有形物质载体上再现作品，而且这种再现具有持久的稳定性。例如，美国《著作权法》第106条对"复制件"的解释即是：作品以现在已知的或以后发展的方法固定于其中的物体，通过该物体可直接或借助于机器或装置感知、复制或用其他方式传播该作品。

自保护作者权利的著作权法产生以来，复制权一直是所有国家著作权法中最基本的和处于首要地位的著作财产权。这是因为，在作品的众多使用方式中，复制是最普遍采用的方式。使用作品的其他方式一般都是在复制作品之后进行的，像美术作品之类直接使用原作的情况不多。这样，作者行使复制权也是其基本的著

图 6-4-8　复制权词条内容（二）

二、复制权涉及复制的分类

按照复制中载体及表现方式的变化情况，还可将复制分为若干类型。

1．将作品制成同一有形的复制物。这种复制方式出现最多，如以印刷、复印、油印、拓印、手抄、复写、翻拍等方式复制作品。这种复制方式一般不改变载体类型，如复印一本杂志上的文章，载体都是纸张。当然，也有改变载体类型而不改变表现形式的。

2．从无载体到有载体的复制。如将口述作品固定在录音磁带或以文字形式记载于纸张上。此外，还有是对现场表演进行录音与录像。当然，如果表演者的表演是受著作权保护的作品(如舞蹈作品)，那么对该作品而言，是变换了载体的一种直接复制。但需要注意区分机械复制与摄制电视、录像作品以及音像制作者制作音像制品的不同。

3．数字复制与非数字复制。这一分类是因应数字网络技术发展的需要，因为在信息网络飞速发展的当代，作品复制大量表现于数字环境中。

此外，根据复制与被复制存在的立体状况，可以分为以下几种类型：

1．从平面到平面的复制。这种复制是日常生活中见到的最常见的复制形式。上述以印刷、复印、油印、拓印、手抄、复写、翻拍等方式将作品制成一份或者多份的行为，就属于此类型。

2．从平面到立体的复制。这主要是针对艺术作品而言，如将动画"米老鼠与唐老鸭"制成玩具、根据雕塑作者设计的雕塑作品草图制作成雕塑作品。有些国家还规定，根据设计图、建筑施工图等图纸及其说明进行施工、建造也属于著作权法意义上的复制。我国1990年《著作权法》第五十二条第二款则明确规定："按

图 6-4-9　复制权词条内容（三）

三、复制性质的二维认知模式

（一）非独创性

独创性是作品的保护要素之一，也是著作权法中比较重要的概念。独创性与新颖性不同，它更主要的体现为主观判断，即由作者观之，这一作品源于自己的独立劳动，至少增加了不可约减的内容，在一定程度上反映了作者的智力或者个性。主观性增加了独创性的判断难度。有些国家不指明或者解释独创性的标准，有些国家提出判断标准的同时试图廓清其含义或以认为是意义相同的表达方式替代这个词。（［法］克洛德·科隆贝著：《世界各国著作权和邻接权的基本原则》，高凌瀚译，上海外语教育出版社1995年版，第7页）甚至，美国有学者认为独创性是一个虚妄的概念，它需要借助于公共领域才能辨识。在英美法系国家的最初立法中，独创性只是解决作品来源以区别作品归属的一个重要条件，作品创作程度的高低是一个参考因素；作品所蕴含的经济价值是作品获得保护的预设，左右着立法者的潜意识。（吴汉东等著：《知识产权基本问题研究（分论）》（第二版），中国人民大学出版社2009年版，第35页）在大陆法系，由于受到人格价值观的深刻影响，独创性概念不仅包含量的规定性，还蕴含质的高度。作品必须是作者经过思考、分析、综合等思维过程，主观与客观相互作用的结果，在量上增加了创造性成分，同时也要反映作者的思想、感情等个性因素，具有一定的创作高度。（吴汉东等著：《知识产权基本问题研究（分论）》（第二版），中国人民大学出版社2009年版，第36页）当然，随着两大法系的融合，独创性概念也有折衷趋势。

词条目录»

TOP

独创性的主观标准容易滋生恣意妄为和盲从的危险，不利于司法实践中统一尺度，也降低了人们的法律预期。虽然主观性已经成为国际公认的判断尺度，而且成为作品与发明的重要区别之一，但是对独创性仍然可以从客观的角度来认识。从文艺创作理论来看，创作活动是运用心智的过程，一般都有酝酿阶段，思想情

图 6-4-10　复制权词条内容（四）

（二）竞争性

著作权制度的激励论以赋予作者对作品市场价值的控制或者专有来酬报作者。可以说，所有著作财产权权项的设计均以此为原则，将公共产品利益内部化。技术进步带来的利益正外部性，均为新的权项所涵摄，以维护利益内部化的有效性。法律划定的范围使作者的利益在应然状态上得到充分保护。如是观之，在著作权领域，作者与使用者在法律的主持下形成了买卖市场，作者作为作品的出售者始终享有完整利益。

从作品的市场环境来看，现代版权制度天生承载着保护作者利益，控制复制者与之竞争的功能。作品的竞争市场可以划分为生产市场和流通市场。作品生产市场的竞争是随着演绎权保护的出现而得到合理解决的。在19世纪中叶以前，法院审理著作权案件的一个重要标准是，如果被告的使用行为在一定的环境下取代了市场上的消费者对作者原创作品的需要，他人重新使用作者的表达则是妨碍了作者受合法保护的利益。在早先标准上，被告的重新使用将会替代或者延缓原告作品复制品的销售市场或实质性代替原作就会认为是侵权。后来国外法院的司法实践发展出了通过调查方式证明相似性的判断方法。实际上，这种相似性是对竞争替代的一个更深刻的解释而已。随着技术发展出现了新的演绎方式，但是在激励和接近的平衡上，技术的影响并不强烈。流通市场的竞争则随着技术的发展递增式加剧。“在以刀刻手抄方式复制创作成果的年代，不会出现‘版权’这种民事权利。因为复制者艰难的复制活动不可能生产批量复制品为自己营利，创作者也就没有必要控制这种复制活动。”（郑成思：《知识产权法律制度——九届全国人大常委会法制讲座第十九讲》，全国人大网）在印刷技术出现之前，对作品的控制完全可以被对物或者载体的控制所替代，这也是效力最强的控制方式。在这种情形下，如果可以，作者获得利益的方式只能是公示载体，只有将载体提供给复制者才会获得收益。随着印刷技术的出现，作品的复制方式非常便利地控制在出版商手中，作者可以通过授

词条目录»

TOP

图 6-4-11　复制权词条内容（五）

四、临摹是否属于著作权法中的复制行为

关于“临摹”作品是否构成著作权法意义上的复制，我国1990年《著作权法》第五十二条规定：“本法所称的复制，指以印刷、复印、临摹、拓印、录音、录像、翻录、翻拍等方式将作品制作一份或者多份的行为。”可见，临摹被明确地纳入了复制的范畴。但是，2001年《著作权法》第十条第五项在解释复制权时指出，它是以印刷、复印、拓印、录音、录像、翻录、翻拍等方式将作品制作一份或者多份的权利，没有明确提到临摹是否属于复制。这样就导致实践中对临摹的认识存在不同观点。

一种观点认为，临摹作品(尤其是美术作品)也包括临摹者的“再创作”成份，不是简单的抄袭或机械复制，因为临摹作品也要对颜色调配、画面构思、形状设计等经过独立思考与创作才能产生。这种观点实际上是认可临摹不是复制，而是创作行为，受到著作权保护。析言之，主要又有演绎说和部分演绎说之分。其中，前者认为临摹是一种具有独创性的演绎行为。临摹是将自己的一切个性特征泯除尽净从而在无限近似的程度上传达原书画作品的技法、风格、神韵。但是，与创作一部作品一样，临摹者灵魂深处的修养、气质、学识中流淌出的清澈的精神之水，同样反映出临摹者人格的光辉。后者认为，不能笼统地将临摹界定为复制行为，有些临摹被认为具有创造性。

词条目录》

TOP

一种观点则认为，临摹作品和一般复制没有本质区别，临摹者的劳动和演绎作者的再创作劳动不能等同。擅自临摹他人作品并出售，应认为是侵犯被临摹作品复制权的行为。而且，此种行为还容易侵犯被临摹作品的保护作品完整权，因为两种作品之间难免存在差异，差异部分就可能被认为是对原作的歪曲与篡改。至于将临摹作品署上原作者姓名出售，这和假冒无异。如果只署临摹者姓名，不署原作者姓名，这和抄袭也没有什么不同。正是基于上述考虑，1990年《著作权法》第五十二条明确将“临摹”视同复制。这对于打击

图 6-4-12　复制权词条内容（六）

五、网络环境中的“临时复制”是否受复制权的保护

临时复制是计算机网络空间出现的一种暂存作品和短暂再现作品的现象。在网络空间，存在大量的临时复制现象，如用户通过上网而临时下载作品，在没有以软盘、硬盘等一定的有形载体固定下来后，其存储的作品信息可能因为关闭或重启计算机以及后续信息的覆盖而造成信息灭失。对于这种“复制”，是否受到著作权人复制权的控制，发达国家和发展中国家的立场截然相反。发达国家认为，临时复制尽管只是短暂地再现数字化作品，但由于在计算机屏幕上再现了作品，属于以计算机为载体的一次性复制，仍然会损害著作权人的利益。发展中国家则主张，临时复制不仅不会构成对权利人的损害，而且是网络空间利用和传播作品必须的，因此不能纳入复制权的控制范围。实际上，对临时复制性质的不同认识，本质上反映了不同利益导向。《伯尔尼公约》第九条将复制权涉及的“复制行为”解释为“以任何方式和采取任何形式复制”，世界知识产权组织出版的《伯尔尼公约指南》中也将其解释为“足以包括所有人的复制方法……以及其他所有已知和未知的复制过程”。这种解释却没有专门针对网络空间出现的临时复制，将某种行为纳入复制权的范围，需要符合复制权的基本意旨。正如实务界有人指出：“《伯尔尼公约》第九条中规定‘所有录音或录像均应视为本公约所指的复制’，这种强调至少表明，在缔约国代表的意图中，并非所有已知和未知的复制过程都属于复制权的范畴，否则这一条本身就是多余的。从斯德哥尔摩修订会议委员会主席的简要报告来看，当时人们强调，复制不仅仅要求能够‘固定’作品，因而能够向公众间接传播，而且还要求可以在此基础上进行进一步的复制。从这个要求看，如果临时复制不符合‘固定’的要求，并且不可以在临时复制的基础上进行进一步的复制，它本身不属于复制的范畴。因此，《伯尔尼公约指南》的解释是值得商榷的”。

词条目录》

TOP

值得注意的是，《外交会议将要讨论的关于文学和艺术作品保护某些问题的条约之实体条款基本建议》

图 6-4-13　复制权词条内容（七）

六、复制权的平衡机制

复制方式的突飞猛进打破了复制权所包含的利益平衡，打造了复制权的强权色彩和内部扩张趋势。按照传统模式赋予复制权会使著作权人的控制力大大增强，侵犯公共领域。在著作权法中，美国判例不止一次地表明：著作权的公共利益目标优于个人利益目标，因此有必要在制度上限制复制权。复制方式的多样化扩大了作品的利用形式，复制权与传播权对复制方式的覆盖出现了重叠，复制权内化为传播权的源权利，构成对传播权授予的阻碍，因此需要在著作财产权的权项上实现均衡。

词条目录»

TOP

（一）复制权的制度限制

通常而言，对著作权的限制包括合理使用制度、法定许可制度、强制许可制度、权利穷竭制度、公共秩序保留与国家收购、有限期限保护制度及对精神权利的限制等内容。随着数字技术与网络技术的发展，这些制度，尤其是合理使用制度在作用发挥上呈现出不同特点。

根据我国著作权法的规定，合理使用制度分为私人复制、公务复制和社会复制等类型。在数字环境下，私人复制无论是出于个人欣赏的需要，利用技术从普通格式转化为MP3格式，还是出于个人或者家庭目的录制

图 6-4-14　复制权词条内容（八）

（二）著作财产权的权项均衡

著作权的三类财产权利，即复制权、演绎权和传播权是著作权人获得财产保障的法定之力。其中，复制权表达对原作与复制件之间再现关系的控制，演绎权表达对原作与演绎作品之间利益分享关系的控制，传播权则表达对作品传播过程中产生的市场价值的控制。这三类权利泾渭分明，共同守卫著作财产权的防线。随着网络到来出现的信息网络传播方式，我国规定了新的权利类型，而美国则准用发行权的有关规定，这实质上表达了信息网络传播权的传播权性质，即通过网络方式将作品推向公众。虽然传播技术需要复制等方式的协助，但从最终目的来看，网络传输的最终目的也是保证公众的获得。无论技术发展带来的权利类型如何扩展，在这三种权利的涵摄下，著作权所指涉的各项权项能够在利益平衡机制内保证公共目的与私人目的的均衡。

但不可否认，复制表达了原作与复制件以及后续行为之间的紧密联系。只有经过复制的作品，其传播或者扩散才会比较顺畅。出版发行需要以复制为前提。传播包括广播、放映和信息网络传播等方式也需要对原件形式进行再现，传播实际上是直接对作品进行面向受众的使用，是将作品的形式通过特殊的再现方式公之于众。所以，传播中也存在复制，复制是传播的基础和前提，传播是复制的主要目的。即便如此，复制权与演绎权、传播权并不会发生交叉。传播权与复制权是相互独立的权利类型，实现传播权必须以复制为必经步骤，所以行使传播权实际上包含了相应的复制内涵。但是，这里的复制并不能被传播权与复制权双重覆盖，比如，日本学理上的无形复制与变形复制也均没有被复制权所涵盖。按照这种权利逻辑，复制权的范围才会限制在特定的范围内，而不至于由于复制权对整个著作权的辐射作用而产生不适当扩张。

词条目录»

TOP

通过对著作权各项权项利益范围的划定和界分，各项权利的内涵才能获得固定，著作权法上的利益平衡才能渗透到权利内部实现制约和均衡。（参考文献：《著作权法中的复制权研究》，《法学家》2013年第4期）

【撰写：“国家知识产权文献及信息资料库建设研究”课题组】

图 6-4-15　复制权词条内容（九）

二、知产百科版块界面介绍

（一）知产百科版块首页界面介绍

知产百科版块的首页界面，如图 6-4-16 及图 6-4-17 所示。该界面最上端是快捷检索栏，分为全文检索和标题检索。下面一行中是词条检索栏，效果与快捷检索中的全文检索一样。再往下则是知产百科的热门词条，是根据相关词条的访问量多少确定的排序。在首页界面最下方为知产百科部分的简介。

最右侧为热门咨询，实际为疑难咨询版块的热门咨询内容，为便于用户在使用百科词条时对相关问题及时进行了解，将之安排在百科词条界面。

图 6-4-16 知产百科首页界面（一）

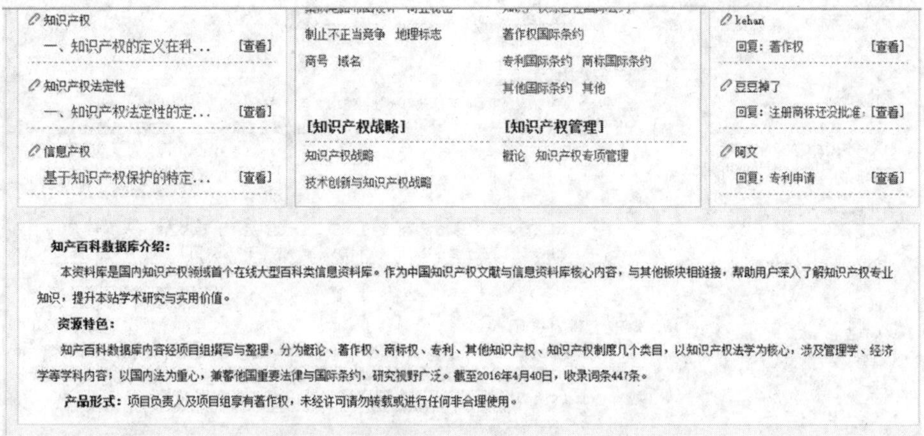

知识产权
一、知识产权的定义在科…… [查看]
知识产权法定性
一、知识产权法定性的定…… [查看]
信息产权
基于知识产权保护的特定…… [查看]

制止不正当竞争 地理标志 著作权国际条约
商号 域名 专利国际条约 商标国际条约
其他国际条约 其他
[知识产权战略] [知识产权管理]
知识产权战略 概论 知识产权专项管理
技术创新与知识产权战略

kehan
回复：著作权 [查看]
豆豆掉了
回复：注册商标还没批准 [查看]
阿文
回复：专利申请 [查看]

知产百科数据库介绍：
本资料库是国内知识产权领域首个在线大型百科类信息资料库。作为中国知识产权文献与信息资料库核心内容，与其他板块相链接，帮助用户深入了解知识产权专业知识，提升本站学术研究与实用价值。
资源特色：
知产百科数据库内容经项目组撰写与整理，分为概论、著作权、商标权、专利、其他知识产权、知识产权制度几个类目，以知识产权法学为核心，涉及管理学、经济学等学科内容；以国内法为重心，兼蓄他国重要法律与国际条约，研究视野广泛。截至2016年4月40日，收录词条447条。
产品形式：项目负责人及项目组享有著作权，未经许可请勿转载或进行任何非合理使用。

图 6-4-17 知产百科首页界面（二）

在热门词条的右上角有“更多 »”，点击则进入 http://www.ipknow.cn/wiki/hits.html，可以浏览更多的热门词条（如图 6-4-18 所示）。在热门词条具体界面的左侧栏，为知产百科词条按照学科类别进行的分类，分为概论、著作权、商标、专利、其他知识产权、知识产权国际保护、知识产权战略、知识产权管理八个部分。其中，概论栏目包括知识产权、知识产权法及其他三个小部分；著作权栏目包括概论、权利确认、权利行使、权利限制、权利保护、其他六个小部分；商标栏目包括概论、权利确认、权利行使、权利限制、权利保护、其他六个小部分；专利栏目包括概论、权利确认、权利行使、权利限制、权利保护、其他六个小部分；其他知识产权栏目包括植物新品种、集成电路布图设计、商业秘密、制止不正当竞争、地理标志、商号、域名七个小部分；知识产权国际保护栏目包括概论、知识产权综合性国际公约、著作权国际公约、专利国际公约、商标国际公约、其他国际公约、其他七个小部分；知识产权战略栏目包括知识产权战略、技术创新与知识产权战略两个小部分；知识产权管理栏目包括概论和知识产权专项管理两个小部分。具体如图 6-4-19—6-4-21 所示。

点击各个词条则进入相应的学科类别之下的词条列表。在右侧框内，为“知信通”资料库内的热门咨询，点击则可以查看相关的咨询内容及回复。点击“更多»”则可以看到所有的咨询列表。

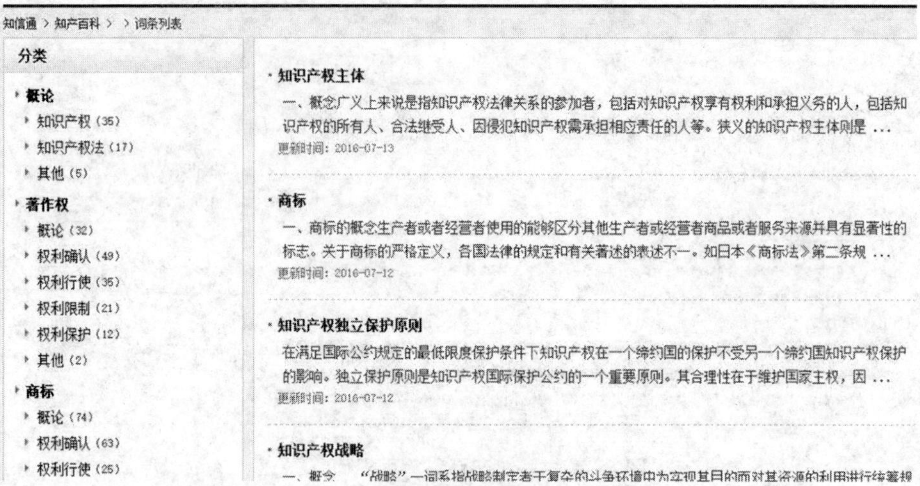

知信通 > 知产百科 > > 词条列表

分类

- 概论
  - 知识产权 (35)
  - 知识产权法 (17)
  - 其他 (5)
- 著作权
  - 概论 (32)
  - 权利确认 (49)
  - 权利行使 (35)
  - 权利限制 (21)
  - 权利保护 (12)
  - 其他 (2)
- 商标
  - 概论 (74)
  - 权利确认 (63)
  - 权利行使 (25)

· **知识产权主体**

一、概念广义上来说是指知识产权法律关系的参加者，包括对知识产权享有权利和承担义务的人，包括知识产权的所有人、合法继受人、因侵犯知识产权需承担相应责任的人等。狭义的知识产权主体则是 ...

更新时间：2016-07-13

· **商标**

一、商标的概念生产者或者经营者使用的能够区分其他生产者或经营者商品或者服务来源并具有显著性的标志。关于商标的严格定义，各国法律的规定和有关著述的表述不一。如日本《商标法》第二条规 ...

更新时间：2016-07-12

· **知识产权独立保护原则**

在满足国际公约规定的最低限度保护条件下知识产权在一个缔约国的保护不受另一个缔约国知识产权保护的影响。独立保护原则是知识产权国际保护公约的一个重要原则。其合理性在于维护国家主权，因 ...

更新时间：2016-07-12

· **知识产权战略**

一、概念 "战略"一词系指战略制定者于复杂的斗争环境中为实现其目的而对其资源的利用进行统筹规

图 6-4-18 点击热门词条部分的"更多 »"显示页面

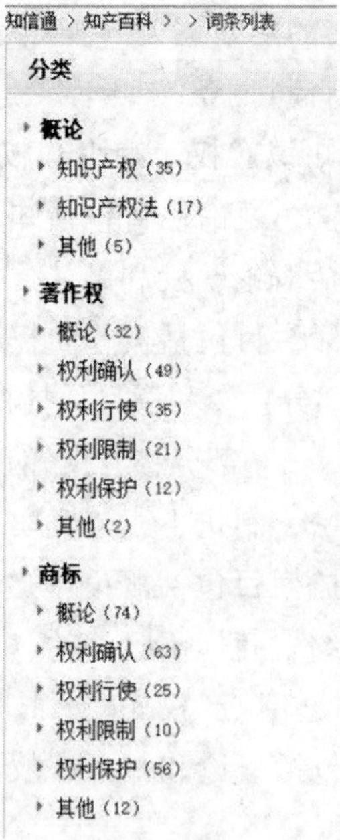

知信通 > 知产百科 > > 词条列表

分类

- 概论
  - 知识产权 (35)
  - 知识产权法 (17)
  - 其他 (5)
- 著作权
  - 概论 (32)
  - 权利确认 (49)
  - 权利行使 (35)
  - 权利限制 (21)
  - 权利保护 (12)
  - 其他 (2)
- 商标
  - 概论 (74)
  - 权利确认 (63)
  - 权利行使 (25)
  - 权利限制 (10)
  - 权利保护 (56)
  - 其他 (12)

图 6-4-19 知产百科分类（一）

- 专利
  - 概论（53）
  - 权利确认（110）
  - 权利行使（42）
  - 权利限制（14）
  - 权利保护（51）
  - 其他（19）
- 其他知识产权
  - 植物新品种（72）
  - 集成电路布图设计（43）
  - 商业秘密（19）
  - 制止不正当竞争（25）
  - 地理标志（11）
  - 商号（19）
  - 域名（44）

图 6-4-20　知产百科分类（二）

- 知识产权国际保护
  - 概论（10）
  - 知识产权综合性国际公约（14）
  - 著作权国际条约（15）
  - 专利国际条约（10）
  - 商标国际条约（8）
  - 其他国际条约（4）
  - 其他（3）
- 知识产权战略
  - 知识产权战略（204）
  - 技术创新与知识产权战略（89）
- 知识产权管理
  - 概论（42）
  - 知识产权专项管理（101）

图 6-4-21　知产百科分类（三）

（二）知产百科具体词条界面介绍

知产百科具体词条界面根据词条的重要程度及复杂程度不同，进行编辑时的具体内容的丰富程度亦有所差异。以下举例予以介绍。

第一，比较简单的词条，因为内涵相对来讲比较统一，在词条中不再分目录，而是直接进行解释分析。此时，该词条具体页面包含词条中英文名称、内容、相关词条。

比如知识产权法利益平衡理论这一词条，其界面如图 6-4-22—6-4-24 所示。

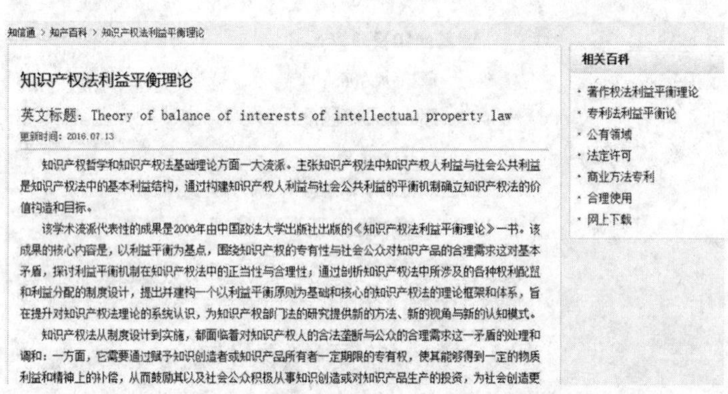

知信通 > 知产百科 > 知识产权法利益平衡理论

知识产权法利益平衡理论

英文标题：Theory of balance of interests of intellectual property law

更新时间：2016.07.13

知识产权哲学和知识产权法基础理论方面一大流派。主张知识产权法中知识产权人利益与社会公共利益是知识产权法中的基本利益结构，通过构建知识产权人利益与社会公共利益的平衡机制确立知识产权法的价值构造和目标。

该学术流派代表性的成果是2006年由中国政法大学出版社出版的《知识产权法利益平衡理论》一书。该成果的核心内容是，以利益平衡为基点，围绕知识产权的专有性与社会公众对知识产品的合理需求这对基本矛盾，探讨利益平衡机制在知识产权法中的正当性与合理性；通过剖析知识产权法中所涉及的各种权利配置和利益分配的制度设计，提出并建构一个以利益平衡原则为基础和核心的知识产权法的理论框架和体系，旨在提升对知识产权法理论的系统认识，为知识产权部门法的研究提供新的方法、新的视角与新的认知模式。

知识产权法从制度设计到实施，都面临着对知识产权人的合法垄断与公众的合理需求这一矛盾的处理和调和：一方面，它需要通过赋予知识创造者或知识产品所有者一定期限的专有权，使其能够得到一定的物质利益和精神上的补偿，从而鼓励其以及社会公众积极从事知识创造或对知识产品生产的投资，为社会创造更

相关百科

- 著作权法利益平衡理论
- 专利法利益平衡论
- 公有领域
- 法定许可
- 商业方法专利
- 合理使用
- 网上下载

图 6-4-22　知识产权法利益平衡理论词条界面（一）

利益和精神上的补偿，从而鼓励其以及社会公众积极从事知识创造或对知识产品生产的投资，为社会创造更多的知识财富；另一方面，它肩负着促进新技术和新知识传播、利用、推广的功能和使命，需要保护公众对知识产品合理利用的权利。自知识产权制度建立以来，利益平衡一直是其追求的价值目标，知识产权法中的诸多原则和具体规则背后，都反映了协调和解决知识产权人与社会公众之间利益冲突的思路。

知识产权利益平衡理论主张，利益平衡机制在知识产权法中具有关键作用，整个知识产权法在价值构造上主要表现为一系列的平衡模式和与此相适应的制度安排，如知识产权人权利与义务的平衡，知识产权人利益与社会公众利益以及在此基础上的公共利益间的平衡，专有权保护与知识产品最终进入公有领域的平衡，公平与效率的平衡，权利行使内容和方式与权利限制的平衡，知识创造与再创造的平衡，知识产权与物权的平衡等。

利益平衡是一种价值判断，是知识产权法价值取向的内在要求。在本质上，知识产权利益平衡理论是以一定的价值导向和制度选择与安排为特色的规范性理论。知识产权法关于利益平衡理论的最基本的主张是：私权保护是知识产权法中利益平衡的前提，而适度与合理保护的要求则使知识产权的私权保护受到利益平衡原则的制约，即知识产权人的私权保护不能超越知识产权法需要保障的利益平衡目标。知识产权法的立法目的、功能以及整个制度设计应着眼于平衡知识产权人利益与社会公众利益等社会多元利益之间的关系。知识产权法中利益平衡在价值目标上特别体现为：如何协调知识产权法中不同主体之间的利益冲突，实现知识产权法律制度的公平、正义等价值目标；如何通过分配权利义务确立知识产品资源分配的正义标准、正义模式和正义秩序；如何充分利用各种资源，以达到无形财产资源的有效配置，实现知识产权保护制度的最佳社会经济效益；如何使知识产权保护制度实现公平与效率的均衡，实现知识财富的公平与合理的分享；如何通过产权制度最佳地刺激知识和信息财富的增长，同时确保公众对知识和信息的必要接近。

根据知识产权利益平衡理论，知识产权法的利益平衡机制，是国家平衡知识产权人的垄断利益与社会公众接近知识和信息的公众利益以及在此基础之上更广泛的促进科技、文化和经济发展的社会公共利益关系的制度安排。它包含静态和动态的平衡模式。就静态的平衡模式而言，知识产权利益平衡表现为知识产权法在对知识产品权益分配、权利义务关系总体上的合理协调，而知识产权人与社会公众的利益以及在此基础之上

图 6-4-23　知识产权法利益平衡理论词条界面（二）

对知识产品权益分配、权利义务关系总体上的合理协调，而知识产权人与社会公众的利益以及在此基础之上更广泛的公共利益的平衡具体反映在知识产权法的制度设计中。

知识产权利益平衡的实现，静态模式体现为：一是知识产权的有限专有与最终进入公有领域的平衡。二是知识产权的权能均衡，即知识产权法中各行为主体依法享有权利之种类、数量处于一种相对的平衡状态。三是知识产权的权利行使方式的平衡，即知识产权人在法律规定的范围内可以充分地行使自己的权利，社会公众也应当保障权利的正常行使，但权利的行使不能因此影响到公众对知识和信息的正常利用。

知识产权利益平衡的动态模式则体现为：一是寻求在激励知识创造和对知识、信息的限制之间适当的平衡点。在确定合理的利益平衡点方面，基本的原则是，平衡点的确定取决于利益主体当事人之间对利益的估价、选择及其价值取向。在下限方面，知识产权法对知识产权人赋予的专有权利必须能够激发其从事知识创造的热情；在上限方面，这种权利的赋予不能阻碍社会公众对知识产品的合理需求，也不能损害那些不可损抑的公共利益，特别是国家利益。二是寻求知识产品生产与传播和利用之间平衡。在当代，知识产权越来越被看成是一个功能性概念，它通过刺激人类的创造力发挥作用，而推广和传播知识以造福于人类为其重要目的。在知识产品的生产、流转、利用整个过程中，知识产品生产与传播和利用之间存在着平衡和协调关系。在知识产权制度这种平衡协调关系中，知识产品创造者的利益是知识产品传播者和使用者实现其利益的前提。知识产权法授予知识产品创造者对知识产品法定的垄断权，除了从公平的角度考虑补偿创造者因其创造知识产品的行为对社会的贡献外，还具有通过利益的确保刺激知识产品创造的动因和功效。

【撰写：“国家知识产权文献及信息资料库建设研究”课题组】

图 6-4-24　知识产权法利益平衡理论词条界面（三）

如建筑作品词条，该词条界面主要包括词条中英文名称、词条解释内容、相关词条。具体如图 6-4-25 及 6-4-26 所示。

知信通 > 知产百科 > 建筑作品

建筑作品

英文标题：Construction works

更新时间：2016.07.12

以建筑物或者构筑物形式表现的有审美意义的作品。

由于“建筑作品”具有一些特殊性，许多国家将其单列为一种作品。在我国1991年《著作权法》中，建筑作品被纳入美术作品之列。但是，从《伯尔尼公约》和很多国家的著作权法的规定看，它被独立于美术作品。这是因为，尽管两者都属于“具有审美意义的作品”，但建筑作品仍然具有一些美术作品所不具备的特性，如建筑作品保护涉及的建筑物的空间布局要素和外观。基于此，在2001年修改《著作权法》时，建筑作品被明确地从美术作品中分离、成为与美术作品并列的一类具有审美意义的作品。这一规定，也有利于突出建筑作品的审美意义和观赏价值。

“建筑作品”究竟包括哪些内容，各国对此认识并不相同。不少国家认为，建筑作品不仅包括一定美学构思的建筑表现图、建筑施工设计图，也包括“建筑物”本身。如1983年保加利亚《建筑作品著作权法》即将建筑物本身列入保护范围，并指出受著作权保护的建筑物是反映建筑艺术价值的房屋、区域建筑布局、城镇建筑总体规划、建筑的标准物件。联合国教科文组织与世界知识产权组织1986年公布的一份文件也认为，建筑作品应包括建筑设计图、建筑模型以及建筑物本身。

应当看到，“建筑物本身”作为建筑作品受到保护，其外观上的独创性具有非常重要的意义。建筑物本

相关百科

- 图形作品
- 著作权扩张
- 突尼斯样版法
- 保护文学艺术作品伯尔尼公约
- 复制权
- 合作作品
- 思想与表达二分法之合并原则

图 6-4-25　建筑作品词条界面（一）

应当看到，“建筑物本身”作为建筑作品受到保护，其外观上的独创性具有非常重要的意义。建筑物本身作为建筑作品受到著作权保护，主要是指外观、设计或装饰上具有独创性的建筑物。有许多建筑物本身并无多大的艺术性，在建筑物本身的审美创造、布局及环境协调方面的审美创造性等方面没有建筑设计师的独特设计成分，因而谈不上具有创造性，不受著作权法保护。这类建筑物外观及其装饰缺乏独创性的设计成分像一般住宅就是如此。可见，并非所有的建筑物都受著作权保护。实际上，法律保护的仅是经过创造性设计的建筑物整个外观的一部分。具体地说，著作权法保护的建筑作品限于建筑物外观本身的艺术性设计，包括建筑物整体的外形、空间结构和建筑设计诸要素的排列、组合，而建筑物所用的材料以及具有实用性的建筑物的组成要件不属于受著作权保护的建筑作品。换言之，建筑作品保护的是其艺术创作成分，而非建筑物的结构和设计本身。建筑物如果不具有审美意义，就不能作为受著作权保护的建筑作品。这里强调的是，建筑作品应当反映设计者独特的设计风格和个性特征，特别是应具有给人视觉愉悦之审美意义。当然，建筑物中涉及的建筑材料和建筑方法等，可以受到其他法律的保护。

“建筑表现图”及“建筑模型”作为建筑艺术的一部分，也被赋予了建筑设计师的创造性构思，是其一定美学构思的外在表现形式。在性质上，“建筑表现图”与一般的彩画或素描没多大区别。“建筑模型”是一种立体外观设计，也是具有一定审美意义的造型艺术。从著作权法的角度来说，这两者均应列入著作权客体之列。从我国《著作权法实施条例》的规定来看，建筑作品作为建筑物或者构筑物形式表现出来的作品，不包括建筑设计图和建筑模型，因为2001年《著作权法》明确规定了“工程设计图、产品设计图、地图、示意图等图形作品和模型作品”，建筑设计图即应放入图形作品中保护，不列入建筑作品保护，建筑模型则可以纳入模型作品受著作权保护。

【撰写：“国家知识产权文献及信息资料库建设研究”课题组】

图 6-4-26　建筑作品词条界面（二）

如涉外专利代理机构词条，其内涵相对来讲比较容易理解，因此其内容也相对简洁，具体如图 6-4-27 所示。

知信通 > 知产百科 > 涉外专利代理机构

涉外专利代理机构

英文标题：Foreign-related patent agency

更新时间：2016.07.12

办理涉外专利事务的专利代理机构。

由于涉外专利事务具有一定的复杂性，对专利代理机构要求较高，过去我国一般专利代理机构难以胜任。因此，2000年《专利法》第十九条第一款规定：在中国没有经常居所或者营业所的外国人、外国企业或者外国其他组织在中国申请专利和办理其他专利事务的，应当委托国务院专利行政部门指定的专利代理机构办理。但是，随着我国专利代理水平的提高，很多专利代理机构已经具备涉外专利代理的专业水准。为了营造公平竞争环境，2008年《专利法》第十九条第一款则修改为：“在中国没有经常居所或者营业所的外国人、外国企业或者外国其他组织在中国申请专利和办理其他专利事务的，应当委托依法设立的专利代理机构办理。”

（撰写：“国家知识产权文献及信息资料库建设研究”课题组）

相关百科

- 专利代理人
- 专利代理条例
- 专利代理机构
- 中华全国专利代理人协会
- 专利代理人资格考试
- 专利代理
- 商标代理机构违法执业的法律责任

图 6-4-27　涉外专利代理机构词条界面

再如非专利实体词条，其内涵也比较简要，具体如图 6-4-28 所示。

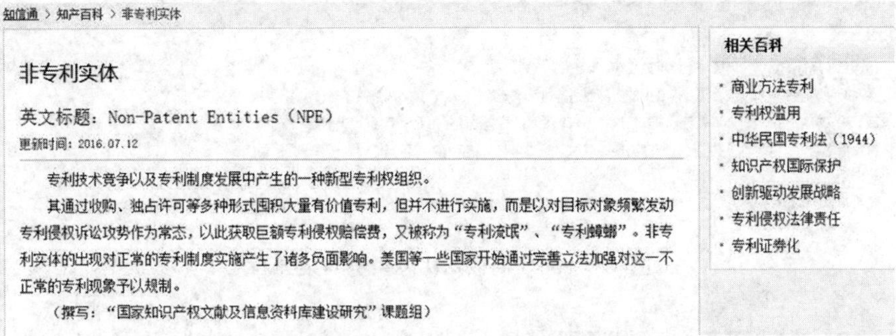

知信通 > 知产百科 > 非专利实体

非专利实体

英文标题：Non-Patent Entities（NPE）

更新时间：2016.07.12

专利技术竞争以及专利制度发展中产生的一种新型专利权组织。

其通过收购、独占许可等多种形式囤积大量有价值专利，但并不进行实施，而是以对目标对象频繁发动专利侵权诉讼攻势作为常态，以此获取巨额专利侵权赔偿费，又被称为“专利流氓”、“专利蟑螂”。非专利实体的出现对正常的专利制度实施产生了诸多负面影响。美国等一些国家开始通过完善立法加强对这一不正常的专利现象予以规制。

（撰写：“国家知识产权文献及信息资料库建设研究”课题组）

相关百科

- 商业方法专利
- 专利权滥用
- 中华民国专利法（1944）
- 知识产权国际保护
- 创新驱动发展战略
- 专利侵权法律责任
- 专利证券化

图 6-4-28 非专利实体词条界面

另如商业秘密词条，其界面如图 6-4-29 所示。

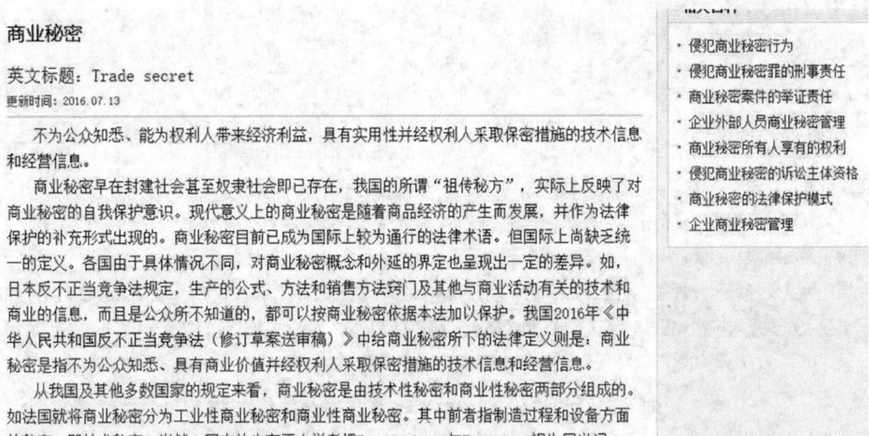

商业秘密

英文标题：Trade secret

更新时间：2016.07.13

不为公众知悉、能为权利人带来经济利益，具有实用性并经权利人采取保密措施的技术信息和经营信息。

商业秘密早在封建社会甚至奴隶社会即已存在，我国的所谓“祖传秘方”，实际上反映了对商业秘密的自我保护意识。现代意义上的商业秘密是随着商品经济的产生而发展，并作为法律保护的补充形式出现的。商业秘密目前已成为国际上较为通行的法律术语。但国际上尚缺乏统一的定义。各国由于具体情况不同，对商业秘密概念和外延的界定也呈现出一定的差异。如，日本反不正当竞争法规定，生产的公式、方法和销售方法窍门及其他与商业活动有关的技术和商业的信息，而且是公众所不知道的，都可以按商业秘密依据本法加以保护。我国2016年《中华人民共和国反不正当竞争法（修订草案送审稿）》中给商业秘密所下的法律定义则是：商业秘密是指不为公众知悉、具有商业价值并经权利人采取保密措施的技术信息和经营信息。

从我国及其他多数国家的规定来看，商业秘密是由技术性秘密和商业性秘密两部分组成的。如法国就将商业秘密分为工业性商业秘密和商业性商业秘密。其中前者指制造过程和设备方面的秘密，即技术秘密。当然，国内外也有不少学者把Trade-secret与Know-how 视为同义词。

【撰写：“国家知识产权文献及信息资料库建设研究”课题组】

- 侵犯商业秘密行为
- 侵犯商业秘密罪的刑事责任
- 商业秘密案件的举证责任
- 企业外部人员商业秘密管理
- 商业秘密所有人享有的权利
- 侵犯商业秘密的诉讼主体资格
- 商业秘密的法律保护模式
- 企业商业秘密管理

图 6-4-29 商业秘密词条界面

如商标法实施条例词条，其属于法条性质词汇的介绍，内涵也比较简洁，具体如图 6-4-30 所示。商标法实施条例的英文标题为 Regulations of Implementing Trademark Law，词条解释简洁易懂，方便用户对该词条的理解。该词条的相关百科包括“商标法实施条例”“中华人民共和国著作权法实施条例”“申请日”“商标异议”“证明商标”“企业商标印制管理”“服务商标”。

商标法实施条例

英文标题：Regulations of Implementing Trademark Law

更新时间：2016.07.12

由国务院颁行的实施《商标法》的行政法规。

《商标法实施条例》基于我国商标制度的变革而进行过多次修改。1993、1995和1999年修订的名称均称为《商标法实施细则》。2000年《商标法》修改后，与其配套的规范开始修改为《商标法实施条例》。

《商标法实施条例》对于贯彻商标法律制度，增加商标法律制度在实施中的可操作性，具有十分重要的意义和作用。

【撰写："国家知识产权文献及信息资料库建设研究"课题组】

相关百科

- 商标法实施条例
- 中华人民共和国著作权法实施条例
- 申请日
- 商标异议
- 证明商标
- 企业商标印制管理
- 服务商标

图 6-4-30　商标法实施条例词条界面

如企业知识产权流程管理词条，其内容主要如图 6-4-31 所示。

知信通 > 知产百科 > 企业知识产权流程管理

企业知识产权流程管理

英文标题：Process management of intellectual property for the enterprise

更新时间：2016.07.12

以流程管理原理为指导，针对企业知识产权的产生、运用过程的各个环节和阶段对相关知识产权问题所进行的计划、组织、指挥、协调和控制等活动。

企业知识产权有一个产生、运用的过程。从技术创新的全过程看，涉及立项、研究开发、采购、生产、销售和售后等阶段。在这些不同阶段中均存在知识产权问题。因此，流程管理防范运用到企业知识产权管理领域，可以使知识产权管理具有系统性，并使得各阶段和环节的知识产权管理活动相得益彰。我国对企业知识产权流程管理研究尚处于初步阶段，实践经验也有待总结。

（撰写："国家知识产权文献及信息资料库建设研究"课题组）

图 6-4-31　企业知识产权流程管理词条界面

第二，相对复杂的词条，一般建立目录，对相关内容分别予以阐述。

如著作权的专有性词条，其英文标题为 Exclusivity of copyright，更新时间为 2016 年 7 月 12 日。名词解释部分目录包括："一、著作权的专有性概念与内涵"；"二、'市场力'视角下的著作权的专有性"。右侧相关百科栏中则包括商标权的专有性、专利权的专有性、商标专用权、知识产权排他性、邻接权、著作权强制许可、利用商标承接专利垄断权战略七个相关词条。具体如图 6-4-32—6-4-38 所示。

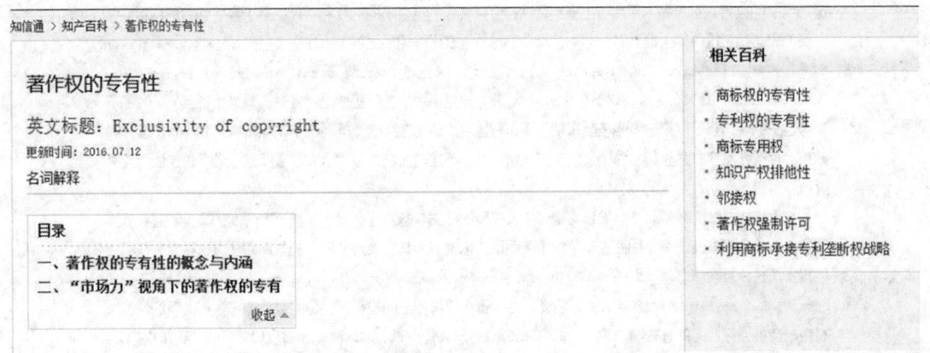

图 6-4-32　著作权的专有性词条界面（一）

一、著作权的专有性的概念与内涵

著作权作为一种具有绝对权性质的权利。

著作权有时被视为有限垄断的一种形式。关于著作权的垄断特征，有学者指出：我们应当记住著作权是一种垄断。与其他垄断一样，它留下了很多缺陷，对竞争者和公众都施加了负担。但与其他垄断不同的是，法律允许甚至鼓励这种垄断，这是因为它有很多优点。然而，我们还是要记住它毕竟是一种垄断，应当确保对竞争者和公众的负担不会超过它带来的利益。所以审视谁获得了利益，在多大程度上获得了利益以及以谁的代价为基础获得了利益，这是合乎需要的。（Chafee, Reflections on the Law of Copyright, 45 Columbia Law Review, 503, 506 (1945).）美国司法判例认为，“任何形式中的著作权，无论是制定法还是普通法，是一种垄断…… 立法者创制了垄断权，以作为贡献的对价，并且当垄断权届满时，这种奉献也将完成”。（Roy G. Saltman, Copyright in Computer-Readable Works: Policy Impacts of Technological Change, Washington D. C. NBS Special Publication 500-17, 1977, at 40）根据美国最高法院的观点，著作权是一种垄断。（Fox Film Corp. v. Doyal, 286 U.S. 123, 127 (1932) .）美国国会报告认为，著作权是垄断的形式。（H. R. Rep. No. 742, on H.J. Res. 676, 87th Cong., 2d Sess. 6 (1962).）不过，由于著作权只保护思想的表达方式而不保护思想本身，在专利法中则不存在着这种限制。尽管著作权的保护期限比专利权要长，专利保护的强度却比著作权要大。与专利权相比，著作权有“弱垄断”之称。而且，著作权的期限、合理使用等著作权的限制等都没有完全解决著作权的垄断性问题。在司法实践中也没有很好地解决著作权的垄断性问题。

“著作权有必要涉及限制权以及垄断知识扩散的权利”。（Hudon, The Copyright Period: Weighing Personal Against Public Interest, 49 A. B. A. J. 759 (1963)）在美国，从19世纪建立起来的著作权原则之一就是著作权的法定垄断原则，即著作权是有限的法定垄断，而不是（相对于竞争性理论）作者的自然法权利。法院在Wheaton v. Peters案件中作出了这一选择。法院认为：在普通法的含义上，作者对其手稿拥有财产权，可以排除他人的剥夺，禁止他人不适当地占有复制品并通过出版来获得利润。但在作者已经将自

图 6-4-33　著作权的专有性词条界面（二）

己的作品问世后，对作品未来出版主张永久性和专有性权利是很不同的权利。作品基于其所包含的内容、其交流的思想和它提供娱乐而具有价值。该案件的重要性在于强调了法定垄断原则。（参见L·Ray Patterson, Stanley W ·Lindberg, The Nature of Copyright: A Law of Users' Right, the University of Georgia Press, 1991, Sathens & London, at 58）这里所说的垄断仍然是“专有”意义上的含义。我们不能通过主张著作权是财产或者是垄断来回答著作权是否创造了垄断这一问题——虽然根据一些国家的著作权政策，原创作品在本质上被视为个人财产的范畴。财产不是垄断的对立物，而是垄断的基础，这是因为没有财产就没有垄断。

在著作权司法实践中，垄断被认为是著作权政策的合法实施。社会赋予作者一定时间的垄断利益，但要不是他，作品根本就没有。因而也不仅仅是奖酬他，也是鼓励其他人为了公众的效用而获得这种专有权。法院重复了这一哲学理念。（Micheal H. Davis, The Enlargement of Copyright and the Constitution, 52 Florida Law Review 867 (2000).）法院还认为，著作权法授予的垄断权积极地服务于它意图实现的刺激新材料创造的目标。（Harper & Row v. Nation Enterprises, 471 U.S. 539, 546 (1985).）从著作权立法看，著作权法赋予作者等著作权人对作品的专有权意义上的“垄断权”，在较早的时候即有体现。如英国1842年《著作权法》将复制视为从事某种行为的惟一的和专有的自由。后来著作权立法有相似的定义。1956年英国《著作权法》将著作权定义为专有地从事或者授权某人从事某种行为的专有权。这里不妨引用一段Macaulay 在1841年的一次演讲所说的观点：

我们需要图书的供应，这是合乎需要的。除非人们能够自由地获得报酬，否则我们将没有这种供应，而获得报酬的一种方式是赋予著作权。我们不期望所需要的很多文学和艺术能够被有独立手段的人所生产或者通过其他职业作谋生手段，并且把文学当成业余时间的副产品。在今天，通过政府和捐助者对作者的资助不是给予作者以使用费的良好替代品。所以我们求助于垄断，尽管垄断存在些缺点。这里，作家、音乐家和画家是最大的捐助者，所以我们倾向于保护他们。然而，保护他们的直接效果是使分享其创造物变得成本昂贵

图 6-4-34　著作权的专有性词条界面（三）

并且会限制那些特定的分享。此外，垄断总是使商品排除出市场。因此，我们也要确信著作权法的这种特别的规定确实有益于作者——它对公众施加的负担没有在实质上大于赋予作者的利益。（参见L·Ray Patterson, Stanley W ·Lindberg, The Nature of Copyright: A Law of Users' Right, the University of Georgia Press, 1991, Sathens & London, at 58）

从垄断的意义上考察著作权的性质，需要明确的问题是，作为垄断权意义上的著作权，它在适用到作品新的使用形式中，应注意不能不适当地增加公共领域的负担，否则正在改变的作品流转市场在被作者的专有权所重新定义之前，作为自由表达“引擎”的著作权将会因为缺乏足够的“燃料”而窒息。需要明确的另一个问题是，在什么程度上对作者赋予的专有权利构成了市场意义上的经济垄断，从而需要政府予以规制。值得注意的是，近些年来对著作权法经济学上的批评经常建立在著作权人的经济垄断基础之上。这些批评将著作权专有意义上的垄断看成是经济垄断，认为著作权垄断会对一个特定的著作权作品导致更少的数量和更高的价格（产生了社会利益的损失）。其实，著作权中“垄断”一般仍然应当理解为著作权人对其作品在市场上的专有控制权。但这种专有控制权本身不等于经济性垄断，因为它是有限的——著作权不能获得现实世界的真正垄断，除非作品这种著作权客体具有一个内在的垄断力。很多作品本身不能创造很大的垄断力，因为存在很相似的替代品。在很多情况下，要找到被著作权保护的替代性作品是可能的，特别是如果这种作品的保护期很长的话。并且，在著作权市场上存在与其他人的竞争。著作权的垄断性在客观上倾向于鼓励竞争性作品的创作，因为它阻止对原创性作品表达的复制。

词条目录»

二、“市场力”视角下的著作权的专有性

按照经济学的观点，如果有可以预见到的作品的需求市场，那么可以假定著作权人将会复制发行更多的作品。即使需求的全部数量不可预见，公众也可以通过再销售市场满足需要。从“市场力”的角度看，著作权的专有性与著作权避免不适当的垄断有很强的联系。（过度的市场力会导致垄断，而垄断可以根据市场失

图 6-4-35　著作权的专有性词条界面（四）

败来进行描述。与市场失败相关的问题可以使用更多的经济学原理加以讨论。如菊列 · 科海恩将市场失败解释为市场交易没有创造最佳效率，社会理想的资源分配和包括搭便车、垄断、外部性和信息不对称等。参见Julie Cohen, Lochner in Cyberspace: the New Economic Orthodoxy of ‘Rights Management’, 97 Mich. L. Rev. 462, 471 (1998).）由于著作权人具有阻止他人擅自利用其作品的权利，著作权人可以控制其作品在市场上的完全替代品的流通，这样就创制了著作权作品的市场力。因为市场力的增强，通过赋予作者对著作权作品的接近确定更高的价格，著作权保护减少了对现有著作权作品的接近。由于著作权法提供了作者以不断增加的市场力，这种市场力增加到了这样一个范围，即作者能够在完全竞争确定的价格之上获得利润，并且同时增加了作者从作品中获得的垄断利润，回过头来则产生了作者通过确立超竞争价格利用市场力时的负重损失。

这样，由著作权法创造的人为稀缺最终会导致社会的负重损失，这种损失来自于著作权人对接近现有作品的垄断，而垄断减少了整体的经济福利。当垄断者为了获得垄断性利益而把价格抬高到竞争性水平之上时，消费者将会购买更少的作品，同时市场上也不会产生足够多的作品，进而作为一个整体的社会状况变得更糟。简单地说，垄断减少了社会的收益。这些试图对作品的接近所需要支出的费用将会比在自然的竞争市场中所支付的更多。那些本来愿意以竞争性成本接近作品的一些公众将会不愿意或者不能以高于垄断价格的价格接近著作权作品。那些确实以更高的、垄断价格购买了作品的人必须把收益转让给作者，而作者通过垄断利润或租金形式来获得。在某一点上，著作权保护减少了新作品的供应，因为有很多作者被接近著作权材料的高成本所阻碍，这些作者的数目超过了由著作权保护所带来的其创作受到经济上的激励的作者的数目。（参见Maureen Ryan, Cyberspace as Public Space: A Public Trust Paradigm for Copyright in a Digital World, 79 Oregon Law Review 654 (2000).）为了避免出现不适当的负重损失，著作权法将市场力的范围限制到作品著作权能够正常实现的程度，确保后续作者能够复制早先的著作权作品中的一些因素以产生早先作品的合理替代品，著作权法能够实现这一点。通过确保合理替代品的效用，著作权法能够阻止作者在一个既定的市场获得不适当的市场力。

图 6-4-36　著作权的专有性词条界面（五）

者在一个既定的市场获得不适当的市场力。

不过，我们应注意，著作权法为著作权人提供的市场力是基于著作权这一专有权，而著作权人获得对作品的专有权的利益却不是直接表现为物质报偿，而只是表现为一种期待权利。这种期待权利要转化为物质利益则依赖于市场以及该作品涉及的“大众口味”。不过，作品所实现的社会利益和价值则不能以市场来衡量，因为那些旨在向公众传播知识、信息以及创造性思想而又对公众有益的专业性作品，读者面可能相当小，但不能因此而否认这类作品的巨大价值。相比之下，那些适合大众口味而受到大众欢迎的通俗性作品因市场化程度高而获得的物质利益要高得多。

至于著作权法能为作者提供多大程度的市场力，这取决于后续作者对原创作品吸引力的程度。这种程度越高，那么与作品著作权相关市场力的限制就越多；这种程度越低，这种市场力就越具有实质性。作为一般性原则，当著作权法要求后续作者为避免侵权而创作作品需要与先前作品有很大程度不同，从而放弃作为原创作者能够享有的很大程度的专有性时，市场力和与一个特定作品相关的负重损失将增加。在某一点上，当著作权扩展保护范围导致他人接近（复制）作品而承担较高的费用，这种保护所产生的市场力将过度，因为该作品施加了一个负重损失和不适当地限制了对该作品传播的接近。为避免产生此种不适当的负重损失，著作权法的鼓励创作与保障公众接近作品的平衡机制主张，著作权法必须允许后续作者自由复制构成他们作品的一些因素，或者从早先作品的提取达到一定水平；在相关消费者认为是早先作品的合理替代品时，后续作者必须享有某种利益。（Glynn S. Lunney, Reexamine Copyright incentive Access Paradigm, 49 Vanderbilt Law Review 520 (1996).）由此可见，著作权专有性有其适当范围的限制。这种限制是防止著作权专有构成不适当垄断、创制不适当的市场力所需的。正如美国最高法院在Forgerty v. Fantasy, Inc.案件中所指出的一样：我们经常承认垄断……在性质上是有限的。（510, U.S. 517, 526 (1994)）这种从防范著作权的不适当垄断的层面，也反映出著作权法的利益平衡机制的效用。

另外，在从垄断层面看待著作权的专有性问题时，一种解释认为著作作品实行“垄断价格”具有其特有的合理性：创作作品的最初成本（时间、最初的创作投入、广告、失败的风险等）相对来说很高，而复制的成

图 6-4-37　著作权的专有性词条界面（六）

另外，在从垄断层面看待著作权的专有性问题时，一种解释认为著作作品实行“垄断价格”具有其特有的合理性：创作作品的最初成本（时间、最初的创作投入、广告、失败的风险等）相对来很高，而复制的成本相对很低。这样一来，原创作品在市场中就没有任何优势，从而会影响这种作品的创作，除非对这种原创的作品授予著作权保护。在有些情况下这种负面效用大到足以阻止这种作品根本就不会被创作出来的地步。（参见Steophen Breyer, The Unease Case for Copyright: A Study of Copyright in Books, Photocopies, and Computer Programs, 84 Harvard Law Review 281 (1971)）当然，这一观点也不是没有问题，如有的学者质疑：如果著作权法的目的是为了在最后有利于公众和公共领域，鼓励原创作品的创作和传播，那么著作权的经济垄断是实现这样一个目的的必要手段吗？如果终止或者减少著作权保护将不会减少创造性作品的流动，那么保护著作权没有效率，至少从经济意义上看是这样。另一方面，如果原创作品的产出将会因为著作权的终止或者减少而减少，那么很明显地废弃著作权是不合乎需要的。著作权作品的“垄断价格”没有现实基础，因为在市场经济中，作品和其他商品一样其价格的确定与市场供求规律具有相关性。为了实现对作者创作作品的激励和传播者传播作品的激励，试图通过建立垄断价格机制是不现实的。

【撰写：“国家知识产权文献及信息资料库建设研究”课题组】

词条目录 »

TOP

图 6-4-38　著作权的专有性词条界面（七）

如专利权的专有性词条，该词条的英文标题为 Exclusivity of patent，该词条主要包括专利权专有性的概念、专利权专有性的专利制度史之考察、专利权的专有性之内涵三个主要部分。其相关词条包括商标权的专有性、著作权的专有性、中国的专利组织和机构、专利权的无效宣告请求、发明、实用新型专利权的保护范围、专利权的无效、基因技术与基因信息涉及的专利问题等词条。具体如图 6-4-39—6-4-43 所示。

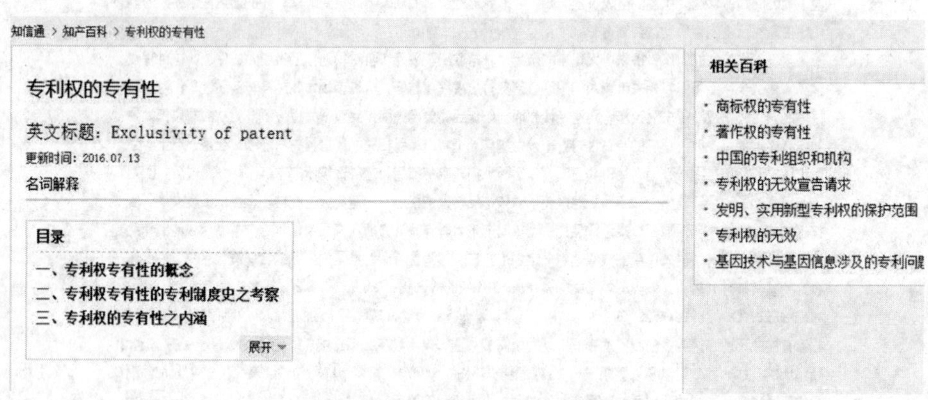

图 6-4-39　专利权的专有性词条界面（一）

一、专利权专有性的概念

专利权是一种专有权，或称垄断权，即专利权专属于权利人所有，权利人在法定期限内享有垄断的权利，未经其许可其他人不得利用，否则构成侵权。

这种专有所要达到的目的是保障知识产权人对某种商品享有在市场上的垄断权，即控制该商品在市场上的份额，进而取得高额垄断利润。因此，市场份额是知识产权人的根本利益所在。基于激励理论，知识产权创造了市场权利。

二、专利权专有性的专利制度史之考察

与著作权相比，专利权人专有地使用其发明的权利，更被看成是一种“垄断权”。一些教科书也主张专利是一种典型的垄断。“虽然专利是财产权，但法院和评论家都倾向于将其视为垄断。专利法中包含了很多的限制垄断利润的原则。”（Kenneth W.Dam, The Economic Underpinning of Patent Law, 18 The Journal of LegalSdtudies 250 (1994)）在“专有”的一般含义上看待专利的“垄断”特征，专利和其他形式的财产权没有本质区别——私人财产权因具有排他性而具有垄断因素，但为何专利不被认为是其他形式的专有财产权？专利被作为垄断权可能存在历史渊源。历史上，专利被赋予类似于由国王授予的具有专有性的特权。在早期的英国，专有权的授予是作为国王的一种特权，这种特权的授予是作为一种地区经济发展的手段。特权与研究或者革新活动间具有很少的联系。例如，在1326年，爱德华三世制定了鼓励有用技术进口的政策。1440年，制造盐的方法的专用权被授予发明者。只是在随后的一段时期内，皇家许可带有政治味道，而不是旨在鼓励经济增长。这种不公平的垄断维持了一段时间，逐渐导致了越来越多的反对者对国王的抗议，最终促成了1624年《垄断法令》的诞生。《垄断法令》被认为是世界上第一部现代意义的专利法。该法以“垄断法令”命名，表明了专利是在“专有”的含义上使用的。该法禁止皇家垄断，但发明者对自己发明的

图 6-4-40　专利权的专有性词条界面（二）

垄断却被作为例外保留下来。换言之，授予发明者的专利垄断不同于16-17世纪由国王授予的垄断——这种垄断被1624年的《垄断法令》宣布为违法。这种对发明的垄断，如1600年詹姆士授予达西专有制造和销售牌的权利，或者像法国或澳大利亚烟草当局在19世纪授予的专有制造或者销售雪茄烟的权利，游离于公有领域。在授予专有权前，任何人都有权制造、销售它们。当授予专有权后，这些权利就离开了公众，进入到个人手中。《垄断法令》的颁布实施使得专利权跳出了封建社会“特权”的藩篱而贴上了现代财产权的标签；正是基于此，它被认为是现代专利制度的开端。

从专利制度的历史来看，在专利制度的发展过程中，批评甚至否定专利制度的观点一直存在。荷兰在19世纪的专利论战中甚至一度废除了专利制度。反对专利制度的原因很多，认为专利是一种垄断，而所有的垄断都是邪恶的，则是理由之一。

三、专利权的专有性之内涵

专利“垄断”权的授予与形成经济上的垄断没有必然联系，只是在很有限的领域中才有联系。一个公司一年可能获得很多专利，但在市场上却很难获得垄断力。在今天，在“专有权”的意义上，专利垄断权的效力，与专利的市场力直接相关。专利的市场力取决于特定产品的需求弹性，而需求弹性又依赖于可以获得的产品的替代品范围。在18-19世纪，专利权人控制市场和确定在先发明的价格的垄断权较强，因为那时在狭窄的市场领域中工业商品的范围较窄，非专利替代品难以生产。然而，现代工业发展的多样性使得很多专利产品都可能存在替代品的生产。更具体地说，至少有三个竞争性压力的显著形式对专利权人发挥着作用：一是，专利产品或者方法可能会面对很相似的替代品；二是，在专利经济寿命的起始阶段，陈旧的技术继续存在于市场，与先进的专利技术展开竞争；三是，在专利经济寿命的最后阶段，竞争性公司直接与专利权人展开竞争，迫使专利权人将价格确定在竞争性水平上，以获得在专利保护期限届满后的市场。（有学者认为，由于竞争力对专利权人具有直接影响，不能假定专利权人拥有垄断权。不能认为专利权是垄断，甚至不能认为

图 6-4-41　专利权的专有性词条界面（三）

于竞争力对专利权人具有直接影响，不能假定专利权人拥有垄断权。不能认为专利权是垄断，甚至不能认为是法律垄断。专利不需要赋予垄断权，而是赋予财产权，这种财产权在通常的情况下受制于竞争市场的压力。参见Edmund Kitch, Patent as Property Rather Than Monopoly, 18 Research in Law andEconomics, 31-49 (1996)）因此，专利权人不宜不适当地使其产品价格高于公众不能获得的更廉价的替代品。为展开市场竞争，专利产品因一定价格的利用程度须与以较低价格出现的替代品的利用程度相同或更高一些。另外，除了替代性产品外，其他不在专利保护范围内的竞争性技术的进入，对专利产品的市场力也有重要影响。在专利权的有效期内，专利权人可以试图开发必要的资源来服务于专利产品市场，以便在市场有其他竞争对手进入时，专利产品市场仍然存在并且占领这一领域，以便在专利期限届满后不会促使其他竞争性公司利用在专利届满后较低的市场价格进行专业化投资。

从发明的社会效用看，发明是产生智力财富的重要途径，发明的产生是一种对公众需要的新的满足和人类知识宝库的累积。发明是从无到有的过程，发明者所从事的发明在以前从来没有出现过。在发明被授予专利之前，专利垄断权并不阻碍公众中的任何成员继续生产或者销售他们的产品。专利垄断保护的只是以前的产品市场所没有的东西。专利权人与现有的企业进行竞争——如果他要竞争的话，他不是提供与现有的制造商一样的产品，而是提供一个实现相同或者类似目的的或者满足同样需要的、更富有效率的不同产品。这种提供自然增加了公众选择商品的机会，从这个意义上讲，有学者认为，对专利垄断权而言，即使它赋予发明者的是一个垄断权，它增加了社会福利而不是从社会福利中抽走了一部分。（PeterMeinhardt, Inventions Patent and Monopoly, Second Edition,London, Steven &Sons Limited, 1950, at 32; Kenneth W. Dam, TheEconomic Underpinnings of Patent Law, 23 The Journal of Legal Studies 247(1994)）

不过，专利作为一种垄断权掌握在专利权人手中，并不一定能够获得最佳的利用，例如，专利权人利用发明的条件比其他的竞争对手差。更可能的是，由于专利权人有一定程度的垄断权，他们可能不会在确保对社会有益的环境下使用发明，或者要求过度地补偿其成本。垄断者的生产比起竞争者的生产可能会使生产水平偏低而价格偏高。此外，垄断者的政策可能是有意不利用一些机会，或者较少利用其他一些生产性资源，

词条目录 »

TOP

图 6-4-42　专利权的专有性词条界面（四）

平偏低而价格偏高。此外，垄断者的政策可能是有意不利用一些机会，或者较少利用其他一些生产性资源，或者使用较差的技术。也就是说，专利由专利权人完全垄断，并非意味着最佳社会效用。正是基于此，专利制度创设了一系列的制度特别是专利的许可与转让制度，以促进发明的最佳利用。此外，由于专利法限制了其他人实施其发明，可能会产生经济上的垄断，导致超竞争价格、生产的限制和经济学家所称的负重损失，专利法需要使这种潜在的扭曲或者没有效率达到最小化。

关于作为专有权的专利“垄断”，还有一个相关概念需要明确，即所谓的“经济租金”——垄断利润问题。很多专利，特别是那些在市场上成功的专利，确实使专利权人获得了经济租金。减少制造成本的专利可能会允许专利权人获得经济租金，这是在假定其他厂商不能利用革新来减少生产成本的条件下，而这正是赋予专利“制造、使用、销售的专有权”而需要实现的目的。专利权人获得的经济租金是由专利权人的单个成本和竞争者的单个成本之间的差别来实现的。经济租金在经济学中很普遍，当经济行为人比竞争者具有成本优势时，无论是基于法律的原因还是其他原因，他们都能够获得经济租金。法律上的原因可能是实施规则限制。有学者指出，“经济租金”的概念比“垄断”的概念更适合于分析专利。这是由于发明者对被专利保护的发明具有成本优势，可以比竞争者获得更多利润——经济租金。在为避免将专利垄断混同于经济垄断的层面上，经济租金的概念确实有其独特之处。一般而言，所提及的专利垄断不是经济垄断含义上的垄断，它相当于“经济租金”。

（撰写：“国家知识产权文献及信息资料库建设研究”课题组）

词条目录 »

TOP

图 6-4-43　专利权的专有性词条界面（五）

如法定许可词条，该词条的英文标题为Statutory license of copyright，其词条内容主要分法定许可的概念与范围、法定许可的合理性、法定许可的特征、我国《著作权法》关于法定许可的规定几个方面来阐述。具体如图6-4-44—6-4-48所示。

知信通 > 知产百科 > 法定许可

法定许可

英文标题：Statutory license of copyright

更新时间：2016.07.13

名词解释

目录

一、法定许可的概念与范围

二、法定许可的合理性

三、 法定许可的特征

四、我国《著作权法》关于法定许可的

展开

相关百科

- 私人复制
- 知识产权法定性
- 《中华人民共和国著作权法》
- 著作权强制许可
- 私人复制补偿金
- 信息网络传播权保护条例
- 知识产权限制

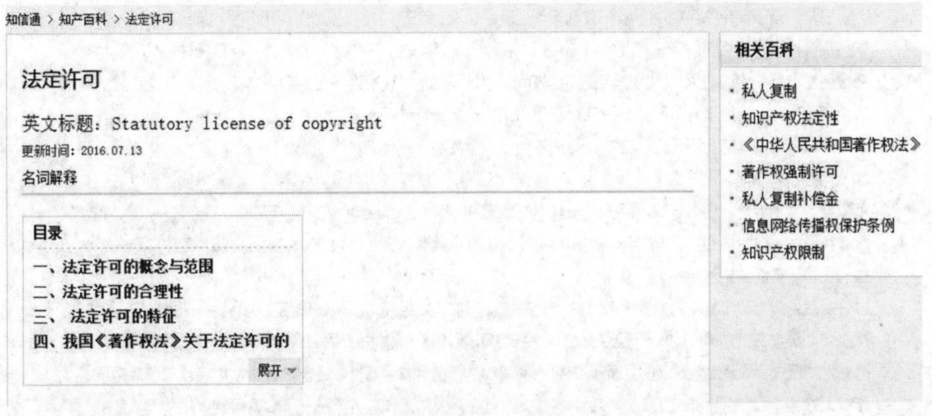

图6-4-44　法定许可词条界面（一）

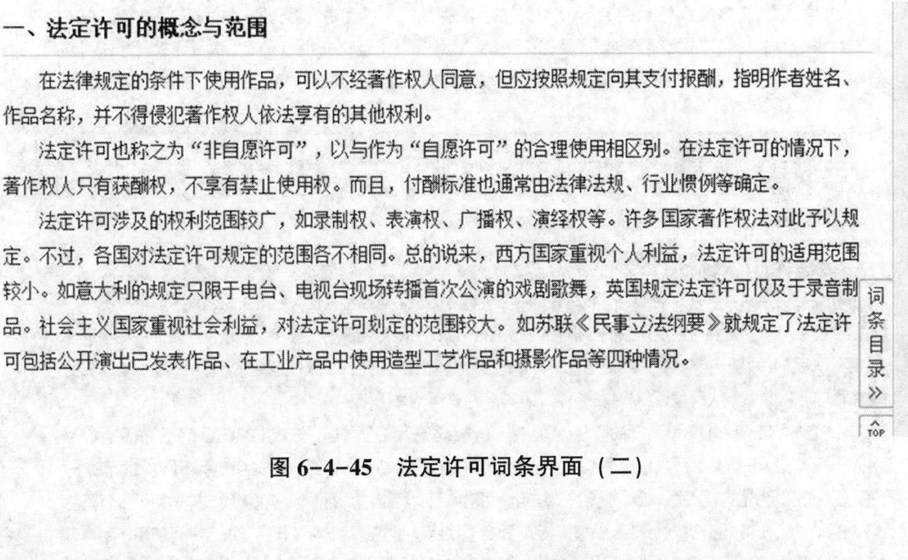

一、法定许可的概念与范围

在法律规定的条件下使用作品，可以不经著作权人同意，但应按照规定向其支付报酬，指明作者姓名、作品名称，并不得侵犯著作权人依法享有的其他权利。

法定许可也称之为“非自愿许可”，以与作为“自愿许可”的合理使用相区别。在法定许可的情况下，著作权人只有获酬权，不享有禁止使用权。而且，付酬标准也通常由法律法规、行业惯例等确定。

法定许可涉及的权利范围较广，如录制权、表演权、广播权、演绎权等。许多国家著作权法对此予以规定。不过，各国对法定许可规定的范围各不相同。总的说来，西方国家重视个人利益，法定许可的适用范围较小。如意大利的规定只限于电台、电视台现场转播首次公演的戏剧歌舞，英国规定法定许可仅及于录音制品。社会主义国家重视社会利益，对法定许可划定的范围较大。如苏联《民事立法纲要》就规定了法定许可包括公开演出已发表作品、在工业产品中使用造型工艺作品和摄影作品等四种情况。

词条目录 »

TOP

图6-4-45　法定许可词条界面（二）

二、法定许可的合理性

为克服著作权人不愿授权使用的障碍，简化授权使用手续，促进作品及时传播，几乎所有建立了著作权制度的国家都规定了法定许可制度。具体地说，法定许可的正当性或者说理论依据主要有以下几点：

一是，它对著作权人的权益没有明显损害，著作权人对每次以营利为目的的重复使用均能取得报酬，在绝大多数情况下，著作权人是不会反对这种使用的。著作权人仍然能够通过广泛地传播和使用其作品而获得必要的收益，有利于补偿其创作投资并激励其进一步从事智力创作活动。

二是，便于简化许可使用手续，有利于作品及时传播、满足广大公众文化生活需要。从著作权法的经济学角度分析，在相当多的带有商业性质的传播、使用作品的场合，获得著作权人许可而需要较高的交易成本将会产生市场失败的结果，因为许可谈判的时间、手续等因素很可能会使谈判遇到实质性困难，从而妨碍传播与使用作品。特别是对于一些需要及时获得作品的传播者、使用者来说，许可这一门槛将使其接近著作权作品变得更加困难甚至不可能。法定许可则避免了因交易成本问题而产生的市场失败风险，大大提高了传播和使用作品的效率，也节省了社会资源。对著作权人来说，法定许可也是有效率的，因为一则他可以省去与传播者、使用者谈判许可证的时间，便于其专心致志从事智力创作活动，二则他可以通过更广泛地传播和使用其作品而获得经济利益。同时，法定许可对社会来说也具有效率，因为更广泛地传播和使用作品意味着传播知识和信息的公共利益。

当然，作为著作权限制的重要形式之一，法定许可的正当性还可以从著作权法的利益平衡理论得到说明从整体上讲，法定许可是协调作品传播者、使用者和著作权人利益的重要的制度安排。法定许可针对的是商业性使用或者说营利性使用，因而著作权人保留收益权也具有合理性。法定许可之制度设计不但避免了著作权人的利益因许可权的法定限制而受到损害，而且在更大范围和程度上拓展了其获得利益的空间以及扩大其作品影响和声望的领域。法定许可也更好地满足了传播者和使用者等社会公众对著作权作品的需要。因此，它也是建立著作权法利益平衡机制的重要制度设计。

以上是从理论的角度阐述法定许可的合理性的。实际上，法定许可也是基于现实中授权的困难而诞生的一种著作权限制制度。例如，有些国家对空白录音录像带和复印机征收使用费，这是因为著作权人无法从具

词条目录 »
TOP

图 6-4-46　法定许可词条界面（三）

一种著作权限制制度。例如，有些国家对空白录音录像带和复印机征收使用费，这是因为著作权人无法从具
体的使用者那里获得使用费，使用者获得许可也不现实。

三、法定许可的特征

法定许可是对著作权权能限制的形式之一。法定许可的一个重要特征是，它更多地适用于邻接权主体。这主要是因为，邻接权主体是作品的传播者，如果在传播作品中都要事先取得作者同意，这就很可能延迟甚至阻碍作品的传播。对作者和作品使用人来讲，也会遇到麻烦。为此，法律有必要作出特别规定，准许在支付报酬和不损害权利人其他正当权益的条件下可以不经许可地使用作品。

法定许可是一种有偿使用作品的制度，但由于它与合理使用都是著作权法规定的对著作权的限制，都不必征得著作权人的同意，所以前述之“合理使用”也可看作是条件更严格的一种法定许可。不过，两者之间的区别还是很明显的。大致说来，主要有：法定许可对象具有特定性，而不像合理使用一样适用于所有不特定对象；法定许可只限于少数作品或录音制品，而合理使用原则上适用于所有作品；法定许可使用作品具有商业性，而合理使用缺乏商业性。另外，法定许可使用者仍然需要向著作权人支付费用，而合理使用不存在付费的问题。

词条目录 »

图 6-4-47　法定许可词条界面（四）

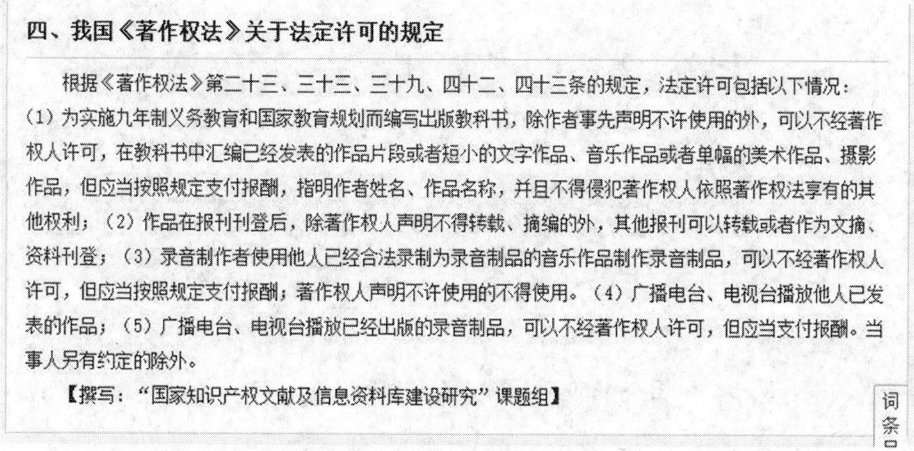

四、我国《著作权法》关于法定许可的规定

根据《著作权法》第二十三、三十三、三十九、四十二、四十三条的规定，法定许可包括以下情况：（1）为实施九年制义务教育和国家教育规划而编写出版教科书，除作者事先声明不许使用的外，可以不经著作权人许可，在教科书中汇编已经发表的作品片段或者短小的文字作品、音乐作品或者单幅的美术作品、摄影作品，但应当按照规定支付报酬，指明作者姓名、作品名称，并且不得侵犯著作权人依照著作权法享有的其他权利；（2）作品在报刊刊登后，除著作权人声明不得转载、摘编的外，其他报刊可以转载或者作为文摘、资料刊登；（3）录音制作者使用他人已经合法录制为录音制品的音乐作品制作录音制品，可以不经著作权人许可，但应当按照规定支付报酬；著作权人声明不许使用的不得使用。（4）广播电台、电视台播放他人已发表的作品；（5）广播电台、电视台播放已经出版的录音制品，可以不经著作权人许可，但应当支付报酬。当事人另有约定的除外。

【撰写：“国家知识产权文献及信息资料库建设研究”课题组】

图 6-4-48 法定许可词条界面（五）

如世界版权公约词条，该词条的英文标题为 Universal Copyright Convention，主要包括概念、产生背景、基本原则、主要内容、与《伯尔尼公约》的关系。具体如图 6-4-49—6-4-52 所示。

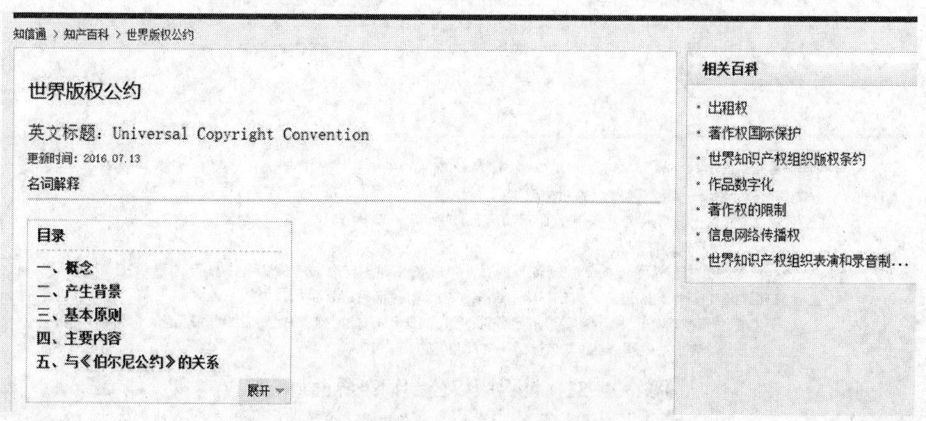

图 6-4-49 世界版权公约词条界面（一）

一、概念

1952年在联合国教科文组织主持下在日内瓦召开的政府间代表签订的保护著作权的国际公约，英文简称为UCC，又称为日内瓦公约。

二、产生背景

1883年《伯尔尼公约》签订后，一些国家包括美国这样的大国因其出版业不发达或因其国内法的规定与《伯尔尼公约》的规定存在一些差别而未能加入该公约。为了将美国及泛美著作权公约的一些国家加入世界著作权体系，经过联合国教科文组织的努力，决定起草一个保护水平低于《伯尔尼公约》的国际公约，以使更多的国家参加。于是在1952年9月6日在日内瓦签署了《世界著作权公约》。该公约于1955年9月16日生效，并在1971年在巴黎修订。中国于1992年10月30日加入该公约，并且声明根据该公约第5条规定有权在一定的条件下颁发翻译权和复制权的强制许可证。

词条目录》

TOP

图 6-4-50　世界版权公约词条界面（二）

三、基本原则

该公约基本原则主要有国民待遇原则、非自动保护原则与独立保护原则。

国民待遇原则体现于公约第2条及1971年的两个议定书中。具体内容是，任何缔约国国民出版的作品以及在该国首先出版的作品，在其他各缔约国中均享有该缔约国赋予其本国国民在本国首先出版的作品的同等的保护和该公约特许的保护；任何缔约国国民未出版的作品在其他各缔约国中均享有该其他缔约国给予其本国国民作品的同等的保护和该公约给予的特别保护。

非自动保护原则是，依公约规定对任何缔约国出版的作品，应在首次出版时的复制品上标有著作权标记即英文字母C外加一个圆圈的符号、著作权人姓名、首次出版年份。只要表明了上述内容，任何成员国如按照其国内法要求履行任何形式的手续，应视为已经履行了有关手续。该原则仅适用于已经出版的作品。

独立保护原则体现于公约第2条、第4条第1款、第4条之二第2款等条款中。其内容与《伯尔尼公约》相同，即各成员国所提供的著作权保护，不依赖于作品来源国的保护状况，不受其他成员国保护情况的影响。

四、主要内容

1.著作权保护的作品：公约第1条规定，文学、科学和艺术作品（包括文学的、音乐的、戏剧的、电影的作品，以及绘画、雕塑与雕刻）是公约保护的作品。

2.著作权主体：从公约第1条的规定看，著作权主体包括作者和其他著作权人。这一规定扩大了《伯尔尼公约》关于著作权主体的范围。

3.受公约保护的权利：公约没有保护著作权人的精神权利的内容，规定受到保护的权利包括保证作者利益的各种基本权利，包括准许以任何方式复制、公演、广播尤其是翻译等专有权。

4.权利的保护期限：公约第4条规定，作品的保护期限不得低于作者有生之年加其亡故后25年或作品首次出版之日起 25年。对于摄影作品和实用艺术品，保护期限不得少于10年。

词条目录》

TOP

图 6-4-51　世界版权公约词条界面（三）

五、与《伯尔尼公约》的关系

根据《世界著作权公约》第17条规定，公约不以任何方式影响《伯尔尼公约》的规定，也不影响依《伯尔尼公约》建立的伯尔尼联盟的成员资格。该规定旨在防止保护水平较高的《伯尔尼公约》成员国在参加《世界著作权公约》后向《世界著作权公约》转移。

【撰写：“国家知识产权文献及信息资料库建设研究”课题组】

词条

图 6-4-52　世界版权公约词条界面（四）

如知识产权信息开放利用词条，其英文标题为 Open use of intellectual property information，其界面展示如图 6-4-53—6-4-57 所示。

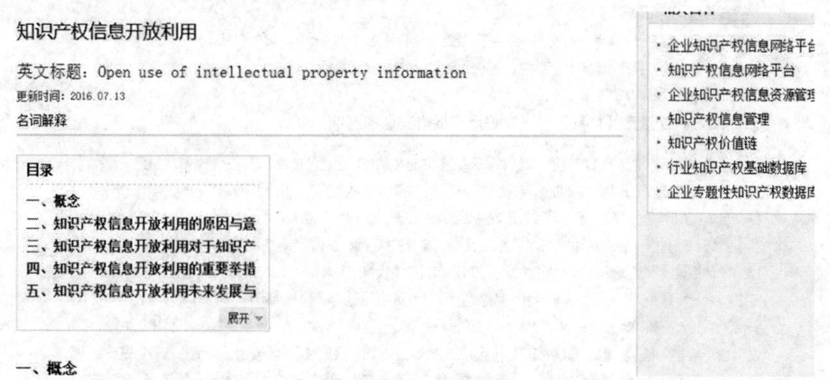

知识产权信息开放利用

英文标题：Open use of intellectual property information
更新时间：2016.07.13
名词解释

目录
一、概念
二、知识产权信息开放利用的原因与意
三、知识产权信息开放利用对于知识产
四、知识产权信息开放利用的重要举措
五、知识产权信息开放利用未来发展与
展开

一、概念

· 企业知识产权信息网络平台
· 知识产权信息网络平台
· 企业知识产权信息资源管理
· 知识产权信息管理
· 知识产权价值链
· 行业知识产权基础数据库
· 企业专题性知识产权数据库

图 6-4-53　知识产权信息开放利用词条界面（一）

一、概念

通过知识产权信息的公开和传播，促进知识产权信息的利用。知识产权信息开放利用既是知识产权信息本身的内在要求，也是当前社会信息化环境下加强知识产权信息化建设、有效实施知识产权战略的要求。

2015年12月国务院发布的《国务院关于新形势下加快知识产权强国建设的若干意见》（下称《意见》）提出：要加强知识产权信息开放利用。推进专利数据信息资源开放共享，增强大数据运用能力。建立财政资助项目形成的知识产权信息披露制度。加快落实上市企业知识产权信息披露制度。规范知识产权信息采集程序和内容。完善知识产权许可的信息备案和公告制度。加快建设互联互通的知识产权信息公共服务平台，实现专利、商标、版权、集成电路布图设计、植物新品种、地理标志等基础信息免费或低成本开放。依法及时公开专利审查过程信息。增加知识产权信息服务网点，完善知识产权信息公共服务网络。

二、知识产权信息开放利用的原因与意义

《意见》强调要加强知识产权信息开放利用，意义十分重大。提出加强知识产权开放信息利用，至少是基于以下几个原因：

一是当前我国知识产权信息开放利用做得非常不够，存在的问题很多。早在2006年国家科技部发布的《关于提高知识产权信息利用和服务能力推进知识产权信息服务平台建设的若干意见》（科学技术部国科发政字〔2006〕562号）就指出，我国知识产权信息化建设存在“知识产权信息资源建设条块分割，重复建设，没有形成有效的集成和共享机制”“社会对知识产权信息的重要价值认识不够，运用知识产权信息的能力不强”“知识产权信息分析利用的服务队伍严重不足”“现有的知识产权数据库建设和服务网络远不能满足创新活动的需要，公众缺乏获取知识产权信息的权威、高效、便捷的手段”等问题。时至今日这些问题并没有从根本上解决，而主要症结之一就在于对知识产权信息开放利用程度严重不够。很多本应由政府或者有关主管部门开放的知识产权文献及信息或相关文献与信息根本无法获取。这种情况如不从根本上改变，必将严重影响我国创新型国家建设。

词条目录 »
TOP

图 6-4-54　知识产权信息开放利用词条界面（二）

二是知识产权信息开放利用对于我国深入推进创新驱动发展战略，提高自主创新能力，建立产学研相结合的技术创新体系，提高我国国际竞争力和综合国力具有重要作用。这是因为，以专利信息、商标信息、著作权信息、商业秘密信息等具体形式表现的知识产权信息（尤其是专利信息）是我国企业、研究机构从事研发、科技创新活动的重要情报源。通过知识产权信息检索和分析，可以为技术创新决策和指导研发活动等提供重要依据。

知识产权信息开放利用无疑有利于服务于我国科技创新和技术创新战略。此外，知识产权信息开放利用还便于信息交流，发挥知识产权的价值，促进我国科技创新与知识传播。

三、知识产权信息开放利用对于知识产权战略实施的影响

建立知识产权信息披露制度是实现我国知识产权信息化和建设信息化社会的必由之路。在大数据、云计算时代，我国应当充分利用专利数据信息资源实现开放共享。这种知识产权信息披露制度将为我国知识产权的创造、运用、保护、管理等方面带来诸多益处。原因在于：专利数据信息资源是企业、研究机构实施专利信息管理和专利信息战略的基本载体和对象，企业、研究机构等通过实施专利信息管理和专利信息战略，可以有效地指导技术创新活动，防范法律风险，赢得市场竞争优势。具体地说，就知识产权创造而言，尤其是专利技术开发方面，企业、研究机构和发明创造者个人从事发明创造和科技创新活动离不开充分地检索和利用专利情报、文献和信息，专利数据信息资源的开放共享能为立项、研究开发活动提供直接的情报信息源，从而便于指导技术创新活动。就知识产权运用而言，知识产权信息开放共享便于企业、研究机构等知识产权主体及时掌握相关的信息，促成知识产权交易和价值实现，使知识产权保值增值。就知识产权保护而言，充分占有相关知识产权信息便于及时发现和制止侵权。就知识产权管理而言，知识产权信息管理本身属于知识产权管理的重要内容，知识产权信息的有效披露大大有利于企业、研究机构和产业等提高知识产权管理水平。基于知识产权信息披露制度对我国知识产权创造、运用、保护和管理方面重要作用，它也必将大大利于我国深入推进的国家知识产权战略。

图 6-4-55　知识产权信息开放利用词条界面（三）

四、知识产权信息开放利用的重要举措

从宏观方面看，随着信息化建设的日益重要，国家对信息公开问题逐渐重视。例如，2007年4月国务院发布了《中华人民共和国政府信息公开条例》，自2008年5月1日起施行。但整体上，我国信息公开的程度仍然有限，需要大力改进。就知识产权信息开放利用而言，目前我国国家知识产权局和地方各级知识产权局以及相关政府部门、行业协会等已经采取了一些措施。例如，国家相关主管部门主导的专利信息检索系统、商标检索查询系统，还有国家知识产权局、版权局、商标局等行政部门官方网站，以及最高人民法院知识产权司法裁判文书网等，也都有较多的开放的知识产权文献和信息。国家知识产权局指导和引导的产业专题数据库建设也有了一定规模和成效。例如，在装备制造、钢铁、造船、纺织、石油化工等20多个传统产业建立了专题性专利数据库，并且正在建设七个战略性新兴产业专题专利数据库。通过开放利用知识产权信息的这些措施，无疑便利了社会公众及时获取和利用相关知识产权文献与信息，也促进了知识产权信息及时传播，有利于在全社会弘扬知识产权意识，推进国家知识产权战略实施。但是，仍然存在的问题是，在知识产权信息开放的程度和范围、信息的及时性和增值信息开放方面，还很不够。尤其体现于信息公开方面，需要大力改进。

加强知识产权信息开放利用有很多措施。其中，《意见》列举的以下几点尤其值得重视：一是建立财政资助项目形成的知识产权信息披露制度。二是加快落实上市企业知识产权信息披露制度。三是加快建设互联互通的知识产权信息公共服务平台。四是依法及时公开专利审查过程信息。具体分析如下：其一，迄今为止我国财政资助项目形成的知识产权信息披露非常不够。这不利于这方面项目成果的推广运用，加强这方面信息披露，有利于提高财政资助项目成果的应用价值，使国家财政在项目研究方面支出产生更大的效益和影响。其二，我国上市企业知识产权信息披露过去一直很不规范，信息披露程度很低。在知识产权对上市公司日益重要的情况下，这已经影响到上司公司的发展。其三，我国互联互通的知识产权信息公共服务平台建设虽然已经有一些较为成熟，但总体上存在内容重复、增值服务程度低、使用不便、更新不及时等多种问题，这类信息平台在互通互联方面也做得不够。其四，专利审查过程信息过去我国有关主管部门一般不予公开，公众很难通过正常的渠道获知相关专利确权信息。这方面也需要依法及时公开，也便于服务于技术研发和专利

图 6-4-56　知识产权信息开放利用词条界面（四）

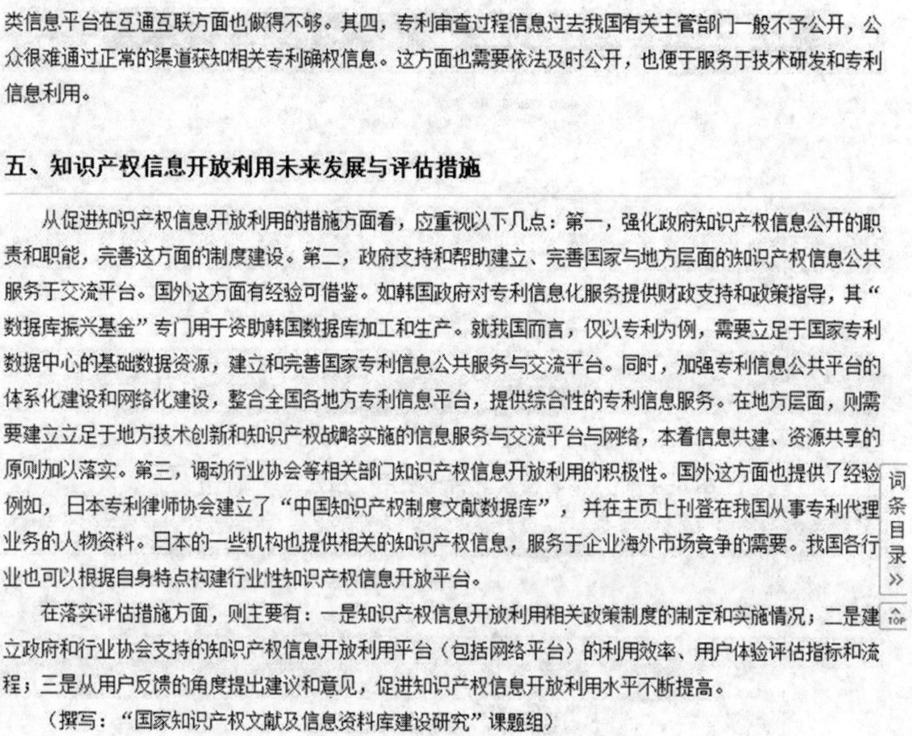

类信息平台在互通互联方面也做得不够。其四，专利审查过程信息过去我国有关主管部门一般不予公开，公众很难通过正常的渠道获知相关专利确权信息。这方面也需要依法及时公开，也便于服务于技术研发和专利信息利用。

五、知识产权信息开放利用未来发展与评估措施

从促进知识产权信息开放利用的措施方面看，应重视以下几点：第一，强化政府知识产权信息公开的职责和职能，完善这方面的制度建设。第二，政府支持和帮助建立、完善国家与地方层面的知识产权信息公共服务于交流平台。国外这方面有经验可借鉴。如韩国政府对专利信息化服务提供财政支持和政策指导，其“数据库振兴基金”专门用于资助韩国数据库加工和生产。就我国而言，仅以专利为例，需要立足于国家专利数据中心的基础数据资源，建立和完善国家专利信息公共服务与交流平台。同时，加强专利信息公共平台的体系化建设和网络化建设，整合全国各地方专利信息平台，提供综合性的专利信息服务。在地方层面，则需要建立立足于地方技术创新和知识产权战略实施的信息服务与交流平台与网络，本着信息共建、资源共享的原则加以落实。第三，调动行业协会等相关部门知识产权信息开放利用的积极性。国外这方面也提供了经验例如，日本专利律师协会建立了“中国知识产权制度文献数据库”，并在主页上刊登在我国从事专利代理业务的人物资料。日本的一些机构也提供相关的知识产权信息，服务于企业海外市场竞争的需要。我国各行业也可以根据自身特点构建行业性知识产权信息开放平台。

词条目录 »

在落实评估措施方面，则主要有：一是知识产权信息开放利用相关政策制度的制定和实施情况；二是建立政府和行业协会支持的知识产权信息开放利用平台（包括网络平台）的利用效率、用户体验评估指标和流程；三是从用户反馈的角度提出建议和意见，促进知识产权信息开放利用水平不断提高。

TOP

（撰写：“国家知识产权文献及信息资料库建设研究”课题组）

图 6-4-57　知识产权信息开放利用词条界面（五）

三、知产百科版块检索

知产百科版块由于只是词条的检索，没有高级检索，因此基本可以从标题检索和全文检索两个方面来介绍。

（一）标题检索

标题检索指的是在标题中检索含有关键词的词条。如检索标题中带有“合理使用”的词条，也即含有“合理使用”的词条。在快捷检索栏中输入“合理使用”，选定“标题”，点击“检索”，则出现检索结果（http://www.ipknow.cn/index.php? m = search&c = search&a = index&modelid = 998&wd =%BA%CF%C0%ED%CA%B9%D3%C3&serach_ type =%B1%EA%CC%E2），检索结果如图 6-4-58—6-4-59 所示。

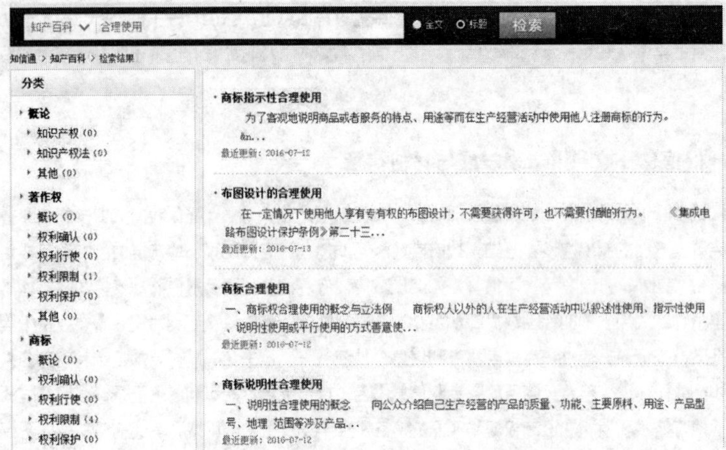

图 6-4-58 标题检索“合理使用”检索结果（一）

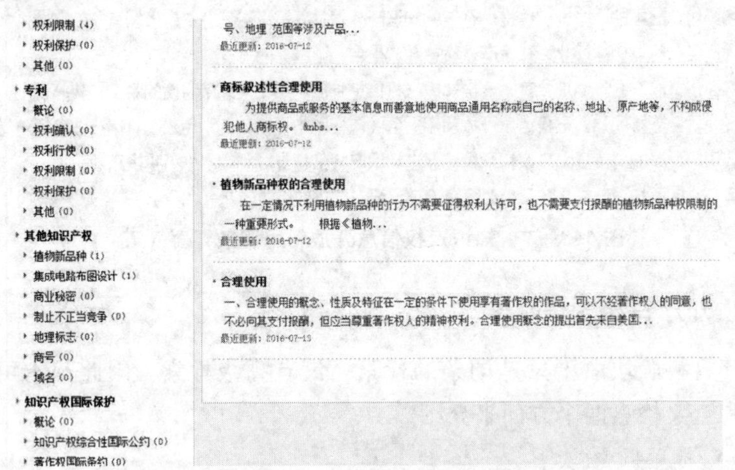

图 6-4-59 标题检索“合理使用”检索结果（二）

从上述检索结果可以看出，一共有 7 条符合条件的检索结果，分别为“商标指示性合理使用”“布图设计的合理使用”“商标合理使用”“商标说明性合理使用”“商标叙述性合理使用”“植物新品种权的合理使用”“合理使用”。点击具体词条则可以进入相应的词条界面。

如点击第一条检索结果“商标指示性合理使用”，则进入商标指示性合理使用词条界面（http://www.ipknow.cn/wiki/show-1379.html），如图 6-4-60 所示。

商标指示性合理使用

英文标题：Indicativefair use of trademark

更新时间：2016.07.12

为了客观地说明商品或者服务的特点、用途等而在生产经营活动中使用他人注册商标的行为。

指示性合理使用在国外商标司法实践中也不时可以看到。例如，欧盟法院审理的BMW公司起诉Deenik商标侵权案即有代表性。在该案中，被告是主要经营BMW二手车并从事该种汽车修理和维护的汽车修理主。被告在不属于BMW的特约经销商的情况下使用了“BMW修理维护”的广告。欧洲法院认为：被告有权在经销二手车时使用原告的商标做广告，因为这是保障被告将从事该种牌号的汽车销售和维修信息提供给社会公众所必需的。同时，被告也有权使用原告商标指示服务的用途，这样才能使其向公众传达有能力维护这一车型的信息。但是，在任何情况下被告不能使人误认为其经营与商标权人存在商业上的联系，特别是不能使人认为他是商标权人的特约经销商和维修商。（参见黄晖：《驰名商标和著名商标的法律保护》，法律出版社2001年版，第194页）还如，美国NewKidsontheBlockv.NewsAmericaPublishing,Inc.案，甚至被认为是确立指示性使用的最初案例。(参见武敏：“商标合理使用制度初探”，载《中华商标》2002年第7期)

指示性合理使用应具备的条件通常是：第一，如果不使用某商标，那么就无法描述特定的商品或服务；第二，使用商标对于特定的产品或者服务的描述是合理的、必须的；第三，使用该商标不得使消费者误认为该使用由商标权人发起获得并得到其支持。(参见武敏：“商标合理使用制度初探”，载《中华商标》2002年第7期)

【撰写：“国家知识产权文献及信息资料库建设研究”课题组】

相关百科

- 合理使用
- 商标说明性合理使用
- 商标叙述性合理使用
- 商标合理使用
- 布图设计的合理使用
- 植物新品种权的合理使用
- 商标权的限制

图 6-4-60　商标性指示性合理使用词条界面

以“企业知识产权管理”为关键词进行标题检索。在检索栏中输入“企业知识产权管理”，选定“标题”，点击“检索”，则出现如图 6-4-61—6-4-62 的检索结果。从检索结果可知，一共有 37 个包含有“企业知识产权管理”的词条。

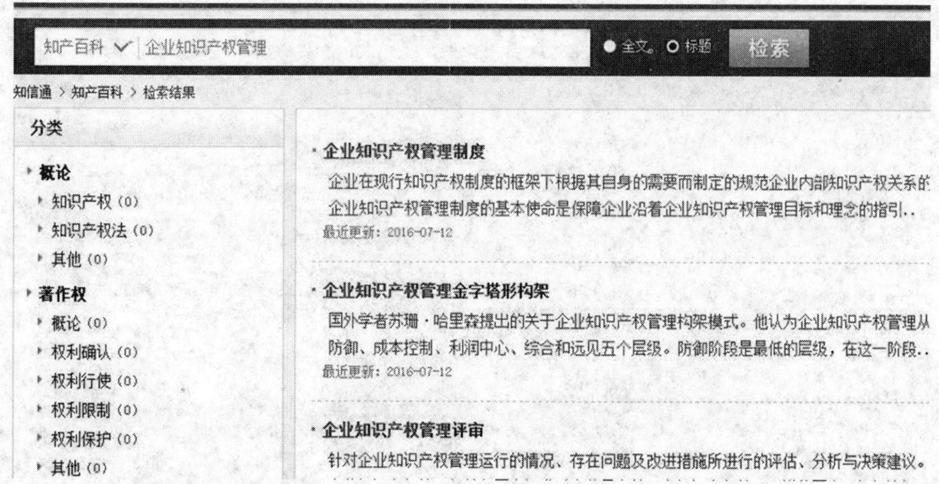

图 6-4-61　“企业知识产权管理”为关键词的标题检索结果（一）

· **企业知识产权管理机构项目制**

立足于项目研究构建的知识产权管理机构模式。项目型组织的依据是企业知识产权管理工作可以按照项目进行划分。在该模式下，实施类似于项目管理方式的知识产权管理机构模式（？），完成...

最近更新：2016-07-12

· **企业知识产权管理代表**

企业最高管理者指定或任命的具体负责知识产权管理的人员。企业知识产权管理代表实际上就是企业知识产权管理的负责人。根据《企业知识产权管理规范》国家标准第5.4.1（管理者代表...

最近更新：2016-07-12

图 6-4-62 “企业知识产权管理”为关键词的标题检索结果（二）

如检索带有“显著性”的词条，在检索栏中输入“显著性”，选定“标题”，点击“检索”，则出现如图 6-4-63 的检索结果。从检索结果来看，一共有 4 条检索结果，分别为“获得显著性/后发显著性（第二含义）”“固有显著性”“显著性”“显著性消失”，检索结果比较精确，适用性较强。

图 6-4-63 “显著性”为关键词的标题检索结果

如检索“专利战略”相关的词条，则可以在检索栏中输入“专利战略”，选定“标题”，点击“检索”，出现检索结果如图 6-4-64—6-4-65 所示。从检索结果来看，一共有 37 条检索结果。

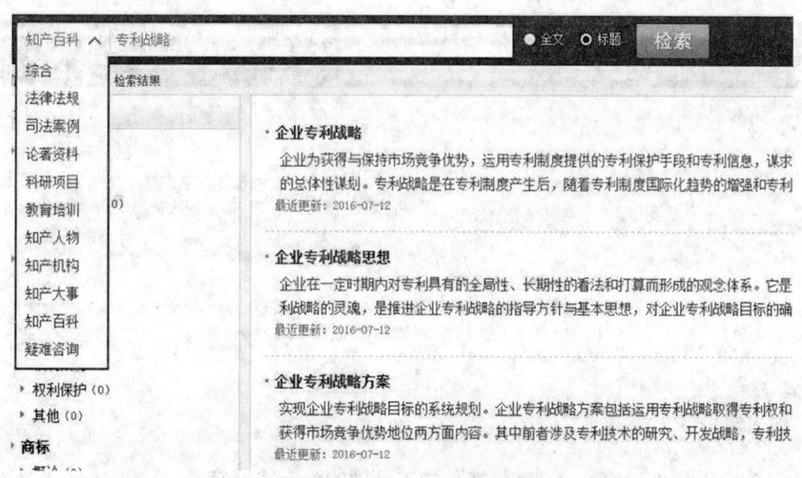

图 6-4-64 “专利战略”为关键词的标题检索结果（一）

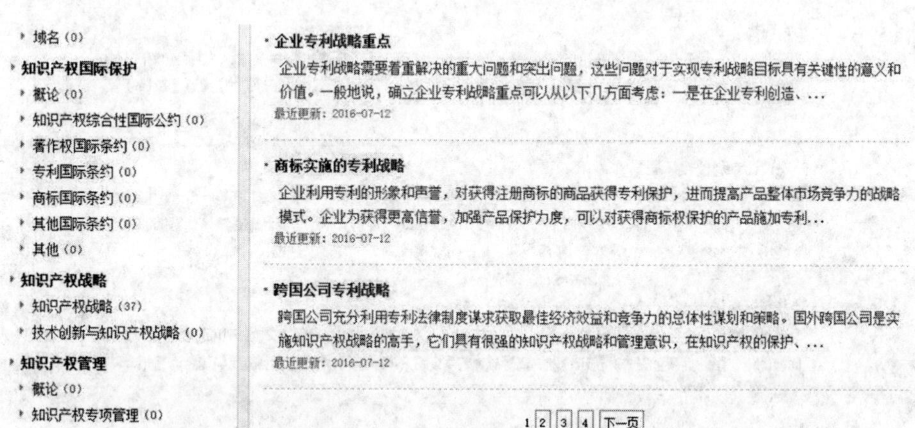

图 6-4-65 “专利战略”为关键词的标题检索结果（二）

（二）全文检索

仍然以“显著性”为关键词进行全文检索。在检索栏中输入“显著性”，选定“全文”，点击“检索”，则出现检索结果界面（http://www.ipknow.cn/index.php?m=search&c=search&a=index&modelid=998&wd=%CF%D4%D6%

F8%D0%D4&serach_ type=%C8%AB%CE%C4)，如图 6-4-66—6-4-67 所示。从检索结果来看，一共有 64 条检索结果，与使用标题检索的 4 条检索结果相比，差距明显。

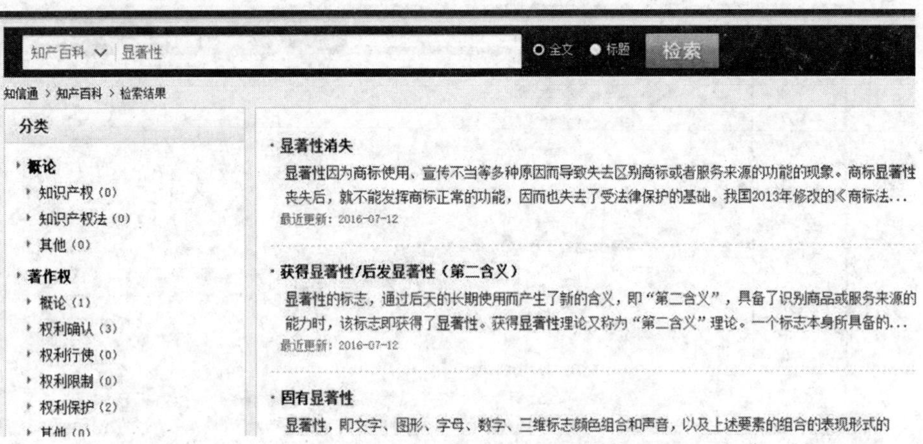

图 6-4-66　“显著性”为关键词的全文检索结果（一）

· 组合商标

显著性较高，易于识别，因此在各国核准注册的也较多，使用广泛而普遍。(参考文献：“国家知识产权文献及信息资料库建设研究”课题负责人主编：《知识产权法》(第三版)，中国政法大学出版社2015...

最近更新：2016-07-12

· 外观设计专利授权标准

显著性”标准。与发明和实用新型专利类似，在判断是否符合专利法规定的条件时，不是以专利审查员的眼光衡量，而是以产品的一般消费者的知识水平和认知能力进行评价。根据《专利审查指南》第四部...

最近更新：2016-07-13

· 驰名商标淡化

显著性及商标的内在价值、识别作用，因他人在不相同、不类似的商品上使用与其商标相同或近似的商标而被弱化、削弱，甚至丧失。是未经驰名商标权人许可，在不相同、不类似商品上使用与驰名商标相...

最近更新：2016-07-12

图 6-4-67　“显著性”为关键词的全文检索结果（二）

再以“专利战略”为关键词，进行全文检索。在检索栏中输入“专利战略”，选定“全文”，点击“检索”，则出现检索结果（http://www.ipknow.cn/index.php? m=search&c=search&a=index&modelid=998&wd=%D7%A8%C0%

FB%D5%BD%C2%D4&serach_ type=%C8%AB%CE%C4），如图 6-4-68—6-4-69 所示。从检索结果可以看出，有 150 条检索结果，与使用标题检索的 37 条检索结果相差很大。

图 6-4-68　“专利战略”为关键词的全文检索结果（一）

图 6-4-69　“专利战略”为关键词的全文检索结果（二）

四、知产百科版块重要性与完善空间

知产百科版块的内容具有非同小可的价值，其权威性及全面性比起其他版块更为重要，因为：第一，对知识产权进行了解，离不开对相关概念进行查询，而相关概念词条等解析的权威性应当予以保障。第二，其他版块相关内容的了解实际上要借助于知产百科，相关问题的研究也要借助于该版块。第三，该版块总体上作为知识库，可以为整个知识产权文献及信息资料库提供基础性质的知识资源，能够便捷地增加用户学习和获取相关知识产权概念、知识和原理的机会。因此，该版块可以在前面一些版块提供基本的知识产权文献及信息的基础上，充分发挥其作为知识库的作用，进而实现鼓励学习、促进学术交流、普及知识产权知识和促进我国知识产权法制建设的深层次的目的。第四，如果该词条内容丰富、充实、权威，将得到更多用户的青睐，能够提高资料库在相关领域的知名度，提高用户吸引力，从而促进资料库推广应用与发展。

“知信通”资料库之知产百科版块旨在为实体的国家知识产权文献及信息资料库之知识库提供建设经验和用户体验。囿于研究时间和条件的限制，一直到本项目申报结题之际，难以完全做到建构条目众多、内容十分丰富的知产百科知识库。课题组虽然经过多年艰辛的努力，已经建立起具有自主知识产权的基本知识产权百科知识库，使被收录的词条达到 1481 条，总字数近 165 万字，覆盖知识产权法学和知识产权管理、知识产权战略、技术创新等内容，但仍然存在以下需要解决的问题：首先是版权问题。从理论上讲，百科词条应当收录本领域最为权威、全面的专业性词条。但是，课题组在撰写词条时，因为顾及版权问题而不敢直接使用知识产权专家学者尤其是权威的专家学者的作品，而只能以课题负责人成果为主，兼及课题组成员的成果，在词条中适当引用他人的成果（标明了来源）。如果能够建立一种知识产权专家学者自愿授权许可机制，则可能在很大程度上解决词条撰写时的版权问题。不过这一点难度很大、工作量也很大，课题组一直到本项目结题时也没有遂愿，只能留待以后加以解决。其次是专业人力资源问题。百科词条的权威性决定了其对作者具有很高的要求，远非资料库一般研究人员能够胜任。由于时间有限，课题组负责人及其他主要成员难以抽出过多的时间用于撰写。最后是经费问题。如果引入许可使用机制，大量作品的授权可能需要不菲的版权使用费，这也会制约百科库的开放。无论如何，知产百科版块的建设仍然为未来真正意义上的国家知识产权文献及信息资料库建设提供了宝贵的经验，未来建设实体的国家知识产权文献及信息资料库可以此为基础，吸纳国内一流的知识产权专家学者和实务界人士，形成一个条目众多、体系完整、内容深入、更新及时、阅读方便的百科全书式知识产权百科知识库。

国家知识产权文献及信息资料库知产百科版块的重要性非同一般，在日后知识产权文献及信息资料库建设过程中如何在量和质上做到双优则值得考量。课题组认为：知产百科词条需要保持权威性，保证词条库的质量；另外，拓宽资料库词条来源，保证词条数量尽量完整。首先，未来建设国家知识产权文献及信息资料库知产百科词条，可以尝试与国内外知识产权相关领域专家学者尤其是权威的专家学者建立长期的合作关系，无偿或合理有偿使用其作品中的词条编辑需求内容，或者直接由相关专家学者向资料库提供相关的词条内容，以解决词条权威性问题，并从一定程度上避免词条版权限制，为合法建设资料库提供基础。其次，建立完善的“授予用户对国家知识产权文献及信息资料库网站百科词条编辑权限”——“用户随时随地提交词条变更内容”——“后台严格审核机制”——“内容争议判定并确定机制”——“专家咨询”——“通过审核”——“开放词条”等步骤和程序，把握好百科词条的质量关。最后，要积极建立版权投诉机制，完善“通知——删除”程序，避免百科词条在版权等领域侵犯他人权利，建立日常工作负责人制度，切实对资料库的版权负责。

第五节　“知信通”疑难咨询版块介绍与分析

“知信通”资料库疑难咨询版块命名为“疑难咨询”，网址为 http://www.ipknow.cn/ask/。该版块是“知信通”版块的最后一个，建立起了大众用户与专业人员及该网站后台管理工作人员之间联系的桥梁。

一、疑难咨询版块界面介绍

（一）首页界面

疑难咨询版块的具体界面如图 6-5-1 所示。

该界面最上端为疑难咨询版块检索栏，分为关键词全文检索与关键词标题检索。

检索栏下方左侧为“最新回答”版块，用户通过浏览该版块可以得知疑难咨询版块的相应最近回答。

“最新回答”版块下方为“正在咨询”版块，为用户通过该网站正在咨询的问题，通过点击右上角的“更多》”则可以浏览所有正在咨询的问题。

在该界面右侧上方为咨询框，输入相应的问题标题及问题描述，点击“发布咨询”即可。

在咨询框下方，也即该界面的右下方，为相关咨询的分类，分为著作权、专利权、商标权、计算机软件、植物新品种及其他，通过点击可以浏览某一类的咨询内容。

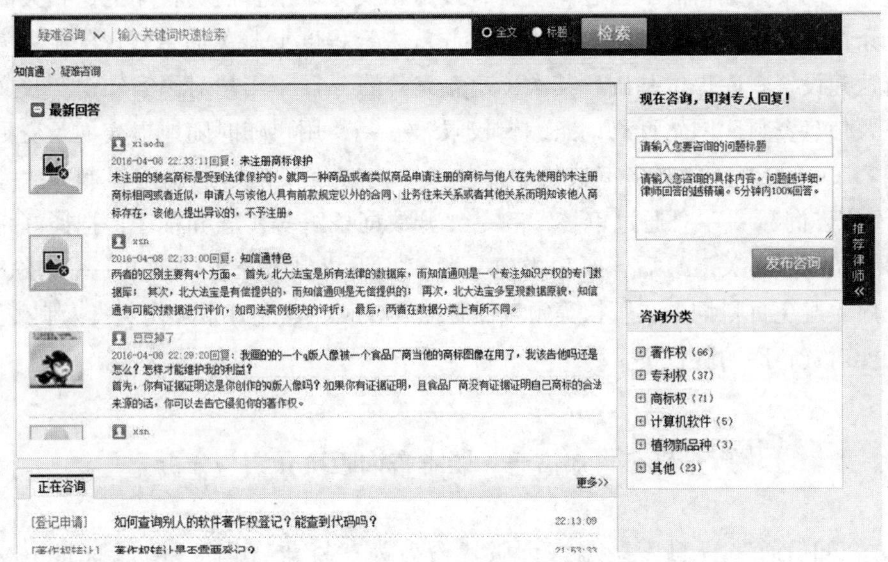

图 6-5-1　疑难咨询版块首页界面图

疑难咨询版块首页界面的“律师推荐”功能是本版块的特色之一。点击“推荐律师”，则可以看到相关的律师推荐。通过其中“找全国律师”下拉栏，可以选定相应地区，查询相对应地区的律师。具体如图 6-5-2—6-5-3 所示。

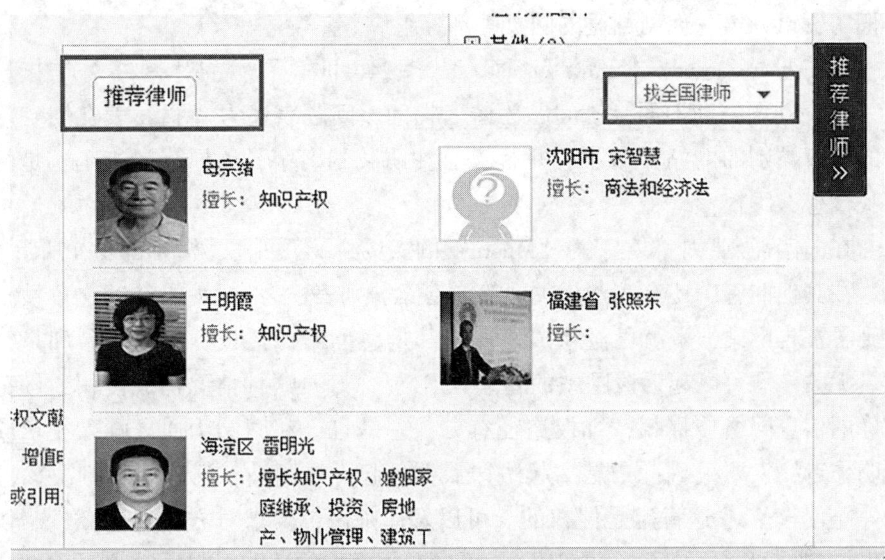

图 6-5-2　“推荐律师”界面

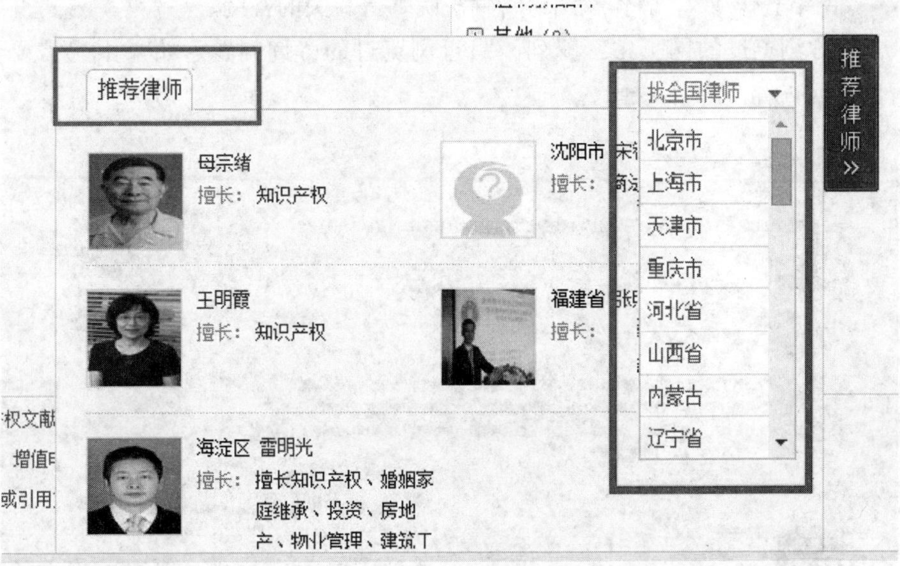

图 6-5-3　按照区域找律师

（二）具体咨询界面

具体咨询界面主要由问题描述、最佳答案、其他回答、相关咨询、发布咨询、资讯分类、你浏览过的网页等部分组成。

如在 http://www.ipknow.cn/ask/show-244.html 展示的“网络著作权侵权”这一问题咨询界面，该问题为匿名提问，问题表述为“我发表在期刊网上的文章被别的网站转载了，并且没有注明我的名字，这样算侵权吗？是的话我该怎么维权？”

在最佳答案栏中，名字为“Mitsui”的人员给予了回复，如图 6-5-4 所示。

在其他回答中还有 3 条相关回答，答案分别表述为：“如果您的文章被复制到了被告网站上，就已经构成复制权和信息网络传播权的侵权了，和是否署名无关。您可以起诉该网站的管理人。”“你好，这种情况构成侵权，侵犯了你的信息网络传播权，维权途径有二：一是自己和网站沟通，删除文章或注明作者，索要报酬；二是拿起法律武器，起诉该网站，请求法院判决该网站停止侵权。”“这肯定是侵权的。可以发律师函，要求对方赔礼道歉、赔偿损失。如果问题仍得不到（解决），可向有管辖权的法院提起诉讼。”

在相关咨询版块，则列举了与该问题相关的如“著作权精神权利”“著作权”“网络著作权”“著作权纠纷管辖法院”等相关的咨询。

在你浏览过的网页中，罗列了最近浏览过的咨询问题。如果用户需要，可以返回查看，使用便捷。

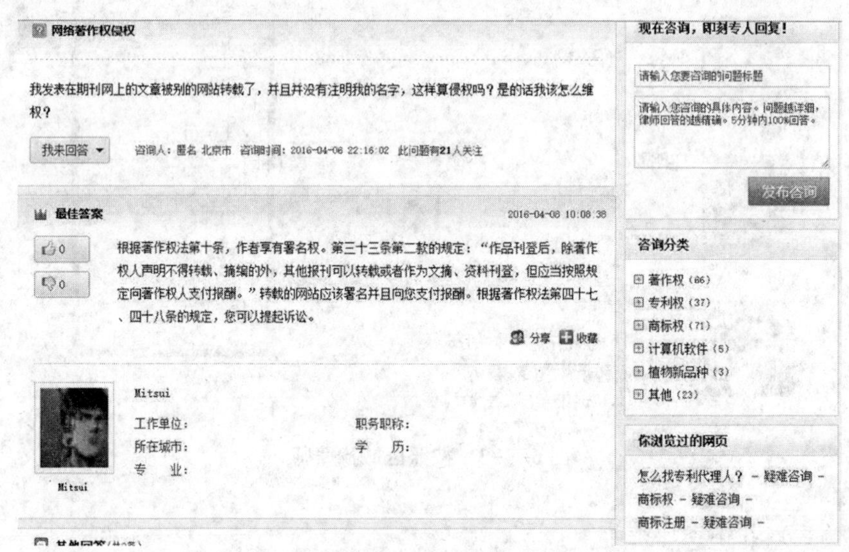

图 6-5-4 疑难咨询具体问题界面（一）

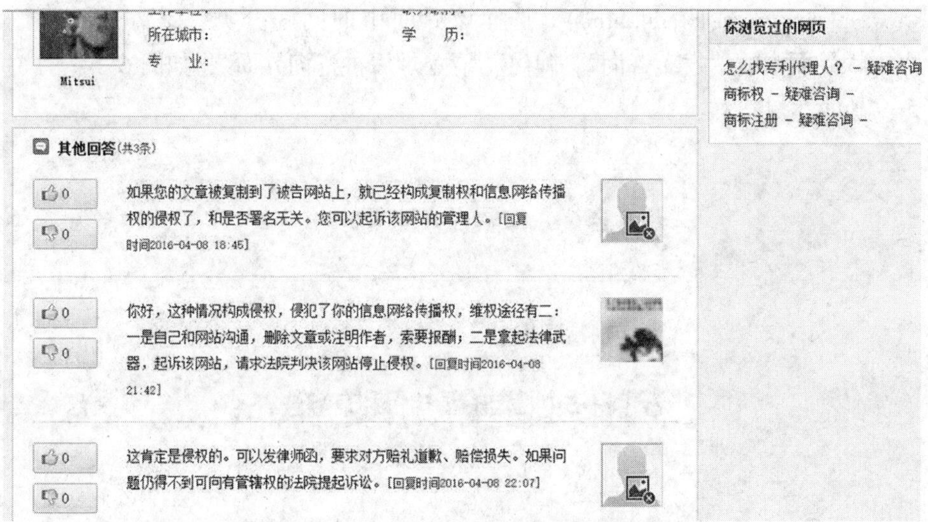

图 6-5-5 疑难咨询具体问题界面（二）

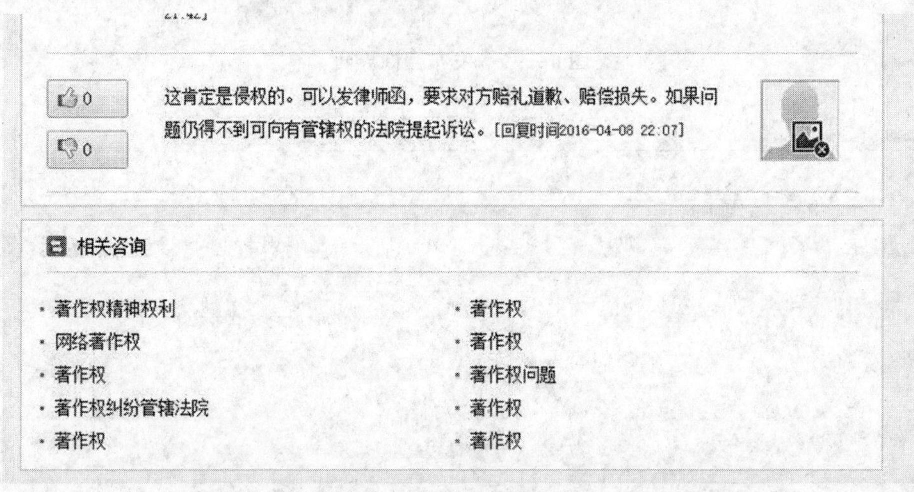

图 6-5-6 疑难咨询具体问题界面（三）

二、咨询过程展示

如要咨询著作权法中的精神权利具体有哪些这一问题，可以在咨询框中输入咨询标题“著作权精神权利”，在下边的内容框输入“著作权法中规定的精神权利有哪些?”，点击“发布咨询”，则进入问题提交界面（http://

www. ipknow. cn/ask/add. html）。选择该界面中的问题分类“著作权权属”，点击该界面中的“发布咨询”，弹出“请登录后再咨询界面”，如图 6-5-7—6-5-9 所示。

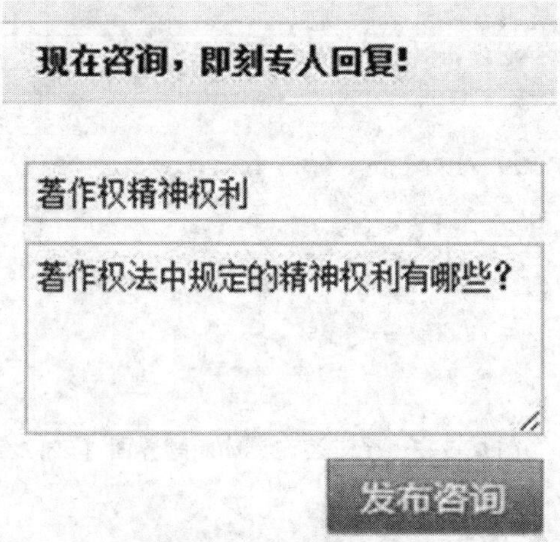

现在咨询，即刻专人回复！

著作权精神权利

著作权法中规定的精神权利有哪些？

发布咨询

图 6-5-7　发布咨询界面

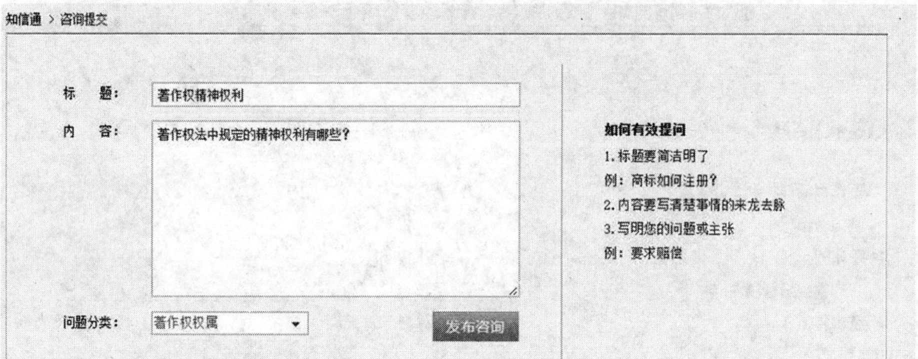

知信通 > 咨询提交

标　题：著作权精神权利

内　容：著作权法中规定的精神权利有哪些？

问题分类：著作权权属

发布咨询

如何有效提问

1. 标题要简洁明了

例：商标如何注册？

2. 内容要写清楚事情的来龙去脉

3. 写明您的问题或主张

例：要求赔偿

图 6-5-8　疑难咨询版块咨询问题提交界面

图 6-5-9　请登录后再咨询界面

为了便于用户及时得到相关问题的回应，在“知信通”资料库咨询问题，需要用户先行注册，然后再进行咨询。如下进行免费注册演示，如图 6-5-10—6-5-15。点击页面最上端的“免费注册”，进入用户免费注册界面（http://www.ipknow.cn/index.php？m = member&c = index&a = login&siteid = 1）。进行信息填写，提交，需要邮箱认证。进入邮箱界面，点击认证链接，则进入认证成功界面（http://www.ipknow.cn/index.php？m=member&c=index&a=register&code=77beVgcGUQQJVAVTAw5WUloPUQUAUAVRXwZRDAABBk9SVARQVgMDDF9dVloBVAJQCAtUCVNSBgBSV1ELUwlXAw&verify=1）。

图 6-5-10　用户登录及免费注册

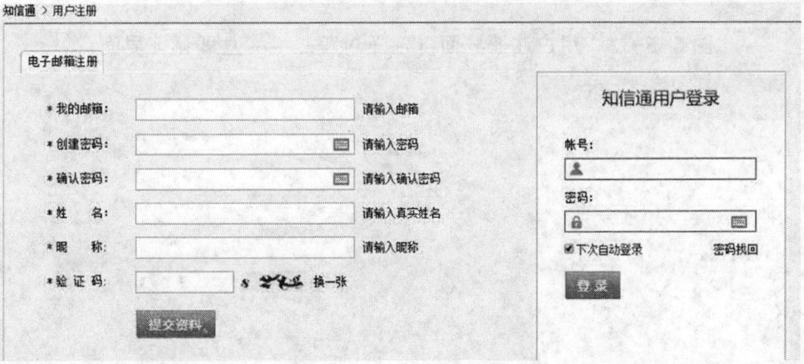

图 6-5-11　用户注册界面

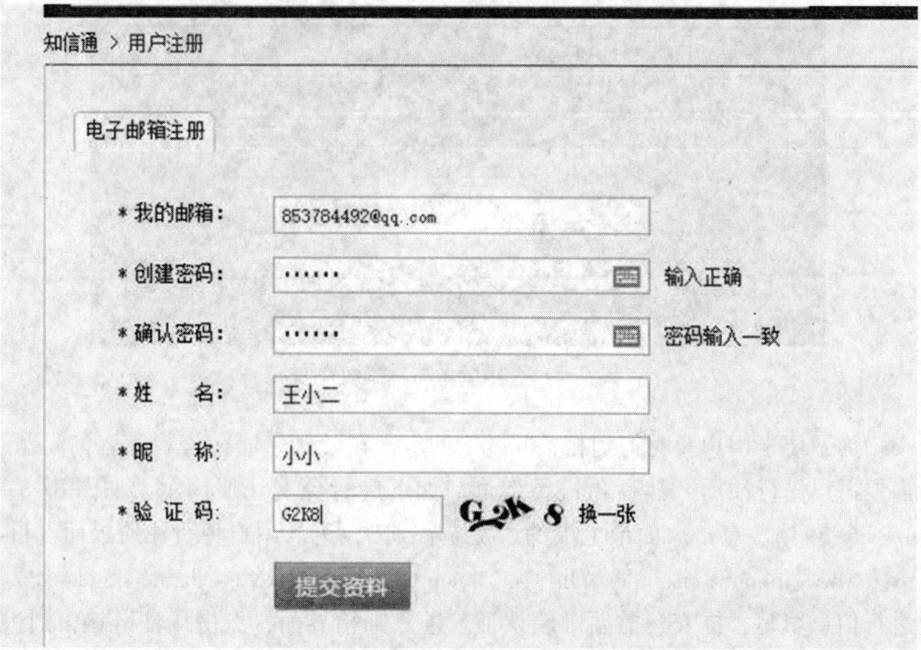

知信通 > 用户注册

电子邮箱注册

* 我的邮箱： 853784492@qq.com

* 创建密码： •••••• 输入正确

* 确认密码： •••••• 密码输入一致

* 姓　名： 王小二

* 昵　称： 小小

* 验 证 码： G2K8 换一张

提交资料

图 6-5-12　用户注册界面（注册过程一——填写基本信息）

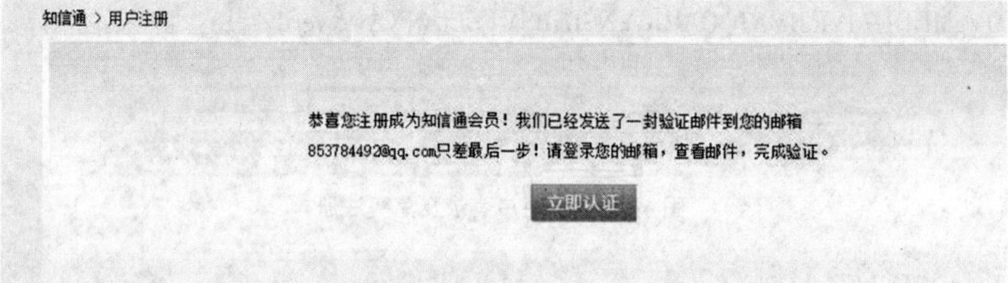

知信通 > 用户注册

恭喜您注册成为知信通会员！我们已经发送了一封验证邮件到您的邮箱853784492@qq.com只差最后一步！请登录您的邮箱，查看邮件，完成验证。

立即认证

图 6-5-13　用户注册界面（注册过程二——立即认证界面）

欢迎注册为知信通会员！
你的登录名为:853784×××@qq.com

请点击下面的链接来验证你的Email帐号
http://www.ipknow.cn/index.php?m=member&c=index&a=register&code=77beVgcGUQQJVAVTAw5WUloPUQUAUAVRXwZRDAABBk9SVARQVgMDDF9dVloBVAJQCAtUCVNSBgBSV1ELUwlXAw&verify=1
（链接24小时内访问有效！）

如果以上链接无法点击，请将它复制到你的浏览器（如IE）地址栏中进入访问
如果此次激活请求非你本人所发，请忽略本邮件。

知信通（http://www.ipknow.cn）- 国家知识产权文献与信息资料库
客服热线：010 - 12345678 客服邮箱：service@ipknow.cn

这只是一封系统自动发出的邮件，请不要直接回复。

图 6-5-14　用户注册界面（注册过程三——邮件认证界面）

图 6-5-15　用户注册界面（注册过程四——注册成功）

注册用户账号之后，可以进行登录。输入账号和密码，点击“登录”，如图 6-5-16、6-5-17。

帐号：853784×××@qqq.　密码：••••••　登录　[免费注册]　[忘记密码]

图 6-5-16　用户登录界面

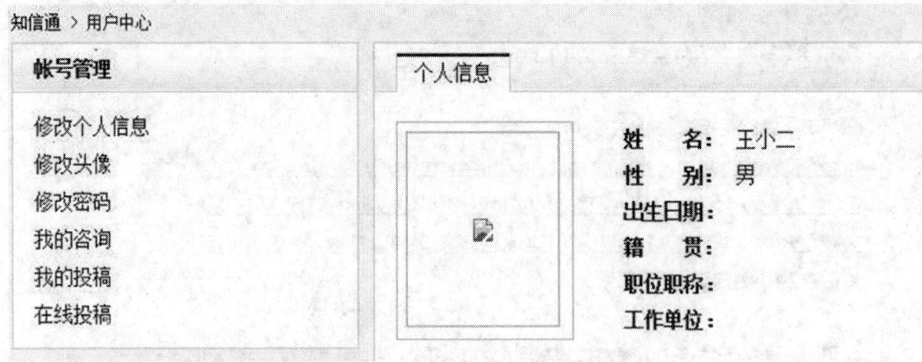

图 6-5-17　登录后个人账户界面

用户可以点击上面的咨询问题，发布咨询成功后，进入个人中心，点击“我的咨询”。为了防止信息杂乱无章及保障专业性，相关咨询需要通过后台的审核方可在用户界面显示。在后台通过审核后，用户可以通过“我的咨询”浏览自己咨询过的问题及相应的回复。如图 6-5-18—6-5-20 所示。

现在咨询，即刻专人回复！

著作权精神权利

著作权法中的精神权利包括哪些？

发布咨询

图 6-5-18　咨询问题界面

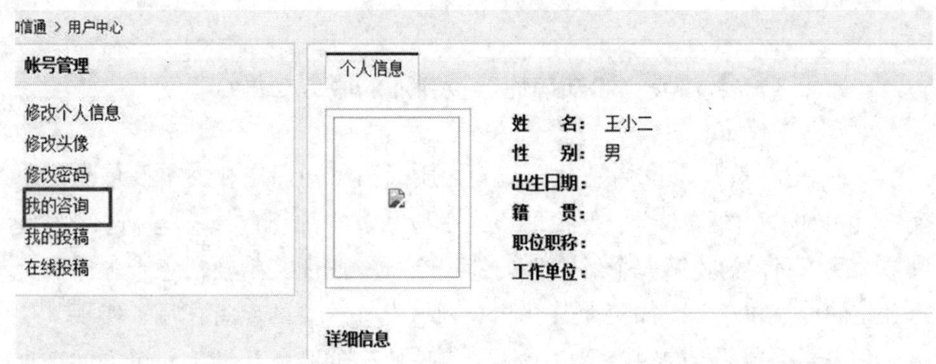

图 6-5-19　个人中心界面

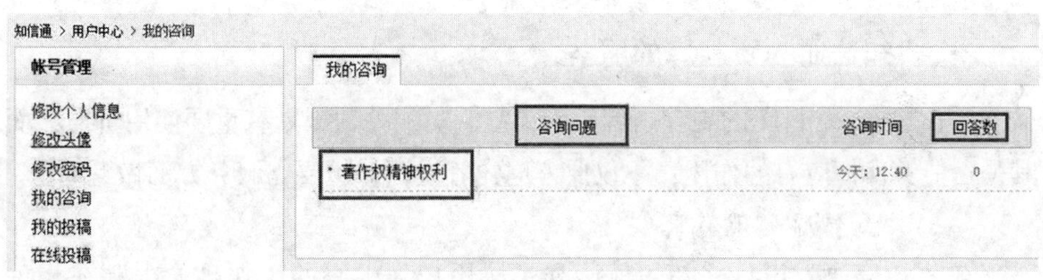

图 6-5-20　咨询问题用户跟踪界面

值得说明的是，国家知识产权文献及信息资料库试验版（“知信通”）疑难咨询版块因为用户量不足够大，所以目前提出疑难咨询的问题有进一步提升的空间。但是通过系列操作活动，课题组已经对该版块进行了多层次的改进，包括疑难咨询问题后台审核、疑难咨询问题的回答、疑难咨询回答筛选、疑难咨询问题后续监督等，这些活动不仅需要严密的操作程序，更需要专业支持。因此，课题组认为，国家知识产权文献及信息资料库未来建设中，要广泛吸收社会热心人士对疑难咨询进行专业回答，可以考虑聘请社会热心专业人士定期或不定期，免费或支付合理费用前提下，对相关问题及时予以回复；在疑难咨询版块要更加注重版权问题，严格监督抄袭他人作品的情况，杜绝有版权等法律问题的回答；最重要的是要建立疑难咨询版块的审核程序，杜绝政治问题、法律问题等，严格遵守国家法律，尊重他人权利，为社会营造一个绿色健康、有价值的专业性资料库。

第六节 “知信通”资料库的服务与推广

“知信通”资料库虽然是一个试验性质的国家知识产权文献及信息资料库，其相对丰富的样本量、便捷的检索手段和友好的用户体验等，也足以使其成为我国目前为止第一个综合性的知识产权专业性文献及信息资料库而具有独特的价值和意义。如何使其在相关领域发挥重要的应有作用，实现其价值，是需要重点考虑的内容。以下从“知信通”的服务与推广两个方面来进行分析与探讨。

一、“知信通”资料库的服务

“知信通”资料库的现有内容较为丰富，对相关领域具有重要使用价值，而其是否能够发挥应有的作用，不仅要考虑内容方面，还要在服务方面做到周全。

（一）“知信通”现有服务

在“知信通”设计之初，就确立了以用户为中心的工作理念，并在相关阶段进行了问卷调查，做了多次用户体验，多次征求相关领域人员的意见。现在提供的服务能够满足用户最基本的知识产权文献及信息需求。其中，在 PC 端的服务，也已基本能够满足用户的一般需求，适合用户的一般使用习惯。

1. 内容提供服务

“知信通”资料库作为一个知识产权相关的专业资料库，其担当着非常重要的内容提供者的角色。在内容上，“知信通”涉及了知识产权相关的法律法规、司法案例、论著资料、科研项目、学历学位教育、在职培训、人物、机构、大事、基本词条等内容。为了方便用户的使用，信息共享，该资料库的所有内容均可以查阅、复制，并没有设置任何技术障碍。为了便于用户的使用，本资料库还在相关内容排版美观性上做了多次调整，包括格式、字体、内容结构等，以最大限度地满足用户的需求。

2. 多种类型检索服务

“知信通”资料库提供了非常便捷、多种形式的检索服务。“知信通”资料库涉及的内容面广，用户的需求也不尽相同。因此在“知信通”资料库设计及完善过程中，课题组力求统一整个资料库检索模式的同时，尽量在多个版块设立多个不同的检索条件选项。总体而言，检索分为快捷检索与高级检索两种方式。其中快捷检索也设置了全文范围内关键词检索和标题范围内关键词检索两种不同的方式。在高级检索中，因为不同的版块有不同的检索需求，除百科词条版块外的每个版块都设置了不同的高级检索栏；甚至有时有些版块因资料的差异性大于共性，在同一个版块内也设置了内部的不同高级检索界面，如教育培训版块、论著资料版块等。用户可以通过这些检索功能满足自己的检索需求。

3. 链接服务

“知信通”提供了较为丰富的内链功能及外链服务。知识产权相关的文献及信息资料并不是孤立存在的，而是相互之间有着相当紧密的联系。在网站相关版块设计的过程中，建立了多个版块之间的内链模式。如司法案例版块出现的相关代理人、审理法官等人物，直接链接到知产人物版块的人物信息；法律法规条款被相关案例引用过的，则直接链接到司法案例版块。需要指出的是，因为信息量较大，工作难度高，目前建立有著作权法、商标法、专利法，其余法律法规尚待建立。相关机构直接与司法案例版块的代理人来源机构及审理法院建立内部链接。另外，多个版块的内容与知产百科相应的词条建立了内部链接。通过内部链接，不仅可以提高用户对相关信息的把握程度，还可以拓展用户对相关内容的了解面。

需要指出的是，“知信通”资料库还在多处建立了与其他网站的链接。一方面是资料引用标注引用来源的需要，另一方面是为了使得用户更好地了解相关信息加注的相关参考界面链接。用户可以很方便地点击进入相应的其他网站进行浏览，非常便捷，极大节约了用户的检索成本。

最后，“知信通”资料库还提供了相关信息推荐服务。在相关版块的设计中，因为有些内容具有相关性，为了方便用户的浏览，在有些版块的检索结果界面还设置了相关信息推荐栏。如在司法案例版块，就在检索结果即检索目的界面右侧自动生成了“相关案由案例”列表，在具体的机构界面自动生成了“相关机构”列表，在具体的科研项目界面自动生成了“相关项目”列表，论著资料版块具体条目界面也生成了“相关论文”列表等，用户可以非常便捷地去查看相关推荐信息资料，根据需要进一步浏览。

4. 收藏和分享服务

“知信通”资料库还设立了收藏和分享服务：一是在该资料库的最上端右

侧，有“☆收藏知信通”的图标，点击即可将“知信通”资料库收藏到相应的浏览器收藏栏中，用户再次使用时无须再进行百度搜索，直接通过浏览器收藏栏即可进入该资料库。二是在“知信通”的具体信息界面右侧，有一个“分享”图标，点击则弹出相应的分享途径，用户可以将相应的资料直接分享到相关的社交软件个人空间中，完全与用户的个人习惯相衔接。[1]

图 6-6-1 “知信通”资料库收藏功能

图 6-6-2 “知信通”分享功能

5. 个别版块的信息更新自行提交服务

在“知信通”资料库的知产人物和知产机构两个版块，设立了“变更信息”的服务。之所以在这两个版块设立变更信息的功能，是因为考虑到个人

[1] 考虑到本资料库版权保护问题，在 2016 年 7 月中旬申报结项前，课题组决定暂时关闭分享功能。如何做到有效的版权保护与实现便捷的分享功能的统一，是值得进一步研究的重要问题。

信息及机构信息的更新信息我们很难及时掌握到，如果相关机构和个人在其信息变更之后能及时进行修正，则是理想的效果。因此，设立这样的信息变更服务，使用户充分参与到资料库的建设、完善中来。

6. 免费用户注册及其相关服务

“知信通”资料库提供免费用户注册服务，当前用户可以免费使用相关的注册账户。在个人用户中心可以看到通过该个人中心，用户可以修改个人信息及头像，修改管理自己的密码，进行疑难咨询的跟踪，进行在线投稿及在线投稿信息查询。需要指出的是，用户注册及疑难咨询在疑难咨询版块已经有详细的介绍分析，在此不再赘述。

（二）“知信通”资料库可以拓展的服务

当前“知信通”资料库提供的相关服务已经基本能够满足 PC 客户端的用户需求。但是还有相关方面可以进一步拓展。

1. 下载服务

目前用户如果需要“知信通”资料库界面的相关资料，需要一一进行选择、复制、粘贴。如果“知信通”资料库在以后的完善过程中，能够建立“下载”功能键，通过点击该功能键，可以下载相应的页面资料的内容，则可以大大方便用户，优化用户的使用体验，提高资料的利用效率。

2. 浏览记录服务

目前对于浏览过的页面，“知信通”资料库尚未提供“最近浏览”的列表，如果需要对相关内容进行再次检索，必须重复输入相应的检索条件，较为不便。如果在“知信通”完善的过程中，能够自动生成“最近浏览”的界面列表，则可以大大降低这种不便程度。

3. 推荐浏览服务

在目前的“知信通”资料库界面无法得知大家通过该资料库检索率最高的内容，这从某种程度上来讲也就意味着，用户无法得知哪些信息为热点信息，难以把握热点内容。因此，在后续的完善中可以考虑通过后台统计自动推荐相关的热点浏览内容条目，供用户参考。

无论何种服务，其最终目的都是为了用户，为了该资料库能够得到广泛的应用，实现其自身价值。因此，必须对相关工作精益求精，不断完善。

二、“知信通”资料库的推广

资料库的推广非常重要，因为其推广的力度与其被关注程度密切相关，只有被更多的用户关注，资料库才能产生更大的价值并产生更大的影响。如前所述，未来国家知识产权文献及信息资料库建设中，有效推广是其发展和运行中的一个重要问题。作为试验性国家知识产权文献及信息资料库，“知信通”用户推广的方式和途径，可以为国家知识产权文献及信息资料库建设用户推广方面提供一定的经验。课题组认为，可以充分利用现代主流传播手段推广该资料库。其中，通过微信推广这一做法正在启动，其他方式将逐步运用。总体来说，以下方式值得重视。

（一）PC 端网站友情链接

PC 端网站友情链接是一种常用的推广方式，也是一种较为传统的推广方式。这种推广方式就是与相关联网站建立合作机制，在己方网站友情链接栏建立对方的网站链接。通过这种方式，可以得到相关业界人士的关注。有些网站因为历史较久，所以具有较大的用户基数，如果能够与之建立友情链接合作，则会起到一定的推广作用，吸引相关人士的关注。

（二）社交软件推广

社交软件是当前社会公众进行交流的主要媒介之一，而社交软件的更替速度也是非常迅速的。因为人们对社交软件的依赖，所以通过社交软件进行“知信通”的推广会收到较好的效果。

1. 通过微博来推广

微博具有很大的用户基数，其发布的信息简练、发布快捷意味着其使用的低成本性。后续可以考虑建立以“知信通”为用户名的微博账号，进行相关信息的推送，特别是对一些经典的内容、热点的内容，定期、不定期地进行相关领域内的宣传活动。

2. 通过 QQ 来推广

QQ 是腾讯旗下最有力量的社交媒介之一，不仅有 QQ 个人账户，还有相关领域内的 QQ 群组。可以通过这些渠道推送“知信通”相关的内容。对于有价值的内容，可以推送给相关的 QQ 群组及 QQ 个人。但这个因为是定向接收的，所以需要耗费的成本也是比较大的。但是一般这里的推送对象是相关领域内的人士，具有针对性，推送成功率较高。

3. 通过微信来推广

微信现在已经成为人们最依赖的社交软件之一，其便捷性、人性化的设计得到了广泛的青睐。因此，课题组在有关微信公众号里专门设立了一个“知信通”栏目，用于推送介绍“知信通”资料库的相关内容。

（三）线下业界推广

线上推广的作用很大，但线下推广也不可或缺，口口相传仍然可以得到意想不到的效果。

在知识产权相关的会议活动中，可以考虑拓展知识产权信息资料库版块的研究报告版块，对“知信通”网站进行一定的介绍及推广，并以此为基础向业界寻求合作对象及有价值的建议。课题组还可以继续召开相关的研讨会，对相关问题继续进行研究，对“知信通”资料库继续进行完善，并可以考虑建立相关的 APP 等，以力求发挥该资料库的重要价值。

“知信通”资料库在业界的价值应当得到充分发挥，建立多种渠道的合作模式及推广模式是必要的选择。

附录一

知识产权主题词表

简　目

1. 知识产权基础
1. 1 知识产权
1. 2 知识产权法
1. 3 知识产权国际保护
1. 4 知识产权与反不正当竞争、反垄断
1. 5 知识产权战略与管理
1. 6 其他
2. 专利
2. 1 专利总论
2. 2 专利权主体与对象
2. 3 专利授权条件
2. 4 专利申请与审批
2. 5 专利信息
2. 6 专利权行使与限制
2. 7 专利权保护
2. 8 专利代理
2. 9 其他
3. 商标

3. 1 商标总论
3. 2 商标权主体与客体
3. 3 商标权取得条件
3. 4 商标申请与注册
3. 5 商标管理
3. 6 商标权行使与限制
3. 7 商标权保护
3. 8 商标代理
3. 9 其他
4. 著作权
4. 1 著作权总论
4. 2 著作权主体与客体
4. 3 著作权
4. 4 邻接权
4. 5 著作权行使
4. 6 著作权限制
4. 7 著作权管理
4. 8 著作权保护
4. 9 其他
5. 其他知识产权及相关保护主题
5. 1 植物新品种
5. 2 集成电路布图设计
5. 3 商业秘密
5. 4 地理标志
5. 5 商号
5. 6 域名
5. 7 非物质文化遗产

细目

1. 知识产权基础

1.1 知识产权

知识产权：智慧财产权

工业产权

著作权：版权

工业版权

智力成果权

创造性成果权

经营性标记权

经营性资信权

无形财产权

信息产权

商品化权

知识产权主体：知识产权人

知识产权原始主体

知识产权继受主体

知识产权客体

知识产权对象

知识产权理论

公有领域：公共领域

公地悲剧

反公地悲剧

自然权利轮

功利论

契约论

激励论

对价论

交易成本理论
知识产权劳动理论
知识产权利益平衡论
知识产权经济学
知识产权哲学
知识产权符号论
知识产权特征
知识产权无形性
知识产权专有性
知识产权时间性
知识产权地域性
知识产权法定性
知识产权内容
知识产权积极权利
知识产权消极权利
知识产权行使
知识产权使用权
知识产权收益权
知识产权处分权
知识产权利用
知识产权实施
知识产权转让
知识产权许可
知识产权独占许可
知识产权排他许可
知识产权普通许可
知识产权保护
知识产权保护期
知识产权司法保护
知识产权审判
知识产权法院

禁令
临时禁令
诉前禁令
诉中禁令
永久禁令
诉前保全
诉前证据保全
诉前财产保全
先予执行
确认不侵权之诉
知识产权侵权
知识产权直接侵权
知识产权间接侵权
知识产权帮助侵权
知识产权共同侵权
知识产权教唆侵权
知识产权即发侵权
知识产权侵权归责原则
过错责任
无过错责任
严格责任
知识产权诉讼
知识产权诉讼管辖
知识产权诉讼时效
知识产权举证责任
知识产权侵权责任
民事责任
行政责任
刑事责任
知识产权犯罪
知识产权刑法保护

知识产权侵权损害赔偿
赔偿原则
赔偿额
惩罚性赔偿
法定赔偿
知识产权行政保护
知识产权行政保护体系
知识产权行政措施
知识产权行政管理
知识产权行政执法
知识产权行政处罚
知识产权海关保护：知识产权边境保护
海关知识产权备案
海关知识产权担保
知识产权限制
在先权利
保护在先权利原则
知识产权权利冲突
知识产权权利用尽
知识产权权利穷竭
国际穷竭
国内穷竭
平行进口
灰色市场
善意侵权
公共秩序保留
默示许可

1.2 知识产权法

知识产权法
知识产权法典

知识产权制度
知识产权法律关系
知识产权法渊源
知识产权宪法规范
知识产权民法规范
知识产权刑法规范
知识产权行政法规
知识产权部门规章
知识产权地方性法规
知识产权专门法
知识产权司法解释
知识产权国际条约

1.3 知识产权国际保护
知识产权国际保护
知识产权国际保护原则
国民待遇原则
对等原则
互惠原则
权利独立原则
最惠国待遇
透明度原则
知识产权国际组织
WIPO
知识产权国际条约
TRIPs
巴黎公约
伯尔尼公约
知识产权国际仲裁
特别 301 条款
337 条款

长臂管辖权

1.4 知识产权与反垄断、不正当竞争

反不正当竞争法
反垄断法
竞争法
不正当竞争
限制竞争
垄断
搭便车
不正当竞争行为
欺骗性交易
仿冒
假冒
虚假宣传
侵犯商业秘密
诋毁商誉
比较广告
搭售
伪造认证标志
冒用认证标志
伪造产地
商业外观
制止不正当竞争：反不正当竞争
知识产权滥用
知识产权垄断
横向限制：横向垄断
纵向限制：纵向垄断
相关市场
相关技术市场
相关产品市场

固定转售价格
白色清单条款
黑色清单条款
灰色条款
交叉许可
限制交易
独占性交易
市场分割（分配）
谢尔曼法
反托拉斯法
欧盟竞争法
反垄断执法
反垄断委员会

1.5 技术创新、知识产权战略、知识产权管理

1.5.1. 技术创新

创新
技术创新
技术创新体系
自主创新
自主知识产权
产品创新
工艺创新
模仿创新
原始创新
集成创新
合作创新
二次创新
开放式创新
封闭式创新
制度创新

创新系统
创新体系
创新指数
创新管理
技术联盟
战略联盟
核心竞争力
核心能力
技术溢出
股权激励
政府采购
技术合同
知识产权优势
知识产权能力
知识产权预警
知识产权审议
知识产权指数
知识产权交易平台
知识产权服务体系
知识产权政策
1.5.2. 知识产权战略
知识产权战略
国家知识产权战略
行业知识产权战略
地区知识产权战略
企业知识产权战略
国际知识产权战略
知识产权强国战略
专利战略
企业专利战略
基本专利战略

专利网战略
专利收购战略
专利回输战略
专利诉讼战略
进攻型专利战略
防御型专利战略
专利共享战略
专利挖掘
专利布局
专利引进
专利组合
专利壁垒
专利池
专利联盟
专利经营
专利拍卖
专利预警
专利地图
SWOT 分析
技术标准
技术标准化
标准必要专利
FRAND 原则
专利工程师
商标战略
企业商标战略
商标策略
联合商标策略
防御商标策略
商标延伸策略
商标形象

商标特许
驰名商标战略
品牌
品牌战略
CI 战略
品牌个性
品牌价值
品牌核心价值
品牌联想
品牌策划
品牌定位
品牌细分市场
品牌竞争力
品牌形象
品牌营销
品牌宣传
品牌推广
品牌延伸
品牌文化
品牌国际化
知识产权运营
知识产权投资
专利资本化
商标资本化
并购
知识产权并购
知识产权融资
知识产权质押
专利权质押
商标权质押
商标权质押登记

知识产权证券化
专利证券化
著作权证券化
商标权证券化
知识产权信托
知识产权保险
知识产权评估：知识产权评估
专利权评估
商标权评估
著作权评估
商业秘密评估
专利经济寿命
知识产权评估原则
知识产权评估方法
市场法
成本法
历史成本法
重置成本法
收益法
折现率
1.5.3. 知识产权管理
知识产权管理
知识产权经营
知识管理
无形资产管理
技术管理
企业知识产权管理
知识产权管理机制
知识产权管理体制
知识产权手册
知识产权管理体系

知识产权获取
知识产权维护
知识产权档案管理
知识产权合同管理
知识产权保密管理
知识价值链
知识产权价值链
知识产权内部管理
知识产权外部管理
知识产权风险管理
知识产权布局
知识产权绩效
知识产权绩效评估
企业专利管理
企业商标管理
品牌管家
品牌管理
商标档案管理
商标信息管理
企业著作权管理
商业秘密管理
知识产权商业化
知识产权收购
特许经营
特许经营管理
拜杜法案
知识产权托管

1.6 其他
知识产权文化
知识产权意识

知识产权教育
知识产权法学
知识产权服务业
知识产权中介服务
知识产权经纪
发现权
科技成果权
公共利益
反向工程

2. 专利

2.1 专利总论
专利
专利权
专利法
专利制度
非物质财产论
报酬论
契约论
发明奖励论
发明动机论
期待理论

2.2 专利权的主体与对象
专利权人
发明人
设计人
共同发明人
共同设计人
共有专利权人
发明

产品发明
方法发明
改进发明
组合发明
选择发明
转用发明
用途发明
要素变更发明
基础发明
实用新型
外观设计
图形界面（GUI）
计算机硬件发明
计算机程序专利
商业方法发明
职务发明
非职务发明
合作发明
委托发明
商业方法治疗
植物专利
遗传资源
遗传资源来源
专利主题
专利排除对象：非专利主题

2.3 专利授权条件
新颖性
绝对新颖性
相对新颖性
混合新颖性

新颖性时间标准

新颖性地域标准

公开

书面公开

使用公开

单独对比原则

现有技术

现有设计

抵触申请

新颖性例外

新颖性宽限期

创造性

普通技术人员

相关公众

实用性

区别性

美感性

2.4 专利申请与审批

专利申请

专利申请人

申请日

申请号

专利申请权

专利申请权转让

先申请原则

先发明原则

发明权

发明人证书

书面原则

电子申请

单一性原则
合案申请
分案申请
专利申请文件
请求书
说明书
技术方案
说明书附图
说明书摘要
外观设计图片
外观设计照片
权利要求
权利要求书
独立权利要求
从属权利要求
必要技术特征
附加技术特征
专利申请优先权
本国优先权
外国优先权
多项优先权
部分优先权
优先权原则
优先权日
专利申请撤回
临时保护
专利申请驳回
视为撤回
专利异议
专利申请复审
专利权恢复

国际专利申请

国家局

受理局

指定局

选定局

国际申请提交

国际申请日

专利审查

专利审查指南

形式审查制

实质审查制

延迟审查制

半审查制

初步审查

专利申请公布

充分公开

实质审查请求

实质审查

专利审查档案

专利申请文件补正

专利申请文件修改

专利复审

专利复审程序

专利复审委员会

国际初步审查

国际初步审查报告

PCT 最低文献量

国际初步审查单位

专利授权

重复授权

专利权期限：专利权保护期

专利权终止
专利权无效
专利权撤销
问题专利

2.5 专利信息
专利公告
专利文献
专利文献号
专利文献名称
专利文献种类
专利文献标识
专利文献标识码
著录项目
著录项目数据
优先权数据
申请公布日
授权公告日
国际专利分类
对比文件
专利检索
专利族
同族专利
简单同族专利
复杂同族专利
扩展同族专利
本国专利族
内部专利族
人工专利族
专利情报
专利检索

专利登记簿
专利单行本
专利证书
专利档案
专利文献
专利数据库
世界专利情报平台
国际专利分类法
世界专利索引
专利号
专利申请号
专利种类号
专利索引
专利公报
中国专利公报
发明专利公报
实用新型专利公报
外观设计专利公报

2.6 专利权行使与限制
专利权内容
制造权
使用权
许诺销售权
销售权
进口权
专利权行权
专利实施
专利标记
专利标记权
禁止权

发明人署名权
专利权放弃
中用权
专利年费：专利维持费
专利费用
专利权转移
专利权转让
专利权转让合同
专利许可权
专利实施许可
专利实施许可合同
专利独占许可
专利排他许可
专利普通许可
专利交叉许可
专利分许可
专利许可使用费
专利权限制
专利权滥用
专利蟑螂
专利权例外
专利权用尽
先用权
非商业性使用
平行进口
Bolar 例外
强制许可
药品专利强制许可
从属专利强制许可
不实施强制许可
国家指定许可

当然许可
国家征用

2.7 专利权保护
专利权保护范围
权利要求解释
周边限定论
中心限定论
折中论
全面覆盖原则
等同原则
逆向等同：反向等同
禁止反悔原则
多余指定原则
专利侵权
专利直接侵权
专利间接侵权
专利即发侵权
专利字面侵权
专利善意侵权
假冒专利
冒充专利
专利侵权诉讼时效
专利侵权法律责任
停止专利侵权
专利侵权损害赔偿
专利侵权损害赔偿额
专利侵权举证责任
专利侵权抗辩
现有技术抗辩：公知技术抗辩
专利纠纷

专利权属纠纷
专利侵权纠纷
专利合同纠纷
专利行政执法
专利行政部门
专利行政复议
专利行政诉讼

2.8 专利代理
专利代理
专利代理机构
专利代理人
专利代理师

2.9 其他
国防专利
保密专利
国防专利申请权
国防专利权
国防专利机构

3. 商标法

3.1 总论
商标
商誉
商品名称
商品通用名称
商品装潢
商务标语
商标功能
商标识别功能
商标区分功能

商标显著性
商标检索
商标法
商标制度

3.2 商标权主体与客体
商标权主体：商标权人
国内商标权人
外国商标权人
商标权共有
商标权共存
共存协议
共有商标权人
商标使用人
商标权取得
商标权原始取得
商标权继受取得
商标权客体
商标标识
商业标记
商标构成要素
商标禁用标志
商标禁注册标志
视觉商标
平面商标
立体商标：三维标志
商标非功能性
颜色商标
颜色组合商标
单一颜色商标
非视觉商标

动态商标
声音商标
气味商标
全息商标
文字商标
字母商标
数字商标
图形商标
位置商标
组合商标
描述性商标
臆造商标
任意商标
暗示商标
叙述商标
商品商标
服务商标
注册商标
未注册商标
证明商标
集体商标
地名商标
公众知晓的外国地名
共有商标
联合商标
备用商标
防御商标
防伪商标
制造商标
销售商标
著名商标

3.3 商标注册申请与核准
商标注册
商标权使用取得
商标权注册取得
商标注册制
先申请制
商标强制注册原则
强制注册商标商品
商标自愿注册原则
先使用原则
优先权原则
商标申请优先权
国际展会优先权
一表一类原则
一表多类原则
商标注册申请
集体商标注册申请
证明商标注册申请
商标国际注册
商标的国际注册申请
商标国际注册的效力
商标国际注册有效期
商标注册申请人
外国注册商标申请
外国商标注册申请人
商标代理
商标代理人
商标代理从业人员
商标代理机构
商标代理组织
商标利害关系人

商标申请文件
《商标注册申请书》
商标图样
证明文件
商标档案
商品分类表
商标注册受理通知书
商标查询
商标名称
另行申请
重新申请
变更申请
分割申请
申请日
优先权日
商标申请费用
注册审查
商标注册形式审查
商标注册实质审查
初步审定公告
商标公告
商标异议
商标异议人
商标异议程序
商标异议材料
补正程序
驳回申请
限期改正
商标复审
商标确权司法审查
中止审查

商标注册核准
商标核转
商标注册证
商标权终止
注册商标注销
注册商标违法撤销
注册不当
商标抢注
注册商标争议
商标权属争议
注册商标争议裁定
注册商标无效宣告

3.4 商标权的行使与限制
商标权
商业标记权
商标权内容
商标专有使用权
商标使用权
商标禁止权
商标许可权
商标转让权
资本化权
商标的使用
注册商标许可
注册商标独占许可
注册商标排他许可
注册商标普通许可
商标使用许可合同
商标使用许可合同备案
商标特许经营

商标权转让
商标权转让合同
商标权转让限制
商标权转让核准制
注册商标的移转
商标权继承
商标权担保制度
商标专用权有效期
注册商标续展
宽展期
商标权的限制
商标权合理使用
叙述性使用
指示性使用
描述性使用
暗示性使用
商标连带使用
非商业性使用
商标滑稽模仿
商标权穷竭
商标先用权
平行进口
商标权冲突

3.5 商标管理
商标管理
商标行政管理
商标使用管理
注册商标管理
商标注册标记
注册商标变更

商标权利人信息管理

商标商品质量管理

商标连续3年不使用

集体商标的使用管理

证明商标的使用管理

未注册商标的管理

冒充注册商标

商标印制

商标印刷管理

商标印制单位

商标印制许可证

商标印制委托人

3.6. 商标权保护

注册商标专用权

注册商标专用权保护

注册商标专用权保护范围

核准注册的商标

核定使用的商品

侵犯注册商标专用权

商标直接侵权

商标间接侵权

商标帮助侵权

商标共同侵权

服务商标侵权行为

销售侵犯商标权的商品

善意侵权

伪造商标标识

擅自制造商标标识

销售伪造、擅自制造的注册商标标识

商标假冒

反向假冒
隐形反向假冒
混淆理论
混淆
误导
售前混淆：初始兴趣混淆
售中混淆
售后混淆
关联关系混淆
直接混淆
间接混淆
正向混淆
反向混淆
同类商品
类似商品
类似服务
相同商标
近似商标
近似服务商标
商品与服务类似
联想理论
淡化理论
商标淡化
商标丑化
商标退化
商标弱化
商标通用名称化
商标侵权法律责任
商标侵权民事责任
商标侵权损害赔偿
商标侵权全面赔偿

商标侵权法定赔偿
商标侵权惩罚性赔偿
违法经营额
商标权行政保护
商标侵权行政责任
商标侵权的刑事责任
商标犯罪
假冒注册商标罪
销售假冒注册商标的商品罪
非法制造、销售非法制造的注册商标标识罪
驰名商标
相关公众
驰名商标认定
驰名商标行政认定
驰名商标司法认定
驰名商标认定标准
跨类保护

3.7 商标代理
商标代理
商标代理人
商标代理机构

3.8 其他
商标评审
地方工商管理部门
特殊标志
奥林匹克标志
奥林匹克知识产权
特殊标志申请登记
特殊标志核准登

特殊标志所有人
特殊标志使用
特殊标志禁用要素

4. 著作权

4.1 著作权总论
著作权
版权
作者权
作者权体系
版权体系
著作权法

4.2 著作权主体与客体
著作权主体：著作权人
著作权特殊主体
著作权原始主体
著作权继受主体
作品原件合法持有人
著作权内国主体
著作权外国主体
著作权完整主体
著作权部分主体
作者
事实作者
推定作者
自然人作者
法人作者
非法人单位作者
原创作者
独立作者

合作作者
实名作者
假名作者
匿名作者：隐名作者
软件开发者
软件著作权人
著作权归属
著作权客体
作品
作品名称：作品标题
创作
创作高度
独创性
额头流汗标准
小硬币标准
可复制性
思想表达二分法
思想表达合并原则
文学作品
艺术作品
造型艺术作品
实用艺术作品
科学作品
工程技术作品
功能性作品
文字作品
口述作品
音乐作品
戏剧作品
曲艺作品
舞蹈作品

杂技艺术作品
美术作品
绘画作品
书法作品
雕塑作品
建筑作品
摄影作品
图形作品
模型作品
计算机软件
计算机程序
文档
民间文学艺术作品
合作作品
职务作品
职务软件
视听作品
电影作品
演绎作品
改编作品
翻译作品
注释作品
整理作品
委托作品
事实作品
假名作品
匿名作品
作者身份不明作品
自传体作品
法人作品
孤儿作品

遗作
违法作品
违禁作品
外国人作品
已发表作品
未发表作品
已有作品
原始作品
衍生作品
汇编作品
数据库
自由软件
开放源代码
数字化作品
多媒体作品
自媒体
体育赛事节目
不受著作权法保护的作品
官方文件
时事新闻
常识性作品
作品复制品
软件合法复制品
软件合法复制品所有人

4.3 著作权
著作权内容
著作人身权
发表权
署名权
修改权

保护作品完整权
收回权
著作财产权
作品传播权
复制权
复制
临时复制
数字化复制
临摹
拓印
翻录
翻拍
发行权
出租权
展览权
表演权
放映权
广播权
信息网络传播权
摄制权
演绎权
改编权
翻译权
注释权
整理权
汇编权
使用权
许可权
转让权
公共借阅权
追续权

作品接触权
软件著作权
美术作品原件展览权
首唱权
著作权取得
著作权原始取得
著作权继受取得
自动取得
注册登记取得
著作权标记
著作权登记
软件著作权登记
著作权保护期
软件著作权期限
著作权死亡起算主义
著作权发表起算主义
著作权永久保护主义
著作权终止

4.4 邻接权
邻接权：作品传播者权
相关权
出版
出版者
出版者权
版式设计权
专有出版权
版税
稿酬
邻接权人
表演者

演员
演出组织者
表演者权
机械表演
活表演
免费表演
职务表演
表演者人身权
表演者署名权
表演形象权
表演者财产权
录音制作者权
录像制作者权
录音制品
录像制品
广播电视组织权
广播电视组织
网络广播组织
广播电视节目
广播电台
广播电视台

4.5 著作权行使
著作权利用
著作权许可
著作权许可合同
著作权专有许可
著作权非专有许可
图书出版合同
表演合同
录制合同

电影合同
广播电台电视台播放合同
计算机软件著作权许可合同
著作权转让
著作权全部转让
著作权部分转让
著作权有期限转让
著作权无期限转让
已有作品著作权转让
未来作品著作权转让
著作权转让合同
计算机软件著作权转让合同
著作权继承
著作权担保
著作权一揽子许可
著作权一揽子许可合同
CC 协议

4.6 著作权限制
合理使用
私人复制
适当引用
滑稽性模仿
法定许可
教科书使用
报刊摘编
录音制品制作
广播播放
著作权强制许可
权利穷竭
公共秩序保留

公有领域
反向工程
软件著作权制
软件最终用户

4.7 著作权保护
侵犯著作权
假冒他人署名
强行署名
擅自发表
非法复制
盗版
海盗版
侵犯邻接权
侵犯表演者权
侵犯专有出版权
歪曲
篡改
剽窃
抄袭
接触加实质性相似原则
著作权侵权归责原则
著作权侵权法律责任
侵犯著作权民事责任
侵犯著作权行政处罚
侵犯著作权刑事责任
著作权侵权损害赔偿
著作权侵权损害全面赔偿原则
著作权侵权损害法定赔偿
著作权侵权损害惩罚性赔偿
通知与删除程序

避风港原则
反通知程序
红旗标准
服务器标准
用户感知标准
实质替代标准
实质呈现标准
法律标准
链接
超级链接
ISP
ICP
云服务提供者
数字版权管理 DRM
数字音乐版权
网页快照
网盘
云盘
移动终端 APP
聚合盗链
技术保护措施
技术保护措施例外
权利管理信息
实质性非侵权用途
侵犯著作权罪
销售侵权复制品罪
著作权纠纷
著作权合同纠纷
著作权侵权纠纷
著作权权属纠纷
著作权纠纷调解

著作权纠纷仲裁
著作权诉讼
著作权诉讼管辖
著作权诉讼当事人
著作权诉讼举证责任
著作权诉讼时效

4.8 著作权管理
著作权集体管理
著作权集体管理制度
著作权集体管理组织
著作权延伸性集体管理
著作权行政管理

4.9 其他
版权产业
核心版权产业
部分版权产业
文化创意产业
动漫产业
数字图书馆

5. 其他知识产权及相关主体

5.1 植物新品种
品种
植物新品种
植物新品种名称
品种命名
品种更名
品种权
品种权授权条件
品种新颖性

品种稳定性
品种特异性
品种一致性
植物新品种权
品种权归属
职务育种
委托育种
合作育种
品种权受理
品种权审查
植物新品种复审
品种权终止
品种权无效
品种标记权
品种权限制
品种权合理使用
品质权强制许可
品种权保护
品种权保护期

5. 2 集成电路布图设计
集成电路布图设计
线路布局
掩模作品
集成电路布图设计权主体
集成电路布图设计权客体
集成电路布图设计权申请
集成电路布图设计权
集成电路布图设计复制权
集成电路布图设计商业利用权
集成电路布图设计获得报酬权

集成电路布图设计禁止权
集成电路布图设计登记
集成电路布图设计公告
集成布图设计权归属
集成电路布图设计权限制
集成电路布图设计合理使用
集成电路布图设计权利用尽
集成电路布图设计非自愿许可
集成电路布图设计权保护期

5.3 商业秘密

商业秘密
技术信息
经营信息
未公开信息
商业秘密构成要件
非公开性
商业价值
保密措施
商业秘密持有人
侵犯商业秘密
侵犯商业秘密罪
竞业禁止
法定竞业禁止
约定竞业禁止
合理竞业禁止
不可避免披露原则

5.4 地理标志

地理标志
地名

货源标记
原产地名称
地理标志权
地理标志侵害行为
冒用地理标志
假冒地理标志
欺骗性标志

5.5 商号
商号
商号权
企业名称
企业名称权
商号使用取得
商号登记对抗主义
商号登记生效主义
商号真实性原则
商号稳定性原则
商号单一性原则
一企业一商号原则
商号公开性原则
商号先申请原则
驰名商号
中华老字号
商号设定权
商号专用权
商号变更权
商号转让权
商号许可使用权
商号权侵权

5.6 域名

域名
IP 地址
域名取得
域名注册
域名注册申请
域名系统
域名结构
顶级域名
二级域名
三级域名
域名格式
域名构成要素
域名唯一性
域名在先原则
域名注册机构
域名注册人
域名持有人
域名权
域名使用
域名变更
域名转让
域名注销
中文域名
中文域名注册
域名注册禁用条款
域名侵权
域名纠纷
域名恶意注册
反向域名侵夺
域名分配

域名管理
域名注册机构
域名服务机构
域名争议
域名争议解决机构
域名争议解决程序
域名争议解决政策

5.7 非物质文化遗产

文化遗产
非物质文化遗产
非物质文化遗产构成要件
非物质文化遗产特有性
非物质文化遗产传承性
非物质文化遗产活态性
传统知识
民间文艺
民间文学
传统技艺
传承人
遗传资源
文化多样性
生物多样性
传统医药

附录二

主题词英文及界定示例

（以“知识产权基础”部分词条为例）

1. 知识产权基础

1.1 知识产权

知识产权（Intellectual property）

基于创造性智力成果和工商业标记而依法享有的权利，主要包括专利权、商标权、著作权。其在实质上是法律赋予权利人对其知识产权对象的市场独占权。

智慧财产权（Right of intellectual property）

“知识产权”的代称。《民法通则》将“知识产权”用作 intellectual property 的正式译称后，基本退出各类规范性文件和学术研究中。我国台湾地区一直使用这一称谓。

工业产权（Industrial property）

工商业等活动中具有经济意义的财产权利，根据《巴黎公约》，其内容包括发明、实用新型、工业品外观设计、商标、服务标记、厂商名称、产地识别标记、制止不正当竞争等。

著作权（Copyright）

作者或者其他权利人基于文学、艺术和科学领域的作品而依法享有的人身权和财产权利的总称；广义上，还包括作品传播者因传播作品而享有的作品传播者的相关权（邻接权）。

版权（Copyright）

我国著作权法上“著作权”的同义词。语源上，版权源于英美法系，强调权利人享有的作品的复制等利用的经济权利。著作权源于大陆法系，强调作者对作品的精神权利和经济权利并重，也称作者权。

工业版权（Industrial copyright）

知识产权中版权与工业产权的交叉部分，既具有版权作品的复制传播等特征、又具有工业产权客体的实际应用功能，典型的有计算机软件、工业品外观设计和集成电路布图设计。

智力成果权（Right of intellectual achievements）

基于智力创造成果而依法享有的权利。我国学术界一度将其作为“知识产权”（intellectual property）的代名词。现在一般将其代指知识产权中创造性成果权。

创造性成果权（Right of creative achievement）

以特定智力创造成果为保护对象的权利，主要包括著作权、专利权、商业秘密权、集成电路布图设计权、植物新品种权等。具备法律要求的创造性是其获得法律保护的前期，禁止非法复制利用是其法律保护的重点。

经营性标记权（Right of operating mark）

基于工商业标记而依法享有的权利，包括商标权、商号权、货源标记权、原产地名称权、与制止不正当竞争有关的标记权等。具备可识别性是其获得法律保护的前提，禁止假冒仿冒是法律保护的重点。

经营性资信权（Business credit right）

凭借在市场上的优势和信誉而依法获得的权利，主要内容包括特许专营权、特许交易资格、商誉权等。该权利保护的对象是工商企业所获得的优势和信誉。

无形财产权（Intangible property right）

基于无形的知识、信息而享有的权益。首先由美国经济学家托尔斯·本德在19世纪末提出而后被广泛使用。内容主要分为创造性成果权、经营性标记权、经营性资信权三类。

信息产权（Information property rights）

对于可以无限复制和共享的信息中的具有可控性、可识别性、财产性和法定性特点的部分而享有的权利。该理论由澳大利亚学者彭德尔顿首先于1984年提出，后被广泛使用，知识产权保护发明创造、文艺作品、工商业标识等信息，被视为信息产权的主要内容。

商品化权（Merchandising right）

将虚拟或现实的角色、形象等应用于商业领域的专有权，是无形财产领域出现的新型权利形态。对象包括个人的姓名、肖像、扮演形象、声音等。

知识产权主体（Subject of intellectual property，owner of intellectual property）

也称知识产权人，即享有知识产权的权利人，包括自然人、法人或其他组织。根据其享有的具体权利，分为著作权人、专利权人、商标权人等。

知识产权原始主体（Primary subject of intellectual property）

知识产权的原始取得人，其权利不以他人的既存权利为前提，而是通过自己的行为（如创作）而依法取得，必要时经法定的程序（如专利申请、商标注册）而取得相应知识产权。

知识产权继受主体（Derivative subject of intellectual property）

知识产权的继受取得人，其权利以既存权利为前提，通过继承、转让等方式而取得，其内容直接受原知识产权的影响。

知识产权客体：知识产权对象、知识产权主题（Subject matter of intellectual property）

作为知识产权保护对象的创造性智力成果及工商业标记。传统上包括作品、发明、实用新型、外观设计、商标。也称知识产权主题、知识产权对象。

知识产权理论（Theory on intellectual property）

阐释知识产权或其中某一部分的正当性与合理性的理论学说。因为知识产权是近代随着科学技术、商品经济与权利观念发展而相对晚生的权利，其理论大多借鉴了其他领域的学说。

公有领域：公共领域（Public domain）

处于知识产权保护范围之外、不受知识产权保护的知识、信息。它们或没有纳入到知识产权法中，或者知识产权保护期限届满，或者权利人自动放弃保护，是社会的共同财富，可以被人们自由使用。

公地悲剧（Tragedy of the commons）

如果有限的资源处于共有状态而被不受限制的使用，因为每个人都追求个人利益最大化，将会导致公有资源的过度消耗，从而带来毁灭的悲剧。它起源于威廉 1833 年人口学研究的比喻，后来哈丁延伸扩展，形成支持知识产权正当性的“公地悲剧”理论。

反公地悲剧（Tragedy of Anti-Commons）

过度而烦琐的产权保护，为人们利用资源设置重重程序和障碍，导致资源的闲置和使用不足，造成浪费。该理论由美国黑勒教授 1998 年在《The Tragedy of Anti-Commons》一文中提出。

自然权利论（Natural rights theory）

知识产权是人们对其智力创造成果享有的自然权利，其存在不取决于他人的赐予，国家/政府机关对专利等知识产权的登记授权，是对这种自然权利的确认。

功利论：功利主义（Utilitarian theory）

以行为的现实目的和效果作为衡量行为的价值标准。19世纪从道德领域引入法学领域，将法律是否趋利避害、实现效益最优作为衡量基准。激励论是它在知识产权领域的代表。

激励论（Motivational theory）

知识产权法赋予智力创造者对其创造成果一定期限的垄断性实施权，基于人类趋利本能，激励智力创造和运用，促进技术进步和人类文明。

契约论（Contract theory）

知识产权法是智力创造者和社会（公众）之间的契约：智力创造者向社会公开其智力成果，作为对价，社会（由国家代表）赋予并保障其一定时期的智力成果的独占实施权。智力创造者以此获取必要的回报，社会公众则获得创新成果。

对价论（Consideration theory）

对价即当事人一方在获得某种利益时必须付给对方相应的代价，是英美合同法中的概念。知识产权对价论认为知识产权法是不同"对价"条件的制度安排或设计。

交易成本理论（Transaction costs theory）

产权制度是为了降低交易成本，实现效益的最大化的平台，知识产权制度则是为降低创新成果交易成本、协调创新成果的创造者、传播者、利用者利益关系的制度安排。

知识产权劳动理论（Labor theory of intellectual property）

利用财产权的劳动学说解释知识产权正当性理论：就像人们对于通过自己劳动与努力获得的成果享有自然权利一样，智力创造者享有其创造成果的知识产权。

知识产权利益平衡（Interests balance of intellectual property）

知识产权法通过一系列制度机制，包括垄断与发垄断、限制与反限制的安排，协调知识产权人的垄断利益与相关主体利益及社会公共利益等的平衡。

知识产权经济学（Economics of intellectual property ）

运用经济学理论分析知识产权制度安排与实际效果的理论。在以经济学的视角论证知识产权合理性方面有劳动价值理论、无形财产理论、知识产品理论、财产权经济学理论、信息经济学理论等多种学说。

知识产权哲学（Philosophy of intellectual property）

用哲学的概念、理论及研究方法来分析知识产权制度尤其是知识产权制度合理性的理论，主要有劳动理论、人格理论、激励理论和契约论、平衡理论等

知识产权符号论（Semiotics of intellectual property ）

知识产权对象在形式上表现为符号的组合，在本质上与符号的非物质性、整体性和任意性特征相同。知识产权法是调整符号的创造和使用过程中产生的社会关系的产物。

知识产权特征（Characteristics of intellectual property）

知识产权作为一种基于创造性智力成果和工商业标志的无形财产权而具有的不同于其他民事权利的特点，包括客体的无形性、权利的法定性、时间性、地域性、专有性等。

知识产权无形性（Intangibility of intellectual property）

知识产权保护的发明、作品、商标等对象，虽然需要以有形载体来表现，但它本身是不具有实物形态的知识信息。知识产权对象的无形性，决定了知识产权的基本属性和特点。

知识产权法定性：知识产权法定主义（Legalism of intellectual property）

知识产权的种类以及权利内容必须由法律明确规定，除立法者在法律中特别授权外，任何人不得在法律之外创设知识产权。法定性是知识产权的重要特点，也是知识产权立法和司法的基本原则。.

知识产权专有性：知识产权排他性（Monopoly / Exclusiveness of intellectual property）

知识产权为权利人依法独占，没有法律规定或权利人许可，任何人不得行使受知识产权保护的对象。知识产权价值无法通过权利人对客体的占有来实现，而是通过法律保障专有实施权来实现。

知识产权时间性（Timeliness of intellectual property）

法律对知识产权的保护具有时间限制，超过法律规定的保护期限，受知识产权保护的对象即成为人类共同财富，任何人都可以利用。一般著作权保护期较长，专利保护期较短，商标权可以将有限的保护期根据需要无限续展。

知识产权地域性（Territoriality / Regionalism of intellectual property）

根据一国或地区法律取得的知识产权，原则上只有在该国或地区范围内发生法律效力，而不能当然延及其他国家或地区。除非依据双边或多边知识产权保护协定，知识产权不具有域外的效力。

知识产权内容（Content of intellectual property）

知识产权人就其作品、发明、商标等知识产权对象依法享有的在一定期限内的专有权利的内容。例如，著作权的内容包括署名权、保护作品完整权等人身权，以及复制权、发行权等控制作品利用获得收益的财产权。

知识产权积极权利（Positive rights of intellectual property）

知识产权人依法享有的可以就其知识产权对象进行独占性使用的权利。如商标注册人的商标专用权，著作权人的复制、发行、广播等著作财产权。

对于这类权利，权利人可以自己行使，也可以许可和转让给他人行使。

知识产权消极权利（Negative right of intellectual property）

知识产权人依法享有的禁止他人未经许可或法律的特别规定而擅自实施其知识产权的权利。也称知识产权禁止权。

知识产权禁止权（Restraining right of intellectual property）

知识产权人依法享有的禁止他人擅自实施其知识产权的权利。知识产权在消极方面，表现为禁止他人擅自触及权利人知识产权专有权领域的禁止权。不过，基于市场管理的需要，知识产权使用权的范围可能小于禁止权的范围。注册商标专用权范围即小于禁止权范围。

知识产权行使（Execution of intellectual property）

知识产权人通过一定的行为实现其知识产权内容的正当行为，包括实施知识产权的积极权利，如自行或许可/让与他人使用其知识产权对象，也包括禁止他人的非法使用的侵权行为，消极地行使其权利。

知识产权使用权（Rights of use of intellectual property）

对知识产权依法加以利用的权利。知识产权的价值表现为在市场上被利用的程度，知识产权的实质表现为独占使用权。权利人可以将其使用权自己行使，也可许可或转让给他人行使。

知识产权收益权（Sufruct of intellectual property）

知识产权人通过其知识产权行使（如自行使用，许可/转让他人使用，追究他人侵权责任等）而获得收益的权利。知识产权作为一种无形财产权，收益权是其最核心的权能。

知识产权处分权（Disposition right of intellectual property）

知识产权人对其权利依法最终处理的权利。处分方式包括转让、赠与、放弃，但不包括消费、封存等事实处分形式。转让既是知识产权处分，也是知识产权行使的形式。因为导致权利归属的变化，知识产权处分有的需要经主管部分的审批公告才能生效，如专利、商标。

知识产权利用（Implementation of intellectual property）

将知识产权客体运用于实际生产经营活动的行为。包括知识产权人本人利用和他人利用。本人利用包括权利人积极直接的知识产权实施，以及消极间接的禁止他人侵权使用；他人利用包括知识产权许可、转让、信托、拍卖、质押、捐赠、破产处分等。

知识产权实施（Exploitation of intellectual property）

将受知识产权保护的智力成果运用于生产经营活动中的行为，多针对专利权而言，如专利产品的制造、使用、许诺销售、销售、进口。

知识产权转让（Assignment of intellectual property）

权利人在法律允许的范围内将其知识产权的全部或部分转让给他人并因此而获得收益的行为。知识产权转让导致知识产权权属变更，部分需要履行法律规定的审批、公告程序方能生效。

知识产权许可（License of intellectual property）

权利人许可他人行使其知识产权的部分或全部权利并由此而获得收益的行为。被许可人在约定的范围内有权利用许可人的知识产权。它是知识产权利用的重要形式。

知识产权独占许可（Exclusive license of intellectual property）

知识产权许可中具有排他性和唯一性的许可形式。被许可人享有合同范围内排除许可人在内的任何人实施约定的知识产权的权利。该被许可人对侵犯约定范围内知识产权的行为享有独立诉权。

知识产权排他许可（Sole license of intellectual property）

知识产权许可中具有排除许可人以外的任何第三人的许可形式。对于侵权行为，被许可人可以和许可人共同起诉，在权利人不起诉时可以径行起诉。

知识产权普通许可（Simple license of intellectual property）

不具有排他性和唯一性的知识产权许可。被许可人有权在约定的范围内实施目的知识产权，但无权排除第三方取得相同的许可。对于侵权行为，除非依据约定或许可人书面授权，该被许可人不享有诉权。

知识产权许可合同（Licensing contract of intellectual property）

权利人为将其知识产权许可给他人使用而签订的协议。基于保护善意第三人或公共利益的需要，知识产权许可合同需要符合规定的内容与形式要求。

知识产权保护（Protection of intellectual property）

对于依法享有的知识产权的保障和救济。在我国，保护知识产权分为司法保护和行政措施。广义上则是一个系统工程，包括知识产权法规体系的构建、确权机制的完善、行政措施的优化、司法救济的保障以及文化意识的培育等。

知识产权保护期（Duration of intellectual property）

知识产权受到的一个国家、地区或国际公约保护的有效期限。保护期届满后，受知识产权保护的对象即进入公有领域，成为任何人都能够自由利用的公共财产。

出版后记

《国家知识产权文献及信息资料库建设与运行研究》作为国家社科基金重大项目成果终于出版了。本书连同“中国知识产权文献与信息资料库”（试验版）网站，以及发表的系列专题论文和调研报告等，构成了该项目的主要研究成果。本项目在2016年9月即已结项，但课题后续研究仍在进行，试验版资料库网站也在运行之中。必须指出的是，本项目得以顺利完成并取得较为突出的研究成果，离不开众多单位和众多专家学者的参与和支持，也离不开知识产权法专业（方向）众多硕士、博士生和博士后的参与与支持。在此，谨以“出版后记”的形式表示感谢：感谢项目首席专家所在的中国政法大学民商经济法学院、科研处等单位的大力支持；感谢课题参与单位国家知识产权局专利文献部、国家知识产权局初审流程部、清华大学法学院、清华大学计算机与信息管理中心、国家商标局的大力支持；感谢在课题调研和资料库研究与设计过程中中国知网、万方数据、沃尔思公司等提供的帮助和支持；感谢中国政法大学知识产权法研究所全体同事和其他全部课题组成员的大力支持和参与。感谢项目首席专家和其他相关老师指导的博士后、博士和硕士生的参与和支持，他们主要是：付夏婕、李喜蕊、冉从敬博士后，王运嘉、罗娇、罗宗奎、杨源哲、邓毅沣、夏君丽、周贺微等博士，邓永泽、蒋燕、曹雅楠、姜洋洋、杨珊、倪荣、费氧、博晶华、徐相昆、申璞、线猛、魏程、陈馨怡、王丽、高缨识、孟雅丹、方彬、郑渊、王悦、刘聪、李红辉、吴丹、蒋金良、刘佳、蒙向东、孙青、李苏、吴方朔、刘倩倩、任昱阳、丁晓雯、张冉、申亚辉、李梦雪、张可霖、丁如意、武昕等知识产权法专业或方向的学硕与法硕同学。武汉大学信息管理学院的部分研究生也参与了相关研究，包括陈一、肖兰、刘炯绮、吕雅琦、徐晓飞、涂文艳、郭晓婉、文尹等同学。感谢批准本项目立项的全国哲学社会科学规划办公室，正是立项后的督促及及时追加一倍研究经费，为本项目的顺利完成提供了根本保障。最后，还要感谢批准本项目立项的评审专家和本项目中级考核滚动资助评审专家，正是他们的宝贵意见，为本项目及时调整研究方向和内容并顺利完成研究成果奠定了坚实基础。国家知识产权文献及信息资料库建设研究是一个巨大的工程。尽管本项目已经结项，随着信息传播技术发展和知识产权制度变革，仍然有很多问题值得进一步研究。项目现有研究成果也难免存在一些不足，希望读者给予批评指正并继续关心和支持国家知识产权文献及信息资料库建设。

本项目首席专家：冯晓青

2019年1月18日